Genel Yayın: 4660

TARİH

HALİL İNALCIK
İKİ KARANIN SULTANI İKİ DENİZİN HAKANI KÂYSER-İ RÛM
FÂTİH SULTAN MEHEMMED HAN

Sertifika No: 40077

EDİTÖR
TAYFUN ULAŞ

GÖRSEL YÖNETMEN
BİROL BAYRAM

DÜZELTMENLER
DERYA ÖNDER
ESEN GÜRAY

DİZİNİ HAZIRLAYAN
NECATİ BALBAY

GRAFİK TASARIM UYGULAMA
TÜRKİYE İŞ BANKASI KÜLTÜR YAYINLARI

1. BASIM: KASIM 2019, İSTANBUL
3. BASIM: MART 2020, İSTANBUL

ISBN 978-625-7999-12-0

BASKI-CİLT
DERYA MÜCELLİT SANAYİ VE TİCARET LİMİTED ŞİRKETİ
MALTEPE MAH. LİTROS YOLU FATİH SANAYİ SİTESİ NO: 12/80-81 TOPKAPI
ZEYTİNBURNU İSTANBUL
Tel: (0212) 501 02 72 - (0212) 501 35 91
Sertifika No: 40514

TÜRKİYE İŞ BANKASI KÜLTÜR YAYINLARI
İSTİKLAL CADDESİ, MEŞELİK SOKAK NO: 2/4 BEYOĞLU 34433 İSTANBUL
Tel. (0212) 252 39 91
Faks (0212) 252 39 95
www.iskultur.com.tr

Halil İnalcık

İki Karanın Sultanı, İki Denizin Hakanı
Kâyser-i Rûm

Fâtih Sultan Mehemmed Han

TÜRKİYE İŞ BANKASI
Kültür Yayınları

İki Karanın Sultanı
İki Denizin Hakanı
Kâyser-i Rûm
Fâtih Sultan Mehemmed Han,
Prof. Dr. Halil İnalcık'ın vefatından önce yayınevimize verdiği eserlerinden biridir.

Kitabın başlığı da içeriği gibi aynen muhafaza edilmiştir.
Kitabın ismi, Halil İnalcık'ın tercih ettiği şekliyle
Fâtih Sultan Mehemmed Han
olarak yazılmıştır.

İÇİNDEKİLER

I. BÖLÜM

I. KISIM

A

Osmanlı ve Bizans (1302-1453)

C

Fütûhât ve İmparatorluğun Kuruluşu (1453-1481)

II. BÖLÜM

ARAŞTIRMA VE İNCELEMELER

Önsöz

Fâtih Sultan Mehmed üzerinde çalışmalarıma 1453 İstanbul fethi dolayısıyla başlamış ve çalışmalarım sırasında kaynak toplama, arşivlerde çalışma ve yayın yapma suretiyle yıllarca konuyla ilgilenmiş ve yayınlarda bulunmuştum. Nihayet bugün, bu çalışmalarımı bir araya getirmek ve çeşitli ilâveler yapmak suretiyle bir cilt halinde olabildiği kadar bütünleşmiş bir şekilde sunmayı düşündüm. Elinizdeki kitap bu düşüncenin bir ürünüdür.

Kitabın ilk kısmında, İstanbul fethinden önce Osmanlı sultanlarının Bizans ile olan ilişkilerini, I. Bâyezid'in ve II. Murad'ın kuşatmalarını ele aldık. Öyle ki, 1365 yılında I. Murad, İstanbul'a giden yol üzerinde İstanbul'u savunan iki küçük kaleyi fethetmiş; şehri tehdit altına almıştı. Fakat ertesi sene Savoyalı VI. Amedeo bu kaleleri geri almıştır. Daha geriye gidersek Osmanlılar, Kocaeli'ni fethettikten sonra özellikle 1329 Palekanon zaferi ertesinde Üsküdar'a sahip olmakla İstanbul'u tehdit eder bir duruma gelmiş ve 1352 Ceneviz-Venedik savaşında Pera'yı savunmakta Cenevizlilerle işbirliği yapmıştır. Büyük ölçüde sistemli şekilde gerçekleşmiş olan Konstantinopolis kuşatması, Yıldırım Bâyezid (1394-1402) ve II. Murad (1422) zamanında gerçekleştirilmiştir. Bâyezid, şehri teslim almaya hazırlandığı bir sırada Timur istilası dolayısıyla kuşatmaya son vermek zorunda kalmış; 1422'de II. Murad Anadolu'da ortaya çıkan isyan dolayısıyla kuşatmaya son vererek çekilmiştir. Bizans imparatoru 1372'de Osmanlı sultanının egemenliğini kabul ederek *vassal* devlet durumuna gelmiş; bu durumdan ise Timur istilası akabinde vazgeçmek zorunda kalmıştır. Özetle, 1453'te fetihle sonuçlanan son kuşatmadan önce Osmanlı-Bizans ilişkileri ilk kısımda ele alınmıştır.

Şehrin Osmanlılar tarafından fethi tehlikesini çok yakın gören imparator ve Patrik, 1439'da Batı'ya hareket etmiş ve Floransa Konsili'nden Batı'nın topyekûn yardımını istemiştir. Sultan II. Mehmed, genç yaşta, 1444'te babası tarafından tahta oturtulduğu zaman seçkin asker olan lalaları, onu İstanbul fethine teşvik etmekteydiler. Başka bir deyişle, İstanbul kuşatması daha 1444 yılında gerçekleşmesi zorunlu bir girişim olarak ortaya çıkmıştır. Gerçekte, Sultan II. Mehmed, 1453'te son kuşatmaya girişmeden önce imparator, şehri Venedik'e teslim etmeyi göze almış ve Fâtih'in kuşatması sırasında şehrin savunmasında başlıca rolü üstlenmiştir.

Kuşatma sırasında Osmanlı karargâhında kuşatmaya son verilmesi üzerinde veziriâzam Çandarlı Halil Paşa'nın ve yandaşlarının baskısı karşısında genç sultanın azmi ve kesin kararı fethin gerçekleşmesinde çok önemli bir itici güç olmuştur. Kuşatmanın kronolojisi ve kuşatma üzerine şimdiye kadar birçok eser yayınlanmıştır. Bunların bir özeti yerine, mevcut kaynakları inceleyen A. Pertusi'nin kronolojisi aktarılmıştır. Osmanlı donanmasının Haliç'e indirilmesi kısa zamanda birtakım fantastik hikâyelere konu olmuştur. Bu nedenle bu olay ayrıca ele alınmıştır. Kuşatma üzerinde önemli gördüğümüz iki raporu da (Ancona Konsolosu ve Sakızlı Leonardo'nun raporları) ilâve etmeyi faydalı gördük. Osmanlı tarafında fethin ve İstanbul'un oldukça geniş bir tasviri *Neşrî Tarihi*'nde bulunmaktadır. Fetihten sonra ortaya çıkan önemli olaylar, özellikle 1455 yılında Fâtih Sultan Mehmed ve Galata tahrîrinin sonuçları yine bu bölüme ilâve olunmuştur.

Fâtih Sultan Mehmed, İstanbul fethinden sonra sultanlığını, kitabın başlığına koyduğumuz gibi, *Sultânü'l-Berreyn ve Hâkânü'l-Bahreyn* unvanı ile anmaya başlamıştır. Aynı zamanda resmî yazışmalarda kendisini *Kâyser-i Rûm* olarak tanıtmaktadır. Bu unvanlar Fâtih'in imparatorluğunu nasıl anladığını açıkça belirtmektedir. Fâtih, kendisini iki *kara*nın, Anadolu ve Balkanlar'ın sultanı ve iki *deniz*in, Akdeniz ve Karadeniz'in hâkânı ve ayrıca Roma imparatorlarının *taht-ili*ne sahip bir hükümdar sıfatıyla kendisini Roma imparatoru saymaktadır. Onun fetihten sonraki faaliyetlerini bu çerçevede anlamak gerekir. 1453-1481 döneminde Fâtih'in seferlerini işte bu anlayış içinde yorumlamak lazımdır.

Eserimizin ikinci kısmında, Fâtih devrinin Osmanlı kaynakları, özellikle kânûnnâmeleri üzerinde geniş bir bölüm ayrılmıştır. Devlet-i 'Aliyye'nin sağlam temelleri onun önceki hilâfet dönemlerinden gelen gelişmiş bir bürokrasiyi benimsemiş olmasına bağlıdır. İlgili kısımda, Osmanlı bürokratik sisteminin temeli olan belgeler, tahrîr defterleri, kadı sicilleri, kânûnnâmeler ve vakfiyeler ele alınmıştır. Önemleri dolayısıyla Fâtih'in devlet teşkilât ve reâyâ kânûnnâmelerinin metinleri aynen verilmiştir. Bunun yanında idareye ait ayrı ayrı kânûn metinleri eklenmiştir. Osmanlı bürokrasisinin işleyişinde kânûnlar ve Dîvân'a ait belgeler yanında kadı sicilleri sosyal ve hukukî hayatı yansıtan en önemli kaynaklardır (Fâtih dönemine ait Bursa'da önemli sicil defterleri ortaya çıkmıştır. Bu kadı sicillerinde İstanbul'dan gönderilen bazı fermanların kopyaları bulunmaktadır. Bunlardan bazılarını ilgili kısımda yayınlamaktayız). Kânûnnâmelerin yanı sıra bu kaynaklardan da örnekler sunulmuştur.

Fâtih hemen hemen her yıl büyük askerî seferler ve fütûhât dolayısıyla zengin bir devlet bütçesine sahip olmalıydı. Bu nedenle çok gerekli saymadığı bazı gider kapılarını kapamaya başladı. Mesela her beş yılda bir yeni gümüş akçe çıkararak eski gümüş akçenin gümüş fiyatı üzerinden yeni akçe dağıtma usulünü çıkardı. Eski akçe yasağı dolayısıyla tüccarın mallarını araştırmak üzere "eski akçe arayıcısı" adı ile ajanlar görevlendirdi. En önemlisi de işlemeyen derviş zâviyelerinin vakıflarını kaldırarak onların toprağını devlet malı haline getirdi. Bu önlemi, dervişler ve din adamları arasında kendisine karşı son derecede sert ve geniş propagandaya neden olmuştur. Ölümünde Cem Sultan yerine devlet adamları ve asker, II. Bâyezid'i tahta oturtmuşlardı ve Sultan Bâyezid, devletçe *müsadere* edilen zâviyelerin pek çoğunu geri vermiş ve kendisi bir *velî, şeri'atı ihya eden sultan* olarak selamlanmıştır. Bu saltanat değişikliği, Osmanlı tarihinin geleceği için bir devrim anlamı kazanmıştır. Fâtih devrine damgasını vuran bu olay ilk kez konu üzerindeki makalelerimde ayrıntılarıyla incelenmiş ve burada özetlenmiştir. Bu konu üzerinde mâliye sorunları hakkında kitapta ayrı bir başlık ayrılmıştır.

Fâtih Sultan Mehmed dönemi, Batı tarih literatüründe Franz Babinger tarafından bir sıra çalışmalar ve bir kitap halinde araştırılmış ve yayınlanmıştır. Babinger'in eseri, Fâtih'e ait İtalya'daki kaynakları oldukça geniş bir şekilde bize yansıtan bir çalışmadır. Ancak Batı Hıristiyan literatürünün Osmanlıları daima bir düşman olarak tasvir hatasından kurtulduğu söylenemez. Babinger, özellikle bu devre ait Osmanlı arşiv kaynaklarını görmemiştir. Bu nedenle kitabın "Araştırma ve İncelemeler" bahsine Babinger'in kitabının kısa bir eleştirisini eklemeyi zorunlu bulduk.

Ayrıca "Araştırma ve İncelemeler" bölümünde, Fâtih döneminde derviş tarikatları, Oğuzculuk, ateşli silahlar, kölelik, Rumlar ve Yahudiler ve Cem Sultan hakkında daha önce yayınlanmış bulunan makalelerimi okuyucuya sunmayı yararlı bulduk.

Fâtih dönemi üzerinde özellikle İstanbul fethinin 500. yıldönümü olan 1953'ten beri çeşitli dernekler, kurumlar ve dergiler muazzam bir yayın faaliyeti göstermiştir. Bu kitabın yazarı, kendilerinden büyük yardım gördüğü bu değerli araştırmaların sahiplerini burada birer birer saymaya imkân bulamadı. Fakat onların bu çalışmaları bize büyük ölçüde yol göstermiştir. Fâtih'in Devlet Kânûnnâmesi'ni yayınlayan Prof. Dr. Abdülkadir Özcan'ın metnini müsaadeleriyle burada yayınlamış bulunuyoruz. Bu eserin hazırlanmasında, makalelerin bulunup düzenlenmesinde yardımlarını gördüğüm Dr. Harun Yeni, Ahmet Beyatlı, Birsen Çınar, Ali Işık, Hakan Arslan ve yakın işbirliğinde bulunan değerli öğrencim Tayfun Ulaş'a burada teşekkürü ödev bilirim.

Türkiye İş Bankası Kültür Yayınları'nın müdürü Ahmet Salcan'a eserin basılmasındaki yakın ilgisi dolayısıyla müteşekkirim.

Halil İnalcık
Bilkent, 2016

I. BÖLÜM

I. KISIM

A

OSMANLI VE BİZANS (1302-1453)

Özet

Konstantinopolis, Osman Gâzî döneminden başlayarak Osmanlıların uzaktan hayranlıkla seyrettikleri ve bir gün ele geçirmeyi tasarladıkları büyük efsanevî şehir, *Kızıl Elma* idi. Osman Bey'in gâzîleri, 27 Temmuz 1302 Yalakova zaferinden sonra yağma için Boğaziçi'ne kadar ilerlemişlerdi. İstanbul'a kaçıp sığınan ahâlinin perişan durumunu G. Pachymeres anlatmaktadır. Sultan Orhan (1324-1362) zamanında onun Bizans İmparatoru Kantakuzenos'un kızıyla evlenmesi ve Orhan'ın Trakya'da imparatorun müttefiki olarak Bulgarlara ve Sırplara karşı savaşları (1352) dolayısıyla İstanbul ile yakın ilişkiler sürdürdüğü bilinmektedir.[1] Osman zamanında Akça Koca'nın Kandıra'da yerleşmesi (1305?) ve ona bağlı *uc gâzîsi* Abdurrahman'ın Kocaeli'nde Bizans'a karşı bölgenin en yüksek tepesi olan Aydos'taki kaleye yerleşmesi, Bizans'a karşı Osmanlı faaliyetlerinin başlangıcı sayılabilir. Abdurrahman'ın akınları Bizans'ta dehşet uyandırmaktaydı. Osmanlıların Konstantinopolis karşısında Üsküdar'da yerleşmeleri 1329 Palekanon zaferiyle gerçekleşmiştir.[2] İmparatorun şahsen Sultan Orhan'a karşı Pa-

---

1 Halil İnalcık, *Kuruluş Dönemi Osmanlı Sultanları (1302-1481)*, İstanbul, 2010, Dizin: Orhan.

2 İnalcık, *Kuruluş Dönemi Osmanlı Sultanları (1302-1481)*, s. 45-50; İnalcık, "Aydos Kalesi", *Sempozyum Bildirileri*, Sultanbeyli Belediyesi, 28 Mayıs 2011, s. 11-18.

lekanon'daki savaşı, Bizans'ın ilk büyük yenilgisiyle sonuçlanmıştır (1329). Bu zafer sonucunda Hereke'den Üsküdar'a kadar Kocaeli, Osmanlı ülkesine katılmış ve Osmanlılar İstanbul Boğazı'nın doğu kıyısında yerleşmiştir. Bu zafer, Osmanlılar karşısında Bizans'ın kaderi üzerinde bir dönüm noktası sayılabilir, çünkü Bizans karşısında Boğaz'da yerleşmiş ve Bizans'a karşı saldırı durumuna geçmişlerdi.[3] Bizans'ın Venedik ile ittifak halindeyken Cenevizlilere karşı yaptıkları Boğaziçi Deniz Savaşı'nda (1352), Sultan Orhan Cenevizliler yanında yer almış ve Ceneviz Galatası'nın korunmasında fiilen yardımcı olmuştur. Cenevizliler Osmanlı'ya bağlıydı ve imparatorların tehditleri karşısında adeta Osmanlı himâyesindeydi.

1359'da Bizans, Papalık ile anlaşma halinde Osmanlı tehdidine karşı bir Haçlı donanmasını, Boğaz'daki Osmanlı üssü olan Lapseki'ye doğru sevk etti. Genel tarihlerimizde yer verilmeyen bu Lapseki çıkarması, Bizans'ın Osmanlı'ya karşı ilk saldırısı olarak önemle kaydedilmelidir. Bizans-Haçlı kuvvetleri, Osmanlılar tarafından denize dökülmüştür.[4] I. Murad'ın ilk yıllarında Trakya'daki fetihler, Bizans'ta korkuyla izlenmekteydi. Sultan Murad, şehzadelik zamanında 1357'den başlayarak Lala Şahin ile beraber Rumeli'nde fetihler yapmış; İstanbul ile Edirne arasındaki kasabaları birer birer ele geçirmiş ve sonunda 1361 baharında Edirne'yi fethetmişti.[5] Trakya harekâtı Konstantinopolis için geleceği gösteren bir gelişmeydi. Sultan I. Murad (1362-1389) tahtta sağlamca yerleştikten sonra 1366 Martı'nda ordusuyla Rumeli'ne geçmiş; Lala Şahin'i Meriç Nehri ağzında Bizans kalesi olan Ferecik üzerine göndermiş; kendisi de Bizans'a karşı ordusuyla hareket etmişti. Bu ilerleme, İstanbul'a karşı doğrudan doğruya ilk Osmanlı saldırısıdır. İstanbul'u batıdan koruyan ilk savunma hattı, Büyük Çekmece-Silivri ve Sazlı-Dere hattıdır. Sultan Murad, Silivri'de iki Bizans kalesini ele geçirdi ve Bizans'ı tehdit etti. Daha sonra sultan, Karadeniz üzerinde Sozopolis'e (Süzebolu) hareket etti. Batıdan Savua Kontu VI. Amadeo, bir Haç-

---

3 Bu gelişmeler için bkz. İnalcık, *Kuruluş Dönemi Osmanlı Sultanları (1302-1481)*, İstanbul, 2010.

4 İnalcık, *Kuruluş Dönemi Osmanlı Sultanları (1302-1481)*, s. 82.

5 Halil İnalcık, "Edirne'nin Fethi", *Edirne'nin Fethi 600. Yılı Armağan Kitabı*, Ankara, 1965, s. 137-159.

lı donanmasıyla İstanbul'un savunmasına geldi. Sultan Murad'ın fethetmiş olduğu iki kaleyi geri aldı ve Sozopolis'te Murad'ın kuvvetlerini püskürttü. Tarihlerimizde karışık biçimde yankısını bulduğumuz bu harekât üzerinde İtalyan kaynakları oldukça geniş bilgi vermektedir.[6] I. Murad'ın bu faaliyetleri Osmanlıların Konstantinopolis'i tehdit ettikleri ilk harekât olarak önemle zikredilmelidir. Bizans imparatoru, Murad'a karşı Makedonya'daki Sırp prensleriyle ittifak yapmış; harekete geçen Sırp ordusu Çirmen'de, Sırp Sındığı Savaşı'nda tam bir yenilgiye uğramıştır (1371). I. Murad'ın bundan sonra Bizans'ın iç işleri üzerindeki baskısı hakkında geniş kayıtlar bulunmaktadır. Öte yandan Sultan Murad (1362-1389), Rumeli'nde fetihleriyle imparatorluğu sağlam bir şekilde kurma işine kendini vermiştir. Sultanın baskısına karşı Bizans, Balkan devletleriyle sıkı ilişkiler yürüttü. 1388'de Bulgaristan, Sırbistan ve Bosna, Murad'a karşı bir ittifak kurdular. İttifaka karşı I. Kosova Meydan Savaşı'ndaki (1389) zafer, Gâzî Hüdavendigâr'ın Balkan İmparatorluğu'nu kesinleştirdi. Bu gelişme Konstantinopolis'in kaderinin artık belirlenmiş olduğunu göstermektedir. Yıldırım Bâyezid'in 1393-1394 kışında Kara-Ferye'de (*Verrai*, Bizans tarihçileri bu ismi *Serrai*-Serez ile karıştırmışlardır) bütün Balkan prenslerini ve Bizans imparator ailesini huzuruna çağırdığını görüyoruz. Bu toplantıda Bâyezid'in, Anadolu'daki faaliyetleri sırasında (1389-1392) kendi başlarına hareket eden Hıristiyan hükümdarları tehdit ettiğini biliyoruz. Hatta imparator II. Manuel ve Mora despotu Theodor, hayatları için endişe duymuş ve toplantıyı bırakıp kaçmışlardır. Bâyezid ertesi yıl, 1394'te ordusuyla İstanbul üzerine gelip şehri kuşatmıştı.

I. Kuşatma (1394-1402)

Sekiz yıl süren bu kuşatma, daha o zaman İstanbul'un kaderini mühürleyecek bir kuşatmadır.[7] Kuşatma sırasında Hıristiyan Batı dünyasından yardıma gelen büyük Haçlı ordusunu Yıldırım Bâye-

---

6 Ayrıntılar için bkz. Halil İnalcık, "Polunya (Appolonia) Tanrı-Yıkdığı, Osmanlı Rumeli Fetihler Kronolojisinde Düzeltmeler (1354-1371)", *M. Kütükoğlu Armağanı*, İstanbul, 2006, s. 27-57.

7 İnalcık, *Kuruluş Dönemi Osmanlı Sultanları (1302-1481)*, s. 113-117.

zid, Niğbolu'da yenilgiye uğrattı (1396) ve Bizans'ın son umutları da tükendi. Bizans İmparatoru II. Manuel, kurtuluş için Avrupa'ya gitmiş; İstanbul'da imparator vekili ve Patrik, şehri sultana teslim etmek için hazırlıklara başlamışlardı.[8] Bu kez Bizans'ı kurtaran Timur (1360-1402) olmuştur. Bizans diplomasisi Timur ile ilişki halindeydi. Batı Hıristiyan dünyasından ümidini kesen Bizans, Timur'un Anadolu ve Suriye'deki başarılı fetihlerinden cesaret aldı. Timur tarihleri, *Zafernâmeler,* Emîr Timur'un Bizans İmparatorluğu'na elçi gönderdiğini kaydetmektedir. Yıldırım Bâyezid'e karşı Ankara zaferinden (1402) sonra Timur, Bizans imparatorunun tâbilik için gönderdiği elçiyi kabul etti ve Rumeli'ne geçmek için gemiler hazırlanmasını emretti. İşte İstanbul fethi için Osmanlıların ilk ciddi kuşatması bu şekilde sonuçsuz kaldı.

Fetret devrinde (1402-1413), Çelebi Sultanlar arasındaki mücadele sırasında İmparator Manuel, usta diplomasisi sayesinde etkin bir rol üstlenmiştir. Manuel, Timur'dan Rumeli'ne kaçan Emîr Süleyman'dan büyük tavizler koparmış; bu arada Gelibolu ve Selânik'i almış, Rumeli ve Anadolu'da Bâyezid oğullarının mücadelesinde Boğazlar'daki geçişi kontrol ederek kesin bir rol üstlenmiştir.

II. Kuşatma (1411 Yazı)

Fetret döneminde Edirne'de yerleşmiş olan Süleyman, imparator ile yakın ilişkileri devam ettirmiş; fakat Süleyman'ı ortadan kaldırarak Rumeli'ne hâkim olan Musa Çelebi (1411 Şubat), Manuel'i cezalandırmak için ordusuyla İstanbul surları önüne gelmiştir (1411 Yaz). Musa Çelebi, evvelce Süleyman Çelebi'nin Bizans'a verdiği toprakları, özellikle Selânik'i geri almak azmindeydi. İstanbul kuşatması onun Bizans'a karşı saldırgan politikasının bir göstergesidir. Yedi bin kişilik yeniçeri ordusunu ve Rumeli'ni ele geçirmiş olan Musa Çelebi, rakibi Çelebi Mehmed'e karşı üstün durumdaydı. Bizans diplomasisi, tehdide karşı Mehmed'i desteklemeye karar verdi. Çelebi Mehmed'in Rumeli'ne ordusuyla geçmesine yardımda

8 J.W. Barker, *Manuel II Palaeologus* (1391-1425), New Brunswick, 1969.

bulundu. Musa'nın rakiplerine İstanbul'da sığınak sağladı. Çelebi Mehmed, Bizans imparatoru ile birlikte hareket etmekteydi. Mehmed'in, Musa'yı bertaraf etmesinde önemli rol oynayan Bizans'a karşı Çelebi Mehmed, sultan olduktan sonra da dostluğunu sürdürdü. Hatta Bizans diplomasisi bu barışçıl politikayı sürdürmek için Sultan Mehmed'den çocuklarını rehin olarak İstanbul'a gönderilmesi vaadini aldı. II. Murad, tahta geçtiği zaman (1421) Bizans bu yönde isteklerde bulundu. Fakat Murad karşı koydu.

III. Kuşatma (1422 Yazı)

Bizans, Sultan Murad'a karşı isyancıları kışkırtmada bulundu.[9] II. Murad, Bizans'ın desteklediği rakiplerini bertaraf ettikten sonra 1422 yılında ordusuyla İstanbul üzerine yürüdü. Ordusunda toplar vardı. Bütün yaz devam eden kuşatma sonuç vermedi. Bizans, II. Murad'ın rakiplerini desteklediği gibi Selânik'i de Venediklilere teslim etmişti (1423). II. Murad Selânik'i geri almak için 1430'a kadar Venedik ile savaş halinde kaldı.

İmparatorun, Osmanlı Devleti'nin geleceği üzerinde Papalık yolu ile Batı'dan Haçlı seferlerini çağırması, özellikle 1439 Floransa Konsili'ne büyük bir kafile ile katılmış olması Osmanlıları büyük kaygıya düşürdü. Ortodoks ve Katolik kiliseleri arasında birlik sağlayıp Floransa Konsili'nden geri dönen imparatoru, sultan tehdit etti. 1439 Floransa toplantısını Osmanlılar, yeni bir Bizans-Haçlı tehdidi olarak görmüşler ve Bizans'a son vermek için kesin karara varmışlardır.[10] 1439 bir dönüm noktasıdır. Bizans'ı ortadan kaldırmak, devletin iki parçası, Rumeli ve Anadolu'yu birleştirmek, "aradaki bu nifak merkezini ortadan kaldırmak" (Fâtih'in Edirne nutku) Osmanlılar için ve bu arada genç sultan Mehmed için (Edirne'de ilk sultanlığı 1444-1446) bir ölüm kalım kararı olarak saptanmıştır. Çandarlı Halil Paşa'nın rakipleri Sultan Mehmed'in lalaları, seçkin askerler, Zaganos ve Şehabeddin paşalar, sultanı o zaman fetih için biteviye teşvik etmekteydiler. II. Mehmed ilk saltanatı (1444-1446) sırasında bu etki altındaydı.

---

9 İnalcık, *Kuruluş Dönemi Osmanlı Sultanları (1302-1481)*, s. 133-136.

10 Halil İnalcık, *Fâtih Devri Üzerinde Tetkik ve Vesikalar*, Ankara, 1954.

Bizans ve Mogollar

Mogolların, Selçuklu devleti hatta Anadolu *uc* bölgeleri üzerindeki baskısı, dönemin olayları üzerinde önemli bir faktör olmakla beraber şimdiye kadar sistemli bir araştırma konusu olmamıştır.[1] Özellikle Emîr Çoban'ın oğlu Anadolu İlhanlı Valisi Demirtaş Noyan'ın İlhanlı Devleti'ne karşı ayaklanıp İslâmî bir politika gütmesi ve *uc* bölgesi Türkmenleriyle yakın ilişkiler kurması bilinmektedir. Selçuklu Sultanı I. Alâeddin Keykubad'ın İznik Laskaris hanedanıyla mücadelesi, Osmanlı tarihinin Eskişehir *uc*'unda yerleşmesiyle ilişkilidir. Bu konuda John S. Langdon ve Claude Cahen'in araştırmaları durumu aydınlatmaktadır.[2]

Genelde Kafkaslar'a ve Anadolu hudutlarına karşı Mogol akınlarının, daha 1222-1226 yılları arasında Anadolu için ciddi bir tehdit oluşturduğuna tanık olmaktayız.[3] Bu ilk Mogol saldırısı (1221)

---

1 Faruk Sümer, *Anadolu'da Mogollar*, Ankara, 1970.

2 John S. Langdon, "Byzantium's Initial Encounter with the Chiggisids: An Introduction to the Byzantino-Mongolica", *VIATOR, Medieval and Renaissance Studies*, 29 (1998), s. 93-140; Selçuklu Sultanı I. Alâeddin Keykubad ile İznik İmparatoru Vatatzes arasındaki uzun mücadele dönemi (1222-1230) Türk tarihçileri tarafından yeterince dikkate alınmamıştır. Claude Cahen'in de bu mücadele üzerinde Arap kroniği İbn Nazif'in kaydı önemlidir: C. Cahen, "Une chronique Syrienne du VIe/XIIe siècle: le "Bustān al-jāmi'", *Bulletin d'études orientales*, 7/8 (1937), s. 113-158.

3 Langdon, "Byzantium's Initial Encounter with the Chiggisids", s. 95-97.

Azerbaycan, Gürcistan ve Ermenistan'dan Anadolu'ya Türkmen göçlerine yol açmıştır.[4] Bu yeni Türkmen göçünün Anadolu tarihinde oldukça derin etkileri çeşitli araştırmalara konu olmuştur. Celâleddin Harzemşâh'ın devleti bu ilk Mogol saldırısından en çok zarar görmüş devlettir.

Osman'ın babası Ertuğrul'a bağlı aşiretin, Sultan-Öyüğü (Sultanönü)-Eskişehir bölgesinde sınır (*uc*) hattının en ileri kesiminde olan Söğüt'e nasıl ve ne zaman geldiği hakkındaki rivâyet belirsizdir ve yanlış hatıralar içerir. On beşinci yüzyıl Osmanlı kaynaklarından *Neşrî*'deki bir kayıtta Ertuğrul'un, aşiretiyle Sürmeli-Çukur'a (Aras Vadisi) kadar Anadolu ve Azerbaycan'da dolaştıktan sonra gelip Engüri'ye (Ankara) yakın Karacadağ'a indiği anlatılır (Bugün Ankara'nın güneyindeki Karacadağ eteğinde tipik bir Türkmen köyü olan Yaraşlı vardır, buranın eski adı Gülşehri'dir. Bu dağ üzerinde Karacadağ Yaylası'nda Antik Çağ'a ait önemli şehir, arkeolojik araştırmalara konu olmuştur). Ertuğrul'un Selçuklu Sultanı Alâeddin'e bir savaşında yardımcı olduğu rivâyeti aslında tarihî bir gerçeğin belirsiz bir hatırasını yansıtır. Nitekim İznik Laskaris hükümdarlarından III. Ioannes Vatatzes döneminde (1222-1254) *uc* Türkleri ile bilhassa 1225-1231 yılları arasında savaş alevlenmiş, I. Alâeddin Keykubad (1227-1231) Bithynia *uc* bölgesine gelerek mücadeleye katılmıştır. Bizans kaynakları ve Suriyeli İbn Nazif kroniği Alâeddin'in seferleri hakkında kesin deliller sağlamaktadır. İbn Nazif, Sultan Alâeddin'in Vatatzes'e karşı savaşta bazı kaleleri fethettiğini zikreder. Osmanlı rivâyetinde Sultan Alâeddin'in Karacahisar'ı fethi hakkındaki bilgi, bu çerçevede tarihî bir gerçeklik kazanır. İbn Nazif'e göre Bizans-Selçuklu mücadelesi Alâeddin'in "büyük kaleleri" fethi dolayısıyla 1227'de başlamış fakat Vatatzes Selçuk ordusunu bozguna uğratmış, savaş kesin bir sonuca ulaşmadan 1229'da devam etmiş, Celâleddin Harzemşâh'ın Selçuklu'nun doğu topraklarını tehdit etmesi ve ertesi yıl bir Mogol ordusunun Sivas'a kadar akını üzerine Alâeddin Keykubad barış yapmıştır (1231). Alâeddin'in 1225'e doğru

4 Bu Mogol akınına dair kaynaklar için bkz. Langdon, "Byzantium's Initial Encounter with the Chiggisids", s. 96.

Ankara *uc* bölgesine geldiği hakkında kanıtlar mevcuttur. Ona ait Ankara Akköprü Kitabesi 1222 tarihini taşır ve Ankara Kalesi'nde Alâeddin'e nispet edilen bir cami vardır. Alâeddin ayrıca Konya'dan Ankara'ya gelişinde Şereflikoçhisar'da ve Beypazarı'nda camiler yaptırmıştır (1225). Ertuğrul'un Sultan Alâeddin ile bu bölgeye geldiği rivâyeti Yazıcızâde'nin eserinde yer alır.

Ertuğrul'un Alâeddin Keykubad'a bir savaşta yardımcı olduğu, sultan tarafından kendisine ilkin Karacadağ'da, ardından Söğüt'te yurt verildiği rivâyeti, Laskarislere karşı savaşların Türkmen toplumu arasında yaşayan bir hatırası olmalıdır. Karacahisar ilk defa o zaman alınmış, sonra terk edilmiştir. Ankara-Eskişehir *uc* bölgesinden hareket eden Ertuğrul'a en ileri hatta Söğüt'te yurtluk, Domaniç'te (Domalic) yaylak verildiği anlaşılmaktadır. Ertuğrul'un halkı Söğüt'te yerleşmiş olmakla beraber sürüleri Domaniç'e yaylaya götürülüyordu. On üçüncü yüzyıl ortalarında Sultan-Öyüğü bölgesinde Türkmenlerin köylerde yerleşip yarı göçebe hayata geçtikleri açıktır (Cacaoğlu Vakfiyesi). Diğer Batı Anadolu beyliklerinin kuruluşunda olduğu gibi bu bölgede de halk arasında *alp-gâzîler*, gâzâ akınlarını örgütlemekteydi. Kendisi de bir alp olan Osman'ın gâzâ faaliyetine başladığı tarihten (1284 Kulaca fethi) önce Eskişehir *uc*'unda durum şöyleydi: Bizans ile sınır, Bilecik'te başlıyordu. Sultan-Öyüğü ile Bilecik arasındaki *uc* bölgesinde yerli tekfurlar, Selçuklu sultanını tanıyor ve bölgede yaylak ve kışlakları olan Türkmenler ile barış içinde yaşıyordu. Ertuğrul'un merkezi, Sultan-Öyüğü *uc*'unda en ileri hattaki Söğüt kasabasıydı.

Osman Alp (Gâzî) tekfurlara karşı mücadeleye başladığı tarihten (1284) ve Bizans sınırında önemli Bilecik şehrini aldıktan sonra Bizans'ın İznik bölgesine yakın Melangeia'da bir *uc* akın merkezi olan Yenişehir'i kurmuş; buradan doğrudan doğruya İznik'e karşı akınlara başlamıştı. 1299-1301 tarihleri arasında İznik'e karşı bu akınlar Konstantinopolis'te büyük bir kaygıyla takip ediliyordu. Osmanlı tehdidi karşısında İznik'ten İlhanlı Mogol hânından yardım için temasa geçildiğini biliyoruz. Bu dönemde Bizans, Batı Anadolu'da 1300'lerde başlayan genel Türkmen baskısı karşısında Mogol yardımının en etkili bir baskı sağlayacağına inanıyor ve Bizanslı prensesler Mogol hanlarına eş olarak gönderiliyordu. Mogol Valisi Demirtaş Noyan'ın isyanı (1322) bir İlhanlı ordusunun batı *uc*'larında Bizans'a karşı saldırılarını önlemeye imkân bırakmadı. Osman Gâzî'nin İznik kuşatması gibi cüretli bir saldırısı karşısında Bizans imparatorunun ordu göndererek kuşatmayı kaldırma girişimi Bapheus (Koyunhisar) zaferi ile Osmanlı lehine önemli bir gelişme sağlamıştır.[5]

Sonuçta, imparatorun İlhanlı Devleti'nin yardımını alamaması ve Osman Gâzî'nin Karahisar'dan gelen *uc* kuvvetlerinin desteğiyle Bapheus Savaşı'nı kazanması, imparatorlara karşı Osman'ı güçlü bir hale getirmiştir. Çağdaş kaynak Pachymeres'te Batı Anadolu'da saldırı altında olan diğer beyler arasında zikretmesi, Osman'ın Bizans'ı tehdit eden önemli bir kuvvet olduğunu işaret eder.

5 Bapheus Savaşı ve gelişmeler üzerinde bkz. Halil İnalcık, "Osmanlı Beyliği'nin Kurucusu Osman Beg", *Belleten*, LXXI/261 (2007), s. 479-525.

Osman Gâzî (1299-1324) ve Bizans

Osman ve Tekfurlar

1299'da Osman'ın fetih politikasında kökten bir değişiklik oldu. Başlangıçta Osman'ın güçlü Bilecik tekfuruyla ilişkileri dostluk, hatta bir çeşit bağımlılık biçimindeydi. Eskişehir-Bilecik arasındaki haracgüzâr Rumlarla iyi geçinme politikası bölgede tutunmak için gerekli sayılıyordu. Germiyan saldırıları Osman'ı bölge tekfurlarıyla uzlaşmak zorunda bırakıyordu. Karacahisar'dan sonra Osman, akınlarını Mudurnu-Göynük tekfurlarına karşı yöneltti. Bilecik tekfuruna başkaldıran Köprühisar tekfurunu, Dündar ile birlikte itaat altına aldılar. 1299'da Osman ile amcası arasında beyliğin bundan sonraki politikası üzerinde görüş ayrılığı belirdi; Dündar, Bilecik tekfuruna ve Rum halkına karşı iyi geçinme politikasının sürdürülmesi gerektiğini ileri sürdü. Osman bu sözü kendisinin savaş ve egemenlik hakkını engelleme olarak anladı ve okla Dündar'ı vurup öldürdü (*Neşrî*'nin kaydına göre Bilecik fethi Dündar'ın katlinden öncedir). 1299 yılına doğru Osman, savaş alanını Karacahisar-Söğüt bölgesinden batıda Bilecik-Yenişehir bölgesine taşıdı. Osman Gâzî'nin, merkezini 1299'da Karacahisar'dan Bilecik'e ve *uc* merkezini İznik'e yakın Yenişehir'e nakletmesi bundan sonraki hedefini açıkça göstermekteydi. Doğrudan Bizans sınırları ötesinde Bithynia topraklarına doğru akına başlayan Osman, Yenişehir'den akınlarında zaman zaman İznik'e kadar inerdi.

Batı *Uc* Türklerinin Genel Saldırısı (1301-1306)

Batı Anadolu'daki *uc*'ların hemen hepsi 14. yüzyıl başlarında Bizans'a karşı genel bir saldırı halindeydiler. Dönemin tanığı olan tarihçi Pachymeres bu durumu şöyle kayda geçmişti:

> [1306 sonbaharında] Boğaz'ın Anadolu yakasında yerleşmiş olan Türkler orayı terk etmeye yanaşmıyorlar, aksine, sık sık saldırılarda bulunuyor ve bağbozumu için çıkan halka saldırıyorlardı. Hieron [Yoros, Boğaz'da Anadolu-Kavağı'nda tepedeki kale] ahâlisi de belli bir haraç ödeme karşılığı Türklerle bir anlaşma yapmak zorunda kalmışlardı. Çünkü Türkler, günün birinde gizlice içeri girmeyi başarmışlar, fakat sayıları az olduğundan tekrar geri çekilmişlerdir. Meldo'yu tehdit eden çok sayıda Türk üzerine yerli kuvvetler saldırdılar, hemen hemen aynı günde imparatora iyi haberler geldi.[1]

İnanılıyordu ki, durum İstanbul'da Patrik tarafından sık sık düzenlenen dinî ayinlerin bir sonucu olarak gerçekleşmiştir. Bir yandan düşmanın yeni bir saldırı olasılığı korkusu, öte yandan (imparatorun) ekin ekme yasağı dolayısıyla cesaretleri kırılmış olan köylü için dışarı çıkıp ekin ekme imkânı kalmamıştı. İmparator meclisi, düşmanın yararına olmasın diye gelecek yıla ait ekimin yapılmaması için bu yasak emrini çıkarmıştı. Bu yüzden köylü gündüz çıkmaya cesaret edemiyor ve böylece ekim faaliyeti yapılamıyordu.[2] Bu sırada Sozopolis, Anchialos, Mesembria ve Agathopolis kalelerini ele geçirmiş olan Bulgar kralı, imparatorun bir kızıyla evlenmeyi ve barış yapmayı istiyordu, bu umutla ülkesinden buğday ihracına izin verdi ve İstanbul açlıktan kurtuldu. Nihayet 1306'da bir anlaşma ile kral bu kalelere sahip oldu. Bulgarlar ile Bizanslılar arasında uzun bir mücadele dönemine neden olan

---

1 G. Pachymeres, *Relations Historiques*, I-II, Fransızca çeviri: A. Failler-V. Laurent, 1984.

2 G. Pachymeres, *Relations Historiques*, s. 690, dipnot 38: Patrik Athanaz, bu ekim yasağına karşı çıktı (1306 Ekim başları). 1306 sonbaharında Katalanların İstanbul kapılarında faaliyeti hakkında Pachymeres ayrıntı vermekte. Civar halkı, hatta Peralılar Boğaz ötesinde kendilerini güvende görmeyen halk, güç bir kış geçirecek ve açlık tehlikesi karşısında kalacaktır.

işgal, I. Murad döneminde Bulgar-Osmanlı yakınlaşmasını sağlayacaktır (1366). İmparator, Doğu şehirlerinin abluka altında açlık çektikleri haberini aldı ve İstanbul'daki önemli manastırlarındaki fazla buğdayı alıp deniz yoluyla göndererek elinden geldiğince bir çare bulmaya çalıştı. İmparator, Ege bölgesindeki Türklerin saldırılarına karşı vaktiyle Gâzân Han'a elçi gönderdiği gibi şimdi de Harbende Han'a (1304-1316) elçi gönderip Batı Anadolu'daki Türkleri durdurmak için bir ordu göndermesini istedi. Az sonra elçileri gelip 40 bin kişilik bir ordunun Konya'ya doğru hareket etmiş bulunduğu haberini verdiler.[3]

Bursa ve İznik Kuşatma Altında, Türkler İstanbul Boğazı'nda

Osman'a bağlı Türkler, Boğaz'da faaliyette bulunurken Karesi ve Batı Anadolu Türkleri Bizans'a karşı saldırılarda idiler. Pachymeres'teki kayıtlar şu şekildedir:

İmparator hediyelerle elçilerini gönderme hazırlığı içindeyken birden Ephesus'un Türk önderi Sasan tarafından ele geçirildiği haberini aldı[4] [Ephesus halkının büyük bir bölümü daha önce Sasan'ın ele geçirdiği Thyraie (Tire) Kalesi'ne götürülmüştü]. Ephesus'un düşmesi Bizans sarayında bir şok etkisi yarattı. Batı Anadolu'dan gelen buğday vs. erzak, İstanbul'un beslenmesi için hayatî önemdeydi. İmparator her şeye rağmen sayıları binleri geçen ücretli Almogavarlar ve onların müttefiki Türkler ve Tourkopouloi sayesinde onların hakkından geleceği umudunu kaybetmedi ve Cenova'ya bir elçi gönderip ilkbaharda bir filo kiralamak istedi. Bu arada Tourkopouloi (Bizans hizmetindeki Türkoğulları), Alanların yanından ayrıldıktan sonra imparatordan bekledikleri ücreti almazlarsa imparatorun rakibi Bulgar kralı yanına geçecekleri tehdidinde bulunuyordu. İmparatorun

3 Pachymeres'in Fransızca metninde A. Failler-V. Laurent (dipnot 90) haber alınmış görünmüyor.

4 Pachymeres, *Relations Historiques*'te 446 tarihli bir Colophon'da 24 Ekim 1304 diye tarihler. A. Failler, "Pachymeriana Nova", *Revue des etudes Byzantines*, 49 (1991), s. 188-190 ve *Revue des etudes Byzantines*, 40 (1982), s. 189-190.

hizmetinde Tatar Koutzimpaxis böyle düşünüyordu. Fakat öğrendiler ki, Tourkopouloi çoluk çocuklarıyla Gelibolu'ya Katalanlar yanına yönelmişler.

O zaman Alanlar, birden harekete geçip, güya imparatorun hoşuna gitmek amacıyla onların yolunu kestiler. Alanlar, imparatora sırt çevirerek Bulgar kralının hizmetine girdiler. 1306 ilkbaharında Cenova'dan 19 gemiden oluşmuş bir donanma yardıma geldi. İmparator masrafları ödemekte tereddüt içindeydi. Almogavarlar, 1305'te imparatordan yaklaşık 300 bin *nomisma* (altın) istemişlerdi. Muhtemel bir uzlaşma kan dökülmesini önleyecekti. İmparator 100 bin altın önerdi. Cenevizliler aracılıkta bulundular. İmparator hizmetinde sadece üç kadırga kaldı. Bunlar Aydos (Çanakkale) Boğazı'ndan geçmeye çalışan (Karesi) Türkleri gözetleyecek, onların korsan gemilerine saldıracaktı. Bu son kayıt, Karesili Türklerin Anadolu'dan Rumeli'ne geçme girişimleri bakımından son derece önemlidir (1306 Yazı). İmparator, Bulgarlara ve Sırplara Boğaz'da kontrol için dolaşacak bir donanmanın masraflarına katılmalarını önerdi.

Pachymeres, 1306'ya doğru Bursa'nın haraç ödemek suretiyle barış sağladığını kaydeder. Bursa'nın 1302 Dimbos Savaşı'ndan sonra Osman Gâzî tarafından abluka altına alındığını biliyoruz. Öyle görünüyor ki, Kurşunlu sahil bölgesinden Bursa ve İstanbul'a erzak sağlanması hayatî bir önem taşıyordu. Olay, İstanbul'dan keşiş Hilarion'un bu tarafa yağma akınları yapan Türklere karşı yerli halkı kullanıp bir direnç hareketi başlatmasıyla ilgili görünmektedir. Kurşunlu, o zamanki adıyla Elemoi, Gemlik Körfezi'nde İstanbul'da Theotokos Peribleptos manastırının *métochia*'sına ait olup oradan manastırın ihtiyaçları sağlanıyordu. Fakat Türkler[5] yağma akınlarında her şeyi alıp götürüyorlardı. İstanbul'dan manastıra erzak getirmesi için gönderilen Hilarion adlı keşiş yerli halkı toplayıp Türkleri püskürttü ve bölgeyi koruma altına aldı. Fakat Patrik onu bir keşişe yakışmayan bu hareketi dolayısıyla kınadı. Zamanla Türkler yeniden toplanıp beklenmedik bir saldırı

5 Bu Türkler herhalde Karesi Türkleri'dir.

ile büyük bir kıyım yaptılar. İmparator bunun suçunu manastır görevlilerinden bildi. Hilarion elinden geldiği kadar bölgeyi berkitti, "Gerçekten tüm bu bölge Türklerce işgal olunmuştu. Bursa da ağır bir haraç ödeyerek Türklerle sözde barış sağladılar". Pachymeres'in bu kaydından anlıyoruz ki, 1302'de Bursa'yı abluka altına aldıktan sonra Osmanlı akınları körfezde zengin bölgelere kadar genişlemiştir.

Trakya'daki Katalanlara katılan (Pachymeres'te *Persler* diye anılan) Anadolu Türkleri, anlaşmaya göre ganimetlerden eşit pay alacaklardı; fakat Katalanlar onlara bir, kendilerine iki hisse veriyordu. Bunun üzerine bu Türklerden bir bölümü, Anadolu'ya çekilip yurtlarına dönmeye karar verdiler. Bir Rum gemiciyle Anadolu'ya geçmek için anlaştılar. Fakat denizin ortasında imparator hizmetinde bulunan Cenevizli Andre Morisco onların üzerine saldırdı (1305 Yazı?). Bunun üzerine Türkler Anadolu'ya dönmekten vazgeçtiler ve tekrar İtalyanlarla işbirliği yapıp Trakya topraklarında akına başladılar. Bu karar Pachymeres'e göre "Katalanları büyük ölçüde desteklemiş oldu". Karesili Türkler Trakya'ya akınlar yapmakla beraber Trakya'da bir kaleyi (Eceâbâd) ellerinde tutuyorlardı. Anadolu'dan Türklerin geçişini önlemeyi, imparatorluk idaresi çok önemli görüyordu. Hatta bunun için Abydos (Çanakkale) yukarısında küçük bir filo devamlı dolaşıyordu.[6] İmparator bu hizmeti dolayısıyla Morisco'yu amiralliğe yükseltti.

Tourkopouloi kaldıkları kaleyi hareket merkezi olarak berkiterek oradan Rumlara karşı akınlar yapmaktaydı.[7] Bizans, Kuzey Karadeniz'den gelen yeni bir ücretli asker grubunu, Alanları hizmete alarak, Katalanlara ve Türklere karşı kullanmaya çalıştı. Alanlar, Altın Orda Hanlığı'nın batısına hâkim Büyük Emîr Nogay'a tâbi idiler. Toktay Han, Nogay'ı bertaraf edince Alanlar çoluk çocuk Balkanlar'a göçtüler ve imparatorun hizmetine girdiler. Pachymeres'in işaret ettiği gibi, Alanlar, Karadeniz'in kuzey bölgesindeki yerli halkın (Kıpçakların) dilini ve savaşçılığını benimsemişlerdi. Alanların bir bölümü Anadolu'da Osman Gâzî'nin

6 Pachymeres, *Relations Historiques*, s. 625, not. 29.
7 Pachymeres, *Relations Historiques*, s. 626.

ilerlemelerini durdurmak için Anadolu'ya, Bithynia'ya geçirildi. Alanlar, iyi savaşçıydılar, 1302 Temmuzu'nda Bapheus Savaşı'nda Osman Gâzî'ye karşı iyi dayanmışlardı.[8] Kuzey Karadeniz'den gelen savaşçı halkın Bithynia ve Sakarya bölgesinde sınır ve kalelerde yerleştirilmesi Osman Gâzî ile ilgili olayları aydınlatabilir. Kıpçak dili konuşan, âdetleri Kıpçaklara benzeyen Alanlardan bazıları bu dönemde Bizans idaresinde ve sarayda önemli mevkilere geçmiş bulunuyordu. Bunların en tanınmışı ünlü Koutzimpaxis'tir (Kuçum Bey?). İmparator, Altın Orda Hanı *Toktay*'a elçi gönderip Alanları hizmete almak için onu kullandı. İmparatorun güvenini kazanan Koutzimpaxis'in kardeşi İzmit'e vali gönderildi. Başka biri Tagchatziaris, Trakya'daki Tourkopouloi kumandanı idi. Osman Gâzî, Yalakova'da Bizans ordusuna karşı savaşmak için Karahisar (Afyon) Selçuklu *uc* merkezinden yardım istemişti. Ordusu bir rivâyete göre 5000 kişiyi buluyordu. Bu *uc* bölgesinde savaşçı Türkler, akın için başarılı *alp-gâzî* beylerin yanına katılırlardı. Osman'ın başarısı üzerine *uc*'larda faaliyette bulunan gâzîler, Osman'a katılmış görünmektedir. Bapheus (Yalakova) zaferinden sonra Bizans'a yakın bölgelerde faaliyet gösteren Alplar, Osman'a katılmış Türkler olmalıdır. Pachymeres, Katalanlarla işbirliği yapan Karesili Türklerden de söz etmektedir. Onlar Eceâbâd'da yerleşmişlerdi. Karesili gâzîler Katalanlarla işbirliği yaparak Gelibolu yarımadasında Ganos ve Xamilion Aspros'u (Orta-Hisar) ele geçirdiler.[9] İmparatorun parayla yanına çektiği Katalanlar, Xamilion'u alıp Türkleri kılıçtan geçirdiler. Xamilion'u (Orta-Hisar) elli yıl sonra sultan Orhan'ın oğlu Süleyman Paşa yeniden fethedecektir.

Çağdaş tanık Pachymeres'teki kayıtlar şunu gösteriyor: 1301-1306 döneminde İstanbul Boğazı'na kadar Batı Anadolu'da Türkler genel saldırıdadır. Bizans onları durdurmak için ücretli asker gruplarını kullanmakta, özellikle Trakya'ya geçişi (Karesi Türkleri) önlemek için Boğaz'da bir filo bulundurmaktadır. Osman'ın Bapheus zaferi bu çerçevede tarihî önem kazanmaktadır. Türklerin genel taarruzu karşısında Bizans için kullandığı yabancı asker

---

8 Bkz. İnalcık, "Osmanlı Beyliği'nin Kurucusu Osman Beg", s. 479-525.

9 Pachymeres, *Relations Historiques*, s. 644, not 85.

kumpanyaları (Kalanlar, Almogavarlar, Tourkopouloi, Alanlar) ayrıca bir kargaşa unsuru olmaktaydılar.

Bursa ve İznik Kuşatması, Bapheus Savaşı (27 Temmuz 1302)

Osman Gâzî'den ve fetih girişimlerinden söz eden çağdaş Bizans tarihçisi G. Pachymeres şüphesiz en güvenilir kaynaklar arasındadır. 1301'de Osman'ın İznik kuşatması ve Bapheus Savaşı dolayısıyla Bizanslı kronikçi, Osman ile ilgili etraflıca bilgi verir.

Osman'ın menşei hakkında on yıl öncesine gider; Osman'ın nasıl ve ne zaman ortaya çıktığını anlatır. E.A. Zachariadou, Pachymeres'teki Osman ile Çobanoğulları arasındaki ilişkiden söz eden parçayı, 1290-1293 dönemine ait tahmin eder. C. Imber bu bilgileri 1300'lere koyarak olayları karartmıştır.[10] Pachymeres, o yıllarda Bizans'a karşı aktif gâzâ hareketlerinde Kastamonu *uc* emîrliğinde Çobanoğlu Yavlak Arslan'dan ve sonra Ali'den söz eder. 1290'larda Kastamonu'da Hüsâmeddin Çoban soyundan Muzafferüddin Yavlak Arslan "sipâhbed-i diyar-ı uc" unvanıyla hüküm sürüyordu. Pachymeres, Osman Gâzî'nin ortaya çıkışını Kastamonu emîri "Amourioi"na (Emîroğullarına) bağlar. Onun "Melek Masur ve Amourioi" hakkında verdiği karışık bilgileri çağdaş Selçuklu kaynağı Kerimüddin Aksarâyî aydınlatmaktadır. Bu kaynağa göre Sultan II. Keykâvus'un oğulları Kırım'dan Anadolu'ya döndükten sonra onlardan Sultan II. Mesud, Argun Han'dan Selçuklu tahtını elde etmiş, kardeşi Rükneddin Kılıçarslan'ı *uc* bölgesinde (muhtemelen Akşehir civarında) yerleştirmişti. Argun Han'ın ölümü ve Geyhatu'nun han seçilmesinden (22 Temmuz 1291) sonra İran Mogolları arasında başlayan taht kavgaları sırasında Anadolu ka-

10 C. Imber, "İlk Dönem Osmanlı Tarihi Kaynakları", *Söğüt'ten İstanbul'a*, Derleyenler: Oktay Özel-Mehmet Öz, Ankara, 2005, s. 39-70; C. Imber, "Osmanlı Hanedan Efsanesi", *Söğüt'ten İstanbul'a*, Derleyenler: Oktay Özel-Mehmet Öz, Ankara, 2005, s. 243-270; C. Imber, "İlk Dönem Osmanlı Tarihinde Düstur ve Düzmece", *Söğüt'ten İstanbul'a*, (der.) Oktay Özel-Mehmet Öz, Ankara, 2005, s. 271-300. Bu çalışmalar hakkında bkz. *The Ottoman Empire: Myths, Realities and 'Black Holes': Contributions in honour of Colin Imber*, (yay. haz.) E. Kermeli ve O. Özel, İstanbul, 2006.

rışıklık içinde kaldı. *Uc*'larda Türkmenler başkaldırdı. Kılıçarslan da kardeşi Mesud'a karşı ayaklandı. Geyhatu Han'ın ordusuyla gelmesi üzerine (Kasım 1291) Kılıçarslan Kastamonu *uc*'una gitti ve oradaki Türkmenleri etrafına topladı. Eskiden beri Mesud'a taraftar olan *uc* emîri Yavlak Arslan'ı öldürdü. Geyhatu tarafından ona karşı gönderilen Sultan Mesud önce yenildi (Pachymeres, Melik Kılıçarslan yerine Masur'u yani sultan Mesud'u koymakla yanılmıştır). Mesud ardından yanındaki Mogol kuvvetleri sayesinde galip geldi (Aralık 1291). Kılıçarslan kaçtıysa da Yavlak Arslan'ın oğlu Ali nihayet bir baskında onu katletti. 1291 olaylarından sonra Selçuklu-Mogol bağımlılığından çıkmış olan Çobanoğlu Ali, uzak batıda Bizans topraklarına saldırılara başlamış, Sakarya Nehri'ne kadar fetihler yapmış, hatta akınlarını nehrin öbür tarafına kadar ilerletmişti. Fakat sonraları Bizanslılarla barışçıl siyâsete girişti. O zaman Osman Gâzî en ileri *uc*'da Sakarya Vadisi'nin beri yakasında Söğüt bölgesinde bulunuyordu. Pachymeres, akını durduran Ali'nin yanındakilerin Osman tarafına geçtiğini ve onun önderliğinde akınları sürdürdüğünü belirtir ve Osman'ın o zaman Çobanoğulları'nın emri altında ileri hatta bir *uc* savaşçısı olduğunu vurgular. Böylece, bu *serhâd* bölgesinde önderlik Osman Gâzî'ye geçmiştir. Bu sıralarda Osman, Eskişehir-Karacahisar'dan Bilecik-Yenişehir'de yerleşerek İznik'i tehdit etmeye başlamıştı. Pachymeres onun önceki Karacahisar dönemini (1288-1299) bilmiyordu. Ancak onun kaydı, Osman'ın (Atmanes) ilk defa çağdaş bir kaynakta adı geçtiği ve tarihî kimliği ortaya konduğu için önem arz eder. Pachymeres onu *uc* bölgesinde Türkmenler arasında en atılgan, en enerjik akıncı önderi olarak tanıtır; bölgede kendi başına hareket eden başka önderler olduğuna da (Osmanlı rivâyetinde adı geçen Konur Alp, Akça Koca, Turgud Alp gibi) işaret eder. Bizanslı kronikçi Osmanlı rivâyetlerinde olmayan bir başka önemli noktayı belirtir: Osman, başlangıçta Kastamonu *uc* emîrleri Çobanoğulları emrinde bir *uc* savaşçısıdır.

Osman, Bizans topraklarına karşı akın merkezi olarak Yenişehir'de yerleşip ailesini Bilecik'te bıraktıktan sonra bütün faaliyetini İznik'e yöneltti. İlk akınlarından sonra gelip İznik'i kuşattı.

Bunun üzerine bir Bizans birliği İznik'i kurtarmak için harekete geçti. Bunu haber alan Osman Gâzî onlarla Pachymeres'e göre 27 Temmuz 1302'de (Osmanlı kaynaklarına göre 1301-1302'de) Bapheus'ta (Koyunhisar) savaştı.[11] Bapheus Savaşı'nın vuku bulduğu yer, Osmanlı rivâyetinde Yalakova olarak gösterilir. Yalakova, Yalakdere'nin Hersek dilinde denize ulaştığı düzlüktür. Burada meydana gelen savaştan önce Bizans kuvvetleriyle Osman'ın öncü keşif kuvvetleri İznik'ten gelen yolu kapatan Koyunhisar'da (Bapheus) çarpışmışlardı. Yalakdere Vadisi'ni izleyerek İznik'ten gelen ana yol üzerindeki Koyunhisar, Yalakova'ya çıkmadan önce tepedeki hisardır ve bugün yıkıntıları mevcuttur.

Bu önemli savaşın ayrıntıları Pachymeres tarafından aktarılır. Ona göre Osman, İznik bölgesinden ayrılıp dağlık araziyi geçitlerden geçerek halizonların olduğu bölgeye girmiştir. Bundan önce 100 kadar bir öncü Türk kuvveti aniden Télémaia'da gece baskını yapmış, ganimetle kaçarken Bizans askerleri onların peşine düşmüştür. Bir tepeye çıkan Türkler kendilerini oklarıyla savunmuşlardır. Bu ilk karşılaşmadan cesaret alan Osman'ın yanındaki askerler Meandre (Büyük Menderes) (gerçekte Karahisar/Afyon) bölgesinden gelen başka Türk kuvvetleriyle büyük bir sayıya ulaşmışlardır. Emîr Ali (Yavlak Arslanoğlu) uzaktan akına gelenlerin Osman'ın yanına gittiğini görerek imparatorla yapmış olduğu anlaşmaları çiğnemiş ve o da akına başlamıştır. Osman, dağ geçidini (Yalakdere Vadisi) geçip birden Yalakova'da görünmüştür. Kendi kuvvetleriyle birlikte daha önce Kastamonu dolaylarından savaş için kendisine gelip katılan birçok savaşçının başında yer almıştır. Léon Mouzalon kumandası altındaki Bizans ordusu, Bizanslılar ve Alanlardan başka yerli ve yabancı askerden oluşuyordu ve hepsi yaklaşık 2000 kişiydi. Kısa süre önce Alanlara verilmek üzere istenen yardım dolayısıyla atlarından ve paralarından mahrum edilmiş olan yerli asker, gevşek ve gayretsiz bir hava içindeydi ve bu sebeple cesaretle savaşa girmemişti. Bu durum Türklere büyük bir güvenle saldırma fırsatı verdi; sayıca üstün olduklarından (5000

11 Savaşın ayrıntıları için bkz. İnalcık, "Osmanlı Beyliği'nin Kurucusu Osman Beg", s. 479-525.

kişi) yürekliydiler. Böylece savaş hem sayı hem moral bakımından eşit olmayan şartlarda başladı. Rumların bir kısmı savaş meydanında kalırken önemli bir kısmı yakında bulunan İzmit Kalesi'ne doğru hep beraber utanç verici şekilde firar yolunu tuttu. Bu sırada Rumlar için hayatlarını feda eden Alanlar çok yararlı oldular. Alanlar, Rum piyadenin saflarını sıklaştırıp ilerlemelerine ve kendilerini kurtarmalarına imkân verdiler. Türkler için o zaman savaşı bitirmek ve etrafa dağılıp hiç direnç görmeden kolayca ganimet toplamaktan başka iş kalmamıştı. Osman'ın akıncıları o zaman Boğaz-İçi'nin doğu sahillerine kadar gelmişlerdi. Mahsul toplama zamanıydı. Köylülerin bir kısmı tutsak ediliyor, bir kısmı boğazlanıyor, başına geleceğini önceden anlayarak kurtuluşu bir kaleye sığınmakta bulan bazıları ise firar yolunu tutuyordu. Kır halkı aileleriyle gelip İstanbul'a sığınmaktaydı. Edremit'e kadar bütün bölgeler Türklerce yağma edildi. Ancak daha ötede Achyraous (Balıkesir yakınında Akira), Kyzikos (Kapıdağı), Pégai (Karabiga) ve Lopadion (Ulubat) gibi denize yakın bölgeler tahribattan kurtulmuştu. Yağmalar Bursa ve İznik kapılarına kadar uzanıyordu. Her yer birkaç gün içinde harabeye dönmüştü.

Bu bilgiler *Anonim Tevârih-i Âl-i Osmân*'da anlatılanlarla önemli ölçüde örtüşür. Burada İznik kuşatması üzerine İstanbul'dan yardım talebinde bulunulduğu ve tekfurun güvendiği bir adamının idaresinde ordu hazırladığı, bunların gemilere binip Yalakova'ya çıkarak İznik'i kurtarmak üzere harekete geçtikleri, Osman'ın bir casusundan durumu haber aldığı, nereye çıkacaklarını bildirdiği, pusuya yatan Osmanlı kuvvetlerinin düşman çıkarma yaparken bunların üzerine saldırdığı ve denize döktüğü bildirilir. *Anonim Tevârih*'te İznik kuşatması için ilk önce Köprühisar'ın alındığı zikredilir. Köprühisar, güneyde Bilecik'ten ve batıda Yenişehir'den İznik'e gelen başlıca yolların kavşak noktasıdır. Bu hisar, İznik'e giden Kızılhisar-Derbend (bu köyler bugün mevcuttur) Vadisi'nin başlangıç noktasıdır; Osman İznik'e bu vadiden gidecektir. Her iki kaynak, imparatorun, ordusunu kuşatma altındaki İznik'i kurtarmak için gönderdiği noktasında birleşir. İznik önünde kaleden çıkış hareketleri ve çarpışmalar, *Anonim*'den öğrenilmektedir.

İznik'in bataklıkla çevrili durumda bulunduğu da burada belirtilir. O zaman Osman, bütün Türkmen beylerinin uyguladığı taktiğe başvurup şehri abluka altına almış ve açlıkla teslim olmaya zorlamıştır. Uzun abluka için Osman "Yenişehir'den yana olan dağ" yamacında bir havale kulesi yaptırmış ve içine Taz (Dirâz) Ali kumandasında ufak bir kuvvet yerleştirmiştir (bugün İznik'ten Yenişehir'e giden yolun solunda Dirâz Ali köyü ve Dirâz Ali Pınarı vardır). *Anonim Tevârih*'te, İzniklilerin o zaman umutsuz kalıp şehri teslim ettiklerine dair bilgi doğru değildir; İznik, Orhan tarafından 1331'de teslim alınacaktır. *Neşrî*, kuşatmanın ardından uzun abluka sırasında birçoklarının şehri bırakıp kaçtığını belirtir ve fethin bu tarihte olmadığına işaret eder. Bizans imparatorluk ordusuna karşı kazanılan bu zafer, Osman'ı bölgede karizmatik bir bey durumuna yükseltmiştir. Pachymeres, bu zaferle Osman'ın şöhretinin Paflagonya bölgesine kadar yayıldığını ve gâzîlerin onun bayrağı altına koşuştuklarını kaydeder. Bapheus galibiyeti, Osman'a hanedan kurucusu bir bey ünü kazandırmış, kendisinden sonra oğlu Orhan rakipsiz beylik tahtına geçmiştir. Böylece 27 Temmuz 1302 tarihi Osmanlı hanedanının, dolayısıyla Osmanlı Devleti'nin kuruluş tarihi olarak kabul edilebilir.

Aydos Kalesi: Kocaeli Fethi'nde Kilit Nokta[1]

İstanbul'a karşı ilk hareketler Kocaeli'nden, Aydos Kalesi'nden başlamıştır. Pekâlâ, Aydos niçin İstanbul'a karşı ilk harekât aşaması kabul edilebilir?

Aydos Kalesi bir Bizans kalesidir, o zamanki adı Aitos'tur (Kartal-Kaya). Kocaeli'nin en yüksek tepesindedir. Bizans, Kocaeli bölgesinin en yüksek tepesinden, Aydos Kalesi'nden bölgeyi gözetler. Kalenin Osmanlıların eline geçmesi, Gâzî Rahman (Abdurrahman) adı ile yakından ilgilidir. Rahman ilk kez Kandıra'da yerleşen (1305) Akça Koca'nın emrinde genç ve atılgan bir *uc* gâzîsidir. Aydos fethi 1337'de İzmit'in fethine kadar gelen süreçte ilk adımdır.

Osmanlı *Uc* Gâzîleri Kocaeli'ne Ne Zaman ve Nasıl Geldiler?

Sakarya'nın denize döküldüğü ova, Osmanlılar için Geyve Boğazı'nı geçmedikçe kapalı bir bölgeydi. Osmanlılar, Geyve'den başlayarak Adapazarı'na kadar uzanan dağ geçidini 1305'te ele

---

1 Bkz. Halil İnalcık, "Aydos Kalesi", *Sempozyum Bildirileri*, Sultanbeyli Belediyesi, 28 Mayıs 2011, s. 11-18.

geçirdiler. Osman Gâzî, oğlu Orhan Gâzî'yi sayılı kumandanlarıyla buraya gönderdi. Burada boğazı belli başlı iki kale koruyordu; bunlardan biri Karaçepüş, diğeri Absu idi (Pachymeres'te *Hypsu* diye geçer). Bu tarihte kuzeye doğru ilerleyişte iki komutan, Konur Alp ve Akça Koca faaliyetteydiler. Onların Geyve Boğazı'nı fetihleriyle ilk defa Osmanlı kuvvetleri Adapazarı Ovası'na indiler. Rahman'ın adı ilk kez bu savaşlarda geçer. O zaman komutan olan Akça Koca, boğazın belli başlı kalelerinden olan Absu'yu Gâzî Rahman'a verir. Gâzî Rahman o zaman bu *uc*'da, Adapazarı'na yapılan akınların kumandanıdır; atak, cesur, yiğit bir serhâd komutanıdır. Bundan sonra ikinci aşama, Beş-Köprü'de ovaya iniş faaliyetidir. Bugün Sapanca (Bizans zamanında *Syphon)* Gölü'nün doğusunda, Bizanslılar zamanından kalan Beş-Köprü'nün bulunduğu stratejik noktadır. Akça Koca ve onun komutası altında Gâzî Rahman bölgede yerleştiler. Ovadan iki istikâmette akınlara başladılar. Biri Akyazı üzerinden Bolu tarafına, diğeri Sapanca'nın kuzeyinden İzmit'e doğruydu. Bu akınların birinde, Akça Koca Kandıra'da yerleşti. Kocaeli Yarımadası'nda ilk gâzâ akın merkezi, Kandıra'dır. Akça Koca orada ölmüştür, mezarı o bölgede bir tepededir.

Osmanlıların Kandıra'dan sonra Mesothynia'da (Kocaeli) ilk önemli fetihleri Samandıra Kalesi'dir. Samandıra, Üsküdar'dan gelen büyük yolun üzerindedir. Osmanlılar ilkin Samandıra'yı, oradan Bizans kalesi, Aydos'u alırlar. Aydos tepede, ormanda erişilmesi güç bir kaledir. Kalenin Bizans dönemi adı, Aetos (Ayetos)-Kartal (Kaya) demektir. Gâzî Abdurrahman (Rahman) Kocaeli'nin en yüksek tepesindeki bu Bizans kalesini ele geçirir. Rahman Akça Koca'nın emrinde Kocaeli fethinde en ileri safta yer alarak Aydos'tan akınlara başlar, boğaza kadar yaptığı akınlarıyla Bizans'ı tehdit eder. Bir *uc*, serhâd gâzîsi olarak Aydos'u akın merkezi haline getirir. Oradan Pendik'e, Üsküdar'a ve Boğaz'a akınlar yapar. Bizans için bu bölge, İstanbul'un hemen karşısında stratejik bakımdan önemli bir bölge olduğu için, Bizanslılar buraya kuvvetler göndermekte gecikmez. Rahman'ın işi güçtür, Bizanslılarla çetin savaşlar olmaktadır. *Âşıkpaşazâde*'de Aydos'un fethi için bir efsane nakledilir: Sözde, Ayetos tekfurunun kızı rüyasında Abdurrahman'ı görüp âşık olur. Gâzi Abdurrahman askeriyle Samandıra'dan gelip kaleyi kuşattığı zaman kız kaleden ip uzatır, bir de sevgilisine mektup yazar. Onu içeri alır beraber kalenin kapısını açarlar; Aydos böylece ele geçirilir. Bu gibi efsaneler, Rum kadınlarıyla Türk gâzîlerinin aşk hikâyeleri ve evlenmeleri *Danişmendnâme*'den beri anlatılagelir. Paul Wittek bu konuda bir makale yazmıştır.[2] Wittek'in makalesinde Aydos'un tarihi tartışılmaz. Yazar hikâyenin ne ifade ettiğini anlatmaya çalışır. "Bu, *uc* gâzîlerinin, Rum kadınlarıyla evlenmek, aşk maceraları için çok eskiden beri destanlara geçmiş bir gâzâ, akıncı hikâyesidir" der. Açıkça gâzîlerin yüreklerini ateşleyen iki şey vardır; ganimet ve Rum kızlarıyla evlenmek. *Danişmendnâme* destanında bu çeşit hikâyeler anlatılır, Rahman'ın aşk hikâyesi de bunlardan biridir. İlk Osmanlı kaynakları, bir çeşit popüler destanımsı kaynaklardır. Aynı hikâyeyi *Neşrî*, 50 sene sonra yazdığı zaman, bunun bir masal olduğunu da belirtir. Wittek'in makalesi bu nokta üzerinde durur.

Özetle, Gâzî Rahman, Osmanlıların Kocaeli'nde en ileri *uc*'da, alınması güç, kartal yuvası gibi bir kalede yerleşerek, buradan Bizans'a karşı akınlar yapmaktadır. Bu akınların bir önemi de önemli bir savaşa neden olmasıdır. Bu savaş 1329 tarihli Palekanon Savaşı'dır. Palekanon Kalesi (Maltepe denilmesi hatalıdır) Gebze'ye yakın, Eski-hisar geçidinde sahilde bir kaledir. Bütün bu savaşlarda Gâzî Rahman daima ön planda gösterilir. Palekanon Savaşı, Osmanlılara Kocaeli'yi kazandıran yaşamsal bir savaştır. İmparator III. Andronikos, Üsküdar'dan ordusuyla hareket eder; gemileri de sahilden onu takip ederek bölgeye gelir. Gâzî Rahman vaktinde haber verdiği için Orhan, Gebze tepelerini tutar; imparator ordusuyla geldiği zaman, Orhan stratejik bakımdan daha elverişli bir durumdadır. 1329 Palekanon Savaşı, tarihimizde İstanbul'un fethi gibi bir dönüm noktasıdır. Bizim kaynaklarda bu savaşla ilgili kayıt yoktur, fakat savaşta hazır bulunan Megadük Kantakuzenos'un tarihinde harekât bütün ayrıntılarıyla anlatılır. Savaşta

---

2 Paul Wittek, "The Taking of Aydos Castle: A Ghazi Legend and Its Transformation", *Arabic and Islamic Studies, in honour of A. R. Gibb*, Leiden, 1965, s. 662-672.

imparator yaralanır ve kendisini gemiyle kaçırırlar. Orhan galiptir. Gebze düşer ve Osmanlılar bundan sonra Pendik'ten Üsküdar'a kadar bütün sahil boyunu ellerine geçirirler. Hereke, Pendik, Üsküdar ilk kez bu tarihte, 1329'da alınır. Osmanlılar, Üsküdar'a geldikten sonra doğrudan doğruya Bizans'ın, İstanbul'un karşısında İstanbul'u tehdit etmektedirler.

Palekanon Savaşı'nda Gâzî Rahman'ın mı, yoksa oğlu Karaca Rahman'ın mı hazır bulunduğunu kesin bilmiyoruz (aynı mevkide bir *uc* gâzîsi olarak kendisinden sonra savaşan bir Karaca Rahman anılır). Palekanon Savaşı'na Aydos gâzîlerinin katıldığını biliyoruz. 1329 Palekanon zaferinden sonra Yoros'a kadar Boğaz'ın Anadolu yakası, Üsküdar'dan Anadolu-Kavağı'na kadar Osmanlıların hükmü altına geçmiştir. Osmanlıların hedefi, bölgenin merkezi İzmit'i (Nikomedia) almaktır. Nikomedia direnmekte, imparator oraya denizden yardım göndermektedir. Orhan'ın Nikomedia'ya ilk saldırısı, 1333-1334'tedir; imparator ve Kantakuzenos karşısında, Orhan başarı kazanamamıştır. İzmit'in fethi daha sonra, 1337'de gerçekleşmiştir. 1337'de İmparator III. Andronikos, Arnavutluk'tadır, bir Arnavutluk isyanını bastırmak için ordusuyla oraya gitmiştir. İzmit'i savunacak kuvvetler ise uzaktadır. İzmit'te Paleologos hanedanından bir prenses bulunmaktadır. Prenses, ümitsiz durumu görerek teslim kararı verir. İzmit'in yukarısında bulunan sarp kalesi Orhan'a teslim olur. Orhan, oğlu Süleyman Paşa'ya İzmit'i merkez olarak verir. Süleyman Paşa'nın ve Orhan'ın yaptırdığı binalar, imaretler –Orhan'ın camii, hamamı– bugün hâlâ işlemektedir. Şunu belirtmek gerekir ki İzmit fethinde, Aydoslu gâzîlerin önemli rolü vardır. İzmit düştükten sonra bu gâzîler, İzmit'in müdafaası için oraya nakledilmişlerdir.

Kronoloji şöyledir: Kocaeli *uc* bölgesinde ilk yerleşme 1305-1306 yılında olabilir. Demek ki Aydos'ta yerleşme, 1305 ile 1337 arasındadır. Özetle, Palekanon Savaşı'nda ve İzmit'in fethinde *uc* gâzîleri olarak Aydoslu gâzîlerin önemli rolleri vardır. Böylece, İstanbul fethinden önce, İstanbul'u gâzâ hedefi yapan Aydoslu gâzîlerdir, diyebiliriz.

Kaynaklarda ilginç bir anlatı da mevcuttur: Karaca Rahman (Rahman'ın oğlu olmalı) babasının akınlarını devam ettirir. *Âşık-*

paşazâde'deki kayda göre, İstanbul'da kadınlar çocuklarını "Gâzî Rahman geliyor" diye sustururlarmış. Bu hikâye, Aydos gâzîlerinin İstanbul'u nasıl tehdit ettiğini belirtmektedir.

İstanbul'un fethinde tarihçilerin atladığı başka bir tarih de şudur: Palekanon Savaşı ile Osmanlılar, Pendik'ten Üsküdar'a kadar bütün sahili elde etmişlerdir. O zaman Bizans, Batı'dan gelen Haçlı gemileriyle işbirliği yapıp Lapseki'ye çıkarma yaptı (1359). Bozguna uğradılar. İstanbul'u doğrudan doğruya tehdit eden, surların önüne kadar gelen Osmanlı Sultanı I. Murad'dır (1362-1389). 1366 yılında, Silivri'de İstanbul'u müdafaa eden iki Bizans kalesini İtalyan kaynaklarına göre Gelibolu'nun düşmesine karşılık olarak I. Murad alıyor ve İstanbul'u tehdit ediyor. Savua Kontu VI. Amadeo bir Haçlı donanmasıyla İstanbul'a yardıma geliyor ve Gelibolu'yu ele geçiriyor (1366). Silivri kalelerini geri alıp Karadeniz'e çıkıyor.

Sonuç olarak diyebiliriz ki İstanbul'a ilk tehdit, 1305-1306'da Osmanlı'nın Aydos Tepesi'ndeki kalede bir akın merkezi kurmuş olmalarıdır. Oradan Bizans'ı korkutan akınlarda bulundular. Fetihten önce, Osmanlılar tarafından İstanbul'a karşı ikinci büyük tehdit, 1366'da I. Murad'ın Silivri fetihleridir. İlk ciddi kuşatma Yıldırım Bâyezid'in 1394'ten 1402'ye kadar süren İstanbul'u kuşatmasıdır. Yıldırım Bâyezid'e İstanbul'u teslim için Patrik (bir Haçlı ordusunu harekete geçirmek için İmparator II. Manuel o zaman Avrupa'ya gitmişti) hazırlık yapıyordu. Fakat 1402'de Timur tehlikesi birdenbire doğuda kendini gösterince Bâyezid kuşatmaya son verir ve Bizans bir kere daha kurtulur. Bundan sonra İstanbul kuşatması 1410'da Musa Çelebi, 1422'de II. Murad tarafından gerçekleştirilir. II. Murad o zaman tahta yeni geçmiş genç sultandır. Ona karşı Bizanslılar Anadolu'da Karamanlıları tahrik ediyorlardı. Murad bu tehlikeyi bertaraf ettikten sonra Bizans'ı gelip kuşattı. Dört ay süren bu kuşatmada Sultan Murad top kullandı. Anadolu'daki kargaşa dolayısıyla II. Murad kuşatmayı kaldırmak zorunda kaldı. İstanbul'un zaferle biten son kuşatması 1453'te Fâtih Sultan Mehmed'e nasip olacaktır.

Sultan Orhan (1324-1362) ve Bizans

Bursa Fethi (1326)

Orhan beyliğin başına geçince Bizans Bithyniası'nın iki büyük merkezi, Bursa ve İznik üzerindeki kuşatmaya ağırlık verdi. 1326 baharında tüm kuvvetleriyle Bursa önüne gelip şehrin teslim olmasını istedi. Bursa tekfuruyla uzlaşılan teslim *ahdnâmesi*'nin maddeleri şunlardır: 1) Şehre giren Osmanlı askeri halka zarar vermeyecek (yağma ve esir almayacak). 2) Gitmek isteyenler mallarıyla Osmanlı askerinin himâyesinde şehri terk edecek. 3) Teslimde Orhan Bey'e 30 bin altın ödenecek. Bursa tekfuru şehri terk edince *Âşıkpaşazâde*'ye göre, "Pınarbaşı'nda Ahi Hasan çıktı, burç üzerinde muhkem durdu, ondan sonra Müslümanlar koyuldular." (6 Nisan 1326)

Palekanon Savaşı (1329) ve İznik Fethi (1331)

Bursa'nın düşmesi ve İznik'in kuşatma altında sıkıntıda olması, İstanbul'da Bithynia bölgesinin tamamının kaybedilmek üzere olduğu kaygısını uyandırdı. Bizans İmparatoru III. Andronikos, Gebze önünde Palekanon'dan (bugün Eski-hisar geçidinde) denizi geçip abluka altındaki İznik'i ve mümkün olursa Bursa'yı kurtarmaya karar verdi. Ordu başkumandanı (Grandomestikos) Ioannes

Kantakuzenos'un hatırâtında Palekanon Savaşı bütün ayrıntılarıyla verilmiştir. Bu kaynağa göre, imparator daha önce 1328'de Anadolu sahilinde Bizans'a ait Kyzikos (Kapıdağı) ve tahkimli yarımada Pégai'ye (bugün sahilde Karabiga) gitmiş ve Karesi Beyi Temirhan (Demirhan) ile bir antlaşma yapmıştır. Kantakuzenos'a göre imparator, Karesi beyini saldırıdan vazgeçirmeyi ve kendisine bağımlı bir duruma getirmeyi amaçlamıştı. Aslında bu bir ittifak antlaşmasıydı. Osman Gâzî zamanında 1303'te Apolyont'a kadar Bursa Ovası istila edilmişti. 1324'te Adranos Kalesi'nin fethedilmesi, Karesi Beyliği'yle anlaşmazlığın kaynağı olmalıdır.

İmparator ilkin Mesothynia (Türklerin Kocaelisi) Valisi Kontofre'yi yanına çağırdı, sefer hakkında kendisiyle görüştü. Kontofre, valiliği sırasında Kocaeli'nde Türklerle karşılaşmalarında tecrübe kazanmış, yetenekli bir askerdi; Türklerin savaş taktiğini yakından öğrenmişti. Kontofre, imparatoru bu sefere teşvik etti. Osmanlı vakâyinâmelerinde layıkıyla yer almayan ve çok kısa olarak Gâzî Rahman'ın Orhan ile beraber bir Bizans kuvvetini püskürttüğü şeklinde belirtilen Palekanon Savaşı, iki aşamada gerçekleşti. Birinci aşamada, Bizans imparatorunun savaş meclisinde tepelerdeki Osmanlı kuvvetlerinin düzlüğe çekilmesi ve savaşın bu düzlükte yapılması kararı alındı. Bizans komutanı, eğer Orhan bunu yapamazsa o zaman savaş meydanını bırakıp dönmeyi düşünüyordu. Böylece daha başlangıçta tepelere yerleşen Osmanlılar, stratejik üstünlük sağlamış oluyorlardı. Orhan Bey tepeden harp sahasını gözetliyor, Bizans ordusunu arızalı araziye çekip orada etrafını çevirmeyi düşünüyordu. Bunun için de önemli bir kuvveti vadide konuşlandırmıştı. Bu klâsik Osmanlı savaş taktiğiydi. Savaşın ilk günü (1 Haziran 1329) Orhan Gâzî, Bizans ordusunu kendine çekmek için 300 kişilik bir kuvveti üzerlerine gönderdi (Bizans ordusu düzenli 2000 askerden ibaretti). Osmanlı akıncı kuvveti Bizans ordusuna yaklaştı, oklarını attı, ardından geriye doğru kaçtı. Bu yalancı kaçıştan maksat Bizans ordusunu yerinden çıkarıp tepelere doğru çekmekti. Saldırı birkaç defa tekrar edildi. Başlangıçta Bizans ordusu mevzilerini bırakmadı. Orhan Bey'in kuvvetleri de tepeleri terk etmedi. Fakat savaşın ikinci günü tekrarlanan akıncı saldırıları sırasında imparator bu ufak kuvveti yok etmek için harekete geçti. Bunun üzerine Orhan Bey bir kısım kuvvetlerini kardeşi Pazarlı kumandasında düzlüğe gönderdi. Bizans ordusu karşı çıktı; bu suretle akın şeklinde başlayan çarpışmalar iki tarafın büyük kuvvetlerinin katıldığı bir savaş halini aldı. İmparator okla baldırından yaralandı ve öldüğü haberi yayıldı. Bizans ordusunda panik kendini gösterdi. Dağılan Bizans kuvvetleri sahildeki kalelere ve özellikle Filokren'e sığınmaya çalıştı. Orhan'ın kuvvetleri kaçanları kovalıyordu. Bizans imparatoru paniği önleyemeyince kendisini bir halı üzerinde gemiye taşıttı ve İstanbul'a kaçtı. Orhan bütün Kocaeli'ni ele geçirdi; zaferden sonra İzniklilerin hiçbir ümidi kalmadı. Osmanlılar ablukayı şiddetlendirerek şehri teslim aldı (2 Mart 1331). İznik fethiyle İslâm dünyasında şöhret kazanan Orhan Bey, Irak Celâyirli Sultanı Hasan-ı Büzürg ile de dostça ilişkiler kurdu.

Bithynia'nın tamamında emin olarak yerleşen Orhan Bey'i o sırada gören Arap seyyahı İbn Battuta "Sultan Osmancık oğlu İhtiyârüddin Orhan Bey" diye anar ve zenginlik, arazi, askerî kuvvet bakımından Türkmen sultanlarının en büyüğü olup 100 kadar kalesinin bulunduğunu, zamanının çoğunu bu kaleleri dolaşmakla geçirdiğini, her birinde birkaç gün kalıp durumu teftiş ettiğini, bir şehirdeki ikâmetinin asla bir ayı bulmadığını, kâfirlerle sürekli savaşta olup onları kalelerinde kuşatma altında tuttuğunu kaydeder. Ayrıca Bursa'yı Rumlardan babasının aldığını ve mezarının eskiden Hıristiyanlara ait bir kilise olan cami içinde bulunduğunu, rivâyete göre Osman'ın İznik şehrini yaklaşık yirmi yıl kuşatma altında tuttuktan sonra oğlunun on iki yıl daha kuşatıp ele geçirdiğini yazar. İbn Battuta, Bursa'da tanıştığı Orhan Bey'in kendisine para gönderdiğini de belirtir. Bu ifadelerden, Osman'ın faal beyliğinin 1322'de son bulduğu sonucu çıkarılabilir. Orhan Bey zamanında yaşayan Memlûk tarihçisi İbn Fazlullah el-Ömerî ise, merkezi Bursa'da oturan "Toman" oğlu Orhan'ın elli şehir ve elliden çok kalesi olduğunu, 40 bin atlısı olup yayaları da toplanınca sayılamayacak kadar kalabalık ordusu bulunduğunu, zengin ve korkulduğu kadar güçlü olmayıp Müslüman komşularıyla barış içinde yaşadığını, düşmanlarına karşı bazen galebe çaldığını, bazen de yenildiğini belirtir. Ömerî, bu bilgileri Osmanlı karşıtı Germiyanlıların yanında bulunan bir şahıstan derlemiştir.

1329'dan beri Bizans ile savaş durumunda olan Orhan Bey'in yine Bizanslılarla savaş halindeki Aydınoğlu Umur Bey ile irtibat kurduğu Enverî'nin *Düstûrnâme* adlı eserinden anlaşılır. Orhan, 1330'da Umur ile Saruhan'da buluşmuş ve Bizans'a karşı ortak harekâta karar vermişlerdir. Paul Lemerle, adı geçen Orhan'ı Menteşe beyi olarak yorumlarken 1329'dan beri Orhan ve Umur'un Bizans'a karşı savaş halinde bulunduklarını dikkate almaz. Anadolu'dan gâzîlerin akın yolunu kesen Gelibolu Kalesi'ne saldırı, Aydınoğlu, Saruhanoğlu ve Orhan arasında bir görüşme sonunda kararlaştırılmış görünmektedir.

Bu sırada emektar *uc* (serhâd) beylerinden Konur Alp Akyazı ve Mudurnu'ya yönelik akın faaliyetlerini sürdürürken, Bolu tarafına bir akınında Uzuncabel'de iki gün iki gece çetin bir savaş vermek zorunda kalmış, oradan Akyazı'da Tuz (Düz)-Pazarı'na gelmişti. Geyve Boğazı'nda Karaçepüş ve Absu'ya da Gâzî Rahman yerleştirilmişti. Batıda Bizans'a karşı savaşan bir diğer *uc* beyi Akça Koca ise Kocaeli'nde, Kandıra'yı ve Ermini-ili'ni (Kocaeli'nde, bugün Akmeşe) fethedip yerleşmiş ve Samandıra'daki Bizans askerine karşı sürekli mücadeleye girmişti. Samandıra fethinden sonra Aydos'ta (Aetos) üslenen Bizans askeriyle çetin savaşlar yapıldı. Burada Osmanlılara karşı Bizans'ın Mesothynia Valisi Kontofre (Katalan?) savaşıyordu. 1329 Palekanon zaferinin ardından Kocaeli'nde Hereke ve sahil kasabaları Üsküdar'a kadar Orhan Bey'in hükmü altına girdi. 1333 yazında III. Andronikos, Chalkidike'den hareket ettiği sırada Orhan'ın Nikomedia'yı (Osmanlı'da İznikmid, bugün İzmit) büyük bir ordu ve mancınıklarla kuşattığı haberini aldı. Kantakuzenos bu konuda önemli ayrıntılar verir. Bu bilgilere göre, imparator aldığı haber üzerine süratle şehrin yardımına koştu. Filo henüz yolda olup Nikomedia'ya erişmek üzere iken Orhan bir elçi heyeti gönderdi, anlaşmaya razı olduğu takdirde savaştan çekileceğini fakat savaşmak isterse buna hazır olduğunu bildirdi. İmparator barışa razı oldu. Antlaşmaya göre Orhan, imparatorun dostu olacak ve Bizans'a tâbi şehirlere karşı düşmanca hareketlere girişmeyecekti. Karşılıklı armağanlar gönderildi. Orhan, imparatora atlar, av köpekleri, halı ve kürkler yolladı; o da Türk beyine gümüş kaplar, yünlü ve ipekli kumaşlar, bir at ve bir eyer örtüsü gönderdi. İzmit önünde Orhan'la yapılan antlaşmaya göre imparator, İzmit kuşatmasından vazgeçmesi karşılığında (Ağustos 1333) Orhan'a yılda 12 bin altın (*hyperper*) ödemeye söz vermiş; böylece Osmanlı emîri gözünde Bizans haracgüzâr bir ülke durumuna düşmüştür.

İzmit Fethi (1327)

1337'de Bizans imparatoru Arnavutluk'ta asilere karşı seferdeydi. Orhan bunu fırsat bilerek İzmit'i kuşattı. Osmanlı rivâyetinde İzmit fethi üzerinde ilginç ayrıntılar verilir. Konur Alp ölünce Orhan, o bölgeyi Süleyman Paşa'ya vermişti. Gâzî Rahman'dan bilgi edinen Orhan, asker toplayıp Bursa'dan Yenişehir üzerinden Geyve'ye geldi. Geyve Boğazı'nda Absu'da Süleyman kendisiyle buluştu, Ayan gölü (Sapanca/Syphon) ve Aydos'tan gâzîler gelip kendisine katıldılar. İzmit'i kuşatabilmek için Yalova yönünde Yalakova'da Koyunhisar'ı (Hersek-dili'ne inen İznik yolu üzerinde bir tepede Kaloyan elindeki Koyunhisar) almak gerekiyordu. Orhan bundan sonra bütün kuvvetleriyle gelip İzmit'i kuşattı. *Âşıkpaşazâde*'ye göre, "İzmit'in sahibesi bir hatun idi, İstanbul tekfuruna taalluku vardı" (bu bilgi Bizans kaynaklarıyla uyuşur). Hatun, Orhan ile anlaşıp kaleyi *ahdnâme* ile teslim etmek zorunda kaldı; zira İstanbul *kâyser*i isyancılara karşı savaşmak üzere Arnavutluk'a gitmişti. İzmit fethi için İdrîs-i Bitlîsî'nin kaynağındaki 1337 tarihi doğrudur. Orhan, Aydos'taki gâzîleri şehrin muhafazasına tayin etti. Kiliseler mescide çevrildi. Bir kilise medrese için ayrıldı. Süleyman Paşa İzmit'e vali tayin edildi. İzmit-Yalakova Marmara sahilini koruma görevi Kara Mürsel'e verildi. Bizans'tan gelebilecek saldırıları önlemek için Akça Koca'nın merkezi Kandıra bölgesindeki *uc* gâzîleri buraya getirildi. Bizans'ın Mesothynia bölgesi Akça Koca ile buraya gelmiş olan gâzîler arasında bölüşüldü: Orhan Bey, Ermini-ili bölgesini Yahşilü'ye (Yahşi Bey?), Kandıra bölgesini Ak Baş'a verdi.

İzmit'in fethinden sonra Orhan Bey ülkesini yeni baştan teşkilâtlandırdı; büyük oğlu Süleyman'a İzmit'i verdi. Bursa sancağına ikinci oğlu Murad'ı gönderdi, bölgeye "Bey sancağı" adı verildi. Eskişehir yakınındaki ilk merkez Karacahisar'a amcasının oğlu Gündüz Alp'i tayin etti. Orhan Gâzî kendi vilâyetlerinin *ulubey*i oldu. Anadolu beyliklerinde Selçuklulardaki gibi, ülkenin oğullar arasında bölüştürülmesi âdetti; hükümdar *ulubey* unvanı ile bütün beyliğin yüksek sahibi sayılırdı. Süleyman Paşa, İzmit ucundan doğuda Taraklı-Yenicesi, Göynük ve Mudurnu'yu doğrudan Osmanlı idaresi altına aldı. Tebriz ipek yolu üzerindeki bu kasabalar önemliydi. Kaynaklara göre Süleyman Paşa adaletli davrandı. Birçok köy halkı "Bu Türk kavmini görerek Müslüman oldu". Rumca bilen bu mühtedîleri, Yıldırım Bâyezid İstanbul'da kurulan Müslüman mahallelerine yerleştirecektir.

Bizans kaynakları (Kantakuzenos, Gregoras) 1337 yazı sonunda İstanbul'a karşı Orhan'ın bir saldırısından söz ederler. O sırada imparator Edirne'deydi. Orhan'ın otuz altı gemilik bir donanma ile İstanbul civarına çıkarma yaptığı haberi geldi. Gregoras, Türklerin İstanbul civarına yönelik bu saldırısından ayrıntılı biçimde söz eder. Olay İstanbul'da korku uyandırmış, *kâyser*in emri üzerine Başkumandan Kantakuzenos, İstanbul'da mevcut az miktarda askerle Ennakosia (İstanbul civarında bir kale) mevkiinde Türkleri beklemişti. İstanbul önünde Osmanlıların ilk defa görünmesi İzmit'e yönelik bir girişimi önlemek için olmalıdır.

Karesi Beyliği'nin İlhâkı

Osmanlı Beyliği'nin Batı Anadolu beylikleriyle ilişkileri, genelde gâzâ işbirliği çerçevesindeydi. Ancak, Karesi ve Germiyanoğulları ile rekabet kaçınılmazdı. Orhan'ın Bizans'a karşı Aydınoğlu Umur Bey ile ittifak yaptığı bilinmektedir (1330). Rumeli'nde Osmanlı gâzîlerinin Umur'un Trakya seferlerini bildikleri ve kendilerine "Umurca oğlanları" dendiği belirtilir. Orhan'ın Karesi Beyi Demirhan (Temirhan) ile (Osmanlı kaynaklarında bir istinsah hatası olarak) Aclân arasındaki gerginlik zikredilir (Demirhan ile III.

Andronik Antlaşması, 1328). Özellikle, başlangıçtan beri Germiyan Beyliği düşmanca davranıyordu. Germiyan beyleri bütün Batı Anadolu beyleri üzerinde egemenlik iddiasındaydı. Osman ve Orhan devrinde Germiyan Beyliği, I. Yakub idaresinde (1300?-1340) en güçlü dönemini yaşıyordu. Osman'ın beyliği Yakub'un Bizans topraklarında akınına engel olmaktaydı. *El-Mesâlik*'e göre Bizans, Germiyan akınlarından korunmak için Yakub'a önemli miktarda haraç ödüyordu (100 bin dinar). Bu rolü, şimdi Osmanlı Beyliği üzerine almıştı.

Öte yandan Karesi gâzîleri, gâzâya devam etmek için Bizans'a karşı güçlü Osmanlı beyi ile birleşmek istiyordu. Orhan'ın yanına sığınmış olan Demirhan'ın küçük oğlu Tursun'u (Dursun), Karesi gâzîleri desteklemeye karar verdiler. Hacı İlbey ile Karesi âyânları Demirhan'ın ölümünde (1334-1335) Tursun'u davet ettiler. Orhan, Karesi Beyliği'ni ülkesine katmak için bu fırsattan yararlandı. Tursun ile yapılan antlaşmada Karesi Beyliği bütünüyle Osmanlı ülkesine katılıyor, Tursun'a Behramkale (Machramion) ile zengin tuz geliri olan Kızılca-Tuzla bölgesi bırakılıyordu. Osmanlı Beyliği'nin batıda sınırı, 1303'te Osman Gâzî'nin Bursa Ovası'nı işgal ettiğinden beri Ulubat Köprüsü ve Kocasu (Ulubat Suyu) idi. Gölün güneyi yol vermeyen dağlık bölgeydi. Batıya yolu kapatan Lopadion (Ulubat) Kalesi, Bursa gibi Bithynia'nın en önemli kalelerinden sayılıyordu. Osmanlı rivâyetine göre Karesi seferinde Orhan, Ulubat'ı *âmân*la almış ve tekfuru yerinde bırakmıştı. Göl üzerinde Gölyazı (Galyas) ve Gilyos (Kilyos, eski Karaağaç) kaleleri ele geçirildi. Gölün batısında Kirmasti Kalesi sahibesi "Kalamastorya" ve kardeşi Mihalic gelip itaat ettiler, Orhan onları yerlerinde bıraktı.

Orhan ilk aşamada Balıkesir üzerine yürüdü, Tursun'un kardeşi sarp Bergama (Pergamon) tepesindeki antik büyük kaleye sığındı. Tursun yanında olduğu halde Orhan gelip Bergama Kalesi'ni kuşattı. Kale altına kardeşiyle konuşmak üzere giden Tursun, kaleden atılan bir okla hayatını kaybetti. Buna içerleyen Orhan, Osmanlı rivâyetine göre, "fi'l-hâl çağırttı kim il vilâyet 'ahd ü emânla şimden gerü Orhan Gâzî'nindir, her kim itaat etmeye kılıçtan geçiririz" dedi. Bu fetih 1334-1335'te vuku buldu. Timâr sahibi kimselere, Orhan timârlarını verdi. Karesi ile Osmanlı Beyliği arasında gidiş gelişi kontrolü altında tutan Ulubat Kalesi, tekfur elinde bırakılamazdı; "hıyaneti" dolayısıyla burası da ele geçirildi. Karesioğulları'ndan Beylerbeyi Çelebi, Bergama'da 1341'e kadar beylik yapmıştır.

Orhan, Karesi sancağına Süleyman Paşa'yı tayin etti. O, sahilden içeride tepede yer alan Biga'yı *uc* merkezi yaptı. Orhan, Karesi'yi ilhâk ettiği sırada stratejik Bursa-Lapseki yolu üzerinde Kyzikos (Kapıdağı), Aydıncık (bugün Edincik), Biga, Kemer (Viranca-Hisar antik limanı), Lapseki (Lampsakos) ve bütün sahil ovası Bizans'a aitti. Sahilde yüksek antik surlarla korunan yarımadada Bizans'ın Pégai Kalesi bu sahil şeridini muhafaza etmekteydi. Zamanla Süleyman Paşa bölgeyi fethetti. Bursa-Lapseki sahil yolu, Anadolu'dan savaşçı gâzî, göçmen ve tüccarın Rumeli'ne geçiş yolu olarak büyük önem kazanacaktır. Yıldırım Bâyezid'in bu yol üstünde inşâ ettirdiği muhteşem kervansaray günümüze kadar ayakta kalmıştır. Sahil ovası Bizans'ın sahildeki Pégai Kalesi alınıncaya kadar tam emniyette değildi. Pégai Kalesi, I. Murad tarafından karadan ve denizden kuşatma sonunda 1371 yazında ele geçirildi.

Orhan ile Kantakuzenos İşbirliği

Yarım yüzyıl boyunca Türklerle yalnız savaşlar değil, birlikte yaşam deneyimi Kantakuzenos'u Türklere ısındırmıştı (kendisi Türkçe biliyordu). Bu durum, onu hiç olmazsa Doğu Roma topraklarını Avrupa yakasında elde tutmak için Türk askerî gücünden yararlanma düşüncesine götürmüştü. Kantakuzenos, askerî üstünlüğü deneyimlerle ortaya çıkmış olan Türkleri hatırâtında ücretli asker gibi görmeye alışmıştı. Esasen birçok Türk, bu dönemde ücretli asker olarak Bizans ve Latin devletlerinin hizmetine girmiş, Hıristiyanlaşmış, "Turkopouloi" adı altında onların başlıca savaş gücünü oluşturmuştu. Kantakuzenos'un Osmanlı ittifakı o dönemin şartları dikkate alınırsa tamamıyla olağan bir politikaydı. Kantakuzenos 1346'da kızı Theodora'yı zevce olarak Orhan'a verdi. Evlilik Bizans imparatorluk geleneğine göre yapıldı. Kantakuzenos tarafından ayrıntılarıyla anlatılan nikâh töreni Silivri Kalesi dışında bir tahta set üzerinde gerçekleşti. Kâyser ailesi ve ruhban hazır değildi. Kantakuzenos hatırâtında kızının İslâmiyet'i kabul etmediğini, birçok Hıristiyan esiri fidyelerini ödeyip kurtardığını iddia eder. Kendisi kızını gelin gönderirken, şüphesiz Orhan'dan isteyeceği askerî yardımı düşünüyordu. Orhan ile ittifaktan bir yıl sonra Kantakuzenos, maiyetindeki 1000 kişilik kuvvetle İstanbul'a girip sarayı kuşattı ve genç imparatorun ortağı olarak tahta oturdu (8 Şubat 1347). 1347'de Theodora, Orhan'ı babasıyla görüştürmek üzere Üsküdar'a (1329 Palekanon zaferinden beri Osmanlı ülkesinde) getirecektir.

Kantakuzenos'un İstanbul'a ortak kâyser olarak yerleştiği sırada Sırp Kralı Duşan, Selânik'i tehdit ediyordu. 1348'de Selânik'te isyancı Zealotlar şehri Sırp kralına vereceklerini ilân ettiler; Duşan gelip şehri kuşatma altına aldı. Kantakuzenos, Orhan ve Umur'un göndereceği kuvvetlerle Duşan'a darbe vurmak üzere bir plan hazırladı ve Orhan'dan yardım istedi. 1348 baharında Orhan, Süleyman Paşa kumandasında Sırplara karşı büyükçe bir kuvvet (20 bin süvari?) gönderdi. Kantakuzenos'un oğlu Mattheos, Sırplara karşı yürürken Süleyman onunla birleşecekti. Yirmi iki gemiden oluşan Türk deniz kuvveti Strumca (Strymon) Nehri ağzına geldi (bu gemiler Kantakuzenos'un talebi üzerine Umur tarafından gönderilmiş olabilir). Umur o sırada aşağı İzmir'deki kaleyi kuşatmakla meşguldü. Umur savaşırken hayatını kaybetti (Mayıs 1348). Umur'dan yardım gelmemesi üzerine Kantakuzenos'un Sırplara karşı planı suya düştü. Süleyman, Kavala'nın (Christoupolis) Sırplar eline düşmesinin ardından daha ileriye gitmedi ve Anadolu'ya döndü. Orhan kayınpederine mazeret olarak Anadolu'da saldırıya uğradığını bildirdi. Serbest kalan Sırplar bütün Kuzey Yunanistan'ı, Teselya ve Epir'i işgal ettiler.

V. Ioannes Paleologos gelip Mattheos'u Edirne'de kuşatma altına aldı. İstanbul'da Kantakuzenos güveni kaybetmişti. Onun Türklerin Trakya'ya akınlarını önlemediğine, Tzympe'yi verdiğine inananlar V. Ioannes Paleologos'a katılıyordu. Trakya şehirlerinin çoğu V. Ioannes Paleologos'u destekliyordu. Trakya'da durum kötüleşince Kantakuzenos, Cenevizlilerle barış yaparak bir Türk kuvvetiyle hemen Trakya'ya hareket etti. Ona karşı V. Ioannes Paleologos, Sırp ve Bulgar krallarından yardım istedi. Sırp Kralı Duşan önemli bir kuvvet (4000 süvari) gönderdi. Bunlara Bulgar Çarı Aleksandr da katıldı (1352 güzü). Orhan, Kantakuzenos'un oğlunu desteklemeye karar verdi. Böylece Mattheos'a karşı savaş, Orhan'ın önemli rol oynadığı bir Balkan savaşına dönüştü. Sırp ve Bulgar askerleri Meriç boyunca yerleşti. Orhan'ın, oğlu Süleyman kumandasında gönderdiği 10-12 bin kişilik süvari ordusu duruma hâkim oldu. Süleyman, Meriç üzerinde Empithion'da Bulgarları yendi (1352 kışı). Sırplar ve Bizans kuvvetleri bir süre direndilerse de Türklerin sayı üstünlüğü ve cesaretleri karşısında tam bir bozguna uğradılar. Kaçabilenler Dimetoka Hisarı'na sığındı. Türk süvarilerinin hızlı ve dayanıklı atları dolayısıyla üstünlüğü vardı. Özetle, Bizans tahtı için Paleologos ve Kantakuzenos aileleri arasında rekabet Trakya'yı Osmanlılara açmaktaydı. Bunun ardından Süleyman, Kantakuzenos'u Edirne'de buldu. Türk birlikleri ganimetlerini artırmak için Bulgaristan'a akın yaptılar. Süleyman askerini kışı geçirmek üzere Tzympe (Cinbi) Kalesi'ne yerleştirdi. Ioannes Paleologos, Süleyman'ı kendi tarafına çekmek için elçi gönderdi, Süleyman ise bunu nezaketle reddetti. Ümidini kaybeden Ioannes rakip Kantakuzenoslar ile anlaşma yapmak ve iç savaşa son vermek zorunda kaldı. Trakya şehirleri Kantakuzenoslara teslim oldu. Baba Kantakuzenos İstanbul'a geldi. Sonuçta Orhan, olayların gidişini belirleyen güç olarak ortaya çıkmıştı.

Rumeli'ne Geçiş ve Yerleşme (1324-1362)

Anonim Tevârih'te popüler-folklorik hikâyelerle (öküz derisi, sal ile geçiş vb.) anlatılan Avrupa'ya geçiş rivâyeti, *Düstûrnâme*'deki tarihî bilgiler ışığında değerlendirilmelidir. *Âşıkpaşazâde*'nin rivâyetine göre Süleyman Paşa, Aydıncık tepesinden (Temaşalık) Kyzikos harabelerini görüp hayrete düşmüş ve Rumeli'ne geçip yerleşmeyi düşünmüş, Ece Bey ve Gâzî Fâzıl ile görüşüp bunu kararlaştırmıştır. Bu olay, Süleyman'ın, Kapıdağı-Aydıncık-Lapseki sahil ovasını fethettiği bir zamana rastlamış olmalıdır. Aydıncık'tan Rumeli sahili görünmez. Mahallî rivâyet bir noktayı teyit eder: Süleyman, Görece tepesinden karşı yakayı seyretmiş (Görece yer adı, *Âşıkpaşazâde*'nin nüshalarında çeşitli biçimlerde verilmiştir). Süleyman Paşa, Görece'de (bugün Kemer'in güneyindeki tepede bu isimde bir köy mevcuttur) sahildeki Viranca-Hisar'a (Görece'den aşağı sahilde Kemer'e 4-5 km.) inmiştir. Kemer (yakınında Viranca-Hisar, antik Parion harabeleri), burada önemli bir liman şehridir. Karabiga (antik Priapos) bir yarımada üzerinde kurulmuş büyük bir kaledir. Süleyman Paşa, Bolayır fethi için Kemer'den bir ordu ile hareket etmiştir. *Düstûrnâme*'de Gelibolu Tekfuru Asen'in oğlunun tutulduğu ve Müslüman olarak Melik Bey adını aldığı, bu şahsın Süleyman'ı sürekli Rumeli fethi için desteklediği, Lapseki'de yapılan gemilerle geceleyin asker taşındığı bilgisi yer alır. Paul Lemerle, o sırada Gelibolu valisinin Asan (Asen) Andronik olduğunu, Asanlar'ın üç kardeş olup aralarında geçimsizlik bulunduğunu, birinin kaçarak Süleyman'ın yanına geldiğini tespit etmiştir. *Düstûrnâme*'de onun Müslüman olup ilk Osmanlı fetihlerinde önde olduğunu gösterir. *Âşıkpaşazâde*'nin geceleyin salla geçilip bağların arasında bir kâfirin ele geçirildiği, Süleyman Paşa'nın buna bir kaftan giydirdiği ve onun yol göstermesiyle kaleye girildiği şeklindeki rivâyeti genelde *Düstûrnâme*'deki bilgiyle uyuşur ve bunun Gelibolu tekfurunun oğlu Asen olduğu ortaya çıkar. Aynı kaynak, ilk Osmanlı fethi olan Akça-Burgos'un onun tarafından gerçekleştirildiğini, Gelibolu düştükten sonra bir deniz seferinde boğulduğunu açıklar (Kemer'in doğusunda Şahmelek [Şahmelik] Limanı'nda onun adı bugüne kadar yaşamıştır). *Âşıkpaşazâde* rivâyeti, Süleyman Paşa'nın Cinbi Hisarı fethinin ardından Bolayır yakınındaki Akça-Burgos'ı alıp gemileri yaktığını açıklar. *Âşıkpaşazâde*'ye göre bir iki gün içinde iki bin asker geçirdiler ve bir gece Aya-Şilonya'yı aldılar. Bu rivâyetin başka bir versiyonunda Odköklük ile Eksamilye'nin de fethedildiği belirtilir (Eksamilye Bolayır'ın kuzeyinde her iki denizi gören Bizans Hexamilion Hisarı'dır, yakın zamanlara kadar haritalarda Eksamilye adını korumuştur). Odköklük veya Köklük (Balabancık) Hisarı'nın fethi, Süleyman

Paşa'nın Bolayır seferinde ilk fethidir. Öteki kalelerin fethi, Süleyman Paşa'nın (gemilerle Cenevizli?) Kemer'den 3000 kişiyle gelip Bolayır'ı fethetmesinden sonra olmalıdır. *Düstûrnâme*'de kaydedildiği gibi, Süleyman Paşa'nın iki bin kişiyle Kemer Limanı'ndan Kozlu Dere'ye asker çıkarıp Bolayır'ı fethi, Rumeli fütûhâtında bir dönüm noktasıdır.

Şimdiye kadar literatürde Osmanlıların Avrupa yakasında yerleşmeleri hakkında yazılan şudur: 1352'de sefer dönüşü Kantakuzenos, Süleyman'a güçlü Tzympe Kalesi'nde geçici olarak yerleşme izni vermiş, o bu kaleden çıkmayıp Trakya'da yerleşmiştir. Gerçekte bu, Bolayır fethi sonucu Osmanlıların Gelibolu yarımadasında stratejik bir noktada yerleşmesiyle mümkün olmuştur. *Düstûrnâme*'de Süleyman Paşa'nın Anadolu'da Kemer Limanı'ndan o zaman için büyük bir ordu olan üç bin kişiyle Kozlu Dere'ye çıkarma yaptığı belirtilmektedir (Kozlu Dere kıyıdaki limandan Bolayır'a uzanan vadidir, bugün bu vadide Kozlu-Çeşme).

Süleyman'ın Bolayır *uc* merkezi, Gelibolu yarımadasının en dar yerinde stratejik bir noktadaydı. Süleyman Bolayır'da *uc*ları teşkilâtlandırdı. Ece Bey ve Gâzî Fâzıl kumandasındaki kuvvetler kuzey ucunda Gelibolu'yu abluka altına aldı. Kuzeyde Süleyman Paşa'nın kendi kumandasındaki *uc*, geleneksel Türk stratejisine uygun biçimde sağ kol, orta kol ve sol kol olarak örgütlendi: Orta kol önemli merkez Malkara (Megalkhora), sol kol Evrenos idaresinde Keşan, sağ kol Banatoz (Panados)-Tekfurdağı doğrultusunda teşkilâtlandırıldı. Süleyman Paşa, bölgeye Anadolu'dan derhâl asker ve halk getirip yerleştirme ve bir köprübaşı kurma konusunda büyük çaba gösterdi. Hisarlardaki Bizans askeri Anadolu'ya sürüldü. Babası Orhan'a adam gönderdi, fethedilen hisarları korumak için çok askere ihtiyaç olduğunu bildirdi. Bununla beraber, 1351-1355 Ceneviz-Venedik savaşının ortaya çıkardığı şartlar olmasaydı, Osmanlıların Rumeli yakasında yerleşmesi kolay olmazdı.[1]

---

1 Rumeli'ne geçiş ve yerleşme üzerine ayrıntılı araştırma: İnalcık, *Kuruluş Dönemi Osmanlı Sultanları*, İstanbul, 2010.

Sultan I. Murad (1362-1389) ve Bizans

Çirmen (Sırp Sındığı) Savaşı (26 Eylül 1371)

1361 yılında Edirne'nin zaptından sonra, o sırada henüz şehzade olan Murad'ın bu şehri Osmanlı Devleti'nin payitahtı yapmış olduğu doğru değildir. Babası Orhan'ın 1362 Martı'nda ölümü üzerine I. Murad alelacele Bursa'ya (1402 yılına kadar payitahttı) gelmiş ve sonra Ankara yöresini Anadolulu Eretna ve Karaman beylerine karşı korumak için harekete geçmişti. Rumeli'ndeki Osmanlı kuvvetlerinin başkumandanı olan Lala Şahin, 1370'lere kadar uc beyleri Evrenos ve Hacı İlbey'in işbirliğiyle Osmanlıların Avrupa'daki faaliyetinden sorumluydu. Gelibolu'nun 1366 yılında düşmesinden ve Marmara'nın güney sahilinde Bizans'ın sağlamlaştırılmış mevkii Karabiga'nın teşkil ettiği sürekli tehlikeden dolayı Murad, 1373 yılından önce Avrupa'ya geçmeyi tehlikeli bulmuştu. Böylece Meriç Vadisi'nde ve güneydeki Serez Sırp Prensliği'ne karşı başlangıçtaki ilerlemelere rağmen Osmanlı beyleri genelde savunmada kalmışlardı. Bu durum onların niye Bulgar çarıyla işbirliği yapmayı tercih ettiklerini ve Bizanslıların 1366-1371 döneminde Türkleri Trakya'dan çıkarmak için neden yoğun çabalara giriştiklerini de açıklar. Bizanslıların bu faaliyetleri öncesinde Patrik Callixtus 1363-1364'te Serez Prensi despot John Uglyeşa'yla temasa geçmiş ve Bizanslı diplomatlar 1365-1366'da bir Haçlı seferini oluşturmak için Papa'nın ve Macaristan kralının saraylarında yoğun faaliyetlere girişmişlerdi. Bunların, doruk noktasını V. Ioannes Paleologos'un 1369 yılında İtalya'yı ziyareti ve Roma'da Latin Katolikliği'ne geçmesi teşkil etmişti.

Uglyeşa ve kardeşi Vulkaşin'in kumandasındaki bir Sırp ordusu 1371 yılında Edirne'yi almaya teşebbüs etti. Osmanlı *uc* kuvvetleri 26 Eylül'de Çirmen'de (Chernomen) ani bir gece baskını yapıp iki kardeşi öldürerek Sırpları ezici bir şekilde mağlup ettiler. "Meriç yenilgisiyle güney Slavları üstünde Türk hâkimiyeti başladı."[1] Türk akıncıları Makedonya'yı istila ettiler ve Teselya ile Arnavutluk'a kadar ilerlediler.[2] Serez yakınlarındaki Saint John Prodrome Manastırı'nın keşişlerine himâye ve vergiden muafiyet bahşeden ilginç bir doküman,[3] 1372-1373'te Makedonya'daki Osmanlı nüfuzunun delilidir. Erken Osmanlı menkıbelerine göre I. Murad, kendisine Sırpların Edirne'ye saldırısını haber veren gâzîlere destek vermek için Çanakkale Boğazı'na giderken önce durup gerisini tehdit eden Karabiga'yı ele geçirmek zorunda kalmıştı. Böylece 1371 yılında Bizans-Sırp ittifakının bir gerçek olduğu ve Rumeli *uc* beyleri Sırp ordusunu karşılarken Murad'ın Karabiga'da Bizanslılarla savaşmaya mecbur olduğu söylenebilir.

Çirmen'deki Osmanlı zaferi, İtalya'yı Osmanlıların istilasına maruz bırakacak bir tehdit olarak endişeye sebep olmuş görünüyor. Arnavutluk'u ve Adriyatik limanlarını fetih için Osmanlı planlarına dair mübalağalı rivâyetler yayıldı.[4] Papa, Fransa, İngiltere ve Flamanya'yı bir Haçlı seferi için birleşmeye davet etti ve Bizans imparatoru da dâhil olmak üzere Doğu Akdeniz'deki Hıristiyan hükümdarlardan, Osmanlılara karşı ortaklaşa harekete geçmeyi görüşmek üzere Teb'deki bir toplantıya delegeler göndermelerini istedi; ama böyle bir toplantı olmadı.

---

1 Constantin Jirecek, *Geschichte der Serben*, II, Gotha, 1911, s. 438; Oskar Halecki, *Un Empereur de Byzance à Rome*, Warszawskiego, 1930, s. 188-212.

2 Dujcev, "La Conquête turque et la prise de Constantinople dans la littérature slave", *Byzantinoslavica*, XIV (1953) ve XVI (1955).

3 Elizabeth A. Zachariadou, "Early Ottoman Documents of the Prodromos Monastery (Serres)", *Südost-Forschungen*, XXVIII (1969), s. 1-12.

4 K. Setton, *The Papacy and The Levant, 1204-1571*, I, Philadelphia, 1976, s. 328-329.

Fakat Macaristan Kralı Ludwig ertesi yıl Haçlı seferine çıkmak için yemin ederek bu meseleyle ilgilendiğini gösterdi ve Venediklilerle Raguzalılardan kendisi için kadırgalar inşâ etmelerini istedi. Ama onun niyetleri başka türdendi. Çirmen'deki Osmanlı zaferi ve müteakip akınlar Ludwig'in Tuna ülkeleri üstünde Macar kontrolünü güçlendirmek için olan eski planlarına yaramıştı. Ludwig'in "Haçlı seferi" aslında Sırbistan, Bosna ve Bulgaristan'ın Ortodoks "mutezileci" halklarına karşıydı. 1356 Mayısı'nda Stefan Duşan'ın imparatorluğunun parçalanmasının akabinde Ludwig zaten "mutezilecilere" karşı Haçlı seferi ilân etmişti.[5] Kralın himâyesi altındaki Fransiskenler, Balkanlar'da mezhep değiştirme çabalarını gayretle sürdürüyorlardı. Bu siyâset Balkanlar'ın Ortodoks halkını ve prenslerini Macaristan'dan tamamen soğutmuştu ve çoğu kez *istimâlet*, hoşgörülü yönetim veya "uzlaşma" siyâsetleriyle Ortodoks kilisesinin ve mahallî prenslerin hâmîleri olarak ortaya çıkan Osmanlıların işini kolaylaştırmıştı. Aslında Slav milletlerini kuzeyden ve güneyden sıkıştıran Macarlar ile Türkler, karşı karşıya geldikleri güne kadar birbirlerinin ilerlemesine yardımcı oluyorlardı. Fakat Murad 1373 yılında Venedik senatosunun talebi üzerine Macarlara karşı Dalmaçya'ya 5000 paralı askerden oluşan bir kuvvet gönderdi.[6]

Bizans ve Sırplar Osmanlı Egemenliğini Tanır (1372)

Çirmen'den sonra Makedonya'daki Sırp prensleri –Marko Kraliyeviç, despot Dragaş Dejanoviç ve kardeşi Konstantin– vergi ödemeyi ve Osmanlı ordusunda hizmet etmeyi kabul ettiler. Serez, geleceğin imparatoru Manuel Paleologos'un hâkimiyeti altında tekrar Rumların idaresine girdi. Ama *uc* beyi Evrenos, orada Manuel'e karşı gâzâ savaşını yürüten Delü Balaban'ın kumandasında bir *uc* tesis etti. Sadece Makedonya'daki Sırp prensleri ve yeni Bulgar çarı Şişman değil, İmparator V. Ioannes de İtalya'dan geri

5 Huber, "Ludwig I. von Ungarn und die ungarischen Vassalenlander", s. 27.

6 Herbert A. Gibbons tarafından *The Foundation of the Ottoman Empire: A History of the Osmanli's up to the death of Bayezid I, (1300-1403)*, Oxford, 1916, s. 149'da zikredilmiştir. I. Murad ile Venedik arasındaki ilk münasebetler için bkz. F. Thiriet, *Régestés des délibérations du Senat de Vénice concernant la Romanie*, I, no. 423 (1365).

dönüşünü (28 Ekim 1371) müteakip, Çirmen'den sonra Murad'ın metbuluğunu tanımak zorunda kalmıştı.[7] İmparatorun İtalya'yı ziyareti ve orada Katolik olması denizden bir Haçlı seferi yapılmasını sağlamadığı gibi, Türkleri Anadolu'ya sürebilecek yegâne kara devleti olarak görülen Macaristan'ın işbirliğini temin etmemişti. V. Ioannes'in Avrupa'yı ziyareti esnasında Osmanlılar, Bizans'ta başında imparatorun hırslı oğlu IV. Andronikos'un bulunduğu Batı karşıtı bir kesimi desteklemiş görünüyorlar. O tarihten itibaren Osmanlı hükümdarı, Bizans imparatorunun metbusu olarak Paleologoslar içinde 1373, 1376-1379 ve 1390 yıllarında iç savaş olarak patlak veren iktidar mücadelelerine akıllıca müdahale edip bunlardan yararlandı.

Murad, Chioggia Savaşı'nda (1378-1381), Bozcaada'ya sahip olmak için Venedikliler ile Cenevizliler arasında oluşan şiddetli rekabetten de çok faydalandı. 1376 Ekimi'nde Andronikos, Çanakkale Boğazı'nın anahtarı olan Bozcaada'yı Cenevizlilere vaat ettiği zaman Venedik adayı işgal etmişti. Andronikos, Konstantinopolis'i ve Bizans tahtını Osmanlı ve Ceneviz desteğiyle ele geçirmişti. 1377 yılı başlarında Gelibolu'yu, on yıl Bizanslılarda kaldıktan sonra Osmanlılara geri vermişti. Batı ile ittifakın ve Haçlı seferinin lehinde olan Bizanslılar, Gelibolu'nun teslim edilmesine karşıydılar; ama halk ve senato Andronikos'un kararını onaylamıştı. Aslında imparator, Murad'ın tâbisi olarak zaten Türklerin geçişini engelleyecek durumda değildi. Murad, Andronikos ve Cenevizlilerin işbirliği yapmaları karşısında Venedik de V. Ioannes'in tarafını tutmuştu. Fakat tahtını ancak Murad'a daha ehven tâbilik şartları –seferlerinde askerî birlik vermek, eskisinden daha büyük yıllık ödemeler yapmak ve Bizans'ın Anadolu içlerindeki son önemli mülkü olan Alaşehir'i teslim etmek– vaat ederek geri alabildi. (1 Temmuz 1379).[8]

Süratli Osmanlı yayılmasına, Rumların ve diğer Balkan milletlerinin teslimiyetçiliği ve ümitsizliği büyük ölçüde yardımcı olu-

---

7 Peter Charanis, "The Strife among the Palaeologi and the Ottoman Turks, 1370-1402", *Byzantion*, XVI (1942-43), s. 292.

8 Charanis, "The Strife among the Palaeologi and the Ottoman Turks, 1370-1402", s. 299; Peter Schreiner, "Zur Geschichte Philadelphias im 14. Jahrhundert (1293-1390)", *Orientalia Christiana Periodica*, XXXV (1969), s. 404-405.

yordu. Batı yanlısı Demetrios Kydones tenkitlerinde bu psikolojiyi Türklerle işbirliği yapan yüksek mevkidekilere saldırarak yansıtırken halkın, özellikle de yoksulluğun ve kıtlığın pençesindeki şehir sakinlerinin de Osmanlı idaresinden yana olduklarını söyler. Kilise, Türklerin Papa'ya tercih edilip edilmeyeceklerini açıkça müzakere ediyordu. Çeşitli münasebetlerle Rum kilisesi, Osmanlılara karşı askerî hazırlıkların masraflarının karşılanması için toprak kiralarından elde ettiği gelirini vermeye istekli değildi. Türklerin hâkimiyeti çoğu kez Hıristiyan âleminin günahları için semavî yargının kaçınılmaz sonucu olarak gösteriliyordu.[9] Osmanlılar sürekli olarak aynı fikri yayıyorlardı ve *istimâlet*, hoşgörülü idare propagandalarında barış içinde ve müreffeh bir hayat vaat ediyorlardı; genellikle de vaatlerini yerine getiriyorlardı.

1373 yılından itibaren Sultan, Bizans'ın işbirliğinden emin olarak, Anadolu ile irtibatının kesilmesinden korkmaksızın ordusuyla birlikte Avrupa'ya geçebiliyordu. Osmanlılar bu dönemdeki uluslararası gelişmelerden cesaret bulmuşlardı. Kendisini "Sırbistan'ın, Dalmaçya'nın ve Bulgaristan'ın kralı" olarak tanımlayan Macaristan Kralı I. Ludwig'in 1382 Eylülü'ndeki ölümünün ardından Macaristan, vârisler arasında tahta geçmek için başlayan bir iç mücadelenin pençesindeydi. Macar tahtı için Anjevinleri destekleyen Morava Valisi ve Bosna'daki Sırp Knezi I. Lazarevic (1371-1389) bile Ludwig'in halefi Sigismund'a (1385-1437) karşı yapılan mücadeleye karışmıştı.[10] Aynı zamanda Dalmaçya için Venedik ile Macaristan arasındaki rekabet, bu iki devletin 1394 yılına kadar bütün dönem boyunca Osmanlılara karşı ortaklaşa hareket etmelerine mani oluyordu. Ayrıca Bozcaada ve Karadeniz'e açılan deniz yolları yüzünden iki cumhuriyet arasında tahripkâr bir savaşa sebep olan Ceneviz-Venedik rekabeti, bu denizci devletleri, 1352 yılından beri Cenevizlilerle müttefik olan Osmanlılara karşı hareketsiz kılıyordu. Macar-Venedik ittifakına sebep olan diplomatik

9 Dujcev, "La Conquête turque et la prise de Constantinople dans la littérature slave", s. 486-489; Speros Vryonis, *Decline of Medieval Hellenism in Asia Minor and the Process of Islamization from the Eleventh through the Fifteenth Century*, Berkeley, Los Angeles, Londra, 1971, s. 408-421; Ihor Sevcenko, *La Vie intellectuelle et politique a Byzance sous les premiers Paleogues*, Brüksel, 1962.

10 Jirecek, *Geschichte der Serben*, II, s. 117.

devrim, ancak Osmanlılar 1393 yılında Bulgaristan'ı işgal ettikten sonra meydana gelecekti.[11]

Ceneviz ile yapılan 8 Haziran 1387 tarihli anlaşmayla I. Murad, Orhan'ın evvelce vermiş olduğu ticarî imtiyazları yeniledi.[12] Dönemin Ceneviz dokümanları, Osmanlıların Cenevizlilerle sıkı ticarî ilişkileri sürdürdüklerini ve Pera'yı ziyaret etmekte olduklarını gösteriyor. Aynı zamanda Osmanlı hükümetinin, Murad'ın saltanatı (1362-1389) süresince Venedik'e açıkça meydan okumadığı görülüyor. Venedik ise, Osmanlı topraklarından (Trakya?) buğday satın almaya devam etti ve hatta 1365, 1368 ve 1384 yıllarında diplomatik teşebbüslerde bulunarak Murad'ın Pera'daki rakip Ceneviz kolonisinin tam karşısındaki Scutari'de (Üsküdar) bir koloni tesis etmelerine müsaade edeceğini ümit etti.[13] Kısacası Osmanlılar, Murad'ın Balkanlar'da büyük fetihlere giriştiği dönemde, İtalyan denizci devletlerin tarafsızlığını sağlamakta başarılı oldular.

1383 yılında Murad Boğazlar'ı geçerek karargâhını Edirne'de kurdu ve veziriâzam Hayreddin Paşa ile Evrenos'un kumandasındaki bir orduyu Batı Trakya'da, Aşağı Karasu (Mesta) ve Makedonya'daki Karasu (Struma) nehirleri arasındaki zengin sahil ovalarını ve şehirleri fethetmek için gönderdi. Osmanlılar denizden yardım gelmesini önlemek için Azeb Bey'in kumandasındaki donanmalarını da kullandılar. Bu bölgede birçok yıldan beri abluka altında bulunan Kavala (Christoupolis), Drama, Zihne ve Serez vire ile teslim oldular.[14] Akıncılar faaliyetlerini Arnavutluk ve Mo-

---

11 Bu dönemin Venedik diplomasisinin en iyi tahlili hâlâ Max Silberschmidt'in eseri (*Das orientalische Problem zur Zeit der Entstehung des türkischen Reiches nach venezianischen Quellen: Ein Beitrag zur Geschichte der Beziehungen Venedigs zu Sultan Bajezid I., Byzanz, Ungarn, Genua und zum Reiche von Kiptschak 1381-1400*, Leipzig, 1923)'dir.

12 W. Heyd, *Histoire du commerce du Levant*, II, çev. F. Raynaud, Leipzig, 1936, s. 259-260.

13 Heyd, *Histoire du commerce du Levant*, s. 259-260.

14 Serez şehri ancak 1393 yılında alınmıştı ama taşrası daha 1372 yılında Delü Balaban'ın emrindeki Osmanlı hudut kuvvetlerinin kontrolü altına girmişti. Osmanlı vakâyinâmeleri bu ayrımı yapıyorlar. *Anonim Tevârih-i Âl-i Osmân* (*Paris Bibliotek Nationale*, elyazması ekleri, turc. 1047), folyo 19'daki "Siroz"un (Serez) fethine özellikle bakınız. Beldiceanu-Steinherr'in "La Prise de Serres", *Acta Historica, Societas Academica Dacoromana*, IV (1965), s. 15-24'teki yorumu ile hemfikir olamıyorum. Nihaî fetih tarihi Ostrogorsky tarafından "La Prise de Serres par les Turcs", *Byzantion*, XXXV (1965), s. 302-319'da belirlenmiştir ve keza Ostrogorsky, *Serska Oblast Posle Dusanove Smrti*, Belgrad, 1965, s. 126-160.

ra'ya kadar uzaklara taşıdılar ve Selânik ile çeşitli şehirlere akınlar düzenlendi. Fakat 1383 yılındaki seferden sonra Evrenos'un idaresindeki yeni Osmanlı *uc*'unun merkezi Serez'di ve Karasu (Struma) nehri bu taraftaki yeni hudut oldu.

1385 yılında Balkanlar'da sultanın idaresinde daha büyük bir sefer düzenlendi. Harekât iki yönde geliştirildi. Rumeli beylerbeyi ile Evrenos'un kumandasındaki bir ordu Makedonya'yı istila etti ve Selânik ovasını aldı; şehre karşı başarılı olamadıysa da Kara-Ferye (Fere) zapt edildi. Manastır teslim oldu ve akıncılar Epir'deki I. Carlo Tocco'nun mıntıkasına kadar ilerlediler.[15]

Beylerbeyinin kumandasındaki ordu çok eski bir geçmişi olan Via Egnatia'da ilerlerken, Murad'ın bizzat kumanda ettiği asıl ordu Tuna Sırbistanı'na doğru Meriç Vadisi'ndeki meşhur askerî yolu takip etti. O, Nishava Nehri'ndeki tarihî geçidi geçmeye muvaffak oldu ve 1385 yılının sonbaharında Knez Lazarevic'in payitahtı Alaca-Hisar'a (Kruşevac) sadece elli mil mesafede bulunan Niş'i zapt etti.[16] Knez, Murad'ın seferlerine bin kişilik bir birlik göndermek ve her yıl vergi olarak elli *okka*[17] (takriben 70 kilo) gümüş vermek gibi ağır şartlarla Osmanlıların koruyuculuğunu kabul etmekten başka yapacak bir şeyi olmadığını gördü. Bu tarihte Macaristan müdahale edemeyecek kadar taht üzerinde hak iddia eden prenslerinin arasındaki dâhili mücadeleye boğulmuştu.

---

15 On beşinci yüzyılın sonlarında İdrîs-i Bitlîsî ve Neşrî'nin yaptığı Osmanlı derlemeleri olayların kronolojisini ve sırasını karıştırmaktadır. Benim kronolojim bu kaynakların tenkitçi bir incelemesine istinat etmektedir. Kara-Ferye'nin fetih tarihi (H. 787/M. 1385), Hıristiyan kaynaklarında teyit edilmiştir, bkz. Jirecek, *Geschichte der Serben*, II., s. 107 ve Silberschmidt, *Das orientalische Problem zur Zeit der Entstehung des türkischen Reiches*, s. 95-96.

16 Sırp yıllıkları (bkz. Jirecek, *Geschichte der Serben*, II, s. 118) tarihi 1386 olarak vermektedirler.

17 Neşrî, *Cihânnüma: Die Altosmanische Chronik des Mevlânâ Mehemmed Neshri*, Theodor Menzel ve Taeschner edisyonu, I, Leipzig, 1951, s. 58'de 50 bin *okka*, İdrîs'te ise sadece 50 *okka*'dır.

Yıldırım Bâyezid Dönemi (1389-1402) ve Bizans

Haçlılar: Niğbolu Savaşı (25 Eylül 1396) ve İstanbul Kuşatması (1394-1402)

Bâyezid tahta çıktığından beri Bizans üzerinde egemenliğini pekiştirmek arzusundaydı. Bizans'ta taht çekişmelerinden yararlandı. İmparator, 1372'den beri Osmanlı sultanlarının *haracgüzâr* bağımlısı idi. IV. Andronikos Paleologos'un oğlu V. Ioannes Paleologos, Bizans tahtı üzerinde öncelik hakkı olduğunu ileri sürerek, Bâyezid'den yardım istedi. Bâyezid, onun yanına asker katıp İstanbul üzerine gönderdi (31 Mart 1390). Şehirdeki yandaşlarının yardımıyla Ioannes şehre girdi (3 Nisan 1390) –fakat yanındaki Türklerin girmesine izin verilmedi– ve Bizans tahtına oturdu. Bir kez daha Osmanlı Sultanı, Paleologos hanedanı içindeki taht mücadelesinden yararlanmış bulunuyordu. VII. Ioannes'in babası IV. Andronikos da Sultan Murad'ın desteğiyle tahta çıkmış ve Gelibolu'yu Türklere geri vermişti (1376). Venedik, VII. Ioannes'in tahta çıkışı ile İstanbul'un Türkler eline geçebileceği kaygısına kapıldı.[1]

Tahttan indirilen V. Ioannes ve oğlu Manuel karşı atağa geçmekte gecikmediler ve Rodos Şövalyeleri'nin yardımıyla imparator

1 Thiriet, *Régestés des délibérations du Senat de Vénice concernant la Romanie*, I, no: 772.

VII. Ioannes'e karşı baskın yaptılar, VII. Ioannes kaçıp Bâyezid'in yanına sığındı. Bâyezid, ihtiyar V. Ioannes ile oğlu Manuel'in tekrar Bizans tahtına oturmalarına karşı çıkmadı. Kuşkusuz onlar, Bâyezid'e her zamandan çok bağımlı olmayı vaat etmişlerdir. V. Ioannes, sultanın haracgüzârı olarak oğlu Manuel'i bir yardımcı askerî kuvvetle Bâyezid'in Anadolu seferine gönderdi (1391).

Bâyezid (1389-1402), imparatorluğun iki parçası, Anadolu ile Rumeli arasında gidiş gelişin önemini daima göz önünde tutuyor, kesin çözümün İstanbul'da Osmanlı egemenliğini kurmak olduğunu anlıyordu. Manuel, babasının ölüm (1391) haberi üzerine Anadolu'dan Bâyezid'in ordusundan kaçıp Bizans tahtına oturdu. Haracgüzâr imparator olarak tekrar Bâyezid'in Anadolu seferine katıldı (8 Haziran 1391'de İstanbul'dan ayrıldı). Bâyezid, 1393'e kadar Anadolu'daki acil işlerle uğraştı. Kastamonu-Amasya bölgesinde başkaldıran beyleri itaat altına almak veya topraklarını işgal etmek gerekti. Bâyezid'in Anadolu'da isyancılara karşı uğraş verdiği sırada, Bizans ve Balkanlar'da *haracgüzâr* devletler bağımsızlık yoluna gitmişlerdi;[2] enerjik bir sultan olarak Hıristiyan beylerin bağımlılıklarını pekiştirmek, Selânik ve Mora'da Venedik planlarını önlemek üzere 1393 sonbaharında Boğaz'ı geçti, Hıristiyan beylerini Kara-Ferye'de (*Verrai*) (Serez -*Serrai*'de değil)[3] huzuruna çağırdı. İmparator Manuel İstanbul'dan, kardeşi Theodor ise Mora'dan Serez'e geldiler (1393-1394 Kışı), öteki haracgüzâr Balkan prensleri, bu arada Sırp Prensi Stefan Lazarevic Kara-Ferye'de hazır oldular. Manuel, Bâyezid'in hepsini idam edeceğinden korkuyordu.[4] İşi kadere bırakıp hepsi Bâyezid'in huzuruna çıktılar, ölümü beklerken kurtuluşu Tanrı'nın lütfu saydılar.[5] İleri görüşlü olan Veziriâzam Çandarlı Ali Paşa, Bâyezid'in bu düşüncesini önlemişti. Mora'da önemli bazı kaleleri ele geçirmek amacıyla Bâyezid, Teselya'ya hareket etti, Bâyezid'in ileri sürdüğü ağır koşulları kabul etmeyen Manuel, Serez'den süratle ayrılıp İstanbul'a döndü.

---

2 Bkz. Halil İnalcık, "Murad I", *TDV İslâm Ansiklopedisi*, XXXI (2004), s. 156-164.
3 Bkz. Halil İnalcık, "Bayezid", *TDV İslâm Ansiklopedisi*, V (1992), s. 231-234.
4 Buna dair mektubun çevirisi için bkz. Barker, *Manuel II Palaeologus* (1391-1425), s. 115.
5 Manuel'in mektubu, Barker, *Manuel II Palaeologus* (1391-1425), s. 115.

Bâyezid, Çandarlı Ali Paşa'yı İstanbul'a gönderip isteklerini tekrarladı. İmparator, İstanbul ve Boğaz'da sultanın tam egemenliğini tanımalı, kendisi sadece İstanbul'da kalmalı idi. Bâyezid cevap alamayınca ordusuyla İstanbul üzerine yürüdü, şehri kuşattı (1394 Baharı). Manuel, haracgüzârlıkla kendisini ve Bizans'ı kurtaramayacağını anladı, ondan sonra tüm çabalarını Batı'dan bir Haçlı seferini tahrik etmeye harcadı.

Venedik, Manuel'e şehri asla terk etmemesini, Papa ile Haçlı hazırlığı için temasa geçmesini tavsiye ediyor, yardım vaadinde bulunuyordu. Bu tarihten fethe kadar İstanbul'un Osmanlı'ya karşı korunması görevinde Venedik başta gelecektir. Temmuzda Venedik, Bâyezid'in Timur ile anlaşmazlık halinde olduğu müjdesini veriyor, İstanbul kuşatması üzerine önlemler almakla beraber tarafsız görünüyor; aracılık öneriyor; para sıkıntısı içindeki imparatordan Boğaz karşısında Limnos adasını terk etmesini istiyordu. Kuşatmanın başından beri Manuel, şehirden Venedik'e veya Limnos adasına kaçmayı düşünmekteydi.[6] Kuşatma altında Manuel, Papa ve Avrupa'daki hükümdarlara imdat mektupları gönderiyor; Venedik'e Limnos adasını satmayı öneriyordu; öte yandan, Bâyezid'in Tuna Bulgaristanı'nı işgali (1393), Macar kralının harekete geçme kararı almasında rol oynadı. Kral, Haçlı hazırlıklarına başladı. 1394 Sonbaharı'nda İstanbul kuşatması şiddetlendi. Venedik, Macaristan kralı ile Bâyezid'e karşı ittifak görüşmelerine başladı (1394 Sonbaharı). Her şeye rağmen Manuel, bir mektubunda[7] sultanın eskisi gibi bu kez de eli boş döneceği umudunda görünüyor.

İstanbul önüne gelen Bâyezid'in "muazzam" ordusu surlar dışındaki araziyi tamamıyla işgal etti. Bâyezid'in şehre karşı ilk saldırısı başarılı olmadı[8] (kuşatmada mancınık kullanılıyordu). Bâyezid o zaman atalarının Bursa ve İznik'te kullandıkları taktikle, İstanbul'u uzun bir abluka altında açlıkla teslime mecbur etmeyi düşündü. Venedik, şehre devamlı erzak yetiştirmeye çalıştı; bir de-

6 Barker, *Manuel II Palaeologus* (1391-1425), s. 123-125.

7 Cydones'e mektup: Barker, *Manuel II Palaeologus* (1391-1425), s. 126-127.

8 D. Nicol, *Byzantium and Venice: A Study in Diplomatic and Cultural Relations*, Cambridge, 1992, s. 332.

fasında (1500 *modii, 2 mud,* yaklaşık yarım ton) buğday gönderdi. Kuşatma 1402'ye dek sürecektir. 1396 Şubatı'nda Venedik, Bâyezid'le temasa geçerek barış için aracılık önerdi ve son ana kadar bu girişimi tekrarladı. Bu arada Bâyezid, Tuna'yı geçerek Macar kralıyla birleşen Eflâk'a sefer yaptı, Tuna'yı geçti. Eflâk Voyvodası Mircea, Argeş'te çetin bir savaş vermek zorunda kaldı (17 Mayıs 1395). 1395 sonbaharında İstanbul kuşatmasında ciddi bir saldırı kaydediliyordu. İstanbul'un Türkler eline düşeceği kaygısı, Batı'da topyekûn bir Haçlı seferi için çalışmaları hızlandırdı.[9] İttifak 1396 Şubatı'nda Buda'da imzalandı. Venedik, Karadeniz'e gönderilecek donanma için hazırlıklara başladı (Mayıs 1396). Kral Sigismund'un kumandasındaki Haçlı ordusuna Fransız, Alman, İngiliz ve Eflâk kuvvetleriyle beraber Avrupa'nın her tarafından gönüllüler katıldı (bu Haçlı ordusu için abartılı 100 bin rakamı verilir). Venedik, Bâyezid'e karşı açıktan savaşa katılmak istemiyordu.[10] Sonunda, Macaristan'ın ısrarıyla Venedik, Haçlı ordusuyla işbirliği için Ege Denizi'ne bir donanma gönderdi.

Sigismund, Haçlı seferini topyekûn bir deniz-kara savaşı olarak örgütleme kararındaydı, bunun için Venedik'in kesin rolü ortaya çıkarmaktaydı. Venedik, Bizans'ın hâmîsi sayılıyordu,[11] Manuel de Venedik'e güveniyordu. Buna rağmen Venedik Doğu'daki hayatî çıkarları (Ege'deki kolonilerinin güvenliği ve Karadeniz ticâreti) sebebiyle Bâyezid ile ilişkilerinde tarafsız görünme çabasını sürdürdü. Venedik için Osmanlı ile eski anlaşmayı teyit etmek, özellikle Türkiye buğday ihracatını güvence altına almak ciddi bir sorundu.[12] Ceneviz'e gelince, Bâyezid'in saldırgan politikası Pera için Ceneviz'i Venedik'e yaklaştırdı. 1390-1391'de Bâyezid'in Batı Anadolu beyliklerini ülkesine katması özellikle Anadolu'nun

---

9 Halecki, *Un Empereur de Byzance à Rome*, s. 494-504; Delaville le Roulx, *La France en Orient au XIVe siécle*, Paris, 1886; Setton, *Papacy and the Levant*, s. 220-245.

10 Nicol, *Byzantium and Venice: A Study in Diplomatic and Cultural Relations*, s. 334.

11 Max Silberschmidt, *Das orientalische Problem zur Zeit der Entstehung des türkischen Reiches nach venezianischen Quellen: Ein Beitrag zur Geschichte der Beziehungen Venedigs zu Sultan Bajezid I., Byzanz, Ungarn, Genua und zum Reiche von Kiptschak 1381-1400*, Leipzig, 1923, s. 52.

12 Silberschmidt, *Das orientalische Problem*, s. 56-58, 63.

Akdeniz ticâretinde mahreçleri, Ayasolug (Efes) ve Balat üzerinde egemenliğini kurması, Venedik'i Sigismund ve Bizans imparatoru ile ittifak anlaşmasını imzalamaya itti (Şubat 1396). Hâlbuki başından beri Venedik, Bizans ile Sultan Bâyezid arasında uzlaşmaya aracılık etmeyi tasarlamıştı.[13] Böylece, Venedik-Osmanlı ilişkileri yeni bir yönlenme kazandı. Venedik Senatosu kararını inceleyen Silberschmidt'e göre, Haçlı seferi için Venedik değil, Macaristan, Fransa ve Bizans öncelik etmişlerdir.[14]

Macar kralının Venedik'ten başlıca beklentisi şuydu: Osmanlı'nın Boğazlar aracılığıyla Anadolu'dan ve Rumeli'nden geçişlerini önlemek. Bunun için 25 kadırgaya ihtiyaç vardı, masraf olarak ise ayda 35-40 bin duka gerekiyordu. Bu isteği ileten Macar sefirine, Venedik diplomasisini açıklayan şu beyanat ilginçtir: "Eğer bir Türk ülkesinde gezen ve iyi karşılanan tüccarımızı göz önünde tutmak ve Türklerle barış içinde yaşayan ve hiçbir saldırıya uğramayan Ege kolonilerimizi düşünseydik, bizim için yalnız tehlikeli ve zararlı olabilecek bu Haçlı girişiminden uzak kalmamız gerekirdi." Venedik, Boğazlar'dan Karadeniz'e geçmenin bir sorun olmadığını kabul ediyordu. Gelibolu'da üslenen Osmanlı donanmasına karşı 25 kadırga yeterli görülüyordu.

Venedik Senatosu, Fransa, İngiltere ve diğer Hıristiyan devletlerin katılması kesinleştiği takdirde bu plana katılacaklarını ve Haçlı donanmasının dörtte birini sağlayacaklarını elçiye açıkladı.[15] Senato, gemilerin temmuzda İstanbul'da olacağını, kralın gelmesi üzerine Karadeniz'e hareket edileceğini bildirdi. Ama başlangıçtan beri Venedik politikası, Bizans imparatoru ile Bâyezid arasında aracılık yaparak Bizans'ın hâmîsi rolünü üstlenmek ve Levant'taki durumunu kurtarmak amacını güdüyordu. Venedik'in üzerinde durduğu başlıca hedeflerden biri, Boğaz'ı kontrol eden Kuzey Ege Adaları'ndan Tenedos'ta (Bozcaada) yerleşmekti. Manuel ise bu meselede, imparatorluk hukukunu korumak emelindeydi.[16]

---

13 Silberschmidt, *Das orientalische Problem*, s. 107.
14 Silberschmidt, *Das orientalische Problem*, s. 99.
15 Silberschmidt, *Das orientalische Problem*, s. 104-105.
16 Silberschmidt, *Das orientalische Problem*, s. 109.

Venedik, bir sefir gönderip İstanbul'un Bâyezid eline geçmesine kesinlikle göz yummayacağı hakkında imparatora garanti verdi (1395 Mart).[17] 1395 Baharı'nda dört (sonra 10) Venedik kadırgasının İstanbul'a gönderilmesi kararlaştırıldı. Bu deniz kuvvetinin, Bâyezid'e bir gözdağı olacağı umuluyordu. Bu arada Bâyezid'e bir elçi heyeti gönderildi.[18] Osmanlı gemileri Gelibolu'dan hareketle Venedik ticâret gemilerine saldırmıştı. Gelibolu Boğazı'ndan serbestçe ve güvenlikle geçiş, Venedik'in çok önem verdiği bir konuydu. Azak ve Trabzon'dan gelen Venedik tüccar gemilerinin güvenliği söz konusuydu. Venedik, Çanakkale Boğazı'ndan serbest geçiş ve Mora'daki rekabet yüzünden Bâyezid ile anlaşmazlık halindeydi. Özetle, Venedik bu aşamada bir taraftan Bizans'ın hâmîliği rolünü benimsiyor ve Bâyezid ile uzlaşma arıyor; diğer yandan Haçlı projesine yabancı kalmıyordu. Nihayet, Bâyezid'e elçilik heyeti göndermekten vazgeçildi, Bizans İmparatoru Sigismund ile Haçlı seferi için anlaşma yapıldı.

Bâyezid, Gelibolu'yu berkitip Boğaz'da tam kontrolünü kurmaya kararlıydı. Gelibolu liman istihkâmlarını yeniden inşâ ettirmiş, donanmasını korumak için denizden surla çevrili bir iç liman ve limanı koruyan güçlü bir kule yaptırmıştı. Bu deniz üssünde konuşlanan Osmanlı donanması Çanakkale Boğazı'nda geçişi kontrol altında tutacak, gerektiğinde Ege'de Venedik kolonilerini vuracaktı. Böylece, egemen deniz gücü Venedik ile Osmanlı Devleti arasında bir Boğaz sorunu ortaya çıkmış bulunuyordu. Bu bağlamda, İstanbul ve Pera tehlikeye girince, eski rakip Ceneviz de Venedik'e yaklaştı.

Venedik-Ceneviz arasında Tenedos (Bozcaada) ve Boğazlar için yapılmış büyük savaş, *Choggia* Savaşı (1378-1381) "Gelibolu Boğazı'na egemen olmak için"[19] yapılmış ve sonunda Tenedos'un boşaltılması ve tahkimatın yıkılması üzerinde anlaşmaya varılmıştı. Görüşmeler sırasında Venedik, savunmasız kalan adanın I. Murad tarafından işgal edilebileceği sakıncasını ortaya atmıştır. Gelibolu Boğazı'nda kontrol, şimdi Osmanlılar tarafından Latinlere (Ve-

---

17 Silberschmidt, *Das orientalische Problem*, s. 109-110.
18 Silberschmidt, *Das orientalische Problem*, s. 111-114.
19 Silberschmidt, *Das orientalische Problem*, s. 114.

nedik, Ceneviz ve İstanbul'da ticâret kolonileri olan Fransız vb.) karşı kullanılabilirdi. Bâyezid Gelibolu'yu kuvvetle berkittikten sonra gelip geçen gemilerin kontrol için limana yanaşmaları kuralını koydu; karşı gelen gemilere el koyuyor, tayfa bir tarafa ayrılıp mallar gözden geçiriliyor ve bir vergi (*mangaria*) ödenmeden ayrılmalarına izin verilmiyordu. Bu Hıristiyanlar tarafından bir *rüşvet*, Osmanlılar için egemenlikten doğan bir haktı. Venedik Bâyezid'e bir elçi heyeti göndermeye karar verdi. Sultan, Batı Anadolu'yu işgal ettikten (1390) sonra, *deniz gâzîler*inin Ege'de akınlara başlamasına izin vermişti. Elçilere verilen talimatta Venedik Senatosu, evvelce Ege'de Aydın ve Menteşe ile yapılmış olan ticâret antlaşmalarına[20] uyulmasını istiyordu.

Ege Adaları, Midilli, Sakız ve Rodos ittifaka dâhil oldu. Bâyezid, bu adalara Anadolu'dan erzak ihracını yasakladı. Korsan faaliyetlerine (Umur Gâzî zamanındaki gibi) izin verdi. Venedik, bu durumu fiilen bir savaş olarak algılamaktaydı. Osmanlı ile daima uzlaşma halinde olan (1387 Osmanlı-Ceneviz Antlaşması) Pera Cenevizlileri, yeni koşullar karşısında Bizans ile kader birliği yapmaya hazırdı. Bizans'la barış için arabuluculuk kabul edilmediği takdirde Venedik, tarafsızlığını bir yana bırakıp Haçlı ittifakına katılma tehdidinde bulunuyordu. Sonuçta Venedik'in arabuluculuk politikası iflas etti.

Ceneviz, Pera merkez olarak Ege Denizi'nde Midilli, Sakız, Tuna Nehri ağzında Licostomo, şap ihraç ve üretim merkezi Yeni-Foça, Enez ve özellikle İran ipek ticâreti limanı Kefe'yi içine alıyor ve genelde, Venedik ve Bizans'a karşı Osmanlılarla dostluk içinde bulunuyordu. Osmanlı ile yakınlık Ceneviz için hayatî bir nitelikteydi. Ege Adaları, özellikle Pera (Galata) erzak ikmalini Batı Anadolu'dan sağlamaktaydı. İtalyan kumaş sanayisi için son derece önemi olan ipek, pamuk ve şap hammaddeleri Osmanlı kontrolündeki yerlerden geliyordu.[21] Cenevizliler gemilerle Ana-

---

20 Bkz. E. Zachariadou, *Trade and Crusade: Venetian Crete and the Emirates of Mentesche and Aydin (1300-1415)*, Venedik, 1983.

21 Halil İnalcık, *Osmanlı İmparatorluğu'nun Ekonomik Sosyal Tarihi*, I, çev. H. Berktay, İstanbul, 2001, s. 327.

dolu-Rumeli arasında Osmanlı kuvvetlerini taşımada, Orhan zamanından beri önemli rol oynamaktaydı.[22] Fakat Cenova, 1395'te Fransa kralının egemenliğini tanıdığından Haçlı ittifakına sürüklenmiş bulunuyordu.[23]

Venedik'in Karadeniz'deki kolonilerinden olan Tana (Azak) ve Tebriz yoluyla İran mallarının varış noktası olan Trabzon, Venedik için Boğazlar'dan serbest ve güvenli geçiş noktasında büyük önem taşımaktaydı. Timur'un tahrip etmesinden (Eylül 1395) sonra Venedik'in Karadeniz'de zengin Tana ticâret merkezi, alınan önlemlerle yeniden canlandı.[24] Tana ile Venedik'in Ege'deki kolonileri arasında ikmal ve ulaşım sorunları önemini koruyordu. Çanakkale'de Osmanlı kontrolünü kırmak için Venedik savaş açamazdı, bu "imkânsız" görülüyordu.[25] Niğbolu'da Haçlı ordusunun uğradığı bozgundan (25 Eylül 1396) sonra Venedik, Tenedos'u berkitmek gereğini her zamandan çok gerekli görüyordu. Gelibolu'da üslenmiş Osmanlı donanmasına karşı senato, derhal Ege'ye sekiz kadırga gönderilmesi için karar aldı ve Tenedos'un berkitilmesi için Cenevizlilerle temasa geçildi, fakat anlaşma olmadı.

Venedik, Haçlı ordusuyla işbirliği amacıyla 1396 Baharı'nda bir donanmayı doğuya göndermişti. Venedik için Haçlı seferinin amacı, Bâyezid'in İstanbul kuşatmasına son vermek, Karadeniz'de İtalyanların ticâretini korumak için Osmanlı donanmasını yok etmek ve "Boğazlar'dan serbest geçişi güvence altına almaktı". Sekiz kadırgadan oluşan Venedik donanmasının Haçlı seferi için görevi, Boğazlar'da Osmanlı kuvvetlerinin Anadolu'dan Rumeli'ne geçmesini önlemekti. Donanma Komutanı Tommaso Mocenigo'ya verilen talimatta, "Gelibolu'ya karşı güvenliği sağlamak üzere"

---

22 Çanakkale Boğazı'ndan serbest geçiş, İstanbul ve Karadeniz'de ticâretleri itibariyle Ceneviz ve Venedik için hayatî bir önem taşıyordu. On dördüncü yüzyılda bu iki Akdeniz deniz gücü iki kez savaşmışlardır (1351-1355 ve 1377-1381). İkinci savaş özellikle Gelibolu Boğazı'nı kontrol eden Tenedos (Bozcaada) üzerinde egemenlik yüzünden çıktı. Venedik, adanın Türkler eline geçmesi tehlikesini öne sürerek Tenedos'ta yerleşmek ve tahkimat yapmak gerektiğini ileri sürmekteydi, bkz. Halil İnalcık, "Orhan", *TDV İslâm Ansiklopedisi*, XXXIII (2007) s. 375-386.

23 Silberschmidt, *Das orientalische Problem*, s. 120-125.

24 Silberschmidt, *Das orientalische Problem*, s. 130.

25 Silberschmidt, *Das orientalische Problem*, s. 135.

donanma ile Boğaz'dan geçecek, İstanbul'a doğru yoluna devam edecekti. Osmanlı donanmasının Gelibolu'dan çıkıp Ege Adaları'na saldırısını önlemek, Venedik'in asıl amacıydı.[26] İmparatorla anlaşma sağlamak üzere Bâyezid'e elçileri gönderilecek ve onunla imparator arasında barış sağlanacak, iki gemi Karadeniz'e gönderilecek, kalan altı kadırga Gelibolu Boğazı'nda devriye gezecekti.

Kaptan Mocenigo'ya, bu zaman içinde Türklerle savaşa tutulmaktan kaçınması, Bâyezid'e gönderilen sefirleri alıp haziran ortalarında dönmek üzere hareketi emredilmişti. Özetle, Macaristan yanında Venedik'in Haçlı seferine etkin biçimde katılmakta tereddüdü anlaşılmaktadır. Ege'deki kolonilerinin güvenliği önde geliyordu. Ayrıca Venedik, Dalmaçya'da Macaristan ile çekişme halindeydi. Elçiler, Bâyezid'in barış koşullarını imparatora bildireceklerdi. Osmanlı ile bir deniz savaşı arzu edilmemekle beraber, Osmanlı gemileri saldırırsa savaşa girip girmemesi kaptanın kararına bırakılmıştı. Bu arada Manuel'in Macar kralı yanındaki elçisi, Venedik'e geldi. Efendisinin savaş gemileri hazırladığını bildirdi. Bir ay sonra da Macar elçileri Venedik'e ulaştı ve Macar-Bizans ittifakından söz edip Venedik'ten ittifak için vaatlerinin yerine getirilmesini istedi. Senato, Fransızların ve İngilizlerin ittifaka katıldığını görmeden, kesin bir yanıt verilemeyeceğini açıkladı. Ancak donanmanın hazirandan sonra da doğuda kalabileceği kabul edildi. Macar kralı, haziran sonlarında İstanbul'da olmayı umuyordu.

Bâyezid, tüm Türkmen beyleri gibi Bizans şehirlerini teslime zorlamak için bilinen taktiğe başvurmuştu. İstanbul, iaşesi için Osmanlı topraklarından gelen hububata muhtaçtı: Şehri abluka altında tutan Bâyezid, sevkıyata son vermişti. Halkın baskısıyla imparatorun isteklerine boyun eğeceğini umuyordu. 1396'da Venedik, gönderdiği gemilerle şehre önemli miktarda peksimet getirdi.

1396 Martı'nda 10 gemilik donanma Venedik'ten Bizans elçisi ile birlikte hareket etti. Donanmanın stratejisi şimdi tamamen değişmiş bulunuyordu. Yeni talimata göre, Kaptan Mocenigo, ilkin Bâyezid ile görüşme yerine imparatorla buluşacak ve onun planı-

---

26 D. Nicol, *The Last Centuries of Byzantium, 1261-1453*, Cambridge, 1972, s. 336.

na uyacağını bildirecek, donanmanın Bâyezid'e korku vermek için gönderildiğini belirtecekti. Yeni talimatta Mocenigo'nun Gelibolu Boğazı'nı geçip hububatı İstanbul halkına yetiştirmesi öncelikle emrediliyor, Bâyezid ile görüşmeden söz edilmiyordu. Donanma, sultanın koyduğu kurala karşı Gelibolu'da durmayacak, bir an önce İstanbul'a varacaktı. Böylece, Bâyezid, Venedik'in Bizans'ı destekleme kararında olduğunu görmeliydi. Her şey, Venedik'in Haçlı ittifakına katılma kararını göstermekteydi.[27] Venedik, Dalmaçya'da Skutari'yi (İşkodra) işgal ederek (Nisan 1396), Haçlı ittifakına katılmanın bedelini almış bulunuyordu.

Mocenigo, evvela Ege'de, Türk korsanlarının kolonilere akınlarını önleyecek; sonra tüm donanma ile İstanbul'a hareket edecekti. Fakat Venedik, herhalde açıkça Haçlıların müttefiki görünümünden kaçınıyordu. Sigismund'un haziranda İstanbul'da olacağı düşünülüyordu fakat Fransız ve İngiliz birliklerinin gecikmesi planda değişiklik gerektirdi. Plana göre imparatorun ve Bizans'ın donattıkları üç kadırga ile Venedik'in sekiz kadırgası Çanakkale Boğazı'nda devriye gezip Bâyezid'in, kuvvetlerini Anadolu'dan Rumeli'ne geçirmesine engel olacaklardı. Gerekirse, Mocenigo karaya asker çıkarabilecekti. Karada Macar kuvvetleriyle işbirliği halinde Gelibolu ve Selânik'in zaptı planlanmıştı. Venedik donanmasıyla işbirliği sayesinde Bizans ve Macaristan, Haçlı seferlerinden büyük kazançlar umuyorlardı. Bâyezid'in imparatorluğuna bir ölüm darbesi vurulacaktı. Venedik Senatosu, bu aşamada harekât planını tasvip etmedi. Donanmanın hedefi Boğazlar ve Marmara Denizi olmalıydı.

Mocenigo, Karadeniz'den gelecek Venedik ticâret gemilerini himâye için İstanbul'da beklemek zorunda kaldı. Kendisine Karadeniz'e çıkmaması emredilmişti. Bâyezid, geçiş noktası Gelibolu'da kuvvetlerini takviyeyle meşguldü, bu kuvvetlerle aynı zamanda Hıristiyan kadırgalarının serbestçe geçişini önleyebilirdi.[28] Bâyezid, her tarafta son derece duyarlı ve hedefinin ne olduğunu iyi anlayan bir stratejist gibi hareket ediyordu. İstanbul'u teslime zorlamak için tüm zahire sevkıyatını durdurmuştu. Bu ambargo

---

27 Silberschmidt, *Das orientalische Problem*, s. 155.
28 Silberschmidt, *Das orientalische Problem*, s. 158.

yüzünden Ege'deki Venedik kolonileri (Girit, Mora'da Koron ve Modon), açlık tehlikesiyle karşı karşıyaydı. Bâyezid'in İstanbul'a ve kolonilere zahire yardımına karşı önlemleri, Venedik'i endişelendiriyordu.[29] Haçlı ordusunun Niğbolu'da bozguna uğraması bütün planları suya düşürdü.[30]

Amiral'in Ege'de deniz üssü, Tenedos (Bozcaada) idi; zaman zaman Çanakkale'de görünüyor, Osmanlı kuvvetlerince bir taciz hareketiyle karşılaşmıyordu. Kontrol alanı Tenedos'tan Selânik'e kadar genişletilmişti. Gelibolu'yu berkitmek ve orada devamlı bir donanma bulundurmakla beraber, Bâyezid'in tam kontrolü sağlayamadığı anlaşılıyor.

Niğbolu önündeki bozgun (25 Eylül 1396) akabinde Tuna yoluyla Karadeniz'e kaçabilen Sigismund, orada bekleyen bir Rodos gemisine sığınmış,[31] İstanbul'da bir Venedik gemisine binerek Rodos-Modon üzerinden Zara'da karaya çıkmış ve yurduna kavuşmuştu. Boğaz'da esir edilmeden geçmesi gösterir ki, Bâyezid Boğaz'ı tam kontrolü altına geçirememişti. Gelibolu önünden geçerken Bâyezid kıyıya Hıristiyan esirleri dizmiş, "esirler, krala kendilerini gelip kurtarmasını" haykırmışlardı.[32] Gelibolu'da üslenen Osmanlı donanması zaman zaman çıkıp Ege'de Hıristiyan kolonilerine saldırıyordu. Mocenigo, 2 Eylül'de sekiz kadırga ile İstanbul önüne gelmiş, böylece İstanbul ve Pera'nın denizden erzak alması ve dayanması mümkün olmuştu. Venedik donanmasının varlığının, İstanbul ve Pera için gerçekten bir destek olduğu bir Pera belgesinde ifade edilmiştir.[33]

---

29 Silberschmidt, *Das orientalische Problem*, s. 158.

30 Niğbolu Savaşı üzerine bkz. Delaville Le Roulx, *La France en Orient au XIVe siécle*, Paris, 1886; K. Setton, *The Papacy and the Levant*, 1204-1571, I, Philadelphia, 1976; A.S. Atıya'nın eserleri, ayrıca N. Jorga, "La politique Srutienne dans les eaux de la Mer Noire", *Bulletin de la section historique de l'Académie roumaine*, II-IV; C. Manfroni, "La battaglia di Gallipoli e la politica Veneto-Turca, 1381-1420", *Ateneo Veneto: revista di scienze, lettere ed arti*, XXV/II (1902).

31 Literatürde Tuna ağzında bekleyen bir Venedik gemisine sığındığı iddiasını (Silberschmidt, *Das orientalische Problem zur Zeit der Entstehung des türkischen Reiches*, s. 159) düzeltir, "Çünkü" der, "Senato amirale Karadeniz'e çıkma emri göndermemişti".

32 Delaville le Roulx, *La France en orient au XIVe siécle*, s. 288.

33 Pera'dan 28 Ekim 1396 tarihli belge: Silbreschmidt, *Das orientalische Problem zur Zeit der Entstehung des türkischen Reiches*, s. 160.

Venedik stratejisi, Tenedos'u ele geçirip tam kontrol altına alarak tahkim etmek, imparatorun ve Ceneviz'in Bâyezid ile bir anlaşma yapmasını engellemek, Osmanlı donanmasının Gelibolu üssünden çıkıp Ege Denizi'nde Venedik kolonilerine karşı akınlarını önlemek ve Mora'daki yeni kazançlarını (Argos ve Nauplion) korumaktı.[34] Niğbolu zaferi (1396) akabinde Sultan Bâyezid, Manuel'den İstanbul'un teslimini istedi. Az sonra Boğaz'da büyük bir hisarın (Güzelce-Hisar, Anadolu Hisarı) inşâsını gördüler.[35] Hisar hem Boğaz'dan geçişi güvence altına alacak, hem de İstanbul kuşatmasında bir üs görevi yapacaktı.

Osmanlı kuvvetleri Bizans ile Pera'yı o kadar sıkı abluka altına almıştı ki, şehrin kara ile bağlantısı kesilmiş, karadan iaşesi imkânı kalmamıştı. Bu ablukada Türk gemileri de rol almışlardı. Silberschmidt[36] denizden Türk ablukasının Haliç'e kadar ilerlemiş olabileceğini düşünüyordu. Eylül 1396'da Türklerin Pera'yı kuşatmada olduklarına dair bir kayıt vardır, bu kuvvetler Bâyezid tarafından Niğbolu seferi için geri çekilmiştir.[37] Senato, bozgun haberi üzerine imparator Manuel'in umutsuzluk içine düşmemesi ve teslim gibi talihsiz bir karar almaması için Mocenigo'ya yeni talimat gönderdi. 1397 başında Mocenigo hâlâ Levant'ta idi. Nihayet, Pera'nın savunmasız kalmaması için Mocenigo'ya iki kadırgayı doğuda bırakma emri gönderildi.[38]

Niğbolu Bozgunundan Sonra (1397-1402)

Niğbolu bozgunu üzerine Bizans İmparatoru Manuel bütün umudunu kaybetti ve İstanbul'u bırakıp şehri Venedik himâyesine terk etmeyi önerdi. Venedik onu bundan vazgeçirdi ve Sultan Bâyezid ile anlaşma yapmasını fakat görüşmelerde kendi elçilerinin hazır bulunmasını istedi.

34 Nicol, *Byzantium and Venice: A Study in Diplomatic and Cultural Relations*, s. 336.
35 Nicol, *Byzantium and Venice: A Study in Diplomatic and Cultural Relations*, s. 337.
36 Silberschmidt, *Das orientalische Problem*, s. 162.
37 Silberschmidt, *Das orientalische Problem*, s. 163.
38 Silberschmidt, *Das orientalische Problem*, s. 177.

Niğbolu zaferinden sonra Bâyezid, Boğaz'ı Yoros'tan[39] (Anadolu-Kavağı tepede büyük kale) geçti. Bizans'ın Şile kalesini teslim aldı.[40] Bursa'ya vardı. Bâyezid, İstanbul Boğazı'ndan geçişi ve kuşatmayı güvence altına almak için Anadolu sahilinde bir kale yapma kararını bu sırada verdi. Osmanlı rivâyetinde[41] Bâyezid'in Kara-Ferye'de (?) oturup "dört yana akıncılar salup yakıp yıkması", Niğbolu Savaşı'ndan (1396) sonra zikredilmiştir. Hâlbuki Bizans ve Batı kaynaklarına göre sultanın Kara-Ferye'de ikâmeti 1393-1394 kışındadır.[42] Güzelce-Hisar (Anadolu Hisarı) kısa zamanda yapılmıştır. Akabinde ise,

> İstanbul Tekvuruna [II. Manuel] adam salıp eyitti: "İstanbul bize gerek oldu, boşalt ver; yoksa vaktüne hazır ol, uş vardım" dedi. Tekvur bu haberi işidüp "fi'l-hâl elçi gönderip haraca itâ'at edüp hünkâra tazarru'ât edüp çok yalvarıcak Sultan Bâyezid dahi şol vechile râzı oldu kim İstanbul'un içinde Hünkârın kadısı oturup bir Müslüman mahallesi ve bir mescid ola, her yılda on bin flori dahi harâc vereler ve bu tarîk üzere sulh olundu. Andan Hünkâr buyurdu: Tarakçı-Yenicesi'nin (Taraklı) hisarı (ve Göynük) halkını köylüyle sürüp İstanbul'a getirdiler, bir yerinde Müslüman mahallesi kılıp ve ortasında bir mescid yapdırup ve bir kadı nasb olundu. Emr-i şer' icrâ olundu. Sonra Bâyezid Han'a Timur vâkıası olıcak Tekvur ol mahalleyi bozup mescidi yıkdı, şimdi dahi ol halkdan vardır, (Aşpz. 61. Bâb: "şimdiki demde ol halkdan Tekfur Dağı'nda bir köy vardır, Göynük derler") anların nesline Göynüklü derler. Bu vâkı'a Hicretin yedi yüz doksan sekizinde (1395-1396) vâki' oldu.

Niğbolu'da bozguna rağmen Sigismund, intikam için hemen yeni bir Haçlı seferi hazırlamaktan söz etmekteydi. Venedik çekingen davrandı, krala artık güvenilmiyordu.[43] Manuel ve Pera Cenevizlileri, Sigismund ve Venedik'in karşı koymalarına rağmen

---

39 *Neşrî* yayınında (cilt I, s. 328): "yürüsüye" (?).

40 Boğaz'ın aşağı kısmından geçmeyi tehlikeli bulmuş olabilir. İstanbul Boğazı'ndan güvenli geçiş o zaman Yoros-Şile olmalı.

41 *Âşıkpaşazâde*, 62. Bâb; *Neşrî*, I, s. 330.

42 Barker, *Manuel II Palaeologus (1391-1425)*, s. 114.

43 Silbreschmidt, *Das orientalische Problem*, s. 168.

Bâyezid'e görüşmeye hazır olduklarını bildirdiler. Bâyezid, İstanbul kuşatmasını şiddetlendirerek imparatora ders vermek istedi. İstanbul'un hemen karşısında Silivri Kalesi işgal edildi. Venedik, Yunanistan'da zengin Argos Kalesi'nden kovuldu. *Serenissima,* Bâyezid'e karşı her tarafta topyekûn bir mücadeleyi düşünmeye başladı, özellikle Boğazlar müttefik Hıristiyan kuvvetlerince ele geçirilmeliydi.[44]

Bâyezid'in, Niğbolu zaferinden sonra Haçlılara katılmış olan Bizans ve Venedik üzerine yüklenmesi beklenirdi. "Boğazlar meselesi günün meselesiydi. Gemilerin Boğazlar'da serbest geçişini sağlamak için Venedik'in gerekli önlemleri almasını herkes haklı görmeliydi."[45] 1396-1397 Kışı'nda Cenova'ya bir elçilik heyeti gönderildi ve Tenedos adasının Venedik tarafından işgali ve istihkâmlarla berkitilmesi için anlayış beklendi. Niğbolu bozgunundan sonra yeni koşullar dolayısıyla Cenova'nın bu isteği kabul edeceği umuluyordu. Bu, Bizans için de yararlı olacaktı. Elçiye verilen talimatta, "denizlerde Türk etkinliğinin artmış bulunması ve Gelibolu'nun kuvvetle berkitilmiş olması" Tenedos'ta önlem alınmasını gerekli kılmaktadır, denmektedir. Öte yandan, Bizans ve Pera Cenevizlileri, Bâyezid'e karşı düşmanca bir tavır almayı olanaksız gördüler ve Bâyezid ile barış görüşmelerine başladılar.[46]

Özetlemek gerekirse, Türkler tarafından Gelibolu Boğazı'nın berkitilmesi, geçişin kontrolü iddiasına karşı Boğazlar'ın serbestliği sorunu, 1390-1396 döneminde uluslararası bir mesele olarak ortaya çıkmış bulunuyordu. Boğaz'ın iki tarafında egemenlik sahibi olarak Anadolu-Rumeli arasında gidiş geliş güvenliğini güvence altına alma gereği dolayısıyla, Osmanlı kendini haklı görüyor, Gelibolu'yu berkitiyor ve yabancı gemilerin Gelibolu'ya uğrayıp izin alma mecburiyetini koyuyordu. Buna karşı Bizans ile ilişkisi, Karadeniz'de kolonileri ve hayatî ticari ilişkileri bulunan Ceneviz ve Venedik, geçişlerin serbest olması noktasında ısrar ediyorlardı. 1390'larda, buna ek olarak Bizans devletinin varlığı ve bağımsız-

---

44 Silbreschmidt, *Das orientalische Problem*, s. 170.
45 Silbreschmidt, *Das orientalische Problem*, s. 171.
46 Menteşe Aydın, Saruhan donanmaları 1390'da Osmanlı hizmetine girmişlerdi.

lığı, Hıristiyan Avrupa tarafından benimsenmişti. Osmanlı sultanı ise imparatorluğun Anadolu-Rumeli parçaları arasında güvenli geçişi, ciddi bir sorun olarak 1394'te Kara-Ferye toplantısında açıkça ortaya atmış, ret cevabı üzerine gelip İstanbul'u kuşatmıştı. Bu durum karşısında Bizans, konuyu Avrupa'da uluslararası platforma taşımış, Avrupa ayaklanmış, 1396 Haçlı seferinde iki taraf çarpışmış ve savaşı kazanan Sultan Bâyezid Bizans'a yeni koşulları kabul ettirmişti. Boğazlar ve İstanbul sorunu, bir bütün olarak Osmanlı sultanı tarafından bir çözüme götürülmek isteniyordu. Timur istilası, *Fetret* ve Avrupa'dan yeni Haçlı seferleri dolayısıyla bu çözüm şekli Fâtih'e kadar (1453) ertelenmiştir.

Venedik, Niğbolu'dan sonra Boğazlar ve İstanbul üzerinde Osmanlı çıkarına gerçekleşen çözümü kabul etmedi; Haçlı propagandasına devam etti, feodal Fransa'yı harekete geçirmeyi başardı; 1397-1399 döneminde Boğazlar bölgesinde Osmanlı'ya karşı bir sıra deniz harekâtı görüldü.

Niğbolu Haçlı saldırısından sonra Bâyezid isteklerini ısrarla yineledi ve İstanbul ablukasını sürdürdü. 1397 Baharı'nda Venedik Kuzey Karadeniz limanlarından çok miktarda buğday getirdi, bu yardım Bizans direncini güçlendirdi. Öte yandan, Pera Cenevizlileri etkin bir direnç gösteriyordu.

Bu koşullar karşısında, 1397'de Bâyezid bir ateşkese razı olmuş görünüyor ve kuşatmada bir gevşeme tahmin ediliyor. Göz tanığı Clavijo, Osmanlı kuşatmasının o kadar etkin olmadığı kanısında.[47] Hakikatte Bâyezid o tarihte, Anadolu'da Karamanoğlu Alâeddin'e karşı hareket etmek zorunda kalmıştı (Karaman-Bizans ilişki halindeydi). Karamanoğlu'nu idam etmiş, ülkesine ilhâk etmiştir (1397 Sonbaharı). 1397'den sonra İstanbul ablukası sıkı şekilde devam etti. Bu arada Venedik, Bâyezid'e elçi göndererek (Haziran 1398) barış girişiminde bulundu. 1397 Nisanı'nda senato, Manuel'den şehri terk etmek isterse, İstanbul'u Venedik'in eline bırakması ve İmros (İmroz) ve Limnos (Limni) adalarını Venedik'e teslim etmesini istedi.[48] Öte yandan, Sigismund yeni bir Haçlı or-

---

47 Barker, *Manuel II Palaeologus* (1391-1425), s. 148, not 40.
48 Barker, *Manuel II Palaeologus* (1391-1425), s. 146.

dusunun başına geçeceğini ilân ediyordu. Karaman seferi akabinde 1398 Yazı'nda Bâyezid, Gelibolu'dan donanmayı göndererek kuşatmayı şiddetlendirmiş, İstanbul'un düşmek üzere olduğunu düşünen Venedik Senatosu, İstanbul savunmasına katılma kararı almıştır.[49]

Umutsuzluk içinde bulunan İmparator Manuel, Venedik'e İstanbul'u gelip işgal etmesini önermişti.[50] Venedik, güçlü Osmanlı Devleti ile doğrudan doğruya karşı karşıya gelmenin tehlikelerini hesap ederek öneriyi kesin bir dille reddetti.[51] Venedik'te, İstanbul'un ve Pera'nın daha o zaman Türklere teslim olduğu söylentisi yayılmıştı.[52] Venedik'in 20 kadırgadan oluşan bir donanmasıyla, harekât üssü Agriboz adasında konuşlanacaktı. Donanma 1397'de doğuya yelken açtı.

Venedik bir yandan Manuel'i Osmanlı'ya karşı direnmeye teşvik ederken, diğer yandan doğrudan sultan ile görüşmelere başladı. Bizans ve Pera'nın Bâyezid ile anlaşma yapmasını önlemek, onları yalnız ve desteksiz bırakmak düşünülüyordu. Bâyezid ("Baysitus bey magnus admiratus") ile diplomatik görüşmelere de elçilere tam yetki verildi: Bizans ve Pera'nın güvenliği sorunu yanında Venedik, yeni ele geçirilen Argos, Nauplion, Atina, Drac ve Skutari (İşkodra) konuları için de Bâyezid'den güvence sağlamaya çalışacaklardı. Ege Denizi'nde Türk korsan gemilerinin faaliyeti yine iki taraf arasında görüşülecek sorunlar arasındaydı. Elçilere verilen talimatta, bu konuda sultandan güvence alınırsa, Boğazlar'ın ve Marmara'nın Osmanlı donanmasının kontrolüne bırakılacağı vaat ediliyordu. Venedik bu konularda sultandan sağlayabileceği kazançlar karşılığında Bizans'ın kurtarılması davasından vazgeçebilirdi.

Gerçek yardım ise Fransa'dan geldi. Niğbolu'da esir düşmüş ve fidye ödeyerek vatanına dönmüş biri, Mareşal Boucicaut, iki kalyonda 1200 kişilik bir kuvvetle İstanbul'a hareket etti (26 Haziran 1399). Yolda kendisine Venedik, Cenova, Rodos ve Midilli'den

---

49 Barker, *Manuel II Palaeologus* (1391-1425), s. 149.
50 Barker, *Manuel II Palaeologus* (1391-1425), s. 170.
51 Silberschmidt, *Das orientalische Problem*, s. 176.
52 Silberschmidt, *Das orientalische Problem*, s. 178.

başka kuvvetler katıldı, Haçlı donanması Tenedos'ta toplandı ve Boğaz'ı geçip İstanbul'a varmak için hareket etti. İstanbul'da sevinçle karşılandı. Haçlı kuvveti, İstanbul etrafındaki Türk kuvvetlerini bertaraf edip İzmit üzerine yürüdü, sahilde Türkler elindeki kasabalara saldırdı. John W. Barker'e göre, bu harekât "yüzeysel değerde geçici bir akın" olmaktan ileri gitmedi.[53] Boucicaut, daha büyük bir Haçlı ordusu için Manuel'e, Fransız kralının yanına gitmesini tavsiye etti. Ona, Fransız kralının bağımlılığını kabul etmesi önerilmiş (10 Aralık). Aralık 1399'da Manuel, İstanbul'da yerine yeğeni VII. Ioannes Paleologos'u bıraktı, ailesini yanına alıp Boucicaut ile beraber Avrupa'ya hareket etti[54] Manuel, Venedik ve Milano'dan sonra Paris ve Londra'yı ziyaret etti. Her gittiği yerde Doğu Roma imparatoru merasimle karşılandı. Fakat Manuel, vaatlerden bir şey çıkmayacağını anladı.[55] 29 Ocak 1402'de Timur tehlikesi belirince Venedik kendisine acele İstanbul'a dönmesi tavsiyesinde bulundu.

İmparator, Avrupa'da uzun süren ikâmetinde bir saraydan ötekine koşarken İstanbul'da Patrik Kiev Rus metropolitenine yardım istediği mektubunda durumu şöyle tasvir etmekte: Kutsal Basileus Frank diyarınca İstanbul ve Hıristiyanlar için yardım ve askerî ittifak sağlamak için gitti. Düşmanımız (Bâyezid) oradaki hükümdarların ittifakını ve şehrimizi korumak için Frenk diyarında asker toplamakta olduğunu işitince bize kızdı, harekete geçti. Şimdi bizler her zamandan ziyade yardımlarınıza muhtacız.[56]

Bu arada Bâyezid, Manuel yerine İstanbul savunmasını üzerine almış bulunan VII. Ioannes'e çekici öneriler gönderip şehri teslim etmesini umuyordu. Venedik, Ioannes'e destek sözü veriyor,[57] Bâyezid'in kuvvetlerine karşı harekete geçmeye hazırlanıyordu. 1402 Şubatı'nda senato, Ege'de Rodos Şövalyeleri, Sakız Cenevizlileri ve Arkipelago Dükü ile Bâyezid'e karşı ittifak görüşmelerine başladı.

---

53 Barker, *Manuel II Palaeologus* (1391-1425), s. 163.

54 Manuel'in bu seyahatinde yazdığı mektuplar Barker tarafından özetlenmiştir: *Manuel II Palaeologus* (1391-1425), s. 395-439.

55 Barker, *Manuel II Palaeologus* (1391-1425), s. 185-193.

56 Barker, *Manuel II Palaeologus* (1391-1425), s. 202-203.

57 Barker, *Manuel II Palaeologus* (1391-1425), s. 204.

Bâyezid Edirne'den, VII. Ioannes'e şehri teslim etmesini istiyor ve şu ültimatomu veriyordu: "Ben Manuel'in İstanbul'dan ayrılmasını senin için değil, kendim için sağladım. Şayet dostumuz olmayı arzu ediyorsan, oradan çekil, sana istediğin eyaleti veririm. Yoksa Peygamberim şahidim olsun ki, kimseye âmân vermeyecek, herkesi mahvedeceğim."[58] İspanyol elçisi Ruy Clavijo 1403-1406'da yazdığı sefaretnâmede diyor ki, Manuel dönüşte yeğeni Ioannes'in Bâyezid ile gizli bir anlaşma yaptığını işitince küplere binmiş.[59] Bâyezid ona Selânik valiliğini önermiş (Selânik 1387'den beri Osmanlıların elindeydi).[60] Manuel, Avrupa'dan dönüşte onu Limnos adasına sürgüne gönderdi (Ioannes, ö. 1408 Eylül).

Bâyezid'in baskısı karşısında Venedik Senatosu İstanbul'a acilen yardım kararı aldı. Fransa ve İngiltere'nin harekete geçeceği hakkında haberler bu kararda etkili oldu.[61] 1401 Ağustosu'nda Gelibolu'da hareket eden bir Türk donanması Venedik donanmasının yolunu kesti. Bâyezid bir an önce İstanbul ablukasını bir sonuca vardırmak istiyordu, çünkü Doğu'da Timur tehdidi artmıştı. Bu arada Timur Bizans'a ve Avrupa krallarına elçilerini gönderip destek sağlamıştı.

Timur, Anadolu'da Mogol İlhanlıların vârisi olma iddiasındaydı.[62] Anadolu'da kendisine sığınmış beylerin kendi himâye ve egemenliğini tanımış olduklarını ileri sürerek Bâyezid'i tehdit etmekteydi. Bâyezid ise kendisinin "Selçuklu sultanların halefi *Sultan-ı*

---

58 Dokas Pseudo-Spharantzes'e göre VII. Ioannes Bâyezid ile bir anlaşma yapmış: Barker *(Manuel II Palaeologus* (1391-1425), s. 205, not. 7), bunu mümkün görmez; öte taraftan Venedik Senatosu, Ioannes'e "boş vaatler" ileri sürdüğünü kaydetmiştir.

59 Nicol, *The Last Centuries of Byzantium*, s. 321.

60 Rumların Selânik'i 1391 veya 1394'te geri aldıklarına dair rivâyetler ispat edilememiştir. Bâyezid'in Selânik'e özel bağışlarda bulunduğuna dair kayıtlar var (Nicol, *The Last Centuries of Byzantium*, s. 321). Osmanlı sultanı şehrin kendi memurları altında idare edilmesine izin vermiş, bunun 1387'de şehrin *ahdnâme* ile Çandarlı Halil'e teslim olduğu zaman kabul edilmiş olması kuşkusuz. Bu haberi veren Piskopos Isidore Glabas, şehirde Hıristiyan çocukların Yeniçeri Ocağı için toplandığını kaydeder. Ancak 1403'te Süleyman Çelebi zamanında Selânik resmen Rumlara geri verildi.

61 Barker, *Manuel II Palaeologus* (1391-1425), s. 206.

62 Timur, Barlas kabilesinden Karaçar soyundan iner. Karaçar, Barlaslardan bir emirdir, Cengiz soyundan değildir. Barlas veya Barulas kabilesi Türkleşmiş Mogol kabilelerindendir, ayrıntılı bilgi için şu esere bkz. Barthold, *Orta Asya Türk Tarihi Hakkında Dersler*, İstanbul, 1927.

Rûm" olduğunu ileri sürerek[63] tüm Anadolu'da hâkimiyet iddiasındaydı. Bâyezid 1398'de Sivas Sultanı Kadı Burhaneddin'i bertaraf edip ülkesini ve Memlûklerden Malatya bölgesini almıştı. Ertesi sene Hindistan seferinden dönen Timur, Anadolu'ya girdi, Sivas'ı ve Malatya'yı aldı. Bâyezid'i hakaret dolu mektuplarla tehdit etti.

Haçlı projesinden haber gelmeyince, İstanbul'da VII. Ioannes Bâyezid ile gizli pazarlıklara girmiş görünüyor. Bir rivâyete göre 1401'de[64] İstanbul halkı Bâyezid'e seçkinlerden oluşan bir heyet göndermiş. Ablukanın neden olduğu ağır koşullar, halkı ve Patrik'i Bâyezid ile bir anlaşmaya götürmüş. Selânik örneği göz önündeydi. 1407'de Patrik Mattheos bir vaazında kuşatma hakkında ilginç bilgiler sağlamakta,[65] demektedir ki: "Altı yıldır kuşatma altında açlık, aralıksız savaş, tehlike içindeydik, dostlarımız akrabalarımız esir alınıyor, boğazlanıyor (...) Bu nedenle bunca kötülüğün nedenini gözden geçirmek zorundayız, bir zamanlar bir cennet olan bu ulu kentin eski güzellikleri gitmiş, bir harabe onun yerini almıştır. Bunun nedeni bir sürü günahlarımız yüzünden Yüce Tanrı'nın sonsuz sevgisi hiddete dönmüştür. Allah korkusu kalmadı (her türlü günah ve cinayet işleniyor). Yalnız kılıç bizim canımızı almakla kalmıyor, korkunç bir kuşatma, son derece acımasız bir açlık bunları hep günahlarımız yüzünden çekiyoruz, topraklarımızın nimetinden mahrum olduk (...) Birbirimize karşı sevgiyi unuttuk (...) Çoğumuzun dikkatinden kaçmamıştır ki, ben de ne kadar haksız yere iftiraya uğradım. Beni haksız yere suçladılar, fakat şimdi, benim hareket tarzımı kötülemekten ibaret esas konuya gelirsek, bunu sus geçersek bu yalnız benim değil Tanrı'nın kilisesinin tahribine sebep olabilir, öyle iddia olunuyor ki ben Emîr'e (Amiras) birisini göndermişim, Ulu Şehir (İstanbul) zapt olunduğu takdirde kendi güvenliğim hakkında tertip almışım. Bu bence İsa Peygamberin kendisine açıkça hıyanetten başka bir şey değildir ve kendi güvenliği için dinsizlerin şehri almalarını teşvikte bulunan, böylece hemşerileri son derece umutsuzluk içine atan biri açıkça hıyanet içindedir."

63 Bu iddia Osman Gâzî'ye atfolunur.
64 Barker, *Manuel II Palaeologus* (1391-1425), s. 207, not 14.
65 Barker, *Manuel II Palaeologus* (1391-1425), s. 207.

Bütün bu suçlamalar arkasında bir gerçek olmalıdır. Patrik Mattheos kuşkusuz Selânik'in teslimden sonraki durumunu göz önünde tutarak Osmanlı idaresinde kendi durumunda bir değişiklik olmayacağına inanmış olmalı. Hatırlamak gerekir ki, kendiliğinden teslim olan şehirlere Osmanlılar bir *ahdnâme* vererek halkın can ve mal güvenliği ve dinlerini serbestçe icra etmeleri hususunda Tanrı önünde yeminle garanti verir ve bu söze dinî bir sadakat gösterirlerdi. Selânik bu biçimde *ahdnâme* ile teslim alındı. Selânikliler şehri vezir Hayreddin'e teslim ettikleri zaman (uzun abluka 1383-1387) orada vali olan Manuel'i desteklemediler ve Manuel deniz yoluyla kaçmak zorunda kaldı.[66] Şehri terk eden din adamları geri döndüler, her şey eskisi gibi cereyan etti. Kuşkusuz 1401'de Patrik Mattheos bu durumdan haberdardı. Kendisine karşı yöneltilen ihanet suçlaması sebepsiz olmamalı, şehir düştüğü takdirde onun Bâyezid'den Patriklik için güvence istemiş olması doğaldır. Aynı konu, İstanbul fethedildiği zaman Fâtih'in Başpiskopos Scholarios'u Patrik atamasında görülecektir.

Osmanlı beyinin himâyesi altında sayılan VII. Ioannes'in sultanla anlaşıp şehri teslim edeceğine dair söylentiler almış yürümüştü.[67] Ioannes'in, evvelce düşünüldüğü gibi, şehre bir kadı yerleştirilmesine ve Silivri (hisarı) dâhil İstanbul etrafındaki toprakları vermeye razı olarak Bâyezid ile anlaştığı hakkında Doukas'ın kaydı bir gerçeği ifade etmiş olmalıdır.[68] Bu takdirde Bâyezid, İstanbul'u doğrudan ilhâk etmese bile egemenliğinin tanındığına, böylece Batı'dan Haçlı seferi planlarının düştüğüne inanabilirdi (Osmanlılar bir yeri fethedince ilk iş olarak bir *kadı* ve bir *subaşı* tayin ederlerdi[69]). İmparator Manuel Avrupa'daydı. 1401 yazında Ioannes'in Bâyezid'le bir anlaşma imzaladığı öne sürülmektedir.[70]

66 Ayrıntılar için bkz. Barker, *Manuel II Palaeologus* (1391-1425), s. 59-61, 446-456.

67 Barker, *Manuel II Palaeologus* (1391-1425), s. 201.

68 Barker, *Manuel II Palaeologus* (1391-1425), s. 201 vd.

69 Ayrıntılı bilgi için bkz. Halil İnalcık, "Ottoman Methods of Conquest", *Studia Islamica*, II (1954), s. 103-129.

70 Bkz. Barker, *Manuel II Palaeologus* (1391-1425), s. 201, not 3, tanınmış Bizantinist Dülger'in böyle bir anlaşmaya dair düşüncesi, Loenertz ve Barker tarafından ret olunmaktadır.

Olaylar, Manuel'in Avrupa'da uzun ikâmeti, Batı'dan ikinci bir Haçlı seferini harekete geçirme girişimlerinde başarısızlığı, Patrik ve Ioannes'in gizli anlaşma aradıkları hakkında şehirdeki söylentiler, bütün bunlar 1401'de bir anlaşma yapılmış olduğuna dair iddiaları desteklemektedir. Timur tehdidi altında Bâyezid'in de 1394'teki isteklerinin kabulü takdirinde ablukayı kaldırmayı kabul edeceği, olayların gidişatıyla uyuşmaktadır. Bizans için bu en uygun çıkış yoluydu. İstanbul'da bir Kadı'nın varlığı, Bizans için Bâyezid'in algıladığı egemenlik anlamını taşımıyordu.[71] Timur'un Anadolu'da Osmanlı'ya karşı müdahalelerini Bizans ve Venedik ilgiyle izliyorlardı.[72] Bâyezid'e karşı VII. Ioannes ve Cenevizlilerin Timur ile ilişkiye girdikleri hakkında 1403'te Clavijo'nun tanıklığı kuşkusuz bir gerçeği yansıtmaktadır.[73]

VII. Ioannes'in İstanbul'u teslim etmeye hazırlandığı bir anda[74] Bâyezid'in Timur'un eline esir düştüğü haberi geldi. Venedik Senatosu Girit'teki kaptan Tommaso Mocenigo'ya Gelibolu'yu zapt etme imkânını ciddi biçimde araştırması talimatını gönderdi (30 Ekim 1402). Timur'un Boğaz'dan geçmesini önleyecek seçenekler ele alındı.[75] Timur'un İzmir'i aldıktan sonra (Aralık 1402) Avrupa'ya geçebileceği korkusu vardı. Ankara bozgunu üzerine Osmanlı ordusundan Rumeli'ne kaçmak isteyenlere, ilkin Cenevizliler, sonra Rumlar ve Venedikliler yardım ettiler yahut onları soymaya çalıştılar.[76] Manuel, Türklere şimdi bu fırsatta bir Haçlı ordusunun son darbeyi vurabileceğini düşünüyor,[77] bu amaçla faaliyetine devam ediyordu.

---

71 Şehirde gerçekten Göynük ve Taraklı halkıyla birlikte bir *kadının* yerleştiği Osmanlı rivâyetinden (*Anonim Tevârih*, yay. N. Azamat s. 31) anlaşılmaktadır. Bâyezid, Ankara'da Timur'a esir düşünce bu halk ve kadı şehirden çıkarıldı. Göynük ve Taraklı Rum halkı Müslüman olmuş, fakat dillerini unutmamışlardı. İstanbul'a sürgünde onların seçilmiş olması tâbidir. İstanbul'da bir Türk kolonisi ve *kadının* yerleşmesi konusu Barker'e göre (s. 85-87) 1391'de gündeme gelmiştir. Bu olgu, VII. Ioannes ile 1401'de yapılan anlaşmayla gerçekleşmektedir.

72 Barker, *Manuel II Palaeologus* (1391-1425), s. 508.

73 Bkz. Barker, *Manuel II Palaeologus* (1391-1425), s. 214-215, 504-509.

74 Barker, *Manuel II Palaeologus* (1391-1425), s. 212-217.

75 Barker, *Manuel II Palaeologus* (1391-1425), s. 217, not 24.

76 Barker, *Manuel II Palaeologus* (1391-1425), s. 218.

77 Barker, *Manuel II Palaeologus* (1391-1425), s. 222.

Timur İstilâsı (1402), Fetret: Osmanlı Şehzadeleri ve Bizans

İmparator Manuel'e, İstanbul'u terk etmesi birçok kez önerilmişti. Onun Avrupa'ya gidip üç yıldan uzun kalması İstanbul'un geleceğinden umudunu kestiği, şehri büsbütün terk ettiği biçiminde bir yorumu haklı gösterebilir. Bir ara bunu ciddi olarak düşündüğünü Venedik belgeleri yinelemiştir.[1]

1402 Timur darbesi (Ankara Savaşı, 28 Temmuz 1402) her şeyi değiştirdi. İstanbul ablukası son buldu; Osmanlı ülkesi Bâyezid'in oğulları arasında parçalandı. Venedik, Gelibolu'yu ele geçirmek için planlar yapmaya başladı. Manuel'e İstanbul'a dönmesi için haber gönderdiler. Haçlılardan İzmir'i almış olan Timur'un şimdi İstanbul üzerine yürümesinden korkuluyordu. Manuel, Paris'ten 21 Kasım 1402'de İstanbul'a dönmek üzere hareket etti. Yolda oyalandı, Rumeli'ne geçerek Edirne'de yerleşen Osmanlı "sultanı" Süleyman Çelebi elçisini göndererek barış arzusunda olduğunu bildirdi. Süleyman, Venedik ve Bizans ile acele uzlaşma arıyordu.[2] Bizans diplomasisi, Türklere karşı Rumeli'ndeki Hıristiyan hü-

1 Barker, *Manuel II Palaeologus* (1391-1425), s. 194-195, 148-199.

2 Ş. Turan, *Türkiye-İtalya İlişkileri*, s. 234-238; G.T. Dennis, *The Byzantine Turkish Treaty of 1403*, Roma, 1967.

kümdarları da harekete geçirmeye çalışıyordu. Venedik ve Ege'deki Hıristiyan koloniler (Sakız Cenevizlileri, Rodos Şövalyeleri vb.) VII. Ioannes ile birlikte bir an önce Türklerle müzakerelere başlama arzusundaydılar. Görüşmeler hızla neticelendirildi ve daha Manuel dönmeden Gelibolu'da Bizans elçileriyle yapılan görüşmeler sonunda antlaşma imzalandı (görüşmeleri kuşkusuz, Süleyman'ın "veziri Çandarlı Ali" yürütüyordu). 1403 Ocak ayı veya Şubat başında Bizans, Venedik, Ceneviz, Rodos, Sakız ve Sırbistan ile imzalanan Gelibolu Antlaşması başlıca şu maddeleri içeriyordu: Bizans, Selânik'i, Karadeniz'de Mesembria'yı (Misivri), Marmara sahilinde Hereke ve Pendik'i vb. yerleri alıyor ve Timur gelirse, Süleyman İstanbul'a yardım vaadinde bulunuyordu. Selânik'in terki, Türkler arasında son derece üzüntüye neden olmuş, Süleyman'ın gözden düşmesi ve tahtı kaybetmesinde başlıca nedenlerden biri olmuştur. *Düstûrnâme* bunu özellikle belirtir:

Selânik elden çıkardı ol emîr
Anı İstanbul Tekfuru alır

"Bizans artık Osmanlı'nın haracgüzârı değil, Osmanlı'nın metbu'u (*suzerain*) oldu."[3] Bizans tarihçisi M. Nicol'un abartılı ifadesini şu durum kısmen açıklar: Manuel, Osmanlı sultanlığını birleştirmek için Bâyezid'in oğulları arasındaki uzun mücadeleden (*Feterât* 1402-1413) yararlanmasını bildi. Özellikle imparator, Boğaz'da gidiş gelişi kontrol altında tutarak çelebilerden her birini kendisine bağlı tutmaya çalıştı.[4] Bununla beraber, Osmanlı tehlikesini hiçbir zaman unutmayan Manuel, 1403'te Batı dostlarına elçisini göndererek Türklere karşı birlik politikasına devam etti.[5] Timur, Anadolu'da büyük küçük tüm beylere ve Bâyezid'in oğullarından her birine *yarlıg*lar göndererek kendi egemenliği altında varlıklarını sürdürmelerini istedi. Çelebi Mehmed Amasya'da onun adını taşıyan

---

3 Nicol, *Byzantium and Venice: A Study in Diplomatic and Cultural Relations:* "From being the tribute-paying vassals of the Turks, the Byzantines had become their suzerains."

4 Bkz. H. İnalcık, "The Conquest of Edirne (1361)", *Archivum Ottomanicum*, III (1971), s. 185-210.

5 Nicol, *Byzantium and Venice: A Study in Diplomatic and Cultural Relations*, s. 148.

bir gümüş sikke bastırıp egemenliğini tanıdığını gösterdi. Venedik, elçi Suriano'yu gönderip Gelibolu Antlaşması'nı imzaladı. Manuel, antlaşmayı İstanbul'a dönüşte öğrendi (Venedik'ten ayrılışı Nisan 1403). Venedik ve Ceneviz kadırgalarıyla Gelibolu'ya vardı, orada VII. Ioannes ve Süleyman kendisini karşıladılar.

Selânik, antlaşma gereğince Bizans'a geri verildi. Manuel, kendisini İstanbul'da üç yıldan fazla temsil etmiş olan yeğeni VII. Ioannes'i Selânik valisi atadı ve işleri tam bir otorite ile ele aldı. Venedik, bunalım boyunca yaptığı yardımların bedeli olarak Tenedos'u ele geçirmek için diplomatik girişimlerini yeniledi. İmparator bir süre direndikten sonra adanın tahkim edilmesi koşuluyla geriledi. Tahkimat giderleri Bizans, Venedik ve Ceneviz tarafından ortaklaşa karşılanacaktı. 1405'te Rodos, adada masrafı karşılayarak bir kale inşâ etme önerisinde bulundu. Venedik, adada tam egemenlik iddiasındaydı. 1406'da imparator, Pera Cenevizlileriyle beraber adanın berkitilmesi tasarısını ortaya attığı zaman Venedik, buna sert biçimde karşı çıktı.[6] Tenedos, Boğaz ve Karadeniz demekti.

Manuel, iki kadırgasıyla Boğaz'da kontrolü sağlamaya çalışıyordu. Bizans, Boğaz'da devriye işi çok masraflı olduğundan Balkan devletlerini ve Venedik'i masrafa ortak yapmak için eskiden beri çaba harcıyordu. İmparator, Venedik gemilerinin Gelibolu ve Boğaz'dan gidiş gelişte Türklere yardım ettiğini hatırlattı. Gerçek olan, Venedik, Levant'ta ticâretini tehlikeye sokmaktan çekiniyor, Türklerle barışçıl ilişkilerini bozmak istemiyordu. Senato, 1409'da Süleyman'a bir elçi gönderdi, Boğaz'da trafiğe engel olmadıklarını bildirdiler. Süleyman ile Mehmed arasında sultanlık mücadelesi şiddetlenince, 1409'da imparator Venedik'ten sekiz kadırga gönderip takviye istedi. Bizans gibi Venedik de, iki şehzadenin Rumeli ve Anadolu'da ayrı ayrı kalmasını istiyordu; ülkenin bir sultan idaresinde birliğe gitmesine karşıydılar.[7] Türklere karşı Boğaz'ı kapalı tutma çabalarını Venedik genel bir politika olarak onayladı fakat kadırga göndermeyeceğini, ilgili öteki hükümetlerin katılması gerektiğini bildirdi. Geçmişte, Batı Anadolu beyliklerine karşı

6 Nicol, *Byzantium and Venice: A Study in Diplomatic and Cultural Relations*, s. 349.
7 Nicol, *Byzantium and Venice: A Study in Diplomatic and Cultural Relations*, s. 350.

Bizans, Venedik, Ceneviz ve Rodos arasında ittifaklar yapılmıştı. Fakat işler karışınca, Tenedos ile İstanbul Boğazı arasında sefer yapan tüccar gemilerindeki askeri artırdılar. Süleyman'ın ölümü (1411) üzerine hemen Rumeli'nde yerine geçen Musa'ya iyi dileklerini ilettiler.[8] Süleyman'ın ölümü üzerine Manuel ve Venedik, Gelibolu'yu işgal etmeyi düşündüler.

Musa, 1403 antlaşmasını tanımadığını ilân ederek Selânik'i ele geçirme girişiminde bulundu ve 1411'de gelip İstanbul'u kuşattı; böylece babası Bâyezid'in siyâsetine dönüş yapıyordu. Venedik, daima ticâret gemilerinin güvenliğini düşünerek, Musa ile Selymbria'da ateşkes anlaşması imzaladı ve haraç ödemeyi kabul etti.[9]

Anadolu'da Çelebi Mehmed, Rumeli'nde hâkim olan rakip kardeşlerine, evvela Süleyman sonra Musa'ya karşı daima imparatorun dostluğuna güvendi, güvence olarak küçük kardeşi Kasım'ı ve kız kardeşi Fatma'yı rehin olarak Manuel'e gönderdi (Süleyman da oğlu Orhan'ı İstanbul'a rehine göndermişti. Bizans, Orhan'ı Osmanlı Devleti'ne karşı daima kullandı; Orhan 1453'te Fâtih'e karşı İstanbul surları üzerinde savaşacaktır).[10] İmparator ve Venedik, Çelebi Mehmed'i Bâyezid dönemi durumu geri getirmek isteyen Musa'ya karşı desteklediler.[11] Mehmed 1413'te rakipsiz Osmanlı tahtına sahip olunca, Manuel elçisini gönderip haracgüzâr prensler arasında yer aldı.[12] Manuel ile Çelebi Mehmed bir anlaşma ile birbirine bağlandılar. Mehmed, Süleyman'ın Bizans'a verdiği toprakları (Marmara kıyısında Hereke, Pendik vb.) ve ayrıcalıkları aynen tanıdı. Yaşadığı sürece imparatorun sadık dostu[13] kalacağına söz verdi.[14] Manuel, diğer yandan Venedik'le görüşmeleri sürdürdü[15]

---

8 Nicol, *Byzantium and Venice: A Study in Diplomatic and Cultural Relations*, s. 431.

9 Nicol, *Byzantium and Venice: A Study in Diplomatic and Cultural Relations*, s. 352.

10 Bkz. İnalcık, *Fâtih Devri Üzerine Tetkik ve Vesikalar*, İndeks: Orhan.

11 Nicol, *Byzantium and Venice: A Study in Diplomatic and Cultural Relations*, s. 352. "faithful servant".

12 Doukas, *Decline and Fall of Byzantium to the Ottoman Turks*, çev. H. Magoulias, 1975; *Anonim*, (Paris), no. 1047, 33a.

13 Nicol, *Byzantium and Venice: A Study in Diplomatic and Cultural Relations*, s. 353.

14 Nicol, *Byzantium and Venice: A Study in Diplomatic and Cultural Relations*, s. 154, Doukas'a göre, Manuel'e "baba" diyormuş.

15 Nicol, *Byzantium and Venice: A Study in Diplomatic and Cultural Relations*, s. 353.

ve Ege'de Hıristiyan koloniler arasında görüşülen ittifakı gizlice destekledi ve Mora'yı Türk akınlarına kapamak için Korint berzahında bir sur (6 mil uzunluğunda Examilion) inşâsını başlattı. İmparator, Sultan Mehmed'in verdiği güvencelere rağmen, tekrar canlanan Osmanlı gücü karşısında Batı Hıristiyan devletleri ile bir Haçlı seferi için görüşmelerini sürdürmekten de geri kalmadı. Mehmed, asi İzmir Beyi Cüneyd'i bertaraf ettikten sonra Çalı Bey kumandası altındaki Osmanlı donanmasını, Cüneyd'i destekleyen Venedik'in Kiklad Adaları üzerine gönderdi (donanma 13'ü kadırga olarak 112 gemiden oluşuyordu). Venedik karşılık olarak Kaptan Pietro Loredano kumandasında bir donanma gönderip Gelibolu'da üslenen Osmanlı donanmasını tahrip etti (29 Mayıs 1416).

1414'te Venedik, Edirne'ye elçisini göndererek Musa ile yapılmış olan anlaşmayı, haraç ödeme maddesi hariç Mehmed ile yenilemişti. Mehmed'in donanma gemilerini Ege Denizi'nde toplaması (Aydın Beyliği'ni ihyaya çalışan Cüneyd'e karşı sefer 1414-1415) Venedik'te kolonileri için kaygıya neden oldu. Osmanlı donanması Venedik çevrelerinde korkulacak kadar çok güçlü sayılıyordu.[16] 1415-1416 döneminde Bâyezid'in sürgündeki oğlu Mustafa ortaya çıkınca Manuel, Mustafa'yı ve asi Cüneyd'i sahiplendi. Selânik'e sığınmalarına izin verdi. Mehmed, Bizans'a karşı savaş ilân etti (1416). Sonunda Manuel, Mehmed hayatta oldukça onları bırakmayacağına söz verdi. Mehmed, Mustafa'nın masrafları için yılda 300 bin akçe (yaklaşık 10 bin altın) ödemeyi kabul etti.[17] Mustafa, Limnos Adası'nda rehine tutuldu.

---

16 Nicol, *Byzantium and Venice: A Study in Diplomatic and Cultural Relations*, s. 354.
17 Bkz. Halil İnalcık, "Mehmed, I", *TDV İslâm Ansiklopedisi*, XXVIII (2003), s. 391-394.

II. Murad (1421-1444, 1446-1451) ve Bizans

Taht Mücadelesi (1421-1423)

Osmanlı kaynakları Çelebi Sultan'ın ölüm döşeğindeki vasiyetini şöyle naklederler: "Tezcek ulu oğlum Murad Hanı getürün (...) Ben hod bu döşekten kalkmazın ve Murad gelmeden ben ölürin, memleket birine dokunmadın tedârik idün; benim vefâtımı duyurmayasız; Murad gelince (ye kadar)" dedi. Dîvân-i Hümâyûn'daki paşalar, Bâyezid, Hacı İvaz ve Çandarlı İbrahim, yeniçerileri İzmir oğlu Cüneyd'e pâdişahın seferi var diye sefere gönderelim, dediler, ulûfelerini verdiler. Anadolu beylerinin hemen askerleriyle Biga'ya gelmelerini istediler. Kendileri günlük işleriyle meşgul göründüler, güvenilir adamları Çaşnigirbaşı Elvan Bey'i acele Amasya'da vali bulunan Murad'a doğru yola çıkardılar.

Edirne'de sultanın ölümünü saklayacak önlemler aldılar. Bir gün sipahi ve silahdarlar ayaklanıp pâdişahı görmek istediler. Çelebi'nin ölüsünü taht üzerinde oturtup arkasına birini koyup hareket ettirdiler. Hekimbaşı hastayı yalnız bırakın diye tülbent kavuğunu yere çaldı. Paşalar hastadan ümidimiz var, diye silahdarları savuşturdular.[1] Paşalar "Tayifesi (yeniçeri) şehri yağma edip memleketimizi harici (düşman) hürûc eder" diye saraylıları ikna ettiler.

1 *Âşıkpaşazâde Tarihi*, Atsız yayını, s. 156; *Neşrî*, s. 352; *Anonim*, (Paris), 1047.

Murad'ın Amasya'dan gelip Bursa tahtına oturması babasının ölümünden sonra 40 gün sürecektir, ölüm haberi yayılınca, "âlemde fitne" başladı. Karaman ve Anadolu beyleri harekete geçtiler, gönderilen elçiler onları (bir zaman için) oyaladı.

Murad, Amasya'dan hareketinden ancak 40 gün sonra Yenişehir sarayına geldi. Yenişehir'de Bursa'ya girmek için bekledi. Haber Edirne'ye bildirilince Bâyezid Paşa gerekli önlemleri almaya başladı. O zaman Dîvân-i Hümâyûn vezirleri Bâyezid, Bursalı Hacı İvaz ve Çandarlı İbrahim paşalar idi.[2] Hacı İvaz Paşa, Bursalıları kazanmak için önemli rol oynayacaktır. Fetret döneminden beri sultanların *Dârussaltana* Bursa'ya girmeleri için şehir ileri gelenlerinin, ahilerin davetini almak bir sorun haline gelmişti.

Çelebi Mehmed'in ölümü üzerine veziriâzam Bâyezid Paşa, Edirne'de tüm büyükleri huzuruna çağırdı ve uzun bir nutukla Tanrı desteğiyle Çelebi Sultan'ın vasiyeti gereği büyük oğlu Murad'ın tahta geçmiş bulunduğunu ilân etti. Çelebi Sultan'ın naaşı sarayın avlusunda herkesin önüne kondu; böylece Çelebi'nin ölmüş bulunduğu ve Murad'ın gerçek vârisi olduğu gösteriliyordu.

Yıldırım Bâyezid'in oğlu Mustafa, Limni'de Bizans imparatorunun himâyesinde harekete hazırdı. Merasim, Çelebi Sultan'dan sonra Edirne'deki halkın önünde Tanrı'nın desteğiyle saltanat tahtının gerçek sahibinin Murad olduğunu göstermekti (Bu ayrıntıları Doukas izlemiş ve nakletmiştir).

Paşalar, Murad'ın emri üzerine Çelebi Sultan'ın naaşıyla Gelibolu üzerinden Bursa'ya vardılar ve naaşı türbesine koydular. Sekiz günlük matem son bulunca şenlik başladı,[3] genç sultan Murad (o zaman 17 yaşında) Bursa'da ahileri zengin armağanlarla kutladı ve kendisine armağanlar sunuldu. Bu merasim tanındığını gösteriyordu.

Murad derhal Karamanoğlu'na ve İmparator Manuel'e elçiler gönderip tahta oturduğunu bildirdi. Saltanatı için onlar en tehlikeli rakiplerdi. Doukas'a göre her iki taraftan barışı teyit eden haberler alındı.[4] İmparator Manuel'in elçi heyeti Murad'a taziyelerini ve

---

2 *Anonim*, (Paris), 1047.

3 Doukas'a göre (*Decline and Fall of Byzantium*, çev. Magoulias, s. 131), sekiz gün matemden sonra Murad'ın saltanatı ilân edildi.

4 Doukas, *Decline and Fall of Byzantium to the Ottoman Turks*, s. 132.

kutlamalarını sunuyor, ölen babasının iki şehzadenin imparatora rehin olarak teslimi için vasiyetini yerine getirmesini istiyordu.[5] Bâyezid Paşa'nın tepkisi, Müslüman çocukların kâfir eline teslim edilemeyeceği şeklinde oldu.[6] Manuel'in cevabı şudur: Bu takdirde Rumeli Mustafa'ya teslim edilecek, Murad Anadolu saltanatı ile yetinecektir.

Çelebi Sultan'ın beş oğlu vardı: Murad, Mustafa, Ahmed, Yusuf ve Mahmud. Ölümünde dördü hayattaydı. En büyüğü Murad, 17 yaşında idi, sonra gelen Küçük Mustafa, Lalası Şarabdâr İlyas ile Hamid-ili valiliğine gönderilmişti. Üçüncü oğlu Ahmed, babası hayatta iken öldü. Küçük yaşta olan Yusuf ve Mahmud Çelebi ise sultan tarafından imparatora rehin olarak gönderilecekti. Ayrıntıları Doukas'tan öğrenmekteyiz.[7]

II. Murad'ın tahta çıktığı yıl Doukas'ın Yeni-Foça'da zengin şap madenini işleten Ceneviz kolonisinde ikametgâhı vardı ve Ceneviz Podestası Giovanni Adorno'nun sekreteriydi. Bu makamı dolayısıyla olaylara doğrudan doğruya tanıktı. II. Murad, Mustafa'ya karşı Çanakkale Boğazı'nı geçmeye karar verdiği zaman, Osmanlıların her zaman yaptığı gibi, Ceneviz gemilerini kullanmak istedi ve Ceneviz Podestası Adorno'ya başvurdu. Adorno için sultana gönderilen mektubu bizzat Doukas yazmıştır. Bu hizmet karşılığı Adorno şap iltizamından Osmanlı sultanına olan borcundan kurtulmuş olacaktı.[8] Anlaşmanın yeri tespit edilmiştir. Burası Yenişehir'dir (Melangeia). Peralılarla imzalanan belge altındaki Hasan imzasının sahibi o zaman Yeniçeri ağası olan Hasan'dır. Bizans id-

---

5 Doukas, *Decline and Fall of Byzantium to the Ottoman Turks*, s. 132.

6 *ÂşıkpaşazâdeTarihi; Neşrî; Anonim* (Paris), 1047.

7 *Tevârih-i Âl-i Osmân*, (yay.) F. Giese, N. Azamat, İstanbul, 1992, s. 59-60; Anonimler, *Âşıkpaşazâde*'nin kaynağını kullananlara göre Çelebi Sultan naaşının Bursa'ya gelişine kadar 40 gün geçmiş.

8 Cenevizliler, gemileriyle nakliye işini Orhan Gâzî zamanından beri yapmaktaydı. Osmanlı, Bizans ve Venedik'e karşı Orhan döneminden beri Ceneviz Perası'nın (Galata) korunması için Osmanlı'ya bağımlıydı. Öte yandan şehrin gıda stokları Osmanlı ülkesinden geliyordu. Cenevizliler daha 1352 antlaşmasıyla Osmanlı'nın resmen müttefiki olmuşlardı. Antlaşma, ticâreti kapsayan maddeler arkasında aslında bir ittifak antlaşmasıdır. I. Murad (1362-1389) 1387'de Yenişehir'de (Melangeia) büyük düğüne Pera Cenevizlileri'ni de çağırdı. O zaman yenilenen antlaşma K. Fleet tarafından yayınlanmıştır. K. Fleet, "The Treaty of 1387 between Murad I and the Genoese", *BSOAS*, 56/I (1993), s. 13-33. Yazar düğün yerini ve antlaşma imzalarını tayin edememiştir.

dialarına karşı ve koloninin geçimi için Osmanlı ittifakı yaşamsal önem taşıyordu. Osmanlılar ise 1352'den beri Boğazlar'dan büyük kuvvetleri geçirmek için Ceneviz'in büyük yük gemilerini kiralamaktaydı. Bizans için güçlü Osmanlı Devleti karşısında hayatta kalmanın tek çıkar yolu diplomasiydi. İmparator Manuel'in Murad'a elçileri, çocukların teslimi konusunda olumsuz cevapla dönünce imparator hayal kırıklığına uğradı. Limni'de tuttuğu Mustafa ile yapılmış olan anlaşmayı hatırladı. Bir savaş adamı olan Demetrios Laskaris'i kadırga donanması başına getirdi, Limnos'a gönderip Mustafa'yı ve Cüneyd'i Rumeli'ne geçirme emrini verdi. Doukas'a göre Demetrios Laskaris, Mustafa ve Cüneyd'in Rumeli'nde faaliyetleri sırasında imparatoru temsilen daima onların yanındaydı. Fakat Gelibolu'yu asla teslim alamadı. Mustafa, Yıldırım Bâyezid'in gerçek oğlu olup Manuel onu Rumeli'nin hâkimi olarak tanıdı.[9] Mustafa'nın meşru sultan olmasına karşı herhangi bir veraset kuralı yoktu. Demetrios, Mustafa ve Cüneyd'den imparatora sadakat yemini aldı. Mustafa, Gelibolu ile Tuna'ya kadar Karadeniz kıyılarını, Teselya'yı ve bazı güçlü kaleleri imparatora teslim edeceklerine söz verdiler. Demetrios onları Gelibolu'ya götürdü. Gelibolu'daki Osmanlı kuvveti savunma tertibi almış bulunuyordu. Gemiler Limni içerisine alınmıştı. Gelibolu/Rumeli ordusu Cüneyd'in yanındaki kuvvetle saldırıya geçti. Türkler[10] arasında cesaretiyle tanınan Cüneyd karşısında Gelibolu'yu savunan askerler kaçtı. O zaman Mustafa savunucularla konuşmak istediğini bildirdi. Onlara hitapla dedi ki: "Biliyorsunuz ki ben Yıldırım'ın oğluyum, niye bana karşı geliyorsunuz? Murad, Çelebi Sultan'ı öldürdü ve tahtı gasp etti. Tanrı beni korudu ve bana babamın tahtını layık gördü. Teslim olup bana Edirne yolunu açarsanız benim kardeşliğime layık olacaksınız, sizlere lütuflar, armağanlar bağışla-

---

9 Doukas, *Decline and Fall of Byzantium to the Ottoman Turks*, s. 132-133.

10 Doukas, *Decline and Fall of Byzantium to the Ottoman Turks*, s. 133-136. Burada bir notta Doukas, Türklerin akında savaşçılığı, cesareti ve herhangi bir kurala bağımlı olmadıklarını belirtir. Akıncı gâzîler için Osmanlı kaynakları da aynı kuralları yineler. O zaman Rumlar arasında yaygın bir inanışı tekrarlar: Günahları yüzünden Hıristiyanlara ceza olarak Tanrı, Türkleri musallat etmiş. Yeniçeriler hakkında *Decline and Fall of Byzantium to the Ottoman Turks*, Magoulias'ın notu, no. 135.

rım. Yazgının ve imparator babamın karşısında Murad, Rumeli'ne gelemez." Savunmadaki bazı ileri gelenler adamlarıyla Mustafa ve Cüneyd zırhlı korumacılarına çıkıp katıldılar ve kaleye saldırıya geçtiler. Gelibolu halkı ve asker hep birden gelip Mustafa'yı sultanları tanıdılar. Etraf köyler halkı da aynı şeyi yaptılar. Mustafa, bu kuvvetleri yanına alıp hareket etti. Osmanlı kaynakları, "Yıldırım Hanoğlu Mustafa" hakkında şu bilgileri aktarırlar: Mustafa Selânik'te ortaya çıktı (imparatorun rolü sus geçilir). Mustafa Selânik'e, oradan Vardar Yenicesi'ne geldi. Burası Evrenosoğullarının merkeziydi. Onlardan bazıları Mustafa'nın yanına geçtiler. Mustafa Serez'e geldi, hisardakiler kaleyi teslim ettiler. Mustafa oradan doğru saltanat şehri Edirne üzerine yürüdü, Edirne'de yerleşti. "Rumeli'nin tamamına hâkim oldu. Rumeli beyleri Mustafa'ya döndü." Sultan Murad ona karşı Bâyezid Paşa'yı gönderdi. Bâyezid Edirne'ye geldi ve Mustafa'nın elini öpüp onu sultan tanıdı[11] ve vezirlikte kaldı. Mustafa, Rumeli yaya askerine "müsellem"lik ayrıcalığı tanıdı. Sefere giden yayanın her birine *harçlık* parası 50 akçe verilecekti. Mustafa aynı zamanda halktan *azeb* askeri topladı. Mustafa, akıncı sipahi subayları, *tovica*ları ordusuna çağırdı ve Anadolu'dan gelecek Murad ordusuna karşı Edirne yolu üzerinde Sazlı-Dere'de savunma tertibi aldı. Bâyezid Paşa'yı orada idam etti. Boğaz'a geldi, hedefi *Dârussaltana* Bursa'yı ele geçirmekti. Sultan Murad da önlemler almıştı: Ülkenin belli başlı ailelerinden Kara Timurtaş oğulları Umur, Oruc ve Ali'ye[12] paşalık verip yanına çağırdı. Çelebi Musa'ya yardım ettiği için Çelebi Mehmed'in Tokat'ta hapiste tuttuğu Mihaloğlu Mehmed'i yanına getirtti. Bursa yolu üzerinde Ulubad Köprüsü'ne adam yerleştirdi. Mustafa, emrindeki kuvvetlerle köprünün öte yanına gelip kondu.

---

11 Bâyezid Paşa fetret döneminde devletin birliğini sağlamış bir devlet adamıydı. Anonimler şöyle anlatır: "Bâyezid Paşa hayli tedbir ehli idi. Hem sipahiydi (...) Ana nisbet (Çandarlı) İbrahim ve İvaz Paşa hem danişmend hem şehirliydi." Veziriâzam Bâyezid'i kıskanan İbrahim ve Hacı İvaz, Mustafa'ya karşı Bâyezid'i gönderdiler (*Anonim*, Giese yayını, s. 61). Bâyezid Paşa hakkında önemli bir not: Doukas, *Decline and Fall of Byzantium to the Ottoman Turks*, s. 142-143.

12 Fâtih'ten önce Osman ve Orhan zamanında önde gelen aileler, bir çeşit aristokrasi durumunda Osmanlı siyâsetinde rol oynarlardı.

Mihaloğlu tüm Rumeli akıncı beylerini, bu arada Evrenosoğullarını yanına çağırdı. Sultan Murad yanında Mustafa'nın Yıldırım oğlu olmadığı, *Düzme* olduğu dedikodusu yayıldı, akıncı kumandanları *tovica*lara mektuplar gönderildi. Cüneyd Bey'i de birtakım vaatlerle kandırdılar. Hacı İvaz Paşa, hileyle *Düzme* Mustafa'yı bu hazırlıklardan haberdar etti. Rumeli beylerinin ihanet edip belli bir geçitten Murad tarafına geçeceklerini bildirdi. Hacı İvaz gece öteye geçti. Hacı İvaz mektubuna inanan Mustafa, Rumeli beylerinin ihanetine inandı, kurtuluşu kaçmakta buldu. Evrenoslular, akıncı *tovica*ları ve akıncı beyi Turahan kaçmadılar, Sultan Murad'ın yanına geldiler, elini öperek onu meşru sultan tanıdılar. Mustafa'nın Yıldırım Bâyezid oğlu olmayıp *Düzme* olduğuna inanmışlardı.[13]

Az adamla Gelibolu'ya gelip Rumeli'ne geçmeye çalışan Mustafa, tüm gemileri karaya çektirdi. Boğaz'a varan Murad ancak kiraladığı bir Ceneviz *köke*sine (ödenen ücret 4000 altın) asker koyup öte yakaya gönderdi. Kadırgalardan "top ve tüfenk" ateşi onları durdurdu. Gelibolu yarımadasında Bolayır'ın limanı Kozlu Dere[14] üzerinden Rumeli'ne geçiş denendi, Mustafa onları orada karşıladı, durduramadı. Bu tarafta *köke* ile Murad'ın kuvvetleri karşı yakaya geçip toplandılar. Murad Gelibolu önüne geldi, kaleyi başta teslim etmedilerse de sonra razı oldular. Sultan Murad Edirne'ye kaçan Mustafa'nın peşinde şehir önüne geldi. Edirneliler Murad'ın takipte olduğunu ve Rumeli beylerinin Mustafa'ya yüz çevirdiklerini biliyorlardı. Mustafa şehri bırakıp kaçtı. Murad'ın kuvvetleri kendisini Kızıl-Ağaç Yenicesi'nde ele geçirdiler. Murad'ın huzuruna getirdiler. *Düzme* Mustafa Edirne'de asıldı. Mustafa savaş adamı değildi. Çok içip eğlence hayatı yaşıyordu. İşbirlikçisi Cüneyd onun bu halinden şikâyetçiydi ve başarıdan umudunu kesmişti. Ondan kaçıp İzmir'deki beyliğine dönmeye karar vermişti.[15] Ölüm haberi Rumeli'nde yayıldı. Edirne payitahtında

---

13 Göl karşılaşması hakkında Doukas, *Decline and Fall of Byzantium to the Ottoman Turks*, s. 152, Osmanlı kaynaklarını tamamlayıcı bilgi sağlar.

14 1352'de Orhan oğlu Süleyman Paşa Kozlu Dere'den çıkıp Bolayır'ı fethetmişti, bkz. Halil İnalcık, *Kuruluş Dönemi Sultanları*, s. 66. Burada aynı Kozlu Dere'den söz edildiği anlaşılmaktadır.

15 Doukas, *Decline and Fall of Byzantium to the Ottoman Turks*, s. 152-157.

yerleşen Sultan Murad, etrafa elçiler gönderip saltanatını tanıtma çabasındaydı. Büyük ödünle Sırp Vılk-oğlu ile uzlaştı.[16] İmparator Manuel (Düzme) Mustafa'nın yenilgisinden sonra İznik'teki kardeşi Küçük Mustafa'yı şimdi sahneye çıkarmış görünüyor.

Galip durumdaki Sultan Murad imparatorun tanışık-dostu sayılan Gebze Kadısı Fazlullah'ı gönderdi. İmparator, sultanın zayıf durumda olduğuna inanarak Trakya'da bazı araziyi kendisine bırakmasını istedi ancak bu koşulla barış yapacağını bildirdi. Çorlu'dan ötesi ve İnceğiz Bizans'a terk olundu,[17] imparatorun Trakya'da Murad'dan arazi isteme cesaretini gösterdiği Osmanlı kaynaklarında ayrıntılarıyla kaydedilmiştir.[18] İmparator, Sultan Murad'ın hâlâ zayıf durumda olduğuna inanıyordu.

II. Murad'ın İstanbul Kuşatması (1422)

İmparator II. Manuel'in yeni tahta çıkmış olan II. Murad'a karşı Yıldırım Bâyezid'in oğlu Mustafa'yı desteklemesi ve açıkça sergilediği karşı girişimleri suya düşünce Murad, İstanbul'a karşı harekete geçmeyi ve şehri fethetmeyi ilk iş olarak ele aldı. Anadolu ve Rumeli'ndeki kuvvetlerini birleştirerek İstanbul'u kuşatmak için harekete geçti. Kuşatma üzerinde en ayrıntılı bilgileri bir göz tanığı olan Bizans tarihçisi Ioannes Kanonas'ta bulmaktayız. Burada Kanonas'ı esas tutarak kuşatmanın aşamalarını özetlemekteyiz.[19]

Osmanlı taktiği ilk aşamada akıncı kuvvetleriyle düşmanın hazırlıklarını bozma hareketi olarak görülür: Mihal Bey 10 bin kişiye varan kuvvetleriyle İstanbul civarındaki yerleşik mevkilere akın edip yakıp yıkmış, yağma etmiş, halkı esir almış, esirlerden bir kısmını Konya ve etrafına sürmüştür. Şehir etrafında her şey Mihal

---

16 Bkz. *Neşrî*, II, s. 566.

17 *Neşrî*, II, s. 566, İmparator, Mustafa'nın yenilgisinden sonra da Sultan Murad'a karşı Anadolu beyleri ve Küçük Mustafa gailesini ortaya çıkaracaktır.

18 *Âşıkpaşazâde Tarihi*, Atsız yayını, s. 160; *Neşrî*, II, s. 566, *Anonim*, Paris, 1047.

19 Ioannes Kanonas, "II. Murad'ın İstanbul Muhasarası Hakkında Bir Eser", çev. Zafer Taşlıklıoğlu, *İstanbul Üniversitesi, Edebiyat Fakültesi Tarih Dergisi*, VIII/11-12 (1955), s. 209-226; *Peri tu en Konstaninopolei Gegonotos Polemou*, (haz.) I. Bekker, Bonnae, 1838, s. 457-479.

Bey'in kontrolü altına geçmiş, bütün sur kapıları önüne gelip dışarı ile ilişkileri kesmiştir. (10 Haziran 1422)

Şehir kuşatması 20 Haziran'da başlamıştır. Sultanın asıl ordusu "kara bir bulut gibi" gelip etrafı yakmaya başlamış, onun arkasından sultanın büyük ordusu gelmişti. Orduda her çeşit savaş gereçleri vardı. Amacı bu aletlerle surlarda bir gedik açmaktı. Sultanın ordusu yaya ve atlı olarak "bin bir soydan" askerden oluşuyordu. İlkin kara surları önünde boylu boyunca bir toprak seddi yaptılar. Set üzerinde ağaç dallarından örtülü siperler yerleştirdiler. Onun hemen gerisinde sultanın ordusu yer aldı. Bu orduda her milletten insan bulunuyordu.[20] Bu askerin gerisinde ordunun büyük kısmı ok, mızrak ve mancınık gibi her çeşit kuşatma için gerekli silahlarla donatılmış ağır piyade (yeniçeri) yer almaktaydı. Surlara karşı yapılmış toprak siper, kalaslarla takviye edilmiş olup surlardan bir ok atımı mesafedeydi. (20 Haziran 1422)

Sultan arkadan geldi. Onlar surlarda gedik açıp şehri ele geçireceklerine inanıyorlardı. Osmanlı'nın bu düzeni Bizanslılar için yabancı olup büyük kaygı içindeydiler. Fakat surların önündeki hendekler bakımsızlıktan tamamıyla toprakla doluydu. Toprak ötesindeki kuleler de harap durumda olup işe yaramayacak durumdaydılar. Osmanlı kuvvetleri hiçbir engel olmadan bu kuleleri hedef tutmuşlardı. Kuleleri alıp doğrudan şehri ele geçirmek istiyorlardı. Kulelerden biri yıkıldı. Kule, Harse Kapısı (*Altın Kapı*) denilen bölgedeydi, orada Lykos (Bayrampaşa Deresi) akmaktaydı. Böylece buraya yapılan saldırılar boşa çıktı. Osmanlılar demir çemberli tekerlek üzerinde surlar seviyesinde savaş kuleleri yapmışlardı. Bu kuleleri çekecek öküz ve manda sayısızdı. Bu yürür kuleleri sağa sola çekerek surlar üzerindeki askeri, ok ve mızrak yağmuruna tutmaktaydılar. Kaplumbağaya benzer berkitilmiş savaş arabaları ve sayısız araba ayrıca faaliyetteydi. Bu manzara Bizanslıları ümitsizliğe götürüyordu. Korku ve çığlıklarla bir panik durumu baş göstermişti. Sultanın askerleri siperin arkasında

---

20 Kanonas'ın Osmanlı ordusunun bu tasviri gerçeği yansıtmaktadır. Bu her milletten dediği asker, yaya, azeb ve *cerehor*lar (Hıristiyan asker) olmalıdır. Bu gibi asker, kuşatmalarda ordunun önünde yer alırdı.

hendekler kazmışlar; bu hendekleri kullanarak surlara yaklaşmak ve ani bir saldırıyla şehri ele geçirmek istiyorlardı. Rumlardan su işlerine bakanları yanlarına almışlar; onları rehber olarak kullanarak şehre geceleyin gizlice girmeyi düşünüyorlardı. *Emîr* unvanını taşıyan Emîr Sultan, askere şehrin zenginliğini ve halkını savaş ganimeti olarak ilân etmişti. Bu yağma haberini, münâdiler bütün orduda ilân ettiler. Bunu duyan Müslüman halktan birçoğu da yağma için akın akın geldiler. Bunların arasında esir tüccarları, din adamları ve dervişler de vardı. Yağma ümidi onları burada toplamaya yetmişti. Yağma eşyası satın alanlar, esir tacirleri buradaydı. Hatta din adamları sultana yardım etmek fakat aynı zamanda ganimet için Hıristiyan rahipleri alıp götürmek için gelmiş bulunuyordu. İslâm memleketlerinden sayısız bir insan kalabalığı yağma için surların önünde toplanmışlardı. Savaş malzemesi olarak her hane sahibi 15-20 kadar ok tedarik edip getirmişti. Sultan silah ve malzeme bakımından bol malzemeye sahipti.

Bu sırada Bizans imparatorunun barış ve dostluk talebinde bulunmak üzere gönderdiği elçiler de çıkageldi. Sultan, elçilerin ellerini ve ayaklarını zincire vurdu. Sultan demiş ki, "Bizanslılar bana saygısızlık ettiler. İşte ben de onları hapse tıkıyorum".[21]

Kuşatma esnasında "iri yarı bir Müslüman ortaya çıktı, kendisini evliyadan biriymiş gibi kutluyorlardı. İbadet edercesine hürmet gösteriyorlardı."[22] Mersaites (Emîr Seyyid) denilen bu din adamı Bursa'da oturuyordu.[23] Kanonas'ın naklettiğine göre, Emîr Seyyid

---

21 II. Murad bu kuşatmadan önce İmparator Manuel'in kendisine karşı rakipleri kışkırttığını biliyordu. Bu sözler buna atfedilebilir.

22 Bu zat, Kanonas'ın verdiği diğer ayrıntılar göz önünde tutulursa *Emîr Sultan* olmalıdır. Kanonas, bu zatın sultanın kızını zorla zevce olarak aldığını söylüyor. Biliyoruz ki Emîr Sultan, Yıldırım Bâyezid'in kızıyla evlenmiştir. Bu eski rivâyetler Bizans tarihçisine kadar gelmiş görünmektedir.

23 Emîr Sultan hakkında bkz. M. Cavid Baysun, "Emir Sultan", *İslâm Ansiklopedisi*, IV, s. 261-263. Ayrıca Baysun, "Emir Sultan Hayatı ve Şahsiyeti", *İstanbul Üniversitesi Edebiyat Fakültesi Tarih Dergisi*, I-III (1949), s. 77-94; *Emir Sultan Hazretlerinin Menkıbeleri: Menâkıb-ı Emîr Sultân kaddesallâhu sirrahu'l-âlî*, (haz.) Mustafa Utku, İstanbul, 2011; *Emir Sultan Sempozyum Bildirileri* (*5 Mayıs 2012*), ed. Osman Çetin, Bursa, 2012. *Dârussaltana*, Bursa'da halk üzerinde büyük nüfuzu olan Emîr Sultan, saltanat tahtına Murad'ın geçmesini desteklemiş ve bu destek Murad'ın nihaî galebesinde önemli bir rol oynamıştır.

peygamber soyundandı. Olacak şeyleri evvelden haber verdiğine inanılıyordu. "Kendisine adeta bir Peygamber gözüyle bakılırdı." Emîr Sultan, Murad'ın yanına gelip "Saldırı saatini ben bildirmedikçe Bizanslılara karşı savaşa kalkma, Müslüman halkı kırdırma. Bu konuda Hazret-i Peygamber'den bizlere irşatlar gelmiştir" dedi. Sultan onun gelişine kadar elçileri bırakmadı. Emîr Seyyid, gayet ciddi, pek azametli korkunç bir tavır takınmıştı. Onu gören Müslüman asker, sanki gökten bir melek inmiş gibi koşuşup ellerini ayaklarını öpmeye başladı. Sultan da aynı şeyi yaptı. "Bir köle gibi onun elini ayağını öptü." Seyyid şöyle konuştu: "Ey Müslümanlar, ey bu ordunun hükümdarı, biliniz ki, beni buraya Peygamber yolladı (...) Size gaipten haber vermeye geldim. Saldırı saatini, şehrin düşüşünü söyleyeceğim. Bence malum olan vakit, saat gelinceye kadar kendinizi buna hazırlayınız." Bu sözlerin arkasından katırından indi, kendisi için hazırlanmış olan keçe çadırına çekildi ve Kur'an-i Kerîm okumaya başladı. Kendisinin söylediği her şeyi kabul ettiler. Bizans'ın fethi, onun iki dudağı arasından çıkacak olan emri bekliyordu. Herkes ona inanıyordu. Gece gündüz alkış yapıyorlar ve son emrini bekliyorlardı. Patrik ve imparatora karşı ağza alınmayacak küfürler savuruyorlardı. Şöyle diyorlardı: "Ey Bizanslılar, körler, Allah'ınız nerede? İsa'nız, Peygamberiniz nerede? Azizleriniz yok mu, imdadınıza koşsunlar. Yarın İstanbul'u alıyoruz. Hepinizi esir olarak götüreceğiz. Vallahi billahi bu söylediklerimizin hepsi olacaktır, Peygamberimizin sözü sözdür. Kendisi öyle buyuruyor."

Emîr Seyyid, saldırı gününü ilân etti. "(...) Şehir surlarına bir ok atımı kadar yanaştıktan sonra bekleyiniz. Size parolam şu olacaktır: Beni atımın üzerindeyken sağ elimde kınından çıkardığım kılıcımla görür, üç defa sesimi işitecek olursanız, o zaman saldırıya geçersiniz. Şehir surları derhâl yıkılacak ve siz içeri girmiş olacaksınız." Emîr Seyyid, bunları irşadıyla söylediğini belirtiyor ve inanmalarını söylüyordu. Sultan ve komutanlar da bunu şu sözlerle karşıladılar: "Ordu bütün hazırlıklarını tamamladıktan sonra silah başına geçin emrini verdi. Surlara karşı yıkıcı aletler düzene sokuldu. Merdivenler getirildi. Silahlandılar, taarruza geçen asker o kadar kalabalıktı ki, bir ucu Khrysia/Harse Kapısı (Marmara'ya yakın Altın Kapı) öteki ucu Xyloporta'ya (Odun Kapı) kadar uzamaktaydı.[24] Ordu kumandanları Emîr Seyyid'in söylediklerine uyarak birliklerini surların hemen yakınında sıraya koymuşlardı. Okçulara özellikle surların yukarısındaki askeri ok yağmuruna tutma emri verilmişti. Kuşatma altındaki Bizanslılar ürkmüş, kaçmayı tasarlamışlardı.

Kanonas'ın sözleriyle, Bizans halkı başlarına gelebilecek korkunç şeylerin etkisi altındaydı: "Acaba bütün bunları görüp de kim şaşırıp kalmaz, kim korkmaz." Kanonas, şehir düştüğü takdirde olacakları korkunç ifadelerle anlatmakta: "İmparatorumuz (II. Manuel) ihtiyarlığı ve hastalığı dolayısıyla bitkin bir vaziyetteydi. Ne silaha sarılabilecek bir durumu vardı, ne de ata binecek mecali kalmıştı. O, sarayında ancak son hükmünü sürmekle ömrünü tamamlamaya çalışıyordu." Karşı tarafta Bizans kapıları önünde Emîr Seyyid'in emrini sabırsızlıkla bekleyen bir ordu vardı. Emîr Seyyid, öğleyin atı üzerinde 500 kadar dervişiyle Bizans surları önüne kadar gelmişti. İlahiler söylüyorlar ve Emîr Seyyid'e övgüler okuyorlardı. Emîr Seyyid, elinde büyük kalkanla savaşın ön safındaydı. Onlara yaklaşınca "ya Muhammed ya Resûl" dedikten sonra kılıcını çekip çıkardı ve atını ileri sürerek arkasından gelenlerle hep bir ağızdan "Allah Allah, Muhammed" nidâlarıyla düşman üzerine saldırıya geçtiler. Müthiş bir gürültü koptu. Silah gürültüleri, boru ve türlü alet sesleriyle karışıyordu. Xyloporta'dan (Odun Kapı) Khrysia'ya (Harse Kapısı) kadar surlara yanaştılar. Surlara ok ve mızrak yağdırdılar. Merdivenleri dayayıp kulelere çıktılar. "Karşılarında bir tek Bizanslı dahi kalmamıştı. Korkularından hep kaçmışlardı." Her taraftan binlerce ok ve mızrak yağmaktaydı.

> Öteye beriye dağılıp civardaki istihkâmların gerilerine sinip gizlendik. Türkler, kulelerin boşaldığını görünce buraları kolaylıkla işgal ettiler. Bir kısmı merdiven dayayarak bir kısmı da kancalar kullanarak surlara çıkıyorlardı. Yardım almayan Bizanslılar, toparlandılar ve son bir hamle

24 Sur kapıları üzerinde geniş bilgi, M. Ziya, *İstanbul ve Boğaziçi*, İstanbul, H. 1336, s. 61. M. Ziya, 1453 fethinden önce Arap ve Osmanlı kuşatmalarını özetler: s. 160-173.

yaptılar, ölümü göze alarak kılıçlarına sarıldılar; taşlarla saldırdılar. Büyük küçük her yaştaki Bizans halkı, ayaklanmış ve taşıyabildiği silaha sarılmıştı. Müthiş bir boğuşma oldu. Şehir halkı tek bir vücut hep bir ağızdan haykırarak düşmana saldırdılar ve uzun uzun çarpıştılar. Savaşa papazlar da katılmıştı. Düşman püskürtülmüş, yok edilmişti. Kadınlar, Bizanslı erkeklerine cesaret veriyorlardı. Askere taş vs. taşıyor; onları cesaretlendiriyorlardı. Bazıları yaralılara bakıyordu. Birbirini Türk oklarına karşı uyarıyorlar, yaralandıkları halde aldırmıyorlardı. Osmanlı askeri çekilmekten başka çare bulamadı. Her çeşit silahlarını bırakıp kaçtılar. Durum tersine dönmüştü. Bu bir mucizeydi.

Osmanlı ordusunun birden çekilişini semavî mucizelere atfeden Kanonas, geri çekilişin gerçek nedenlerini tabii bilemezdi. "Bizanslılar" diyor, "düşman kaçtı diye o kadar seviniyorlar ve coşkunlukla bunun Allah'ın işi olduğuna inanıyorlardı. Bu 'Meryem'in mucizesi' olmalıdır" diyorlardı. Kanonas burada coşarak mucizeden bahsetmekte, bir kadının mor (erguvâni) elbiseye bürünmüş halde kale duvarları üzerinde dolaştığını söylemektedir.

Bu geri çekiliş olayı için Kanonas, Bizans tarihlemesiyle 9630 Hilkat yılının 24 Ağustos Pazartesi gününü vermekte, Türklerin kayıplarını 1000 ölü olarak tespit etmektedir. Bizanslıların ise ancak 30 kişi kaybettiklerini kaydetmektedir.[25] Çekilişin asıl nedeni ise Sultan Murad'a karşı kardeşi Küçük Mustafa'nın isyan ettiği ve Bursa üzerine yürüdüğü haberiydi. Bu haberi ordudan gizli tuttular ve sultanın emriyle ordu geri çekilmeye başladı. Kanonas'ta Bizans halkının cesaretlenip Osmanlı ordusunu püskürttüğü hakkındaki bilgiyi şu şekilde düzeltmek gerekir: "Küçük Mustafa isyanı haberi gelince Sultan Murad çekilmeye karar verdi. Fakat bunu gizli tuttu. Şehre saldırı halinde olan ordunun geri çekilmesi emrini verdi. Ordu savaş hattından çekilirken Bizans halkı bunu fırsat bilerek saldırıya geçti. Çekilen ordunun bıraktığı malzemeyi ele geçirdi." Kanonas, bu durumu şehir halkının Murad'ın ordusuna karşı bir zaferi olarak anlatmaktadır. Küçük Mustafa isyanını ise İmparator II. Manuel'in hazırladığını biliyoruz.[26]

---

25 Kuşatma hakkında Bizans kısa kroniklerinde ayrıca tamamlayıcı bilgiler vardır.

26 Bkz. İlerleyen bölümde "Küçük Mustafa İsyanı".

Bizans kısa kroniklerinde kronoloji şöyledir:[27]

II. Murad'ın İstanbul kuşatması (10 Haziran-6 Eylül 1422)

Kronik 9/49: 6931 yılı, 15. İndiksiyon'da "24 Ağustos, Pazartesi" günü, Aziz Ioannes Theologos'un Öğrencisi, Aziz Eutyches gününde, tanrı tanımaz Murad (II. Murad) yüce şehrin (Konstantinopolis) surlarına saldırdı. Romalılar galip geldi ve binlerce Türk öldürüldü.

Kronik 13/1: 6930 yılı, 15. İndiksiyon'da, "10 Harran Çarşamba" günü, öğleden sonra, Mihaloğlu Konstantinopolis'i tamamen yağmaladı.

Kronik 13/2: ve aynı ayın 20'sinde Cumartesi günü, Emîr Murad Bey de geldi, öğleden sonra saat altıda.

Kronik 13/3: Ağustos'un 24'ünde, aynı İndiksiyon'da Konstantinopolis'te savaştı, Pazartesi günü saat öğlenin başından bütün Pazartesi öğleden sonra yani saat ikiye kadar.

Kronik 13/4: Eylül'ün 6'sında, 1. İndiksiyon'da, 6931 yılında, Pazar günü, buradan çıktı, günün ilk saatinde.

Kronik 22/34: İmparator Manuel'in zamanında Murad (II. Murad) şehirle (Konstantinopolis) bir savaşa girişti ve oraya hücum etti ve hiçbir başarı sağlayamadı.

Kronik 94 A/5: 6930'da Murad, şehre (Konstantinopolis'e) (karşı) büyük bir savaş yaptı, 24 Ağustos'ta.[28]

Düzmece Mustafa sorununu çözen Sultan II. Murad, bir süre Edirne'de kalarak İstanbul kuşatmasının hazırlıklarıyla uğraşmıştır. II. Murad 1422 İlkbaharı'nda kuşatmanın başlamasını emretmiştir.[29] Bu kuşatmanın detaylı anlatımını, olayın görgü tanığı Ioannes Kanonas'ın *Diegesis* adlı eserinden öğrenebiliyoruz.[30]

---

27 Peter Schreiner, *Die Byzantinischen Kleinchroniken*, I, Viyana, 1975.

28 Bu kronik notlarının çağdaş kaynaklarla karşılaştırılmış bir değerlendirmesi aşağıdadır: Şahin Kılıç, "Kısa Kronikler'e (Brachea Chonika) Göre Erken Osmanlı Tarihi (1402-1451): Çeviri ve Değerlendirme", *Yayımlanmamış Doktora Tezi*, Ankara Üniversitesi, Sosyal Bilimler Enstitüsü, Ankara, 2011, s. 175-179.

29 *Rûhî Târihi, Oxford Nüshası Değerlendirme ve Tıpkı Basım*, (yay.) H. E. Cengiz-Y. Yücel, Ankara, 1992, s. 437.

30 Ioannes Kanonas, "II. Murad'ın İstanbul Muhasarası Hakkında Bir Eser", çev. Zafer Taşlıklıoğlu, *İstanbul Üniversitesi Edebiyat Fakültesi Tarih Dergisi*, VIII/11-12 (1955), s. 209-226; *Peri tu en Konstaninopolei Gegonotos Polemou*, (haz.) Immanuel Bekker, Bonnae, 1838, s. 457-479.

Dönemin diğer Bizans kaynakları arasındaki en ayrıntılı anlatım Chalkokondyles'in kayıtları Kanonas'ın anlatımıyla uyumludur.[31] Kısa kroniklerdeki bilgiler ise bu kaynakları doğrular ve kronolojiyi tamamlar. Kanonas bu olayın kronolojisini kaydettiği kısmı şöyle anlatır:

> Paleologos'un oğlu Manuel ve bunun oğlu Ioannes'in saltanatının otuz ikinci senesiydi. Tarih, 6930 (1422) Hilkat yılın İndiksiyonu'nun on beşinci senesi, Haziran ayının onuncu gününün (Salı) ikinci saati. Birdenbire, müthiş bir hücumla, 10 bin kişilik Müslüman ordusu aleyhimize harekete geçerek, arazimizi istilaya uğratmıştı.[32]

Bu kayıt, Kanonas'ın, kuşatmanın öncüleri olarak gelen Mihaloğlu[33] komutasındaki ordunun geldiği tarih olan 10 Haziran 1422, Salı günü, *Kronik 13/1-2-3* ile uyumludur. Fakat *Kronik 13*, bu olayın salı yerine çarşamba günü öğleden sonra gerçekleştiğini kaydetmiştir.[34] Burada *Kronik 13*'ün verdiği çarşamba gününün doğru olduğu kronolojik hesaplamalarla ortaya çıkmıştır. Sphrantzes ise bu olayın 8 Haziran'da gerçekleştiğini kaydetmiştir.[35]

Yine Kanonas'a göre, 10 Haziran'daki bu saldırının ardından 20 Haziran'da ordunun ikinci kısmı gelmiş ve ardından II. Murad gelerek bizzat birlikleriyle kuşatmaya katılmıştır.[36] Kanonas'ın bu-

---

31 Doukas (Grecu yayını), s. XXVIII, 1-6; Doukas, *Decline and Fall of Byzantium to the Ottoman Turks*, (çev. Magoulias), s. 160-164; Sphrantzes (Grecu), s. 14; Sphrantzes (Maisano), X/1-2, s. 22; Chalkokondyles, *Historiarum*, II, s. 7; Chalkokondyles (haz.) F. Kırlıdökme Mollaoğlu, s. 61, 64-65.

32 Kanonas, (çev. Taşlıklıoğlu), s. 212. Z. Taşlıklıoğlu'nun Türkçe tercümeye esas aldığı asıl metinde var olan "Salı günü" eksik tercüme edilmiştir. Bu nedenle alıntı içine bu eksikliği biz ekledik. Krş. Kanonas (Bekker yayını), s. 458.

33 Bizans kaynaklarında kaydedilen bu Mihaloğlu'nu Uzunçarşılı, Mihaloğlu Mehmed Bey olarak yazmıştır. Bkz. Uzunçarşılı, *Osmanlı Tarihi*, I, s. 389. Kanonas, Mihaloğlu'nun ismini 10 Haziran'da gelen ordunun başında Michalpais adında birinin olduğunu ifade ederken kaydetmiştir. Mihaloğlu'nun adı değişik imlalarla Sphrantzes'te Michalpei ve *Kronik 13*'te Michalpeis olarak kaydedilmiştir. Mihaloğlu'nun Bizans kaynaklarında geçen ismi için bkz. Moravcsik, *Byzantinoturica*, II, s. 191.

34 Kesin tarih *Kronik 13*'te 10 Haziran 1422, bir çarşamba günüdür, salı değildir. Sphrantzes bunu 8 Haziran olarak kaydetmiştir.

35 Sphrantzes (Maisano), X, 1. s. 22; Sphrantzes (Grecu), s. 14.

36 Kanonas (çev. Taşlıklıoğlu), s. 212; Kanonas (I. Bekker), s. 460.

radaki ifadesinden Murad'ın aynı gün gelip gelmediği kesin olarak anlaşılmamasına rağmen *Kronik 13*'te 20 Haziran Cumartesi günü akşam saat altı civarında gelerek orduya katıldığı haberine güvenmemek için hiçbir sebep yoktur.[37] Sphrantzes'e göre II. Murad, 15 Haziran'da gelmiştir. Ancak dönemin takvimlerinden 20 Haziran'ın Cumartesi gününe rast geldiği görülmektedir. Dolayısıyla *Kronik 13* herhangi bir gün adı vermeyen Kanonas ile uyumludur.

II. Murad'ın kuşatma alanına gelmesinden sonra surlara yapılan son kuvvetli saldırının 24 Ağustos'ta başladığını ayrıntılarıyla Kanonas vermiştir. Kanonas'a göre saldırı 6930 (1422) yılı, 24 Ağustos Pazartesi günü, akşam saat 7'de gerçekleşmiş, Türklere 1000 ölü hayli yaralı zayiatı verdirilmiştir.[38] Bizanslıların zayiatı ise 30 ölü, 100'den az yaralı olmuştur. Bu bilgi *Kronik 13*'te saat farkıyla teyit edilmektedir. Ancak *Kronik 13*'te verilen iki ayrı saat bilgisinden birinin elyazmasından okunamadığı görülmektedir. Buna rağmen *Kronik 13*'teki "bütün öğleden sonra" ifadesinden Kanonas'ın verdiği saatin doğru olduğu anlaşılmaktadır. *Kronik 9/49*'da Dünya Yılı 6931 yerine 6930/1422 olmalıdır. Ayrıca bu kronikte, binlerce Türk'ün öldürüldüğü haberi de Kanonas ile uyumlu görünmektedir. Aynı olay için Sphrantzes hatalı olarak 22 Ağustos tarihini vermiştir.

Türklerin 24 Ağustos'taki saldırısından sonra şehir surlarını aşamadıkları ve püskürtüldüklerini Bizans kaynakları ayrıntılarıyla anlatmaktadır. Ancak kronoloji konusunda ciddi farklar söz konusudur. Kanonas'ın anlatısından, 24 Ağustos'ta kuşatmanın sona erdiği ve her şeyin bittiği anlaşılmaktadır. Ancak Sphrantzes ve *Kronik 13*'e göre Murad ve ordusu 6 Eylül'de hiçbir şey elde edemeden şehirden ayrılmıştır. *Kronik 13*'e göre 6931 (1422) 6

37 Schreiner, aynı kanaatini ifade ederken, Kanonas'a göre Murad'ın gelişinin bir gün sonra olduğunu ifade etmiştir. Bekker yayınını kullanmış olan Schreiner'in nereden bu sonuca vardığını anlayamadık. Hem I. Bekker yayınında hem Türkçe çevirisinden anlaşıldığı kadarıyla Kanonas sadece II. Murad'ın orduya sonradan katıldığını ifade etmiştir. Buradan "bir gün sonra" anlamı çıkarmak doğru değildir. Bkz. Schreiner, *Kleinchroniken*, II, s. 415, dipnot 65. Krş. Kanonas (çev. Z. Taşlıklıoğlu), s. 212; Kanonas, (I. Bekker) s. 560.

38 Kanonas (çev. Z. Taşlıklıoğlu), s. 225; Kanonas, (I. Bekker), s. 479.

Eylül Pazar günü, günün ilk saatinde Murad buradan ayrılmıştır. Murad'ın şehirden ayrılışını anlatan bir başka kaynak ise Manuel ve oğlu Ioannes'e yazılmış bir *Enkomion*dur (Methiye). Bu metinde kronoloji, eski Yunan takvimine göre kaydedilmiştir. Miladi takvime çevrildiğinde ekim ayına rast gelmektedir.

Osmanlı kaynakları bu olayın anlatımına genellikle çok az yer vermişlerdir. Bunların içinde *Neşrî*, Küçük Mustafa olayını anlattığı hikâyenin sonunda sadece bir cümleyle aynı yılda Murad'ın İstanbul'u muhasara ettiğini belirterek, H. 826 (15 Aralık 1422-Aralık 1423) tarihini kaydetmiştir.[39] Benzer şekilde *Oruc Beg Tarihi*'nde de Küçük Mustafa olayı bağlamında İstanbul kuşatmasından bahsedilmiş ve H. 828 (23 Kasım 1424-12 Kasım 1425) tarihi kaydedilmiştir.[40] *Âşıkpaşazâde* ise bu kuşatmadan hiç bahsetmemiştir. Kısa kronikler ve Bizans kaynaklarında bu denli ayrıntılı ve net bilgilerle anlatılan bu önemli olayın Osmanlı kaynaklarında göz ardı edilmesi bir başarısızlığın saklanmasıyla açıklanabilir. Dolayısıyla Osmanlı tarihinin sessiz kaldığı bu olayın ayrıntılarını Kanonas ve Chalkokondyles gibi anlatı türünde yazan Bizans kaynaklarından, kronolojisini de en ayrıntılı şekilde kısa kroniklerde bulabilmekteyiz.[41] Kuşatmaya birden son verilip ordunun çekilmesine aslında Küçük Mustafa'nın isyanla İznik'e gelmesi haberi üzerine karar verilmiştir. Çekilişi örtmek için Emîr Seyyid'in ilahî kaynaktan selam emri ilân etmesi neden gösterilmiştir.

Emîr Seyyid/Emîr Sultan Kimdir?

1390-1429 döneminde Osmanlı Devleti'nde *Dârussaltana* Bursa şehrinde önde gelen kişi, kuşkusuz Emîr Seyyid'dir. Bursa ahi-

---

39 Neşrî, *Cihânnümâ* (Öztürk yayını), s. 263, *Kitâb-ı Cihannümâ*, (Unat-Köymen yayını) s. 572-573.

40 *Oruc Beg Tarihi* (Öztürk yayını), s. 56.

41 Bu olayın esasen Bizans kaynaklarından öğrenildiğini İ.H. Uzunçarşılı ifade etmektedir. Keza onun döneminde henüz yeterince bilinmeyen *Kısa Kronikler* ve diğer Bizans kaynaklarını mukayese edemediği için hem kronolojide hem ayrıntılarda eksikleri mevcuttur. Ağırlıklı olarak Kanonas ve Sphrantzes'in anlatısına ve kronolojisine itibar ettiğinden bazı hatalara düşmüştür. Krş. Uzunçarşılı, *Osmanlı Tarihi*, I, s. 389-390. Olayın ayrıntılarına vâkıf olan en iyi tetkik eser için bkz. Barker, *Manuel II Palaeologus* (1391-1425), s. 359-366.

lerinin ve halkının ona *Emîr Sultan* unvanı vermiş olması sebepsiz değildir (o dönemde Osmanlı sultanları aynı zamanda *emîr* unvanıyla anılıyordu). Buharalı Seyyid'e *Emîr* ve *Sultan* unvanlarının yakıştırılması, onun Osmanlı payitahtında ne denli önemli bir mevki sahibi olduğunu ifade eder.

Seyyid Şemseddîn Muhammed el-Buhârî (1368-1429),[42] Bursa'da Kübreviyye tarikatının ilk büyük temsilcisidir. Kurucusu Hivâlı Necmeddîn Kübrâ, tasavvufun vahdet-i vücûd gibi aşırı görüşlerini benimsememişti.[43]

Emîr Sultan Muhammed Buhârî, Bursa'da Kübreviyye dergâhının ilk şeyhi sayılır.[44] Halife-müridlerini Anadolu'da birçok şehre (Balıkesir, Edincik, Gelibolu, Edremit, Saruhan ve Karaman illeri) gönderdi. "İlk dönemlerde yoğun faaliyete rağmen tarikat uzun süre devam etmemiş", 17. yüzyılda "meşîhat makamı Celvetîlere bırakılmıştır."[45] Ünlü Şeyh Lütfullah Karâmânî (ö. 891/1486) Emîr Sultan dergâhı postnişinlerindendir. Yıldırım Bâyezid'in kızıyla evlenmiş, bu suretle Osmanlı hanedanıyla akrabalık kurmuştur. Zamanında daha ziyade Emîr Seyyid diye anılır, 1422'de Bizanslı Kanonas da onu *Mersaites* (Emîr Seyyid) diye anar. Emîr Sultan'ın Edirne ziyareti üzerinde *Saltuknâme*'de ilginç bir parça dikkati çeker. Saltuknâme'de Emîr Seyyid adıyla anılan Emîr Sultan ile II. Murad arasındaki ilişki hakkında şu satırları okuyoruz:

> Hazret-i Emîr Seyyid beğlik kutlamağa gelüp Sultan Murad'ı görmeğe Edirne'ye geldi. Kamu halk karşı çıkdılar, izzet ettiler, Emîr Efendi'yi hoş gördüler. Anda Emîr, Sultan Murad ile buluştu, dahi Sultan'dan Delikli-Kayya'nın üstün istedi, cum'a zaviye ide, 'gönlüm bu mübârek yiri sevdi ve her gün bunda gâzâ niyyetine karâr ide, bir evlek[46] yir idine, yarın cennete yitmiş bu dünyaca yiri ola. Bu (şehir) gâzîler ocağıdır, mübârek

---

42 Biyografisi için bkz. M. Cavid Baysun, "Emir Sultan", *İslâm Ansiklopedisi*, IV, s. 261-263; C. Baysun, "Emir Sultan Hayatı ve Şahsiyeti", *İstanbul Üniversitesi Edebiyat Fakültesi Tarih Dergisi*, I-III (1949), s. 77-94, M. Kara, *Bursa'da Emir Sultan Sempozyumu*, *Tarikatlar ve Tekkeler*, Bursa, 2012, Dizin: *Emir Sultan*.

43 M. Kara, *Bursa'da Emir Sultan Sempozyumu*, s. 133.

44 M. Kara, *Bursa'da Emir Sultan Sempozyumu*, s. 150-151.

45 M. Kara, *Bursa'da Emir Sultan Sempozyumu*, Postnîşînler listesi, s. 151-166.

46 *Evlek*, dönümün ölçüsü; bir günde öküzle işlenen yer.

yerdi, ben dahi karar idem, eğer korsanız; Sultan Murad kabul eyledi.' Ol hîn ürgeç (yörgüç)[47] Paşa kapuda idi eyitti: 'Hünkârım bir şehir içinde iki pâdişah olmaz. Eger halk Emîr'e uyalar, sana hürmet kılmaz. Bunı (Emîr Sultan) sen yine Bursa'ya gönderi varsun anda otursun' dedi. Ol hâin Seyyid'e günüledi (?). Sultan Murad hükm eyledi kim Emîr Sultan girü Bursa'ya gide. Emîr hazreti melûl oldı, gitmek kasdın eyledi. Halk gönderi vardılar şehirden. Seyyid biraz yir gidince döner ardına bakardı. Dahi, gözlerinin yaşı akardı, halk eyittiler: 'Sultanım neye bakarsın'. Eyitti: 'gönlüm, gözüm aktı, gâzîler ocağına gitti, anda kaldı, ben nice bakmayayım' dedi. Andan Emîr Sultan Bursa'ya vardı, sehl müddet geçti, hasta oldı, vefat eyledi. Bu yana Hacı Bayram, Emîr'i görmeye gelir idi, ziyâret ide. Bunlar gelince (gelinceye kadar) vefat eyledi, namazı Hacı Bayram kıldı; defn eylediler. Gayet gürbüz velîdür.

Halkın şeyhlere sultandan çok bağımlılık göstermesi, daima iki taraf arasında kuşku ve düşmanlık nedeni olmuştur. Ankara'da Hacı Bayram Veli etrafında büyük kalabalık toplandığını haber alan II. Murad, Veli'yi Edirne'ye çağırdı. İyi kalpli, şair duygulu bir insan olan Sultan Murad, Veli'yi iyi karşıladı ve Ankara'ya selametle geri gönderdi. Fakat zorlu bir pâdişah olan Fâtih her gittiği yerde halkın yanına toplandığı Kalender-Abdal Otman Baba'yı müritleriyle beraber idama karar vermişti ancak dervişler vezirlerin ve ulemânın şefaatiyle ölümden kurtuldular.[48] Fâtih'in oğlu II. Bâyezid şeyhlere yakınlığıyla biliniyor, şairler ve yazarlar özellikle Halvetiler onu *velî, kutb* unvanlarıyla kutluyorlardı.

Fâtih'in veziri Bursalı Veliyyüddin Ahmed Paşa, Emîr Sultan için yazdığı bir şiirde onu deryaya benzetir:

Ne akdı Rûm'a bir ulu derya senin gibi

Emîr Seyyid Bursa'da sultanları ve halkı gâzâya teşvik ederdi. Menâkıbnâmelerde kerametleri anlatılır. Bursa'da onun adını ta-

---

47 Metin: M. Kara, *Bursa'da Emir Sultan Sempozyumu*, s. 149.

48 Pâdişahlık otoritesine önem veren IV. Murad, Sakarya şeyhini idam etmiş ve zamanında büyük yankı yapmıştır.

şıyan tepede makamının II. Murad tarafından yapıldığı söylenir. Türbe III. Selim döneminde yeniden yapılmış (H. 1219), kendisinin ve üç evladının mezarlarını II. Abdülhamid yeniden yaptırmış, Çandarlı Halil Paşa bir misafirhane ve Cezeri Kasım Paşa, bir medrese ve hamam yaptırmış; tepe yamacındaki mezarlıkta dönemin birçok büyükleri defnolunmuş.

Emîr Sultan'ın nesebi menâkıbnâmelere göre yedinci batında Mehdi'ye varır. Hac dönüşü Bursa'ya gelmiş. Timur istilasında esir düşmüş (1402). Timur kendisine saygı göstermiş ve serbest bırakmıştır.

Sultan II. Murad'ın İstanbul kuşatmasını birdenbire kaldırma kararı Bizans ve Osmanlı kaynaklarında açıkça belirtilmiş değildir. Kanonas, kararın çok nüfuzlu şeyh Emîr Sultan'ın işareti üzerine alındığını belirtir. Osmanlı ordusunun acele kuşatmaya son verip çekilişini anlatan Kanonas, Emîr Sultan'dan da ayrıntılarla söz eder.

Sultan Murad gâzâ merkezi payitahtında oturuyordu. Bursa, ahilerle beraber Şeyh Emîr Sultan'ın makamı sayılıyordu. Şu olay kayda değer: Germiyanoğlu Yakub Bey Murad ile buluşmak üzere Edirne'ye hareket etmiş, dönüşte Bursa halkı kendisini merasimle karşılamış, Yakub Bey pâdişah türbelerini ziyaretten gelip Emîr Sultan'ı evinde ziyaret edip elini öpmüştü.[49]

Küçük Mustafa İsyanı

Sultan Murad'ın kardeşi Küçük Mustafa, Anadolu'da Germiyanoğulları ve Karamanoğulları'nın desteğiyle İznik'e geldi ve *Dârussaltana* Bursa'yı ele geçirmeye çalıştı. Murad, Bursa halkını kendi tarafında tutmak için, Bursa âyânından Bursa subaşısı olan Hacı İvaz Paşa'ya güveniyordu. Hacı İvaz'a vezirlik vermiş; Edirne'de yanında tutuyordu. Hacı İvaz, (Düzme) Mustafa'nın ortadan kalkmasında başlıca rol oynadığı gibi şimdi *Dârussaltana* Bursa'yı Sultan Murad tarafında tutmak için kilit durumunda biriydi.

---

49 *Neşrî*, II, s. 604: "Emir Sultan hayatta idi (...) anın dahi hanesine varıp elin öptü."

Çelebi Mehmed (1413-1421) 13 yaşındaki Mustafa'yı Hamid-ili (Beyşehir-Isparta) sancağına Lala İlyas ile beraber göndermiş ve Germiyanoğlu'nun himâyesini sağlamıştı. Burada ilkin Hamid-ili'nin önemi üzerinde durmak gerekir. Bu bölge üzerinde Karamanoğlu I. Murad zamanından beri hak iddia etmekteydi. Çelebi Sultan Mehmed, Küçük Mustafa'yı Karamanoğulları'na karşı korumak üzere Germiyan Beyi'nin desteğini sağlamıştır.[50] Zira Germiyan Beyi ile Karamanoğlu eskiden beri rekabet halindeydiler. Osmanlılar Hamid-ili'ni korumak için Germiyan Beyi'ne güvenmekteydi. Çelebi Sultan Mehmed ölümünden önce küçük oğlu Mustafa'yı Hamid-ili'nde tutmak için böyle bir plan düşünmüştü. Sultan Mehmed ölünce (1421) Karamanoğlu, Hamid-ili'ni işgale kalktı. Bu noktada Karamanoğlu ile anlaşma görünmektedir. Sultan Murad'ın (Düzme) Mustafa ve Bizans ile uğraştığı dönemde (1421-1422), Küçük Mustafa lalası Şarabdâr İlyas ile Bursa tahtı için hak iddiasında bulundu. Sultan Murad, Rumeli'nde Düzme ile uğraştığı ve İstanbul'u kuşattığı tarihte (1421-1422), Lala İlyas himâyesi altına verilen Küçük Mustafa'yı Bursa'da Osmanlı tahtına oturtmak için Germiyanlılar ve Karamanlılarla harekete geçti. Germiyanoğlu, Karamanoğlu ile eski ortak düşman Osmanlı'ya karşı birleşti. Küçük Mustafa Bursa'da saltanat tahtına oturursa, Karamanoğlu Hamid-ili'ni alacak, Germiyanoğlu da eski Germiyan payitahtı Kütahya'yı elde edecekti. Karaman kuvvetleri güneyde Turgutlu'dan (Turgutlu, İzmir-Bursa yolu üzerinde) Bursa'ya doğru yürüyüşe geçti. Küçük Mustafa, lalası Şarabdâr İlyas ile Bursa yakınında Fidye-kızığı'na gelmiş, asker gönderip Bursa'yı kuşatma altına almıştı. Bu durumda Bursa tehlike altına girdi. Kuşatma altındaki İstanbul'dan İmparator Manuel, Osmanlı'ya karşı daima kullanmış olduğu Karamanoğlu ile temasa geçmiş görünmektedir. Karamanoğlu ve Germiyanoğlu ikilisi Küçük Mustafa'nın Bursa'da tahta geçirilmesinde Şarabdâr İlyas ile anlaşmışlardı. Lala, komplonun gerçekleşmesinde dönüm noktasındaydı. Karaman-Germiyan kuvvetlerinin Bursa'yı kuşatmaları bekleniyordu. Karamanoğulları

---

50 "Germiyanoğlu dahi anı (Küçük Mustafa'yı) oğul edinmiş idi", *Âşıkpaşazâde*, Atsız yayını, s. 160.

daha önce, Çelebi Sultan Mehmed zamanında Bursa'ya gelip Hisar altında Pazar bölgesinin nasıl yakıp yağma ettiğini (1413)[51] hatırlayan Bursalı ahiler harekete geçtiler. Küçük Mustafa kuvvetleri Bursa'da zenginlerden para-kumaş toplayıp Lala İlyas'a adam gönderdiler. Düşman, Lala İlyas ile anlaşma halindeyken Bursa'dan ahi Yakub ile ahi Kadem geldiler. Karamanoğlu'nun Bursa'yı ve bölgeyi tekrar yağma ve harap edeceğini anlatarak Lala İlyas'a Bursa'yı bırakıp İznik'e çekilmeyi kabul ettirdiler.

Küçük şehzade ile sancağa çıkan lalalar, sultanın temsilcisi olarak daima şehzade adına karar verme yetkisine sahiptiler. Türk devletlerinde kudretli *atabek*ler Osmanlı'da *lala* unvanıyla aynı yetkilere sahiptiler. 12 yaşında sancağa gönderilen Mehmed'in (Fâtih) lalası Zaganos, Veziriâzam Çandarlı Halil'e karşı onun İstanbul fethinde başlıca destekçisi olacaktır.[52]

Lala İlyas "ahilerin sözünü işidip meblağı (rüşveti) alıp razı olup İznik'e çekildi; orada da Küçük Mustafa'yı babası yerine Sultan gibi gösteriyor"[53] berâtıyla tevcihler yapılıyordu. Sultan Murad, paşaları yoluyla İlyas ile gizli ilişki kurdu, kendisine Anadolu Beylerbeyiliği berâtını gönderdi. Lala'ya "biz gelinceye kadar oğlanı (küçük Mustafa) eğle" dediler. İlyas hıyaneti seçti ("İhtiyar idib"). Küçük Mustafa'nın yakalanıp idamından sonra kendisine niye hıyanet ettin diye sorulunca dedi ki: "Eğerçi sûretâ (görünüşte) ben hiyanet ettim, ammâ ma'nen isâbet kıldım (...) bu iki asker uğraşıb yürüyüb iklimi (ülkeyi) haraba virirlerdi."[54] Fakat bu hizmeti kendisini kurtaramadı; "beyler arasında hiç rağbeti kalmadı".

---

51 Çelebi Sultan Rumeli'de Musa Çelebi'ye karşı savaştayken Karamanoğlu Mehmed H. 816 (1413) yılında Bursa üzerine gelmiş, Bursa Subaşısı Hacı İvaz Paşa zengin halkı Hisar'a çekmiş, başarılı bir savunma ile Karamanoğlu'nun çekilip gitmesini sağlamıştır. Bkz. *Neşrî*, II, s. 516-522. Rumeli'nden Bursa'ya dönen Çelebi Sultan, Karaman'a sefere çıkıp Hamid-ili'ni fethetmişti.

52 Ayrıntılar için ileride "İstanbul Kuşatmasın'da Kritik Üç Gün: 20-21-22 Nisan 1453" bölümüne bakınız.

53 İznik'te Mustafa'yı İbrahim Paşa Sarayı'na yerleştirmiş, timârlar tevcih ederek sultan gibi hareket etmesini sağlamıştı. (*Âşıkpaşazâde*, 89. Bâb, Atsız Yayını, s. 160-161; *Neşrî*, II, s. 568. Neşrî, *Âşıkpaşazâde*'den daha ayrıntılı iyi bir nüshasını kullanmış. Müstensihler daima bu gibi özetlemeler veya atlamalar yapar.

54 *Âşıkpaşazâde*, N. Atsız yayını, s. 162; *Neşrî*, II, s. 572; Anonimler, Küçük Mustafa Çelebi hakkında bilgi verir, bkz. *Paris Anonimi*, suppl. 1047, s. 38, Giese yayını.

Kayıp *Âşıkpaşazâde* nüshasından *Neşrî*'nin aktardığı genişçe rivâyeti izlersek, Lala İlyas'ın ihanetini anlayan Karaman (Turgudoğulları) ve Germiyan Beyi, Küçük Mustafa'nın kendilerine teslimini istediler, onu katletmeyip "bu durumdan kazanç elde edelim yahut Germiyan'a veya İstanbul'a[55] verelim" dediler. Lala İlyas, şehzadeyi kandırmadı, onlara teslim etmedi.

Sultan Murad, Lala İlyas ile anlaşmıştı. Edirne'den süratle yola çıkıp dokuz günde İznik önüne geldi. Öncü "Köse Mihaloğlu Mehmed Beg"[56] askeriyle gelip İznik'i kuşatma altına aldı. Kendisi İznik'in göle açılan Yalı-Kapısı'na gelerek Mustafa'nın kaçmasını önledi.

İznikliler kapıyı açıp Mehmed Bey'e karşı savaşa giriştiler. Kapıdan şehre giren Mehmed Bey'i Taceddinoğlu adamlarıyla karşılayıp cenge başladı. Bir dar yerde sıkıştırıp başını kestiler. Taceddinoğlu adamlarına "(Mustafa) Çelebi'yi beri alın" diye emretti, kendisi bir ok darbesiyle düştü. Bu sırada Lala İlyas Bey, Şehzade Küçük Mustafa'yı "kucağına aldı. Mustafa eyitti: Hey Lala beni niçün tutarsın", Lala: "Seni karındaşın Murad Han'a iledirim" dedi. Küçük Mustafa eyitti: "Hay zâlim beni karındaşıma iletme kim ol bana kıyar", dedi. İlyas Bey hiç oralı olmayıp oğlanı Hünkâr'a (Sultan Murad'a) karşı iletti. Murad'ın emîr-i ahûru Mezid Bey'e tabşirdı (teslim etti). Mezid Bey, Mustafa'nın "edeble eğilip elini öpdü" sonra getirip teslim etti. "Hemân Murad Han mesâlihin görün deyicek" oğlanı İznik dışında büyük bir incir ağacı altında (...) suyla boğdular (...) Sonra Bursa'ya atası (Çelebi Sultan Mehmed) yanına gönderdiler. Bursa halkı naaşı karşılayıp dinî merasimi yerine getirerek defnettiler.

Küçük Mustafa'yı Sultan Murad gayet severdi, öldürttükten sonra dahi daima anardı. Mezid Bey'e işret meclisinde daima "Sen benim kanlımsın" derdi. Sultan Murad, Mezid Bey'i severdi. Mezid Bey, "Mustafa'nın kılına dokunmadım" diye kendini yeminle

55 Kaynak bilgisi yetersiz olan C. Imber, bu Mihaloğlu'nun Osman'ın yakını Köse Mihal ile hiçbir ilgisi olmadığını iddia eder. Güvenilir kaynaklar bu Mihaloğlu'nun Köse Mihal'in soyundan geldiğini açıklarlar.

56 Osmanlı rivâyeti, *Âşıkpaşazâde* ve *Neşrî* rivâyetinde Mehmed Bey'i "Köse Mihal oğlu" diye açıklarlar.

savundu. Sultan Murad, Mezid Bey yerine Mustafa'yı idam edeni buldurup boynunu vurdurdu. Herhalde kendisi gibi bir ara Osmanlı sultanlığını Mustafa'nın üzerine aldığını inkâr edemezdi.[57] Mustafa'nın celladını buldurup idam etmeyince kendini tahtta rahat hissetmemeliydi. Osmanlı kaynağının, Küçük Mustafa'nın idamına kadarki gelişmelerde Murad'ı olaylardan doğrudan doğruya sorumlu göstermemesi dikkati çeker. Küçük Mustafa'nın ortadan kaldırılmasıyla Murad, Osmanlı tahtında rakipsiz tam egemen oluyordu. Genç Sultan Murad'ın Bursa'da *Dârussaltana*'da rakiplerinden kurtulup yerleşmesinde kilit kişi Bursalı ahilerin başı Hacı İvaz olmuştur. Küçük Mustafa'nın ortadan kaldırılması akabinde Sultan Murad, merkezî idarede yaptığı olağanüstü önlemlere son verdi. (Düzme) Mustafa bunalımı sırasında ünlü aristokratik Kara Timurtaş[58] ailesi temsilcilerini yanında Dîvân'a toplamıştı. Çandarlı İbrahim veziriâzam, Bursalı Hacı İvaz yanına da Kara Timurtaş'ın oğulları Umur Beg, Oruc Beg ve Ali Paşa Dîvân'da mevcuttu. Gâzî *uc* beyi ailelerinden ileri gelen Köse Mihal Mehmed çağırıldı.

Küçük Mustafa işi bitince Sultan Murad, Kara Timurtaş oğlanlarını azletti. Umur Beg'i Germiyanoğlu yanına elçilikle gönderdi. Oruc Beg'e Anadolu Beylerbeyiliği'ni, Ali Paşa'ya Saruhan sancakbeyliğini verdi. Dîvân'da yalnız Çandarlı İbrahim ve Hacı İvaz kaldı.[59] Bizans, Küçük Mustafa bertaraf edilince tekrar Sultan Murad'ın hedefi oldu. İmparator kurtuluşu Venedik ile ittifakta aradı. Selânik, Venedik'e terk olundu.

İhtiyar hasta imparator Manuel manastıra sığınmıştı, savunmayı oğlu Ioannes örgütlüyordu. Manuel'in ölümünden sonra mücadeleye Venedik aracılık yapma girişiminde bulundu. Selânik'in Venediklilere teslimi Manuel'in ölümünden sonra bu kuşatmanın bir sonu-

---

57 Osmanlı hanedan geleneğinde saltanat verâset kânûnu yoktu, fiilen sultan unvanını alan meşru sultan sayılırdı.

58 İlk Osmanlı döneminde (Osman-Orhan döneminde), devletin kuruluşunda ön planda rol oynamış kişilerin aileleri bir çeşit aristokrasi gibi idarede en önemli valilikleri ellerinde tutmaktaydılar. Bu ailelerden 1400'lerde en önemlisi Kara Timurtaş Paşa idi. I. Murad, oğlu Bâyezid'i Anadolu'da Germiyan valiliğine gönderirken onun yanına vermiş ve I. Kosova Savaşı'nda Anadolu'yu o korumuştu. Kara Timurtaş, Orhan döneminin tanınmış beylerindendi.

59 *Neşrî*, II, s. 574.

cudur. Sultan Murad 1430'da şehri alıncaya kadar Venedik'e karşı savaş, Osmanlı Devleti'ni hayli meşgul edecektir. Murad'ın Venedik ile savaşı 1422 İstanbul kuşatmasının önemli sonuçlarındandır.

II. Murad ve Vassalları

Küçük Mustafa idam edilince (20 Şubat 1423) II. Murad kumandası altındaki Osmanlı ordusu hemen Anadolu beyleri üzerine yürüdü. İsfendiyar yenildi ve Osmanlı pâdişahının tâbiliğini kabul etti. Karaman Beyi ise Antalya kuşatmasında bir top güllesiyle hayatını kaybetti. Karaman'da çıkan iç harp sonucunda Murad, Karamanoğlu İbrahim Bey tarafını tutarak onu kendine tâbi yaptı ve Hamid-ili'ni yeniden Osmanlı ülkesine kattı. Fakat Batı Anadolu'da ele avuca sığmaz Cüneyd Bey, üzerine gönderilen Osmanlı beylerini yenmiş, Bizans ve Venedik'le ilişki kurmuş, Murad'a karşı meydan okuyordu. Cüneyd'e karşı galebe onun gibi devrin en seçkin kumandanlarından biri olduğunu göreceğimiz Anadolu Beylerbeyi Hamza Bey sağlamıştır. Hamza Bey bu dönemdeki Osmanlı devlet ricali gibi eski bir Osmanlı aristokratik ailesinden gelmekteydi. Yıldırım Bâyezid ve Çelebi Mehmed dönemlerinde Ankara valisi olarak siyasî olaylarda çok önemli bir rol oynayan Yakub Bey'in soyundan gelen Hamza Bey, Bursa ve İstanbul valiliği gibi en önemli mevkilerde bulunan ve II. Bâyezid zamanında veziriâzamlık için İshak Paşa'ya karşı rakip olan Mustafa Paşa hepsi bu aileden geleceklerdir. Ünlü tarihçi Tursun Beg Hamza Bey'in oğludur. Hamza Bey, Cüneyd'i ortadan kaldırmakla ailesine Osmanlı hanedanı yanında eskisinden güçlü bir nüfuz sağlamıştır. İzmir fâtihi olarak anılan Hamza Bey sonradan Selânik'in fethinde de başlıca rolü oynamıştır.

Cüneyd'in ortadan kaldırılması 1425 yılına rastlar. Bu tarihle Küçük Mustafa'nın ortadan kaldırıldığı 1423 yılı arasında iki yıl süresince Osmanlı Devleti başka cephelerde çok tehlikeli uğraşılar vermek zorunda kalmıştır.

Osmanlı iç bunalımı sırasında Venedik ve Macaristan, Osmanlılar aleyhine büyük başarılar sağlamışlardır. Murad İstanbul'u kuşatırken Selânik şehri de kuşatılmıştı. Ümitsiz durumda kalan imparator, Selânik'in Venedik idaresine verilmesini kabul etti (1423 Yaz ayları). Selânik'i 1387-1389, 1394-1402 tarihlerinde idareleri altına almış olan Osmanlılar Venedik işgalini tanımadılar.

Bizans ve Venedik desteğiyle Osmanlı şehzadesi İsmail ve sonra II. Murad'ın amcası olduğu iddia edilen Düzme Mustafa Trakya'da kargaşalık çıkardılar. Bunun üzerine Osmanlı hükümeti resmen Venedik'e karşı savaş açtı. Bu savaş Arnavutluk'ta ve Mora'da Osmanlılar ile Venediklileri karşı karşıya getiriyordu.

Yine Osmanlı iç savaşı ile ilgili olarak Macar Kralı Sigismund'un Tuna üzerinde Osmanlılar aleyhine harekete geçtiğini görmekteyiz. 1421'den beri Eflâk ve Sırbistan Osmanlı nüfuzundan çıkmış, Macaristan nüfuzu altına düşmüştür. Osmanlılar Tuna üzerinde gerileme halindeydi. Haçlı seferlerinin öncüsü olan bu iki büyük devletin Venedik'in ve Macaristan'ın bu saldırgan politikaları Osmanlı Devleti'ni güç bir duruma getiriyordu. 1425 Ekim ayında Macarlar ve Venedikliler arasında Osmanlı'ya karşı bir saldırı için ittifak görüşmeleri başladı. Cüneyd'in ortadan kalkmasından sonra Anadolu'da durumunu düzelten Osmanlılar, gerek Venedik'e gerek Macaristan'a karşı daha baskın bir politika gütmeye başladılar. *Uc* kuvvetleri bu saldırgan politikada yeniden önemli rollerini almış bulunuyorlardı. 1427'de Sırp despotu Stefan'ın ölümü ve taht mücadelesinin patlak vermesi üzerine Sırbistan üzerinde Macar-Osmanlı rekabeti bunalımlı bir noktaya geldi. Macar kralı gelip Belgrad'ı aldı ve Golubac Kalesi'ni kuşattı. Rumeli beylerbeyinin başarılı saldırısı üzerine Macar ordusu geri çekilmek zorunda kaldı. Bu başarı üzerine yeni Sırp Despotu Georg Vulkovic (Osmanlıların Vulkoglusu) pâdişaha boyun eğerek kızı Mara'yı zevce olarak vermeyi kabul etti. Osmanlılar Eflâk'ta da Macarları gerilettiler ve Eflâk voyvodasını pâdişahın hükmü altına soktular. Kral üç yıllık bir ateşkes anlaşmasını imzalamak zorunda kaldı (1428). Osmanlılar batı *uc*larındaki bu uğraşı sırasında Bosna'yı da haraç verir bir tâbi devlet durumuna soktular. Böylece Anadolu'da olduğu gibi Rumeli'nde de Osmanlı hâkimiyeti eskisi gibi yeniden kurulmuş oluyordu. Fakat Selânik'i bırakmak istemeyen Venedik her tarafta karşı koymaktaydı. Yalnız kalan Venedik, pâdişaha yıllık haraç önererek Selânik'i elinde tutma girişiminde bulundu. Bu sırada Osmanlı Devleti doğudan Timur zamanını hatırlatan büyük bir tehlike altına düşmüş bulunuyordu. Timur'un oğlu Saruhan, Osmanlı sultanlarının Anadolu'da Timur'un kurmuş olduğu statüyü ortadan kaldırarak Osmanlı üstünlüğünü kurmalarını kabul etmiyordu. II. Murad'ın babası, Şâhruh'un tâbilik isteğini reddetmişti. Çelebi içinde bulunduğu müşkül koşullar dolayısıyla Şâhruh'a bir tâbi gibi hareket ediyordu.

Hacı İvaz Olayı

Bursalıların tahta sağlamca yerleşmesinde kesin bir rol oynamış olan Hacı İvaz'ı Sultan Murad, Dîvân'da vezir olarak yanına almıştı. Murad tahtta sağlamca yerleşince ondan kurtulmak istedi. Sultanın etrafındakiler Hacı İvaz'ın sultana suikast hazırlığında olduğunu anlattılar. Murad öldürmeye cesaret edemedi, gözlerine mil çekip gönderdi.

Bizans ve Küçük Mustafa gailesi bertaraf edilince Sultan Murad, Rumeli'nde egemenliğini güçlendirmeye girişmeden Anadolu beyleriyle dostça ilişkiler kurmaya dikkat etti. Kastamonu-Sinop Beyi İsfendiyar'ı yola getirdi ve kızıyla evlendi. Üç kız kardeşinden ikisini İsfendiyaroğulları ile üçüncüyü ise Karamanoğulları ile evlendirdi. Bu dönemde düğünler diplomatik ilişkilerin kurulması için en iyi fırsat sağlamaktaydı. Sultan Murad Selânik'i alıp tahtında sağlamca yerleşince kargaşa döneminde kendisinden tavizler koparan Karamanoğlu'nu ve Osmanlı haracgüzârlarını tehdide başladı ve hepsini Yıldırım Bâyezid dönemindeki koşullarla hizaya getirdi: Rumeli gâzîlerini gâzâya çağırdı "Ayrık gâzâdan ersiz olmayalım" dedi. Düzme Mustafa ile hareket etmiş ve Aydın-ili'ne kaçtıktan sonra bağımsız hareket etmeye başlayan Cüneyd Bey'e karşı Kara Timurtaşoğlu Özuc Bey'i o ölünce Hamza Bey'i Anadolu ordusuyla gönderdi. Hamza Bey güçlü bir beydi, çarpışmalarda Cüneyd Bey yakalanıp katledildi (1426).[60]

60 Sultan Murad'ın 1622'den sonraki faaliyetleri üzerinde *Âşıkpaşazâde*, s. 91-98. Bâblar; Neşrî, II, s. 574-592.

Çelebi Sultan Mehmed'in ölümü (1421) ve Sultan Murad'ın saltanat için mücadele dönemi (1421-1424) son bulunca pâdişahlık güçlendi. 1430'da Selânik'in fethiyle devlet 1453 İstanbul fethine kadar bir kalkınma ve düşmanlara karşı galebe ve genişleme dönemine girmiştir. Kötü mevsimde orduları Rumeli'ne sevk için Meriç üzerinde büyük Ergene Köprüsü'nün inşâsı, (...) Rumeli'nde Yıldırım dönemindeki kontrol ve genişleme (Yanya fethi, 1430), Eflâk, Sırbistan ve Bosna'da egemenliğin güçlenmesi, Balkanlar'da rakip Macaristan'a karşı başarılı mücadele, İzladi (1443) ve Haçlılara karşı Varna (1444) Savaşı ve II. Kosova (1448) zaferleri Osmanlı'yı Bizans karşısında rakipsiz bir duruma getirmiştir. 1430-1453 dönemi Osmanlı'yı Bizans fethine hazırlamıştır.[61]

Venedik, Bizans'ın ümitsiz durumundan yararlanarak Mora despotluğunun ve Selânik'in bırakılması için görüşme yapıyordu. Nihayet bir anlaşma ile Selânik şehri Venedik idaresine devrolundu (1423 Yazı). O zaman 40 bin nüfuslu olan bu şehir Osmanlılara yıllık 100 bin akçe haraç ödüyordu. Osmanlılar son durumu, kendi haklarına bir saldırı saydılar. Gelen Venedik elçisi Giorgio hapse atıldı ve Venedik ile savaş başladı.

Bizans ile Anlaşma, Selânik İçin Venedik ile Savaş (1423-1430)[62]

Sultan Murad'ın düşmanlarını bertaraf etmiş bulunduğu 1424 yılında VIII. Ioannes, II. Murad ile barış antlaşması yapmak zorunda kaldı. Eskisi gibi haraç ödemeyi kabul ediyor ve Karadeniz kıyılarındaki şehir ve kasabaları teslim ediyor (ancak kendi kontrolü altında bulunmayan Mesembria Derkol Zetonunion ve Strumca [Strymon] Irmağı üzerindeki dâhil değil). Antlaşma, Osmanlı-Bizans ilişkilerini 1402'den önceki durumuna getiriyordu (inmeden dolayı yatmakta olan Manuel hayattaydı). Başta Bizans, Rumeli

---

61 Bkz. H. İnalcık, "İstanbul Fethi'nin Yakın Sebepleri", *Ankara Üniversitesi, Dil ve Tarih-Coğrafya Fakültesi Dergisi*, XI/2-4 (1953), s. 345-354.

62 Ayrıntılı bilgi için bkz. Doukas, *Decline and Fall of Byzantium to the Ottoman Turks*, s. 169; N. Necipoğlu, *Byzantium Between the Ottomans and the Latins*, s. 56-83.

ve Ege'deki Osmanlı bağımlı prensleri birer birer Sultan Murad'a adeta yarışır biçimde elçi göndererek onun saltanatını tanıdılar.

Selânik, Düzme Mustafa'nın gelişinden beri Murad'ın Rumeli beyleri, başta Evrenosoğulları ve Turahanoğulları tarafından kuşatma altında idi. Genç Paleolog Andronikos idaresinde açlık çeken Selânik'e Bizans'tan herhangi bir yardım beklenemezdi. Bu durumda Selânikliler Andronikos'un onayıyla veya onayı olmadan Venedik ile temasa geçip şehri teslim önerisinde bulundular. Doukas'a göre Venedik öneriyi memnuniyetle kabul etti. Anlaşma yapıldı ve bir donanma (10 büyük kadırga) şehrin idaresi için Venedik Dukası'nı şehre getirdi. Andronikos şehri terk etti. Türklerin kuşatma çabaları arttı, savaş kızıştı. Rumeli'nden erzak kesildiğinden şehirde açlık vardı; Türkler halkın ayaklanmasıyla şehri geri almayı umuyorlardı.[63] Açlık şehir halkını teslime zorladı. Kuşatma altında Venedikliler Selâniklilerin şehri teslim etmelerinden korkmaktaydılar.[64] Eskiden Türkler 1387-1402 döneminde sahibi olduklarından Selânikli arhontlara idarede yer vermişlerdi. Şimdi Venedikliler kuşku içinde olduklarından onları toplayıp Agriboz, Girit ve Venedik'e sürgün gönderdiler. Katolik Venedikliler onlara dinsiz-kâfir muamelesi yapmaktaydılar. Birçoğu denizde boğuldu. Şehirde kalanlar da kötü muamele görüyordu.[65] II. Murad, Küçük Mustafa gailesinden kurtulup Edirne payitahtına döndüğünde Venedikliler barış önerdi. Sultan sadece şunları söyledi: "Bu şehir benim atadan mirasımdır. Büyükbabam Bâyezid elindeki güçle bu şehri Rumlardan almıştır. Rumlar bana üstün gelselerdi bana haksızsın diye karşı gelebilirlerdi. Fakat şimdi İtalya'dan Latinler (Venedikliler) buraya haksızlıkla ayak basmadılar mı? Geri çekilmeniz gerekir. Bunu yapmazsanız derhal üzerinize yürüyeceğim."

---

63 Selânik Çandarlı Halil'in uzun kuşatması sonucu 9 Nisan 1387'de Osmanlı egemenliğine *ahdnâme* ile teslim oldu. *Ahdnâme* Selânik iç idaresini tanıyordu. Yıldırım Bâyezid arhontlara idaresi yerine şehri sıkı sıkı Osmanlı idaresi altına aldı (1394). Bu değişikliği Bizanslı tarihçiler Selânik'in ikinci fethi diye yorumlar. Bkz. Doukas, *Decline and Fall of Byzantium to the Ottoman Turks*, (Magoulias'ın notu), s. 279, not 69.

64 Doukas, *Decline and Fall of Byzantium to the Ottoman Turks*, s. 170.

65 Doukas, *Decline and Fall of Byzantium to the Ottoman Turks*, s. 170.

1423 Baharı'nda Sultan Murad, Serez'e geldi. Rumeli ordusunu toplayıp Anadolu Beylerbeyi Hamza'dan Anadolu askeriyle kendisine katılması emrini gönderdi. Hamza gelince orduyu Selânik üzerine gönderdi. Genç sultan kendisi Edirne'de zevk u safa hayatına devam etti.[66] Doukas burada,[67] 1430'da Selânik'in Hamza tarafından hücumla alınması olayına (29 Mart 1430) ve surlar önündeki savaş üzerinde ayrıntılı bilgi verir. Venedik donanması gecikince, sultanın emriyle şehir yağmalandı. Osmanlılar bu şehri kuşatınca İslâm gâzâ hukukuna göre üç kere teslim daveti yaptılar, teslimde bir *ahdnâme* verilerek şehre *âmân* verilir, halk devlet himâyesinde *zimmî* sıfatıyla devletin himâyesi altına konur, kiliseleri bırakılır. Anadolu ve Rumeli'nde birçok şehir bu şekilde fethedilmiştir. Teslimi kabul etmeyen şehir için hükümdar *yağma* ilân eder, fetihte şehir halkı esir, malları yağma olur. Selânik için yağma ilân etti. Fidyesini veren Selâniklilerin gelip yerleşmesine izin verdiği gibi etraf köylerde yerleşmiş Türklerin şehre yerleşmelerini emretti (bütün bunlar Fâtih'in İstanbul fethindeki önlemlerini hatıra getirmekte). Merkezde Venedik bir şey yapamazdı, Agriboz'un aynı akıbete uğrayacağı korkusuyla elçilerini gönderip barış istedi.

Venedik, Osmanlılara Selânik işgalini tanımak için bir taraftan yıllık haraç vermeyi (1500-2000 duka) öneriyor; diğer taraftan Pietro Loredano kumandasında donanmasını Gelibolu karşısına gönderiyor, İzmir beyi Cüneyd, Eflâk beyi ve Macar kralı ile bir ittifak hazırlıyordu. Osmanlılar, İstanbul'un da Venediklilere tesliminden korkmaya başladı. Cenevizlilerin aracılığıyla Murad, Bizans imparatoru ile barış antlaşması imzaladı (22 Şubat 1424). İmparator yıllık 300 bin akçe haraç ödemeyi, Misivri (Mesembria) ve Terkos hisarları hariç, Marmara, Ege ve Karadeniz kıyılarında 1402'den sonra aldığı yerleri geri vermeyi onayladı.

Devletin Tuna üzerinde meşgul bulunduğu 1426-1428 yıllarında Venedik yeni barış teklifleri ile Murad'a Selânik işgalini kabul

---

66 Sultan Murad'ın işret meclislerine düşkünlüğünü çağdaş Osmanlı kaynakları da kaydeder. Bkz. H. İnalcık, "Murad II", *İslâm Ansiklopedisi*, VIII, s. 615-625.

67 Yağmanın ayrıntıları, Doukas, *Decline and Fall of Byzantium to the Ottoman Turks*, s. 171-177. Sultan esir edilenlerden fidye ile kurtulanların şehre gelip yerleşmelerine izin verdi.

ettirmeye çalıştı. Yıllık vergiyi 300 bin akçeye kadar çıkarıyordu. Bu tarihlerde Osmanlı donanması, Venedik'e kaygı verecek bir duruma gelmişti. İki Venedik gemisi Osmanlılar tarafından zapt olunmuş ve Gelibolu'ya götürülmüştü. Agriboz'a şiddetli deniz akınları devam ediyordu. Venedik, büyük gemiler yapmaya karar verdi.[68] Macar kralını, Türkler ile barış yaptığı için Papa nezdinde suçlu duruma getirdi. Venedik, Türk baskısı karşısında şimdi yalnız kalıyordu. Fakat bu sırada doğudaki önemli gelişmeler Venedik'i tekrar ümitlendirdi. Venedik, 1429'da savaşı şiddetlendirdi. Ağustosta Mocenigo, Gelibolu limanına saldırdı; limanı kapayan engeli kırdı; fakat amacına erişemedi. Gelibolu karşısında beş gemi bırakarak çekildi. II. Murad, Selânik'e karşı yine kesin bir harekete girişmeyerek, Doğu Anadolu'daki gelişmeleri endişeyle izlemeye başladı: Şâhruh 1416'dan itibaren Anadolu ve Batı İran'da, babası Timur'un kurduğu durumu geri getirmek emelinde olduğunu gösteriyordu.

Murad bu işi neticelendirmek azmiyle o kış hazırlıklarını tamamladı. 1430 Şubatı'nda bütün ordusu ile Selânik üzerine yürüdü. Beylerbeyi Hamza kumandasında Anadolu kuvvetleri de bu sefere katıldılar. Venedik donanması yetişmeden, 19 Mart'ta sabaha karşı yapılan genel bir taarruz sonucu kale alındı. Murad bu başarıyı Mısır sultanına bildiren *fetihnâme*sinde[69] Selânik'in İstanbul'un bir eşi olduğunu, Müslümanlara zarar vermekte belki İstanbul'dan da ileri gittiğini yazmıştır.

Osmanlılar Selânik'i fethettiği sırada, Venedik amirali S. Morosini, Epir sahillerinde oyalanıyordu. Şâhruh'un Azerbaycan'da bulunduğu haberi gelince (1430 baharına kadar Karabağ'a kalmıştır), Venedik, Selânik'i geri alma ümidine kapılarak saldırı emri gönderdi.[70] Morosini, Gelibolu'ya gelerek, Emîr Süleyman Burgazı denilen hisarı kuşattı ve Osmanlılara önemli kayıplar verdirdi.[71]

---

68 Iorga, *Notes et extraits pour servir à l'histoire des croisades au XVe siècle*, 1899, I, s. 485-488.

69 Feridûn Bey, *Münşeâtu's-Selâtin*, I, s. 198.

70 Iorga, *Notes et extraits pour servir à l'histoire des croisades au XVe siècle*, I, s. 524 vd.

71 1430 Yazı; Iorga, *Geschichte des Osmanischen Reiches*, s. 409; krş. *Neşrî*, s. 163; *Tarihî Takvîmler*, (yay.) O. Turan, s. 26.

Venedik donanması Boğazlar'da Osmanlılara ait her türlü askerî ve ticarî faaliyeti durdurdu. Bunun üzerine Hamza Bey, Lapseki'de barış koşullarını kabul etti (Temmuz 1430). Selânik ve tevâbii üzerinde Osmanlı hâkimiyeti tanınıyor, buna karşı Arnavutluk'taki şehirler ve İnebahtı (Lepanto) üzerine Venedik hâkimiyeti, yıllık 236 duka haraç karşılığında bırakılıyor, Boğazlar'da Türk gemileri için serbest gidiş geliş kabul olunuyordu.[72] Venedik II. Murad ile barışı sağlayınca hemen Ceneviz'e karşı savaşa girdi. Osmanlılar, eski müttefiklerine erzak ve gemi vererek her türlü yardımda bulundular. Osmanlı-Venedik harbinin tazeleneceğinden korkulmaya başlandı.

72 Antlaşma metni için bkz. Iorga, *Notes et extraits pour servir à l'histoire des croisades au XVe siècle*, I, s. 526.

B

FÂTİH VE FETİH

II. Mehmed Dönemi ve Bizans

II. Mehmed'in İlk Sultanlığı: 1444-1446[1]

Sultan Murad, 1443 Yazı'na doğru, 12 yaşında rüşt çağına girmiş sayılan ikinci oğlu Çelebi Mehmed'i, eski Türk devlet geleneğine göre idare ve hükümet işlerine alışması için Manisa'ya, Saruhan sancağına gönderdi. O zaman 13 yaşına basmış olan Çelebi Mehmed, tuğ ve sancak alarak yanında lalası Kassabzâde Mahmud ve Nişancı İbrahim beyler ile Saruhan-ili'ne doğru yol alırken, kısa bir zaman sonra sultan olmak üzere tekrar payitahta çağırılacağını aklına getirmemiş olsa gerektir. II. Murad'ın hayattaki şehzadelerinin birincisi, Çelebi Mehmed'den beş yaş büyük Alâeddin Ali Çelebi, hayli müddetten beri "Selâtin-i Âl-i Osmân'ın dârü'l-mülk-i kadîmi" Amasya'da hükümet ediyor ve herhalde o zaman büyük önem kazanmış olan merkezden bir gün Osmanlı tahtına gelmeyi düşünüyordu. Vaktiyle Sultan Murad, kendisi de burada valilik etmiş, oradan tahta gelmiş, ondan önce babası Çelebi Sultan Mehmed, bu bölgeye dayanarak Osmanlı Devleti'ni birleştirmeyi başarmıştı. Alâeddin çok sevilen ve beğenilen bir şehzadeydi. 1443 Yazı'nda Karamanoğlu İbrahim Bey Anadolu'da saldırıya geçtiği zaman ona karşı yapılan seferde güç ve yeterliliğini fazlasıyla gös-

1 Bu yazı evvelce şu kitapta dipnotlarıyla çıkmıştı: H. İnalcık, *Fâtih Devri Üzerinde Tetkikler ve Vesikalar*, Ankara, 1954, s. 55-127, dipnotları buraya alınmadı.

terme fırsatını buldu. II. Murad, kendisi savunma için Rumeli askerinin yarısını yerinde bırakarak Karamanoğlu üzerine yürürken, Alâeddin Çelebi'ye de Amasya'dan ordusuyla hareket emrini göndermişti. Bu savaş esnasında ileri harekâtı daha çok oğlu Alâeddin idare etmiş, Konya ve Lârende'de o zamana kadar görülmemiş yıkım ve "mezâlim" yapılmıştı. Karamanoğlu İbrahim Bey, hak iddia ettiği yerlerden vazgeçip Osmanlı tâbiliğini tanıyarak barışı elde edebildi. Babası ile Bursa'ya kadar gelen şehzade oradan "tahtgâhı" olan Amasya'ya gitti.

Sultan Murad, Edirne'ye dönünce dehşet veren bir haberle karşılaştı. Yanko, Macar Kralı Ladislas ve Sırp despotu idaresinde büyük bir ordu, Tuna'yı aşarak Osmanlı topraklarını istilaya başlamışlardı (1443 Ekim). Çok geçmeden Amasya'dan sultanın bütün cesaretini kıran başka bir haber gelmişti. Şehzade Alâeddin ölmüştü. İşte II. Murad'ı, oğlu Çelebi Mehmed lehine tahttan çekilmeye götüren bunalım dönemi böyle başladı.

Şimdi bu beklenmedik istilayı durdurmak çok güç görünüyordu. Seferden yeni dönmüş bulunan eyalet askeri (başlıcaları timârlı sipahiler, azebler, cerehorlar, voynuklar, martoloslar, yaya ve müsellemler) memleketlerine dağılmıştı. Unutmamalıdır ki, bu devirde asıl orduyu bu asker grupları teşkil etmekteydi. Acele toplanabilenler de hoşnutsuzluk içindeydiler. Murad, Sofya'yı almış ve son Balkan geçitlerine dayanmış olan istilacıları İzladi derbendinde, ancak kapıkulunun gayreti sayesinde güçlükle durdurabildi. Düşmanın, şimdi Edirne'ye götüren büyük yol üzerinde pâdişahın kuvvetlerini püskürterek bu kadar ilerlemiş olması, çok nazik ve buhranlı bir durum yaratmıştı. O zaman Osmanlı ordusu içinde ayrılıklar baş gösterdi. Yalnız timârlı ordusunun kumandanları olan sancakbeyleri değil, Turahan Bey başta olarak *uc* kuvvetleri, birçok defa düşman karşısında dayanma imkânı olmadığını söyleyerek kesin savaşa girmeden firar yolunu tuttular. Bu yüzden evvela Rumeli Beylerbeyi Kasım Paşa ile sonra bizzat pâdişahla Turahan Bey arasında tartışma çıktı. Çekilme ve gerileme bu anlaşmazlığı şiddetlendirdi. Mevcut kaynağımız *Gâzâvât* dâhil bütün Osmanlı kaynakları, Turahan'ın bu sefer esnasında gevşek hareket ederek gerilemeye neden olduğunda birleşirler. Evrenosoğulları, Gümlüoğulları (Kümülioğulları), Malkoçoğulları, Mihaloğulları gibi bu devirde *uc* beylerinin, merkezle uzlaşmayan ayrı çıkar ve görüşte olması ilk kez görülen bir şey değildi. Onların Sırp despotu ile ayrı bir hesapları olması mümkündür. Bu *uc* beyleri, Murad'ın saltanatının başında kendisine karşı rakibi Mustafa Çelebi'yi tutmamışlar mıydı? O, ancak, Mihaloğlu'nu hapisten çıkartarak *uc* beylerine ödünde bulunmak suretiyle tahtında yerleşebilmiş değil miydi? *Gâzâvât*'a göre Murad, bunlara hiçbir zaman güvenilmeyeceğini söyleyerek geçmişteki fesatçı hareketlerini bir bir hatırlattı. Edirne'ye dönerken çok hiddetli idi: "Hiçbir yerde karar etmeyüp muttasıl gider ve beylerin birisine iltifât etmeyüp her gez yüzlerine bakmazdı." Edirne'de Turahan Bey, Halil Paşa'nın emriyle Kapucubaşı Baltaoğlu Süleyman tarafından tutuklandı ve Tokat'ta hapse gönderildi. Artık Sultan, "Rumelinlü" ile bir kere daha bozuşmuş oluyordu. Bundan sonra Rumeli'nde nasıl genel bir çözülüş başladığını, Arnavutluk, Teselya ve Eski-Sırbiye'de isyanların alevlendiğini görmekteyiz. İzladi'de düşmanı takatsiz bırakan soğuk ve açlık, Osmanlılara yardım etmişti. Fakat Macarlar, pâdişahın kayınbiraderi ve Çandarlı Halil'in kardeşi Mahmud Çelebi'yi bir takip savaşında esir ederek zaferle çekildiler. Yanko'nun ve genç Macar kralının bu başarısı bütün Avrupa'da büyük bir sevinç ve ümit uyandırdı. Her tarafta Türkleri, son bir hamleyle Balkanlar'dan büsbütün atmak için yeni bir Haçlı seferi hazırlıklarına başlandı.

Uc beyleri ve "Rumelinlü" ile bozuştuğu bir anda devleti bu çok nazik durumdan kurtarmak ve Alâeddin'in acıklı ölümünden sonra kalan yegâne şehzadesi 13 yaşındaki Çelebi Mehmed için tahtı garanti altına almak üzere II. Murad, büyük fedakârlıklara katlanmak gereğini duydu ve babası Çelebi Sultan Mehmed'in barışçı siyâsetine döndü.

Murad'ın sonuçta o kadar önemli kararlarını anlamak için onun karakteri üzerinde biraz durmak lazımdır. Bu Osmanlı pâdişahı iyi kalpli, *hoş-meşreb* ve hassas bir adamdı. Şeyh Bedreddîn'in torunu 1448'de onunla konuşmasını anlatırken, kendisinin bağışlayıcı, iyiliksever ve neşeli karakterini belirtir. Murad, aynı zamanda zevk ve safaya düşkündü. Ayyaşlık derecesinde içtiği, şarap ve saz meclislerinden pek hoşlandığı bütün kaynakların ağız birliği ettikleri bir gerçektir. Kendi devrinde yazılmış bir eserde onun tahta çıktığı zaman sümbüle burcu olduğu söylendikten sonra "bu sebebdendir kim Pâdişahımız şâdlıklara ve zevk u safa [ve] 'ayş u tarablara be-gayet meşgul"dür, denmektedir. Kendisini 1432 sonlarında gören B. de la Broquière, içkiye olan düşkünlüğünü birkaç yerde işaret eder. Son felaketlerden sonra onun ortada olan bu kusuru herhalde halk arasında dedikoduları artırmıştır. Acaba, sonradan tövbe ile ibadet hayatına dönüşünü, 1444'te Timurlulardan birinin gönderdiği mektupta söz konusu olan "seyyiâtü'l-mukarribîn"i bununla ilgili görmek mümkün müdür? Fakat Murad aynı zamanda insancıl olarak tanınmış, barış-severliği, harbe karşı nefreti, ahde vefası birbirinden ayrı kaynaklar tarafından bildirilmiştir. O, I. Bâyezid yahut oğlu II. Mehmed gibi fütûhâtçı bir pâdişah değildi. Yaptığı harpler, devlet menfaatlerinin zorladığı harplerdi. Gençliğini Amasya'nın yüksek kültür çevresinde geçirmiş olan II. Murad, ilim ve edebiyata büyük değer veren ince ruhlu bir hükümdardı, şairliği ve hattatlığı vardı.

Sultan Murad, çok sevdiği şehzadesinin ölüm acısından sonra kışın, Balkan geçitlerinde itaatsiz bir ordunun başında yaptığı korkunç savaştan kırgın ve hiddet içinde payitahtına dönerken, daha o zaman tahtı bırakmaya karar vermiş olmalıdır. Hatta genel hoşnutsuzluk karşısında bunu kaçınılmaz gördüğü muhtemeldir. Türk ve Yunan kaynaklarının gösterdiği gibi, oğlunun ölümü onu derin bir matem içine atmıştı. Doukas, onun saltanatı bırakmasıyla bu ölüm olayını birbirine bağlar. Alâeddin'in ölüm nedeni bilinmiyor. Doukas gibi Chalkokondyles, Sultan Orhan'ın oğlu Süleyman için söylendiği gibi, Alâeddin'in de bir avda attan düşerek öldüğünü rivâyet eder. Fakat diğer kaynaklar, özellikle Osmanlı vakâyinâmeleri, bu hususta açık değildir. Mesela *Gâzâvât*'ta Alâeddin'den hiç bahsedilmemesi, Sultan Mehmed'in ön planda belirtilmesi dikkati çeker. Hüseyin Hüsâmeddin, kaynak göstermeden Alâeddin'in iki küçük oğluyla birlikte boğdurulduğu hakkında ayrıntı verir. Bu rivâyeti destekleyen başka bir nokta, *Neşrî*'de ve *Kemâl Paşazâde* tarihindeki bir göndermedir: Varna'daki savaş meydanında Yeniçeri Ağası Kurtçu Doğan, pâdişahın dizginini bırakmayan Anadolu Beylerbeyi ve Alâeddin'in dayısı Karaca Bey'e, "Sultan Alâeddin'i öldürdün, bu kerre beğümüze kasdettin, ko gitsün" diye bağırdı. Bu sözleri herhangi bir şekilde açıklayamıyoruz. Alâeddin'in idamı için açık bir neden görünmüyor. Karaca Bey, onun ölümünden sonra da yerinde kaldı. Nasıl olursa olsun, Alâeddin'in ölümü, Murad'ı büyük bir mateme atmıştır. Onu çok severdi. Üç yıl sonra yazdırdığı vasiyetnâmesinde "şöyle buyurdu ki (ölünce naaşını) Bursa'da merhum oğlum Ali yanındaki kabrin katında koyalar."

Alâeddin'in ölümüyle kalan yegâne şehzade Çelebi Mehmed için taht yolu açılmış bulunuyordu. *Gâzâvât*'a göre, Sultan Murad, İzladi'den dönünce onu acele Manisa'dan Edirne'ye çağırttı. Çelebi Mehmed Edirne'ye yaklaşınca "Paşalar ve beyler ve sigâr ve kibâr Şehzâde'ye istikbâl edüp ta'zîm ve tekrîm birle Şehzâde'yi karşıladılar". Cyriacus 22 Mayıs'ta Edirne'de resmî kabulde elçilerle Murad'ın huzuruna çıktığı zaman oğlu "Çelebi"yi (*Cialaby*), Dîvân'da paşalarla beraber onun yanında oturur bulmuştu. II. Murad, Edirne'de düşman elçileriyle, büyük toprak fedakârlıklarında bulunarak bir anlaşma yaptıktan sonra 1444 Temmuz ortalarında Anadolu'ya geçti.

Sultan Mehmed'in ilk defa tahta çıkması kuşkusuz, İzladi Muharebesi ile Varna Muharebesi arasındadır. Evvela olaylara en yakın bir kaynak olarak *Takvîm-i Hümâyûn*'lardaki kaydı zikredeceğiz: H. 849 tarihine ait *Takvîm*'e göre Murad, Karamanoğlu'na karşı hareketinden önce "oğlu Mehmed Han'ı tahtına geçirüp kaimmakam" yaptı, onu "kendi yerine dikti". H. 846 tarihli *Takvîm*'e göre, Karamanoğlu'na karşı Anadolu'ya geçmeden önce "Sultan Murad Han oğlu Sultan Mehmed cülûs" etmiştir. Bu son iddiayı destekleyen bazı belgeler vardır. Mısır sultanına gönderilen Varna fetihnâmesinde olaylar şu şekilde sıralanmıştır: a) Hıristiyanların Roma'da Papa nezdinde Haçlı seferi için toplanmaları; b) H. 847'de İzladi Muharebesi; c) Murad'ın saltanattan ayrılıp Bursa'ya çekilmesi; d) Haçlı ordusunun Rumeli'ne girmesi ve Varna Muharebesi. II. Mehmed orada Varna hakkında "tahta cülûsumuzdan hemen sonra" der. Baysungur'un gönderdiği söylenen mektupta Murad'ın saltanatı bırakması "leşker-i küffâr"la "muharebe ve mukatele"den sonra, Varna fetihnâmelerinde ise daima zaferden önce gösterilmiştir. Baysungur'a atfolunan mektupta sözü geçen muharebe şüphesiz İzladi Muharebesi'dir ve oraya gönderilen mektup bir *cülûsnâme*si olup cevabı da bir cülûs tebrikidir. Şâhruh'a ve Karamanoğlu'na gönderilen Varna fetihnâmelerinde ise olaylar şu şekilde sıralanmıştır: a) Murad'ın saltanattan çekilmesi; b) Hıristiyan ve Müslüman hükümdarlarla barış yapması; c) Anadolu'ya geçerek inzivaya çekilmesi; d) Haçlı ordusunun Rumeli'ni istilası ve Varna Muharebesi. Hatta Karamanoğlu'na gönderdiği fetihnâmede Sultan Mehmed, babasının geçen baharda tahtı kendisine bıraktığını açıkça söylemiştir.

Sultan Mehmed'e ait bildiğimiz en eski belge H. 848 Safer evâhiri (10-19 Haziran 1444) tarihinde Erzincan hâkimi Kılınç Arslan'a Edirne'den gönderilen nâmedir. Nâmede, Mehmed'in adı yoktur. Fakat cevabında "Sultan Mehmed Han" yazılmıştır. Nâme, Sultan Mehmed tarafından yazılmış ise haziran başlarında saltanat unvanlarını kullanmaya başlamış, demektir. II. Mehmed'in kendi adına basılmış H. 847 tarihli bir bakır mangırdan da bahsedilir. İstanbul Eski Eserler Müzesi'nde bulunan bu mangırın üzerindeki tarihin 847 olarak okunuşunda Halil Edhem Bey kesin değilse de son kez O. Ferit Sağlam bu noktada ısrar etmektedir. H. 847 tarihi, M. 19 Nisan 1444'te nihayet bulur. Çelebi Mehmed'in daha 1444 Kışı'nda Edirne'ye çağrılmış bulunduğunu, kesin olarak baharda orada olduğunu biliyoruz. Mayısta Edirne'de babasının yanında yabancı elçilerin kabul merasiminde hazır bulunmuştu. Nihayet Karamanoğlu İbrahim Bey, 1444 Temmuzu'nda imzaladığı Sevgendnâme'de taahhütlerini "Murad Beg'e ve Mehmed Beg'e" ortaklaşa yapmaktadır. Bu belgede Mehmed için kullanılan "beg" unvanı da dikkate değer. Bütün bunlar vakâyinâmelerdeki kayıtlarla karşılaştırılınca, Çelebi Mehmed'in daha 1444 Baharı'nda babası tarafından tahta getirildiği ileri sürülebilir.

Bununla beraber Sultan Murad hemen o zaman hükümdarlık yetkilerini bırakmış görünmüyor. 12 Haziran 1444'te resmen Macarlarla bir antlaşma imzalayarak kendi adına Macar kralına bir mektup gönderdiği gibi, temmuz içinde Anadolu tarafına geçerek kendisi ve oğlu Mehmed Bey adına Karamanoğlu ile bir antlaşma imzalamıştır. Nihayet, II. Murad'ın H. 848'de basılmış mangırları vardır. Fakat II. Mehmed'in H. 848'den önce basılmış gümüş sikkesine rastlanmamıştır. Mehmed'in tek başına sultanlığı, Mihalıç'ta babasının kapı-kulu ve beğler önünde resmen saltanatı bırakmasından sonra başlamış olmalıdır. Bunun tarihi de, temmuz sonlarına veya ağustosa isabet eder. Murad'ın Anadolu'ya hareketi temmuz başlarına rastlamaktadır. Bizans imparatorunun Macar Kralı Ladislas'a gönderdiği 30 Temmuz tarihli mektuba göre, Murad 12 Temmuz'da Boğaz'ı aşarak Anadolu'ya geçmiştir. Karamanoğlu ile barış yaptıktan sonra Sultan Murad, *Gâzâvât*'a göre Yenişehir'den ordusuyla Bursa'ya geldi. Birkaç gün kaldıktan sonra Mihalıç Ovası'na çıktı ve orada Yeniçeri ağası Hızır Ağa'yı ve diğer beyleri etrafına çağırarak onlara, resmen tahttan çekildiğini şu sözlerle bildirdi: "Bakın beyler, paşalar, bu âna gelince Pâdişâhınız ben idim, ba'del-yevm Pâdişâhınız oğlumdur, zira ben cümle tâc ve tahtımı ve unvânımı fi'l-cümle oğluma verdim, hâlâ Pâdişâh oğlumu bilesiz". Murad'ın Yenişehir'e gitmesi, Karamanoğlu elçileriyle antlaşma yapması, tekrar dönüp Bursa'da birkaç gün kalması, nihayet saltanattan vazgeçtiğini ilân için Mihalıç'a gelmesi, bütün bunlar herhalde üç-dört hafta kadar bir zaman almış olmalıdır. Aşağıda, bu resmî cülûs tarihini başka kaynaklara göre tartışacağız.

Sultan Mehmed, babası tarafından tahta çıkarılışını, birçok İslâm hükümdarlarıyla birlikte Mısır Memlûk Sultanı Çakmak'a da bir elçi göndererek bildirmiştir. Bu konuda elimizde yalnız Mısır vakâyinâmelerindeki kayıtlar vardı. İbn Tagribirdi aynen şöyle demektedir: 3 Şevval 848'de (13 Ocak 1445) Mehmed Bey'in elçisi Mısır sultanına hediyelerini sundu ve Murad'ın tahttan inerek yerine oğlunu geçirdiğini ve onun sultanın "taht-ı nazar"ında olmasını istediğini bildirdi. Hâlbuki aynı kaynak Varna zaferini bildirmeye gelen elçilerin 21 Zilhicce'de (1 Nisan 1445) Kahire'ye vardıklarını yazmıştır. İki elçi heyetinin varışları arasında iki buçuk ay kadar bir zaman aralığı vardır. Varna Muharebesi 10

Kasım 1444'te cereyan ettiğine göre, iki buçuk ay öncesi ağustos sonlarına rastlar. O halde II. Mehmed'in resmen cülûsu bu tarihlere rastlamış olmalıdır. Başka kaynakların verdiği kronoloji ile bu uygun gelmektedir. Yukarıda resmen tahttan çekilmenin, ağustosa rastladığını görmüştük. Sultan Mehmed tahta cülûsundan sonra Mısır sultanına olduğu gibi diğer büyük İslâm hükümdarlarına, özellikle Timuroğullarına elçileriyle nâmeler göndererek cülûsunu bildirmiştir. Bunlardan yanlış olarak Baysungur Mirza'ya gönderildiği söylenen bir mektubun cevabı elimizdedir.

Mektupta emîr "Murad'ın bütün saltanat umurunu ve memleketin hâkimiyet ve idaresini size terk etmiş olması tarafımızdan ziyadesiyle beğenilmiştir", denmektedir. Aynı mektupta "seyyiâtü'l-mukarribîn"in giderilmesinden bahsedilmesi ve Mehmed'in bu mektuba cevabında bu "irşâdât-ı müklîye-i nâfı'a"ya uyacağını bildirmesi kayda değer.

Yeni tahta çıkan bir pâdişahın cülûsunu, bilhassa o zaman İslâm dünyasının başında bulunan hükümdarlara bildirmesi âdetti. Fakat meşru hükümdarın saltanattan feragati suretiyle tahta geçen bu çocuğun, II. Mehmed'in, hükümdarlığını bildirmek ve tanıtmak üzere yazılan bu nâmelerin özel bir anlam taşıdığı da inkâr olunamaz. Özellikle Mısır'a giden elçinin, Memlûk sultanından genç hükümdar için ilgisini rica etmesi ve diğer mektupların üslûbu kayda değer. Burada şunu belirtelim ki, Sultan Murad, kendi sağlığında oğlunun tahtta sağlamca yerleşmesini temine birinci derecede önem vermekteydi.

Mihalıç'ta saltanatı oğluna devrettikten sonra kapıkulları ve beyler tevekkül içinde Edirne'ye dönerlerken Murad, Bursa civarında bir ibadet ve inziva hayatına çekildi. Vakâyinâmeler olsun, hükümlerini onların verdikleri bilgilere dayandıran en son araştırmacılar olsun, Murad'ın ilk defa saltanatı bıraktıktan sonra Manisa'ya çekildiğinden şüphe etmezler. Yalnız çağdaş Yunan müverrihi Doukas onun Bursa'da bir inziva hayatına çekildiğini kaydetmiş, bunu Varna'dan önce terk-i saltanattan sonraya ait göstermekle de doğru bir kronoloji sırası takip etmiştir. Chalkokondyles, onun zâhit ve seyyidlerle ibadete çekildiğini söylerken doğru olmakla beraber, bunu Varna'dan sonraya atmakla yanılmıştır. Murad, ancak Varna Muharebesi'nden sonra Ekim-Kasım 1444'te '"ayş u 'işret"e başlamak üzere Manisa'ya gidecektir. Öyle görünüyor ki, o zamana ait olaylar daima bu ilk saltanattan çekilme olayına eklenmiştir. *Gâzâvât,* Mihalıç'ta saltanattan ayrıldıktan sonra Sultan Murad'ın orada kaldığını kaydeder. Bu kayıtları resmî belgeler kesin bir şekilde yinelemektedir: II. Mehmed, Varna dolayısıyla hükümdarlara gönderdiği nâmelerde, babasının tahttan çekilerek "â'mâl'-i uhrevî"ye veya "tehyie-i sebâb-ı saâdât-ı ebediyye"ye kendisini verdiğini bildirirler. Mısır sultanına gönderdiği mektuptaki ifadeler ise açıktır: Orada, H. 848 yılında babasının saltanatı kendisine teslim edip dünyayı hor görerek "Bursa nevâhisine" çekildiğini yazmıştır.

1444 Varna Muharebesi'nden Sonra Sultan Mehmed

Tahtı oğluna bırakıp çekilmekle çok yanlış hareket ettiğini Murad'a, sonraki gelişmeler gösterecektir. Onun tahttan çekilmesi ve barış için yaptığı fedakârlıklar, düşmanlar tarafından devletin açık bir güçsüzlüğü olarak yorumlanmış ve saldırı planlarını kuvvetlendirmiştir. II. Murad, her şeyden önce Macarlarla Edirne'de yaptığı antlaşmanın (15 Ağustos 1444) bu tarafa barışı sağladığını zannetmekle tamamıyla yanılıyordu. Düşmanın barışı gerçekte bir oyalama vasıtası saydığı açıktı. Şimdi hızla hazırlanmakta olan Haçlılar, Türkleri Rumeli'nden çıkarmak için meydana çıkan durumu kaçınılmaz bir fırsat sayıyorlardı. Diğer taraftan, İstanbul'da eksik olmayan Osmanlı saltanat müddeilerinden bir "Düzme" de, Rumeli'nde isyan çıkarmak ve tahtı ele geçirmek için fırsat bekliyordu. Şu bir gerçektir: Yıldırım Bâyezid oğulları arasında taht mücadelesi, ancak İstanbul'un fethiyle 29 Mayıs 1453'te Süleyman Çelebi oğlu Orhan'ın intiharıyla son bulmuştur.

Murad'ın oğlunu tahta geçirmesinde en önemli bir sorun da İstanbul'daki müddeiye karşı onu, kendi sağlığında halka meşru hükümdarları olarak tanıtmak ve tahtta yerleşmesini sağlamaktı. Batı'da ve Doğu'da bütün düşmanlarıyla barış anlaşmaları yaparak barışı sağlam esaslara bağlamış göründüğü bir anda, bu fikrini uygulayabileceğini sanmıştı. Fakat o tahttan çekilir çekilmez, İstanbul'dan bir "Düzme", şüphesiz Orhan, Bizans imparatorunun yardımıyla İstanbul yakınında İnceğiz'e geldi. Burada Osmanlıların kendisiyle birleşeceğini sanıyordu, fakat kimsenin gelmediğini görünce "Ağaç Denizi"ne (Deliorman) kaçtı ve Balkan sıradağı ötesine hâkim oldu. Bu haber üzerine Edirne'de devlet erkânı telaşa düştüler ve derhal Kassabzâde Mahmud Bey'i mektupla II. Murad'a göndererek acele payitahta, Edirne'ye çağırdılar. Bir taraftan da Rumeli Beylerbeyi Şehabeddin Şahin Paşa, Düzme'yi yakalamak için gönderildi. Beylerbeyi, İstanbul'a giden bütün yolları tutturduktan sonra Koç Hüseyin oğlunu Düzme'nin üzerine gönderdi. Düzme, bu sıkışık duruma düşünce Karadeniz kıyısından Midye'ye kaçtı ve oradan tekrar İstanbul'a vardı. Görünüşe bakılırsa bu Düzme olayı, Bizans imparatoruyla müttefiklerin hazırladıkları çemberleme saldırı planına dâhil olmalıdır. Orhan meselesi, Osmanlı kaynakları tarafından daima kapalı geçilmekle beraber 1453'e kadar Osmanlı siyâseti üzerinde kuvvetle etki yapmıştır. Herhalde Orhan'ın başarılı olamayışı, en ziyade kendi taht davası ile düşmanın yıkıcı maksatlarına hizmet etmesinden ileri gelmiştir ve bu yüzden Rumeli'nde kendine yandaş bulamamıştır. Osmanlılar o zaman bir ölüm kalım bunalımı içinde bulunuyor ve Chalkokondyles'in dediği gibi her türlü iç savaştan çekiniyorlardı.

Haçlı ordusu 18-22 Eylül'de Tuna'yı aştı. İstila haberi gelince Edirne'de bütün yaz hâkim olan kararsızlık ve telaş, panik haline geldi. Edirne'de bir katliamla biten Hurûfî ayaklanması, bedestanı ve şehrin büyük bir kısmını küle çeviren yangından sonra halkın gösterdiği hoşnutsuzluk ve heyecan arasında devlet büyükleri, çok yakın saydıkları kuşatmaya karşı ne gibi önlemler alacaklarını bilemiyorlardı. Bu durum karşısında kuşkusuz başta birinci vezir Halil Paşa olduğu halde rical, Sultan Murad'ı tekrar acele Edirne'ye çağırmaktan başka çare göremediler.

Bu sırada paşalar arasında fikir ayrılığı kendini gösterdi. Çocuk pâdişah, daha doğrusu onun saltanatta yerleşmesini isteyen yakın adamları, düşmanı karşılamak üzere derhâl hareket etmek düşüncesindeydiler. Herhalde başlarında Halil Paşa bulunan bir kısım devlet büyükleri ise bunu doğru bulmadılar ve engel oldular. Düşman donanmasının Karadeniz kıyılarında çıkarma yapması ihtimâli öne sürülüyordu. Sonunda pâdişahın payitahtta kalması, babasının çağırılması kararlaştırıldı. Murad, başlangıçta yerinden ayrılmak istemedi. "Beginiz vardır, varın uğraşın" dedi. Fakat sonra Bursa'ya gönderilen Kassabzâde Mahmud Bey'in ısrarı ve tesirli sözleri üzerine nihayet razı oldu. Halil Paşa'nın, kapıkulu ile "Göksü dedikleri mahall"in karşısına gelmesini istedi. Murad'ın hareketi haberi Edirne'de herkesi sevindirdi, morali yükseltti. *Gâzâvât*'ın diliyle devlet büyüklerinden her birinin "aklı başına gelip ma'kûlca tedarikler endişe eylemeğe başladılar". Murad, süratle Anadolu askerini (timârlı sipahiler, azebler, yayalar ve müsellemler) toplayıp harekete geçti. Görünüşe bakılırsa düşman donanmasını şaşırtmak için Murad, ordusunun büyük bir kısmını, askeri geçirmek için at gemilerinin bulunduğu Gelibolu Boğazı'na getirmiş, sonra kendisi gizlice bütün süratiyle İstanbul Boğazı'na, bugünkü Rumeli Hisarı karşısına gelmiştir. O sırada Halil Paşa "yeniçeri, topçu ve cebeci ve Rumeli askeri ile" İnceğiz'de bekliyordu. Pâdişahın geldiğini haber alan veziriâzam, bugünkü Rumeli Hisarı'nın bulunduğu yere geldi, Çandarlı Halil'in getirdiği toplarla Güzelce-Hisar'dakiler Boğaz'ı iki taraftan tam bir ateş alanı içine aldılar. Murad'ın geçişine yalnız iki Bizans kadırgası engel olmak istedi. Asıl Haçlı donanması, bu sırada Türk ordusunun karşı yakaya geçmek için beklediği Çanakkale Boğazı'nda kalmış olmalıdır. Bizans kadırgalarından biri, *Gâzâvât*'a göre topçu kumandanı Saruca'nın toplarıyla batırılmış, öteki hasara uğrayarak İstanbul tarafına kaçmıştı. Bu sayede Murad tehlikesizce bir "Frenk gemisiyle" karşı tarafa geçti. Bu suretle Türkler büyük bir stratejik başarı kazanmış oluyorlardı. İlkin Murad'ın şaşırtma hareketi, sonra belki askerî tarihte ilk defa Boğaz'ın top ateşiyle kesilmesi sayesinde Haçlıların planları bozulmuş oluyordu. Varna Muharebesi üzerinde yazan değerli Batı tarihçileri dahi savaşın talihini değiştiren bu başarıyı, rüzgârın müsaadesizliğine atfederler. Boğaz'ı geçiş tarihi 1444 yılının 20 Ekimi'ne (H. 7 Receb 848) rastlar.

Rumeli toprağına ayak basar basmaz Sultan Murad, bilhassa bu gelişi mümkün kılan topçu kumandanı Saruca'ya ihsanlarda bulundu. Edirne'ye haberi müjdelemek için kapucubaşı ile muhtesibzâde acele yola çıkarıldılar. Gelibolu karşısında Haçlı donanması tarafından yolu kesilmiş olan Anadolu ordusu da çok geçmeden karşıya geçirilmiştir. Reislerden Kara Rahmanoğlu Hamza, İzmit havalisi halkını gâzâya çağırarak "azîm donanma" yaptı ve Gelibolu ağzındaki Haçlı donanmasını dağıttı. Bu suretle Anadolu askeri karşı yakaya geçip Rumeli askeri ile birleşmeyi başardı. Anadolu'dan büyük bir kuvvet geçtiği muhakkaktır. H. 859 (1455) tarihli bir Aydın tahrîr defterinde "Varna gâzâsında şehit" kaydolunanların miktarı önemli bir yer tutmaktadır.

II. Murad, Edirne'ye yaklaşınca, kendisini devlet adamları ve halk büyük sevinç ve gösteriyle karşılamaya çıktılar. Eski sultan şehre girmedi. Civarda bir yerde konakladı. "Şehzade yine tahta çıkıp hükmeyledi ve emredib Halil Paşa'yı katına davet edib ve Halil Paşa'ya dedi kim, babamdan rica edesin kim babam oturub Edirne'yi İstanbul keferesinden hıfz edib ben Ungurus keferesi üzerine varub gâzâ edem." Edirne civarındaki birkaç günlük konaklama sırasında başkomutanlık sorunu üzerine bir hayli tartışma geçtiği anlaşılmaktadır. II. Murad, Edirne'ye girmekten kasten kaçınmış olmalıdır. Bununla beraber Çandarlı Halil, Murad'a pâdişah muamelesi yapıyordu. *Gâzâvât*'a göre, veziriâzam genç pâdişaha dedi ki: "Elhamdülillah Pâdişahımız geldi, şimdengerü tedbîr anundur, o nice derse öyle olur." Veziriâzam, Haçlı ordusu karşısına çıkabilmek için onun henüz pek genç olduğunu söylemekle haklıydı. Fakat on üç yaşındaki pâdişahın arkasında, galiba Zaganos ve İbrahim beyler bulunuyor ve onu teşvik ediyorlardı. Baba ile oğulun, iktidar için çekişenler arasında bir araç yapılmak istendiğini göstermek bakımından *Gâzâvât*'taki sözler dikkate değer: Halil'i iknada başarılı olamayan çocuk pâdişah, bizzat sefere gitme isteğini babası önünde tekrarlayınca, Murad, "bu asıl sözü ol oğlanın ağzına verirsin" diyerek Halil'i azarlamak istemiş, bunun üzerine veziriâzam durumu açıklamak zorunda kalmıştır. Murad, oğlunu ve payitahtı tecrübeli vezirine emanet ederek bizzat düşmana karşı hareket etti.

Bu ayrıntıların ileriki olayları anlamak için büyük yardımı olacaktır. Ulemânın onayıyla *nefir-i 'âm* yani eli silah tutan herkesin savaşa katılması, ordunun hareketi ve Varna'daki kanlı meydan savaşı hakkında burada ayrıntıya girmeyeceğiz. Yalnız işaret etmek lazımdır ki, Varna Muharebesi'nden önce savunma önlemleri almakta ve Varna'da zaferin kazanılmasında Çandarlı'nın rakibi Rumeli Beylerbeyi Şehabeddin Paşa, son derece önemli bir rol oynamıştır. Evvela, düşman daha Tuna'yı aştığı zaman karargâhını Eskihasr'da kuran Şehabeddin Paşa, Haçlı ordusunun Balkan Dağları'nı geçmesine engel olmak için bütün geçitleri berkitiyor ve Niğbolu Beyi Firuz Beyoğlu Mehmed Bey ile temas halinde düşmanın ilerleyişini yakından izliyordu. O, Sultan Murad'ın hareket haberini alınca, Yanbolu'dan az ileride Rumeli ordusuyla geldi, onunla birleşti. Varna Muharebesi'nde Yanko'nun karşısında sol kola kumanda etti ve harbin kazanılmasında önemli rol oynadı. Şehabeddin Paşa'nın bu savaştan sonra nüfuzu ziyadesiyle kuvvetlenmiş ve 1442'de uğradığı utandırıcı bozgunun etkisini giderebilmiştir.

Savaş sırasında Sultan Mehmed, Halil Paşa ile beraber Edirne'de büyük bir endişe içinde sonucu beklemekteydi. Hatta savaş akşamı payitahta, ilk çarpışmalarda kaçan askerin getirdiği bozgun haberi herkesi yeis içinde bırakmış, bir panik başlamış ve şehrin büyükleri Dimetoka Kalesi'ne sığınmışlardı. Ertesi gün zafer "beşâretnâme"si geldi. Payitaht halkı haberi büyük sevinç gösterileri, şenlikler ve donanmalarla kutladı. "Cümle bilâd-i islâmiyyeye beşâretnâmeler" yazıldı. H. 848 Ramazan sonları (1445 Ocak ortaları) tarihini taşıyan, yani zaferden takriben iki ay sonra yazılmış olan bu nâmelerden bazıları yahut cevapları münşeât mecmualarında bize kadar gelmiştir.

Savaş esnasında ve sonraları Murad'ın Manisa'ya gitmesine kadar Sultan Mehmed'in saltanattan çekilmiş olması söz konusu değildir. Ancak o zaman pek özel bir durum, gerçekte kimin pâdişah olduğu hakkında yalnız bugünkü tarihçileri değil, çağdaş gözlemcileri bile tereddüt içinde bırakmıştır. Gerçekten o zaman bir kısım devlet adamları ve halk, II. Murad'ın ordunun başına geçmesini tekrar tahta çıkma gibi anlamışlar, fiilen bir cülûs, buna karşı bazıları Sultan Mehmed'in resmî pâdişah durumunu kabul etmişlerdir.

Savaş sırasında Sultan Mehmed'in durumu hakkında *Gâzâvât* açıktır: Zaferde alınan ganimetten bahsederken diyor ki: "Bulunan cevâhir ve altun ve gümüş eşya ne bulunduysa, defter edüb ve Pâdişahımız olan Sultan Mehmed bin Sultan Murad Han için zabt olundu." Fâtih'e sunulmuş olan *Gâzânâme-i Rûm*'da II. Mehmed, Varna Muharebesi sırasında ve sonra daima pâdişah gösterilir. Çağdaş bir müverrih, Doukas'ta Varna zaferinden sonra II. Murad Manisa'ya çekilmiştir; bir cülûs veya saltanattan çekilme söz konusu değildir. Kaynaklar II. Murad'ın 1446'da tahta gelişini, hemen Varna'dan sonraki günlere getirmekle yanılırlar. Sultan Murad, Rumeli'ne geçtikten sonra resmen II. Mehmed pâdişah sayılmakla beraber, eski pâdişahın düşmana karşı orduların idaresini eline almasından beri, tabii bütün otorite fiilen ona intikal etmiş ve oğlu payitahtta 1444 yazında olduğu şekilde bir "kaimmakam" gibi kalmıştı. II. Murad, Varna'ya giderken Edirne şehrine girmekten kaçınmıştı. Fakat büyük meydan savaşını kazanıp Edirne'ye geldikten sonra burada oturduğu günlerde de birdenbire "zimâm-ı kabz u bast"tan elini çekip kenarda kalmadı, kalamazdı. Chalkokondyles'de Murad tarafından yapıldığı söylenen azil ve tayinler onun tarafından, fakat Sultan Mehmed adına yapılmış olmalıdır. Varna Muharebesi'nden sonra yazılan fetihnâmeler, Mehmed'in saltanatta kaldığına dair yukarıda naklettiğiniz vakâyinâmelerin kayıtlarını kesinlikle teyit etmektedir.

Gerçekten H. 848 yılı evâhir-i Ramazan tarihini taşıyan bu fetihnâmeler, hepsi II. Mehmed adına gönderilmiştir. Feridûn Bey'deki mektupları daima ihtiyatla karşılamak, başlıklara güvenmemek lazımdır. Fakat bu nâmeleri gönderen şahıs, babasının tahtı kendisine bırakarak çekildiğini, sonra Macarların taarruzu üzerine onu ordunun başına çağırdığını söyler ki, bu açıklama, nâmelerin II. Mehmed tarafından gönderildiğine şüphe bırakmaz. Mısır kaynaklarında, Varna zaferini bildirmeye 21 Zilhicce 848'de Kahire'ye Sultan Murad'ın elçileri geldiği kaydedilmişse de, bize kadar gelen Arapça fetihnâme Sultan Mehmed tarafından yazılmıştır. Orada, babası sultanı ordunun başına çağırdığından ve Varna zaferinden bahisle "Allah bu çetin zaferi bize tahta cülûsumuzun, Âl-i Osmân tahtına geçmemizin akîbinde kolay yaptı" denmekte ve elçilikle Azeb Bey'in gönderildiği bildirilmektedir. Bu mektuptaki bütün açıklığa rağmen savaşı fiilen idare eden Sultan Murad olduğu için Mısır vakâyinâmelerinde yanlış olarak elçinin ve mektubun da onun tarafından gönderildiği kaydedilmiştir. Mehmed, bu fetihnâmelerde babasının tekrar saltanata geçtiğine ve tahtı bıraktığına dair en küçük bir göndermede bulunmadığı gibi İstanbul fetihnâmelerinde de kendisini yalnız iki defa cülûs etmiş gösterir. Nihayet H. 856'da (1452) Fâtih Sultan Mehmed'e sunulmuş olan *Takvîm-i Hümâyûn*'da onun ilk cülûsundan sonra babasının tekrar tahta gelmesi ancak iki yıl sonra gösterilmiştir.

Varna'dan kısa zaman sonra yazılmış bazı belgelerin asılları veya suretleri bugün elimizdedir. Evvela 27 Şaban H. 848'de (10 Aralık 1444) yazılmış bir borç senedinde: "Hüdâvendigârım, babam" diye yazan şahıs şüphesiz II. Mehmed'dir. "Hazret-i a'lânın hizâne-i 'âmiresine" para teslim etmesi evvele ait bir şeyin hikâyesidir. Diğer taraftan kendisinin pâdişah olması, eskiden kalmış bir borç için devletin resmî hazînesine bir temessük vermesine mani değildir. Aynı vesikada babası için kullandığı "Tanrı onun bağışlarını sürdürsün" duası dikkate değer. Bu, Varna fetihnâmelerinde onun için kullanılan aynı dua şeklidir ve onun için hükümdarlara özgü başka herhangi bir dua şekli kullanılmamıştır. İkinci vesika, Varna Muharebesi'nden bir ay kadar sonra (H. 848 Şaban sonları) II. Murad'ın kadıasker Mehmed bin Ferâmurz'a (Molla Hüsrev) yazdırdığı bir *âzâdnâme*dir. Gerçekten onun oradaki unvanları, pâdişah olduğu zamanki unvanlarından hiçbir şekilde farklı olmayıp sultan olduğunu gösterir. Bu vesika bizce daha ziyade II. Murad'ın kendini göstermek bakımından anlamlıdır. Fakat unutmamalıdır ki, H. 850 tarihli *Takvîm-i Hümâyûn*'da Mehmed, Edirne tahtında iken kendisi ve babası, her ikisi *Han* unvanıyla anılıyorlardı. Herhalde bu iki vesika, Murad'ın tahta geçtiğini ve Mehmed'in çekildiğini gösterecek ve yukarıda kaynakların tanıklığını giderecek güçte değildir.

Bununla beraber, Edirne'de herkes ve özellikle Veziriâzam Halil Paşa dört ay önceki pâdişahlarına, şimdiki kurtarıcılarına ve küçük pâdişahlarının babasına meşru pâdişah gibi davranıyordu. Gerekli bir duruma uyarak ona eskisinden farklı bir muamele yapmak ellerinden gelmezdi. Birçokları onun saltanattan çekilme arzusunu istemeyerek kabul etmişlerdi. Şimdi de "ulu kici (onun) kendüler koyub gittiğine razı" değillerdi. Bunu en çok Çandarlı istemiyordu. H. 849 *Takvîm-i Hümâyûn*'u Varna zaferinden sonra Murad'ın "Edirne şehrine gelip cülûs"undan bahsederken şüphesiz aynı duyguya tercüman olmuştur. Anonimlerde aynen deniyor ki: Sultan Murad "birkaç gün durub beyliğini terk edüb Sultan Mehmed'i tahta geçirüb istiklâli tahtı ona ısmarladı". Murad'ın Varna Muharebesi'nden sonra Edirne'de kısa ikâmeti esnasında durumu için fiilen pâdişahtı ve cülûs etmişti diyebiliriz. Fakat Anadolu'da Mihalıç'taki resmî terk-i saltanattan beri esasen ve daima oğlu Mehmed pâdişahtı. Murad'a yeni bir bi'at yapılmamıştı. Herhalde dört ay önce devlet büyükleri önünde merasimle saltanatı bıraktıktan ve bunu her tarafa nâmelerle ilân ettikten sonra Murad tarafından bunun hemen iptali beklenemezdi. Bilhassa İstanbul'da daima fırsat bekleyen müddei karşısında, oğlunun tahtta sağlamca yerleşmesini sağlamak maksadıyla saltanatı bırakmış olan babanın, şimdi böyle tehlikeli bir harekete kalkışması ve yegâne oğlunun geleceğini tehlikeye düşürmesi akıllıca bir hareket olamazdı. Bundan dolayıdır ki, kalması için bazıları ısrar ettikleri halde Sultan Murad ilk kararında ayak diredi. Bu durumu gerçek yeniden tahta oturma haline getirmeden bu defa "'ayş u 'işretle meşgul olmak" üzere, yanına Şarabdâr Hamza Bey ile İshak Paşa'yı alarak Manisa'ya çekildi. Oraya giderken oğlunu "İstiklâlî Pâdişâh" bırakmış oluyordu. Manisa'ya çekilen eski sultana geniş ülkelerin (Saruhan, Aydın, Menteşe sancakları) hâs geliri tahsis olundu. Bu çekilişe karşın eski sultan, Varna galibi ve henüz bir çocuk olan pâdişahın babası sıfatıyla yine o derece nüfuz ve otorite sahibi idi ki Venedik, İstanbul'daki balyozu A. Foscolo'ya gönderdiği mektuplarda II. Mehmed'i "Rumeli Sultanı" olarak anıyor ve Babinger'in fikrince, Sultan Murad'a bir nevi "Anadolu Sultanı" gözüyle bakıyordu. Gerçekten, H. 856 tarihli *Takvîm-i Hümâyûn,* Varna zaferinden sonra Sultan Murad'ın "Aydın ve Saruhan tahtında gelip cülûs" ettiğinden bahseder. Aşağıda onun otoritesini kullanmakta devam ettiğine dair bazı olaylar göstereceğiz. Özetle, II. Murad'ın vaktiyle ani bir kararla, Tursun Beg'in ifadesiyle "ale'l-fevr", tahttan çekilmesi, memlekette bir ikilik ve neticede derin bir otorite bunalımı yaratmıştır. Hele şimdi Varna galibinin uzaktan da hissedilen nüfuzu, oğlunun gerçekten saltanat sürmesine imkân bırakmıyor ve başlıca Çandarlı buna aracılık ediyordu. O zamanki otorite bunalımını Tursun Beg şu mısra ile güzel ifade etmektedir: "Bir memlekette fitne olur iki Pâdişâh". H. 850 tarihli *Takvîm-i Hümâyûn*'da "Sultan Mehmed Han" ile beraber "Pâdişah Sultan Murad Han"ın zikredilmesi o zaman kimin gerçekten sultan olduğu hakkında kesin bir hükme varmamızı önlüyor.

Genç pâdişahın yakın adamları, Zaganos, Şehabeddin Şahin ve İbrahim paşalar, Varna'ya düşman ordusuna karşı Mehmed'i de götürmek için ısrarlarında haklıydılar. Bu yolla genç sultanın otoritesi kurulmuş olacaktı. Halil, onlara karşı daima asıl pâdişah olarak Murad'ı tanır görünmektedir. O, Murad'ın Edirne'ye gelip tekrar cülûsunu çok istiyordu. Sultan Murad da durum Varna'dan sonra tamamıyla değişmiş olduğundan, herhalde tekrar tahta çıkmayı içinden arzu ediyordu. Tursun Beg diyor ki: "ol dahi (Murad) ettiğine pişman olmuş, ama izhâr etmeyüb Halil Paşa'nın kemâl-i kiyâsetine tefviz etti." Gerçekten bunu, bir iç harbe meydan vermeden ve ileride oğlunun saltanat haklarını ve durumunu tehlikeye düşürmeden "kiyâset" ile yapmak lazımdır. Fakat devlet ricali arasında bu meseledeki şiddetli fikir ayrılığı ve rekabet sonucu Edirne yeniden kargaşaya sahne oldu: Sultan Murad'ı getirmek isteyen Çandarlı Halil'in gizli çabaları sonucu bir yeniçeri isyanı patlak verdi ve Murad tekrar tahta çağırıldı. Aşağıda bu olayları ele alacağız.

Rical arasında nüfuz ve iktidar mücadelesi o zaman önemli gelişmelere yol açmıştır. Mücadele, hâkim-i mutlak görünen Çandarlı Halil Paşa'nın nüfuzuna karşı yöneltilmişti. Çandarlı Halil, H. 833'te (30.9.1429-21.8.1430) babası ölünce onun yerine kadıaskerlikten üçüncü vezir olmuştu. *Oruc*'da H. 840 (1436-1437) tarihine doğru birinci vezir, yani veziriâzam sıfatıyla onu devletin işlerinin başında görüyoruz. O, devletin içinde büyük bir otorite oldu. "Sultan'ın kabz u bastı onun tasarrufuna menût idi." Zevk ve safaya düşkün olan II. Murad, işleri büsbütün bu sadık, dirâyetli vezire bırakmış görünüyor. Bu devirde hayatî bir önem kazanan devletin dış siyâsetini o idare ediyordu. Çandarlı, 1439 Floransa Konsili'nde Bizans'ın ısrarıyla alınan kararlardan sonra Osmanlı Devleti'nin başına o kadar felaketler getiren Haçlı kuvvetlerini yeniden tahrik etmemek için son derece dikkatli bir barış politikasına bağlı görünüyor, özellikle Osmanlı tahtı müddeisi Orhan Çelebi dolayısıyla devletin güvenliğini her an tehlikeye sokabilecek Bizans'a karşı barışçı siyâset güdüyordu. Yunan kaynaklarının hepsi onu Bizans'a karşı dost göstermektedir. Rüşvet rivâyetlerinin, onun bu siyâsetine karşı koyanlara böyle bir siyâsetin gerçek sebeplerini tamamıyla anlamayan halk ve gâzîler çevresi tarafından yayılmış ve oradan Bizans kaynaklarına aksetmiş olduğu açıktır. Çok zengin olan Çandarlı'nın, Bizans'taki mâlî menfaatleri bu barışçı siyâsetin başka bir nedeni olabilir. Halil Paşa'nın barış siyâseti hakikatte II. Murad'ın siyâsetidir. Murad da şüphesiz 1422'deki İstanbul kuşatmasından sonra babasının siyâsetine dönerek Bizans'a karşı daima yumuşak bir siyâset izliyordu. Zikrolunan bütün kaynakların belirttikleri gibi, II. Murad'ın Halil Paşa'ya sonsuz bir güveni vardı. 1443 Kışı'nda Macarlara karşı ve 1444 Yazı'nda Karamanoğlu'na karşı sefere çıkarken payitahtın muhafazasını ona bırakmış, nihayet tahtı gerçekte 12 yaşında oğluna terk ederken devleti eski vezirine teslim etmişti. Böylece Halil'in şahsında Çandarlılar, nüfuz ve kudretlerinin en yüksek noktasına erişmiş bulunuyordu. Bununla beraber Halil, Varna'ya gidecek ordunun kumandanlığı meselesinde görüldüğü gibi Sultan Mehmed'in ve onu kışkırtanların karşısında otoritesini muhafaza etmenin ve devleti idarenin güçlüğünü anlamış olmalıdır. Varna zaferinden sonra nüfuzu tekrar yükselen II. Murad'ı tahta getirmek, devlet otoritesinde meydana çıkan ikiliğe ve bunun doğurduğu buhrana son vermek onun asıl gayesi oldu. Böylece Halil, dış siyâsette barışçı politikasına inanmış olan eski pâdişahla işleri daha kolay yürütebilir ve küçük sultan Mehmed'in etrafında toplanarak kendisine karşı iktidar mücadelesinde bulunanlardan kurtularak mutlak otoritesini üzüntüsüz devam ettirebilirdi. Hatırlanacağı üzere, Varna zaferinden önce ve sonra Halil, Sultan Murad'a karşı daima gerçek pâdişah muamelesi yapmaktaydı.

Çandarlı Halil'i destekleyenler arasında Sultan Murad'ın en yakın bendelerinden eski vezir İshak Paşa ile Varna'da şehit düşen Anadolu Beylerbeyi Karaca Bey yerine getirilen Arnavut Ozguroğlu İsa Bey ve Yeniçeri Ağası Kurtçu Doğan bulunuyordu. II. Murad'ın Varna'dan sonra yanında götürdüğü İshak Paşa, Manisa'da Halil'in en büyük yardımcısıydı ve eski sultanın bir çeşit veziriâzamı rolünü oynuyordu. II. Murad'ın vasiyetnamesinde imzası bulunan bu İshak bin Abdullah, 15. yüzyılda gelen öteki İshak beylerle (paşalarla) karıştırılır.

1444 Kasımı'nda Anadolu beylerbeyi tayin olunan Ozguroğlu İsa Bey'in Anadolu beylerbeyliğine getirilmesiyle, bu sırada önemi artmış olan bu mevki, Halil Paşa'nın adamlarından biri tarafından tutulmuş oluyordu. İsa Bey, Çandarlı'nın ileride planlarını kolayca uygulamasına çok yardım edecektir. Yeniçeri Ağası Kurtçu Doğan ise Murad'ın en sadık kullarından olup Çandarlı ile birlikte hareket etmesi veziriâzama payitahtta en büyük askerî kuvveti elinde tutma imkânını sağlıyordu.

Sultan Mehmed'in yakınları, lalaları Halil'in *hâkim-i mutlak* durumunu çekemeyenler, küçük pâdişahın etrafında toplanarak kudretli veziriâzama karşı bir iktidar mücadelesine giriştiler. Genç sultan II. Mehmed onların nüfuzu altında bulunuyordu. Bu partinin belli başlı üyelerini burada tanıtmak gerekir. Evvela, Halil'in bu sırada en büyük rakibi, ikinci vezir ve Rumeli Beylerbeyi Hadım Şehabeddin Paşa olmuştur. Arnavut-ili'nde Evrenosoğlu Ali Bey'den, yani herhalde 1432'den önce bir müddet sancakbeyliği yaptıktan sonra 1438 sonları veya 1439 başında ölen Sinan Bey yerine Rumeli beylerbeyliğine getirilen Hadım Lala Kavala Şehabeddin Şahin Paşa, 1441'de Novaberda'yu ve George Brankovic'e ait son Sırp kalelerini zapt ederek şöhret kazanmıştı. 1440 yılı sonlarında Rumeli beylerbeyi ve Dîvân-i Hümâyûn'da vezirdi. Fakat 1442'de Transilvanya'da, Mezid Bey'in intikamını almak için Rumeli askeri ve büyük bir yeniçeri kuvvetiyle yaptığı seferde Macar Hunyadi Yanoş (Yanko) tarafından kötü bir bozguna uğratıldı ve bütün nüfuzunu kaybetti. Edirne'ye döner dönmez azledildi. O zaman Halil Paşa birinci vezir, yani veziriâzam bulunuyordu. Fakat 1443'te Haçlı ordusu karşısında halefi Kasım Paşa'nın uğradığı başarısızlıklar üzerine Şehabeddin Paşa tekrar eski mevkiine getirildi. Kendisi askerlikte çok bilgili tanınıyordu. 1444'te II. Mehmed tahta çıktığı zaman Halil Paşa birinci vezir, Şehabeddin Paşa ikinci vezir, Saruca Paşa üçüncü vezir bulunuyorlardı. Şehabeddin Paşa'nın bundan sonra, Orhan Çelebi'nin Rumeli'ndeki tehlikeli isyan teşebbüsünü bastırmak ve Varna zaferinin kazanılmasında önemli rol oynamak suretiyle nasıl büyük bir nüfuz kazandığını yukarıda işaret etmiştik. Kesin olan devlet içinde Halil Paşa'dan sonra en nüfuzlu kişi Şehabeddin idi. Beylerbeyi sıfatıyla bütün Rumeli kuvvetlerinin başında bulunuyor ve bu zamanda o kadar nüfuzlu olan *uc* beylerini emrinde tutuyordu. Aynı devirde Rumeli beylerbeyliğinin, genelde ordunun en yüksek makamı olduğu ve bu beylerbeylerin vezir sıfatıyla Dîvân-i Hümâyûn'da oturdukları bilinmektedir. Nihayet, kadılıktan gelen Halil Paşa'nın, ataları gibi aynı zamanda ordu kumandanlığı yapmadığı düşünülecek olursa, Şehabeddin'in nüfuzu daha iyi anlaşılır. Fakat Halil Paşa da maaşlı ulûfeli askeri, kapıkulunu kendi nüfuzu altında bulundurmaktaydı. Şehabeddin Paşa, II. Mehmed'i destekliyordu. İbn Kemal'in dediği gibi "Sultan Mehmed'in tahta cülûsuna rıza gösteren kâmgüzâr idi". O, iyi bir asker ve *uc* kuvvetlerinin temsilcisi olarak gâzâ ve fütûhâtı, yani enerjik bir siyâseti temsil etmekteydi. Açıkça görülüyor ki, o geçmişi ve mevkii, karakteri ve siyâseti bakımından Halil Paşa'ya karşı zıt bir kutup teşkil etmekteydi ve her şey onu, hâkim-i mutlak vezire karşı durmaya götürüyordu. Şehabeddin Paşa, Halil'e karşı genç pâdişahın tam otoritesini kurmak ve onu gerçekten pâdişah yaparak iktidar mevkiine gelmek isteyenlerle birleşmekte gecikmedi. Bunların başında da II. Mehmed'in lalası ve sonra kayınpederi olan ünlü Zaganos (Zaganuz) Bey bulunuyordu.

Aslı Arnavut olan Zaganos Bey de Şehabeddin Şahin Paşa gibi vaktiyle Arnavut-ili sancakbeyliğinde bulunmuştur. Sarayda hazînedâr-başılıktan H. 843 Zilkade başlarında (1-10 Nisan 1440) bu göreve atanmıştır. Zaganos, herhalde II. Mehmed'in ilk cülûsu arkasından Varna muharebesinden önce vezirliğe getirilmiş görünmektedir. Genç sultanın otoritesini kurmak, geleceğini hazırlamak hususunda kimse onun kadar candan gayret göstermiyordu. O, Çandarlı Halil'in baş düşmanı ve karşıtı siyâsetin ruhu olacaktır. Halil'in reyiyle II. Murad'ın Tokat hapishanesine gönderdiği kudretli *uc* beyi Turahan da sonradan Halil'in rakipleri safında yer almış görünmektedir. Mehmed'in ilk saltanatı esnasında Dîvân-i Hümâyûn'da ikinci vezir olarak gösterilen Saruca Paşa da, Halil'in rakibi sayılabilir. Chalkokondyles'e göre aslen Rum olan Saruca, Çandarlı Halil'den önce Dîvân-i Hümâyûn'a vezir olarak girmiş görünmektedir. Rumeli beylerbeyi ve vezir sıfatıyla Saruca Paşa, Rumeli işlerinde, Osmanlı Devleti'nin "Batı ile ilişkilerinde" başlıca rolü oynamıştır. İmparator VIII. Ioannes'ten aldığı bir mektup bize Bizans'ın, ondan dostça bir aracılık beklediğini göstermektedir. Görünüşte, özellikle Macarlara karşı Sırp despotu ile dostluk ve uzlaşma siyâsetine taraftar olmuş, Sırp despotunun kızı Mara'nın Sultan Murad'la izdivacında (1435) önemli rol oynamıştır. Fakat yine bu tarihten itibaren Despot Brankovic'in Macarlara ziyade yaklaşması ve Tuna üzerinde merkezi Semendire'yi kuvvetle berkitmesine göz yumması üzerine gözden düşmüştür. Azli H. 841 yılında (5.7.1437'de başlar) olmalıdır. Bu sırada Halil Paşa veziriâzamdı. Hoca Sa'deddin'in bir anonim tevârihten naklettiğine göre, 1443 Kışı'nda Sultan Murad, İzladi'de düşman istilasını durdurmaya giderken Saruca kendi paresiyle 1000 kişilik bir kuvvet toplayarak pâdişahın seferine ve tekrar göze girmişti. Saruca, Varna Muharebesi'ne de iştirak etmiştir. Sultan Murad, Varna Muharebesi'nden sonra Manisa'ya çekilirken galiba onu oğluna vezir bırakmıştır. Saruca, II. Mehmed'in bu ilk saltanatı esnasında Dîvân-i Hümâyûn'da bütün değişikliklere rağmen vezirlik mevkiini Halil ile beraber korumuş görünmektedir. Sultan Murad'a bağlılığı ne kadar büyük olursa olsun Saruca'yı ötekiler kadar açık olmamakla beraber Halil'e karşı rakip saymak doğrudur.

Genç pâdişahın etrafında Halil'e karşı cephe alanlar arasında 1443'te Lala sıfatıyla onunla beraber Manisa'ya gitmiş olan ve Fâtih'in 1451'de ikinci cülûsundan sonra Dîvân-i Hümâyûn'a giren İbrahim Paşa bin Abdullah'ı da saymak lazımdır.

Çandarlı'nın, dışarıda barışçıl politikasına karşı genç pâdişahın etrafındakilerin çoğu vaktiyle *uc*larda beylik etmiş askerler sıfatıyla devletin gâzâ geleneğine uygun olarak fetih politikasına şiddetle taraftar bulunuyorlar ve Sultan Mehmed'i bu fikirlerle dolduruyorlardı. Yapılacak fütûhât yeni pâdişahın nüfuzunu yükseltecek, tahtta sağlam ve tam bir otoriteyle yerleşmesini sağlayacaktı. Onlar, Halil Paşa'ya nispet ederek "nevcivân-ı devlet olan şehriyârın devleti böyle olur derlerdi". Sultan Mehmed'in ilk saltanatı müddetince Halil, siyasî tehlikeleri ve bilhassa 1444'te devleti uçurumun kenarına kadar sürüklemiş olan Haçlı seferinin yenilenmesi ihtimâlini hesaba katarak karşıtlarının cüretli saldırı politikasıyla mücadele etmek zorunda kaldı. Böylece içerideki iktidar mücadelesi dış siyâset sorunlarıyla birleşmiş oluyordu. Halil, bir bakıma haklı görünebilirdi: Haçlı girişimlerinin ve müddeilerin çabaları, Varna zaferinden sonra da kesilmiş değildi. 1445 Yazı'nda bir taraftan bir Hıristiyan donanması Karadeniz'de, diğer taraftan Hunyadi idaresinde bir ordu Tuna ötesinde Rumeli'ni yeniden istila tehdidinde bulundular. Eflâk voyvodası onlarla işbirliği yaptı. Tuna üzerinde Yergöğü'yü (Giurgiu) zapt etti. Bunun üzerine Şehabeddin Paşa, Sofya'ya giderek düşmanın harekâtını yakından takip etti. Ağustos ortalarına kadar oradaydı. İki taraf da kesin bir savaşa girişmekten kaçındı. Beylerbeyi 1445 Kasım başlarında Edirne'ye dönmüş bulunuyordu. Bu seferde kayda değer bir nokta da şudur ki, Tuna ağzına kadar gelen Haçlı donanmasında bir Osmanlı saltanat müddeisi, Savcıoğlu Davud vardı. Onu Rumlardan alan Frenkler, herhalde düzmelerin ve müddeilerin her zamanki hareket noktası olan Dobruca'ya çıkarmayı düşünmekteydiler.

Sultan Mehmed'in ve etrafındakilerin saldırgan siyâseti hakkında *Heşt Bihişt*'te dikkate değer bir parça vardır. Bu mühim kayıtta, Sultan Mehmed'in Müslüman ve Hıristiyan hükümdarlarına ve Osmanlı tâbiyeti altına girmiş olanlara karşı saldırganlığı, Karamanoğlu ve Kastamonu hâkimi ve diğer komşu hükümdarlara kendi hizmetkârları gibi muamele ettiği, bunların onun sertliğinden şikâyetçi oldukları ve durumu bildirmek üzere Manisa'da İshak Paşa'ya başvurdukları, gönderdikleri elçilerle Sultan Murad'dan oğluna bu gibi saldırılardan kaçınması için nasihatte bulunmasını istedikleri ve onun da oğlunu ve uygunsuz hareketlerde bulunan bütün vezir ve memurları payladığı, bu yolla arada düşmanlığı yatıştırdığı, bundan sonra (Mehmed'in) onlara iyi muameleye başladığı yazılmaktadır. Burada birçok nokta genel ifadeler içinde belirsiz bırakılmış olduğu halde nelerden söz edildiğini anlamak güç değildir. Her şeyden evvel Mehmed'in ve taraftarlarının saldırı politikası burada açıkça belirtilmiştir. Murad'ın tahttan çekilirken birtakım fedakârlıklar bahasına antlaşmalarıyla kurduğu *statu quo*'nun bozulması girişimlerine karşı kendilerini tehlikede hissedenler doğal olarak eski sultana başvurma gereğini duymuşlardır. Bunların başında Karamanoğlu İbrahim Bey ve Kastamonu hâkimi İsfendiyaroğlu İsmail Bey vardır. Burada Murad yanındaki İshak Paşa'nın oynadığı role de dikkati çekmek isteriz. II. Murad, küçük sultan Mehmed'i ve onu bu saldırgan siyâsete teşvik eden vezirlerini paylamakla oğlunun üstünde vesâyetkâr bir mevkiye geçmiş oluyordu. Bu, Tursun Beg'in ifadesiyle bir devlet içinde "iki pâdişah" demekti. Bu görüşü yineleyen olay da Venediklilerin "Avrupa Sultanı" diye zikrettikleri II. Mehmed ile yapacakları bir antlaşmayı babasına da tasdik ettirmek istemeleridir. *Heşt Bihişt*'in aynı parçasında etraftaki kâfirlerden kast, en başta Sırp despotu ve Bizans olabilir. Gerçekten bu rivâyetin kaynağı Rûhî'de Despot zikrolunmuştur. Bizans İmparatoru VIII. Ioannes, Çandarlı'nın siyasî önlemleri sayesinde 1444 Haçlı seferinin sonunu bekleyerek herhangi bir taarruz hareketinden çekinmiş ve Varna zaferinden sonra da Osmanlılarla barışı yenilemişti.

Gerçekten, Şehabeddin-Zaganos ikilisi, genç hükümdarı bütün zafer sağlayacak bir harekete, İstanbul'un fethine teşvik ediyorlardı. Bütün kronoloji yanlışlarına rağmen G. Angiolello'nun buna ait kaydı açıktır: 1445 senesinden sonra Sultan Murad 17-18 yaşındaki (?) oğlu Mehmed'i kendisine vekil olarak Edirne'de bırakmaya karar vermiş ve bundan sonra kendisi Anadolu'ya giderek iki sene müddetle istirahate çekilmişti. Bu müddet zarfında devletin işleriyle uğraşmak istemiyordu ve öyle de yaptı. Oğluna müşavir olarak eski ve sadık bendesi Halil Paşa'yı bırakmıştı. Şehzade Mehmed, Osmanlı Devleti'nin Avrupa'daki kısmında hâkim kalınca, içine Konstantiniye'yi fethetme arzusu düştü. Bunu akılcı bir girişim bulmayan Halil Paşa, Murad'a yazarak oğlunun bu niyetinden söz etmiş ve ona Mehmed'in yaşını, böyle bir teşebbüsten gelebilecek tehlikeyi hatırlatarak devletin idaresini tekrar eline almasını rica etmişti. Bu hadise 1447 senesinde, Papa V. Nicola'nın zamanında olmuştur.

Sultan Murad, Halil Paşa'nın sözünü dinleyerek Edirne'ye dönmüş ve oğlunu Bursa'ya göndermiştir. Şehzade Mehmed kendisinin, devletin idaresinden uzaklaştırılmasını, babası ile Halil Paşa arasındaki anlaşma üzerine olduğunu anlamıştı. Bu yüzden babasının vefatından sonra Halil Paşa'yı nasıl cezalandıracağını daha ileride göreceğiz. Bu tarihte İstanbul'u kuşatma fikri diğer kaynaklarda bildirilmemekle beraber bu açık kayıttan sonra II. Mehmed'in, Çandarlı'yı kaygılandıran cüretkâr politikasına karşı Manisa'ya yapılan şikâyetlerin anlamını daha iyi anlıyoruz. Sphrantzes'in bir ifadesi de bu bakımdan dikkate değer. O, Sultan Murad'ın İstanbul'u kuşatma fikrinde olmadığını belirttikten sonra "hâlbuki yeni pâdişah (1451 cülûsundan bahsediyor) genç olup çocukluğundan beri Hıristiyanların düşmanıdır" demektedir. Belki Mora'da, Despot Konstantin'in, Varna zaferinden sonra da Teselya'ya doğru saldırıya devam etmesi, II. Mehmed'in Bizans'ı telaşlandıran tasarılarıyla ilgili olabilir.

Fakat tecrübeli diplomat Çandarlı'nın ihtiyatkârlığı karşısında genç pâdişahın böyle topyekûn bir işe girişmesini haklı gösterecek sebepler de yok değildi. Varna zaferinden sonra Haçlıları davet eden bu fesat yuvasının ortadan kaldırılması gerekli ve imkân dâhilinde görülmüş olmalıdır. Herhalde kuşatma başarılı olduğu takdirde Halil'in iktidarı tamamıyla Mehmed'e ve yakınlarına devretmesi doğal olacaktı. Çandarlı'nın karşı çıkması kişiseldi. Otorite birliği için II. Murad'ın geri getirilmesi düşüncesine karşı Zaganos-Şehabeddin ikilisi kendi küçük pâdişahlarının tahtta sağlam bir şekilde yerleşmesini "istiklâlî pâdişah" olmasını savunuyorlardı. Mademki Mehmed pâdişah yapılmıştı, bunun halelsiz ve tam bir şekilde yerleşmesi devletin selamet ve menfaati gereğiydi. Halil Paşa ile karşıtları arasında daimî anlaşmazlığa Kritovoulos'ta işaret olunmuştur. Ona göre Halil "Sultan Mehmed hazretlerine çoğu işte muhalefette bulunuyordu". Böylece daha bu tarihte, İstanbul kuşatması fikrine karşı Halil'in karşı çıkması, rakipleri tarafından Sultan Mehmed'e saltanatını baltalama şeklinde anlatılmış ve Varna başarısının şan ve şerefinden mahrum edildiğini zanneden genç hükümdarın zihninde İstanbul fethi, her şeyin bağlı bulunduğu bir büyük fikir olarak yerleşmiştir.

Kuşkusuz Manisa'nın müdahalelerinde ve bu ikili durumun doğmasında Halil Paşa başlıca rolü oynamaktaydı. Çandarlı, çocuk pâdişah etrafındakilerin onu "istiklâlî pâdişah" yapmak için aşırı hareketlere sevk edebileceklerini Manisa'ya bildirmekten ve telaş uyandırmaktan geri kalmıyordu. Onun gizli ve kışkırtıcı çabalarına çeşitli kaynaklarda işaret olunmuştur. *Kemâl Paşazâde*'nin şu kaydı dikkate değerdir: "nakısü'l-akl olanların puhtesine mağrur olup havâ-i ıgvâya uymak ihtimâli var (...) istiklâl ki kemâl-i maksûddur, atanın vücudu ana mânı-i tâmdır, anın eyyâmında murâd hâsıl olmaz, ol varken sana itibâr etmezler, beylik karar bulmaz diyen iblîslerin telbisine câizdir ki tâbiî ola". Burada, Murad'ın şahsına karşı bir suikasta kadar gidilebileceğine dair bir işaret vardır. Chalkokondyles'in naklettiğine göre, Sultan Murad, yeniden tahta çıkmak isterse oğlunun kendisine kuvvetle karşı koyması ve böylece kanlı bir iç harp çıkmasından ciddi olarak endişe ediyor ve bu yüzden çok ihtiyatlı davranıyordu. Böyle bir karışıklığa sebebiyet verirse, iç savaşlardan nefret eden halk sorumluluğu onun üzerine atabilirdi. Buna pek inanmak kolay olmasa dahi, Mehmed'in durumu hakkında yukarıda zikrettiğimiz kaynakları yinelediği muhakkaktır.

II. Murad Tahta Döner (1446)

1446 yılında Edirne'de bir yeniçeri isyanı durumu büsbütün ağırlaştırmış ve herkesin gözünde Murad'ın tekrar tahta gelmesi zorunluluğunu ispat etmiştir. Bu isyan hakkında *Anonimler*'deki rivâyet aynen şudur:

> Sultan Mehmed tahtında otururken Yeniçeri başkaldırdı, Buçuk-depe'ye çıktılar. Şehir halkına velvele düştü. Vezir Hadım Şehabeddin Paşa hem vezir hem beylerbeyi idi. Yeniçeri Şehabeddin Paşa'yı öldürmeye kasdettiler, varup sarayında evini basdılar, kapıdan çıkıp kaçup Sultan Mehmed katına varup halâs oldu. Yeniçeri götürüp âlem karış muruş olup âhirü'l-emr Yeniçerinin buçuğar ulûfelerin arturup Yeniçeri dahi sâkin oldu ve vezirler ve beylerbeyiler ittifak ettiler kim, yine Sultan Murad'ı Anadolu'dan getürüp yine tahta geçürüp Sultan Mehmed'i geri Manisa'ya gönderüp Sultan Murad Edirne'de karar ede, öyle oldu (mahfî haber gönderüp bir suretle Sultan Murad'ı Edirne'ye getürdüler). Ol kış sefer edüp Mora vilâyetine varup Kerme'yi yıkıp yakup vilâyetlerini harâba verüp vezirleri Halil Paşa, Saruca Paşa, İshak Paşa, Rumeli Beylerbeyi Karaca Bey, Anadolu Beylerbeyi Ozguroğlu (İsa) idi. Mora fetholundu Hicretin 850 (sinde).

İsyan hakkında *Kemâl Paşazâde*, *Anonimler* ile birleşmekle beraber dikkate değer bir rivâyet nakletmektedir ki, esas noktaları şu şekilde özetlenebilir: Varna muzafferiyetinden sonra II. Murad, Edirne'ye döndü. Çandarlı Halil, onun tekrar tahta geçmesini herkesten fazla istiyordu. Kendisini ikna etmeyi başardı. Mehmed, Manisa'ya gönderildi. Şimdi Çandarlı, veziriâzam Şehabeddin Paşa'yı ortadan kaldırmaya karar verdi. Yeniçeriyi tahrik etti. Yeniçeriler, Şehabeddin'in vaktiyle Macaristan'da tedbirsizliği yüzünden yoldaşlarını kırdırdığını ileri sürerek ayaklandılar. Onu öldürmek için evini bastılar. Şehabeddin Paşa kaçtı. Saray'a sığındı, evini yağma ettiler. Sonra toplanıp şehrin üstünde bağlar içinde bir tepeye çıktılar. İstanbul'da Yıldırım Han evladından olduğunu iddia eden birinin yanına gideceklerini söyleyerek tehditte bulundular. Bunun üzerine Sultan Murad bunları asi ilân ederek nerede rastlanırsa katledilmelerine izin verdi. Bu suretle birçok yeniçeri katlolundu. Bu durum karşısında asiler, kendilerini tahrik etmiş olan Halil Paşa'ya haber göndererek af için pâdişah nezdinde aracılıkta bulunmasını istediler. Halil, pâdişahın hiddetini yatıştırdı.

Ulûfeleri yarımşar dirhem artırdı. "Geldiler makâm-ı hizmette durdular. Ol sebebden halk-i âlem mezkûr mahalle ki bunlar içtima etmişlerdi, 'Buçuk-tepe' deyü ad verdiler." *Kemâl Paşazâde*'nin bu rivâyeti, *Anonimler*in bizce bilinmeyen bir nüshasından almış olduğu iddia olunabilir. Ancak bu rivâyet, *Anonimler*in Paris Milli Kütüphane nüshasında varak 2b'de sahife kenarına ilâve olarak Varna Muharebesi'nden önce ve ikinci defa Murad'ın Varna zaferi sonrası tahta gelişinden sonra iki yerde tekrarlanmıştır. *Kemâl Paşazâde*, Murad'ı ikinci defa hemen Varna'dan dönüşünde tahta çıkardığı için *Anonimler*de H. 850 (29.3.1446-17.3.1447) tarihinde gösterilen bu ayaklanmayı onun zamanında göstermiştir. Bu olay üzerinde bir tetkik neşretmiş olan Babinger, *Anonimler*de yeniçeri isyanından hemen önce bahsolunan Edirne yangını ile bu ayaklanmanın aynı zamanda vuku bulmuş olacağını ve birbiriyle ilişkili bulunduğunu tahmin ediyor ve yeniçeri isyanını da Edirne yangını hakkında *Cronaca Zancaruold*'da verilen 22 Eylül 1444 tarihine götürüyor. O, Türk kaynağı olarak şüphesiz ikinci elden sayılan *Sâdeddin*'i esas almaktadır. *Anonimler*in kesik kronolojisi, *Sâdeddin*'in terkibi ifadesine bürününce, bir-iki hadiseyi daha kolay birleştirmek imkânı vardır. Esasen *Sâdeddin*, naklettiği birinci rivâyette yeniçeri isyanı ile Mehmed'in çekilmesini birbirine bağlar ("Ki nice eyledi tahrîk-i asker / Ne veçhîle bizi etti pes-i ser"). Gerçekten *Kemâl Paşazâde*'de yangın ve yeniçeri hadisesinin aynı zamanda Varna'dan önce derkenar olarak kaydedilmiş olması, Babinger'in faraziyesini destekler gibidir. Bununla beraber Babinger, 1446 Mayısı'nda Murad'ın Manisa'yı bırakıp harekete geçmesi sebebini ararken, kendisi bunun da yine belki bir yeniçeri isyanı olabileceğini düşünmektedir. Herhalde *Anonimler*de yeniçeri ayaklanması için verilen H. 850 tarihini (29 Mart 1446'da başlar) değiştirmek için öne sürülen nedenler yanıltıcı görünmüyor. 1444 Eylülü'nde vuku bulan yangını yeniçeri isyanından tamamıyla ayrı saymak gerekir. Nitekim *Anonimler*le aynı rivâyete bağlanan *Oruc*'un Babinger tarafından neşrolunan her iki nüshasında da Edirne yangını H. 849'da (1444), hâlbuki yeniçeri isyanı ve II. Murad'ın tekrar tahta çağırılması H. 850'de (1446) gösterilmiştir.

Yalnız tarih üzerinde *Anonimler*deki açık ifade değil, olayın öteki kaynaklarda naklolunan ayrıntıları da gösterir ki, yeniçerilerin bu ayaklanması Murad'ın tahta getirilmesine hizmet etmek üzere hazırlanmıştır. Yeniçerilerin Şehabeddin Paşa'yı öldürmeye kastetmeleri, evini yağmalamaları hiç şüphe bırakmaz ki, isyan, Murad'ın geri gelmesine karşı başlıca engel olarak görülen Şehabeddin Paşa'ya karşı tertip olunmuştur. Bazı kaynaklarda açıkça ifade olunduğu gibi, isyanın tertipçisi Çandarlı Halil'dir. Şehabeddin'in, Sultan Mehmed'in sarayına kaçarak kurtulabildiğini bildiren rivâyet dikkate değer. Yeniçerilerin, başlangıçta şüphesiz Halil'in tahriki ile ayaklandıkları halde, sonra durumu kendileri lehine istismar etmeyi düşündükleri hatta hareketin büsbütün başka bir yönde gelişme gösterdiği anlaşılmaktadır. II. Mehmed'in ilk saltanat aylarından itibaren yeniçeriler zaten hoşnutsuzluk içindeydiler. Devletin içinde bulunduğu mâlî sıkıntı dolayısıyla yeni pâdişah tarafından bastırılan akçelerin değerce düşüklüğü, onların maaşına tesir etmiş bulunmalıdır. Sırp yeniçerilerinin kroniğine göre, kapıkulu altı ay maaş alamamış, bunun üzerine yeniçeriler ayaklanmışlardır. Asiler, devlet büyüklerinin evlerini yağmalamışlar, nihayet Sultan Mehmed her birinin yevmiyesini yarım akçe artırdığı gibi üç ayda bir altın ve yarım *ort* vermeyi vaat etmek zorunda kalmıştır. Aynı kaynak şu noktayı da bildiriyor: Asiler II. Mehmed'in tahttan çekilmesini ve babasının geri gelmesini istemişler, isyanın ikinci aşamasında Buçuk-tepe'de toplandıkları zaman İstanbul'da Yıldırım Han evladından birinin, şüphesiz Orhan'ın yanına gideceklerini söyleyerek tehditler savurmuşlardı. Bu, yalnız Sultan Mehmed'i değil, Çandarlı'yı da son derece kaygıya düşürmüş olmalıdır. İsyanın bastırılması için köklü önlemler alındı. Ulûfeleri artırıldığı gibi aynı zamanda şiddetli bir bastırma hareketine girişmek ve halkın işbirliğine başvurmak gerekti.

Görünüşte bu isyan, Murad'ın Manisa'dan Bursa'ya gelişi tarihine rastlamaktadır. Bunu Arvanid Defteri'nde beylerbeyine (herhalde hâlâ Şehabeddin Paşa) ait kayıtlardan anlıyoruz. Bu kronolojiye göre beylerbeyi, 1445 Kasım başlarında Edirne'de bulunuyordu. 1446 Mayıs sonlarında hâlâ Edirne'dedir. Bu tarihten sonra

Arvanid Defteri'nde, anormal olarak bir seneye yakın bir zaman içinde hiçbir timâr kaydı yoktur. Bu demektir ki, her türlü timâr işlemi durmuştur. Şu halde isyanın, mayıs sonlarında yahut daha sonraları vukua geldiğini tahmin edebiliriz. İsyan yeniçerilerin, vezir ve beylerbeyi Şehabeddin kumandasında yapılacak bir sefere katılmamak için karşı gelmeleriyle patlak vermiş olabilir. Onlar, Şehabeddin'e karşı kendi arkadaşlarını 1442 Transilvanya seferinde kasten kırdırmış olduğunu söylüyorlardı. Öte taraftan Cyriacus'un mektuplarından öğrenmekteyiz ki, Murad, mayıs başında Rumeli'ye geçmek üzere Manisa'yı terk etmiştir. Cyriacus, 17 Nisan'da Osmanlı sarayınca iyi tanınan şap madenleri mültezimi Fr. Drapperio ile beraber Manisa'da Murad tarafından özel bir dairede kabul olunmuş ve bundan üç hafta sonra 5 Mayıs 1446'da eski sultan birdenbire Rumeli'ne gitmek üzere 4000 kişilik bir kuvvetle beraber şehirden hareket etmiştir. Cyriacus, Yeni-Foça'dan gönderdiği 11 Mayıs tarihli bir mektubunda sultanın, oğlu "Çelebi" (*Cialaby*) tarafından acele Edirne'ye çağırılmış olduğunu ve acele yola çıktığını bildirmektedir. Babinger'in haklı olarak işaret ettiği gibi bu davet, gerçekte Halil Paşa tarafından yapılmıştır. Fakat Cyriacus bunun sebebi hakkında bize bir şey söylemiyor. Bu gelen haberin sıkı bir şekilde gizli tutulduğunu gösterir. Onlar Bergama üzerinden sahilde Ayazmend'e kadar bu seyahati sultanla beraber yaptılar. Sonra yolda hareketi sırasındaki aceleyi göstermeyen II. Murad kuzeybatıya, Bursa'ya doğru yolunu değiştirerek Cyriacus ve arkadaşından ayrıldı. Murad Bursa'da, Edirne'ye hareketinden önce üç buçuk aydan ziyade kalacaktır. Onun, Edirne'ye gitmek üzere acele yola çıktığı halde sonra fikrini değiştirerek Bursa'da gidip beklemesinin sebebi herhalde yukarıda anlattığımız gelişmelerle ilgili olmalıdır. Öyle görünüyor ki, II. Murad, Çandarlı tarafından gizlice çağrılmış ve sonra bir direniş ihtimâli hakkında gelen yeni bir haber üzerine Rumeli'ne geçmekten vazgeçmiş. Ayazmend'den dönmüş ve gelişmeleri beklemek üzere Edirne'ye daha yakın olan Bursa'ya çekilmiştir. Halil Paşa'nın daima II. Murad'la anlaşarak hareket ettiğine kuşku yoktur. Yeniçeri isyanı bundan sonra, Murad'ın tekrar tahta gelmesine karşı koyanları (Zaganos ve Şehabeddin) bertaraf etmek üzere tahrik olunmuş görünüyor. Gerçekten bu tarihten itibaren II. Mehmed 1451'de tekrar tahta çıkıncaya kadar Şehabeddin'in adını işitmiyoruz. Fakat son kargaşalar herkese genç hükümdarın memleketi idare ve askeri zapt edemeyeceği iddiasını açık bir şekilde göstermiş oluyordu. Diğer taraftan birtakım dış tehlikeler bahane yapıldı. Mora Despotu Konstantin'in bu sırada saldırıya devam etmekte olması derhal bir sefer yapılmasını gerektiriyordu. Edirne'de bu gelişmeler yanında H. 856 tarihli *Takvîm*'e göre, Murad'ın Edirne'ye çağrılmasının asıl sebebi Davud Bey'in Eflâk'a yaptığı bir seferde (1446 Baharı) bozguna uğramasıdır.

Heşt Bihişt'te (17. Dâstân) Murad'ın tahta çağrılmasından bahsolunurken deniyor ki: "Bazı büyük olaylar ortaya çıktı, bunlara karşı harekete geçmek gerekti, özellikle Mora'da Müslümanlara yardım için Frenk askerinden (Venediklilerden) öç almak üzere derhal Mora'ya hareket gerekti."

Bahsedilen bazı "vakıât-ı külliye" Edirne'deki son kargaşalıklara yahut Eflâk bozgununa işaret olabilir. Fakat Mora despotunun cezalandırılmasının önemli bir sorun sayıldığı açıkça ifade olunuyor. II. Murad'ın tekrar tahta dönmesini isteyen Halil Paşa, İshak Bey ve Anadolu Beylerbeyi Ozguroğlu İsa Bey bütün bu karışık durumu öne sürerek onu payitahta davet ettiler. Ozguroğlu ve İshak, herhalde sefer için Rumeli'ne geçmiş bulunuyorlardı. Bursa'da bekleyen eski sultana derhal gizlice haber gönderilmiş ve kendisi Edirne'ye hareket etmiştir. Fakat bu değişikliği Sultan Murad ile yegâne oğlu ve vârisi Sultan Mehmed arasında bir çekişmeye meydan vermeden yapmak, buna Sultan Mehmed'in bir nevi tahttan indirme anlamı vermemek esas meseleydi. Öte taraftan İstanbul'daki müddeinin adını o kadar çok duyurduğu bu zamanda Mehmed'in idaresizliği dolayısıyla hal'i anlamını verecek bir hareketten babası sultanın kaçınmak istemesi doğaldır. İşte bu itibarla, II. Murad'ın Edirne'de tahta geçmesi için alınan tertipler hakkında kaynaklarda verilen ayrıntıları bir tarafa bırakmak doğru olmasa gerektir. Osmanlı vakâyinâmelerinin rivâyetleri Chalkokondyles'inkinden az farklıdır. *Neşrî*'nin bugün elimizdeki en eski nüshasında bu sahne kısaca şöyle anlatılır:

> Derler ki Halil Paşa ve İshak Beg ve İsâ Beg vesâir begler ittifak idüb Sultan Mehmed'e eyittiler: Atanı tahta teklif eyle, ol hôd geçib oturmaz, riâyet idib yerine gelsün. Sultan Mehemmed dahi sabah dîvâna gelicek eyle kıldı. Sultan Murad geçmezlenib âhir 'izz ü nâzla geçib oturub ertesi ava çıkıb emr itti ki, Sultan Mehmed'in mesâlihin görüb Saruca Paşa ile İbrahim Paşa'yı bilece koşub yine Mağnisa'ya gönderdiler.

Durum, II. Murad'ın barış içinde yeniden iktidarı ele alması için bir tertip yapıldığını yinelemektedir. *Heşt Bihişt* bu rivâyetin daha ayrıntılı bir metnini nakleder (*Sâdeddin* ondan alır). Buna göre Murad, yeniçeri ayaklanması üzerine Edirne'ye davet olunmuş ve II. Mehmed, ancak babası Rumeli'ne geçtikten sonra haberdar edilmiş. Çandarlı onun geçici geldiğini söyleyerek babasını karşılamaya oğlu sultanı ikna etmiş. O, gidip bir otagda babasını bulmuş ve saltanatı kabul etmesini rica etmiş. Murad başlangıçta razı olmamış; fakat hazır bulunan paşaların ısrarı üzerine karar vermek üzere mühlet istemiş ve ertesi gün (*Rûhî*'ye göre Edirne civarında) ava çıkarak kapıkulunun bu değişikliği tasvip ettiklerini görmüş, onların bi'atını aldıktan sonra Edirne'ye gelmiş ve tahta çıkmıştır. Bu rivâyette Murad'ın 1444'te olduğu gibi payitahta girmekten kaçınması ancak bi'at ardından saraya girmesi kayda değer. Genelde ayrı bir rivâyet grubunu temsil eden *Oruc*'da (s. 19) olay şöyle anlatılır: "Mahfî haber gönderip bir suretle Sultan Murad'ı Edirne'ye getürdüler. Sultan Mehmed dahi bu haberi duydu; nesne deyümedi, nâçâr olub Sultan Murad av adına ava çıktı. Ol avda iken Sultan Mehmed'i tahttan indirdiler. Manisa'ya gönderdiler. Sultan Murad gelüb tahta geçti". Chalkokondyles'e göre ise, Halil bir çatışmaya meydan vermeden II. Murad'ı tekrar tahta çıkarmanın yolunu buldu. Mehmed'i günlerce sürecek bir ava çıkardılar. Bunun üzerine Halil en güvendiği rical ile birlik olarak Sultan Murad'ı çağırttı. Eski sultan Edirne'ye gelir gelmez Dîvân'a çıkarak kendini halka ve kadılara gösterdi. Herkes itaat etti. Mehmed bu beklenmedik değişiklikten haberdar olunca o da itaatten başka çare göremedi. Acele gelip babasının elini öptü. Fakat bu oyunun asıl tertipçisi bildiği Çandarlı Halil'e içinden kin bağladı.

Bu Yunan müverrihinin genelde Türk rivâyetlerine yabancı olmadığı bilinmektedir. Bütün bu rivâyetler aslında *Heşt Bihişt*'te Sultan Murad'ın tahta geçmeden önce yeniçerilerin fikrini sorduğu ve bi'atını aldığı hakkında verilen ayrıntı dikkate değer:

> (Murad) Yeniçerilerin ileri gelenlerine fikirlerini anlamak üzere şöyle sordu: Oğlum Sultan Mehmed bizden saltanatı kabul etmemizi teklif etti. Eğer bu teklif siz bendelerin gerçekten rızanıza uygun ise bu işe girişelim. Cevab olarak yeniçerilerden hazır olanların hepsi yürekten kabul ile sultana dua ettiler.

Yeniçeri Ağası Kurtçu Doğan, Halil'in adamı olduğundan birkaç ay önce Sultan Mehmed tarafından kanlı bir şekilde isyanları bastırılan yeniçerileri yeni sultana bi'at etmeye kolayca ikna edebilmiştir. Bu olup bitenler, o zaman yeniçerilerin devlet işleri üzerinde müdahalelerinin ne kadar artmış olduğunu da ortaya koymaktadır ve şüphesiz bunda Halil Paşa'nın büyük beceri ve sorumluluğu vardır.

II. Murad'ın ağustosta Edirne'ye varmış olduğunu vasiyetnâmesinden ve bir Raguza vesikasından öğrenmekteyiz. Sultan Murad yeni pâdişah sıfatıyla İstanbul'daki Venedik balyozu tarafından gönderilen bir elçiyi huzuruna kabul etti. Bu elçi kendisine II. Mehmed ile aktolunup tasdik edilen anlaşmayı sundu. II. Murad da kendi adına Venedik'e, Yahşi Bey adında bir elçi ile Dimitri adlı Rum kâtibi gönderdi.

Biz, II. Mehmed'in tahta çıkışını 1444 Ağustos olarak tespit ettiğimizden onun bu ilk saltanatı iki yıl sürmüş olmaktadır. H. 856 tarihli *Takvîm-i Hümâyûn*'da II. Murad'ın tahttan çekilişi ile tekrar cülûsu arasında iki yıl vardır.

Bu tarihe rastlayan önemli bir belge, Sultan Murad'ın vasiyetnâmesi bize çeşitli nüshalar halinde gelmiştir. Osmanlı Arşivi ve Vakıflar Genel Müdürlüğü Arşivi'ndeki nüshalara göre bu vasiyetnâme H. 850 Cemâziyelevveli'nin 9'unda (2 Ağustos 1446) vasî tarafından yazdırılmaya başlanmış, H. 850 Receb'i başlarında (1446 Eylül sonları) tescil olunmuştur. Şu halde vasiyetnâmenin yazdırılması ile tescili arasında bir buçuk-iki ay kadar bir ara vardır. Fakat Arapça nüshasında tescil tarihi H. 850 Cemâziyelâhir'i ortalarıdır

(1446 Eylül başları). Yalnız bu orijinal nüshada kaydedilen şahitler Halil bin İbrahim (Çandarlı), Saruca bin Abdullah ve İshak bin Abdullah'tır ve kadıasker Mehmed bin Ferâmurz (Molla Hüsrev) tarafından tahrîr ve tasdik olunmuştur. Herhalde Murad tarafından Edirne'de tanzimine başlanan bu vesika özel bir anlam taşır. II. Murad durumu her şeye rağmen ciddi düşünmüş olmalıdır: "Eğer Bursa'dan gayri yerde fevt olursam, şöyle edeler ki, Perşembe gün kabrime koyalar." Yine orada "Bursa'da merhum oğlum Ali yanındagı kabrin katında koyalar" sözleriyle büyük şehzadesi Alâeddin Ali'ye olan özel sevgisini bir daha belirtme fırsatını bulmuş ve türbesine "soyundan sopundan" kimsenin gömülmemesini de ayrıca vasiyet etmiştir. Vasiyetnâme, Edirne'de tahta geçtikten sonra en aşağı 1446 Eylül başlarında orada tescil olunmuştur. İmza sahipleri Halil, Saruca ve İshak onun Edirne'de ilk vezirleri olmalıdırlar.

Tahttan uzaklaştırılmasından Halil'i sorumlu tutan II. Mehmed'in, ona karşı kin tuttuğu hakkında Chalkokondyles'in iddiası bütün kaynaklar tarafından teyit olunmaktadır. Ne olursa olsun, II. Murad yeniden tahta çıktıktan sonra Çandarlı ulu vezirlik mevkiinde rakipsiz bir şekilde tam bir otorite ile elinde tutmayı ümit edebilirdi. II. Mehmed'in tahttan uzaklaştırılmasıyla beraber derhal Dîvân-i Hümâyûn'da esaslı değişiklikler yapıldı. Daha 1446 Eylül başlarında, yani II. Murad'ın Edirne'ye gelişinin haftası içinde vezirleri sıra ile Çandarlı Halil, Saruca ve İshak paşalar olarak görünmektedir. Kadıasker Molla Hüsrev (Mehmed bin Ferâmurz) mevkiini korudu. Fakat akıllı âlim, Manisa'ya giden Çelebi Mehmed'e saltanat günlerinin uzak olmadığını tefe'ül ederek onun da gönlünü yapmasını bildi. Sultan Mehmed'in tahtta kalmasında ısrar eden paşalar, yani Halil'in rakipleri, hükümetten ve payitahttan uzaklaştırılmışlardır. Şehabeddin Paşa'dan söz yoktur. Ancak 1451'de II. Murad'ın ölümünden sonra II. Mehmed ile beraber payitahta geldiği zaman onun "atabeği" olduğunu öğreneceğiz. Zaganos Paşa, Sultan Mehmed'in "vezirliği" ile beraberinde Manisa'ya gitti. Nişancı İbrahim'in de Mehmed ile beraber Manisa'ya gönderildiği anlaşılmaktadır. Saruca'ya gelince, aynı zamanda II. Murad'ın özel sevgi ve itimadını kazanmış olan bu paşa, ikinci vezir mevkiini Murad'ın son zamanlarına kadar saklamış görünmektedir. Murad'ı inzivasında da terk etmemiş olan İshak Paşa, Dîvân-i Hümâyûn'a üçüncü vezir olarak tekrar dâhil oldu. Karaca Bey, Rumeli beylerbeyiliğini muhafaza etti. Murad'ın tekrar tahta geçmesinde büyük bir rol oynamış olan Anadolu Beylerbeyi Ozguroğlu İsa Bey aynı mevkide kaldı.

II. Murad, Mora despotunu cezalandırmak için gecikmeden payitahttan hareket etti ve 27 Kasım'da Korent berzahını kapayan surun, Kerme'nin önüne geldi. Bu savaş, Edirne'de iktidarı tekrar ele almasını haklı gösterecektir.

II. Murad, tahta çıkar çıkmaz oğlunun acele Manisa'ya gönderilmesi için hazırlıkların tamamlanmasını emretmişti. Sultan Mehmed'in durumu şimdi tamamıyla özellik göstermektedir. Öyle görünüyor ki, saltanat hukukuna son verilmiş olan Mehmed, kendisini şehzadeler için uygulanan âdete göre sancağına bir "vali" olarak gönderilmiş saymıyordu. O, fiilen ve hukuken pâdişah olmuştu. Babinger'e göre, Mehmed Manisa'ya gittikten sonra hiç olmazsa babasının Anadolu üzerinde egemenliğini kesmek için her fırsattan yararlanmıştır. H. 852'de kendi adına Ayasolug'da bakır para bastırması, onun iddialarını gösterecek bir harekettir. Hatta Babinger'e göre, şehzadenin annesi Hümâ Hatun'un H. 853 Receb (Ağustos-Eylül 1449) tarihli mezar kitabesinde, kendisi için alışılmamış tarzda "Sultan Çelebi Mehmed Sultan" unvanını kullanması da dikkate değer. Sultan Mehmed, Venedik ile 1446'da imzalanmış olan barış muahedesini hiçe sayarak, gönderdiği korsanlar vasıtasıyla Ege Denizi'nde Venedik'e ait toprakları, bu arada Agriboz'u ve Mora'da Nauplion'ı (Anapoli), 1446-1449 yılları arasında üç sene kesintisiz vurdu ve büyük zararlar verdirdi. Daha 1446 Sonbaharı'nda babası Sultan Murad, bu yağmalardan dolayı paylamayla dolu bir hüküm ile Yusuf adında bir adamını göndermek zorunda kalmıştır. Alınan mal ve esirler buldurularak geri verildi. Fakat akınlar bundan sonra da devam etti. Batı'yı tahrikten kaçınan Çandarlı'nın barışçı politikasına Sultan Mehmed aldırmıyordu. Babinger'e göre Mehmed, Manisa'ya vardıktan sonra burada bağımsız hüküm sürmüştür.

Sultan Mehmed'in, Manisa'ya gittikten sonra durumundaki özellik üzerinde ilk defa Babinger durmuştur. Biz, aşağıda başka kaynakları kullanarak diyeceğiz ki, gerçekte Sultan Mehmed'in hareketleri, kızgınlıkla babasının otoritesine karşı çıkışlar olmamalıdır. O kendisini sıradan bir şehzade saymamaktadır. Onu sultan ilân etmiş olan ve şimdi tekrar iş başına geçmiş görünen babası sultan da oğlunun geleceği namına aksi bir iddiada bulunmamış ve oğlu ile anlaşmazlığa sürüklenmekten kaçınmış olsa gerektir. Sultan Mehmed, şimdi tahtına yegâne vârisi, *veliaht* bulunuyordu. Onun durumunun tehlikeye düşmesi saltanat için İstanbul'da ve Avrupa'da fırsat gözetleyen müddeilerin iddialarını kuvvetlendirirdi. Bu müddeilerin çağdaş Batı vesikalarında sık sık adları geçer. Osmanlı vakâyinâmelerinin onlardan ya hiç bahsetmemeleri veya sadece *düzme* diye anmaları kolay anlaşılır.

Gerçekten Anadolu'nun idaresi fiilen kendisine bırakılmış olan Mehmed Çelebi, vezirleriyle orada bir sultan gibi hüküm sürmekteydi. Onun bu özel durumunu ifade için kaynaklarda çeşitli ifade şekilleri kullanılmıştır. Şimdiye kadar dikkati çekmeyen fakat yukarıda anlattığımız durum göz önüne alındığı zaman özel bir mana kazanan bu kayıtları aşağıda ayrı ayrı naklediyoruz.

Olayları çağdaş *Târih-i Ebu'l-Feth* sahibi Tursun Beg şöyle ifade eder: "Hüsn-i rızâ-i vâlidle Magnisa'ya varıp atası yerine oturdu, ma'nîde atasın kaymakam edindi." *Heşt Bihişt*'e göre ise Murad, oğlu "veliyü'l-'ahd" Sultan Mehmed yanına vezirlerinden Zaganos ve Saruca paşalar yine "vezâret ve emâret"le tayin etmiş ve işlerin idaresini onun eline vermiştir.

İbn İlyas (ö. 1524) *Badâ'i'ü'l-zuhur* adlı eserinde şu kaydı yapar: "(Mehmed) babasının sağlığında Rum memleketleri sultanlığının naibi idi, ondan sonra bunda müstakil oldu." Mısır Arap kaynaklarında II. Mehmed'in 1444'te cülûsunu bildirmeye elçiler geldiği halde, Murad'ın tekrar saltanata geçtiğine dair bir haber gönderilmemiştir. Bununla beraber İbn Tagribirdi H. 851'de (1447) Murad'ı Osmanlı hükümdarı olarak zikreder. Fakat H. 849 Şevvali'nde (1446 başı) Sultan Mehmed adına hediyeler gelmişti.

II. Mehmed'in sarayına mensup şehnâmecilerden olup sultanın görüşünü yansıtan Kâşifî'nin görüşü önemlidir. Orada Sultan

Mehmed, babası tarafından tahta çıkarıldıktan sonra yalnız Varna Muharebesi'nde değil, hemen arkasından tasvir olunan Arnavutluk'ta Kocacık-Hisarı (Svetigrad) muhasarası (1448) ve II. Kosova Savaşı'nda da (1448) kendisi asıl sultan, babası ise onun yardımcısı imiş gibi tasvir olunmaktadır.

II. Murad'ın tekrar tahta gelmesinde rolü olan 1446 Mora seferinden sonra yapılan Kocacık-Hisarı muhasarasında (1448) ve onu takip eden II. Kosova Savaşı'nda, daha sonra ikinci Arnavutluk seferinde (1450) Sultan Mehmed'in hazır bulunması dikkati çeker.

Annesinin H. 853 Receb tarihli mezar kitabesinde görülen *Sultan Çelebi Mehmed Sultan* unvanına gelince, fikrimce bu bir özellik arz etmez. Şehzadelerin isimlerinin başında *Sultan* unvanı taşımaları âdettir. *Çelebi sultan* unvanı da keza kullanılır. Babinger, Sultan Mehmed tarafından Ayasolug'da bastırılmış bakır paranın üzerinde açık bir şekilde okunan 852 tarihinin 856 ile değiştirilmesine haklı olarak itiraz etmiştir. Diğer taraftan eyaletlerde valiliğe gönderilen şehzadelerin mülk, vakıf berâtları vermek gibi hükümdara ait bazı hakları kullandıkları ve bunların sonra gelen hükümdarlar tarafından da sultan berâtı gibi kabul olunduğu burada hatırlatılabilir.

Kesinlikle 1444 yazında resmen tahta çıkmış olan Sultan Mehmed, kendisini tahttan indirilmiş saymıyordu. *Kâşifî*'deki iddianın anlamı da budur. Fakat bizzat Sultan Mehmed, H. 853 Receb tarihli annesinin mezar kitabesinde evvela o devrin pâdişahını "As-Sultânu'l-a'zam (...) hallada'llâhu mulkehu" şeklinde zikretmektedir. "Hallada'llahu mulkehu" formülü ancak hükümdarlar için kullanılır. Hâlbuki II. Mehmed, Varna Muharebesi'nden sonra kendi hükümdar olarak gönderdiği fetihnâmelerde babasını yalnız "hallada'llâhu zilâli 'atifetuhu" duası ile anar.

O halde, tamamıyla özel şartların meydana çıkardığı bu durumu, Bizans'ta görüldüğü gibi bir nevi ortak hükümdarlık mı saymak gerekir? Bunu iddia etmek yanlış bir yorum olur. Yukarıda işaret ettiğimiz gibi Sultan Mehmed, 1450'de Akça-Hisar muhasarasında hazır bulundu. İskender Bey'i birdenbire Hıristiyanlığın bir kahramanı mertebesine yükselten bu başarısızlığın kötü etkisi Edirne'de parlak bir düğünle giderilmeye çalışıldı. 1450 kışında (H. 854 Şevval-Zilkade) Sultan Mehmed'in Zülkadir (Dulgadır) oğlu Süleyman Bey'in kızı Sittî Hatun'la izdivacı dolayısıyla Doğu ve Batı'daki dost hükümdarlarla bütün tâbi beyler Edirne'ye davet olundu ve çok büyük bir düğün yapıldı. Bu düğün, genç Çelebi Sultan için parlak gösterilere fırsat verdi. Düğünden sonra Sultan Mehmed karısıyla Manisa'ya gitti. Orada çok geçmeden babasının ölüm haberini alacaktır.

Sultan Murad'ın beş yıllık ikinci saltanat devresi, Balkanlar'da Osmanlı egemenliğine meydan okuyan güçlere, en başta Yanko idaresinde Macar istilalarına karşı savaşmakla geçmiştir. Bu savunma savaşları ileride İstanbul fethine girişmek için durumu olgun bir hale getirmiş olacaktır. 1446 Mora seferi, cüretli saldırılarına devam eden Despot Konstantin'in itaat altına alınması ve yarımadayı girilmez bir kale haline getiren *Hexamilion* surunun (Kerme) yıkılmasıyla neticelendirildi. Haçlılara cesaret veren ikinci zayıf noktayı 1443 Kışı'ndan beri İskender Bey'in ve Araniti'nin isyanları ile karışmış olan Arnavutluk oluşturmaktaydı. Akça-Hisar'ı ele geçirmiş olan İskender Bey'i kuzey ve orta Arnavutluk'a götüren başlıca yol üzerinde Kocacık-Hisarı'nı da ele geçirmesiyle Arnavutluk'ta Osmanlı egemenliği ciddi bir tehlike altına düşmüş oluyordu. 1448'de Kocacık'ın zabtından hemen sonra Rumeli'ni istila eden Yanko'ya karşı Kosova Ovası'nda kazanılan zafer (17-20 Ekim 1448), Osmanlılar için ikinci bir Varna zaferi olmuştur. Yanko ile Eflâk üzerindeki mücadele Kosova'dan sonra Osmanlılar lehine dönmüştür.

Düğünden kısa zaman sonra, belki de Doukas'ın ve Chalkokondyles'in dedikleri gibi fazla yorgunluk ve ifratla yiyip içme yüzünden II. Murad 3 Şubat 1451'de beklenmedik bir zamanda, 48 yaşında kısa bir hastalık sonucunda öldü. Böylece Çandarlı ve etrafındakiler birdenbire desteklerini kaybetmiş oluyorlardı. Veziriâzam kimseye duyurmadan acele Manisa'ya ölüm haberini eriştirdi. Yedi gün sonra haberi alan Sultan Mehmed, yanında atabeği Şehabeddin Paşa olduğu halde son süratle hareket ederek iki günde

Çanakkale Boğazı'na geldi. Bizanslıların Boğazlar'ı kesmesi ve Orhan'ı, 1444'te olduğu gibi Rumeli'nde serbest bırakmaları uzak bir ihtimâl değildi. Genç sultan, Gelibolu'ya geçmeyi başardı. Bundan sonra artık o derece telaş etmediğini görüyoruz. Gelibolu'da babasının ölümü ve yeni pâdişahın geldiği haberi yayıldı. Edirne'de Chalkokondyles'in bahsettiği yeniçeri ayaklanması, yeni sultan Gelibolu'ya vardıktan sonra olmalıdır. Osmanlı kaynaklarında hiçbir izine rastlamadığımız bu isyan dikkate değer bir ayaklanmadır. Yeniçeriler sur haricinde toplanmışlar, şehri yağma için hücuma hazırlanmışlardı. Ancak, Çandarlı Halil'in büyük otoritesi ve enerjisi sayesinde bir kargaşalığın önü alındı. Halil, kalan kapıkulu askerleriyle çabucak topladığı kuvvetleri isyancılar üzerine sevk ederek, silahlarını bırakmazlarsa kılıçtan geçirileceklerini, yeni sultanı beklemelerini, o gelince kendilerine ihsanda bulunacağını söyledi. Asker "Çandarlı'ya olan hürmetleri dolayısıyla" isyandan vazgeçti. Bunun akabinde Sultan Mehmed payitahta girerek tahta oturdu ve yeniçerilerden sadakat yemini aldı. Bu rivâyetteki unsurlar, olayların gelişimiyle tam bir uygunluk halindedir. Halil Paşa'nın yeniçeriler üzerindeki nüfuzu, Sultan Mehmed'in, ancak onun müdahalesinden sonra tahta gelip yerleşebilmesi kayda değer. Yeni sultan adına vaat edilen bahşiş ise yeniçeriler tarafından sonra Karaman seferinde adeta tehditle alınacaktır.

II. Mehmed Tekrar Tahta Çıkar (1451 Şubat)

Babasının ölümünden on beş gün sonra II. Mehmed, bütün Osmanlı ülkelerinin pâdişahı sıfatıyla Edirne'de ikinci defa tahta çıktı (18 Şubat 1451–H. 16 Muharrem 855). Yeni pâdişahın ilk işi, bir müddeiyi bertaraf etmek düşüncesiyle henüz bir meme çocuğu olan İsfendiyaroğlu'nun kızından kardeşi Küçük Ahmed'i ortadan kaldırmak oldu. Sultan Murad'ın zamansız ölümü ve Mehmed'in tahta geçmesi sonucu devletin iç ve dış siyâsetinde radikal bir değişiklik olması zaten bekleniyordu. Ölen sultanın, daha doğrusu ulu vezir Çandarlı Halil Paşa'nın siyâsetine tamamıyla aykırı olan bu durum, daha altı yıl önce Mehmed'in ilk cülûsunda ana hatlarıyla meydana çıkmış bulunuyor ve birçok kimse şimdi bunun neden ibaret olduğundan şüphe etmiyordu. II. Mehmed 12 yaşında ilk tahta çıktığı tarihten beri yakın adamları Zaganos ve İbrahim paşalar ile bir asker olan Hadım Şehabeddin'in etkileri altında bir fütûhât politikasını saltanat ve iktidarının ilk şartı gibi düşünmeye başlamıştı. Barışçı ılımlı yeminine sadık eski sultanın ölümü ve Mehmed'in onun yerine gelmesi Rumlar arasında korku ve telaşla karşılandı.

Mehmed'in cülûsu ile beraber Halil'in rakipleri iktidara gelmiş oluyorlardı. Görünüşte Çandarlı, daha o zaman geleceği için emin değildi. Bu hususta Doukas'ın verdiği ayrıntılar durumu tamamıyla aydınlatmaktadır: Mehmed, tahta oturduğu zaman bütün valiler ve babasının vezirleri Halil Paşa ve İshak Paşa karşı tarafta uzakta duruyorlardı. Kendi vezirleri Hadım Şahin ve İbrahim âdet üzere pâdişahın yanında yer almışlardı. Oradan Sultan Mehmed kendi veziri Şahin'e sordu: "Babamın vezirleri neden uzakta duruyorlar, onları çağır ve Halil'e eski yerini almasını söyle, İshak da Anadolu beyleri ve âyânı ile Bursa'ya giderek babamın naaşını gömsün. Anadolu vilâyetinin idaresine de nezaret etsin." Vezirler, pâdişahın bu sözlerini duyunca hemen koşarak âdetleri üzere elini öptüler, bu suretle Halil *baş vezir* oldu. Manisa'da Sultan Mehmed'in "atabeği" olan Şehabeddin Paşa ikinci vezir yerini aldı. Genç pâdişah, her tarafta düşmanın harekete hazır bulunduğu ve Orhan'ın İstanbul'dan tahtını tehdit ettiği bir zamanda Halil'i devirmeye cesaret edebilecek kadar durumunun sağlam olmadığını biliyordu. Şimdilik, uzun yıllar devlet gemisini selametle yürütmüş ve yeniçeriler arasında büyük nüfuz sahibi olan tecrübeli ve kudretli vezirin yardımına muhtaçtı. Bununla beraber çok gerekli görülen değişiklikler derhal yerine getirilmiştir. Yeni pâdişah, kendisinin tahttan uzaklaştırılmasında büyük bir rol oynamış ve sonra Manisa'da sürgün yıllarında kendisini kontrol altında bulundurmuş olan Anadolu Beylerbeyi Ozguroğlu İsa Bey'i derhal azletti. Keza Halil Paşa'dan sonra en nüfuzlu şahsiyet olan eski vezir İshak Paşa'yı da kısa zaman sonra azil ile İsa Bey yerine Anadolu beylerbeyi atadı. Şimdi, Dîvân-i Hümâyûn'da vezirler sırasıyla Çandarlı

Halil, Şehabeddin ve Saruca paşalardı. Dördüncü vezir olarak İbrahim yahut büyük bir ihtimâlle Zaganos'un Dîvân-i Hümâyûn'a dâhil olduğunu görüyoruz. *Kemâl Paşazâde*'ye göre Boğaz-Kesen (Rumeli) Hisarı yapılmaya başlandığı zaman, 1452 Martı'nda vezirleri Halil, Saruca, Şehabeddin ve Zaganos idi. Rumeli Hisarı'nda Zaganos'un ikinci kitabesinde H. 856 Muharremi'nde (1452 Ocak-Şubat) onun vezir olarak anıldığını görüyoruz.

Karaman Seferi ve Bizans İmparatorunun İstekleri

Genç pâdişah tahta çıkar çıkmaz devletin hudutlarında her tarafta tehlike baş gösterdi. İlk defa 1444'te henüz bir çocuk olarak tahta çıktığı zamanki buhranlı durum geri gelmek üzereydi. Bu devri yakından bilen Enverî "fitne ve âşûb doldu her diyâr" diyor. Anadolu ayaklandı. Karamanoğlu İbrahim Bey harekete geçmiş, Murad tarafından haksız zapt edilmiş saydığı Isparta-Beyşehir'de kaleleri geri almış, Alâiye üzerine yürümüştü. Keza, Batı Anadolu'da ölen pâdişahın son defa ortadan kaldırdığı beylikler için Karaman'dan gönderdiği müddeiler, Aydın-ili, Menteşe-ili ve Germiyan'da faaliyete geçmişlerdi. Sonradan Anadolu beylerbeyi, Menteşe'de ve Aydın-ili'nde bunlarla uğraşmaya mecbur kaldığına göre ilk hamlede bu hareketler başarılı olmuşa benziyor. Herhalde Anadolu'da durum çok kaygı vericiydi. Genç sultan, bu güç durumda, ister istemez babasının barış politikasına devam etmek zorunda kaldı. Anadolu'yu kurtarmak için batıda birçok fedakârlıklarla gerisini emniyete almaya ve barışı sağlamaya çalıştı. Gelen Sırp elçisinin bütün istekleri kabul edildi. Despot'un, II. Murad'la yaptığı "yeminle musaddak" antlaşma ve ittifakları yenilemeye ve ölen sultanın karısı Mara'yı memleketine, babası Despot'un yanına göndermeye razı oldu. Ayrıca üvey annesinin giderlerini karşılamak bahanesiyle Sırp hududu boyunca birçok yer, *Kemâl Paşazâde*'ye göre bu arada "Alaca-Hisar (Kruşevac) nevâhisiyle" terk olundu. II. Murad'ın resmî izniyle 6 Ocak 1449'da Bizans tahtına geçmiş olan eski Mora despotu Konstantin de, yeni pâdişahın durumundan elinden geldiği kadar yararlanmaya çalıştı. II. Mehmed cülûs edince, Konstantin tebrikte bulunmak ve eski antlaşmaları tasdik ettirmek için bir Bizans elçisi gönderdi. Yeni sultan barışı teyit ve eski antlaşmaları tasdik ettiği gibi ayrıca yanında bulunan saltanat müddeisi Orhan'ın masraflarına karşılık Batı Trakya'da Karasu Irmağı üzerindeki yerler hasılatından yılda 300 bin akçe isteyen imparatorun bu dileğini de kabul etti. *Kemâl Paşazâde*'deki kayda göre, Bizans'a "Çorlu'dan anarusu (ötesi)" da verildi.

Genç pâdişah, cülûsundan iki ay sonra Edirne'de "çok itimad ettiği" Saruca Paşa'yı bırakarak Kapıkulu ve Anadolu askeriyle Karamanoğlu üzerine hareket etti. Macarlara karşı ihtiyat olarak Beylerbeyi Dayı Karaca Bey'i Rumeli askeriyle Sofya'ya göndermişti. Fakat o, Karamanoğlu ile uğraştığı sıkışık günlerde Konstantin yanındaki müddei Orhan Çelebi'yi ortaya sürerek genç pâdişaha karşı çok tehlikeli ve o nispette "acemice" bir oyuna başvurdu ve barışın bozulmasına kendisi sebep oldu. Bizans elçileri, sultanı galiba Akşehir'de bularak Orhan için vaat olunan tahsisatın iki misline çıkarılmasını istediler. Bu kabul olunmazsa imparatorun Orhan'ı serbest bırakmayı düşündüğünü bildirdiler. Bu arada Türklerden birçok kimsenin gelerek ona *emîr* unvanıyla hitap ettiklerini, kendisini pâdişah ilân etmek istediklerini söylediler. Ayrıca onun da Mehmed kadar saltanata hakkı olduğunu söylemeyi de unutmadılar. Orhan, hatırlanacağı üzere Mehmed'in ilk defa tahta çıkışında, 1444 Yazı'nda Rumeli'nde Osmanlı tahtını ele geçirmek için isyan çıkarma girişiminde bulunmuştu.

O zaman olduğu gibi Boğazlar'ın kesilmesi ve Orhan'ın Rumeli'ne salıverilmesi ihtimâli, genç sultanı çok düşündürmüş olmalıdır. İmparatorun yakın zamanda yenilenmiş barış antlaşmasını hiçe sayarak çok sıkışık bir anda oynadığı bu kötü oyun, Mehmed'de Bizans'ı yok etme azim ve kararını her zamandan daha kuvvetli bir hale getirmiş olmalı. O, bu tehdide önem vermez göründüyse de biliyordu ki bütün bu söylenenler pekâlâ gerçekleşebilir, ilk cülûsunda ortaya çıkan şeyler tekrar baş gösterebilirdi. Bu şartlar altında Karaman topraklarında uzun zaman isteyen geniş ölçüde harekâta girişilemezdi. Zaten Karamanoğlu Osmanlı ordusu için girilmesi hemen hemen imkânsız olan Taş-ili'ne (Ermenak havalisindeki dağlık bölge) çekilmiş bulunuyordu. Doukas'ın söylediği gibi, Bizans'ın tehditleri yüzünden Sultan Mehmed, Karamanoğlu'nun gönderdiği barış tekliflerini kabul etmekten başka çare olmadığını anladı. Diğer taraftan Boğazlar'ın kesilmesi tehlikesini göz önüne alarak Bizans elçilerine, Çandarlı'nın aksine, büyük bir müsamaha gösterdi. Söyleyeceklerini gelip payitahtında, Edirne'de söylemelerini bildirerek geri gönderdi ve kendisi de bir an önce Edirne'ye erişmek için acele yola çıktı. Görünüşte bu sefer esnasında pâdişah, Akşehir'den daha ileri gitmemiştir. Bu şartlar altında Karamanoğlu İbrahim Bey ile yapılan antlaşma yine de II. Mehmed için bazı kazançlar sağlıyordu: Pâdişahın gönderdiği elçi Kassabzâde Mahmud Bey önünde yeminle tasdik ettiği anlaşma ile Karamanoğlu, babası gibi genç sultanın yüksek egemenliğini kabul ediyordu. İhtiyar İbrahim Bey, II. Murad'ın 1444 buhran yılında terke mecbur olduğu Beyşehir, Kırşehir ve Seydişehir geri veriyor ve Ilgın-ili hudut sayılıyordu. İbrahim Bey aynı zamanda 1444 Segendnâme'sinde olduğu gibi pâdişahın seferlerine asker göndermeyi üzerine almaktaydı. Buna karşılık Mehmed büyük bir fedakârlıkta bulunmuş, sonradan Osmanlılara o kadar güçlük çıkarmış olan Alâiye Kalesi'ni ona terk etmeye razı olmuştur. Bu anlaşmada Çandarlı önemli rol oynamış görünmektedir.

Karaman seferinden dönüşte yeniçerilerin küstahça bir gösterisi, genç sultana bu asker üzerinde hakkıyla otoritesini kurma fırsatını verdi. Hatırlanacağı üzere, Halil Paşa'nın nüfuzu altında olan yeniçeriler, 1446'da çıkardıkları isyanla Sultan Mehmed'in tahttan inmesinde başlıca sebep olmuşlardı. Bu defa pâdişahın yolu üzerinde müsellah olarak iki saf halinde durdular. Sultan, aralarından geçerken "Pâdişahımızın ilk seferidir ihsan gerek" diye bağrıştılar. *Rûhî*'ye göre "Turahan Bey ile Hadım Şehabeddin Paşa, pâdişaha bunların kaziyyelerin arz edüb *mecmusın kırmak gerek deyü igva edicek* pâdişahın dahi gâzâbı biraz sâkin olub bunlara on kese akçe ihsan" etti. Burada, genç sultanın yeniçerilere rakip çevrelere mensup bu iki kumandana başvurmuş olması anlamlıdır. Yeniçerilerin 1446'da öldürmeye teşebbüs ettikleri Şehabeddin Paşa'nın onlara karşı düşmanlığı şüphe götürmez. Turahan Bey ise kapıkulunun daima rakibi olan *uc* kuvvetlerinin en nüfuzlu ve kıdemli başbuğu idi. Bir an önce Rumeli'ne geçmeye çalışan Sultan Mehmed, bu tehdit dolu küstahça hareket karşısında hiddetini yenmek zorunda kaldı. O zaman onun için ana sorun bir an önce payitahta varmaktı. Fakat birkaç gün sonra pâdişah bir konakta, Chalkokondyles'e göre Gelibolu'ya geçtikten sonra bir Dîvân topladı ve mesele tartışıldı (bu toplantıda şüphesiz Çandarlı Halil de hazırdı). Yunan tarihçiyi takip edersek, yeniçeriler arasında seferden kaçanları tespit için genel bir yoklama yaptırdıktan sonra pâdişah, Yeniçeri Ağası Kurtçu Doğan'ı sıkı bir dayak cezasına çarptırdı. Bununla da kalmayarak azletti ve Amasya'ya sürgün gönderdi. O, aynı zamanda bu harekete meydan veren yayabaşılarını da aynı şekilde yüzer sopa vurdurarak cezalandırdı ve vazifelerine son verdi. Bu şiddetli cezalandırmalar, yeni pâdişahın azim ve cesaretini ispat etmekteydi. Sultan, bununla yeniçerilere, babasının sağlığında kendisi bir çocuk olarak tahtta iken yapmış olduklarını tekrar etmelerine müsaade etmeyeceğini göstermiş oluyordu. Geçmişteki olaylar göz önüne alınır ve o esnada pâdişahın sıkışık durumu düşünülürse, bu hareketin sadece bir bahşiş meselesinden çok daha anlamlı olduğu anlaşılır. Bu, genç sultanın mühim bir başarısı sayılmalıdır. Tursun Beg'in yazdığı gibi, yeniçeriler onun saltanatının sonuna kadar bir daha "tarîka-i edebden hâric kadem basmadılar". Sultan Mehmed, vaktiyle Halil Paşa ile işbirliği ederek yeniçerileri ayaklandırmış ve kendisinin tahttan inmesine sebep olmuş olan kudretli yeniçeri ağasını böyle cezalandırmış, karşıtlarından birine daha işten el çektirmiş oluyordu. Kurtçu Doğan'ın yerine yeniçeri ağalığına Mustafa Ağa getirildi. Tedip hareketinin yeniçeri ağası ve yayabaşılarla kalmayarak yeniçeri ocağının adeta esaslı bir reforma konu olduğu anlaşılmaktadır. Sultan, boşalan safları doldurmak için, lüzumsuz bir gösteriş saydığı saraydaki doğancı, çakırca, zağarcı ve saksoncuları yeniçeri bölüklerine dağıttı. Onların başındaki sekban-başını ocağın ikinci komutanı yaptı.

İstanbul Kuşatması Hazırlıkları

Birinci saltanatı esnasında Mehmed, İstanbul'u zapt etmek gereğine inanmıştı. Özellikle İstanbul tekfurunun son hareketinden sonra devletini ve tahtını bu tehditlerden kurtarmak için Bizans'ı ortadan kaldırmanın tek çare olduğuna inanmış olmalıdır. Orada Orhan, tahtı için her zaman bir tehditti. Yarım yüzyıldan beri Osmanlı Devleti'ni daima tefrikaya ve iç harbe sürükleyen Bizans'taki bu müddeiler davasına bir son verme zamanı gelmişti. Aynı zamanda devleti güvenceye kavuşturmak için Osmanlıları Anadolu'da ve Rumeli'nde, iki cephede birden çarpışmaya mecbur eden Haçlı seferlerinin tahrikçisini ortadan kaldırmak bir zorunluluktu. İstanbul ve Boğazlar'a Batı donanmaları hâkim oldukça, birçok defa görüldüğü gibi Anadolu ile Rumeli arasında ulaşımın kesilmesi ve bu iki bölgenin ayrılması daima bir tehlikeydi. Bu şartlar altında devletin bütün kuvvetlerini bir cephede kullanmak, çok tehlikeli güç bir iş halini almaktaydı. Kritovoulos, bu tehlikeleri ve İstanbul'un fethindeki zorunluluğu tam bir açıklıkla ifade etmiştir. Birçok yerel hâkimiyetler için yapıldığı gibi, Bizans Paleologosların da ortadan kaldırılmasıyla Rumeli ve Anadolu kendi tabii siyasî merkezine kavuşmuş, bir bütün halinde birleşmiş olacaktı. Hâlbuki şimdi 1439 Floransa Konsili'nin ortaya koyduğu gibi, İstanbul'da Latin Katolik nüfusunun yerleşmesi, Osmanlı Devleti için korkunç sonuçlar doğurabilirdi. 1423'te Selânik'in Bizanslılar tarafından Venediklilere teslimi unutulmamıştı. Genelde İstanbul halkı Latin hâkimiyeti fikrini nefretle reddetmekle beraber bunun cebirle gerçekleştirilmesi de uzak bir ihtimâl değildi. Üstelik Batı'da, İstanbul'da Latin imparatorluğunu ihya etmeyi hayal edenler eksik değildi. Kritovoulos'ta, Fâtih Sultan Mehmed'e atfolunan nutukta, İstanbul'un, askerî bakımdan çok daha kudretli olan Batılılara teslimi ciddi bir tehlike olarak ortaya atılmıştır. Böylece, İstanbul'un fethi, yalnız Sultan Mehmed'in saltanatı için değil, Osmanlı Devleti için de bir ölüm kalım davası olarak ortada idi. II. Murad devrinde Batı tehdidinin Varna ve Kosova zaferleriyle kırılmış olması, fethi yakın bir imkân haline getirmişti. Fâtih Sultan

Mehmed, Osmanlı Devleti'nin bu hayatî davasını kendi şahsında ve kendi geleceği için hissetmiş son Osmanlı hükümdarıdır. O, düğümü kılıçla kesmeyi deneyecektir.

Rumeli Hisarı İnşâsı

Edirne'ye bir an önce yetişmek zorunda olan Sultan Mehmed süratle Bursa'ya geldiği zaman, *Âşıkpaşazâde* ve *Neşrî*'deki bir kayda göre "Diledi kim Gelibolu'dan geçib Edirne'ye gide, eyittiler: devletlû Sultanum şimdiki hînde Gelibolu boğazını kâfir gemileri gelib bağlamıştır. Hünkârı alıb Kocaili'ne, İstanbul'un üstün yanında Akça-Hisar'a getirdiler, babası geçdiği yerden geçib Akça-Hisar'ın karşısına kondu. Andan Halil Paşa'ya eyitti: Lala bunda bir hisar gerek". Sultan Mehmed aynı zamanda imparatora, Orhan için verilen tahsisatın büsbütün kesilmesini emretti. İmparatorun tehditleri Mehmed'e kısa zaman önce yaptığı her türlü taahhütleri bozma fırsatını vermekteydi. Bununla beraber, düşmana siyasî ve askerî hazırlıklarda bulunma fırsatını vermemek için maksatlarını saklamasını iyi bilen genç sultan, Bizans'a hemen harp ilânından kaçınmış, kaygı içinde elçilerini gönderen imparatora, hisarı ancak ülkelerinin iki bölgesi arasında geçiş emniyetini sağlamak için yaptırdığını bildirmiştir. Elçiye, Varna Muharebesi esnasında II. Murad'ın Anadolu'dan Rumeli'ne geçmek için uğradığı tehlikeyi hatırlatmış, daha o zaman babasının burada bir kale yaptırmayı kararlaştırdığını ilâve etmiştir. Murad, şüphesiz Halil'in Bizans'a karşı yatıştırma siyâsetine bağlı olarak bu fikrini ortaya koyamadığı halde, genç sultan bunu gerçekleştirmek hususunda kesin kararını ilân etti. Bizans, ancak şimdi II. Mehmed'in enerjik karakterini görüyordu. İş, derhal İstanbul kuşatmasının en ateşli taraftarı olan Vezir Zaganos Paşa'ya havale edilmiş ve o, ilk burçları ve yapılacak büyük hisar için ilk hazırlıkları tamamlamıştır.

Rumeli Hisarı'nda bir kitabeye göre, ilk havale kulesi, hisarın güneydoğusunda denize en yakın altı köşeli burç, Zaganos Paşa tarafından H. 856 Muharremi'nde (1452 Ocak-Şubat) tamamlanmış bulunuyordu. İ. Hakkı Ayverdi'ye göre, Zaganos'a ait ikinci kitabe, kara tarafından Büyük Zaganos burcunun da H. 856 Rebiülâhiri'nde (1452 Nisan-Mayıs) tamamlandığını göstermektedir. Zaganos Paşa, o kışı yapılacak büyük hisar için malzeme toplamakla geçirmiştir. 26 Mart 1452'de bizzat ordunun başında gelen sultanın gözetimi ve 30 gemilik bir donanmanın himâyesi altında başlanan hisarın inşâsı, fasılasız bir çalışma ile ağustos sonlarına doğru tamamlanmıştır. Bizzat Fâtih tarafından verilen *Boğaz-Kesen* adının da gösterdiği gibi, hisar "iki denizin arasını kesmek ve kıtadan kıtaya ve denizden denize geçişe hâkim olmak" için yapılmıştır, özetle Boğazlar tarihinde yeni bir hadise olarak o zamana kadar açık bulunan bu su geçitleri şimdi kıyılarına egemen devletin tam kontrolü altına geçmekteydi. Gerçekten, Karadeniz'den İstanbul'a gelebilecek askerî yardım sınırlıydı. Burada bir donanma yoktu. Fakat İstanbul'u besleyen Karadeniz hububat sevkıyatını kesmek önemle göz önüne alınan bir noktadır. Evvelce Yıldırım Bâyezid, başlıca buğday nakliyatını kesmek suretiyle şehri düşürmeyi denemişti.

Hisarın yapılması, aslında Osmanlıların eski bir kuşatma ve geleneğini uygulamaktan başka bir şey değildir. Osman Gâzî zamanında Bursa ve İznik kuşatmalarından beri Osmanlılar, uzun sürecek kuşatmalar için kale yanına havale kuleleri yaparlar ve bu üsse sığınarak ordularını çektikten sonra da kaleyi sıkıştırmakta devam ederlerdi. Yıldırım Bâyezid de Akça-Hisar'ı (Anadolu Hisarı) özellikle İstanbul'u kuşatma maksadıyla inşâ ettirmişti. Rumeli Hisarı tamamlanır tamamlanmaz, Bâyezid Bizans'a elçisini göndermiş ve şehrin boşaltılıp teslimini istemişti. Sphrantzes, Rumeli Hisarı'nın icabında sığınılacak bir üs olarak inşâ edildiği noktasını en başta belirtir. Hisarın büyüklüğü inşâsındaki bu maksadı açık bir şekilde gösterir. Kritovoulos'a göre İstanbul'u "uzun süre kuşatma" ile fetih şıkkı da hesaba katılıyordu.

Kemâl Paşazâde'ye göre, dört vezirin, Halil, Saruca, Şehabeddin ve Zaganos paşalar, her biri bir "haddin" inşâsıyla sorumlu tutuldu. Tursun Beg'in belirttiği gibi, hisarın inşâsı tamamlanınca "leb-i deryaya muttasıl bir hisarbeçe yapıldı, denize açılır yirmi kapu konuldu ve her bir kapudan içerü birer ejderhây-ı âteşbâr şeklinde toplar kuruldu". Aynı zamanda Boğaz'ın karşı yakasında Anadolu Hisarı önünde de bir hisarbeçe yapılıp toplar konmuştur. Hisarın tamamlanmasıyla beraber savaş hali başlamış ve gelen Bizans elçileri önünde resmen savaş ilân edilmiştir. 1452 Kışı'nda İstanbul, İsfendiyaroğlu İsmail Bey'in ordusu ve Akçaylı oğlu Mehmed Bey kumandasındaki Karesi kuvvetleri tarafından abluka altına alındı. Böylece İstanbul, biri Boğazlar'dan iki abluka çemberi içine alınmış oldu.

İmparatorun Hazırlığı

Bu durum karşısında Bizans imparatorunun büyük bir telaşla Batı saraylarına elçiler gönderdiğini görüyoruz. 1453 Baharı'nda kuşatma sırasında Bizans bütün ümidini Batı'dan gelecek yardıma bağlamıştır. Genç sultan da daima düşündüğü İstanbul fethi için en büyük tehlikenin Batı'dan gelebileceğini iyi biliyordu. Fâtih ustaca bir barış siyâseti ve bazı fedakârlıklarla Batı'daki başlıca düşmanlarını, Macaristan'ı ve Venedik'i tarafsız kılmaya çalıştı ve bunda başarılı da oldu. Karamanoğlu'na karşı seferden döndükten sonra 10 Eylül 1451'de Venedik ile eski anlaşmayı yeniledi. Onlar için çok önemli olan, Osmanlı ülkelerinden buğday ihracı iznini verdi. Keza Macar krallığı ile 20 Kasım 1451'de karşı taraf için çok elverişli şartları içeren üç yıllık bir ateşkes yaptı. Bu hususta pâdişaha çok dost görünen Sırp despotu ile Bosna kralı önemli roller oynadılar. Batı Hıristiyan âlemi, vaktiyle "kabiliyetsizliği" yüzünden tahttan uzaklaştırılan genç sultan Mehmed'i yumuşak, iktidarsız ve bu sebeple barışçı görmekteydi. Hatta onun Osmanlı tahtına çıkışı Osmanlı gücünün düşeceği ümidini uyandırmıştı. Şimdi II. Murad sahneden çekildiği için yeni bir Varna seferinin başarıyla neticelenebileceği düşünülüyordu. Ünlü hümanist Philelphus, Fransa kralını bir Haçlı seferine teşvik için yazdığı fantezi dolu meşhur mektubunda (Mart 1451) bu görüşleri aksettirmektedir. İşte bu yüzden İstanbul'un ciddi bir tehdit altında bulunduğuna inanılmıyor, Venedik'te İstanbul'daki balyozdan alınan mektuplara göre böyle bir ihtimâle yer verilmiyordu. Bu yanlış inanış Batı devletlerini vaktinde esaslı hazırlıklar yapmaktan alıkoymuştur. Onları hareketsiz bırakan ustaca diplomatik çalışmada Sultan Mehmed, devlet adamı Çandarlı'dan şüphesiz çok yararlanmıştır. Koca vezir hâlâ devlet işlerine hâkim bulunuyordu. 1451 Eylülü'nde sultanın ona Filibe'de yeni mülkler bağışladığını görüyoruz. Bir taraftan Sultan Mehmed İstanbul kuşatması için hazırlıklarını yaparken, diğer taraftan eski barış politikasını uygulamaya devam ediyor ve bu siyâset şimdilik genç sultanın gerçek maksadına hizmet etmekten geri kalmıyordu. Mehmed tahta çıktığı zaman Sırp despotu ve Bizans'la barışı sağlamak için oldukça büyük fedakârlıklardan çekinilmemişti. Keza Karamanoğlu'na Alâiye'nin terkinde usta diplomat Çandarlı büyük bir rol oynamıştı. Çandarlı, son ana kadar daima İstanbul'un fethi girişimine karşı kalacaktır. Başarı halinde kendisinin yahut hiç değilse otoritesinin mahvı, başarılı olamazsa devletin tehlikeye düşmesi muhakkak görünüyordu. Hatta Çandarlı, şehir fetih olunsa dahi korkunç bir Haçlı seferleri silsilesini tahrik edeceğini ve Osmanlı Devleti'nin mahvına sebep olabileceğini ileri sürecektir. Sultan Mehmed, fetih için şüphesiz en büyük engel olarak ulu vezirin bu muhalefetini karşısında bulmaktaydı. İstanbul'u "ona verecek" olan Çandarlı idi. Tecrübeli ve kudretli vezirin kuşatma fikrine bu muhalefeti, kuşatmayı daha başında başarısızlığa götürebilirdi. Osmanlı safında bu fikir ayrılığı sonuç üzerinde kesin bir etki yapabilirdi. Genç ve tecrübesiz sultana karşı devleti bu kadar yıldır idare etmiş ve bu duruma eriştirmiş bir devlet adamı sıfatıyla reyi, hâlâ büyük bir önemdeydi. Artık savaşın kaçınılmaz bir hal aldığı 1452 Kışı'nda genç sultan, koca Çandarlı'yı kendi fikrine getirmek için büyük bir çaba sarf etmiş görünmektedir. Bazen masal unsurlarıyla karışmış bulunan Türk rivâyetleriyle Yunan müverrihlerinin kayıtları karşılaştırılınca, bu açık bir hal almaktadır. Doukas'ta Sultan Mehmed'in Çandarlı'yı bir gece ansızın davet ettiği, vaat ve tehditlerle teşebbüsü destekleyeceğine dair ondan söz aldığı hakkındaki hikâye, durumu anlamlı bir şekilde aksettirmektedir. Tursun Beg'de, fetih fikrinin onu uykusunda bile terk etmediği fakat "erkân-ı devlet"in (şüphesiz Çandarlı) böyle bir teşebbüsün sebep olacağı kötü sonuçları ileri sürerek karşı geldikleri, buna karşı onun fikir ve kararından kesinlikle dönmediği rivâyeti, Doukas'ın hikâyesiyle karşılaştırılabilir. Bu bahislerde esas itibariyle Tursun Beg'i takip eden *Kemâl Paşazâde* şu anlamlı fıkrayı ilâve eder: "Erbâb-ı 'arz bu bâbda eshâb-ı garaz idüğin bildi." Bizans'ın, şüphesiz onun barış-perverliğini desteklemek için kabarıkça gönderdiği alışılmış pişkeşleri (hediyeleri) her zaman olduğu gibi almakta bir mahzur görmeyen Halil'in barış siyâseti, gâzî çevrelerince iyi karşılanmıyordu. Doukas'a kadar aynen "Kâfir Otağı" söylemi, bu muhitlerde o zaman onun aleyhindeki görüşün ne kadar yayılmış olduğunu ortaya koyar. Sultan Mehmed, nihayet o kadar zorunlu görülen fikir birliğini sağlamak ve birlikte kesin bir karara varmak üzere olağanüstü bir toplantıda meseleyi ortaya koydu.

Bu toplantı ve orada Sultan Mehmed'in verdiği nutuk, Tâcibey-zâde Câfer Çelebi ve Kritovoulos tarafından birbirinden ayrı olarak bize nakledilmiştir. Her iki rivâyete göre, müzakereler Mehmed'in bir nutku ile açılmıştır. Tâcibey-zâde, kendi inşâ ustalığını göstererek, Kritovoulos ise klâsik Yunan tarihlerini taklit ederek bu nutku süslemiş ve değiştirmişlerse de mukayese ettiğimiz zaman her ikisinin de nutkun esasını teşkil etmesi lazım gelen şu noktalarda sırasıyla birleştiklerini görmekteyiz. Mehmed demiştir ki: 1) Atalarımız gibi bizim de esas vazifemiz gâzâ yapmaktır; 2) Memleketimiz ortasında bulunan İstanbul düşmanlarımızı korumakta veya tahrik etmektedir; 3) Devletimizin geleceği ve emniyeti için bu şehrin zaptı elzemdir; 4) Her birinizin fikir ve reyini öğrenmek istiyorum. Yine her iki rivâyete göre, hazır olanlardan bir kısmı fikri hararetle benimsemiş ve bir an önce hazırlık yapılmasını istemişler. Kritovoulos'a göre, bunların çoğu bir zafer sonunda yükselmek emelinde olanlardı. Buna karşı bazıları, Tâcibey-zâde'ye göre kalenin sağlamlığını öne sürerek kuşatmadan vazgeçilmesini teklif ettiler. Fakat sultan şiddet ve heyecanla fetih fikri üzerinde azim ve kararını ilân edince herkes bu fikir etrafında birleşti. Kritovoulos'a göre bazı "tecrübeli zatlar" kuşatmanın taraftarı değillerse de, savaş lehinde genel heyecana karşı gelemeyerek ağız açmadılar ve umuma tâbi oldular.

Açık olarak görülüyor ki Çandarlı, bu toplantıda genç sultan ve onu teşvik eden savaş taraftarı çoğunluk önünde ister istemez gerilemiştir. Biz bu savaş taraftarlarının eskiden beri kimler olduğunu biliyoruz. Zorzi Dolfin'e göre, Sultan Mehmed "İstanbul'un alınamayacağını söyleyen yaşlı müşavir ve paşaları uzaklaştırmış ve yerine arzusuna uyan daha gençlerini getirmiştir".

Burada, savaş taraftarı genç vezirleri, en başta Zaganos'u, Dîvân-i Hümâyûn'a soktuğu doğruysa da kuşatmaya karşı olan yaşlı vezirleri, yani Halil'i iş başından uzaklaştırdığı doğru değildir. Bununla beraber İtalyan kaynağına geçen bu rivâyet, kuşatma fikri etrafında esaslı fikir ayrılığını teyit eden başka bir göstergedir. Edirne'de verilen karardan sonra savaş aleyhinde bulunmak bir hıyanet sayılabilirdi. Çandarlı, savaşın en kritik aşamasında hâlâ haklı görünmek iddiasıyla savaş aleyhinde konuştuğu zaman, zafer takdirinde bir hain muamelesi görmeye kendi kendini mahkûm etmiş oluyordu.

Sultan Mehmed, mutlak galip çıkmak azmiyle bütün hazırlıklarını tamamladıktan sonra Ortaçağ'ın en büyük kalesini yıkmak için yaptırdığı büyük toplarıyla İstanbul surları önüne geldi. 6 Nisan-29 Mayıs arasında 54 gün sürecek olan kuşatma başladı.

İstanbul Kuşatması

Kuşatmadan Önce

Teselya-Yenişehir *uc* bölgesinde ünlü *uc* beyi Turahan, Mora'ya akınlarını sürdürmekte, (ilk kez 1423 akını), Atina dukalığını himâyesi altında tutmaktaydı. 1443-1444 yıllarında Rumeli'nde Osmanlı çözülme süreci Konstantin'i cesaretlendirdi. Roma'dan Kardinal Bessarion Konstantin'e göndermiş olduğu mektubunda Türk istilasına karşı Mora'yı Korent suru ile koruyarak yarımadayı *Hellenism*'in siyasî-medenî kalesi haline getirme planını sunmuştu.[1] Konstantin Haçlı kararını duyar duymaz Hexamilion surunu inşâya başladı.

1372'den beri Osmanlı sultanlarının *haracgüzârı* olarak sultanın egemenliğini tanımış olan Paleologos hanedanından imparatorlar (Osmanlılar gözünde sadece bir *Tekfur/Tekvur*) arasında Konstantin (d. 1405, ilkin Mora'da Ekim 1443'te Mistra'da despot, sonra Mart 1449'da İstanbul'da imparator) Paleologoslar arasında bu dönemde ailenin en enerjik üyesi sayılıyordu. Konstantin, Mistra'da despot Theodore döneminde despotluğun topraklarını genişletmek üzere Venedik elindeki yerlere çeşitli saldırılarda bulundu.

1 Nikol, *The Immortal Emperor: The Life and Legend of Constantine Palaiologos*, s. 26-28.

Patras Latin Başpiskoposluğu'nu despotluğa kazandırdı.[2] Osmanlı'nın İstanbul üzerinde artan baskısı üzerine imparator VIII. Ioannes'in çabaları sonunda, nihayet 1437-1439 Floransa Konsili'nde Doğu ve Batı kiliseleri arasında Şizma'ya son verilmiş, Ortodoks kilisesi Papa'nın üstünlüğünü tanımış ve Bizans'ı kurtarmak için yeni bir Haçlı seferi için yol açılmıştı. Bu Bizans için kurtuluş çaresiydi. İmparator Floransa'dan döner dönmez sultanın elçileri İstanbul'da görünmüştü. Osmanlılar ülkenin ortasında İstanbul'da Latin egemenliğinin kurulacağı kaygısına kapıldılar. 1453 İstanbul kuşatması kararı Osmanlı sarayında daha 1439'da kesin bir karar olarak zihinlerde yerleşti.

Konstantin 1439 Floransa kararlarını benimsiyor ve Bizans'ın kurtuluşunun Batı'nın yardımıyla mümkün olduğuna inanıyordu. Fakat İstanbul'da Ortodoks kilise büyükleri ve halk birleşmeye şiddetle karşı çıkıyorlardı, Yorgios Scholarios (sonradan Fâtih'in 1454'te atadığı ilk Patrik II. Gennadious) başlıca karşıtlar arasındaydı. Ayasofya'da Kilise Birliği ayini ancak Fâtih'in İstanbul üzerine harekete geçmesiyle yapılacaktır. İmparatorun Ege'ye gizlice gönderdiği gemi donanmadan iz olmadığı haberini getirince imparator tüm ümidini kaybetmiş, kendisine Haliç'te bekleyen gemiyle kaçıp kurtulması önerilmiş, bunu o zaman kabul etmemiştir. Bu donanmanın hareketinden haber alan sultan son taarruz kararıyla derhal harekete geçmiş, 29 Mayıs'ta Agriboz'dan hareket eden donanmaya şehrin düştüğü haberi erişmiştir.

İmparator Konstantin, II. Mehmed saltanata geldiğinde herkes gibi onu küçümsüyor ve birtakım önlemler alıyordu. İlkin II. Murad'ın hatunu (güçlü, zengin Sırp Knezi George Brankovic'in kızı Maria [Mara Sultan]) ile evlenme girişiminde bulundu (1451 Baharı). Sarayda onun sultanın dul karısıyla evlenmesini doğru buluyorlardı. Fakat Mara reddetti ve çok geçmeden Osmanlı sarayına döndü. Fâtih ona Rumeli'nde 1451'de zengin bir malikâne verdi ve onu diplomatik hizmetlerde kullandı. İlkin Konstantin, Osmanlı tahtına çıkan genç sultan Mehmed'i saltanat müddeisi Orhan ile tehditten çekinmedi.

---

2 Nikol, *The Immortal Emperor: The Life and Legend of Constantine Palaiologos*, s. 7.

Genç sultan 1452 Kışı'nda meşveret meclisinde açıkladığı gibi imparatorun Orhan ile tehdidini İstanbul'a karşı bir an önce harekete geçmek gerekleri arasında ortaya attı, "Tekvur"un "tâgî"leri (asileri) yanında korumakta olduğu noktası üzerinde durdu.

Orhan, Yıldırım Bâyezid'in büyük oğlu Süleyman'ın oğluydu. Süleyman 1402'de, Çelebi Mehmed (sonra I. Mehmed) tarafından başlangıçta sultan olarak tanınmıştı. Edirne sarayında Süleyman'a Yıldırım'ın halefi sultan gözüyle bakılıyordu.[3] Bizans İstanbul'a kaçıp sığınan Osmanlı şehzadelerini önemli bir koz olarak tutmaktaydı. Yıldırım oğlu Mustafa (Osmanlıların Düzme Mustafa'sı) 1421-1422'de az daha genç sultan II. Murad'ın yerine tahtı elde edecekti. Rumeli askeri başlangıçta onun yanında yer almıştı.[4] Birçokları ona saltanatın meşru vârisi gözüyle bakmaktaydı.

Agostino Pertusi: Kronoloji, 1439-1453[5]

1438-1439: Floransa Konsili (Ruhânî Meclisi). İmparator ve Patrik, Papalık ile Şizma'ya son verirler. Dönüşlerinde Sultan II. Murad sorgular.

1443: Hunyadi'nin Rumeli'ni istilası, İzladi (Zlatica) Savaşı (25 Aralık), Arnavutluk'la İskender Bey İsyanı.

1444: Osmanlı-Macaristan Barış Antlaşması (Edirne, 12 Haziran), Sırp despotluğu kurulur, Karamanlılarla Barış Antlaşması (ağustos), Sultan Murad oğlu Mehmed adına tahttan ayrılır, Varna Muharebesi, II. Murad ile imparator XII. Konstantin barış antlaşması imzalar (10 Kasım).

1446: Edirne'de isyan, II. Murad yeniden tahta geçer, Sultan Mehmed Manisa'da.

---

3 Ahmedî, *Gâzâvâtnâme* için bkz. Halil İnalcık, *Hâs Bağçe'de 'Ayş u Tarab: Nedimler, Şairler, Mutribler*, İstanbul, 2011, Dizin: Süleyman.

4 Bkz. Halil İnalcık, "Murad II", *TDV İslâm Ansiklopedisi*, XXXI (2006), s. 164-172.

5 Bu kronolojiyi hazırlarken başlıca şu eser kullanıldı: *Agostino Pertusi, La caduta di Costantinopoli, I: Le testimonianze dei contemporanei*, Verona, 1976, Cronologia, LXIXCI. İlgili kitabın Türkçe çeviri için bkz.: Agostino Pertusi, *İstanbul'un Fethi, c. 1: Çağdaşların Tanıklığı; c. 2: Dünyadaki Yankısı; c. 3: İstanbul'un Fethine Dair Neşredilmemiş ve Az Bilinen Makaleler*, çev. Mahmut H. Şakiroğlu, İstanbul, 2004.

1448: Hunyadi kumandasındaki Macar ordusuna karşı II. Kosova Savaşı (17-19 Ekim).
Mora Despotu (1428-1448) II. Manuel oğlu Konstantin Paleologos Bizans tahtına vâris olur (31 Ekim).

1449: Yeni Bizans İmparatoru XII. Konstantin Paleologos İstanbul'a vardı (12 Mart), imparatorluk tacı giydi (6 Ocak). Papa ile Kiliseler Birliği'ni onayladı.

1450: II. Murad'ın Arnavutluk seferi, Şehzade Mehmed orduda.

1451: II. Murad'ın vefatı (3 Şubat), ölen sultanın oğlu Mehmed (Mehemmed) Manisa'dan hareketle Edirne'ye vardı, tahta geçti (18 Şubat). Sultan Mehmed'in Karaman seferi, Venedik (10 Eylül) ve Macaristan ile (20 Kasım) barış antlaşmaları.

1452: İmparator Andronikos Leontaris'i Venedik'e elçi gönderdi (mayıs). Rumeli Hisarı inşâsı (ocak-ağustos), 30 gemilik donanma himâyesinde, Sultan Mehmed'in gözlemi altındadır. İnşaat sırasında civar Rum halkı tarlalarında çalışamadıklarından imparatora gelip yakındılar. Hisar bitiminde Firuz Ağa dizdar atandı, hisar 400 asker ve toplarla donatıldı. Karadeniz'den Boğaz'ı geçecek her gemi yaklaşıp gümrük ödeyeceklerdi.

Haziran başı: Savaş ilânı.
Anadolu'da Karamanoğlu'nun Osmanlı'ya karşı harekete geçmesi.
Sultan Mehmed'in Anadolu Seferi, Karamanoğlu ile antlaşma.

Şubat: İmparatorun elçileri Sultan Mehmed ile de buluşurlar, Bizans ile barış antlaşması

Ağustos-Eylül: Osmanlı'ya karşı yardım istemek üzere bir Bizans elçi heyeti Roma'da.
Papa V. Nicola bir donanma göndermeyi vaat eder, Floransa Kiliseler Birliği (Konsili) kararının yerine getirilmesini ister. İmparatora mektubu (11 Ekim).
Bizans elçisi Leontaris'in Napoli'de V. Alfonso ile görüşmesi (ekim).

Osmanlı'ya karşı Haçlı seferi için Papa ile Venedik temasta (25 Mayıs).
Venedik'in diplomatik girişimleri: Bosna kralı için destek; Papa'ya Venedik bütçesinin Osmanlı'ya karşı bir Haçlı seferi için yeterli olmadığı bildirilir (25 Mayıs).
Venedik imparatora Girit'ten asker, *balisarii* toplama izni verir (5 Temmuz).
Roma'da Şizmatik Rumlara yardım yapılıp yapılmaması tartışmaları, Edirne'deki Venedik elçisine talimat (8, 9 Temmuz).
Sultan Mehmed'i tebrik ve II. Murad'la yapılmış antlaşmaya yeni maddeler ilâvesi istenecek, imparatorla temas; Karamanoğlu yanındaki elçi Francesco Veniore'ye Bey'in Kıbrıs kralı ile barış yapmasını sağlaması (9 Temmuz).
Venedik, Floransa mücadelesi sürüp gitmekte. II. Mehmed'le Venedik barış antlaşması yenileniyor (10 Eylül).
Sultan ile Macaristan arasında üç yıllık barış antlaşması.
Konstantinopolis'te Katolik kilisesiyle Şizma'nın kaldırılması anlaşmasına karşı olanlar (20 Ekim).
Lukas Notaras ve Scholarios'un (sonra Fâtih'in patriği II. Gennadious) (ekim-kasım) karşı girişimleri. Venedik Mora Despotu Thomas ile ilişkide (aralık).

1451-1452 kışı: Sultan Mehmed'in Edirne'de İstanbul kuşatması için girişimleri.

Kuşatma Kararı İçin Edirne'de Büyük Meşveret Meclisi (1452 Kışı)

Sultan Mehmed İstanbul kuşatması kararı almak için imparatorluk meşveret meclisi topladı. Herkesi özellikle Veziriâzam Çandarlı Halil ve ona destek olan asker ve ulemâyı yanına almak için böyle bir *meşveret* son derece önemliydi. Toplantı için Tâcî-zâde İdrîs ve Kritovoulos bilgi verirler. İstanbul'un fethi, Sultan Mehmed'in çoktan düşündüğü bir şeydi. Kritovoulos'a göre, "sorumlu olan herkesi, beylerbeyiler ve yeniçeri komutanlarını toplantıya çağırdı". Bu kaynak sultanın edebî nutku üzerinde geniş bilgi sağlar: Orada verdiği nutukta temas ettiği ana noktalar şunlardır: Atalarımız bu devleti birçok mücadele sonucu kurmuştur. O savaşlarda onların kahramanlığı hatırlardadır. Anadolu'daki fetihlerden sonra Rumeli'ne geçtiler. Tuna ötesindeki tüm memleketleri aldılar. Bu kolay olmadı, düşman direndi, çok kan döküldü. Çeşitli milletlere Haçlılara ve Rumlara karşı savaştılar. Ödevimiz, atalarımızın başarılarının kaybına göz yummamaktır; ama şimdi önümüzde bu şehir karşı koymakta, bu şehir şimdi nüfusunu kaybetmiştir, sadece adı kalmıştır. "Şimdi şehir tarlalar ve bağ ve bahçeler, harap boş binalarla kaplıdır (...) Ülkemizin ortasında yer almış olup eskiden olduğu gibi bize karşı büyük güçlükler çıkarmaktadır. Eskiden olduğu gibi şimdi de bizimle savaşmakta, türlü zararlar vermektedir [Haçlı seferlerini hatırlatır]. Az zaman önce Macarları ve Eflâk'ı bize karşı kışkırttılar [Varna Muharebesi'ne gönderme]. Daima savaş ve tahrikten vazgeçmezler." Bizans, açık ve gizli bize karşı böyle düşmanlık yaparken hareketsiz mi kalacağız? Bize karşı savaşmalarını ve kargaşa çıkarmalarını mı bekleyeceğiz? Akıllı kişi düşmana karşı fırsat eldeyken hareket eder.

Ben, onların işledikleri suçlar karşısında bu düşüncedeyim. Sizleri buraya topladım, zira bu duruma artık göz yumma imkânı yoktur. Bana bu konuda düşüncelerinizi açıklama hakkınız var. Karar verip derhal harekete geçme gerektiğini ileri sürmekteyim. Aksi takdirde ülkemiz ve geleceğimizden emin olamayız.

Soru çok açıktır: Ülkemizi bu şehri alarak elimizde tutabiliriz ya da kaybedeceğiz, bunu yapmazsak kesinlikle güvende olamayız, sürekli savaş içinde kalırız, kaynaklarımız boşuna gider. Evet, savaş belirsiz sonuçlar getirebilir, şehri savunamazlarsa daha güçlü birilerine [Venedik'e] devredebilirler, böylece durum bizim için daha kötü olabilir. Karada ve denizde bu derece elverişli olan bu şehir o zaman bize karşı üstün duruma gelir. Tanrı bunu akıllarına getirmesin. Gecikmemeliyiz, fırsat bugün elimizdedir. Şehre hemen bütün gücümüzle saldırmalıyız. Halen savaş için, şükür Tanrı'ya, gücümüz var. Bizim için daha önemli bir şey yoktur. Dedem [Yıldırım Bâyezid] ve babamın [II. Murad] bunda başarısız olduğu, şehri almanın imkânsız olduğu kimsenin aklına gelmesin. Şimdi adam ve silahça çok daha güçlüyüz, fetih olmasa bile uzun bir kuşatma ile şehri açıkça teslim alabiliriz [Rumeli Hisarı böyle uzun bir abluka için yapıldı]. Şayet şehrin kendi gücüyle dayanma imkânı varsa ve bizim gücümüz ve hazırlığımızın yetersizliği dolayısıyla fethin asla gerçekleşemeyeceği akla gelirse, unutulmasın ki, Bâyezid'in başarısızlığı beklenmedik koşullar sonucudur. O zaman halk uzun kuşatma ve açlık dolayısıyla teslim olmak üzere bir anlaşma yapmıştı [yukarıda Bâyezid'in kuşatmasıyla ilgili bölüme bakınız]. Fakat birden Macarlar Eflâklıların istilası oldu [1396 Niğbolu Savaşı] ve doğudan Timur geldi (1402), bu yüzden kuşatmaya son vermek gerekti. Bilirsiniz babam [II. Murad] büyük kuvvetlerle şehri kuşattı, surları toplarla döverek kuşatmayı başarıyla sürdürüyordu ve fetih yakındı fakat kendisine çok yakın olanlar [Düzme Mustafa ve Küçük Mustafa] ona karşı gizlice düşman tarafını tuttular, bunun üzerine şehrin kuşatılmasından vazgeçildi.

Bu başarısızlık, o zaman gerçekleşmiş olsa bile, bugün bizim için durum tamamıyla farklıdır. O zaman Rum idareciler daha deneyimliydi, şehre yakın deniz tarafları kontrolleri altındaydı ve İtalyanlardan yardım gelmişti. Fakat şimdi şehir için durum daha elverişsizdir, nüfusun büyük bir kısmı şehri terk etmiş ve denizden tamamıyla tecrit edilmiş bulunmaktadır. İmparator ve etrafındakiler rakip olarak beklediğimiz kıratta insanlar değildir. İtalyanlardan yardıma gelince, bunu ümit bile edemezler. Dahası, halen dinde ayrılık (Büyük Şizma) dolayısıyla birbirine karşı düşman gibidirler, bu yüzden içlerinde fesat ve kargaşa vardır. Biz birçok bakımdan daha güçlü hale geldik. Atlı ve yaya askerimiz çoğaldı, daha iyi silahlara sahibiz; zenginliklerimiz arttı, makinelerimiz (top, mancınık vs.), kadırgalarımız çok daha büyük. Kuvvetlerimizi birçok kalelere bölmek zorunda kalmış olsak bile bunu yapacak güçteyiz.

Bundan başka hem kendi deniz kıyılarımızı hem onların kıyılarını kontrol ediyoruz. Boğazlar'ı tahkim ederek şehre denizden ve karadan gelecek yardımları kestik. Böylece bütün bu önlemler sonucu, eminim ki şehir karşı koyamayacak, ya saldırıyla yahut kısa bir kuşatma ile teslim alacağız. Yalnız işi geciktirmeyelim, zaaf göstermeden yiğitçe savaşalım.

Bu şehri alınca buradan fazla direnç görmeden fetihler yapabiliriz. O halde, gecikmeden harekete geçip tüm gücümüzle şehri alalım, başaralım.

Bunda ben önde sizinle beraber olacağım, her şeyi en iyi biçimde idare edecek, yiğitlik gösterenleri, savaştaki başarılarına göre ödüllendireceğim.

Karar: Kendi savaş kararını açıkladı, hazır olanların hemen hemen hepsi sultanın sözlerini alkışladı ve birbirini savaş için teşvik ettiler; bazısı elde edecekleri şan u şeref ve kazanç için, bazıları sultanın hoşuna gitmek için bunu yaptı. Fakat öte yandan bazıları bu girişime karşıydılar (Çandarlı Halil Paşa ve yandaşları), özellikle savaşın getireceği kötü sonuçları ve güçlükleri düşünüyorlardı, onlar savaşa karşı düşüncelerini ifade etmek istediler. Bununla beraber sultanın savaş için ısrarını görerek, bence korktukları için istemeden rıza gösterdiler, çoğunluğa katıldılar. Böylece herkes savaş kararına katıldı.

Kritovoulos'un bu şekilde aktardığı savaşa giden süreci, 1453 Baharı'na doğru Edirne'de savaş kararı için yapılan büyük meşveretten kısa da olsa bahseden Tâcibey-zâde Câfer Çelebi[6] tamamlar. Nişancı Câfer Çelebi *Fethnâme*'yi dîvân inşâ dilinde ustalığını göstermek için süslü bir edebî üslupla yazmıştır. Biz burada bu üslup altında söylenmek isteneni özetlemeye çalışacağız. II. Bâyezid ve I. Selim'in nişancısı Câfer Çelebi (ö. 18 Ağustos 1515) Fâtih ve fetih hakkında bilgileri *eslâf*'tan (kendisinden öncekiler) aldığını başta kaydeder. Bu kaynak, İdrîs-i Bitlîsî'nin *Heşt Bihişt*'i olabilir. Sultan "Âyân ve erkân-ı saltanatı (...) âyîn-i sultanî" üzere toplamış ondan sonra kendileriyle "müşavere" etmek istemiş ve her ne aklınıza gelirse "arz olunsun" dedikten sonra kendisi söze başlayıp demiş ki: Hz. Muhammed en hayırlı iş olarak gâzâ ve cihad buyurmuş, "haliyâ ben dahi isterim ki peygamberimizin sünneti yoluna gidem, öyle olsa, belde-i tayyibe-i Konstantiniyye ki (...) meşhûr

6 Risâle, *Mahrûse-i İstanbul Fethnâmesi*, (yay.) Halis, *Târih-i Osmanî Encümeni Mecmuası*, İlâveler nüshası.

ve dillerde mezkûrdur (...) ne vechi vardır ki onun gibi menzil-i şerîf ve makâm-i latîf benim vasat-i memleketimde ve 'arsa-i vilâyetimde olub dahi eyyâm-i devletimde küfr ocağı ve bâğîler yatağı ve tâğîler durağı ola, el-hâsıl niyetim ve himmetim onun üzerine mukarrer ve musammem olmuşdur, bu yıl evvel baharda (...) 'inâm-i 'azimetimi anun fethine mun'atif ve munsarif kalam (...) ol maslahat tamam olmayınca bir mühimm-i âharın itmâmına şuru' etmiyem, sizin dahi bu bâbda fikrinüz ve re'yinüz ne ise 'arz eyleñüz, deyü emr eyledi, vüzerâdan şol ki doğru rey sahibi, merdânelikle bilünenler "bu fikri gayet istisvâb idüp" gerçekleşmesi için hazırlığa başlanmasını hararetle istediler. "Baz'ısı dahi binasının rezâneti (surlarının sağlamlığı)", giriş çıkışlarının güçlüğü düşünerek korkuyu aklın önüne koyarak kalenin "ele girmesini" Anka kuşunu yakalamak kadar güç olduğunu ileri sürüp "başta bu işten vazgeçilirse daha eyi olur", dediler. Sultan "bunların ihtilâfını göricek munkabız (canı sıkılmış) olup" şöyle cevap verdi: "yapılması imkânsız görünen şeylerin gerçekleşmesine Allah'ın irâdesi gelirse tüm kâinât karşı çıksa bile müfîd olmaz (faydalı olmaz)." Bu hususta güvenirim ve mâlî kaynakların, askerin ve savaş silahlarının, çokluğuna güvenirim, daha çok Tanrı'nın "lutf u 'inayetine" güvenirim. "Garaz-i aslî dahi izhâr-i ş'âyir-i İslâm'dır, gayrı değildir, eğer ol kal'anın benim elimde feth olması mukadder olmuş ola, burç u bârûları (...) âhen-i pâkden dahi olursa" Tanrı isterse surlar erir. Yüce Tanrı'nın bir zavallı kulu yürekten bir niyyet ile bir şeyi murâd etse, onu mahrum ve mutsuz bırakmaz, dedi. Vezirler pâdişahta bu gayreti görünce "muhâlefet edenler dahi tamâm muvafakat idüp kamusu yekdil ve tahsîl-i mu'âdat (destek, yardım) olmağa emr oldu" (...) şöyle bel bağladılar. "Gemiler işlenmeğe (...) ejderhâ-girdâr toplar dökülmeğe şuru' olundu ve beylerbeğilere ve sancakbeğlerine ve subaşılara "hükümler yazıldı, nevrûzda yola çıkıldı" her gün bir menzili müşerref kılındı.

1452: Bizans elçisi Venedik'te. Sultanın Konstantiniyye'nin kuşatma planını bildirir. Venedik Senatosu cevabı: Yardıma hazırız fakat elçi Hıristiyan devletler yanında girişimlerde bulunmalı. Aragon Kralı Alfonso savaş dolayısıyla yardım yapamayacağını bildirir (şubat-mart). İmparator, Edirne'ye elçi gönderir, Boğaz'da kale inşâsı barış antlaşmasına aykırıdır diye protesto eder, sultan bu iddiayı reddeder. Kalenin korsanlara karşı yapıldığını, Anadolu yakasında egemenliği korumak için gerekli olduğunu, hisarın yapılacağı yerin Osmanlı egemenliği alanında olduğunu ileri sürer. Hisar inşâsı için sultanın ordusuyla hareketi. 25 bin kişi kadar çeşit usta ve işçi çağırır (mart). Cenevizliler Pera ve Kefe için kaygılı sultanın Pera'ya saldırmayacağı hakkında garanti, Boğaz'da hisar inşâsından vazgeçmesi için girişimde bulunulması, bu arada Kefe'yi silahlandırma ve savunma kararı (mart ortası), Pera Podestası Lomellinio'nun sultana elçi göndermesi, imparator ile temas (mayıs). Kuşatmadan önce düşmanları tarafsız kılmak için sultan Karaman, Macaristan ve Venedik'le barış antlaşmaları yaptı, yalnız Arnavutluk'ta İskender Bey'e karşı gönderdiği ordu başarılı olamadı, isyan devam etti.

Sultan, 50 bin kişilik ordusu ve kürekli kadırgalar ve taşıt gemilerinden oluşan donanmasıyla Boğaz'da (26 Mart), inşaat için vezirler, Halil, Zaganos ve Karaca görevli, inşaat planı ve idaresi sultanın, Bizanslı köylülerin ve Bizans süvari akınlarıyla karşı koymaları faydasız (mart).

Kiev Piskoposu (Rum asıllı) İsidor'u kiliselerin birleştirilmesi kararının uygulanması için Konstantinopolis'e gönderir (20 Mayıs), Papa, İsidor'u Bizans Latin Patriği tayin eder (26 Temmuz).

Hisarın inşâsı: Sultan tarafından hisara *Boğaz-Kesen* adı verilir (Hıristiyanlar tarafından Kephalokoptes, Castello Novo adları), hisar dizdarı Firuz Ağa, Hisar Ağası görevi: Yabancı gemilerin Boğaz'dan geçişini kontrol etmek, Konstantinopolis kuşatmasına destek olmak.

Pera Podestası'nın sultana Bartolomeo Daria'yı elçi göndermesi için Cenova'dan emir (12 Mayıs), imparatorla temas (20 Mayıs).

Hisar civarı *Epibation* Rum köylüler ile çatışma. Hisar inşâsı tamamlanınca sultan İstanbul surları önüne ordusuyla geldi (28 Ağustos 1432). Kuşatmada konuşlanma yerlerini tespit etti. Bizanslı süvariler birkaç çıkış hareketi yaptılar (31 Ağustos-3 Eylül). Hareketten önce savaş ilân etti (1 Eylül).

İmparator sur kapılarını kapattı.

Bizans'ta ziyaretçi Türkler içeride kaldı.

Konstantinopolis'e Papa'nın yardıma göndereceği gemiler konusunda görüşmek üzere Cenova, Giovanni Giustiniani Longo'yu çağırır (11-23 Temmuz).

Sultan Bizans'a karşı savaş ilân eder, haracgüzâr devletlerden Karaman seferi için asker ister (temmuz sonu).

Mora'ya giren, despotluk merkezi Mistra'ya saldıran Turahan kuvvetleri (ekim) buradan İstanbul'a gelebilecek yardımı engellemiş oldu. Sultan Teselya'da Turahan Bey'e Mora'ya akın emreder (ekim başları). Kardinal İsidor, Midilli Başpiskoposu Sakızlı Leonardo ile birlikte Konstantinopolis'e ulaşırlar (26 Ekim).

Top döküm ustası Urban, imparator hizmetinden sultan yanına Edirne'ye geldi ve sultan kendisine büyük bir para verip hizmetine aldı, surları yıkabilecek top dökmesi için emir verildi (sonbahar).

Girolamo Morosi idaresinde iki Venedik gemisi Boğaz'da hisardan atılan top ateşinden kurtularak geçmeyi başardılar, Haliç'e girdiler (10 Kasım).

İmparatorun Venedik'e yeni bir elçi gönderip acele yardım isteği karşısında senato bir donanma hazırladığını bildirdi. Roma'daki Venedikli kardinallere, Papa'yı Bizans'a yardım için sıkıştırmaları talimatı gönderildi (16 Kasım).

Pera'dan Cenova merkezine gönderilen raporda Pera savunması için alınan kararlar: Savunma için 100 *balistari* gönderilmesi, imparator duruma hâkim değil, halk dinî bakımdan ikiye bölünmüş, elçilerin tavsiyeleri: Papa ve Hıristiyan devletlere baskı yapılması, 200 balistari daha gönderilsin, Peralılara para yardımı (25 Kasım).

Antonio Erizzo'nun Karadeniz'den gelen arpa yüklü gemisinin Boğaz-Kesen dizdarının dur ihtarını dinlemeyerek geçmeye kalkışması üzerine geminin top ateşiyle batırılması, Erizzo ve 30 denizci yüzerek sahile çıkınca esir alınıp işkenceyle idam edildiler (26 Kasım).

Venedik Senatosu Azak Denizi'nden gelecek üç ticâret gemisine refakatle koruma için Gabriele Trevisan'ı iki gemiyle görevlendirdi, gemiler Konstantinopolis'e ulaştılar (ekim başları).

Donanma Çanakkale üssüne döndü. Avrupa'dan dönen casuslar, devletlerin kendi aralarında savaşta oldukları haberini getirdiler. Rumeli Beylerbeyi, Karadeniz kıyılarında Bizans'a ait Perinthos, Anchialos (Ahyolu), Mesembria (Misivri) ve Byzos üzerine yürür. Bizans'ın savaş hazırlıkları: Papa ve İtalya'daki öteki devletler Macaristan'a yardım için elçiler gönderdi (eylül), Macaristan'a giren heyetler döndü, Hunyadi'nin yardım vaadini getirdi, karşılığında Karadeniz üzerinde Mesembria limanını istedi.

Konstantinopolis'ten Venedik balyozunun protestosu, sultanla Venedik arasında ilişki kesildi.

Cenova'da toplanan komisyonun kararları: Savunma masrafı için Pera'ya gönderilecek para, Leonardo'ya bir gemi gönderilmesi, Papa'ya elçi gönderilmesi (29 Kasım). Konstantinopolis'e, Haliç'e ulaşan erzak yüklü 14 Ceneviz erzak gemisi (kasım sonu). İmparator kuşatmaya karşı hazırlık yapıyor, surların onarımı için halkı çağırıyor, Papa'ya ve Avrupa devletlerine yeni elçiler gönderip yardım istiyor (aralık).

Trabzon'dan Jacopo Coco, Boğaz'a gelişinde Türk gemileri tarafından Boğaz-Kesen Hisarı altına getirildi, kaçıp Haliç'e girmeyi başardı (2-4 Aralık).

Ayasofya kilisesinde Latin-Grek Kiliseler Birliği anlaşması gereğince yapılan ayinde imparator ve saray büyükleri, Kardinal İsidor ve şehirdeki İtalyanlar hazır bulundular. Fakat Lukas Notaras ve Scholarios ve birçok Ortodoks ruhban katılmadı (12 Aralık).

Cenova'da hükümet, Pera savunması için 200 askerle zahire gönderilmesi için karar alır (2 Ocak).

Sultan, Urban'ın döktüğü büyük topun başarıyla denenmesinde hazır bulundu (ocak başı), topun Edirne'den Konstantinopolis önüne nakli iki ay (ocak-şubat) sürdü. Macar kralı Bizans elçisine, Bizans'ın karşılaştığı tehlikeyi anladığını fakat ülkenin durumu ve sultanla ateşkes antlaşmasını ileri sürerek harekete geçemeyeceğini belirtir, Papa'ya yazacak (16 Ocak).

İmparatorun isteği üzerine şehirdeki İtalyanlar ve Onikiler Meclisi toplanıp Haliç'teki gemilerin savunmaya katılması kararı alındı, yardım istediler (15 Aralık). Giovanni Giustiniani Longo'nun Müslüman gemilerine karşı korsanlığı Cenova'da soruşturma açılmasına yol açtı (15 Aralık), Haliç'teki Venedik gemileri imparatordan izin almadan ayrılamazlar (aralık ortası).

Giovanni Giustiniani iki Ceneviz gemisiyle 700 (veya 400) paralı askeriyle Konstantinopolis'e vardı ve savunmanın başkomutanı atandı. İmparator ücretlerin ödenmesi için garanti verdi (26 Ocak).

Venedik ile sultanın hazırlıkları karşısında kaygılar arttı.

Veziriâzamın imparatora sultanın saldıracağını bildirmesi üzerine imparator Edirne'ye elçi gönderip yıllık haraç ödeyeceğini bildirdi, barış önerdi. Sultan şehrin teslimini istedi, askere sur-dışı yerlerin yağma iznini verdi (şubat başı).

Karamanoğlu İbrahim, Papa ve Napoli kralına mektuplar gönderdi. Sultan Mehmed'e karşı her türlü yöntemin alınacağını, elçi Giovanni Mocenigo ile Venedik'e bildirdi (12 Şubat). Venedik Senatosu, Konstantinopolis savunması için on beş savaş gemisi, üç kalyon ve iki erzak gemisi gönderilmesi için karar aldı (15-19 Şubat), donanma Agriboz'da konuşlanacak, aynı zamanda sultana elçi gönderilecek (15-23 Şubat). Öte yandan senato, Mora'daki Rum despotlarını tehdit etmekte (22 Mart).

Senato gönderilecek donanmanın teçhizi ve başkomutanı (*capitano generale*) seçme kararı aldı (2 Mart), tersanede gemilerin acele teçhizi için emirler (mart sonları).

Papa ve İmparator III. Frederick'e, Aragon Kralı Alfonso, Macar kralı ve öteki Hıristiyan hükümdarlara, Bizans'a acele yardım için önlem almaları istendi (24 Şubat). Alfonso imparatora yazdı (21 Mart).

Sultan ordusu başında birlikte Edirne'den ayrıldı (26 Mart). Osmanlı ordusu şehrin kara tarafından ablukasını tamamladı (1-15 Mart). Rum gemileri Güney Marmara'ya akın yaptılar (mart).

Kara surlarının bakımı ve Haliç surları önündeki hendeklerin derinleştirilmesi (14-30 Mart). Haliç'teki gemiler, Perama (Balık pazarı) önlerinde zincirin berisinde demirledi (31 Mart).

Nisan başında her kapıda savunma komutanları belirlendi; bunlar Bizanslı, Venedikli, Cenevizli, Katalan aslından idiler. Orhan ve yanındaki Türkler, Eleutheros Limanı (Langa Limanı) surlarına atandılar, hareket halinde bir birlik örgütlendi. Venedikliler çoğunlukta, şehri savunan asker rakamı kaynaklarda farklıdır. İmparatorun emriyle Rum savunucu olarak sayımı yapan Sphrantzes toplam 4973 Rum ve 200 kadar yabancı kişi tespit etmiştir. Göz tanığı Leonardo 6000 Rum, 3000 Latin rakamlarını verir. Latinlerden oluşan yabancılar aslında İsidor ile gelen 200 kişi, Giustiniani Longo'nun kumpanyası 700'dür (veya 400-500).

Çeşitli kaynakların savunucular için verdikleri rakamlar 4000 ile 8000 arasında değişir.

2 Nisan'da denizi kapayan zincir[7] Sarayburnu'nda Aziz Eugenio[8] burcundan Galata kıyısında Kasteliutsa (Kastelion/Hristos) burcu[9] arasında gerildi.

Haliç'teki gemiler: 5 Ceneviz, 3 Venedik, 1 Ancona, 1 Bizans gemisi, Barbaro: 7 Ceneviz, 3 Venedik gemisi. Kritovoulos'a göre, 5 Venedik çekdirisi, 12 ticâret gemisi, Haliç'te büyük küçük savaş ve ticâret gemisi olarak hepsi 37 gemi.[10] Sultanın ordusuyla surlar önünde konuşlanması aşamalı olarak 4-7 Nisan'da gerçekleşti.

1) Galata tepelerinden Xyloporta (Odun Kapı) yakınına kadar Zaganos konuşlandı, görevi Galata Cenevizlileri'ni kontrolü altında tutmaktı.

2) Xyloporta'dan (Odun Kapı) Charisios Kapısı'na (Edirne Kapı) kadar Rumeli Beylerbeyi Karaca Bey konuşlandı.

3) Charisios'tan St. Romanus Kapısı'na (Topkapı) yeniçerilerle sultan ve Veziriâzam Halil mevzilendiler.

4) Porta Aurea (Yaldızlı Kapı) kapısına kadar İshak Paşa Anadolu Beylerbeyi Anadolu askeriyle yerleşti.

İmparator ve Venedik Balyosu Girolamo Minotto, Charisios Kapısı'na gelerek savunmada yerlerini aldılar (6 Nisan). Savunma

---

7 Rodos Limanı'nı koruyan zincir.

8 Yalıköşkü'ne yakın Manganon burcu: V.L. Mırmıroğlu, *Fâtih'in Donanması ve Deniz Savaşları*, İstanbul, 1946, s. 29.

9 Hristos burcunun yeri için Mırmıroğlu, *Fâtih'in Donanması ve Deniz Savaşları*, s. 29, not 5. Bu burç kule Vavassore'nin planında müzede bulunan zincir, Galata ucunda büyük burçtur.

10 Bkz. Nicolò Barbaro, *Konstantiniyye Muhasarası Ruznâmesi*, çev. Ş.T. Diler, İstanbul, 1976, s. 72.

Başkomutanı Giustiniani Longo, St. Romanus Kapısı'nda (Topkapı) mevzilendi.

Papalık Venedik'ten beş gemi ısmarladıysa da Venedik 1444 seferi için yollanan gemilerin parasının hâlâ ödenmediğini bildirdi (10 Nisan).

Sultan, surlara karşı toplarını konuşlandırdı: 3 top Blacheme'de imparator sarayına karşı, 2 top Porta Aurca (Yaldızlı Kapı) karşısına, büyük top St. Romanus Kapısı karşısına, 3 top Peghe Kapısı (Silivri-Kapısı) karşısına konuşlandırıldı.[11]

Baltaoğlu Süleyman kumandasında donanmanın *Dipiokonion*'a [Beşiktaş] gelip tertip alması (12 Nisan).

Osmanlı donanması hakkında[12] herhalde en güvenilir rakamları Barbaro vermektedir: 12 üç kürekli kadırga,[13] 70-80 büyük fusta, 20-25 *parandarie* (mavna) veya yük gemisi, kalanı *brigantin*.

Surlara karşı gece-gündüz top ateşi başladı (nisan), surlar önünde kısa çarpışmalar, Boğaz'da ve Marmara Denizi'nde fetihler: Donanma, Therapia (*Tarabya*) Kalesi, *Studios* (Burgaz) ve Büyük Ada'yı ele geçirdi.

Cenova, Levant'taki vatandaşlarına haber gönderip imparatora her çeşit yardım etmeleri talimatını gönderir. Venedik Senatosu Aloise Longo'yu, gemisiyle levazım götürmesi ve gelecek donanmayı Bozcaada'da beklemesi (Barbaro, s. 20). Mayıstan önce gidip Venedik'in Bizans'taki deniz kuvvetlerine katılacak (15 Nisan) idi.

Surlara karşı ilk genel saldırı ağır kayıplarla püskürtülmüş (18 Nisan), Giustiniani yün dolu çuvallarla surları toplara karşı koruma taktiğini uyguluyor (18 Nisan).

Papa tarafından satın alınan asker, silah ve erzak dolu üç Ceneviz gemisiyle Sicilya'dan buğday yükleyen bir Bizans gemisi Çanakkale'yi geçiyor, lodosun kesilmesi üzerine Marmara Denizi'nde Konstantinopolis açıklarında kalıyor. Baltaoğlu'nun donanma ile

---

11 Toplam ağırlığı ve çapları hakkında bkz. Agostino Pertusi, *İstanbul'un Fethi, c. I: Çağdaşların Tanıklığı*, s. 71-72.

12 Çeşitli kaynaklardaki rakamlar için bkz. Agostino Pertusi, *İstanbul'un Fethi, c. I: Çağdaşların Tanıklığı*, s. LXXVI.

13 Agostino Pertusi, *İstanbul'un Fethi, c. I: Çağdaşların Tanıklığı*, s. 73, *trirem* terimini *kalyon* diye çevirmek yanlış, bu çeşit kadırga üç sıra kürekli ağır kadırgadır.

saldırısı, deniz savaşında Baltaoğlu yaralandı, rüzgâr çıkmasıyla gemiler, zincire yaklaştılar, akşam karanlığında Haliç'ten çıkan Venedikli Gabriele Trevisan dört gemiyi yedeğine alıp Haliç'e getirdi (20 Nisan).

Sultan Baltaoğlu'nu azledip donanma kumandanlığına Hamza Bey'i getirir,[14] St. Romanus Kapısı (Topkapı) yönünde şiddetli top ateşi, bir sur burcu ile surun bir bölümü tahrip edildi, savunucular gece gediği kapatmayı başardılar (21 Nisan).

Sultan Galata tepeleri ardında birkaç gün önce düzleştirip Diplokionion'dan 72 *fuste* (veya tek kürekli kadırgayı) binlerce adamına yuvarlak kalaslar üzerinde çektirip Haliç'te Kasımpaşa'da *Psyhra Hydrata* (Soğuk Sular) mevkiine indirmeyi başardı (22 Nisan).[15]

---

14 Kuşatmada yararlığı dolayısıyla Fâtih sonraları Çakırcı-Başı Hamza Bey'i İstanbul subaşılığına getirmiştir, bkz. İnalcık, *The Survey of Istanbul*, s. 416.

15 Pertusi, *La caduta di Costantinopoli*, I, s. LXXVII; Şakiroğlu çevirisi, I, s. 74-75

Kaynaklarda Kuşatma Kronolojisi

Bizans İmparatoru, 1452'de Rumeli Hisarı'nın yapılmasıyla beraber bir kuşatmaya karşı hazırlığa başlamış, surları tamir ettirmiş, acil yardım için Venedik'e adam göndermiş, Cenevizli Giovanni Giustiniani Longo 700 (400) kişilik seçme bir kuvvetle İstanbul'a getirilmişti. Latin asıllı bütün kent halkı, başta Venedikliler, Katalanlar ve Pera'dan gelen Cenevizliler savunmaya hazırlandılar. Haliç'te beşi Venedikli, beşi Cenevizli 26 gemi savaş için hazır hale getirildi. Bir sayıma göre, kentte silah taşıyabilir 983 Rum ve 2000 kadar yabancı vardı. Savunma kuvvetleri 7000'i buluyordu. İmparatorun yanına sığınmış olan Orhan Çelebi adamlarıyla birlikte savunmaya katılacaktı.

II. Mehmed, topları ve 70 bin kişilik esas kuvvetleriyle Edirne'den hareket etti. Donanma da mart ayında Gelibolu'dan ayrıldı. 2 Nisan'da Osmanlı öncü kuvvetleri Konstantinopolis önündeydi. Aynı gün imparator, Haliç girişini zincirle kapatma emrini verdi. 6 Nisan günü genç sultan, esas kuvvetleriyle Konstantinopolis önüne gelerek otağını St. Romanus Kapısı önünde kurdu. Aşağıda başlıca olaylarla kuşatmanın kronolojisi verilmiştir.

6-7 Nisan: İlk top ateşi başlar. Edirne Kapı yakınında surların bir kısmı yıkılır. Geceleyin savunucular bu gediği kapatırlar. Hendeklerin doldurulmasına ve yeraltında lağımların kazılmasına başlanır.

9 Nisan: Baltaoğlu Süleyman Bey Haliç'e girmek için ilk saldırıyı yapar. II. Mehmed, şehrin Haliç surlarını kuşatma dışında bırakmak istemez.

11 Nisan: Büyük toplarla surların dövülmesine başlanır. Surlar yer yer yıkılır, savunucular, ağaç kızaklar ve toprak doldurulmuş torbalarla siper yapıp gediği kapatmaya çalışırlar.

12 Nisan: Baltaoğlu, zincirin öte yanında Haliç'i koruyan Hıristiyan gemilerine saldırı girişiminde bulunur. Deniz savaşında yüksek bordalı Hıristiyan gemileri üstün gelir. Bu başarı kent halkının ve savunucuların sevinç gösterilerine yol açar. Osmanlı ordusunda moral bozukluğu baş gösterir. Sultanın emriyle havan topu yapılarak Haliç'teki gemilerin dövülmesine başlanır, bir düşman kadırgasının batırılması morali yükseltir.

18 Nisan: İlk büyük saldırı. O gece davullar çalarak meşalelerle "top yıkığı" kesiminde saldırı yapılır. Kazıklarla yapılmış siperi yakma girişimi dört saat sürer, sonuçlanamaz.

20 Nisan: Papa'nın gönderdiği erzak ve silah yüklü üç Ceneviz gemisi ile buğday yüklü büyük bir Bizans gemisi Çanakkale'yi geçip cuma sabahı Konstantinopolis önüne gelir. Sultan kıyıya gelerek Baltaoğlu'na gemileri ele geçirmesi veya batırması için sıkı emirler verir; kıyıdaki büyük yük gemilerine asker ve silah koyarak yardıma gönderir. İstanbul halkı Akropolis Tepesi'ne (Topkapı Sarayı Tepesi) yığılmış, sonucu kaygıyla izlemektedir. O sırada bir lodos çıkar, kabaran deniz Osmanlı gemilerinin manevrasını güçleştirir, yüksek bordalı düşman gemilerinden atılan ok ve kargılar, Osmanlı kadırgaları içinde yaklaşan askere göz açtırmaz. Donanmasının bir şey yapamadığını görerek gâzâba gelen genç sultan, atını denize sürerek adeta savaşa bizzat katılmak ister. Akşama doğru rüzgâr birden lodostan poyraza çevirir ve yelkenlerini şişiren dört Hıristiyan gemisi Osmanlı donanmasını yararak Haliç'e yaklaşır, geceleyin dört gemi alçaltılan zincirin üzerinden Haliç'e girip kurtulur. Bu savaşta, bir hesaba göre Hıristiyanlar 23, Osmanlılar 300 kişi kaybetmiştir. Sultanın gâzâbına uğrayan Baltaoğlu idamdan güçlükle kurtulur. Donanma kumandanlığına Çakırcı-Başı Hamza Bey getirilir. Başarısızlık Osmanlı ordusunda ciddi bir bozgun havası estirir; orduya katılanlardan bazı gruplar terk edip ayrılır.[1] Buna karşın ertesi gün sultan bir yandan bombardımanın şiddetlendirilmesini emreder. Lykos Vadisi'nde (Bayrampaşa Deresi) büyük kule tahrip edilir. Öte yandan sultan donanmasını Dolmabahçe'den Haliç'e indirmek için harekete geçer. Tursun Beg'e göre bu proje, önceden düşünülmüş ve Galata kara surlarının hendekleri boyunca Tophane'den Kasımpaşa koyuna bir yol inşâ edilmiş, gemileri çekecek kızaklar hazırlanmıştır.

22 Nisan: Sabahtan öküzlerin çektiği ve yüzlerce kişinin iki taraftan halatlarla dengelediği 70 kadar gemi kızaklar üzerinde karada seyre başlar. Öğleye kadar gemiler savunucuların hayret ve korku dolu gözleri önünde Haliç'te Kasımpaşa koyuna iner.

28 Nisan: Savunucuların Haliç'e inen Osmanlı gemilerini yakma girişimi, vaktinde haber almış olan sultanın kıyıdan açtığı şiddetli top ateşiyle sonuçsuz bırakılır. Düşman gemilerinden ikisi tahrip edilir. Haliç zaferi, Osmanlıların cesaretini yükselten bir başarıydı. Böylece kent, Haliç dâhil deniz surları yönünden tamamıyla kuşatılmış bulunuyordu. Cenevizliler, tarafsız görünmekle beraber, el altından gıda ve asker yardımı göndererek savunucuları destekleyemediler. Osmanlı donanması Haliç'e inince tam tarafsızlığı gözetmek zorunda kaldılar. Sultan, Haliç'in iki yakasındaki kuvvetler arasında ulaştırmayı kolaylaştırmak için Ayvansaray ile Sütlüce arasında bir köprü yaptırdı. Köprü, birbirine sıkı sıkıya bağlı büyük fıçılar üstüne kalaslar döşenerek yapılmıştı. Köprüden ağır top arabaları geçebilir veya yan yana beş kişi yürüyebilirdi. Köprüye bağlı platform üzerine toplar yerleştirildi ve Blakhernai (Ayvansaray) surları dövülmeye başlandı. Bununla beraber Osmanlı donanması Haliç'i tam olarak denetim altına almış değildi. Düşman gemileri Haliç'in aşağı kesiminde bekliyordu. Kentte erzak sıkıntısı arttı, dışarıdan yardım gelmezse açlıktan teslim olma olasılığı kendini gösterdi. Bütün ümit, Venedik donanmasının vaktinde yetişmesine bağlıydı. 13 Nisan'da Amiral Aloise Longo'ya verilen talimatta hızla Tenedos'a (Bozcaada) gitmesi emrediliyor-

---

1 Ayrıntılar için ileride "İstanbul Kuşatmasında Kritik Üç Gün: 20-21-22 Nisan 1453" bölümüne bakınız.

du. Tenedos'ta *başkaptan* Pietro Loredano'nun gelip kendisine katılmasını bekleyecekti. Venedik, sultanla imparator arasında barış yapılmasını uzak bir olasılık olarak görmüyordu. Eğer fetih olmuş ise donanma ile giden elçi Bartolomeo Marcello, sultana gidip Venedik'in barışsever niyetleri hakkında kendisine güvence verecekti. Papalık da Venedik'ten kiralayıp Konstantinopolis'e göndermeyi düşündüğü beş kadırga için acele etmiyordu. Haliç olayından sonra sultan, kara sularında bombardımana devam ediyor, Haliç'teki donanması zaman zaman saldırı göstergesi yaparak düşmanı tedirgin ediyor ve Blakhernai (Ayvansaray) köprüden toplarla dövülüyordu. O günlerde, imparator Cenevizliler aracılığıyla sultanla görüşmek istedi. Cenevizlilerin bir barıştan kazançları ortadaydı. Sultan, koşulsuz teslim karşılığında kent halkının canı ve malı için güvence veriyordu. Teslimden sonra imparator serbestçe Mora'ya gidebilirdi. Kent düştükten sonra Lukas Notaras, sultana kenti teslim etmeyi düşündüklerini fakat İtalyanların razı olmadıklarını söyleyecektir. Bir ara imparatorun kaçmasını ve Balkanlar'da bir ordu hazırlayarak dışarıdan savaşla kenti kurtarmasını tavsiye edenler oldu. Ancak kentten ayrılırsa savunmanın çökeceği düşüncesinde olan imparator bunu kabul etmedi. Haliç'te demirli, ipek yüklü bir Ceneviz gemisinin top ateşiyle batması üzerine Galata idaresi sultana tarafsızlığı hatırlatarak şikâyette bulundu. Fetihten sonra incelenip ödün verileceği yanıtı verildi. Osmanlılar kuşkusuz Galata'daki Cenevizlilerin savaşa katılmasını istemiyorlardı.

7 Mayıs: Osmanlı kuvvetleri, ağır bombardımandan sonra gecenin ilk saatlerinde Topkapı kesiminde doldurulan hendeği geçerek büyük bir saldırı başlattı. Çarpışma üç saat sürdüyse de Osmanlı askeri gedikteki siperi aşamadı.

12 Mayıs: Gece yarısı, surların zayıf kesimi olan Blakhernai ve Theodosius surlarının bitiştiği yere büyük bir saldırı yapıldı, sonuç alınamadı.

13 Mayıs: Haliç'teki Hıristiyan gemileri Nerion Limanı'na (Sirkeci) sığınmışlardı. Savunmacılar, Blakhernai (Ayvansaray) kesiminin onarımı ve korunması için bir kısım gemi tayfasını ve topları buraya getirdiler.

16 Mayıs: Blakhernai'ı döven toplar esas saldırı kesimi olan Lykos Vadisi'ne (Bayrampaşa Deresi) kaydırıldı.

16-17 Mayıs: Osmanlı donanması Dolmabahçe'den Haliç üzerine hareket etti; zincirin gerisinden savunucular karşısında geri çekildi.

16-23 Mayıs: Karada top ateşine lağım kazmaya devam edildi.

18-23 Mayıs: Sultanın yeni bir sürpriz girişimi: Ağaçtan bir yürür-kule Meseteinon (Topkapı) kesiminde surlara yürütülür. Kulenin himâyesi altında hendeğin doldurulmasına devam olunur. Yürür-kulenin savunucular tarafından yakılması, lağımların etkisizleştirilmesi, bu girişimi sonuçsuz bırakır.

23 Mayıs: Bir Venedik *brigantin*i, Osmanlı gemilerinin kovalamasından kurtulup Haliç'e girer. Venedik donanmasından veya Macarlardan haber yoktur. Şehirde umutsuzluk yaygınlaşır. Öte yandan Osmanlı ordusu da tedirgindir; surlar yıkılmıştır fakat yağma ilân edilmez, asker genel saldırıdan alıkonmaktadır. Macar elçileri sultana gelip evvelce Yanko ile yapılmış anlaşmayı kralın tanımadığını bildirirler. Haber, orduda huzursuzluğa neden olur.

25 Mayıs: Venedik donanması Ege'ye gelmiş, durum sıkışıktır. İmparatora, şehri teslim etmesi için İsmail Bey yeniden elçi olarak gönderilir. İsmail Bey, imparatorun elçisiyle döner. Sultan 100 bin altın ödenmesini ve şehrin teslimini ister. Teklifte gitmek isteyenlerin bütün mallarıyla şehri terk edebilecekleri vaat olunuyordu. İtalyanlar teslime razı olmazlar.

26 Mayıs: Venediklilerin ve Macarların yardıma gelmekte olduğu haberi asker arasında yayılır, orduda umutsuzluk yaygınlaşır; genç ve tecrübesiz sultana karşı sözler söylemekten çekinmezler. Bu durumda, son bir genel saldırı için harp meclisi toplanır. Çandarlı Halil Paşa eski iddialarını tekrarlayarak çekilme kararı alınmasında direnir. Zaganos Paşa bu fikre şiddetle karşı koyar ve Batılıların birleşip saldırıya geçemeyeceklerini, Osmanlı ordusunun denizden düşmana karşı kat kat üstün olduğunu ve korkmadan saldırıya devam edilmesini vurgular. Koca Turahan Bey ve Şehabeddin Paşa onu kuvvetle desteklerler. Genel saldırı kararı alınır. Sultan, istemeyerek "kentin taşı toprağı ve binaları benim, kalanı askerin" diye üç gün yağma izni verir. Haber orduda ilân edilir. Zaganos Paşa, saldırı gününü belirlemek ve hazırlıkları yapmakla görevlendirilir.

27 Mayıs: Münâdiler iki gün sonra genel saldırı olacağını orduda ilân ederler. Herkes büyük bir çaba ile hazırlıklarını yapmaya başlar. "Top yıkığı" kesiminde bombardıman şiddetlendirilir. Osmanlı askeri, gece hendekleri doldurmaya başlar.

28 Mayıs: Askere istirahat izni verilir. Derviş grupları morali yükseltmek için askerin arasına dağılır. Genç sultan, sabah Dolmabahçe'ye gidip donanmanın saldırı gününde deniz surlarına saldırmasını emreder. Sonra, ordu saflarını dolaşarak askeri yüreklendirir, öğleden sonra otağında kumandanları toplar ve mevcut koşullar altında başarıya inancını ifade eder. Zaganos, Blakhernai (Ayvansaray) kesiminde saldırıya katılmak için Haliç'ten kuvvetlerini bu yana geçirir. O gece dualarını yapan asker istirahate çekilir. Osmanlı ordusu tam bir sessizliğe gömülür. Kenttekiler son anın geldiğini hissederek Ayasofya'da büyük bir dinî alay düzenlerler. İlahiler, çanlar kente vaveyla verir, imparator son mecliste herkesi savunmaya çağırır; akşam Ayasofya'ya gider ve Blakhernai'daki sarayına döner.

29 Mayıs: Gece saat bir buçukta sultan saldırı emri verir. Şehirde, surlar üzerinde savunucular savaş konumunu alırken, şehirde halk kiliselere koşuşmuş dua etmektedir. Osmanlı ordusu karadan ve denizden, tekbirler, davul ve nakkare seslerinin sağır edici gürültüsüyle harekete geçer. İlk saldırıyı başlıca yaya ve azeblerden oluşan hafif piyade kuvvetleri yapar, düşmanı yıpratır. Onlar çekilince karanlıkta, İshak Paşa kumandasında Anadolu askeri saldırıya geçer. Şafaktan bir saat önce Urban'ın topu ağaç siperde bir gedik açar. Buradan giren 300 kadar Anadolu askerini savunucular yok eder. O zaman sultan seçkin kuvvetleri, yeniçerileri harekete geçirir. Yeniçeriler ok ve kargı perdesi arkasında sarsılmadan gediğe doğru yürürler.

Sultan hendeğin yanına kadar gelir ve askeri yüreklendirir. Yeniçeriler şimdi gedikte düşmanla göğüs göğse savaşmaktadır.

"Top Yıkığı" kesiminde savaşan Başkomutan Giustiniani ağır yaralanarak Haliç'te bir Ceneviz gemisine kaçar. İmparator yalnız kalır. Durumu fark eden sultan, yeniçeriyi o noktaya yönlendirir. Yeniçeriler gediği de ele geçirirler. Oradan iç surlara yürürler ve hendeğe giren düşmanı yok ederek surların üzerine çıkarlar. Venedik balyozu esir alınmıştır. O sırada deniz surlarından deniz azebleri de kente girmiştir. İmparator, saray büyükleri ve değerli eşya dolu sandıklarla Haliç'te bekleyen gemiye kaçarken bir azeb grubu ile karşılaşır ve çarpışmada ölür.

Kente Osmanlı askerinin sözde açık kalmış Xyloporta'dan girdiği iddiasını bütün Hıristiyan kaynakları tekrar ederlerse de o sırada orduda bulunan Tursun Beg'e göre şehir "top yıkduğı gedükten" fethedilmiştir.

İstanbul Kuşatmasında Kritik Üç Gün: 20-21-22 Nisan 1453

Kuşatmada 20-21-22 Nisan'daki deniz savaşı ve Haliç'e Osmanlı donanmasının karadan indirilmesi fetihte sona götüren kesin bir aşamadır. Şimdiye kadar yazılıp çizilenlerde Osmanlı karargâhındaki bu iktidar mücadelesinin sonuç üzerinde kesin etkisi gereğince tartışılmamıştır. Aşağıda, 20-21-22 Nisan'da bu tartışmanın doruk noktasına çıktığını ve genç sultanın azim ve kararının fetihte kesin rolünü ayrıntılı olarak görmekteyiz.

Anadolu ile Rumeli arasında Osmanlı ülkesi ancak İstanbul fethedilince birleşik sağlam bir imparatorluk olarak kurulmuş olacaktı. Genç Sultan Mehmed bunu iyi anlamıştı. Ancak, devlet içinde mutlak bir otorite sağlamış olan kudretli Veziriâzam Çandarlı Halil açıktan buna karşı çıkıyordu. Çandarlı Halil, Avrupa Haçlı ordusunun 1444'te Varna'ya kadar gelmiş olduğunu unutmuyor ve İstanbul alınırsa kendisinin iktidardan düşeceğini hesaplıyordu. Bu iki nedenle Çandarlı, elinden geldiği kadar İstanbul fethine karşıydı. Sultan Mehmed bunu iyi anlamıştı. Çandarlı ve onunla beraber bazı ümera ve ulemâ, fethin gerçekleşemeyeceğine, genç sultanın bir maceraya atıldığına inanıyorlardı. Diğer yandan, İstanbul kuşatmasında sultan kuşatmayı hızla sonuçlandırmak zorundaydı. Kuşatma devam ederken güçlü bir Venedik donanması Agriboz'a doğru yoldaydı ve Macarlar elçi gönderip tehditte bulunmaktaydı. Öte yandan ordu sonuç almak için *yağma* izninin çıkmasını bekliyordu. Fâtih, gelecekteki payitahtı, İstanbul'u harap bir şehir olarak almak istemiyordu. Sonunda sultan, *yağma* ilân etmek zorunda kaldı, 20 Nisan deniz yenilgisinde şevki kırılmış ve dağılmaya başlamış olan ordusu, onun yılmayan azmi, fethi müjdeleyen Ak Şemseddîn'in "tebşîrâtı" ile canlandı ve Haçlılar gelmeden fetih başarıldı.

Ak Şemseddîn'in Sultan Mehmed'e Yazdığı Mektup

20 Nisan deniz yenilgisi üzerine Ak Şemseddîn'in 21 Nisan'da Sultan Mehmed'e hitaben yazdığı mektubun analizi, o günlerin fetihte kesin bir dönüm noktası olduğunu ortaya koymaktadır. Mektubun metni şöyledir: [1]

1. Tahiyyât-i zâkiyât ve teslîmât-i sâfiyât iblâğ kılmaktan sonra Cenâb-i Kerîm'e ma'rûz oldur ki,

2. bu hâdis ki ol gemi ehlinden oldu,[2] kalbe hayli tekessür ve melâlet getirdi, bir fırsat

3. görünürdü, fevt olduğuna gayretler geldi: biri gayret-i dîn ki kâfirler ferah olup şamata-i a'dâ' olundu,

4. Ve biri bu ki mübârek vücûdunuza noksan-i re'y ve 'adem-i nefâz-i hükm nisbet olmak

5. Ve biri bu ki, bu za'îfe 'adem-i isticâbet-i du'â nisbet olmak ve tebşîrimiz gayr-i mu'teber olmak ve dahi mahzûr çok.

6. İmdî, müsâhele ve rıfk gerekmez, bunun gibi bâbda istiksâ' idip kimden bu tahallüf ve

---

1 Bu metni ilk kez şu kitabımda yayınlamış bulunuyorum: *Fâtih Devri Üzerinde Tetkikler Vesikalar*, Ankara, 1954, Levha VII. Mektup, Topkapı Saray Arşivi, no. E. 5584'te bulunmaktadır.

2 20 Nisan günü Sakız'dan yiyecek ve silah yüklü dört büyük gemi İstanbul önünde Osmanlı donanmasını yarıp zincirle korunan Haliç'e girmeyi başarmıştı. Bu olay üzerinde bkz. Göz tanığı Nicolò Barbaro, *Kostantiniyye Muhasara Ruznâmesi*, çev. Ş.T. Diler, İstanbul, 1976, s. 38-40; öteki tanıklar için bkz. J.R.M. Jones, *The Siege of Constantinople, 1453: Seven Contemporary Accounts*, Amsterdam, 1972; son kez A. Pertusi, *La Caduta di Costantinopoli: Le testimonianze dei contemporanei*, Verona, 1976.

7. 'adem-i ikdâm oldı, bilip 'ukûbet-i 'azîme gerek 'azl gibi ve ta'zîr-i şedîd gibi, eğer olunmaya yarın bir gün

8. kal'aya hücûm idicek ve hendek doldurmalu olıcak tehâvün iderler. Bilirsiz, ekseri yasak

9. müslümanıdır, Allâh içün canını ve başını koyan azdan azdır, meğerki bir ganîmet göreler,

10. canlarını dünyâyiçün oda atalar, imdî mercû ve mutavakkı' oldur: cidd ü cehd bi-kadri'l-istitâ'a hem fi'len

11. ve hem emren ve hükmen ve kavlen idesiz ve bunun gibiye râci' olanı bir merhameti ve rıfkı az olan

12. kimseye buyurasız, teşdîd ve taglîz ide kemâyenbagî ve hem asl-i şer'îsi vardır:

13. "Ey peygamber! Kâfirlere ve münâfıklara karşı cihad et ve onlara karşı çetin ol." [Tevbe suresi, 73. Ayet]. Bir 'aceb nesne vâki' oldu, melâletle

14. otururken Kur'ân-i 'azîme tefe'ül itdik, Sultânu's-sâdât Ca'fer-i Sâdık işâreti üzere bu âyet

15. geldi: "Allah, erkek ve kadın münâfıklara, içinde ebedî kalmak üzere cehennem ateşini va'detti. O, onlara yeter. Allah onlara la'net etmiştir. Onlar için sürekli bir azab vardır." [Tevbe suresi 68. ayet]

16. İmdî, ol varmayanların bâtını müslümân değildir, hükm-i münâfikînde kâfirle 'azâb-i

17. cehennemde mukîm olmakda beraberdir, demek işâreti düşdü, Bes! Teşdîd-i maslahat göründü, himmet idesiz,

18. 'akıbet hacâletle inkisârla gitmeyevüz, belki ferah ve mansûr ve muzaffer gidevüz, bi'avnillâh ve nusretihu, âmîn.

19. İmdî, gerçi al-'abd yudabbiru va' Allah yukaddiru (İnsanoğlu, yaşamını sürdürmek veya herhangi bir işi yaparken elinden geleni yerine getirmelidir ve gerisini düşünmemelidir. Onu yüce Allah'a havale etmelidir, (Allah'a güvenmelidir) kaziyyesi sâbitdir, al-hukmil'illâh ve lâkin elinden geldikce cidd ü cehdi kul

20. taksîr itmemek gerek, Resul'ullâh'ın ve eshâbın sünneti budur. Ve dahi melâletle biraz Kur'ân okuyub yatmak

21. vâki' oldu, şükrullâh ta'âlâya, envâ'-i vechile lûtflar idüb beşâretler oldı ki, çok zamandır anın

22. misli olmadıydı, tesellî-i tâm hâsıl oldı. Ve bu sözleri söylediğimiz hazretinize fuzûl kelâm (boş söz) add olmaya, sevdiğimizdendir hazretinizi.

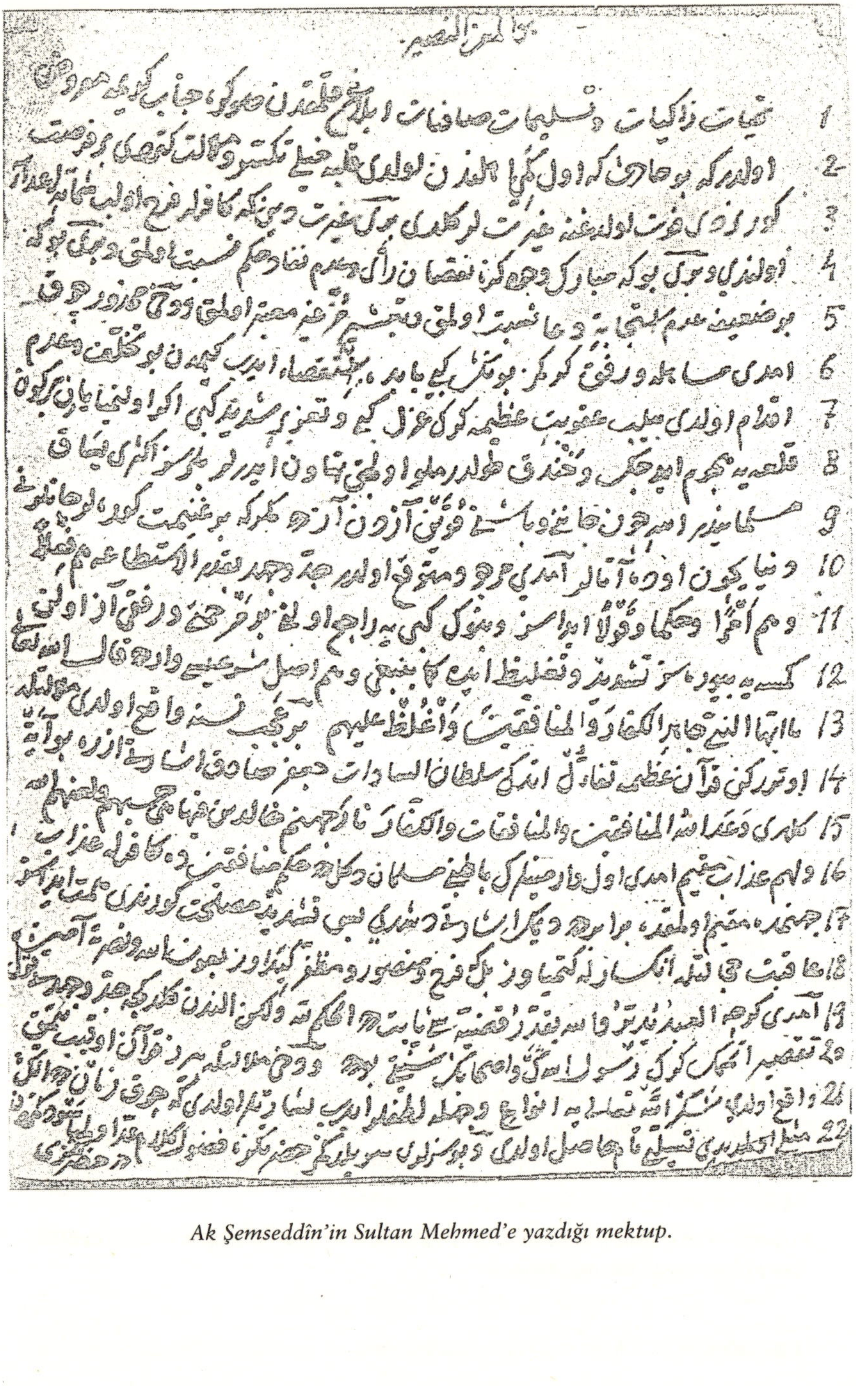

Ak Şemseddîn'in Sultan Mehmed'e yazdığı mektup.

Günümüz Türkçesiyle Mektubun Metni

1) Selamdan sonra, 2) Düşman gemilerinin neden olduğu olay, yüreğimizde hayli kırgınlık ve kedere neden oldu, bir fırsat 3) görünürdü, kaybolduğundan aykırı bazı durumlar kendini gösterdi. Birincisi, kâfirler sevinip şamata yaptılar; 4) ikincisi, verdiğiniz kararınızda size noksan düşünce ve bu kararı gerçekleştirmede hükmünüzü yürütemediğiniz ileri sürüldü (*noksân-i rey ve adem-i nefâz-i hükm nisbet olmak*), 5) üçüncüsü, benim ettiğim duanın yerine gelmemesi ve verdiğimiz müjdenin itibarsız olması ve bunun gibi birçok aykırı şeyler. 6) Bu durumda ne yapmalı, her şeyden önce, görmezden gelme ve acımayı bir yana bırakmak gerek. Bunun gibi ağır bir durum ortaya çıktığında iyi araştırıp bu aykırılık ve gevşeklik (*tahallüf ve adem-i ikdâm*) kimden kaynaklanmıştır,[3] 7) ortaya çıkarıp azletme ve ağır şekilde paylama (*ta'zîr*) uygulamalı. Eğer bu yerine getirilmezse yarın bir gün 8) kaleye genel saldırı emri çıkar ve surların hendeği doldurulursa gevşek davranırlar, 9) "bilirsiz ekseri yasak müslümanıdır, Allâh içün canını ve başını koyan azdan azdır; meğer ki bir ganîmet göreler, canlarını 10) dünya için oda atalar".[4] Bu durumda sizden çok rica ederim, elden geldiği kadar hem fiilen uygulama 11) hem emir ve sözle çaba harcamalısınız ve bu durumda olanların gereği gibi şiddetle cezalandırılmasını, merhameti az olan 12) bir kimseye havale etmelisiniz. Zira bunun şeriâtta da yeri vardır. 13) (Ayet) Bu arada hayret edilecek bir şey oldu.14) Kederle otururken *Kur'an*'dan fal açtık (*tefe'ül itdik*), seyyidler sultanı Ca'fer-i Sâdık işareti ile şu ayet 15) geldi (Ayet), 16) "varmayanların bâtını müslüman değildir, hükm-i münâfikînde kâfirle cehennemde mukîm olmakta beraberdir" demek işareti düştü. Şimdi, fetih için harekete geçmeyenler, kalplerinde müslüman sayılmazlar. 17) O halde, işi şiddetlendirme durumu göründü, "himmet edesiz; 18) (buradan) 'âkibet hecâlet-

---

3 Kuşatmaya başından beri karşı gelen ve gevşek davranan Vezirâzam Çandarlı Halil Paşa ve avenesini kastettiği kuşkusuz.

4 Bu ifade kuşkusuz Hıristiyan devşirme oğlanı olup Müslüman yapılan yeniçeriler için kullanılmıştır. Onlar *devşirme kânûnu* ile devşirildiği için *yasak* (*yasa*) ile Müslüman olmuşlardır.

le inkisârla gitmeyevüz, belki ferah ve mansûr gidevüz, Tanrının yardımıyla. 19) Her ne kadar denir ki, *kul önlem alır, ama takdir Tanrı'nındır,* sözü doğrudur. Hükm Allah'ındır, fakat kul elinden geldiğince gayret göstermekten 20) geri kalmamalı, Peygamberin ve ashâbının izlediği yol budur. Bundan sonra keder içinde biraz Kur'an okuyup yattık 21) Yüce Tanrı'ya şükürler olsun (uykuda) Tanrı'dan türlü lütuflar ve müjdeler ("beşâretler") geldi, çok zaman bize bunun gibi [beşâretler] 22) olmadıydı. Gönlümüz tam anlamıyla rahatladı ("teselli tam hâsıl oldı" ve bu sözleri söylediğimiz hazretinize fuzûl kelâm (boş söz) 'add olmaya, sevdiğimizdendir, hazretinizi".

Tarihî Mektubun Yorumu

Ak Şemseddîn'in bu mektubu, 20 Nisan 1453 günü erzak ve silah getiren üç Ceneviz ve bir Bizans gemisinin Osmanlı donanmasını yenerek zincir ötesine Haliç'e başarıyla girmesi üzerine yazdığı açıktır. Bundan önce olup bitenleri Şeyh'in *Menâkıbnâme*'si[5] açıklamaktadır. Oradan metni aşağıda aynen veriyoruz:

> Feth-i Kostantiniyye: sene hamse ve hamsîn ve semâne mie tarihinde a) merhûm Sultan Mehemmed Han yigirmi bir yaşında pâdişâh oldı, bir yıldan sonra Edirne'de 'ulemâ ve ümerâyı cem' idüp Kostantiniyye fethini müşâvere eyledi. Bir kimesne mübâşeret eylemeğe râzı olmadı, eshâb-i Resûlullâh'dan ve ashâb ve hülefa-i Râşidîn vesâirden nice ulular Kostantiniyye fethine gelüp müyesser olmadığın beyân idüp ve hadîs-i şerif nakly eylediler, (Hadîsler): Öyle olsa feth-i Kostantiniyye Mehdî'nindir, didiler, Ak Şemseddîn işitti, cevâb virdi ki, Kostantiniyye'yi evvelen Sultan Mehemmed Hân feth ider, sonra Benî-Asfar alur, Benî-Asfar elinden Mehdî feth ider, didi. Mevâlî ile çok bahseyledi b) Âhir Sultan, Ak Şemseddîn'in sözüne i'tibâr ve i'tikâd idub yarar gördü, Kostantiniyye üzerine vardı, elli dört gün ceng eyledi, âhir Frengistan'dan Kostantiniyye'ye 'acâ'ib gemiler geldi, çok 'asker ve azuk geldi, kâfirler şenlik eylediler c) 'ulemâ ve ümerâ cem' olub Pâdîşâh'a geldiler, bir sûfînin

5 Hüseyin Enîsî'nin, *Menâkıb-i Ak Şemseddîn*'i olayları oldukça doğru nakletmektedir.

(Ak Şemseddîn) sözüyle bu kadar 'asker helâk oldı ve bu denlü hazîne telef oldı, hâlen kâfiristan'dan kâfire yardım geldi, feth olmak ümidi kalmadı, didiler d) Sultan Mehemmed Hân vezîri Veliyyüddîn oğlı Ahmed Paşa'yı Şeyh'e gönderdi, kal'a feth olunmak ve 'adûya zafer bulunmak var mıdır, didi. Şeyh cevâb virüb ümmet-i Muhammed'den bu kadar müslümanlar ve gâzîler bir kâfir kal'asına müteveccih oldılar, inşallah feth olur, didi e) Sultan Mehemmed bu kadar işarete kanâ'at eylemedi, vezîr-i mezbûru yine gönderdi, "ta'yîn-i vakt itsünler" didi. Ak Şemseddîn dahi murâkabaya vardı, mübarek yüzü dürildi, başını kaldırdı, "işbu senenin Rebî'ülevvel (cemâziyelevvel) ayının yigirminci günü (29 Mayıs 1453) seher vaktinde sıdk u himmet ile filân cânibinden yürüyüş itsünler, ol gün feth ola, Kostantiniyye içi sadâ-yi ezân ile dola; pes ol gün ol sa'at oldı, 'asker-i İslâm hisâra hücûm eylediler f) Sultan Mehemmed şeyhi da'vet eyledi; meğer Şeyh sûfilerine ısmarlamışdı ki, benim üzerime hiç kimesneyi getürmen; Pâdişâh Şeyh gelmeyicek gâzâb eyledi, kalkdı, Şeyh'in çadırına geldi, gördü ki çadırı berkitmiş; hançerin çıkardı, Şeyh'in çadırını bir mikdâr şakk eyledi, içerü bakdı, gördü: çadırın içinde döşenmiş [halı] yok, sâfî toprak, ol toprak üzerine Şeyh secdeye varmış, tâcı mübârek başından yuva[r]lanmış, başının ak saçı nûr gibi şa'şa'a virmiş, mübârek saçın, sakalın ve yüzün toprağa bula[n]mış, gözünün yaşı sofra kadar yeri tutmuş, akmış, münâcât ider, Pâdişâh Şeyh'in bu hâlini ve bu nâlesini gördü, dehşetnâk oldı; döndü, makamına geldi g) kal'aya nazar kıldı, gördü ki 'asker-i İslâm'ın önünde ak 'abalar giymiş bir tâ'ife hisara koyuldular, ol sa'at kal'a feth oldu h) Rivâyet olunur ki, Ak Şemseddîn'e vakt ta'yîn eyledüginden su'âl olundu, cevâb virdi ki, karındaşım Hızır ile 'ilm-i ledünnîde Kostantiniyye'nin fethin istihraç kılmışdık, kal'a feth olunduğu gün karındaşım Hızır 'abâ-pûş velîler ile 'askerin önünce hisâra girdiler, kal'a feth olunduktan sonra Hızır karındaşımı gördüm, kal'a divârı üzerinde oturmuş, ayaklarını salmışdı.

Göz Tanığı Tursun Beg'in Gözlemi

20 Nisan 1453 günü dört düşman gemisinin donanmayı yenip Haliç'e girmeyi başarması ve bunun Osmanlı tarafında nasıl bir bozgun ruhu yaratıp kuşatma aleyhinde olanlara cesaret verdiği hakkında Osmanlı kaynaklarındaki haberler, Ak Şemseddîn'in

mektubundaki ifadeyi kuvvetle yinelemektedir. Fâtih'in yakını, kuşatmanın göz tanığı Tursun Beg'in sözleri durumun ciddiliğini hakkıyla belirtmektedir:[6] "Mülâzimân-i Hazret (Sultan) ve ekser ehl-i keştî gemileri limana (Haliç) indirmek şuglundayken (Sultan)" [70-72 gemiyi karadan Haliç'e indirmek işiyle uğraşırken] ol *köke*[7][ler] muvafık rüzgâr bulup yelken açıp göründü, hazır bulunan gemilerle Kapudan Baltaoğlı Süleyman Beg ol dîvlere karşı varıb çattı; ceng-i 'azîm itdi, ammâ (...) zafer müyesser olmadı, kâfir kapusun açıb köke(leri) içerü aldılar, bu hâdise eğerçi ehl-i İslâm arasında fütûr ve perîşânî saldı; ammâ ma'nâda (...) *âhir hem (İstanbul) fethine bu sefine sebeb oldı.*"

Tursun, büyük saldırı hazırlığının 21 Nisan toplantısında alınan karar sonucu "fethe sebep" olduğunu önemle ifade etmektedir. Gerçekten kuşatma günlükleri, şiddetli bombardımanla surlarda gedikler açıldığını,[8] bu tarihten sonra kuşatmada fetihle sonuçlanan büyük taarruz hazırlıklarının başladığını belirtirler.[9] Savaş ve saldırı kararları verilen "meşveret" meclisleri ayrıntılarıyla Kritovoulos, Tursun Beg, Tâcibey-zâde Cafer Çelebi ve İdrîs-i Bitlîsî tarafından naklolunmuştur.

Osmanlı Donanması Haliç'te (22 Nisan)

Tursun (41a-43a) olayı şöyle anlatır (günümüz Türkçesine çevrildi). Liman (Haliç) tarafı "mesdûd" olup o taraftan kuşatma olmaması pâdişahın asla hatırından çıkmıyordu, emretti: "Kadırgalar ve büyük kayıklardan bir niçe gemileri kal'a (Galata kulesi) ensesinden

---

6 *The History of Mehmed the Conqueror, Târih-i Ebu'l-Feth*, (ed.) H. İnalcık ve R. Murphey, Minneapolis ve Chicago, 1978, s. 42a-b; Tursun Bey, *Târîh-i Ebü'l-Feth*, (haz.) A.M. Tulum, İstanbul, 1977, s. 53-54.

7 *Köke, coque*, yelkenli büyük kalyon, Kahane ve Tietze'nin, *Ligua Franca*'da, *göğe, göke* yanlış okuma.

8 Bu gediklerin tam ölçüsünü fetihten sonra tamirat yapan İstanbul'un ilk kadısı Hızır Beg'in Fâtih'e sunduğu raporda öğreniyoruz, belge şurada yayına hazırlanmıştır: H. İnalcık, *The Survey of Istanbul, 1455*, İstanbul, 2010.

9 *The History of Mehmed the Conqueror, Târih-i Ebu'l-Feth*, s. 42b-45b; göz tanığı Barbaro (*Kostantiniyye Muhasara Ruznâmesi*, s. 40) 21 Nisan'da bombardımanın arttığını belirtir, "çünkü herkes o gün Türklerin umumi taarruza geçeceğini sandılar", krş. *Accounts*, Melville Jones: L. Chalkokondyles, *Historiarum*, II, s. 46.

Boğaz denizinden kurudan çekdirip" Halic'e indireler.[10] Böylece şehir her tarafından kuşatılır ve bu cephedeki savunma hattı genişler, askerleri dağılır. Tüm operasyon için mühendisler ve denizciler ("cerr-i eskâlde mâhir mühendisîn ve mellâhîn") çağrıldı. Davul ve nekkare ve naralarla gemiler Haliç'e indirildi. Bu operasyon kuşkusuz günlerce süren bir hazırlıktan sonra uygulamaya konmuştur.[11]

Meşveret Üzerinde İdrîs-i Bitlîsî

Konstantiniyye fethi için Sultan Mehmed'in (o zamanki söylenişi ile Mehemmed) topladığı meşveret meclisi hakkında bilgiyi İdrîs-i Bitlîsî'nin (Bidlîsî) *Heşt Bihişt* adlı büyük tarihinde bulmaktayız. II. Bâyezid (1481-1512) tahta çıktığı zaman Kemâl Paşazâde, Rûhî[12] ve İdrîs-i Bitlîsî'yi huzuruna çağırmış ve "eşref-i selâtîn" Âl-i Osmân tarihinin şimdiye dek gerektiği gibi yazılmamış bulunduğunu belirterek yeniden yazılması isteğinde bulunmuş[13] ve sultana sunmuştur. Kemâl Paşazâde ve İdrîs, kuşkusuz Timur için yazılmış yüksek *Zafernâmeler*'i örnek alarak büyük *Âl-i Osmân* tarihlerini yazmış ve pâdişaha sunmuşlardır. Bu eserlerde Osmanlı Devleti'nin geçmiş İslâm devletleri karşısında üstün yanlarının özellikle belirtilmiş olması dikkati çeker.

İdrîs'in eserini en geç 1482'den önce bitirmiş olduğundan kuşku yoktur. Bunun kanıtı II. Bâyezid'in idam ettiği Gedik Ahmed Paşa'yı[14] öven satırlarıdır.[15]

---

10 Göz tanığı tüm kaynaklar gemilerin Galata'nın yukarı suru altında derin hendeklerden çekilerek Haliç'e indirildiğinde birleşirler. Yalnız Evliya Çelebi (*Evliya Çelebi Seyahatnamesi*, (haz.) Y. Dağlı-S.A. Kahraman, R. Dankoff, I, s. 42 vd.) gemilerin Kâğıdhane'de yapıldığını, Ok-Meydanı'ndan indirildiğini söyler.

11 Bu projenin hazırlıkları kuşkusuz günler almıştır. Venedikliler 1439'da Verona civarında Adige Nehri'nden Garde Gölü'ne karadan yürütüp donanma nakletmişler. Fâtih, hizmetinde Frenk mühendisler kullanıyordu.

12 Y. Yücel-H.E. Cengiz, "Rûhî Târihi", *TTK Belgeler*, XIV-18, (1992): Rûhî'de son olay II. Bâyezid'in 889 Yazı (1484 Yazı) Boğdan seferidir. Mevlanâ Rûhî'nin tarihi II. Bâyezid'e sunuluş (s. 365) ilk kez 1499'dan önce, belki 1484'te yazılmış olabileceği tartışılmıştır, İdrîs'in eserini 1482'de sunmuş olduğunu düşünüyoruz (yukarıda). Rûhî 1484'te ilk versiyonu sultana sunmuş olabilir.

13 Yücel-Cengiz, "Rûhî Târihi", s. 365-366.

14 Bkz. İnalcık, "Gedik Ahmed Paşa", *EI*, 2. baskı, I, Leiden: E.J. Brill, s. 293.

15 İdrîs, yazma nüsha, VII, s. 421-422.

İdrîs, Konstantiniyye fethi "mukaddemâtı" olarak Sultan Mehmed'in "encümân-i müşâveret"ını şöyle anlatır (ağır inşâ dilini günümüz Türkçesine çeviriyoruz): "Sultan (İstanbul) kuşatması hakkında kendine yakın güvendiği kişilerle[16] daima müşâverelerde bulunup onların düşünce ve oylarını almaktaydı. İstanbul fethi için nasıl hazırlık yapılacağını görüşürdü. Babası Sultan Murad döneminde vezirler ve öteki yüksek memurların (*nüvvâb*) çoğu ("ekser nüvvâb ve vüzerâ az samîm-i kalb") içtenlikle sultanı desteklediler. Fakat ileri gelen saltanat erkânının çoğunluğu ("bîşter-i a'yân-i erkân-i kâyseri, hususa Halil Paşa") bu savaşı durdurma gereğinde direndiler ve sultanı kendi reylerine tâbi olacak sandılar ("darîn tawaccuh-i gâzâ tawkîf wa taswif angîhta sultan-râ tâbi-i höd mî-pindaştand"). Amma İskender gibi Fâtih karakteri taşıyan Sultan Mehmed, mülk ve din söz konusu olan bu doğru davada Hz. Peygamber'in ruhaniyetinden istimdâdda bulundu ve "istişare"den sonra Tanrı'nın işaretiyle bu işi bir sonuca vardırmak azmiyle H. 856/M. 1452'de Edirne'den av bahanesiyle deniz tarafına, İstanbul Boğazı'na doğru yola çıktı (Sultan Mehmed'in 26 Mart 1452'de Boğaz'a geldiğini biliyoruz,[17] *meşveret* ve kesin savaş kararı 1452 Baharı'na rastlamış olmalı).

Son Meşveret Meclisi, Genel Taarruz Kararı

Sultan gecikmeden son bir genel saldırı kararı alınması gerektiğini anladı. Agriboz'da demirlemiş olan Venedik donanması İstanbul üzerine hareket için elverişli rüzgâr bekliyordu. Donanma 29 Mayıs'ta harekete geçtiği zaman Konstantiniyye'nin düştüğü haberi geldi. Macar Hunyadi'ye gelince o evvelce imzalanmış ateşkesin hükümsüz olduğunu ilân ediyor ve Tuna'yı aşmaya hazırlanıyordu.[18] Bu haberler sultanın ordusunda heyecana neden oldu. Herkes Çandarlı'nın haklı olduğunu düşünmeye başladı. Toplanan

16 II. Murad zamanında İshak ve Saruca, Şehabeddin, Çandarlı Halil gibi Türk ulemâ sınıfından olmayan deneyimli devşirme Hıristiyan asıldan vezirlerdi.

17 Pertusi, *La Caduta di Costantinopoli*, s. LXII.

18 Kritovoulos, *History of Mehmed the Conqueror*, Westport, 1970, s. 60; S. Runciman, *The Fall of Constantinople, 1453*, Cambridge, 1965, s. 123.

mecliste Zaganos tüm iddialarında Çandarlı'ya karşı çıktı ve genel saldırı kararı alınmasında etkili oldu. Ak Şemseddîn onu destekledi. Son saldırıyı örgütleme işi Zaganos'a verildi. Münâdiler *yağma* kararını ilân ettiler, ordu büyük şenlik yaptı.[19]

Aslında Sultan Mehmed, Konstantiniyye'yi barış ile teslim almak istiyordu. Fakat 26 Mayıs meşvereti ve imparatorun teslim teklifini reddi üzerine *yağma* ilânı zorunlu oldu. Osmanlı kuşatmalarında İslâm kanununa göre, üç kez teslim olma teklifi yapılması zorunlu idi. Reddedilirse, *kahren* alınan şehirde asker tarafından halkın esir, mallarının yağma edilmesi şeriâtça onaylanmıştır. Teslimde ise gayrimüslimlerin canları, malları ve dinlerini serbestçe icra etmeleri yeminle garanti edilirdi (Bursa, İzmit, İznik böyle alınmıştır). Fetihten sonra Fâtih, huzuruna getirilen Lukas Notaras'a sordu: niye teslim tekliflerini reddettiniz ve şehrin harap olmasına neden oldunuz? O, teslime İtalyanlar (Venedikliler) karşı geldi, cevabını verdi.

---

19 Sakızlı Leonardo'nun raporu: M. Jones, *The Later Roman Empire*, s. 31-33; Chalkokondyles, İsfendiyaroğlu İsmail'in elçiliğiyle 26 Mayıs elçiliğini karıştırmış görünüyor.

Fetih Üzerinde Gözlemler

Nicolò Barbaro'nun Gözlemi[1]

Göz tanığı Barbaro'ya göre, Çanakkale'den güneyden elverişli bir rüzgârla Papa'nın gönderdiği dört büyük kalyon Sakız'dan hızla Konstantiniyye önlerine ulaştı. Orada rüzgâr kesiliverdi, gemiler deniz ortasında kaldı, o zaman Diplokionion'da (Dolmabahçe koyu veya Kabataş) demirli Osmanlı donanması hızla gemilere yanaştı.[2] Donanma kapudanı Baltaoğlu Süleyman (Bulgar kökenli) ilkin imparatora ait gemiye *kıç* tarafından[3] saldırırken ötekiler diğer gemiler üzerine yürüdüler.

Diğer kaynaklarda şu ilâve bilgilere rastlıyoruz: Dört kalyonu güçlü donanmasının ele geçireceğinden kuşkusu olmayan sultan, deniz savaşını kıyıdan (Zeytin Burnu'ndan) tam bir güvence ve heyecanla atı üzerinde izliyor, bağırıyordu. Heyecanla atını denize sürdüğünü söylemekte kaynaklar birleşir. Kalyonların Haliç'e girip kurtulduklarını görünce, büyük bir hiddet ve keder içinde "atını kamçılayıp suskun" ayrıldı. Derhal Baltaoğlu'nu huzuruna getirtti

---

1 Barbaro, *Konstantiniyye Muhasara Ruznâmesi*, s. 37.

2 Ayrıntılar için bkz. V.L. Mırmıroğlu, *Fâtihin Donanması Deniz Savaşları*, İstanbul, 1946, s. 26.

3 Deniz savaşı üzerinde göz tanığı: Barbaro, *Konstantiniyye Muhasara Ruznâmesi*, s. 35-39.

(gözünden bir taş darbesiyle yaralı idi). Kaptanı korkaklıkla "planlarına ihanet etmekle" suçladı (Kritovoulos'a göre, kalyondakiler 22 kişi, Türkler 100'den biraz çok zayiat vermişlerdi,[4] yaralılar çoktu). Türk kadırgaları ve daha küçük gemiler dört düşman gemisini Zeytin Burnu açıklarında sarıp savaşa başladılar "kimini 5 Türk kadırgası, kimini 30-40 *Varandorya* ortaya almıştı", çarpışma, iki üç saat sürdü.[5] Hıristiyan gemileri İstanbul önlerine kadar güçlükle ilerledi, tam o sırada kuvvetli bir rüzgâr çıktı, kalyonlar hızla zincire yaklaştı. Haliç'teki iki Venedik kadırgası büyük gürültü yaparak zincir dışına çıkıp dört gemiyi yedeğe aldı, limana çekti. Ertesi gün Baltaoğlu, donanmayı deniz üssü Diplokionion'a çekti. Sultan hiddet içinde buraya geldi, Baltaoğlu'nu sorguya çekti. Kaptan, gemilere yanaşıp şiddetle savaştıklarını fakat çok zayiat verdiklerini açıkladı,[6] fayda etmedi, son derece kızgın olan sultan "senin kafanı kendi elimle kesmek isterim" demiş.[7] Baltaoğlu, ellerinden geldiği kadar savaştıklarını açıkladı. Sultan kendisini azletti ve yerine Hamza Bey'i *kapudan* atadı. Deniz bozgunu orduda "perişanlık"a neden olmuştur. Tursun'a (43b) göre "Bu hâdise egerçi ehl-i İslâm arasında fütûr ve perişânî saldı, ammâ ma'nîde (İstanbul) fethine sebeb oldu". Askerden "fırka fırka" kaçanlar oldu.[8]

Deniz savaşındaki başarısızlıktan cesaret alan imparator, pâdişaha elçi gönderip eskisi gibi haraç ödeme ve başka kolaylıklar önererek barış yapma ve şehri kurtarma umuduna kapıldı. O, barış için başından beri Osmanlı tarafında kuşatmaya karşı olanlardan, başlıca Çandarlı Halil'den cesaret almaktaydı (kuşatma sırasında Osmanlı tarafından imparatora mektuplar gidip geldiği biliniyor). Bu barış saldırısı, Halil Paşa ve yandaşları tarafından destekleniyordu. İdrîs-i Bitlîsî, Farsça ağır bir inşâ diliyle yazdığı *Heşt Bihişt* adlı büyük Osmanlı tarihinde, deniz savaşındaki başa-

---

4 Kritovoulos, s. 55. Babinger (s. 90) bu çarpışmalarda Türk kayıplarını 12.000 gösteren bir kaynağı izlemiş.

5 Barbaro, *Konstantiniyye Muhasara Ruznâmesi*, s. 38.

6 Rüzgârla yürüyen yüksek bordalı kalyonlar, alçak bordalı Türk kürekli kadırgalarındaki savaşçılara üstün durumda olup zayiat verdirdiler.

7 Barbaro, *Konstantiniyye Muhasara Ruznâmesi*, s. 39.

8 Cafer Çelebi, *Fetihnâme*, s. 16.

rısızlık üzerine imparatorun barış için elçi gönderdiğini ve Osmanlı karargâhında barış yandaşlarıyla kuşatmaya devam için sultanı destekleyenler arasındaki anlaşmazlığı açık biçimde belirtmektedir. İdrîs'in Tursun Beg'in tarihini kullandığı açıktır (gelen imdâd gemileri İdrîs'te ve Tursun'da iki gemidir) ve Ak Şemseddîn'in rolü belirtilmiştir.[9] Bozgun ruhu üzerine sultan bütün vezirleri ve kumandanları büyük bir meşveret meclisinde topladı. Bu mecliste Çandarlı ve taraftarları, son bir saldırı yapalım, sonuç alınmazsa çekilelim, diye yine karşı çıktılar.

Ancona Konsolosu Benvenuto Raporu

Kuşatma sırasında Konstantiniyye'de bulunan Ancona Konsolosu Benvenuto'nun raporu, diğer kaynaklardan farklı ilginç ayrıntılar içermektedir.[10]

1. Fâtih, 4 Nisan'da şehir önüne geldi. Ertesi gün, günü kara ve deniz kuvvetlerini konuşlandırdı. Kuşatma 56 gün sürdü.

2. Fâtih'in Ordusu: Karada 60.000 çadır, 300.000 kişi, denizde 300 savaş gemisi (kadırga ve *fusta),* üç büyük top: en büyüğü 1300 *libre* gülle, ortancası 600 *libre* gülle, küçüğü 300 *libre* gülle atar.

3. Savunmada 7000 kişi, kumandanları 300 kişi, başta Venedik balyozu, imparator ve asiller Cenevizli komutan Justinian ile beraber 360 kişi topların açtığı gedikler önünde kaçışıyor. Justinian (yaralanıp) çekildi.

4. Bir habere göre imparator katledilmiş, kellesi bir mızrağa takılıp Fâtih'e götürülmüş.

5. Şehrin yağması iki gün sürmüş.

6. Fâtih, kuşatma sırasında Pera'da ve başka şehirlerde bulunan Rumların öldürülmesini emretmiş.

Rapor şu ilginç kaydı içerir: Ancona şehri vatandaşları savunmada hazırdı; esirlerden erkekler kılıç tehdidi altında sıraya kon-

---

9 İdrîs, eserini yazarken olaylara tanık olanlardan bilgi toplamaya çalışmıştır. İdrîs ve eseri hakkında etraflı bir araştırma: M. Törehan Serdar, *İdrîs-i Bitlîsî*, İstanbul, 2008.

10 A. Pertusi, *La Caduta di Costantinopoli*, III, çev. M. Şakiroğlu, *İstanbul'un Fethi*, III, s. 1-4, 1492 tarihli *Chroneche anconitae* adlı eserinden.

du, kadınlar mallarla beraber yürütülüyor, esirler arasında Anconalı gemi sahibi Angelo Boldone de vardı. Beklenmedik bir şey oldu: Fâtih onu tanıdı serbest bıraktı, gemideki mallarını geri verdi. O "sultan yanında itibar sahibi" imiş. Angelo Boldone "büyük sermaye sahibi bir tüccar" imiş. 1453'te ticâret malı ile Konstantiniyye'de bulunuyordu (Filelfo, *Amyris*'te onu zikreder). Onun bu akrabası Ferducci ve babası, II. Murad zamanında Gelibolu'da ticâret yapıyor ve II. Murad ile dostça ilişkide bulunuyordu. Ferducci'nin Fâtih yanında ricası üzerine Boldone'ye bu ayrıcalık tanındı. Büyük ihtimâlle Boldone'nin raporu, Pertusi'ye göre Ancona şehri yüksek makamlarına gönderilmiş olmalı. Raporu yayınlanan Pertusi, belgenin yukarıda özetlediğimiz biçimde, öteki kaynaklarda rastlamadığımız bazı ilginç bilgiler sağladığını kaydeder.

Ancona'nın 15. ve 16. yüzyıllarda İtalya'dan Rumeli ile büyük ticâret ilişkisi olup birçok Türk, Yahudi ve Rum Ancona sarayında görülmekteydi.[11] Ancona Rumeli ile sıkı ilişki içindeydi.

Theodore Spandounes'in Notları

İmparator ailesiyle yakınlığı bulunan Theodore Spandounes, Fâtih ve imparatorun ölümü hakkında önemli bilgiler aktarmaktadır.[12]

Sultan Mehmed tahta çıkışında ancak sekiz aylık bir çocuk olan kardeşini boğdurdu.[13] Spandounes, Fâtih'in, gemileri Pera tepesi üzerinden indirdiğini yineler ("ships dragged over the hill of Pera").[14] Ayrıca, Spandounes'e göre kuşatma 54 gün sürmüştür.[15]

İmparatorun son günlerine ait notları da hanedana yakın biri, Theodore Spandounes'te buluyoruz. Onun aktardığı metin şudur:

---

11 Bkz. Halil İnalcık, *Osmanlı İmparatorluğu'nun Ekonomik Sosyal Tarihi*, I, çev. H. Berktay, İstanbul, 2001, s. 325.

12 Th. Spandounes, *On the origin of the Ottoman Emperors*, (çev. ve yay. haz.) Donald M. Nicol, Cambridge, 1997.

13 Spandounes, *On the origin of the Ottoman Emperors*, s. 32.

14 Spandounes, *On the origin of the Ottoman Emperors*, s. 32.

15 Spandounes, *On the origin of the Ottoman Emperors*, s. 33, Sphrantzes'e göre kuşatma 4 Nisan'da, başkalarına göre 5 veya 6 Nisan'da başlamıştır. Sultanın sur önüne varışı ve hazırlıklar birkaç gün sürmüş olmalı.

"İmparator Konstantin kaçıp kendini kurtarabilirdi, fakat bunu reddetti", "Bir ülkem olmadan imparator olmak istemem; ülkemle beraber ölmeyi yeğlerim" demiş, etrafındaki soylulara şöyle hitap etmiş: "Canını kurtarmak isteyen gidebilir, benimle gelmek isteyen arkamdan gelsin" demiş.[16] Böylece kendisine 200 kişi katıldı ve Türklerin suru aşıp girmiş bulundukları, Chinigo'a doğru (Balat yakınında Kinegoz/Kynegon Kapısı)[17] 200 kadar adamıyla hareket etti; yolda tüm Türk ordusuna (?) karşı dört saat savaş verdi. Böylece düşman (Türkler) daha ileri gidemedi; fakat Türkler Konstantin şehrini her yandan kuşatmış bulunuyordu. İmparator 200 adamıyla katledildi ise de düşmanlarından çoğunu kılıçtan geçirdi. İmparatorun ölümü üzerinde Spandounes'in rivâyeti, Tursun'un rivâyetini birçok noktada onaylıyor:

1. İmparator yakın adamlarıyla (Spandounes'te 200 kişiyle) Haliç'e doğru kaçıyor (Spandounes'te Kynegon kapısına doğru).
2. Yolda bir Türk kuvvetiyle (Spandounes'e göre Türk ordusuyla, Tursun da bir *azeb* grubuyla) savaşa giriyor, öldürüyor.

Sakızlı Leonardo'nun Raporu

Sakızlı Leonardo Osmanlı işlerine yakından bilgi sahibi biri olarak 20-21 Nisan 1453 tarihindeki olaylar üzerinde ayrıntılı bilgi verir:[18] Hunyadi'nin bir kuvvet başında Tuna'ya yaklaştığı haberi geldi, haberi casuslar Osmanlı ordusuna yaydılar, heyecan ve tartışmalara neden oldu. Surları aşmak imkânsız diye sultana karşı seslerini yükselttiler. Zafer beklemiyorlar. Büyük nüfuz sahibi Halil Paşa çoktandır kuşatmadan vazgeçmesini söylüyordu. Surların aşılamayacağını, Latinlerin yardıma geleceğini söylüyordu.

16 Bu sözler Kritovoulos tarafından nakledilmiş, krş. Spandounes, *On the Origin of the Ottoman Emperors*, s. 32-33.

17 Spandounes'i İngilizceye çeviren D. Nicol, Chinigo'nun (Kynegon) Haliç üzerinde Venedikli kaptan Gabriele Trevisan tarafından korunduğunu, Tsidore ve Pusculo *Cynegor*'da Rumlardan söz ederler (Pertusi, *La Caduta di Costantinopoli*, I, s. 332). Konstantin'in mezarı hakkında rivâyetler üzerinde bkz. Nicol, *The Last Emperor*, s. 92-94.

18 Pertusi, *La Caduta di Costantinopoli*, I, s. 332 vd.; J.R.M. Jones, *İstanbul Kuşatması*, çev. C. Tomar, İstanbul, 2012, s. 37-40.

Sultanın babası ve dedesi tarafından yapılan kuşatmalardan sonuç alınamadığını ve Batı'dan yardım geleceğini ileri sürmekteydi. Size yarar getiren Venedikliler ve Cenevizlilere karşı düşmanlığı kışkırtmayalım. Savaş sonucu belli olmaz savaş felaket de getirebilir, Veziriâzam Halil bu tavsiyelerde bulunuyordu. Fakat ikinci vezir Zaganos, Hıristiyan düşmanıydı ve Halil'in yerine geçmek isterdi. O, sultanın büyük bir güç sahibi olduğunu, düşmanına karşı gelemeyeceğini, zayıf Bizans'ın hakkından gelebileceğini ileri sürerdi. Saldırıya devam edilmesini önerdi, savaş için Bizanslıların zayıfladığını, top ateşiyle surların yerle bir edilebileceğini ve İtalya'dan yardım gelemeyeceğini belirtti. Çandarlı Halil, sultanın fikir değiştirmesine çalışmadı (itiraz etmedi). Venedik, Milano Dükü'nün saldırısına uğramıştı, yardıma gelemezdi. Turahan Bey, Halil'i desteklemedi. Saldırıya devam edilmesi öğüdünde bulundu, öteki beyler Halil'e karşı "kim bizleri korkuya salmak ister, sultanımız büyük işlerden çekinmemeli, sonuç ne olursa olsun" dediler. Çoğunluğun kendi tarafında olduğunu gören Zaganos, sultana hitapla "izin ver, saldırıya geçelim, zafer ve büyük şöhrete erişeceksiniz" diye sultanı teşvik etti. Sultan bu sözlerden heyecanlandı. "Evet, talihimizi deneyelim, benim gücüm Büyük İskender'den daha mı az? Babam ve dedem, benimki gibi bir hazırlığa sahip değildiler." Zaganos'a hitapla saldırı gününü belirle, ordularını düzenle, diye emir verdi. Halil olanları imparatora gizlice bildirdi, sultanın gençlikle (tecrübesizce) doğru düşünemediğini belirtti. Onu cesaretlendirdi.

Sakızlı Leonardo'nun verdiği ayrıntılı bilgi, ana hatlarında gerçek durumu yansıtmaktadır. Sakızlı Cenevizliler, 1352 Osmanlı-Ceneviz Antlaşması'ndan beri Osmanlılarla yakın ilişki içindedirler, Bizans'a ve Venedik'e karşı Osmanlı idaresiyle dayanışma halindedirler. Özellikle Foça'da ve Sakız'da ticâret ajanları yerleşmiştir. Foça şap madenleri imtiyazı onların bir zenginlik kaynağıdır, orada şap işletmesi yoluyla Osmanlı idaresiyle yakın ilişki içindedirler. Kapitülasyon imtiyazı elde etmemiş Avrupalı tüccar Sakız Adası'nda Cenevizli aracılar vasıtasıyla Doğu mallarını alabilmekteydiler. Başlangıçta Sakız Osmanlılara haraç ödeyen bir adaydı. Sakız 1566'da doğrudan Osmanlı adası altına geçti. Osmanlı işleri hakkında Cenevizliler daima iyi bilgi edinmekteydiler. Bizans tarihçisi Doukas, Cenevizli kumpanyanın kâtibi olarak bu sayede 1400-1430 tarihleri arasında Osmanlı tarihinin bu dönemi üzerinde en ayrıntılı bilgileri nakletmektedir. Sakızlı Leonardo bu geleneği temsil eder.

Fetih Üzerinde Neşrî Tarihi

Kuşatma ve fethi anlatan Osmanlı kaynaklarından Neşrî, *Cihânnüma*'sında[19] "Hikâyet-i Feth-i Konstantiniyye" oldukça ayrıntılı olup çağdaş bir kaynaktan ağır inşâ diliyle aktarılmış görünmektedir.[20]

Neşrî'nin *Hikâyet-i Feth-i Konstantiniyye*[21] bölümünü burada özetliyor ve yorumluyoruz.

Sultan Mehmed baharda İstanbul üzerine yürüyeceğini ilân etti ve büyük bir orduyla İstanbul üzerine hareket etti. Tekfur (İmparator Konstantin) *veziri* (*megadük*) Kir Luka (Lukas Notaras) elçi gönderdi,[22] "âmân diledi". Hünkâr asla yüz vermedi. Kuşatma hazırlıklarını yapıp "İstanbul üzerine düştüler".[23] Her yandan orduya gönüllü katılan gönüllülerin sonu yoktu, "belki askerden çoğdu, 'âlimler ve şeyhler ve dervişler ve tekye-nîşîn abdallar pîr ü civân ve halk-i cihan gâzây-i ekberdir diyüp akub İstanbul'a geldi". Edirne'de korkunç toplar dökülmüştü. Ordu, *yaya ve müsellem, azeb* ve (timârlı) sipahiden oluşuyordu. İstanbul'un her yanına as-

19 Neşrî bir derlemedir. Derlemenin ana kaynakları Âşıkpaşazâde'nin *Tevârih-i Âl-i Osmân*'ı, *Rûhî* ve *Takvîmler*'dir. Kaynağını "rivâyet ederler ki", girişinden sonra aynen aktarır, bu nedenle üslup farkları göze çarpar. Tursun'un *Târih-i Ebu'l-Feth*'ini görmemiştir. Bu göz tanığı kaynağını Kemâl Paşazâde kullanır. Sultan II. Mehmed'e ait bölümlerde Neşrî, Rûhî tarihini aktarır. Kuşatmanın ayrıntılı anlatımını Neşrî'de buluyoruz: "Hikâyet-i Feth-i Konstantiniyye", (yay.) F.R. Unat-M.A. Köymen, II, Ankara, 1957, s. 688-706.

20 Neşrî, *Kitâb-i Cihan-nümâ*, (yay.) F.R. Unat ve M.A. Köymen, II, s. 690-708.

21 Rûhî tarihinin yazılış tarihi H. Cengiz Erdoğan-Y. Yücel tarafından tartışılmıştır ("Rûhî Târihi", *Belgeler*, XIV, (1989-1992), s. 365). *Rûhî Târihi*'nin bir versiyonunda Neşrî, 1453 İstanbul kuşatması ve fetih hakkında çok kısa bilgi verir (s. 448-449). II. Bâyezid'in tarihinde Kara-Boğdan seferiyle son bulur.

22 Lukas Notaras'ın elçiliği.

23 *Nefir-i âm* ordu ve katılanların sayısı.

ker üşüştü ve toplar kal'ayı dövmeye başladı, dev gibi top kovanlarının her biri etrafından demir zincir ile (kal'a) üzerine çekildi, çok büyük metrisler (kuleler) yapılmış olup kale gibi "binaları gerdûna (göğe erişen) benzer idi".

Asker metrislere gizlenmişti. Sanki (kule) içinde yerleşmiş ejderlere benzerdi. Bunların birkaç yerinden taş-atan *darbzenler* [ve] yıldırım gibi ses veren prangalar kuruldu. İstanbul kara tarafından kuşatıldı ve yetmiş gemi "kal'anın (Galata'nın) üst-yanından Kozluca-Pınar veya Kozlu Dere'den aşağı yelken açub savaşçılar ayağın (ayak-üstü) dururken bir tasnifle kurudan yürüyüp hisar dibine, denize indirdiler[24] ve deniz üzerine köprü dahi yapdılar". Surların çeşitli yerlerinde elverişli noktalarda sağlam *metrisler* (kuleler) inşâ ettiler. Bu metrislerden bazılarına nice toplar koydular (...) sur duvarları topların taş gülleleriyle dövülerek savaşa başlandı ve uygun görülen tüfenk kullanan birçok yiğit asker yerleştirildi, korkusuz vuruşmaya, savaşa başladılar.

Bu arada ecel haberleri götüren casuslar gibi oklar atılmaya ve kılıçlar Musa'nın âsâsı gibi kollarını çıkarıp kâfirlerin gözlerine bakmak üzere savaş meydanına girmeye başladı. O kâfirler ki her biri bir firavundu, yedi-başlı ejderha gibi görünürdü.

Bir taraftan gürültüsü yıldırımı andıran toplar surlara tekrar ateş açmaya başladı. Topların attığı güllelerle kal'anın önünde surları ayakta siper eden kulelerin gözleri bozuldu, gürültü ile nâra atan önünde taştan kalkan gibi duran İstanbul surlarını vura vura darmadağın ettiler. Sanki bu savaşta kal'aya gökten taş yağmakta, içeridekiler gözlerini açmaya güç bulamamakta. Yıldırım çakar gibi şaklamalar sanki göğü delip meleklerin kulağına erişir, yiğitlerin nâralarından kal'anın ödü kopuyor, duvarların yüzü toprak olup düşüyor, gökyüzündeki mavi bulutlar ateş saçan dumanlar haline geliyordu. Göklere erişen kal'a burçlarındaki kâfirlerin ağlamaları aşağıda yıldırım gürültüsünden fark olunmazdı. Burçları birkaç günde delik deşik ettiler, içinde kestiler. Düşman, yaşamaktan umut kestiler, ölüm oldular. Dağlar üzerinde toplanan bulutlar

24 Gemileri Galata yanında hendekten çekerek Kasımpaşa tersane koyuna indirdiler, buna ait çeşitli tasvirler dönem kaynaklarında ve literatürde mevcuttur.

gibi kale burçları üzerinde toplandılar ve tüfenk ve zenber oklarını her yana yağmur gibi yağdırmaya başladılar. Bu yandan gâzîler saldırıya geçip kılıçlarıyla savaşa girdiler. Her yandan naralar kopub cihan karıştı, asker savaş için kendini kaybedip atıldı, surlara karşı yürüdü, kargılar üzerinde bayraklar oklar uçuşmaya başladı. Her yiğit kalkanını arkasına vurup alaca pullarıyla her biri kaplana benzedi, dağ gibi hisarlara koşmaya başladılar. Surların dibine erdiler, kimi merdiven dayayıp surun en üstüne erişiyor, dağ başındaki kartal gibi canları avlamaya atılıyor, kimi aşağıda durup ok ve tüfenkle surlar üzerindeki erleri kuş avlar gibi avlıyorlardı. Tüfenkle vurulacak kâfirleri parmakla gösterir, kılıçlar yanındakileri kılıçla çalardı, kâfir kafaları surlar üzerinden aşağı dağdan düşen taşlar gibi uçar, bedenleri bir vuruşla yıkılır, taş veya ağaç gibi hendek içine tıkılırdı.

Kâfirlerin ölüleri domuz ölüsü gibi kararıyor, şehid olan müslümanların yüzleri dolun-ay gibi parlıyordu. Hisarın yüzü kanla lale bahçesine döndü, sağ ve sol eteği parlak akikle doldu. Gâzîler aşağıdan kılıç ağzıyla küfür savurur, onlar da aşağı yukarıdan söğütler bırakırlardı, içeriden dışarıya taş ve ağaç gökten kaza gibi iner, kaynar sular ve ziftler akıtırlar, cehennemde kendilerine gelecek ceza için bu kaynar nesnelerle alımlar alırlardı. Bir süre her gün böyle savaş sürüp gidiyordu ve gâzîler elinde kâfirlerin işi kötüydü ama topla yıkılan savaş yerlerini düşman taş ve ağaçla eskisi gibi tamir etmekte, kal'a içine yol vermezlerdi. Her gün onlar içerden yolu kaparlar, gâzîler dışarıdan bozarlardı. Bir tuhaf savaş yayılmaktaydı.

Surlar üzerinde tüfenk kullanan kâfirler, istese tüfenk ve okla pireyi gözünden vuracak kadar keskin nişancıydı, bir sur üzerinde durup hayli zaman savaştı. Aşağıdan kendisini ok ve tüfenkle vurmaya çalışanı o daha önce nişanlayıp önler, arzusuna erdirmezdi. Onun karşısında savaşa giren kim olursa sırtını yere getirirdi. Onun eliyle birçok kimse şehid oldu. Onun fesadını kimse söndüremedi. Bu parlak zafer kimsenin a'mâl defterine yazılmadı. Sonunda savaş deneyimli paşa kendisi onu avlayıp bu belayı ortadan kaldırmaya karar verdi. Bir katı yay alıp kabasına düz bir ok koydu. Bir tenha köşede durup o mel'ûnu gözetlemeye başladı. Arslan avını gözetler gibi can alıcı okuyla hazır oldu. Kâfir, çok çabuk hareket eder biriydi. Kâfir çok hareketli olup avlanma noktasına gelmez ve kendisini tehlike yerine salmazdı. Paşa ise çok hüner sahibi biriydi; sonunda o kâfiri türlü yöntemle pusuya düşürdü; gâh o paşayı, paşa onu gözleyip iki taraf okunu istediği hedefe göndermeyi hesaplarken tesadüf paşa fırsat bulup okunu çekip tam üzerine gönderdi, kafasına dokundu, bir yandan girip öbür yandan çıktı. Müslümanlara yaptığı kendi başına geldi, canı cehenneme gitti. Herkes paşayı kutladı (...)

Bu yolda savaş sürüp gitti, fethi hazırladı. Gâzîlerin coşkunluk ve duaları göğe erişip kan yağmuru gibi akmakta idi. "Tekfur hali görüp veziri Kir Luka ile müşâvere etti, kim kal'ayı vire fren komayub biz cenk ederiz, virmeziz. Her birimiz dîn gayretin mesih 'izzetine olanca çalışıp İstanbul gibi şehri Türk'e virmeziz, deyü 'inâd ve temerrüd tarifine sâlik olub" savaşa devam ittiler. Hased ateşiyle hiddetle kılıçlarına davranmakta idiler. Fakat Tanrı bunun vaktini henüz belirlemiş değildi (...)

Hazret-i pâdişâh otağından çıkıp lağım kazan ustalar, huzurunda alır. Onlar, toprak altında büyük mağaralar açmakta idiler, içlerine ateş alan "kice kise top otları koydular". Cemâziyelevvel yirminci günü seşenbe gününün subh-i sâfî vaktinde mübarek saatte pâdişâh-i 'âlempenâhın emri ile cümle 'asker ayağ üzerine gelip zîrâ önürdüsü gün Hünkâr İstanbul'a yagmâ emr idüb 'askere çağırıdulmuş idi. Herkes hazırlandı, "top otlarına yir yir ateş değürdiler". Kıyamet günü gibi birden bir gürültü koptu, "zemin ü zaman ditredi", bu korkunç görüntü karşısında kâfirlerin ödü patladı, her lağımlar cehennem gibi ateşlendi, önlerindeki taş ve ağacı saman çöpü gibi göklere uçurdu. Bu lağımlar patlamasında kâfirlerin bir nicesi kendini surlar üzerinden attı, kalanlar karşı geldi, bazısı umutsuzlukla âmân istemeye başladı, ama bu durumda o âmâna yer yoktu, kimse aldırmadı ve "eyderler ki hicretin sekiz yüz elli yedinci yılında rebî'ülevvelin on beşinde ibtidâ itdi ve bu mezkûr târihin cemâziyelevvel yigirmisinde se şenbe günü subh-i sâdık vaktinde sene 857 feth olundu."

Feth-i Konstantiniyye fırsat bulmadılar evvelûn
Feth idüb Sultan II Mehemmed yazdı târih âhirûn

"Gâzîler şehre girüb Tekfur'un başın kesdiler ve veziri Kir Luka'yı dahi esir itdiler ve dahi kal'ada Osman-oglı geçinür bir düzme var idi, anı dahi depelediler." Rumların "hoyradlarının" (Farsça kaba adam) tümünü kılıçtan geçirdiler; "ehl-i 'iyâllerin esir idib Ayasofya'da ve sâir kiliselerde altın ve gümüş putlar gâzîler nacak üsürüp kimi kolun kimi budun kimi başın götürüb ve kâfirlerin meta'ların her kim ne buldular ise yagmâ idib mübalağa doyumlular oldu (...) Hatta gâzîler floriyi akçayı ölçek ile bahş itdiler, ol vaktden berü darb-i mesel olmuşdur ki bir kişiyi gınaya nisbet itseler, "İstanbul yağmasına mı tuş oldun dirler".

"Galata halkı gâzîler İstanbul'a aç kurd gibi koyulduğun göricek Galata hisarının dilin Sultan Mehemmed'e getürdiler. Andan İstanbul'dan kaçan *köke* (kalyon) varıp Silivri'ye girdi, andan Silivri'nin miftâhın gönderip Hünkâr'a itâ'at itdiler. Andan Karaca Beg varıp Kum-Burgozu'nu ve Bigados'u feth itdi; andan çiharşenbe günü Halil Paşa cümle ta'allukatıyla hisarı beklemeğe ve Kum-Burgozu müşerref kılmağa (Burç kalede hapse) tutulub habs olundu. Bunların hikâyeti tavîldir, kaziyyeleri ma'lûmdur. Zîrâ vâki'a-i Halil Paşa 'âlemde meşhurdur. Andan Cum'a günü Ayasofya'da Cum'a namazı kılınub Mehemmed Hân adına hutbe-i Muhammedî okundu. Karaman-oglı İstanbul'un alındığın işidip eliyle dizin döğüb Osman-oglı yurdısı oldı, bizi andan yurtdan sürer deyü be-gâyet gamnak oldı."

Neşrî, *Âşıkpaşazâde*'den aynen aktardığı "İbtidâ'-i İmâret-i Kostantiniye" başlıklı 124. bâbında olayların devamını şöyle anlatır:

Bizans imparatorlarının imparator unvanını ve tahtını benimseyen Fâtih Sultan Mehmed, Roma'yı da fethederek bir dünya imparatoru olmaya ve bunun için devamlı fütûhâta önem verdiği açıktır. Bunun için kendisine karşı gelenleri, özellikle yeniçerileri çok sert önlemlerle bertaraf etmiştir. O zaman Mahmud Paşa'nın kâtibi olarak Fâtih'in politikasını yakından izleyen Tursun Beg, ardı arkasına gelen bu seferlerden ordunun şikâyetlerini kaydeder.[25]

25 H. İnalcık-R. Murphey, *Tursun Beg, Târih-i Ebu'l-Feth*, s. 93.

Fâtih, fütûhât politikasını yürütmek için büyük bir ordu kurmaya önem vermiş[26] ve bunu mâlî kaynaklarla desteklemek için mâliyede haklı gizli-açık şikâyete götüren birtakım sert tedbirler almıştır.[27] Osmanlı ordusu özellikle timârlı sipahi seferden sonra sonbaharda yerlerine çekilirdi. Düşman Haçlı seferlerinin daima ordunun dağıldığı bu zamanları seçtiğini biliyoruz.[28] Uzun Hasan'a karşı Doğu seferinde (1473) ordunun yapısı ise doğrudan pâdişahın kumandası altında yeniçerilerle beraber 30 bin kişi, Şehzade Bâyezid kumandası altında 30 bin kişi, Şehzade Mustafa kumandası altında 30 bin kişi, Rumeli Beylerbeyi Has Murad 60 bin kişi, Anadolu Beylerbeyi Davud Paşa kumandasında 40 bin ve bu düzenli askerin yanında 30 bin akıncı idi. [29]

Fâtih, genelde martta veya nisanda sefere çıkar. Yolda çayırlarda atlarını semirtir. 1478 İşkodra seferine giderken Fâtih'in ordusu 62 bin olarak tespit edilmiştir. Devamlı seferler, ordu, özellikle yeniçeri arasında dedikodu ve şikâyet konusu olmuştur. İtaatten çıkan askeri falaka ile yola getirir yahut idama tâbi tutardı.

---

26 H. İnalcık-R. Murphey, *Tursun Beg, Târih-i Ebu'l-Feth*, s. 101.

27 H. İnalcık, "Mehmed II", *İslâm Ansiklopedisi*, VII, s. 506-535.

28 Niğbolu Meydan Savaşı: 25 Eylül 1396, Varna Muharebesi: 10 Kasım 1444, Macar kralının Rumeli istilası: Şubat 1476. Fâtih'in 1451'de orduda yaptığı yenilikler, Kritovoulos, *History of Mehmed the Conqueror*, s. 17.

29 N. Zeno, *The Voyage of the Venetian Brothers, Travels*, Londra, 1873, s. 22; ayrıca Fâtih'in ordusu hakkında bkz. S. Tansel, *Osmanlı Kaynaklarına Göre Fâtih Sultan Mehmed'in Siyasî ve Askerî Faaliyetleri*, İstanbul, 1971, s. 314, not 202; İdrîs, *Heşt Bihişt*, düzenli ordu 70 bin. Osmanlı'ya düşman Rum asıllı kardinal Bessarion'a göre, Fâtih'in askeri gösterişten ibarettir. Sayıları çoktur fakat disiplini yoktur. Düzenli ordu 70 bindir. 15-20 bini doğrudan doğruya pâdişah kumandası altında, geriye kalanı beylerbeyi kumandası altındadır. Lojistik duruma gelince dört aylık erzakları vardır. Ordu efradı bu dört aydan sonra eşya ve atlarını satmakla geçinirler ve orduyu bırakıp giderler. Oruc, *Die frühosmanischen Jahrbücher des Urudsch*, Hannover, 1925, s. 51: II. Murad'ın ordusu 70 ile 80 bin. Yeniçeriden başka halktan toplanan en büyük kuvvet ve akıncılar, azebler hakkında verilen rakam 20 bin. Akıncılar 30-40 bindir. Kritovoulos'a göre 1461 Trabzon seferinde Fâtih'in ordusu 60 bin süvari 80 bin piyadeden ibarettir, *History of the Mehmed the Conqueror*, s. 166.

Fetihten Sonra

Fethin Akabinde Fâtih Sultan Mehmed

Fethin ilk günü Fâtih, Topkapı yakınında içeri girmiş, *Sur*'a yakın anayol solunda secdeye gelip Tanrı'ya hamd ü şükr namazı kılarak dua etmiş. Sonraları aynı yerde bir çeşme yapılmasını emretmiş. Çeşme, Çukur-Çeşme veya Çarşu-Çeşmesi diye adlandırılmış. Suyu kesildiğinde kâtip Mehmed Efendi bir çeşme yaptırıp suyunu getirtmiş. Çeşme kitabesi H. 1003 tarihini taşıyormuş.

Fâtih, şehri "Dârussaltanatü'l-'aliyye" unvanıyla devletinin payitahtı ilân etti. "Şeyh Ak Şemseddîn (...) cevablarının ma'iyyet ve himmetiyle müyesser[1] olup küfr ü şirkden mutakkar oldu."

H. 51 tarihinde İstanbul'u kuşatma altına alan orduda 33 sahabe bulunuyordu, surlar önünde sekizi vefat etmiş, Ebû Eyyûb Ensarî Hâlid b. Zeyd ise bunlardan biriydi.[2] Fetih üzerine tebrike gelen ulemâya Fâtih şöyle hitap etti: Kostantiniyye'yi "kendü kılıcımla alıb-dururın kimesnenüzden himmet ve 'inâyet olmamıştır" (İbn Kemal, 45a). Gelenler arasında kuşkusuz Şeyh Ak Şemseddîn de vardı. Fâtih'e gücendi, Göynük'e çekildi, Fâtih'in gönderdiği

---

1 Hafız Hüseyin Ayvansarâyî, *Hadîkatü'l-Cevâmî*, I, İstanbul, 1864, I, s. 243.
2 Ayvansarâyî, *Hadîkatü'l-Cevâmî*, I, s. 244.

armağanları reddetti.[3] Fâtih'e fazla kan dökücü olduğu söylenince şöyle yanıt vermiştir: Böyle kesin hareket etmezsem emrimi, hükmümü yürütemem. Hıristiyan tarihleri Fâtih'in Neron gibi acımasız bir despot olduğu iddiasındadırlar, buna ait birçok olay anlatılır. Son kez Babinger'in kitabı da baştan sona aynı üsluptadır.

Ak Şemseddîn fetih ve yağmadan sonra askere şu öğütte bulundu: "İnşallah, cümlemiz mağfurdur, fakat gâzâ malını isrâf etmeyüb İstanbul içinde hayrât ve hasenâta sarf ve pâdişahımıza ita'at ve muhabbet edine."

Fâtih, 1452 Kışı'nda Edirne'de, 1453'ün 22 Nisanı'nda İstanbul önlerinde topladığı meşveret meclislerindeki tarihî konuşmasında açıkça şunu belirtmiştir: Osmanlı ülkesinin tam ortasında kalan ve her zaman Batı'dan Haçlı ordularını tahrik eden İstanbul alınmadıkça devletin geleceği tehlikededir. O, 1451'de tahta oturduğu andan bu yana, fethi başarmak için gece gündüz çalışıp her türlü diplomatik, askerî, teknolojik ve idarî önlemi düşünmüş ve almış. 20 Nisan deniz bozgunu, fethi tehlikeye düşürdüğü zaman da azim ve kararı da sarsılmamıştır. İstanbul fethi ve 500 yıllık imparatorluk, yalnız ve yalnız genç Türk hükümdarının eseridir. Bu tarihî bir gerçektir. Harap bir şehir olarak aldığı Konstantiniyye'yi Fâtih, yeni baştan muhteşem bir Türk-İslâm şehri olarak inşâ etmiştir.

Fâtih Sultan Mehmed, İstanbul'u fethetmekle kalmadı. Türk *Hâkân* ve İslâmî *Sultan* unvanlarından sonra *Kâyser-i Rûm* (burada *Rûm*, Roma anlamında) sıfatıyla Tuna ile Fırat arasında, İstanbul ve Boğazlar ekseninde eski mutlak merkeziyetçi Doğu Roma İmparatorluğu'nu ihyâ etti. Köy ve köylü statüsünü ve vergi kanunlarını *Raiyyet Kânûnnâmesi* ile devlet nizamını ise *Fâtih Kânûnnâmesi* ile düzenledi. Osmanlı imparatorluk düzeni yüzyıllar boyunca bu temel üzerinde ayakta kalmıştır. Osmanlı İmparatorluğu'nun her bakımdan gerçek kurucusu İstanbul Fâtihi, Sultan Mehmed'dir.[4]

Çandarlı Halil fethin ertesi günü 30 Mayıs 1453'te tutuklandı. Akıbeti üzerinde ayrıntılar *Oruc* tarihinde verilmiştir:[5] "Sultan

---

3 Fâtih'in yanında bir yıldan fazla kalan ressam Bellini'ye göre Fâtih şeyhlere inanmazdı.

4 Fâtih için bkz. H. İnalcık, "Mehmed II", *İslâm Ansiklopedisi*, VII, s. 506-535.

5 *Oruc Beg Tarihi*, (yay.) N. Öztürk, İstanbul, 2014, s. 80.

Mehmed Konstantini[iyye'yi] feth itdükten sonra veziri Halil Paşa'yı habs idüp Edrene'ye gönderüp Edrene'de Kale-Burgazı'nda habs idüp varub İnoz kal'asını feth idüp (İnoz, Aenos, Enez) andanı gelüp arada kırk (*Paris Anonim*, 1047'de "kırk ikinci gün") gün geçüp sonra Edrene'de merhûm, magfûr, sa'id, Halil Paşa'yı şehîd idüp" (başka Oruc nüshalarında "Halil Paşa'yı öldürdü").

Fâtih'in Enez seferine çıkması 24 Ocak 1456'dır. Kal'a teslim olmuş ve Fâtih Edirne'ye dönmüştür,[6] gidiş geliş ve teslim oluş herhalde aralık ayında olmalı. Edirne'ye gelişinden 40 gün sonra Halil'i idam etmesi Mart 1456 olmalı. Çandarlı 1453 Mayıs-1456 Mart döneminde üç yıl Edirne'de Kale-Burgazı'nda hapiste tutulmuş.

Fetih Sonrası: Haziran 1453-6 Ocak 1454

1 Haziran: Galata'nın *ahdnâme* ile teslim alınması.

2 Haziran: Fâtih'in Galata'yı ziyareti. Şehri bırakıp giden Latinler üç ay içinde geri gelirlerse evlerine sahip olacaklarını bildiren fermanı; gelmezler ise bütün mal ve mülkleri hazîneye alınacaktır.

3 Haziran: Kıymetli eşya ve yazmaları yüklenmiş olan gemilerin memleketlerine dönmelerine izin verilmesi.

18 Haziran: Fâtih'in Edirne'ye hareketi. Yanında ordu tarafından yağma edilen eşyanın beşte birini oluşturan büyük miktarda ganimet götürüyor. Sakız ve Midilli hâkimlerinin haraç vermelerini emrediyor. Yılda Sakız 6000, Midilli 3000 altın ödeyecekler. Fâtih Edirne'ye gitmek için İstanbul'dan ayrılmadan (18 Ağustos 1453) önce Karıştıran Süleyman Bey'i subaşı ve Hızır Beg'i kadı olarak görevlendiriyor. Bıraktığı 1500 yeniçerinin surların onarılmasında yardımlarını emrediyor. Venedik donanmasının Galata'ya olabilecek bir saldırısına karşı kıyıda bulunan Galata surlarının yıkılmamasını, kara sularının aynen bırakılmasını emrediyor.[7]

22 Haziran: Fâtih, Edirne'ye hareket eder.

1453 Sonbahar: Fâtih, İstanbul'a döner ve Bursa'ya 35 günlük bir ziyarette bulunur. İstanbul'a dönüşte surların tamirini görerek

---

6 Babinger, *Fâtih Sultan Mehmed ve Zamanı*, çev. D. Körpe, İstanbul, 2002, s. 130.
7 Pertusi, *La caduta di Costantinopoli*, I, s. 372, not 12.

memnun olur. Şehrin ortasında *Forum Tauri*'de (*Bâyezid Meydanı*) bir mil kadar bir arazinin duvarlarla çevrilmesi ve bir saray yapılması hakkında verdiği emirlerin yerine getirildiğini görür. Saray çatısı terk edilmiş manastırların kubbelerinden alınan kurşunla örtülmüştür. Pantokrator Manastırı, ayakkabıcı ve başka sanatkârlara çalışma yeri olarak tahsis edilmiştir. Fetihten sonra bazı manastırlar Türk dervişlerine Müslüman ailelere oturma yeri olarak verilmiştir.

6 Ocak 1454: Yorgios Scholarios'un Patrik olarak atanması. İstanbul ve Galata'da bina ve nüfusu tahrîr için Cebe Ali Bey'e emir verilmesi.[8]

8 Bu tahrîr metni yayınlandı: H. İnalcık, *The Survey of Istanbul*, İstanbul, 2012.

Fâtih Sultan Mehmed, Fetih ve İmparatorluk

Osmanlı İmparatorluğu'nu gerçek anlamda Fâtih Sultan Mehmed kurmuştur. Öncelikle, Osmanlılarda "imparatorluk" kavramın kaynağını veya kaynaklarını belirlemeye çalışalım. Osmanlı İmparatorluğu öncelikli olarak Türk devlet geleneğini temsil ettiğinden, sonra bir İslâm devleti olduğundan ve son olarak da Doğu Roma İmparatorluğu'nun yerini aldığından, imparatorluk anlayışı ilk bakışta bu üç kaynağa dayandırılabilir. Başka bir ifadeyle *hâkânlık, hilâfet-saltanat* ve *imperium,* bize tarihî ipuçlarını verecektir. Osmanlı İmparatorluğu tarihî bir varlık olduğuna göre, onun imparatorluk karakteri bizim soyut tanımlarımızdan değil, tarihî gerçeğin çözümlemesinden meydana çıkacaktır.

Yakın Doğu'da 13. yüzyıldan sonra Mogol-Türk devletlerinin, özelde Timur devletinin kuruluşu ile Orta Asya Türk devlet geleneğinin tekrar güçlenmiş olduğunu görmekteyiz, öncelikle Fâtih'in birçok örfî kanunlarını *yasaknâme* adı altında yürürlüğe koyması ve Uygur yazısı ile *yarlıg* verilmiş olması kayda değer. Şeriâtın yanında özellikle devlet yönetimine ait düzenlemelerde, örf ve kanunun ayrı olarak yer alması esas olarak söz konusu geleneğe bağlanabilir ve bu, Osmanlı Devleti'nin eski geleneklere, örf ve âdete geniş ölçüde yer vermesini mümkün kılmıştır. Fakat Osmanlı Devleti esas itibariyle bir İslâm devleti, özelde de bir *gâzî* devleti olarak ortaya çıkmıştır. İslâm'ın koruyucusu sıfatını gittikçe daha büyük bir güçle benimsemiştir. İslâm ülkelerinin korunması, hilâfetin yani bütün İslâm dünyasının dinî ve siyasî başkanlığının başlıca şartlarındandır. Fâtih Sultan Mehmed, unvanları arasında *Sâhibü'l-megâzî ve's-sultânu'l-a'zâm halîfetu'l-lah fil-âlem* unvanlarını tekrarlamışsa da bu unvanlar babası tarafından da kullanılmıştır ve bunlardan hilâfet için fazla bir hukukî anlam çıkarmamalıdır. Ancak bu unvanlar, Osmanlı sultanlarının bağlı oldukları ve erişmeye çalıştıkları devlet düşüncesini de işaret etmekten geri kalmaz. Fâtih'in unvanları arasına kattığı yeni bir unvan, *Fâtih-i bilâdi'r-Rûm* veya *Fâtih-i Konstantiniyye*'dir. Eski Doğu Roma'nın siyasî egemenliğini ele geçirmek Osmanlı sultanının devlet anlayışı üzerinde bir değişiklik meydana getirmiş midir, şimdi bunu tartışalım.

Her şeyden önce işaret etmeliyiz ki, Türk devletlerinde fethedilen bir memleketin siyasî geleneğinin miras alınarak devam ettirilmesi, ortadan kaldırılan hanedanların geleneksel hak ve yetkilerinin benimsenmesi bir esas olarak görünmektedir. Fethedilen memleketlerin halkı gözünde egemenliği yasallaştırmak için de akla uygun bir politikaydı. Roma'nın imparator anlayışı, Büyük Konstantin'in, Tanrı'nın hizmetçisi rolünü benimsemesiyle tamamlanmış ve Bizans'ta imparator, devletin tek sahibi, iradesi kanun olan, dünya hâkimi, insanüstü, kutsal hükümdar kimliğine ulaşmıştır. *Basileus*lar Batı'da kendilerinden başka bir hükümdarı asla tanımadılar. Diğer taraftan İstanbul, Roma İmparatorluğu'nun uzun yüzyıllar boyu tek merkezi sayılıyordu. Özellikle Doğu Avrupa milletleri Konstantin'in şehrine bu gözle bakmaktaydılar. İstanbul, imparatorluğun simgesiydi. Bizanslı yazar Cecaumenus'un *Stategikon* adlı eserinde bu prensip şöyle ifade edilmiştir: "Başkent olan İstanbul'un sahibi olmak, imparatorluğa sahip olmanın şartıdır." Gerçekten birçok imparator adayları sırf İstanbul'u ele geçirememedikleri için imparatorluklarını tanıtamamışlardır. Diğer taraftan İstanbul, Patrikliğin, Ortodoks Hıristiyan dünyasının merkezi sıfatıyla da özellikle Balkanlar'ın Ortodoks halkı gözünde bir dinî merkez olarak tanınmıştır. İstanbul'un alınmasının ardından Fâtih, kendisini Roma imparatorlarının mirasçısı saymış mıdır?

Bazılarının, özelde Iorga'nın savunduğu gibi, Fâtih kendisini sadece Doğu Roma tahtında eski Bizans imparatorlarının bir halefi olarak mı görmüştür? Osmanlı sultanının her şeyden önce bir *gâzî* sultanı olduğu, bütün fetihlerini ve devletini bu esas üzerine dayandırdığı gerçeğini tamamen bir tarafa bırakmış görünen bu iddiayı olduğu gibi kabul etmek mümkün değildir. Fakat yukarıda işaret ettiğimiz gibi, Fâtih'in eski Roma geleneğini benimsemiş görünmesinin esas fetih ve egemenlik amaçları için ne kadar faydalı, hatta zorunlu olduğunu anlamış olması da gözden uzak tutulmamalıdır. Dünya egemenliği için Fâtih'in, Roma'nın dünya üzerinde tek meşru otorite hakkında Hıristiyan âleminde henüz gücünü kaybetmemiş olan fikirden en yüksek derecede faydalanmak isteyeceği doğaldır. Herhalde biz onun Roma geleneğine gereği kadar hâkim olduğunu biliyoruz. Onu ziyaret etmiş olan çağdaş İtalyan Jacopo Languschi ve Fâtih'in Rum tarihçisi Kritovoulos, onun Roma tarihlerini kendisine okutarak merakla takip ettiğini, Roma tarihine ve imparatorlara büyük bir ilgi gösterdiğini kaydetmişlerdir. 1466'da Rum bilgini Georgios Trapezuntios ona "Romalılar ve dünyanın imparatoru" unvanını veriyor ve ekliyordu: "Kimse şüphe etmez ki, sen Romalılar imparatorusun. İmparatorluk merkezini hukuken elinde tutan kimse imparatordur, Roma İmparatorluğu'nun merkezi de İstanbul'dur." Çağdaş Batılı yazarlar ve sanatçılar da ona aynı görüşle bakmışlar, o şekilde hitap etmişlerdir. Fâtih'in, kendisinin hoşuna gitmek isteyen bu kimselerdeki bu görüşü onayladığı sonucunu çıkarmak yanlış olmaz. 1481'de kendisi için basılmış olan madalyada şu unvanları görürüz: "Sultani Mohammeth Othomani uguli Bizantii imperatoris Sultanus Mohamet Othomanus Turcorum imperator." Kemâl Paşazâde'ye göre de Fâtih, Bizans imparator ailesini her yerde, yani İstanbul'dan başka Mora'da ve Trabzon'da ortadan kaldırmayı düşünmüş, başka bir ifadeyle Bizans tahtı üzerinde muhtemel bir iddia sahibi bırakmama siyâseti izlemiştir. Diğer taraftan Fâtih'in fetihleri, sanki Justinianus dönemindeki Bizans İmparatorluğu'nun sınırlarına erişme amacını gütmüş görünmektedir. Bir iddiaya göre, Güney İtalya fethine, buraların zamanında Bizans'a ait olduğu iddiasıyla girişmiştir. Kırım yarımadasının güneyindeki yerler de vaktiyle Bizans'a bağlı bulunuyordu. Fâtih'in çağdaşları Sagundino, Bosna Kralı ve Papa, onun Doğu Roma'yı fethettikten sonra Batı Roma'yı da ele geçirme arzusunda olduğunu tekrar ederler. İstanbul'un alınmasını izleyen yıl J. Languschi Fâtih'in ağzından şu sözleri aktarmaktadır: "Dünyada bir tek iman ve bir tek saltanat olmalıdır." Bu son sözde Fâtih'in asıl amacı ifadesini bulmuştur. Osmanlı sultanı, İstanbul'un fethinden sonra dünya çapında bir imparatorluk düşüncesine yükselmiş görünmektedir. Bunda, kimi eski Türk kağanlık (hanlık) anlayışının, kimi Roma'nın evrensel imparatorluk fikrinin tesiri açıktır. Gerçekten, Fâtih Hıristiyan dünyası karşısında bu son düşünceyi benimsemiş olabilir. Bu siyâsetin en açık yansımalarından biri Patrikliğin canlandırılmasıdır, denilebilir. Bunu, Balkanlar'da Bizans'a karşı Slav devletlerinin kurmuş oldukları diğer patrikliklerin kaldırılması ve oradaki Ortodoks milletlerin İstanbul Patrikhanesi'ne eskisinden daha sıkı bir şekilde bağlanması izlemiştir. İmparatorluğun ortadan kalkmasıyla elbette bugün bu tarihî şartların tamamıyla ortadan kalkmış olduğunu söylemeye gerek yoktur. Fâtih, *halifetu'l-lah* ve *gâzî* sultanı sıfatıyla İslâm dünyası karşısında başka bir politikayı ve geleneği temsil etmekteydi. Dünyanın "bir tek iman ve bir tek saltanat" halinde birleştirilmesinden bahsederken herhalde tamamıyla İslâmî bir anlayışa bağlı olmaktaydı. Buraya kadar yaptığımız açıklamalarla, İstanbul'un alınmasından sonra Fâtih Sultan Mehmed'in, açık bir biçimde kendisini bir imparator, yani dünya çapında bir devletin sahibi gördüğünü belirlemiş oluyoruz. O, kaynağı ne olursa olsun benimsediği bu imparatorluk fikrini gerçekleştirmek için bütün hayatını ve enerjisini harcayacaktır. Dünya hâkimiyetini gerçekleştirememiş ise de onun dünya çapında bir Osmanlı İmparatorluğu'nu kurmayı başardığına şüphe yoktur. Şimdi bunu analiz etmeye çalışacağız.

Kemâl Paşazâde der ki: "Tedbiri cihangirlik zikrindeydi (...) cihâd yolunda kemer-i ictihâda bel baglayub yıl olur iki sefer ederdi." Fâtih'in yorulmak bilmez bir enerjiyle gerçekleştirmeye çalıştığı eseri anlamlandırabilmek için ondan önce Osmanlı Devleti'nin durumunu kısaca hatırlatmak gerekmektedir. Fâtih'ten önce Yıldırım Bâyezid, gerçek bir imparatorluk kurmayı denemişti. O, 14. yüzyıl sonlarına doğru Tuna'dan Fırat Nehri'ne kadar Anadolu ve Rumeli'nde hemen hemen bütün küçük devletlerin varlıklarına son vererek bu geniş alanda tek bir egemenlik kurmayı başarmıştı. Avrupa devletlerinin ortak Haçlı ordusunu yenmiş, Orta Asya'da ve İran'da kurulmuş olan Büyük Timur İmparatorluğu ile Doğu Anadolu üzerinde rekabet haline gelmiş, bunun sonucunda Memlûklü saltanatı ve Altın Orda devleti kendisiyle aynı tarafa geçmişti. Bu şekilde dünya siyâsetinde başlıca güçlerden biri haline gelen Bâyezid'in devleti, İstanbul'u, Bizans İmparatorluğu'nun merkezini de ele geçirmek için son çabalarını harcamaktaydı. Fakat Ankara'da 1402'de uğradığı yenilgi sonucunda onun kurduğu imparatorluk parçalanmıştır. II. Mehmed, tahta çıkıncaya kadar Osmanlı Devleti daha çok pasif bir siyâset izlemek zorunluluğu duymuş, küçük devletlerin Batı dünyasıyla birleşmesi olasılığına karşı fetih siyâsetinde sürekli ölçülü davranmıştır. II. Murad'ın 1443 İzladi, 1444 Varna, 1448 Kosova savaşları kuzeyden gelen işgal ordularını durdurmak için yapılmış savunma savaşlarıydı. 1432'de Osmanlı başkentini ziyaret etmiş olan B. de la Broquière, II. Murad'ın barışseverliğinden biraz hayretle bahsetmektedir. Bu ölçülü politikanın başlıca etkenleri şunlardır: 1) Boğazlar'a İtalyan deniz devletleri egemendir. Onlar Anadolu ve Rumeli arasındaki ulaşımı her an kesebilecek güçtedirler. 1416'da Venedik'in Osmanlı donanmasını Gelibolu'da yakmış olduğu unutulmamıştır, 1444'te Batılılar bu deniz yolunu kesmeye girişeceklerdir. 2) Bâyezid'in trajik ölümünden sonra mücadele yalnız onun oğulları arasında değil, torunları arasında da devam etmiştir. İstanbul'da Bizans imparatorunun elinde taht iddiasında olanlar, Düzme Mustafa, ondan sonra Orhan taht için sürekli bir tehdit oluşturmuşlardır.

İşte bu şartlar altındadır ki Osmanlı siyâsetini yöneten Çandarlı Halil Paşa, bir fetih politikasından dikkatle kaçınmaktaydı, özellikle Batı dünyasının bir Haçlı ordusu halinde birleşerek saldırması en büyük endişeyi oluşturmaktaydı.

İstanbul'un fethine girişmek bütün bu tehlikelere karşı bir meydan okuma demekti. Fâtih, bütün bu tehlikelere karşın fethi başarmakla devletine tekrar fetih yollarını açmış, imparatorluğu gerçek anlamda kurma işine tekrar girişebilme fırsatını bulmuştur. Arazi bakımından onun 30 yıllık saltanatı süresince varmaya çalıştığı hedef, Tuna ile Fırat arasında bir tek egemenlik ve yönetime bağlı merkezî bir devlet meydana getirmek olmuştur.

Burada bir soru akla gelebilir: Fâtih'in böyle belli bir fetih planı var mıydı? Bir plan dâhilinde fetih iddiası kabul edilemez. Fakat gelenek ve jeopolitik şartların zorunlu kıldığı belli bir fetih izlencesi kesin olarak hareketlerine yön vermiştir. Bu itibarla, onun belli başlı fetihlerini kronolojik sıra ile hatırlayalım: Rumeli'nde 1454-1459 Sırbistan'ın ele geçirilmesi, 1458-1463 Mora'nın alınması, 1453-1479 Arnavutluk'ta isyanın bastırılması ve Kuzey Arnavutluk'un işgali, 1463-1464 Bosna'daki fetihler, 1470 Agriboz adasının fethi, 1459-1461 Kuzey Anadolu'da Ceneviz kalelerinin kontrolü, Candaroğulları ve Trabzon Rum İmparatorluğu'nun ortadan kaldırılması, 1466-1474 Karamanoğulları'nın ortadan kaldırılması, Orta Anadolu ve Akdeniz kıyılarının fethi. Fâtih, Balkanlar'da egemenliğini kurarken Macarları, Anadolu'da ise Ak-Koyunluları karşısında başlıca rakipler olarak bulmuştur. Ege Denizi'nde ve Karadeniz'de egemenlik kurmak için de Cenevizlilerle ve daha çok Venediklilerle çarpışmıştır. Ege'de Rodos, Balkanlar'da Belgrad onun kontrol altına alamadığı, fetihlerinin durakladığı iki uç noktasıdır. Fakat ölümünde Tuna Nehri'nin güneyindeki ülkelerle Toros Dağları'nın batısındaki memleketleri hemen hemen tamamıyla ele geçirmiş bulunuyordu. Buralarda yerel küçük hanedanlara son verilmiş, imparatorluğun doğrudan doğruya merkezî yönetimi kurulmuştu. İşte bu doğal sınırlar arasında, onun kurmuş olduğu imparatorluk, İstanbul etrafında ülke bakımından büyük bir bütün oluşturuyordu. Fâtih'in kurduğu bu çekirdek, imparatorluğun 400 yıl devam eden gerçek yapısını oluşturmuştur. Macaristan, Eflâk ve Boğdan, hatta Arabistan devlete oldukça gevşek bağlarla bağlı ve kendisinden çabuk ayrılan parçalar olduğu halde bu çekirdek sağlam bir şekilde bütün karışıklıklara dayanmış, imparatorluk birliğini korumakta devam etmiştir. İşte bunun içindir ki, Fâtih Sultan Mehmed Osmanlı İmparatorluğu'nun arazi bakımından gerçek kurucusu sayılmalıdır.

Fâtih aynı zamanda bölünmez, mutlak imparatorluk gücünü, başka bir ifadeyle *imperium*u kendi kişiliğinde tam olarak gerçekleştirmiş olan ve bunu sağlamak için devlet bünyesinde derin değişiklikler yapmış bulunan bir pâdişahtır. Ondan önce Çandarlı ailesi, özel olarak ise Çandarlı Halil Paşa, devlet yönetimini gerçekten ellerinde bulunduruyorlardı, öte taraftan *uc*lardaki (sınır boylarındaki) eski büyük gâzî aileleri, Mihaloğulları, Evrenosoğulları, Turhan Bey oğulları merkezî otorite karşısında, simgeledikleri büyük askerî güç sebebiyle hesap edilmesi gereken unsurları oluşturmaktaydı. Sonuç olarak Osmanlı hanedanından iddia sahipleri pâdişahların egemenliklerini ve bu egemenliğin bölünmezliğini tehdit etmekteydiler. Fâtih Sultan Mehmed, İstanbul'un hemen alınmasının ardından Şehzade Orhan'ı ortadan kaldırtmakla ve sonra meşhur kardeş katli kuralını kanunlaştırmakla sonuncu engeli kaldırmak istemiştir. Kapıkulu askerinin miktarını iki katına çıkarmak yoluyla *uc* beyleri karşısında merkezî kuvveti artırmış ve üstün konuma getirmiştir. Son olarak yine hemen fethin ardından Çandarlı Halil Paşa'yı idam ettirmek ve veziriâzamlarını kul aslından kimseler arasından seçmekle devlet içinde kişisel mutlak otoritesini tamamlamıştır. Bütün bu önlemlerin, durum ve olayların zor altında alınmış olduğunu unutmamak gerektir. Osmanlı pâdişahı, kendisiyle doğrudan doğruya temas fırsatını ancak az sayıda devlet adamına bağışlamış; sanki kutsal, buyruğu kanun, devletin mutlak sahibi gerçek bir imparator konumuna yükselmiştir. Kendisinden önce babası II. Murad, Dîvân'a başkanlık eder, dava dinler, vezirleriyle aynı sofrada yemek yer, camide halk arasında namazını kılar, uc beyleri ve ulu vezirlerin oylarını hesaba katmaya mecbur bir hükümdardı. Fâtih'in kazandığı yeni durum, Osmanlı pâdişahlarının bundan sonraki gerçek mutlak pâdişah tipini yaratmıştır. Ondan sonradır ki, pâdişahlar veziriâzamlarını kolaylıkla yerinden atıp başını cellada teslim edebilen sonsuz yetkili hükümdarlar haline gelmişlerdir.

İmparatorluğu yaratma yolunda en büyük görevlerden biri de, bir *metropolis* ekonomisi meydana getirmek, yani başkenti geniş bir ekonomik alanın kaynağı ve ulaşım noktası, uluslararası bir ticâret ve sanayi şehri, kalabalık bir siyasî-ekonomik merkez haline sokmaktı. Başka bir ifadeyle ekonomik faaliyetin merkezî ve düzenleyicisi sıfatıyla İstanbul'un imparatorluğun türlü bölgelerini kendi etrafında bağlamış olması gerekmekteydi. Fâtih İstanbul'u nüfuslandırmak, büyük ticâret alanları, kervansaraylar yaptırmak ve bazı ticarî ayrıcalıklar tanımak, zengin tüccarı İstanbul'a gelip yerleşmeye zorlamak gibi birçok tedbirlerle bunu gerçekleştirmeye çalıştı. Onun saltanatı zamanında hızla gelişen şehir, doğu, batı ve kuzey-güney ticâretinin bir merkezi olduğu gibi görece büyük nüfusu, zengin sınıfları barındıran bir başkent kimliğiyle Anadolu'dan ve Rumeli'nden gelen hayvanların ve hammaddelerin büyük bir tüketim pazarı haline geldi. Fâtih zamanında İstanbul'da önemli bir beyaz çuha sanayii ile ipekli sanayiinin yerleştiğini de biliyoruz. Eflâk ve Boğdan'dan tuz, yağ, at, deri ve Kefe'den yağ, bal, tahıl ve kürk oraya gönderilmekte, İstanbul yoluyla Bursa'dan Batı Anadolu pamukluları, Bursa ipeklileri, çuha vb. kumaşlar, üzüm ve şarap bu kuzey memleketlerine aktarılmaktaydı. Batılı tüccarlar, özellikle Galata'da yerleşmiş büyük miktarda Frenk tüccarlar kumaş ithal etmekte ve oradan ipek ve baharat gibi doğu malları alıp İtalya'ya aktarmaktaydılar. Fâtih'in saltanatının sonlarına doğru İstanbul'da 8951 Müslüman hane, 3151 Hıristiyan hane, 1647 Yahudi hane, Galata'da 531 Müslüman hane, 592 Hıristiyan (Rum) hane ve 332 *Frenk* hane sayılmıştır. İstanbul ve Galata'da başka unsurlar da eklenirse, hepsi 16.324 hane ve 3927 dükkân vardı. Buradan nüfus hakkında bir tahmin yapmak kolay olmamakla beraber fetihten beri nüfusun iki katı veya daha fazla artmış bulunduğu söylenebilir (İstanbul fethinden önce nüfus 40 binden aşağı idi).

Sonuç olarak, Osmanlı Devleti'ni her bakımdan bir imparatorluk haline getiren ve ona gelecek ilerleme imkânlarını hazırlayan, Fâtih Sultan Mehmed idi ve bunu İstanbul fethinden sonra gerçekleştirmiştir. İstanbul, Türk devletinin ve Türk varlığının yıkılmaz bir temelidir.

C

FÜTÛHÂT VE İMPARATORLUĞUN KURULUŞU (1453-1481)

Fütûhât: 1453-1481

Cihan Egemenliği Fikri

İstanbul fâtihi bir yandan kendisini sınırsız güç sahibi bir hükümdar olarak hissetmiş ve bu fikri gerçekleştirecek önlemleri almış ise de diğer taraftan dünya egemenliği fikrini ciddi bir biçimde benimsemiştir. Onda bu fikrin çeşitli kaynakları (Türk-Mogol hâkânlık, İslâmî hilâfet ve Roma imparatorluk fikri) olabilir. Fakat o zaman, Fâtih için Bizans tahtına sahip olmak özel bir anlam taşıyordu. Fütûhâtını Batı Hıristiyan dünyasına karşı yapacaktı ve kendini Roma'nın tek ve gerçek mirasçısı saymak imkânı bu fütûhâtı oldukça kolaylaştırabilirdi. Fâtih'in, İtalyan nedimlerine Roma tarihleri okutarak bu geleneği kavramaya çalıştığını da biliyoruz.[1] Onun bu anlayışı ve geleneği benimsemesi noktasında etrafındaki Bizanslı ve Batılı yakınları[2] şüphesiz rol oynamıştır.[3] İstanbul fethinden kısa bir zaman sonra orada bulunan J. Languschi, Fâtih hakkında diyor ki; "İddiasınca dünyada bir tek impa-

---

1 Zorzi Dolfin, *Sitzungsberichte der kgl. bayr. Akademie der Wissenschaften zu München, philos.-hist. Kl.*, Jahrg., Münih, 1868, s. XIII.

2 Georgios Trapezuntios, Kritovoulos, Amirutzes, Benedetto Dei, Gayetalı Iaocopo, Cyriacus d'Ancona vb.

3 Bkz. Fr. Babinger, "Mehmed II der Eroberer und ltalien", *Byzantion*, XXI (1951), s. 136-147; krş. *Belleten*, sayı 65.

ratorluk, bir tek imân ve bir tek hükümdarlık olmalıymış. Bu birliği kurmak için de dünyada İstanbul'dan daha layık bir yer yokmuş. Bu şehir sayesinde Hıristiyanları hükmü altına alabilirmiş".[4] 1446'da G. Trapezuntios, Fâtih'e hitaben şöyle yazıyordu: "Kimse şüphe etmez ki, sen Romalılar imparatorusun. İmparatorluk merkezini hukuken elinde tutan kimse imparator ve Roma imparatorluğunun merkezi de İstanbul'dur."[5] Papa II. Pius, Fâtih'i Hıristiyanlığa davet eden mektubunda,[6] Hıristiyanlığı kabul ederse yasal imparator sıfatıyla dünyanın en güçlü hükümdarı haline geleceğini söylemekte ve kendisine "Greklerin ve Doğu'nun İmparatoru unvanını vereceğini, kuvvetle elde tuttuğu ve haksızlıkla savunduğu şeyin hukuken de kendi malı olacağını, bütün Hıristiyanların kendisine saygı göstererek mücadelenin sonlandırılması için hakem tanıyacaklarını ve birçoklarının boyun eğeceğini, kendisinin Roma kilisesinin haklarına karşı gelenler aleyhinde onun kuvvetine başvuracağını" taahhüt etmekteydi. Fâtih, Ortodoks patriğini, Ermeni patriğini ve Yahudi başhahamını başkentine yerleştiriyor, fethe hazırlandığını dünyayı göstermek için Amirutzes'e 1456 Yazı'nda dünya haritası yaptırıyordu.[7] Fâtih, dünya egemenliği için önceden de kullanılan bir yaklaşımı, yani Allah'ın kılıcı olmak ve kendisi için egemenliğin yazgısı olduğu inancını yaymak yolunu da ihmal etmemiştir.[8] Fâtih'in dünya egemenliği fikrine Kemâl Paşazâde (s. 164) "tedbîri cihangirlik zikrindeydi" diye işaret eder.

Ancak şunu belirtmek gerekir ki selefleri gibi, Fâtih için de bu görüşler siyasî birer araçtan ibarettir. O, bu tarafta İslâm dünyasında da gâzânın en büyük temsilcisi, İslâm memleketlerinin gerçek koruyucusu sıfatını benimsemekte, hareketlerini bu esasa göre meşru hale getirmeye çalışmaktaydı. İslâm dünyasında üstünlük savları, ilk olarak 1466 tarihine doğru Memlûkler ile ilişkilerinde kendini belli eder. Fakat İstanbul fetihnâmesinde Mısır sultanına,

---

4 Dolfin, *Sitzungsberichte der kgl. bayr.*, s. XVII-XVIII; Babinger, "Mehmed II", s. 140.

5 Babinger, "Mehmed II", s. 266.

6 1461-1464 tarihleri arasında yazılmış ve galiba Fâtih'e gönderilmemiş bu mektup, Fâtih'in sağlığında, 1475'te Treviso'da basılmıştır, Babinger, "Mehmed II", s. 212 vd., bu davet mektubu için ileride bkz.: "Papa II. Pius'un Fâtih'e Mektubu: Epistola ad Mahomatem".

7 Kritovoulos, *The History of Mehmed the Conqueror*, s. 209 vd.

8 Bu görüş Orhan Gâzî zamanında dahi vardı.

"hac farizasını ihyâ" hizmetini bırakıyor, kendisi de "gâzâ ve cihâd ehlini teçhiz etmek" görevini alıyordu.[9] Böylece İslâm halifesi için hac yollarının ve mübarek şehirlerin koruyuculuğu ile İslâm memleketlerinin korunması görevlerinden ikincisini Fâtih kendisi benimsiyordu ki bunda tamamıyla haklıydı. Osmanlıların ilerlemelerinden sonra, Mısır ve Suriye Haçlı tehditlerinden kurtulmuştu. Fâtih sonraları hac yollarının iyileştirilmesi işlerine de karışmaya kalkışınca,[10] Mısır sultanı bunu büyük bir hoşnutsuzlukla reddedecektir. İran'da yerleşen Ak-Koyunlu hükümdarı Uzun Hasan'ın Anadolu üzerinde etkinlik ve üstünlük iddialarına karşı, Osmanlı pâdişahının soyunu Oğuz Han'a çıkaran geleneğe daha çok önem verdiğine dair işaretler vardır. Uzun Hasan bir mektubunda[11] kendisini kisrâların, Fâtih'i ise kâyserlerin ardılı olarak gösterirken sırf bir belâgat göreneğine bağlı sayılamaz.

Türk-Mogol devlet geleneğinde de devlet merkezinin, yani "tahtın" elde tutulması hükümdarın sıfatını ve yerini belirleyen en önemli unsurdur. Fâtih'in, gâzâ ve fütûhât siyâsetinin temsilcisi göründüğü yıllarda doğan ilk oğluna büyük dedesi Yıldırım Bâyezid'in adını, üçüncü oğluna İran geleneğinin ünlü hükümdarı Cem'in adını ve torununa da Oğuz Han'ın ismini vermesi kayda değerdir. Denilebilir ki Fâtih'in kişiliğinde Türk, İran, İslâm ve Roma hükümdarlık geleneklerini ihtiva eden bir "Osmanlı pâdişahı" doğmuştur. O, açık olarak Hıristiyan ve İslâm dünyasını egemenliği altında toplama, evrensel bir devlet kurma düşüncesindeydi. Fâtih sonsuz bir gayretle seferlerine girişirken diğer bütün şehirlerin zararına İstanbul'u en büyük ve en zengin bir merkez halinde yükseltmeye, en büyük âlimleri etrafında toplamaya çalışırken de sürekli bu esas fikrin etkisi altındadır.

İmparatorluğun Kuruluşunda Temel Prensipler

II. Mehmed'in bir fütûhât planı olduğu gerçeklikten uzaktır. Bununla beraber bu seferlerin tamamıyla rastlantısal ve yüzeysel

---

9 Feridûn Bey, *Münşeâtu's-Selâtin*, I, s. 236.

10 *Âşıkpaşazâde*, (nşr.) Âlî, s. 208.

11 Topkapı Sarayı Arşivi, nr. 11485/9.

nedenlerle yapıldığı da doğru değildir. Şüphesiz, olayların tahmin edilemeyen gelişimleri ve ani tehlikeler Fâtih'i çeşitli tarihlerde şu veya bu cepheye harekete mecbur etmiştir. Bu sebeple onun fetihleri gözden geçirilirken, belli bir planın uygulanması değil, siyasî amaçlar belirlenmelidir. Bu amaçları da Osmanlı tarihinin gelişme çizgisi, kendine kattığı devletlerin siyasî gelenekleri ve özellikle coğrafî ve asker şevkiyle ilgili nedenler, yani jeopolitik belirlemiştir.

İstanbul'un fethi, yukarıda da görüldüğü üzere, imparatorluğun hakkı ile kurulması gibi büyük bir amaç ortaya çıkarmıştır. Fâtih, öncelikle kâyserlerin mirasçısı sıfatıyla İstanbul tahtı üzerinde hak iddia edebilecek devlet ve hanedanları birbiri ardından ortadan kaldırmaya dikkat etmiştir. Onun, Bizans'a mensup bütün tekfurları ortadan kaldırıp Rumlardan "râyet-i saltanatı ref' etmek" istediğini Kemâl Paşazâde (s. 189) açıkça ifade etmiştir. Bununla bağlantılı olarak Trabzon'da Rum imparatoru, Mora'da Paleologoslardan iki despotu, Midilli'de ve Enez'de bu hanedandan kız almış olan Gattilusio ailesini ortadan kaldırdı. Kemâl Paşazâde'ye göre, Enez tekfurunun da Bizans imparator ailesi ile akrabalığı vardı, önceden Bizans imparatoruna bağlı yerlerin geri alınması düşüncesi fütûhâtta etkin olmuştur. Fâtih, 1458'de birinci Mora seferinde, orada son imparator Konstantin'in despotluğu zamanında ait olmuş yerleri egemenliği altına aldı. Sırp despotluğuna karşı harekete geçerken Yıldırım Bâyezid'in Kral Lazarevic'in kızı ile evlenmiş olmasını hatırlayarak, bu ülke üzerinde Vılk-oğlu'ndan daha çok hakkı olduğunu ileri sürdü.

Kendi ataları Yıldırım Bâyezid'in ve II. Murad'ın zamanlarında Osmanlı yönetimi altına konulmuş yerleri geri alma düşüncesi de fetih hareketlerinde rol oynamış görünmektedir. Fâtih, Fırat Nehri ile Tuna arasında yaptığı fetihler ile bu eski fütûhâtı, şüphesiz daha sağlam olarak yeniden canlandırıyordu. 1468 Anadolu seferi nedeniyle Kemâl Paşazâde'nin şu kaydı (s. 288) bu bakımdan dikkate değer: "Malatya ve Dârende ve ol kenarda nice kılâ ve bikâ' dahi havza-i himâyet-i Âl-i Osmân'da dâhil olmuş iken, merhum Yıldırım Han vakıasında sultan-ı Mısır'ın müdafaası ile ol iklim-i mâmûr ecdâd-ı emcâdımızın elinden çıktı deyü illet eyledi." 1454'te

Karadeniz Ceneviz limanlarına *âmân* verdiği halde, Amasra'yı ayırdı; çünkü burası bir aralık Yıldırım Bâyezid tarafından fetih olunmuştu. Aynı şekilde 1453'te Ceneviz kolonileri Ayasolug, Yeni-Foça ve Sakız'dan Yıldırım Bâyezid zamanında verdikleri haracı istedi.[12]

Coğrafî ve asker şevki nedenlerinin etkisine gelince, Fâtih'in seferlerinde bu nedenler özellikle Kritovoulos tarafından iyi belirtilmiştir, öncelikle İstanbul'un fethi Yakın Doğu ve Doğu Avrupa'da siyasî şartları Osmanlı Devleti lehine olarak temelinden değiştirmiştir. Fâtih, "donanmasını İstanbul'da tutmak imkânı bulursa, tekmil dünyaya hâkim olacağını düşünüyor".[13] O iki kara (Anadolu ve Rumeli) ve iki denizin (Akdeniz ve Karadeniz) hâkimi olmak iddiasındadır. 1451'de Rumeli Hisarı'nın, 1463-1464 kışında Çanakkale'deki hisarların yapımı ve İstanbul Boğazı'nda bir tersane inşâsı bu arada Boğazlar'a yakın adaların ele geçirilmesi gibi önlemler ile Fâtih, İstanbul'un merkezî durumunu pekiştirmiştir. Boğazlar'da Türk egemenliği dönemi Fâtih ile başlar. İstanbul'un fethi ile o zamana kadar Anadolu ve Rumeli'nde iki ayrı parça halinde bulunan Osmanlı ülkesi birleştirilmiş; bu iki parçanın Boğaz'dan kesilme tehlikesi ortadan kalkmıştır.[14]

Boğazlar'da Osmanlı egemenliği kurulduktan sonra Karadeniz'de Ceneviz'in egemenliğini devam ettirmesi ve kolonilerini koruması imkânsız bir hale gelmiş oluyordu. E.S. Piccolimini (sonra Papa II. Pius) İstanbul'un düşmesinden sonra, Papa'ya, "şimdiden Karadeniz bize kapanmıştır" diye yazmıştı.[15] Daha 1454'te Karadeniz'e çıkan donanma hemen hemen bütün Ceneviz kolonilerini haraca bağladı. Buna karşılık Ege Denizi'nde egemenlik kurmak, hatta Anadolu ve Rumeli kıyılarını Hıristiyan donanmalarına karşı korumak her zaman mümkün olmamıştır. Fâtih bu maksatla Ege'nin kuzeyindeki adaları (Limni, Taşoz, Midilli, İmroz, Samotraki) ve Agriboz'u doğrudan doğruya egemenliği altına alacak ise de Ege'nin kilidi Rodos yabancı ellerde kalacaktır. 1463'te

---

12 W. Heyd, *Histoire du commerce du Levant*, çev. F. Raynaud, Leipzig, 1936, s. 268 vd.

13 Dolfin, *Sitzungsberichte der kgl. bayr.*, s. XX.

14 Krş. Dolfin, *Sitzungsberichte der kgl. bayr.*, s. XXII; Tursun Beg, *Târih-i Ebu'l-Feth*, s. 36 vd. ve Kritovoulos, *The History of Mehmed the Conqueror*, s. 18 vd. ve s. 164.

15 Zinkeisen, *GOR*, II, s. 46.

Venedik'e karşı savaşa girişilirken, donanmanın takviyesi için özel önlemler aldı.[16] Yukarıda bahsettiğimiz gibi, Kadırga Limanı tersanesi bu dönemde yapılmıştır. H. 879 (1474) tarihli bir Gelibolu defterine göre,[17] o tarihte donanma 92 kadırga, beş galyata ve 11 kayıktan oluşmaktadır.[18] Hâlbuki İstanbul kuşatması sırasında, Fâtih'in asıl savaş gemisi olarak, yalnız 30 kadırgası vardı.[19] Osmanlı deniz gücünün gerçek kurucusu Fâtih'tir.

Balkanlar'a gelince, 12 Haziran 1444 Edirne Antlaşması'nda, Osmanlılar ile Macarlar, Tuna Nehri'ni aşmamayı karşılıklı razı olmuş görünmektedirler.[20] Tuna'nın güneyinde Balkan yarımadasını Osmanlılar, Fâtih devrinde tek parça bir egemenlik alanı saymaya başladılar. Yarımada üzerinde düşman elinde köprübaşları bırakılmaması, özellikle Balkanlar'ın kalbine sokulan Morava Vadisi'nde Macar etkisine açık Sırp despotluğunun ortadan kaldırılması başlıca bir hedef sayılmıştır. Mora yarımadasının, Arnavutluk'un ve Bosna'nın fethinde bu endişe başlıca etken olmuş görünmektedir. Aşağıda askerî-siyasî tarih incelenirken bu nokta daha açık bir şekilde görülecektir. Balkan yarımadası egemenliği için bu mücadele Fâtih'i iki büyük rakip ile Venedik ve Macaristan ile karşı karşıya getirecektir. Orta Anadolu yaylasının Osmanlıların başlıca düşmanı Karamanoğulları elinde bulunmasının tehlikelerini Osmanlılar birçok kez gözlemlemiştir. Karamanoğulları aynı zamanda Osmanlı ticâret ve ekonomisinin en önemli merkezleri olan Bursa'yı ve Ankara'yı tehdit altında bulunduruyorlar, diğer taraftan Antalya-Bursa ticâret yoluna hâkim olmaya çalışıyorlardı. Son olarak, Osmanlı ekonomisinin o zaman şahdamarı olan Tebriz-Tokat-Bursa yolunu tehdit eden ve ekonomik, askerî bakımlardan önemi büyük Sinop limanını elinde bulunduran İsfendiyaroğulları, Karamanoğulları'nın başlıca müttefikiydi.

---

16 Krş. Kritovoulos, *The History of Mehmed the Conqueror*, s. 85.

17 Belediye Kütüphanesi, Cevdet Yazmaları, O. 79.

18 Fâtih zamanında donanmada 300-400 gemiden bahsedilmesi, nakliyat gemileri ve diğer küçük gemilerin sayılmasından ileri gelmektedir.

19 Nicolaos Nicoloudis, *Laonikos Chalkokondyles: A Translation and Commentary of the "Demonstrations of Histories"*, Londra, 1992, s. 169.

20 Bkz. Halil İnalcık, *Fâtih Devri Üzerinde Tetkik ve Vesikalar*, Ankara, 1954, s. 22.

Orta Anadolu'ya hâkim olmak ve onun doğal sınırları olan Toroslar'a erişmek, Osmanlı Devleti için, siyasî ve iktisadî bakımdan hayatî bir öneme sahipti. Diğer taraftan Konya Ovası'nda tutunabilmek için, Akdeniz'e kadar uzanan geniş dağlık bölgedeki savaşçı Türkmen kabilelerini egemenlik altına alma zorunluluğu da kendini kabul ettirmiştir. Orta Anadolu'da ve Tebriz-Bursa yolu üzerinde egemen olma girişimi, Doğu Anadolu'da ve İran'da hâkim Ak-Koyunlu Devleti ile Osmanlı Devleti arasında uzun ve çetin bir mücadeleye doğru ilerleyecektir.

Fâtih'in Fetih Siyâseti ve Yöntemleri

Bu konuda en açık nokta, Fâtih'in Anadolu ve Rumeli'nde bağlı beylikler sistemini bırakarak doğrudan doğruya topraklarına katma suretiyle merkeziyetçi imparatorluğu hızlıca gerçekleştirmeye çalışmasıdır. Bu siyâset, Yıldırım Bâyezid tarafından uygulanan siyâsetin yeniden canlandırılması ve Çelebi Mehmed ile II. Murad tarafından tutulan uzlaşma siyâsetinin bırakılmasıdır.[21] İstanbul'un fethi, Çandarlı'nın tedbir ve uzlaşma siyâsetine karşı genç askerî grubun savaşçı ilhâk siyâsetinin galip geldiğini gösterir. Fâtih tahta çıktığı zaman Anadolu'da Karamanoğulları, İsfendiyaroğulları, Trabzon Rum İmparatorluğu, Alâiye Beyliği, Dulkadiroğulları ve Doğu Anadolu'da Ak-Koyunlu Devleti vardı. Büyük Selçuklulardan beri yerleşmiş bir siyasal geleneğe göre, Orta ve Doğu Anadolu, İran'da kurulan imparatorluklara bağımlı sayılmakta, gâzîler sultanı sayılan Osmanlı hükümdarı için yalnız Anadolu Selçukluları sınırları dışında Bizans'tan gâzâ sonucu alınmış topraklar, yasal bir egemenlik alanı olarak bırakılmaktaydı. Yıldırım Bâyezid bu siyasî geleneği kırmak istedi. Onun yerine Anadolu ve Rumeli'nden oluşan yeni bir imparatorluk kurma girişimine başladı. Bu girişim Anadolu'da uyanan tepki sonucunda başarısızlığa uğradı. İstanbul'un fethi gibi büyük bir gâzâ başarısı ve yeni devletin askerî ve ekonomik bakımdan

21 Halil İnalcık, "Ottoman Methods of Conquest", *Studia Islamica*, II (1954), s. 103-129.

Anadolu'yu kendi etki alanına kuvvetle çekmesi ve temsil etmesi sayesindedir ki, Fâtih yeni Osmanlı İmparatorluğu'nu eski siyasî gelenek yerine koyabilmiştir. Fâtih'in bu işe oldukça geç girişebilmesi (1461-1468) bir rastlantı değildir; çünkü Orta Anadolu'da zorla yapılan bir değişiklik, Horasan'a ve Mısır'a kadar Doğu dünyasını harekete geçirmekteydi. Onun için Fâtih, bu tarafta beylikleri, bağlı devletler olarak sürdürmeye devam etti. Karaman'a doğru harekete geçtiği zaman da (1466), bunu Karaman beylerinin Konya tahtı üzerindeki haklarını koruma bahanesiyle yapmıştır. Bu siyâset başarılı olamayınca, Karaman-ili'ni egemenliği altına almıştı. 1461'de Kastamonu tahtına önce kendine bağlı saydığı Kızıl Ahmed Bey'i getirmiş; o kaçınca da beyliği doğrudan doğruya Osmanlı egemenliği altına sokmuştur. Ancak, bu beyliklerin başkentlerine kendi oğullarını bey olarak göndererek oralarda bu yolla diğer sancaklardan daha özerk yönetimler kurmakla eski geleneğe nadiren uymuş görünmektedir. Trabzon Rum İmparatorluğu'na son vermesini şüphesiz daha çok İstanbul'un sahibi ve kâyserlerin vârisi sıfatına dayandırıyordu (1461). Beylerine çok bağlı savaşçı göçebelere dayanan Dulkadiroğulları üzerinde o zaman bir egemenlik siyâseti değil, bağlılık siyâseti uygulanmıştır; çünkü bir egemenlik girişimi bu sınır beyliğinin Memlûklerin kucağına düşmesi sonucunu verebilirdi. Bu örnek, Fâtih'in de egemenlik için şartların uygun olmadığı yerlerde, atalarının bağımlılık ve koruyuculuk yöntemine sadık kaldığını göstermek bakımından kayda değer. 1451'de Rumeli'nde birçok yerel derebeyleri, küçüklü büyüklü hanedanlar vardı. Başlıcaları Morava Vadisi'nde Sırp Despotluğu, Tuna ötesinde Eflâk beyi Paleologoslardan Mora'da iki despot, Arta'da Toccooğulları, Enez'de, Midilli ve diğer adalarda Gattilusioler, Atina'da Acciaiuoli ve Arnavutluk'ta birtakım eski derebeyi aileleri. Bu hanedanlar üzerinde Osmanlı'ya bağlılık, hemen hemen doğrudan doğruya egemenlik derecesinden (mesela, Arnavutluk'taki derebeyi aileleri) ismen bağlılığa (Mora despotları) kadar, pek değişik derecelerdeydi. Bu şekilde devlet kendisine bağlı olanları, memleketin şartlarını yakından tanıyor, hanedan üyelerini Osmanlılaştırıyor, o memleketin kuvvetlerini, yardımcı şeklinde kullanarak, kendi yönetimine alıştırıyor ve fetih için olgun bir hale getiriyordu. Genel olarak yerel hanedanların bağlılık şartları senelik belli bir vergi ödenmesi, prensin her yıl pâdişahın kapısına gelerek kulluğunu sunması, pâdişah istediği zaman veya her yıl bir yardımcı kuvvet gönderilmesi, pâdişahın sarayına bir oğlunu veya oğullarını rehin göndermesinden oluşmaktaydı.

Osmanlı Devleti, ani ve birden topraklarına katmanın zorlu ve uzun dirençler doğurduğunu, komşu yabancı devletin karışma ve korumasına yol açtığını deneyimle öğrenmişti. Bu nedenle eski Osmanlı geleneğine bağlı tedbirli devlet adamları, özellikle Çandarlılar, bu kademeli geçiş ve fetih siyâsetini izlemişlerdir. Buna karşın birden topraklarına katıp siyâsetini haklı gösteren bir durum da vardı. Osmanlı yönetimini gevşek ve zayıf hissettikleri zaman, bu bağlı devletler, düşmana yanaşmaktan ve onların aracı olmaktan geri durmuyorlardı. Bu 1444'te Fâtih tahta ilk çıktığı zaman görülmüş, Osmanlı Devleti'nin varlığı tehlikeye düşmüştü. Fâtih, İstanbul önünde başarılı olunca doğrudan topraklarına katma siyâsetini benimsedi. Artık bağlı hanedanın düşmana yanaşmasını, onunla işbirliği yaptığını veya sadece bağlılık esaslarında gevşeklik gösterdiğini öğrenir öğrenmez harekete geçiyor, orada doğrudan doğruya Osmanlı egemenlik ve yönetimini kuruyordu. Sırp despotluğunun, Mora'nın, Bosna Krallığı'nın ve Arnavutluk'un fetih ve egemenliği hemen hemen aynı şekilde gerçekleşmiştir. Fâtih'in yaptığı iş, bu bağlı beylikleri ortadan kaldırarak Balkan yarımadasını birleştirmek, yani kendisinden önce başlamış olan fetih hareketini tamamlamak olmuştur. Kayda değer ki, o zamana kadar bu memleketler de fethe olgun bir hale gelmiş bulunuyordu. Macaristan'ın Sırbistan'da ve Bosna'da, Venedik'in Arnavutluk'ta ve Mora'da girişim ve mücadeleleri, bu hamleyi durdurmak, kendi etki ve egemenlik alanlarını devam ettirmek çabasından başka bir şey değildir. Bu nedenle Fâtih'in Rumeli ve Anadolu'da fütûhâtını sonradan ortaya çıkan sebeplerden doğan yok etme ve yağma savaşları şeklinde betimlemek gerçeğe aykırıdır.

Fâtih amacına savaşmadan ulaşmayı tercih etmekteydi; çünkü bu yolla kuvvetlerini korumuş,[22] fethedilen memleketi mâlî kaynakları zedelemeden yönetimi altına geçirmiş oluyordu. Önerilerine olumsuz yanıt verilmesi üzerinedir ki, askerin saldırı isteğini artırmak için yağmaya izin veriyordu. İstanbul kuşatmasında, Sırbistan, Bosna ve Mora'da birçok kalelerin ele geçirilmesi de böyle olmuştur. Buna karşılık, 1456'da Enez limanını ve ona bağlı adaları, 1460'ta Mora'da kalelerin birçoğunu, Sırbistan'da Güğercinlik Kalesi'ni, 1459'da Sırp despotluğunun merkezi Semendire'yi ve Karadeniz kıyısında Amasra'yı savaşmadan ele geçirmiştir. Fâtih, genellikle veziriâzamı aracılığıyla can ve mal güvenliği ve çoğu kez bir valilik veya timâr sözü vererek hükümdarı veya kale kumandanını savaşmadan teslime ikna ederdi. Öneriye uygun olarak güvenlik düşüncesiyle teslim olan Müslüman beylerine Rumeli'nde dirlik verirdi. 1453'te İmparator Konstantin'e Mora'ya çekilmeyi önermiş, 1460'ta Mora'yı alınca, despot Demetrios'a Enez ve adaları vermiş ve 700 bin akçelik gelir sağlamıştı.[23] Kastamonu Beyi İsmail Bey'e önce Yenişehir, sonra Filibe etrafında bazı yerleri, Alâiye Beyi Kılıç Arslan'a Gümülcine'yi, Karamanoğlu Karaman'a Çirmen sancağını, Şebin-Karahisar Beyi Dârâb Bey'e aynı sancağı timâr olarak vermiştir. Bu yöntem kalelerin kolayca ele geçirilmesine birçok yerde[24] yardım etmiştir.

Fâtih'in savaş ve fetih yöntemlerini incelerken, bugünkü düşüncelere göre değil, zamanına göre hüküm verilmelidir. O esas olarak İslâm hukukunun savaş ve barış hükümlerine uymuştur. Rumeli'nde güç kullanarak yapılan fetihlerde şeriât kurallarına göre, halkı esir, toprağı ve malları devlet malı sayıyordu. Teslim olanlar için ise İslâmî *âmân* hükümleri uygulanıyor; cizye konuyor, mâl ve şahısları devletin koruması altına alınıyordu.

Fâtih, siyasî bakımdan Bosna kralını ortadan kaldırmayı gerekli görmüştü.[25] Fakat Mahmud Paşa, daha önce krala *âmân* vermiş

---

22 Bkz. Kritovoulos, *The History of Mehmed the Conqueror*, s. 156.
23 Kritovoulos, *The History of Mehmed the Conqueror*, s. 159 vd.
24 Mesela Mora'da; bkz. Kemâl Paşazâde, s. 168 vd.
25 *Neşrî*, s. 198.

olduğundan, bu dinî-hukukî şartların bozulması en önemli bir içtihat konusu haline gelmiş,[26] bunun için müfti al-Bistâmî'nin fetva vermesi ve hükmü bizzat uygulaması gerekmiştir. Kaynaklar, kralın babasını öldürmüş olduğunu, bu idam dolayısıyla ayrıca belirtmek gereğini de duymuşlardır. Bundan sonra Macarların Bosna'ya girip, Yayiçe'de yerleşmeleri üzerine Fâtih buraya bir kral atamasına razı olmuş, bu şekilde Bosna için Mahmud Paşa'nın *âmân* ve uzlaşma siyâsetinin doğruluğu kabul edilmiştir. Osmanlıların "dârü'l-hârb" içine akınları sırasında amansız hareketlerini de yine şeriât hükümlerinin ışığı altında değerlendirmeliyiz. Sonuç olarak, bu akınlar düşmanın savunma gücünü yıkmak, *dârü'l-hârb*teki halka barış ve güvenliğin ancak "dârü'l-İslâm"a geçmek, yani pâdişahın egemenlik ve korumasını tanımakla kurulabileceğini anlatmak amacı güdüyordu.[27] Fâtih'in bazen itaat ve düzeni sağlamak veya ibret dersi vermek için sert önlemler aldığını, yıldırma yöntemlerine başvurduğunu da[28] eklemek gerekir. Sürekli isyan halinde olan ve Venedikliler ile işbirliği yapan Arnavutlara ve Macarlar ile işbirliği yapan Bosnalılara karşı özellikle sert davranmış; Mora'da devamlı kargaşalık çıkararak İtalyanların müdahalelerine ortam hazırlayan Arnavutları temizlemeye çalışmıştır. O bunlara bir savaş yöntemi olarak başvururdu. Mora'da, fazla sert davranarak düşmanı ümitsiz direnişe yönlendiren Zaganos Paşa'yı bu yüzden görevden almıştı; fakat bu sarp memlekette yüzlerce kaleyi savaş ile itaat altına almanın imkânsızlığı karşısında kendisi de yıldırma yöntemlerine başvurmuştur.[29]

Fethedilen Şehir ve Kalelerde Alınan İlk Önlemler

Kaleler, muhafız askerlerin sınırlı sayıda olması ve ileride yeniden direnç yuvası haline gelmeleri ihtimâli dolayısıyla genellikle yıkılır ancak askerî önemi olan belli başlı birkaç kale bırakılır ve bunlar hemen güçlendirilirdi.

---

26 Bkz. *Kemâl Paşazâde*, s. 243.

27 Fâtih devrinde örnek bir akın hakkında bkz. *Kemâl Paşazâde*, s. 527-553.

28 Kritovoulos, *The History of Mehmed the Conqueror*, s. 150.

29 Mesela Patras'ta ve Gardikion'da, bkz. Kritovoulos, *The History of Mehmed the Conqueror*, s. 156 vd. ve *Kemâl Paşazâde*, s. 160.

Fâtih, yerel beylikler yerine geniş bölgeleri bir yönetim altında birleştirmeye çalışan merkeziyetçi bir siyâsetin temsilcisi sıfatıyla aynı dönemde Batı'daki "monarklar" gibi bir kale yıkıcısı olmuş ve bunun için toptan mümkün olduğu kadar çok faydalanmıştır. *Düstûrnâme*'ye göre (s. 98), 1460'ta Mora'da 300 kaleden yalnız sekizi bırakılmıştır.[30] 1463'te Hersek fethinde, altı kale dışında diğerleri tamamen yıktırılmıştır.[31] Hisarlar yıkılınca, etrafta açık arazideki köyler kolayca itaat altına alınabiliyordu.[32] Uzun zaman direnen kalelerin yanına sürekli kuşatma amacıyla havale kuleleri yapılırdı. 1452'de Boğaz-Kesen Hisarı, 1456'da Belgrad karşısındaki Havale Kalesi (Güzelce-Hisar) bu amaçla yapılmıştır. Devlet ayrıca askerî noktalarda yeni kaleler inşâ ederdi (1466'da Arnavutluk'ta İl-Basan, Konya'da Ahmedek). Genellikle kalelere bir dizdar ile timârlı kale erleri veya maaş alan ulûfeciler yerleştirilir veya vergi ayrıcalığı ile yerli halk muhafaza işlerinde kullanılırdı. Kapıkulu ve yeniçeri ancak en önemli kalelere konurdu. 1460'ta Korint şehrine 400, 1461'de Trabzon'a 400 *mustahfız* yeniçeri yerleştirilmiştir.[33]

Pâdişah ordusu ile çekilmeden önce askerî önlemlerle yeni fethi güvenlik altına aldığı gibi bütün bölgeye vali ve askerî kumandan olarak bir sancakbeyi, şehir ve kasabalara subaşı ve kadılar atar; köyler timârlı sipahilere verilirdi. Gerçekten de bir memleketin Osmanlı Devleti'ne katılması demek, orasının tahrîrinin yapılması ve timâr yönetiminin uygulanması demektir. *Tahrîr,* çoğunlukla hemen fethi izleyen dönemde yapılır.[34] Osmanlı fethinin başlıca özellikleri ve sosyal sonuçları bu tahrîr defterlerinin incelenmesinden meydana çıkmaktadır. Her şeyden önce Anadolu ve Rumeli'nde fethedilen yerlerde tarım arazisi devletin yüksek mülkiyeti altında

---

30 Kemâl Paşazâde'ye göre, 360 hisardan bazıları; krş. Kritovoulos, *The History of Mehmed the Conqueror*, s. 158.

31 H. 873 tarihli defterde, Cevdet yazmaları, O. 76, Hersek'te yalnız üç kale gösterilmiştir.

32 Mesela Mora'da, *Kemâl Paşazâde*, s. 171.

33 Krş. Defter, Başbakanlık Osmanlı Arşivi, *Mâliye*, nr. 18, Vidin kalesi mevcutları.

34 Tahrîr hakkında bkz. H. İnalcık, *H. 835 Tarihli Suret-i Defter-i Sancak-i Arvanid*, giriş kısmı; "Stefan Duşan'dan Osmanlı İmparatorluğuna", *F. Köprülü Armağanı*, İstanbul, 1953, s. 214-231.

sayılırdı. Çiftçi tasarruf ve faydalanma hakkına sahiptir. Toprak üzerindeki haklar, devletin askerî-malî amaçlarına göre kaydedilmiştir. Müslümanların fetihten önce kazanılmış mülk ve vakıf hakları bazı şartlar altında kabul edilmiş veya kaldırılmıştır. Toprağı devletin yüksek mülkiyeti altına alan bu esası Fâtih özel bir önemle uygulamıştır. Özellikle onun 1476'dan sonra bütün imparatorlukta emlâk ve evkâfın büyük bir kısmını kaldırması sonucunda, devlet 20 binden fazla köy ve mezraya el koymuştur. Fâtih, yeniden büyük miktarda araziyi timâr toprakları haline getirdiği gibi devamlı hale getirdiği emlâk ve evkâf için de tasarruf edilen arazi gelirine göre orduya *eşkinci* (asker) göndermek zorunluluğu koymuştur. Bu büyük düzenleme hareketinin en önemli sonucu toprak üzerinde devlet gözetiminin güçlenmesi, devletin daha askerî bir nitelik alması olmuştur.

Fâtih, Rumeli'ndeki fütûhâtı sırasında her yerde, yerli askerî ve idarî sınıflar mülkiyetindeki toprakları, birçok manastır ve kilise vakıflarını devlet mülkü haline getirmiştir. Bu, köylü sınıfları lehine bir sosyal reform demekti. Çünkü Sırbistan'da, Mora'da, Arnavutluk'ta özellikle Bosna'da toprak, büyük ölçüde, asil sınıfların, derebeylerinin, askerlerin ve kilisenin mülkiyeti veya tasarrufu altındaydı. Köylü, ağır vergiler ve angaryalara bağlı olarak bu topraklar üzerinde çalışmak zorundaydı.[35] Tahrîr yapılıp Osmanlı yönetimi yerleşince derebeylerinin mülkiyet hakkı Osmanlı Devleti'ne geçti. Fâtih, devlet vergilerini kaldırmasa bile angaryaları kaldırmaya dikkat ediyor; vergilere sabit ve kolay ödenir bir nitelik veriyordu. Bu yönetim biçimi nedeniyle bu memleketlerde Osmanlı yönetimine karşı köylülerin yönetici sınıflar ile beraber bir direnişi görülmemiştir. Savaşın yağma ve yıkıcı etkileri geçtikten sonra Osmanlıların fethedilen yerlerde çiftçi sınıfları *ehl-i zimmet* sıfatı ile bırakmaya, oralarını "şenletmeye", yani nüfuslandırıp bayındırlık konusuna özen gösterdiklerini biliyoruz.[36]

---

35 Georgije Ostrogorsky, *Pour l'histoire de la féodalité byzantine*, çev. H. Gregoire-P. Lemerle, Brüksel, 1954, s. 187-222.

36 Bir Osmanlı istilası bekleyen Bosna kralının Papa'ya mektubu dikkate değer, bkz. Zinkeisen, *GOR*, II, s. 149.

Üstelik Ortodoks veya Bogomil köylülerin Bosna'da ve Sırbistan'da Katoliklerin propaganda ve baskıları altında bir kurtarıcı beklediklerini kaydetmek gerekir. Bosna kralı Katolikti ve Bogomiller Katolik bir yönetim altında kendilerine hayat kalmadığını görüyorlardı.

Köylülere toprakları üzerinde tasarruf hakları sağlandığı gibi, fetihten önceki asil sınıflar ve askerler de genellikle Osmanlı askerî teşkilâtına alınmaktaydı; çünkü devlet bunları reâyâdan ayrı tutuyor ve defterlere sipahi sıfatıyla ayrı olarak kaydediyordu. Hıristiyan olsun, Müslüman olsun *reâyâ* için herhangi bir şekilde silah taşımak yasaktı. *Reâyâ,* Osmanlı askerî sınıfına hiçbir şekilde alınmaz, yalnız sipahi gayrimüslimler veya Anadolu'da eski beyliklere ait sipahiler kabul edilirdi.[37] Fâtih'in öncülleri gibi Hıristiyan ve Müslüman yerli sipahiler hakkında takip ettiği bu siyâset, fütûhâtını hızlıca genişletmesinin sırlarından biridir. Çünkü bu yolla yerli askerî sınıflar bir şey kaybetmediklerinden kolayca efendi değiştirebiliyorlardı. Fâtih, bunlara genellikle eski toprakları üzerinde geçim yollarını timâr şeklinde sağlıyor ve timâr teşkilâtında eski konumlarına uygun bir durum oluşturuyordu. Kayda değer bir nokta, Osmanlı askerî sınıfına alınmak için din değiştirmenin kesinlikle bir şart olmamasıdır. Bunlara Müslüman timârlılar ile tam anlamıyla eşit davranılıyordu. 1473'te Angiolello (s. 46) ve Neşrî (s. 209), Fâtih'in ordusunda pek çok Hıristiyandan bahsederlerken, bir gerçeği ifade etmektedirler. Gerek timârlı sipahi olarak gerek voynuk veya başka isimler altında, Fâtih'in ordusunda büyük miktarda Hıristiyan asker vardır. Fâtih devrine ait defterlerde, Vılk-ili'nde, Semendire livasında, Vidin'de, Arnavut sancağında, Debre'de, Tırhala sancağında, Bosna ve Hersek'te yüzde üç ile yüzde elli arasında Hıristiyan timârlı sipahi buluyoruz. Eski Sırp devletinde kalabalık bir savaşçı sınıf oluşturan voynuklar (Slav "muharipler"), Arnavutluk, Makedonya ve Sırbistan'da büyük miktarlara yükselmektedir, örneğin Sırbistan'da Braniçeva'da ve Semendire vilâyetinde durum bu şekildedir ve

---

37 İnalcık, *Fâtih Devri Üzerinde Tetkik ve Vesikalar*, s. 168 vd.

burada fetihten önceki vergi sistemi de daha saf bir şekilde korunmuştur. Macaristan'a karşı bu önemli *uc* bölgesini topraklarına katan Fâtih böylece eski Sırp beyliği kurumlarını temelinden yıkmış değildir. Denebilir ki burada Osmanlı fethi sadece yerli hanedanın ortadan kaldırılması ve tahrîr-timâr sisteminin ancak bir çerçeve olarak uygulanması şeklinde gerçekleşmiştir. Özetle, bu fethi dinî, ırkî bağnazlığa dayanan yıkıcı ve yok edici bir istila olarak betimlemek gerçeğe tamamıyla aykırıdır. Fâtih, Anadolu'daki fütûhâtında aynı yönetimi vurgulamıştır. Eski Müslüman sipahilere gelince, Karaman defterleri[38] Karaman-ilinde çoğu timârların yerli sipahiler eline bırakılmış olduğunu göstermektedir. Angiolello'da (s. 66), 1474'te Karaman'da Osmanlı askeri arasında birçoğunun vaktiyle Pir Ahmed'in askerleri olduğu belirtilir. Söz konusu tahrîr defterlerine göre, Turgudoğulları, Yapaoğulları, Kögezoğulları, Emledin (Emeleddin) oğulları ve Adaluoğulları gibi eski büyük kabile beylerine eyaletin her tarafında büyük *zeâmet* ve timârlar verilmiştir.[39] Eski soyluların yerlerinde bırakıldığı fikri doğru olmakla beraber bu ancak Osmanlılara bağlılık gösterenleri kapsar. Fethedilen birçok yerlerde savaşta yakalanan askerlerin kırıma uğratıldığı biliniyor.

Ordu-Giresun bölgesinde timârların çoğu eski Çepni beylerinin oğullarına veya adamlarına verilmiş bulunuyordu.[40] Eski sınıfların hukukî durumları ile ilgili olarak fetihten önceki yerli vergilerin ve kanunların da aynen veya az bir değişiklikle uygulandığına burada kısaca işaret edelim. Fakat Osmanlı fethinin getirdiği önemli bir değişiklik angaryaların kaldırılmasıdır. Özetle denebilir ki, Fâtih yerel feodal egemenlikler yerine, her yerde merkezî bir imparatorluğun kişilerden bağımsız ve birleştirici yönetimini getirmekteydi.[41]

38 Özellikle Tapu ve Kadastro Müdürlüğü, H. 881 tarihli defter ile H. 887'ye doğru yazılmış defter, Başvekâlet Arşivi, *Mâliye*, nr. 567.

39 Krş. Başvekâlet Arşivi, *Tapu defterleri*, nr. 392.

40 *Trabzon defteri*, nr. 828; Kastamonu için bkz. Neşrî, s. 191; Tursun Beg, s. 98.

41 Bu görüş ayrıntıları bilinmeden N. Iorga tarafından da bazı yazılarında belirtilmiştir: Mesela Iorga, *Hist. Des Estats Balkaniques*, Paris, 1925.

Sürgün Yöntemi

Fâtih, Yakın Doğu Türk-Mogol imparatorluklarında yerleşmiş eski bir geleneğe bağlı olarak fethettiği memleketlerde güvenlik düşüncesiyle sürgün yönetimini geniş ölçüde uygulamıştır. Bununla o bölgeyi güven altına almak istediği gibi, İstanbul'a yaptığı sürekli sürgünler ile şehri nüfus ve ekonomik durumu bakımından gerçek bir "payitaht" haline getirme amacını güdüyordu. Sürgün halk, ayrı bir hukukî esasa bağlı olurdu.[42] Fâtih, İstanbul'u alınca 1453 Eylülü'ne kadar, Anadolu ve Rumeli'nden 5000 ailenin şehre yerleştirilmek üzere sürgün gönderilmesini emretti. Bursa'dan İstanbul'a sürgün çıktığına dair belge vardır (Bursa Şer'iyye Sicilleri), fakat yerini yurdunu bırakmak istemeyen halkın[43] direnmesi sebebiyle emir tamamıyla yerine getirilmemiş görünüyor. Bunun için Fâtih, 1454 Kışı'nda Bursa'ya geçerek şiddetli önlemler aldı, birçok valiyi değiştirdi.[44] Fâtih ondan sonra hemen hemen her seferinde fethettiği şehirlerin zengin, sanatkâr ve tüccar halkından bir kısmını İstanbul'a sürgün göndermiş, şehrin beslenmesini düşünerek, etraftaki kırlara araziye de çiftçi esirleri *hâs-kul/ortakçı-kul* olarak yerleştirmiştir.[45] Bu şekilde İstanbul etrafındaki kırlara 1455'te Güney Sırbistan'dan, 1458 ve 1460'ta Mora'dan (özellikle Korint'ten), 1489'da Zanta ve Kefalonya ve Aya Mavra adalarından Hıristiyanlar getirtilip yerleştirildi. 1459-1460'ta Taşoz ve Samotraki adalarından, 1462'de Midilli'den, 1463'te Mora'da Argos'tan, 1468-1471'de Konya, Lârende, Aksaray ve Ereğli'den, 1473'te Agriboz'dan yine 1473'te Uzun Hasan ordusunda esir edilen ulemâ ve sanatkârlardan, 1475'te Kefe ve Mengüp'ten halk getirilip yerleştirildi, özellikle 1459 Kışı'nda Fâtih, Rumeli ve Anadolu'dan zamanında İstanbul'da bulunmuş halkın zorla gönderilip yerleştirilmesini emretti. İstanbul'a kaçıp yerleşen köylüleri, sipahileri geri götüremeyeceklerdi. H. 882 Zilhicce başlarında (1478

42 Bkz. İnalcık, "Ottoman Methods of Conquest", s. 122.
43 Bkz. *Âşıkpaşazâde*, (nşr.) Âlî, s. 69.
44 Kritovoulos, *The History of Mehmed the Conqueror*, s. 95.
45 Bkz. Ö.L. Barkan, "Kulluklar ve Ortakçı Kullar", *Toplu Eserler*, I, İstanbul, 1980.

Mart ortaları) yapılan bir tahrîre göre,[46] İstanbul'da 14.083 hane, 3677 dükkân, Galata'da 1521 hane ve 260 dükkân sayılmıştır.

Trabzon alınınca imparator ailesi ile birlikte şehirdeki etkin aileler (askerî sınıf) eşyaları ile gemilere yüklendi ve İstanbul'a gönderildi. Bundan başka şehirden ve etrafından 1500 genç seçildi ve götürüldü.[47] Sonra şehre etraftaki şehirlerden, Niksar, Lâdik, Bafra, Osmancık, Çorumlu, Tokat, Samsun ve başka yerlerden Türk-Müslüman aileler sürgün edilerek yerleştirildi. 1487 tarihli tahrîr defterine göre, o tarihte şehirde 226 Müslüman, 734 Rum, 33 Cenevizli ve 129 Ermeni hanesi sayılmıştır (ayrıca 16 papaz hanesi). Bu rakamlar, orada Hıristiyan halkın yok edildiği şeklindeki iddiaların[48] doğru olmadığını gösterir. Kastamonu ve Sinop'tan bir kısım sipahilerin Rumeli'ne sürüldüğünü,[49] 1474'te Karaman eyaletinde Taş-ili'nden belli başlı ailelerin Rumeli'ne sürgün gönderildiğini biliyoruz. Buna karşı birçok Arnavut sipahilerin Konya'ya ve özellikle Trabzon vilâyetine sürüldüğü anlaşılıyor. Fâtih, Trakya'da Kafessa (Hafsa?) kasabası halkını, kendi adamlarından birinin malları çalındığından toptan Karaman'a sürgün etmişti (Angiolello). Merkezî yönetime karşı gelen yörüklerin, Anadolu'dan Rumeli'ne sürgün edilmesi yönteminin Fâtih tarafından uygulandığına dair elimizde az örnek vardır. H. 859 tarihli bir deftere göre,[50] İpsala bölgesinde Akça-Koyunlulardan bir cemaatin Fâtih zamanında sürülmüş olduğunu belirlemekteyiz.

Gâzâ ve Haçlılar: Osmanlı Devleti ile Batı Arasında Balkan Sorunu

Osmanlı Devleti'nin *gâzî* devleti sıfatı, Fâtih zamanında her zamankinden daha belirli bir hal almıştır. Bu etkin gâzâ siyâsetini önce Zaganos Paşa İstanbul kuşatmasında ifade etti. Ona göre Batı Hıristiyan devletleri birleşemezler, bundan dolayı çekinmeden

---

46 Topkapı Sarayı Arşivi, nr. D. 9524.
47 Kritovoulos, *The History of Mehmed the Conqueror*, s. 175.
48 Babinger, *Mehmed the Conqueror and His Time*, Princeton, 1978, s. 208
49 *Tevârih-i Âl-i Osmân*, (nşr.) Giese, İstanbul, 1992, s. 112.
50 Cevdet Yazmaları, O. 89.

fütûhâtı gerçekleştirmek gerekmektedir.[51] *Cihâd* yapan pâdişahın karşısında Hıristiyan Avrupa'nın birliği ve Haçlı seferi fikrini Papa temsil etmekteydi. Onun için papalığın siyasî eylemleri daima göz önünde tutulacaktır. Fâtih tarafından izlenen siyâsetin temeli, Batı dünyasının birleşmesine meydan vermemek ve iki cephede yani hem Anadolu'da, hem Rumeli'nde çarpışma zorunluluğunda kalmamak noktalarında toplanabilir. İstanbul'un fethi haberi bütün Avrupa'da büyük bir felaket gibi korkuyla karşılandı. Papa V. Nicola, İtalya devletleri arasında bir birlik kurmayı başardı (1454). Bütün Avrupa yönetimlerine mektuplar gönderdi ve Hıristiyanları Haçlı bayrağı altına davet etti. İmparator III. Friedrich ve Napoli kralı V. Alfonso, bu Haçlı seferinin başına geçmek istedi. Regensburg'da imparatorluk "diet"inde (Nisan 1454), bütün Hıristiyanlık dünyasında, beş senelik genel bir ateşkes yapılması, Çanakkale Boğazı'na bir donanma gönderilmesi öne sürüldü. Frankfurt'ta toplanan ikinci "diet"e bütün Avrupa yönetimleri davet edildiyse de sonuç vermedi. Osmanlı sarayı bu girişimlerden şüphesiz haberdardı.[52]

Fâtih, bir Haçlı girişiminin başlıca desteği olabilecek Venedik Cumhuriyeti ile bir antlaşma imzaladı (18 Nisan 1454). Venediklilere ticâret serbestliği sağlanıyor ancak yüzde 2 gibi düşük bir giriş ve çıkış gümrük vergisi konuyordu. Bizans zamanındaki gümrük serbestliği ve Venediklilere özel bir mahalle ayrıcalığı kaldırılmış oluyordu. Yalnız, eskiden olduğu gibi İstanbul'da bir Venedik balyozu sürekli oturup Venedikliler arasında hukukî davalara bakacaktı. Bu antlaşma Osmanlı hükümdarının İtalya deniz devletleri karşısında siyâsetini ifade etmektedir; yani devletin egemenlik haklarını korumak, fakat ticâret serbestliği bağışlamak. Doğu'daki çıkarları ve kolonilerini bu yolla güvenlik altına alan Venedik, Haçlı toplantılarına katılmak ve pâdişahı kızdırmaktan kaçındı. Karadeniz ve Ege denizlerindeki Ceneviz kolonileri de haraç ödemeye razı olarak pâdişah ile anlaştılar. Ancak Rodos Şövalyeleri, Papa'ya

51 Bkz. İnalcık, *Fâtih Devri Üzerinde Tetkik ve Vesikalar*, I, s. 130.

52 Fâtih'in Avrupa'da istihbarat teşkilâtı hakkında bkz. Babinger, "Mehmed II", s. 154; tahrîr defterlerine göre Tuna üzerindeki sancaklarda casuslar bulunduğu anlaşılıyor.

bağlı olduklarından, pâdişaha hiçbir zaman haraç ödemeyeceklerini bildirdiler ve 1461 tarihine kadar savaş durumunu devam ettirdiler (1454'te Hamza Bey kumandasında Osmanlı donanmasının Ege seferi sonuç vermedi). 1456'da Fâtih, güvenlik düşüncesiyle Enez ile İmroz ve Limni'yi işgal ettirdi.

1456 Belgrad savunmasında o kadar önemli bir etkinlik gösteren Papalık kendi kaynakları ile 16 kadırgalık bir donanma kurmayı başardı. Buna iki de Napoli gemisi katıldı. Bu donanma Kardinal Lodovico Scarampi yönetiminde Ege sularına gönderildi. O sırada Mısır'da bu donanmanın Anadolu kıyılarından İskenderiye'ye kadar İslâm memleketlerine saldıracağı söylentisi yayıldı.[53] Bu Haçlı tehdidi ve özellikle Kıbrıs sorunu[54] bu tarihte bir Memlûk-Osmanlı yakınlaşmasına sebep olmuştur. Rodos'ta üslenen Papalık donanması, Sakız ve Midilli adalarına uğradı; sonra Limni, Taşoz ve Samotraki adalarını kontrol altına aldı (1457) ve her birine bir miktar kuvvet bırakarak çekildi. İsmail Bey Midilli hâkimini tekrar itaate mecbur ettiği gibi Taşoz ve Samotraki'yi yeniden işgal etti. Limni'nin kontrolü (1459 kışı) uzadı. Fâtih, Enez ile bu adaları yapılan anlaşma gereğince eski Mora despotu Demetrios'a timâr olarak verdi.[55] Fâtih, ancak 1461'de Trabzon seferine çıkarken, Rodos Şövalyeleri ile bir ateşkes imzalamıştır. Papa'nın Osmanlı Devleti'ne karşı mücadelesini Arnavutluk'ta devam ettirdiğini görüyoruz. Orada Venedik 1463'te Arnavut isyancılarını açıktan açığa koruması altına alıncaya kadar Napoli kralı ve Papa etkindiler. İskender Bey'e para ve hatta asker yetiştiriyorlardı. Fâtih, Trabzon seferine çıkmadan İskender Bey ile de bir ateşkes imzalamıştır.

Papa, Osmanlı Devleti'nin batıda en büyük rakibi Macaristan'ı da büyük ölçüde bir Haçlı seferine ikna edememiştir. Bununla beraber çarpışma kaçınılmazdı; çünkü 1454-1456 arasında Fâtih'in esas faaliyeti Tuna'ya kadar doğrudan doğruya hâkim olma ve Sırp sorununu çözme noktasında toplanmıştır. 1451'de Fâtih tahta

---

53 İbn Tagribirdi, *Havâdis ad-duhûr*, (nşr.) W. Popper, I, California, 1931, s. 298-299.

54 Vertot, (René Aubert de) d'Aubeuf, *Historie des Chevaliers Hospitaliers de S. Jean de Jérusalem*, 4 cilt, Paris, 1726, c. III, s. 18 vd.

55 Kritovoulos, *The History of Mehmed the Conqueror*, s. 142.

çıkınca, Sırp despotu Alaca-Hisar (Kruşevac) ve çevresini kontrolü altına almış, fakat İstanbul fethi haberini alınca bu yerleri geri vermişti. Fâtih, bir ültimatom göndererek Lazarevic'in eski memleketi Morava Vadisi'nin soy bakımından kendisine verilmesi gerektiğini söyledi ve despot George Brankovic'e babasının mülkü Vılk-ili'ni, yani Vulçitrin-Lab bölgesini bırakabileceğini bildirdi. 1454 yazında Morava Vadisi'ne yaptığı seferde, Omol (Omolridon) ve Sifrice-Hisar'ı (Ostovica) ele geçirdi.[56] Osmanlı ordusu çekilince, Vidin-Niş bölgesinde Macarlar güneyinde, Kosova civarında, Sırp kuvvetleri karşı saldırıya geçtiler. Fâtih 1455 yazında ikinci Sırp seferinde kuvvetlerini Güney Sırbistan'a, Vılk-ili'ne yöneltti. Trepça, Novaberda ve Lab vadilerinde başka gümüş madenlerini ele geçirdi. Yalnız Vılk-ili'ni bırakarak Macarlardan ayırmayı başardı (Omol ve Sifrice Hisar despota geri verilmiş görünmektedir). Despot yılda 3 milyon akçe ödemeyi ve seferlere belli miktarda asker göndermeyi de kabul ediyordu. Fâtih, Sırbistan'ı sıkı bir bağlılık altında tutmanın Belgrad'ın Macarlardan alınmasına bağlı olduğunu biliyordu. Şimdi Sırplar tarafsızdılar. Macarlar Katolik siyâsetinden memnun değildiler. Sırp siyâsetinde başlıca etken olan Mahmud Paşa, kardeşi Mihail Angelovic aracılığıyla memlekette Macar karşıtı hislerden faydalanmasını bildi; Osmanlı yanlısı ve tarafsız grup kuvvetlendi.

Fâtih, 1456'da Belgrad önünde kişisel kahramanlığına rağmen[57] geri çekilmeye mecbur kaldı. Bu başarısızlık Haçlı ümitlerini yükseltti. 1457'de Papa III. Calixtus donanmasını Ege Denizi'ne gönderiyor, Uzun Hasan ve Gürcüler ile Osmanlılar aleyhinde temasa geçmeye çalışıyordu. Ardılı II. Pius, Hıristiyan hükümetlerini Haçlı seferine ikna için Mantua'da bir kongreye çağırdı.

Despot George Brankovic'den sonra oğlu Lazar'ın da kısa zaman içinde ölümü (20 Ocak 1458) üzerine Sırp mirası sorunu ortaya çıktı. Macarlar Mahmud Paşa'nın kardeşi Mihail'i ortadan kaldırarak memleketi etkileri altına almaya çalıştılar, ölen despotun

---

56 Özellikle bkz. *Düstûrnâme-i Enverî*, (yay.) M.H. Yinanç, İstanbul, 1930, s. 97.

57 Bozgunu önlemek için harp meydanına atılarak alnından yaralandı, *Kemâl Paşazâde*, s. 138.

kızını Bosna kralı ile evlendirmek ve onu Macar koruması altına koyma planını uygulamaya geçtiler. Hatta Belgrad Macar kumandanı Szilagyi Sırbistan'ı işgal etmeyi tasarlıyordu.[58] Aynı tarihte Mora'da iki despot, Demetrios ve Thomas arasında çıkan kavga dolayısıyla memleket karışmıştı ve Venedik burasını kendi etki alanı sayıyordu.[59] Yine 1457'de İskender Bey Arnavutluk'ta Evrenosoğlu İsa Bey'i Albunlena'da bozguna uğratmıştı. Fâtih, bu tehlikeler karşısında şu önlemleri aldı: İsa Bey'i taze kuvvetlerle İskender Bey üzerine gönderdi; kendisi de bir ordu ile Mora'ya hareket etti. Sırbistan'a despotluğun yasal mirasçısı olup yanına sığınmış olan Kör Greguar'ı, Mahmud Paşa yönetiminde bir orduyla gönderdi. Sırplar birtakım izinler karşılığında birçok yerde kaleleri (bu arada Güğercinlik) Mahmud Paşa'ya teslim ettiler.

Fakat Semendire tarafında şahsen Macar Kralı Matthias Corvinus kumandasındaki bir ordu tehdit etti. Mahmud, Niş civarına çekildi. Bu sırada Fâtih, Mora'da zamanında Konstantin'e bağlı olan yerleri fethetmiş ve Üsküp'e gelmişti. Mahmud Paşa orada pâdişahla buluştu. Matthias Corvinus, babasının taktiğini uygulayarak kışın gelmesini ve Osmanlı ordusunun dağılmasını bekledi. Fâtih olağanüstü önlemler alarak ordusuyla Üsküp'te kaldı (1458 Kasım başlarında hâlâ oradaydı). Tuna'yı aşarak, Tahtalu'ya saldıran kral püskürtüldü. Pâdişah ondan sonra Edirne'ye döndü (Aralık 1458). Ertesi sene baharında, Fâtih şahsen Semendire üzerine hareket etti. Sırplar kendisine Sofya'da kalenin anahtarlarını getirdiler (Haziran 1459). Böylece, Sırbistan doğrudan doğruya Osmanlı hâkimiyeti altına girmiş oluyordu (Semendire seferi erken ve kolayca bitirildiğinden, Fâtih aynı 1459 yazında Karadeniz'de Amasra üzerine yürüdü ve savaşmadan aldı). Semendire'nin düşüşü Papa tarafından bir felaket olarak karşılandı ve Mantua Kongresi'nde Haçlı seferi ilân olundu. Bu sırada Mora'da despot Demetrios ile Batılıların kışkırttıkları Thomas arasındaki mücadele bu sonuncudan yana sonuçlanmış ve Batılıların temsilcisi sıfatıyla Thomas,

---

58 Bkz. L. Von Thallóczy, *Studien zur Geschichte Bosniens und Serbiens im Mittelalter*, Münih ve Leipzig, 1919, s. 96-99. C. Jirecek, *Geschichte Der Serben*, II, s. 211.

59 D.A. Zakythinos, *Le despotat grec de Morée*, Paris, 1932, s. 247.

Mora'ya hâkim olmuştu.[60] II. Pius, Osmanlılara karşı saldırı için Mora'yı en iyi bir üs olarak görüyordu. Fâtih bu gelişmelere seyirci kalamazdı. 1460'ta Mora seferinde kıyıda Venedik'e ait olan kaleler dışında bütün yarımadayı fethetti ve topraklarına kattı. Fakat Mora'ya hakkıyla sahip olmak ancak Venediklileri Koron, Modon, Nauplion ve Argos gibi kalelerden atmakla mümkün olabilirdi. Kaçak esirler konusu ancak Osmanlılar için egemenlik ve güvenlik sorununu belirtmek bakımdan önemlidir. Venedik kalelerine karşı girişimler, özellikle 1463'te Argos'un yerli bir Rum papazının yardımıyla Osmanlılar tarafından kontrolü Venedik'i sonunda Mora için savaşa karar verdirdi (28 Temmuz 1463).

Diğer taraftan Eflâk'ta, Bosna'da meydana gelen olaylar Macarlar ile yeniden çarpışmayı kaçınılmaz bir hale getirmişti. Fâtih 1461'de Eflâk beyi üzerinde eski bağlılık esaslarını yeniden kurmak istiyordu. Fakat Eflâk Beyi Vlad Drakul (Kazıklı Voyvoda) Macar kralı ile ittifak yaptı ve pâdişahın Trabzon seferi için uzaklaşmasından faydalanarak[61] Tuna ötesinde Osmanlı bölgelerine saldırdı. Bunun üzerine Fâtih 1462 yazında Eflâk'ı istila ederek, Vlad'ı kaçırdı ve yanında sarayda bulunan kardeşi Radu'yu (Radul) onun yerine bey olarak atadı. Aynı tarihte Midilli adasında Mora'da olan şeyler tekrar ediyordu. Midilli hâkimi Nicolo Gattilusio, Türklere yanaşmakla suçladığı kardeşini ortadan kaldırmış ve İtalyanlar ile ilişkilerini sıkılaştırmak, onlardan askerî kuvvetler almak, Anadolu sahillerini talan eden Katalan korsanlarını korumak ve adada üslendirmek ve son olarak vergisini göndermemek yoluyla açıkça düşmanca bir tavır takınmıştı.[62] Fâtih, Eflâk beyini cezalandırdıktan sonra 1462 Eylülü'nde Midilli'yi kontrol ederek ülkesine kattı. Venedik bunu Ege'deki egemenliğini tehdit eden bir hareket olarak karşıladı. Yeni Bosna kralı da Macar koruma ve bağlılığını kabul etmiş olup karısı yoluyla Sırp despotluk tahtı üzerinde hak iddia ediyordu. Osmanlılara karşı memleketinde

---

60 Zakythinos, *Le despotat grec de Morée*, s. 263 vd.

61 *Kemâl Paşazâde*, s. 210.

62 Kritovoulos, *The History of Mehmed the Conqueror*, s. 180; Doukas, *Decline and Fall of Byzantium to the Ottoman Turks*, s. 346 vd.

bazı kaleleri Macarlara terk etmekten bile çekinmedi (1462). Bu 1463'te Bosna'nın fethiyle sonuçlandı. Bu yolla Osmanlı Devleti'nin iki büyük rakibi, Macaristan ve Venedik, 1463'e doğru kesin harekete geçme zamanının geldiğine karar verdiler. Sonunda Papa'nın gayretleri sonuç verdi ve iki devlet Osmanlılara karşı bir saldırı ve savunma anlaşması yaptılar. 1463 yılı Fâtih'in Batı ile mücadelesinde bir dönüm noktasıdır. Papa, artık bir Haçlı seferinin gerçekleşeceğine inanmıştı. Venedik ve Burgonya ile bir anlaşma imzaladı ve 1464 Mayısı'nı hareket tarihi olarak kararlaştırdı. Osmanlı İmparatorluğu'nun paylaşılması planı bile hazırlandı.[63] Venedikliler Mora, Beotya, Attika ile Epir sahil bölgesini, İskender Bey Makedonya'yı alacak, eski Bizans imparatorluğunun diğer kısımları Rum büyüklerine verilecek, Bulgaristan, Sırbistan, Bosna, Eflâk Macaristan'ın olacaktı. Bu tehlike karşısında Fâtih önce İstanbul'a getirdiği Trabzon Rum imparatoru ve ailesini ortadan kaldırdı (1 Kasım 1463). Müttefikler İskender Bey'i pâdişah ile imzaladığı bağlılık anlaşmasını çiğneyerek, saldırıya geçmeye ikna ve para yardımı sözünü verdiler.[64] Osmanlıların doğudaki rakibi Uzun Hasan'ın elçisi Venedik'e geldi ve Osmanlılara karşı ittifak görüşmelerine girişti. Daha 1463 sonbaharında müttefikler saldırıya geçmiş bulunuyorlardı. Venedikliler Argos'u geri almışlar ve Hexamilion (Kerme) Hisarı'nı acele tekrar yükseltmişlerdi (eylül). Mora'da birçok kaleler ve şehirler isyan ederek, Venedikliler ile birleşti. Yarımada içindeki Müslümanlar bir kısım kalelere kapanıp kaldılar.[65] Aynı tarihte Macar kralı Bosna'nın başkenti Yayiçe'yi (Yaitse) ele geçirdi (16 Aralık 1463). Venedik donanması Çanakkale boğazı dışında saldırgan bir tavırla dolaşıyordu. Fâtih, her taraftan beliren bu tehlikeler karşısında şiddetli önlemler aldı: Kışın yaklaşmış olmasına rağmen Mahmud Paşa'yı kuvvetli bir orduyla hızlıca Mora'ya gönderdi. Donanmayı kuvvetlendirmek için Kadırga Limanı tersanesini yaptırdı ve İstanbul'u güvene almak üzere Çanakkale Boğazı'nda karşı karşıya Sultaniye ve Kilit-Bahir

---

63 Zinkeisen, *GOR*, II, s. 283.

64 A. Gegaj, *l'Albanie et l'invasion turque au XVe siècle*, Paris, 1937, s. 132 vd.

65 Tursun Beg, *Târih-i Ebu'l-Feth*, s. 122.

kalelerini inşâ ettirdi (1436/1464 kışı). Mora'da Venedikliler yenilerek yarımadayı bir kez daha Osmanlılara terk etmek zorunda kaldılar. 1464 baharında Fâtih, Mora'ya yönelerek İzdin'e geldiği zaman orada harekâtın başarıyla sonuçlanmış olduğunu öğrendi ve yönünü Bosna'ya çevirdi.[66] Fâtih o yaz Yayiçe'yi Macarlardan almak için boşuna kuşatma yaptı. Eylülde Sofya'ya vardığı zaman Macar kralının Bosna'ya girdiğini öğrendi ve Mahmud Paşa yönetiminde kuvvetler gönderdi. Bunun karşısında bir şey yapamayarak çekildi. Fâtih, müttefiklere karşı her tarafta başarı kazanmıştı. Haçlı ordusunun başına bizzat geçeceğini ilân eden Papa II. Pius, Ancona'da hüsran içinde öldü (15 Ağustos 1464).

Fâtih, 1465 yılında Venedik ve Macaristan ile barış görüşmelerine başladı; çünkü Karaman işleri karışmış; sürekli seferler nedeniyle asker arasında ciddi bir hoşnutsuzluk baş göstermiş bulunuyordu.[67] Pâdişahın sağlığı da bozulmuştu. Görüşmelerde Venedik, Mora ve Midilli'yi ve müttefiki Macaristan için Bosna'nın kuzey kısmını istedi. Fâtih ise Bosna'nın boşaltılması isteğinde bulundu. 1465 yılı sonuç vermeyen görüşmelerle geçti. Fâtih, sonraki sene baharda müttefiklerin aleti olan İskender Bey'e haddini bildirmek için Arnavutluk'a hareket etti. O, 1465 Ağustosu'nda sancakbeyi Balaban'a karşı önemli bir başarı kazanmıştı. Fâtih kuzey dağlık bölgesine dayanan arnavutlara karşı memleketin ortasında kuvvetli İl-Basan Kalesi'ni yaparak döndü. İskender Bey, Venediklilerden aldığı yardımcı kuvvetlerle Akça-Hisar'ı kuşatmaya devam eden Balaban'ı yendi. Sonra gidip İl-Basan'ı kuşattı. Buna çok sinirlenen pâdişah, 1465'te ikinci defa Arnavutluk'a girdi. Yıldırmak için büyük bir şiddetle hareket etti ve Venedik limanları üzerine bu arada İşkodra'ya kuvvetler gönderdi. Drac ve Kruya'yı (Croia/Akça-Hisar) tehdit etti. Arnavutluk Venedik-Osmanlı savaşının belli başlı sahnelerinden biri halini aldı. Venedik, Macar Kralı Matthias'tan büyük bir yardım göremiyordu. Fakat o zaman Asya'da Uzun Hasan ve Karamanoğullarını müttefik edinme ve böylece Fâtih'e karşı büyük bir kara kuvvetini harekete geçirme fırsatını buldu.

---

66 Tursun Beg, *Târih-i Ebu'l-Feth*, s. 125-132.

67 Kritovoulos, *The History of Mehmed the Conqueror*, s. 208.

Orta Anadolu Meselesi ve Uzun Hasan ile Mücadele

Karamanoğlu İbrahim Bey'in ölümü (1466 Ağustosu'na doğru) üzerine Fâtih'in halasının oğlu Pir Ahmed ve kardeşleri Konya'ya ve ovasına, veliaht seçilmiş olan İshak Bey ise Silifke ve Taş-ili'ne hâkim oldular. Beyliğin tamamına sahip olmak için, İshak Bey Uzun Hasan'dan, Pir Ahmed ise Fâtih'ten yardım istedi. Bu sırada Karamanlıların eski düşmanı Dulkadirliler doğudan saldırmış bulunuyorlardı. Osmanlı-Dulkadirli işbirliğine karşı daha İbrahim Bey zamanında, Ak-Koyunlu–Karamanoğlu ittifakı mevcuttu. Şimdi Karaman-ili'nde de Osmanlı etkinliğinin yerleşmekte olduğunu ve bu yolla durumun kendine karşıt bir biçimde altüst olduğunu gören Ak-Koyunlu Uzun Hasan, İshak Bey lehine harekete geçmeye karar verdi. Kurnaz Türkmen beyi, Dulkadirlilerin bağlı oldukları Mısır sultanını kuşkulandırmamak için kendisini Memlûklerin bir naibi gibi gösterdi. 1464 Sonbaharı'nda, Fâtih, Bosna'da meşgul bulunduğu sırada, Dulkadiroğlu Arslan Bey üzerine yürüdü, onu yendi; sonra İshak Bey'in kardeşlerine karşı savaşarak Kayseri, Develi, Aksaray, Konya ve Beyşehir'i aldı ve İshak Bey'e teslim etti.[68] İshak Bey bu şehirlerde Mısır Sultanı Hoş-Kadem adına hutbe okutmuştur.[69] O zaman Pir Ahmed ve kardeşleri kaçıp Fâtih'in yanına sığındılar. Fâtih, 1444'te Karamanoğulları'na terk edilen toprakları geri alma siyâsetini bu tarafta uygulama zamanı geldiğini gördü. İshak Bey, tahtını güvence altına almak için bir taraftan Mısır sultanının korunmasını istediği gibi,[70] diğer taraftan da Fâtih ile uzlaşmayı uygun buldu. Akşehir, Beyşehir ve Seydişehir'i bırakmaya razı olduğunu bildirdi. Fâtih, 1391'de Karamanoğlu Mehmed Bey ile Yıldırım Bâyezid arasında kararlaşan Çarşamba sınırının esas olmasını istedi ise de anlaşma olmadı.

68 A. Erzi, "Ak-Koyunlu ve Karakoyunlu Tarihi Hakkında Araştırmalar", *Belleten*, 70 (1954), s. 203-218.

69 İbn Tagribirdi, *Havâdis ad-duhûr*, (nşr.) W. Popper, III, s. 486.

70 İbn Tagribirdi, *Havâdis ad-duhûr*, s. 483, Erzi bu görüşmenin daha önce yapıldığı kanaatindedir; "Ak-Koyunlu ve Karakoyunlu Tarihi Hakkında Araştırmalar", s. 210.

Pâdişahın yanında bulunan Pir Ahmed bu sınıra razı olduğu gibi Dulkadirliler ile eskiden beri anlaşmazlık konusu olan Kayseri üzerindeki egemenliğini de Osmanlılara bırakıyor, pâdişahın seferlerine şahsen gelme sözüyle daha sıkı bir şekilde Osmanlı bağlılığını kabul ediyordu.[71] Dulkadiroğlu Arslan Bey, Osmanlılar ile gizlice anlaşmış olduğu için Memlûk sultanının kışkırtması ile öldürüldü (1465) ve yerine Şah Budak getirildi. Buna karşı Fâtih, Dulkadirlilerden Şehsuvâr Bey'i, bir bağlılık antlaşması imzalatarak beyliğe seçti (1467'de beyliği Şah Budak'tan alacaktır).

Osmanlı kuvvetlerinin yardımıyla harekete geçen Pir Ahmed, İshak'ı yenerek Silifke Kalesi dışındaki bütün Karaman-ilini yönetimi altına almayı başardı (Haziran 1465). Uzun Hasan'ın yanına kaçmış olan İshak çok geçmeden öldü (870 Muharrem / 1465 Ağustos-Eylül). Uzun Hasan o zaman yalnız Dulkadirlilere karşı harekete geçti; Fırat Vadisi'ne doğru arazisini genişletmeye çalıştı. Gerger'i aldı (1465 başı) ve onu Dulkadirlilere ait Harput ile değiştirmek üzere Mısır sultanı ile görüşmeye başladı. Karamanoğlu ve Dulkadirliler arazisinde Osmanlılara karşı Uzun Hasan'dan yararlandığını sanan Mısır sultanı onun gerçek amacını anladı ve Karaman olayları üzerine Osmanlı pâdişahı ile bozulan ilişkilerini düzeltmeye çalıştı.[72]

Bu tarihe kadar, bir taraftan ortak Haçlı tehlikesi, diğer taraftan Karamanoğlu İbrahim Bey'in Tarsus ve diğer Memlûk topraklarına saldırı sebebiyle Osmanlı-Memlûk ilişkileri çok barışçıldı. Fakat 1461'den sonra, Fâtih'in doğuya yayılma siyâseti Memlûk etki sahasını tehdide başladı. Mısır Sultanı Uzun Hasan'ı, Karamanoğullarını ve Dulkadirlileri koruması altında kabul etmekteydi. Uzun Hasan'a karşı bir hareket sayılan Trabzon fethi (1461), Mısır sultanı tarafından kutlanmadı.[73] 1463'te Batılılara karşı büyük başarı sağlayan Fâtih, Mısır sultanına gönderdiği mektupta, eski yönteme aykırı olarak ona kendisiyle eşit gibi davrandı ve el-

---

71 *Kemâl Paşazâde*, s. 247-253 ve özellikle *Neşrî*, s. 200 vd.

72 İstanbul'un fethi dolayısıyla, Fâtih'in Mısır'da halk tabakalarına kadar yayılmış bir şöhret ve sevgisi vardı. 1456'da Fâtih'in vebadan öldüğü haberi yalan çıkınca, Mısır sultanı kalede üç gün müjde davulu çaldırmıştır.

73 İbn Tagribirdi, *Havâdis ad-duhûr*, III, s. 408-411.

çisi yer öpmedi. Bu davranış Hoş-Kadem'i çok incitti ve Fâtih'e düşman yaptı. Nihayet son Karaman olayları iki taraf arasında ilişkileri tamamen bozdu. 1465'te bir Mısır elçisi Venedik'e gitti. Fakat söylediğimiz gibi Uzun Hasan'ın Fırat Vadisi'ndeki saldırıları üzerine Mısır sultanı elçisi Nûr al-Dîn al-Kuşayrî'yi dostça bir mektup ile Fâtih'e gönderdi. Bu mektup Osmanlı sarayında memnuniyetle karşılandı.[74] Ancak, 1467'de Şehsuvâr'ın, Osmanlı korumasında olarak Dulkadir tahtına oturması ve Memlûkler ile şiddetli bir mücadeleye girişmesi üzerine Memlûk-Osmanlı ilişkileri yeniden gergin bir döneme girecektir. Fâtih, 1468'de Anadolu'ya sefere çıktığı zaman, bunun esas olarak Memlûklere karşı olduğu söyleniyordu.[75] İshak'ın ölümünden sonra tahta sağlamca yerleşen Pir Ahmed bağlılık şartlarını çiğnemeye başladı; hatta Ilgın sınırında bazı toprakları geri istedi. Fâtih, Anadolu'ya sefer yapmaya karar verdi. Batı'da Venedik ve Macaristan ile tekrar barış görüşmelerine girişerek onları oyaladı. İskender Bey o kış ölmüştü (17 Ocak 1468). Aynı senenin ilkbaharında Afyon'a doğru yola çıkan Fâtih, Pir Ahmed ve Şehsuvâr Bey'den bağlılık şartlarına göre, ordugâhına gelmelerini istedi. Bunun tertipleyicisi olduğu anlaşılan Mahmud Paşa'ya göre onlar gelecek ve sorun kolayca çözülecekti. Fakat Afyon'da Pir Ahmed'in ret cevabı ulaştı (Nisan sonu 1468). Osmanlı ordusu Konya'yı koruyan meşhur Gevele (Kavala) Hisarı'nı ve Konya'yı aldı. Mahmud'un askerleri Turgudlu aşiretlerini Çukurova'da Memlûk topraklarının içerilerine kadar kovaladılar. Fâtih, Konya'ya Manisa'dan Şehzade Mustafa'yı getirip vali atadıktan sonra İstanbul'a doğru yola çıktı. Pir Ahmed, çekilen Mahmud Paşa ordusunun gerisine saldırarak ağırlıklarını yağma etti. Bu başarısını Mısır sultanına bildirdi ve yardım istedi.[76] Fâtih, bu haberler üzerine Mahmud Paşa'yı hakaretle görevden aldı.[77] O zaman Karaman-ili'nin Toroslar bölgesi sahile kadar Karamanoğulları elindeydi ve ova kısmı her an bir saldırıya uğrayabilirdi.

74 İbn Tagribirdi, *Havâdis ad-duhûr*, III, s. 509.
75 Tursun Beg, s. 138.
76 İbn Tagribirdi, *Havâdis ad-duhûr*, III, s. 631 vd.
77 İbn Tagribirdi, *Havâdis ad-duhûr*, III, s. 684; Temmuz 1468.

Fâtih, böylece Anadolu'da büyük bir mücadeleye sürüklenmişti ve Batı'da durumu zayıflamış oluyordu. Bunu, Mahmud Paşa tarafından takip edilen yanlış siyâsetin bir sonucu saydı. Orta Anadolu'daki mücadele Venedik Savaşı ile karışarak 1474'e kadar pek bunalımlı evreler göstermiş ve Fâtih'i yıllarca meşgul etmiştir.

Fâtih çekilir çekilmez Pir Ahmed, Lârende'den Konya'ya başarısız bir saldırıda bulundu; fakat 1469'da Karamanoğulları Konya Ovası'nın doğu kısımlarını, yani Ereğli, Aksaray, Develi ve Niğde'yi yeniden ele geçirmiş bulunuyorlardı. Fâtih, 1470'te Agriboz seferinde iken Karamanoğlu Kasım, Ankara civarına kadar ilerledi ve yerel kuvvetleri bozguna uğrattı.[78] 1471'den itibaren Osmanlılar yalnız Konya Ovası'nı değil, Toros dağlık bölgesini ve İç-ili'ni de alarak Akdeniz'e kadar bütün Karaman-ili'ne boyun eğdirmek için esaslı seferlere giriştiler. Bunlardan birincisi, 1471 Baharı'nda Veziriâzam İshak Paşa tarafından yapıldı. O, kapıkulunu da alarak Lârende üzerine yürüyüp şehri kontrolü altına aldı ve İç-il'e girdi. Oradan Niğde'de Kasım Bey üzerine yürüyüp şehri ele geçirdi; fakat Bulgar Dağı'na sığınan Kasım'ı yakalayamadı. Orada yeni Ankara Sancakbeyi Davud'u bırakarak kendisi döndü. Aynı tarihte Karaman'da harekâtta bulunan Gedik Ahmed Paşa sahilde Alâiye'yi teslim aldı.

1472'de harekât, sahilden dağlık bölgeye nakledildi. Gedik Ahmed, Pir Ahmed'in ailesini ve hazînesini sakladığı ve bugün Silifke-Ermenak yolu üzerinde Meynan Dağı civarında olması gereken Mokan veya Meynan Hisarı'nı, sahilde Gorikos'u (Kurku, Korykos), Çukurova sınırında Gülek'i zapt etti. Karaman-ili'ni ve Uzun Hasan'ı Venediklilerden soyutlamak için bu dağlık bölgeye hâkim olması gerekiyordu. Gedik Ahmed, bu harekâtı tamamlamak üzere, Luluva Kalesi'ni kontrol ettiği sırada Batı'dan bir Haçlı donanması, doğudan Uzun Hasan kuvvetleri Karaman-ili'ne doğru harekete geçmiş bulunuyorlardı. Böylece Karaman sorunu milletlerarası bir nitelik alıyor ve Fâtih için saltanatının en bunalımlı bir dönemi açılmış oluyordu.

---

78 *Kemâl Paşazâde*, s. 322 vd.

Uzun Hasan, 1471'e kadar Karaman işi ile doğrudan doğruya uğraşmadı. Bu tarihe kadar İran'a hâkim olarak Asya'nın en güçlü hükümdarlarından biri haline gelmişti. Tebriz tahtına oturunca kendini Rum'daki (Anadolu'daki) beylerin de başı olarak öngördü.[79] Fâtih'in ilerlemeleri ve ekonomik önlemleri Uzun Hasan'ın imparatorluğunu tehdit ediyordu. Osmanlılar, Ak-Koyunlu etki ve egemenlik alanında olan Koyulhisar'ı ve Trabzon'u almışlardı. İran'ın servet kaynağı olan ipek üzerine Tokat'ta Fâtih tarafından ikinci bir gümrük oluşturulması[80] özellikle şikâyet konusuydu. 1471'de Osmanlılar Karamanoğulları'na karşı kesin olarak harekâta girişince bunlar Uzun Hasan'dan acele yardım istediler. Türkmen beyi, aynı tarihte Rodos Şövalyeleri reisine Kıbrıs kralına ve Alâi Bey'e gönderdiği mektuplarda Karamanoğlu'na yardım olarak oğlu Zeynel kumandasında 30 bin kişilik bir kuvvet atadığını bildiriyor (fakat böyle bir kuvvet ancak 1472'de hareket etmiştir); onları birbirlerine düşman olan Osmanlılara karşı işbirliğine çağırıyordu.[81] 1473'te Uzun Hasan, Venedik elçisi Zeno'ya siyâsetini şöyle özetlemiştir: "(Fâtih'e) her taraftan aynı zamanda saldırı olunsun, o şekilde ki bir daha kalkınamasın ve adı dünya yüzünden sonsuza dek kalksın."[82] Şimdi Osmanlı Devleti'ni ortadan kaldırmak amacıyla doğu ile batı azimle harekete karar vermiş ve birleşmiş bulunuyordu. Timur ile kıyaslanan Uzun Hasan'ın yanında İsfendiyaroğlu, Germiyanoğlu, Dulkadiroğulları ve İnaloğlu gibi Anadolu'dan kaçmış beyler toplanmıştı.[83] Uzun Hasan'ın Fâtih'ten ilk isteği, Trabzon, Sinop ve Karaman'ı terkiydi. Fâtih, Doğu'dan gelen tehlike karşısında, hiç olmazsa Batı Hıristiyan âlemini yatıştırmaya çalıştı. Venedik ile tekrar barış görüşmelerine başladı ve bütün yaz devam etti. O yıl memleketlerinden atılan Ka-

---

79 Bu bakımdan Rum Beylerbeyi Hamza Bey'e yazılan mektup dikkate değer, Topkapı Sarayı Arşivi, nr. 11602-11440-11676.

80 Adı geçen mektup ve *Kânûnnâme-i Sultânî ber Mûceb-i 'Örf-i Osmânî*, (nşr.) R. Anhegger-İnalcık, Ankara, 1956, vesika, nr. 31.

81 1 Ramazan 877 tarihli bu mektuplar Osmanlılar eline geçmiş görünmektedir. Topkapı Sarayı Arşivi, nr. 3127/2, 8334, 9662.

82 Babinger, *Mehmed the Conqueror and His Time*, s. 345.

83 Topkapı Sarayı Arşivi, nr. 11676; Tursun Beg, s. 146.

ramanoğulları Pir Ahmed ile Kasım, Uzun Hasan'ın yanına giderek müdahalesini ısrarla istediler. Türkmen beyi, sonunda saldırıya karar verdi.[84] 1472 Baharı'nda önce eski Trabzon imparatorunun bir yeğenini Trabzon'a hücum ettirdi. İsfendiyaroğlu Kızıl Ahmed ile Karamanoğullarını önemli Ak-Koyunlu kuvvetleri ile (30 bin kişi) Orta Anadolu'ya gönderdi. Onlar, Meynan ve Luluva'nın intikamını almak için[85] Tokat'ta hileyle baskın fırsatı buldular. Oradan bu kuvvetlerin bir kısmı Uzun Hasan'ın yeğeni Yusufca Mirza kumandasında Aksaray üzerinden Konya'ya geldi. Bu sırada Uzun Hasan'ın elçisi İstanbul'da pâdişahı oyalamaya çalışıyordu. Tokat yağması haberi yıldırım etkisi yaptı. Fâtih, mevsimin ilerlemiş olmasına bakmayarak otağını Üsküdar'a kurdurdu. Rum Mehmed Paşa görevden alınarak, Mahmud tekrar veziriâzamlığa getirildi. Doğu'da Uzun Hasan'ın düşmanlarına mektuplar gönderilerek kışkırtıldı.[86] Şehzade Mustafa'ya Afyon'a veya Kütahya'ya çekilerek Bursa'yı korumak üzere Anadolu Beylerbeyi Davud ile birleşmesi emri verildi. Akşehir'e kadar gelen düşman çekilmeye başladı. Karşı saldırıya geçen Osmanlı kuvvetleri Beyşehir Gölü yanında, Eflâtun-Pınarı yakınında düşmanı yakalayarak bozguna uğrattılar. Yusufca Mirza esir düştü; Karamanoğulları kaçtılar. Bu başarı durumu kurtardı. Fâtih, bütün kış İstanbul'da savaş hazırlığı yaptı. İmparatorluğun çıkarabileceği bütün kuvvetleri bir araya toplamaya çalıştı.

Rumeli'nden Hıristiyan halkı arasından *cerehor* (her köyden iki adam) toplattı, özellikle bu seferde hayatî önemi olan gıda ve ikmal işlerini mükemmel bir şekilde örgütledi.[87] Diğer taraftan Fâtih, Mısır sultanı ile bir ittifak anlaşması imzalamayı başardı. 1472 Kışı'nda Uzun Hasan, Memlûklere ait Bîra'ya (Birecik) başarısız bir kuşatma yaptığından ve Haleb'i tehdit ettiğinden, bu ittifak kolayca gerçekleşti.[88] O zamana kadar Mısır ordularını hezimetten hezimete uğratan Dulkadir Beyi Şehsuvâr Bey Memlûkler

---

84 Tursun Beg, s. 146.

85 Tursun Beg, s. 146.

86 I. Teşrin 1472'de yazılan mektup, Topkapı Sarayı Arşivi, nr. 1459.

87 Bkz. Angiolello, s. 46 vd, Feridûn Bey, *Münşeâtu's-Selâtin*, I, s. 282 ve Rûhî.

88 İbn İlyas, *Tarikh Suriyah*, 8 cilt, Beyrut, 1893-1905, c. II, s. 144 vd.

tarafından ele geçirildi ve Kahire'de idam olundu (1472 Ağustos). Bundan sonra Uzun Hasan Dulkadir Beyliği'nde Mısır'ın adayına karşı bir rakip çıkardı.

Uzun Hasan, Anadolu'nun ve kendi imparatorluğunun geleceğini belirleyecek bu hayatî savaşı için büyük askerî ve siyasî hazırlıklara girişmişti. 1471'de Hacı Mehmed, Murad, Nicolo ve Chefarsa (?) adında dört elçisi Venedik'e gelerek Fâtih ve Mısır sultanı aleyhinde ittifak yapmayı önerdiler. Hacı Mehmed Venedik'te kaldı. Diğerleri Papa ve Napoli kralına giderek ittifak önerdiler. Venedik Zeno'yu acele İran'a sürekli elçi olarak gönderdi.[89] Şu ittifak esasları kararlaştırılmış görünmektedir: Venedik gemileri ateşli silahlar ile bunları kullanacak ufak bir kuvveti Karaman sahillerine getirecek, Uzun Hasan da bu tarafa bir kuvvet göndererek müttefiki ile teması sağlayacaktı. Venedik hükümeti ittifak amaçlarını şöyle belirlemişti: Uzun Hasan Anadolu'yu alacak, Osmanlı pâdişahına kıyılarda hisar yapmaması ve Karadeniz'i Venedik gemilerine açık bulundurması kabul ettirilecek, Mora, Midilli, Agriboz ve Argos'un Venedik'e geri verilmesi sağlanacaktı. Venedikliler, Uzun Hasan'a, Boğazlar'ı geçerek İstanbul'u kontrolleri altına alabileceklerini de söylemekteydi.[90] Venedik, Napoli, Rodos, Papalık ve Kıbrıs gemilerinden oluşan büyük bir Haçlı donanması 1472 Yazı'ndan beri Osmanlıların Akdeniz kıyılarına dehşet saçıyordu. Antalya (Ağustos 1472), İzmir (13 Eylül) yağma edilmiş ve yakılmıştı. Bu donanma 1473 Baharı'nda Kasım Bey ile işbirliği yapmayı başardı. Gorigos, Sıgın ve Silifke kaleleri, bu tehdit altında Kasım'a teslim oldu. Bununla beraber Fâtih'in, Rumeli akıncı kuvvetlerini daha kıştan Sivas bölgesine göndermesi ve baharda büyük ordusu ile Erzincan'a doğru ilerlemesi üzerine, Uzun Hasan İç-il sahillerine kuvvet gönderme ve Hıristiyan kuvvetleriyle temas kurma imkânını bulamadı. Her şey Fırat Vadisi'ndeki savaşın sonucuna bağlıydı.

Fâtih bir meydan savaşında kesin sonuç almak istediği halde,[91] Uzun Hasan üslerinden çok uzak düşen Osmanlı ordusunu yıprat-

89 Giosafat Barbaro, *Travels to Tana and Persia*, (nşr.) S. Alderley, Londra, 1873, s. 11.
90 Barbaro'nun mektubu: W. Hinz, *Uzun Hasan ve Şeyh Cüneyd*, Ankara, 1948, s. 54.
91 Feridûn Bey, *Münşeâtu's-Selâtin*, I, s. 278 vd.

mak ve gıdasız bırakmak yoluyla ezme planını uygulamak istedi. Fâtih'in ordusunu çağdaş kaynaklar 70 ile 100 bin tahmin ediyor. Tercan ile Erzincan arasında bir düzlükte, Fırat'ın diğer tarafına geçen Rumeli kuvvetleri, Uzun Hasan kuvvetlerinin baskınına uğradı. Rumeli Beylerbeyi Has Murad öldü. Fâtih, bu yenilgi üzerine ordusunda baş gösteren bozgun ruhunu önlemek için olağanüstü önlemler almak zorunda kaldı. Uzun Hasan, sonunda oğullarının ısrarıyla Otluk-Beli'nde Baş-Kent civarında yaptığı ikinci baskın ile kesin savaşı kabul etti.[92] O zaman Osmanlı ordusunun ancak sekiz günlük erzakı kalmıştı. Tepeleri tutmayı başaran Davud ve Mahmud paşaların gayretleri sonucunda Osmanlı ordusu dar vadide baskının etkisinden kurtularak savaş düzenine geçebildi. Şehzade Mustafa kumandası altında sol koldaki Anadolu azeblerinin başarılı saldırısı ve Uzun Hasan'ın oğlu Zeynel'in öldürülmesi savaşın sonucunu belirledi. Pâdişah kumandasındaki kapıkulunun esaslı bir savaşa girmesine gerek kalmadan, Uzun Hasan durumu ümitsiz görerek yalnız başına kaçtı. Savaştan sonra 4000 kişi idam olunmuş ve 2050 esir alınmıştır. Fâtih bundan sonra Şebin-Karahisar üzerine yürümüş ve kaleyi teslim almıştır. Orada iken Uzun Hasan'ın elçisi ulemâdan Ahmed Bekrici gelip barış istedi. Fâtih, bir daha Osmanlı topraklarına saldırmaması ve Karahisar'ı bırakması şartı ile barış isteğini kabul etti. Uzun Hasan, sonra "itmâm-ı emr-i müsâleha" için aynı elçiyi İstanbul'a gönderdi ve kendisine bağlı beylere özgü bir ifadeyle Osmanlı topraklarına asla saldırmayacağını tekrar yemin ile onayladı.[93] Bununla beraber kısa bir zamandan sonra Uzun Hasan'ın Hıristiyan devletlerini kışkırtmaya devam ettiğini öğrenen[94] Fâtih, Hüseyin Baykara'ya gönderdiği bir mektupta,[95] Uzun Hasan'ı ortadan kaldırmak üzere iki taraf-

---

92 16 Rebiyülevvel 875 Çarşamba-11 Ağustos 1473; bu savaş dolayısıyla yazılmış birden fazla fetihnâme arasında özellikle Uygur harfleri ile yazılmış olan için bkz. R.R. Arat, "Fatih Sultan Mehmed'in Yarlığı", *TM*, VI, (1939), s. 285-322; diğerleri için Topkapı Sarayı Arşivi, nr. E. 9196, DTCF Kütüphanesi yazma nr. 305 ve *İstanbul Enstitüsü Dergisi*, II, s. 169; Feridûn Bey, *Münşeâtu's-Selâtin*, I, s. 283 vd.

93 Aslı, Topkapı Sarayı Arşivi, nr. 4476.

94 Bkz. 1474'te Uzun Hasan'ın sarayında Venedik elçileri, Barbaro, *Travels to Tana and Persia*, s. 31.

95 Feridûn Bey, *Münşeâtu's-Selâtin*, I, s. 284.

tan saldırıya geçmeyi önermiştir. Uzun Hasan ile barışı desteklemiş olan Veziriâzam Mahmud Paşa, İstanbul'a döner dönmez görevden alınmıştır. Fâtih, Uzun Hasan ölünce (5/6 II. Kanun, 1478), onun etki alanında sayılan Gümüşhane-Trabzon yolu üzerinde Torul Kalesi'nin Rum hâkimini ortadan kaldırmış, Gürcistan ile Trabzon sancağı sınırında bazı yerleri kontrol ettirmiş ve böylece Trabzon fütûhâtını tamamlamıştır. Otluk-Beli (Baş-Kent) zaferi, Fâtih'e Fırat Nehri berisindeki Anadolu toprakları üzerinde tam bir egemenlik sağlamış ve Batılıların ve özellikle Venedik'in Osmanlı Devleti'ne karşı zafer ümitlerini ortadan kaldırmıştır.

Bununla beraber Karaman-ili'nde dağlık bölgede ve İç-il sahillerinde, Niğde ve Develi bölgesinde 1472'den beri tekrar hâkim olan Kasım Bey'i oradan kaldırmak için, 1474'te Gedik Ahmed Paşa'nın yeni bir sefer yapması gerekmiştir. Gedik Ahmed önce dağlık bölgedeki kabile reislerini Lârende'de yakalamayı başardı; sonra Taş-ili'ne girerek burayı kolayca boyunduruk altına aldı. Oradan Ermenak, Meynan ve Silifke'ye inerek, buraları tekrar kontrolü altına aldı. Gedik Ahmed Paşa döndükten sonra, yeni Karaman valisi Sultan Cem'in (Fâtih'in çok sevdiği oğlu Şehzade Mustafa, Develi kuşatması dolayısıyla hasta bir halde yola çıkmış ve ölmüştü) lalası Rum Mehmed Paşa harekâta devam etti. Lârende üzerine yürüyen Karamanoğlu Kasım'ı püskürttükten sonra Varsaklara karşı yaptığı harekâtta pusuya düştü ve bozguna uğradı.[96] Karaman artık boyunduruk altına alınmış olup Osmanlı Devleti'ni şimdi başka sorunlar meşgul ediyordu.

Batı'da Venedik ve Macaristan ile Savaşın Alevlenmesi

Osmanlıların Anadolu'da meşguliyeti, Batılıları saldırı için daima cesaretlendirmiştir. Fâtih 1468'de, Karaman seferinde Venedik ve Macaristan'ı barış görüşmeleriyle oyalamışsa da, ertesi sene yazında Venedik donanması Agriboz'dan hareket ederek Rumeli

96 Bilhassa İdrîs-i Bitlîsî, *Heşt Behişt*, Nuruosmaniye Kütüphanesi, s. 472-475, krş. Angiolello, s. 76.

sahillerini vurdu. Limni ve İmroz adalarını işgal etti. Zengin ticâret merkezi olan Enez'i yakıp yıktı. Yeni-Foça (Foglia Nuova)'yı amansızca yağma ve tahrip etti sonra gidip Mora'da Vostitsa'yı kontrol ederek güçlendirdi. Bu sırada Osmanlı donanması Karadeniz'de meşguldü.[97] Bu cesur saldırı üzerine Fâtih, düşmana ağır bir darbe vurmaya karar verdi ve hedef olarak çoktan beri düşündüğü Agriboz'u seçip ada karşısına geldi. Gelibolu Valisi Mahmud Paşa donanma ile denizden Venedik donanmasını gözetim altında tutar ve çıkarmayı korurken Fâtih, Agriboz adası ile kara arasında bir köprü yaptırdı, ordusunu geçirdi ve Agriboz Kalesi'ni, şiddetli bir saldırıyla 11 Temmuz 1470'te aldı.[98] Agriboz'un elden çıkması yalnız Venedik'te değil, bütün Batı dünyasında heyecan uyandırdı.

Kapıkulu ile beraber ordusunu Karaman'a göndermiş bulunan Fâtih, Batı'yı yatıştırmak için 1471 Temmuz başlarında Venedik'e bir elçi göndererek barış önerileri yaptı. Elçi görünüşte, 1444'te aynı rolü oynayan Fâtih'in üvey annesi Mara Sultan adına gönderilmişti.[99] Fakat Fâtih'in Ege Adaları üzerinde, Arnavutluk ve Mora'da istekleri, özellikle yıllık haraç talebi üzerine uzun tartışmalardan sonra görüşmeler kesildi (1472 Mart). Yukarıda görüldüğü gibi, 1472-1473 yılı, Fâtih için çok buhranlı geçmiştir. Fâtih, 1473'te doğudaki büyük düşmanı karşılamak için bütün kuvvetleriyle uzaklaşınca, Rumeli ve İstanbul gerçek bir tehlike altına düştü. İshak Paşa ile Rumeli'ni koruması için Edirne'ye gönderilen Sultan Cem ve İstanbul'da Karıştıran Süleyman Bey ile Nasuh Bey, özellikle Doğu'dan mağlubiyet söylentileri erişince, duruma tamamen hâkim olamadılar. Denizden bir Venedik saldırısı haklı olarak bekleniyor ve surlar kuvvetlendiriliyordu (Venedik Senatosu donanmanın İstanbul'a saldırı yapmasına karar vermişti). Raguza belgelerine göre, Rumeli'nde bir düzensizlik ve kaynaşma vardı.[100] Angiolello'ya (s. 48) göre, bu koşullar altında, Cem'e hükümdarlık yetkilerini alması danışmanları tarafından telkin edilmiştir.[101]

---

97 Bkz. Halil İnalcık, "Yeni Vesikalara Göre Kırım Hanlığı'nın Osmanlı Tâbiliğine Girmesi ve Ahidnâme Meselesi", *Belleten*, 30 (1944), s. 203.

98 Bkz. Ahmed Ateş, "Fetihnâme", *Fâtih ve İstanbul*, I, s. 281 vd.

99 Iorga, *GOR*, II, s. 152; Babinger, *Mehmed the Conqueror and His Time*, s. 358.

100 Babinger, *Mehmed the Conqueror and His Time*, s. 337.

101 Fâtih, Süleyman ile Nasuh'u İstanbul'a döner dönmez idam etmiştir.

Fâtih'in Macaristan ile ilişkilerine gelince, o bu tarafta kendini korumacı bir duruma aldı. Macar kralının müdahale girişimlerine rağmen Bosna'yı korumak üzere, Tuna üzerinde Böğürdelen (Sabac) Kalesi inşâ ettirerek hızla onardı.[102] Akıncılarını, 1471'den sonra, Macaristan'a değil, onun rakibi olan İmparator III. Frederick'in Avusturya toprakları üzerine yöneltti ve Macar kralına bir elçi göndererek barış tekliflerinde bulundu. Fâtih, 1473'te bütün kuvvetlerini Uzun Hasan üzerine yönlendirdiği zaman bir Macar elçisi geldi. Fâtih bu elçiyi, Uzun Hasan sorununu bitirinceye kadar oyaladı, huzuruna getirtmedi. Angiolello'ya (s. 60) göre Sivas'ta, Kemâl Paşazâde'ye göre Amasya'da üç ay bekletti.

Zaferden sonra elçinin isteklerini dinledi: Belgrad karşısındaki Havale Kalesi ile Güğercinlik Kalesi'nin terki veya yıkılması isteniyordu. Fâtih, bunları reddetmesinden öte Yayiçe'nin kendisine verilmesini istedi. Arkasından Mihaloğlu Ali Bey'e Macaristan'a akın yapmasını emretti.[103] Mihaloğlu Ali, Varat'a kadar büyük bir akın yaptı (1474 Kışı). 1473'te Polonya ile mücadele halinde bulunan Macar kralı durumdan yararlanamamıştı. Ancak 1475'te Macar kralı Osmanlılara saldırı için serbest kaldı. Böğürdelen'i kuşatma altına aldı (15 Şubat 1476). Boğdan'a sefere hazırlanan pâdişahın yeni barış önerilerine itibar etmemiş ve Semendire'yi almak üzere, Tuna üzerinde ağaçtan üç hisar yaptırmıştı. Boğdan seferinden dönen Fâtih bunu haber alınca askerin yorgunluğuna bakmadan, şiddetli kış ortasında hızla Semendire önüne yetişti ve hisarları tahrip etti.[104] Fâtih, 1477'de kuvvetlerini Venedik'e yönlendirerek Macaristan'ı serbest bıraktı. Kral Matthias o zaman imparatora karşı savaşa başladı. Venedik ile işbirliğinde bulunmadığı gibi aksine onun kayınpederi Napoli kralı Fâtih ile anlaştı. Venedik ile barış kararlaştıktan sonra (1479), Macaristan'a karşı Osmanlı akınları tekrar şiddetlendi. Macar kralı o zaman Venedik'e ve Papa'ya, bu barışı imzaladıkları ve kendisini yalnız bıraktıkları için ateş püskürmekteydi. 1479'da bir taraftan Mihaloğlu Ali,

---

102 Zinkeisen, *GOR*, II, s. 369 vd ve *Kemâl Paşazâde*, s. 407.

103 *Kemâl Paşazâde*, s. 407 vd. ve *Oruc*, s. 129.

104 Bkz. Tursun Beg, *Târih-i Ebu'l-Feth*, s. 163 vd; *Kemâl Paşazâde*, s. 454; Neşrî, s. 216.

Malkoçoğlu Bali ve İsa beyler Erdel'e saldırırken, diğer taraftan Bosna Beyi Davud Paşa, büyük akıncı kuvvetleriyle Sava ve Drava ırmakları ötesindeki Macaristan topraklarına şiddetli akınlar yapmaktaydı.[105] Erdel'de bozguna uğrayan Osmanlı kuvvetleri, Bosna'da başarılar kazandı.

Fâtih, 1474-1478 yıllarında Venedik topraklarına karşı büyük saldırı seferlerine girişti. 1474'te Rumeli Beylerbeyi Hadım Süleyman Paşa, Arnavutluk'ta en kuvvetli Venedik kalesi olan İşkodra'yı kuşattı ise de alamadı (15 Temmuz-28 Ağustos). 1475'te kuvvetlerini Kefe üzerine göndermeye hazırlanan Fâtih Venedik ile tekrar barış görüşmelerine girişti. Ertesi sene Boğdan seferini yaptı (1476). Ancak, 1477'de Venedik'e karşı yeniden saldırıya geçti: Süleyman Paşa bu sefer Venedik'e ait İnebahtı (Lepanto) üzerine yürüdü. Denizden yardım alan kale alınamadı.[106] Aynı tarihte Arnavutluk'ta Venedik tarafından savunulan Kruya (Akça-Hisar) Kalesi içi Evrenosoğlu Ahmed Bey denizden gelen bir Venedik yardımcı kuvvetini sahilde karşılayarak bozguna uğrattı.[107] Yine 1477 Sonbaharı'nda, Bosna Beyi İskender Paşa kumandasında bir ordu Venedik'in Kuzey İtalya'daki arazisine büyük ve müthiş bir akın yaptı. Türk atlıları İsonso (Aksu) ve Tagliamento ırmaklarını aştılar ve Venedik şehri karşısındaki zengin ovayı altüst ettiler. Ertesi sene Friuli'ye aynı şekilde bir akın yapıldı. 1478-1479'da Mora'da Venediklilere ait yerlere saldırılarda bulunan Turahanoğlu Ömer Bey donanma ile gelen bir Venedik kuvvetini püskürtmeyi başardı.[108] Sonunda 1478 Baharı'nda şahsen pâdişah Arnavutluk'ta Venediklilere karşı sefere çıktı (İstanbul'dan hareketi 16 Muharrem 883 Perşembe-19 Nisan 1478). Doğrudan doğruya gidip İşkodra'yı (Skutari) kuşattı. Kuvvetle güçlendirilmiş olan bu sarp kale, şiddetli topçu ateşi ile genel hücumlara dayandı. O zaman Fâtih, etraftaki Gölbaşı (Zabiak), Leş (Alessio) ve Dırıvas veya Dırıgos

---

105 *Kemâl Paşazâde*'deki önemli ayrıntılar için bkz. s. 466-472 ve 527-533. Orada Mihaloğlu'nun akın tarihi karıştırılmış, bkz. Iorga, *GOR*, II, s. 181 vd. Babinger, *Mehmed the Conqueror and His Time*, s. 458.

106 *Kemâl Paşazâde*, s. 462-465.

107 *Kemâl Paşazâde*, s. 492.

108 *Kemâl Paşazâde*, s. 511 vd.

(Drivasto) kalelerini zapt ettirdi ve İşkodra'yı, denizden yalıtmak için Bojana Nehri'nin ağzında iki kale yaptırdı. İşkodra'yı abluka altında bulundurarak kendisi çekildi (8 Eylül 1478). Evrenosoğlu'nun kuşatmaya devam ettiği Kruya (Akça-Hisar) daha önce açlıktan pâdişaha teslim olmuştu.[109] Son saldırılardan yılan ve veba salgınına uğrayan Venedik kuşatma altında bulunan İşkodra'ya yardım gönderemeyeceğini anladı. 1478 yılı başında İstanbul'da başlamış olan barış görüşmeleri Fâtih'in İşkodra seferinden sonra tekrar ele alındı (Aralık 1478) ve 25 Ocak 1479'da 16 yıl süren bu uzun ve yıpratıcı savaşa son veren anlaşma imzalandı. Başlıca hükümleri şöyle özetlenebilir: 1) Toprak bakımından Venedik İşkodra'yı boşaltmaya ve teslime razı oluyor, Akça-Hisar'ı (Kruya), Limni, Agriboz adalarını, Maina (Mayna) dağlık bölgesini bırakıyor. Buna karşılık pâdişah da savaş sırasında Mora, Arnavutluk ve Dalmaçya'da aldığı yerleri geri veriyordu. 2) Venedik, ticâret serbestliği karşılığında her yıl 10 bin altın ödemeyi ayrıca şap iltizamından eski borcu olan 100 bin dukayı iki yılda ödemeyi kabul ediyordu. 3) Venedik, İstanbul'da bir balyoz bulundurarak halkının hukuk işlerinde hüküm verme hakkına sahip olacaktı.

Bu anlaşma ile Fâtih, bütün amaçlarına ulaşmamış, Rumeli sahillerinde, İnebahtı, Koron ve Modon gibi kaleleri düşman elinde bırakmış olmakla beraber Arnavutluk'tan, Mora'dan ve Ege Denizi'nin kuzey kısmından Venediklileri kovmuş ve rakibini yıllık bir vergi ödemeye mecbur etmişti.[110]

Fâtih bu antlaşma ile Haçlı planını en etkili bir hale getiren büyük deniz devletini aradan çıkardığından şimdi Rodos'a, İtalya'ya ve Papa'ya karşı saldırıya geçebilirdi. İtalya'da Napoli, Venedik ve Milano arasındaki rekabetler ve Papalığın siyasî girişimlerine karşı düşmanlık durumu tamamıyla elverişli bir hal almıştı ve Venedik Fâtih'i Napoli Krallığı'na karşı harekete geçmeye teşvik ediyordu. Fâtih 1480 Baharı'nda bir taraftan Vezir Mesih Paşa yönetiminde Rodos üzerine diğer taraftan Gedik Ahmed Paşa kumandasında

---

109 16 Haziran 1478; *Fetihnâme-i Akça-Hisar*, İsmail Sâib Yazmaları, nr. 305 ve Topkapı Sarayı Arşivi, nr. E. 3207.

110 Kemâl Paşazâde'ye göre (s. 515) bu bir *cizye-i maktûa*'dır.

Güney İtalya'ya iki donanma ile ordular göndererek fütûhâtının yeni bir evresine girmiş bulunuyordu. Fakat ölüm onu durdurmuş, eserini ancak torunu Yavuz Selim ve Kanûnî Süleyman tamamlamıştır. Rodos Kalesi önünde Osmanlı ordusu, 90 günlük güç bir kuşatmadan sonra, büyük kayıpla çekilmek zorunda kaldı (kuşatma 23 Mayıs 1480'de başlamıştır). Gedik Ahmed Paşa ise 1479'da Tocco hanedanına ait Aya Mavra, Kefalonya ve Zanta adalarını aldı ve Napoli Krallığı'nın iç işlerine karışma fırsatını buldu,[111] sonra 1480'de 132 gemi ve 18 bin (?) kişilik bir kuvvetle Avlonya'dan hareket ederek (26 Temmuz), Otranto'yu hücumla ele geçirdi (11 Ağustos). Kaleyi güçlendirip bir üs haline getirerek oradan etrafa akınlar yapmaya başladı.[112] Bu sefer, Roma'nın fethine bir başlangıç sayılıyordu. Papa Roma'yı bırakıp kaçmayı düşündü. Otranto'yu kurtarmak için, İtalya devletleri arasında Macaristan ve Fransa'da Haçlı ruhu canlandı. Gedik Ahmed Paşa taze kuvvetler toplamak üzere Rumeli'ne döndü. Bu kuvvetleri geçirmeye hazırlandığı sırada Fâtih'in ölümü haberi ve arkasından yeni pâdişah II. Bâyezid'in Cem'e karşı çarpışmak üzere ısrarlı davetleri geldi. Bunun üzerine Gedik Ahmed Paşa tekrar geri dönme kararıyla Bâyezid'in yanına hareket etti. Fakat Otranto'da ümitsizliğe düşen muhafızlar sonunda etraflarını saran düşmana teslim oldular.[113]

Karadeniz Egemenliği

İstanbul fethinden sonra 1 Haziran'da Galata, Cenevizlilerden teslim alındı. Kendilerine şer'i *âmân* hükümleri uygulandı ve Osmanlı ülkesinde serbest ticâret hakkı tanındı.[114] Boğazlar'a hâkim olan Fâtih, Karadeniz'in tamamıyla kendi yönetimine bağlı oldu-

111 Topkapı Sarayı Arşivi, nr. E 6675, mektup.

112 Ayrıntılar için bkz. Angiolello, s. 111.

113 10 Eylül 1481, Kemâl Paşazâde'nin Otranto'da bulunmuş birinden naklettiği önemli bir rivâyet için bkz. s. 571-588.

114 Veziriâzam Zaganos'un imzasını taşıyan bu fermanın aslı British Museum'dadır, bkz. *Echos d'orient*, 39 (1942); sonradan bir Türkçe şekli İskender Hoci, *Târih-i Osmanî Encümeni Mecmuası*, sayı 25, s. 49.

ğunu biliyordu. Burasını bir Türk gölü haline getirmeye çalıştı. Önce 1454 Yazı'nda bu denize donanmasını gönderdi. Karadeniz, Ceneviz kolonilerinin merkezi olan Kefe, Kırım Hanı Hacı Giray'ın müttefik kuvvetleriyle birlikte sıkıştırıldı. Uzun görüşmelerden sonra Cenevizliler Osmanlı pâdişahına 3000 ve hana 1200 altın vermeye razı oldular. Aynı yaz Osmanlı donanması, Ak-Kerman'ı da tehdit etti ve Boğdan beyinden haraç istedi. Kuzey ticâretinin bu antreposunun ekonomik refahı Boğazlar'a ve Karadeniz'e bağlıydı. Boğdan beyi 5 Ekim 1455'te Osmanlı'ya bağlılığını ve 2000 altın yıllık haracı kabul etti.[115] Buna karşın Boğdanlılara Osmanlı ülkelerinde serbest ticâret izni aldılar.[116]

Trabzon Rum İmparatorluğu da 1456'da Osmanlı haracgüzârlığını kabul etti. Böylece Karadeniz kıyılarındaki büyük küçük hükümetler Osmanlı egemenliğini tanıdı. Fâtih, 1479'a kadar Boğdan hariç bu yerlerde doğrudan doğruya Osmanlı egemenliğini kurmuştur, önce 1459'da Amasra'yı, 1461'de Sinop ve Trabzon çevresini alarak Karadeniz'in Anadolu kıyılarını topraklarına kattı. Kuzey kıyılarında Kefe ve ona bağlı Ceneviz kolonileri, bir Osmanlı istilası ihtimâline karşı Kırım hanı, Mengüp Beyi ve Boğdan voyvodası ile ittifak görüşmeleri kurmaya çalıştılar. O zaman Litvanya ve Lehistan'a hâkim olan Yagellonlar, Dinyester Irmağı'nın batısında Karadeniz kıyılarında yerleşme ve Kırım ile Boğdan üzerinde etkinliklerini kurma amacını güdüyordu.[117] Bu dönemde Doğu Avrupa'nın en kuvvetli devletinin başında bulunan Yagellonlar, Karadeniz egemenliği için Fâtih'e rakip gibi görünüyorlardı. Asıl önemli olan nokta, Kırım hanı da Osmanlıların Kefe'de yerleşmesini istemiyordu. 1469'da Yakup Bey yönetimindeki Osmanlı donanmasının Kefe'ye saldırısını, Mengli Giray Han, Fâtih'e "karındaşım" hitabı ile yazdığı bir mektupla protesto etti.[118] Fâtih

115 Fr. Babinger, *Beiträge zur Frühgeschichte der Turkenherschaft in Rumelien*, Münih, 1944, s. 21, vd.

116 Kraelitz, *Osmanische Urkunden in türkischer Sprache aus der Zweiten Hälfte*, Viyana, 1922, vesika nr. 1.

117 M. Malowist, *Kaffa, koloniagenuenska na Krymie i problem wschodni w latach, 1453-1475*, Varşova, 1947, bahis V.

118 Bkz. İnalcık, "Yeni Vesikalara Göre Kırım Hanlığı'nın Osmanlı Tâbiliğine Girmesi ve Ahidnâme Meselesi", s. 203.

1470'te Kefe'nin vergisini artırdı. Arkasından siyasî gelişmeler, Karadeniz'in kuzeyinde de egemenliğini kurmak için, Fâtih'e imkân hazırladı. Yagellonlar Kırım Hanlığı'na karşı Altın Orda ile ittifak ettiler. Buna karşı Kırımlılar, bir taraftan Moskof büyük beyliği ile ittifakı sıklaştırdılar; diğer taraftan Osmanlı pâdişahına yaklaşma gereğini duydular. Boğdan Beyi Stefan diğer Yagellonlara bağlı olmuş ve Fâtih'e yıllardan beri haracı kesmişti. 1469'da Boğdan'a giren Kırım kuvvetlerini bozguna uğrattı ve Eminek Mirza'yı esir etti. 1473'te Osmanlı kuvvetlerinin ve özellikle Mihaloğullarının Uzun Hasan'a karşı gitmesinden faydalanarak harekete geçti. Eflâk Beyi Radu'yu kaçırarak kendi adamını bey yaptı. Kili'den sonra İbrail'i de aldı. Bunun üzerine, Fâtih onu bağlılığa çağırdı ve Rumeli Beylerbeyi Hadım Süleyman Paşa'yı bir ordu ile gönderdi. Bu ordu fena halde bozguna uğradı (Ocak 1475). Fâtih baharda şahsen Boğdan'a karşı sefere çıkmak istediyse de ağırlaşan hastalığı onu alıkoydu. Bu sırada Kırım'daki olaylar darbeyi bu taraftan vurma imkânını verdi. O sırada Osmanlı taraftarı olan Eminek, ölen kardeşi Mamak yerine "baş-bey" olmuştu. Cenevizliler Mengli Giray Han'ı zorlayarak, onu baş-beylikten attırdılar. Fakat Eminek geri geldi ve isyan etti. Mengli Giray kaçıp Cenevizlilerin yanına sığınmak zorunda kaldı. Bu tarihte Kırım'da bulunan bir Osmanlı elçisi, olayların gidişinde önemli rol oynamıştır. Eminek, Kefe'ye karşı savaşa başladı ve Osmanlıları yardıma çağırdı.[119]

Kefe'de ücretli Lehli askerler vardı. Bununla beraber Fâtih, Kırım Hanlığı'ndaki son gelişmeler sonucunda hanlık kuvvetlerinin kendisi ile birleştiğini ve fütûhâtın kolayca başarılabileceğini gördü. Derhal Veziriâzam Gedik Ahmed Paşa'yı, kuvvetli bir donanma ile[120] bu tarafa gönderdi. Dört günlük kuşatmadan sonra, Kefe şehri ve[121] o sırada bölgenin kuşatmasıyla meşgul bulunan Kırım hâkimlerinden bazıları Osmanlı zaferini görerek pâdişaha itaat ve kulluğunu sunmuşlardır. Gedik Ahmed Paşa, Güney Kırım sa-

---

119 Bkz. G. Barbaro, *Travels to Tana and Persia*, s. 28.

120 *Kemâl Paşazâde*, s. 421, gemi sayısını 100 olarak gösterir ki, resmî defter kayıtlarına en uygun rakam budur.

121 Topkapı Sarayı Arşivi, nr. E. 11635 ve 11687.

hillerinde Kefe'ye bağlı bütün Ceneviz kolonilerini kontrol etti ve Osmanlı ülkesine kattı, sonra Azak da alındı. Sarplığı ile meşhur Mengip Kalesi kuşatıldıysa da ancak Ahmed Paşa'nın ayrılmasından sonra Zağarcı Yakup Bey'e teslim oldu.[122] Trabzon Komnenosları ve Boğdan beyi ile akraba olan Mengip beyi ve ailesi Yedikule'de uzun süre hapis kaldıktan sonra pâdişahın emriyle idam olundular.[123] Sugdak'ta Cenevizliler tarafından üç kardeşi ile hapsedilmiş olan Mengli Giray, Ahmed Paşa tarafından kurtarılmış ve Osmanlılara bağlılığını gösteren bir belge imzalayarak tekrar hanlığa geçmiştir.[124]

Kırım'ın bağlılığını sağlayan Fâtih, Karadeniz'in kuzeyinde şimdi daha serbest ve etkin harekete başladı: 1476 Temmuz başında kendisi ordusuyla İsakçı'yı geçerek Boğdan arazisine girerken Eminek yönetimindeki Kırım kuvvetleri geriden Boğdan'a saldırdılar. Diğer taraftan Mengli Giray Han Altın Orda topraklarına akın etti. Hanın müttefiki III. İvan da Altın Orda'ya karşı meydan okumaya başladı. Kırım hanı, Lehistan kralına Boğdan'a yardım etmemesi uyarısında bulundu. Yagellonlar, Fâtih'e sadece bir elçi göndererek Boğdan'dan elini çekmesini istemekle yetindiler. Bu yolla Boğdan seferinin bütün Doğu Avrupa siyâsetini harekete geçirdiğini görüyoruz. Fâtih, Boğdan'da voyvodanın ordusunu Alba Valea'da savaşa zorladı ve yendi.[125] Fâtih memleketi tahrip ederek merkezi Suceava'yı yıktı. Fakat Stefan'ı ele geçiremedi. Fâtih çekildikten sonra voyvoda yeniden saldırılarda bulundu. O sırada doğuda Mengli Giray Han yenilmiş; Altın Orda hanı onun ardından Kırım'a girmiş ve Kefe önüne kadar gelerek şehri tehdit etmişti. Kırım'ın istilaya uğradığını öğrenen Eminek kuvvetleri Boğdan cephesinden perişan bir halde geriye çekilmişti. Mengli Giray hanlığı kaybetti ve İstanbul'da Yedikule'de hapsedildi; yerine büyük kar-

---

122 *Kemâl Paşazâde*, s. 423 vd., Aralık 1475.

123 Vasiliev, *The Goths in the Crimea*, s. 262 vd.; Kemâl Paşazâde'de Tatar beylerinin öldürülmesi, s. 426 vd.

124 İnalcık, "Yeni Vesikalara Göre Kırım Hanlığının Osmanlı Tabiliğine Girmesi ve Ahidnâme Meselesi", s. 205-229.

125 *Fetih-name-i Kara-Bogdan*, Muharebenin tarihini, yani 4 Rebiyülahir tarihini taşır, İsmail Saib Yazmaları, nr. 305, vesika 2.

deşi Nûr-Devlet han oldu. Fâtih, Altın Orda Hanı Seyyid Ahmed'e bir mektup göndererek,[126] Boğdan'ı cezalandırdığını, Kırım işlerine karışmamasını çünkü Nûr-Devlet'in ve Kefe'nin kendi koruma ve yönetiminde bulunduğunu bildirdi. Sonradan hanlık tekrar karıştı. Fâtih, Eminek'in başvurusu üzerine, Mengli Giray'ı tekrar Kırım'a gönderdi. Mengli 1478'de tekrar hanlık tahtına oturdu. Bu yolla Kırım Hanlığı üzerinde Osmanlı egemenliğinin yerleşmesinde Eminek büyük bir rol oynamıştır.[127]

Fâtih, Karadeniz egemenliğini tamamlamak üzere, 1479'da Taman ve Çerkesistan sahillerine yeniden bir donanma gönderdi. Bu donanma Anapa, Kopa ile Taman yarımadasında Matrega'yı (Tamatarhan) kontrol etti. Boğdan sorununa gelince, 1484'te Kırım ve Osmanlı ordularının ortak harekâtı sonucunda Kili ve Ak-Kerman'ın fethi ile çözümlendi.

Fâtih'in İç Siyâseti ve Sonuçları

Fâtih'in iç siyâsetine egemen başlıca konular, bir taraftan İstanbul'un yerleşimi ve kalkındırılması, diğer taraftan seferler ve fethedilen bölgelerde kalelerin savunması için askerî kuvvetlerin sürekli olarak güçlendirilmesi ve artırılması zorunluluğudur. Bu iki nokta masrafların büyük oranda artmasını ve bu sebepten yeni vergiler konulmasını gerektirdiğinden köylü ve şehirli büyük halk kitlelerini sıkmış ve memlekette birtakım gizli veya açık hoşnutsuzluklara ve gelişmelere yol açmıştır.

İstanbul'un kalkındırılması çabaları birçok sorun çıkarmıştır. Sürgün yönteminin geniş ölçüde uygulanması, yukarıda işaret olunduğu gibi, özellikle Anadolu'da birtakım hoşnutsuzluklar doğurmuştur. Diğer taraftan fetih sırasında İstanbul'da devlet malı ilân edilen emlâk, nüfus çekmek için başlangıçta her gelene parasız, mülk olarak bağışlanmış; fakat sonra toprak devlet malı sayı-

126 Bkz. İnalcık, "Yeni Vesikalara Göre Kırım Hanlığının Osmanlı Tâbiliğine Girmesi ve Ahidnâme Meselesi", s. 214 vd.

127 Onun ve Kırım hanlarının Fâtih'e mektupları hakkında bkz. "Yeni Vesikalara Göre Kırım Hanlığının Osmanlı Tâbiliğine Girmesi ve Ahidnâme Meselesi" başlıklı makalemiz; başka neşredilmemiş mektupları Topkapı Sarayı Arşivi'nde mevcuttur.

larak, kirâ (*mukâta'a*) konmuş ve halk üzerine büyük bir miktar[128] yüklenmiş ancak kendini gösteren hoşnutsuzluk üzerine bundan vazgeçilmiştir.[129] Fakat Karaman olayı ve Uzun Hasan sorunu dolayısıyla 1471-1472'de Rum Mehmed Paşa'nın veziriâzamlığında bu vergi yeniden konmuştur.[130]

Fâtih'in, şehri şenlendirmek için Rumlara geri dönme izni vermesi, fetihte esir olan Rumları satın alarak şehre yerleştirmesi ve son olarak Kir Luka (Lukas Notaras) gibi Bizans büyüklerine idarî görevler vermeye hazırlanması Müslümanlar arasında endişe doğurmuş fakat serbest kalan bu soyluların bir değişiklik olmamış gibi harekete başlamaları ve Batı ile ilişkileri ihtimâli üzerine o zamanki vezirler tehlikeyi görmüşlerdir.[131] Dikkate değer ki İstanbul'da evlerden *mukâta'a*yı kaldırmaya neden olanlar da aynı vezirlerdir. Fakat 1471-1472'de Rum Mehmed Paşa'nın ev *mukâta'a*sı üzerinde önlemleri, Rumlar lehine onun düşmanca bir tertibi olarak algılanmıştır. Müslüman halkın hislerine tercüman olan *Âşıkpaşazâde*'ye (s. 143) göre Rum Mehmed Paşa'nın bu önlemleri alma amacı şuydu: "Bu imâretten halk vazgeçe, yine evvelki gibi bu şehir bizim (yani Rumların elinde) ola." Aynı yazar, Rum Mehmed'in "İstanbul'un eski kâfiri" ile yakın dostluğunu da iddia eder. Ulemâdan Karâmânî Mehmed Paşa'nın kışkırtmasıyla[132] Rum Mehmed'in idamı *Âşıkpaşazâde*'de büyük bir memnuniyet ile ifade edilmiştir.[133] Herhalde bu kayıtlar İstanbul'da evlerin *mukâta'a*sı meselesi için olduğu kadar Müslüman halk ile Fâtih yönetiminin geri getirdiği veya saraya aldığı Rumlar arasındaki ilişkiler bakımından da önemlidir. 1478 tarihli sayıma göre[134] o tarihte İstanbul'da 8951 Müslüman hanesine karşı, 3151 Hıristiyan Rum, Galata'da 535 Müslüman hanesine karşı, 592 Hıris-

128 Yılda 100 milyon akçe, Tursun Beg, *Târih-i Ebu'l-Feth*, s. 61.

129 *Âşıkpaşazâde*, (nşr.) Giese, s. 133.

130 Bu olay hakkında bkz. Başbakanlık Osmanlı Arşivi , *Ayasofya Evkafı Defteri*, nr. 19, yıl 895.

131 Kritovoulos, *History of Mehmed the Conqueror*, s. 83 vd; Chalkokondyles, s. 175 vd.

132 Hüseyin Hüsamettin, *Amasya Tarihi*, IV, s. 234.

133 *Âşıkpaşazâde*, (nşr.) Âlî, s. 143, 170, 191.

134 Topkapı Sarayı Arşivi, nr. D. 9524.

tiyan Rum hanesi vardı.[135] Hâlbuki fetih sırasında İstanbul'un en fazla 50 bin tahmin edilen Rum halkı hemen hemen tamamıyla dağılmıştı.[136] İmparatorluk fikriyle dolu olan Fâtih, Rum soylularından gençleri sarayına almış, bunlar birer Osmanlı olarak sonradan yönetimde önemli yerlere gelmişlerdir. Rum Mehmed'den başka Paleologoslardan Has Murad Paşa ve kardeşi Mesih Paşa bunların en bilinenleridir. Bundan başka bazıları Bizans soylu sınıfına ait bir kısım Hıristiyan Rumların da önemli mâlî işleri üzerlerine aldıklarını biliyoruz. Batı'ya kaçtıktan sonra orada barınamayan ve sefalete düşen bazı Rum büyükleri tekrar İstanbul'a dönmüşlerdir. 1476'da İstanbul gümrüğü iltizamını üzerlerine alan Manuel Paleologos[137] herhalde Batı'ya kaçtıktan sonra İstanbul'a gelen aynı isimdeki kimse[138] olmalıdır. Bu dönemde Sırbistan madenleri veya gümrük gelirleri üzerine büyük iltizam işlerine girmiş başka Rumlar da görülmektedir.[139] 1464-1472 tarihlerinde Rum bilginlerinin Fâtih'in sarayında özel bir ilgiyle karşılandıkları bilinmektedir. G. Trapezuntios, Roma'dan İstanbul'a o zaman döndüğü gibi, Kritovoulos eserini bu tarihlerde yazdı. O, Fâtih'e sunduğu eserde, pâdişahı Yunan kültürü dostu olarak niteler (s. 136) ve Notaras'ı idam ettirenleri kötülerken (s. 85), şüphesiz efendisinin duygularına aykırı yazmıyordu.

Meşhur Trabzonlu âlim Amirutzes, aynı dönemde Fâtih ile sıkı temas halindeydi. Fâtih'in Dîvânı'ndan Batı'ya gönderilen siyasî yazılar ve anlaşmalar Rumca yazılıyor[140] ve doğal olarak bunları yazan Rum kâtipler de kullanılıyordu. Son olarak Fâtih geniş imparatorluğu içinde bütün Ortodoksları tekrar Patriğin yönetimi altına koymuş; Rumları birleştirmiş, İtalyanların baskı ve sömürü-

---

135 Burada hane aile anlamındadır. Krş. N. Iorga, *Byzazance apres Byzance*, Bükreş, 1934, s. 52.

136 Kritovoulos, *History of Mehmed the Conqueror*, s. 76.

137 Başbakanlık Osmanlı Arşivi, *Mâliye*, Defter nr. 7387.

138 Iorga, *Byzazance apres Byzance*, s. 53.

139 Chalkokondyles, Paleologos Kandroz, Kantakuzenos, *Trabzonlu Defteri*, 7387 numaralı defter ve *Kânûnnâme-i Sultânî ber Mûceb-i 'Örf-i Osmânî*, (yay.) İnalcık-Anhegger, Ankara, 1956.

140 Bunlardan bir kısmı için bkz. A. Bombaci, "Nuovi firmani greci di Maometto II", *Byzant. Zeitschr.*, XLVII (1954).

sünden kurtararak ekonomik bakımdan yükselmelerini sağlamıştır.[141] Fakat bütün bu olaylara bakarak, Fâtih'in imparatorluğunu Iorga gibi Doğu Roma İmparatorluğu'nun İslâm örtüsü altında canlanması saymak fazla abartı ve yanlışa düşmek olacaktır. Bizans kurumlarının alınması konusunda abartılı iddialara karşılık, Fuad Köprülü'nün karşı tezleri[142] önemle dikkate alınmalıdır.

Bu dönemde içeride derin siyasî yansımaları olan en önemli konu, Fâtih'in mâlî siyâsetidir. İstanbul'un başkent olarak imarı, eski saray, yeni saray, büyük bedestan, Fâtih Camii sistemi, Yedikule Hisarı'nın inşâsı, Ayasofya Camii'nin ve surların tamiri, imparatorluğun savunması için Çanakkale Boğazı'nda Sultaniye ve Kilit-Bahir, Arnavutluk'ta İl-Basan, Tuna üzerinde Böğürdelen, Konya'da İç-Hisar gibi büyük yapılar, hazîneye ağır masraflar yüklemiştir. Fakat asıl büyük giderler doğuda ve batıda girişilen seferlerden ileri gelmekteydi. Özellikle Uzun Hasan seferindeki büyük masraflar devlet mâliyesini olağanüstü önlemler almaya yönlendirmiştir. Fâtih artan devlet giderlerini karşılamak üzere önlemler almıştır.

Para Üzerinde Alınan Önlemler

Yeni akçe çıkarmak ve eski akçeyi gümüş içeriği karşılığı değiştirmek suretiyle bütün parasal servetlerden bir tür vergi alma yoluyla Fâtih, H. 855, 865, 875, 880 ve 886 yıllarında yeni akçe çıkarmıştır. H. 875'ten sonra, bunun her beş yılda bir uygulanması kayda değerdir.[143] Bu kanunu yürütmek için pâdişahın yasak kolları, evleri, yükleri, hanları araştırmaya ve buldukları gümüş parayı ticarî kıymeti üzerinden el koymaya yetkiliydi. Yeni akçe çıkarılmasının sık sık uygulanması o kadar derin bir hoşnutsuzluk doğurmuştur ki, II. Bâyezid tahta geçerken bir defadan fazla yeni akçe çıkarılmaması istenmişti. Diğer taraftan Fâtih paranın ayarını

---

141 S. Runciman, *The Fall of Constantinople*, Londra, 1955, s. 8.

142 M. F. Köprülü, *Bizans Müesseselerinin Osmanlı Müesseselerine Tesiri*, İstanbul, 1981.

143 Bkz. Halil İnalcık, "Türkiye'nin İktisadî Vaziyeti Üzerine Bir Tetkik Münasebetiyle", *Belleten*, 60 (1951), s. 677 vd.

değiştirmiş[144] ve bu durum para sistemi sıkı sıkıya Osmanlı ticâretine bağlı olan İran'da bile şikâyet konusu olmuştur.[145]

İnhisar ve İltizam Yöntemleri

Fâtih, tuz, sabun, mum gibi zorunlu ihtiyaç maddelerini bölge bölge *mukâta'a*ya vermiş, iltizam ile bir kişiye, tekele bağlamıştır. Örneğin, Anadolu eyaletinde yalnız Foça sabunhanesi sabunları satılırdı ve bu işi Antonoğlu Obertiyo adlı bir Frenk iltizama almıştı.[146] Fâtih'in *mukâta'a*ların uygulanmasını sağlamak için çıkardığı yasaknâmeler[147] sert bir nitelik almıştır. Örneğin Karesi vilâyetinde Kızılca tuzu satılması emrolunan yerlerde, başka yerden tuz getirenden para cezası alınıyor; bunu haber vermeyen nâib ve kethüda idam ediliyordu. O zaman İtalya'da sıkıyönetimlerde uygulanan bu iktisadî-mâlî yöntemleri, mültezim olan birçok İtalyan'ın memlekete soktuğu kuvvetle tahmin olunabilir. *Âşıkpaşazâde* (s. 198) "vilâyet-i Osman'da işidülmedük ve görülmedük bid'atlerin ihdasını" bir İtalyan Yahudisi olan Hekim Yakub Paşa'ya atfeder ve iltizamı başka bahanelerle de eleştirir (s. 21).

Yeni Vergilerin Konulması

1458 Sonbaharı'nda Anadolu sipahilerini harp meydanında tutmak için Anadolu eyaletinde reâyânın ödediği *çift resmi*ni bir emir ile 22 akçeden 32 akçeye çıkarmış ve bu vergi yerleşip kalmıştır. Tokat'ta koyduğu ipek gümrüğü vergisi büyük bir topluluğu etkilemiştir.

Bazı Emlâk ve Evkâfın Kaldırılması (Neshi)

Çeşitli yollarla mülk veya vakıf olarak devletin elinden çıkmış olan toprakların *mîrî*ye mal edilmesi amacı taşıyan önlemler, Fâtih

---

144 Bkz. İbrahim Artuk, "Fâtih Sultan Mehmed ve Onu Müteakip Bayezid ile Cem Adlarına Kesilen Sikkeler", *Fâtih ve İstanbul*, II, s. 1-44.

145 Topkapı Sarayı Arşivi, nr. E. 11676.

146 Halil İnalcık, "Fâtih Sultan Mehmed'in Fermanları", *Belleten*, 44 (1947), s. 700.

147 *Kânûnnâme-i Sultânî ber Mûceb-i 'Örf-i Osmânî*, (yay.) İnalcık-Anhegger, Ankara, 1956.

tarafından çok geniş bir biçimde uygulanmıştır. Bütün vakıf ve mülkler gözden geçirilerek, Tursun Beg'e (s. 22) göre 20 binden fazla köy ve mezra kaldırılarak timârlı sipahilere dağıtılmıştır. Sürdürülen vakıf ve mülklerden de *divanî* denilen gelir hisseleri için asker ("eşkinci") istenmiştir.[148] Asıl, Nişancı Karâmânî Mehmed Paşa'nın veziriâzamlığında (1476-1481) uygulanan bu toprak reformu memlekette hoşnutsuzluk uyandırmıştır. Bu reformun asıl amacı timârlı sipahi sayısını artırmak ve pâdişahın hazînesi için yeni hâslar bulmaktı. Etrafındakilerin etkisiyle, bir zamandan beri babası ile arası açık bulunan Amasya Valisi Şehzade Bâyezid bu kanunun kendi sahasında (Amasya, Tokat ve Trabzon) uygulanmasına karşı koymak isteyince, mevcut durumdan memnun olmayan kitle gözlerini Bâyezid'e çevirmiştir. Diğer şehzade Sultan Cem, babasının savaş siyâsetini devam ettirmeye aday sayılıyor ve Karâmânî Mehmed Paşa tarafından destekleniyordu. Bu şekilde Fâtih'in hastalığının arttığı son yıllarında, özellikle 1479'dan itibaren Bâyezid ile Cem arasında taht için başlayan gizli mücadele memlekette büyük bir sosyal hareketle birlikte denk gelmiş oluyordu. Bâyezid, pâdişah olur olmaz, ilk işi bu emlâk ve evkâfı eski sahiplerine geri vermek olmuştur.[149] Fâtih'in emlâk ve evkâfı kaldırması özellikle ulemâ sınıfını, şeyhleri ve eski Türk-Müslüman bey ailelerini üzmüş ve yeni akçe hususundaki eylemleri bütün halk arasında hoşnutsuzluk yaratmıştı. Buna kanunların şiddetle uygulanması[150] sonucunda meydana gelen korkuyu da eklemek gerekir. Fâtih'in son yıllarında devlet adamları arasında şiddetlenen rekabet hoşnutsuzluğun yansımasına neden olmuştur. Ulemâ sınıfından gelen Nişancı Karâmânî Mehmed Paşa, Fâtih'in mâlî siyâsetinden sorumlu tutuluyordu.[151] Karâmânî, devlet içinde saray kullarından olan ümeranın da etkinliğini kırmaya çalışıyordu. Rum Mehmed Paşa'nın idamına, Gedik Ahmed'in zindana atılmasına ve sonra sürülmesine, İshak Paşa'nın gözden düşmesine, Davud Paşa'nın görev-

148 Bkz. Ö.L. Barkan, "Divani-Malikâne Sistemi", *Türk Hukuk ve İktisat Mecmuası*, I, (1931).

149 Tursun Beg, s. 22, 182 ve Başbakanlık Osmanlı Arşivi, *II. Bayezid devri vakıf ve timâr defterleri*.

150 Bkz. *Neşrî*, s. 218.

151 Bkz. *Kıvâmî*, (yay.) Babinger, İstanbul, 1955, s. 273.

den alınmasına hep o sebep gösterilmiştir. Buna karşılık Faik Paşa ve ulemâdan Manisa-zâde vezir olarak Dîvân-i Hümâyûn'a alınmıştır. Kul sınıfından gelen devlet adamları, yeniçerileri ve şehzade Bâyezid'i doğal bir müttefik olarak bulmuş ve mâlî siyâsetten şikâyet eden kamuoyu tarafından desteklenmiştir. Fâtih'in siyâsetini II. Bâyezid terk etmeye ve onun geleneğini kıran aşırı önlemlerini kaldırmaya çalışmış; barışsever, yumuşak bir yönetim getirmiş; 1482'de Gedik Ahmed ve İshak paşaların etkinliklerine son verdikten sonra Çandarlılara *iâde-i itibâr* ettirerek eski Osmanlı geleneğine ve şeriâta devlet içinde tekrar üstün bir etki alanı sağlamaya gayret etmiştir.

Ekonomik Gelişmeler

Fâtih imparatorluğunu kurarken, meydana gelen iktisadî-ticarî gelişme ve değişiklikler büyük bir önem taşır. Burada kısaca şu noktalar saptanacaktır:

1) Fâtih devrinde Osmanlı ülkesinin bazı bölgeleri arasında birbirini tamamlayan iktisadî-ticarî faaliyet çok gelişmiştir. Bölgelerarası bu ticârette, İtalyanlar yerine Türk-Müslüman, Rum ve Ermeni yerli tacir ve gemiciler geçmiştir. Batı Anadolu'da önemli pamuklu sanayi, Ankara ve Kastamonu'da sof, Bursa ve İstanbul'da ipekli, Selânik ve İstanbul'da çuha ve Edirne'de ayakkabı sanayi bu dönemde fazlasıyla gelişti; çünkü bu mallar Balkanlar'a, Karadeniz kuzeyindeki memleketlere ait doğal ürünlerle önemli bir değişme aracı halini aldı. Fâtih, Batı ile olan Levant ticâretini baltalamak değil, aksine geliştirmek istemiş fakat bazı egemenlik haklarından da fedakârlığa izin vermemiştir. Osmanlı halkı yabancılardan daha az gümrük ödüyordu (başlangıçta yerliler yüzde 2, yabancılar yüzde 4, sonra bu oran yerliler için yüzde 4, yabancılar için yüzde 5 olmuştur).

2) Diğer taraftan Arabistan yolu ile Hindistan ticâreti ve Dubrovnik yolu ile Floransa ticâreti Fâtih devrinde gelişme gösterdi. İpek ve ipekli kumaş, sof ve hububat karşılığında, İtalya'dan önemli miktarda ince yünlü kumaşlar ithal olunuyordu. Bu ticâretin en önemli merkezi Bursa'ydı. Bursa, İran ipeği ile Batı yünlülerinin değiştirildiği uluslararası bir pazar halini aldı. Mısır'dan Hint ba-

haratı, şeker ve pirinç getiriliyor, tahta, demir ve Bursa kumaşı ihraç olunuyordu. Antalya bu ticâretin antreposu durumundaydı. 1479 yılına doğru, İstanbul gümrük bölgesi üç yılda 13 milyon akçe, Bursa ipek gümrüğü yılda 700 bin akçe ve Antalya gümrük bölgesi 150 bin akçe gelir sağlıyordu.[152]

Karâmânî Mehmed Paşa'nın mâlî önlemleri sonucunda, Fâtih'in son saltanat yılında ihtiyat hazînede hazır 2,5 milyon kadar altın ve 48 milyon akçe vardı[153] fakat memleket geliri, *havâle*ler ile yerinde harcandığından, gerçek kâr miktarı bunun çok üstündedir.

Boğazlar'da Egemenlik Kurma Mücadelesi

İstanbul kuşatmasında iki konu gündemdeydi: Boğazı yabancı düşman gemilerine kapayan Rumeli Hisarı (Fâtih, Rumeli Hisarı'na kendisi şahsen Boğaz-Kesen adı vermiştir), ikincisi İstanbul kuşatması uzun sürdüğü takdirde hisarda bir kuvvet bırakarak kuşatmayı sürdürmek (Bâyezid'in taktiği). Pâdişah, Karaman seferi dönüşünde, Halil Paşa'ya, Anadolu Hisarı karşısında bir hisar yapılmasını emretti. Zaganos'un çabasıyla daha H. 856 Muharremi'nde (1452 Ocak-Şubat), sahilde ilk burç yükselmiş bulunuyordu.[154] Rebiyülâhir'de (nisan-mayıs) büyük Zaganos burcu yapıldı. 26 Mart'ta pâdişah, ordu ve donanma ile kendisi şahsen gelerek öteki burçların ve surların yapımını denetledi. Ağustos sonlarında İstanbul'u Karadeniz'deki gıda [iaşe] merkezlerinden kesecek, Anadolu-Rumeli arasında orduların geçişini güvence altına alacak ve gerekirse kuşatma ordusuna üs hizmeti görecek olan Boğaz-Kesen Hisarı tamamlanmış oldu.[155] Ardından sultan, imparatora İstanbul'u teslim etmesi, aksi halde savaşa hazırlanması gerektiğini bildirdi.[156]

6 Nisan-29 Mayıs arasında 54 gün süren İstanbul kuşatmasında, savunmada Venedik başlıca direnci gösterdi. Fâtih'in teslim

---

152 Başbakanlık Osmanlı Arşivi, *Mâliye*, Defter nr. 7387.

153 Topkapı Sarayı Arşivi, E. 9713.

154 E.H. Ayverdi, "Rumeli Hisarı ve İstanbul'da İlk Osmanlı Kitabesi", *Fâtih ve İstanbul*, I (1953), s. 63-68.

155 İnalcık, *Fâtih Devri Üzerinde Tetkik ve Vesikalar*, I, s. 120 vd.

156 Tursun Beg, s. 42; Rûhî, Sphrantzes'e göre (s. 234) hazirandadır; bkz. İnalcık, *Fâtih Devri Üzerinde Tetkik ve Vesikalar*, I, s. 123.

önerilerini etkisiz bıraktı. Latin kökenli 3000 kişi savunmaya katılmıştı. Venedik donanmasının Agriboz'a gelmesi üzerine Osmanlı savaş meclisi hemen genel bir saldırı kararı aldı ve 29 Mayıs günü şehir hücumla alındı. Fâtih, esir Venediklilere âmân vermedi. Ertesi yıl senato, Levant'taki çıkarlarını korumak için elçisini gönderdi ve Fâtih ile ticâret ayrıcalıklarını güvence altına alan bir antlaşma imzalandı.

Coğrafî ve stratejik koşullara gelince, ilkin İstanbul'un fethi siyasî koşulları, Osmanlı Devleti çıkarına olarak temelinden değiştirmiştir. Fâtih, "donanmasını İstanbul'da tutmak imkânını bulursa, tekmil dünyaya hâkim olacağını düşünüyor",[157] iki karanın (Anadolu ve Rumeli) ve iki denizin (Akdeniz ve Karadeniz) hâkimi olma iddiasında bulunuyordu. 1452'de Rumeli Hisarı'nın 1463-1464 kışında Gelibolu Boğazı'ndaki hisarların yapımı, İstanbul'da bir tersanenin kuruluşu, bu arada Boğazlar'a yakın adaların ele geçirilmesi gibi önlemlerle Fâtih İstanbul'un fethine iyiden iyi yaklaşmıştı. Boğazlar'da Türk egemenliği dönemi Fâtih ile başlar. Bu sayede, 1463-1479 Savaşı'nda Venedikliler İstanbul'a sokulamamıştır. İstanbul'un fethiyle o zamana kadar Anadolu ve Rumeli'nde iki ayrı parça halinde bulunan Osmanlı ülkesi birleştirilmiş, bu iki parçanın Boğazlar'dan kesilme tehlikesi ortadan kalkmıştır.

Akdeniz ve Karadeniz'de donanmaları olan Selçuklu sultanları *Sultânü'l-Berr* ve *Hâkânü'l-Bahr* unvanları kullanırlardı. Fâtih, *Sultânü'l-Berreyn* ve *Hâkânü'l-Bahreyn* (iki karanın, Anadolu ve Rumeli'nin sultanı ve iki denizin yani Ege Denizi ve Karadeniz'in hâkânı) unvanıyla egemenlik alanlarını tanımlamış ve belirtmiştir.

İstanbul'un fethi haberi bütün Avrupa'da korku ve heyecan uyandırdı. Roma'da panik baş gösterdi. Papalıkta, Bizans gemilerinin Türkler tarafından ele geçirildiğini ve sultanın iki ay içinde İtalya'yı ele geçireceği söylentileri yayıldı. Bu haberleri, Venedik, Ceneviz ve Rodos kaynakları doğruluyordu.

Batı Hıristiyan dünyası, Fâtih'in ilk hedef olarak Karadeniz ve Ege'de egemenlik kurmak istediğini ve bunun için donanmasını

---

157 Dolfin, *Sitzungsberichte der kgl. bayr.*, s. XX.

harekete geçirdiğini görmekteydiler. Bu devletleri Avrupa'nın bir Haçlı seferi halinde harekete geçmesini zorunlu buluyorlar, Papa ile temas kuruyorlar ve sultanı diplomasi yoluyla durdurmaya çalışıyorlardı.

Fâtih, Ege'deki bütün adalar üzerinde egemenlik iddiasında bulunuyordu. Fetihten hemen sonra bir donanmasını Ege'ye göndererek, Rodos Şövalyeleri'ni ve Sakız'da Ceneviz mahallesini Osmanlı egemenliğini tanımaya ve haraç ödemeye davet edecektir. Papa'nın emrinde olan Rodos Şövalyeleri için sultana haraç ödemek tarikatın kendi varlığını yadsıması demek olurdu. Diğer taraftan Rodos, 1450 yılında II. Murad'dan bir kapitülasyon elde etmişti ve Anadolu ile ticâreti gelişmiş bulunuyordu. Bu sebepten haraç ödeme yerine her yıl sultanın huzuruna hediyelerle bir elçi heyeti göndermeyi önerdi. Midilli'de ve çevre adalarda Cenevizliler, Fâtih'e karşı daha uyumlu bir tutum izlediler.

İstanbul'un fethinden sonra 1453-1456 yıllarında Fâtih'in siyâseti şu noktalarda toplanabilir. Hıristiyan Batı'nın bir Haçlı seferiyle İstanbul üzerine geleceğini önemle hesaba katmaktadır. 1456'da Papalık donanması Boğazlar'ın dışındaki adaları ele geçirmek için harekete geçecektir. Bu adaların kontrolü İstanbul'un geri alınmasına başlangıç olacaktı.

Özellikle Venedik, Ege'deki kolonileri için kaygı içindedir. 1453-1454 yılında Venedik donanması (32 kadırga) Boğaz'ın açıklarında devriye gezmektedir. Venedik, Agriboz adası için özellikle kaygı duymaktadır. İstanbul düştükten sonra ağustos ayında Venedik amirali 17 Türk *fusta*sını ele geçirmişti. Venedik, bir Haçlı seferi örgütlemesi için Papa üzerinde de baskı yapmaktadır. Haçlı seferi için yapılan planda, hemen 50 kadırganın donatılması ve bunun için 240 bin duka toplanması önerildi. Venedik, fetihten sonra Ege'de savunma için Hıristiyan dünyasından yardım görmediğini Papa'ya anlattı. Agriboz adasını korumak için Ege'de 12 kadırgasını devamlı hazır tutuyor, Yunanistan kıyılarında ve Ege'de Venedik kalelerini güçlendirmek için yeni önlemler alıyor ve yeni gemilerin yapımına karar veriyordu. Fâtih'in Ege'de egemen olduktan sonra İtalya'ya çıkartma yapması ihtimâli öne sürülüyordu. Venedik, aynı zamanda İstanbul'da en iyi şartlarla bir barış anlaşması yapmak için diplomatik girişimlerini sürdürüyordu. 1454 Temmuzu'nda İstanbul'a Bartolomeo Marcello balyoz olarak atandı. Venedik için Mora yarımadası özellikle önem taşıyordu. Burada Mora'nın güneyinde iki önemli kale, Koron ve Modon Venedik ile Ege arasında ulaştırma yolu üzerinde hayatî bir önemdeydi. Osmanlılara karşı yarımadayı savunmak için yerli hükümetlerden en önemli kalelerin Venedik'e terk edilmesi istendi. Venedik, özellikle Korint ve Patras'ı ele geçirmeye çalışıyordu. Buna karşı Fâtih, 1458-1460 seferlerinde Mora'yı tamamıyla kendi egemenliği altına alacaktır.

Fâtih'in Donanması, Ege'de Harekât (1455-1463)

Osmanlı donanmasının Ege'ye ilk defa 1455 Yazı'nda girdiğini görüyoruz. 1455 Baharı'nda donanma Gelibolu'dan, Kapudan Şarabdâr Hamza komutasında hareket etmiştir. Bu donanma, 25 büyük kadırga, 50 orta boy kadırga, yüzden fazla küçük gemi olmak üzere 180 gemiden oluşuyordu. Fâtih, Taşoz adasının teslimi ve Midilli'nin ödemekte olduğu haracı 3000'den 4000 altına çıkarması şartıyla Midilli hâkimi Domenico'nun senyörlüğünü onayladı. Hamza komutasındaki donanma sonra Sakız'a vardı (29 Mayıs 1455). Hamza orada oyalanmayarak Rodos üzerine hareket etti. Çünkü seferin esas hedefi Rodos'tu. Hamza, kalenin topları karşısında saldırmaya cesaret edemedi. Oradan ayrılarak Kos adası üzerine giderek çıkarma yaptı; iki ay süren bu seferden sonra Gelibolu'ya döndü.

Fâtih, Ege Adaları üzerinde egemenliğini kurmakta kararlıydı. Hiçbir şey başaramadan dönen Kapudan Hamza'yı görevden aldı ve Sakızlıları cezalandırmak için Yunus komutasında küçük bir donanmayı yola çıkardı (1455 Sonbaharı). Yunus komutasındaki donanmanın bir hedefi Rodos ise öteki hedefi Kiklad Adaları'nın başında bulunan Venedikli dukayı haraç vermeye zorlamaktı. Bu donanma Midilli kuzeyinde fırtınaya tutularak dağıldı. Gemilerden bir kısmı battı (çağdaş Yunan tarihçisi Doukas'a göre beş gemi battı, ikisi karaya oturdu). Yunus, kalan gemileri Midilli önünde topladı ve Sakız'a ait şap ticâret merkezi olan Yeni-Foça (Foglia Nuova) üzerine gitti. Şehir teslim oldu (31 Ekim 1455). Kale yerle bir edildi. Bu şehirden İtalyanlar yılda 14 bin kantar şap ihraç etmekte ve büyük gelir sağlamaktaydılar. Fâtih, başarısız kaptanı Yunus'u idam ettirdi. Donanmanın başına bu sefer İsmail Kaptan'ı atadı (Mayıs 1456).

Venedik, Ege'deki kolonilerini korumak için Adriyatik Denizi'ndeki donanmayı göndermeyi düşünüyordu. O senenin kışında Batı Anadolu'daki gâzîler *fusta* adı verilen küçük gemileriyle Ege Adaları'na karşı saldırıda bulundular. Buna karşı Venedik altı kadırgalık bir donanmanın Ege sularında karakol gezmesine karar verdi.

Enez (Ainos), İmroz ve Somatraki hâkimi olan Palemede ölmüş, mirası üzerinde aile içinde anlaşmazlık çıktığından bir taraf Fâtih'e başvurmuş, onun İtalyanlarla sultan karşıtı gizli görüşmelerde bulunduğunu söylemişti. Boğaz ve İstanbul için stratejik önemi olan Kuzey Ege Adaları'nı Fâtih ele geçirmeyi zorunlu görüyordu.

Midilli hâkimi Domenico haracını göndererek sultanı yatıştırmaya çalıştı (Ağustos 1456). Domenico, Fâtih'in Midilli adasını doğrudan doğruya işgal etmesinden korkuyordu. Cenevizliler adaya bir savaş gemisiyle asker ve silah gönderdiler ve bir Haçlı yardımı sağlamak için Papa'ya başvurdular. Böylece, Gattilusio ailesine ait adaların geleceği Papalığı yakından ilgilendiren acil bir mesele olarak ortaya çıktı. Venedik, Limni ve İmroz adalarını işgal etmek için hazırlandı. 1456 yılında Fâtih, bilindiği üzere Belgrad üzerine yürümüş ve yolda Enez'i işgal etmişti. Enez'den sonra donanma İmroz adasını işgal etti ve adanın yönetimini Fâtih, sadık adamı Rum tarihçisi Kritovoulos'a bıraktı. Çok geçmeden Osmanlılar, Limni'yi de işgal ettiler. Adanın Rum halkı Nicolo Gattilusio'nin ezici yönetiminden memnun değildi. Osmanlı'ya taraftar olan Rumlar ayaklandılar ve sultandan adanın Osmanlı yönetimi altına alınmasını istediler. Midilli senyörünün iki gemiyle gönderdiği kuvvet ada halkıyla çatışmaya girdi ve yok edildi. Üç gün sonra Osmanlı donanmasının kapudanı Hadım İsmail gelerek sultanın adamlarını yerleştirdi (Mayıs 1456). Fâtih böylece İstanbul'a karşı gönderilecek bir Haçlı donanmasının bu adaları ele geçirmesini önlemek istiyordu. O dönemde Roma'da bulunan Rum asıllı İsidore, Papa'ya Türklerin donanması ve ordusu hakkında şu bilgileri vermiştir: "Fâtih'in donanması küçük büyük 230 gemiden oluşmakta, ordusu 30 bin sipahi ve ondan fazla yaya askerini içermektedir. Devletin büyük mâlî kaynakları mevcuttur. Güney İtalya'ya bir Osmanlı istilası mümkündür." Bu haberler Papalık sarayında panik yarattı.

Osmanlı karşısında başlıca rakip güçler, Akdeniz'e egemen Venedik ile İspanyol Napoli Kralı V. Alfonso (1435-1458) idi. Osmanlı ile bu devletler arasında çatışma alanları Ege Adaları, Mora ve Arnavutluk idi. Bu bölgelerin Fâtih tarafından ele geçirilmesi, İtalya için büyük bir tehlike sayılmaktaydı. İstanbul'un düşmesi üzerine Batı Avrupa'da Türkler aleyhine yoğun bir propaganda başlamış, bir Haçlı ordusu için para toplanmaya başlanmış ve endüljanslar dağıtmakla görevli tarikat üyesi keşişler faaliyete geçmişlerdi. Hıristiyan Batı'da İslâm, Türk adıyla birleştiriliyor, Türkler Hıristiyan milletleri yok etmeye gelen gökten inen bir felaket, Tanrı'nın Hıristiyanları cezalandırmak için gönderdiği Deccal gibi betimleniyordu. Kilise, Haçlı için para toplamak ve etki alanını yaymak için bu propagandadan faydalanmaya çalışıyordu. Para toplama yöntemleri, endüljans satılması ve türlü yolsuzluklar Hıristiyan halk arasında Papalığa karşı akımların güçlenmesine sebep olacak, Protestanlığın ortaya çıkışını hazırlayacaktır.

Papa, Ege'ye Haçlı donanmasının hareketini 1 Mart 1456 olarak ilân etti. Haçlı donanması 30 kadırga ve 2 büyük kalyon, 1000 denizci ve 500 asker, 300 top ile hareket etti. Donanmanın planı Rodos'u üs yaparak Sakız ve Midilli'yi ittifakına almak ve Fâtih'in Kuzey Ege'de ele geçirdiği adaları işgal etmekti. Böylece Ege Denizi yeniden Hıristiyan kontrolü altına girecek ve ileride Macaristan'ın kara ordusuyla işbirliği halinde İstanbul üzerine yürüyecekti. Planın temel hedefi Türkleri İstanbul'dan çıkarmaktı. Papalık donanması Midilli'ye vardığında Fâtih'e haraç vermeyi kabul eden, Gattilusiolerden Domenico ve Nicolo sözlerinden çıktılar.

1456'da Haçlı donanmasının Kuzey Ege'deki harekâtı hakkında göz tanığı olan Rum tarihçisi Kritovoulos ilginç ayrıntılar vermektedir. Papalık donanması Limni'yi anlaşma yoluyla ve Taşoz adasını da savaşla ele geçirdi ve Hıristiyan garnizonlar yerleştirdi. Bu harekât sırasında Osmanlı donanması bir varlık gösteremedi. İmroz'u savunmak için bırakılan Osmanlı kuvveti 100 yeniçeriden oluşuyordu. Fâtih'in Belgrad önünden geri çekilmesi (1456) Hıristiyanları cesaretlendirmişti. O yaz Osmanlı donanması Karadeniz'e çıkmış, oradaki harekâtla eli kolu bağlanmış, sonbahar gelince de gemilerdeki savaşçı asker, yani azebler âdet gereği tatile girip donanmayı terk etmişlerdi.

Fâtih, 1457 Baharı'nda Midilli'ye karşı Gelibolu Beyi Donanma Kumandanı İsmail yönetiminde kuvvetli bir donanmayı harekete geçirdi. Kritovoulos'a göre 150 gemiden oluşan bu donanmada toplar, kuşatma aletleriyle çok sayıda kara askeri mevcuttu. Böylece, daha bu tarihte Fâtih'in Midilli'yi ülkesine katmaya kararlı olduğu anlaşılıyor. Fakat biliyoruz ki, bu fetih, 1462'ye kadar geciktirilmiştir.

Haçlı donanması, Osmanlı donanmasına karşı gelmeye cesaret edemeyerek Sakız'a çekildi. Osmanlı donanması Midilli'de Molybos Hisarı'nı on gün kadar kuşattıysa da alamadı. Adayı yağmalayarak Gelibolu'ya döndü (Ağustos 1457). Haçlı donanmasının adayı koruyamadığını gören Domenico, sultana haracı gönderip boyun eğdi. Aynı yıl Sakız ve Naksos adaları da haraçlarını gönderip bağlılıklarını sundular.

Rodos'ta üslenen Haçlı donanması, Papa III. Calixtus'un ölümü üzerine 1458 Yazı'nda İtalya'ya geri dönmüş ve Kuzey Ege'de ele geçirilen adaların başına birer *vicar* atanmıştır. Venedik ve Katalanlar, bu adaların kendilerine teslimini istemişlerse de Papa bunu reddetmiştir. 1457-1460 döneminde bu adalar üzerinde sultanın egemenliği geri verilmiştir. Adalardaki Rum halkı, Katolik Latinlerin egemenliğini zorla kabullenmişlerdi. Mora Despotu Dimitrios ile Fâtih arasında yapılan bir anlaşmaya göre, İmroz ve Limni adaları yıllık 3000 altın ödeme koşuluyla kendisine verildi. Limni Rum halkının ileri gelenleri, Katoliklerle işbirliğinden kaçındıkları için Papa'nın garnizonu, Fâtih'in adamı Kritovoulos'a teslim oldu. O yılın sonbaharında Gelibolu'da donanmanın başına atanan Zaganos Paşa, Taşoz ve Samotraki'yi ele geçirdi. Sonraki yıl Fâtih bu dört ada ile Enez'i Demetrios Paleologos'a timâr olarak verecektir. 1455'te vezârete gelen Mahmud Paşa, Midilli hâkimi Gattilusiolere karşı daha sert bir siyâset izlenmesini, karada onlara ait yerlerin işgalini istiyordu.

Bu arada Midilli'de Osmanlılara karşı olan grup başa geçti. Nicolo, kardeşi Osmanlı taraftarı Domenico'yu hapse attı ve boğazladı (1458 sonları). Her gün beklenen bir Osmanlı müdahalesine karşı askerî hazırlıklar yaptı ve Ceneviz'den yardım istedi. Sultana görünüşte haracgüzârlık şartlarını yerine getirir gibi görünmekle beraber, gizli anlaşmalar yapması ve korsanlara engel olmaması üzerine sultan onu düşman ilân etti. Fâtih'in Midilli'ye karşı artık kaçınılmaz hale gelen seferi birkaç sene kesintiye uğradı. Daha acil olan Mora, Trabzon ve Eflâk seferleri bu arada gündeme geldi (1458-1461). Sonunda 1462 yılında Fâtih kendisi denizde ve karada büyük hazırlıklardan sonra Midilli'ye saldırdı (kuşatma hakkında en iyi kaynağımız Kritovoulos'tur). Veziriâzam Mahmud Paşa komutası altında donanma (Kritovoulos'a göre 200 gemi) eylül başında adaya çıkarma yaptı. Eflâk seferinden İstanbul'a yeni dönmüş olan sultan kara ordusuyla Ayazmend'e geldi.

Ordunun büyük topları karşısında Midilli Kalesi uzun süre dayanamadı. Aşağı Hisar (Melanondion) düşünce Nicola teslim oldu. Hıristiyan ordusunda 70 Rodos Şövalyesi, 110 Sakızlı ve bundan başka Katalan ücretli askerleri vardı. Avrupa'dan gelen asker herhalde binden fazlaydı. Zorla güç kullanarak alındığı için şehir halkı cezalandırıldı. Fâtih onları idam etti. Şehir ve köylü halktan bir kısmını esir aldı. Bunları İstanbul dışında Eyüp'e bağlı köylerde yerleştirecektir. Halkın büyük kısmını reâyâ olarak yerinde bıraktı. Gerekli memurlar atayarak şehri Osmanlı ülkesine kattı. Midilli'nin ayrı bir *kânûnnâmesi* vardır. Kayda değer ki, bu Midilli harekâtı sırasında Venedik donanması Sakız'a gelerek tehdit edici biçimde harekâtı gözledi (Venedik donanması 29 kadırgadan oluşmaktaydı). Şehri teslim almak üzere Fâtih adaya geçmiş ve dört gün kalmıştır.

Papa, Ege'de Scrampo yönetiminde donanmayı orada tutmaya çalışıyordu. Papalık, Avrupa devletlerini Haçlı seferine çekmek için 1457'de Roma'da bir kongre toplamaya çalıştıysa da, sonuç alamadı.

Ege Adaları'ndaki mücadelede Fâtih'in başarısında, kuşkusuz Rum halkın Latinlerden ve Katolik egemenliğinden nefret etmeleri de rol oynamıştır. Kritovoulos'a göre Rum halkı, kendilerini kurtarmak için Batı Hıristiyanlığı'nın bir şey yapamadığını da görmekteydiler. Öte taraftan Osmanlılar da ileri gelen Rumları gözetmeye dikkat ediyorlardı. Ege Adaları'nı ilkin Paleologoslardan birine, Demetrios'a vererek askerî sınıfı yerinde bırakmayı ve özerk bir yönetim kurmayı düşündüler. Ancak Fâtih, Latinlerin saldırgan politikası karşısında bu adaların Boğazlar ve İstanbul için tehlikesini göz önünde tutarak adaları doğrudan doğruya Osmanlı yönetimi altına almaya karar verdi. Sultan, diplomatik yöntemleri de kullanmaya dikkat ediyor ve Venedik'i tarafsız tutmaya çalışıyordu. İstanbul fethinin üzerinden 10 yıl geçtiği halde iki taraf 1463'e kadar doğrudan doğruya bir çatışmadan kaçındılar.

Timâr İcmâl Defterleri'ne Göre Pâdişah Ne Zaman, Nerede?

Başbakanlık Osmanlı Arşivi'nde (BOA) bize kadar gelebilmiş en eski *Timâr İcmâl Defteri* H. 835/9 Eylül 1431 tarihlidir.[1] *Timâr İcmâl Defteri* biri merkezde Dîvân-i Hümâyûn'da, diğeri Beylerbeyi elinde olmak üzere iki nüsha olarak hazırlanır ve muhafaza edilirdi. *İcmâl Defteri*'nde timârlarda zamanla üzerinde yapılan değişiklikler derkenar olarak kayıtlıdır.[2]

Örnek

Kayıt I. "Karye-i Germene[3] Bu mezkûr Mustafa'nın güyegüsü Saruhanlu Ahmed'e vermiş İshak Beğ, şimdiki halde mukarrer dutulup berât verildi, tahrîren fî evâsıt-i Şa'ban sene 845, fî belde-i Edirne"

Kayıt II. "Şimdiki halde bu köy çaşnigir Hızır'a Kosrice adlu hissesi üzerine bi-resmi muzâf verildi, fî Evâsıt-i Zilka'ade sene 855, der Edirne"

---

1 Bu defter H. İnalcık tarafından yayınlanmıştır: *Hicrî 835 Tarihli Sûret-i Defter-i Sancak-i Arvanid*, Metin ve Giriş ile neşreden Halil İnalcık, Ankara, 1954; 2. baskı, 1987.

2 Örnekler için bkz. İnalcık, *Defter-i Arvanid*, II. Murad ve II. Mehmed defterlerinin bir listesi: H. İnalcık-E. Radushev-U. Altuğ, *1445 Tarihli Paşa Livası İcmâl Defteri*, Ankara, 2013.

3 İnalcık, *Defter-i Arvanid*, s. 54, no: 136, Timâr-ı Mustafa.

Bu timârın tarihi şöyledir:

Orijinal *İcmâl Defteri* yazılırken (H. 835) timâr, Beykulu Mustafa'ya Çelebi Sultan Mehmed zamanında verilmiş, "elinde sultanımız (II. Murad) berâtı vardır".

Defterdeki orijinal kayıt üzerinde derkenar olarak: Timâr Güveyi Saruhanlu Ahmed'e Arvanid (Arnavut) Sancakbeyi İshak Bey tarafından verilmiş; fakat sultan berâtı yok, teftişte *mukarrer* tutulmuş ve pâdişah berâtı verilmiş. Sultan I. Mehmed tarafından verilen timâr H. 835 tarihinde yeni tahrîrde Sultan Murad berâtıyla tasdik olunuyor. Daha sonra Sancakbeyi İshak Mustafa'nın damadı Ahmed'e vermiş; fakat bu muamele yeterli değil, H. 845 Şabanı'nda teftiş olunuyor, elinde bırakılması onaylanıyor; "mukarrer dutulup" ve pâdişah berâtı veriliyor.

Özetle, yerel idareci beylerbeyi ve sancakbeyleri timârların verilmesinde, birinden diğerine geçmesinde beyler bölgelerinde veya savaşta, timâr sahiplerinin veya namzetlerinin durumlarını yakından bildiklerinden değişiklikleri veya atamaları *paşa bitisi* veya *pervamegî* denilen kâğıtlarla yaparlar. Bu muamele sonucunda berâtla tasdik edilmek üzere verilir ("mezkûra verildi ki berât ala"), ("müsellem dutulub berâtı verildi"). Fakat teftişle yetki sahibinden değişiklik veya pâdişah berâtıyla onaylanma koşulu vardır. İcmâl defterlerinde yapılan sonraki değişiklikler yerel bey tarafından yazılabilir; fakat resmiyet kazanması için pâdişah tarafından gözden geçirilip berât verilmesi gereklidir. Başka deyimle timâr ancak pâdişah berâtıyla resmen tasarruf edilir. Örneğin, çeşitli kayıtlarda "Pâdişah'a 'arz olundu... Yunus'a verildi", "şimdiki halde (Sultanca) geri buyruldu".

Bazen timâr alan bey, tasdik için sultanın kapısına gelir. ("Kapu'ya gelicek, berât buyurdular" (*Arvanid*, s. 84, timâr 234).

Özetle, derkanar kayıtları bize bir timârın çeşitli zamanlardaki tarihini verir, aynı zamanda pâdişahın ne zaman nerede bulunduğunu gösterir. Timâr alanın pâdişah berâtı alması gerekir. *Mukarrer* tutulup *berât* almak için ya merkeze (Edirne'ye veya İstanbul'a) gelmek ya da pâdişah seferde ise yanına gitmek gerekir, defterde yer ve tarih gösterilir.

Aşağıdaki listede çeşitli *Timâr İcmâl Defterleri*'nden tarihleriyle derkenar kayıtlarını çıkardık. Derkenar kayıtlarındaki tarihler merkezî idarenin, pâdişahın nerede hangi tarihte berât verdiğini gösterir. Derkenarlarda çok kez nerede hangi tarihte ve nasıl "berât" verildiği kaydı ile açıklanır. Sonuçta biz, pâdişahın hangi tarihte nerede bulunduğunu bu kayıtlardan çıkarabiliriz.

II. Mehmed'e ait timâr icmâl defterleri 1444'te cülûsundan sonra 1445'e kadar gelir. 1451-1481 dönemi mevcut defterler için bkz: *1445 Tarihli Paşa Livası İcmâl Defteri,* liste s. IX-XI. Tarihî kaynaklardan pâdişahın nerede bulunduğunu bu şekilde saptayabiliyoruz.

İcmâl Defterindeki tarih ve yer kaydı	Vakâyinâmelerdeki tarih ve yer kaydı
H. 837 yılı (18 Ağustos 1433'te başlar) başlarında II. Murad Manastır'da	II. Murad Arnavutluk seferinde
H. 843 Rebîyülevvel (1439 Ağustos) Semendire yurdunda	II. Murad 1439'da Sırp seferinde Semendire'yi fetheder.
H. 854 Cemâziyelevvel (1450 Haziran) Manastır Yurdu	II. Murad Arnavutluk seferinde
H. 855 Rebîyülevvel (1451 Nisan)	II. Murad Arnavutluk'ta
H. 876 Cemâziyelevvel (1471 Ekim)	Fâtih İncigiz'de
H. 876 Zilhicce (1482 Mayıs)	İstanbul'da
H. 878 Cemâziyelevvel (Eylül 1473)	Fâtih Başkent Savaşı dönüşü Sofya Yurdu'nda
H. 879 yılı (1474-1475)	Fâtih İstanbul'da
H. 880 Zilhicce (1476 Mart)	Boğdan Seferi

Kuşku yoktur ki, *Timâr İcmâl Defteri*'ndeki derkenar kayıtlarından II. Murad ve Fâtih Sultan Mehmed'in ne zaman, nerede oldukları, mevsuk şekilde ayrıntılarıyla listeler halinde tespit edilebilir, böylece vakâyinâmelerdeki tarihler kontrol edilebilir.[4]

Pâdişah Ne Zaman, Nerede? (836/1432-881/1476)

836

Cemâziyelevvel	İsyan Halinde
Ramazan	Edirne
Evâhir Zilhicce	Edirne

837

Evâhir Zilhicce	Manastır

838

Evâil Rebîülahir	Edirne
Evâhir Receb	Edirne

840

Evâil Muharrem	Edirne
Evâil Zilhicce	Edirne
Evâsıt Zilhicce	Edirne

841

Evâsıt Safer	Akça-Hisar
Evâil Şevval	Edirne

842

Evâhir Cemâziyelevvel	Edirne
Evâhir Receb	Edirne
Evâsıt Zilkade	Edirne

4 II. Murad ve Fâtih Sultan Mehmed dönemlerine ait *icmâl defterleri* (100 kadar) bir heyet tarafından Türk Tarih Kurumu'nda bir seri halinde yayınlanmaya başlanmıştır. 1. Defter: *1445 Tarihli Paşa Livası İcmâl Defteri*, Ankara, 2013.

843

Evâil Rebîyülevvel	Semendire Yurdu
Evâhir Ramazan	Edirne
Evâil Şevval	Edirne
Evâsıt Şevval	Edirne
Evâil Zilkade	Edirne

844

Evâsıt Şevval	Edirne

845

Evâil Şaban	Edirne
Evâsıt Şaban	Edirne
Evâhir Şaban	Edirne
Evâhir Zilkade	Filibe

847

Zilkade	Manastır

848

Evâsıt Şaban	Edirne
Evâhir Zilkade	Edirne

849

Evâsıt Safer	Filibe

850

Evâil Muharrem	Edirne
Evâhir Muharrem	Edirne
Evâil Rebîyülevvel	Edirne
Evâil Rebîyülahir	Edirne
Evâil Cemâziyelahir	Edirne
Evâsıt Receb	Edirne
Evâhir Receb	Edirne

851

Evâsıt Safer	Edirne
Evâhir Safer	Edirne

Evâil Rebîyülevvel	Edirne
Evâil Cemâziyelahir	Edirne
Receb 1	Yidin (Teselya'da)
Evâil Receb	Edirne
Evâsıt Şaban	Edirne
Evâhir Şaban	Edirne

852

Evâsıt Muharrem	Edirne
Rebîyülevvel	Edirne
Evâsıt Cemâziyelahir	Pirlibe
Evâhir Zilhicce	Edirne

853

Evâhir Safer	Edirne
Evâsıt Rebiyülevvel	Silistre
Evâil Receb	Edirne
Evâil Ramazan	Edirne
Evâsıt Ramazan	Edirne
Evâil Zilkade	Edirne
Evâsıt Zilhicce	Edirne

854

Evâil Safer	Edirne
Evâsıt Safer	Edirne
Evâil Rebîyülevvel	Edirne
Evâil Rebîyülahir	Edirne
Evâhir Rebîyülahir	Edirne
Evâsıt Cemâziyelevvel	Manastır Yurdu
Evâsıt Receb	Edirne
Evâil Şaban	Akça-Hisar
Evâil Ramazan	Filibe
Evâhir Ramazan	Edirne
Evâil Zilkade	Edirne
Evâhir Zilkade	Edirne
Evâil Zilhicce	Edirne

855

Evâsıt Rebîyülevvel	Sofya

Cemâziyelevvel 1	Sofya
Evâil Cemâziyelevvel	Sofya
Evâsıt Cemâziyelevvel	Sofya
Evâil Cemâziyelahir	Sofya
Cemâziyelahir 10	İstrumca
Evâhir Cemâziyelahir	Sofya
Evâsıt Cemâziyelahir	Sofya
Evâsıt Receb	Sofya
Evâhir Receb	Sofya
Evâil Şaban	Akça-Hisar (Arnavutluk)
Evâhir Şaban	İştib
Evâhir Ramazan	Sofya
Evâsıt Zilkade	Edirne
Evâhir Zilhicce	Edirne

856

Muharrem 1	Edirne
Evâil Muharrem	Edirne
Evâhir Muharrem	Edirne
Evâsıt Safer	Edirne
Evâhir Safer	Edirne
Rebîyülahir	Yenicekale
Evâil Receb	Edirne
Evâsıt Receb	Yenicekale
Evâil Şaban	Yenicekale
Evâhir Şaban	Çorlu
Evâhir Ramazan	Edirne
Evâil Şaban	Edirne
Zilhicce 1	Dimetoka
Evâhir Zilkade	Dimetoka
Evâsıt Zilkade	Dimetoka
Zilhicce	Edirne

857

Evâil Muharrem	Edirne
Evâhir Safer	Edirne
Evâil Rebîyülevvel	Edirne
Evâsıt Cemâziyelevvel	Çorlu
Cemâziyelevvel	Edirne

Evâil Cemâziyelahir	İncegüz (Trakya'da)
Evâhir Cemâziyelahir	Edirne
Evâil Receb	Edirne
Evâsıt Receb	Yenicekale
Evâhir Receb	Edirne
Evâil Şaban	Edirne
Evâsıt Şaban	Edirne
Evâhir Şaban	Edirne
Evâil Ramazan	Edirne
Evâsıt Ramazan	Filibe
Evâil Şevval	Filibe
Evâhir Zilkade	Edirne
Evâhir Zilhicce	Manastır

858

Evâil Muharrem	Edirne
Evâsıt Muharrem	Edirne
Evâhir Muharrem	Edirne
Rebîyülevvel	Edirne
Evâhir Rebîyülevvel	Edirne
Evâhir Cemâziyelevvel	Edirne
Evâsıt Cemâziyelahir	Edirne
Evâhir Cemâziyelahir	Filibe
Evâhir Receb	Şehirköy
Evâil Ramazan	Sofya
Evâhir Ramazan	Sofya
Şevval 1	Sofya
Evâil Şevval	Sofya
Evâil Zilkade	Sofya
Evâil Zilhicce	Samakov

859

Evâil Safer	Edirne
Evâhir Safer	Edirne
Evâil Rebîyülevvel	Edirne
Evâil Rebîyülevvel	Edirne
Evâil Rebîyülahir	Edirne
Cemâziyelevvel	Filibe
Evâhir Şaban	Filibe

Evâil Ramazan	Filibe
Evâhir Zilhicce	Edirne
871	
Evâhir Cemâziyelevvel	Konstantiniyye
Cemâziyelahir 29	Konstantiniyye
Evâsıt Ramazan	Konstantiniyye
872	
Evâil Muharrem	Söğütlü-Dere
Evâsıt Safer	Radomir
Evâhir Receb	Konstantiniyye
873	
Evâil Safer	Konstantiniyye
Safer 9	Konstantiniyye
Safer 15	Konstantiniyye
Rebîyülevvel	Teykos Yurdu
Şevval 25	Konstantiniyye
874	
Rebîyülevvel 30	İncegüz
Evâil Zilhicce	İzdin
875	
Evâhir Şaban	Konstantiniyye
876	
Evâhir Cemâziyelevvel	İncegüz
Evâil Zilhicce	Konstantiniyye
877	
Muharrem 30	Konstantiniyye
878	
Cemâziyelevvel 3	Kemaliye Tâbiî-Turhal
Receb 30	Konstantiniyye
Şevval 15	Konstantiniyye

879

Şevval 13	Konstantiniyye
Şevval 19	Konstantiniyye
Şevval 21	Konstantiniyye
Şevval 22	Konstantiniyye
Zilhicce 4	Konstantiniyye

880

Receb 2	Konstantiniyye
Zilhicce 7	Sofya Yurdu
Zilhicce 24	Sofya

881

Muharrem 23	Sofya
Safer 16	Ayazma Yurdu
Safer 17	Ayazma Yurdu
Cemâziyelevvel 20	Acıgöl Yurdu
Cemâziyelahir 15	Edirne
Cemâziyelahir 17	Edirne Yurdu
Receb 15	Sofya
Evâhir Receb	Filibe Yurdu
Şevval 9	Konstantiniyye

II. KISIM

A

İDARE VE KURUMLAR

Bürokrasi

Osmanlı yönetim ve bürokrasi geleneği, İslâm öncesi Orta Doğu devletlerinin eski geleneklerinden doğmuş ve bu gelenekleri sürdürmüştür. Yönetimdeki görev bölümleri bu geleneklerle uyumluydu. İslâm politik kuramı, *kalemiyye*yi yani hükümet bürolarını, *seyfiyye* (askerî sınıf) ve *ilmiyye*nin (ulemâ sınıfı) yanı sıra yönetimin direklerinden biri olarak tanır. Osmanlı öncesi İslâm devletlerinde vezir sanını taşıyan hükümet başkanları genellikle devletin sivil idare bölümlerinde sivrilmiş kimselerdendi. Selçuklu ve İlhanlı dönemlerinde bu gelenek egemendi. Bürokrasi, askerî makamlardan ayrı ve bağımsızdı. *İnşâ,* yani resmî yazı sanatı, devlet idaresinde önemli sayılırdı. Bürokratlar (küttâb) içinde, her biri kendi özel uzmanlığı olan ve özel bir yetişme isteyen başlıca iki kol vardı: Siyasî yazışma (*beylik*) ve mâliye. *Küttâb*, her meslek loncasında olduğu gibi, çırak-kalfa-usta dizgesine göre örgütlenmiş bürolarda yetişirdi. Küttâb, güvenlik nedeniyle, birçok dönemde dışarıya kapalı bir kurum durumundaydı. Örneğin, Emevi ve Abbasi dönemlerinde, eski idareden kalan Hıristiyan ve İranlı yazıcılar, mâliye ve yönetim tekniklerinde yeterli uzmanlık deneyimleri olduğu için halifeliğin kamu işlerini uzun bir süre tekellerinde tutmuşlardır.

Memlûk bürokratı Al-Kalkaşandî (1355-1418), yazıcıları üçe ayırır: Evvela, vali ve görevlilere gönderilen buyrukları yazanlar, saniyen devlet gelirini toplayan ve kaynaklarını araştıran, salisen ülke ve toplum düzenini koruyanların atama ve maaşlarına bakanlar. Osmanlı uygulamaları, bu bürokratik türlere uygundur: İlk büro, *reisü'l-küttâb* ve maiyetinin emrinde görev yapar, ikincisi hazînede, üçüncüsü de nişancının emrinde çalışırdı.

Yazışmalara bakan dairenin başkanı olan *nişancı*, başlangıçta çoğunlukla ulemâ kökenliydi. Dîvân-i Hümâyûn kâtiplerinin çoğu ise saraydan çıkmaydı. Ancak Mustafa Âlî gibi 16. yüzyıl Osmanlı yazarları, bürokrasiye kulların sokulmasını gelenek ve kurallara aykırı bularak bu yöntemi yerer. Bürolara genellikle kâtiplerin akraba ve bağlıları, *şagird*, yani çırak olarak girerdi. Burada, bir kalfanın, yani kıdemli bir kâtibin emrinde uzun bir süre çalışarak gerekli beceri ve bilgileri edinir, özel bir uzmanlık geliştirirlerdi. En eski örnekleri Abbasi hizmetindeki İranlı kâtiplerce yazılmış inşâ, âdâb, retorik kuralları, tarih, coğrafya, hesap, ahlâk ve nasihat üzerine yazılmış eserleri okurlar; hukuk ve din eğitimlerini camilerde verilen *ders-i âmm*lara giderek tamamlarlardı. Bir kâtibin yetişmesi ve ne gibi bilim dallarıyla ilgilendiğini görmek için Mustafa Âlî'nin ayrıntılı biyografisini okumalıdır. Küttâb, medrese bilimleri dışında özellikle inşâ ve edebiyat uzmanı olarak yetiştiklerinden Osmanlı şairlerinin çoğu kâtiptir, onların yaşam ve çevrelerini en iyi belirten kaynağımız *şu'arâ tezkire*'leridir.

Hâcegân, yani daire başkanları, kalfaların yazılarını düzelterek sanatlarını geliştirmelerine yardım ederlerdi. Şagirdler, loncalarda olduğu gibi, bir sınavdan geçip üstlerinin onayını aldıktan sonra kâtip olurlar, üstleri onların adlarını *mülâzım* adıyla atama için aday defterlerine geçirirdi. Her büroda belli sayıda kâtip vardı; örneğin, 1732 tarihli bir liste yalnız Dîvân-i Hümâyûn kâtiplik kadrosunu 50 kâtip, 20 çırak ve 30 mülâzım olarak belirlemiştir. Bir kâtip öldüğünde yerine, uygunsa oğlu geçer, yoksa makamı mülâzımlardan birine verilirdi. Seçilebilmek için en önemli koşul, dairenin kıdemli kâtipleri önünde meslekî yeteneği ispatlamaktı. O zaman bu kıdemli kâtipler, adaylarının adını bir arz yazarak veziriâzama, o da sultana sunardı. Bir *emr-i şerif* çıkar, atama işlemleri bir kâtiplik berâtının verilmesiyle tamamlanırdı. Her çeşit atamalarda izlenen yöntem budur. 1537 yılında, doğrudan doğruya *Bâb-i Asafî*'ye ait siyasî-idarî kararları yazan 18 kâtip, *Bâb-i Defterî*'ye ait mâlî fermanlar yazan 18 uzman kâtip vardı. 1568'de bu rakam mâliye bürolarında 222'ye, 18. yüzyılın sonlarında ise 700'ün üstüne çıkmıştır. Son dönemlerde gereksiz bir memur kalabalığından söz edilebilir.

Merkezi hükümet büroları dışında darphane, gümrük ya da iaşe eminliklerinin, yeniçeri ocağı, tophane ya da tersane gibi askerî kurumların kendi sivil büroları vardı. Eyaletlerde de valilerin, kadı mahkemelerinin ve birtakım önemli vakıfların kendi kâtip kadroları mevcuttu. Her hisarda garnizonun hesaplarına ve zat işlerine bakan bir kâtip bulunurdu. İster inşaat, maden işletmesi ya da top ve gülle dökümü gibi imâlat ister tarım alanında olsun, bütün devlet girişimleri için sorumlu bir yönetici, *emîn* atanır, maiyetine bir yardımcı kâtip verilirdi. Dolayısıyla bütün bu bürolarda çalışan toplam kâtip sayısı, merkezi hükümet dairelerinde çalışan sınırlı topluluktan çok daha büyüktü. On altıncı yüzyılın sonlarında Âlî'nin yazdığına göre, bürolardaki kâtipler dışında kişilere para karşılığı dilekçe yazarak, yazma eser istinsah (kopya) ederek yaşamını kazanan birçok yazıcı bulunmaktaydı. *Dânişmend* denilen yüksek medrese öğrencilerinin kadı mahkemelerinde *nâib* veya kâtip olarak çalıştıklarını da burada anmak gerekir.

Türkiye arşivlerinde hâlâ korunan binlerce defter ve milyonlarca belge, Osmanlı İmparatorluğu'nun gerçekten bürokratik bir devlet olduğunun açık kanıtıdır. En uzak vilâyetlerde, Macaristan'da veya Irak'ta küçük bir görevlinin tayini yahut esnaf loncaları başındakilerin devlet kayıtlarına geçirilmesi, vergi yükümlülerinin kaydı, bir kelime ile merkeziyetçilik bu bürokratik kontrolü gerekli kılıyordu.

Bütün İslâm devletlerinde olduğu gibi Osmanlı İmparatorluğu'nda da küttâb, yönetimin temel öğeleriydi. Pâdişah fermanlarını son ve kesin biçimleriyle yazan, yasa ve yönetmelikleri hazırlayan ve uygulamaları denetleyen hep kâtiplerdi. Resmî yazışmalara son şeklini veren *tevkî'* dairesinin başkanı *nişancı*, Dîvân-i Hümâyûn aslî üyesi olduğu gibi, bunlardan vezirliğe, hatta veziriâzamlığa yükselen örnekler vardır. Osmanlı merkeziyetçi bürokratik yönetiminin 1453'e kadar ilk kuruluş döneminde vezirlik makamına İslâm hukuk ve idare geleneklerini iyi bilen ulemâ getirilmiştir. En önemlileri, kadılıktan yetişme Çandarlı vezir ailesidir. Fâtih Mehmed'in otokratik pâdişahlık döneminde vezirler çoğunlukla kendisine sorgusuz bağlı kul aslından olanlardan seçilmiştir. II. Bâyezid, Cem Sultan yandaşlarına karşı güvenlik düşüncesiyle daha çok saray hadım ak-ağalarını vezirliğe getirmiş, Kanûnî Süleyman her iki geleneği sürdürmüştür. Klâsik dönemde vezirlerin çoğu, beylerbeylikten gelen askerlerdir. Osmanlı Devleti Karlofça Barışı (1699) ile devletin bekasını Avrupa devletler dengesi ve diplomaside görmeye başladıktan sonra, veziriâzamlar dışişlerine bakan bürokratlardan seçilmeye başlanmış, Karlofça Antlaşması müzakerelerini yürütmüş olan reisü'l-küttâb Rami Mehmed Paşa'nın veziriâzamlığından sonra bu makama çoğu zaman Dîvân-i Hümâyûn kâtipleri sınıfından yetişenler gelmiştir. Reformlar döneminde de, Tanzimat'ta yine bürokratlar devlet idaresinin başına getirilmiştir. Bu gelişmeyi, devletin gittikçe daha çok bürokratikleşmesi olarak yorumlamak mümkündür.

Nişancının kariyeri genellikle belli bir örneği izler. *Tezkereci* olarak çalıştığı, yani Dîvân-i Hümâyûn'da fermanları yazan kâtiplerden olduğu sürede o, dilekçe okuyarak, tartışmaları izleyerek ve ferman müsveddeleri hazırlayarak devlet işlerinde değerli bir deneyim kazanırdı. Sonra veziriâzamlığa bağlı büroların başı *reisü'l-küttâb*lığa yükselir, orada da deneyim kazanıp sonunda nişancı olurdu.

Pâdişahın ve vezirlerin hizmetinde, geleneksel devlet yönetim ilkelerini iyi öğrenmiş *sır kâtipleri* ve *musâhibler* olurdu. Birçok büyük Osmanlı devlet adamı başarılarını gerçekte bunlara borçludur, örneğin, I. Süleyman'ın saltanatı sırasında, ünlü Koca Nişancı diye anılan Celâlzâde Mustafa, başlangıçta Veziriâzam İbrahim Paşa'nın sır kâtibi olmuş, daha sonra da nişancılığa yükselerek (1525-1557) yönetimde ve yasaların yapılmasında çok etkin olmuştur. Ünlü veziriâzam Sokollu Mehmed (1564-1579), 1573 ile 1581 arasında nişâncı olan sır kâtibi Feridûn'a danışmadan, devlet konularıyla ilgili karar almazdı. Köprülülere de Şamizâde Mehmed adlı bir kâtip danışmanlık etmiştir. Ancak sultanla veziriâzam arasında hiçbir aracı bulunmaması, Osmanlı Devleti'nin temel bir ilkesi olduğundan, sultanların sır kâtipleri hiçbir zaman Mısır'da Memlûk dönemi kâtipler kadar etkili olmamış görünmektedir.

Osmanlı İmparatorluğu'na geleneksel Orta Doğu yönetim ilke ve kurumlarını getirenler, genellikle kâtiplerdir. Bunlar, şeriâtı temsil eden ulemânın tersine, her şeyden önce devletin politik ve dünyevî çıkarlarını temsil ederlerdi. Başlıca kaygıları politik erkin bağımsızlığıyla idarenin merkeziyetçiliğini sağlamak, hazîne gelirini çoğaltmak ve vergi kaynaklarını, bu arada köylü reâyâyı korumaktı. İmparatorluğun son dönemlerinde, ulemânın karşı çıkmasına rağmen köklü reformları başlatan ve yönetimde olsun başka alanlarda olsun, Avrupa menşeli önlemlerin benimsenmesini imparatorluğu kurtarmanın tek yolu olarak gören onlardır. Koca Ragıp, Hâlil Hamid ve Mustafa Reşid paşalar hep bu tip bürokratlardı.

Emevi ve Abbasilerden beri bütün İslâm devletlerinde olduğu gibi, Osmanlı İmparatorluğu'nda da bürokratlardan, geniş ansiklopedik bilgilere sahip olmaları istenmiştir. Onlar da bu yüzden edebiyat, resmî inşâ dili, hattatlık, hukuk, tarih, felsefe, coğrafya ya da tarihleme yöntemleri, topoğrafya ve tarım gibi amelî ve yararlı bütün bilgi alanlarına ilgi gösterirlerdi. Ulemânın, *ulûm* dışında *fünûn* sayılan bu konularla doğrudan doğruya ilgileri yoktu. Bu alanlardaki en önemli el kitapları, meslekten kâtipler tarafından yazılmıştır. En büyük ansiklopedik Osmanlı bilgini Kâtib Çelebi (1608-1657), diğer adıyla Hacı Halife Dîvân-i Hümâyûn'da *halife* düzeyinde bir kâtipti. Bürokratların yazdıkları politik ve tarihî yapıtlar, Orta Doğu devlet geleneğini en iyi sergileyen eserlerdir. Yazarları öz Osmanlı kültürünün yaratılışında, Saray-i Hümâyûn'da yetişmiş kullarla birlikte, yaşamsal bir rol oynamışlardır. Ancak bürokratlar her zaman devletin çıkarına göre davranmamışlardır. Rüşvet, 16. yüzyıl sonlarından sonra yönetimin en yüksek katlarında bile çok yaygınlaşmıştı. Bir fermanda tahrif yapmanın cezası, el kesilmesi ya da ölümdü. Ancak bu şiddetli cezalara karşın dizgedeki karışıklığın en önemli nedenlerinden biri, kâtiplerin rüşvet karşılığında tek bir timâr için birkaç tezkire birden vermesiydi. Ücretlerde koşut bir artma olmazken akçenin değerinin düzenli olarak düşüşü de rüşveti teşvik etmiştir. 1595'te, iki hazîne kâtibi rüşvet aldıkları için idam edilmiş, altısı da azledilmiştir. 1598'de ise veziriâzam, kâtipleri, "türlü ihanetlerinizle devlet düzenini sarsmayı hedefliyorsunuz" diye paylamıştır.

Osmanlı Tahrîr Sistemi

İstatistik bilimini geniş anlamda bir devletin, ülkede insan ve maddî kaynaklarını tespit ihtiyacından doğmuş bir bilim dalı olarak tanımlarsak, merkeziyetçi, bürokratik ve patrimonyal bir devlet olan Osmanlı İmparatorluğu'nda neden bu doğrultuda geniş bir etkinlik gösterildiği anlaşılır. Bunun doğal sonucu olarak Osmanlı arşivlerinde geniş istatistik dizileri meydana gelmiştir. Bunların gün ışığına çıkarılması yalnız bu imparatorluğun tarihi bakımından değil, istatistik ve resmî kayıt tutma (*book-keeping*) metotlarının genel tarihi bakımından da son derece ilginçtir. J. Dépiquer'nin Çin'den Avrupa'ya kadar istatistik tarihi üzerinde araştırmaları, Osmanlı istatistik tarihi yapılmadan tam sayılamaz. Osmanlı istatistik defterleri gerek içeriğinde doğruluk ve kapsamlılık prensiplerinin uygulanışı bakımından, gerek defterlerde kullanılan kayıt yöntemi, kısaltma, referans usulleri gibi kayıt metotları bakımından, 15. yüzyılda Avrupa'da görülen benzeri örneklerinden daha karmaşık, gelişmiş örnekler vermektedir. Bu metotlar, İslâm halifeliği, İran, Orta Asya örneklerinin bir devamı olarak[1] kadim

---

1 Resmî kayıtlarda 13. ve 14. yüzyılda İran'da kullanılan metotlar hakkında ve muhasebe elkitaplarına bir örnek olarak bkz. Abdullah Mazandarânî, *Die Resâla-yi Falakiyya*, ed. W. Hinz, Wiesbaden, 1952.

Mezopotamya medeniyetlerine kadar izlenebilir. Osmanlı Devleti patrimonyal, merkeziyetçi ve bürokratik bir devletti, dedik. Devletin merkez bürolarında, Defterhâne'de, ayrıntılı istatistik defter koleksiyonları oluşturması geniş bölgelere yayılan Osmanlı Devleti'nin merkeziyetçi idare sisteminin vazgeçilmez bir gereğiydi.

Patrimonyal hükümdar, devlet-ülke ve tebaayı babadan kalmış bir mülk (*patrimony*) gibi algılar ve kendisiyle toprak ve tebaa arasında kontrolü dışında başka hiçbir otorite tanımaz. Osmanlı sultanları fethettikleri yerlerde yerli feodal güçlere ve kurumlara derhal son vermiş ya da feodal aileleri, kendi timâr sistemi içine alıp eritmiştir. Devlet, hububat yetiştiren, tarla tarımına tâbi bütün toprakları, *mîrî* (beylik) adı altında devletin rakabesi, yüksek mülkiyeti altına sokmuştur. Halkın, ordunun temel gereksinimini oluşturan buğday, arpa üretimini garanti altına almak, korkunç açlık dönemlerinin geri gelmesini önlemek kaygısı, mîrî toprak rejiminin asıl nedenidir. Osmanlı'dan önceki imparatorluklarda, mesela Bizans'ta da, aynı rejim uygulanıyordu. Nasıl ki Mısır'da, Mezopotamya'da nehir kanallarının onarımının tüm toplum için hayatî önemi, son derece merkeziyetçi, bürokratik bir devlet kontrolüne vücut vermiştir.[2] Bizans ve Osmanlı imparatorluklarında bütün tebaayı ilgilendiren toprağın sıkı devlet gözetimi altında tutulması ve üretimin aksamaması zorunluluğu, çift-hâne (*zugo-kefalia*) denilen özgün bir üretim tarzının uygulanmasıyla gerçekleşmiştir. (Bu çeşit bir "üretim tarzı"nı Chayanov AMP gibi bir üretim tarzı sayar).[3] Çift-hâne sisteminin kısa tanımı şudur: Tarım toprakları raiyyet çiftliği denilen ufak aile tarım birimlerine bölünür ve köylü tasarrufuna verilirdi. Bu birimlerin kaybolmaması, devamlı kontrol edilmesini gerektirirdi. Bu da, zaman zaman yapılan toprak ve köylünün sayımıyla yani tahrîr sistemiyle sağlanırdı (*Mufassal Defter*ler). İmparatorluk hükümetinin toprak tasarrufunu ve üretimi sıkı gözetim altında tutması, bir yandan da timâr (Bizans'ta

2 Bkz. K. Wittfogel, *Oriental Despotism*, birçok baskıları var.

3 Çift-hâne sistemi için bkz. H. İnalcık, *An Economic and Social History of the Ottoman Empire*, ed. H. İnalcık-D. Quataert, Cambridge, 1994, s. 143-154; H. İnalcık, *From Empire to Republic, Essays on Ottoman and Turkish Social History*, İstanbul, 1995, s. 61-72.

pronoia) ordusunu ayakta tutmak için bir gereklilikti. Osmanlı İmparatorluğu'nun klâsik döneminde (1300-1600) devletin zırhlı süvari ordusunu oluşturan timârlı sipahilerdi.[1] Para ekonomisinin geri olduğu bu dönemde, köylünün aynen tahsil olunan ürün vergilerini köylere yerleştirdiği bu atlı askerine tahsis etmesi zorunluydu.

Macaristan'dan Suriye ve Van'a kadar uzak bölgelerde, köylerde yerleşmiş bu askerlerin timârlarını, intikalleri, her türlü değişikliği devamlı gözetim gereği, zaman zaman yoklama ve kontrolü gerektirirdi. Bu kontrol tahrîr sonucu düzenlenen *icmâl* defterleriyle sağlanır, zamanla meydana çıkan değişiklikler *derdest* ve *tevcih* defterleriyle izlenirdi.

Bu istatistik listeleri sayesinde merkezdeki bürokrat, bir sancakta hangi köyde çeşitli statüde ne kadar nüfus bulunduğu, köylülerden hangilerinin ne kadar toprağı olduğu (*çift, nîm-çift, topraklı bennak*), hangilerinin topraksız olduğu (*mücerred, caba*), ürettiği ürün miktarı ve fiyatını kısa bir zamanda bulur, belirler ve gereken kararı alırdı. Başka bir deyişle, tahrîr sayımları sonucu sancak, kaza, nahiye idare birimlerine göre meydana getirilen listeler (*defter-i hâkânî*ler), merkeziyetçi bürokratik idarenin zarurî ve son derece etkin bir aracını oluştururdu. Bu uzun ayrıntılı listeler yapılırken, belli modeller, kısaltma, referans siglaları geliştirilmiş, karmaşık bir kayıt (*book-keeping*) sistemi uygulanmıştır. Özetle, tahrîr ve *defter-i hâkânî* sistemi, belli bir idare sistemini uygulamada, doğru ve kapsamlı verilere gereksinimi karşılayan özgün bir istatistik ve *book-keeping* sistemidir.

Defter-i Hâkânî Emînî Müezzin-zâde Ali,[2] 16. yüzyıl sonunda bu tahrîr ve defter sisteminde baş gösteren ihmal ve kargaşanın, nasıl bütün imparatorluk idare sisteminin çöküşüne yol açtığını haklı olarak vurgulamıştır. Osmanlı Arşivi'nde *defter-i hâkânî*lerden bize kadar gelmiş en eskisi, 835/1431 tarihli Arvanid (Arnavud) Sanca-

---

1 Bkz. Halil İnalcık, "Timâr", *Encyclopedia of Islam*, second edition, X, s. 502.

2 *Kavânîn-i Âl-i Osmân der Hülâsa-i Mezâmîn-i Defter-i Dîvan*, İstanbul, 1280/1864. Timâr listeleri ve kânûnlarını veren bu önemli eserin yeni bilimsel bir yayınına gereksinim vardır.

ğı icmâl defteri tarafımızdan yayınlandı.[3] Bir timâr icmâl defteri olan bu defter, Osmanlı bürokrasisinde bu tarihe doğru tahrîr-istatistik metotlarının kesin biçimde uygulanmakta olduğunu kanıtlamıştır. II. Murad ve Fâtih Sultan Mehmed dönemlerine ait başka defterler de tespit olunmuştur.[4] Arvanid Defteri'ndeki göndermelerden anlaşıldığına göre, Osmanlı tahrîr sistemi Yıldırım Bâyezid (1389-1402) dönemine kadar izlenebilir. *Anonim Tevârih-i Âl-i Osmân*'da Yıldırım Bâyezid'in devlet politikasına karşı eleştiriler arasında şu satırları okuyoruz: Ulemâdan Çandarlı Halil Paşa[5] ve Karamanlı Rüstem "Osmanlı beyleri yanına vardılar, dürlü dürlü hileyle âlemi doldurdular, andan ilerü hesâb defter bilmezlerdi". Buna göre, İran-Selçuklu devletinde uygulanan bürokratik metotların, bu arada defter usullerinin daha Orhan zamanında başladığı iddia edilmektedir.

Özetle, Orta Doğu medeniyetini devam ettiren ve geliştiren Osmanlı İmparatorluğu'nun istatistik metotları ve verileri, istatistik tarihi bakımından çok zengin bir malzeme birikimini temsil eder. Bu malzemenin korunduğu devlet arşivimiz, *Hazîne-i Evrâk*, devlet yapısı itibariyle batılılaşmanın başladığı Tanzimat devrinde, 1846 tarihinde kuruldu. Bundan önce istatistik niteliği taşıyan defterler, çeşitli vekâletlerin, Bâb-i Âlî, Mâliye, Defter-i Hâkânî, Evkâf vb. devlet dairelerinde saklanmaktaydı.[6] Bu nezâretlerde günlük muamelâta konu olmayan belge koleksiyonları, 1846'da Hazîne-i Evrâk'ta toplandı. Günümüzde Başbakanlık Osmanlı Arşivi'nde, kaba bir hesapla bir buçuk milyon belge bulunduğu tahmin olunmuştur. Burada, özellikle istatistik verileri kapsayan belge dizileri arasında, defter-i hâkânîler üzerinde duracağız.

1. Tahrîr veya Tapu Defterleri (Defter-i Hâkânî Serisi), Osmanlı Arşivi (İstanbul) ve Tapu Kadastro Genel Müdürlüğü'nde (Anka-

---

3 Halil İnalcık, *Hicri 835 Tarihli Sûret-i Defter-i Sancak-i Arvanid*, Ankara, 1954.

4 Bkz. İnalcık, *Sûret-i Defter-i Arvanid*, Giriş, XI-XII, orada gösterilen Arnavutluk'a ait defterlerden başka İstanbul Osmanlı Arşivi ve Sofya Milli Kütüphanesi Osmanlı Belgeler Koleksiyonu'nda II. Murad ve Fâtih dönemlerine ait defterler mevcuttur.

5 Giese yayını, Breslau, 1922, s. 30.

6 Osmanlı arşivleri üzerinde bkz. *Başbakanlık Osmanlı Arşivi Rehberi*, Ankara, 1992 ve *Başbakanlık Osmanlı Arşivi Katalogları Rehberi*, Ankara, 1995.

ra) saklanmaktadır. Bir yer fetih olunduğu zaman, sultan bir *emîn* ve *kâtip*ten oluşan bir komisyon göndererek o ülkeyi "tahrîr" ederdi. Tahrîr emînine pâdişah tarafından verilen yetki berâtında, tahrîrin nasıl yapılacağı, yani veri toplama yolları ayrıntılı biçimde anlatılırdı.[7] Demografik veriler, yerleşim biçimleri, tarım ürünleri, fiyatlar ve bu gibi veriler kaydedilirdi.

Osmanlı arşiv koleksiyonları arasında kuşkusuz en zengin istatistik bilgileri *mufassal defter-i hâkânî*lerde bulmaktayız. Ö.L. Barkan'ın 1936'larda başladığı çığır açan araştırmalarından sonra, Türk ve yabancı araştırmacıların bu defterler üzerinde çalışmaları yoğun bir biçimde devam etmektedir. Yabancılar arasında, vaktiyle memleketleri Osmanlı ülkesinin bir parçasını oluşturmuş bulunan Bosnalı ve Macar araştırmacılar, bu defterlerin kapsamlı istatistik önemini ilk kez takdir eden ve sistemli biçimde defter yayınlarına başlayan bilim adamlarıdır.

Türkiye'de 1947'de Türk Tarih Kurumu'nda Tahrîr Defterleri serisinde defter-i hâkânîleri sistemli biçimde yayınlamak için bir komite kurulmuştu (üyeler: Ö.L. Barkan, T. Gökbilgin, T. Halasi-Kun, R. Anhegger, Ş. Altundağ ve H. İnalcık). Bu seride Arvanid Defteri'nden sonra Ö.L. Barkan ve B. Yediyıldız defterler yayımladılar. On beşinci yüzyıl mufassal tahrîr defterlerinde "esâmi" (köylerdeki nüfusun kişi adları) yazıldığı gibi köylerin hangi timâra dâhil olduğu da çoğu zaman kayıtlıdır. Yani, mufassal ve icmâl defter verileri bir arada verilmiştir. II. Murad ve Fâtih dönemleri defterleri küçük boydadır (boyutları 11x29 santim). II. Bâyezid'den bu yana, özellikle Celâlzâde Mustafa'nın nişancılık yıllarında, ayrı mufassal ve icmâl defterleri yapılmış; defterler, boyutları ve içeriği bakımından gelişmiştir.

Bütün imparatorluğu kapsayan genel tahrîrler, Selânik fethi (1430), İstanbul fethi (1453), Budin fethi (1526) gibi büyük fetih ve olaylar ardından yapılırdı. Otuz yılda bir, yani her kuşakta yeni tahrîr yapıldığı kuralı her zaman doğru görünmemektedir. Tahrîr, bir bölgede nüfus ve gelirde önemli bir artış veya küçülme aşikâr

---

7 İnalcık, *Sûret-i Defter-i Arvanid*, s. 19-20.

bir hâl aldığı zaman bunu tespit amacını güttüğünden zaman zaman bir sancakta ara tahrîrler yapılırdı (eldeki tahrîr defterlerine göre sayımlar hangi sancakta hangi tarihlerde yapılmıştır, bkz. *Osmanlı Arşivi Rehberi*, s. 189-221). Osmanlı Arşivi'nde 1094 defter (1302-1883 yıllarını kapsar) bulunmaktadır. Tapu Kadastro Genel Müdürlüğü Kuyûd-i Kadîme Koleksiyonu'nda ise 2320 defter mevcuttur. Bu son koleksiyondaki defterler arasında Kıbrıs'ın tahrîrine ait 1572 tarihli mufassal defter, mükemmel bir örnektir.[8] Fâtih döneminde Anadolu ve Rumeli'ne ait 80'in üzerinde mufassal ve icmâl defteri meslektaşlarım Prof. E. Radushev ve Dr. U. Altuğ ile birlikte Türk Tarih Kurumu ile işbirliği halinde yayınlamaya başladık.[9] Fâtih dönemine ait *Kadı Sicil Defterleri* Bursa Arkeoloji Müzesi'nde bulunmaktadır.

Fâtih Dönemine Ait Tahrîr Defterleri

Tespit edilen defterlerin büyük bir kısmı Osmanlı Arşivi'ndedir. Bir kısım defter ise Taksim Belediyesi Atatürk Kitaplığı, Muallim Cevdet Yazmaları Koleksiyonu'nda, diğer bir kısmı Topkapı Sarayı Arşivi'nde ve bir kısmı da Bulgaristan Milli Kütüphanesi Oriental Şubesi Osmanlı Arşivi'nde bulunmaktadır. Ankara Tapu Kadastro Müdürlüğü Kuyûd-ı Kadîme Arşivi'nde bu döneme ait deftere rastlanmamıştır.

Birinci Saltanat Dönemine (1444-1446) Ait Defterler[10]

MM 525, 1445 tarihli Timurhisarı ve Köprülü İcmâl Defteri, İstanbul Osmanlı Arşivi.

---

8 Bkz. *Başbakanlık Osmanlı Arşivi Rehberi*, s. 189-220; H. Lowry, "The Ottoman Liva Kanunnâmesi Contained in the Defter-i Hakani", *Osmanlı Araştırmaları*, II (1981), s. 43-47.

9 Bu işbirliğinin ilk sonucu için bkz. (yay. haz.) H. İnalcık, E. Radushev, U. Altuğ, *1445 Tarihli Paşa Livası İcmâl Defteri*, Ankara, 2013.

10 *Kısaltmalar:* D: Defter, F: Fon, KK: Kâmil Kepeci Tasnifi, MAD/MM: Mâliyeden Müdevver Defter, MCO/MC: Muallim Cevdet Yazmaları, OAK: Oryantal Arşiv Koleksiyonu, Sofya, VD: Vidin Arşiv Fonu, Sofya.

MM 250, 1445 tarihli Kastorya İcmâl Defteri, İstanbul Osmanlı Arşivi.
MM 303, 1445 tarihli Kırçova ve Pirlepe Defteri, İstanbul Osmanlı Arşivi.
D 707, 1445 tarihli Sofya Defteri, Bulgaristan Milli Kütüphanesi.
OAK 52/59, 1445 tarihli Visoka Defteri, Bulgaristan Milli Kütüphanesi.
OAK 45/30, 1445 tarihli Selânik ve Avrethisarı Defteri, Bulgaristan Milli Kütüphanesi.
MC 117/5, 1445 tarihli Alacahisar ve Toblice Defteri, İstanbul Belediye Kütüphanesi.

İkinci Saltanat Dönemine (1451-1481) Ait Defterler

Atatürk Kitaplığı, Muallim Cevdet Yazmaları Koleksiyonu'nda Bulunan Defterler

MC 36, Alacahisar Voynuk Defteri, 1454-1455.
MC 40-17, Gelibolu Sancağı Timâr Defteri, 1474.
MC 60, Rumeli Bâzdâran Defteri, II. Mehmed dönemi.
MC 72, Kütahya Müsellemi Mufassal Tahrîr Defteri, 1470.
MC 76, Bosna, Hersek, Alâiye, Manavgat, Andugi ve Ürgüb Vakıf ve Timârlar, 1466.
MC 79, Gelibolu Esâmi Defteri, 1464-1465.
MC 81, Ünye ve Karakuş Kale Mülâzımlarının Timâr Defteri, 1456-1457.
MC 85, Ünye ve Havalisi Mufassal Tahrîr Defteri, 1455-1456.
MC 89, Doğu Trakya Mücmel Tahrîr Defteri, 1455-56.
MC 92, Niksar Hasılat Defteri, 1454-1455.
MC 93, Kütahya, Aydın, Bolu, Teke, Karahisar, Tire, Birgi, İzmir Kazalarının Müslüman Hıristiyan Nüfus Defteri, 1457-1474.
MC 111, Vidin Mücmel Tahrîr Defteri, 1454-1455.
MC 116/6, Aydın Mufassal Tahrîr Defteri, 1478-1483.
MC 117-01, Mufassal Vakıf ve Timâr Defteri, II. Mehmed Dönemi.

İstanbul Osmanlı Arşivi'nde Mâliyeden Müdevver Fonunda Bulunan Defterler

MM 1, Vidin Mücmel Tahrîr Defteri, 1483.
MM 4, Karahisar-i Sahib Sancağı Piyade Defteri, 1454-1455.
MM 5, Braniçeva Mufassal Tahrîr Defteri, 1467-1468.
MM 9, Ankara Mufassal Tahrîr Defteri, 1462-1463.
MM 10, Teselya Mufassal Tahrîr Defteri, 1454-1455.
MM 12, Üsküp, Vılk, Yelec İzveçan Mufassal Tahrîr Defteri, 1454-1455
MM 13, Bursa, Balıkesir, Biga, Söğüd ve Havalileri Yaya Defteri, Fâtih Dönemi
MM 14, Teke Mufassal Tahrîr Defteri, 1464-1465.
MM 16, Vulçitrin Mücmel Defteri, 1477-1478.
MM 18, Vidin Mücmel Tahrîr Defteri, 1466-1467.
MM 35, Doğu Balkanlar Mufassal Tahrîr Defteri, 1467.
MM 66, Teselya Mücmel Tahrîr Defteri, 1466-1467.
MM 176, Anadolu ve Rumeli İltizam Kayıt Defteri, 1468-1480.
MM 232, Aydın Mufassal Tahrîr Defteri, 1470.
MM 241, Karaman (Beyşehir, Ilgın, Zengicek, İnsuyu ve Akşehir) Mufassal Tahrîr Defteri, 1466-1468.
MM 354, Çorum, Karahisar ve İskilip Mufassal Tahrîr Defteri, 1466-1467.
MM 508, Arnavutluk Mufassal Tahrîr Defteri, 1466-1467.
MM 544, Batı Makedonya ve Vılk Sancağı Mücmel Tahrîr Defteri, 1455.
MM 7219, İvranya ve İştib Kale Defteri, 1478.
MM 16014, Rumeli Mufassal Tahrîr Defteri, 1477-1480.
MM 17748, Doğu Makedonya Mufassal Tahrîr Defteri 1479. (Selânik garnizonu timârlarını kapsayan 60 sahifelik bir parça kalmıştır.)

İstanbul Osmanlı Arşivi'nde Tapu Tahrîr Fonunda Bulunan Defterler

TT 1/1, Aydın Mufassal Tahrîr Defteri, 1451-1453.
TT 2, Tokat ve Sivas Mufassal Tahrîr Defteri, 1454-1455.
TT 2, Vulçitrin (Vılk Vilâyeti) Mufassal Defteri, 1454-1455.
TT 3, Doğu Makedonya Mufassal Tahrîr Defteri, 1464-1465.
TT 3/1, Kütahya, İnegöl, Sart, Keleş, Alaşehir ve Kestel Havalisinin Müslüman ve Hıristiyan Nüfus Defteri, 1457-1474.
TT 4, Batı Makedonya Mufassal Tahrîr Defteri, 1476-1477.
TT 5, Hersek Mufassal Tahrîr Defteri, 1478.
TT 5, Vulçitrin, Bihor ve Altın-ili Mücmel Tahrîr Defteri, 1478 öncesi.
TT 7, Doğu Makedonya Mufassal Tahrîr Defteri, 1478-1479.
TT 8, Aydın Mufassal Tahrîr Defteri, 1478-1483.
TT 9, Priştina, Vulçitrin, Morava ve Prizren Mufassal Tahrîr Defteri, II. Mehmed Dönemi
TT 10, Mora Mufassal Tahrîr Defteri, II. Mehmed Dönemi.
TT 11, Vulçitrin Mücmel Tahrîr Defteri, II. Mehmed Dönemi.
TT 12, Gelibolu Tahrîr Defteri, 1464-1465.
TT 13, Canik Mufassal Tahrîr Defteri, 1465-1470.
TT. 14, Teke Müsellemân Defteri, II. Mehmed Dönemi.
TT 15, Rum Mücmel Tahrîr Defteri, II. Mehmed Dönemi.
TT 16, Semendire Mufassal Tahrîr Defteri, 1477.
TT 16, Batı Makedonya Mufassal Tahrîr Defteri, 1475-1481.
TT 814, İsfirlik Mufassal Tahrîr Defteri, 1474-1475.

Kâmil Kepeci Defterleri

KK. 7270, Matbâh-i Âmire Defteri, 1468-1469.

Topkapı Sarayı Müzesi Osmanlı Arşivi'ndeki Defterler

D 2203, Mufassal Timâr, Yaya ve Müsellem Defteri, 1454-1455
D 9524, İstanbul Tahrîr Defteri Parçası, II. Mehmed Dönemi.

Bulgaristan'da Milli Kütüphane'deki Defterler

D. 649, Rumeli İcmâl Defteri, 1478-1479.
F. 1, Arşiv Birimi 14662, Holomic, Arkadya, Kalandaric Sancakları Mufassal Tahrîr Defteri, II. Mehmed Dönemi.
F. 88, Arşiv Birimi 752, Edirne, Fere, Vize, Tekfurdağı, Keşan, Silivri, Pınarhisarı, Dimetoka, Drama, Çirme, Aydos, Filibe, Eskihisar vd. İcmâl Defteri, 1479.
OAK 4/57, Tırnova Mufassal Tahrîr Defteri Parçası, 1479-1481.
OAK 45/29, Niğbolu Timâr İcmâl Defteri, 1479-1482.
OAK 83/34, Yenice, Karasu Mufassal Tahrîr Defteri Parçası, 15. Yüzyıl Ortaları.
OAK 85/20, Sofya Mufassal Defter Parçası, 1454-1455.
OAK 94/73, Sağ Kol Akıncı Defteri Parçası, 1472-1473.
OAK 223/1, Kütahya Mufassal Tahrîr Defteri Parçası, 1477-1479
OAK 265/26, Ilıca, İvraniye, Dubnice, Radomir vd. Mufassal Tahrîr Defteri Parçası, II. Mehmed Dönemi.
OAK 265/27, Vidin, Zagoriye, Timok, Eflâk vd. İcmâl Tahrîr Defteri, 1477
VD 110/10, Vidin, Berkofça, Belogradcik ve Timok Timâr İcmâl Defteri Parçası, 1454-1479.

Sofya Milli Kütüphanesi Osmanlı Arşivi'nde II. Murad ve II. Mehmed Dönemlerine Ait Defterlerden Örnekler

Fotokopi

1. D 707-1444, Sofya
2. Vd 110/10-Fâtih Dönemi, Vidin bölgesi
3. OAK 52/59-Fâtih Dönemi, İznebol, Visoka
4. OAK 45/30-Fâtih Dönemi, Avret hisarı, Selânik

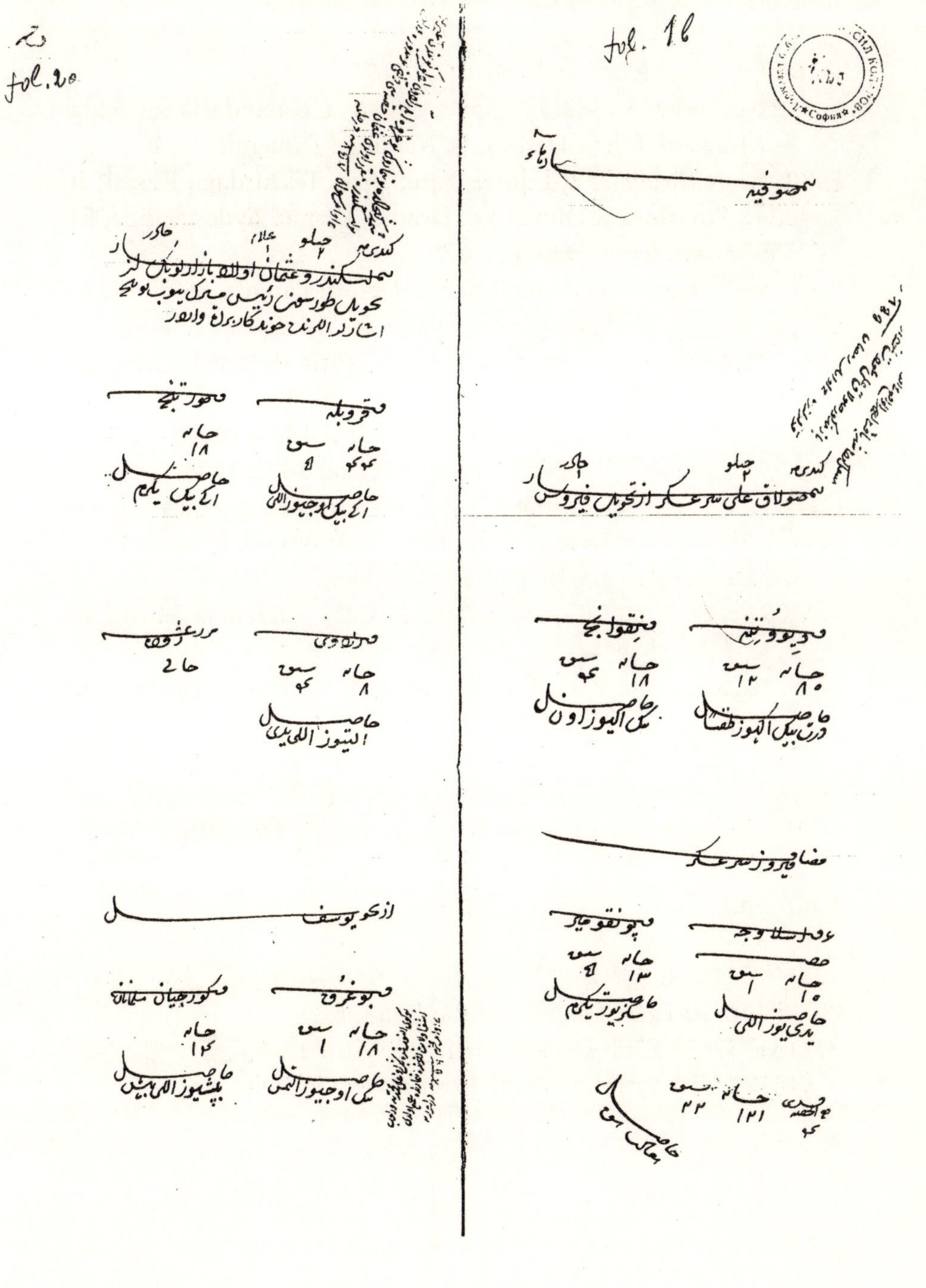
fol. 2a
fol. 1b

fol. 3a

دریا حصار شهر کوی از تحویل طویرلن

قریه اودنجه

حاصل ٢٣

حاصل بیک یوز یگرمی

قریه دوبله توله

مزرعه

حاصل ٨ سوق ١

حاصل بیک ایکیوز التمش

وزرعلو عوجه طوجه

حاصل

قریه بدلیه

حاصل ٤٢

حاصل بیک یوز التمش

قری ٢٧ وزرعه ١ حاصل ١٢١ سوق ١٤

حاصل محالت ...

---

32 fol. 2b

قریه لو سلتانان

حاصل ١٥

حاصل الکیوز التی اوج

قریه بولق سلتانان

حاصل ١٤

حاصل الکیوز التی اوج

قری ٧ وزرعه ١ حاصل ١٢٧ سوق ١٥

حاصل محالت ...

کلیسه حیلو ٢ اعلام ١ احجار ١

نمرغنوس خزینه اوغلانی الندن هوندکار

براتی واردر

قریه چنیجه از تحویل طوکرول

حاصل ٧٢ سوق ١٣ حاصل دورت بیک الکیوز اون ...

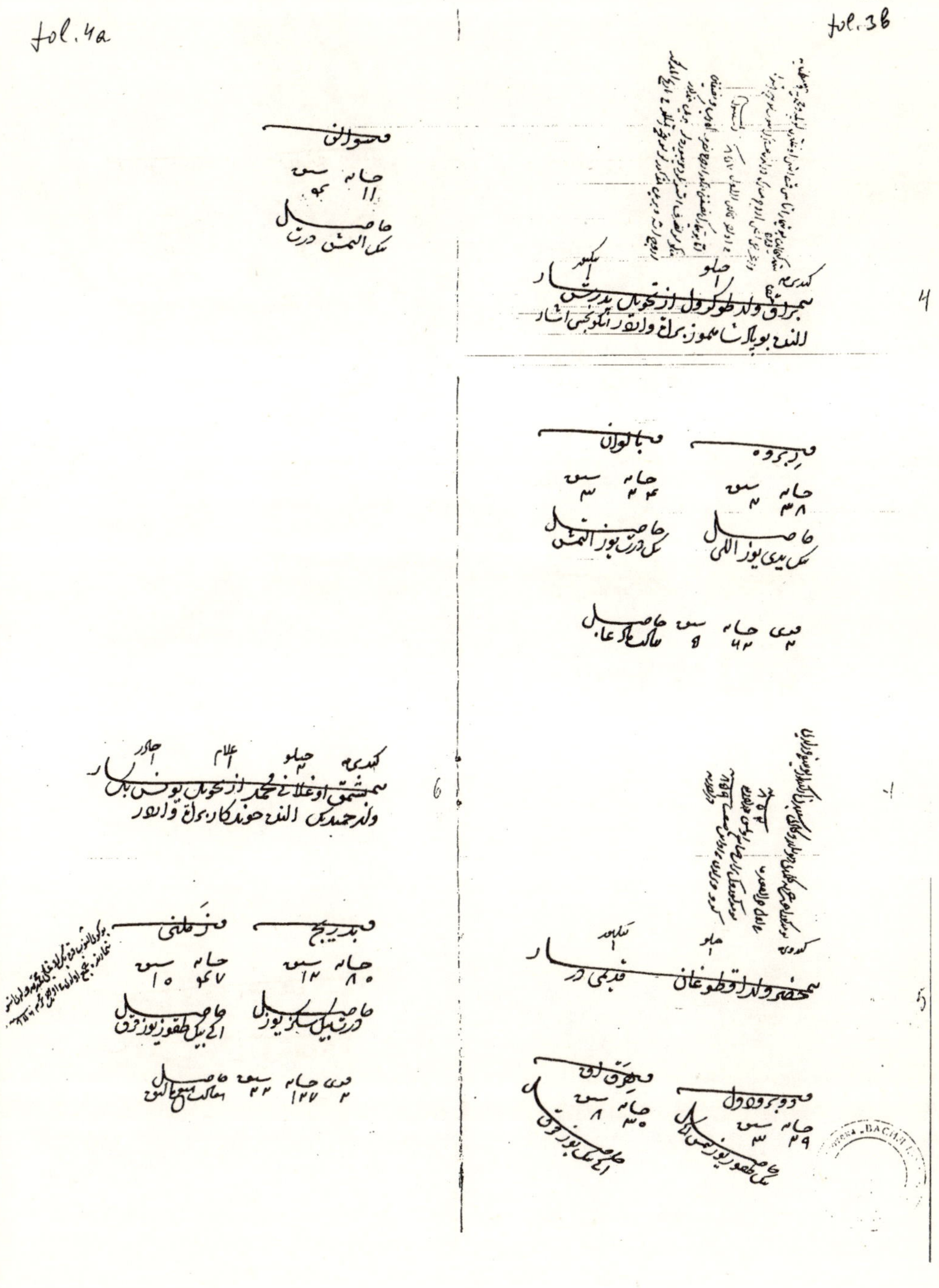
fol. 4a
fol. 3b

fol. 5a

کندره
حیلو ... حاکر
تیمار ایجه اوغلانلر محمدلر کوپال طوغانجی اسحاق
قرانلو و برلو رشن عیسی الله بوپارتا محمود
سلطان محمد برات وارور

8

قزاجه ... والسلام

حانه ۷۰ سعد ۱۰
حانه ۲۴ سعد ۵

حاصل اوج بیك یدی یوز انور
حاصل ایكی بیك سكز یوز ...

فوری ۲ حانه ۱۱۴ سعد ۱۵ حاصل ...

fol. 4b

کندره ... حیلو ... علام ... حاکر
تیمار قرلجه علام میر المهور بقرلجه بازدار ...
تحویل سوله الله خوندکار برات وارور

قرق لو ... بیلیجه
... برسقو

حانه ۳۳ سعد ۸
حانه ۴۱ سعد ۵

حاصل ایكی بیك سكز یوز قرق
حاصل اوج بیك یوز الی ...

فرشیدیه

حانه ۴۱ سعد ۳

حاصل ایكی بیك الی

فوری ۲ حانه ۱۰۴ سعد ۱۶ حاصل ...

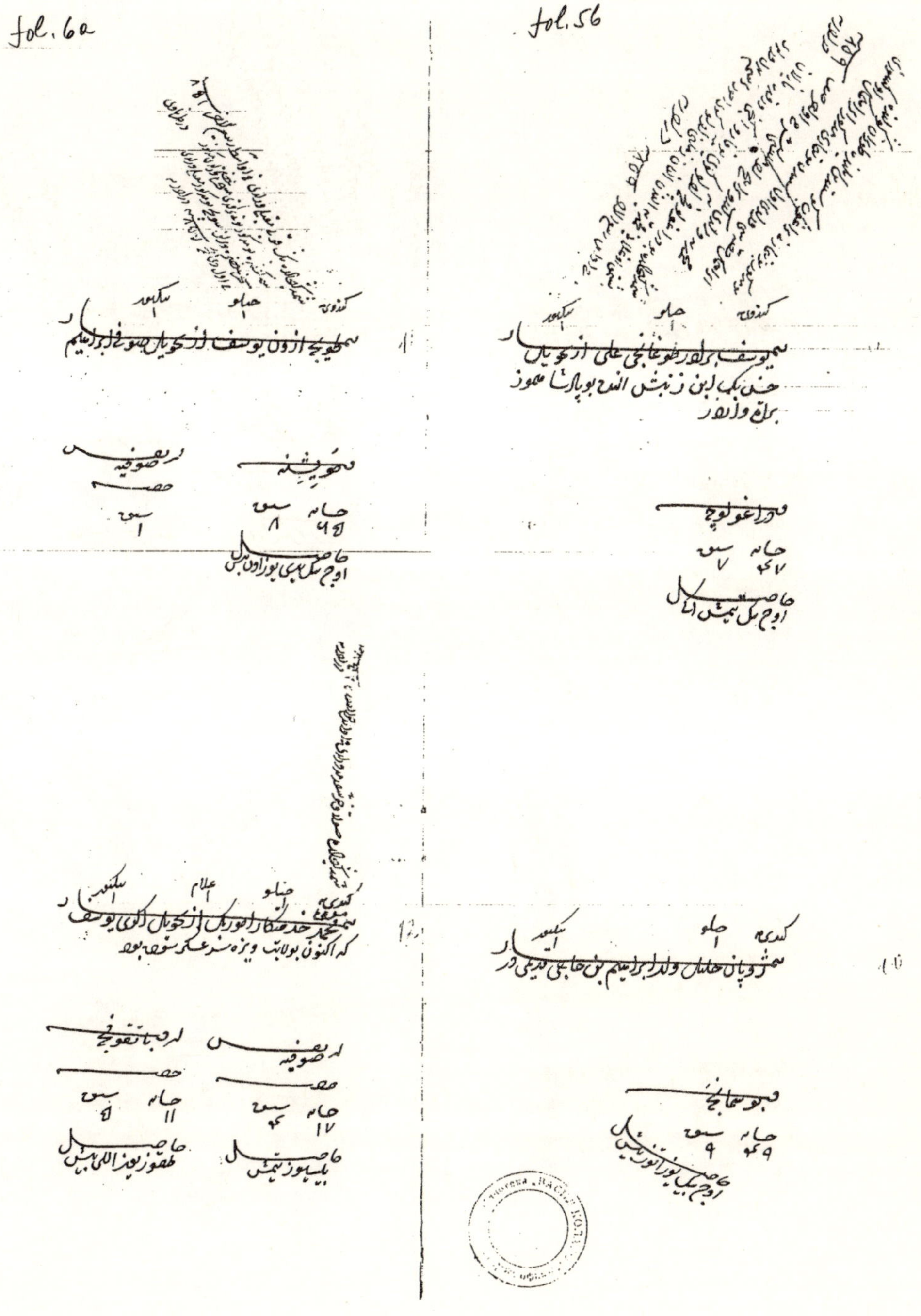
fol. 6a
fol. 5b

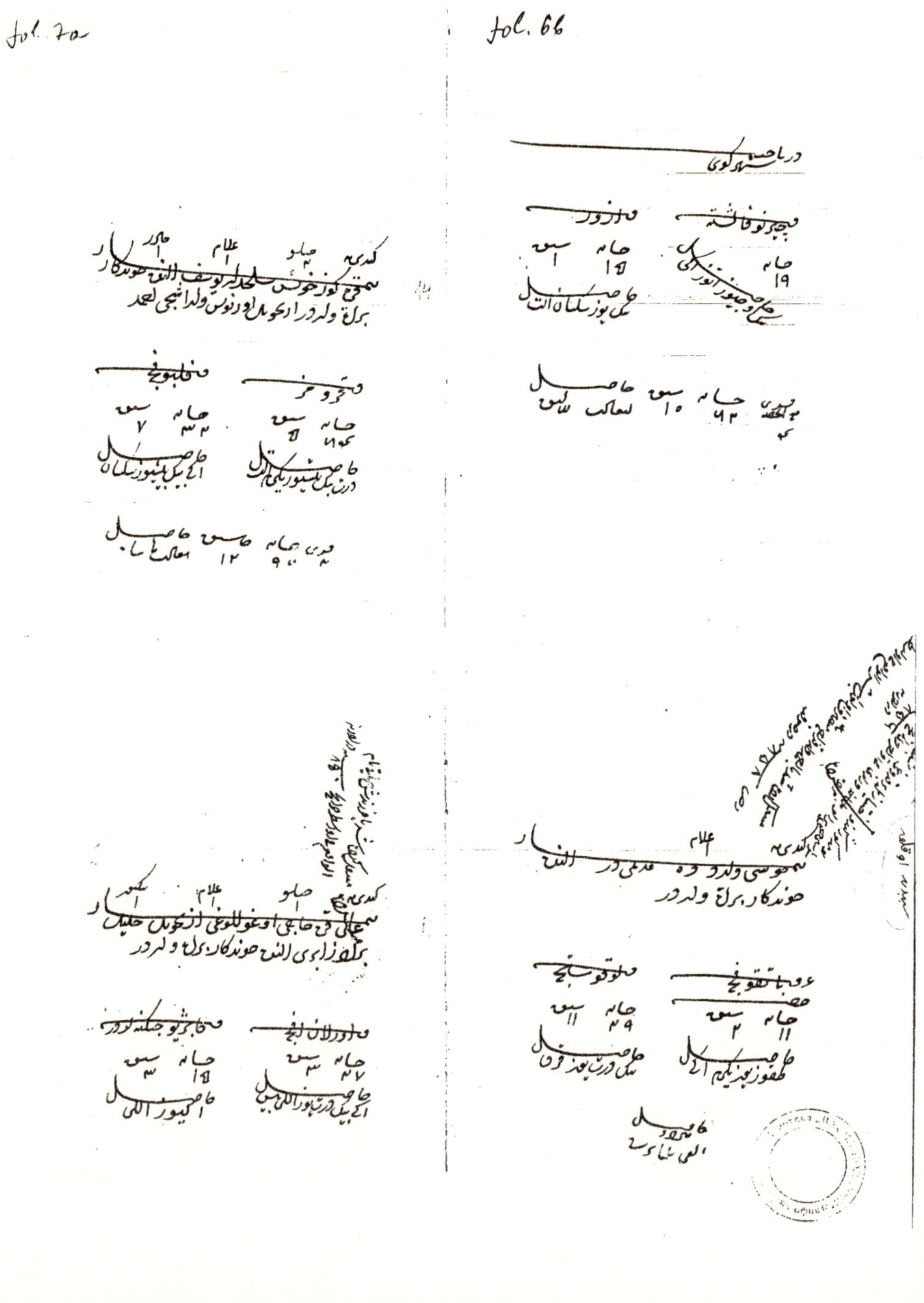
fol. 7a
fol. 66

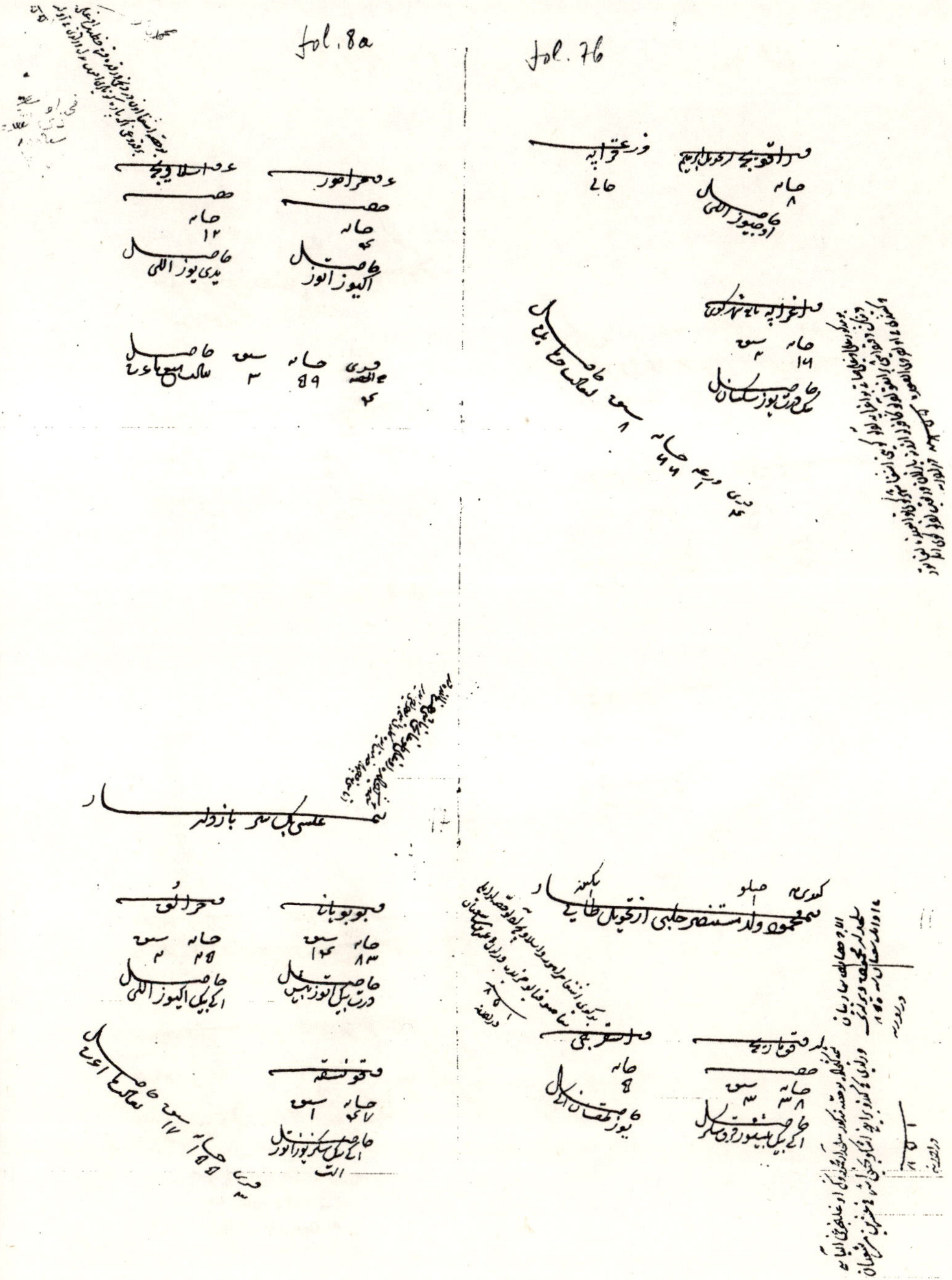
fol. 8a
fol. 7b

fol. 9a

کندسی جبلو علام سکبند

محمد ولد کوسه حاجی قدیمی در

النده خوندکار براتی وارلار

قیرنول — دراونجه

چاه سس

حاصل [illegible]

[illegible]

چاه سس

حاصل [illegible]

fol. 8b

کندسی جبلو علام سکبندار

[illegible] ولد مصطفی ازحویل جراح حمزه

النده خوندکار براتی وارلار

[illegible]

چاه سس

حاصل [illegible]

کندسی جبلو علام سکبندار

[illegible] ولد حاجی بک ازحویل [illegible]

النده خوندکار براتی وارلار

[illegible]

چاه سس

حاصل [illegible]

[illegible]

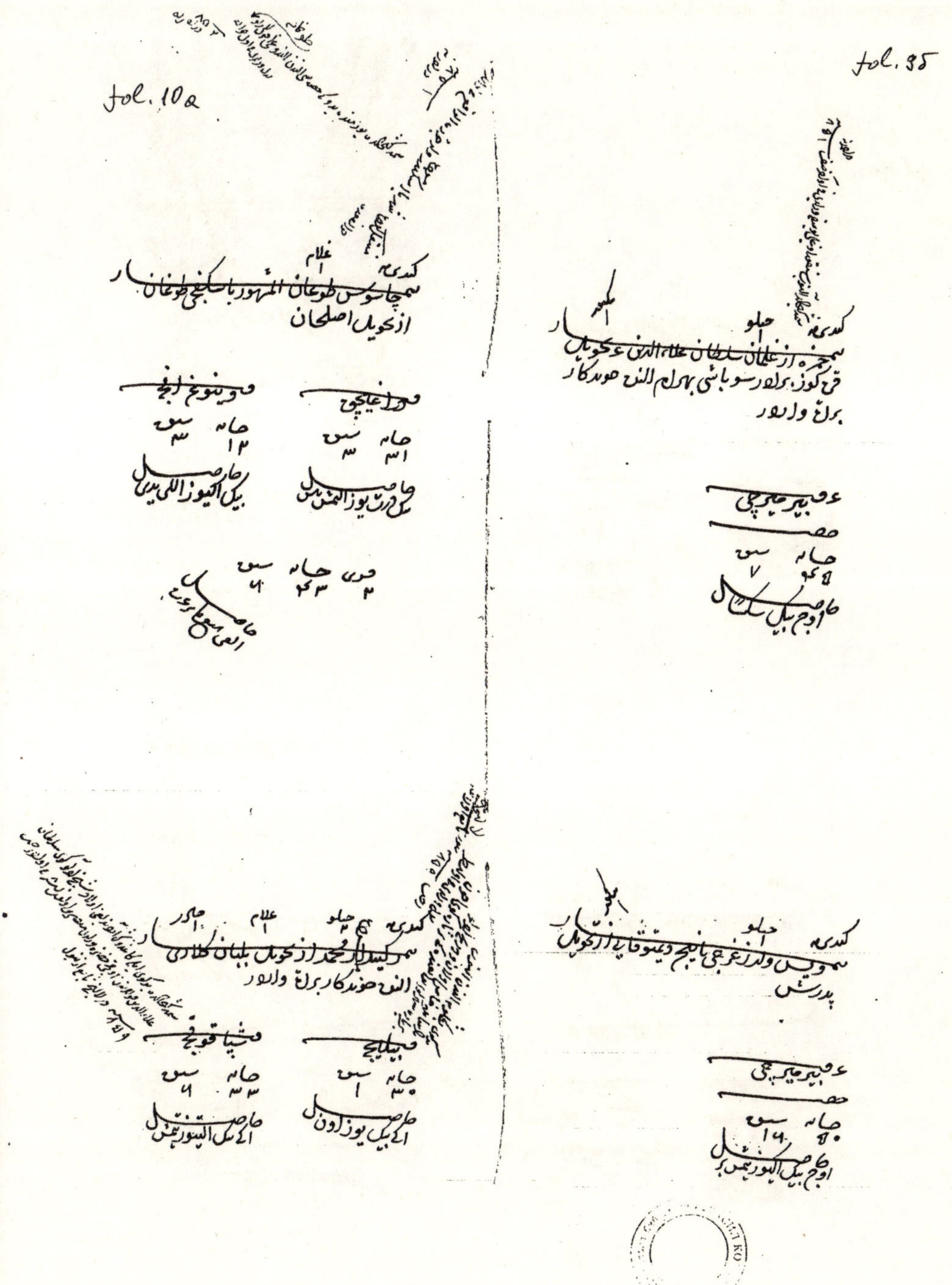
fol. 10a
fol. 35

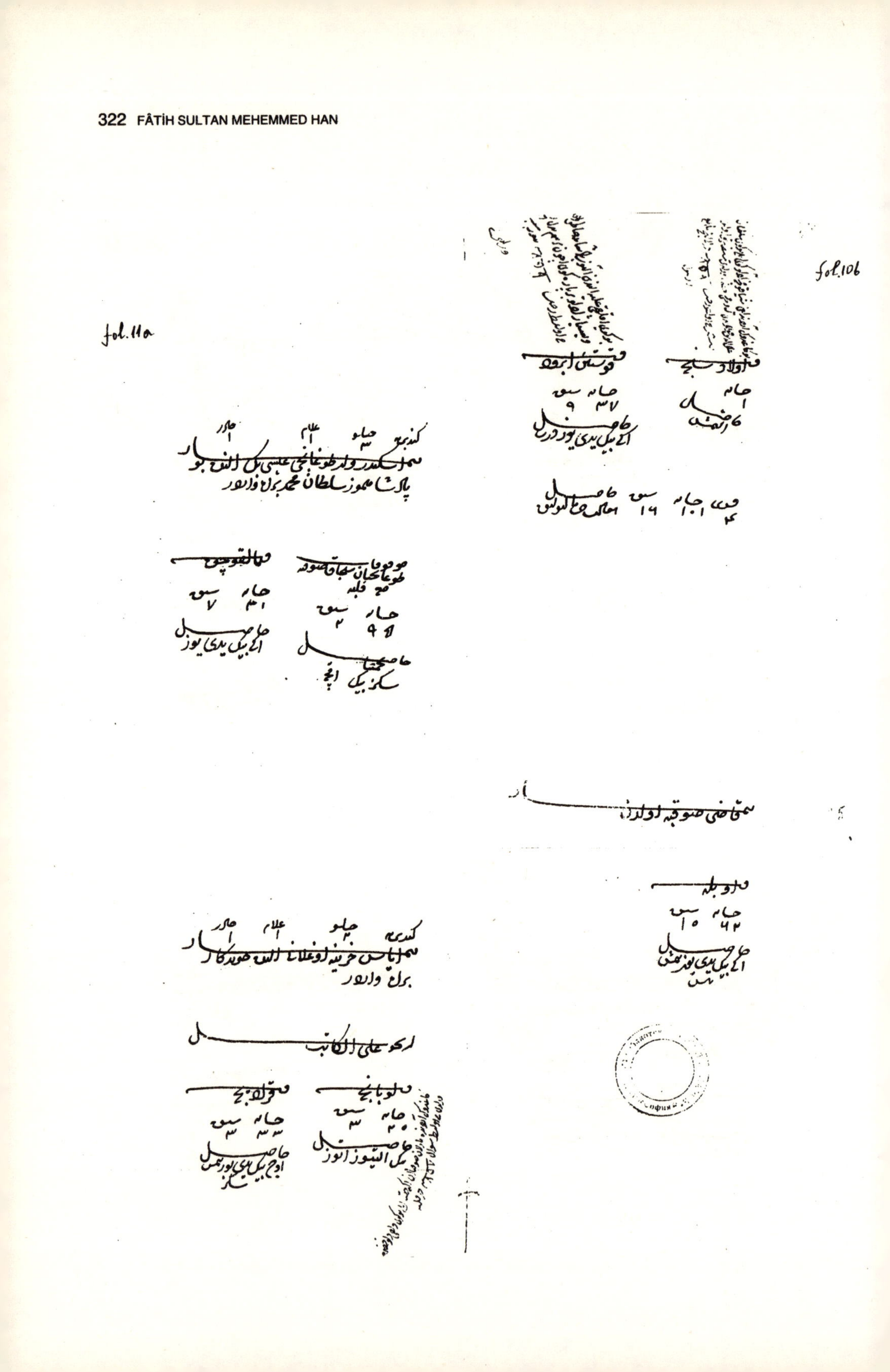

fol. 10b

fol. 11a

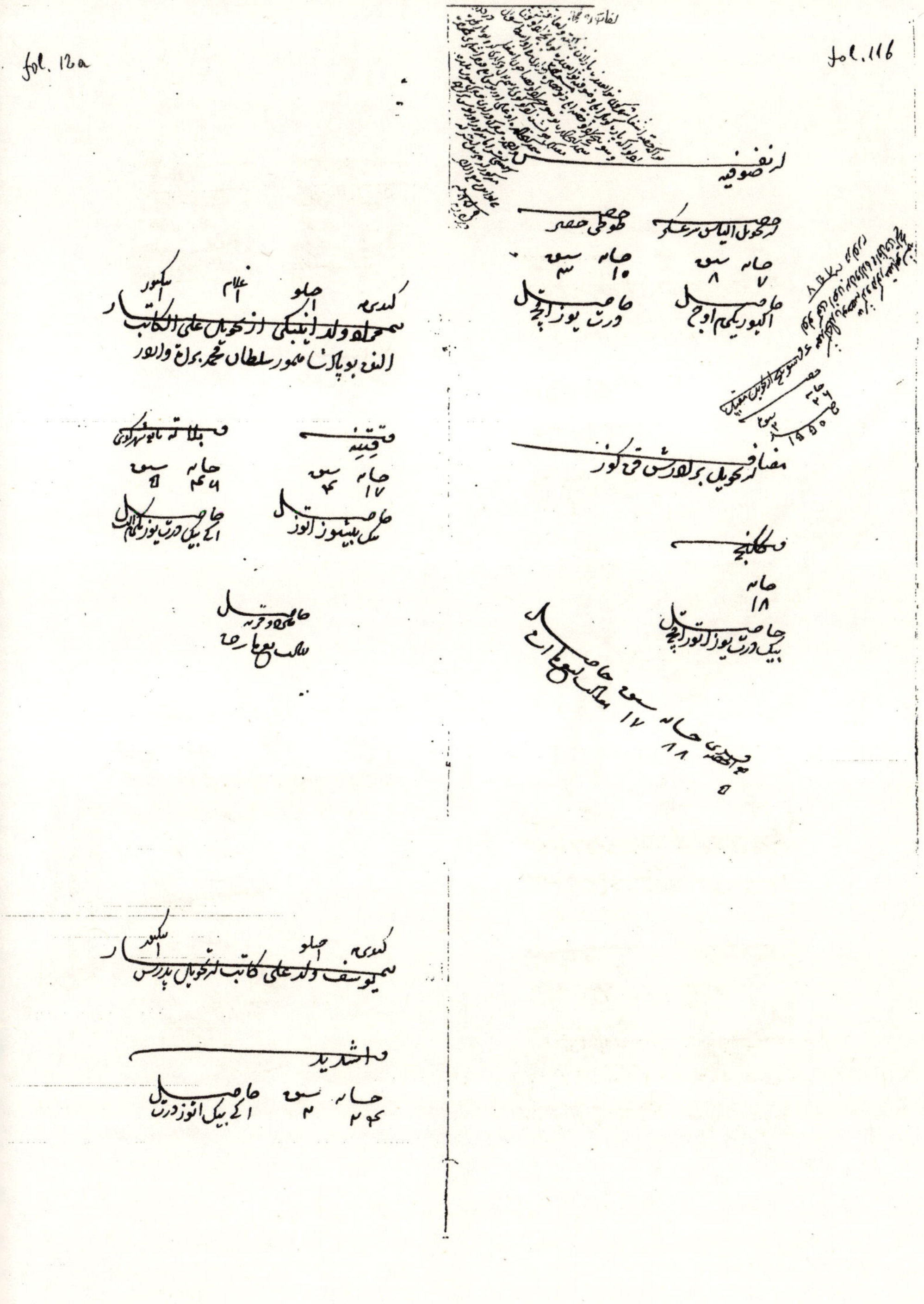
fol. 12a
fol. 11b

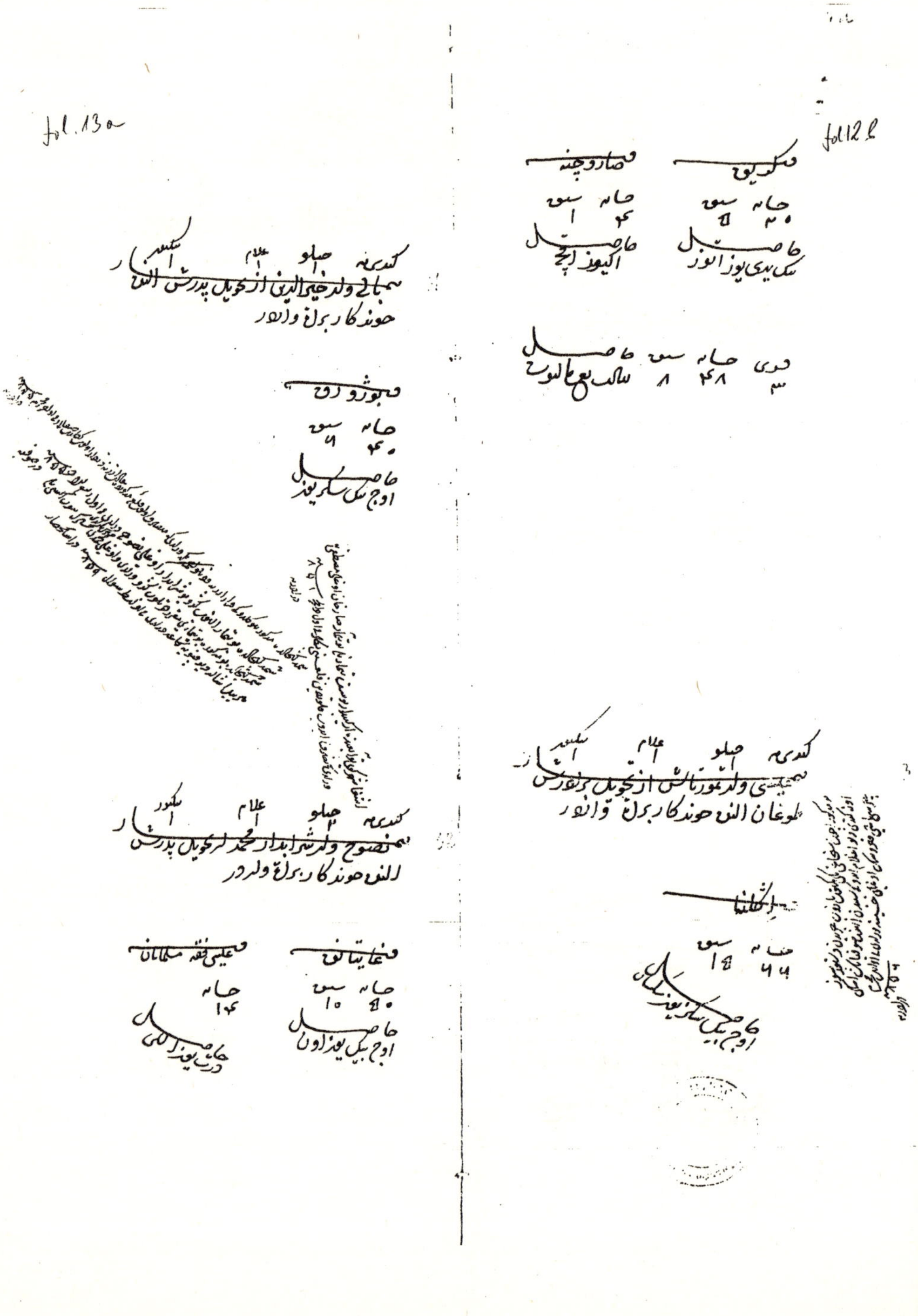
fol. 13a
fol 12b

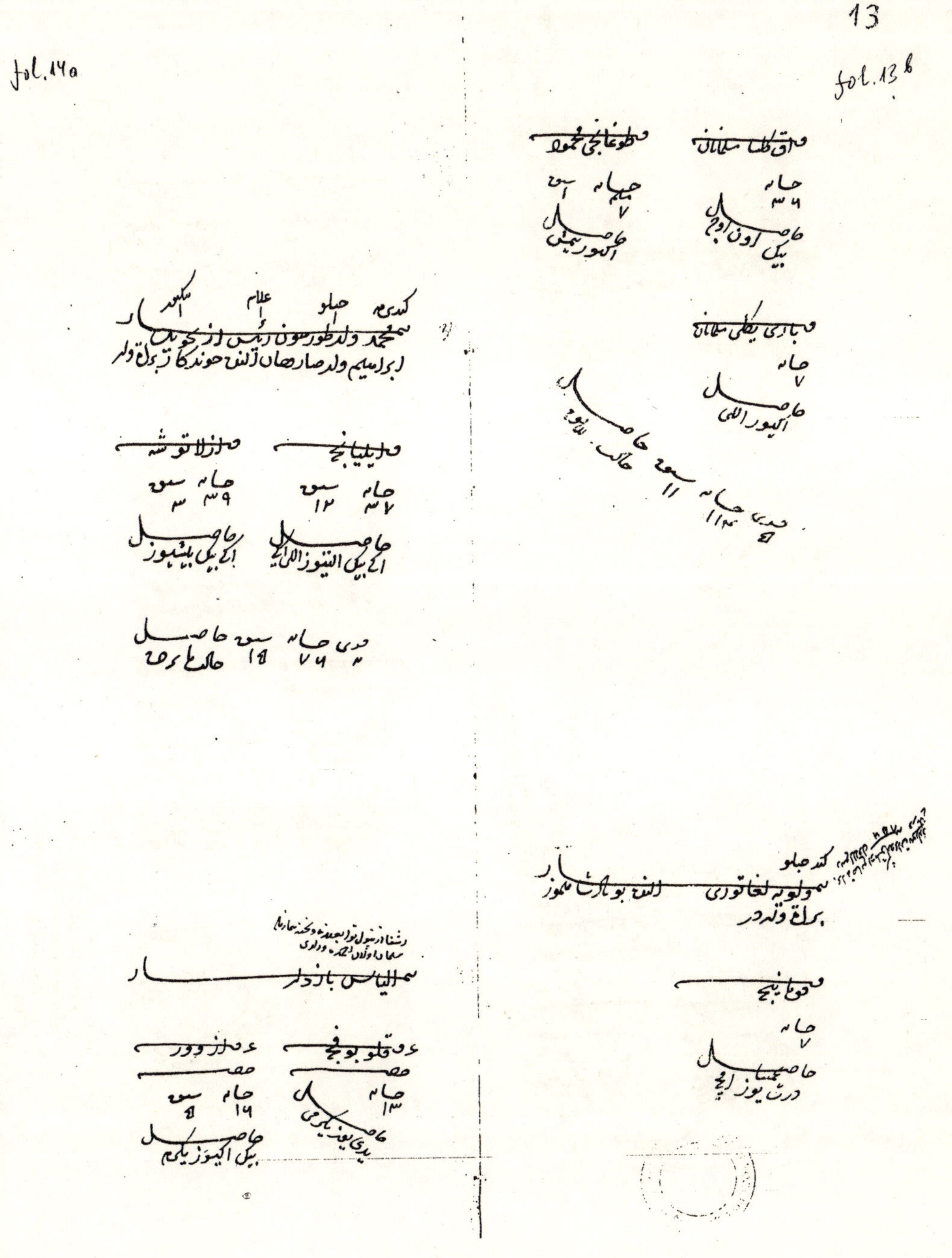
13
fol. 14a
fol. 13b

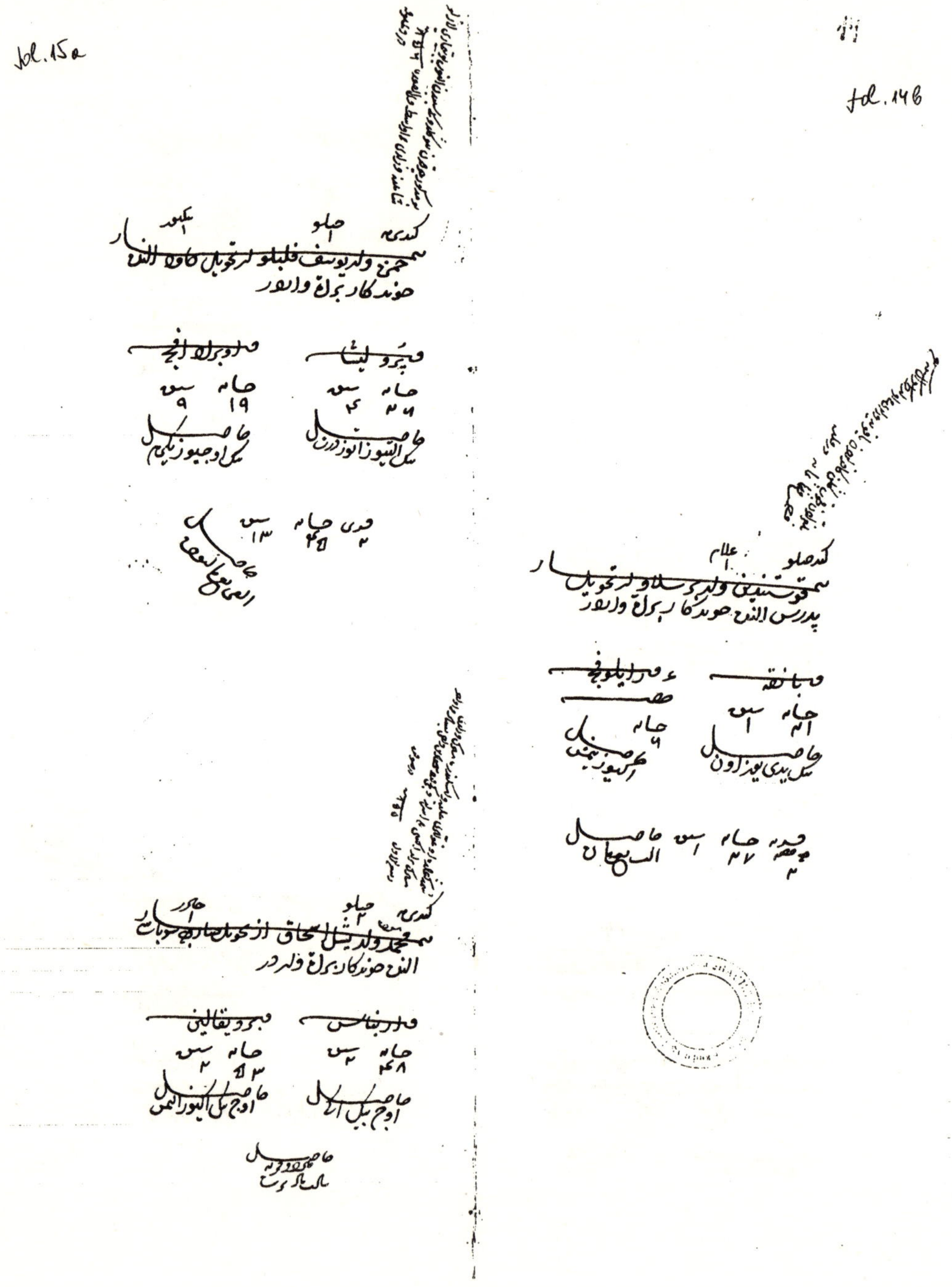
fol. 15a
fol. 14b

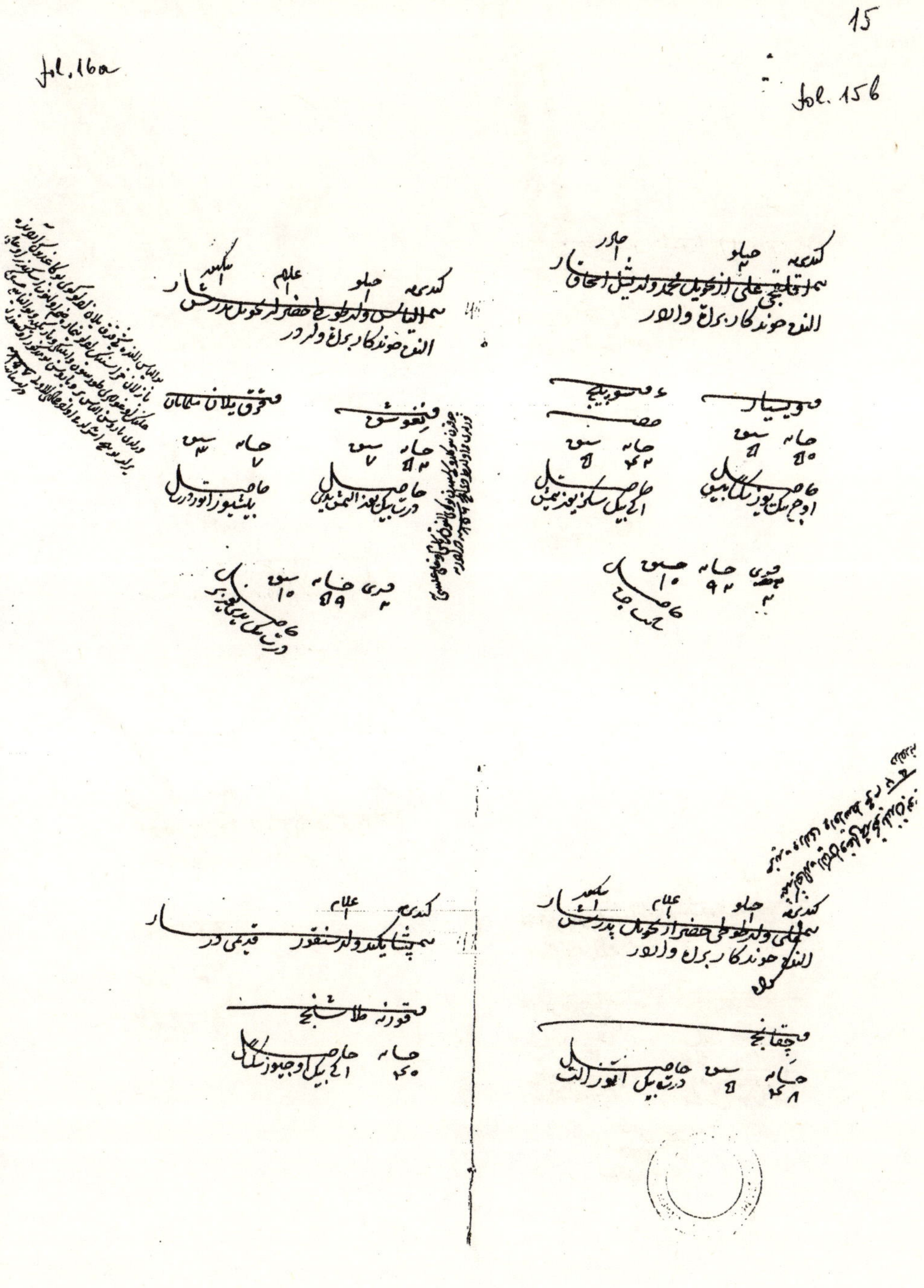

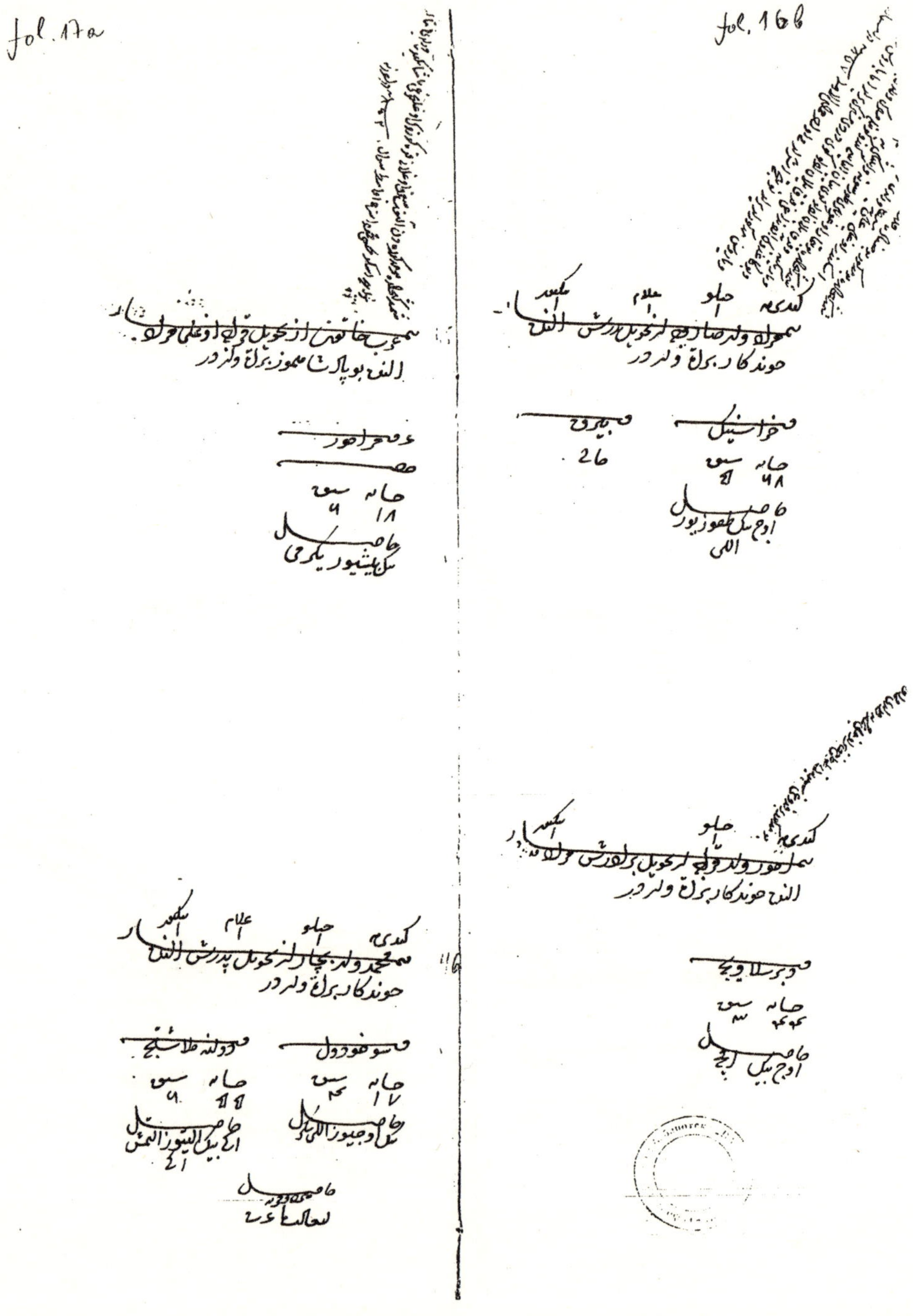
fol. 17a
fol. 16b

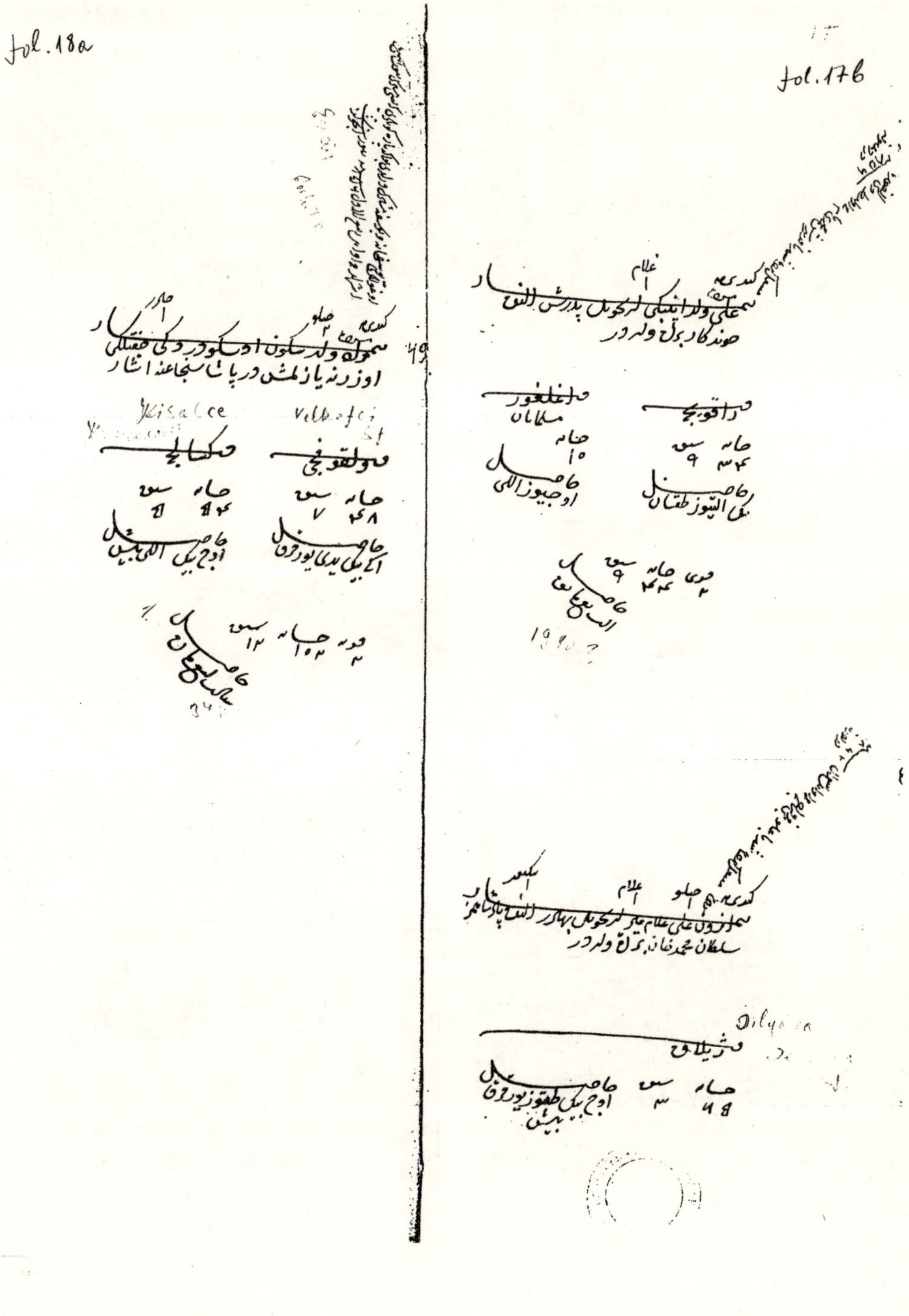
fol. 18a
fol. 17b

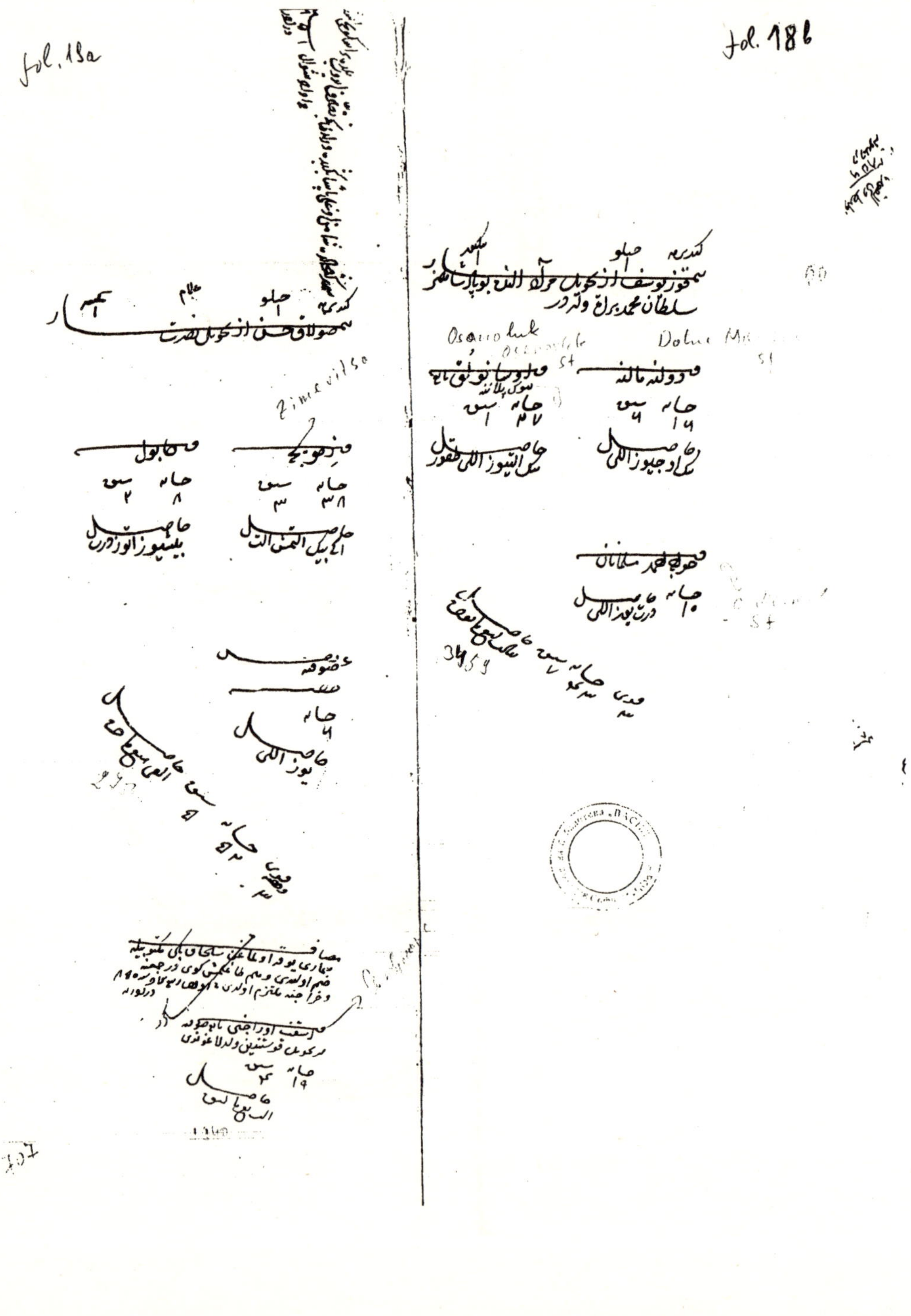
fol. 13a
fol. 18b

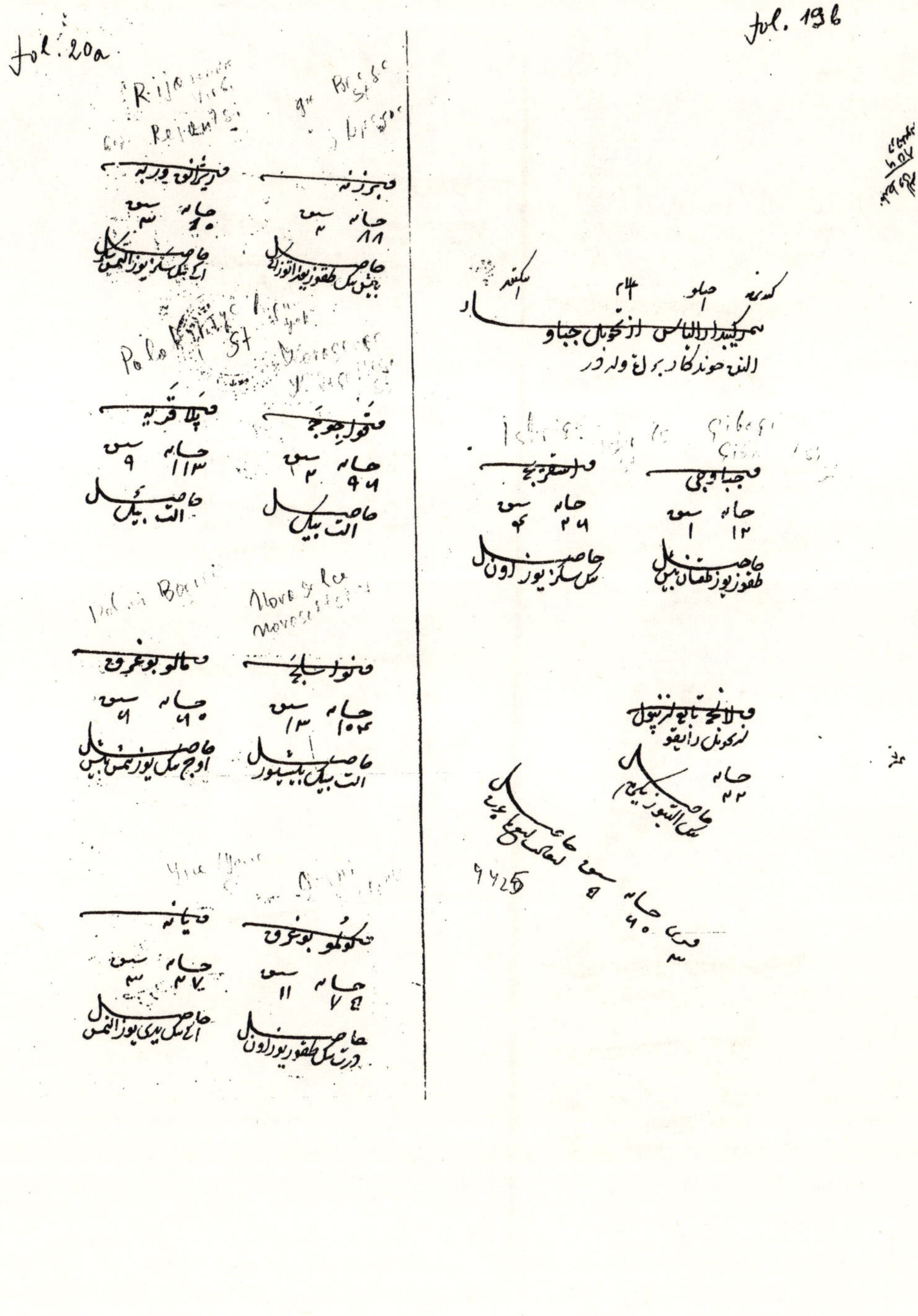
fol. 20a
fol. 19b

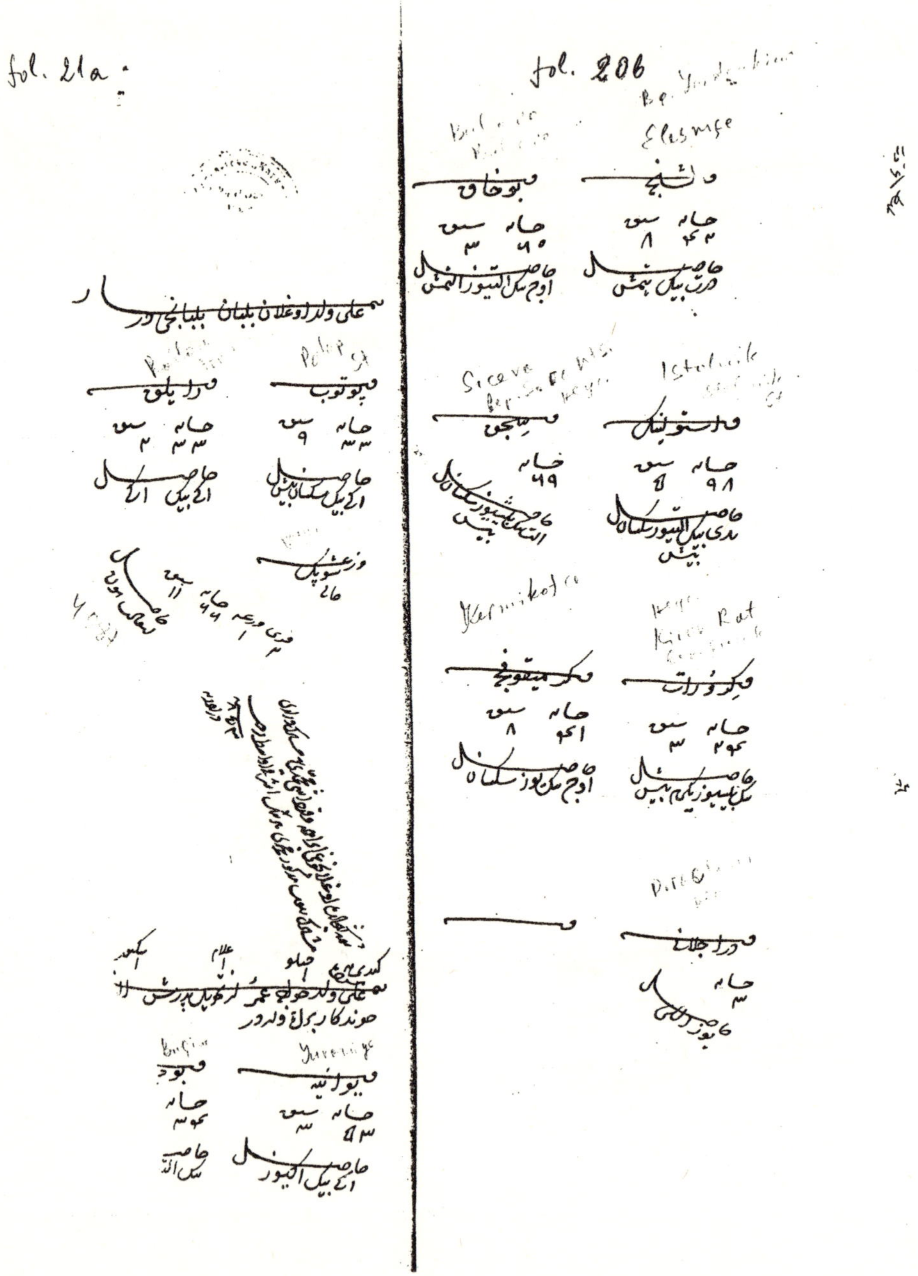
fol. 21a
fol. 20b

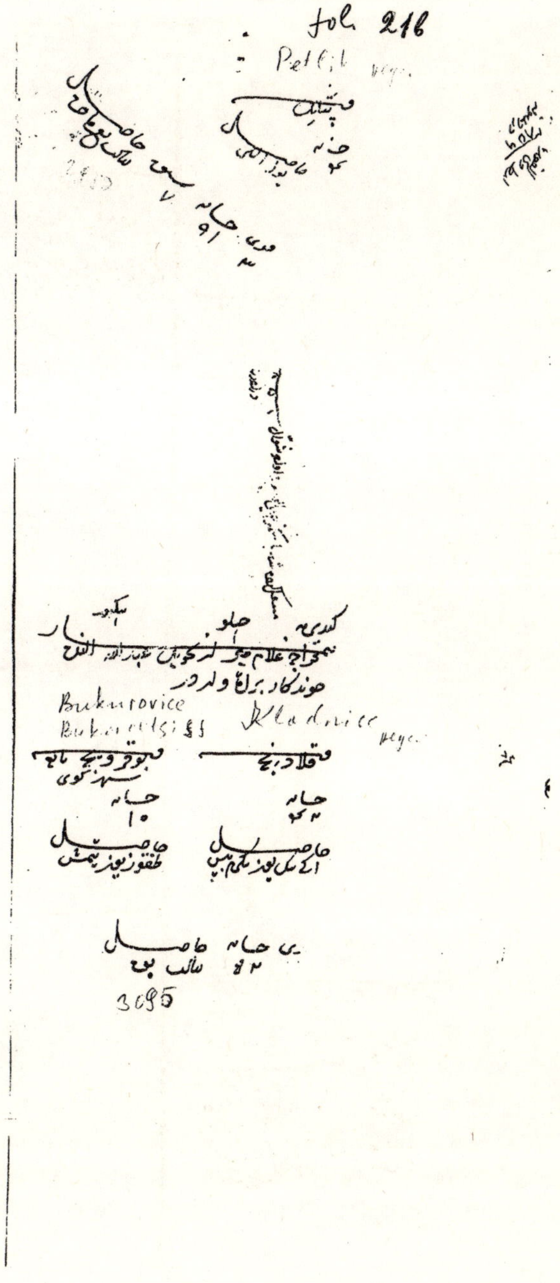
foli 216
Petlik veya
Bukurovice
Bukurovtsi
Kladnice veya
3095

Kânûnnâmeler

Devlet Teşkilât Kânûnnâmesi[1]

Fâtih Sultan Mehmed devrinde devlet teşkilât kânûnnâmesi, Fâtih'in kendi ağzından "devletin temel örgütlerini kapsayan" bir kânûnnâmedir. Bu kânûnnâmeyi Fâtih Sultan Mehmed gözden geçirdikten sonra şu cümle ile tasdik etmiş bulunmaktadır: "Bu kânûnnâme atam ve dedem kânûnudur. Evlâd-ı kirâmım neslen ba'de neslin bununla âmil olalar." Başlangıçta açık olarak kânûnnâme maddelerini Fâtih'ten önceki hükümleri içerdiği ve bundan sonra gelecek sultanların bu kânûnnâmeye göre hareket etmeleri belirtilmiştir. Kânûnnâmenin mahiyeti ve geleceği hakkında Fâtih'in bu sözleri son derece önemlidir. Çünkü kânûnnâmenin gelecek nesiller için de geçerli olduğunu belirtmektedir. A. Özcan'ın dikkat çektiği gibi (s. XXII), kânûnnâmenin aşağı kısmında "şimdiden sonra gelen evlâd-ı kirâmımdan dahî ıslâha sa'y itsünler" ifadesi Fâtih'in kânûnnâmeyi "ıslâha" açık tuttuğunu belirtmektedir.

Bize gelen bu metin Fâtih'in son veziriâzamı Karâmânî Mehmed Paşa zamanında kaleme alınmıştır.[2] Fâtih'in bu tarihe kadar çıkardığı yeni kânûn maddelerinin yer aldığı bellidir.

---

1 A. Özcan, *Kanunnâme-i Âl-i Osmân Tahlil ve Karşılaştırmalı Metin*, İstanbul, 2003.
2 Özcan, *Kanunnâme-i Âl-i Osmân*, s. XIV.

Kânûnnâme-i Âl-i Osmân[3]

Sûret-i hatt-ı humâyûn-i Sultân Mehemmed Hân -enârallâhu burhânehû-

Bu kânûnnâme atam ve dedem kânunudur ve benim dahi kânunumdur. Evlâd-ı kiramım neslen ba'de neslin bununla âmil olalar.

Hamd-i bî-hadd ve senâ-i lâ-yu'add ol Hâlık-i bî-çûn celle ani'r reyb ve'l- menûn dergâhına olsun ki, nizâm u intizâm-ı âlemi ahsen-i tertîb üzere îcâd idüp, ahvâl-i mevcûdatı kânûn-ı hikmet-makrûnu üzere bî-müşîr tedbir [ü] halk eyledi. Ve salavât-ı bî-gâyet ol Server-i kâinât ve Mefhar-i mevcûdât olan Sultânü'l-mürselîn ve Eşrefü'n-nebiyyîn üzerine olsun ki, anın dahi sünnet-i şeriât-i şerîfesi sebeb-i tetîb-i dîn-i met'in [ve] tehzîb-i şer'-i mübîndir.

Ba'de zâlîk, bu evrâk-ı kavâ'id-i Sultanî ve safha-i kavânîn-i Hâkânînin câmi'i olan abd-i hakîr-i kesîrü't-taksir Mehemmed bin Mustafa el ma'rûf bi-Leyszâde et-Tevkî'î, hâlâ Pâdişâh-ı rûy-i zemîn ve Şehinşâh-i sipihr-temkîn, felek-rif'at, hurşîd-menzilet, Sultân-ı selâtîn-i cihân ve Hâkân-ı kâm-rân-ı âlî-şân Fâtih-i bilâdu'r-Rum bi-nasri'llâhi Meliki'l-Kayyûm, nâzır-ı umûr-ı dîn ü devlet ve mu'în-i kavânîn-i kadr u saltanat, sâhibü'l-megâzî, el-meşhûretün fi'l- âfâk, melik-i serîr-i hilâfet bi'l-istihkâk kahrâmân-ı zâmân, sâhibü'l-emn ve'l-emân, es-Sultanü'l-a'zam, halîfetu'llâh fi'l-âlem, es-Sultân ibnü's-Sultân Mehemmed Hân ibnü's-Sultân Murâd Hân ibnü's-Sultân Mehemmed Hân, ebbedallahu devletehû ve saltanatehû hazretlerinün zâmân-ı şerîflerinde bu abd-i hakîr hidmet-i tuğrâ-i garrâda istihdâm olunup, vaktâ ki sa'âdetlü Pâdişâh-ı hurşîd-iştihâr hazretleri teşrif-i serîr-i saltanat itdikde eyyâm-ı saltanatlarında bunca fütûhât-ı azîme müyesser olup, husûsâ hâlâ dârü's-saltanat olan mahrûsa-i uzmâ ve medîne-i kübrâ olup, matmah-ı enzâr-ı selâtîn-i cihân olan mahmiyye-i mer'iyye-i Konstantiniyye feth[i] müyesser oldukda, sâbıkâ ecdâd-ı izâmları zâmâ-

---

3 Bu kânûnnâme ilk defa TOE ilâveler cildinde yayınlaşmıştır. Burada A. Özcan tarafından yeniden yayınlanan metnin kopyası verilmektedir. Yazar tarafından nüsha farkları dipnot olarak gösterilmiştir. *BV*, *Bedâyiü'l-vekâyi*'deki, *TE* ise *Târih-i Osmanî Encümeni Mecmuası*'ndaki metinlere delalet etmektedir.

nında olan kavânîn-i mazbûta defter olunmayup, eksük olan yerlerin dahi kendüleri re'y-i münîr-i velâyet-te'sîrleri ile tekmîl buyurup, Dîvân-ı humâyûnda ebedü'l-âbâd ma'mûlün-bih olmak içün bir kânûnnâme tahrîr olunmak lâzm gelmeğin, bu abd-i hakîr fermân-ı celîlleri üzere nazm u inşâ idüp, herkes müstefîd olmak içün istilâh u ibâretden ferâgat olunup, lisân-ı Pâdişâh-ı gerdûn-vakârdan naklile yazılup ve üç bâb üzere kılındı:

Merâtib-i a'yân u ekâbir beyânındadur.

Selâtîn-i izâma lâzım olan tertîb ü âyîn beyânındadur.

Ahvâl-i cerâyim ve her ehl-i mansıbın âyidleri beyânındadur.[4]

Bâb-ı Evvel

Merâtib-i A'yân ve Ekâbir Beyânındadur[5]

Bilgil ki, evvelâ[6] vüzerâ ve ümerânın vezîria'zam başıdur. Cümlenin ulusudur. Cümle umurun vekîl-i mutlakıdır. Ve mâlımın vekili defterdârımdır[7]. Ve ol nâzırıdır. Ve[8] oturmada ve durmada ve mertebede vezîria'zam cümleden mukaddemdür.

(278a) Ve şeyhülislâm ulemânın reîsidür. Ve mu'allim-i sultân dahi kezâlik serdâr-ı ulemâdır. Vezîria'zam anları üzerine almak ri'âyeten lâzım ve[9] münâsibdür. Ammâ müftî ve hoca sâir vüzerâdan bir niçe tabaka yukarudur ve tasaddur dahi iderler.

Ve bir cem'iyyet-i âlî ve bir mecma'ı- ahâlî olsa ehl-i Dîvân'a âhardan âdem karışmayup[10] evvelâ vüzerâ, anlardan sonra kadı'askerler, andan sonra defterdârlar ve defterdârlardan aşağa[11] yeniçeri ağası ve sâir özengi ağaları[12], mîr-i âlem ve kapucubaşıları[13] ve mîrâhûr oturur.

---

4 Bosnalı Hüseyin Efendi, Leyszâde'ye izâfe edilen bu önsözü hulâsaten eserine dercetmiştir.

5 merâtib-i ... beyânındadur BV: - TE

6 Bilgil ki evvelâ TE. evvelâ ma'lûm ola ki BV.

7 defterdarımdır BV. + ve TE.

8 ve TE: - BV

9 üzerine... ve BV: ri'âyeten üstüne almak TE

10 karışmayup BV: karuşmasun TE

11 ve ... aşağa BV: andan sonra TE

12 sâir ...ağaları TE: - BV

13 kapucubaşıları BV: kapucubaşı TE

Mâl[14] defterdârlarım cümle Âstâne-i sa'âdetimde olan ağalarımdan yukarudurlar ve[15] yukaru otururlar. Ve cümle sancak beğilerinden yukarudur ve yukaru otururlar. Altı kerre yüz bin akçalık beğ[16] dahi olursa anlardan yukaru otururlar ve beğler defterdârların altında otururlar.

Ve ağalardan[17] yeniçeri ağası sâir ağalardan büyüğüdür. Baş yeniçeri ağası, anın altında mîr-i alem, anın altına kapucubaşı, anın altına mîrâhûr. Hâlâ mîrâhûr devlet-i Pâdişâhîde iki olmuşdur. Mîrâhûr-ı sânî[18] altına çakırcıbaşı, anun altına çâşnigîrbaşı, anun altına sipâhi oğlanları ağası, altına silâhdârlar ağası, altına[19] sâir bölük ağaları, anların altına çavuşbaşı, anun altına kapucular kethudası, anun altına cebecibaşı, anun altına topçubaşı oturur.

Ve Dîvân-ı Humâyûnumda[20] sadrda oturmak vüzerânın ve kadı'askerlerin ve defterdârların ve nişâncının[21] yoludur. Evvelâ vüzerâ oturup, bir canibe kadı'askerler, anların altına defterdârlar otururlar. Ve ol bir canibe nişâncı oturur.

Ve nişâncının mertebesi eğer vizâret ve beğlerbeğilik ise defterdârlara tasaddur ider ve[22] sancak ile nişâncı ise defterdârlardan aşağa oturur. Elkâbı defterdârlar elkâbıdır. Mertebesi anlar mertebesidür.

(278b) Ve mâl defterdârım şâhzâde lalalarının üstüne otururlar.

Ve hıl'at ve kışlık ve yazlık ve etmekde[23] vüzerâ ve kadı'askerler ve defterdârlar berâber gibidür.

Ve suffa-i Dîvan-ı âlîde oturmak beğlerbeğilerin yoludur. Ve beğlerbeğiler vüzerâ altına, defterdârlar kadı'askerler[24] altına otururlar. Sancak beğleri taşrada otururlar.

14 mal TE: ve BV
15 yukarudurlar ve BV: -TE
16 akçalık beğ BV: akça, belki TE
17 ağalardan TE: ağalarda BV
18 mîrâhûr-ı sânî BV: mîrâhûr TE
19 sipâhi oğlanları ... silâhdârlar ağası altına BV: -TE
20 humâyûnumda BV: humâyûnda TE
21 nişâncının BV: nişâncıların TE
22 ider; ve TE: iderler. Eğer BV
23 etmekde BV: ekmekde TE
24 kadı askerler TE: kadı'askerin BV

Ve cümle mâl defterdârlarım gerek Âstânemde ve gerek memalik-i mahrûsamda[25] olalar, mertebede, oturmakda[26] ve elkâbda berâberdürler.

Ve beğlerbeğiler vüzerâdan bir tabaka aşağadır ve taht kadılarına tasaddur iderler. Ve Dârussaltanatım kadısından gayrısı defterdârlarımdan aşağa otururlar.

Ve[27] bizzât rikâb-ı humâyûnuma sâhib-i arz olanlar vüzerâm ve[28] kadı'askerlerim ve defterdârlarımdır. Ve iç halkından kapu ağası ve odabaşı ve hazînedarbaşı ve kilercibaşı ve Saray-ı âmiremin ağası sâhib-i arzdır. Amma kapu ağası olan ihtiyar[29] başdır. Ekseriya odabaşı ve kapu ağası arz itmek gerekdür. Ve nâme ile arz itmek götürü beğlerbeğilerin ve ümerânın ve kuzâtın yollarıdır[30]. Bizzat arz itmek mertebesi âlîdür.

Ve beğlerbeğilik dört kimesnenin yoludur. Mâl defterdârlarımın[31] ve beğlik ile nişâncı olanların[32] ve beş yüz akça kadıların ve dört yüz bin akçaya varmış sancak beğlerinin[33] yoludur. Ve sancak beğleri cümle[34] ağaların üzerine[35] otururlar.

Ve nişâncılık Dâhil ve Sahn müderrislerinin yoludur. Ve mâl defterdârlığından nişâncı olsa evvel beğlerbeğilik hükmü ile olur ve reisü'l-küttâb nişâncı olsa sancak hükmü ile olur.

Ve mâl defterdârları[36] sancak kabul itse dört yüz elli bin akça ile virilür. Ve yeniçeri ağasına[37] ve sâir özengi ağalarına dört yüz otuz bin akça[38] ile virilür. Ve dört yüz binden eksikli sancak beği

---

25 mahrûsamda TE: mahrûsada BV
26 mertebede, oturmakda BV: mertebe, oturmada TE
27 ve BV: -TE
28 vüzerâm ve BV: -TE
29 ihtiyâr TE:+ ve BV
30 yollarıdır BV: yoludur TE
31 defterdarlarımın BV: defterdârlarının TE
32 olanların BV: olanın TE
33 beğlerinin TE: beğinin BV
34 beğleri cümle BV: beğler götürü TE
35 üzerine BV: üstüne TE
36 defterdârları TE: defterdârı BV
37 ağasına BV: ağası TE
38 akça BV: -TE

beğlerbeği[39] olmaz. Ve Âstânemden[40] dârüssa'âdetim ağaları sancağa çıksa dört yüz bin ile (279a) çıkar.

Ve Dîvân-ı humâyûnumda ta'âmda vezîria'zam ile başdefterdâr ve sâir vüzerâ ile defterdârlar ve nişâncı yir[41]; ve kadı'askerler başka yirler.

Ve mâl defterdârlarının ve beğlik ile nişâncıdan vezir dahi def'aten olmak yoldur ve kânûnumdur.

Vezîria'zam önünden kalkan ta'âm çavuşbaşına yoldaşlariyle virilsün[42] Ve olbir[43] vüzerâ önünden kalkan ta'âm reisü'l-küttâba neferi ile virilsün[44]. Ve kadı'askerler[45] önünden kalkan ta'âm kapucular kethüdasına virilsün.

Ve[46] Çavuşbaşı ve reisü'l-küttâb ve kapucular kethüdâsı hidmetkârdır, D'ıvân'da oturmazlar. Ve ağalardan mîr-i âlem ve kapucubaşı gelmek lâzım gelse, anlar dahi oturmazlar.

Ve bir maslahat içün ma'zûl beğlerbeğiler girse veya ma'zûl beğler[47] girse, ma'zûl beğlerbeğiler vüzerâ altına nişâncı altına ve ma'zûl beğler defterdârlar altına[48] oturalar. Ma'zûl beğlerbeğiler eğer[49] yoliyle mansıblardan gelmiş mâl defterdârlığından[50] veyahud özengi ağalığından[51] olmuş beğlerbeği ise oturalar.

Ve hidmetkârlarına mücevveze geydürmek vüzerânın ve kadı'askerlerin ve defterdârların yoludur. Ve beğlerbeğiler ve sancak beğiler üsküflü yürütmek gerekdür.

Ve selâm çavuşu vüzerâya ve defterdârlara ta'yin olunmak gerekdür.

---

39 beğlerbeği BV: beğlerbeğiler TE
40 ve Âstânemden BV: Âstânemde TE
41 yir BV: yiyeler TE
42 virilsün BV: yisün TE.
43 olbir BV: ol TE
44 neferi ile virilsün BV: neferleriyle yisün TE
45 kadı'askerler TE: kadı'asker BV
46 ve BV: -TE
47 beğler BV: beğ TE
48 ma'zûl beğlerbeğiler ... defterdârlar altına TE: nişâncı altına ve defterdârlar altına, ma'zûl beğler ve beğlerbeğilerden her kangısı girse vüzerâ altına BV
49 eğer TE:+yeni BV
50 defterdarlığından BV. defterdarlığında TE
51 ağalığından BV: ağalığında TE

Ve tuğra-yı şerîfimi her vezîr[52] çeküp nişâncıya yardım itmek kânûnumdur.

Ve başdefterdâr cümle mâlımın nâzırı olup, umûr-ı âlem ana mufavvazdır. Anın izni olmadın[53] bir akça ne dâhil ve ne hâric-i hazîne ola[54]. Ve anın kadri Rumeli beğlerbeğiliği[55] ile berâberdür. Ve cümle mâlım defterdârları mâlımın vekîlleridir. Kabz u bastı anlara[56] mufavvazdur. Ve cümle küttâbın azl ü nasbı anlara mufavvazdur.

Ve cümle[57] umûr-ı saltanatı veziria'zam sâir vüzerâ ile ve defterdârlarım ile müşâvere ideler. Anlardan gayrı kimesne vâkıf olmaya.

Ve tuğra-yı şerîfim ile ahkâm buyurulmak üç canibe mufavvuzdur:

Umûr-ı âleme müte'allık ahkâm umûma[58] vezîria'zam buyuruldusu ile yazıla. Ve mâlıma müte'allık olan ahkâmı[59] (279b) defterdârlarım buyuruldusu ile yazalar. Ve şer'-i şerîf üzere da'âvî hükmünü[60] kadı'askerlerim buyuruldusu ile yazalar.

Ve baş defterdârım dahi umurunu vezîria'zam ile müşâvere ideler. Umûr-ı mahfiyyeyi vezir-i sânî dahi duymaya.[61]

Ve evlâdımdan vefât idenlerün meytine vüzerâm ve kadı'askerlerim ve defterdârlarım hâzır olalar.

Ve mâl defterdârlarımın başdefterdâr olmak yollarıdır. Ve defterdârlığa üç pâyeden çıkalar[62]: Evvelâ defter emîni ve şehr emîni defterdâr olmak kânûnumdur. Ve[63] üç yüz akça kadı dahi[64] beş yüz

---

52 her vezir BV: vüzerâlar TE
53 izni olmadın BV: emrinsüz olmaz TE
54 hâric-i hazîne ola BV: hâric olur TE
55 beğlerbeğiliği BV: beğlerbeğilerim TE
56 anlara TE: ana BV
57 ve cümle BV: müşavere TE
58 ahkâm umuma BV: ahkâmı TE
59 ahkâmı BV: ahkâm TE
60 da'âvî hükmünü BV: da'vâ hükmün TE
61 mahfiyeyi ... duymaya BV: mahfiyye sânî dönmeye TE
62 pâyeden çıkalar BV: pâyede çıkalar TE
63 ve TE: + büyük BV
64 dahi BV: -TE

akça kadı[65] mertebesindedir. Ve hâlâ üç yüz akça kadı bir kimesne vardır. Üç yüze vardukdan sonra mâl defterdârı olmak kânûnumdur. Ve reisü'l-küttâb dahi[66] ri'âyet olunursa defterdâr olmak kânûnumdur.

Ve merâtibde defter emîni, anun altına şehr emîni, anun altına re'îsülküttâb[67] otururlar.

Ve şehr emîni yüz yirmi akça ulûfeye mutasarrıf olur.

Küttâb merâtibinde[68] reisü'l-küttâb, anun altına yeniçeri kâtibi, anun altına ruznâmeci, anun altına sipâhîler kâtibi, anun altına[69] mukabeleci ve[70] mukata'acı, anun altına tezkireci, anun altına reîs kâtibleri oturur.

Yukaruda mezkûr olan küttâb hâce makamındadur. Anlar Dîvân'a[71] uzun yenli üst kaftanı ile geleler[72]. Reîs kâtibleri neferdür. Ve bu zikr olunan küttâbın azl ü nasbı defterdârlarıma mufavvazdur, anların huddâmıdur.

Ve ulûfeli müteferrika[73] çaşnigîrlerden mukaddemdür. Çâşnigîrlerden sonra tîmâr müteferrikasıdır. Anlardan aşağa çavuşlardır. Çavuşlar ile kâtibler kangısı eski ise ana i'tibâr olunur. Ve çavuş ve kâtib tîmârı serbestdir.

Ve ulûfeli müteferrikalarınun yolu tîmâr defterdârlığıdır. Tîmâr defterdârının yolu defter kethudâlığıdır. Ve Rumeli'nin defter kethüdâsı ri'âyet olundukda mâl defterdârı olmak câizdir.

Ve reîs kâtiblerinin yolu hazîne kâtibi[74], mukata'acı ve muhâsebeci olmak kânûnundur.[75]

Ve Sahn (280a) monlaları makâm-ı mevleviyyetdedür. Anlar cümle sancak beğlerine tasaddur iderler.

---

65 kadı BV: TE
66 dahi BY: - TE
67 reisü'l-küttâb TE: -BV
68 meratibinde TE: meratibine BV
69 sipâhiler ... altına BV: -TE
70 ve BV: - TE
71 Dîvân'a TE: Dîvân'da BV
72 kaftanı ile geleler BV: giyeler TE
73 ulûfeli müteferrika TE: ulûfe müteferrikası BV
74 kâtibi BV: +olup TE
75 olmak kânûnumdur BV: olmakdır TE

Ve[76] Dâhil müderrisi ve Hâric müderrisi dahi makâm-ı mevleviietdedür. Ve Hâric ve Dâhil ve Sahn[77] ellişer akça ile olur. Hâliyâ binâ eyledüğüm medâris-i âliyeye Sahn deyü isim konulmuşdur.

Sahn'dan beş yüz akça[78] kadılığa vusul bulu(nu)r ve Ayasofya medresesinden dahi kezâlik böyle vusul bulunur.

Ve ibtidâ yeni mülâzım yirmi akça medreseye, andan yirmi beş[79], andan otuz, andan[80] otuz beş, andan kırk, andan kırk beş, andan elli akçaya vâsıl olur. Elli akça müderris cümle ağaların üstüne oturur. Sahn'a vardukdan sonra beş yüz akça kadı olup[81], andan kadı'asker olurlar[82].

Dârü's-saltanatım kadısı beğlerbeğiler ile beraberdür.

Ve İç-il'de yirmi akça müderiis kadı olsa, kırk beş akça ile olur. Ve üç yüz akça kadı makâm-ı mevleviyyete karîbdir.[83] Sâir yüz elli akça kadılar defter kethüdâlarının ve alay beğlerinin üstüne otururlar. Ammâ ki[84] iki yüz bin akça sancak dahi olursa altına otururlar. Mansıbı üç yüze varmayınca mâl defterdârlığına müstehıkk olmaz. Ve Dâhil monlalarına dahi mâl defterdârlığı[85] ve nişâncılık virilmek Sahn müderrislerine dahi kânûnumdur.[86]

Vezîria'zam oğulları altmış akça ile müteferrika olalar. Ve sâir vüzerâ oğulları elli akça ile[87] müteferrika olalar. Ve nişâncı oğulları dahi kezâlik[88] kırk beş akça ile[89] müteferrika olalar.[90] Ve beğlerbeği[91] oğulları dahi kırk beş akça müteferrika olalar.

---

76 ve BV: - TE
77 Dâhil ve Sahn BV: Sahn ve Dâhil TE
78 akça BV: +ile TE
79 medreseye ...yirmi beş TE: medreselerinden yirmi beş akça BV
80 andan TE: - BV
81 olup BV: olur TE
82 olurlar BV: olur TE
83 mevleviyyete karîbdir BV: mevleviyyetdedür TE
84 ki BV: - TE
85 mâl defterdârlığı BV: defterdarlık TE
86 kânûnumdur TE: kânûndur BV.
87 ile TE: - BV
88 oğulları dahi kezâlik TE: oğlu BV
89 ile TE: - BV
90 olalar TE: ve sancak beği oğulları otuz bin akça ze'amet ala BV
91 beğlerbeği BV: beğlerbeğiler TE

Ve sancak beği oğulları otuz akça ze'âmet ala.[92]

Ve çavuş oğullarına on bin akça tîmâr virile.[93]

Ve ebnâ-yı mevâlî-i izamdan müftî efendi ve hoca efendi[94] oğulları altmışar akça şehr emîninden ulûfeye mutasarrıf olalar[95]. Ve kadı'asker oğulları kırk beşer[96] akça ulûfeye mutasarrıf olalar. Ve taht kadısı oğulları otuz akça ulûfeye mutasarrıf olalar. Ve şâhzâde hocası oğlu (280b) dahi otuz akça ulûfeye mutasarrıf olalar. Ve Sahn monlası oğulları[97] yirmi akçaya mutasarrıf ola.

Ve yeni mülâzım ze'amet istese yirmi bin akça ze'amet virile[98].

Vezîra'zam altı binden[99] bir eksük tîmârı bilâ-arz virmesi[100] kânûnum olmuşdur.

Ve kadı'askerlerim selâtîne müte'allık olmayan cihâdın iki akçaların bilâ-arz virmeğe[101] me'mûr olsunlar[102].

Ve defterdârlarım hazîne-i âmiremden iki akçayı[103] bilâ-arz virmeğe me'mur olsunlar[104].

Ve etrâfda beğlerbeğiler tîmâr ve ze'âmeti tevcih idüp arz itsünler, arzları makbûl olsun.

Ve yılda bir kerre rikâb-ı hümayunumda defterdârım[105] îrâd ve masrafım okuyalar. Hıl'at fâhireler geydirüle.[106]

Ve elli akça müderris reisü'l-küttâba[107] ve defter eminine tasaddur ider.

Ve defter emîni, şehr emîni bölük ağalarına tasaddur ider.[108]

---

92 ve sancak ... ala BV: - TE
93 virile BV: vireler TE
94 efendi BV: efendinün TE
95 ulûfeye ... olalar TE: ulûfe virile BV
96 Kırk beşer BV: kırk beş TE
97 oğulları TE: oğlu BV
98 ze'amet virile BV: tîmâra emir vireler TE
99 altı binden BV: altıdan TE
100 virmesi TE: virmeleri BV
101 virmeğe BV: virmeği TE
102 olsunlar BV: olsun TE
103 akçayı BV: akça TE
104 olsunlar BV: olsun TE
105 defterdarım BV: defterdarlarım TE
106 fâhireler geydirüle BV: fâhire geysünler TE
107 reisü'l-küttâba TE: reisü'l-küttâb BV
108 ve defter ...tasaddur ider TE: - BV

Ammâ defter emini, pâyede defterdâra karîbdir. Şehr emînine ve reîsülküttâba tasaddur ider.

Ve defterdârlarım mâla[109] hidmet iden kimesnelere yollarına göre çavuşluk ve sipâhilik ve kâtiblik, her kişinin istihkâkına göre[110] arz itmeğe me'mur olsunlar.[111]

Ve sancak ve ze'amet[112] dahi lâzım gelürse arz itsünler.

Ve yeniçeri tâifesine her yıl beşer zirâ lâciverd[113] çuka ve otuz iki akça yaka akçası ve her birine başına sarmağa altışar zirâ[114] astar virsünler. Ve yayabaşılarına beşer zirâ sobraman çukası virsünler[115].

Bu kadar ahvâl-i saltanata nizâm virildi. Şimden sonra gelen evlâd-ı kiramım dahi ıslâha sa'y itsünler.

Bâb-ı Sânî[116]

Umûr-ı Saltanata Müte'allık Tertîb ü[117] Âyîn Beyânındadur

Evvelâ bir Arz Odası yapılsun[118] Cenâb-ı şerîfim pes-i perdede oturup, haftada dört gün vüzerâm ve kadı'askerlerim ve defterdârlarım rikâb-ı hümâyûnuma arza girsünler.

Dîvân'a her gün vüzerâm ve kadı'askerlerim ve defterdârlarım geldükde çavuşbaşı ve kapucular kethüdası önlerine düşüp istikbâl itsünler.

Ve ba'z-ı mesâlih içün benden (281a) taşraya[119] haberi kapu ağası kapucular kethüdasına söylesün[120]. Ve ol dahi vüzerâma ve kadı'askerlerime ve defterdârlarıma söylesünler.

---

109 mâla BV: - TE
110 her ... göre TE: - BV
111 olsunlar BV: olsun TE
112 zeâmet BV: ze'ametlik TE
113 lâciverd BV: - TE
114 otuz iki ... altışar zirâ BV: - TE
115 ve yayabaşılarına ... virsünler BV: - TE
116 bâb-ı sânî BV:TE
117 ü BV: - TE
118 yapılsun TE: yapılup BV
119 taşraya BV: taşra TE
120 söylesün TE: söyleyüp BV

Ve bir Has Oda dahi yapılmışdır. Otuz iki adet Has Oda oğlanı ile içinde biri[121] sîlâhdâr ve biri rikâbdâr ve biri çukadâr ve biri dülbend oğlanı ola[122].

Ve[123] oda oğlanlarının[124] zabtı odabaşına mufavvazdır. Sîlâhdâr dahi acemilere sille çalmağa me'mûrdur.

Ve anlar çıkmak lâzım gelse sîlâhdâr ve rikâbdâr elli akça müteferrika olalar[125] Ri'âyet olunursa[126] bölük ağası ve çâşnigîrbaşı ola. Ve sâir oda oğlanı otuz[127] beşer akça ile çıka[128]. Sîlâhdâr kapucubaşı olmak dahi vâki olmuşdur. Ve hazîne oğlanı on sekizer[129] akça ile ve yirmi akça ile[130] çıka. Kâtibleri yirmi akça ile bölüğe çıka. Ve kilâr oğlanı on altı akça ile çıka.[131]

Ve ta'âmı huzûr-ı âlşânıma[132] kilârcıbaşı koya.

Bağçeye bir[133] bostancıbaşı konulmuştur. Kayığa girildikde bostancılar[134] kürek çeküp ol dümen duta.

Ve bayramlarda meydân-ı Dîvân'a taht kurulup çıkmak emrim olmuşdur.

El öpüldükde vüzerâm ve kadı'askerlerim ve defterdârlarım kafâdârım olup duralar. Ve hocama ve müfti'l- enâma ve[135] vüzerâma ve kadı'askerlerime ve başdefterdârıma ve nişâncıya kendüm kalkmak kânûnumdur. Ve çavuşlar el öpmek kânûnumdur. Ve ehl-i mansıbın hurde ehl-i mansıblarından[136] alay beği el öpmek kânûnumdur. Ve müteferrika ulûfe ile olursa el öpmek kânûnumdur. Ve

---

121 içinde biri TE: biri içinde BV
122 ola TE: - BV
123 ve BV: - TE
124 oğlanlarının BV: oğlanının TE
125 olalar TE: ola BV
126 olunursa BV: olunsa TE
127 otuz beşer BV: otuz beş TE
128 çıka BV: - TE
129 on sekizer BV: on ekiz TE
130 ve yirmi akça ile BV: - TE
131 kâtibleri yirmi .. ile çıka BV: - TE
132 âlîşânıma BV: âlîşâna TE
133 bir BV: - TE
134 bostancılar BV: bostancı TE
135 ve hocama ... enâma ve BV: - TE
136 mansıblarından BV: mansıplardan TE

çâşnigîr el öpmek kânûnumdur.[137] Ve za'îm ve erbâb-ı tîmâr el öpmek lâzım değildir. Za'îm müteferrikası yüz elli bin akça ile[138] ise el öpmek kânûnumdur. Ve altmış akçadan[139] yukaru ve yetmiş akça kadılar el öpmek kânûnumdur. Ve yirmi akça müderris el öpmek kânûnumdur. Ve küttabdan nefer olan reîs kâtibleri ve defterhâne kâtibleri, gerek kâtib oldukda[140] gerek ıydde el öpmek kânûnum değildür.

Ve ehl-i mansıb olan muhâsebeci ve yeniçeri kâtibi ve sipâhîler kâtibi ve ruznâmeci el öpmek kânûnumdur.

(281b) Ve bilcümle Dîvân'a[141] uzun yenli kaftan ile gelenler hâce makâmındadurlar.[142]

Ve[143] Cenâb-ı şerîfim sefer-i zafer- rehbere müteveccih olsa, yanaşmak vüzerâmın ve kadı'askerlerimin ve defterdârlarımın kânûndur. Ma'zûl bağlerbeğileri ve beğleri[144] dahi da'vet edersem yanaşmak kânûnumdur.

Ve kendü develerim[145] ve katırlarımdan altışar katar katır[146] vüzerâma ve[147] beşer katar katır defterdârıma virsünler, zahîrelerin[148] götürmek içün.

Ve canâb-ı şerîfim ile kimesne ta'âm yimek kânûnum değildir. Meğer ki[149] ehl (ü) ıyâlden ola. Ecdâd-ı izâmım vüzerâsıyla yerler imiş. Ben ref' etmişimdir.

Ve sefer-i zafer-rehberim vâki' oldukda rikâb-ı hümâyûnumda solakbaşı ve peykbaşı yürüsün.

Ve bir küçük sanduk ile ceyb harçlığı içün filori götüreler[150].

---

137 ve çaşnigir ... kânûnumdur TE: - BV
138 ile BV: - TE
139 akçadan TE: akça BV
140 oldukda BV: +ve TE
141 Divan'a BV: + varan TE
142 gelenler ... makâmındadurlar BV: geleler. Anlar hâce makâmındadur TE
143 ve BV: - TE
144 beğlerbeğileri ve beğleri BV: beğlerbeğiler ve beğler TE
145 develerim ve katırlarımdan BV: devem ve katırımdan TE
146 katır TE: - BV
147 ve BV: - TE
148 virsünler zahîrelerün BV: virilsün hazînelerin TE
149 ki BV: - TE
150 götüreler BV: getüreler TE

Ve her kimesneye evlâdumdan saltanat müyesser ola, karındaşların nizâm-ı âlem içün katl itmek münâsibdür.[151] Ekser-i ulemâ dahi tecvîz itmişdür. Anunla âmil olalar.

Ve Has Odam[152] oğlanına yılda dört defâ [153]kaftan virilsün. Üzerine[154] çatmadan takye ve pabuç virilsün.

Ve mühr-i şerîfim vezîria'zamda dursun. Hazînem ve defterhânem[155] mühürlenmek[156] ve açılmak lâzım gelse, defterdârlarım huzûrunda açılsun ve[157] kapansun.

Ve hazîneme dâhil ve hâriç olan akça defterdârlarım emri ile dâhil ve hâriç olsun.

Bâb-ı Sâlis[158]

Ahvâl-i Cerâyim ve Ehl-i Mansıba Ta'yîn Olunan Mahsûlâtı ve Elkâbları Beyânındadur.[159]

Evvelâ cerîme kanda[160] gerek mîrî subaşılarına ve gerek ehl-i tîmâr subaşılarına üç bin akça ola. Ve göz çıkmağa bin beş yüz akça ola[161]. Ve kol kırılmağa[162] bin akça ola, ve baş yarığına elli akça ola.

Ve bir kişi bir kişiyi fuhş ile söğse şer' ile ta'zîr olunup, kırk akça cerîme alına.

Ve bir kişi bir kişinin haremine nâzır olsa yirmi akça cerîme alına.

Ve çavuş ve kâtib tîmârı, beğler zincirinden serbestdir, meğer umûr-ı mu'azzama vâki[163] ola.

---

151 münâsibdür TE: münâsib görülüp BV
152 Has Odam BV: odam has TE
153 defa BV: +hıl'at TE
154 üzerine TE: ve BV
155 ve defterhânem TE: - BV
156 mühürlenmek BV: +lâzım gelse TE
157 huzûrunda açılsun ve BV: emriyle huzûrlarında açılup TE
158 bâb-ı sâlis BV: - TE
159 ve elkabları beyânındadur BV: beyân eder TE
160 kanda BV: kânûnda TE
161 ola TE: - BV
162 kırılmağa TE: ufatmağa BV
163 vâki BV: - TE

Ve havâss-ı hümâyûnum kurâsı ve tîmârları[164] beğler zincirinden serbestdir[165].(282a) Götürü defterdârlarıma mahsûsdur. Anların lâzım olan hall ü[166] akdi anlara mufavvazdur.

Ve bana yarar hâs defterdârlarım her kimde bulsalar[167], gerek vüzerâmda ve gerek[168] gayrıda, ellerinden alup yerine benim hâslarımdan bî-hâsıl olanları vireler.

Ve[169] vüzerâm oniki kerre yüz bin akça ile olalar, hâs ol mıkdâr ta'yîn oluna. Ve[170] anlara âyide benim rikab-ı hümâyûnuma her nereden harac ve âdet-i ağnâmdan[171] ve pîşkeş gelürse vüzerâma ve defterdârlarıma dahi hisseleri[172] gelsün.

Ve beğlerbeğiler dahi on kerre yüz bin; on iki kerre yüz bine dahi[173] varsun. Ekalli[174] sekiz kerre yüz bin ile[175] olsun.

Ve defterdârlarıma[176] hâs virilürse[177], altı kerre yüz bin akça virilsün.

Eğer hazîneden sâliyâne virilürse sâliyâne âlîdir. Yüz elli binden iki yüz kırk bine dek virilsün.

Hazînemden vüzerâma sâliyâne virilürse ikiyüz kırk binden üç yüz elli bin akçaya varınca[178] virilsün. Sâir vüzerâma[179] yüz yirmi bin akça virilsün.

Vezîria'zam teka'üd istese, senede yüz elli bin akça virilsün. Ve beğlerbeğiler yüz bin akça ile müteka'id [180] olalar. Başdefterdâr

---

164 timârları BV: tîmârı TE
165 beğler ... serbestdir TE: - BV
166 ü BV: - TE
167 bulsalar BV: bulalar TE
168 gerek TE: - BV
169 ve TE: - BV
170 ve BV: - TE
171 ve âdet-i ağnâmdan BV: - TE
172 hisseleri TE: hissesi BV
173 dahi BV: - TE
174 ekalli BV: evvelâ TE
175 ile BV: - TE
176 defterdârlarıma TE: defterdârlar BV
177 virilürse BV: virilsün TE
178 varınca BV: dek TE
179 vüzerâma BV: vüzerâya TE
180 müteka'id BV: tekâ'üd TE

doksan bin akça ile müteka'id ola[181] ve sâir mâl defterdârı seksen bin akça ile müteka'id[182] olalar. Ve sancak beğleri[183] altmış bin akça ile müteka'id[184] olalar.

Ve kızlarım evlâdından olanlara beğlerbeğilik virilmeyüp[185] ağır sancaklar[186] virilsün.

Ve[187] vüzerâma otluğumdan kifâyet mıkdârı otluk virilüp[188] şehr emininden kifâyet mıkdârı odun bahâları[189] alalar.

Ve defterdârlarımın âyidesi, havâss-ı hümayunumdan gerek iltizâm ve gerek emânet ile ümerâya[190] virilen hâslar kaç yük ise, yük başına bin akça hakk-ı imzâ alalar. Ve mutlaka hazîne-i âmireme akça teslîm olundukda, bin akçadan[191] yirmi[192] akça kesr-i mîzân alalar. Ve defterdârlara hidmet iden küttaba dahi hakk-ı kitâbet alalar. Ve[193] havâss-ı hümâyûnum a'şârından defterdârlarım me'kûlâtına mu'âvenet ideler. Ve cenâb-ı şerîfime her ne yerden pîşkeş gelse vüzerâma ve defterdârlarıma hisse vireler.[194]

(282b) Ve kuzât bir sicilde yedi akça ve hüccetden otuz iki akça ve suret-i sicilden on iki akça ve imzâdan on iki akça alalar. Ve kısmet-i emvâlden binde yirmi akça ve nikâhdan bikr ise otuziki, seyyib[195] ise onbeş akça alalar.

Ve kadı askerlerime[196] hazîneden günde beş yüz akça ve yeniçeri ağasına günde dört yüz elli akça ve mîr-i âleme yüz seksen akça ve mîrâhûra yüz elli akça ve kapucubaşılarına yüz ellişer akça ve bölük ağalarına yüz yirmi beşer akça ve çavuşbaşına altmış akça ve

181 başdefterdâr .. ola BV: - TE
182 müteka'id BV: tekâ'üd TE
183 beğleri BV: beğiler TE
184 müteka'id BV: - TE
185 virilmeyüp BV: virilmesün TE
186 sancaklar BV: sancak TE
187 ve BV: - TE
188 virilüp BV: ve TE
189 bahâları TE: bahâ BV
190 ile ümerâya TE: - BV
191 akçadan TE: akçada BV
192 yirmi BV: yirmi iki TE
193 ve BV: TE
194 ve cenâb-ı ... vireler TE: - BV
195 seyyib BV: akça seyyibe TE
196 ve kadı'askerlerime BV: kadı'askerime TE

kapucular kethüdasına altmış akça ve cebeci ve topçu başına ellişer akça ulûfe virile.

Ve Cümle Elkâb Böyle Yazıla[197]

Vezîria'zama[198]**:** Düstûr-i ekrem müşîr-i efham nizâmü'l-âlem nâzımu manâzımı'l-ümem enîsü'd-devleti'l-kâhire celîsü's-saltanati'z-zâhire müdebbirü umûri'l-cumhûr bi'r-re'yi's-sâib mütemmimü mehâm-mi'l-enâm bi'l-fikri's-sâkıb müessisü bünyâni[199]'d-devleti ve'l-ikbâl muhassısu erkâni's-saltanati[200] ve'l-iclâl el-mahfûfu bi-sunûfi'l-avâtıfı'l-Meliki'l-a'lâ vezîria'zam edâmallahü te'âlâ iclâlehu.

Sâir vüzeraya bir mıkdâr[201] nâkıs[202] yazıla.

Ve **müfti efendiye** ve **hoca efendiye** ve **kadı'askerlere** böyle yazıla: A'lemü'l-ulemâi'l-mütebahhirîn efzalü'l-fuzalâi'l-müteverri'în yenbû'ul-fazl ve'l-yakîn vârisü ulûmi'l-enbiyâ ve'l-mürselîn keşşâfü'l-müşkilâti dîniyye ve sahhûhu müte'allıkâti'l-yakîniyye[203] keşşâfu rümûzi'd-dekâyık hallâlu müşkilâti'l-halâyık[204] şeyhülislâm ve'l-müslimîn mütfi-i enâmi'l-mü'minîn el-müstağnî ani't-tavsîf ve't-tebyîn, hocam mevlânâ ve evlânâ[205] Mehemmed edâmallahü fezâiluhû. Ve[206] hidmet-i fetvâda olan mevlânâ Bedreddîn edâmallâhü te'âlâ fezâiluhû.

Ve **defterdârlarıma** cânib-i Dîvân'dan böyle yazıla: İftihârü'l-ümerâ ve'l-ekâbir muhtârü'l-küberâ ve'l-efâhir müstecmi'ü'l-cemî'ü'l[207]-ma'âlî ve'lf-mefâhir (283a) zü'l-kadri'l-etemmi ve's-sadri'l-ekrem el-muhtassu bi-mezîdi inâyeti'l-Meliki'l-Bârî hızâne-i âmiremin defterdârı ... dâmet ma'âlîhî.

---

197 ve cümle ... yazıla TE: böyle yazıla cümleye elkâb BV
198 vezîria'zama BV: vezîri'azam TE
199 bünyâni BV: cenâbi TE
200 saltanati TE: sa'âdeti BV
201 mıkdâr TE: fıkra BV
202 nâkıs TE: eksük BV
203 yakîniyye BV: ta'ayyüniyye TE
204 halayık BV: hakâyık TE
205 ve evlâna BV: - TE
206 ve TE: - BV
207 cemî'ü'l BV: hazin - TE

Ve **cânib-i mâliyyeden** böyle yazıla: Kıdvetü erbâbi'l-'izzi ve'l-ikbâl umdetü ashâbi'l-kadr ve'l-iclâl câmiu vücûhi'l-emvâl âmirü'l-hazâyin[208] bi-ahseni'l-a'mâl el-muhtassu bi-mezîdi inâyeti'l-Meliki'l-a'lâ hızâne-i âmirem defterdârı ... dâmet ma'âlîhî.

Ve **beğlerbeğilere** böyle yazıla: Emîrü'l-ümerâi'l-kirâm kebîrü'l-küberâi'l-fihâm zü'l-kadri ve'l-ihtirâm sâhibü'l-'izzi ve'l-ihtişâm el-muhtassu bi-mezîdi inâyeti'l-Meliki'l-a'lâ[209] Karaman[210] beğlerbeğisi ... dame ikbâluhu.

Ve **sancak beğlerine** böyle yazıla: Kıdvetü'l-ümerâi'l-kirâm umdetü'l-küberâi'l-fihâm zü'l-kadr ve'l-ihtirâm sâhibü'l-'izzi ve'l-ihtişâm el-muhtassu bi-mezîdi inâyeti'l-Meliki'l-allâm[211] ... sancağı beği dâme izzuhû.[212]

Ve **yeniçeri ağasına** ve sâir **özengi ağalarına** böyle yazıla[213]: İftihârü'l-emâcid ve'l-ekârim câmi'ü'l-mehâmid ve'l-mekârim el-muhtassu bi-mezîdi inayeti Meliki'd-dâim ... dâme mecduhû.[214]

Ve beş[215] yüz akça **taht kadılarına** böyle yazıla: Akzâ kuzâtü'l-müslimîn evlâ vülâtü'l-muvahhidîn ma'denü'l-fazl ve'l-yakîn hüccetü'l-Hakk ale'l-halk ecma'în[216] vârisü ulûmi'l-enbiyâ ve'l-mürselîn[217] el-muhtassu bi-mezîdi inâyeti'l-Meliki'l-Mu'în mevlânâ kadı ... zîdet fezâiluhû.[218]

Sahn ve Dâhil müderrislerine[219]: İftihârü'l ulemâi'l- muhakkıkîn muhtârü'l-fuzalâi'l-müdakkıkîn yenbûü'l- fazl ve'l-yakîn vârisü ulûmi'l-enbiyâ ve'l- mürselîn el-muhtassu bi-mezîdi inâyeti'l-Meliki'l-Mu'în[220] Sahn müderrislerinden mevlânâ ... zîdet fezâiluhû[221] yazıla.[222]

---

208 hazâyin BV: hazîn TE
209 a'lâ BV: allâm TE
210 Karaman TE: - BV
211 sâhibü'l-izzi ... Meliki'l-allâm TE: - BV
212 sancağı beği dâme izzuhû BV: - TE
213 böyle yazıla TE: - BV
214 dâme mecduhû BV: - TE
215 beş BV: ve beşer TE
216 hüccetü'l- .. ecma'în BV: - TE
217 mürselîn BV: +hüccetü'l-Hakk ale'l-halk ecma'în TE
218 mevlânâ kadı, zîdet fezâiluhû BV: - TE
219 ve Dahil müderrislerine BV: monlalarına ve Dahil monlalarına TE
220 Meliki'l-mu'în TE: müderrisîn BV
221 Sahn zîdet fezâilihû BV: - TE
222 yazıla TE: - BV

Ve yüz elli akça **kadılara**[223]: Kıdvetü'l-kuzât ve'l-hükkâm madenü'l-fazl ve'l kelâm[224] mümeyyizü'l-halâl ani'l-harâm mevlânâ ... kadısı zîde fazluhû[225] yazıla.

Anlardan aşağa kadılara[226] bir fıkra eksük yazıla.

Ve[227] **şehr eminine** ve **defter eminine** ve[228] **reisü'l-küttâba** böyle yazıla: İftihârü'l- e'âlî ve'l-e'âzım muhtârü'l-ahâlî ve'l- ekârim el-muhtassu bi-mezîdi inâyeti'l- Meliki'd-dâim ... dâme mecduhû[229] yazıla.

Ve **çavuşlara**[230]. Kıdvetü'l- emâsil ve'l- akrân ... çavuş zîde kadruhû[231] yazıla.

(283b) Ve **kâtiblere**. Kıdvetü erbâbi't-tahrîr ve'l kalem ... zîde kadruhû[232] yazıla.

Ve sâhib-i saltanat olup itâ'at iden[233] **hâkimlere** -ki celîlü'l-kadr olalar-[234] eğer memleketinde[235] sâhib-i sikke ve hutbe ise: Cenâb-ı emâret-me'âb uhuvvet-nisâb rif'at- iktisâb izzet-intisâb milkiyyü'l-fi'âl melekiyyü'l- hısâl el- mahfûfu bi-sunûfi avâtifi'l- Meliki'l-allâm ... hâkimi dâmet ma'âlîhî tahiyyât-ı sâfiyât ve teslîmât-ı vâfiyât -ki mahz-ı inâyet-i pâdişâhîden sâdır olur- mütâla'a kılınduktan sonra ma'lûm ola ki, ve alâmet yazılmayup "siz" diyü hitâb oluna. Aşağasında, bâki ve's-selam[236] yazıla.

Eğer hutbe ve sikke sâhibi olmayup, lâkin vilâyetinin âbâ anced hâkimi ise: Cenâb-ı emâret-me'âb eyâlet-nisâb bi-mezîdi inâyeti'l-Meliki'l-Allâm ... hâkimi dâme uluvvuhû tevkî'-i refî'-i humâyûn vâsıl olıcak ma'lûm ola ki, deyü hitâb olunup, aşağısında

---

223 kadılara TE:+ böyle yazıla BV
224 ve'l hükkâm ... ve'l-kelâm BV: el-İslâm umdetü vülâti'l-enâm TE
225 melâna zîde fazluhû BV: - TE
226 kadılara TE: - BV
227 ve TE: - BV
228 defter emînine ve BV: - TE
229 dâme mecduhû BV: - TE
230 çavuşlara BV: + böyle yazıla TE
231 çavuş zîde kadruhû BV: - TE
232 ve'l-kalem zîde kadruhû BV: - TE
233 iden BV: TE: + celîlü'l- kadr TE
234 ki ... olalar BV: TE
235 memleketinde BV: memleketde TE
236 cenâb-ı emâret-me'âb ... ve's-selâm BV: uhuvvet-me'âb TE

sâirlere yazılduğu gibi, şöyle bilesin alâmet-i şerîfe i'timâd kılasun deyü[237] yazıla.

Ve **oğlum şehzade** edâmallahu emrehûya[238] hüküm yazılmak lâzım gelse böyle yazıla: Ferzend-i ercmend, es'ad ü emced vâris-i mülk-i Süleymânî nûr-ı hadaka-i sultanî tâc-ı ru'ûsü's-selâtîn sâhibü'l-izzi ve't-temkîn mahzu lûtfi'llahi'l-ekrem[239] oğlum Sultân Cem edâmallu bekâhû yazıla.

Ve **monlazâdelere** ve **paşazâdelere**: Kıdvetü'l-mehâdîmi'l- kirâm umdetü'l-mefâhîmi'l[240]-izâm ve'l-fihâm[241] yazıla.

Ve[242] sultânlardan olan **havâtîn-i muhteremeden**[243] birisine[244] hüküm yazılmak lâzım gelse[245]: İffet-penâh-i sütret ve izzet-câh-ı devlet[246], dürretü dürci's-selâtin, gurretü burci'l-havâkîn, el-afîfetü'r- refî'ati'l-masûnati'l-mükerreme, ve'ş-şerîfetü'l-azîzati'l-muhteremeti'l-muâzzama[247], seyyidetü'l[248]-havâtîn, a'zamu benâti's-selâtîn kızım ... sultân veyâhud[249] oğlum Sultân Mahmûd[250] kızı Âyişe[251] dâmet ismetuhâ diyü yazıla.

Temmeti'l- Kânûni'l- Osmâniyye[252]

---

237 Eğer hutbe ... kılasun diyü BV: eğer vilâyetin âbâ an-ced hâkimi ise, hutbe ve sikke sâhibi değil ise emâret-me'âb TE
238 umrehû ya BV: umrehû TE
239 ekrem BV: kiram TE
240 mefâhîmi BV: ma'âzîmi TE
241 ve'l fihâm BV: - TE
242 ve BV: + havâtînden TE
243 olan ... muhteremeden BV: - TE
244 birisine BV: birine TE
245 gelse BV: + böyle yazıla TE
246 devlet TE: - BV
247 havâkîn ... muhteremetü'l- mu'azzama BV: - TE
248 seyyidetü'l BV: seyyidü'l TE
249 kızım ... sultân veyâhud BV: TE
250 Mahmûd TE: - BV
251 Âyişe TE: - BV
252 temmeti'l ... Osmâniyye BV: temme el-kâtib bi-avni'llâhi'l-Meliki'l-Vehhâb. Tahrîren fî zilhicce eş-şerîfe sene 1029 TE

Reâyâ Kânûnnâmesi

P. Wittek ve F. Kraelitz-Greifenhorst tarafından yayınlanan Fâtih dönemine ait Kânûnnâme şu başlığı içerir:[1] "Sûret-i Kânûn-i Pâdişâhı Sultan Mehemmed b. Murad Han". Kânûnnâmeyi yayınlayan Kraelitz-Greifenhost, metni filolojik notlarla yayınlamıştır. Bununla beraber metnin bu nüshasındaki hataları bir makalemizde belirtmiştik.[2] Kânûnnâme tarihi H. 893 Cemâziyelâhir sonları olarak tarihlenmiştir (M. 1487). *Reâyâ Kânûnnâmesi*nin bu nüshası II. Bâyezid devrinin ilk yıllarına ait olmakla beraber hiç şüphesiz Fâtih dönemine ait kânûn maddelerini içermektedir.

Kânûnnâmenin ilk faslı zina davaları üzerinde olup şu şekilde başlıyor: "Eğer bir kişi zina kılsa şeriât huzurunda sabit olsa ol zina kılan ulu olsa ve dahî bay olursa ki bin akçaya dahî ziyadeye gücü yeterse cürüm üç yüz akça alına (...) Eğer zina kılan ergen olursa bin akçaya dahî ziyadeye gücü yeterse cürüm yüz akça alına."

Zina üzerinde birinci fasıl 12. maddede bitmektedir. Madde şudur: "Eğer bir kişi zinayı bilse gelip kadıya dimese cürüm yok. Amma oğurlugayın bilse gelüb dimese on beş akça cürüm alına."

---

1 "Kânûnnâme Sultan Mehmeds des Eroberers", *Mitteilungen Zur Osmanischen Geschichte*, c. I, 1921. Bu Kânûnnâme üzerinde bkz. İnalcık, "Osmanlılarda Raiyyet Rüsumu", *Belleten*, XIII (1959), s. 575-610.

2 İnalcık, "Osmanlılarda Raiyyet Rüsumu", s. 575-610.

İkinci fasıl, "tedârub ve teşâtüm ve katl" üzerinedir. Üçüncü fasıl, "şurbü'l-hamr ve's-sirka ve'l-mühtân".

Cezalara ait bu üç fasıldan sonra dördüncü fasıl şu başlık altında verilmektedir.

"El faslü'r-râbi' Kânûn-i Sultan Mehemmed Han"

1. Bir çift yılda hidmet üç akça vire.

2. Biri orak ve biri dükkân ve biri kanglı odun boyunduruk resmi iki akça vire.

3. Bu yedi kulluktan ötürü akça alınsa 22 akça alına.

Kânûn-i Sultan Mehemmed Han başlığı altında verilen maddeler, yayınlayan tarafından 36 madde içermektedir. Bu bölümden sonra şu başlıklar gelmektedir: "Kânûn-i yörükân, Kânûn-i cebellüyân".

Kânûnnâmenin tarihi ise şöyle verilmektedir: "Tahrîren fî evâhir-i Ahirü'l-Cumadeyn sene selase ve tisîn ve semane mie." Bu kânûnnâme H. 893 tarihini taşımaktadır. Bu tarih II. Bâyezid devrine aittir.

II. Bâyezid'in namına tertip edilen kânûnnâmede, Fâtih Kânûnnâmesi'nin başlangıçta ilâve olarak alındığını tespit etmekteyiz. Osmanlı kânûnnâmeleri üzerinde yetkili A. Akgündüz, çekirdek Fâtih Kânûnnâmesi'nin, Kanûnî Süleyman devrine kadar gelişen kânûnnâmeler üzerinde haklı olarak şu gözlemi yapmaktadır: "Bazı iddiaların tersine, çekirdeği Fâtih devrinde atılmış olan bu kânûnnâmeler, Kanûnî zamanında kemâline ulaşmış ve bazı ta'dillerle Tanzimat sonrasına kadar yürürlükte kalmıştır." Akgündüz'ün, Kanûnî zamanına kadar ilk örfî kânûnnâmenin gelişmesi üzerindeki gözlemine tamamıyla katılıyorum. Ancak I. Ahmed zamanında tertip edilen ve ondan sonraki sultanlar zamanında ilâveler yapılan kânûnnâmelerde[3] Kanûnî zamanına kadar gelen örfî hükümler şeriât hukukundaki esaslara uyarlayarak değiştirilmiştir. Bu akım Kanunî'nin büyük şeyhülislâmı Ebussuud Efendi'nin çabalarıyla başlamıştır. Ebussuud'a ait bir risâlede şu sözlerle sunulmuştur: "(...) Sultan Süleyman Han (...) zamanların merhum Şey-

3 "Osmanlı Kanunnameleri", *Millî Tetebbûlar Mecmuası*, I, s. 49 vd.

hülislâm Ebussuud Efendi hazretlerinin asrında olan kânûnnâme-i Sultânîdir ki, şer'-i şerîfe muvafakati mukarrer olub hâlâ muteber olan kavânin ve mesâildir". Bu risâlede örfî kânûn hükümleri fetvalar çerçevesinde şeriâta göre tefsir edilmiştir. Fetvalardan ibaret bu risâle Budin'in fethi (1526) üzerine sultanın fermanıyla meydana getirilmiştir.[4] Mesela, öşrî arazinin satılması ve sair durumlar hakkında:

"kudât hüccet vermeleri şer'î midir, beyan buyrula,

El cevab: 'arz-ı 'öşriyye ve arz-ı hariciye sahife-i uhrada beyan olunmuşdur, ikisinde bile tasarrufât-i meskûrenin cümlesi şer'îdir. Amma re'âyâ ellerinde olan arazi ne 'öşriyye ve ne hariciyedir. Belki arz-ı memlekettir ki arz-ı mîrî demekle mârufdur".

Görülüyor ki Ebussuud'un daha sonraki kânûnnâmelere girmiş olan fetvaları ve kendisinden sonraki şeyhülislâmların şeriâta göre örfî kânûnlar üzerindeki fetvaları bağımsız bir kânûn yapma faaliyetinin eseri olan örfî kânûnnâmelerin şeriâta uyarlaması çabasından ibarettir.

Toprak meseleleri üzerinde H. 1018 tarihinde araziye ait hükümler yeni bir kânûnnâmenin konusu olmuştur: "Kânûn-i Cedîd der beyân-i ahvâl-i arazi 1018 tarihinde ferman olunmuştur."[5] On yedinci yüzyıla ait örfî kânûn konuları şeyhülislâmlar tarafından yeniden verilen fetvalarla gözden geçirilmiştir. Mesela H. 1042'de çıkarılan bir fermana göre Şeyhülislâm Yahya'nın fetva ile tasdiki görülmektedir.[6] Bu fetvaların çoğu yine sultanın yeni durumlar ve sorular karşısında kânûn maddelerini *şer'îleştirme* çabasının bir neticesidir. Fetva konusu olan bu kânûnların çoğu I. Ahmed (1613-1617) zamanında yapılmıştır. Ancak bu çeşit kânûnlar Süleyman kânûnnâmesi gibi bir kânûnnâme veya kânûnnâmeler şeklinde tedvin edilmemiştir.

Bu suretle görüyoruz ki, yeni durumlar üzerinde sultanın örfî hükümleri çıkarılıyor; fakat bu hükümler devrin şeyhülislâmı ta-

---

4 *Budin Kanunnâmesi ve Osmanlı Toprak Meselesi*, (haz.) Sadık Albayrak, Tercüman 1001 Temel Eser.

5 "Osmanlı Kanunnameleri", *Millî Tetebbûlar Mecmuası*, I, s. 60 vd.

6 "Osmanlı Kanunnameleri", *Millî Tetebbûlar Mecmuası*, I, s. 69.

rafından şeriâta uyarlanıyor. Bu gelişmeler *Millî Tetebbûlar Mecmuası*'nda yayınlanan "Osmanlı Kanunnameleri" makalesinde[7] görülmektedir.

Fâtih'e atfedilen yukarıdaki kânûnnâme sureti yine II. Bâyezid zamanında H. 893 senesinin Cemâziyelahir sonlarında kopya edilmiştir. Yani II. Bâyezid zamanında yapılmış bir sûrettir. Kânûnnâmenin başında "Sûret-i Kânûn-i Pâdişâhı Sultan Mehemmed b. Murad Han" başlığıyla aslında Fâtih Sultan Mehmed'e ait bir kânûnnâme olduğu açıklanmıştır. II. Bâyezid devrinde H. 907 yılında yazıldığı açıklanan kânûnnâmenin ikinci bölümü II. Bâyezid kânûnnâmesidir.

II. Bâyezid devrine ait 907 tarihli kânûnnâmenin metninin başı: "Kitâb-ı Kavanin-i 'Örfiyye-i Osmâni" başlangıcında şunları okuyoruz: "Bir mücelled defter olması hususunda hükm (...) vârid olmağın (...) cem' olunub ebvâb-i selâseye müştemil ve her bâb dahî bir nice kısma münkasim kılındı: (...) bâb-i evvel dört fasıl üzerine tertib olunub cinayât mukabelesinde ola ve cürmü siyasât beyânında vaz' olundu ki sipâhi ve raiyyet ve şerîf ve vazi've denî ve refî' arasında tâ'yin olunan ukûbetle mua'kab olur. Fasl-ı evvel zinâya müteallik cürm beyan eyler. Fasl-ı sânî tedarükde ve teşatümde ve katl-i nefse müteallik cürm beyan eyler. Fasl-ı sâlis şürb-i hamr ve serika ve gasb ve ta'addîye müteallik cürm beyan eyler, Fasl-ı râbi mücerred siyâsetin beyan eyler."

Elimizdeki kânûnnâmenin başlangıç takdim kısmı yukarıdaki gibidir. Bundan sonra bâb-ı sani gelmektedir.

"Bâb-i sani altı fasl üzerine tertib olub sipahi ve beytü'l-mâl ve sipahiye reâyâdan ait olan rüsûm beyanındadır vaz' olundu".

Fâsl-ı evvel sâhib-i timâr ahvâlin beyan eyler.

7 s. 49-113, *MTM*, II, s. 305-348.

(2v) هذه صورت قانون پادشاهي
سلطان محمد بن مراد خان طاب تقا[a]+ الله

الفصل الاوّل فى الزّنا و دواعيه[b]

١ اكر بر كيشى زنا قلسه شريعت حضورنده ثابت اولسه اول زنا قلان اولو+[c] اولسه و دخي باي اولرسه كي بيك اقچه‌يه+ دخي زياديه[d] كوجى[e] يترسه جرم[f] اوچ يوز اقچه النه اوسط+ الحال الورسه كم الت[g] يوز اقچيه[h] مالك+ اولا جرم اكيوز[i] اقچه النه اندن آشغه[k] كوجى يترسه جرم يوز اقچه النه اندن داخي اشغه حاللو الورسه اللّى اقچه اندن داخي اشغه كى غايتده فقير الحال الورسه قرق اقچه جرم النه.

٢ اكر زنا قلان اركن[l] اولرسه بيك اقچه‌يه+ داخي زياديه كوجى يترسه جرم يوز اقچه النه اكر اورته حاللو اولرسه الت يوز اقچيه كوجى يترسه اللى اقچه جرم النه اندن اشغه درت يوزه كوجى يترسه قرق اقچه غايت فقير اولسا اتوز اقچه جرم النه.

٣ اكر عورت زنا قلسه شريعت قاتنده ثابت اولسا غنى اولسا ار قنلغين[m] ويره اورته حاللو ياخود فقيره اولسا ارنلر[n] كيب[o] اولور قنلوغين ويره.

---

2 M ثقا. — 4 M الو. — 5 M اقچه. — 6 M اواسط. — M ماليك. — 9 M اقچه. —

---

a) t. Schreibweise für a. تقى tuḳā. — b) دواعى dewāʿī Pl. von a. داعية. — c) t. اولو ewlü. — d) Statt زياده‌يه. Im Altosmanischen (ao.) fällt in türkischen und Fremdwörtern auslautendes, durch ه wiedergegebenes »e« beim Antritt vokalisch beginnender Suffixe in der Schrift meistens aus. Ebenso werden die auslautenden Vokale i (y) und u sehr oft unausgedrückt gelassen; in solchen Fällen ist wohl ein Kesre oder Ḍamma zu ergänzen. — e) = Kraft, »Vermögen«. — f) جرم a. ğerem, ğurm bedeutet wie das gebräuchlichere a. جريمه (t. ğereme gesprochen) Delikt, aber auch besonders die auf ein solches gesetzte (Geld-)Strafe. — g) Statt التى; s. Anm. d. — h) = اقچه‌يه; s. Anm. d. — i) = ايكييوز; vgl. im folgenden اكى = ايكى, اتوز = اوتوز u. a. m., sowie o. Anm. d. — k) Vulgär statt آشاغى. — l) ergen. — m) Von t. قانلق = قنلق. — n) ارن eren und اركن ergen sind Part. act. auf -en beziehungsweise -gen (ersteres bei den Ġusen (also auch Osmanen) und Ḳypčaḳen, letzteres bei den übrigen Türken) von ارمك ermek (ايرمك irmek) anlangen, ankommen: der Anlangende, Adept, Jüngling, junger Mann. — o) = كيبى; s. Anm. d. —

٤ اكر عورتك مالى اولسا اري قبول ايلسه كوفتجور قنلوغين يوز اقچه ويره يوقسول اولرسه اللى اقجه غايت فقير الورسه قرق يا اتوز اقچه جرم النه.

٥ اكر عورت بيزونكليك[a] ايلسه قاضي تعزير اوره نقدر مايراه[b] اغج باشنه بر اقچه جرم النه.

٦ اكر زنا ايدن قيز الورسه اونك جرم[c] اركن كيب اولا ازليقده و جوقليقده+ اكا اعتبار ايده لر.

٧ اكر براكنك[d] اوينه كرسه زنا قصدنه اولوسه+ اولو جرمن ويره اكر اركن ايسه اركن جرمن ويره اول زنا ايدن كيب يقارو تفصيل اوزره كه بيان اولندى.

٨ اكر قول قراواش[e] زنا قلسه حر و حره جرمنك نصفين ويره عادت جهتنجه بياغلين[f] بايلقده (3r) و يوقسوللقده.

٩ اكر براكينك عورتن اوپسه يخود دلسه يخود ياپشسه قاضي تعزير اوره اغج باشينه بر اقچه جرم النه.

١٠ اكر عورت ويا قيز باكه[g] زنا قلدوك ديسه ار انكار ايلسه بو مذكورلروك سوزلرينه اعتبار اولنميه اره اند ويره لر عورته قاضى تعزير اوره اكى اغجه بر اقچه جرم النه.

١١ اكر عورته ار بن ساكه[h] زنا قلدوم ديسه عورت منكره اولسه عورت اند ايچه اره قاضى تعزير اوره اكى اغجه بر اقچه جرم النه.

١٢ اكر بركيشى زنايي بلسه كلب قاضيه[i] ديمسه جرم يوق امّا اوغرلوغين[k] بسله كلوب ديمسه اون بش اقجه جرم النه.

---

5 M .جوقليده. — 7 M .اولرسه. —

---

[a] = پزونكلك pezewenklik. — [b] mā jerāhu, a. Relativsatz; يرى jerā Impf. von رأى sehen, glauben, urteilen; im Gesetzbuche Sulejmāns I. ed. MEḪMED ʿĀRIF als Beil. zu TOEM [Konst., ١٣٢٩] S. ٧ Z. 8 v. o.) dafür t. نه قدر وجه كوررسه. — [c] ≐ جرمى. — [d] = براكينك; براكى biregü, var. بركو, بره كو jemand, einer. — [e] ao. = Sklavin; var. قروش karawaš, richtiger ḳarabaš Schwarzkopf, im Gegensatz zu آق باش Weiß-kopf = ehrsame, legitime Frau; vgl. VÁMBERY, Altosm. Sprachstudien, Leiden 1901, S. 187. — [f] bajaġylajyn = t. بياغى »gewöhnlich« + Suff. لين (vgl. اخشاملين und اخشاملاين). — [g] = بكا baña. — [h] = سكا saña. — [i] Statt قاضيه beziehungsweise قاضى يه. — [k] Von t. اوغرلوق auch اغرلق oğurlük; vgl. VÁMBERY, l. c., S. 198.

الفصل الثانى فى التضارب+ و التشاتم+ و القتل

١ اكر اكي كيشى برى برينه ياپشسه يقاسن يرتسه قاضي دوكسون جرم يوق اكر بر برينك سقالن ويا ساجن[a] يولسه[b] قاضى قاتنده ثابت اولسه غنى اولسا جرم يكرم[c] اقچه فقير اولسا اون اقچه النه و باش يارلوب قان چقسه اتوز اقچه النه اكر كمك چقسه اوتاجيلو[d] اولسه اول باش يران باى اولب بيك اقچيه داخي زياديه كوجى يترسه جرم يوز اقچه النه اكر اكيوزه كوجى يترسه اللى اقچه فقير الورسه اتوز اقچه جرم النه.

٢ اكر آدم اولدرسه يرينه قصاص اتمسه‌لر+ قان جرم[e] باى اولب بيك اقچيه داخي زياديه كوجى يترسه درت يوز اكر الت يوزه كوجى يترسه اكى يوز اقچه اندن اشغه حاللو الورسه يوز اقچه و فقير الورسه اللى اقچه النه.

٣ اكر بر كيشى اوقيله يخود بچاغيله اورسه ياشلو+ اولب دوشكه دوشرسه اول اوران باي اولب بيك اقچيه داخى زياديه كوجى يترسه جرم اكيوز اقچه اكر اورته حاللو اولرسه يوز اقچه اكر+ فقير الورسه اللى اقچه جرم النه.

(3v) الفصل الثالث فى شرب الخمر و السرقة+ والبهتان

١ اكر براكو خمر اچسه تورك[f] ويا شهرلو اولسه قاضي تعزير اوره اكى اغاجه بر اقچه جرم النه.

٢ اكر قاز يا اوردك اوغرلسه[g] قاضى تعزير اوره اكى اغجه بر اقچه جرم النه.

٣ اكر قيون ويا قوان اوغرلسه جرم اون پش اقچه النه.

٤ اكر يانچاق[h] يا دستار اوغرلسه الين كسملو اولميه قاضي تعزير اوره اغج باشنه بر اقچه جرم النه.

---

1 M التصارت. — M الشابم. — 8 M اتمثلر. — 11 M باشلو. — 13 M الر. — 14 M الشرقه.

---

a) Jetzt صقال und صاچ geschrieben. — b) Von ao. يولومك jülümek, var. يولمك jülmek ausreißen, ausrupfen (Haare); vgl. VÁMBÉRY, l. c., S. 184. — c) = يكرمى. — d) Von اوتاجى otağy »Arzt« (nicht wie MEḪMED ʿĀRIF, Ḳānūnnāme Sulejmāns [zit. Ausg.] S. ٤ Anm. ١ angibt »krank«); vgl. ao. اوتاجى لق Heilkunde sowie uigur. otči Arzt, otamak heilen. — e) = جرمى. — f) = Türke, dann auch Bauer (Flegel, Grobian, Vagabund), in letzterer Bedeutung »turk« ausgesprochen (vgl. BARBIER de MEYNARD, Diction. turc.-franç. I. s. v.). — g) ao. اوغرلمق oġurlamaḳ = اوغريلامق oġrylamaḳ stehlen. — h) Wohl eine Nebenform zu ينجق, يانجق janğuḳ, janğyḳ Panzer, namentlich solcher für das Pferd, Pferdedecke, Tasche; vgl. VÁMBÉRY, l. c., S. 177/78.

٥ اكر صغير[a] اوغرلسه الين كسميالر غني الوپ بيك اقچيه داخی زيادىه كوجی يترسه جرم يوز اقچه اوسط الحال الورسه اللى اقچه فقير الورسه قرق يا اتوز اقچه النه.

٦ اكر ات اوغرلسه الين كسالر كسمزلرسه اكيوز اقچه جرم النه.

٧ اكر براكينك دخلين[b] و اقچسين[c] اوغرلسه غنى اولسه جرم قرق اقچه اورته حاللو اولرسه يكرم اقچه فقير الحال[+] الورسه اون اقچه النه.

٨ اوغول اتاسندن و اتا اوغلندن قرداش قرداشندن يا ار عورتندن يا عورت ارندن اوغرلسه قاضي تعزير اوره اغچ باشنه بر اقچه جرم النه.

٩ اكر براكنوك كوزين يا دشين[d] چقرسه قصديله قصاص ايتمسالر غني اولسا جرم اكيوز اقچه النه اوسط[+] الحال الورسه يوز اقچه ادنى حاللو الورسه اللى يه[e] قرق اقچه غايت فقير اولسه اتوز اقچه جرم النه.

١٠ صغير اوغلانجقلر[+] سواشسالر جرم يوقدر.

١١ ير طپوسى بر او يرينه چوقى[f] اللى اقچه اندن اشغه قرق يا اتوز اقچه فقير اولسه يكرم يا اون اقچه النه.

١٢ و كردك دكوري[g] اعلاسي التمش اوسط الحال[+] الورسه قرق يا اتوز اقچه فقير الورسه يكرم يا اون اقچه آلنه.

١٣ قيون رسمي كم النور اوچ قيونه بر اقچه النه.

١٤ و سواري كوچلـه رعيتن يرندن قوسه[h] كيرو يرينه (4r) كلجك طپو الميه راضي كندو قوسه[i] كتسه يا بر يل[k] يرين ايسوز[l] قوسه اختيار سواري الندە اولا رعيت كي كندو كيده دامى[m] و چولي[+][n] سوارينك اولا سواري قوسه دامى و چولي[+] رعيتوك اولا.

5 M حال. — 9 M اواسط. — 11 M اوغلانجقلری. — 14 M حال. — 19 M حولي. — M حولي. —

a) = t. صيغيد. — b) طخل, تاخل, تخيل, تخل gesätes Getreide, Saat, Getreidefrucht. — c) = اقچه سين. — d) Von t. ديش Zahn. — e) = يا. — f) = no. چوغى. — g) gerdek dejüri; zusammengesetzt aus كردك »Brautgemach« und دكور no. دكر Wert, Preis; vgl. dejmek (ao. degmek) berühren, treffen, wert sein. In den späteren Ḳānūnnāmes wird dafür رسم عروس resm-i ʿarūs, رسم عروسانه resm-i ʿārūsāne gebraucht. Vgl. HAMMER, Staatsverf. I 269. — h) Von t. قوومق (قوغمق) ḳowmaḳ (ḳoġmaḳ) vertreiben, verjagen. — i) Von t. قومق komak lassen, verlassen. — k) Von t. ييل. — l) var. اسز isüz ao. unwegsam, wild; vgl. VÁMBÉRY, l. c., S. 175. — m) Von t. طام, دام. — n) Von t. چول čöl Sandboden, Wüste, Land, unbebauter Boden. vgl. Gesetzbuch Sulejmān's (zit. Ausg.) S. ٥٣, Z. 4 v. u. = Wr. Hs (H. O. 143 = Flügel 1813) 18r, Z. 10 v. u. —

١٥ جاَجدن[a] اوغرلسه اوغرلدوغين بكلك ايچون آلەلر.

١٦ و سواري چفتلكندن زياده ير+ دوتميه رعيت يرين رعيته ويره تورك يرندن يوز[b] يردن چفتلك+ ايدن ارتق پادشاه دستورسوز[c] ير دوتميه ارتق رعيت يرين دوترسه يقسوللره ايل حقين ويره.

١٧ اكر يابانده+ صغير ويا يوند ويا قيون بولسالر قيغرتمسالر[d] باى الورسه جرم اتوز اقچه اوسط الحال الورسه يكرم اقچه فقير اولرسه اون اقچه النه اكر قغرتسالر ايسى بولنمسه قاضيه ويرەلر قاضى سقلده[e] قغرتدوغندن صكره يترسه جرم يوق امر شرع نه ايسه ايله[f] اولا.

١٨ اكر يولدن كچركن يغرت و اتمك السه قاضى اُودَدَه[g] تعزير ايده اغج باشنه بر اقچه جرم النه.

الفصل الرّابع قانون سلطان محمد خان

١ بر چفت يلده خدمت اوچ اقچه+ ويره.

٢ برى اوراق و بر دكّان و بر قكلى[h] اودين بينوندرق رسمي اكى اقچه ويره[i].

٣ بو يدى قوللقدن+ اتورى اقچه النسه يكرم اكى اقچه النه.

٤ و بنلاكدن[k] اوچ و يخود الت ويا طقوز اقچه الينه.

---

2 M يتر. — 3 M حتفيلك. — 5 M ياننده. — 12 M جفت. — 14 M قوللدن. —

---

a) = p. t. چاچ (چاج, چاش, چس, چچ) čāč Haufen gereinigtes Getreide, Körnerhaufen. — b) t. joz, »einfach« »roh«; auch »wild«, »unbebaut«? In بوز »unbebaut« zu ändern? — c) Zusammengesetzt aus dem p. Nominalkompositum پادشاه دستور pādišāh dästūr »Padischah-Erlaubnis«, kaiserliche Erlaubnis (das auch auf türkischem Boden entstanden sein kann, da auch im t. zwei Substantiva ohne jede Beziehungsendung eng miteinander zu einem neuen Begriffe verbunden werden können, vgl. دمير يول, باش چاوش usw.) + t. Suff. سوز. Der ganze Ausdruck kann sowohl adverbiell als adjektivisch (als Attribut zu ير) aufgefaßt werden. — d) ao. kygyrtmak ausrufen lassen, verkünden; vgl. ao. قغرجى Ausrufer, Herold, no. چيغرمق rufen. — e) = no. صاقلادە. — f) ao. ejle = no. اويله öjle; vgl. āzerbajğ. ايله elä (ilä) so, solcher. — g) Von t. اودتمك. — h) kañly (auch قاكلو und قاغنى kagny), der alttürkische, kurze, von zwei Ochsen gezogene Wagen auf zwei Vollrädern, wie er noch jetzt in manchen Gemeinden Anatoliens im Gebrauche steht. — i) Zwischen diesem und dem Folgenden hat der Schreiber etwas ausgelassen. — k) Wahrscheinlich ältere Form von بنّاك bennak (Assimilation des l und n). —

٥ شهرده و ايلده باغدن اونده[a] النه.

٢ تختاجى و اغاجچى حاصلندن يلده يكرم اقجدن[b] بر اقجه النه.

٧ كرچى[c] و عربچى[d] كه صنعت[e] غربچيلق اولا چفتن بوزه يلده اكى مد مقدارى اكينى اكميه طوز و غيرى نسنه كتوره سواريسنه يلده (4v) اللى اقچه ويره اكر چفتن بوزماسه كه اولكي كبى ايكى ٠مد مقدارى اكين اكالر كرچيلك ايدرسين ديو نسنه‌سين الميالر همان بياغيلاين عادت اوزره عشرين و رعيّت رسمين ويره امّا شهرده‌كى عربه اشلادن صنعت اهلي كيب نسنه ويرميه اكر خستلقدن[f] ويا پيرلكدن ضعيف الوب ويا قتى يوقسوللقدن كوچى يتمادكندن+ اوترى جفتن بوزسه كرچيلك و عربچيلك و تختاجيلك ايدرسين ديو اشندرميه الندەكى يرين سواريسى الا غيرى كشيه[g] ويره اندن بنلك رسمى النه.

٨ و داخى تاتاره و يوركه بو عادت يوقدر زيرا كه بونلر اشكنجيدر[h].

٩ بركيشى باركيرله كسب اتسه يلده اون اقچه ويره شهرده‌كى نسنه ويرميه.

١٠ سوار دكورى[i] اللى باش قيوَنده بر قيون النور+ نصفى صوباشنك[k] در.

١١ و حبوباتدن عشر و سلارلق[l] اون مدّه پش [اقچه] النه.

١٢ كتّاندن يوز دمدده اون دمد اونده اوچ دمد سلارلق و خمسين الالر امّا كتّانى يومشديويره‌لر.

١٣ پنبق[m] عشرى+ يوز لدرده[n] اون لدره اونده اكى بچق لدره سلارليق النه.

١٤ و جلتوكجنك[o] كه جفتى اولا يرلوكبى يدى خدمت ويرميه سوارى اوچ خدمت الا بلنمزسه الت يا طقوز اقچه الا.

١٥ و قيون ارينوك قنقسى[p] اشكونه ايشرسه اول اشاندن سلارلق النميه يماقلرندن النه.

---

8 M يتمادكيدن : ÷ 12 M الور (=اولور?). — 16 M عشرين. —

---

a) t. onda »Zehent«, Abkürzung von اونده بر = $^{1}/_{10}$, vgl. اونده‌لق Zehent, Zehntel. — b) = اقجه‌دن. — c) = كراچى. — d) = عربه‌چى. — e) = صنعتى. — f) = خسته‌لقدن. — g) = كيشيه (كيشى‌يه). — h) Von اشكن (اشكين, اشكون) eškin (eškün) schnell gehend, herumstreifend, dann »Streifzug«. Vgl. اشمك gehen, »eilen« (z. B. سفره اشمك). — i) Gebildet wie كردك دكورى, s. o. S. 22, Anm. g. — k) Gew. سوباشى = t. سو Heer + t. باش Haupt, Führer. — l) Gew. سالاريه von p. سالار »Gebieter«. — m) = پنبوق, no. پامبوق, پاموق, پانبوق, پنبوق. — n) = لدره‌ده; لدره, لودره und لتره (litre) von a. رطل raṭl, riṭl. — o) = statt وجلتوكجى كه انك چفتى. — p) = no. قنغيسى. —

١٦ و تاتاروك چفتلوسندن+ اوچ قوللق و غلّه‌سندن اونده و سلارلق النه چفتسوزینه قوللق یوق.

١٧ و سوارینك رعیتندن حاصل اولان قنلوغن یارسن+[a] سوباشی و یارسن سواری اله.

١٨ امّا کردك دکورین تمام سواري الا سوارینوك قزی چقسه کردك دکورین تمام صوباشی الا.

١٩ و قدیم قرا مسلم و شمدیکی مسلم و رعیت اولان یایا دخی (5r) بو رسمه [تابع] اولا.

٢٠ هر شهرك توابعنده‌غی[b] کویلر اکر سواری شهرده الورسه اونده‌لرین شهره التدوری[c] ویره‌لر+ کویده الورسه انبارنه التدوری+ ویره‌لر.

٢١ یمشدن و میوچدن[d] و کوکولدن[e] و زعفراندن اونده بر النه سلارلق یوق.

٢٢ و بر یرده که سازلق و اوت اولسه اولدن نجه اولی[f] کلدیسه کیرو ایله اولا.

٢٣ و قوانده عشر ایبلو و یاتلو الور اونده بر النه.

٢٤ دولاب[g] دکرمنی بر کوزنه ادرنه مدّیله بر مد دخل یارو بغدای و یارو ارپه النه و قرجا دکرمنك بر کوزینه یل[h] تمام یوریاندن بر مد التی ای یوریاندن یجق مد داخی از یوریاندن بو حساب اوزره ادرنه مدّیله یارو بغدای و یاری ارپه النه علی المناصفه النه و یل+[i] دکرمنی داخي یلده یجق مد دخل یاری بغدای یاری ارپه علی المناصفه ادرنه مدّیله ویره.

٢٥ و تاتار رعیّت که یر دوته یلده بر چفت بز اوراق و بر قکلی اودین[k] ویرمیش امّا اشکونجسی[l] ویرمزمش کرو اول قانون اوزره مقرر اولا.

٢٦ قیونلو یرلو و یورك یيلا و قشلا حقین ویرمیه.

٢٧ و بر رعیت که یر دوته الندەکي یرین معطل قویب غیري سواري یرنده اکرسه ایکی اونده ویره بر اکدوکی+ یر ایچون و بر معطل قودیکی+ یر ایچون امّا سوارینك رعیته

1 M چفتلوسندن. — 3 M یارسوسن. — 7 M التدورویره لر. — M التوري. —
14 M تیل. — 20 M اکتوکی. — M قودی‌کی. —

[a]) = یاریسن. — [b]) = توابعنده‌کی. — [c]) التدورمك iletdürmek Kausativ von iletmek bringen. — [d]) = میوه‌چه‌دن von p. میوه‌چه mäjwäčä kleine Frucht, Deminutiv von میوه »Frucht«. — [e]) Von کوکول, کوکل = کونلك Weihrauch; vgl. Gesetzbuch Sulejmān's, ٣٢, Anm. ٣. — [f]) = oly (u) ao. Gerundium auf y (u), statt des no. auf a; ao. اولی کلمك oly gelmek, zu sein pflegen, no. اوله کلمك ola gelmek. — [g]) = dolab Wasserrad, vgl. Lehğe-i ʿosm.: چرخ کردونه بیوك قپاقلو کبی صندوق دونر. — [h]) = t. ییل jyl Jahr. — [i]) = t. یل jel Wind. — [k]) = ödejin; اودین ویرمك ödejin wirmek = no. اودونج ویرمك (vgl. صاتین آلمق). — [l]) = اشکونجیسی. —

ویره‌جك یرلری اولمسه رعیت غیری یرده اکسه همان یرلسنه[a] عادت اوزره عشرین ویره و
رعیت سواریسنه همان بردفعه او یاپیویره[b] اول سواري چقوپ صکره نقدر سواری کلورسه
اول چقان سوارینوك رعیت یابیویردکي اوي اولا زیاده رعیت[c] او تکرار او یاپدره‌میه.

۲۸ و کویده اتوران صنعت اهلي چلاه[d] و درزي و باپوچجي و دمورجی و کمورجی
و بونلروك امثالي و غیری (5v) یلده اوچ خدمت ویا اوچ اقجه ویره زیاده صنعت
اهلي در دیوب کوچیله اش اشلتمیالر و تعدي ادپ نسنلرین[e] المیالر مکر که ایل نرغنه+[f]
راضي الوپ ارادتیله+ اشلیالر.

۲۹ فی الجمله یقسوللردن ذکر اولنان کیب قانون نامه موجبنجه حقلرین الدقلرندن
صکره اتلرین و قکلولرین کوچله اولاق دوتمیالر و کندولره کوچله اش اشلتمیالر.

۳۰ و باج بابنده مسلمان اکر طشرادن کلب کپه و کپانك[g] [و] کون و بال و یاغ و
بونلره بکزر هر نکم وارسه کتورب صاتسالر قرق اقجدن بر اقچه النه.

۳۱ و قوماش یوکندن [و] بز[h] ایلیك چوخه کمخا کر بالیغی[i] قلاي قرشون و بونلره
بکزر هرنه کلسه صاتلسه بر یوکنه اکی اقچه النه.

۳۲ و تورنج یمش یوکنه بر اقچه و بول اولیجق+ اکی اوچ یوکنه بر اقچه النه.

---

6 M نرعنه für نرغنه. — 7 M رادتیله. — 14 M اولچق. —

---

a) = یرلیسنه. — b) Hier wahrscheinlich nicht Beschleunigungsform, obwohl zusammengeschrieben, sondern یاپي-ویرمك »Bau, Konstruktion geben«, »bauen«. — c) = رعیته. — d) چلاه vom p. جلّاه ğullāh چلاه čulāh; außerdem kommen noch folgende Verstümmelungen (تحریف) dieses Wortes vor: جوﻟﻬﺎ, چوﻟﻬﺎ, جلها, چلها, جلّه, چله, جولاه. — e) = نسنه‌لرین. — f) Von نرق nark = p. نرخ närh, »Taxe«, »amtlich festgesetzter Preis«. — g) = t. کپنك kepenek. — h) = a. بزّ bezz, no. بز bez. — i) ker balyġy; کر ker ist wohl das altp. kara (karō masyō) (Ch. BARTHOLOMAE, Air. Wb. 451), mittelp. kar māhīk (Bundahišn 14, 12) Name eines großen mythischen Fisches, nach ANQUETIL du PERRON (Zend-Avesta II 372) eine Art Stör. Obwohl nach VULLERS (Lex. pers.-lat.) کر (im Neup. کر gär lautend) den Wels (t. یاین بالغی jajyn balyġy) bedeuten soll, so dürfte doch die von ANQUETIL angegebene Bedeutung die richtige sein. Daß der Störfisch als Handelsartikel im Gebiete des Schwarzen Meeres eine große Rolle gespielt hat, beweisen die Beschreibungen und Erwähnungen dieses Tieres in den Reiseberichten. So enthält z. B. die Hs der Wiener Nat.-B., Cod. 8606 »Récit et observations de Mr. Schad, Capitaine dans Geisruk sur le Voyage, qu'il a fait au Levant à la Suite de l'Ambassade Impériale 1740« unter anderen auch ein Bild (Nr. 14), das einen Störfisch darstellt. —

٣٣ و كلان كيدن سكباندن و قللردن[a] و طغانجيلردن [و] ات اوغلانندن [و] ايلجيدن و غيريدن كورەلر قنقيسىنك النده حكم همايون ايچنده يمدن[b] و يباچكدن+[c] و اولاقدن و غيرندن هرنه امر النورسه امر اولنان امر اولدوغى كيب ويرەلر زياده تعدي اتميەلر و الآ نسنه امر اولمديسه همان اونده ويرەلر هرنه حاجت الورسه يانده صاتون السون كمسيه[d] تعدي ادب امر اولمدق[e] نسنيه[f] دخل اتميەلر اكر امر اولمدق ايدرسه دركاه معلّايه اعلام ادەلر حقندن كلالر بر كمسنيه[g] نسنه اتميەلر.

٣٤ و بر كمسنەنك اتى يا اكوزي يا قسراقى[h] اكينه كيرسه طوار باشينه[i] پش[k] اقچه جرم الوپ پش چوماق بزاغو كيرسه بر اقچه بر چوماق قيون كيرسه+ اكى قيونه بر اقچه الوپ بر جوماق اورالر+ امّا اوّل حجّت ادەلر حجت اتدكلرندن صكره اسليوپ دوارلرينه تيمار ايلمزلرسه (6r) كه اكن ايچنده بولنه و اكينه زيان ايلمش اولا بو رسمه [كوره] جرمليوپ+[l] چوماق اورەلر و زيانن اوددەلر تهديد اولنه طوارلرينه تيمار ادەلر اكنه زيان اتيرميەلر[m].

٣٥ اكر كوي يانده يخود كويلر اراسنده يه[n] طوار ⟨اراسنده⟩ صوادنده يا صواد يولنده اكن اولسه كه طوار اوغراغى اولا انوك كبيه[o] اولاغو[p] ايدەلر.

---

2 M .بياچكدن — 8 M .كرسه — 9 M .ورالر — 10 M .جرم ليوپ —

---

a) = .قوللردن — b) Von t. يم (يَم) jim (jem) Nahrung, Futter. — c) = no. .يەجكدن — d) = .كمسەيە — e) Statt امر اولنمامش nicht befohlen; im ao. scheint also das Verbalabstrakt der Vergangenheit ohne Possessivsuffix auch im passiven Sinne gebraucht worden zu sein. Reste dieses Gebrauches finden sich im no. z. B. اولمدق qui n'a été fait jamais, بولديق qui se trouve, بيلديك connu etc. (SAMY BEY, Diction. turc.-franç.). — f) = .نسنەيە — g) = .كمسنەيە — h) = .قسراغى — i) = .باشنه — k) = t. بش — l) جرملمك, verb. denominat. von .جرم — m) Phonet. Schreibweise für .اتدرميەلر — n) = .يا — o) = انوك كبى يه, Dativ von انوك كبى »etwas wie jenes«; diese ao. Konstruktion einer Vergleichung bestätigt die Etymologie der im no. erstarrten Postposition كبى, die aus t. كب (im Uigur. keb, kep, im Altt. kep, im Jakut. kiäb) Bild, Form, Modell und dem Possessivsuff. der 3. Pers. Sing. zusammengesetzt ist. انوك كبى ist also ursprünglich eine bestimmte Genitivverbindung und heißt: sein Bild, das Bild (Gleiche) jenes, und wurde nach Erfordernis in die verschiedenen Kasus gesetzt, also انوك كبيه anuñ gibije (für انوك كبنه) »seinem Bilde«, »dem Bilde jenes«, »einem solchen, wie er«. Dieselbe Konstruktion s. Gesetzbuch Sulejmān's S. ٣٦, 3. Z. v. u. انوك كبيدن, S. ٤٩, 1. Z. v. o. انوك كبيلرك, S. ٥٦, 8. Z. v. o. انوك كبيلره u. a. m. — p) = t. اولاغى ,آولاغو awlaġu, awlaġy »Einfriedung«, »Hecke«, »Zaun«, vgl. Gesetzbuch Sulejmān's, S. ٦, Anm. ٦. —

٣٦ هيچ افريده[a] ايرقسيى اتميه هر كم كاينا[b] من كان بو قانوندن تجاوز ايدرسه عتابه مستحق الوپ سوجلو و كناهكار الور شيله بلالر بو قانون[c] محقق بلاسز.

قانون يوركان[d].

يكرم درت كشيدن بري اشكونجى اوجى چتال يكرم‌سى[e] يماق اولا و مذكور اشكونجى كندو جبلو[f] كندرى دمرنده[+] و يلكنده اقنده[g] ياينده قليجنده قلقاننده اكسوك اولميوب مرتب اولا و اون اشكونجنك[h] بر اورته[i] باركيرى الوپ بر تنكتورى[k] اولا يروكلر اشكونجيسى چتال[l] يماقلرى ارپه و صمان [صلمق][m] و حصار ياپمق و غير عوارضه قرشميه و اشكونه اشن اتدوكى يل سلارلق ويرميه شيله بلاسز.

قانون جبلويان[+][n].

با[+] قانون مزوّج كبران[o].

١ هر مزوّج كافر اسپنجه ايچون سوارتيه يكرم پش اقچه ويره و خراجه يرار اوغلاننه دخي تمام اسپنجه و طولدن كي[p] چفت اولميه يلده الت اقچه و سوارى اونده قوللنميه و ايليك اكرتميه مكركي اجرتيله اشلده و سواري حاصل يزلمش.

٢ بكلك باغ وارسه رعيتلرى اول بكلك باغه يلده اوج كون اشلده و باغ الورسه شيره حاصل يرده اكر شهرلرده و اكر كويده سوباشى و اكر سوارى اكى اى مناپوليه دوته سوجى

5 M دمرينده. — 9 M صلوبان (صلوبات, حلوبان). — 10 M ما. —

a) = p. آفريده. — b) = a. كائنًا. — c) = قانونى. — d) p. Pl. auf ān. — e) = يكرميسى. — f) = جبه‌لو. — g) Von t. اق = اوق. — h) = اشكونجينك. — i) t. = »was in der Mitte liegt«, »von jedermann erreichbar«, »gemeinsam«; vgl. اورته مالى öffentliches Gut, Gemeingut und اورتاق Genosse, Teilhaber. — k) t. = Zelt (tenktür?), fehlt in den Wörterbüchern; hängt wohl mit dem Worte تنك zusammen, nach MAHMŪD ḤUSEJN el-KAŠĠARĪ (Dīwān u luġāti 't-turk [Konst: 1335] III 264) in alter Zeit jedes Gebäude, Ruine, Hügel. — l) = چتالى. — m) Hinzugefügt nach einem Ferman Mehmed's II. (Nr. 4 meines Aufsatzes: ايللك عثمانلو پادشاهلرينك اصدار اتمش اولدقلرى بعض براتلر in TOEM [1915] Nr. 28), wo es anläßlich der Aufzählung außerordentlicher Leistungen, von denen die Einwohner eines gewissen Dorfes befreit bleiben sollen, in Verbindung mit denselben Worten ... واريه و صمان صلماسندن ... معاف و مسلم اولوب ... vorkommt. — n) p. Plur. von t. جبه‌لو. — o) p. Pl. von p. كبر gebr Feueranbeter, Parse, dann überhaupt »Ungläubiger«. — p) ao. Schreibweise für p. كه. —

صاتا نرخدن كوچله (6v) كافرلر اوزه‌رينه دكميه سوباشي+ ويا سواري سوجوسن[a] صتاركن هيچ بركافر سوجوسن صاتميه و اجميه فوجسين[b] و كوپلرين مهرليالر و بونلروك [شيره‌سى] صاتلمينجه هيچ كمسنك[c] [شيره‌سنى] صاتميالر بو اكي اي ايچون مناپوليه يلك هر قنقى ايين اختيار ادرسه دوتسون اول كافردن الدوغي اونده اول ايلرده صتالر اكر صوباشينك و اكر سوارينك بو اكي ايده سوجسى+[d] ارتسه كافر اوزه‌رينه كوچله دكميه مكر كم كافر ايل نرخنه راضي اولا اول وقت دوكه [و شيره‌ده] اكر شهرده و اكر كويده يوز مدره[e]ده اون مدره اونده اوچ مدره صالارليق النه وكافر فوجسن[f] اچوپ سوجسين صاتسه ادرنه مدره‌سيله اللى مدره‌ده بر مدره النه و طشردن[g] صاتلمق ايچون يلان سوجيدن فوجى باشنه اون بش اقچه النه.

٣ و قواندن ايولو يادلو اون قواندن بر قوان عشر الالر.

٤ و دوكنركى يبانده يوربيه [يا] سغريله كودله[h] اكى سندن[i] براقچه النه اوده كومسلرده بوغزلق ايچون بسلناندن برينه بر اقچه النه.

٥ و كافرلره قيون رسم[k] كي النور اوچ قيونه بر اقچه النه و مسلمانلر كيب.

٦ و كردك+ دكري مسلمانلروك غايت بايندن التمش اقچه النه خداوند اعظم خراج كوره‌نلرندن نصف اولا غايتده باينوك⌉اتاسى والده‌سي طاب ثراهما زمانندن برو اتوز اقچه در اندن اشغاسي يكرم اقچه و اندن اشغه كى غايتده فقير اولا اون اقچه در. ⌈M⌊

٧ و اوروپ باش يروق و قليج و بچاق و زيان و غيرى نزاعلو نسنلردن[l] كى قاضى قاتنده ثابت اولا بايلق و يخسوللقده مسلمانلر قنلوغنه نظر اولنه انك نصف[m] حكم اولا تا كى خراج كذارلر ضايع اولميه.

٨ و درزيدن و جلاحدن[o] و كوركجيدن[p] و پاپوچجى دن و آت اشلدندن و غيرى صنعت اهلي كافردن يكرم بش اقچه اسپنجه الدقدنصكره بونلر (7r) صنعت اهلى

---

1 M .شوباشي — 5 M .سوجسين — 14 M .كردكي —

---

a) = سوجى سن (سوجيسن). — b) = .فوجيسين — c) = .كمسه‌نك — d) = سوجيسى, .سوجوسى — e) Medre auch مترە metre, مدارە medara, ein Hohlmaß für Flüssigkeiten (Wein) und Körnerfrüchte, das je nach der Örtlichkeit verschieden groß war; vgl. BARBIER de MEYNARD l. c. Nach HAMMER, Staatsverf. II 504 modra gesprochen mit der Bedeutung »Butte«. — f) = .فوجيسين — g) .طشره‌دن — h) Pass. von t. كوتمك k(g)ütmek (Nebenform كدمك güdümek) »führen«, »weiden«, »hüten«, »bewachen«. — i) = .اكيسندن — k) = .رسمى — l) = .نسنه‌لردن — m) = .نصفى — o) s. o. S. 26, Anm. d. — p) t. kürkği Kürschner. —

در دیوپ نسنلرین[a] المیالر اوزرلرینه اش کوج [ایله] برقمیالر مکر کی کندولر ایل نرخنه راضی اولالر اول وقت اشلیه‌لر.

٩ و باج بابنده مسلمانلر و اکر کافر کي طشردن کلوپ کپه [و] کپنك[b] وکون و بال و یاغ [و] بونلره بکزر نه الورسه صاتلسه قرق اقچه‌ده بر اقچه النه.

١٠ انجق قماش یوکندن پز و اپلیك و جرقا و کمخا [و] کتان و پنبوق و قلاي و قورشون [و] بونلره بکزر نه وارسه یوکنه اکی اقچه النه.

١١ و افلاقدن و اسلامبولدن[c] هر نه کلسه یوزدن اکی اقچه الالر.

١٢ و طورفنده یمش یوکندن بر اقچه الالر بول اولچق اکی اوچ یوکنه بر اقچه الالر.

١٣ و چرانوك یوکندن+ کي اون پش اقچیه صاتلسه بر صورتی ویاخود بر پاره چرا النه.

١٤ اشك یوکی اودندن بر اودن الالر قاپوچي شهردن کلوب کیدن بك قولنه.

١٥ و سغردن اکی اقچه النه اکی باشدن.

١٦ و بر اسیر صاتلسه اکی باشدن درت اقچه النه.

١٧ قپاندن[d] طرتلان طواردن بر قنطار طواردن اکی اقچه النه بر اقچه صتاندن و بر اقچه الاندن النه.

١٨ و بر عربه ⟨و بر عربه⟩ طوزدن سکز اقچه النه.

١٩ و بر عربه پرنجدن[e] سکز اقچه النه.

٢٠ و بر عربه قیون درسی[f] کلسه بش اقچه النه و ات یوکندن اکی اقچه النه.

٢١ و بر یوك کپنك‌دن اکي اقچه النه.

٢٢ و افلاقدن و اسلامبولدن و فرنکدن نه کلسه یوزده اکي اقچه النه فرنکدن دوپرونکدن کلنچدن[g] صکره شنوك اوزره مقرر اولدیکی [.......] دوپرونیك کافریله معامله شیله اولرسه پادشاه عادت[h] ازرنه.

٢٣ بر یوك قماشدن اکی اقچه النه.

٢٤ و طشردن قیون کلسه بوغزلنسه اکی قیونه بر اقچه النه و یرلو قصّاب کتورسه بوغزلسه درت قیونه بر اقچه النه.

---

9 M یوکی. —

---

a) = نسنه‌لرین. — b) = کپانك s. o. S. 26, Anm. g. — c) = اسلامبولدن. — d) = no. قبّان ķabban große Wage. — e) = پرنج pirinğ. — f) = دریسی. — g) = کلنجه‌دن (کلنجه‌دن): — h) = عادتی. —

۲۵ طشردن انجیر[و] قیون کتورسه اسلام بولده+ نسنه+ صاتسه کتورپ[a] اکی+ قیوندن براقچه النه ایاق باجن دیو النه و سنوردن طشره صاتسه[b] اقچه‌سین کلوپ شهرده صاتسه+ صاتان[c] انجیردن باجن الالر.

۲٦ بر سغر بوغزلاسالر بر اقچه الالر.

۲۷ ملك صاتلسه یعنی باغ و دکرمن [و] باغچه+ و یه اولر و دکانلر باج یوقدر.

۲۸ و کویلرده هر نه صاتلسه (7v) باج یوقدر.

۲۹ و [اکر] بر کشینك آت[d] و قسراغی و اکوزی [بر اکینه کیرسه] طوار باشنه بش اقچه چرملیوپ+ طوار باشنه بش چماق اوریله انك[e] کرسه درت چماق [اوریلوب] درت اقچه النه و بزاغو ویه قیون کرسه اکنه بر اقچه ویره و بر چماق اوره‌لر قره جناور[f] کرسه اکی اقچه جرم الالر[و] اکی چماق اوره‌لر+ اوّل حجت ایده[لر] [حجت اتدکلرندن صکره] اسلمیوب طوارلرینه تیمار اتمزلرسه [که] تخیل [و] ترکه اچنده بولالر[و] ترکیه+[g] زیان اتمش اولا[لر] بو وجهله+ چماقلیوپ+ جرم اده‌لر و اولان زیانی اودده‌لر و هر کشی ⟨بر⟩+ طوارنه[h] تیمار اده‌لر مسلمانلروك و کافرلرك ترکسی[i] و اکینی خراب اولمیه.

۳۰ و برکم بو قانوندن کاینا[k] من کان تجاوز ادرسه عتابه و عذابه مستحق اولب سوجلو اولر.

تحریراً+ فی اواخر اخری الجمادیین سنه ثلث و تسعین و ثمانمائه+.

---

1 M اسلام بول. — M نیسنه. — M اکه. — 3 M السه. — 5 M بغچه. — 8 M چرلیوپ. — 10 M verstellt: جناور کرسه اکی اقچه اکی چماق اورلر (sic!) جرم الالر. — 11 M برکیه. — 12 M بوجهله. — M چماق‌لیوپ. — M بر. — 16 M محریر. — M ثمامانه. —

---

a) Statt کتورمش beziehungsweise کتورلمش. Dieser Gebrauch des Kopulativs scheint im ao. häufig vorgekommen zu sein; vgl. im heutigen Āẕerbajğānischen z. B. کلوب‌سن = no. کلمشسن, کلوبسکز = no. کلمشسکز, کلوب درلر (کلوبلر) = no. کلمشلر. — b) sc. انجیر صاتسه. — c) = صاتلمش. — d) = آتی. — e) = t. اینك. — f) = t. جاناوار (جاناور, جانور, جانوار) ğanawar Tier, besonders wildes, schädliches Tier, Schwein, von p. جاناور ğān-āwär belebt, Tier; قره جاناوار schwarzes Schwein, Wildschwein, Eber. — g) = ترکه‌یه. — h) = طوارینه. — i) = ترکه‌سی. — k) t. Schreibweise für a. کائناً. —

Kânûnnâme-i Sultânî ber Mûceb-i 'Örf-i Osmânî (Seçmeler)

II. Mehmed ve II. Bâyezid Devirlerine Ait Yasaknâme ve Kânûnnâmeler

Bu kânûnnâme, önce Fr. Babinger ve N. Beldicianu[1] tarafından ve son olarak da tarafımızdan R. Anhegger ile birlikte Türk Tarih Kurumu'nda yayınlanmıştır.[2] Kânûnnâme, Fâtih ve II. Bâyezid tarafından darphane ve para, tuzla gümrük ve pazara ait düzenlemeler üzerinde çeşitli zamanlarda çıkarılmış kânûnları bir araya getirmektedir. Burada bu kânûnnâmeden darphane, İstanbul ve Galata'da pazar, delâllık ve gümrük üzerindeki önemli kânûnları yayınlamaktayız.

DARABHÂNE BERÂTI HÜKMİ SÛRETİDÜR

Sebeb-i tahrîr-i tevkî'-i hümâyûn ve mûcib-i tastîr-i hükm-i nâfiz-i meymûn انفذه الله تعالى الى يوم يبعثون hükmi oldur ki: Rumeli ve

1 Beldicianu'nun Fransızca çevirisinde birçok hatalara rastlanmaktadır; İnalcık, "Notes on N. Beldiceanu's Translation," *Der Islam*, 43 (1967), s. 152-156.

2 *Kânûnnâme-i Sultânî ber Mûceb-i 'Örf-i Osmânî, II. Mehmed ve II. Bayezid Devirlerine Ait Yasaknâme ve Kânunnâmeler*, Ankara, 1956; yazmanın ve eserin aslı hakkında bkz. Giriş.

Anadolu darabhânelerümi dârendegân-ı misâl-i şerîf (33b)[3] fulâna verdüm, şol şart ile verüldi ki;

Burusa'da ve Ayasolug'da ve Amasıya'da ve Konya'da ve Edre-ne'de ve İstanbul'da darabhâne ola, ve İslambol'da ve Burusa'da ve Ayasolug'da ve Amasıya'da ve Konya'da yüz dirhem gümişi iki yüz seksen beş akçaya alalar, evvelki 'âdet üzre ve Siroz'da iki yüz seksen üç akçaya alalar ve Nevabir'de iki yüz seksen bir akçaya alalar, ve akça evvelki(34a) kânûn üzre ve nakd[4] dirhemden üç yüz otuz akça kesile ki adı Muhammed Hânî ola, ammâ bu akça veznesi mezkûr hurde akçanun onı veznesince ola, ve mezkûr vilâ-yetlerde ki darabhâneler gonuldı, ekser bile kesülüb cârî ola, bu veçhile mutasarrıf olub her altı ayda bir kıst cevâb edeler, özr ü behâne etmeyeler, edecek olursa makbul ve mesmû' olunmaya;

Ve mezkûrlarun 'âdet üzre olub (34b) gelen işe hiç ahad كائناً من كان mâni' olub medhal kılmaya ve ta'arruz degürmeye.

SARRÂFİYE (İÇİN) VERİLEN HÜKMÜN SÛRETİ

Mefahirü'l- ümerâ'i ve'l-ekâbiri Rum-eli sancak-begleri دام عذهم ve mefâhirü'l-kudâti ve'l-hükkâmi Rûm-eli kadıları دام فضلهم tevkî'-i hümâyûn vasıl olıcak, bilesiz ki: Şimdiki hâlde darabhânem 'âmil-leri her birünüzün taht-ı hükûmetine yeni akça gönderdiler, eyle olsa gerekdür ki, (35a) bâzârları çagırdasız ki, kimesne eski akça ile satu-bâzâr etmeye, eger edecek olursa sarrâf ile koşulan kulum (...)[5] gereği gibi hakkından gele;

Ve emrüm bu üzredür ki, her kim İstanbul'a ve yâhud Edrene darabhânesine gümiş veyâ eski akça iledürse yüz dirhemine iki yüz seksen beş akça üzre akçasın ala, ve Siroz darabhânesine iledürse yüz dirhemine iki yüz seksen üçer ve Nevabirde darabhâne (35b) sine iledürse iki yüz seksen birer akça üzre akçasını ala;

Zikr olan darabhânelerden sarrâflar her kangınuzun taht-i ye-dine yeni akça iledürse darabhânelerüm narhından beşer akça ek-

---

3 33b-34a varak için bkz. foto No.13.

4 Resimde görülebildiği yazmada "nakd" kelimesinin "nakad" şeklinde harekelen-miştir, ayrıca arkasında biraz boş yer bırakılmıştır.

5 Metinde isim zikredilmemiştir.

süge bozalar, kimesne mânî' olmaya, mâlum bâbında mu'âvenet edesiz ki mâl benümdür 'âmilün değildür.

Şöyle bilesiz, 'alâmete i'timâd edesiz.

SANCAK VE SUBAŞI HÜKMİ SÛRETİ

Mefahirü'l-kudâti ve'l-hükkâmi Anadolı (36a) ve Kastamonı ve Kankırı[6] kâdîları دام فضلهم tevkî'-i hümâyûn vâsıl olıcak ma'lûm ola kim: Bundan evvel Anadolu ve Kastamonı ve Kankırı sancaklarının ve subaşıluklarunun mevkûfâtın fulâna mukâta'asına vermişdüm, şimdiki hâlde kapuma gelüb elümde hükm-i hümâyûnum olmadugı eclden zabt olunmaz ve niçe kimesneler vardur temerrüd ederler deyü anlatdı;

Eyle olsa benüm emrüm bu üzredür ki, kendü adamları (36b) yüriyüb teftiş edeler, zikr olan târihten berü mevkûf olmış sancak ve subaşıluk bulurlarsa hâsılın hüküm edesiz, kulum bîkusûr alı-vere;

Ve sancak-begi ve subaşı müteveffâ olsa veya sancağı veya subaşılugı alınub bir kimesneye dahi verülse, tâ berâtının yazuldugı güne değin fi'l-cümle mâbeyninde ne vâkî' olursa hüküm edesiz, kulum alı-vere;

Ve bir subaşı kulluğuna varmaya veyâ hizmetin (37a) tamam etmedin çeriden gitse, tîmârı mevkûfdur, hâsılın hüküm edesiz, kulum alı-vere, malûm bâbında mu'âvenet edesiz, 'alâmete i'timâd edesiz.

İSTANBUL'DA OI AN İBRÜŞİM YASAĞI HÜKMİ (SÛRETİ)

Nişân-i hümâyûn ve misâl-i meymûn انفذه الله تعالى الى يوم يبعثون hükmi oldur ki: İşbu dârende-i misâl-i şerîf kulum (...)[7] İstanbul'da ibrîşim yasağın etmeğe gönderüb eline bu hükm-i şerîfi verdüm;

Ve buyurdum ki, her kim Rûm-eli'nden İstanbul mîzânına ibrîşim getürürse simsâr destûrunsuz yükün bozmaya ve evlerde konmaya, kârbânsarâyda kona ve ibrîşimin gizmeleye (74a) ve uğurlayın sarmaya ve sardurmaya, her kim bunun hilâfını ede ki kulum bula, kâdînun dahı ma'lum ola, ibrüşimin alub beglik ede;

---

6 Kankırı: Çankırı.
7 Metinde isim zikredilmemiştir.

Ve her kim Burusa'dan ve Tokat'dan ve Tarabozan'dan ibrîşim getürürse, anda 'âdet üzre iki başdan resmin verdügüne 'âmillerden ve yâhud 'âmil emînlerinden elinde hüccet var ise, bunda resim vermeye ve illâ elinde hüccet yogise (74b) bunda 'âdet üzre iki başdan resim vere;

Ve her kim uğurlayın ibrîşim satar ise ve yâhud alur ise ve yâhud resmin bitürmedin[8] sardurursa ki ma'lûm ola, alanun ve satanun ve alı-veren dellâlun kulum hakkından gele ve ibrîşimin alub beglik ede ve her kim bâzirgâna ibrişim tartmagiçün terâzû verürse kulum dutub hakkından gele ve ba'zı kimesneler ibrîşimin ısladurlar imiş (75a) terâzûda agır gelsün deyü, anun gibi olıcak kâdî teftîş ede göre, ma'lûm olduktan sonra kulum gereği gibi hakkından gele, tâ ki bir kimesne dahı eyle etmeye, ve ba'zı kimesneler dahı ibrîşimlerin yolda götürürken bel' edüb mîzâna az getürürler imiş, anun gibileri kâdî teftîş ede, bulub ibrîşimin bel' etdügi sâbit olursa bel' etdügi ibrîşimüni alub beglik ede, ve ibrîşim satan (75b)[9] bâzirgânlar 'âdet üzre resimlerin verüb andan gideler, kârbânsarâycıya yasak oluna ki resmin bitürmedin[10] bâzîrgânların koyu-vermeye;

Bu veçhile yasak edüb hiç ahad كائنا من كان mânî' olub medhal kılmaya ve ta'arruz degürmeye. Şöyle bileler.

İSTANBUL'DA VE GALATA'DA OLAN ALAVÂT[11]

Nişân-i hümâyûn ve misâl-i meymûn hükmi oldur ki: Şimdiki hâlde mahrûse-i Kostantiniyye'de buğday (76a) ve arpa ve 'alaf ve daru ve un gümrügüni dârende-i misâl-i şerîf Kesarid-oglı Kaysara ve Galatalu Petr Urı ve 'Âmîl-oglı Menteş'e[12] sene semânîn

8 Metinde: yitürmedin.

9 75b-77a varaklar için bkz. foto no. 23 ve 24

10 Faksimileye bakınız.

11 T.S.M. Revan köşkü yazmalarından no. 1935 v. 119b ve no. 1936 v. 127a'da şu önemli farklar görülmektedir:
1) gümrügüni ... verdüm: gümrüğün filân (-5) nâm kimesneye mukâta'aya verdüm 5, 6.
2) ıssunun: re'islerinün 5, 6.
3) taleb oluna ... Gelibolu hükmüne: taleb oluna ve Gelibolu hükmüne 5, 6.

12 Faksimileye bakınız.

ve semâne mi'e Ramazân'unun on yedinci gününden[13] üç yıla on kerre yüz bin akçaya ve on iki bin akça resm-i berâta mukâta'aya verdüm.

Şol şartile ki, buğdaydan ve arpadan ve 'alafdan ve darudan, gerek gemile gelsün gerek taşradan gelsün, Edrene (76b) 'âdeti üzre satandan yüz akçada dört akça gümrük alına ve undan[14] müslimândan iki akça ve kâfirden yüzde üç akça gümrük alına, ve şimdi etmekçilerde ve gayrında ki satmak içün un almışlardur, zikr olunan mûcebince buğdaydan ve arpadan ve 'alafdan ve darudan ve undan gümrük alına, bu vechile mutasarrıf olub altı ayda bir kıst cevâb vere, fi'l-cümle zikr olunan nesnelerden gümrük (77a) vermemek içün metâ'ı gizleyecek olursa ki sonra buluna, ol gizledügi metâ'ı alub beglik edeler;

Ve gemi re'îsleri 'âmilden icâzetinsüz gemilerinden taşra davar ve metâ' çıkarmayalar ve taşradan dahı gemilerine davar ve metâ' koydurmayalar, her kim mezkûr 'âmillerden ugurlayın[15] taşradan davar koyub yâ içerüden çıkaracak olursa ki buluna, davarların ve metâ'ların alub beglik edüb re'îsünün (77b) burnuna kıl geçürüb şehri gezdüre ve bâzîrgânlar dahı mezkûr 'âmillerden davarların gizleyüb eksik demeyeler, ve illâ dedükleri davardan ziyâde davar çıkarsa ki buluna, ziyâde bulunan davarların beglik edüb ıssınun (Issınun: re'îslerinün 5, 6) hakkından gele;

Bu vechile üç yıl 'âmil ve mübâşir olalar ve kıst el-yevm taleb oluna (taleb oluna ... Gelibolu hükmüne: taleb oluna ve Gelibolu hükmüne 5, 6), mezkûr mukâta'a her ne vechile ellerinden çıkacak olursa heman (78a) emâneten hisâb vereler, ziyâde nesne taleb olunmaya ve nakd verülmeye;

Bu uslûb üzre hükümler verdüklerinden sonra Gelibolı hükmüne ba'zı kuyûd dahı oldur ki, Gelibolı pâzârunun evvelden verülen hükm(ün)e mestûrdur ve müslimânlar, ve ermeniler ve yahûdîler ve gayrılar şîra vaktinde bağlarından şîra getürüb[16] mezkûr 'âmille-

13 14 Ocak 1475
14 Metinde: اندن
15 Metinde: اوغورلادين
16 Metinde: كتوران

re danışmadın 'arabadan indirmeyeler, eger 'arabadan indürüb ki evlerine koyalar (78b)[17] ki buluna, anun gibi edenleri dutub hakkından geleler, ve şîra da satandan ve çıkardandan her medreden bir akça alına, ve müsellim olan kâfirler kendü mahallerinde bir meyhâneden gayrı yerde süciler[in] satmayalar, ve kendüleri bâğlarından gayrı bâğlardan şîra getürüb evlü evinde satacak olursa ki buluna, sücilerin beglik ede ve kendülerinün haklarından gele;

Ve şol gemiler ki Bolayır (79a) ve Kavak (Kavak 5, 6: Fırak)-duşı'na[18] ve Ak-liman'a[19] çıkarlar, gümrüklerin mezkûr 'âmillere vereler ve Kozlu Dere(Kozlu 5, 6: Kurbı) limanı[20] resmin 'âmil ala, sancak-begi dahl etmeye, ve Ece-ovasından Tekfur-dagı'na[21] gelinceye dek[22] her ne yerde gemi çıkarsa alup satduklarından sonra 'âdet üzre gümrügin alalar;

Ve şîra vaktinde şîra getüren 'arabacılar getürdükleri şîrayı mezkûr 'âmillere danışmadın indürüb evine koyacak (79b) olursa ki buluna, öküzlerin ve 'arabaların[23] beglik edüb kendülerün haklarından gele, ve mezkûr 'âmillere danışmadın açmayalar ve satmayalar, eger edecek olursa ki buluna, gümrügin alub alanun ve satanun hakkından gele.

YASAKNÂME-İ 'ALAVÂT-İ İSTANBUL HÜKMİ S[ÛRETİ]

Nişân-i hümâyûn ve misâl-i meymûn انفذه الله تعالى الى يوم يبعثون hükmi oldur ki:

Şimdiki hâlde mahrûse-i Konstantaniyye'de (80a) buğday ve arpa ve daru ve un ve 'alaf gümrügin Kesarid-oglu Kaysara ve Galatalu Petr Urıya ve Amil-oglu Menteşe[24] mukâta'aya verdüm ki, mahrûse-i Konstantaniye'ye kurudan gelen bugdaydan ve arpadan ve darudan ve undan ve 'alafdan her ne gelürse Edrene-kapusı ve

17 78b-80a varaklar için bkz. foto no. 25 ve 26.
18 Bu yeri tespit edemedik.
19 Ak-liman: *Ak* yahut *Akça limanı* Çanakkale boğazının Rumeli tarafında.
20 *Kozlu-dere* (metnimizde Kurbı-dere, bkz. varyant): Gelibolu yarım adasında.
21 *Ece-ovası*: Gelibolu yarımadasında; *Tekfur-dagı*: Tekir-dağı.
22 Metinde: كلنجيلر
23 Metinde: عربلرك
24 Faksimileye bkz. (foto no. 26)

Top-kapusı ve Yeni-kapudan gelüb ve gayrı kapudan gelmeyüb doğru kapana gelüb Edrene 'âdeti üzre (80b) mezkûr 'âmiller satandan yüz akçada dört akça gümrük alalar, ve undan müslimândan iki akça ve kâfirden üç akça gümrük alalar, ve şehri etmekçilerde ve gayrında ki satmak içün un ve buğday ve 'alaf ve daru almışlardur, anlarun dahı emrüm mûcebince gümrük alına, fi'l-cümle mezkûrdan her kim satmak içün kurudan şehre getürecek olursa zikr olunan üç kapudan gayrı kapudan (81a) getürüb gizlemeyeler, her kim gümrük vermemek içün ki gayrı kapudan getüre ve yâhud kapana getürmeyüb gizliye ki buluna, davarın alup beglik edeler ve kendünün hakkından geleler;

Ve denizden gelen[i] dahı kapana iledüb mezkûr 'âmillere âdet üzre gümrüğün vereler, zinhâr hilâfunı etmeyeler, edecek olurlarsa ki kulum bula, gereği gibi hakkından gele, fi'l-cümle kurudan ve denizden her ki buğday ve arpa ve 'alaf (81b) ve daru getürecek olurlarsa doğru kapana getürüb emrüm mûcebince gümrüğün vereler. 'Özr ü behâne etmeyeler.

ŞURÛT-İ GÜMRÜK-İ İSTANBUL HÜKMİ SÛRETİ

Şol şart ile ki: Venedik'den ve Ceneviz'den ve gayrından ki gelüb metâ'ı mezkûr yerlerden taşra çıkaracak olursa, gerek satsun [gerek satmasun] harâcgüzâr olmayan Firenk'den ve sâ'iri kâfirlerden yüz akçada beş akça gümrük alına ve müslimândan ve harâcgüzârdan (82a) yüz akçada dört akça gümrük alına, eger gemiden gemiye koyacak olurlarsa bu vechile harâcgüzâr olmayandan yüz akçada beş akça gümrük alına ve harâcgüzârdan ve müslimândan yüz akçada dört akça gümrük alına, ve denizden ve kurudan gelen kumaş ve me'kûlât kısmından İstanbul'a gelen arpadan ve buğdaydan ve 'alafdan ve darudan ve undan gayrı zikr olunan yerlerde arpadan (82b) ve bugdaydan ve darudan ve 'alafden ve undan ve gayrından müslimândan ve harâcgüzârdan yüz akçada dört akça gümrük alına ve harâcgüzâr olmayandan yüz akçada beş akça alına, ammâ me'kûlât kısmından şimdiye dek İstanbul'a denizden gelenden ne alınursa kurudan gelenden dahı mezkûr İstanbul'da ve zikr olunan yerlerde ne vechile alınursa öyle alına, ziyâde alınmaya (83a);

Ammâ İstanbul'da yogurtdan ve tavukdan ve yumurtadan ve etmekten ve kuzıdan ve koyundan ve bunun emsâli nesnelerden gümrük alınmaya, fi'l-cümle zikr olunan mûcebince me'kûlât kısmı 'amel olunduktan sonra kurudan her ne metâ' getürürlerse ol metâ' denizden geldügi takdirde ne vechile gümrük verürlerse kurudan gelenden dahı ol vech üzre gümrük alına, illâ meğer ki ba'zı metâ' (83b) şimdiye dek denizden gelüb gümrük vermeyen nesnelerün kurudan gelse, sükker ve kamış ve ebrû fülfül ve zencebil fi'l-cümle bahârâtından her ne gelürse, gerek denizden ve gerek kurudan gelsün müslimândan ve harâcgüzârdan yüz akçada dört akça gümrük alına, harâcgüzâr olmayandan yüz akçada beş akça gümrük alına, ve bir kimesne satun alup gayrı yere alub giderse tamâm gümrük (84a) vere, alup gitmezse nesne vermeye;

Ve Akdeniz'den ve Karadeniz'den ki bir gemi İstanbul'a yâhud Mudanya'ya yâhud Gelibolu'ya gelüb lenger atsa, gemi yükünün tamam gümrüğün vere, ammâ bir gemi ki katı güne ugrayub nâçâr gelüb zikr olunan yerlerde limana girse lenger atsa ki gemisinden nesne çıkarmaya ve yâhud gemisine nesne koymaya gümrük vermeye ammâ katı gün olmayub kendü irâdetile (84b) limana girse tamâm gümrük vere, ve bir gemi ki İstanbul'da âdet üzre gümrügin verüp yük gösterüb Gelibolı'ya yâhud Mudanya'ya lengerin[25] salsa gümrük vermeye, illâ meğer ki zikr olunan yerlerde lenger salup gemisinden nesne çıkarursa ve yâhud nesne koyarsa ol çıkardugı metâ'dan gümrük vere, her kangı limandan ki bir limana vara, bir kerre gümrük verdükten sonra tekrar bir limanda dahı (85a) gümrük alınmak benüm emrüm degildür, almayalar;

Ve deniz yüzünen gelen Menavişe[26] sücisinden gayrı ne kadar süci gelürse, içmek içün olsun gerek satmak içün olsun, taşra çıkarsun gerek çıkarmasun, her medrede bir akça gümrük alına, ammâ Menuşe sücisinden evvelden olub-gelmiş 'âdet üzre her fuçıdan on iki akça gümrük alına, gerek Menavişe gerek (85b)[27] gayrı süci

---

25 Metinde: لنكرك

26 Mora'da şarap istihsaliyle meşhur Monembasia (Monemvassia). 36, 37, 53, 55 ve 56 numaralı vesikalarda şu şekillerde geçmektedir: منوش; no. 55 ve 56 da بنفشه

27 varak 85b - 87a için bkz. foto no. 26 ve 28.

olsun ve yerlü sücisinden dahı olub-gelmiş âdet üzre gümrük alına cemî' iskelelerde;

Ve mumdan ve kükür[d]den ve ...[28] ve ipekden ne gelürse yasak oluna ki, bunlardan denize alub gitmeyeler, İstanbul'a mâni' olunmaya ki İstanbul'a gelüb anda satub andan ne yere giderse gide.

İSTANBUL VE GALATA GÜMRÜĞİ HÜKMİ SÛRETİ

Nişân-ı hümâyûn ve misûl-i meymûn انفذه الله تعالى الى يوم يبعثون hükmi oldur ki: Şimdiki hâlde İstanbul ve Galata gümrügin dutan fulân Dergâh-i mu'allâma gelüb yasaknâme taleb etdükleri sebebden dârende-i misâl-i şerîf kulum ile işbu hükm-i hümâyûnı verdüm;

Ve buyurdum ki, Firenk'den ve Ceneviz'den gemi gelüp metâ'ın gemiden taşra çıkarursa, gerek satsun gerek satmasun yüz akçada dört akça gümrük alına, ve yâhud gemiden gemiye koyacak (86b) olursa dahı yüz akçadan dört akça alına, denizden gelen kumaş ve me'kûlât kısmından undan ve arpadan ve bugdaydan ve 'alafdan ve darudan müslimândan[29] ve harâcgüzârdan yüz akçada dört akça ala, ve kurudan gelen[30] firengi kumaşdan ve Kefe kemhâsından ve sammûrdan ve vaşakdan ve zerdevadan ve Rus dilgüsünden ve رورنيحدن ve bulgariden ve maytuzundan (87a) ve kükür[d]den ve baluk dişinden ve çukadan ve جوخوردن ve يوريحكدن ve برانقودن ve jiveden ve Eşâk bargirinden ve sakızdan ve temür kürekden ve temür baltadan ve توقدن ve حكرمغودن ve akbezden ve camdan ve كساسى ketenden[31] ve havyardan ve sırt balıkdan müslimândan ve harâcgüzârdan yüz akçada dört akça gümrük ala, ve eger satmayub ki[32] kurıya alub giderse nesne (87b) alınmaya, ve illâ denize alub giderse müslimândan ve harâcgüzârdan yüz akçada dört akça gümrük ala;

Ve Gelibolu sınurundan berü gelen kumâş, bu yakada gerek öte yakada her kanda çıkarsa çıksun, müslim ehlinden ve harâcgüzârdan ve Firenk'den yüz akçada dört akça gümrük ala, ve Mu-

28 *Panbukdan* (?) bkz. faksimile.
29 Metinde: *müslimândan gayrı.*
30 Metinde: *gelen kurudan.*
31 Rusi(?) keten bkz. faksimile (foto no. 28)
32 Metinde: *ki ve*

danya'da firengi kumâş ve ibrüşim ve çuka ve gayrı kumâş getüren müslimândan ve harâcgüzârdan (88a) yüz akçada dört akça gümrük ala ve İstanbul sürgini müslimândan ve bâzirgândan yüz akçada dört akça gümrük ala;

Ve deniz yüzünden gelen Menavişesücisinden gayrı ne kadar süci gelürse, gerek içmek içün ve gerek satmagiçün, taşra çıkarduktan sonra her medrede bir akça gümrük ala, ammâ Menuşe sücisinden evvelden olub-gelmiş 'âdet üzre her fuçıdan altmış yedi akça (88b) gümrük ala ve liman resmi dahı her fuçıdan on iki akça ala, gerek Menveş gerek gayrı süci olsun ve yerlü süciden dahı olub-gelen âdet üzre ala, ve bir gemi gelüb gitse deniz yüzünden anun gibiden nesne alınmaya, ve Firenk ve sa'ir gebran ki harâcgüzâr olmaya, anlardan yüz akçada beş akça gümrük ala, ziyâde bir akça almaya.

Şöyle bileler.

İSTANBUL HÂSLARINUN BERÂTI SÛRETİ

(89a)[33] Verdüm ve buyurdum ki, Edrene müddiyle iki müdd tohum ki, bir müdd buğday ola ve buçuk müdd arpa ve buçuk müdd 'alaf ola, ekü-vereler, ve yerden her ne getürürlerse beglik tohum çıkarub sonra nısfı beglik ve nısfı kendülerün ola, ve salarlıgın dahı 'âdet üzre vereler ve gerdek degürin[34] ve fuçı resmin ve cürm ü cinâyet ne ise vereler, ve hırman[35] vaktinde ihtiyâr 'âmilün ola (89b), dilerse demed ala, dilerse dögüldükden[36] sonra ala, ve şiradan üç medrede bir medre ala ve salarlıgın dahı 'âdet üzre vereler;

Ve mezkûr has köylerün sınurunda taşradan ekenler öşürlerin ve salarlıgın vereler ve iki ay monaboliya dutula, ve İstanbul'un ve Galata'nun dâ'iresinde olan ekenler 'öşürlerin ve salarlıgın vereler;

Ve mezkûr hâs köylerün arasında kâfirler bağların (90a) satmışlar, satun-alanlar üç medrede bir medre resmin vereler ve yâhud bâgı ısmarlayalar;

---

33 Berât suretinin başı eksiktir.
34 Metinde: وكورين
35 Metinde yanlış olarak صرف, karşıla. s 52, v. 91a
36 Metinde: دكلدنصكره

Ve mezbûr hâslara taşradan nâ'ib girmeye ve kimesne ziyâde ederse târih evvelinden alub 'âdet üzre hisâbların ala, kıst el-yevm taleb olunmaya ve yıl bölünmeye ve yılda bir kıst cevâb edeler;

'Özr ve bahâne etmeyüb bu vechile mutasarrıf olalar, kimesne mâni' olub medhal kılmaya ve ta'arruz degürmeye (90b)

İSTANBUL HÂSLARINUN KÂNÛNNÂMESİ SÛRETİ[37]

Nişân-i hümâyûn ve misâl-i meymûn انفذه الله تعالى الى يوم يبعثون hükmi oldur ki: Dârende-i [misâl-i] şerîf İstanbul hasların dutan ...[38] Dergah-i mu'allâma [gelüb] Dergâh-i 'âlempenâh ve 'âlî-câhumdan kânûnnâme taleb etdügi eclden işbu hükm-i hümâyûnı verdüm;

Ve buyurdum ki, vara mezkûr hâssa kâfir köylerinün her birine[39] yılda ikişer müdd tohum ekdüre (91a), şöyle ki bir müdd buğday ve buçuk müdd arpa ve buçuk müdd 'alaf ola, ve yerden her ne getürürlerse beglik tohum çıkdukdan sonra bâkî kalanun ba'zısı beglik ve ba'zısı kendülerün, ya'ni nısfı beglik ve nısfı kendülerün ola;

Ve salarlıgın dahı 'âdet üzre vereler ve gerdek degürin ve fuçı resmin ve cürm ü cinâyet ne ise[40] olı-gelen âdet üzre vereler, ve dahı hırman vaktinde ihtiyar 'âmilün elinde (91b) ola, dilerse demed ala, dilerse dögüldükden sonra tahıl ala, ve şiradan dahı üç medrede bir medre ala ve salarlıgın dahi 'âdet üzre vereler, ve mezkûr has[41] köylerün sınurundan taşra ekenler 'öşürlerin ve 'âdet üzre salarlıgın dahı vereler, ve mezkûr hâslara da iki ay[42] monabolıya dutula, ve İstanbul'un ve Galata'nun dâ'iresinde ekenler dahı 'öşrin ve salarlıgın 'âdet (92a) üzre vereler, ortakçılar üzerine yazılan

---

37 Bu vesikanın Topkapı Sarayı Müzesi Kütüphanesi Revan Köşkü no. 1935 vrk. 130 ve no. 1936 vrk. 128'de birer kopyası vardır. Burada ancak mana bakımından mühim farkları gösterdik.1935 numaralı metnin bazı parçaları Ömer Lütfi Barkan tarafından, *XV ve XVI ıncı Asırlarda Osmanlı İmparatorluğunda Ziraî Ekonominin Hukukî ve Malî Esasları* adlı kitabında (İstanbul 1945, s. 103) yayınlanmıştır.

38 Metinde isim zikredilmemiştir.

39 hâssa ... birine: hâssa köylerün kafirlerinün her birine 5, 6.

40 ne ise: var ise 5, 6.

41 has. hassa 5, 6.

42 iki ay . iki 5, 6.

iki müdd tohumı tamâm ekdükden sonra ortakçı her ne dürlü işi dilerse işleye;

Ve Çekmeceler'de gelen ve giden yolcıları evlerine konduralar, amma ol konan kimesneler her ne isterlerse akçalar ile satun-alup güc ile kimesneden nesne almayalar, fi'l-cümle 'âmil[43] gereği gibi görüb gözede ki, konan kimesne kâfire ve ne kâfir konan kişiye ta'addî ede (92b);

Ve bundan öndin kâfirlere tohum ve çift verülmişdi, 'âmil anı dahı göre ve gözede, fevt olan kâfirlerün tohumu ve çifti hısmından[44] verülmemiş kimesne bulunursa ana göre[45] vereler, ve illa hısımundan ve kavmundan kimse bulunmayub haricden tohumsuz ve çiftsüz kâfir bulunursa ana vereler, haricden dahı bulunmazsa zabt eyleyüb Kapuma getüre;

Ve ba'zı kâfirler birer öküzin (93a) satub ikisi bir çift edinmişler deyü istimâ' olundı, anun gibileri dahı teftîş edüb Kapuma bildüre, geregi gibi siyâset edüb hakkından gelem;

Ve ba'zı kimesneler has sınurunda ekerler biçerlermiş öşür ve salarlık vermezler imiş, buyudum ki, Bogazkesen ve kal'a dizdârlarından gayrı[46] ol hâslarda benüm hükmümsüz her kim eküb biçerse 'âmile öşür ve salarluk vere ve andan sonra hâssa (93b) mute'âllik olan hâlî yerleri 'öşrine ve salarlıgına her kim mültezim olanlara 'âmil verürse[47] anun elinde mukarrer olup 'öşrin ve salarlıgın vere, kimesne gelüb benüm idi deyü da'va ederse mesmû' ve makbûl olunmaya;

Ve beglik ta'yîn olunan hâssa çayırlardan gayrı şol ki biçin çayırlarıdur, anları 'âmil koruda, kimesneye dahl etdürmeye, ammâ tarla aralarında ve köyler örücikleri çayırdur deyü (94a) korudub dahl etmeye;

Ve 'âdet üzre kovan öşrin vereler;

Ve hâslar içine hâricden ne kadar kâfir gelürse ki, mütemekkin ola, gayrı yerde harâca ve ispenceye yazılmış olmaya, havlâni havl

---

43 'âmil: - 5, 6.

44 hısmından: hısmından ve kavmından 5, 6.

45 ana göre . ana 5, 6.

46 Bogazkesen... gayrı. Bogazkesen kal'asından gayrı 5, 6

47 olanlara amil verürse. olub hasıl verürler ise 6, olub hasıl verür ise 5.

geçüb harâc vakti olıcak harâcın ve ispencesin ala ve eküb biçüp tamâm eyledükden sonra 'öşür ve salarlık ala ve hassun[48] satılan koyun[49] bâcına İstanbul subaşısı dahl etmeye, 'âmil ala ne kadar mukâta'alu (94b) yerler var ise, mukâta'ası bozulmışdur, 'öşür ve salarlık vereler ve her kimün elinde bag var ise üçde birin[50] ve salarlıgın vere, yâhud bâgı ısmarlaya ki, 'âmil kime dilerse vere, ve zeytun ve koz ve gayrı yemiş agaçlarınun nısfı hâsılın 'âmil ala, ve yürükler evvelden yüriyü-geldükleri yerde yüriyeler, ammâ kimesne kimsenün ekinine ve biçinine zarar etmeyeler, hâkimü'l-vakt olanlar şer' ile teftiş edüb tazmîn (95a) etdüre ve illâ eslemeyüb gerü zarar ve ziyân ederlerse men' edüb yürütmeyeler ve mezkûr şira[51] kabların ve şira[52] koyacak damları ve anbârları dahı re'âyâ meremmet edeler ve şimdi hâzır olan anbârlar ve[53] şira kabları ve şira duracak damları kifâyet etmezse ra'iyyetlere yetecekce anbâr ve şira damı ve şira duracak damlar etdüreler ve haslar[54] sınurunda keremetçilerün ve kireççilerün furunları (95b) var imiş ve 'âmile nesne vermez imişler, eyüce teftiş edeler göreler, Edrene'de 'âdet ne ise anlar dahı ol resme resim alına, ve Marmara'da ve gayrı hâslarda ortakçılar üzerine yazılan tohumı tamâm ekmezler imiş, buyurdum ki, taksîrluk edüb ekmeyenler tamâm tohum ekenler gibi rüsûmların vereler ve beglik hisse içün hâsıl olan mahsûli nısıfdan ve 'öşürden ve salarlıkdan ne olursa 'âdet üzre (96a) beglik anbâra iledeler;

Ve haslar[55] sınurında kullar ve yaya-başları çiftlük edinmişlerdür, hırman ve üzüm vaktinde hâsılların gizleyüp nesne vermezler imiş, imdi buyurdum ki, anun gibi edenleri hâkimü'l-vakt olanlar gereği gibi te'kîd edeler ki, min-ba'd eyle etmeyeler, şöyle kim hâsılların gizleyüb sonra bulunacak olursa buyurdum ki, kâdî ma'rifetile ol çiftlügi anlardan alub gayre vereler;

48 Metinde: حاصل
49 satılan koyun: sayılan koyun 5, 6.
50 Metinde: اوجدهبدرين
51 şira. amil şira 5, 6.
52 ve şira: - 5, şira 6.
53 anbarlar ve: - 5, 6.
54 Metinde: حاصل
55 Metinde: فاصللر

Ve haslar (96b) sınurunda kassâblarun sağmal koyunları var imiş, resim vermezler imiş, buyurdum ki, anlarun gibilerün şöyle ki üzerlerine bir yıl geçe, 'âdet üzre resmin alı-vereler ve hisar-erlerinün ve gayrı mansıb ehlinün hâslar sınurunda koyunları var imiş, aralarında koyun gizler imiş, anı dahı kâdî ma'rifetile göreler, şöyle ki bundan böyle kimesne koyun gizlemeye, eger sonra bulunacak olursa anlar dahı tekrar koyun (97a) 'âdeti alınmalu olur, son peşimânluk fa'ide vermez, ve kassâblar ve sipâhî ve mansıb ehlinün koyunlarından[56] her kim gerekse olsun, koyun 'âdetin bunlara vereler, ammâ sipâhî ve ehl-i[57] mansıb olan kimesnelerün koyunlarına dahl olunmaya.

İSTANBUL'UN DALYANI YASAGI HÜKMİ SÛRETİ

Nişân-i hümâyûn ve misâl-i meymûn انفذه الله تعالى الى يوم يبعثون hükmi oldur ki: Dârende-i misâl-i şerîf kulum fulân İstanbul'un (97b) ve Bogazkesen'ün dalyanı yasağını etmeğe gönderdüm, varub bundan öndin olup gelmiş kânûn üzre yasak ede, öte yakada ve berü yakada kime gerekse balık avlatdurmaya, her kim uğurlayın balık avlarsa dutub balığın elinden alup kendünün gereği gibi hakkından gele, kimesne mânî' olmaya; balıkçılara yasak ede ki her birisi avladukları balıkları getürüb 'âmilün ve emînün manzûrı olmayınca[58] satmayalar (98a), ve illa satacak olurlarsa ki mezkûr kulum bula, gereği[gibi] hakkından gele;

Fi'l-cümle bu bâbda mezbûr kuluma kâdî ve subaşı gereği gibi mu'âvin olalar.

Şöyle bileler, alamete i'timad kılalar.

İSTANBUL'DA OLAN MUMHÂNE HÜKMİ SÛRETİ[59]

Nişân-i hümâyûn ve misâl-i meymûnانفذه الله تعالى الى يوم يبعثون hükmi oldur ki: İşbu dârende-i misâl-i şerîf kulum ...[60] İstanbul

---

56 koyunlarından: koyunlarından gayrı 5, 6.

57 Metide: اهل

58 Topkapı S.M. Revan Köşkü no. 1935, v.121b ve 1936,v.130a.: ve... olmayınca: eminine göstermeyince 5, 6.

59 Topkapı S.M. Revan Köşkü no. 1935 v. 121 b ve no.1936, vrk. 130 b.

60 Metinde isim zikredilmemiştir.

mûmhânesinde yasak etmeğe gönderdüm (98b), ve buyurdum[61] ki, mûmhânemden gayrı yerde mûm dökülmeye ve satılmaya, ve büyük balan[62] kâlıbı ve kici kâlıbları ve pare mûmları[63] getürüb mûmhâneme[64] satalar, gayrı yerde zinhâr satmayalar;

Ve içgü balın işleyen balcılar[65] ne kadar mumdan satarlarsa gayrı kimesneye pâre[66] mûm satun-alub pâre mûm dükkânda satmaya, mûmhâneme getürüb vakiyesüni (99a) on ikişer akça üzre satalar;

Her kim emrüme muhalifet edecek olursa, kulum dutub yolundan[67] hakkından gele, ve kâdî ve subaşı mâlum bâbında mu'âvenet edeler, kimesne mâni' olmaya.

İSTANBUL'DA VE GALATA'DA DELLÂLLÜK KÂNÛNNÂMESİ

Nişân-i hümâyûn ve misâl-i meymûn انفذه الله تعالى الى يوم يبعثون hükmi oldur ki: Şimdiki hâlde İstanbul'da ve Galata'da çuka ve akmışe dellâllıgın dutan Yanko'ya (99b) ve fulâna işbu hüküm-i cihân-ârâyı verdüm;

Ve buyurdum ki, İstanbul'da ve Galata'da müslimândan gayrı bâzirgân her ne kim dellâl ile satsa gerekdür, hem satan adam ve hem alan adam dellâllük vereler, eger alıcı müslimân dahı olursa, ammâ müslimândan gayrı her bâzirgân ki dellâlsuz satsa, satdugıçün, hem kendünün hem alanun, bahşını vere;

Ve hem her çuka ki 'âdet elli (100a) ağaç satılsa gerekdür, her bastavdan on akça alandan ve on akça satandan alına, ve çuka-yı ورورى dan hemçunân alına, ve çuka-yi قرزيا ve ياپوكى ve katalani[68]

---

61 gönderdüm ve buyurdum: gönderüb eline bu hükm-i cihânmutâ'ı verdüm ve buyurdum 5, 6.

62 Belki *Balanus* = mum, bkz. Abû-Hayyân, *Kitâb al-idrâk li lisân al-Atrâk*, A. Caferoğlu neşri, İstanbul 1931, s. 14.

63 balan... mumları: olan kalıbları ve kiçi kalıbları ve pare mumları 5, olan kabları ve pare mumları ve kiçi kabları 6.

64 mumhane: mumhanede 5, 6.

65 balcılar . balcılardan mumcudan 5, mumdan 6.

66 pare: - 5, 6.

67 yolundan. gereği gibi 5, 6.

68 كدلانى

ve fetre ve bunlara benzer çukadan her felarda[69] satandan beş akça ve alandan beş akça alına ve çuka-yi İnliz[70] ve Bergamüsk, Bari ve ماتنون ve فاردين [71] ve bunlara benzer çukalardan her parede satandan iki akça ve alandan iki akça (100b) alına ve çuka-yi enlü İnliz ve Bergamusk تماهى ve bunlara benzer çukalardan her pârede satandan üç akça ve alandan üç akça alına ve çuka-yi Londra ne dürlü olursa olsun ve Firengi kumâşdan ve altunlu bezlerden ve keten bezinden ve panbuk-bezinden ve keneviçden ve ديمسدن ve برتفددن ve ibrişimden ve kükürdden ve sabundan ve şekerden ve havyardan ve fülfülden ve zencebilden ve gayrı ıssı (101a) otlardan ve جوبندن ve nebâtdan ve her bahârâtdan[72] ve boyadan gereği nakda satılsun gerek va'de ile satılsun gerek marda ile satılsun, yüz akçada satandan buçuk ve alandan buçuk alına ve her nesne ki arşun ile ölçülür ve yâhud kapanda tatulur, satun-alandan buçuk ve satandan dahı buçuk alına;

Ve sade-yagdan ve kuyruk yağından ki, Karadeniz'den gele ve baldan yüz akçada buçuk (101b) satandan ve buçuk alandan dahı alına ve sirke ve kurı yemişden ve demürden ve bal-mûmundan ve gönden ve deriden yüz akçada satandan buçuk ve alandan dahı buçuk alına ve süciden her fuçıda satandan üç akça ve alandan dahı üç akça alına ve fuçıdan gayrı yukaruda zikr olunan nesnelerün aralarında marda olursa bu denilenden gayrı yüz akçada satandan buçuk ve alandan (102a) buçuk alına ve köke[73] ve ıgrıbar ve sandal müslimandan gayrı her kim satarsa yüz akçada satun-alandan iki akça ve satandan dahı iki akça alına, ve her ki dellâl olursa 'ameldârdan destûr olmayınca hiç dellâllük etmeye, eger 'âmil destûr verürse beglikden konulan emîn defterinde kefil verüb yazalar ve bâzirgânlük etmeyeler ve bâzirgân ile şerik olmayalar ve dahı dellâl olan eyledügi (102b) bâzârı yigirmi dört sâ'at içinde 'ameldârun ve emînün defterine yazdura, eger kim te'hîr edüb va-

---

69 Belki İtalyanca fardello =yük

70 اكليز İngiliz

71 Bu devirde Bergamo, Bari, Mantua ve Floransa yünlü ihracatı hakkında bkz. *The Cambridge Economic History of Europe*, Cambridge 1952, s. 393.

72 Metinde: بهارالتندن

73 İtalyanca cocca'dan.

rub yazdurmaya, bin akça cerime alına, ve her bâzirgân ki dellâlsuz bazar ede, ol dahı yigirmi dört sâ'at içinde 'âmil ve emîn defterine yazdura, eger kim yazdurmaya, anun bazar etdügi kumaşı beglik ola, ve dahı hammâl 'ameldârdan ve emînden destûrunsuz nesne getürmeye ve hem dellâlun yoldaşı (103b) bir ola, ziyâde olmaya ve icâzetsüz nesne ölçmeye ve dara dutmaya ve bezzâzistândan ve Bit-bâzârı'ndan ve At-bâzârından fi'l-cümle bezzâzistân yanında olan bâzârlardan olan dellâllardan nesne alınmaya, heman çukacılar dellâlından alına, ve Firengi kumâşdan ve çukadan ve altunlu bezlerden ki satılur, yüz akçada satandan buçuk ve alandan buçuk alına, sipâhîden ve tovacıdan[74] (103b) gayrı, ve her çuka ki 'âdet elli ağaç satıla ölçüciye ki arşûn ile ölçer her beste satandan iki akça ve alandan iki akça alına ve her çuka kim arşun ile satılur, yüz agaçda satandan bir akça ve alandan bir akça alına ve Firengi kumâş ve altunlu bezlerden ölçüciye yüz agaçda satandan iki akça ve alandan dahı iki akça alına.

Şöyle bileler.

KAPAN YASAGI HÜKMİ SÛRETİ[75]

(104a) Nişân-i hümâyûn ve misâl-i meymûn انفذه الله تعالى الى يوم يبعشون hükmi oldur ki: Dârende-i misâl-i şerîf kulum fulân dergâh-i mu'allâma gelüb kabana satılacak nesneler gelüb satılmaz, gayrı yerlerde satılur, hükm-i pâdişâhîye muhâlifet ederler deyü bildürdi, eyle olsa eline işbu hükm-i cihânmutâ'ı verdüm;

Ve buyurdum ki, kapanda satılacak nesneler az eger çok kapana getürüb satalar, gayrı yerde (104b) satmayalar, eger bir kimesne kapanda satılacak nesnelerden gayrı yerde satsa alanun ve satanun[76] hâkimü'l-vakt olanlar hakkından gelüb yasak edeler, ve kaban[77] hamalları 'âmil ma'rifetile edeler, ve halâ'ık bâzârı dellâlları ve halâ'ıkçıları ve alub-gerü satıcıları uğurlayın esir alub satacak olursa hâkimü'l-vakt (105a) olanlar hakkından gelüb del-

---

74 Metinde: كيوجيدن

75 Topkapı S.M. Revan Köikü, No. 1935, vrk. 124a, ve No. 1936, v. 134a.

76 alanun ve satanun: alan kimesnenün 5, 6.

77 Metinde: قبان و (5 ve 6'da و yoktur).

lâlı bâzârdan süreler ve esirleri halâ'ık bâzârı ve bezzâzistandan gayrı yerde satmayalar[78] ve At-bâzârı dellâlları ve alub-satıcıları At-bâzârından ve bezzâzistandan gayrı yerde satmayalar, satacak olurlarsa hâkimü'l-vakt olanlar hakkından gelüb dellâlları bâzârdan süreler, ve dahı her kim bazara nesne getürse kânûnnâmem mücebince 'âdet (105b) üzre bâcın vere, tahıl bâzârınun hammâlları ve alıcıları ve gelicileri[79] ve satıcılar uğurlayın nesne götürmeyeler ve alub-satmayalar, eger getürecek olursa ve alub-satacak olursa zâhir olub bilündügi gibi hâkimü'l-vakt olanlar gereğince hakkından geleler, ve getüren hammâlları bâzârdan süreler, ve dahı kangı kassâb almasında ve satmasında ve boğazlamasında koyun saklayub sonra (106a) duyulacak olursa, gereği gibi hakkından geline ve diri koyun alan kassâblar 'âmil adamısı olmayınca satmayalar, varub kendüleri almayalar[80], ve kapandan gayrı yerde kantar dutulmaya, şehrün kâdîsı ve subaşısı mâlum bâbında gereğince görüb mu'âvenet edeler, mâl benümdür, 'âmilün degildür[81]

MUDANYA İSKELESİNÜN YASAGI HÜKMİ SÛRETİ

Nişân-i hümâyûn hükmi oldur ki: Mudanya[82] iskelesin dârendegân-ı tevkî' Hâcı Yûsuf'a (106b) ve Hâcı Mehemmed'e mukâta'aya verdüm;

Ve buyurdum ki, Burusa'nun kâdîsı ve nâ'ibi ve kedhüdâsı merhûm babam طاب ثراه zamanından berü olub-gelmiş kânûn üzre bunlarun işine gereği gibi onat yardım edeler, ol iskelenün re'îsleri ve gemicileri bunlardan yük gizlemeyeler ve kaçurmayalar ve bunlardan destûrunsuz yük koymayalar ve çıkarmayalar, ol yerün Bozburın yakasında Mudanya'nun balıkçıları (107a) ve gemicileri evvel balık avlarlar ve tahta ve ağaç keserledi, şimdiki hâlde mâni' olurlar deyü bildürdiler, buyurdum ki, evvelden merhûm babam

---

78 5 ve 6 da "ve halâ'ık ... satmayalar" cümlesi " ve kapan ... edeler" cümlesinden evvel gelmektedir.

79 Metinde ve 6'da: كلهجيلرى :كليجيلرى 5.

80 olmayınca .... almayalar: varub kendü kolaylarınca satmayalar 5, 6.

81 degildür: degildür temerrüd edenleri sekidüb ziyâde 'inâd edenleri yazub bildireler şöyle bileler 'alâmet-i şerîfe i'timâd kılalar 5, 6.

82 موندانيه : Mudanya

طاب ثراه zamanından tâ vefâtına değin nice oldısa, gerü öyle ola, kimesne mâni' olub bir dürlü dahı etmeyeler.

İSTANBUL VE GALATA VE GELİBOLI İSKELELERİNÜN [HÜKMİ SÛRETİDÜR][83]

(130b) Nişân-i hümâyûn ve misâl-i meymûn انفذه الله تعالى الى يوم يبعثون hükmi oldur ki: Şimdiki hâlde İstanbul'da ve Galata ve Gelibolu iskelelerinün Kilidü'l- bahr'e gelinceye dek[84] gümrügüni ve Mudanya iskelesinden Yoros[85] kal'asına gelinceye dek[86] mâbeyninde olan iskeleleri tâ Aydın elinün âhırına değin Çeşme ve Focılar iskelelerile ve İstanbul'da ve Galata'da olan çuka ve kumaş dellâllıgile dârende-i misâl-i şerîf (131a) Ya'kub'a ve Palologoz Kandroz ve Lefteri bin Galbanoz ve Andiriye bin Halkokandil'e ve Manul Palologoz'a[87] üç yıla mukâta'aya verdüm;

Şimdiki halde Dergâh-ı mu'allâmdan kânûnnâme taleb etdükleri eclden kulum Mustafa'yı gönderdüm ve buyurdum ki, Ece-ova-sı'ndan Tekfur-dagı'na gelinceye dek ve Tekfur-dag'ından[88] بوغادونه gelinceye dek Rum-eli ve Anadolı yakasın göre gözede, Firenk'den ve Venedik'den (131b) ve Cineviz'den ve gayrından gemi gelüb metâ'ın mezkûr yerlerde taşra çıkaracak olursa, gerek satsun gerek satmasun, harâcgüzâr olmayan Firenk'den ve sâ'iri kâfirden yüz akçada beş akça gümrük alına ve harâcgüzârdan yüz akçada dört akça gümrük alına;

Eger gemiden gemiye koyacak olursa, bu vechile harâcgüzâr olmayan kâfirden yüz akçada beş akça ve müslimândan (132a) ve harâcgüzârdan yüz akçada dört akça gümrük alına;

Ve denizden gelen Firengi kumaş ve me'kûlat kısmından arpadan ve dahı buğdaydan ve 'alafdan ve darudan ve undan 'âdet üzre gümrük alına;

---

83 Bu vesika R. Anhegger tarafından *Tekstil Mecmuası*'nda (1947) sayı 12'de yayınlanmıştır.

84 Metinde: كليدالى كلنجيلرك

85 Metinde: بورسى

86 Metinde: كلنجيلرك

87 Âmil Palologoz için bkz. T. Gökbilgin, *XV-XVI Asırlarda Edirne ve Paşa Livası*, İstanbul, 1952, indeks.

88 Kuzey Marmara sahilinde Bigados(?)

Ve kurudan gelen Firengi kumaş ve keçe ve kemhâsından ve Burusa kumâşından ve Eflak bârgîrinden ve gayrından fi'l-cümle satılık olan nesnelerden, gerek satsun gerek satmasun, kurudan (132b) gelenden ve denizden gelenden yüz akçada dört akça gümrük alına, ve bir kimesne nesne alup gayrı yere giderse 'âdet üzre gümrük vere, alub gitmezse [vermeye];

Ve Akdeniz'den ve Karadeniz'den ki bir gemi gelse, lenger atsa, 'âdet üzre gümrük vere, eger lenger atmayup giderse nesne vermeye;

Ve delâllugı şimdi vaz' olunan kânûnnâme mûcibince alalar;

Ve deniz yüzünden gelen Menuş sücisinden (133a) gayrı ne kadar süci gelürse, gerek içmek içün gerek satmak içün olsun, taşra çıkardukdan sonra her medrede bir akça gümrük alına, ammâ Menoş sücisinden evvel olub-gelmiş 'âdet üzre her fuçıdan altmış yedi akça gümrük alına ve liman resmin dahı on akça gümrük alına, her fuçıdan eger Menoşa sücisi eger gayrı süci olsun ve yerlü sücisinden dahı 'â[det üzre...][89] (133b) alına;

Fi'l-cümle zikr olunan nesnelerden bir kimesne gümrük vermemek içün metâ'ın gizleyüb ki sonra zahir ola, ol gizledügi metâ'ı alub beglik edeler, ve gemi re'îsleri 'âmil destûrunsuz gemilerinden taşra metâ' ve davâr çıkârmayalar ve[90] taşradan dahı gemilerine davâr ve metâ' koydurmayalar ...[91] mezkûr 'âmillerden uğurlayın taşradan ...[92] taşra çıkarsa (134a) ki buluna, davârları ve metâ'ları alub beglik [edeler], ikisünün burnuna kıl geçürüb şehri gezdüre, ve bâzirgânlar dahı mezkûr 'âmillerden davârların gizleyüb eksük demeyeler ve illâ dedükleri davârdan ziyâde davârları çıkarsa ziyâdeyi beglik edüb ıssınun hakkından gele;

Ve müslimânlar ve Ermeniler ve Yahudiler ve gayrılar şira vaktinde bağlarından şira getürüb mezkûr 'âmillere danışmadan arabadan (134b) indirmeyeler, eger arabadan indirüb evlerine koyarlarsa ki buluna, anun gibileri dutub haklarından geline, ve şira satandan ve çıkarandan her medrede bir akça berâ-yı gümrük alı-

89 metinde silik
90 Metinde: و دواردن طشرادن
91 Bir kelime silik
92 Üç veya dört kelime silik

na, ve müsellim olan kâfirler kendü mahallerinde bir meyhaneden gayrı yerde sücilerin satmayalar, ve kendü bağlarından gayrı bağlardan şira getürüb evlü evinde satacak olurlarsa ki buluna, sücilerin, beglik edüb kendülerinün haklarından gele;

Ve şol gemiler ki Bolayır (135a) ve Kavak-duşı'na[93] ve Akliman'a çıkalar[94], gümrüklerin mezkûr 'âmillere vereler ve Kozlı-dere limanı resmin 'âmil ala, sancak-begi dahl etmeye:

Ve şira vaktinde şira getiren 'arabacılar getürdükleri şirayı mezkûr 'âmillere danışmadan indirmeyeler, indirüb evine yâ gayrı yere koyacak olursa 'arabalarun öküzlerin beglik edüb kendünün hakkından geleler ve mezkûr 'âmillere danışmadın açmayalar ve satmayalar, eger edecek olurlarsa (135b) ki buluna, gümrügin alub alanun ve satanun hakkından geleler.

Tahrîren fi evâ'ili Şevvâl sene semânîne ve semânimi'e[95]

HARÂCÎLERÜN HÜKMİ SÛRETİDÜR

Sebeb-i tahrîr ve mûcib-i tastîr-i hükm-i hümâyûn oldur ki, el-hâletü hâzihi dârende-i misâl-i şerîf mefhâru'l-muharrirîn kâtib fulânı Köriye ve Yermedi[96] vilâyetlerinün semânin ve semânemi'e yılınun[97] harâcın cem' etmeğe gönderdüm;

Ve buyurdum ki, varub kemâl-i emânet ve hüsn-i istikâmet birle mezkûr (136a) vilâyetlerün harâcın cem' edüb defter mûcebince bîkusûr Kapuma getüre;

Ve ol vilâyetlerde hâlî mezra'alar içün ne kadar hükm almış kimesne var ise berâtlarına nazar ede, göre, her kangısının va'desi tamâm olmış ola, anun gibi yerlere cem' olmış kâfirlere harâc vaz' ede[98], ala, gele;

Ve kangı timârun ki harâcgüzâr kâfirleri kaçmış ola, buyurdum ki, harâclarınun nısfın timâr-erlerinden ve nısfın yerlerinde (136b) kalan kâfirlerden ala, ve kaçan kâfirlerün esâmîlerin de yazub bil-

93 Metinde: فراق
94 Metinde: چيقانلر
95 Ocak-Şubat 1476.
96 كورنيه ورمدى = Grabine ve Premedi (?)
97 Başlangıcı. 7 Mayıs 1475
98 Metinde: ايدن

düre ki, kul gönderüb her kandayısa buldurub Anadolı'ya sürdürem ve oğlanların yeniçeriliğe alduram;

Ve dahı şöyle istimâ' olundı ki, bir köyde bir kafir ölür, harâcın yalınuz kavmundan ve hısumundan alub mecmû' köylüsünden almazlar deyü bildürdi, imdi benüm emrüm bu üzre olsun ki, anun gibi fevt olan kâfirlerün mevcud terekesi bulunursa mukaddema andan ala (137a), terekesi bulunmazsa baştınasın dutandan ala ve eger baştınası[99] kalmayub terekesi kalmış ola, irs cihetile hısımuna ve kavmuna değmiş ola, tereke vefâ eyledügi kadar harâcı terekeden ala, ve illa vefâ edemezse ede-etdügi kadar harâcı köylüsünden ala ve defterden ihraç ede, yalınuz hısımundan ve kavmundan almaya;

Ve ol yerün sancakı begleri ve kâdîları ve dahı subaşıları ve yerlerinde duran adamları (137b) ve nâ'ibleri ve kedhüdâları ve süvârîleri[100] gerekdür ki, taht-i hükûmetlerinde olan kâfirleri cem' edüb harâccum katına getürüb harâcların bitürmekde sa'y edüb ihtimâm göstereler, zirâ harâccuma emrüm ve yasagum bu üzredür ki, sene ihda ve [semânîn]ve semânimi'e Şa'bânun evvelki gününden[101] zabt etmesile varub gelmesi dört aydan anaru geçmeye, belki dahı tizde ola, öyle olsa her kangısı mukayyed olmayub (138a) mâlum zabt olunması bâbında ihmâl ve tekâsül edecek olursa ki harâcum va'desinden geçe gele, Hudâvendigâr ruhiçün timârın almagile komazın, 'azîm belâya ugradırın, bu bâbda key[102] ihtiyât edüb mâlum bâbında hârracı olana mu'âvenet edeler;

Ve harâccı dahı asıl mâlumı zabt eyledükden sonra resm-i kitâbet içün evden eve ikişer akça ala, ziyâde bir akça ve bir habbe almaya, ve mezkûr (138b) harâcîler[i] zikr olan vilâyetlerün cümle defterin evvelinde nişân-i hümâyûn ve âhirinde mezkûr yılun tarîhin yazub gönderdüm;

Ve buyurdum ki, ol vilâyetün dellâlı ve hükkâmı mezkûr harâcî üzrine nâzır olub bunlarun ma'rifetinsüz harâççı bir akça ve bir habbe almaya, her gün cem' olan akça[yı] ittifâk ile vezin edeler;

---

99 Metinde بشتنا Baştina hakkında bilgi için bkz. H. İnalcık. *Fatih Devri Üzerinde Tetkik ve Vesikalar*, Ankara, 1954, s. 171-176.

100 Metinde: سوارلری

101 19 Kasım 1476.

102 Metinde: كه

Siz ki kâdîsız, ayruca defter edesiz, akçayı harâççum zabt eyleye, harâç tamam olduktan sonra (139a) yazdugunuz defterün sûretin karye-be-karye yazub harâççıma veresiz ve bile mektubı Kapuma gönderüb bildüresiz, şöyle ki kâfir adında şübheleri olursa defterüme nazar edeler, ne vechile yazılmış ise ana göre 'amel edeler, bu bâbda mecmu' defterüme nâzır olup defterüm ortada dura, şöyle ki evvelkiler gibi tekâsül edüb bu emre itâ'at etmeyüb harâç tahsîlinde bile olmayacak olurlarsa (139b) Hudâvendigâr ruhiçün bir dürlü dahı etmeyüb mansıbların almagile komazın, 'azîm belâlara ugradırın, bildüm bilmedüm demeyeler;

Ve harâccı bir yere ki varur, etrâfda olan köylere adam gönderüb tenbîh ede, ammâ varan adamısı kimesneden bir habbe almaya, ve her köyün timârı eri kâfirlerin kendüler harâççum katuma getürüb harâçların bitüri-vermeginde mu'âvenet edeler, ve ne kadar 'avret ve fevt olmış kâfirler (140a) var ise, harâcların ayruca cem' edüb Kapuma getüre ve harâççı harâcı almalu olıcak harâcunuz bu kadardur demeye, hemân harâcı taleb ede, eger defterde yazılandan ziyâde nesne verürlerse ayruca ala, esâmîlerin yazub defter edüb Kapuma getüre, ve bundan evvel ol-kethüdâları evden eve alub geldükleri birer akçayı dahı defter mûcebince bîkusûr alub Kapuma getüre, ammâ söyle gerekdür ki (140b), harâççım dahı mezkûr vilâyetde harâc akçasından hâsıl olanın karşu adamile Kapuma göndere, hiç vechile ihmâl etmeye, ve mezkûr vilâyetlerden nevyâfte[103] taleb etmeyüb mürdeden zinde bulursa yaza.

Şöyle bilüb 'alâmet-i şerîfe i'timâd ve inkiyâd edeler.

KÂNÛNNÂME-İ GÜMRÜK FÎ SENETİ SİTTE VE SİTTÎN VE SEMÂNİMİ'E[104]

Şol[105] şartile ki, Venedik'den ve Cineviz'den gemi gelüb metâ'ın gemiden çıkaracak olursa (141a) gerek satsun gerek satmasun yüz akçada dört akça gümrük alına ve yâhud gemiden gemiye koyacak olursa dahı yüz akça gümrük alına, ammâ müslimân ve yâhud harâcgüzâr olacak olursa yüz akçada müslimândan bir akça alına ve harâcgüzârdan iki akça gümrük alına;

---

103 Metinde: نوباقيه

104 6 Ekim 1461 de başlar.

105 Bu vesikanın başı noksan görünüyor.

Ve kurudan Firenk bâzirgânı kumâş getürecek olursa kim sata, yüz akçada dört akça gümrük alına, ammâ satmayub gerü kuruya (141b) alub giderlerse gümrük alınmaya, ve eger denize alub giderler ise 'âdet üzre yüz akçada dört akça gümrük alına, veya kurudan kumaş getüren ra'iyyet ve yâhud harâcgüzâr olursa gerek satsun gerek satmasun gümrük alınmaya, ve kuruya dahı alub gider ise gümrük alınmaya, amma denize alub gider ise yüz akçada müslimândan bir akça ve haracgüzârdan iki akça gümrük alına;

Ve Gelibolu sınurundan (142a) berü çıkan geminün gerek öte yakada gerek berü yakada çıksun yüz akçada müslimândan bir akça ve harâcgüzârdan iki akça gümrük alına ve Firenkden dört akça gümrük alına, ve Mudanya'dan[106] ve Firengi kumaş ve çuka ve ibrişim ve gayrı kumâş getüren müslimândan yüz akçada bir akça ve harâcgüzârdan iki akça ve Firenk'den dörter akça gümrük alına;

Ve deniz yüzünden gelen Menavişe sücisinden gayrı (142b)[107] ne kadar süci gelür ise gerek içmek içün olsun gerek satmak içün olsun taşra çıkardukdan sonra her medreden bir akça gümrük alına, ammâ Benefşe sücisinden evvelden olub-gelmiş 'âdet üzre her fuçıdan altmış yedi akça gümrük alına ve yerlü sücisinden dahı olub-gelmiş 'âdet üzre alına;

Tahrîren fî Recebi'l- mürecceb sene sitte ve semânîn ve semânimi'e.

ALTUN YASAKNÂMESİ SÛRETİDÜR[108]

Bundan evvel İstanbul ve[109] Edrene ve Siroz'da olan filori darabhânelerinün yasaknamelerinde kayd olunur idi ki, altuncılar ve kuyumcılar ve sarrâşar her şeherde ne mikdar altun alurlar ve satarlar ise, darabhâneye getürüb gayrı yerde satmayalar, eger firengi filori (148a) ayarı arı altun olursa yüz miskal altundan yüz yigirmi dokuz filori kesdürüb yüz[110] yigirmi beş filorisin ıssına verüb dört

106 Burada bir eksiklik olmalı.
107 Varak 142b-143a için bkz. foto no. 36
108 Topkapı S. M. Revan Köşkü, no. 1935, vrk. 126b ve no. 1936, v. 138a.
109 İstanbul ve: 5, 6.
110 Yüz: yumuşak yüz 5, 6.

filorisüni darabhâneye resim alalar, narh bunun üzre ola, ammâ getürdükleri altun kem 'ayâr olub yaramazsa halâsaya koyub bişüreler, tâ ki filoriye yarar ola ve altunı darabhâneciye vereler, fi'l-cümle İstanbul'un ve Edrene'nün ve Siroz'un ve gayrı yerlerün altuncıları mezkûr 'âmilden gayrı kimesneye (148b) altun satmayalar, bu dahı bana[111] satun deyüb eksüge istemeyüb narh üzre ala, yasakçı olan kimesne körükleri ve suları mühürleye, tâ ki anun destûrı ve 'âmil icâzeti olmadın kimesne suya altunı urmaya, ve dahı kuyumcı ve sarraf ve altuncı 'âmilden uğurlayın altun satacak olursa hakkından geline denilür idi; 'ummâl olan kimesneler bu ma'nâyı temessük edinüb cemî' altunı biz aluruz deyu altun işlerine (149a) ve cihâz esbâbına ve sâ'ir mühimmât-i 'avâma ve havâssa mâni' olub muzâ'ika verürlermiş, ma' hâzâ kadîmi'l-eyyâmdan bu vakta gelince mesâlih-i nâs görülü-gelüb bunun gibi ihtilâf dahı vâki' olmamışdur, imdi bu tahdîdâtdan[112] murâd olan odur ki, 'âdet-i kadîm muktezâsınca vazî' ve şerîf mühimmâtların göreler, ammâ satılacak altun ihfâ ile satılmayub 'âmilün dahı 'ilmi ola, kendüye çıkacak bahâya gayrı kimesne tâlib (149b) olmayub 'âmil tâlib olacak olursa 'âmil dahı alub filori kesdürüb emr-i münîf üzre 'amel oluna ve filori kesdürmek maksûdı olan kimesneler 'âdet üzre altunlarını[113] kesdürüb rüsûmların edâ etdüreler, kimesne ماحيتاجه mâni' olmaya, ammâ altunı dahı hâriç memlekete alub gitmek câ'iz degildür, değer bahâsunı ala, yâ 'âmile vereler veya filori[114] kesdüreler, emrüme muhâlifet edenlerün gereği gibi hakkından geline (150a), ve altun filori 'ayârı degül ise altunun her miskâlına cürim içün kırk akça verüb ayruk altuncıluk ve sarraşuk eylemeyeler, meğer ki 'âmil destûr vere denilmişdür, bu dahı şol altundur ki kem ayar altun tamam ayar altun bahâsına satıla veyâ kesdürdügi filori kem 'ayâr buluna ve filori 'ayârında noksan bulunıcak yasak mücerred altuncıya olmaya filori keseni dahı Dergâh-i mu'allâma 'arz eyleyeler (150b), gereği gibi siyâset olunub hakkından geline[115];

---

111 bu dahı. bu dahı altunı bana 5, 6.

112 Metinde: تهديدات

113 altunlarını: altunların filori 5, 6.

114 bahasını ... filori: bahasiyle vereler veyâ filori 5, 6.

115 geline: gelinüb hükmüm icra olunub 5, 6.

Ve darabhâneden gayrı yerde her kim filori kesüb yâ kesdürecek olursa yasak üzerinde olan kimesne bulub dutub Kapuma getüre, gereğince hakkından gelem, ve kimesne tamâm 'ayâr olan filori ki benüm ve ecdâdumun ism-i şerîflerine ola, yermeyüb firâvân yürüye;

Ve şeherlerün dellâlları 'âmilden ve adamlarından uğurlayın altun satmayalar, evvel 'âmile (151a) haber edüb sonra bey' mezîd edüb satalar, 'âmil[116] elbetde bana satun deyü eksüge istemeye, narh üzre ala, meselen hâs altunun miskâlı elli yedişer akçaya ve sultanî ve firengî filori kırk yedişer akçaya ve eşrefi ve engürüsi kırk beşer akçaya alınub satıla, ziyâde satılmaya, eger ziyâde ala, alınub satıldugı sübût bula, dutub nısıf bahâsın satandan ve nısıf bahâsın alandan (151b) alub cemî'sini beglik edeler denilmişdür;

Bu husûslarda murâd oldur ki, altun almalu olıcak, 'âmil elli yedişerden eksüge[117] alma[ya]cakdur, şöyle ki hâcet olan kimesneler dahı ziyâdeye alsa ve 'âmil dahı ziyâdeye alsa men' yokdur, gerekse altun alan kimesne filori kesdüre, gerekse masârıfına süre, gerekse hıfz eyleye, bu bâbda kimesne mâni' olmaya;

Ve filori bahâsı ta'yîn olundugı ol vakitlerde (152a) لحكمة و مصلحة vâki' olmışdur ve hem Âsitâne-i sa'âdetümde beyân olunan filori ihtiyârsız[118] ta'yîn olunan bahâdan ziyâdeye alınmaz, ihtiyârı ile ziyâdeye tâlib olanlara ba'de'l-yevm kimesne mâni' olmaya, beyne'n-nâs her neye alunub[119] satılur ise alalar ve satalar;

Fi'l-cümle memâlik-i mahrûsemde çağırdalar, halk mütenebbih olduktan sonra emrüme muhâlif emirde bulunanlarun gereğince hakkından geline, ve her (152b) kangı dellâl ki 'âmilden uğurlayın altun satacak olursa ki zahir ola, dellâllıkdan çıkarub ayruk dellâlluk etdirmeyeler, meğer ki 'âmil icâzet vere;

Ba'de'l- yevm vech-i mestûr üzre 'amel olunub her yerün sancağı begi ve kâdîsı ve subaşısı ve yerlerine duran adamları hükm-i hümâyûn mûcebince hâyinsiz ri'âyet eyleyeler, emrümden ve hükmümden tecâvüz eylemeyeler.

---

116 'amil. – 6.

117 eksüge. eksüge artuga 5, 6.

118 filori ihtiyarsız. filori bahası 5, 6.

119 Metinde: اولنب

YASAKNÂME-İ İSKELEHÂ-İ VİDİN VE SEMENDİRE

(153a) Zikr olan yerlerün sancağı beglerine hüküm yazılur ki, mezkûr iskelelerün 'âmili Mahmud Dergâh-i mu'allâma gelüb yasaknâme taleb eyledükleri[120] sebebden buyurdum ki, işbu hükm-i hümâyûnum mûcebince yasaka mustahık kimesneler olur ise sizün ma'rifetinüz ile ol iskelelerün üzerinde yasakçı olan kulum gereğince emrüm mûcebince hakkından gele, bu bâbda sizün yerlerinüze duran adamlarınuzdan ihmâl (153b) ve müsâhele vâki' olmaya, mâdâm ki sizün ma'rifetinüz olmaya, bu bâbda kimesneye yasak eylemeye, edecek olursa Âsitâne-i sa'âdetüme 'arz edüb gereği gibi hakkından gelem deyü.

Tahrîren fî 19 Cemâzi'l- evvel sene 887[121].

---

120 Yukarıda yalnız bir kişi bahis mevzuu olduğu halde çoğul eki kullanılmıştır.
121 26 Haziran 1482.

Bursa Şer'iyye Sicilleri'nde Fâtih Sultan Mehmed'in Fermanları[1]

Osmanlı arşivlerinde Fâtih devrine ait vesikalar bilindiği üzere azdır. Ancak bu vesikaların, ilgili dönemi tanımak için tamamıyla yetersiz olduğu da iddia olunamaz. Başbakanlık Osmanlı Arşivi'nde bulunan bu devre ait defterler[2] bilhassa müesseseler tarihi bakımından, zengin bir koleksiyon teşkil etmektedir. Fakat bilvasıta hadiselere de dokunmakla beraber, bu defterler bize sosyal hayatı, cemiyet ve devletin hareketlerini doğrudan doğruya göstermekten uzaktır. Bu bakımdan eşsiz kıymette bir hazîne, *şer'iyye sicil defterleri*dir. Bu defterlerde, payitahttan gelen her türlü emirlerle birlikte, memurların faaliyet ve teşebbüsleri, içtimaî ve iktisadî hayat hakkında birçok vesikayı bir arada bulmak mümkündür.[3] İşte bugün Fâtih devrine ait böyle bir defter elimizdedir ve burada

---

1 *Belleten*, XI (1947), s. 693-708.

2 Bosna, Sofya, Selânik, Novaberda, Aydın, Sivas, Tokat, Teke gibi imparatorluğun çeşitli bölgelerine ait istatistik malumatı ve timâr kayıtlarını ihtiva eden bu 20 kadar defterin yanına, mülga Mâliye Nezareti arşivinden gelen vesikaların tasnifi neticesinde yenilerinin katılacağı alakalılar tarafından söyleniyor (bu defterlerden bazıları A. Refik tarafından *TOEM*'de neşredilmiştir). Başbakanlık Osmanlı Arşivi'nde tasnif olunmuş milyonlarca müteferrik vesika arasında, şimdilik, Fâtih devrine ait yeni vesikalar çıktığını bilmiyoruz. Topkapı Sarayı Arşivi'nde ise bazı fermanlar ve nâmeler bulunmuştur (bkz. *Arşiv Kılavuzu*, 1. Fasikül, İstanbul, 1938, s. V).

3 Böyle bir sicil defterinin mahiyeti hakkında bkz. H. İnalcık, "Osmanlı Tarihi Hakkında Mühim Bir Kaynak", *Dil ve Tarih-Coğrafya Fakültesi Dergisi*, I/2, (1941), s. 89-96.

neşrettiğimiz fermanlar bu defterden çıkarılmıştır. Henüz başka bir eşine rastlamadığımız bu biricik defter,[4] devletin eski payitahtı ve mühim bir ticâret şehri olan Bursa'ya ait olduğundan hususî bir önem taşımaktadır. Bursa kadısı Mevlâna Muhiddin'in zamanına ait olan defter, H. 883 Saferi'nden (Mayıs 1478) H. 886 Muharremi'ne (Mart 1481) kadar gelmektedir. Başından ve sonundan kopuk olmakla beraber noksanın çok olmadığı anlaşılıyor; şimdi 420 varak elimizdedir. Her sahifede ortalama dört vesika olduğuna göre 840 sahifede takriben 3300 vesika vardır ve bunların yarıdan fazlası Arapçadır. Kullanılan *rik'a* yazısı çok yerde noktasızdır ve okunması kolay değildir.

Defterin ihtiva ettiği vesikalar şu kategorilere ayrılabilir. 1) Pâdişahın gönderdiği fermanların suretleri, 2) Memurların teslimatını her türlü mukavele ve senetleri tasdik ve tescil işleri, 3) Hukuk ve cinayet davaları, 4) Evlenme, boşanma, ölüm ve veraset muamelelerine dair kayıtlar, vasiyetnâme suretleri.

Böylece bu 3300 vesika, bizim için, her türlü konuyla ilgili Fâtih devrinin bir "evrak hâzinesi"ni –başkası olmadığına göre– teşkil etmektedir. Vesikaların daha çok mâliyeye ve iktisadî hayata ait olduğu göze çarpıyor. Mesela bunlardan, Türk tacirlerinin Mısır'a Bursa ipeklisi ihraç ettiklerini, Bursa'da o zamanki ticâret merkezlerini, buraya gelen İran ve Hint tacirleri ve eşyalarını, Bursa gümrüğü hasılatını, bu gelirin nerelere havale ve sarf olunduğunu öğreniyoruz. Defterde suretlerini bulduğumuz Fâtih'in fermanları bilhassa alakaya değer. Bunlardan bir kısmı, doğrudan doğruya صورت الحكم السلطانى başlığı ile aynen kopya edilmiştir. Bir kısmı ise

---

4 Bursa Müzesi, Şeri'yye Sicil Defterleri; No. A 3/3. Yine Bursa Müzesi'nde Fâtih devrine ait iki defter daha vardır. Fakat bunlar tereke defterleridir. Ölenlerin adlarını, mahallelerini, bıraktıkları eşyaları, tahmini değerlerini, alınan resimleri gösteriyor. No. A 1/1'de 89 varaktan ibaret olan en eskisi, 867 Cemâziyülâhir-868 Rebiyülâhir (1463 Mart-1463 Aralık) tarihleri arasındadır. 157 terekeyi ihtiva etmektedir. No. A 2/2'de ikincisi, 872 Muharrem-Rebiyülevvel (Ağustos–Ekim 1467) tarihleri arasındaki terekeleri içine almaktadır ve 204 varaktır. Bu tereke defterleri o zamanki Bursa'nın mahallelerini, halk tabakalarını, servetlerini, kullanılan eşyaları, değerlerini ve bunun gibi birçok noktaları aydınlatmaktadır. Bu defterlere dayanarak müzenin eski müdürü Neşet Köseoğlu'nun *Tarihte Bursa Mahalleleri* adı ile değerli bir eser vücuda getirdiğini bu vesile ile işaret edelim (Bursa, 1947). Müzede bu defterler üzerinde çalışmama müsaade buyuran ve kolaylık gösteren Müze Müdürü Vecdi Kalyoncuoğlu'na burada teşekkürü bir borç bilirim.

درکاه معلادن حکم همایون وارد اولب diyerek hükmün hülasasını vermekte ve kadılıkça yapılan muameleyi altına ilâve etmektedir. Biz defteri başından sonuna kadar taradıktan sonra 15 kadar tam ferman sureti bulduk. Bunları, imla hususiyetleriyle burada aynen neşrediyoruz.

Burada neşrettiğimiz fermanlardan iki tanesi, Anadolu eyaleti kadılarına (No. 1, 8 fermanlar), bir tanesi müştereken kadılara ve sancak beylerine (No. 9), bir tanesi Bey sancağı (Bursa) kadılarına (No. 14), beş tanesi Bursa kadısına (No. 6, 7, 11, 13, 15), bir tanesi müştereken Tokat ve Bursa kadılarına (No. 5), diğerleri muhtelif şahıslara gönderilmiştir. 10 numaralı vesika, kadı'nın ve maiyetindeki naib ve kâtibin alabilecekleri resim miktarlarını tespit eden bir kânûndur.[5] Burada, kânûnun mucip sebebi olarak kadıların yaptıkları suiistimâller öne sürülmektedir. 2 numaralı gümüş ve eski akçe yasaknâmesi, piyasaya yeni gümüş paranın nasıl çıkarıldığına dair dikkate değer bir vesikadır. Burada, memleket dâhilinde hususi şahıslar elindeki gümüşü paraya çevirmek için yasakçıya ne gibi salahiyetler verildiğini ve bu tarihte bir dirhem gümüşten iki akçe basıldığını öğreniyoruz.

14 no'lu ferman, Fâtih devrinin genel karakteriyle ilgili mühim bir hareketi vesikalandırmak itibariyle büyük bir değeri haizdir. Fütûhât için fazlaca askere ihtiyacı olan Fâtih Sultan Mehmed'in, birçok vakıfları "mensûh" sayarak timâra çevirdiğini ve bunların, oğlu Bâyezid Veli devrinde tekrar vakfa verildiğini veyahut birçok vakıfların örfî vergilerinin timâra hasredildiğini Bâyezid devri vesikalarından biliyorduk.[6] Doğrudan doğruya Fâtih devrine ait olan bu ferman ise bunun açık bir vesikasıdır. Fâtih'in Anadolu topraklarını nasıl mümkün mertebe timâra kalbetmeye çalıştığı ve fazlaca askere ihtiyaç gösteren fütûhât devirlerinin memleketteki arazi rejiminin durumu ve timâr sisteminin yayılması hususunda

---

5 Muahhar kânûnnâmelerde bu resimlerin artırılmış olduğunu görüyoruz. Bu kânûn, Fâtih Kânûnnâmesi'nden de farklıdır; bkz. *Târih-i Osmanî Encümeni Mecmuası*, İlâveler nüshası, s. 29.

6 Ö. L. Barkan, "Kolonizator Türk Dervişleri" başlıklı makalesinde (*Vakıflar Dergisi*, II, (1942), s. 279-386) vesikalar: No. 16, 17, 20, 21, 22, 27, 28, 39, 40, 42, 70, 87, 103, 128, 130.

nasıl mühim bir sebep olduğu açıkça müşahede olunuyor. Burada, Osmanlı Devleti'nde askerî sınıflarla ulemâ sınıfı arasındaki rekabet, Fâtih ve Bâyezid devirlerine aksetmiş görünüyor. Bâyezid Veli devri, şüphesiz, Fâtih devrinin fütûhâtçılığına bir tepkidir. Nasıl ki, Selim devri, Bâyezid devrine karşı bir tepki olarak gelecektir.

12 numaralı vesika ise devletin İskenderiye ile Anadolu arasında işleyen ticâret gemileri olduğunu ve bunları kira ile işlettiğini gösteriyor. Mısır'la olan bu ticâretin bu devirde çok aktif olduğunu, bu memlekete Bursa ipeklisi gibi mamûlâtla beraber kereste, zift vs. mallar ihraç olunduğunu diğer vesikalardan öğreniyoruz.[7] Vesikalardan 5 numaralısı Şehzade Bâyezid'den, 13 numaralısı Cem'den bahsediyor. Defterde diğer şehzadelerden ve sultanlardan bahseden başka vesikalar da vardır.

Fâtih devri tarih araştırmalarına esas olmak üzere elimizdeki mahdut kaynakları bir *Corpus*'ta toplamak yapılması lazım gelen ilk işlerden biri olduğu gibi, bu sicil defterinden sistematik bir şekilde taranarak seçilen vesikaların da böyle bir eserde mühim bir yer tutacağına şüphe yoktur.

---

7 Bu ticâretle uğraşan şirketin azalarından birine ait dikkate değer bir vasiyetnâmeyi yakında yayınlayacağız.

Fermanlardan Seçmeler

1

« مفاخر قضاة المسلمين اكابر ولاة الموحدين موالئ آناطولى دام فضلهم توقيع رفيع
جهانمطاعم واصل اوليجق بلاسزكه شمديكيحالده شويله بيوردومكه هر بريكزك تحت حكومتنده
خاصه امر اولنوب بكلك اولمش نقدر چلتك تبرغى وار اسه شمديه دكين اكلو كلان تخمى رعايا
النده ابقا ايدهسز كسنيه الديرمياسز سنجاقبكى و سوباشى وتيمار اارلرى اولمقين تخم بتمدر ديدوكن
استماع ايتميوب تخمى رعايا النده مقرر ايدهسز طالب اولانلره ويرديرمياسز هر كيمك سوزى
وارسه كله قپومده عرض ايليه اول بابده بر درلو دخى ايتمياسز اشته بو مصلحت ايچون قلوم
محرم ارسال اولندى شويله بلاسز علامت شريف اوزره اعتماد قلاسز تحريرا فى اليوم السابع
والعشرين من شهر شعبان المعظم سنه ثلث وثمانين وثمانمائه بمقام قسطنطنيه »[1]

2

« نشان همايون و مثال ميمون انفذه الله تعالى الى يوم يبعثون حكمى اولدركه شمديكيحالده
دارندۀ مثال بيمثال قلوم آناطولى ولايتنه كمش و اسكى آقچه يساغين اتمكه كوندردوم و بيوردومكه
واروب اوليكلمش قانون وقاعده اوزرينه يساق ايدهكه كمسنه اسكى آقچه ايله صاتو بازار و معامله
ايتميه هركم ايدهجك اولورسا طوتب حقندن كله وآندن كيرو هركم اوغرلاين كمش و اسكى آقچه
آلوب كيدرساكه مذكور قلوم بولاد طوتب كمشنى ألندن آلوب ضربخانمه ايلدوب هر درهمنه
ايكيشر آقچه حسابى اوزره آقچهسين ويره وكندونك كركى كبى حقندن كله و امرم بو اوزره دركه
آباداتلق ايشلين قيوجى و صرمجى كشىيه اكيوز درهمنه وارنجه كمش صاتله انك بهانهسيله زياده
كمش آلوب صاتميالر و ايشلدوكلرى كمش آواداتلقه قلاى و قورشون و بقر قتميالر صاف كمشدن
ايشليهلر هركم ايشلدوكى كمش اواداتلغنى صاف كمشدن ايشلميوب قلب ايشليهجك اولورسا كه
قلوم بولا يساغم يرنه كتوروب كركى كبى حقندن كله كمسنه مانع اولميه و هر كمده كمش سزرسا
آلوب ضربخانمه ايلده و بولجيلروك يوكلرينى و بزازستان صندوقلرينى و كاروانسراى حجرهلرينى
آرايه هر كمده كمش و اسكى آقچه بولنورسا آلوب ضربخانمه كتوروب تسليم اده درهمنه اكشر
آقچه حسابى اوزرينه آقچهسين ويره و قال خانه قلوم مهريله طوره قلوم دستورنسز كمسنه كمش
قال ايتميه واطرافه نقدر بول كيدرساكه قلوم مهرنسوز اولورسه كركى كبى حقندن كله و هر
نه يرده قلبزن بولورسا طوتب قاضى و سوباشى قتنه ايلده انلر دخى كركى كبى تفتيش ايدهلر كورهلر
شويلهكه شرعله قلبزنلغى ظاهر اولورسه قلومله قپومه كوندرب رزقنك نصفى بكلك و نصفى عاملك

[1] Bursa şeriye sicil defterleri A 3/3 s. 44 b - Vesikanın tarihi : 27 şaban 883 = M. 24 kasım 1478.

اولا بو بابده هیچ احد کائنا من کان مانع و دافع اولوب دخل و تعارض دکورمیالر امروم موجبنجه یساق ایده شویله بلالر علامت شریف اوزره اعتماد قلالر حرر فی الیوم السابع والعشرین من شهر ذی الحجه سنه اثنی وثمانین وثمانمائه » [1]

3

« صورت الحکم السلطانی والتوقیع الخاقانی — سنه ثمان وخمسین وثمانمائه شوالنك غره سندن بك سنجغی لواسنی شهاب الدین پاشا تصرفنده اولاندن غیری وسلطان ایوکی وبلاجك وازنکمود واین اوکی یواسن و بیت المالین دوتان برنجی اوغلی محمد توقیع رفیع جهانمطاعم واصل اولیجق بیلاسن که مذکور ایشك قسطی بقیه سندن اوزرکده یکرم بیك آقچه واردر اشته دارنده مثال بیثال قلوم حضری حواله کوندروب بیوردوم که واردوغی کبی عذر و بهانه ایتمیوب مبلغ مذکوری بی قصور مذکور قلومه ویره سن کتوروب خزانه عامره مه تسلیم ایده اول بابده نوط و تعلل ادوب تأخیر اتمیاسن تحریراً فی الیوم الثانی من شهر ذی الحجه سنه ثلث وثمانین وثمانمائه بمقام قسطنطنیه » [2]

4

« صورت الحکم السلطانی والتوقیع الخاقانی — سنه ثمانین وثمانمائه جماذی الاولنك غره سندن بروسه و استانبول و توقات وآماسیه وقسطمونی میزانن دوتان اخی اوغلی مصلح الدین توقیع رفیع جهانمطاع واصل اولیجق بلاسن که مذکور ایشك اوچ ییلق قسطندن تسلیماتدن وحوالاتدن غیری اوزرکده اون طقوز کره یوز بیك ویکرمی آلتی بیك التیوز یدی آقچه واردر اشته دارنده مثال بیثال قلوم الیاسه حواله کوندرب بیوردوم که واردوغی کبی عذر وبهانه ایتمیوب مبلغ مذکور بی قصور مذکور قلومله کتورب خزانه عامره مه تسلیم ایلیاسن بو بابده نوط تعلل ادوب تأخر کوسترمیاسن شویله بلاسن علامت شریف اوزره اعتماد قلاسن تحریراً فی الیوم الحادی والعشرین من شهر شعبان المعظم سنه ثلث وثمانین وثمانمائه بیورت نواحی انجوغاز » [3]

5

« صورت الحکم السلطانی — افتخاری قضاة المسلمین مختاری ولاة المؤمنین بروسه و توقات قاضیلری دام فضلهم توقیع رفیع جهانمطاع واصل اولیجق بیلاسزکه بوندن أول اوغلوم بایزید طال بقاءه انده که میزاندن سالیانه تعیین اولنمش ایدی ایله اولسه ذکر اولن

[1] Aynı defter, s. 53 b - Vesikanın tarihi : 27 zilhicce 882= M. 1nisan 1478.
[2] Aynı defter, s. 59 a - Vesikanın tarihi : 2 zilhicce 883 =M. 24şubat 1479.
[3] Aynı defter, s. 62 a - Vesikanın tarihi : 21 şaban 883 = M. 17 kasım 1478.
Bu vesikanın altında İlyas'ın, Muslihiddin'in vekili Ali ve emin Bedreddin elinden mezkûr yıllar kıstından, 130 bin akçe aldığı tasdik ve kayd olunuyor,

سالیانه بدل تیمار تعیین ادوب سنه ثلث و ثمانین و ثمانمائه ذی القعده سنك اون برنجی کوننده
قطع ادوب بیوردومکه بو تاریخه کلنجه سالیانه‌سن ویروب اکارو ویردرمیاسز شویله بلاسز
علامت شریف اوزره اعتماد قلاسز تحریراً فی الیوم الخامس فی شهر محرم سنه اربع وثمانین وثمانمائه
بمقام قسطنطنیه » [1]

6

« صورت الحکم السلطانی — افتخار قضاة المسلمین اختیار ولاة الموحدین بروسه قاضیسی
مولانا محی الدین دام فضله مفتخر الامراء والاکابر سوباشیسی دام عزه توقیع رفیع واصل اولیجق
بلاسزکه شیمدکیحالده بروساده اولان خاصه آتلرمدن سکز آت اوغلانی بارکیرك وبر خاص طای
آت مثل ایمش بیوردومکه آتلری صاتوب بهاسن بونده کوندراسز و هر بری نجیه صاتیلورسه
بروبه بیلدره‌سز علامت شریف اوزره اعتماد قلاسز تحریراً فی اواخر ذی الحجه من هجرة ثلث
وثمانین وثمانمائه بمقام قسطنطنیه » [2]

7

« صورت الحکم السلطانی والتوقیع الخاقانی — افتخار القضاة بین المسلمین اختیار الولاة
لدی الموحدین معدن الفضل والیقین بروسا قاضیسی مولانا محی الدین دام فضله توقیع رفیع واصل
اولیجق معلوم اولاکم بوندن اول مفتخر الامراء الکرام شیخ حسن بك دام عزه‌یه صدقه
اولنان تیماردن قریهٔ اودا محوق‌که بروسا ناحیه‌سنده بر مزرعه ایمش آلتیوز آلتمش یدی آقچه یازلمش
آناطولی بکلربکیسی سهوله آخره ویرمش شمدکیحالده اول مزرعه مذکور شیخ حسن بکه
مقرر اولدی متصرف اولوب اول بابده کسنه مانع اولمیه وحاصلندن نه آلنمش ایسه کرو مذکوره
حکم ادوب الورسز شویله بلاسز علامت شریف اوزره اعتماد قلاسز تحریراً فی اواسط ذی الحجه
ثلث وثمانین و ثمانمائه بمقام قسطنطنیه » [3]

8

« صورت الحکم السلطانی لاجل بیت المال — مفاخر القضاة والحکام آناطولی قاضیلری
دام فضلهم توقیع رفیع جهانمطاعم واصل اولیجق بلاسزکه شیمدکیحالده شویله بیوردومکه اول
ولایتلرده هر نه یرده‌که والدتی غائب ترکه بولنورسه کوره‌سز اکر شرعی بیت المال بولنورسه
اون بیکدن آشغاسین عاملرومه تسلیم ایلیاسز متصرف اولالر و اون بیك و اون بیکدن زیاده

[1] Aynı defter, s. 70 b - Tarihi: 5 muharrem 884 = M. 29 mart 1479.

[2] Aynı defter, s. 73 b - Tarihi: 883 Zilhicce sonları = M. 1479 mart. Bunun altında sekiz atın 2796 akçeye satıldığı, bundan 545 akça dellâl harcı verildiği kayd olunmaktadır.

[3] Aynı defter, s. 70 b - Tarihi: 883 zilhicce ortaları = M. 1479 mart.

اولسه بكلك ایچون ضبط ایده‌سز و اکر شرعی بیت‌المال اوناءوب ولدتی غائب اولورسه یازوب
شرح و تفصیل ادوب برتفصیل سزده وبرتفصیل عاملروءمده اولوب تفصیلیله مذکوران عامللره
تسلیم ادەسز آنلرده طورا صکره ولدتی چقارسه کندولر اول تفصیللروك موجبنجه تصاحب
ادەلر قاپومدن طلب اولنمیه شویله بلاسز اهمال و تأخر ایتمیاسز و بیت‌المالی سز کندو آدملرکوزه
بلع اتدرمیاسزکه عامللر دخی قاپومه عرض ایتملو اولمیالر بیلش اولاسز علامت شریف اوزره
اعتماد قلاسز حرز فی‌الیوم الثانی والعشرین من شهر ذی‌الحجه من هجرة ثلث و ثمانین و ثمانمائه
بمقام قسطنطنیه » [1]

9

« مفاخر الامراء الکرام آناطولی سنجغی بکلری دام عزهم و مفاخر قضاة و الحکام
قاضیلری دام فضلهم و مفاخر الزعما سوباشیلری زید قدرهم و کتخدالری و تیمار ارلری و
یرلرنه طوران آدملری توقیع رفیع جهانمطاع واصل اولیجق شویله بلاسزکه شمدکیحالده فوحه
صابونخانه‌سنی دارندهٔ مثال بیتال انتون اوغلی اوبرتیویه اوچ ییله مقاطعیه ویردوم ایله اولسه
اشته قلوم حمزهٔ کوندردوم و بیوردوم که هر برنکوز تحت حکومتکوزده یساق ادەسزکه
اشتادن کلان صابونك قالبی اکیوز درهم اولورسه صاتله ا کیوز درهمدن اکسوك اولورسه
عملداره صاتالر اکر عملداره صاتمازلرسه کتروب آلوب کیده بتوم مملکتمده صاتمیا بوندن
اول عامل اولانك تمقدار صابونی وار اسه بو حرجین ویروب صابونی آلا اکر اولکی عامل
دخی (ویرمیەجك ؟) اولورسه شمدکی عامل مهرلیه صاتدرمیا و بیوك قالبی دخی دوغرادوب
صاتمیالر بتونله صاتالر هرکیم بونك خلافنه ادەجك اولورسا که مذکور قلوم بونی طوتوب
صابونی الندن الوب کندونك کرکی کبی حقندن کلا و فوحەدن غیری یرلرده عراقی صابون
ایشلنمه استنورسه منع ادەسز بوبابده کرکی کبی معاونت ادەسز اهمال و مساهله ایتمیاسز شویله
بلاسز علامت شریف اوزره اعتماد قلاسز تحریراً فی‌الیوم الرابع و العشرین فی‌شهر جماذی‌الاول
لسنه اربع و ثمانین و ثمانمائه   بمقام قسطنطنیه »[2]

10

« مفاخر قضاة المسلمین اکابر ولاة الموحدین آناطولی قاضیلری دام فضلهم توقیع
رفیع واصل اولیجق معلوم اولا کم شمدکیحالده باب قسمت و خصوص نکاحده و عتاق‌نامەده
و سائر مکاتبك رسمی بابنده قضاتك زیاده افراط جانبنه میلاقلری وجانب افراطده تعدی و
اختلافلری عرض اولندوغی سببدن بو وجهله قانون امر ایدوب بیوردوم که عتاق نامەده نفس
قاضیه اوتوز آقچه نایبه و کاتبنه برر آقچه و عتاق‌نامەدن غیری مکاتبده نفس قاضیه اون بیش آقچه

[1] Aynı defter, s. 76 b - Tarihi : 883 zilhicce 22 = M. 15 mart 1479.

[2] Aynı defter, s. 140 b - Tarihi : 24 cemaziyülevvel 884 = M. 14 temmuz 1479.

والده و كانه يوز آقچه و نكاح باكره ده نفس قاضيه يكرم آقچه نايبه كاقدر و نكاح ثيبه ده
نفس قاضيه يكرمدن آشاغا اولا و رسم قسمت بيكده يكرم آقچه آلنه و اهل برات اولان
كمسنلر كندو و جماعتى رسومى عسكرى در و تقاعد ادن سپاهيلر جماعتيله عسكرى در و بابا
و مسلم رسوم قسمت اكر يوز آشاغا اولا قضاتكدر ماعداسى عسكرى در و عتبۀ عليامدن
واران قوللرمدن غيرى شهزاده قوللرندن و بكلربكى آدميلرندن و قاضى محضرلرندن و سنجق
بكى و سوباشى آدميلرندن و محتسبلرندن هركم كه بر كمسنيه قاضى حكميله آليم اليوروزسه رسم
بيكده يكرم آقچه آلالر كركدر كه من بعد بو قانون نامه ايله عمل اولنوب زياده تعدى
و تجاوز اولنميه شويله بلالر علامت شريفه اعتماد قلالر تحريراً فى اواسط رجب المرجب لسنه
اربع و ثمانين و ثمانمائه بمقام قسطنطنيه » [1]

11

« صورت الحكم السلطانى و التوقيع الخاقانى — افتخار القضاة و الحكام بروسه قاضيسى
مولانا محى الدين دام فضله توقيع رفيع جهانمطاع واصل اوليجق بلاسزكه شيمدكيحالده سيد
على نام كمسنه دركاه معلامه كلوب بوندن اول اشتاه (؟) پاشا نام بر عورت فوت اولوب غايبده
محمد نام بر اوغلى قالدى متروكاتندن بر اوينى بيت المالجى دن درت بيك آلتيوز آقچه صاتون
آلمش ايدوم صكره محمدك قيزى عتبۀ عليامه كلوب آتام حياتده ايكن بر اوين بيت المالجى
آلوب آخره صاتدى ديو عرض ادوب تفتيشن بروسه قاضيسنه حكم ايلندوكى سببدن قاضى
اولان اول أوى المدن آلدى آلوب اول قيزه ويردى ديو بلدردى ايله اولسا كركدركه
اول اوى كرو مذكور سيد عليه اليورەسز شول وقتكه مذكور محمد كرى كلوب قاپومدن
طلب ايده بوبابده كركى كبى اهتمام ادوب بر داخى مذكورى قاپومه كلمو ايتمياسز شويله
بلاسز علامت شريف اوزره اعتماد قلاسز تحريراً فى اليوم الرابع و العشرين من شهر ذى القعده
سنه اربع و ثمانين و ثمانمائه بمقام قسطنطنيه » [2]

12

« مفاخر التجار اسكندريه كيدن ماونالرى كرايه دوتان خواجه مصطفى و خواجه على
پاشا و خواجه مسيح پاشا وصراف حاجى مصطفى و خواجه بدرالدين و خواجه حاجى خيرالدين
و خواجه حاجى محمد و خواجه حاجى مصلح الدين و خواجه حاجى ابراهيم و حاجى خوشقدم و
خواجه پيرى توقيع رفيع جهان مطاع واصل اوليجق بلاسزكه مذكور حاصه ماونەلر ناولوندن
تسليماتدن غيرى ذمتكزده اكى بيك بش يوز سكۀ افرنكى فلورى واردر اشته دارندۀ مثال
بيمثال قلوم سلحدار قاسم حواليه كوندرب بيوردومكه واردوغى كبى عذر و بهانه ايتميوب

[1] Aynı defter, s. 166 b - Tarihi : 884 receb ortaları = M. 1479 ekim başları.
[2] Aynı defter, s. 237 b - Tarihi : 24 zilka'de 884 = M. 6 şubat 1480.

مذكور فلوريى بى‌قصور مذكور قنومله و يرار آدملريله دركاه معلامه كوندره‌سز كلوب واصل اولوب حجت آلالر شويله بلاسز اولابده بر درلو دخى ايتميه‌سز علامت شريف عالم آراى اوزره اعتماد قلاسز تحريراً فى اليوم الرابع عشرين شهر ذى الحجه سنه اربع و ثمانين و ثمانمائه بمقام قسطنطنيه» [1]

13

«صورت الحكم السلطانى و التوقيع الخاقانى — توقيع رفيع جهانمطاع واصل اوليجق معلوم اولا كم شمدكيحالده فرزند ارجمند امجد اسعدارشد نورحدقهٔ دولت و كشورستان و نور حديقهٔ مملكت و كامرانى اوغلم جم اطال الله بقاه و انال مناه عتبهٔ عليامه آدم كوندروب شويله عرض ايلدى كه سابقا قوجحصار طوزلاسنه مباشر عبدالرحمن نام بر امينى وار ايمش قونيه‌ده متوفى اولمش بمتروكاتى مولانا ولدان محى الدين بروسا قاضيسى ايكن پاشابولا و نورجهان نام عورتلرنه قسمت ادوب مكتوب و صورت دفتر ويرلمش الحالة هذه مذكور متوفى عبدالرحمن ذمتنده مشاراليه اوغلم طال بقاه‌نك خزانهٔ عامره‌سنه متوجه اون اكى بيك آقچه حق قالمش مبلغ مذكورك آلتى بيك آقچه‌سى انده كيرماستيده متمكن اولان عورتى پاشا بولادن متوجه ايمش ايله اولسا بيوردوم كه مذكوره پاشا بولايى ويا وكيلنى احضار ادوب مولانا ولدان محى الدينك مكتوبنه و صورت دفتر سجلاته نظر اده‌سز مذكوره‌دن نه مقدار آقچه متوجه اولورسا شرعله حكم ادوب زوجنك متصرف اولدوغى متروكاتندن اليوره‌سز عذر و بهانه اندرمياسز محلولنى (؟) يازب بلدره‌سز شويله بلاسز ديو امر اولنمش امر شريفه امتثال اولنوب پاشابولا كندوسى احضار اولنوب مبلغ مذكورك آلتى بيك آقچه‌سى مذكور مولانا ولدان صورت دفتر موجبيله مذكوره پاشا بولادن آلنوب مذكور چلبى سلطانك بو خدمت ايچون ارسال اتدوكى قولى يحيايه بى‌قصور تسليم اولندى حرر فى اوائل ربيع الاول ٨٨٥» [2]

14

«مفاخر القضاة و الحكام و مظاهر الشرايع و الاحكام بك سنجغى قاضيلرى دام فضلهم توقيع رفيع واصل اوليجق معلوم اولا كم شمدكيحالده شويله بيوردوم كه تحت حكومتكزده اولان اوقاف منسوخه‌دن شولكه باغ و بغچه و دكرمن‌در و مسقفاتدن اولر و دكانلر و كاربان سرايلردر بونلرك كب صاحبلرى ازرنه مقرردر انلرك كبلر كوره‌سز اكر عتبهٔ عليامدن تحرير ايچون تجديد حكم آلماميش كمسنه وارسه كوندره‌سز كه كلوب قبومدن تجديد حكم آلالر بونلروك ماعداسى كويلردن و يرلردن فى الجمله اقسام عماراتدن نه وارسه بونلردن اكثريا منسوخ‌در الحالة هذه شويله استماع اولندى كه

[1] Aynı defter, s. 282 b - Tarihi : 24 zilhicce 884 = M. 8 mart 1480.
[1] Aynı defter, s. 289 b - Tarihi : 885 rebiyülevvel başları = M. 1480 mayıs.

ذکر اولان کویلردن و عقارات قسمندن بعض کسنه‌لرك اللرنده تلبیسله قالوب یاخود
اوندلمش خیلی یرلر وارمش امدی کرکدرکه حکم شریفم واردوغی کبی نه مقدار اوقاف
وارسه باغدن و باغچه‌دن و دکرمندن فی‌الجمله مسقفات قسمندن و کویدن و یردن تیماره ویرلان
نه دکلودر و تیماره ویرلیوب صاحبلری اللرنده مقرر اولان نه دکلودر و اللرده تمسکاتلری نه
وجهله‌در مجموعین یازوب بر دفتر آناطولی بکلربکیسنه کوندروب و بر دفتر دخی قاپومه
کوندره‌سز شیله بلاسز علامت شریف اوزره اعتماد قلاسز تحریراً فی‌اواسط محرم الحرام سنه
خمس و ثمانین و ثمانمائه بمقام قسطنطنیه » [1]

15

« صورت الحکم السلطانی و التوقیع الخاقانی — افتخار قضاة المسلمین مختار ولاة
الموحدین ینبوع الفضل و الیقین وارث علوم الانبیا و المرسلین بروسا قاضیسی مولانا محی‌الدین
دامت فضائله توقیع رفیع جهانمطاع واصل اولیجق بلاسزکه اندون نام کلوب بوندن اول
بن صغیر ایکن آتام انتون مرده اولوب اموالندن و اسبابندن هرنی وارسه بخش بخش ادوب
ضایع اتدیلر بن صلبی اوغلی ایکن باکه نسنه ویرمدیلر اول متروکاتك نصفی بکلك اولسون
دیدوکی سببدن قلوم نصوحی مذکوره بیله قوشوب کوندردوم کرکدرکه واردوغی کبی اول مرده
اولان اندون نام کافرك متروکاتندن و اموالندن و اسبابندن هرنی وارسه اول مرده اولدوغی
حینده نی بولندیسه تمام معلومك اولوب دفتر اتدکدنصکره هر کم آلمش ایسه کرو بیقصتوز
بولدرب ضبط ادسز کندو دفترك دخی اول متروکاتدن صاتلماغه قابل اولانی صاتوب صاتلیانی
عینیله صاتدره‌سك (؟) آقچه‌سن قپومه کوندره‌سز بو بابده کرك کبی مقید اولاسز وصیلردن
و غیرندن هرکیده نی وارسا که ظاهر اولا آلاسز کسنه‌ده نسنه قالمیا شویله بلاسز علامت
شریف اوزره اعتماد قلاسز تحریراً فی خامس آخر الجماذی سنه خمس و ثمانین و ثمانمائه بمقام
قسطنطنیه » [2]

[1] Aynı defter, s. 303 b - Tarihi : 885 muharrem ortaları = 1480 mart.
[1] Aynı defter, s. 363 a - Tarihi : 5 cemaziyülâhir 885 = M. 12 Ağustos

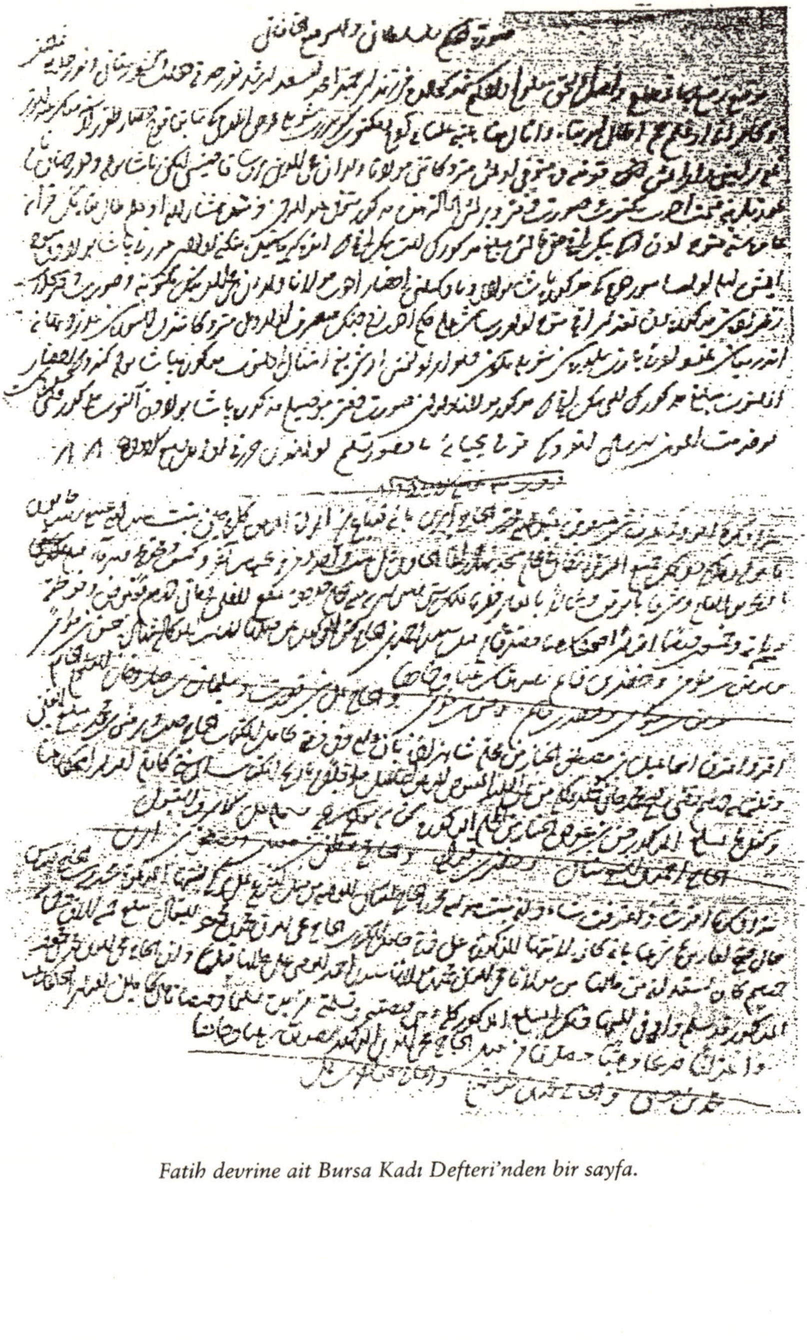

Fatih devrine ait Bursa Kadı Defteri'nden bir sayfa.

UNVEROFFEANTLİCHTE ERLASSE VON SULTAN FATİH MEHMED II.

(Zusammenfassung)

Die hier vorgelegten Erlasse fanden sich unter den Akten des Kadi von Bursa aus der Zeit zwischen Mai 1478 und März 1481. Diese Akten, die einzigen aus der Zeit Sultan Mehmed II., befinden sich heute im Museum von Bursa ("Şeriye sicil defterleri, A 3/3), und wir unterschten die darin befindlichen rund 3300 Aktenstücke nach Erlassen von Sultan Mehmed II. Der Inhalt dieser Erlasse, deren türkischen Text wir den vorhergehenden Seiten veroffentlicht haben, ist kurz wie folgt:

1

An die Kadi's von Anatolien. Datum: 24.X.1487.

Befehl, dass man das Saatgrut für den mit Reis bebauten Boden, der in Staatsregie übergegangen ist, den Bauern überlassen solle und nicht erlauben solle, dass das Saatgut von den Sancakbeyi "Subaşi" oder "Timar erleri" genommen werde.

2

Verbot (yasak) des Gebrauchs von Silber und altem Geld; Datum: 1. IV. 1478.

Das alte Geld (eski akçe) wird abgeschafft, es wird ein Beamter mit grossen Vollmachten geschickt, der das alte Silbergeld und im Besitz von Privatpersonen befindliches Silber sammelt. Dieser Beamte hat die Vollmacht, das Gepäck von Reisenden, die Kassen sogar die Zimmer der Karavanseray's zu durchsuchen und etwa angefundenes Silber an die Mūnze zu schicken. Aus 1 Dirhem Silber werden 2 akçe geprägt. Jeder Goldschmied und Silbersticker darf hōchstens 200 Dirhem Silber behalten.

3

Datum: 24. II. 1479.

Es wird verlangt, dass man an die Staatskasse die 200000 Akçe des Mehmed, der die Einkassierung der "Yuva" und "Beytül-mal" – Einkommen übernommen hatte, abführe.

4

Rakul; 17. XI. 1478.

Es wirdr verlangt, dass man an die Staatskasse die 1926000 Akçe abfühhre, die der Muslihiddin besass, der die Mzan – Einkünfte von Bursa, Istanbul, Tokat, Amasya und Kastamonu einkassiert hatte.

5

An die Kadi's von Bursa und Tokat; Datum: 29. III. 1479.

Man solle dem Prinzen Bayezit sein jährliches Einkommen aus der Mizan von Bursa nicht mehr geben, sondern ihm dafür Timar'ş verleihen.

6

An den Kadi von Bursa; Datum: Mārz 1479.

Befehl, 8 kranke Pferde und ein krankes Füllen des Sultans zu verkaufen und den Erlōs abzuführen.

7

An den Kadi von Bursa; Datum: Mārz 1479.

Befehl, ein Timar, das der "Anadolu Beylerbeyi" versehentlich einem anderen gegeben hatte, dem rechtmāssigen Besitzer zurückerstatten.

8

An die Kadi's von Anatolien; Datum: 15. III. 1479.

Anweisung über die Behandlung von Erbschaften, bei denen die Erben nicht auffindbar sind.

9

An die Sancakbeyi und Kadi's von Anatolien; Datum: 14. VII. 1479.

Das Monopol für Seifenherstellung und-Verkauf sei für 3 Jahre an "انتون اوبرتيو" gegeben und es sei verboten, das Stück Seife unter 200 Dirhem Gewicht zu verkaufen.

10

An die Kadi's von Anatolien; Datum: Oktober 1479.

Gesetz über die Auflagen, die die Kadi's und die unter ihnen arbeitenden Beamten nehmen dürfen. Auf diese Weise werden Amts-Missbrāuche verhindert.

11

An den Kadi von Bursa; Datum: 6. II. 1480.

Ueber eine Schuldforderung.

12

An gewisse Kaufleute; Datum: 8. III. 1480.

Die Kauşeute, die die nach Alexandria fahrenden staatlichen Schiffe gemietet haben, haben noch an rückständigen Schulden 2500 "افرنكى فلورى" (*şori*) zu zahlen.

13

An den Kadi von Bursa (?); Datum: Mai 1480.

Ueber eine Schuldforderung des Prinzen Cem.

14

An die Kadi's des Sancak Bursa; Datum: Mārz 1480.

Answeisung, dass die religiōsen Stiftungen, die Felder betreffen und nicht staatlich eingetragen sind, dieses Mal eingetragen werden sollen, und zwar mit ihren Immobilien und ihren sonstigen Besonderheiten.

15

An den Kadi von Bursa; Datum: 12. VIII. 1480.

Ueber eine Erbschaftsklage eins gewissen "اندون" (Andon)

İNDEKS

(Rakamlar vesika numarasını göstermektedir)

Şarabdâr Hamza Bey Mektubu ve Türkçe Özeti[1]

İran'a kaçan Rûm (Amasya-Sivas) Beylerbeyi Şarabdâr Hamza Bey'in Fâtih'e karşı yazdığı mektup:

Şöyle kulağımıza geldi ki, bundan önce Karamanoğulları'nın validesi ki, pâdişahın akrabasıdır. Rica için Fâtih'in yanına gitmiş ve yolda vefat etmiştir. Oğlu sizin yanınıza erişmiştir. Tarihlere göre eskiden herkes sultanlara sığınır. Karaman'ın oğulları bu pâdişahın yanına geldiler. İran pâdişahı Horasan'ın tamamını ve Çin hududuna kadar Semerkant'ı fethetmiştir. Özbek beylerinden gelen mektuplara göre İran pâdişahına Hatay'ın fethini istemişlerdir. Horasan büyükleri tarafından da İran pâdişahının o tarafa gitmesini istemişlerdir. Şah, Azerbaycan'a gelmiş olup işitildiğine göre validesini Osmanlı pâdişahının yanına göndermiştir. Kendisine kolaylık gösterilmesi istenmektedir.

İki sultanımız dostluk içinde kalmalı; zira bir taraf gâzâ ile meşguldür. Ve bizim şahımız da Çin'e karşı gâzâya gitmeyi düşünmektedir. Bu çok hoşumuza gitti. Özetle iki Müslüman devlet arasında fitne ve fesada yer olmamalı. İki taraf da gâzâ ile uğraşmalı. Şah'ın Timur'a bakarak üstünlüğünü pâdişah göz önüne almalı. Herhalde Şah'ın başarıları sizin kulağınıza erişmiştir.

---

1 Fâtih'e meydan okuyan ve faaliyetlerini eleştiren bu önemli mektup, Chicago Üniversitesi Tarih Bölümü hocalarından Prof. John Woods tarafından yayınlanacak ve analiz edilecektir. Burada kendisinin çözdüğü metne göre bir özetini vermekteyiz.

Timur, Alıncak Kalesi'ni yetmiş sene kuşattığı halde alamamıştır. Bu pâdişahımız kaleyi kolayca ele geçirmiştir. Emîr Timur sert olup hizmetkârları ondan kaçarlardı. Hâlbuki şahımız onun sarayına baş koymaktadırlar. Timur, halkın malına ve ırzına tamah ederdi. Etrakin (Türkler) kendisine dönmüşlerdir. Timur, Suriye ve Anadolu etrakten haraç alırlardı. Onlar Şah'ın şimdi huzuruna geldiler. Şahımız aslı dolayısıyla bütün Türkler kendisinin emri altına girmişler. Suriye ve Anadolu'daki Türkleri dinsiz görmediler ve kendilerinden haraç almadılar. Ve bu şahımıza gelen Türklere (etrak) ülke ve yakınlık gösterdi ve haraçtan kurtardı.

Emîr Timur ile karşılaştırıldığı zaman şu da önemlidir. Emîr Timur, Osmanlı pâdişahının nerede olduğunu tayin edemiyordu. Kendisinin emirlerini göndererek onları ele geçirmeye çalıştı. Şah Melik'i gönderip Emîr Timur'un tarihinde bunlar yazılıdır.

Diğer husus şudur: İsimleri yazılı tüm emîrler, şahın huzuruna gelmişler. Bunlar Emîr Timur'a gelmemişlerdir. Osmanoğlu, Karamanoğlu, İsfendiyaroğlu, Germiyanoğlu, Dulkadiroğlu, İnaloğlu, Pazarlıbeyoğlu, Tuzanlıoğulları ve Defterdar olan Çelebi Mehmed, tüm ülkenin, hazînenin ve askerin bilgisine sahiptir. Bunlar şahımızın huzuruna gelmişlerdir. Bizim şahımızın ülkesi sizin ülkenize komşudur. Şah ise iki Irak ile beraber Azerbaycan, Fars, Kirman'dan Hindistan hududuna kadar ülkenin pâdişahıdır. Bu arada Sari ülkesi ki, Emîr Timur alamamıştı, Allah'ın inayetiyle Şah'ımız onu ele geçirmiştir. Şah'ın ele geçirdiği diğer memleketler Kürdistan ve Luristan, Şah'ı tanımışlardır.

Diğer taraftan Emîr Timur'un askeri yaya idi. Hâlbuki şimdiki Şah'ımızın askerleri, ata binmekte. Şah'ımız Anadolu'ya gittiği zaman, Osmanlı pâdişahının raiyyetinin tamamı Şah'a dua etmektedir. Kendisi reâyâ üzerine vergi koymamış ve sonradan çıkarılmış resim, rüsum ve bid'atleri kaldırmıştır.

Timur, Altın Orda'da Cicu emîrlerine gereken saygıyı göstermemiştir. Buna karşı Şah'ımız kendilerine ülke ve hediyeler göndermiştir.

Evvel zamanda Anadolu'da altının ayarını azaltmazlardı. Şimdi duyduğumuza göre altının ayarlarını bozmakta ve bu yüzden Müslümanların malına ve ırzına ve kendilerine zahmet erişmektedir.

Eskiden Tokat'ta malları ölçüp vergi almak için terazi yoktu, şimdi konmuştur. Diğer taraftan kulağımızı eriştiğimize göre "Osmanlı kâfirleri tutsak yapar ve kiliselerini yakarmış" şimdi öğrenildi ki, Müslümanlar esir edilmekte ve mescitleri harap edilmektedir. Şu da dikkate değer, pâdişahlarla şah arasında atalarından beri düşmanlık yoktu. Şimdi o dereceye vardı ki, Karahanoğulları Şah'ın yanına sığınmışlardır ve durumları iyidir. Müslümanlar arasında uzlaşma gereklidir. Müslümanlık ve dostluk dolayısıyla bunlar yazılmıştır.

Mektubun aslı (Topkapı Sarayı Arşivi, nr. E. 11602 ve E. 11676, 3071, tarihi yaklaşık 1472)

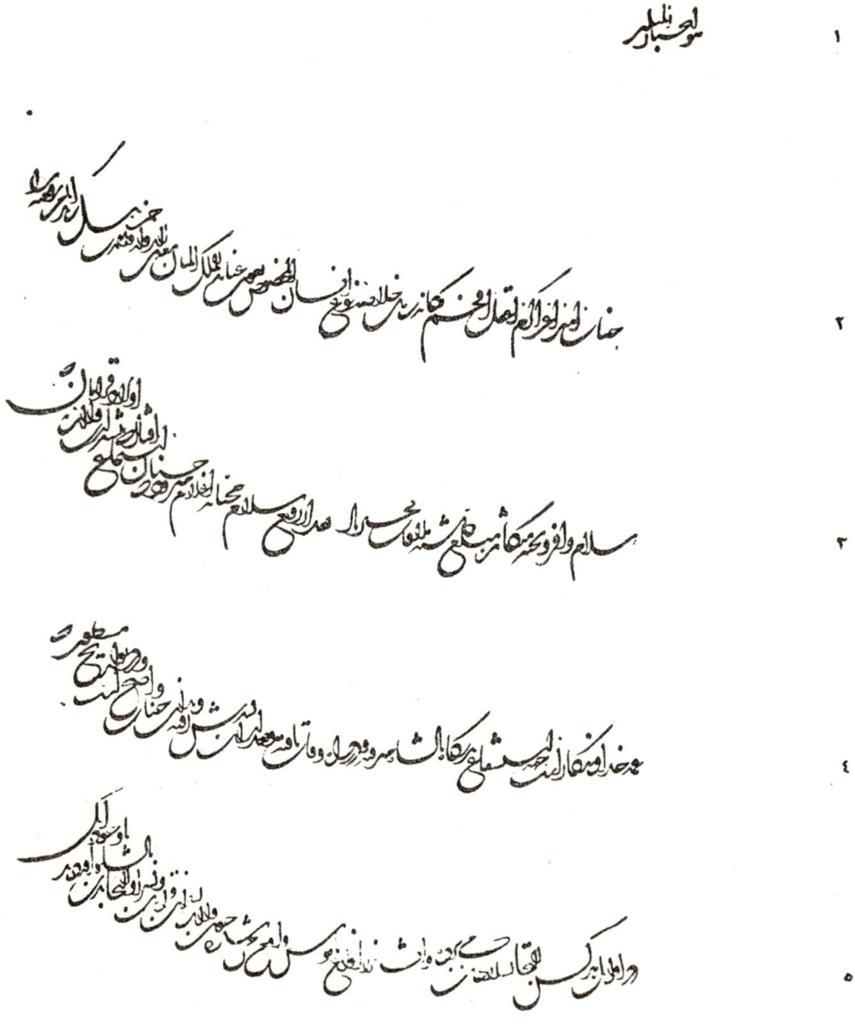

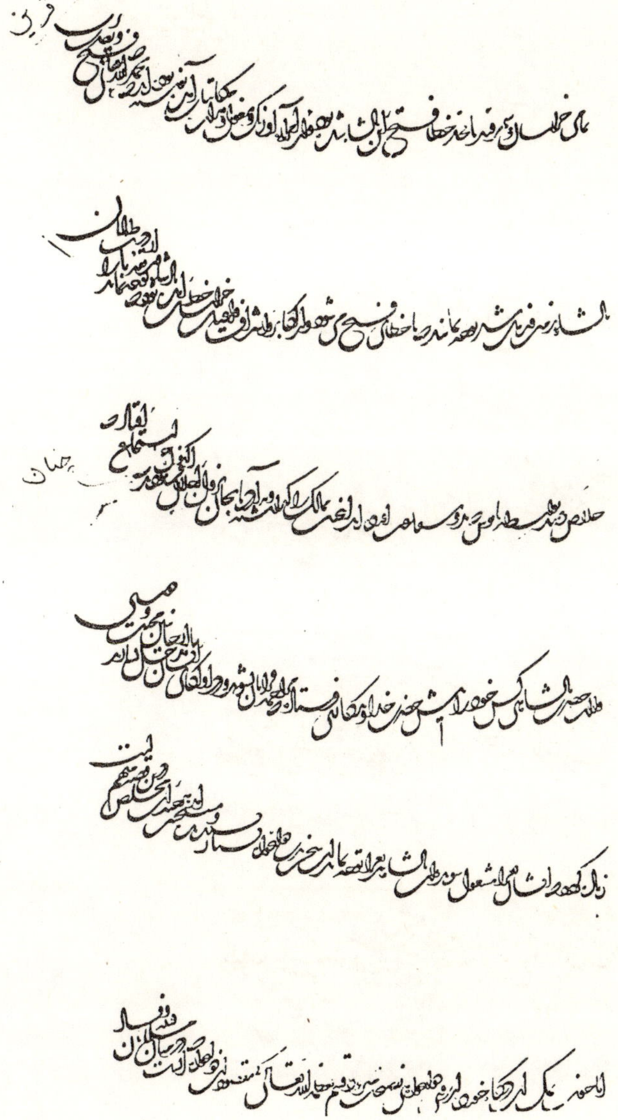

٦

٧

٨

٩

١٠

١١

١١

١٢

١٣

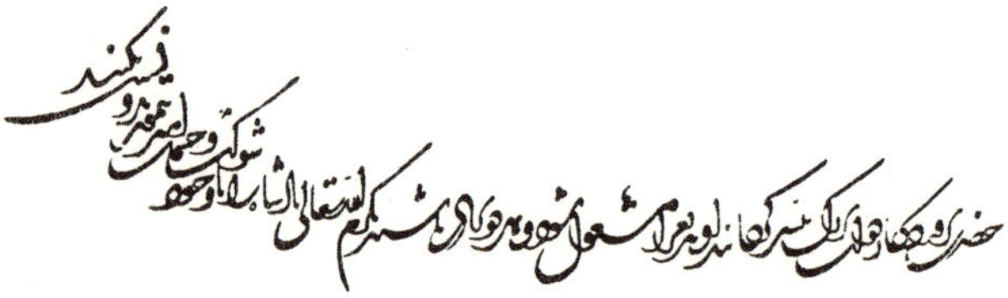

١٤

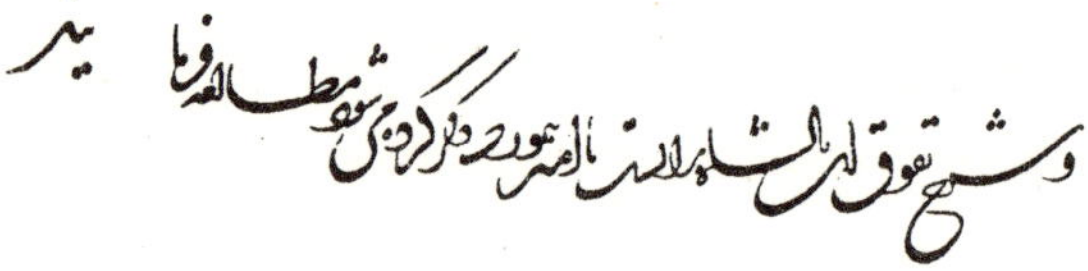

١٥—١٦

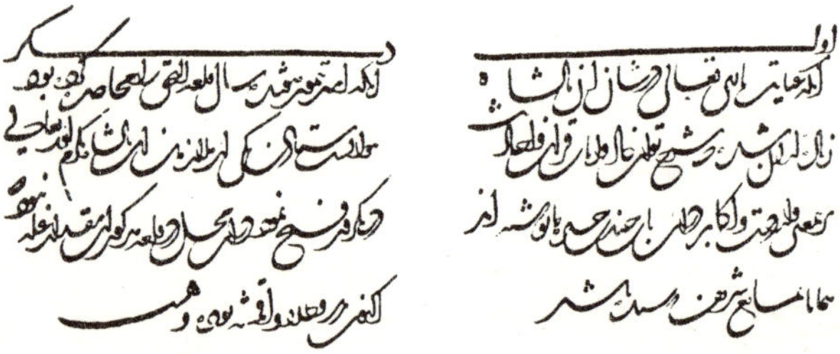

١٧—١٨

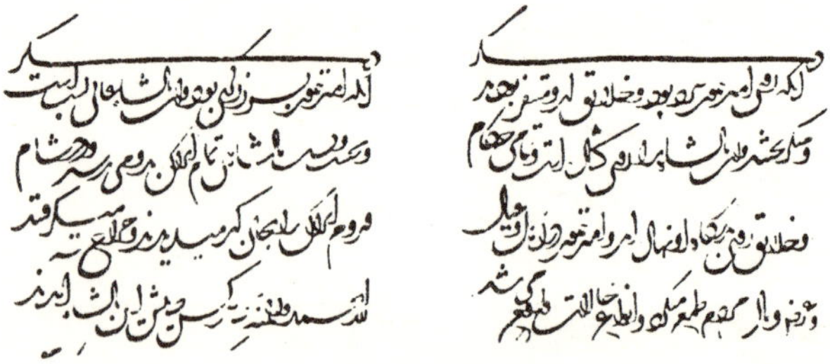

١٧–١٨

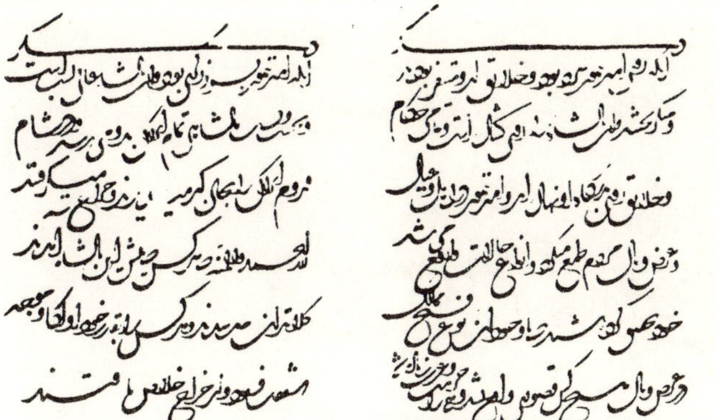

١٩–٢٠

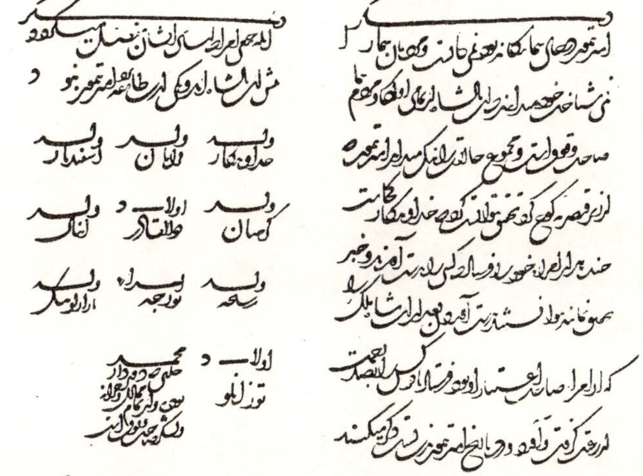

٢١–٢٢

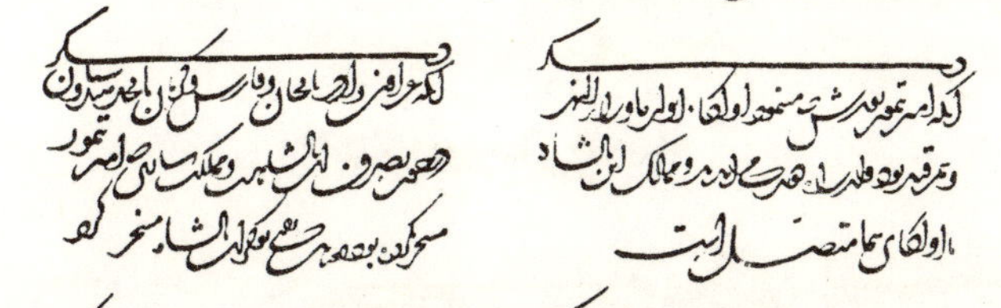

٢٣–٢٤

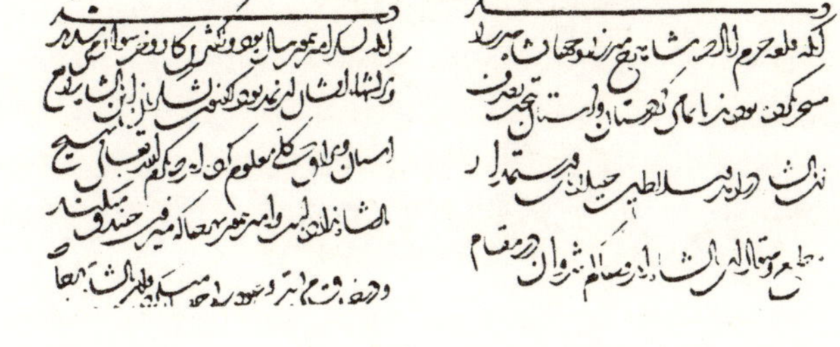

٢٤–٢٣

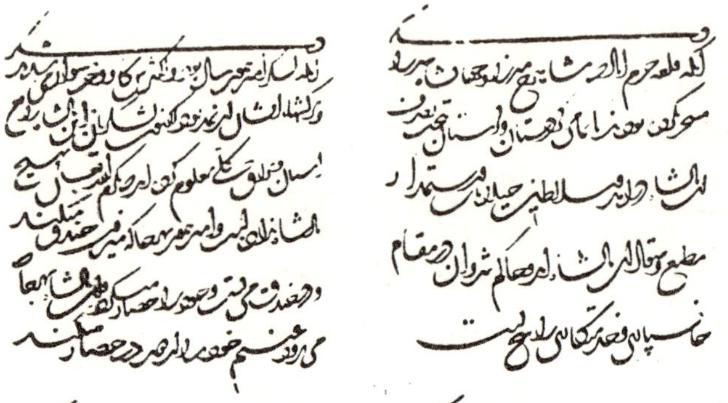

٢٦–٢٥

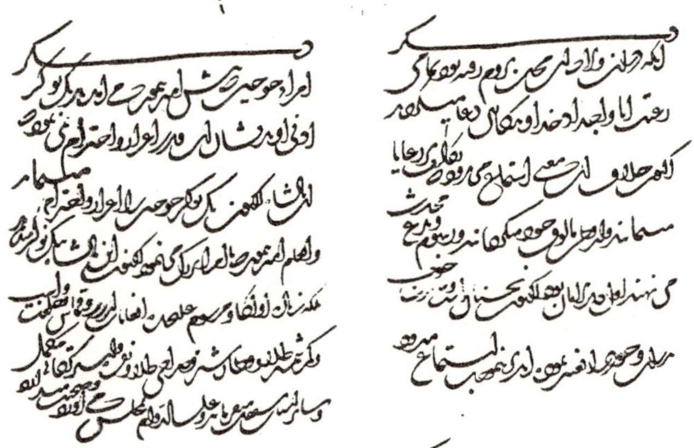

٢٨–٢٧

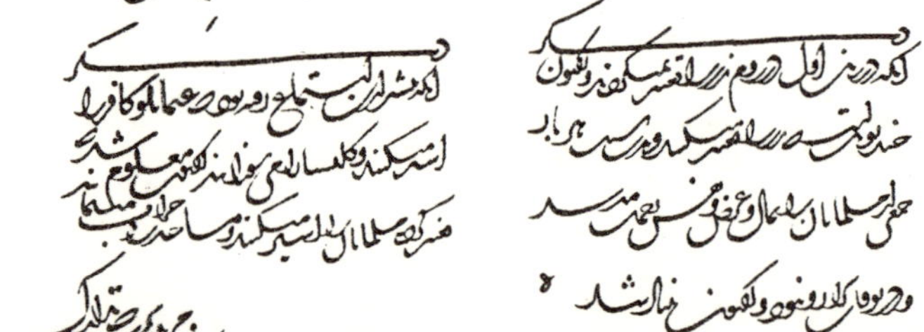

٢٩

٣٠

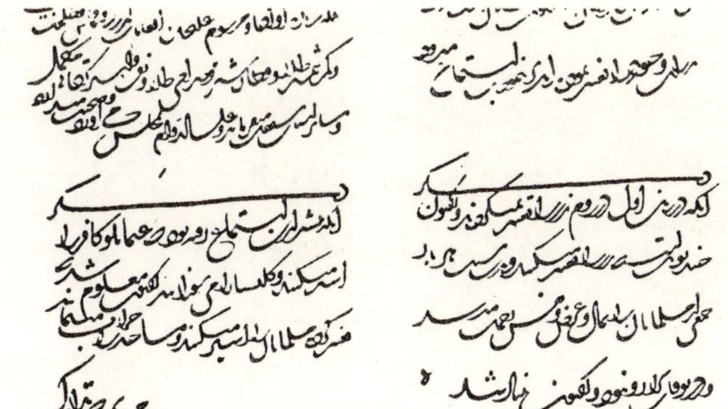

٢٧-٢٨

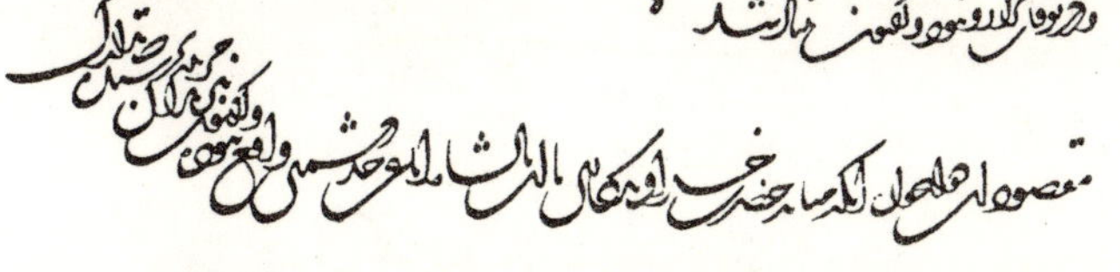

٢٩

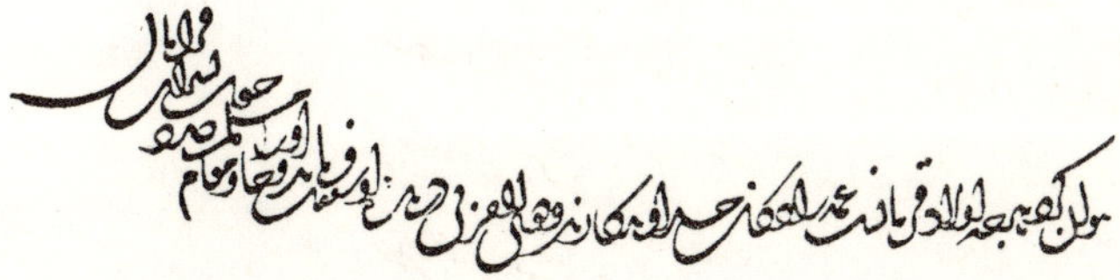

٣٠

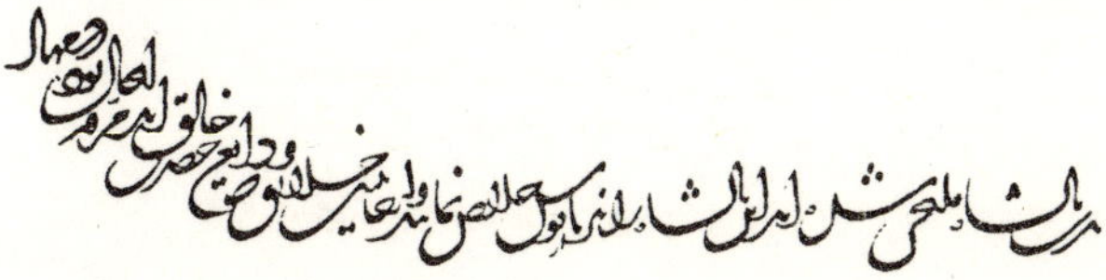

٣١

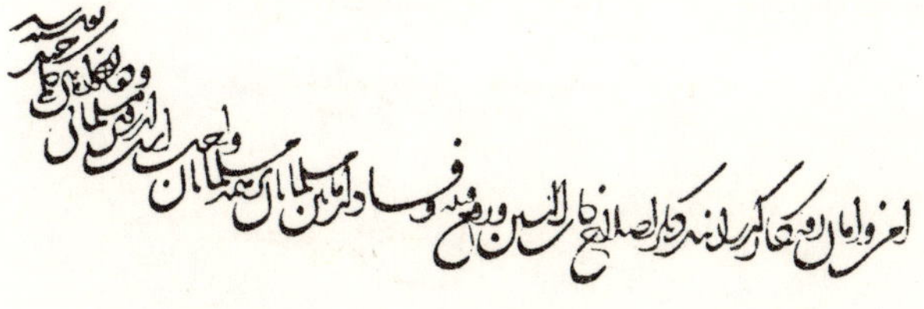

٣٢

٣٣

B

MÂLİYE VE PARA

Fâtih Dönemi'nde Mâliye İdaresi

Doğu'nun patrimonyal devletinde sosyal ve siyasî olayları belirleyen yapısal bir durum vardır. Bu durum, pâdişahın gücünü, sarayını, fetih planlarını, askerini ve yapı faaliyetlerini destekleyen merkezî hazînedir. Pâdişah bu amaçla ülkenin belli başlı gelir kaynaklarını *mukâta'a* sistemi[1] altında iltizama vererek mültezimlerden hazır para sağlar. Başka bir metot da *emîn* adı altında geniş yetkilere sahip devlet memurlarıyla bu çeşit gelirleri merkezî hazîne için toplamaktır. Bütün Doğu *nasihatnâme-siyâset* kitaplarında bu nokta, devlet ve pâdişah gücünün temeli sayılmıştır. Orta Doğu devletlerinde gelir kaynaklarının en başında köylü tarım ürünleri, buğday ve arpa yer alır. Merkeziyetçi bürokrasinin temel siyâseti karşısında başka bir gelişim bütün bu imparatorluklarda en önemli siyasî ve sosyal sorun olarak ortaya çıkar. Metot şudur: Gelirlerin önemli bir kısmı hemen hemen yarısı en başta toprak ve tarım gelirleridir. Eyaletlerde askere özellikle sipahilere ve valilere dirlik olarak ayrılmıştır. Bunun başlıca sebebi de tarım ürünlerinin vergi olarak çoğunlukla *öşr* şeklinde para değil ürün olarak tahsili zorunluluğudur. Başlıca nedeni köylü için ürünü paraya çevirmekteki

---

1 *Mukâta'a*, belli noktada bir gelir kaynağı demektir, merkezî hazînede *mukâta'a* defterleri bu çeşit kaynakları içerir.

aşılmaz güçlüktür. Köylünün ürününü değerlendirmek için pazara götürmesi ve satması son derece güç ve masraflı bir iştir. Ürünlerin paraya çevrilip merkezî hazîneye gönderilmesi, oradan valilere ve eyalet askerine maaş olarak ödenmesi büsbütün olanaksız bir şeydir. Eski çağlarda Mısır ve Mezopotamya'da ürünün tapınaklara bağlı büyük ambarlarda depo edildiğini ve oradan dağıtıldığını biliyoruz. Fakat geniş alanlara yayılmış imparatorluklarda ürünün taşınması ve bir merkeze toplanması başlıca taşıma masraflarının son derece yüksek olması sebebiyle olanaksızdır. Bu koşullar altında doğuda ve batıda para ekonomisinin zayıf olduğu çağlarda devlet bu gelirleri değerlendirmek için geliri aynen *dirlik* verme sistemine başvurmak zorunda kalmıştır. Tarım gelirleri belli üniteler halinde saptanarak her asker kişiye hak ettiği miktara göre verilir. Bu gelir üniteleri *icmâl* veya timâr defterlerinde tespit olunmuştur. Dirlik sistemi feodalizmin temel prensibidir. Merkezî kontrolün bu üniteler üzerinde kontrol derecesi feodalizmin çeşitli biçimlerini belirler. Osmanlı'da defter sistemi sayesinde merkezî idare tam bir kontrol sistemi geliştirmiş ve feodal gelişimi önlemiştir. Tarım toprakları *mîrî,* sultânî terimi ile anılır.

Bizanslılarda *pronoia*, eski İslâm devletlerinde *ikta* denir. Osmanlılarda *pronoia*nın Türkçe çevirisi olan *timâr* terimi kullanılır. Bu sistem, toprak geliri üzerinde eyaletlerdeki sipahilere ve komutanlara (subaşı, sancakbeyi, beylerbeyi) tam kontrol hakkı vermektedir. Onların geçimi ve askerî görevlerini yerine getirmelerine imkân sağlamak amacıyla gelir bir mülk gibi garanti altına alınmıştır. Bu geliri tahsil edemedikleri zaman onlar, çaresiz duruma düşerler ve devlete karşı askerî görevlerini yerine getiremezler. Başka bir deyişle, toprak ürünü üzerinde kontrol, toprağın boş kalmaması, toprağı verimli kılan emek ve hatta tüm üretim süreci üzerinde kontrol demektir. Bir köylü ölür ve toprak işlenmezse timâr sahibi toprağı işleyebilecek bir aile reisine *tapu*ya verir. Özellikle geniş bir bölge üzerinde dirlik alan kumandanlar, valiler, toprak, köylü ve işletme biçimi üzerinde kontrol hakkı kazanırlar. Onlar, bu gelir kaynaklarını genişletmek için her çareye başvururlar. Köylü ve devlet zararına yaptıkları kötüye kullanmaları bir tarafa bırakalım, onların temlik ve vakıflar yoluyla bu gelir kaynaklarını sistem kontrolünden çıkarmaları güçtür, merkezden pâdişahın berâtı olmayınca bu mümkün değildir. Ayrıca sipahiler olsun, ekâbir olsun orman, bataklık gibi bozdan açtıkları toprak üzerinde İslâm hukukuna göre tam mülkiyet hakkı kazanırlardı. Bunun için Osmanlı İmparatorluğu'nda genellikle İslâm hukukunda hâkim prensip, hükümdarın buna izin vermesi ve sonra açılan toprak üzerinde mülkiyet haklarını tanıyan bir vesika, *temliknâme* bağışlaması gerekir. Bu son koşul, merkezî bürokrasinin kontrolünü garanti etmekle beraber, uzak eyaletlerde büyükler bu mülk toprakları istedikleri gibi işletebilirlerdi. Onlar için toprağı değerlendirmede en çetin sorun el emeği bulmak, köylüleri toprağa çekebilmekti. İşte bu noktada devlet kendi vergi verir reâyâsının beylerin kontrolü altına geçmesini önlemeye çalışırdı. Zira Osmanlı Devleti'ndeki temel prensibe göre, reâyâ üzerinde kimse hak ve kontrol kuramaz. Reâyâ emeği üzerinde kişiler kendi çıkarları için angarya ve başka yollarla kontrol kuramazlardı. Böylece, bu noktada yeniden yaratılacak toprak gelir kaynaklarının kontrolü üzerinde devletle ekâbir karşı karşıya gelmektedir. Merkezî iktidarın kuvvetli olduğu zamanlarda normal bir şekilde meydana çıkan bu çatışmalı durum merkezi güç zayıfladığı zaman bunalımlara neden olurdu. O zaman büyükler, civardaki devlet reâyâsını ve sınırı kesinlikle belli olmayan mîrî tarım topraklarını kendi çiftliklerine katma yollarını bulurlardı. Hatta aslında devlete ait olup köylüsü kaçmış toprakları da boz topraklar sayarak yeni mülkler halinde kontrolleri altına geçirirlerdi. Bunun için eyaletlerdeki güçlü kişiler harp veya iç savaş sıralarında zayıflayan merkezî devletten bu gibi hakları bir ödün olarak koparırlar ve feodal kontrol bu aşamada gerçekleşir. Çok geniş bir bölgede uygulanma halinde yerel hanedanlar ortaya çıkar (âyânlar). Bu süreç imparatorluğun parçalanmasına kadar gidebilir. Büyüklerin arazi ve reâyâ üzerinde kontrollerini sürdürmenin başka bir yolu da mülk toprakları vakıf haline getirmektir. Bizans'ta, İslâm hilâfet döneminde ve Osmanlılarda en çok uygulanan yöntemlerden biri budur. Vakfı kuran nüfuzlu kişi Osmanlı Devleti'nde bunun için pâdişahın iznini almak ve bir temlik berâtı elde etmek zorundadır.

Osmanlı merkezî bürokrasisi güçlü döneminde bu yolu dikkatle izlemiştir. Vakıf kuran genellikle onu *evlâdiye* vakıf olarak kurar. Yani, erkek ve kız soy ve sopuna vakfın mütevellisi sıfatıyla, vakıf gelirlerinin onda birini ayırır. Mütevelli ayrıca dükkân, han, hamam gibi müsakkafâtın kiralanmasında veya genellikle ferağ işlemlerinde yeni kiracıdan kendisi için bir pay sağlar. Bu yöntemler, kötüye kullanmalar sonucu elde edilen gelirler yanında meşru kazançlardır. Büyüklerin bu vakıf gelirleriyle, Osmanlı toplumunda *çelebi* unvanıyla bir çeşit aristokratik sınıfa vücut verdiğini saptamaktayız. Temlik aşamasında boş araziyi değerlendirmek için gerekli emek, reâyâ ile beraber esir emeği kullanmak yoluyla gerçekleştirilmiştir. Rumeli'de *uc*larda ellerine pek çok tutsak giren Mihaloğlu, Evrenosoğulları gibi ailelerin mülk ve vakıflarında babadan oğula vakıf yapılmış kulların uzun zaman kaldığını görmekteyiz. Merkezî bürokrasi toprağın ve tarım gelirlerinin kişisel çıkar haline gelmesini sağlayan bu sürece karşı sürekli mücadele halindedir. Osmanlı merkeziyetçiliğinin güçlü olduğu ilk 300 yıl süresince mîrî toprakların ve reâyânın büyüklerin eline geçmesi büyük ölçüde önlenebilmiş, mülkler ve vakıflar büyük ölçüde bozdan açılarak temlik edilmiş topraklar üzerinde oluşmuştur. Aynı sorular İslâm hilâfetinin ilk asrında ve Bizans'ta, daima bürokrasinin en önemli sorunu olarak ele alınmıştır. Osmanlılarda bazen fermanlarda genel bir adla *kudretliler, zîkudret olanlar, ekâbir* denilen bu sınıfa Bizans'ta *dynatoi* denmekteydi ve imparatorluk bürokrasisi onları adeta bir düşman gibi anmaktaydı. Kısaca, devletin toprak ve reâyâ üzerinde kontrolü bahsinde merkezdeki bürokrasi ile kenar bölgelerdeki güçlüler arasında ardı arkası kesilmeyen bir mücadeleye tanık olmaktayız.

Burada Osmanlı Devleti'nin ilk döneminde, bu sorun etrafında devlet siyâsetini temelden belirleyen mücadeleyi ele alacağız. Bu sorun, merkeziyetçi Osmanlı İmparatorluğu'nu kuran iki büyük sultan, Yıldırım Bâyezid ve Fâtih Sultan Mehmed zamanlarında derin siyasî ve sosyal çekişmelere yol açmıştır. Yıldırım Bâyezid zamanındaki durumu yalnız tahrîr defterlerinde ve vakıflardaki kayıtlardan anlamaktayız fakat ayrıntılarını bilmiyoruz. Kesin olarak bildiğimiz şey, Yıldırım Bâyezid'in vakıf ve mülk sahibi eski aileleri bertaraf ederek bu toprakları timâr dirliği halinde kendi kullarına vermesi ve böylece merkeziyetçi bürokratik imparatorluğu gerçekleştirmeye çalışmasıdır. Buna karşı Fâtih devrinde ortaya çıkan sorunun bütün ayrıntıları bilinmektedir.

Fâtih'in Vakıf Topraklarını Nesh ile Devlet/Mîrî Topraklar Haline Getirme Politikası

Tahrîr emîni olarak durumu yakından bilen tarihçi Tursun Beg, Fâtih'in 20 bin köy ve mezranın vakıf statüsünü resmettiğini (kaldırdığını) ve bu yolla devlete mâl edilen bu toprakları timâr ve zeâmet olarak askere dağıttığını kaydeder. İmparatorluk ölçüsünde bu büyük toprak reform hareketinin genişliğini *tahrîr* defterlerinden izleyebilmekteyiz.

Fâtih bu reformu yaparken bazı tarihçilerin iddia ettiği gibi *keyfî* değil, birtakım hukukî prensiplerden hareket ederek gerçekleştirmiştir. Eski bir Karaman vakıf defteri başına konan fermandan öğrendiğimize göre, vakfın o tarihte asıl amacını yerine getirmediği, cami ve tekke gibi binaların harap olduğu ve artık işlemediği, böylece vakfın asıl gayesinin ortadan kalktığı ileri sürülmüştür.[2] Keza mevcut mülk veya vakıf için sultandan izin ve berât alınmadığı noktası üzerinde durulmuştur. Bu gibi mülk ve vakıflar *nesh* edilmiştir. Devlet, bunu bir *müsadere* olarak kabul etmiyor, fonksiyonu kalmayan vakfı *nesh* ediyor, mevcut statünün kaldırıldığını öne sürüyordu. Aslında bu reform, eyaletlerde zâviye ve tekkelerde vakıf yoluyla şeyhlerin eline geçmiş olan ve sayısı Fetret devri ve ondan sonraki bunalım dönemlerinde artmış olan, aslında *mîrî* vakıf ve mülkleri yeniden *mîrî* haline getirmektir. Bunu yapabilmek

---

2 Bkz. H. İnalcık, "Autonomous Enclaves in Islamic States: Temlîks, Soyurghals, Yurdluk-Ocaklıks, Malikâne-Mukata'as and Awqaf", *History and Historiography of Post-Mongol Central Asia and the Middle East: Studies in Honor of J.E. Woods*, Harrassowitz, 2006. Önemle belirtelim ki asıl söz konusu *toprak*tır. Dr. O. Özel'in iddia ettiği gibi sadece *gelir* değildir, "Limits of the Almighty: Mehmed II's 'Land Reform' Revisited", *Journal of the Economic and Social History of the Orient*, 42/2 (1999), s. 226-246.

için İstanbul Fâtih'i gibi mutlak bir otoriteye sahip bir sultan olmak gerekirdi. İmparatorluğu yolunda seferlerine çok sayıda asker ihtiyacı olan Fâtih merkezi hazînede devletin ihtiyaçlarını karşılayabilecek büyük gelir toplamak çabasındaydı. İmparatorluğun vakıf ve mülk halinde kurulması, bu gelir kaynaklarının özel kişilerin veya evkâfın elinden alınıp devlete mâl edilmesiyle gerçekleşebilirdi. Bu toprak reformunu hiç abartmadan, aynı dönemde batıda İspanya'da, Fransa'da ve İngiltere'de kilise mülklerinin merkezi devlet lehine devletleştirilmesiyle karşılaştırabiliriz.

Reformdan etkilenen, gelir kaynakları elinden giden sınıf, beyler, paşalar, ulemâ, zâviye sahibi dervişler ve Osmanlı öncesi aristokratik ailelerden oluşuyordu. Bunların arasında sayıca en büyük kalabalığı, küçük vakıflarla işleyen derviş zâviyelerini, şeyhleri ve dervişleri sayabiliriz. Böylece reform, Osmanlı Devleti'nin kuruluş devrinde hayatî bir fonksiyonu olan fakat sonraları bu fonksiyonu kısmen kaybeden tarikat mensubu şeyhler ve dervişlerdir. Fâtih'e karşı en etkili uğraşıyı da onlar yapacaklardır. Egemen sınıfın büyük bir bölümünü ilgilendiren reforma karşı olanlar geniş bir propaganda faaliyetine girişmişlerdir. Onlar *nesh*in din prensiplerine ve şeriâta aykırı olduğunu, dine hizmet edenlerin mağdur edildiğini ileri sürmekteydiler. Tarikatlardan Halvetiye dervişleri Orta Anadolu'da yoğun bir propaganda faaliyetine girişmişler ve Amasya'da II. Bâyezid'i karşı hareketin öncüsü yapmaya çalışmışlardır. Doğrudan doğruya sultanın kendisine yöneltilmeyen bu eleştiri ve saldırılar, reformdan sorumlu olan devlet adamlarına yöneltilmiştir. Afyonkeşlikle suçlanarak Amasya'da Fâtih'in tepkisine neden olan II. Bâyezid ile kardeşi Konya valisi olan, Fâtih'in taht için namzet gördüğü Cem arasındaki rekabet, bu büyük sorun ile birleşmiş oluyordu. Fâtih'in son yıllarındaki bu sorun, Osmanlı Devleti içinde siyasî güçleri ayaklandıran en büyük sorun haline gelmişti. *Nesh* hareketi 1478 Sonbaharı'nda Nişancı Karâmânî Mehmed Paşa'nın veziriâzamlığında uygulanmış görünmektedir. Karâmânî Mehmed Paşa, toprak işlerinden sorumlu olarak nişancılığı zamanında bu meseleyle ilgilenmiş ve pâdişaha bu reform hareketinde yardımcı olmuş görünmektedir. Karâmânî Mehmed

Paşa aynı zamanda Fâtih zamanında devlet iktidarını kendi tekelleri altına almış olan *kul* aslından paşalara karşı da bir tepkiyi temsil etmekteydi. Sadrazamlığında Dîvân-i Hümâyûn'da vezirliklere kendisi gibi ulemâdan kişileri getirmekteydi. Böylece, toprak reformu devlet içinde bir iktidar mücadelesi niteliğine dönüşmekteydi. Kul aslından askerî grubun başında, yeniçerilerin taptıkları büyük savaş adamı Gedik Ahmed Paşa bulunmaktaydı. Fâtih'in hastalığının arttığı son saltanat yıllarında bu gerginlikler, devleti büyük bir buhranın eşiğine getirmiştir.

Fâtih'in merkezi hazîneyi güçlendirmek için yaptığı öteki reformlar arasında İstanbul'da devlet mülkiyetine geçmiş Bizans döneminden kalma evlerin kiraya verilmesi ve özellikle akçe üzerinde yaptığı reformlar ayrıca genel hoşnutsuzluğu artıran uygulamalardır. Para üzerindeki uygulamaları kısaca hatırlatalım.

Bu ticâret erbabı büyük kapital gerçekleştiren deniz aşırı veya kervanla toptan ithâl malları, özellikle baharat-ipek ve Avrupa yünlü kumaş ithal eden bedestan tüccarıydı.

Askerî sınıftan vezir ve beylerin yıllık geliri (16. yüzyıl)

	Akçe ile	**Altın Duka ile**
Vezir	640.000 ve yukarısı	16.000 civarında
Beylerbeyi	600.000	10.000-16.000
Sancakbeyi	200-600 bin	3300-10.000
Zaim	20-100 bin	1150

(1 altın duka 1410'da 35, 1444'te 40, 1470'te 44, 1475'te 45 akçe idi). Görülüyor ki, Bursa gibi zengin bir ticâret ve sanayi merkezinde dahi yukarı askerî sınıf yanında sivil toplum mensuplarının servetleri hayli alçak düzeyde kalmaktadır. On yedinci ve 18. yüzyılda İstanbul'da esnaf dükkânlarının ve atölyelerin büyük kısmı ya *gedik* usulü sonucu vakıflar ve yöneticilerinin elinde, yahut vezirler, beyler, yeniçeriler, saray kadınlarının mülkiyetinde olup rant onların elinde toplanmaktadır. *Askerî* sınıfın ekonomik kaynakları tekelleri altına geçirmiş olması Osmanlı toplumsal ve eko-

nomik yapısının bir özelliğidir. Ortaçağ'da Memlûkler Mısırı'nda ticâret ve sanayinin askerî sınıf elinde toplanmasını E. Ashtor ekonomik çöküşün başlıca nedeni olarak tespit etmiştir.[3] Osmanlılar arasında büyük zenginler çoğunlukla askerî sınıf mensuplarıydı. Vezirler ve beylerbeylerin yıllık geliri bir milyon akçe (25-30 bin altın) üzerindeydi ve özel sınıf içinde böyle bir sermayeyi elde eden az insan vardı.

Bursa'da 1487'de ölenlerin terekeleri üzerinde yapılan bir araştırma servet sahipleri üzerinde şu sonucu vermiştir:

1467-1468 Yılında Ölenlerin Terekeleri

Tereke Sahipleri	Terekenin Akçe ile Değeri	Yüzde
1000'den aşağı	79	24,8
1000-5000	124	38,9
5000-10.000	57	17,9
10.000-50.000	49	15,3
50.000-100.000	6	1,9
100.000'den ziyade	4	1,2
	319	100

1000 akçeden aşağı olanları fakir, 1000-10.000 arasındakileri orta sınıf ve 10.000'den yukarı olanları yukarı sınıf sayarsak, Bursa'da orta sınıf yarıdan fazla, fakirler onun yarısı kadar, hali vakti yerinde olanlar yaklaşık yüzde 4'tür. Zengin sınıf (serveti 100.000 akçeden fazla olanlar ancak dört kişidir) 50.000 akçeden çok tereke bırakanlar, sarraflar, kuyumcular, ihraç malları satanlar, ham ipek tüccarı ve ipek kadife dokuyucularıdır. 200.000 akçe kadar tereke bırakan yalnız iki kişi buluyoruz. İleri bir ticâret ve sanayi merkezi olan Bursa'da en zengin şehirliler bile askerî sınıftan beyler yanında servetçe daha aşağıdadırlar.

---

3 "The Economic Decline of the Middle East During the Middle Ages: An Outline", *Journal of the Asian and African Studies*, XV, Jerusalem, 1981, s. 253-286.

Promontorio de Campis'te Osmanlı Bütçesi (1475)

Tüm Rumeli'nde Hazîne'ye ait gelirler, yıl hesabıyla

Harac (aile başına harac 70 akçe yani bir buçuk duka)	
Gelibolu ve İstanbul'da adî gelirler	58,000[1]
Geçiş yapan kişilerden	50,000
Giriş çıkış mallardan gümrük	70,000
Gelibolu gümrüğü Türkler hariç geliş gidiş yapanlardan satışa sunulan mallarının kantarı başına bir akçe, yılda	27,000
Rumeli Tuzlaları	120,000
Akçe darphanesi	3,000
Rumeli gümüş madenlerinden	120,000
Enez gümrüğü	11,000
Selânik gümrüğü	2,500
Agriboz gümrüğü	12,500
Mora gümrüğü	31,500
Valona Balık resmi	1,500
Her birinden beşte bir	20,000

1 1475'te bir Venedik altın dukası 48 akçe (Babinger'in notu, *Mehmed the Conqueror and His Time*, s. 62, not: 2). Gümrük kânûnları için bkz. *Kânûnnâme-i Sultânî ber Mûceb-i 'Örf-i Osmânî*, (yay.) R. Anhegger-H. İnalcık, akçe ve altın para üzerinde Babinger'in yayınları, (*Die Aufzeichnungen des Genuesen Iacopo de Promontoriode Campis über den Osmanenstaat um 1475*) s. 63, not: 4.

Rumeli beylerbeyi, başkomutandır. Öteki beyler (17 sancakbeyi), onun emri altındadır.

Gelirleri 400 bin altın dukayı bulur.[2] Başlıca gelir kaynakları:

	Altın Duka
İstanbul gümrüğü	70,000
Gelibolu gümrüğü	90,000[3]
Sakız gümrüğü	32,000
Sofya gümrüğü	1,000
Edirne esir gümrüğü	12,000
Çingene resmi	9,000
Sultan hamamları	8,000
Pirinç	15,000
Hayvan ve çayır resmi	10,000
Niğbolu üzerinde Eflâk haracı	10,000
Venedik haracı[4]	10,000
Sakız haracı	12,000
Raguza haracı	20,000

Anadolu Yıllık Gelirleri

On beş sancak, kadı ve subaşıları ve 20.000 kişiye varan askerî kuvvetler vardır. Sakız üzerinden dört vilâyetin Saruhan, Menteşe, Aydın ve Balat (Milet) ve oralarda mevcut tuzlaların

Yıllık geliri	32,000
Antalya gümrüğü	12,000
Eski ve Yeni Foça gümrüğü ve şap geliri	20,000
Bursa ipek kantar resmi	50,000
Kastamonu madenleri	150,000
Trabzon, Amasra, Samsun	10,000
Kefe, Balıklava, Kırım	10,000
Karaman vilâyeti	35,000
Anadolu Tuzlaları	12,000

2 Fâtih döneminde daha önce olduğu gibi Rumeli beylerbeyi tüm beyler üzerinde komutandır. Beylerbeylerinden yalnız Rumeli beylerbeyi Dîvân-i Hümâyûn'da vezirlerle beraber mevki sahibidir. II. Murad ve II. Mehmed'in ilk zamanlarında bu mevki dönemin tanınmış komutanı Şehabeddin Paşa'dır. Fâtih'in lalası ve veziri olmuştur.

3 Ticâret gemileri Boğaz'a girmeden veya çıkmadan önce Gelibolu'da kontrol edilir, gümrük alınırdı.

4 Bkz. Babinger, *Mehmed the Conqueror and His Time*, s. 66, not 1.

Özet:	
Gelirler	
Rumeli gelirleri	1,469,000
Anadolu gelirleri	331,000
Tüm ülkeden	1,800,000
Giderler, genel	1,375,000
	Altın Duka
Sultanın yıllık masrafı	100,000
Sultanın kapıkulu askeri	
(Sipahiler 6400, Yeniçeri 6000) için ödenen	550,000
Mutfak giderleri	125,000
Saray kadınları	100,000
Olağanüstü masraflar	
Donanma ve dışarıdan getirilen	
gemi mühendisleri için [5]	300,000

Sultanın tüccarı olarak Promontorio, devletin gelir kaynakları, vilâyetlerin doğrudan hazîneye ödedikleri *mukâta'a*lar üzerinde ayrıntılı bilgilere ulaşmış görünmekte. Bursa ipek tartı resmi ve gümrük geliri (yılda 50.000) ve zengin bakır üretimiyle Kastamonu vergi geliri (yılda 150.000) dikkati çeker.

Gümrük ve ticâretle ilgili vergiler, ülkenin o zamanki zengin ticâret bölgelerine dair önemli bilgiler sağlamaktadır (Sakız üzerinden Avrupa ile ticâret, Foça şap üretimi, Bursa ipek ticâreti [50.000], eski ticâret yolları üzerinde Konya ve havalisi [35.000] önemli gelir kaynaklarıdır).

Promontorio, Osmanlı hanedanı tarihi üzerinde bir özetle ve Fâtih'in acımasız hareketleri üzerine bir ilâve eklemeden eserine son vermek istemez.

5 Fâtih ve yabancı gemi mühendisleri için bkz. Babinger, *Mehmed the Conqueror and His Time*, s. 70, not: 2.

Osmanlı Para Birimleri[1]

Altın, Akçe, Mangır

Osmanlı temel para birimi gümüş akçe olup devlet işlerinde ve halk arasında tedavülde kullanılmaktaydı. Orhan Gâzî zamanından beri akçenin daha büyük birimi 5 akçelik sikkeler bilinmektedir.

O zamana kadar İlhanlıların egemen olduğu Anadolu'da hiçbir bey bağımsızlık ifadesi olan para basımına cesaret edemezdi. Orhan'ın 1327'de adına hutbe okutup para basması bir sultan sıfatıyla bağımsızlığının hukukî ifadesidir.[2] Niçin bu tarihte Orhan buna cesaret edebildi? Çünkü 1314'ten beri Anadolu'da İlhanlı hâkimiyetini temsil eden Büyük İlhanlı Emîri Emîr Çoban'ın oğlu Demirtaş Noyan isyan etmiş; Anadolu'da bağımsızlığını ilân etmiş ve Mısır Memlûklüleri ile ilişkiye girmişti. Başka bir ifadeyle De-

---

1 Para tarihi için başlıca şu eserler mevcuttur: İ. Galip, *Takvîm-i Meskukât-i Osmaniyye*, İstanbul; H. Edhem, *Meskûkât-i Osmaniyye*, İstanbul, H. 1334; H. Sahillioğlu, *Bir Asırlık Osmanlı Para Tarihi, 1640-1740*, İstanbul, 1965; Ş. Pamuk, *Osmanlı Ekonomisi ve Kurumları*, İstanbul, 2007. Ş. Pamuk, *Osmanlı-Türkiye İktisadî Tarihi, 1500-1914*, İstanbul, 2005; Ş. Pamuk, *Osmanlı İmparatorluğu'nda Paranın Tarihi*, İstanbul, 2000; İ. Artuk, *İstanbul Arkeoloji Müzeleri Teşhirindeki İslâmi Sikkeler Kataloğu*, I-II, İstanbul, 1970, 1974; N. Aykut, "Osmanlı Sikkeleri", *Türkler*, Ankara, 2002, s. 823-842.

2 İ.H. Uzunçarşılı, "Gâzî Orhan Bey'in Hükümdar Olduğu Tarih ve İlk Sikkesi", *Belleten*, IX/34 (1945), s. 207-211.

mirtaş Noyan'ın isyanı sonucu İlhanlı hükümdarının Anadolu'ya bir sefer yapması o zaman fiilen ortadan kalkmış bulunuyordu.[3]

Orhan Gâzî'nin tarihsiz gümüş sikkeleri, bu tek akçeden başka 5 akçelik bir sikkesi olduğu tespit edilmiştir. Akçenin bir yüzünde "Orhan Halledallahû Mülkehû" yazmaktadır.

Orhan, Bursa'yı teslim alırken tekfur şehri halkı ile beraber serbestçe çekilme karşılığında 30 bin altın ödemiştir.

Vergide, günlük alışverişte akçe, genel para birimi olarak Fâtih devrinde de yerini korumuştur. Bu dönemde Fâtih'in askerî seferler dolayısıyla gittikçe artan para ihtiyacı sonucu olarak akçe üzerindeki spekülasyonlardan yukarıda söz etmiştik.

Fâtih ilk saltanat döneminde (1444-1446) Edirne'de gümüş sikke, bakır mangır, Serez'de gümüş sikke bastırmıştır (Serez, Sidrekapsa gümüş madenine yakındır). Fâtih'in ikinci saltanatında (1451-1481) sikkenin üzerindeki unvanda daima, bir yüzünde "Mehemmed b. Murad Hân", diğer yüzünde "Hallade Mülkehû" ifadeleri yer almıştır. H. 875 tarihli 10 akçelik sikkenin bir yüzünde "Sultânü'l-Berreyn ve Hâkânü'l-Bahreyn Es-sultan b. Es-sultan", diğer yüzünde "Mehememed b. Murâd Hân Halledallahû Sultanehû, duriba Konstantiniyye sene 875" ibaresi vardır. Fâtih'in altın ve gümüş paralarda bu unvanı koydurması onun kurmuş olduğu imparatorluğu ifade etmek için tercih ettiği bir unvandır. Fâtih'in bu katalogda devletin çeşitli bölgelerinde gümüş akçe ve mangır bastırdığı merkezler, önemli ticâret ve gümüş madenleri merkezleridir.

H. Edhem kataloğunda Fâtih dönemine ait yeni bulunan sikkeler yayınlanmıştır. Fâtih'in altın sikkesinin bir yüzünde

Dâribü'n-Nadar
Sâhibü'l-İzz'u vel-nasr
Fi'l-berri ve'l-bahr

Diğer yüzünde ise

Sultan Mehemmed
b. Murâd Hân 'azze-nasrahu
Konstantiniyye
Duriba fi 883, yer almaktadır.

---

3 Orhan'ın gümüş sikkeleri için bkz. H. Edhem, *Meskukât-ı Osmaniyye*, I, s. 2-4; H. Sahillioğlu, "Akçe", *DİA*, II, s. 224-227.

Bu altın sikkenin kenarları, bir düz ve bir noktalı sıralar ile süslenmiştir. Vezni bir dirhem 1/4 kırattır.[4] Fâtih altınının, H. Edhem kataloğunda başka bir örneği no. 255, "yazıları daha kalın", delikli, ağırlığı ve kutru aynı.

H. Edhem kataloğunda Fâtih'in gümüş akçeleri şunlardır:

1. H. 865 (no. 257): ağırlığı 4, 3/4 krat

2. H. 875 (no. 256)

12 akçelik: Yüzü: *Sultânü'l-barreyn, Es-Sultan b. Es-sultan.*
Arkası: *Mehemmed b. Murad Hân Halladallahû Sultanahû, duriba Konstantiniyye sene 875.*

3. Gümüş Akçe (no. 260).
Yüzü: *Mehemmed (b.) Murad Hân Azze Nasruhu (8)75.*
Arkası: *Halled Mülkehû, Duriba Konstantiniyye*

Diğer gümüş akçeleri: no. 258, 261-266.
Bakır-mangır no. 267-277. Tarihleri: H. 865, H. 875, H. 878, H. 886, tarihsiz.
Edirne'de basılan gümüş akçeler: H. 855-886
Bakır-mangır: no. 291-303.
Fâtih adına Üsküp'te gümüş akçe basılmıştır: no. 306-302. vezni 4 kırat.
Amasya'da basılan gümüş akçe (no. 309-317), ağırlığı 4 ¾-5 kırat Amasya'da basılan bakır mangır (no. 318-324).
Ankara'da basılan bakır-mangır no 325-328). Ağırlığı 2 1/2 ve 4 kırat
Ayasolug'da basılan gümüş akçe.

Mangır/Mankur: Bakır Sikke

Kastamonu bakır madeni büyük ölçüde üretim yapmakta olup bakır fiyatı oldukça aşağıdır. *Mangır* da en ufak para birimi sayılmaktadır. Pazarda en küçük para birimi olarak tedavüldedir.[5]

---

4 H. Edhem, *Meskûkât-i Osmaniyye*, I, s. 804.
5 Mangır için yukarıda anılmış olan meskûkat kataloglarına bakınız.

Osmanlı Altın Sikkesi

Fâtih Sultan Mehmed kendi adına ilk kez 1478'de altın sikkesini bastırmıştır (H. 883/M. 1477-1478). Altın sikke ihracı ile Osmanlı para rejiminde bir dönüm noktası, *bimetallism* ortaya çıkmıştır.[6] Fâtih'in altın para basması siyasî ve ekonomik gelişmelerle ilişkili sayılmaktadır. A. Tabakoğlu'na göre ticâretin büyük gelişmeler göstermesi üzerine önemli meblağların ödenmesi gereği ortaya çıkmıştır.[7] Tabakoğlu'na göre nüfus artışı ve ekonomide gelişme büyük meblağların ödemeleri Fâtih'in altın sikke ihracında başlıca amillerden biridir. Fakat Venedik dukası karşısında Osmanlı altınının tedavülde sınırlı kaldığı Tabakoğlu tarafından belirtilmiştir. Tabakoğlu teorisini destekleyen bir belge olarak İstanbul gümrüğündeki hızlı gelişmeler bir faktör olarak ele alınmalıdır.

Fâtih'in kendi altın parasını bastırması aynı zamanda siyasî bir karar neticesi olmalıdır. Uzun Venedik Savaşı (1463-1479) kuşkusuz Fâtih'in kararında önemli bir faktördür. Bu savaş sırasında Osmanlılar, kendi darphanelerinde Venedik, Ceneviz ve Mısır altın sikkeleri bastırmışlardır. Fâtih'in altın sikkesinin ağırlığı Venedik altınına yakın veya biraz yüksekti. Fâtih'in *hasane* altını 17. yüzyıl sonuna kadar pek az değişmiştir. Unutmayalım ki, altın sikke uluslararası ilişkilerde esas para olarak kullanılmaktaydı. Kayda değer ki, Promontorio de Campis'in aktardığı 1475 Osmanlı bütçesi Venedik altın dukası olarak verilmiştir. Venedik altın dukası flori yerine Doğu Akdeniz pazarlarında egemenliğini kurmuş olup Ş. Pamuk'a göre[8] Venedik altınının egemenliğini kırmak istemiştir. Bu görüş doğrudur çünkü Fâtih'in kurmuş olduğu büyük imparatorluk, Devlet-i 'Aliyye'ye yaraşan kendi adına bir altın sikke sahibi olma isteği açıktır.[9]

---

6 Ş. Pamuk, "Bimetallism and the Monetary Problems of an Expanding Empire", *An Economic and Social History of the Ottoman Empire*, II, s. 953-961 ve tablo V, s. 956.

7 A. Tabakoğlu, "Ortadoğu'da ve Osmanlılarda Altın Para", *Altının İktidarı ve İktidarın Altınları: Yapı Kredi Altın Sikke Koleksiyonu*, İstanbul, 2005, s. 88 vd.

8 Ş. Pamuk, "Bimetallism and the Monetary Problems of an Expanding Empire", s. 955.

9 Fâtih'in altın sikkesi üzerinde İ. Galib, H. Ethem'in meskûkat kataloglarına başvurulmalıdır.

İsmail Galib'in tespit etmiş olduğu Fâtih'in altını Osmanlı ve Arap ülkelerinde *sultanî* deyimiyle yayılmıştır.

Zamanla Venedik altını *duka,* Bizans'ta ve Osmanlı ülkesinde büyük ödemelerde ve hesaplarda *florin*in yerini almıştır. Yukarıda kaydedildiği üzere 1475 Osmanlı bütçesi Venedik dukasıyla hesaplanmıştır.

Osmanlı Ülkesinde Yabancı Paralar

Bizans Paraları

İlk dönemde, Osmanlı ülkesinde devlet işlerinde pazarda Bizans para birimlerinin de geniş ölçüde kullanıldığını görmekteyiz. Eski Bizans altın parası, *nomisma* nadir olarak görülmektedir. II. Murad devrinde Mustafa'ya karşı sultanın Ceneviz donanmasına yardım için 50 bin *nomisma* ödemeyi vaat ettiği biliniyor.

Ayrıca Bizans'ın bakır oranı yüksek olan altın parası *hyperpyron, Osmanlı kızılı,* geniş ölçüde kullanılmaktaydı. Bizans'ın gümüş parası *stavraton,* Osmanlıca *istavrit* gümüş parası da geniş ölçüde kullanılmaktaydı. 1381'de I. Murad'ın Yenişehir'de büyük düğün merasiminde, Rumeli'nden gelen Evrenos Gâzî hediye olarak tepsiler içinde *istavrit* paraları takdim etmiş. Nümizmatlar bunu *stavraton* veya *stavrato* olarak tespit etmektedirler.

Bizans *Hyperpyron*u: Osmanlı *Kızılı*

1455 tahrîrinde altın para olarak Bizans altını *kızıl* deyimiyle kaydedilmiştir. İlk Osmanlı altın sikkesi Fâtih tarafından darp edilmeden önce Osmanlılar Venedik'in altın dukasını, *flori*yi ve Bizans'ın altın parası *hyperpyron*u kullanmaktaydılar. Fâtih devrine ait kaynaklarda Bizans'ın tağşiş edilmiş değeri düşük altın parası içindeki bakır oranının yüksekliği dolayısıyla Osmanlıcada kızıl olarak bilinmekteydi. *Hyperpyron*da değerli maden oranının azaltılması, tağşiş, Pachymeres'in kaydına göre 13. yüzyıl ve 14. yüzyıl başlarında kaydedilmiştir.[1] Bu parada altın ve diğer alaşım oranları aynıdır. Yani 12 karat altın ve 12 karat da alaşım oranı F.B. Pegolotti'ye göre[2] "perperi 11 karat altın ve kalanı da gümüş idi". İznik'te Bizans imparatorları altın ve gümüş para basmaktaydılar. *Hyperpyron*, Bizans'ın bu gerileme devrinde sürekli biçimde kıymetten düşmüştür. Bu para, tatarteron adıyla bilinmekteydi. Standart altın para, ödemelerde daima esas alınırdı. II. Andronikos zamanında standart altın parada 11 karat altın, 6 karat gümüş ve 7 karat bakır bulunmaktaydı. Osmanlı'nın kızıl dediği altın para, bu olmalıdır. Bizans'ta standart altın para "stemenon numisma" adıyla anılırdı. Altın *nomisma*, 1092'den başlayarak devamlı şekilde tağşişe uğramıştır. Bizans'ta gümüş paraya *aspron*, altın paraya *hyperpyron* denilmekteydi. Kayıtlara göre 12 karat altın içeren Bizans parası Anadolu'da geniş ölçüde kullanılmaktaydı. Bu para üç nokta ile bir hilali içermekteydi ve iyi para sayılmaktaydı. Bizans'ta ödemelerde küsurat için bakır para kullanılmaktaydı. Osmanlı'da bakır para, mangır, Fâtih devrinde 8 mangır 1 akçe değerindeydi. Osmanlı devrinde yüksek cizye (harac) oranı Bizans devrindeki gibi 1 altındı ve bu altına *haragma* denmekteydi.

İtalyan Paraları

Başlangıçta Osmanlı ülkesinde Floransa'nın *florini* (flori) câri idi. Venedik ile uzun savaş sırasında (1463-1478) Fâtih, İtalya ile önemli ticârette Floransalıları tercih ediyordu. Galata'da 50'ye yakın Floransalı ticâret ajanı faaliyetteydi. *Florin*in kullanımı bu dönemde de önem kazanmış olmalıdır. Floransa, ekonomisi için gerekli İran ipeğini Bursa'dan flori ödeyerek alıyordu.[3]

---

1 M.F. Hendy, *Coinage and Money in the Byzantine Empire, 1081-1261*, Washington, 1969, s. 247, Yunanca metin not 7.

2 *La Pratica delle Mercatura*, ed. Evans, s. 228; T. Bertele, "L'iperpero Byzantino dal 1261 al 1453", *Rivista haliana di Numismatica e scienze Afini*, LIX (1957), s. 70-89.

3 Ş. Turan, *Türkiye-İtalya İlişkileri*, c. 1, İstanbul, 1990, s. 259.

Bu dönemde, Batı'nın Osmanlı ülkesinde tedavülde olan başka altın parası ise Macar altınıdır. Bu arada Mısır'ın *eşrefi* altını da diğer altın paralar yanında ticarî ilişkilerde ve devlet ödemelerinde zikredilmektedir.

Fâtih'in altın sikke veya *sikke-i hasane*den önce büyük meblağların ödenmesinde Avrupa altınları kullanılmaktaydı. 1396 Niğbolu Savaşı'ndan sonra Fransız esirleri için 200 bin *flori* ödendiğini tarihi kaynaklar kaydetmektedir.[4] Ortaçağ'da Avrupa'da bankacılığın merkezi olan Floransa'nın altın sikkesi *florin* ya da Türkçe olarak *flori* (çiçekli para), 14. yüzyıl İtalya-Anadolu ticâret ilişkilerinde, bu arada Osmanlı ülkesinde başlıca büyük ödemelerde kullanılan bir paraydı. Batı Anadolu beyliklerinde Napoli Krallığı'na ait *gigliato*, çocuk sikkesi ve *florin*in ticari ilişkilerde kullanıldığını da biliyoruz.[5] Flori kullanımı devam etmekle beraber büyük meblağlar söz konusu olduğunda Venedik altın *duka*sının daha çok kullanıldığını görmekteyiz. Bizans'ın Selânik'i, Venedik'e terki (1423) karşılığında Venedik, Bizans'a 50 bin flori ödeme yapmıştır.[6]

Stravrato Bizans para birimi, 1337 tarihinde Girid Dukası ile Aydın Emîri arasında imzalanan anlaşmada ödenecek gümrük resmi olarak zikredilmiştir. Daha sonra 1366 tarihinde bir Bizans kaynağında *stravraton* veya *stravrato* diye anılmıştır.

Floransa'nın Altın *Florin*i

Filori kelimesi İtalyanca *filorin*den gelmekte olup bu isimle anılan para ilk defa Floransa'da basılmıştır. 1182'den 1252'ye kadar gümüş para olan filorin, 1252 yılında altından *darb edilerek* kısa sürede Avrupa'ya ve diğer yerlere yayıldı. Bir yüzünde Floransa'nın sembolü olan zambak motifi, diğer yüzünde Vaftizci Yahya'nın resmi bulunan 3,5 gr. ağırlığındaki bu altın para, İtalyan devlet-

4 Ş. Turan, *Türkiye-İtalya İlişkileri*, s. 228.

5 Ş. Turan, *Türkiye-İtalya İlişkileri*, s. 187; Zachariadou, *Trade and Crusade: Venetian Crete and the Emirates of Mentesche and Aydın (1300-1415)*, Venedik, 1983, s. 187.

6 Ş. Turan, *Türkiye-İtalya İlişkileri*, s. 285.

lerinin Türkmen beylikleriyle olan ticarî münasebetleri dolayısıyla Batı Anadolu'da geniş ölçüde kullanıldı. Hatta Menteşe ve Aydın Beyliği ile yapılan ticarî anlaşma metinlerinde filorinin adı geçer.

Filorin, Fâtih Sultan Mehmed dönemine kadar *filori* adıyla Osmanlılarda en çok kullanılan altın para durumundaydı. Daha sonra filori, Osmanlılar tarafından altın para karşılığı olarak hem kendi bastıkları hem Avrupa menşeli olanlar için kullanılmaya başlandı. Fâtih'in bastırmış olduğu ilk altın sikke Venedik dukası veya filori ile aynı ayardaydı (23 1/2). Osmanlılar Venedik dukası için de filori adını kullanmışlardı. Bazen Floransa altınını "filoriyyen-i efrenciyyen" veya "efrenci filori" adıyla anmaktaydılar. Böylece filori dinar, hasene gibi sadece altın para karşılığı bir anlam kazanmıştı. Bu şekliyle herhangi bir ayırım yapılmaksızın kullanılışına Osmanlı kroniklerinde sık rastlanır. Filorinin gümüş olarak karşılığı ise akçenin değerindeki düşme sonucu giderek arttı. On altıncı yüzyıl sonlarında ve 17. yüzyılda filori adı altındaki yerli ve yabancı menşeli altınların değeri oldukça yükselmiştir.

Osmanlılarda filori, altın karşılığı tahsil edilen bir vergi adı olarak da geçer. Bugüne ulaşan en eski Osmanlı Eflâk kânûnnâmesine göre, Eflâklı her hane veya aile, yıllık bir filori miktarı resm-i filori vermekle mükellef tutulmuştu. Aynı zamanda buna ek olarak her hane bir koç, bir de dişi koyun verirdi. Kânûnnâmeye göre yirmi hane "katun" veya "katuna" denilen bir vergi birimi oluşturur ve her katuna yılda bir defa bir çadır (çerge), peynir, üç urgan, altı yular, bir tulum tereyağı ve bir koyun vermekle yükümlü bulunurdu. H. 873 (1468) tarihli *Bosna Tahrîr Defteri*ne göre bir katun 50 haneden müteşekkildi ve her katun bir çadır veya karşılık olarak 100 akçe, iki koç yahut 60 akçe öderdi.

Resm-i filori, Osmanlı hâkimiyetinden önce uygulamada bulunan mahallî bir vergiydi. Stefan Duşan kânûnuna göre her hane yöneticiye bir "hyperpyron" (*careva perpera*) öderdi. Osmanlılar da eskiden beri özel kânûna tâbi olan Eflâklar için bu vergi sistemini sürdürdüler. Fakat resm-i filoriyi şeriâtça uygun görülen cizye ve örfî bir vergi olan raiyyet rüsûmuna denk olarak değerlendirdiler. Daha sonra bunlar her iki tür vergiden de muaf tutuldular.

Aynı şekilde Osmanlıların Macaristan'da hane başına bir filori karşılığı topladıkları vergi, halkın daha önce Macar krallarına ödediği verginin bir devamıydı. Bu vergi de cizye muadili veya karşılığı olarak düşünülmüştü. Resm-i filori genellikle akçe şeklinde ödenirdi. Dolayısıyla altının değerine oranla ödenen akçe miktarı da artardı. Mesela 1468'de bu miktar 45 akçe iken Kanûnî Sultan Süleyman zamanında 50 akçe, 1566'da 70 akçe ve 1568'de 80 akçeye yükselmiş, altın karşılığı ise değişmemişti.

Eflâklara uygulanan verginin hafifliğini dikkate alan Osmanlı yöneticileri bunları zorunlu askerî hizmetle yükümlü tutmuşlardı. Her beş hane bir voynuk (Slovence voynik "asker") verirdi. Osmanlılar bazen "Eflâk âdeti" adı altında başka gruplara da filori vergisi uygularlardı. Rudnik bölgesindeki madenciler *harac* ve *ispençe* yerine hane başına 1 filori vergi öderlerdi. H. 936'da (1530) Semendire sancağı çingenelerinden resm-i filori adıyla hane başına 80 akçe vergi alınıyordu.

Filori vergisi genelde "filora" adı verilen bir görevli tarafından toplanır ve doğrudan merkezî hazîneye aktarılırdı. Bazı hallerde sancakbeyine tahsis edildiği de olurdu. On yedinci yüzyılda filori vergisine tâbi olanlara "filorici taifesi" veya "filoriciyân" denirdi. Bu dönemin kânûnlarında filorici, öşürden ve raiyyet rüsûmundan muaf bulunan ve yıllık belli bir vergi ödeyen kimseye denmekteydi. Akçe cinsinden verilen resm-i filori "hıdrellez" (rûz-i Hızr) ve "kasım günü" (rûz-i kasım) olmak üzere yılda iki taksitte ödenirdi.[7]

---

7 Ayrıntılı bilgiler için bkz. *Bosna Tahrîr Defteri* (873), İstanbul Belediyesi Atatürk Kitaplığı, M. Cevdet Yazmaları, nr. O. 76; *Kânûn-i Kânûnnâme*, Sarajevo, 1957, s. 12-17, 62, 78, 130, 147; *Kânûnnâme*, İsmail Saib Koleksiyonu, Yazma, nr. 5120; *Sultan Süleyman Kanunnâmesi* (*TOEM* ilâvesi, (nşr.) Mehmed Ârif, İstanbul, 1329, s. 64; Barkan, *Kanunlar*, s. 250, 304, 316, 322, 324-325; Halil İnalcık, "Stefan Duşandan Osmanlı İmparatorluğuna", *Fuad Köprülü Armağanı*, İstanbul, 1953, s. 222; H. İnalcık, "Filori", *EI* (ikinci baskı), II, s. 914-915; G. Ostrogorsky, *Pour l'histoire de la féodalité byzantine* (çev. H. Gregoire-P. Lemerle), Brüksel, 1954, s. 200, 240, 255; İ. Artuk, *İslâmî Sikkeler Kataloğu*, II, s. 483; Halil Sahillioğlu, "Bir Mültezim Zimem Defterine Göre XV. Yüzyıl Sonunda Osmanlı Darphane Mukâtaaları", *İFM*, XXIII (1962-1963), s. 145-218; H. Sahillioğlu, "Osmanlı Para Tarihinde Dünya Para ve Maden Hareketinin Yeri (1300-1750)", *ODTÜ Gelişim Dergisi*, Özel sayı (1978), s. 4 vd.

Genel Bir Problem: Altın mı Gümüş mü?

Madeni paranın başlıca mübadele aracı olmasından beri altın ve gümüş ve bu ikisi arasındaki değer oranı ekonomiyi, sonuçta tüm toplum hayatını etkilemiştir. Ortaçağ'da, bir memlekette para değerinin belli miktarda değerli maden stokuna bağımlı olması, ekonomiyi ve mâliyeyi koşullandıran temel faktördür.[1] Günümüzde olduğu gibi, para hacmi istendiği kadar artırılamaz; piyasada veya hazînede ihtiyaç artınca sıkıntı veya bunalım kendini gösterir. Kamu giderlerinde artış, yeni vergilerle hazînede altın ve gümüş yığılması piyasayı etkiler; para sıkıntısı baş gösterir; tüccar malı malla değişme (*bartering*) ve vadeli satışa gittikçe daha çok başvurarak sıkıntıyı hafifletmeye çalışır.

Ortaçağ'da Akdeniz bölgesinde, Orta Doğu'da değerli maden darlığı ve paranın anormal yüksek satın alma gücü fiyatlarda kendini göstermiştir. Mısır'da sultan gümüş kap kaçak kullanılmasını ve harice gümüş çıkarılmasını yasaklamıştır.[2] *Eldorado,* altın ül-

1 J.F. Richards, (ed.) *Precious Metals in the Later Medieval and Early Modern World*, Carolina, 1983.

2 E. Ashtor, *Les Métaux précieux et la balance des paiements du Proche-Orient à la Basse Epoque*, Paris, 1971.

kesi hayali, büyük coğrafi keşiflerin başlıca nedeni olmuştur. Bu çabalar sonunda nihayet, 1540'larda Meksika'da zengin gümüş madenlerinin keşfi Avrupa'da nisbî bir gümüş bolluğu sağlamış, bu da bazı tarihçilere göre *Fiyat Devrimi*'nin başlıca nedeni olmuştur. Enflasyonun başka nedenleri de vardır. Mesela paraya güven azalınca yastıkaltı paraların piyasaya dökülmesi sonucu pazarda para stoku birden artar, fiyatlar yükselir. Osmanlı'da sık sık yeni akçe basımında görüldüğü gibi, Ortaçağ'da İngiltere'de *recoinage,* yastıkaltı paraların piyasaya aktarılmasını sağlama politikasıyla ilişkilidir. Bu operasyon para dolaşımını artırır. Fiyatlar, kıymetli maden stokunun mübadele edilen eşya yekûnuna nispeti ve dolaşım hızı saklı kaldığı takdirde değişmez. Fakat mübadele eşyasının yekûnu ile kıymetli maden stoğu orantısı sürekli değişir. Değişme, mesela Amerika gümüşünün istilası gibi hallerde bir devrim ifade eder. Ekonomi tarihçileri, şimdi, çeşitli faktörleri birden hesaba katan Fisher'in mübadele formülünü (MV=PY) izlemeyi yeğlemektedirler.

Askerî seferler, harap bir İstanbul'da altyapı inşaatı (cami külliyeleri, bedestan, han ve kapanlar) dolayısıyla paraya ihtiyacın son derece arttığı Fâtih döneminde, piyasadan gümüş parayı çekip yeni akçe kesilmesi sık sık uygulanmıştır. Fâtih'in 1462, 1470, 1475, 1477 tarihlerinde dört kez bu yönteme başvurduğunu ve 1450'de 100 dirhem gümüşten 278 akçe basılırken 1475'te 355-457 akçe kesildiğini tespit ediyoruz. Fâtih, halkın darphaneye getirmek zorunda olduğu her 12 akçe için 10 akçe vererek toplanan gümüşün ticarî değerini esas tutuyor, hazîne için yüzde 17 civarında bir vergi alıyordu. Bu operasyonun hazîneye her defasında 800 bin altın duka gelir sağladığını çağdaş bir kaynak tahmin etmiştir. Eski akçe saklanması bir suçtu, herkes elindeki külçe gümüş veya akçeyi darphaneye getirmek zorundaydı. Para sorunları, Osmanlı tarihinde erkenden ekonomik-sosyal büyük olayların altında yatmaktadır.

Osmanlı para tarihinde iki aşama görülür. Birinci dönem, 1585'e kadar akçede gümüş miktarının yavaş yavaş azaltılması dönemidir. Ş. Pamuk'un hesaplarına göre,[3] 1489 ile 1585 arasın-

---

3 Ş. Pamuk, *Osmanlı İmparatorluğu'nda Paranın Tarihi*, İstanbul, 1999, s. 134-135.

da akçenin gümüş içeriği yüzde 12'sini yitirmişti. Enflasyon oranı yüzde 31'dir. 1585 tağşişiyle akçe gümüş içeriğini birdenbire yüzde 44 kaybetmiştir. Üç yüz yıl süren yeni dönemde akçe yüzde 40-50 değer kaybına uğramıştır. Ne zamanki gümüş akçe tağşiş ile altın karşısında *devalüe* olur; enflasyonist bir seyir alır, piyasa bunu malın "para etmemesi" biçiminde hisseder. Günümüzde altının yerini yabancı para almıştır.

Değerli maden esasına dayanan para sisteminin kamu idaresine yansıyan önemli bir sonucu da, devletin gittikçe artan asker sorununda kendini açığa vurur. 60-70 bin kişilik bir sipahi ordusunu ayakta tutabilmek, sınırlı bir hazîne ile imkânsızdır. Sipahileri köylere göndermek, gelir kaynaklarını timâr halinde bölüştürüp onlara devretmek ve gelirin yarıya varan önemli bir kısmını, yerinde *a'şâr* halinde aynen tahsil etmelerini sağlamak suretiyle sorun çözülmüştür.

Osmanlılar Balkanlar'daki fetihlerinde, altın ve gümüş maden merkezlerini ele geçirmeye öncelik veriyorlardı. 1500-1600 döneminde Sırbistan, Bosna ve Makedonya gümüş madenleri, gümüş üretiminin büyük bölümünü sağlamaktaydı. Kastamonu bakır madeni, 1475'te hazîneye 150 bin altın duka gelir getiriyordu. 1584'ten başlayarak ucuz İspanyol-Meksika gümüşünün Osmanlı pazarını istila etmesi sonucu, bu madenler *rantabl*/getirimli olmaktan çıkmış ve zamanla terk edilmiştir.

1528 bütçesi 537 milyon akçe veya 9.7 milyon duka altın değerinde olup bunun yaklaşık yarısı yerel timâr gelirlerini oluşturmakta, merkezî devlet hazînesi yaklaşık 5 milyon dukayı doğrudan kontrolü altında bulundurmaktaydı. 1600'lerde İspanya'nın yıllık geliri 9 milyon, Fransa'nın 5 milyon, Venedik'in 3.9 milyon altındı.

Osmanlılarda merkezî hazînenin en büyük kısmı, ordu ve donanmaya harcanırdı. Sosyal hizmetlerin büyük bölümünün giderleri (cami külliyeleri, imaretler, hastane, kale, köprü, medrese ve mektepler, tekkeler) vakıf yoluyla karşılanırdı. Bireyler altın gümüş para vakfeder, faizini bir hayır işine vakfederdi. Bu âdet, ulemâ arasında büyük anlaşmazlıklara neden olmuştur.

1523-1608 döneminde devlet bütçesinin fazlalık ve açıkları şöyle bir seyir göstermiştir (timâr gelirleri dâhil değil).[4]

(Milyon akçe olarak)

Yıl	Fazla	Açık	
1527-28	127	-	Macaristan seferi
1546-47	69	-	Barış
1565-66	-	6569	Malta bozgunu
1567-68	127	-	Barış
1582-83	36		Barış
1592-93	-	70,000	Avusturya savaşı
1597-98	-	600,000	Savaş
1608	-	95	Barış

Merkezî hazîne gelirleri 1527-28'de 277 milyon, 1565'te 183 milyon, 1582-83'te 313 milyon, 1592'de (züyuf akçe hesabıyla) 293 milyondu. 1584'e kadar bir duka altın 55-60 akçe idi. 1584'ten sonra akçenin değerini yüzde yüz kaybettiğini, 1 duka altının 120 akçeye, hatta aşırı bunalım dönemlerinde 240 akçeye kadar çıktığını işaret etmek gerekir. Merkezî hazîne, altın hesabıyla 1528'de yaklaşık 4,6 milyon altınken 1592'de 2,4 milyon altına düşmüş demektir. Bütçe açıkları, bir çeşit rezerv bankası olan İç Hazîne'den ikmal olunmaktaydı. Savaş zamanları İç Hazîne'nin de iflas ettiği olurdu. Bu tablo, Osmanlı mâlî çöküş tarihini aydınlatır.

Amerika'nın keşfinden sonra İspanya'nın gümüş dolu kalyonlarıyla Avrupa'ya sel halinde kıymetli maden gelmesi, para darlığını tamamıyla aksi doğrultuda etkilemiştir. Sonuçta, büyük fiyat artışları görülmüştür. 1521-1544 yılları arasında yıllık 90-200 bin kilo olan gümüş üretimi, Guanaxuato ve Potosi madenlerinin keşfinden sonra 1545-1560 arasında 311.600 kiloya yükseldi ve 17. yüzyılda ortalama yıllık üretim 300-400 bin kilo arasında kaldı. 1520-1620 arasında bir yüzyıl içinde gümüş üretimi beş misline

4 A. Tabakoğlu, *Gerileme Dönemine Girerken Osmanlı Maliyesi*, İstanbul, 1986.

çıkmıştır. Altın üretimi daha az, 1/6 nispetinde artmıştır. Amerikalı iktisat tarihçisi Earl J. Hamilton'un (1934) hesaplarına göre, 1503-1660 yılları arasında Amerika'dan İspanya'da Sevilla'ya 181 ton altın ve 17 bin ton gümüş gelmiştir: Avrupa pazarlarının değerli madenlere boğulması, iki misline varan bir fiyat artışına sebep olmuştur. *Fiyatlar Devrimi* denilen bu hareket bazı tarihçilere göre tüm Avrupa'da ve Osmanlı İmparatorluğu'nda birtakım derin ekonomik-sosyal hareketlere yol açmıştır. Osmanlı İmparatorluğu'nda para ve piyasa hareketleri, Avrupa'daki bu gelişimin kuvvetle etkisi altında kalmıştır.

Doğu'ya, İspanyol (Amerikan) altın ve gümüşünün geçiş basamağı Ceneviz'dir. 1580'den sonra Sevilla'dan Ceneviz'e büyük miktarda İspanyol kıymetli madeni geçmeye başladı ve bu gittikçe artan bir tempoyla devam etti. İtalya, İspanyol parası ile dolu hale geldi. 1584'e doğru "Türkiye'ye giden başlıca ticâret eşyasından biri sandık sandık gönderilen İspanyol realleridir". 1599'da, Raguza'dan Tekirdağı'na ve İskenderiye'ye "talleri" ve "reali" gönderilmekteydi. 1585'te altın karşısında büyük *devalüasyon*, züyuf akçe çıkarılması, İspanyol gümüşünün Osmanlı ülkelerini istilaya başladığı zamana rastlar. İ. Galip'in cetvelinde[5] H. 992'de (M. 1584-1585) akçenin 3 kırattan 2 kırata indirildiği görülmektedir. Çağdaş tarihçi Selânikî'ye göre "yüz dirhem gümüşten beş yüz akçe kesilmek kânûn-i pâdişahî iken yüz dirhem iki bin züyuf akçe olup hiçbir türlü amele yaramayıp giderek gümüşün dirhemi on ikişer akçeye satılıp alınmağa başladı (...) ve altın altmış akçeden yüz yirmi akçeye çıkıp (...)". F. Braudel'e göre Akdeniz para tarihinde üç genel aşama vardır: Sudan altını, Amerikan altın ve gümüşü ve *kalp* para devri. Osmanlı İmparatorluğu'nda son iki aşama birbirini süratle izlemiştir.

Avrupa'da ucuz gümüş para alıp Osmanlı ülkelerinde altın karşılığı fazlaya satmak suretiyle kolayca elde edilen kâr, birçok tüccarı bu ticârete çekiyordu. Antonio Serra'ya göre, 1613'e doğru Venedik, her yıl Levant'a 5 milyon nakit para gönderiyordu. Osmanlı

---

5 *Tâkvîm-i Meskûkât-ı Osmaniye*, s. 505, tarife 2.

hükümeti de ithal edilen yabancı paradan vergi almamakla bu para ticâretini teşvik ediyordu. On altıncı yüzyıl sonunda birçok Fransız tüccarın kumaş vs. sınai mamulleri yerine kendilerini tamamıyla para ticâretine vermesi merkantilist Fransız hükümetini kaygılandıracak bir hâl aldı. Tüccar, İspanya'dan Sevilla veya Meksika gümüş kuruşlarını satın alıyor, Türkiye'de ucuza altın alarak aradaki farktan büyük kârlar sağlıyordu. 1614'te krala verilen bir raporda aynen şunlar yazılıdır: "Birkaç yıldır, yalnız gümüş para götürülüyor, sadece Marsilya şehrinden giden para yedi milyon ekü'dür, başka yerlerden giden bu hesaba dâhil değildir."[6]

Osmanlıların, Amerika'nın keşfi ve etkilerine merak duymaları, tam bu tarihlere rastlar. İspanyolca veya İtalyanca eserlerden derlenip tercüme edilmiş *Tarih-i Hind-i Garbî* adlı eser, 1583'te III. Murad'a sunulmuştur. Eser, geniş ölçüde Colomb'un keşiflerinden, Amerika kıtasından ve Hint Okyanusu'ndaki adalardan bahseder. Esere sonradan yapılan derkenarlardan birinde coğrafi keşiflerin Osmanlı ekonomisi üzerinde olumsuz etkilerinden söz edilmiştir.[7]

Osmanlı ülkesi, İran ve diğer Doğu memleketleri için kıymetli altının nispeten bol, dolayısıyla ucuz bulunduğu bir bölgeydi. Bir Venedik raporunda işaret edildiğine göre, 1572'de Türkiye'den İran'a gümüş sevk etmekle yüzde 20 ve altın götürmekle yüzde 14-15 kazanılıyordu. Bu altın-gümüş mübadelesinde kazanç oranı anlamlıdır. İran'da gümüşün altına değer oranı 1539'da onda birdi. Aynı tarihlerde bu oran, Osmanlı İmparatorluğu'nda 1/12'dir (akçe 3,5 kırat, 17,5 kırat altın 60 akçe olduğuna göre). Avrupa'da bu oran daha yüksektir. Bu yüzden batıdan doğuya gümüş, doğudan batıya altın akımı önemli bir ticâret konusu oluyordu.

Klâsik dönemde Osmanlı ülkelerinde gümüş madenlerinin tam kapasiteyle işletilmesine daima dikkat edilmiştir. Rumeli'nde en aktif gümüş maden merkezleri, Novaberda, Rudnik, Karatova (Kratovo), Sidrekapsa, Srebrenica, Zablina'dır (Zaplanina).[8]

---

6 P. Masson, *Histoire du commerce français dans le Levant*, I-II, Paris, 1896, I, s. XXXIII.

7 T.D. Goodrich, *The Ottoman Turks and the New World*, Wiesbaden, 1990.

8 İnalcık, *An Economic and Social History of the Ottoman Empire*, I, s. 96-103; Pamuk, *Osmanlı İmparatorluğu'nda Paranın Tarihi*, s. 96-121.

Novaberda'da daha II. Murad devrinde Osmanlılar gümüş akçe basmaya başladılar. Anadolu'da başlıca gümüş maden merkezleri Gümüşhane, Keban, Ergani ve İnegöl'dür. Fakat bu eski maden ocaklarının verdiği gümüş miktarı, akçenin kıymetini büyük ölçüde etkileyecek kadar çok görünmüyor. Osmanlı memleketlerinde gümüş stokunun birden büyük artışı, Amerika gümüşünün gelmesinden sonra kendini gösterecek ve fiyatları yükseltecektir. E.J. Hamilton, İspanya'ya Amerika'dan gelen gümüş miktarlarını tespit ederek fiyat yükselmeleriyle gümüş stoku arasındaki bağımlılık üzerinde durmaktadır.[9]

Genel olarak gümüş akçe üzerinden fiyatların hızlı ve sürekli yükselmesi, câri paranın istikrarsızlığı; iktisadî-mâlî hayatta, maaşlarda, dolayısıyla sosyal bünyede derin karışıklıklara ve buhranlara yol açmıştır. Daima temel olgu, Osmanlı para hareketlerinin memlekette altın-gümüş stoku ve bu ikisi arasındaki *parite* (değer eşitliği) ile yakın ilişki içinde olduğudur.

Osmanlı ülkesi söz konusu olduğunda, ucuzlayan gümüş karşısında pahasını koruyan altının uluslararası bir gümüş-altın akımına yol açarak ekonomiler arasında dengeleşmeyi ve fiyat mekanizmasını belirlediğini bir yazımızda belirtmiştik.[10] A. Watson, Avrupa-Asya arasında bu altın-gümüş mübadele ve akımını çok daha eski dönemlerde gözlemlemiştir. Bu olayın fiyat hareketlerinde önemi şimdi tekrar gündeme gelmiştir[11] Osmanlı-Avrupa ticarî dengesinde, hiç olmazsa 16. yüzyılda, Avrupa'nın pasif durumda bulunduğu, dengeyi korumak için Avrupa'dan Osmanlı ülkesine gümüş akışının önemli nedeninin bu durumdan kaynaklandığı gözlemlenmiştir.

Osmanlı düşük gümrük vergi sistemine bağlı kapitülasyon rejimi, bu durumu sağlamaktaydı. Osmanlı ekonomi felsefesi, iç

9 *Bullionist* görüşü tadil eden yeni araştırmalar için Pamuk, *Osmanlı İmparatorluğu'nda Paranın Tarihi*, s. 124-129.

10 H. İnalcık, "Osmanlı İmparatorluğu'nun Kuruluş ve İnkişafı, Devrinde Türkiye'nin İktisadî ve İçtimaî Tarihi Üzerinde bir Tetkik Münasebetiyle", *Belleten*, 15 (1951), s. 629-690.

11 D.O. Flynn, "Use and Misuse of the Quantity Theory of Money in Early Modern Historiography", yay. L. van Cauwenberghe ve F. Irsigler, *Minting, Monetary Circulation and Exchange Rates*, Trier, 1984, s. 383-417; Pamuk, *Osmanlı İmparatorluğu'nda Paranın Tarihi*, s. 124-129.

pazarda mal bolluğu ve ucuzluğuna öncelik veren ve dolayısıyla gümrük resmini asgariye indiren (1450'lerde yüzde 2, 1470'lerde yüzde 5, 16. yüzyıl sonlarından itibaren yüzde 3) bir ticâret rejimini yeğlemekteydi. Gümüş ithalini ise her türlü resimden muaf tutmuştu. Yukarıda anlatıldığı üzere, Avrupalı tüccar gümüş getirip Doğu malları ve altın alıp gitmekteydi. Batı Avrupa gümüş paralarının bu dönemde Osmanlı pazarını istila etmesi de başka faktörlerle beraber, aynı olaydan kaynaklanmaktaydı.

Yakın tarihimizde dolar başta olmak üzere, güçlü Avrupa paralarının Türk lirasına karşı sürekli yükselişi ve devalüasyon, Osmanlı deneyiminin bir bakıma benzeridir. Serbest pazar ekonomisi, Avrupa Birliği'yle gümrük bütünleşmesi ise Osmanlı kapitülasyon rejimini andırmaktadır. Bu koşullar, aşırı yabancı mal tüketimi ve devletin aşırı masrafları sonucu aşırı bir câri hesap açığı, aşırı dış borçlanmayı getirmiştir. Paranın tedavül hızının artmasının (günümüzde kredi kartıyla ziyadesiyle artan aşırı tüketimcilik), enflasyonun başlıca nedeni olduğu kuramı ortaya atılmıştır. Osmanlı toplumunda 1587-1606 savaş dönemi, sayısı 40 bine çıkan yeniçeri ordusuna, ücretli sekban ve sarıca askerine nakit maaş yetiştirme zorunluluğu, 100 binlik orduların nakli ve beslenmesi, tüketimin ziyadesiyle artış gösterdiği bir dönemdir ve fiyat artışı ve enflasyonla aynı zamana rastlamaktadır. 1600'lerden sonra Osmanlı sanayisinin, özellikle madenlerde ve tekstilde Avrupa rekabeti karşısında çöküş sürecine girmesi haklı olarak fiyat hareketleriyle ilişkili görülmektedir. Hıristiyan dünya ile gittikçe yoğunlaşan Osmanlı ticâreti, kapitülasyon rejimi altında büyük gelişme göstermiş, Osmanlı ve Avrupa pazarı bütünleşmiştir.

Değerli maden stokunun artması, tabii başta ticâret ve câri hesap dengesiyle ilişkilidir. Genelde, ticâretin Batı'ya karşı aktif, Doğu'ya karşı pasif olduğunu biliyoruz. Osmanlı İmparatorluğu'nun dünya ticâreti içindeki rolü, Batı'ya hammadde ve erzak satmak, Doğu mallarını özellikle İran'ın ham ipeğini aktarmak suretiyle Batı'dan aldığı altın ve gümüşü başlıca baharat ve ipek karşılığı Doğu'ya aktarmak biçiminde algılanır. İran ve Arabistan'da paranın bugüne kadar *riyal* adını taşımış olması bir rastlantı değildir.

1525-1571 döneminde, Osmanlı Devleti siyasî bakımdan gerçekten bir dünya devleti rolünü üstlenmiştir. Avrupa'da Fransa'yı destekliyor, İspanya'ya karşı Endülüslü Müslümanları (Moriskoları) ve Hollanda isyancılarını bağımsızlık mücadelesinde teşvik ediyor, Hindistan'da Gücerat Sultanlığı, Sumatra'da Sultan Alâeddin ile ittifak halinde Portekizlilere karşı mücadeleye girişiyor, bu Müslüman devletlere fiilen yardım ediyordu (Sumatra'ya top ve kale yapmak için bir Osmanlı uzman heyeti gönderilmiştir). Kazan ve Astrahan'dan Rusları atmak amacıyla Don-Volga arasında kanal açmak için Don Nehri üzerinden bölgeye bir donanma gönderiyor, Orta Asya hanlarına Safevilerle mücadelelerinde yardımcı olmak üzere ateşli silahlarla donatılmış yeniçerilerden bir fırkayı sevk ediyordu. Bu dönemde Osmanlı Devleti, yalnız siyasî değil, ekonomik bakımdan da kıtalararası ticârette bir geçit bölge olmaya çalışıyordu. On altıncı yüzyılın ortasında Avrupa'da baharat ticâretini elinde tutan Yahudi Mendes ailesi Amsterdam'dan gelip İstanbul'a yerleşecektir. Kanunî, müttefiki Fransa Kralı I. François'ya 100 bin duka altını yardım yapmış ve onun halefi II. Henri, Osmanlı'dan 2 milyon altına varacak bir istikraz (borç) yapma girişiminde bulunmuştur. Kıbrıs fethinden sonra Kutsal Liga'nın kazandığı büyük deniz savaşı (İnebahtı/Lepanto, 7 Ekim 1571), Osmanlı dünya devletinin bu durumunu yitirmeye başladığı tarihtir. Bunu ekonomik gerileme izleyecektir.

İngilizlerin ve Hollandalıların ateş gücü üstün gemileriyle Akdeniz'e gelişi, sadece Levant ticâretinde Venedik'in ve 16. yüzyılın ikinci yarısında onun yerini almış olan Fransa'nın ikinci plana düşmesi sonucunu vermekle kalmadı, bizzat bu ticâretin konusunu değiştirdi. Hint yollarının yeni hâkimleri Hollandalılar ve İngilizler, baharatı şimdi kendileri Akdeniz'e getirmekteydiler. Levant ticâreti, şimdi esas itibariyle, Osmanlı İmparatorluğu'nun ihracatı ile (pamuk veya pamuk ipliği, pamuklu bezler, mazı, sof, tiftik, yün, deri, maroken, balmumu, şap, sabun, kahve ve ayrıca mühim miktarda İran ipeği), Batı'nın sanayi mamulâtı ve müstemleke ürünleri (özellikle kumaş, baharat, kalay, kurşun, kırmızı boya ve ayrıca nakit para) arasında bir mübadele niteliğini kazandı. 1620'ye kadar Fransa'nın Levant ile ticâreti 30 milyon altın liranın altına düşmedi. Bu, Fransa'nın bütün deniz ticâretinin yarısını oluşturmaktaydı.[12] Fakat İngilizlerin ve Hollandalıların yerleşmesinden sonra Fransa'nın ticâreti geriledi. Ancak Colbert'ten sonra yeniden gelişti ve Fransız ticâret ve sanayiinin en büyük desteği oldu. *Chambre de Commerce*'in hesaplarına göre 1670-1715'te Fransa, Levant'tan 34 milyon altın liralık ithalatta bulundu.[13] Öte yandan, İngiltere'deki Venedik elçisine göre (1635), Levant Company her yıl Osmanlı limanlarına 4-6 gemi göndermekteydi. İngiltere'de yünlü sanayiinin gelişmesine Levant ticâreti yardım etmiştir. Bu ülkede yılda 300 bin parça yünlü kumaş imâl ediliyordu. İngilizlerin Levant'tan dönüşlerinde götürdükleri başlıca mallar samur kürk, ipek, mazı ve bazen İtalya'ya sevk ettikleri deridir.

1580-1630 döneminde Osmanlı'nın dünya ticâretindeki kayıpları, kuşkusuz, genel ekonomik düşüş ve değerli maden stokunun azalmasında başlıca etkenlerden biridir ve para hareketlerini kuvvetle etkilemiştir. Osmanlı bütçe hareketleri bu düşüşü açık biçimde yansıtmaktadır.

Altın-gümüş paritesi üzerinde çeşitli kaynaklardan topladığımız veriler aşağıdaki listede özetlenmiştir.

Tarih	Altın Sikke	Akçe Değeri
1368	Ayasolug'da	Venedik altını basılır
1366-1374	Venedik dukası	2 Bizans hyperperi
1379	Venedik dukası	33
1431	Türkiye dukası	35
1431	Venedik dukası	35
1432	Venedik	50 (Karaman'da)
1479	Hasene-i Sultaniyye	56 (Bursa)
	Eşrefiye	40 (Bursa)
1480	Eşrefiye	43

12 P. Masson, *Histoire du commerce français dans le Levant*, I-II, Paris, 1896, I, s. 429.
13 Masson, *Histoire du commerce français dans le Levant*, I, s. 510.

1475	Duka	44
1484	Frengi Flori	48 (Bursa)
	Eşrefi	47 (Bursa)
1477	Duka	40-45
1478	Hasene	45
1479	Eşrefi	43
1480	Eşrefi	44-52
1486	Eşrefi	45
1484	Frengi Frengî Flori	48 (Bursa)
	Eşrefi	47 (Bursa)
	Efrenci	50
1488	Sultani	49
1491-1516	Sultani	44-52
1500	Sultani	53-55
	Macar	52.5
1495	Efrenci	49 (Bursa)
	Eşrefi	47 (Bursa)
1509-1510	Venedik	50-54
1500	Sultaniye	56
1500	Efrenci Flori	53 (Bursa)
1517-1549	Sultaniye	55
1518	Hasene	55
1519	Sultani	55
1520	Sultaniye	55-56
1523	Halebi	52
1523-1525	Sultaniye	55
1539	Hasene-i korona	50
	Efrenciye	60
	Ungurusiye	58
	Sultaniye nakıs	57
1533-1539	Flori	80 (Filistin)
1540	Flori	70-80 (Erzurum)
1545	Hasene	80
	Ungurusiye	75
	Sakız	75

1548	Hasene	59-60
1553	Hasene	59.5
1548-1574	Sultani	59
	Efrenciye	59
	Sakız	58
	Ungurusiye	57
1550	Sultani	57 (resmi)
	Efrenciye	57
	Nakıs altın	55
	Eşrefiye	50
1550-1566	Sultani	59-60
1557.	Hasene	80-86
	Ungurusiye	75-85
	Sakız	75
	Sikke	60
1558-1559	Hasene	80
	Ungurusiye	75 (guruş 50)
		(thaler 37)
1572	Efrenciye	55 (resmi)
		60 (pazarda)
	Eşrefi	50 (Doğu Anadolu)
1579	Sultani	63-75 (pazarda)
1580	Sultani	60
1589	Sultani	120
	Venedik	120
1596	Flori	118
1598	Sultani	120 (Kıbrıs)
1596	Duka	120
1598	Sultani	150 (Terekede)
1600	Sultani	118-120 (resmi)
		180 (pazarda)
1597	Sikke	45 medîni (Mısır)
1607	Sultani	120 (Terekede)
1610	Eşrefi	16 real=10 Mark (Mısır)
1618	Macar Florini	60 (resmi)

1623	Sultani	170-250 (terekede)
1624	Sultani	270-350 (terekede)
1636	Hasene	220
1655	Sultani	120 (makbul paralar)
	Guruş	80 (Naima, VI, 7)
1660-1680	Sultani	118 (resmi)
		180 (pazarda)
1700	Macar Florini	260

Bir Mühimme defterinde (H. 970-971, Viyana Milli Küt. A.F. 507, s. 253) 1564'te Osmanlı ülkesindeki darphanelerin listesi verilmiştir:

İstanbul
Edirne
Serez
Sidrekapsa
Kratovo
Belgrad
Amasya
Koçanya
Canica
Ardanuç
Sakız
Mısır
Dımışk
Halep
Diyarbekir
Bagdad
Zebîd
Cezayir
Kıbrıs

C

FÂTİH DÖNEMİ ÜZERİNDE KAYNAKLAR

Osmanlı Kaynakları

Tursun Beg

Tursun Beg, 14. yüzyıldan beri Osmanlı Devleti'nde valilik gibi önemli mevkilerde bulunmuş bir aileden gelmektedir. Fâtih devrinde amcası Bursa Valisi Cübbe Ali Bey (İstanbul topoğrafyasında Cibali diye anılan bölgeye adını veren devlet adamı) idi. Cübbe Ali Bey, fetihten sonra bir ara İstanbul Subaşılığı'na atanmıştır. Cübbe Ali Bey, 1455 tarihinde Fâtih'in emriyle İstanbul ve Galata tahrîrini üstlenmiş ve bu işi akrabası münşî Tursun Beg'e havale etmiştir.[1]

Fâtih devrinde Tursun Beg, Veziriâzam Mahmud Paşa'nın özel kâtibi olarak onunla seferlere katılmış ve en önemlisi de bir devlet sekreteri olarak önemli görevlerde bulunmuş ve II. Bâyezid devrinde Fâtih devri tarihini, *Târih-i Ebu'l-Feth* adı altında kaleme almıştır.[2]

Tursun Beg'in eseri, Osmanlılardaki *Tevârih-i Âl-i Osmân* geleneğinden farklı olarak Fâtih devri üzerinde yazılmış bir monografidir. Ayrıca, II. Bâyezid saltanatının ilk devirlerini de içermektedir.

---

1 H. İnalcık, *The Survey of Istanbul 1455*, İstanbul, 2012.

2 Tursun Beg ve eseri hakkında bkz. H. İnalcık, "Tursun Beg, Historian of Mehmed the Conqueror's Time", *Wiener Zeitschrift für die Kunde des Morgenlandes*, 69 (1977), s. 55-71; H. İnalcık-R. Murphey, *The History of Mehmed the Conqueror*, Minneapolis & Chicago, 1978; yazarın Ayasofya Kütüphanesi'nde kendi elyazısıyla olan nüshası ARTI Monograph Series'te basılmıştır.

Ağır bir Osmanlıca ile yazılmış olan tarihi az kullanılmıştır. Fakat daha sonraki genel tarih yazarlarından yalnız Kemâl Paşazâde'nin Tursun Beg'i kullandığını tespit etmekteyiz. Tursun Beg'in monografisi, Fâtih devrinin göz tanığı bir devlet adamı olarak birinci elden kaynak hüviyetindedir.

Kâşifî, *Gâzânâme-i Rûm*

İranlı Kâşifî, II. Murad ve II. Mehmed'in savaşları üzerinde *Gâzânâme-i Rûm* adı altında Farsça manzûm bir risâle yazmıştır.[3] Kâşifî üzerinde tez yapan Esmail, bu eserin Osmanlı tarih literatüründe şehnâme yazıcılığının ilk türü olarak belirtmektedir. Tezkire sahibi Lâtifî'ye göre Fâtih, 30 şairi şehnâme tarzında eser yazmaları için hizmetine almış. M. Esmail'e göre, "tarihî bir kaynak olarak oldukça fazla orijinal bilgi ihtiva eder". Kâşifî'nin eserini şehnâme tarzında veya *Gâzâvâtnâme* tarzında bir eser saymaktayız.

Fâtih Sultan Mehmed'in İranlı şair ve âlimleri sarayına davet ettiğini biliyoruz. Bunlardan en göze çarpanı dönemin İranlı büyük edibi Câmî'dir. Câmî, hâcdan dönerken Halep'e vardığı zaman Fâtih'in kendisine 5000 altın göndererek İstanbul'a davet ettiği bilinmektedir. Kâşifî, Veliyyüddin Ahmed Paşa'nın tavsiyesi üzerine Fâtih'e götürülmüş ve onun musahiplerinden biri olmuştur. II. Murad zamanında ve Fâtih devrinde Rumeli Beylerbeyi Dayı Karaca Bey'in Varna Muharebesi'ndeki yararlılığını, yayınladığımız *Gâzâvât-ı Sultan Murad Hân*'da da olduğu gibi Kâşifî'nin eserinde de görmekteyiz.[4] Kâşifî'nin eseri ayrıntılı bir tarih kaynağı olmaktan çok sultanlara övgüyle hitap eden manzûm bir eserdir. *Gâzânâme-i Rûm* üzerinde tez kaleme alan Esmail, bu Farsça eseri Türkçeye çevirmiştir.

---

3 M. Ebrahim M. Esmail, "Kâşifî'nin *Gâzânâme-i Rûm* Adlı Farsça Eseri ve Türkçe'ye Tercüme ve Tahlili", *Yayımlanmamış Yüksek Lisans Tezi*, Mimar Sinan Güzel Sanatlar Üniversitesi, Sosyal Bilimler Enstitüsü, 2005.

4 H. İnalcık-M. Oğuz tarafından yayınlanan *Gâzâvât-ı Sultan Murad Hân* adlı eser, Fâtih'ten önce Osmanlı vakâyinâme yazıcılığında gelişmiş üslubun bir örneğidir.

Düstûrnâme-i Enverî

Fâtih döneminde önemli bir tarih yazarı, *Düstûrnâme*'yi kaleme alan Enverî'dir. Enverî, 1462'de Midilli seferinde deniz kuvvetlerinin kumandanı olarak hareket eden Mahmud Paşa adına *Düstûrnâme* ve *Teferrücnâme* adıyla iki önemli eser yazmıştır. *Düstûrnâme*, Paris Milli Kütüphanesi'nde M. Halil Yinanç tarafından keşfedilmiş ve yayınlanmıştır.[5] Enverî, *Düstûrnâme*'yi H. 870/M.1467 yazında tamamladığını belirtmektedir. *Düstûrnâme*, Mahmud Paşa için yazılmıştır. İstanbul'a karşı deniz gâzâlarının büyük kahramanı, Aydınoğlu Umur Bey'in ayrıntılı bir manzûm tarihini de *Düstûrnâme*'de aynen nakletmiştir. *Teferrücnâme*'nin bölümleri *Düstûrnâme*'nin başında belirtmiştir (s. 4-5). Bu kitap genel bir İslâm tarihi olup 19. bâbda Osmanlı tarihini yazmış; burada, 20. bâbda Fâtih Sultan Mehmed'in tarihini, 21. bâbda Mahmud Paşa'yı anlatmıştır. Mahmud Paşa için yazdığı kısımda Mahmud Paşa'nın biyografisine dair bilgiler de verir. Enverî, Mahmud Paşa için şu beyitle başlar (s. 4):

Hâzret-i Paşa-yı kıldım bunda yâd
Hem buna Düstûrnâme verdim âd

İlk Osmanlı tarihine ait bölüm, sayfa 72-108 arasındadır. Fâtih Sultan Mehmed'e ait kısım (s. 94-108) 1467'ye kadar orijinal önemli bir kaynak teşkil eder. Ayrıca Rumeli'ne geçiş üzerinde verilen kısım son derecede önemli ayrıntılar içermektedir. Fâtih devrine ait bölümler genel bilgilerden ibarettir.[6] N. Öztürk, ilk dönem kaynaklarını özetlerken Şükrullah'ın *Behcetü't-Tevârih*'ini, Nişancı (Nişanî) Karâmânî Mehmed'in *Tevârih-i Sultânü'l-Osmâniyye*'yi ve Ahmedî'nin *İskendernâme*'deki faslı kullanmıştır.

5 İlk yayını M.H. Yinanç, *Düstûrnâme-i Enverî*, İstanbul, 1928.

6 *Düstûrnâme-i Enverî:* Osmanlı Tarihi kısmı N. Öztürk tarafından yayınlanmıştır. *Fatih Devri Kaynaklarından Düstûrnâme-i Enverî: Osmanlı Tarihi Kısmı (1299-1465)*, haz. N. Öztürk, İstanbul, 2003; Ş. Tekirdağ, "Osmanlı Tarih Yazıcılığı", *Belleten*, XXXV/140, (1971), s. 655-663.

Şükrullah, II. Murad zamanında yaşamış ve Fâtih'in ilk yıllarında kendisinin saygı gösterdiği bir musahip olarak zikredilmiştir.[7]

Âşıkpaşazâde

Tursun Beg'den sonra Fâtih devrine ait orijinal kaynak Âşıkpaşazâde'nin tarihidir.[8] Âşıkpaşazâde, (122. bâb-155. bâb) İstanbul fethinden başlayarak Fâtih'in tarihi üzerinde kişisel gözlemlerini bu bölümde anlatmaktadır.[9] Âşıkpaşazâde, Fâtih'in bazı seferlerinde kişisel olarak hazır bulunduğunu kaydetmektedir. İstanbul fethinde Fâtih, birtakım şeyhlere ve ulemâya İstanbul'da emlâk ve vakıf halinde birçok bağışlarda bulunmuştur. Âşıkpaşazâde'ye İstanbul'da bir bina ve Galata'da eşya mahzeni (depo) bağışladığını kayıtlardan anlamaktayız. Âşıkpaşazâde, tarihinde Fâtih'in Rumlar ve Paleologoslar hakkında gösterdiği yakınlıktan şikâyet etmektedir. Fâtih, fethin akabinde Rum ileri gelenlerini idam etmiş, fakat onların çocuklarını sarayına içoğlanı olarak almış ve Osmanlı olarak yetiştirmiştir. Bunlardan bazıları Osmanlı idaresinde vezârete kadar yükselmişlerdir. Has Murad Paşa, 1470 tarihine doğru veziriâzamlık makamına dahi geçmiş ve Bizans'tan kalma emlâk üzerinde sultana bazı değişiklikler kabul ettirmiştir. Âşıkpaşazâde bu değişikliklerin Rumlara bazı imtiyazlar sağladığını ileri sürmekte ve Has Murad Paşa'ya karşı ağır hücumlarda bulunmaktadır. Öyle anlaşılıyor ki, Fâtih'in İstanbul'u iskân politikası dolayısıyla Patriklik'i ihya etmesi ve diğer önlemleri Müslüman halk tarafından tepkiyle karşılanmıştır. Âşıkpaşazâde'deki ifadeler bunu açıklamaktadır. Âşıkpaşazâde, eserini 1476 Boğdan Seferi sırasında yazmaya başladığını söylemekte ve zamanla ilâve-

---

7 Bu konu hakkında bkz. H. İnalcık, "Tarihçi Şükrullah Çelebi (1380?-1460)", *Acta Orientella*, 61 (Mart 2008), s. 113-118.

8 Bkz. H. İnalcık, "How to Read 'Ashik Pasha-zade's History", *Essays in Ottoman History*, İstanbul, 1998. *Âşıkpaşazâde Tarihi*'nin 15. yüzyılın sonunda yazılmış diğer kaynaklar arasında durumu hakkında bkz. H. İnalcık, "The Rise of Ottoman Historiography", *Historians of the Middle East*, (ed.) B. Lewis-P.M. Holt, Londra, 1962, s. 152-167.

9 *Âşıkpaşazâde*, N. Atsız yayını, s. 190-230.

ler yaparak II. Bâyezid devrine kadar bilgi sağlamaktadır.[10] Âşıkpaşazâde, Fâtih devrinde birtakım seferlere katılmıştır. Bu dönem için ana kaynaklarımızdan birini teşkil eder. Ayrıca Neşrî tarihinde Âşıkpaşazâde'nin metni aktarılmıştır.

Mehmed Konevî

Fâtih'in emriyle yazılmış Arapça kısa bir Osmanlı Tarihi, Mehmed Konevî tarafından meydana getirilmiştir. Yazar, adını Konyalı Hacı Halil oğlu Mehmed olarak vermektedir. Bu kısa Arapça eseri, Fâtih'in emriyle yazdığını ve Fâtih'e takdim ettiğini belirttikten sonra Fâtih için şu unvanı kullanır:

> Sultan b. Sultanşehinşah melikû mulûkü'l-acem (...) Sultanü'l-barreyn ve Sultanü'l-bahreyn Nasibû Rayatü's-saltana fi'l-alemîn Sahibû taht-i Konstantin Halifetullah Ta'atu ale'l-alemîn (...) Ebu'l-fütûh Sultan Mehemmed Han.

Eser, II. Bâyezid zamanında Ak-Kerman'ın fethiyle son bulur. Sultan emrederse, müstakil bir eser yazacağını da belirtir. Konevî, temel olarak Şükrullah'ın *Behcetü't-Tevârih*'ini ve Ahmedî'nin *İskerdernâme*'deki manzûm eserini izler.

---

10 Nazım:
"Bu ömür 86 olduğunda
Muhammed Hân Boğdan'a akdığında
(...)
Menâkıb yazmağa defter çıkardım", Atsız yayını, s. 114.

Anonim Tevârih-i Âl-i Osmân ve Menâkıbnâme Geleneği

Anonim Tevârih-i Âl-i Osmân, genelde, bir topluma egemen olan büyük olayları, bir hanedanı, belli bir siyâseti tespit etmek ve desteklemek için yazılırdı. Osmanlı tarihçiliği ilk dönemlerde toplumu ve hanedanı harekete geçiren başlıca gâzâ ideolojisinin etkisi altında ortaya çıkmıştır. İlk vakâyinâmeler, *menâkıbnâme* veya *gâzâvâtnâme* dediğimiz gâzâ ideolojisini yansıtan, hanedanı ve gâzîleri destekleyen kayıtlardan oluşmaktadır. İlk Osmanlı tarihleri *gâzâvâtnâme, gâzânâme* veya *menâkıbnâme* gibi adlarla adlandırılmıştır. Osmanlı hanedanı, gâzâ hareketinin önderi olarak bu tarihlerde merkezi bir yer işgal eder. Hanedan bu fonksiyonu ile otoritesini tespit eder. Osmanlı tarihçiliğinde 15. yüzyılın sonuna kadar yazılmış olan tarih eserlerinin temel konusu, gâzâ önderinin başarıları şeklinde tespit edilir ve genel olarak *Tevârih-i Âl-i Osmân* başlığı altında sunulur. Ahmedî (ö. 1413), *İskendernâme*'sine hanedanlar arasına Osmanlı hanedanını ilâve ederken bu tema üzerinde durmuştur ve Edirne'de Süleyman Çelebi'nin yanında bulunduğu zaman kendisine "Senin için bir *Gâzâvâtnâme* düzeyim" demiştir.[1] Bugün Osmanlı tarihçiliğinde bu dönemi *gâzânâme* tarihçiliği diye tespit etmekte abartı yoktur.

Menâkıbnâme-Gâzâvâtnâme tarihçiliği bir taraftan gâzâların tarihini verirken diğer yandan gâzânın öncüsü ve Osmanlı sultanlarının başarılarını tespit etmek için yazılmıştır. Orhan Gâzî'nin imamı İshak Fakîh'ten gelen rivâyetleri tarihî bir eser olarak tespit eden oğlu Yahşi Fakîh ve onun kaybolan bir eserine dayanan tarihler başlıca Süleyman Çelebi'nin nedimi (1411-1413) olan Ahmedî, *İskendernâme*'deki kısa katkısında bir faslı gâzâ ve gâzî üzerinde yoğunlaşır ve şöyle der:

Gâzî olan Hâkk kılıcudur yâkin

Ahmedî uzun uzadıya Osman ve hanedanının gâzîlik fonksiyonu üzerinde durur.

Oldu Osmân bir ulu gâzî ki ol
Nereye kim vardı ise buldu yol

Bu eski gelenek, II. Abdülhamid'e kadar Osmanlı sultanlarını her şeyden önce gâzî hükümdarlar olarak takdim eder. Fâtih Sultan Mehmed, Trabzon seferinde dağlara yaya olarak tırmanırken kendisine bu zahmetlere neden katlandığı sorulduğunda şöyle ifade etmiştir: "Bu zahmetler darabuzun çün değüldür, bu zahmetler Dîn-i İslâm yolundadır." (*Âşıkpaşazâde*, [Atsız yayını] s. 208)

Anonim Tevârihlerin yanı sıra, Fâtih'in yanından ayırmadığı şeyhi Ak Şemseddîn'in menâkıbnâmesi (Hüseyin Enîsî, *Menâkıb-i Ak Şemseddîn*) fetih sırasında olup bitenlere ışık tutması bakımından kayda değer ayrıntılar içerir.[2] İslâmî kelam konularıyla ilgisi dolayısıyla Fâtih, ulemâ toplantıları düzenlemiş ve ulemânın faaliyetlerine yakın ilgi göstermiştir. Bu anlamda ulemâ biyografilerini

---

1 H. İnalcık, *Has Bağçede Ayş u Tarab: Nedimler, Şairler, Mutrîbler*, İstanbul, 2011, s. 88-89.

2 Ayrıntılar için "İstanbul Kuşatmasında Kritik Üç Gün: 20-21-22 Nisan 1453" bölümüne bakınız.

içeren *Eş-şakâyik'il-Nu'maniyye,* (İstanbul, 2007) dönemin önemli kaynaklarından biridir.

Anonim Tevârih-i Âl-i Osmân

On beşinci yüzyıl ikinci yarısında yazarı belli olmayan bir seri, *Tevârih-i Âl-i Osmân* olarak ortaya çıkmıştır. Pek çok nüshası bulunan *Anonim Tevârih-i Âl-i Osmân*'ları karşılaştırmalı olarak ilk kez yayınlayan ise F. Giese'dir.[3] *Anonim Tevârih-i Âl-i Osmân* üzerinde ilk etraflı çalışma ise F. Giese ve ondan sonra konuyu bütün ayrıntılarıyla ele alan N. Azamat'tır.[4] Azamat'ın tespitine göre, *Anonimler*'in ilki II. Bâyezid'in ilk zamanlarında yazılmış olmalıdır. Halka ve askere hitap eden basit bir Türkçeyle yazılmış olan *Anonimler*'den bir grup II. Bâyezid devrinde H. 900/M. 1490 tarihine kadar gelir. Bu seriyi aynı üslup ile devam ettiren *Anonimler*'den diğer bir grup ise H. 957/M. 1550'ye kadar devam ettirilir.[5] İlk Anonim grubunda Yahşi Fâkih'in menâkıbnâmesi esas alınmış, buna tarihî takvîmler ve Ahmedî'nin *Dâstân-i Tevârih-i Mülûk-i Âl-i Osmân*'ı kullanılmıştır.

Herhalde basit bir Türkçe ile asker ve halk için yazılmış *Anonim Tevârih-i Âl-i Osmân* nüshaları bize sayısız metinler halinde gelmiştir. Zamanla müstensihler gereksiz gördükleri birçok ayrıntıları yazmalarında atlamışlardır. Bu nüshalar arasında orijinal nüshaya en yakın olanını seçmek girişiminde bulunulmuştur. Mesela *Paris Anonim*'i (BNP, Suppl. Turc 1047) orijinal nüshayı en iyi temsil eden nüshalardan biridir. F. Giese 13 nüshayı metin tenkidi metoduyla inceleyerek orijinal nüshayı tesisi denemiştir.[6] Öteki yazma-

---

3 F. Giese, *Die altosmanischen anonymen Chroniken, Tevârih-i Âl-i Osmân*, I-II, Breslau, 1922-1925.

4 *Anonim Tevârih-i Âl-i Osmân*, haz. N. Azamat, İstanbul, 1992; Anonim üzerindeki incelemesinde yeni nüshaları tespit etmiş olmakla beraber orijinal nüshayı ortaya çıkarma işine girmemiş, Abdülaziz oğlu Hasan'ın 1004 tarihli nüshasını yayınlamakla yetinmiştir. Paris Suppl. Turc 1047, S. Buluç tarafından tezinde incelenmiştir: *Untersuchungen über die altosmanische anonyme Chrońik der BNP Suppl. Turc 1047*, Breslau, 1938.

5 N. Azamat yayını, s. XII-XXIV.

6 Son zamanlardaki bir yayın için bkz. *Oruc Beg Tarihi*, (haz.) N. Öztürk, İstanbul, 2007.

ların almadığı önemli bir kayıt, Paris yazmasındadır. *Anonim Tevârih* nüshaları, her veziriâzam değişikliğinde Dîvân-i Hümâyûn'daki vezirleri ismiyle ve tarihiyle bize bildirmektedir. Bunlar çok kıymetli kayıtlardır. İdrîs-i Bitlîsî, *Heşt Bihişt*'inde iyi bir nüshayı kullanmış görünmektedir. Ayrıca *Paris Anonim*'i, Şeyh Ede-Balı hakkında Elvan Çelebi menâkıbnâmesini de kullanmıştır. Bu kaynağın Yahşi Fâkih tarihini bağımsız olarak kullandığı söylenebilir.

Anonimler, daha sonra genel *Tevârih-i Âl-i Osmân* yazarları tarafından, bu arada Oruc, Kemâl Paşazâde ve genişçe İdrîs-i Bitlîsî tarafından kullanılmıştır. *Anonim Tevârih-i Âl-i Osmân* geniş halk kitlelerine hitap eden bir derleme olduğu için bize birçok nüsha halinde gelmiştir. *Anonimler*'de Yıldırım Bâyezid zamanında özellikle Çandarlı Ali Paşa tarafından İran örneklerine göre defter sisteminin genellikle bürokratik usullerin uygulanmasına karşı eleştiriler yer almaktadır. Gâzâ ve gâzîler tarihi olarak askerlere hitap ettiği, yüksek bürokratik metotların uygulanması ile ortaya çıkan problemler *Anonimler*'de yankı bulmuştur. Bu kayıtlar ve kullanılan yalın Türkçe dili, *Anonimler*'in halka hitap eden bir kaynak olduğunu göstermektedir. Eserde, bu grupların şikâyetlerini aksettirdiğini görmekteyiz.

İlk devirde kitlelerin ilgisini çeken sorunlardan biri Rumeli ile Anadolu arasındaki rekabet sorunudur. Anonimlerin bir yerinde "Gidi Rumelü'nlü" diye Rumeli *uc* beylerine karşı Anadolu'nun karşıtlığı ifade edilmiştir. Osmanlı tarihinin bu ilk döneminde Rumeli'de *uc* gâzâ bölgelerinde yükselen hanedanlar, Tuna üzerinde Mihaloğulları, Malkoçoğulları, Firuz Bey oğulları; güneyde Ege Denizi bölgesinde Evrenosoğulları, Bosna ucunda İshak-İsa Bey Oğulları, Teselya'da Turahan Bey Oğulları, gâzâyı temsil eden serhâd hanedanları olarak ortaya çıkmıştır. Ankara Savaşı'ndan sonraki kargaşa döneminde bu Rumeli *uc* beyleri, özellikle Mihaloğulları, baskın bir rol oynamışlardı. Çelebi Mehmed, Anadolu'da Bursa *Dârüssaltana*'sında egemen iken ona karşı Musa Çelebi uc beylerine dayanmaktaydı. Anadolu-Rumeli arasında rekabetin daha sonraki dönemlerde de çok önemli tarihî bir gelişme olarak ele alınması gerekir. O derecede ki Cem Sultan'ın ileri sürdüğü gibi Bursa merkezi olarak Anadolu'nun bağımsızlığı ileri sürülmüştür.

Anadolu'da zengin ahilerin hâkim olduğu Bursa, Rumeli'ne karşı daima bir rekabet merkezi rolünü devam ettirmiştir. Rumeli'nde hanedanın merkezi *Dârü'l-cihâd* Edirne'dir. Osmanlı tarihi boyunca Avrupa tarafında gâzâya çıkan sultanlar, Edirne'ye gelmişlerdir. Anadolu'daki ilk *Dârüssaltana* Bursa, gâzâ merkezi Edirne karşısında daima bir rakip merkez olarak rol oynamıştır. Osmanlı tarihinde birçok olayların arka planında Rumeli-Anadolu arasındaki bu rekabeti önemle ele almak gerekir. Fâtih, İstanbul'u fethettikten sonra "bundan sonra tahtım İstanbul'dur" diyerek bu ikiliyi kaldırmaya çalışmış; Bursa ve Edirne, devletin *Dârüssaltana*'sı olarak Fâtih'in İstanbul merkezli imparatorluğu içinde ikinci derecede de olsa önemlerini korumuştur. Osmanlı tarihinde birçok gelişmeleri bu çerçeve içinde değerlendirmek gerekir.

Fâtih, İstanbul fethinden sonra şehri nüfuslandırmak için Bursa'dan nüfus getirmeye karar verdiği zaman Bursalılar direndiler. Bu yüzden Fâtih, kendisi Bursa'ya gidip 30 gün kadar Bursalılarla yüz yüze gelmiştir. Fakat ölümünde Bâyezid ile Cem arasındaki mücadelede Cem, Anadolu'da hâkim olmuş, Bursa'ya gelip kendi adına sikke bastırmış ve Bâyezid'e imparatorluğun taksimi için öneride bulunmuştur. II. Bâyezid'i destekleyen askerî grup, İshak Paşa ve Gedik Ahmed Paşa, Anadolu'ya geçerek Cem'i bozguna uğratmış ve imparatorluğun birliğini savunmuşlardır. Bu temel gelişmeler, yani Rumeli ve Anadolu arasındaki rekabet daha sonraki yüzyıllarda Anadolu'da sekban-sarıca ve Celâlilerin İstanbul'a karşı isyanı şeklinde kendini göstermiştir. Abaza Mehmed Paşa ve Abaza Hasan Paşa bu mücadelenin temsilcisi olmuşlardır. II. Osman, İstanbul merkezindeki yeniçeri ve öteki askerî grupların kontrolünden kurtulmak için Anadolu'ya geçmek ve buradaki askerî gruplara dayanma planını öngörüyordu ve bu yüzden hayatını kaybetti. Özetle, Osmanlı tarihi yazılırken Anadolu ve Rumeli arasındaki bu rekabetin tarihî gelişmelerdeki rolü göz önünde tutulmalıdır.

Âşıkpaşazâde ve Anonimler karşılaştırıldığında, iki metin arasındaki ilişki açıkça ortaya çıkmaktadır.[7] Fakat bu ilişki, Anonim'in kaynak olarak Yahşi Fâkih'i kullanmış olmasıyla açıkla-

7 N. Azamat yayını, s. XXX-XXXII.

nabilir.[8] II. Bâyezid'in emriyle yazılan geniş *Tevârih-i Âl-i Osmân* kompilasyonları, Kemâl Paşazâde ve özellikle İdrîs-i Bitlîsî, Anonimlerin bugün kayıp ayrıntılı nüshalarını kullanmışlar, kronoloji ve çeşitli zamanlarda Dîvân-i Hümâyûn vezirleri hakkında kayıtları aktarmış bulunmaktadırlar.

Anonim Tevârih-i Âl-i Osmân önsözünde açıklandığı gibi, bir kompilasyon (derleme) meydana koymuştur: "Her bir târihden bulup cem' idüp bir kitâb olundu kim bundan sonra sözlerim yâdigâr ola (...) bilmeyenler ma'lûm olsun." Ayrıca, Âşıkpaşazâde'nin Yahşi Fâkih'ten "ihtisar" ettiği bazı bölümler *Anonim*'de tam olarak bulunmaktadır.

Friedrich Giese Anonimleri

Anonimler'de Fâtih'in emriyle yazılmış bir *Târîh-i Konstantiniyye* ve *Bina-yi Ayasofya* metni bulunuyor (Giese yayını, s. 154-240). Metnin son şekli tarihi 1491 olarak tespit edilmiştir. Metin içindeki efsane ve tarihî bilgiler, Stefanos Yerasimos tarafından ayrıntılı biçimde ele alınmıştır.[9] Efsanelerin yanında Bizans *Patria* ve Arapça kaynaklar kullanılmış olup Yerasimos konuları ayrı ayrı incelemiştir. Metin, Yerasimos'a göre bir Türk tarafından yazılmış veya Türkçeye çevrilmiştir. Metnin karışık oluşumu Yerasimos tarafından bir tabloda (s. 214) özetlenmiştir.

Konstantiniyye tarihindeki metnin (s. 103) Ebû Eyyûb el-Ensarî hakkındaki ayrıntıları önemlidir:

> Hicretin 52. yılında Ebû Eyyûb el-Ensarî'nin gelib (...) Konstantiniyye şehrini hisar idib (...) Magah Eyyûb el-Ensarî'nün alnına çekre dokunub (...) Eyyûb el-Ensarî bildiklerini kendüsü dünyadan gider, vasiyyet kaldı kim (...) ben ol yere savaş arasında defn idin, makberimi belirsiz eylen didi (...) Konstantin (...) beg oldu. Eyyûb el-Ensarî'nin makberesi üzerinde

8 Bkz. H. İnalcık, "The Rise of Ottoman Historiography", *Historians of Middle East*, Londra, 1962, s. 152-167.

9 Stefanos Yerasimos, *La foundation de Constantinople et de Sainte Sophie dans les traditions turques*, 1990; Türkçe baskı: *Kostantiniye ve Ayasofya Efsaneleri*, çev. Şirin Tekeli, İstanbul, 1998.

nur yalkı ururdu, anı Konstantin gördü, bildi Rum tekin değildir. Defaten üzerinde bir 'âlî kubbe yapdırdı ve ziyaretgâh ittirdi, Hakk Ta'âlâ'nın kudretinden bir latîf pınar dahi çıktı kim hâsiyetlü (...) ol türbeyi mu'azzez ve mükerrem tutarlardı (...) Hazret-i Resulu'lullah'tan mervidir: eğitmiş kim her kim Konstantiniyye'de Ayasofya içinde iki rik'at namaz kıla cennetliktir, dimişti.[10]

Bir ulu keşiş vardı (...) ve keşiş Kalatya [Galata] karşu bir yüksek yir vardır, ol keşişin anda bir mu'teber yiri vardı, anda karar iderdi, sonra Sultan Mehmed Konstantiniyye'yi feth idi, andan sonra eski sarayı anın yirine yapdırdı, ol kiliseyi yeniçeriye yıkdırdı, yıktıklar vakit yeniçerinin üzerine yıkılıp hayli yeniçeri altında kaldı, ol hôd ma'lûmdur (...) [Eyyûb'ün Egri-Kapudan sekizinci burgazda (kulede) şehit düşmesi hikâyesi]. Eyyûb'ün mezarının sur dışında bugünkü yerinde bulunduğunu ileri süren ulemâ vardır, kâfirler orada alâmetler gördüler, anda[11] ol mezarı bellü idüb ziyâretgâh itdiler.

Sıdki Çelebi

Sıdki Çelebi'ye atfolunan ve geniş ayrıntı içeren *Anonim Tevârih-i Âl-i Osmân*[12] bu dönem için özel bir önem taşır. Konstantiniyye fethine ait diğer nüshalardaki ortak kayıt şudur:

Mübalağa leşker cem' idüb on bin yeniçeri ve yigirmi bin azeb ve sâyir halk dahi gazâ-i ekber diyüb bî-nihâyet leşker cem' idüb Edirne'de topları arabalara bindürüb tarafeyne nice yüz çift öküz koşub dahi iki yanından urganlar takıb nice bin âdeme çeke çeke Konstantiniyye üzerine iletüb topları kurdurdı, her taraftan toplar atılub hisarın ve bedenlerin yıkdılar sonra *Galata'nın üstün yanında* dağ gibi depden elli altmış pâre gemileri karadan üşirüb yelkenler açub ademler çeküb yelkenler aşurdılar (...) Sultan Mehmed Hak yoluna sebilu'l-üllâh *yagma* buyurub (...)

---

10 "Fâtih bundan haberdardı, cuma günü Ayasofya'da iki rek'at namaz kıldı" (Evliyâ Çelebi).

11 Eyyûb'ün iki hisar arasında Ayvansaray'daki mezarı hakkında bkz. Wittek, "Ayvansaray, un sanctuaire privé de son héros", *Annuaire de l'institut de Philologie et d'Histoire orientales et slaves*, XI (1951), s. 505-526.

12 Türk Tarih Kurumu, Yazma: Y. 85 ve 154.

Orduda 10 bin *yeniçeri* ve halkın parasıyla toplanan milis askeri *azeb*lerin 20 bin olduğu, büyük topun nasıl getirildiği, 50-60 geminin Galata'nın üstünden nasıl çekildiği bu kayıtta açıklanmaktadır. *Yagma* ilânının fetihle önemine işaret olunmuştur. Fâtih'in emriyle yazılan ayrıntılı *Târîh-i Konstantiniyye* (vrk. 154-240) dikkati çeker.

Bu metin içinde, Fâtih Camii inşâsıyla ilgili ilginç bir kayıt (vrk. 210) buluyoruz:

> (...) Sütûnların hazırlanmasında çok para harcandı, direkleri ve taşları hazırlamak on yıldan çok çalışdılar, eskiden zulumle yaptırmazlar, cümle ücretle işledirlerdi, şimdiki zamanda bir binâ yapulur olsa illerden ve şehirlerden akça devşirirler, dahi bennâyı ve ırgadı ilden çıkarub sürerler, anda varanlarun biri dahi şâkî olub gitmez, bennâya ve ırgada üçer aylık harçlık deyü verirlermiş, altı ay işledürler, andan ol akça ki ilden zulümle çıka, bennâ ve ırgad zulümle sürüle, aceb gene sonra adamlar gönderib teftîş itdikleri nice maldur ve yazucusuna dürlü dürlü teftişler iderler. Hesâblar çekerler, maksûdları budur kim bulay ki yanıla, bir bahane bulalar ki ol bennâya hare olan malı bulardan alalar. Ol bennâ şöyle râyegân kala ve eger hiç nesne bulmazlarsa ol mimâr gözden kulakdan bıragurlar, hor ve hakîr iderler, bilmezliğinden çok mal harcı itdi, derler, bennâ ve akça il yanından ola, hazîneden bir habbe hare olmaya (...) Pâdişâhlar, kapusunda ehl-i mu'âmele (faizciler) ve bazirgân hâkim olıcak bu kadar olduğuna şükr itmek gerekdür, Sultan Murad Han zamanında pâdişâh kulu pâdişâh kulunun oglı olmayana Kapu'dan ulûfe virmezlerdi ve timâr dahi itmezlerdi, şimdiki zamanda Kapu'dan kuldan, yavalar (reâyâdan yabancılar) ziyade olmuşdur, yabandan gelenin zagbeti ziyâdedir; anın içün ilerü (eski) zamanda olan bereket dahi yokdur ve andan ötürü ekline dahi zagbeb az kalmışdur; minnet hûdâya. Kim kendü gözünüzle gördük kim Sultan Mehmed İstanbul Yeni Camii (Fâtih Câmii) ve Sekiz Medrese ve imâreti ve timârhâne (hastane) yapan Mi'mar Sinan'ı habs içinde döge döge öldürdü,[13] 'aceb anın günâhı nice ala; itserün ol halle ölmek müstahak olaydı, hele uşta (işle) işittük, ol zamanla ustâdlara nice miâl ve nice hil'atlar virürlermiş, şimdiki zamanda

13 Rum asıllı Sinan'ın idamı hakkında bkz. Yerasimos, *Kostantiniye ve Ayasofya Efsaneleri*, s. 162-169.

dahi nice hil'at iderlermiş usta ma'lûm oldı kim ol zamanla bu zamanin farkı nicelmiş, beyit:

Evvel zaman pâdişâhlarda tâc imiş hüner
Şimdi hâkiyâp oldı ol Güher
kim anda zer-i kerem
'akl mi yârında değmez bir zer
Dünyada biz bir kerîme irmedik
Bir eser dahi keremden görmedik
Bir var diyen bu 'asr ehlinde
bana göstersünki biz anı görem
Ucdan uca aradık biz âlemi bulmadık
Ehl-i Kerem birâdemi
kim kerem ehli ki üleşdüre zer

Biz gene söz evveline gelelim: Çünkü Konstantiniyye helâk oldı. Oglı îlya yerine beg oldı...

Eyyüp Hakkında (Ebû Eyyûb el-Ansarî tarihi, vrk. 218-232): Sıdki anonimi Ebû Eyyûb el-Ensarî hakkında önemli bir rivâyet içerir. Eyyûb, İstanbul'u her türlü âfet ve saldırıdan koruyan azizdir:

İstanbul kalesi hıfzında defa etdiler, nice tevârihde "Hisar hıfzındadır" demişlerdür (...) bu hisar hıfzında olan mezardır (...) Ehl-i İslâm gittiğinden sonra küffâr ol-arada nice 'alâmetler gördüler, andan ol sebebden ol-arada ol mezârı bellü idüb ziyâretgâh itdiler ve hem Allah'ın kudretiyle ağacı bitüb ve pınar çıkub *Ayazma* diyüb halk gelüb anda kimi yununub ve kimi istemesini bağlarlar idi. Sonra şöyle kalmış. Andan sonra Sultan Muhammed Konstantiniyye'yi aldı, dahi nice zamandan sonra meremmet idüp ol vakt anda işliyanlara, birini gözüküb nice bir ayaklarsız dimiş, öyle olecak vardılar, ol mezarı kaldırub üzerini yapdılar, bir 'âlî ziyâretgâh eylediler, gene bennâ yaturken düşünde bir pınar yerin gösterdiler, ol yeri kazdılar yapılmış, hazır müheyyâ bir pınar çıkdı, şimdiki halde ol-arada olanlar ol sudan içerler.

Oruc Tarihi[14]

Oruc ve *Anonim Tevârih-i Âl-i Osmân* 1422 tarihinden sonra aynıdır. Bâyezid devrinden itibaren ay ve günleri ile tarih verilmekte ve olaylar daha ayrıntılı olarak bildirilmektedir. *Anonimler*'den birinde H. 891 Rebiyülevveli'nde Hersek oğlunun esir düşmesinden sonra farklı bir kaynak izlenmektedir. Oruc eserinde, H. 899 yılında Yakup Ağa'nın Derencilban'a karşı aldığı başarısına kadar gelir ve orada bırakır. *Anonimler* eski dönemleri özetler ve 15. yüzyıl sonundaki olayları ayrıntılarıyla verir. Oruc tamamıyla *Anonimler*'den ayrıntılı bir nüshayı kullanmıştır. *Anonimler*'in hepsinde ortak olan bölümler, H. 891 Rebiyülevveli'ne kadar gelir ve daha sonra başka bir kaynağı izler ve H. 896 Muharremi'ne kadar gelir. Bundan sonra *Anonimler*'e birçok ilâve yapılmıştır. Bir *Anonim* nüshasında olaylar H. 956 Zilhicce başına kadar gelir. Daha sonra başka zeyilli nüshası H. 963 Receb ayının başına kadar uzatılmıştır. Sonuç olarak, esas *Anonim* nüshasının H. 891'de bittiğini ileri sürebiliriz. Oruc, esas itibariyle bir *Anonim Tevârih*'in kopyasından ibarettir. İyi bir nüsha kullandığı anlaşılmaktadır.[15]

Oruc Beg'in *Tevârih*'ini ayrıntılı bir *Anonim* kopyası olarak ele almak lazımdır. Dolayısıyla Oruc Beg tarihini bu çerçevede değerlendirmek gerekir.[16] II. Bâyezid devrinde 900 yılına kadar gelen Paris nüshası, orijinal *Anonim Tevârih*'i geniş biçimde ya da tam olarak bize aktarmıştır. Babinger'in *Oruc Tarihi*'ni Fâtih zamanında yazılmış bir metin olarak ileri sürmesi bir yanlış anlamadan kaynaklanmaktadır. *Oruc*'un II. Bâyezid zamanında yazılmış bir metin olduğunu V.L. Ménage tespit etmiştir.[17]

---

14 *Oruc Beg Tarihi*, (haz.) N. Öztürk, İstanbul, 2007.

15 Sadettin Buluç'un Almanya'da Breslau'da yaptığı tez için bkz. *Untersuchungen über die altosmanische anonyme Chronik der BNP Suppl. Turc 1047*, Breslau, 1938.

16 *Tevârih-i Âl-i Osmân* üzerinde son kez araştırmalar yapan N. Öztürk, *Oruc Beg Tarihi*'ni yeniden ele almış ve metni yayınlamıştır. N. Öztürk, *Oruc Tarihi*'nin yeni bir nüshasını yayınlamıştır. Bu nüsha, birçok Anonimlerde olduğu gibi atlamalar içermektedir. *Oruc Beg Tarihi*, (haz.) N. Öztürk, İstanbul, 2007, s. XXVII.

17 V.L. Ménage, "On the Recensions of Uruj's 'History of the Ottomans'", *BSOAS*, 30/2 (1967), s. 314-322.

Anonimler ve *Oruc Tarihi*, Fâtih Sultan Mehmed dönemindeki birtakım orijinal noktalar dışında kısa kronolojik metinlerdir.[18] N. Öztürk, Oruc'a ait altı nüshayı esas tutarak bir metin vermektedir. Bu metnin tesisinde *Paris Anonimi*'ni esas aldığını belirtmiştir.[19]

Ahmedî'nin Süleyman Çelebi'ye Edirne'de musahiplik ettiği zaman Farsçadan çevirdiği İran hanedanlarına ait *İskendernâme* adlı çevirisine manzûm olarak Osmanlı hanedanının tarihini eklediğini biliyoruz.[20] Ahmedî'nin bu manzûm tarihi, sonra gelen yazarlar tarafından sık sık tekrar edilmiştir. Ahmedî'nin manzûm özel bir tarih yazdığı iddiası yersizdir. Ahmedî'nin *Dâstân-i Tevârih-i Mülûk-i Âl-i Osmân*'ı, Şükrullah, Mehmed Konevî ve Rûhî'de tam veya eksik olarak alınmıştır. Ahmedî, *İskendernâme*'de Süleyman Çelebi için bir gâzâvâtnâme yazacağını da vaat eder.

18 *Oruc Beg Tarihi*, N. Öztürk yayını, s. 112-133,
19 Metin üzerinde bkz. XXXXV-XXXXVII.
20 Bkz. İnalcık, *Has Bağçede Ayş u Tarab*, s. 88-89.

Tevârih-i Âl-i Osmân'ın Geniş Edebî Derlemeleri

Osmanlı tarihçiliğinde ikinci büyük devre, II. Bâyezid'in girişimi ile büyük derlemeler dönemidir. Devlet-i 'Aliyye-i Osmaniyye'nin imparatorluğa yakışır büyük derlemeleri Neşrî, İdrîs-i Bitlîsî ve Kemâl Paşazâde ile temsil edilmektedir.

Neşrî Tarihi dışında, yüksek divân dili ile yazılmış derlemeler, İdrîs-i Bitlîsî'nin *Heşt Bihişt*'i ve Kemâl Paşazâde'nin *Tevârih-i Âl-i Osmân*'ıdır. Pâdişah, Osmanlı tarihini gâzâ menâkıbnâmeleri durumundan Orta Asya ve Timur tarihleri gibi bir imparatorluk tarihi şeklinde düşünmeye başlamıştır. Bunu II. Bâyezid'in imparatorluk tarihinin yeniden yazılması için yazarları davet etmesinde görmekteyiz. *Rûhî Taârihi*'nde şu kısım, büyük derlemelerin kaynağını açıklaması bakımından kayda değerdir. Rûhî diyor ki:

> Ba'zı muhâverat-ı şerifeleri esnâsında bu ma'nî fehm olundu ki tevârih-i selâtin-i uli'l-emr-i İslâmiyye (...) ekâbir-i 'ulemâ anun zabtına ve tahrîrine mültezim olub o bâbda kitâblar tasnif itmişlerdür, ammâ tevârih-i eşref-i selâtin ki Âl-i 'Osman'dur ibarât-i 'âmü'n-nef ile kemâ-yenbagî cem' olmamışdur, olsa müstahsen idi.[1]

---

1 H.E. Cengiz-Y. Yücel, "Rûhî Târihi-Oxford nüshası: Değerlendirme, metnin yeni harflere çevirisi", *Belgeler*, XIV/18 (1989-1992), s. 369.

Neşrî

Neşrî Tarihi üzerinde esaslı araştırmalar F. Teaschner, V. Ménage ve F.R. Unat-M.A. Köymen tarafından yapılmıştır.[2] Genel olarak Neşrî, Osmanlı tarihinin başından itibaren kendi zamanına kadar yazılmış *Tevârih-i Âl-i Osmân*'ı başlıca *Âşıkpaşazâde* ve *Anonim*leri nakleder. Neşrî, öteki kaynakların görmediği takvîmleri de kullanan nadir bir kaynaktır.[3] Takvîmler, 1444 Varna Muharebesi ile son bulur. Neşrî'nin izlediği yayın metodu, kaynağını değiştirmeden "rivâyet ederler ki" başlığı ile aynen vermesidir.[4] Bununla beraber Neşrî, naklettiği metinleri iyi nüshalardan aktarmıştır. F.R. Unat ve M.A. Köymen yayınından sonra F. Teaschner, *Neşrî Tarihi*'nin Unat-Köymen tarafından kullanılmayan başka nüshalarını yayınlamıştır.[5]

Neşrî geniş ölçüde Fâtih devri için Âşıkpaşazâde metnini nakleder. II. Bâyezid zamanında Osmanlı *Tevârih-i Âl-i Osmân*'ı bir arada toplamış olan Neşrî, ayrıntılı iyi nüshalar kullandığı için daima göz önünde tutulması gereken bir derlemedir. Neşrî, Tursun Beg'i görmemiştir. Daha sonra Neşrî'yi kullanan Kemâl Paşazâde, Tursun Beg'i kullanan nadir bir eserdir.

İdrîs-i Bitlîsî

İdrîs-i Bitlîsî'nin yazdığı *Heşt Bihişt* adlı eser, Fars edebiyatının inşâ incelikleriyle yazılmış sekiz ciltlik bir eser olup Osmanlı Devleti'nin kuruluşundan II. Bâyezid dönemi sonuna kadar anlatmaktadır. İdrîs, *Heşt Bihişt* mukaddemesinde eseri, *emr-i vâcübü'l-ittiba'*, H. 908 yılında yazmaya başladığını açıklar. Bu eser

---

2 M. Neşrî, *Kitâb-i Cihânnüma: Neşrî Tarihi*, (yay.) F.R. Unat-M.A. Köymen, I-II, Ankara, 1949 ve 1957, Fâtih Devri kısmı, II. cilt, s. 681-843.

3 Paris'te BN'de Osman Turan ile beraber ilk kez gördüğümüz *Takvîmler*, O. Turan tarafından yayınlanmıştır: *İstanbul'un Fethinden Önce Yazılmış Tarihî Takvimler*, (haz.) O. Turan, 2. baskı, Ankara, 1984.

4 İnalcık, *Has Bağçede Ayş u Tarab*, s. 88-89.

5 Neşrî'nin Manisa Nüshası no: 1373, Teaschner'e göre Menzel nüshasından sonra en önemli nüshadır. Bu nüshaları Unat-Köymen kullanmamıştır.

yazılıncaya kadar Türkçe birçok kısa yazılmış tevârihlerin efsanelerden ve fesâhatten uzak olduğunu kaydeder. Sonradan yazar, *Selimşâh-nâme*'yi bu eserin bir devamı gibi kaleme almıştır. *Heşt Bihişt*'in III. cildi Fâtih Sultan Mehmed ve Bâyezid dönemlerini içerir. *Heşt Bihişt* Farisî inşâ diliyle yazılmış süslü bir eser niteliğini taşımakla beraber 15. yüzyıl sonlarında yazılmış *Anonim Tevârih-i Âl-i Osmân* nüshalarından geniş ölçüde istifade etmiştir. Sultan II. Bâyezid'in 1502 yılında Farsça bir Osmanlı tarihi yazması için İdrîs-i Bitlîsî'yi görevlendirdiğini biliyoruz.[6] İdrîs bu görevi 2,5 yıl içinde tamamlayıp sultana sunmuş ve 50 bin akçe ile ödüllendirilmiştir. İdrîs, büyük emek verdiği bu eser karşılığında yeterince ödüllendirilmediği düşüncesindeydi. Hacca gidip Mısır'da kaldı. Vefatından önce Yavuz Sultan Selim tahta geçince kendisini İstanbul'a çağırmış ve kendisine verdiği berâtları götürerek Doğu Anadolu'nun Osmanlı Devleti'ne bağlanması konusunda büyük hizmetler görmüştür. Bu berâtları alan Kürt beyleri, bölgede çoktan beri Ak-Koyunlu ve Karakoyunlu Türkmenlerine karşı Osmanlı yanında mücadeleye girmişlerdir. İdrîs, kendisi Ak-Koyunlulardan Yakup Bey hizmetinde bulunmuş ve onun ölümünde münşî sıfatıyla Yakup Bey'in yakın adamı olmuştur.[7] İdrîs, Yavuz Sultan Selim'in hizmetinde onun emri üzerine bir *Selim-nâme* de yazmıştır.[8] *Heşt Bihişt*'i bitirdikten sonra İdrîs 1520 yılında İstanbul'da vefat etmiştir (d. 1446?).[9]

İdrîs-i Bitlîsî 16. yüzyılın sonlarında Hoca Saadeddin'in *Tacu't-Tevârih*'inde özetlenmiş bulunmaktadır. *Heşt Bihişt*'in Farsçadan Türkçeye çevrilmesi Abdülbaki Sadi (ö. 1722) tarafından yapılmıştır. Bu çeviri M. Karataş, S. Kaya ve Y. Baş tarafından yayınlanmıştır.

---

6 İdrîs-i Bitlîsî, *Heşt Bihişt*, (haz.) M. Karataş-S. Kaya-Y. Baş, I, Ankara, 2008, s. 12-13.

7 İdrîs'in biyografisi için ve Osmanlı sultanı Selim'in hizmetine geçmesi hakkında bkz. M. Yüksel-G. Baykan'ın yayımlanmamış makalesi geniş bir bibliyografya sunar ve *Heşt Bihişt*, I, (M. Karataş-S. Kaya-Y. Baş yayını), s. 9-55; *Heşt Bihişt* hakkında ise bkz. s. 48-55.

8 İdrîs-i Bitlîsî, *Selimşâh-nâme*, (yay.) H. Kırlangıç, Ankara, 2001.

9 İdrîs-i Bitlîsî, kitabı ve tercümeleri hakkında ayrıntılı bilgi için bkz. A. Özcan, "Heşt Bihişt", *DİA*, XVII, s. 271-273.

Kemâl Paşazâde

Kemâl Paşazâde'nin (1468-1534) *Tevârih-i Âl-i Osmân*'ı II. Bâyezid döneminde geniş ölçüde yazılmış *Tevârih-i Âl-i Osmân*'lardan biridir. Fâtih devri üzerindeki önemi, Tursun Beg tarihini kullanmış olan nadir tarihçilerden biri olmasıdır. Eserin çeşitli nüshaları, kaynakları notlarla ve bir kronoloji ile Şerafettin Turan tarafından hazırlanmış ve Arap harfleriyle de basılmıştır. Ş. Turan, Kemâl Paşazâde'nin kendisinden önce yazılmış *Tevârih-i Âl-i Osmân*'ı kendi üslubu ile yeni bir eser olarak meydana getirdiğini vurgular (s. 10 vd.). Karâmânî Mehmed Paşa'yı kullandığı gibi geniş ölçüde Neşrî'yi izler. Kemâl Paşazâde, Rûhî'nin ve Anonimlerin *Tevârih-i Âl-i Osmân*'ı da kullanmıştır.

Eserini II. Bâyezid'in emriyle yazmaya başlayan Kemâl Paşazâde, Fâtih döneminin çeşitli siyâsetlerine karşı ortaya çıkan problemleri birinci cildin mukaddemesinde konu edinmiştir.[10] Ayrıca Osmanlı Devleti'nin öteki İslâm devletine karşı üstünlüğünü, özellikle denizlerdeki başarıları ileri sürmüştür (s. 22-32).

Kemâl Paşazâde'nin *Tevârih-i Âl-i Osmân*'ı üzerine yapılmış çalışmalar:

İbn Kemal, *Tevârih-i Âl-i Osmân*, I, (haz.) Ş. Turan, Ankara, 1970.

İbn Kemal, *Tevârih-i Âl-i Osmân*, II, (haz.) Ş. Turan, Ankara, 1983.

İbn Kemal, *Tevârih-i Âl-i Osmân*, III. Defter, (haz.) A. Satun, Yayımlanmamış Yüksek Lisans Tezi, Marmara Üniversitesi Türkiyat Araştırmaları Enstitüsü, İstanbul, 2009.

İbn Kemal, *Tevârih-i Al-i Osmân*, IV, (haz.) Koji Imazawa, Ankara, 2000.

İbn Kemal, *Tevârih-i Âl-i Osmân*, VII, (haz.) Ş. Turan, Ankara, 1957.

V.L. Ménage, "Ms Fatih 1405 and Autogroph of Kemal Pasha-zâde's Tevârikh-i Âl-i Othmân, Book VII", *BSOAS*, XXIII/2, (1960), s. 250-264.

---

10 Mesela bkz. *Kemâl Paşazâde*, s. 23 vd.

İbn Kemal, *Tevârih-i Âl-i Osmân*, VIII, (haz.) A. Uğur, Ankara, 1997.

Ahmet Uğur, *The Reign of Sultan Selim I in the Light of Selîm-Nâme Literature*, Berlin, 1985 (IX. defterin neşri).

İbn Kemal, *Tevârih-i Âl-i Osmân*, X, (haz.) Ş. Severcan, Ankara, 1996.

Ahmet Uğur, "Kemal Paşa-zade'nin VIII. ve IX. Defterleri ve Bu Defterlerin Işığında Yazarın Tarihçiliği", *VIII. Türk Tarih Kongresi, Bildiriler,* II, Ankara, 1981, s. 1009-1012.

Çağdaş Yabancı Kaynaklar

Bizans Kaynakları

Paleologoslar (1260-1453) dönemi Bizans-Osmanlı ilişkileri üzerinde son kez iki önemli eser yayınlanmıştır: D.M. Nicol, *The Last Centuries of Byzantium,* Cambridge, 1993 ve N. Necipoğlu, *Byzantium Between the Ottomans and the Latins,* Cambridge, 2009. Bizans'ın son devri üzerinde çeşitli yayınlarıyla tanınmış olan Nicol'un Bizans tarihine ait eseri, geniş bibliyografya içerir (s. 415-449). Nicol, Bizans tarihi üzerinde Patriklik belgeleri ile belli başlı belge koleksiyonlarını ve P. Schreiner'in *Die Byzantinischen Kleinchroniken* adlı kitabını ve bilinen Bizans kroniklerini kullanmıştır. Nicol oldukça objektif olmak iddiasıyla beraber, bir Paleologos Bizanslısı gibi yazmaktan kendini kurtaramamıştır. Nicol'un eserinde *Constantine XI and Mehmed II: The Fall of Constantinople 1448-1453* (s. 369-393), II. Mehmed ve Bizans üzerindeki fasıl, kaynaklara göre derli toplu bir özettir. Bu bölümde İstanbul fethi ve Fâtih'in daha sonraki faaliyetleri üzerinde kısa bilgi verilmektedir.

N. Necipoğlu'nun eserine gelince, Paleologoslar Bizans'ı ile Fâtih'in Bizans devletine son verdiği tarihe kadar kaynaklara dayanan derli toplu bir eserdir (s. 119-184). Necipoğlu'nun eseri aynı zamanda Selânik ve Mora despotluğu üzerinde bölümler içermektedir. Necipoğlu bu eserde, Nicol'den farklı olarak Bizans-Osmanlı ilişkileri üzerinde Türkçe araştırmalara da önemli bir yer ayırmıştır. Eserin değerli bir bölümü kaynaklar üzerindeki giriş bahsidir (s. 3-17). Bu bakımdan Necipoğlu, Nicol'u tamamlamaktadır.

II. Manuel Üzerinde Nevra Necipoğlu'nun Görüşleri

II. Manuel oğlu VIII. Ioannes'e şu tavsiyede bulunmuş (s. 18): "Bugün sürekli kargaşa dolayısıyla imparatorluğumuz bir *basileus* değil bir idareciye muhtaçtır." İmparator Manuel oğlu VIII. Ioannes ile imparatorun Osmanlı'ya karşı politikasında ayrı görüşlere sahiptiler. Manuel tecrübeli bir imparator olarak Osmanlı'ya karşı diplomasi metotları ile mücadele ederken oğlu Ioannes özellikle Venedik'e dayanarak saldırgan bir politika gütmekteydi. İkinci önemli konu, Ioannes, Papa ile Bizans kilisesi arasında birliği ve Batı'nın yardımını öne almaktaydı. Manuel, Papalık ile ilişkilerin önemini tanımakla beraber kiliseler birliği konusunda dikkatli davranıyordu. Osmanlılarla ilişkilere gelince, sultanlarla görünüşte barış ve dostluk göstermeyi ve doğrudan doğruya saldırgan bir tutumdan kaçınmayı tavsiye ediyordu. Ioannes'in politikası bu iki noktada babası ile tamamıyla ayrılık göstermekteydi. Manuel, oğlunun gerçekçi görüşten uzak olduğunu tespit etmişti. Bu iki görüş Paleologosların Osmanlılar karşısındaki iki farklı diplomasisini özetlemekteydi. (Necipoğlu, s. 18).

İmparator Manuel gerçekçiydi çünkü Osmanlılar çok küçülmüş olan Bizans karşısında büyük bir devlet gücünü temsil etmekteydiler. Şunu hatırlamak gerekir ki, Bizans imparatoru daha 1372'de Sırbistan gibi Osmanlı hükümdarının bağımlısı haraç ödeyen bir devlet durumuna düşmüştü. II. Manuel Timur ile diplomatik ilişkiye girmiş ve Ankara Savaşı'ndan sonraki dağılma döneminde taht için savaşan Osmanlı Çelebileri karşısında imparatorluğu bu haracgüzârlıktan kurtarmıştı. Manuel'in oğlu Ioannes'e yaptığı öğütlerde kastettiği şey, Osmanlılarla ilişkileri "idare etmek" doğrultusundaydı. Ayrıca, N. Necipoğlu Bizans'ın Anadolu'daki durumu hakkında bir özet vermektedir (s. 19-20).

Necipoğlu, Bizans'ın mâlî durumu hakkında şu bilgiyi hatırlatmaktadır: Bizans İstanbul'unun gümrük geliri 30 bin *hyperpyron* iken karşı tarafta Ceneviz Perası'nın gümrük geliri 200 bin *hyperpyron* idi (s. 20). Keza *pronoia* (Bizans timâr sistemi) askerlerinin durumu ve özellikle imparatorluk tahtı için Paleologos hanedanı içindeki kavgaları özetlemekte ve 1260'tan önce Latin işgalinin yıkıcı sonuçlarını belirtmektedir (s. 21-23). Paleologoslar döneminde Bizans'ın İtalyan ekonomik sömürüsüne tâbi olduğunu ayrıca belirtmektedir (s. 23). Ayrıca, Necipoğlu tarafından Yunanlılar ile Latinler arasındaki çekişmeler belirtilmiştir (s. 24). Özellikle 14. yüzyılda Bithynia'da Osmanlı Devleti'nin saldırgan güçlü bir devlet olarak ortaya çıkması (s. 24-25) ve Osmanlı Beyliği'nin gittikçe güçlenen durumu geniş bir biçimde ele alınmaktadır (s. 26-28).

"Bizans'ın Osmanlı vassalı durumuna gelmesi 1370'lerde meydana gelmiştir", hükmüne şu açıklığı getirmek gerekir. Bizans'ın, Güney Balkanlar'da Sırp prensleri ile ittifak yaparak Osmanlılara karşı güçlü bir savunma cephesi kurması, Çirmen Savaşı ile suya düşmüştür. Bu yenilgiden sonra imparator Osmanlı haracgüzârlığını kabul etmiştir. Sultan Orhan'ın İmparator Kantakuzenos ile dostluk politikasını (s. 29) belirtirken şunu da ilâve etmek gerekmektedir: İmparator Kantakuzenos, Anadolu'dan Türklere karşı mücadelenin ümitsizliğini görerek Balkanlar'da Sırplara ve Bulgarlara karşı ülkeyi korumak ve güçlendirmek için Osmanlı ittifakından yararlanmayı düşünmüştür. Bu politikanın iflası (Osmanlıların Trakya'da yerleşmesi) üzerine Kantakuzenos iktidardan çekilmek zorunda kalmış, onun bu politikası iflasla sonuçlanmıştır.

İmparator V. Ioannes Paleologos'un Osmanlı karşıtlığı politikası Batı'dan bir Haçlı yardımına dayanmaktaydı. Necipoğlu, bu Haçlı teşebbüsünden söz etmekle beraber daha önce 1359'da bir İtalyan Bizans ittifakı ve ortaklaşa meydana getirilen bir donanmanın Lapseki'ye çıkarma harekâtını zikretmemektedir. Bizans-Osmanlı ilişkilerinde bir dönüm noktası, Osmanlıların Trakya'da yerleşmesinin kesin bir hal alması sonucudur. İmparator VI. Ioannes kesinlikle Osmanlılara karşı bir Haçlı seferi harekete geçirme politikasına bağlanmış ve bu politika Savua Kontu VI. Amadeo'nun İstanbul'a ve Karadeniz'e gelip Osmanlılara karşı bazı başarılar elde etmesiyle gerçekleşmiştir. Necipoğlu, bunu önemle kaydetmektedir (s. 28). 1371 Çirmen yenilgisinin Bizans-Osmanlı ilişkilerinde kesin bir dönüm noktası gerçekleştirdiği önemle kaydedilmektedir (s. 29) ve Bizans'ın kesinlikle Osmanlı haracgüzârı, vassalı durumuna gelmesi kesinlik kazanmıştır (s. 29).

Necipoğlu bu özetinde, 1381'de I. Murad'ın Yenişehir'de tertiplediği ve tâbileri üzerinde otoritesini yenilediği büyük düğün-diplomasi buluşmasına[1] temas etmemektedir. Bu sırada V. Ioannes Osmanlı sultanına haracgüzârlığını yenilemiş ve düğün akabinde 1382'de V. Ioannes bir antlaşma ile Osmanlı haracgüzârlığını tasdik etmiştir.

Yorgios Sfrancis

Rumca kaynaklardan Yorgios Sfrancis,[2] göz tanığı olarak fetih olayları üzerinde birinci elden Fâtih hakkında şunları yazar: "Büyük İskender, Augustus, Konstantin ve Theodosious gibi hükümdarların yaşamını inceler; onları geçmek daha geniş bir ülke yapmak için her türlü vasıtayı arar, sürekli incelemeler yapar." Aynı Rum yazarına göre, Fâtih'in bilim hazırlığı harikuladedir, mükemmel beş lisan konuşabilir ve anlar. Bunlar Türkçe, Farsça, Arapça, Rumca ve Latincedir. Kendi dîvân şiirlerinde Farsçayı tercih eder. "Son derece de dindar olup Arapçayı öğrenmişti." Fethettiği ülkelerin idaresi ve haberleşmesi bakımından Rumca ve Latinceyi bilme ve anlamayı arzulamıştı. "Fâtih, öteki dinlerin mensuplarını da önemli görür, din serbestliğini de korurdu." Kendisi din anlamında tasavvufa meylederdi. İslâm'a büyük bağlılığı su götürmez. Camiler yapmış, ulemâ ve şeyhlere büyük iltifatta bulunmuş; her sene Mekke'ye armağan göndermiştir. Camilerde yazma kütüphaneler

---

1 Bkz. İnalcık, *Kuruluş Dönemi Osmanlı Sultanları*, İstanbul, 2010, s. 109-131.

2 *İstanbul Fethi'nin Bizanslı Son Tanığı Yorgios Sfrancis'in Anıları*, *Chronicon Minus*, çev. Levent Kayapınar, İstanbul, 2009.

kurmuş, on binlerce cilt müellif hattı eserleri bu kütüphanelerde toplamış; *hâfız-i kütüb*ler atamıştır. Kendisi sarayda Rumca ve Latince eserleri de kapsayan bir kütüphane kurmuştur.[3]

Fâtih'in, idaresi altına almak istediği kavimlerin dinini ve dillerini öğrenmek için çaba harcadığını da biliyoruz. Kendisi imparatorluğun Hıristiyan ve Yahudi halklarını temsil eden din temsilcilerini resmen devletin birer görevlisi olarak atamıştır. Patrik II. Gennadious'tan Hıristiyanlık hakkında bir risâle yazmasını istemiştir.[4]

Kritovoulos

Sultanın yakın adamı olarak ayrıntılı ve değerli bir tarih yazmış olan Kritovoulos'un eseri Fâtih'in saray kütüphanesinde bulunmuş, son kez C.T. Riggs tarafından İngilizceye çevrilmiştir.[5] Ayrı bir bölümde etraflıca ele aldığımız Kuzey Ege Adaları tarihinde anlatıldığı üzere adaların Rum halkı, özellikle ileri gelenler, arhontlar, Papa-Katolik egemenliğine karşı olduklarından Osmanlı egemenliğini yeğlemiştir. Kritovoulos İmroz adası ileri gelenlerinden biri olup fetih üzerine Fâtih'in hizmetine girmiş ve onun yakını olarak olayları ayrıntılarıyla kaydetmiştir. Sultan onu İmroz (Gökçeada), Limni ve Taşoz adalarının valisi atamıştır.[6] Bu adaların Fâtih'in egemenliğini tanımasında Kritovoulos önemli bir rol oynamıştır. Adalar Batılıların yeni bir saldırısına karşı İstanbul'un savunmasında hayatî bir önem taşıyordu.

Kritovoulos, Fâtih'e karşı duyduğu hayranlığı eserinde açıklamaktadır. Tarihinde Rum taraftarlığı görenler vardır ancak eserinde tarafsızlığını korumuş ve bu bakımdan Rum tarihçileri arasında

---

3 A. Diesmann, *Forschungen und Funde im Serai mit einem Verzeichnis der nicht-islamichen Handischriften im Topkapi Serai in Istanbul*, Berlin, 1933; Julian Raby, "Mehmed the Conqueror's Greek Scriptorium", *Dumbarton Oaks Papers*, 37 (1983), s. 15-34.

4 A. Decei, "Patrik II. Gennadious Scholarios'un Fâtih Sultan Mehmed İçin Yazdığı Ortodoks İtikatnâmesinin Türkçe Metni", *Fâtih ve İstanbul*, I/1 (1953), s. 99-116.

5 Charles T. Riggs, *History of Mehmed the Conqueror*, Princeton, 1954. Ayrıca eserin Rumca metin ile beraber Türkçeye çevirisi: *Kritovulos Tarihi, 1451-1467*, çev. Ari Çokona, İstanbul, 2012. İstanbul fethi tarihini Kritovoulos kısmında geniş bir şekilde anlatılmış bulmaktayız.

6 Bkz. Riggs, *History of Mehmed the Conqueror*, s. 86.

İstanbul fethi ve Fâtih'in tarihi üzerinde oldukça objektif bir eser yazmıştır. Eser, Fâtih'in ilk 17 yıllık saltanatında olup bitenleri göz tanığı olarak nakletmektedir. Bu tarihte ölümü dolayısıyla esere devam edemediği anlaşılmaktadır. Bizanslılar ve Yunanlılar için tarihinde Romalı adını kullanmış olması dikkati çekmektedir. Çünkü Fâtih kendisini *Rûm* yani *Roma kâyseri* olarak görmekteydi. Kritovoulos'un Fâtih'i, *Sultan Mehemetis* diye andığını görüyoruz. Fâtih'e kendi zamanında Mehemmed denmekteydi.

Papalığın doğu kilisesini kendine bağlama girişimini gerçekleştiren Floransa Antlaşması'na karşı gelen Bizans ruhbanı ve halkın büyük bir kısmı Osmanlı egemenliğini tanrının kaçınılmaz bir hükmü olarak kabul etmekteydi. Biz, Kritovoulos gibi Paleologos hanedanından birçoğunun Fâtih zamanında idarede ve ekonomik hayatta önemli roller aldığını bilmekteyiz.[7] Floransa Antlaşması'nı reddeden yüksek ruhbanlar arasında Scholarios'u Fâtih'in Patrik ataması bu çerçevede değerlendirilmelidir. Fâtih zamanında bu hareket, Batı karşısında Rumların Fâtih tarafından benimsendiğini gösteren önemli bir kanıt ise, Yunan ve Batı tarihçiliğinin ele almaktan kaçındığı bir konudur. Hatta Fâtih'ten önce Bizans'ta Osmanlı egemenliğini kabul etmeye hazırlanmış bir halk kitlesi ve ruhban söz konusudur.

Kritovoulos'ta, Scholarios'un Patrik olarak atanmasına dair bölümde[8] şu satırları okumaktayız:

> Fâtih çok derin görüşlü bir insan olan rahip Gennadious'u çağırdı. Daha önce bu zâtın derin görüşlü tedbir ve fazilet sahibi bir kimse olduğu hakkında genel haberleri işitmişti. Bu sebeple fetihten hemen sonra onu arattı, zira onu görmek ve derin ve etraflı konuşmalarını bizzat dinlemek istiyordu. Kendisini Edirne'ye yakın bir köyde bulup getirdiler. Sultan kendisini gördüğü zaman ileri görüşlü ve fazilet sahibi, aynı zamanda iyi konuşan bir din adamı olduğunu gözlemledi. Kendisinden çok etkilendi ve büyük saygı gösterdi. Her zaman kapısının açık olduğunu söyleyerek kendisini şereflendirdi. Zamanla kendisiyle konuşmalar yaptı ve değerli

7 Bkz. Aşağıda "İstanbul Gümrüğü Mukata'ası"nda Rum grubunun faaliyeti.
8 Riggs, *History of Mehmed the Conqueror*, s. 94.

hediyeler verdi. Nihayet onu, Hıristiyanların başrahibi olarak Patrik yaptı. Birçok haklar ve ayrıcalıklar vererek Ortodoks kilisesinin idaresini, her türlü yetki ile donattı. Patriğin otoritesi kâyserler zamanınkinden daha az değildi. Hıristiyanlık bahsinde kendisine serbestçe her türlü konuşmaları korkusuz ifade etmesine müsaade etti. Bundan başka sultan tanrının lütfuyla Rumlara kiliselerini ve bununla beraber vakıflarının büyük bir kısmını geri verdi.[9]

Fâtih, fetih akabinde kuşatmaya daima karşı gelen Çandarlı Halil Paşa'yı azletmekle kalmamış; aynı zamanda Çandarlı'ya karşı fethin başarılmasında büyük rol oynayan Zaganos Paşa'yı da azledip Balıkesir'e sürmüştür.[10] Zaganos'un yerine akrabası olan Mahmud Paşa'yı tayin etmiştir.

Sultan, Sırbistan seferindeyken Papa bir donanma gönderip İmroz, Limni ve Kuzey Ege'deki adaları işgal etti.[11] Papalık kuvvetleri kısa zaman içinde adaları terk etmek zorunda kalmıştır. Papa kuvvetlerine Limni halkı itaat etti ve yerli halk bir mukavemet göstermedi. Kritovoulos, istilacıları "dostça" karşılamıştır.[12] Kritovoulos, İmroz adasında şehrin ileri gelenleriyle görüşüp adayı sultana vermeyi kabul etti ve sultanla temasa geçti; Edirne'ye gitti. Kritovoulos Edirne'den döndükten sonra onun öncülüğünde ada Rumları, İtalyanları kovmayı kabul ettiler. Halkı ayaklandırıp İtalyanları teslim aldılar. Bu harekâtta Kritovoulos, adanın sultan tarafından tayin edilmiş valisi olarak İtalyanları kovmayı başardı. Papa'nın gönderdiği kumandan, bölgeyi terk edip gitmişti.

Georgios Amirutzes

Georgios Amirutzes, Fâtih'in Trabzon Rum İmparatorluğu'nun teslimi sürecinde aracı olarak önemli bir rol oynamıştır. "Şehrin tesliminde Amirutzes'in ihanetinin de payı vardı."[13] Amirutzes,

9 Riggs, *History of Mehmed the Conqueror*, s. 94-95.
10 Riggs, *History of Mehmed the Conqueror*, s. 88.
11 Riggs, *History of Mehmed the Conqueror*, s. 119 vd.
12 Riggs, *History of Mehmed the Conqueror*, s. 120-121.
13 Babinger, "Fâtih Sultan Mehmed ve Zamanı", çev. D. Körpe, İstanbul, 2002, s. 180.

sarayda büyük nüfus sahibiydi. Kendisine Fâtih'in yanında her türlü ayrıcalığın tanınması, onun sultanın yakınlarından biri olduğunu göstermektedir. Bunda Veziriâzam Mahmud Paşa'nın rolü belirtilmektedir. Amirutzes'in birçok önemli Rum ailesiyle yakınlığı vardı. Onun eşi, Mahmud Paşa gibi Sırp aslındandı. Fâtih, İstanbul'a döndüğü zaman orada ünlü hümanist Angello Vado Amirutzes, Veziriâzam Mahmud Paşa ile akrabalığı sayesinde diğer Rumlar gibi Müslüman olmamış; sultanın yanındaki saygın yerini koruyabilmiştir.

Kritovoulos, sultanın felsefe meseleleriyle yakın ilgisinden ve genelde seçkin âlimlerle her gün sohbet etmekten büyük haz duyduğunu işaret eder. Fâtih'in Stoacıları ve Aristocuları tercih ettiği anlaşılmaktadır. Fakat onun özellikle Amirutzes ile konuşmaları ve Aristo'dan ziyade Neoplatonizm ile ilgilendiği ileri sürülmüştür. Bilindiği üzere *Neoplatonism* İslâm tasavvufunun kaynaklarından biridir. Fâtih'e yakınlığı bilinen Amirutzes, 1475'te ölmüştür. Kendisinin Müslüman olduğu doğru olmasa bile iki oğlu Mehmed ve İskender, Müslüman olarak yetişmişlerdir. Felsefe ve teoloji sahasındaki bilgisi dolayısıyla Fâtih'e bu alanlarda bilgi verdiği anlaşılmaktadır. Oğulları Arapça öğrenmişler ve sultanın ilgisini çeken Rumca eserleri okumasına yardım etmişlerdir. Fâtih, coğrafya bilimiyle yakından ilgileniyordu. Ptolemaios'un coğrafyasıyla yakından ilgilenmiştir. Amirutzes, bu antik coğrafyacının eserini kullanarak Fâtih için daha basit bir harita meydana getirmiştir. Amirutzes'in bir oğlu haritadaki isimler üzerine Arapçalarını yazmıştır. Fâtih, büyük ödüller vererek Ptolemaios'un eserini Arapçaya çevirtmiştir. Rivâyete göre, Amirutzes'in oğlu Mehmed Bey, Patrik III. Maximus'tan (1476-1482) efendisine, Hıristiyan dininin esaslarını anlatan bir kitap yazmasını istemiştir. Kendisi İncil'i Arapçaya çevirmek ödeviyle görevlendirilmiş. Bu metin bize kadar gelmemiştir. "Fâtih'in Hıristiyanlığı öğrenmek için büyük ilgi duyduğuna şüphe yoktur. Ama buna dayanarak onun Hıristiyan olmayı düşündüğünü varsaymak, onu tamamen yanlış anlamaktır. Temelde dinsel bağları olmayan bir insandır. Onu mutlaka çok yakından tanıyan oğlu Bâyezid, babasının dinsiz olduğunu söyleyecek kadar ileri gitmişti."

Fâtih'in ana düşüncesi fetih alanında olup dinî bilgileri bu maksatla kullanmak istediğine şüphe yoktur. Fâtih'in doktoru Gayetalı Iaocopo'nun (Yakup Paşa) Venedik balyozuna sultanın Hıristiyan olduğu hakkındaki rivâyeti kişisel nedenlere bağlanmaktadır.[14] Amirutzes'in, Fâtih ile yakın ilişki kurmuş olan İtalyanlara aracılık ettiği anlaşılmaktadır. Amirutzes'in öteki oğlu İskender Bey'in Rum patriklerinin bıraktıkları mülklere el koyduğu kayıtlara geçmiştir.[15]

Spandounes

Bizanslı macera adamı Spandounes (Spandugino),[16] Osmanlı idaresi altında yaşamış bir Rum'dur (kendisini imparator Kantakuzenos ailesine bağlar).

"Türklere karşı mutaassıp değildir.[17] Rumların çoğu mutaassıp oldukları halde o nispeten geniş görüşlü biriydi. Ortodoks Hıristiyanları kötülerdi. İtalyan hümanist kültürüne az çok eğimliydi. Papa X. Leo'a danışmanlık yaptı. Türklerin Avrupa dışına atılmalarını istiyordu. Ataları Bizans'tan Venedik'e kaçıp sığındıklarından Venedik'e bağlıydı."

Spandounes, II. Murad'ın eşi Mara Sultan (Çariçe Maria) ile akrabaydı. Maria/Mara, Fâtih'in Doğu Makedonya'da bağışladığı bir malikânede yaşıyordu. Mara, Hıristiyan kalmakla beraber Fâtih ona yakınlık duymaktaydı. Fâtih, üvey annesi Mara'ya Selânik'te Ayasofya Kilisesi'ni bağışladı (1458). Fâtih'e gelen Venedik elçileri ilkin onu görüp onun desteğini sağlamaya çalışırlardı. Spandounes çocukluğunu Mara'nın yanında geçirdi, biraz Türkçe öğrendi ve Osmanlı sultanları tarihiyle ilgilendi. Özetle, Osmanlı dünyasına dair erkenden bilgi kazandı. II. Bâyezid döneminde 1503'te ticâret için İstanbul'u ziyaret etti, bir Rum vatanperveri olmadı. Faaliyetleri, Roma papalarına hizmet anlamındaydı. Osmanlı zaferleri

---

14 Babinger, "Fâtih Sultan Mehmed ve Zamanı", s. 220.

15 Babinger, "Fâtih Sultan Mehmed ve Zamanı", s. 373.

16 Son kez yayını, Donald M. Nicol tarafından yapılmıştır: Theodore Spandounes, *On the Origin of the Ottoman Emperors*, (çev. ve yay. haz.) D.M. Nicol, Cambridge, 1997.

17 Spandounes, *On the Origin of the Ottoman Emperors*, s. VIII.

Hıristiyan hükümdarlarının bencilliğinden kaynaklanmaktadır, diyordu (Bizans'ta halk, Osmanlı ilerleyişlerini günahları yüzünden Tanrı'nın cezalandırılması şeklinde yorumlamaktaydı). Spandounes, Fransız kralına hizmet ettiği suçlaması üzerine Fransa'ya gitti ve eserinin ilk denemesini Fransa Kralı XII. Louis'ye sundu. 1516'da Venedik'e döndü. Eser 1519'da Fransızcaya çevrilmiştir. Spandounes, çeşitli zamanlarda yazılmış İtalyanca metinleri bırakmıştır. Papa X. Leo'ya gözden geçirilmiş metin sunulmuş ve son versiyonu 1538'de kaleme alınmıştır.

D.M. Nicol'un yayınında bu son metin esas tutulmuştur. Spandounes yaşarken kendi ailesinden gelen rivâyetlere göre kendi tanık olduğu olayları esere eklemiş görünmektedir. Osmanlı kaynaklarını kullandığını iddia eder (s. 33, 145). Fakat bunları kullandığına dair açık bir kanıt yoktur. Bununla beraber Grekçe tarihler kullandığına kuşku yoktur, özellikle Chalkokondyles'i (tarihi 1284-1487 dönemini kapsar) kullanmıştır.

Spandounes, Chalkokondyles gibi daha ziyade Osmanlı ilerlemeleri üzerinde durur. Spandounes fetihten ve Fâtih'ten söz eden Yunan kaynaklarını açıklamaz. Angiolello'yu kullanmış olmalı. Spandounes'in eseri, *Osmanlı İmparatorlarının Menşei* hakkında iki bölümden oluşur. Birinci bölüm Osmanlıların kökeni, ilk sultanlar Osman, Orhan, I. Murad, Bâyezid, Çelebi Sultan Mehmed, II. Murad ve özellikle II. Mehmed (Fâtih), II. Bâyezid, I. Selim ve Kanûnî Süleyman dönemleri üzerinde (s. 32-51) tarihi bilgiler kapsar. Kanûnî'nin Boğdan Seferi'nde (1538) tarih bölümü son bulur (s. 79).

İkinci Bölüm, Osmanlı Devleti'nin saray teşkilâtı, gelir kaynakları, yaşam tarzı ve idare üzerindedir (s. 109-143). Eserin sonunda İran Safevileri ve kaynakları hakkında iki not ekler (s. 144-145).

Fâtih'i "güçlü ve savaşçı, bununla beraber âlicenap bir hükümdar" olarak tasvir eder. Tahta çıktığında beş yaşındaki kardeşini boğdurdu (s. 32). İstanbul kuşatmasından önce Silivri'yi aldı, gemilerini Pera Tepesi üzerinden aşırdı (s. 32).

İmparator Konstantin'in başvurması üzerine Hıristiyan hükümdarlar Papa V. Nicola'nın davetine kulaklarını tıkadılar. "Venedik amirali Negroponte'ye (Agriboz) yardım için yazdığı zaman" şehrin düştüğü haberini aldı (1453).[18]

Laonicos Chalkokondyles (1423-1490)

Bizanslı tarihçi Laonicos, Mora despotluğunda yaşamış ve dönemin ünlü filozofu Gemistos Plethon'dan dersler almıştır. İstanbul'un fethinden sonra ünlü eserini yazmıştır. Eserin ilk kısmı, Bizans İmparatorluğu'nun son 150 yıllık dönemini kapsamaktadır. Bu tarihinde Chalkokondyles, eski Yunan şaheserlerini taklit ederek akıcı bir dille yazmıştır. Tarihin ayrıntılı bölümü 1298-1463 periyodunu kapsamaktadır. Chalkokondyles, Fâtih'e karşı Bizans imparatorlarının Avrupa'dan yardım sağlamaya çalışan ziyaretlerinde bulunmuştur.

Chalkokondyles'in eseri Osmanlılar dönemi üzerinde yazan Bizanslı tarihçiler arasında seçkin bir yer sahibidir. Eserde, İstanbul fethi üzerinde ayrıntılı bir bölümden sonra 1463'e kadar Osmanlı tarihi anlatılmaktadır. Fâtih devrine ait kitaptaki son bilgiler, Evrenos Bey'in İskender Bey'e karşı seferi ve İskender Bey'in Napoli'ye kaçışı ile bitmektedir. Özellikle Mahmud Paşa hakkındaki kayıtları da önemlidir.

Eser ayrıca Fransızcaya çevrilmiştir.[19] Fâtih'e ait bölüm, kitapta 151-259 sayfalar arasında ayrıntılı bir şekilde anlatılmaktadır. Chalkokondyles'in Fâtih üzerindeki bu bölümü, 1463'e kadar Fâtih tarihi için kaynaklarımız arasında önemli bir yer sahibidir.[20]

---

18 Konstantinopolis'i kurtarmaya giden Venedik donanması.

19 Laonikos Chalkokondyles, *L'histoire de la Decadence de l'empire grec et establissement de clevy des Turcs, De la traduction de B. de Vigenere,* I, R-Roven, 1660.

20 Chalkokondyles'in eserini kaynak olarak kullanan araştırmalar arasında bkz. S. Vryonis Jr., "Laonicus Chalcocondyles and the Ottoman Budget", *International Journal of Middle East Studies,* (1976), s. 423-432. Ayrıca, *Laonici Chalcocondylae Atheniensis historiarum lihri decem*, Cambridge, 2011.

İtalyan Kaynakları

Fâtih Sultan Mehmed, Doğu Roma'nın payitahtı Konstantinopolis'e sahip olduktan sonra kendisini Roma imparatorlarının vârisi saymaktaydı. Tüm Türk devletlerinde *taht-ili*'ni ele geçiren hâkân, o devletin sahibi sayılırdı. Fâtih'in görüşü buradan kaynaklanmaktadır. Fâtih'in bütün saltanatı boyunca fütûhâtı Doğu Roma İmparatorluğu'na ait ülkeleri kendi egemenliği altına alma amacını gütmekteydi. Kemâl Paşazâde'nin dediği gibi Fâtih, son Doğu Roma imparatorları Paleologos hanedanından hükümdar olanları tamamıyla ortadan kaldırma amacını gütmekteydi. Doğu Roma imparatorlarının İtalya'da hâkimiyetleri altında bölgeler mevcuttu. Fâtih'in Güney İtalya'da, *Apulya*'da hâkimiyetini kurmak üzere Otranto'yu fethetmesi bir tesadüf değildir. Güney İtalya'dan hareket ederek Batı Roma imparatorluk merkezi Roma'yı da fethetmeyi düşündüğü açıktır. Fakat ani ölümü ve Gedik Ahmed Paşa'nın İtalya seferi için hazırladığı ordunun II. Bâyezid tarafından alıkonması projenin tamamıyla terk edildiğini gösterir.

İtalya, o zaman küçük devletler arasında bölünmüş bulunuyordu. Bu devletler, özellikle Venedik ve Floransa, Doğu ticâretiyle ve bankacılıkla zengin, kudretli devletlerdi. Onların zenginlik kaynağı özellikle Orta Doğu ipek ve baharat ticâretiydi. Dolayısıyla bu küçük devletleri ortadan kaldırıp Roma imparatoru sıfatıyla

Fâtih'in İtalya'yı ülkesine katma kararında olduğu açıktır. Bunun özellikle Papa II. Pius'un *Epistola*'sında açıkça ifade edilmiş olduğunu görmekteyiz. Fâtih, kuşkusuz tüm İtalya'yı imparatorluğuna katma azmindeydi.

Bu gerçeği görmüş olan İtalyanlar, Fâtih'in Osmanlı Devleti ve kudreti üzerinde bilgi edinmeyi birinci derecede düşünmekte ve Osmanlı Devleti'nin gücü ve güç kaynakları üzerinde risâleler yazmaktaydılar. Bunlar arasında N. Machiavelli bile ünlü *Prens* adlı risâlesinde, Osmanlı fetih siyâseti üzerinde bilgi vermeye dikkat etmiştir. Sonuç olarak Fâtih devri, devleti, teşkilâtı, bütçesi ve hanedanın menşei üzerinde en geniş ve esaslı kaynakları İtalyanların risâlelerinde bulmaktayız.

Cyriacus d'Ancona

II. Murad döneminde Osmanlı tarihi üzerinde Roma tarihine özel ilgi gösteren[1] bir tanık Cyriacus d'Ancona (1439-1452) özel bir yer tutar. O zaman ticâret ve servet diyarı olan *Levant*'ta (Ortadoğu) ticâret yapmak için yetiştirilmiş, sonraları seyahatlerinde klâsik dönem kaynakları özellikle epigrafi alanında çığır açan araştırmalar yapmıştır[2] (bin kadar kitabeyi kopya etmiştir). Kopya ettiği kitabelerden birçoğu bugün kayıptır. Osmanlı ülkesinin ilk zamanlarında II. Murad döneminde Edirne'de bulunmuştur (1431). İtalya'ya dönüşte Cyriacus antik eserler, ticâret, din ve siyâset alanlarında faaldi (1443-1449). Papa'yı Türklere karşı Haçlı seferi için teşvik etmiş, Türklerin Rumeli'den çıkarılması ve İstanbul'un Osmanlı tehdidinden kurtarılması için telkinlerde bulunmuştur. 1444 Varna Muharebesi'yle sonuçlanan Haçlı projelerinde önemli rol oynamıştır.[3]

Varna (1444) ve II. Kosova savaşlarında Osmanlı ülkesinde faaliyetteydi, antik eserlere dair ilgisi devam etti. Seyahatlerindeki

---

1 Fâtih'in Saray Kütüphanesi ve klâsik eserlerle ilgisi üzerinde bkz. A. Diesmann, *Forschungen und Funde im Serai einem Verzeichnis der nicht-islamichen Handischriften im Topkapi Serai in Istanbul*, Berlin, 1933.

2 *Cyriacus of Ancona, Later Travels*, (ed.) E.W. Bodnar, Cambridge, Londra, 2003; özellikle Latin ve Yunan epigrafisi üzerinde ilk büyük araştırmacılardandır.

3 H. İnalcık, *Fâtih Devri Üzerinde Tetkikler ve Vesikalar*, Ankara, 1954, s. 1-50.

klâsik dönem kitabeleri inceleyip yazmaları topluyor, değerli notlar ve mektuplar yazıyordu. Mora'da Despot Konstantin'in (sonradan Bizans imparatoru) himâyesinde araştırmalarını sürdürdü (1447-1448). 1439 Floransa Konsili'nde Katolik-Ortodoks kiliseler arasında birlik çalışmalarına ilgi gösterdi.

Hayatının 1443-1452 döneminde 1444'te Osmanlı ülkesindedir, 1449'a kadar oradadır. Cyriacus'un 35 yılı kapsayan mektupları gündelik notları ve risâleleri yalnız hümanizm tarihinde değil, Osmanlı ülkesi Yunanistan ve Ege Adaları için önemli kaynaklar arasındadır.

Cyriacus'un 1453'te Fâtih'in karargâhında bulunduğu hakkında eski teorinin yanlışlığı anlaşılmıştır. Fâtih'in Türkçeden başka önemli antik kaynakları içeren Saray Kütüphanesi burada anılmaktadır.[4]

Gian-Maria Angiolello

Fâtih dönemi üzerinde göz tanığı bir kaynak Gian-Maria Angiolello'dur. Fâtih'in Agriboz seferinde (1470) esir alınan Angiolello, Şehzade Mustafa ve Fâtih'in içoğlanı hizmetinde bulunduktan sonra 1481'de Fâtih'in ölümü üzerine ortaya çıkan kargaşada İtalya'ya kaçmış ve hatıralarını yazmıştır. Bu metin İtalyanca bazı kaynakları kullanan Donado da Lezzi tarafından *Historia Turchesca* adı altında yayınlanmıştır (ed. Ion Ursu, Bükreş, 1909). Fâtih dönemi üzerinde bu önemli kaynak K. Neki tarafından Türkçeye çevrilmiş olup Türk Tarih Kurumu yazmaları arasında yayınlanmayı beklemektedir.

Ioacopo de Promontorio de Campis

Fr. Babinger'in bulup yayınladığı Fâtih ile çağdaş önemli bir İtalyan kaynağı, Cenevizli Iocapo de Promontorio de Campis'in

---

4 Bkz. Julian Raby, "Mehmed the Conqueror's Greek Scriporlum", *Dumbarton Oaks Papers*, XXXVII (1983), s. 15-34; keza bkz. A. Diesmann, *Forschungen und Funde im Serai einem Verzeichnis der nicht-islamichen Handischriften im Topkapi Serai in Istanbul*, Berlin, 1933.

1475 tarihli risâlesidir.[5] Yazarın sarayla ticarî ilişkileri dolayısıyla Osmanlı ülkesini ve gelir kaynaklarını Osmanlı kaynaklarından sağladığı belgelere dayandırdığı aşikârdır. Saray, merkezdeki kapıkulu, beylerbeyilikler, sancaklar ve beylerin hâs gelirleri hakkında açık rakamlar verdiği göz önüne alınırsa Osmanlı resmî kaynaklarına eriştiği kuşku götürmez. Risâlenin en ilginç yanı gelir kaynakları hakkında ayrıntılı bilgiler vermesidir. Bu sayede 1475'e doğru Osmanlı bütçesi üzerinde bilgi edinmekteyiz. Bu kaynaktan 1475'e doğru Osmanlı mâlî kaynakları üzerinde duka altın hesabıyla açık rakamlar edinmekteyiz. Babinger,[6] bu risâleyi bulup yayınlamakla Fâtih dönemi araştırmalarına önemli bir katkıda bulunmuştur.

Promontorio'nun eseri *Recoletta* metni Babinger tarafından etraflı bir giriş (*Einleitung*) ile yayımlanmış, metinde bozuk geçen terimler notlarda Osmanlıca asıllarıyla açıklanmış, böylece araştırmacılar için kullanmaları kolay bir baskı ortaya konmuştur.

Eseri yayınlayan Osmanist Babinger'e göre *Recoletta* "Fâtih'in son dönemine ait bugüne dek elimize geçen en önemli Batı kaynaklarından biridir". Promontorio bir çeyrek yüzyıl iki Osmanlı sultanına, II. Murad ve II. Mehmed'e saray tüccarı olarak hizmet etmiştir. Osmanlı Devleti'nin teşkilâtı, saray, eyaletler, gelir gider kaynakları[7] hakkındaki özgün kayıtlardan sonra (s. 29-72), Osmanlı sultanları üzerine de bir özet verir (s. 72-95).

Fetih ve sonrasında Fâtih üzerine verdiği bilgiler önemsizdir (bu anlamda en ayrıntılı güvenilir kaynak Sagundino'dur).

Ordu ve devlet gelirlerini özetleyen bu rapor, Haçlı seferi için çatışan Papa'ya (IV. Sixtus veya VIII. Innocent) sunulmuş olmalı. Fâtih'in Karadeniz Ceneviz kolonilerine saldırıları dolayısıyla belki de Cenevizli hemşerileri için kaleme alınmış olabilir.

---

5 Bu çalışmalar üzerinde bkz. Babinger, *Die Aufzeichnungen des Genuesen Iacopo de Promontorio de Campis über dem Osmanenstaat um 1475*, Münih, 1957; resmî Venedik kayıtları, Marino Sanudo, *Diarii*, Venedik, 1879; Archivio Storico Italiano; *Annali Veneti dall'Anno 1457 al 1500 del Senatore Domenico Malipiero*, I-II, (ed.) Francesco Longo, Floransa, 1843.

6 Babinger, *Die Aufzeichnungen des Genuesen Iacopo*, Giriş, s. 9. Eserin iyi bir yayını, J.A.B. Palmer tarafından (Manchester, 1951) yapılmıştır.

7 Babinger, *Die Aufzeichnungen des Genuesen Iacopo*, s. 22.

Saray hizmetinde bir tüccar olarak onu kardeşiyle birlikte daha 1430'da II. Murad'ın sarayında görüyoruz. II. Murad yanında Edirne'de ikâmeti Varna Muharebesi'nden (1444) hemen sonrasına kadar sürmüş olmalı. İstanbul fethinden sonra onu tekrar bir tüccar sıfatıyla Osmanlı ülkesinde görüyoruz.[8] Belgrad kuşatmasında (1456) sultanın yanındaydı.

Recoletta'nın İçerdiği Bölümler:

I. İlkin saray ve saray hizmetindeki sipahi bölükleri, saray hizmetlileri, çaşnigirler, kapıcılar, çavuşların sayıları üzerinde ayrıntılı bilgi verir (s. 31-34). Gariboğlanlar (1000), ulûfeciler (500), silahdârlar (500), ulûfeleri 15-20 akçe arasında değişir.

II. Yeniçeriler üzerinde ayrıntılı bilgiler verir (s. 36-39). Hepsi dönme Hıristiyan esirlerdir (kul, *schiaui*, *christiani*, *rinnegati*). Yeniçeri ulûfeleri 3-4 akçe, yeniçeri ordusu 6000 kişidir (sempire a numero 6000 tutti a piedi, s. 36). Silahları ok, yay, kılıç ve kalkan olup hafif zırhları (*corazina*) vardır.

Saray içoğlanları *(garzoni)* ayrı bir fasılda (s. 37-44) anlatılır. Saray cariyeleri (*tutte schiaue*) hepsi 400 kişi olup 150'si seçkinlerdir. Onlara bir ağa mahiyetinde 25 hadım (*monachi*) bakar (s. 44-46). *Eski Saray*'da, yaklaşık 250 cariye vardır. Promontorio ayrıca sultanın otakları ve çadırları hakkında da genişçe bilgi verir (s. 46-48).

Eyaletler:

Rumeli ve Anadolu'da beylerbeyi ve sancakbeyleri, has gelirleriyle ayrı bir fasılda anlatılır. Anadolu (*Turchia*) beylerbeyi Amasya'da oturur. Her sancakta bir kadı ve subaşı bulunur.[9] Timârlı sipahilerden bir kısmı zırhlıdır (Tahrîr defterlerinde gelir miktarına göre sipahilerde silah ve çadırları bakımından farklı gruplar vardır. Promontorio bunları gruplar halinde anlatır (s. 54).

17 sancaktan toplam 22.000 (timârlı) sipahi kaydedilir (s. 54). Akıncı sayısı 8000'dir. Bunlardan 2000'i sınır muhafazasındadır. 6000'i akına gider (s. 54-55). Azeb askeri halktan, işçi ve köylü

8 Galata'da Ceneviz tüccarları üzerinde bkz. H. İnalcık, *The Survey of Istanbul, 1455*, İstanbul, 2012.

9 Osmanlılar bir vilâyeti fethedince idare altına alındığını göstermek için bir *kadı* ve bir *subaşı* tayin ederler. Kadı, hukuk işlerinden, subaşı askerî korumadan sorumludur. Kadı karar verince cezayı yerine getirmek için subaşıya teslim eder.

(*ben populati artefici*) Türklerden toplanır; sayıları 6000 kadardır.[10] Kendilerine ordugâhta toplam günde 2 akçe verilir. Ağaları vardır; gündelik 12 akçe alır. Yayadırlar, silahları ok, kılıç, zırh, odun sırıktan ibarettir.

Francesco Filelfo

İtalyan çağdaş kaynaklar arasında en dikkate değer olanlardan biri de Francesco Filelfo'dur. Francesco Filelfo (1398-1481), Fâtih ile yakınlığı olan hümanistlerden biridir. Bizans sarayında 1420-1427 yılları arasında danışman olarak bulunmuştur. II. Murad'dan başlayarak Osmanlılarla doğrudan doğruya ilgilenmiş; Fâtih 1451'de tahta geçtiği zaman haberi Fransa kralına bildirmiş ve kralı Osmanlılara karşı savaşa katılmaya teşvik etmişti. Tahta çıkan II. Mehmed üzerine krala pek de doğru olmayan bazı bilgiler aktarmış ve kralı Haçlı seferine katılmaya teşvik etmiştir. Filelfo'ya göre Sultan Mehmed, beceriksiz, zayıf ve aptal biriymiş. Osmanlılara son darbeyi vurmak için bundan daha iyi bir fırsat bulunamazmış. Osmanlı Devleti, şimdi bir Haçlı seferine dayanamayacak kadar zayıfmış. Fransa'nın katılacağı bir Haçlı seferi, Osmanlı'yı Rumeli'den çıkaracakmış. Hatta krala Haçlı seferi için bir plan bile sunmuş.

Francesco Filelfo, İstanbul fethinden sonra Fâtih'e yanaşmış. 11 Mart 1454 tarihinde yazdığı bir mektupta sultana yaranmak için "esir olan akrabalarının serbest bırakılmasını rica eder" ve Fr. Babinger'e göre[11] yaltaklanmalarla doludur.

Papa II. Pius'un Osmanlılara karşı bir Haçlı seferi için toplandığı *mantua toplantısına* katılan Filelfo, efendisi Milano Dükü Francesco Sforza adına konuşmasında, dükün Haçlı seferi için her

---

10 *Anonim Tevârih*'te daima 10.000 sayısı verilir. Azeblerin nasıl toplandığı hakkında ayrıntılı bilgi için bkz. "Kânûnnâme-i Sultanî", *Millî Tetebbûlar Mecmuası*, I/1, (1331) ve *II. Bayezid Kanunnâmesi*, A. Akgündüz yayını. Azebler Müslüman halktan toplanır. Hıristiyan halktan toplananlara *cerehor* denir. Anonimlerde demek ki ilk Osmanlı ordularında halktan bu tür ücretli asker, yeniçeriden fazladır. Timur, Yıldırım Bâyezid'e karşı yürürken senin ordun kâfirlerden ibarettir, diyecektir.

11 Babinger, *Die Aufzeichnungen des Genuesen Iacopo*, s. 116; bu mektup Vladimir Mırmıroğlu tarafından Türkçeye tercüme edilmiştir: *Fâtih Sultan Mehmed ve Francesko Filelfo*, İstanbul, 1956.

şeyi yapmaya hazır olduğunu ilân etti. Kendisine güvenilen biri olarak Papa II. Pius'un Haçlı planında faaliyetinden geri kalmadı. Bu Haçlı planı sonuçta gerçekleşmemiştir.

1471'de Fâtih'e karşı Haçlı hazırlıklarında bir deniz seferi yerine karadan taarruzu önermiş ve bunun "kolay bir zafer" olacağını savunmuştur. Osmanlı-Venedik Savaşı sırasında Filelfo'yu tekrar sahnede görüyoruz. Venedik'e savaş taktiği üzerinde fikirleri tekrar ediyor. Filelfo, Fâtih'in Trabzon'dan yakını olan Rumlarla ilişki içindeydi. Amirutzes'e gönderdiği 30 Temmuz 1465 tarihli mektupta Floransalı büyük heykeltıraş ve mimar Filarete'nin İstanbul'a gideceğinden söz etmektedir. Babinger'e göre, bu büyük ustanın, herhalde Fâtih'in daveti üzerine İstanbul'a gitmesi ihtimâlini kaydetmektedir. Başta Leonardo da Vinci'nin Fâtih için önemli mimari tasarımlarını bilmekteyiz.[12] Filarete'nin de bu seyahati düşündüğü tahmin edilebilir. Bu arada Babinger şunu da belirtmektedir: "Osmanlıların bütün İtalyan yarımadasında daimi istihbarat servisleri vardı. Sultanın oradaki ajanlarının hemen hepsi İtalyan'dı (...) Bazıları Türklere yaptıkları hizmetleri açıkça söylüyordu." Bu casuslar arasında en çarpıcı örnek Floransalı Benedetto Dei idi. Fâtih'in özellikle 1463'ten sonra Venedik'le savaş sırasında Floransalılara yakınlık gösterdiğini, Galata'da birçok Floransalı ticâret evinin bulunduğunu, Fâtih'in zaman zaman bu Floransalıların ziyafetlerine katıldığını biliyoruz. Bu Benedetto'nun Fâtih için casusluk hizmeti gördüğü bilinmektedir.[13]

Venedikli Ressam Gentile Bellini[14]

Fâtih Sultan Mehmed, Venedik hükümetinden insan tasviri yapmakta yetenekli bir ressam talep etmiş; Venedik, tanınmış ressam-

---

12 Franz Babinger, *Vier Bauvorschläge Lionardo da Vinci's an Sultan Bajezid den Zweiten: 1502/3*, Göttingen, 1952.

13 Babinger, *Fâtih Sultan Mehmed ve Zamanı*, s. 417.

14 A. Refik, *Fâtih ve Bellini*, Günümüz Türkçesine aktaran: Ö. Kaya, İstanbul, 2006; Ahmed Refik'in Türkçeye çevirdiği kitabın aslı: L. Thuasne, *Gentile Bellini et le Sultan Mohammed II*, Paris, 1888. Eseri, tarihçi A. Refik 1907 tarihinde Türkçeye çevirmiş. B. Ayvazoğlu, "Fâtih, Bellini ve Rönesans", *Osmanlı İstanbul'u*, I, s. 559-569.

lardan Gentile Bellini'yi İstanbul'a göndermişti. Bellini, Fâtih'in isteğine uyarak İstanbul'da birçok tablolar ve desenler yapmıştır. Fâtih, Bellini'den önce de İtalya'dan sanat adamları ve yazarlar getirtmiştir. Bellini ve diğer İtalyanlara ait bu eserlerin bir kısmı günümüzde kayıptır. Fâtih, Venedik'ten "insan resmi yapmakta maharetli iyi bir ressamdan başka" bir heykeltıraş ve tunç işçiliğine vâkıf bir uzman istiyordu. Bellini gibi Bizans sarayına mensup Francesco da Fâtih üzerinde şu gözlemi yapmaktadır: "Sultan Mehmed gayet çalışkan. Her işte ateş gibi. Değerli insanları takdir eder. Büyük İskender, Agustus, Büyük Konstantin ve Theodosious gibi tarihî şahsiyetlerin hayatını inceler. Onları geçmek ve hükmettikleri toprakları alıp daha da geniş bir ülke yapmak için her çeşit aracı arar ve sürekli inceleme yapardı."

Fâtih, insanların duygularına saygı gösterirdi. Bellini'den vatan sevgisini anlamak için kendisinin doğduğu yerin resmini çizmesini istemişti. Bellini'ye saray görevlilerinin resimlerini yaptırmış ve özel daireler onun yaptığı resimlerle süslenmiştir. Fâtih, Bellini'den gerçek bildiği her şeyi kendisine çekinmeden anlatmasını istemiştir. Ressam, bir dervişin resmini yapmaya kalkınca Fâtih kendisine sormuş. Bu adam neye benziyor? Bellini, "Müsaadenizle şunu söyleyeyim ki, bu adam bir mecnundur". Fâtih'in cevabı: "Çok doğru. Aklını kaçırdığı gözlerinden belli oluyor" demiş.

Bu devirde halk dervişi Kalenderî dervişi Otman Baba ve müritlerini ortadan kaldırmak için İstanbul'a sevk ettiğini de biliyoruz.[15] Bellini, Fâtih'e şöyle demiş: "Siz, Büyük İskender'in bile başaramadığı önemli fetihler yaptınız. Bu dervişin yaptığı hakkınızda övgülerde bulunulmasını kabul etmiyorsunuz. Bu beni hayrete düşürüyor." Buna karşı Fâtih "Bu adamın aklı başında olsaydı, kendisi tarafından övülmeyi isterdim. Fakat bir mecnunun hakkımda övgülerde bulunmasını asla arzu etmem" diye cevap vermiştir. Bellini, sultandan bu dervişin ötekiler üzerinde şeyh yapılmasını teklif etmiş; bunun üzerine Fâtih, bu arzuyu yerine getirmiştir.

Fâtih, Bellini'ye büyük değer vermekte, iyi muamele etmektedir. Kendisi saray ileri gelenlerinin himâyesini kazanmış bulunuyordu.

15 Halil İnalcık, "Otman Baba ve Fatih Sultan Mehmed", *Doğu Batı*, XXVI (2004).

Bellini, sarayda ve dışarıda birçok tipleri resimlerinde canlandırmış ve İstanbul'daki tarihî abidelerin resimlerini de yapmıştır. 1480 yılı Rodos seferi sırasında Fâtih, Bellini'nin vatanına dönmesine izin vermiş, hizmetleri dolayısıyla kendisine pek çok iltifatta bulunmuştur. Fâtih, ressamın isteği üzerine kendisine Venedik doçuna hitaben bir tavsiye mektubu da yazmıştır.

Bellini'nin tabloları, sarayda alıkonulmuştur. Bu resimler sonradan II. Bâyezid tarafından saraydan çıkarılıp Kapalı Çarşı'da satılmıştır. Bellini, Fâtih'in birkaç portresini resmetmiştir.[16] Çeşitli eserlerde Fâtih'in "insan hayatına pek de önem vermediği ve sert mizacı hakkında" deliller de öne sürülmüştür.[17]

Konstantin Mihailoviç Bartholomaeus

Sırp yeniçeri Konstantin Mihailoviç Bartholomaeus Osmanlılar hakkında ilk etraflı ve güvenilir eseri kaleme almıştır: *Tractatus de Moribus Condicionibus et Nequicia Turcorum.* Küçük yaşta Osmanlıların eline esir düşmüş (1438), Osmanlıların yanında 20 yıl kalmış, İtalya'ya döndükten sonra eserini Roma'da 1475-1480'de yazmıştır. *Tractatus*'ta yazdıkları bugün elimizde Osmanlılar hakkında yazılan en önemli ve güvenilir kaynakların başında gelir. Yazar 1502'de vefat etmiştir.

Konstantin'in Gözlemleri (1455-1461)

Fâtih'in Novaberda işgalinde (1455) tutsak olan Ostrovali Konstantin Mihailoviç Bartholomaeus (d. 1435 civarında) tutsaklıktan sonra yeniçeri sıfatıyla Osmanlı ordusunda hizmet etmiş ve 1463'te Macarların eline düşmüş, Polonya'da yerleşmiş ve eserini orada yazmıştır. Osmanlılara ait birçok özel noktaları içeren eseri, Fâtih'in seferleri ve bu dönemdeki ordusu ve savaş taktiği canlı tasvirlerini içerir.

---

16 Bu tablolar hakkında Thuasne kitabındaki kayıtlara bkz. *Gentile Bellini et le Sultan Mohammed II*, s. 48 vd.

17 Thuasne, *Gentile Bellini et le Sultan Mohammed II*, s. 49.

Eseri Türkçeye çevirmiş olan K. Beydilli,[18] eser ve kapsadığı konular üzerinde etraflı bir analiz yapmaktadır. Bu ayrıntılar, İslâm dini hakkında bir yeniçerinin edindiği bilgileri yansıtması bakımından ilginçtir. Toplantılarda yeniçeriler arasında hararetli din tartışmaları açıldığı görülmektedir (Beydilli, s. 14-15). Konstantin'in cami vaazlarında tartışılan konuları tespit eden bölümü çok ilginçtir. Hıristiyanlar ile Müslümanlar arasında tartışma konuları beş bölümde canlı bir şekilde anlatılır. "Bir Türk şarap içmez, saray mensupları, hizmet erbabı (saraydaki kullar) ve bazı beyler şarap içmektedirler."[19] İmamın kılıçla minbere çıkışı (s. 8) Osmanlı toplumunda gâzânın daima canlı tutulduğunun bir göstergesidir.

Eserde Müslümanların Hıristiyanlara bakışı daima öne çıkar. Devlet idaresinde *adalet* prensibi Konstantin'in belirttiği bir konudur (8. bölüm). Osmanlı idaresi Hıristiyanlara ve Yahudilere, tüm ayrı inanç sahiplerine karşı adaletten ayrılmaz (s. 17).

Osman Gâzî'nin köylü olarak tasviri ve yaylak-kışlak âdeti üzerine kayıtları dikkate değer (9. bölüm). Sırp yeniçeri Konstantin'in, yayalar hakkında kaydı (9. bölüm), Anonim rivâyetlerinin yeniçeri arasında yaygın olduğuna bir işarettir. Halktan toplanan yaya ve azab (azeb) askeri hakkında kaydı ilginçtir (12. bölüm).[20]

Konstantin Osmanlı sultanları soy kütüğünde hatalıdır (Orhan ile I. Murad'ı karıştırır, XIII.-XIV. bölümde).

I. Murad zamanında Sırplar ve Bulgarlarla ilişkiler ve Meriç Savaşı (Sırp Sındığı, 1371) hakkında hatırâtta ayrıntılı bilgi verilir.

Kosova Savaşı hakkında rivâyet (16. bölüm) ilginç noktalar içerir.[21] Eşi Despina'nın Timur tarafından işret meclisine getirilmesini onuruna yediremeyen sultan, *yüzüğündeki zehiri* içerek intihar

---

18 Türkçe çeviri: K. Beydilli, (İstanbul, 2003); eser ve biyografisi için bkz. *Bir Yeniçerinin Hatıratı*, s. VII-XVI.

19 Bu konu üzerinde bkz. H. İnalcık, *Hâs Bağçe'de Ayş u Tarab: Nedimler, Şairler, Mutribler*, İstanbul, 2012.

20 Azebler, 14.-15. yüzyıllarda Osmanlı ordusunda yeniçeri kadar önemli rol oynamaktaydı. Azebler ilk dönemde ordunun önemli bölümünü oluştururdu, vakâyinâmelerde sayıları çoğu kez 10 bin olarak kaydedilir. Azeb toplaması hakkında ayrıntılı bilgi için bkz. "Süleyman Kanunnamesi", *Millî Tetebbûlar Mecmuası*, I/1, (1331).

21 Krş. İnalcık, *Kuruluş Dönemi Osmanlı Sultanları*, s. 100-102.

etmiştir. Bu rivâyet, kuşkusuz *Anonim Tevârih-i Âl-i Osmân*'dan gelen rivâyettir.[22]

Anonimler basit üslubuyla halka ve askere hitap eder. Konstantin Bizans imparatorlarıyla papalar arasındaki ilişkileri Rumlardan öğrenip aktarmış görünmektedir (18. bölüm).

II. Murad'ın (doğrusu I. Mehmed), Timur'a vergi veren bir tâbi olduğu hakkındaki rivâyet gerçeği ifade eder. Şâhruh bu bağımlılığı devam ettirmek istemiştir. Büyün Han (Şâhruh), II. Murad'a yılda harac olarak 100 bin altın ödenmesini kabul ettirmiş. Osmanlı sultanı gönderilen hilâtı giymiş, tâbiliği kabul etmişti.[23] Fakat kaynaklarda harac ödendiğine dair bir kayıt yoktur.

II. Murad döneminde Osmanlı-Sırp ilişkileri üzerinde Konstantin ilginç rivâyetler verir (20 ve 21. bölüm).

II. Murad'ın, oğlu Mehmed lehine tahttan çekilişi ve (Bursa'da) dervişlerle (bir tekkeye) kapandığı rivâyeti (21. bölüm) gerçeği yansıtır.[24] Bu bölümde Kalenderî-Babaî dervişlere ait tasvir (22. Bâb, s. 45) önemlidir. Sultan II. Mehmed'in (Fâtih) genç yaşta ava merakı belirtilir (s. 45). Murad'ın tahta dönüşü (1446) üzerine yeniçeri sevinmiş. Varna Muharebesi hakkında aktarılan bilgiler ilginçtir (23. bölüm).[25]

II. Kosova Savaşı'na (1448) dair yazılanlar (24. bölüm) keza ilginç ayrıntılar içerir. (Hunyadi Yanoş'nun hezimeti ve dağlara kaçışı, s. 53). II. Mehmed'in karakteri hakkında notu, o zaman yeniçeri arasında nasıl görüldüğünü yansıtır: Sultan Mehmed "çok kızmaz, sözüne güvenilmez, din konusunda çok mutaassıp değil (ressam Bellini de aynı şeyi söyler), kimseye bağımlılık göstermez, kayınvalidesi Mara'ya saygılı" (s. 54).

Yeniçeri Konstantin, Macarlar tarafından tutsak edilinceye kadar Fâtih ordusunda göz tanığı olarak hizmet etmiş. Ordunun durumu ve savaş üzerinde ilginç ayrıntılar vermektedir (26-35. bölümler). Fâtih'in mâliye politikası 36. bölümde ele alınır. Burada,

---

22 Bkz. Halil İnalcık, "Murad II", *TDV İslâm Ansiklopedisi*, XXXI (2006), s. 164-172 ve İnalcık, *Kuruluş Dönemi Osmanlı Sultanları*, s. 161-166.

23 İnalcık, *Kuruluş Dönemi Osmanlı Sultanları*, s. 161-166.

24 Halil İnalcık, *Fâtih Devri Üzerine Tetkikler ve Vesikalar, I*, Ankara, 1953.

25 Ayrıntılar için bkz. İnalcık, *Fâtih Devri*, s. 1-50.

özellikle Defterdar Titrik Sinan'ın faaliyetleri hakkında verilen ayrıntılar ilginçtir: Titrik Sinan, defterleri kontrolden sonra Fâtih'e, 10 sene süreyle yılda 40 bin kişilik bir orduyu destekleyebilecek bir hazîneye sahip olduğu hususunda teminat vermiş.

Fâtih papaların kışkırtmasıyla Hıristiyan dünyasının saldırısından kaygı içindeymiş ve yeni fethedilen memleketlerdeki Hıristiyan halkın bağlılığından kuşku içindeymiş (36. bölüm). Öte taraftan Fâtih ve Papa'nın Haçlı projesi, Defterdar Titrik Sinan ile Veziriâzam Mahmud Paşa rekabeti hakkında yeni bilgiler ediniyoruz. Sırplarla ilişkiler bakımından Konstantin ilginç bilgiler verir. Sırplar, pâdişaha kaleleri teslim edelim, demişler. Gelen adamlar ve mektuplar üzerine Fâtih, Sırbistan'a gitmeyi gerekli görmedi.[26] Fâtih, Veziriâzam Mahmud Paşa'yı Sırbistan üzerine gönderdi. Kendisi Mara'da harekâtı idare etmekteydi. Sırplar pâdişah kendisi gelmediğini bahane edip kaleleri Veziriâzam Mahmud'a teslim etmediler.[27] Mahmud'un yanında kale kuşatması için gerekli top vb. imkân yoktu. Mahmud, beylerin ihtarına karşı Sırplar üzerine yürümeye karar verdi.[28]

Mahmud Paşa, beyleri dinlemeyip Sofya'dan kalktı, Sırbistan'a hareket etti. İki kaleyi (Resava ve Omul) fethetti. Arkasından Sırbistan'ın öteki kaleleri düştü.[29] Semendire üzerine yürüdü, iyi berkitilmiş kaleyi hücumla aldı. Oradan Maçva vilâyetine girdi. Güğercinlik Kalesi'ni teslim aldı. Bu fetihleri, Mahmud Paşa'nın kâtibi olan tarihçi Tursun Beg ayrıntılarıyla anlatır.[30] Bu sırada pâdişahın bir hükmü Mahmud Paşa'ya acele kendisiyle buluşmayı emrediyordu; Edirne'de buluştular.

Mahmud Paşa'nın yokluğunda pâdişah yanında bulunan Defterdar Titrik Sinan, pâdişaha yakınlık kazanmış, "makbûl-i pâdişâh" olmuştu. Genelde hazîne ve mâliye işlerinden sorumlu olan defterdarlar kendi dairelerinde işleri bağımsız yürütür, sonra vezi-

---

26 Mahmud Paşa'nın Sırp seferi, Tursun Beg, *Târih-i Ebu'l-Feth: History of the Mehmed the Conqueror*, (yay.) İnalcık-Murphey, vr. 77a-75a vd.

27 Tursun Beg, vr. 75a, Mahmud Sırbistan'da: vr. 77a vd.

28 Tursun Beg, vr. 77b.

29 Tursun Beg, *The History of Mehmed the Conqueror*, vr. 76b-83a.

30 Tursun o zaman Mahmud Paşa'nın yanındaydı.

riâzamın tasdikine sunardı. Her dönemde veziriâzamlar ile defterdarlar arasında rekabet ve çekişme olmuştur. Tursun'a göre arada bir düşmanlık yoktu. Fakat defterdar, Mahmud'un üstünlüğünü çekemiyordu. Bu arada Mahmud Paşa'dan sultana iyi haberler yetişiyordu ama Sinan'ın çekiştirmelerinden pâdişahın canı sıkılıyordu. Paşa, Fâtih ile bir araya gelince başarılarından dolayı iltifatlarına ve yakınlığına erişti. Titrik Sinan'ın ihaneti ortaya çıktı, azil olundu, malı hazîneye alındı, sonunda idam olundu. Mahmud Paşa, sultana der ki, ordu kumandanları ağalar pâdişahın "kesret-i esfârından" (çok sık sefere çıkmasından) biraz inciniyorlardı. Aynı yılda iki sefer hem Sırbistan hem Mora seferleri orduda hoşnutsuzluğa neden olmuştu. Mahmud Paşa Sırbistan'a gönderilirken Sofya'da beyler "Sofya'dan anaru (öteye) göçmiyevüz, düşman güçlüdür" diye Mahmud Paşa'ya karşı gelmişlerdi.[31] Paşa pâdişahın emrini yerine getirmek gerek diye Sırbistan'a sefere çıktı. Böylece, aynı yıl içinde iki cephede Mora ve Sırbistan'da sefer yapılmış oldu. Edirne'de bu durum tartışma konusu olmuş ve ağalar bundan şikâyetçi olmaya devam etmişlerdi. Tarihçi Tursun, Fâtih'i ve onun emirlerini yerine getirmekten kaçınmayan Mahmud Paşa'yı savunmakta, gâzâ vazifesini hatırlatmaktaydı. İstanbul fâtihi, Tuna ile Fırat arasındaki ülkeyi merkezileşmiş bir idare altında birleştirmeyi, imparatorların halefi sıfatıyla bu coğrafyada imparatorluğu ihya etmeyi kendisine siyasî hedef edinmişti. Bu siyasî hedefi gerçekleştirmek için seferlerine ara vermiyordu. Mâliye başında Titrik Sinan bu devamlı seferlerden sıkışık duruma düşüyor, herhalde Mahmud Paşa'nın Sırbistan'da fetihlere çıkmasını eleştiriyor, bu eleştiri de ağalarla destekleniyordu. Mahmud Paşa'nın Sırbistan'da başarıları, Sinan ve ağaları haksız duruma düşürmüş ve Fâtih kendi aralıksız gâzâ seferleri için Mahmud Paşa'dan destek bulmuş.

Fâtih orduyu devamlı sefer halinde tutmak ve bu nedenle hazîneye yeni kaynaklar bulmak zorundaydı. Onun zâviye vakıflarını kaldırıp (*nesh* edip) hazîneye devretmesi ve her beş yılda yeni akçe

31 Tursun Beg, *The History of Mehmed the Conqueror*, vr. 77a-77b, Sırbistan seferi üzerinde bkz. Babinger, *Fâtih Sultan Mehmed ve Zamanı*, s. 155-159.

çıkarması kendi döneminde derin bir hoşnutsuzluğa neden olmuştur. Fakat İstanbul fâtihine karşı kimse karşı çıkamazdı. Ölümünde II. Bâyezid'i tahta çağıranlar, başta yeniçeri ağası, vakıfları sahiplerine geri vermesi ve *yeni akçe* çıkarmaması şartlarını kabul ettirdiler. II. Bâyezid dönemi her alanda Fâtih'in siyâsetine karşı bir tepkiyi ifade eder.[32]

Veziriâzam Mahmud Paşa ile Defterdar Titrik Sinan (ve ağalar) arasında anlaşmazlık, aslında Fâtih döneminde devlet siyâsetinde derin görüş ayrılığını yansıtmaktadır.[33]

Sırp yeniçeri Konstantin'in hazîne ve Titrik Sinan hakkında verdiği ayrıntılar (36. bölüm) son derece önemlidir (bu ayrıntılar hakkında bilgi edindiğime göre yeniçeri ordusunda önemli bir mevkiye erişmiş olmalı). Konstantin'e göre Fâtih ona şu ödevi vermiş: Ülkeye ve bütçeye yük olmadan kaç bin kişilik bir orduyu devamlı ne kadar bir bütçeyle ayakta tutabiliriz. Sinan son bir ay defterleri döküm yapmış ve sultana şu raporu sunmuş:

Dört yüz bin kişiyi (askeri) maaş ve teçhizatıyla 10 sene ayakta tutacak gelire sahipsin. Fâtih şöyle ilâve etti: "Denizin (Akdeniz'in) bu tarafında" yaptığım fetihlerdeki halkın henüz gerçekten hükümdarı değilim (yani Sırbistan, Eflâk gibi bağımlı olan memleketler halkı doğrudan doğruya benim hükmüm altında değildir).

32 Bu konularda bkz. İnalcık, "Mehmed II", *İslâm Ansiklopedisi*, VII, s. 506-535.

33 Theochares Staurides, *The Sultan of Vezirs, The Life and Times of the Ottoman Grand Vezir Mahmud Pasha, Angelovic (1453-1474)*, Leiden, 2001; H. İnalcık, *Kuruluş Dönemi Osmanlı Sultanları*, s. 216-219; Staurides, Sinan-Mahmud arasındaki rekabetin esas nedenini gözden kaçırmıştır.

Venedik Belge Koleksiyonları

On beşinci ve 16. yüzyıllar bakımından Avrupa tarihi için olduğu gibi Osmanlı tarihi için de Venedik Arşivleri birinci elden kaynaklar arasındadır. On dokuzuncu yüzyıldan beri bu arşivlerden birçok belge koleksiyonları, bu arada Osmanlı tarihiyle ilgili belge koleksiyonları da yayınlanmıştır. Aşağıda başlıca koleksiyonları bir liste halinde vermekteyiz:

A. Bombaci, "La collezione di documenti turchi dell'archivio di Stato di Venezia", *Riv. Studi Orient*,c. XXIV, 1949.

C.D. Fonseca (ed), *Otranto 1480: Atti del convegno internazionale di studio promosso in occasione del V centenario della caduta di Otranto ad opera dei Turchi*, I-II, 1986.

E. Alberi, *Relazioni degli Ambasciatori Veneti al Senato*, Serie III, 1840, 1844, 1855.

F. Thiriet, *Régestes des délibérations du Sénat de Venise concernant la Romanie, Documents et Recherches*, c. III, Paris, 1958-1961.

Glisa Elezovic, *Turski spomenici, I,* 1. ve 2. bölümler, Belgrad, 1940-1952.

Marino Sanuto, *Le Vite dei dogi,* (ed.) G. Monticolo, Rerum Italicum Scriptores, c. XXII, Citta di Castello, 1900-1902.

Nicolo Barozzi-Giovanni Berchet, *Le Relazioni degli Stati Europei lette al Senato dagli Ambasciatori Veneziani Secolo Decimossettimo*, Türkiye, Venedik, 1871.

Samuele Romanin, *Storia Documentata di Venezia,* V-VI, Venezia, 1856-1857.

Vladimir Lamansky, *Secrets d'Etat de Venise: Documents, extraits, notices et études servant a éclaircir les rapports de la Seigneurie avec les Grecs, les Slaves et la Porte Ottomane*, Saint Petersburg, 1884.

M.P. Pedani-F. Pedani (ed), *Relazioni di ambasciatori veneti al Senato, XIV, Contantinopoli Relazioni inedite (1512-1789)*, Torino, 1996.

Maria Pia Pedani Fabris-Elis Yıldırım-Nevin Özkan, *Osmanlı Padişahının Adına: İstanbul'un Fethinden Girit Savaşı'na Venedik'e Gönderilen Osmanlılar*, Ankara, 2011.

Maria Pia Pedani, (ed), *Inventory of the Lettere e Scritture Turchesche in the Venetian State Archives based on the materials compiled by Alessio Bombacı*, Leiden, 2010.

Maria Pia Pedani, *In Nome del Gran Signore: Inviati Ottomani a Venezia dalla Caduta di Costantinopoli alla Guerra di Candia*, Venedik, 1994.

II. BÖLÜM

ARAŞTIRMA VE İNCELEMELER

Osmanlı Tarihçiliğinin Doğuşu[1]

Osmanlı tarihçiliğinde genel eserlerin neden ilk kez 15. yüzyılın başında, Bâyezid'in ve aynı yüzyılın sonunda Fâtih Sultan Mehmed'in ölümü üzerine meydana getirildiğinin geçerli sebepleri olduğu anlaşılıyor. Th. Seif, Osmanlıların büyük bir imparatorluk kurmuş olma bilincinin sonucu olarak 15. yüzyılın sonuna doğru çeşitli *Tevârih-i Âl-i Osmân*'ların yazılmış olduğunu belirtmişti. Osmanlı tarihçiliğinin aşamaları ile Osmanlı tarihinin gelişimi arasında ilişki kurma girişimi çeşitli meseleler üzerine yeni yaklaşımlar getirebilir.

I

Birinci Dünya Savaşı'ndan sonra Osmanlı kaynakları üzerine yapılan ilk ciddi çalışmalarda Osmanlı tarihinin en eski rivâyetlerinin Yahşi Fakîh tarafından yazılan bir menâkıbnâme ve Ahmedî'nin *İskendernâme*'sindeki Osmanlılar ile ilgili kısım olması gerektiği düşünüldü. Yahşi Fakîh'in Yıldırım Bâyezid devrine kadar gelen eseri *Menâkıb-i Âl-i Osmân*'dan sadece Âşıkpaşazâde söz

1 Orijinali: "The Rise of Ottoman Historiography", *Historians of the Middle East*, (ed.) B. Lewis ve P.M. Holt, Londra, 1962, s. 152-167. Buradaki çeviri Esin Mergen'e aittir.

eder. O, Yahşi Fakîh ile 1413 yılında Geyve'de görüşmüştü. Kendisine I. Mehmed tarafından toprak bağışlanan Yahşi Fakîh'in, sultanı saltanat mücadelesinde desteklediği görünüyor. Âşıkpaşazâde'de, Emîr Süleyman yandaşı Çandarlı Ali Paşa aleyhine olan sert eleştiri görünüşte Yahşi Fakîh'ten gelir. Onun, eserini I. Mehmed zamanında meydana getirdiği anlaşılıyor. Giese haklı olarak, Osmanlı tarihinin ilk yüzyılı için Âşıkpaşazâde ve *Anonim Tevârih-i Âl-i Osmân*'ın, Yahşi Fakîh olduğu anlaşılan ortak bir kaynağı kullanmış olmaları gerektiğine işaret etti. Giese ayrıca bu kaynağın, bunlar tarafından ve "kendisine göre Âşıkpaşazâde'nin iyi bir metnini içeren" Neşrî tarafından yeniden inşâ edilmiş olabileceğini ileri sürdü. Oruc'un kroniği bulunduğunda, onun da doğrudan doğruya aynı kaynak ile ilişkili olduğu görüldü. Babinger, eserin Fâtih zamanında meydana getirildiği ve *Anonim Tevârih*'in onun yeni bir versiyonundan başka bir şey olmadığı görüşündeydi. Fakat ilk olarak Manisa yazmasının girişinde görüldüğü gibi *Oruc*, II. Bâyezid'e ithaf edilmişti. İkinci olarak, *Oruc* ve *Anonim Tevârih*, Âşıkpaşazâde'deki orijinal kaynağın bağımsız versiyonları idi (Örneğin, Koyun-Hisarı Savaşı'nı üç metinde karşılaştırınız). Aralarındaki ortak bir kaynağa dayandıklarına dair ilişki, Osman Gâzî'nin ortaya çıkmasından II. Murad'ın asi kardeşi Mustafa'nın 1422'de bastırılmasına kadar tespit edilebilmektedir. Şu halde, ortak kaynağın 1422'ye kadar devam eden Yahşi Fakîh'in eseri olduğu görülmektedir. Kroniklerimize daha yakından bakalım.

Her üç kaynağın ilk bölümlerinde aşağıdaki konu ortaktır:

Bir Oğuz grubu Fırat'ta boğulan Süleyman Şah idaresinde Anadolu'ya göç etti. Oğlu Ertuğrul ve kardeşleri Sürmeli-Çukur'a geri döndüler. (Üç kardeşin adı *Neşrî* ve *Kemâl Paşazâde*'de, sadece ikisi *Âşıkpaşazâde*, *Oruc* ve *Anonim Tevârih*'te verilmiştir). Selçuk hükümdarı Alâeddin, Ertuğrul ve takipçilerine Söğüt-Domaniç Dağı ve Ermeni-Beli bölgesini bağışladı. Bu konu, Oruc ve *Anonim Tevârih*'te değişik kaynaklardan ilâvelerle genişletilmiş, Tursun Fakih'in Osman Gâzî'nin adına hutbe okumasından itibaren üç kaynağımız birleşmişlerdir. Burada, sadece *Anonim Tevârih*, Osman'ın kuvvetlerinin, imparatorun İznik'i[2] kurtarmak için gönderdiği ordusu ile Yalakova'da olan mücadelenin orijinal bir rivâyetini içerir. Pachymeres'te tasvir edilen Baphaeos'daki savaşın rivâyeti ile tesadüf eseri benzerlik gösteren savaş Koyun-Hisarı değil, yukarıda sözü geçen savaştır. Baphaeos, Hammer ve ondan sonra yazanlar tarafından yanlış olarak Koyun-Hisarı ile karıştırılmıştır. Neşrî'de aynı rivâyetin, Osman'ın başarısına ödül olarak beylik sembollerini alması ile birleştirilen bir versiyonu vardır. Oruc'da bulunan, Osman'ın Konstantinople tekfuru tarafından oğlu idaresinde gönderilen kuvvetlere karşı zaferi aynı rivâyetin başka bir şekli olabilir. Pachymeres'i, Osman'ı tarihinde ilk kez söz etmeye sevk eden bu olayın Osmanlı kaynaklarında olmaması çok şaşırtıcı olurdu. Aslında bu olaya, Oruc ve *Anonim Tevârih* tarafından değinilmiş fakat Âşıkpaşazâde tarafından değinilmemişti.

İznik kuşatması ile ilişkili meşhur canavar ve derviş hikâyesi sadece *Anonim Tevârih*'te bulunur. Bu aynı zamanda *Saltuknâme*'de de yer alan yaygın bir halk hikâyesidir. Oruc araya, kaynağını Elvan Çelebi tarafından yazılmış bir menâkıbnâme olarak gösterdiği Baba İlyas ile ilgili bir hikâye yerleştirmiştir. Menâkıbnâmelerdeki bu ilâvelerden başka, Oruc ve *Anonim Tevârih* Sırplara karşı yapılan Meriç Savaşı'nın; biri Âşıkpaşazâde'deki ile aynı, diğeri tamamen farklı olan iki rivâyetini verirler. Oruc'un 1395'teki Mircea'ya karşı olan savaş hakkındaki rivâyeti, bugün o savaş hakkındaki bir Türkçe vesikadan[3] bildiklerimiz ile uyumlu ve tamamen orijinal bir rivâyettir. Âşıkpaşazâde bu önemli olaya değinmezken, olayın ikinci bir rivâyeti görünüşte aynı kaynaktan Pseudo-Rûhî'nin Bodleian nüshasında, Neşrî ve Bihişt'te bulunmaktadır. Diğer taraftan Âşıkpaşazâde, Oruc ve *Anonim Tevârih*'te eksik olan, Orhan'ın Sakarya Vadisi'ndeki faaliyetleri gibi bölümlerin tümünü içerir. Âşıkpaşazâde'nin eserine kendi sözlü kaynaklarından yaptığı ilâveler doğal olarak diğer iki metinde bulunmamaktadır. Eserinde,

2 Bkz. H. İnalcık, "Osman Ghazi's Siege of Nicaea and the Battle of Bapheus", *The Ottoman Emirate*, (ed.) Elizabeth Zacharidou, Rethymnon, 1993, s. 77-98.

3 Bkz. *Proceedings of the Tenth International Congress of the Byzantinists*, İstanbul, 1957, s. 220-222.

I. Bâyezid zamanına ait çok fazla ilâve bilgi buluyoruz. Sadece *Anonim Tevârih*, Timur'un Sivas'ı zapt etmesi, esir durumundaki Bâyezid'e muamelesi ve aynı zamanda Sultan Ahmed Celâyirî ile ilgili hikâyeler gibi ayrıntılı rivâyetleri içermektedir. Bu hikâyeler, Hamzavî'den aldığını söyleyen Âlî tarafından yaklaşık 200 yıl sonra tekrarlanmıştır. Diğer taraftan, bu hikâyelerin *Anonim Tevârih*'teki manzûm kısımlarının aynı kaynaktan geldiği anlaşılıyor. *Anonim Tevârih*'e bu dönemle ilgili yapılan önemli ilâvelerin başka bir kaynaktan gelmiş olduğu rahatlıkla söylenebilir.

Bâyezid'in dalkavuklarına ve rüşvetçi kadılara karşı tutumuyla ilgili ifadeler her üç metnimizde ortak olarak bulunmaktadır. Fakat *Anonim Tevârih* ve Oruc orijinal kaynağı daha geniş kapsamlı olarak işlemişlerdir. Genel olarak *Anonim Tevârih*, yönetimi eleştiren kısımlarda diğer kaynaklardan daha ayrıntılıdır.

Oruc ve Âşıkpaşazâde, savaş meydanı *Merci Dâbık*'ın adını *Mecnun Dabak* olarak okuyarak aynı hatayı yaparlarken, *Anonim Tevârih* doğru şeklini verir. Bu bence, Oruc'un *Anonim Tevârih* için bir kaynak olarak düşünülemeyeceğinin bir başka göstergesidir.

Özetle Âşıkpaşazâde, Oruc ve *Anonim Tevârih* kendi üsluplarınca Osman'ın ortaya çıkmasından 1422'ye kadar ortak bir kaynağı kullanmışlardır. Oruc'un birkaç yerde orijinal metni daha geniş kapsamlı bir şekilde işlemiş görünmesine rağmen, genel olarak Âşıkpaşazâde'nin versiyonu en ayrıntılısıdır. Her üçü de, ortak kaynağa sözlü gelenekler ve menâkıbnâmeler gibi değişik kaynaklardan yeni bilgiler eklemişlerdir. Bununla beraber, *Anonim Tevârih* 1402'den 1424'e kadar olan dönem için muhtemelen Hamzavî'nin bir manzûm eserini kullanmış olmalıdır. Bu sebepten dolayı, bütün metinler ayrı kaynaklar olarak düşünülmelidir. Aynı zamanda, Âşıkpaşazâde kaynak grubuna bağlanabilecek olan Kemâl Paşazâde ve Neşrî ayrı versiyonlar olarak düşünülmelidir çünkü ortak kaynaktan geldikleri açık olan ifadelerde bile her ikisi de bir diğerinde bulunamayacak detayları içermektedir. Diğer taraftan, bütün bu kroniklerin orijinal nüshaları değişik metinler kadar önemli olabilir çünkü yazarları çeşitli tarihlerde eklemeler ve kısaltmalar yolu ile tashihler yapmışlardır. Örneğin, Oruc'un Cambridge yazması H. 899'daki olaylar ile son bulur. Fakat Manisa yazmasının girişine göre, bu nüsha olayları H. 906'ya dek getiren tashih edilmiş bir nüshadır. Burada, örneğin Osman'ın sözde dedesi Süleyman Şah ile Çukurova'ya gelen kabileler hakkında ayrıntılı ilâveler buluyoruz. Bu ilâve, görünüşte o dönemde Memlûklere karşı bu bölgede üstünlüğü ele geçirmek için yapılan mücadelenin nazarında yapılmıştır. Şüphesiz bu tarz yeni tashihler Âşıkpaşazâde tarafından da sürekli olarak yapılmıştır. Bu yüzden, Prof. Wittek'in bugün elimizde olandan daha detaylı bir Âşıkpaşazâde metni olduğu teorisi, Neşrî'nin, Rûhî'nin kaynağından ve takvimlerden Âşıkpaşazâde metnine birçok ilâveler yaptığını da göz önüne alırsak halen geçerlidir. Burada "Yahşi Fakîh'e" bağlı olan erken metinler ile ilgili buraya kadar söylediklerimizin bir özeti vardır. (Bkz. aşağıda Metinlerin silsilesi: I)

I

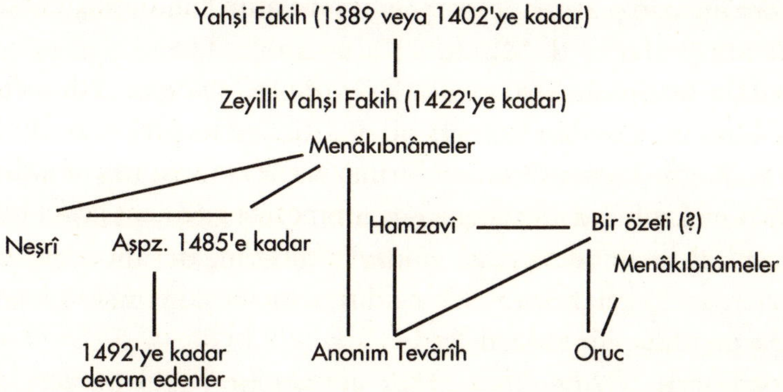

İlk derlemenin, 1402'deki kaçınılmaz mağlubiyetten sonra Osmanlı Devleti'nin var olma mücadelesi döneminde meydana getirildiği gözlenmiştir. Bu tarihî rivâyette, mağlubiyetin I. Bâyezid döneminde işlenen günahlara karşılık ilahî bir ceza olduğunu açıklama çabası kolaylıkla görülebilir. Bâyezid ve veziri Ali Paşa, şeriâta karşı gelmekle ve hükümete *bid'at*ler getirmekle suçlanırlar.

Kronikte, Osman Gâzî'nin öldüğünde mülkiyetinde altın ve gümüş bulunmayan ve şeriâtı ihlal etmemek için pazarda yeni vergi uygulamalarını reddeden bir şekilde tasvir edilmesinde kaynağımızın, ilk Osmanlı hükümdarını ideal bir portre olarak sunarak kendi dönemini eleştirme eğiliminde olduğu anlaşılmaktadır. İlk Osmanlı hükümdarlarının dervişlere cömertçe toprak temlik etmeleri ile gösterilen saygının vurgulanması, II. Bâyezid'in mülk ve vakıf toprakları üzerindeki hakları ilga etme politikasının bir ithamı olarak yorumlanabilir. Bu suretle, Osmanlı tarihinin ilk yüzyılına ait bu eser, Bâyezid'in imparatorluğunun çökmesinden doğan büyük hayal kırıklığının izlerini taşır. O zaman Osmanlılar, kendi tarihî mevcudiyetlerine genel bir bakış sahibi olma ihtiyacını hissetmişler ve aynı zamanda kendilerine gelecekteki iddiaları için tarihî bir temel arayışına girmişlerdi. Bâyezid'in sert yönetiminin tersine, I. Mehmed ve II. Murad'ın yumuşak ve uzlaşmacı politikaları da bu muhalif görüşlere yansımış görünmektedir. Timur'un halefleri, Orta Anadolu'da onun kurduğu statükonun Osmanlılar lehine değiştirilmesine karşı atılacak her yeni adımı statükonun ihlali olarak değerlendiriyorlar ve II. Murad'a Karamanlılara karşı girişimlerinden dolayı tehditkâr sözler gönderiyorlardı. Dahası, Timurlular Osmanlıları en azından hukukî olarak metbuları gibi tutmak istiyorlardı. Bugün Osmanlı kroniklerinde ve aynı zamanda Murad'ın Şâhruh'a mektubunda bulduğumuz gibi, Osmanlılar gâzânın liderleri olarak Rumeli'ndeki gâzâ yükümlülüklerine devam edebilmek için arkadan gelen Karamanlı saldırılarını püskürtmek zorunda olduklarını iddia ediyorlardı.[4]

Kroniklerde, Osmanlıları Oğuz geleneğine bağlayan şecereler sadece, Osmanlıların Timurluların metbuluğundan kaçabilmeleri ve Anadolu'daki Türk beylikleri üzerinde üstünlük iddia edebilmeleri için, onları Doğu'daki hanların muadili olarak göstermek amacı ile yaratılmıştı. I. Bâyezid kendisinin, bütün Anadolu'da Selçukluların vârisi olacak şekilde *Sultan al-Rûm* unvanını aldığını ileri sürmüştü bile. Kroniğimiz bu sözleri Osman'ın ağzından şöyle

---

4 Feridûn Bey, *Münşeâtu's-Selâtin*, I, İstanbul, H. 1274, s. 193-196.

nakleder: "Eğer Allah, Selçuklu sultanına saltanat verdiyse aynı Allah bana da gâzâ sebebiyle hanlık verdi. Eğer o Selçuklu hanedanındanım derse ben de Gökalp neslindenim derim." II. Murad devrinde yazan Yazıcızâde, *Târih-i Âl-i Selçuk* adlı eserine daha sonra Rûhî veya onun kaynağı tarafından alınan benzer ifadeler ekledi. Kroniğimizdeki diğer bir gelenek, Osman'ı son Selçuk sultanının meşru vârisi yapar. Bütün bu iddialar Prof. Wittek tarafından layıkıyla gösterildiği gibi, kaynaklara I. Bâyezid döneminden sonra eklenmiştir.

Kısaca, orijinal kaynağımız Osmanlı Devleti'nin ilk on yılında geçerli olan fikirlerin kuvvetli etkisi altında şekillenmiştir. Bu kroniğin derleyicisinin malzemesi olarak, müstakil olaylar ve kişiler üzerine yazılmış menâkıbnâmeleri ve gazâvatnâmeleri kullandığı anlaşılıyor. Bununla birlikte, 1422 sonrası Âşıkpaşazâde bir taraftan, *Anonim Tevârih* ve Oruc diğer taraftan tamamen farklı kaynakları takip ederler. Âşıkpaşazâde, eserinde özetlediğini söylediği menâkıbnâmelere çoğu kez kendi tecrübelerini ve sözlü bilgileri ekler. II. Murad'ın saltanatının sonunda şöyle der: "Ben Âşıki Derviş Ahmed, bu Sultan'ın bütün gâzâlarını, ahvâlini ve onun sözlerini, işlerini gördüm ve bildim ve de bu menâkıbnâmede kısaltarak yazdım."

Anonim Tevârih ve Oruc'a gelince, bunlar 1422'den 1484'e kadar esas itibariyle ortak bir kaynağı takip ederler. Belirgin bir şekilde, Oruc, Mustafa'nın 1422'deki isyanının iki farklı rivâyetini verir. Bunlardan biri, görünüşte *Anonim Tevârih* ve Âşıkpaşazâde'de olan ile aynıdır. *Anonim Tevârih*, klâsik formülü "Râviler şöyle eydürler kim" ile 1422 sonrası olaylarının anlatıldığı yeni kaynağa geçer. Oruc ve *Anonim Tevârih*'in bu tarihten sonraki dönem için ortak kaynağı, biraz sonra değineceğimiz takvimler olarak görünüyor. Fakat öncelikle Osmanlı tarihçiliğinin ilk dönemi için orijinal kaynaklar olan menâkıbnâmeleri inceleyelim.

Bu dinî-epik edebiyatın kökeni, bir yandan popüler Türk destanlarında, diğer yandan İslâm geleneği olan *magâzi, siyer* ve *menâkıbnâme-i evliyâ* edebiyatında aranmıştır. F. Köprülü, Anadolu Türklerinin Rumeli gâzâ bölgelerindeki başarılarının, daha önceden *battalnâmeler* ve *dânişmendnâmeler* ile temsil edilen popüler destanların üçüncü halkasını doğurduğunu ileri sürdü. Köprülü'ye göre, Rumeli'deki meşhur derviş Sarı Saltuk'un gâzâ ve İslâmlaştırma faaliyetlerini anlatan popüler menâkıb ve dinî-epik hikâyelerin bir koleksiyonu olan *Saltuknâme,* bu üçüncü halkaya örnek teşkil etmektedir.

Âşıkpaşazâde, *Anonim Tevârih* ve Oruc'da esas itibariyle iki çeşit menâkıbnâme buluyoruz. Biri, Osman Gâzî'nin hanedanının geleceği hakkında gördüğü rüya ve I. Murad'ın mucizevî eylemlerinde görüldüğü gibi tipik halk hikâyeleri, diğeri ise hakikî tarihî bilgi içeren menâkıbnâme ve gâzâvâtnâmeler. Bu ikinciye tipik bir örnek olarak, I. Kosova Savaşı'nın ayrıntılı rivâyetleri ve Pseudo-Rûhî'nin Bodleian nüshası ile Neşrî'de bulunan Mehmed'in 1402 ile 1415 arasındaki aktiviteleridir. Âşıkpaşazâde'deki Bursa zaptına dair hikâye aynı tip menâkıbnâme örneği olarak düşünülebilir. Bu türün orijinal bir örneği olarak 1444'teki Varna Muharebesi'ne mahsus bir gâzâvâtnâme olan *Gâzâvât-ı Murad Hân* bugün elimizde. Bu ayrıntılı eser, geç döneme ait bir menâkıbnâme olmasına rağmen bu tarz menâkıbnâmeler hakkında iyi bir fikir veriyor. Aynı zamanda, Enverî'nin *Düstûrnâme*'sindeki Gâzî Umur destanı bu türden bir menâkıbnâme veya gâzâvâtnâme olarak sınıflandırılabilir. Bu arada, eğer Osmanlı *uc* topraklarındaki derviş ve gâzîlerin çoğunlukla özdeş olduğu gerçeğini düşünürsek, metinlerimizin bu iki terimi fark gözetmeden kullanmaları çok doğaldır. Herhalde, ister müstakil olaylar veya kişiler için yazılmış olsun, ister sultanlar veya meşhur *uc* beyleri için olsun, bu tarz tarihî menâkıbnâmelerin genelde ayrıntılı ve oldukça güvenilir tarihî bilgi içerdikleri anlaşılıyor.

Gâzâ ruhu ile dolu bir toplumda menâkıbnâmeler genellikle halk toplantılarında, orduda veya Bursa Kadı Sicilleri'nin bir kaydında bulduğumuz gibi tüccarların kendi adlarına askerler teçhiz ettikleri pazarlarda, yüksek sesle okunmak amacını taşırdı. Basit bir dille popüler duyguları yansıtan menâkıbnâme tarzı, birçok gâzâvâtnâmede ve aynı zamanda Âşıkpaşazâde ve *Anonim Tevârih* gibi popüler eserlerde gelecek yüzyıllarda yaşamaya devam etmiştir. Gerçekten de, Âşıkpaşazâde dinleyicilerine "Hey gâzîler" diye seslenir ve "Osmanlı hanedanının bu menâkıblerini her kim okur veya dinler ve onların ruhları için dua ederse Allah ona saadet bahşeder" diye bitirir.

Oruc ve *Anonim Tevârih*'lerin esas kaynağı olan takvimlere gelince, bunlar *cedâvilü't-takvim, cedvelü'l-ihtiyârât* veya *ahkâm ve ihtiyârât* adlı astrolojik eserlerde bulunurlar ve erken İslâm astrolojisinin bir kolunu oluştururlardı. Gelecekle ilgili kehanetlerine temel oluşturmak üzere, erken yüzyıl İslâm astrologları eserlerine önemli siyasî ve doğa olayları ile ilgili kronolojik listeleri alıyorlardı. Rosenthal, *İhvanü's-safâ* tarafından 10. yüzyıldaki astrolojik eserler için meydana getirilen cetvele atıf yaparak bunların, vakanüvis tarzı tarihçiliğe çok yakın olduğunu düşünüyordu. Anadolu Türklerinin bu ilimle oldukça erken ilgilenmiş oldukları anlaşılıyor.

Zeyne'l-Müneccim b. Süleyman el-Konevî'nin 1371 yaz sonlarında Sivas'ta yazdığı, Selçuklular ve İlhanlılar üzerine kronolojik listelerini içeren *Cedvelü'l-ihtiyârât* adlı eserinin orijinal nüshası elimizdedir. Yazmanın kapağındaki, Bayezıd Beg, Taceddin Beg ve Hacı Şad-geldi Beg'lerin 6 Muharrem 780 tarihinde Çaldağ'da buluşmaları gibi hadiselere isnat eden birbiri ardı sıra eklenmiş notlar çok ilgi çekicidir, çünkü onlar astrologların kronolojik veriyi nasıl anında kaydettiklerini gösterir. Birçoğu kronolojik listeler içeren çok sayıda *ahkâm ve ihtiyârât* ile ilgili Osmanlı eserlerinin önemi çok yeni anlaşıldı.[5] Günümüze gelen, H. 849 ve 851 yıllarına ait en eski Osmanlı eserlerinin daha erken eserlere dayandığı açıktır. Sultanın kullanması için her yeni yılın başında *ahkâm ve ihtiyârât* içeren takvimlerin hazırlandığı görülüyor. Aslında, yukarıda söz edilen metinlerin özetlendiği kronolojik listeleri içeren H. 856 yılına ait bir başka takvim mevcuttur. Böylece, saraylardaki müneccimler ilk vakanüvisler olarak sayılabilir.

Şimdi size Oruc ve *Anonim Tevârih*'in bu takvimlerden bilgileri nasıl elde ettiklerinin bir örneğini vereyim. H. 849 tarihli takvimde

---

5 Ayrıntılar için bkz. İnalcık, *Fâtih Devri Üzerinde Tetkikler ve Vesikalar*, *I*, Ankara, 1954.

şöyle okuyoruz: Novaberda Kalesi, şehri ve bir kısım toprağı Rumeli Beylerbeyi Şehabeddin Paşa tarafından küffardan alınalı dört yıl oldu ve bazı yerler *Uc*-ili Beyi İshak Beg tarafından Murad Han zamanında alındı. *Anonim Tevârih*'te ise şöyle okuyoruz: H. 843 yılında Murad Han, Belgrad üzerine yürüdü fakat alamadı ve sonra geldi Novaberda Kalesi'ni fethetti. Rumeli Beylerbeyi Şehabeddin Paşa ve *uc* beyi İshak Beg bir kısım toprağını fethetti. Ve *Oruc*'da şu şekildedir: H. 843 yılında Şehabeddin Paşa Novaberda Kalesi'ni ve bu kısımdaki toprağını aldı, *uc* beyi İshak Bey onunla birlikteydi. Son olarak Neşrî aynı kaydı şu şekilde verir: 844 yılında Novaberda Kalesi bir kısım eyaleti ile birlikte Şehabeddin tarafından ve bazı kaleler *uc* beyi İshak Bey tarafından alındı. Dikkat edilmelidir ki, Oruc kaynağını oldukça iyi kopya etmiş fakat *Anonim Tevârih* Novaberda'nun zaptı şerefini sultana bırakmıştır. Bu erken dönemde herhangi bir takvim yazılmadığından, takvimler ilk Osmanlı hükümdarları için bir kronik kullanmış olmalılar. Aslında takvimler, I. Murad devrinin sonlarına kadar çok az bilgi verirler. Kullanmış olabilecekleri kronik 1484'te Karâmânî Mehmed tarafından kullanılan ile aynı gibi görünüyor. H. 849 takviminde bulunan Varna Muharebesi'nin anlatımında olduğu gibi, dönemin önemli olayları genellikle ayrıntılı bir şekilde nakledilir. Bu bir sayfalık anlatı, H. 856 takviminde birkaç satıra indirilmiştir. Fakat dikkat edilmelidir ki, Oruc'un bu savaşı anlatımı 849 takvimindeki anlatımdan bile daha ayrıntılıdır. Görünüşte, hem Oruc hem *Anonim Tevârih,* Varna veya Kosova savaşları gibi büyük olaylar için gâzâvâtnâmeleri kullanmışlardır. Gâzâvâtnâmelerin kullanıldıkları kısımlarda takvimlerin kronolojik kayıtlarında kopukluklar görülebilir. Metinlerimiz, takvimlerden özellikle depremler, astronomi ile ilgili olgular, yangınlar ve vebalar ile ilgili oldukça bol kayıtlar içerirler. Takvimler, *Anonim Tevârih* ve özellikle Oruc ve Neşrî gibi geç derlemeler ile karşılaştırılamayacak derecede kronoloji bakımından iyidirler. Oruc'un bir önemli özelliği de Dîvân-i Hümâyûn'daki paşaların adlarını her değiştiğinde vermesidir. Örneğin, Mehmed Paşa'nın 832 yılındaki ilk vezir olduğu sadece Oruc'da kayıtlıdır ve bu bilgi onun vakfiyeleri tarafından da teyit edilmiştir. Böyle ayrıntılar için Oruc'un Manisa ve Paris nüshaları Babinger tarafından yayınlanan nüshalardan daha iyidir. Oruc aynı zamanda, kronoloji bakımından II. Bâyezid'in ilk yıllarına kadar *Anonim Tevârih*'ten çok daha ayrıntılıdır. Diğerinin çok kısaltılmış veri içeren yeni tarihli bir takvim veya takvimler kullandığı muhtemeldir. *Anonim Tevârih*'in, II. Bâyezid'in saltanatının ilk döneminden H. 891'e kadar *Oruc*'dan daha ayrıntılı bir takvim kullanmış olduğu görülüyor. Diğer taraftan 891 yılından itibaren her ikisi de bütün önemli olaylar için kesin tarihler içeren belirli bir takvimi takip ederler. Ümit ediyoruz ki kütüphane koleksiyonlarımızdaki sistematik araştırma, *Oruc* ve *Anonim Tevârih* tarafından kullanılmış olan orijinal takvimleri gün ışığına çıkarabilir. (Bkz. Metinlerin silsilesi: II.)

II

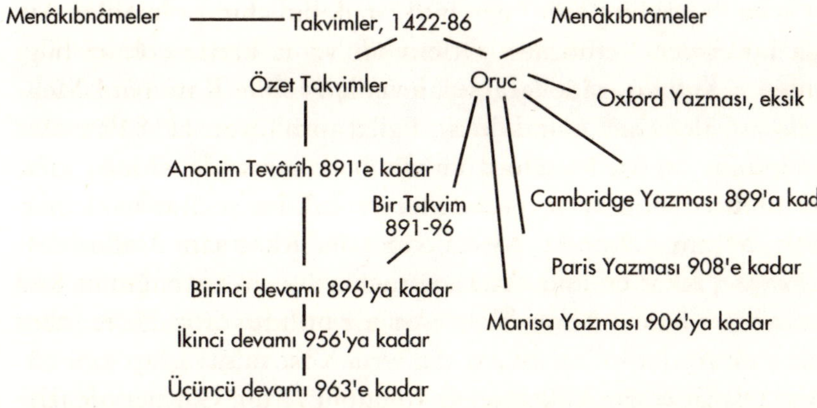

II

Yahşi Fakîh ile birlikte Ahmedî'nin *İskendernâmesi*'ndeki *Dâstân-i Tevârih-i Mülûk-i Âl-i Osmân*'ın, Osmanlı tarihinin ilk yüzyılı için en eski ikinci rivâyet olduğu düşünüldü. Bu destanın I. Süleyman'a (1403-10) ithaf edildiğini biliyoruz. Burada, Ahmedî'nin kaynağının Şükrullah, Karâmânî Mehmed Paşa, Mehmed Konevî, Pseudo-Rûhî, Sarıca Kemal ve Neşrî tarafından kullanılan ile aynı kaynak olduğunu göstermeye çalışacağız. Rûhî ve Neşrî bilgiyi diğerlerine nazaran bütünü ile işlerler. Böylece bu metinlerin hepsi Âşıkpaşazâde, Oruc ve *Anonim Tevârih* grubundan ayrı olarak ikinci bir kaynak grubunu temsil ederler. Neşrî, bu kaynakların birinden belirli bir olay hakkındaki seçtiği ifadeyi, görünüşte ifadenin bütününde hiçbir önemli değişiklik yapmadan kronolojik olarak düzenleyerek, bu iki farklı grubu birleştirmeye çalıştı. Fakat Pseudo-Rûhî'nin Bodleian yazması, Neşrî'nin yaptığı gibi eklemeler ve atlamalar yapmadan ifadeleri olduğu gibi kopya etmiş görünüyor. Bu suretle orijinal kaynağı daha iyi bir şekilde içerir; örneğin, *Hikâyet-i Murûr-i Süleyman Paşa ila Rumeli* bölümünde Neşrî ortak kaynakları Pseudo-Rûhî ile *Karesi vilâyeti timârıydı hemen feth olunduğu gibi ana vermişdi* kısmına kadar takip eder ve birden *al-kıssa* kelimesi ile Âşıkpaşazâde metnine döner. Bu bölümde rivâyetin kalanı Rûhî tarafından verilirken, Neşrî tarafından atılır. Neşrî bir yerde "derler ki" ifadesini ekleyerek, Süleyman Paşa tarafından fethedilen *Ödküklük* ve *Eskamilye* kalelerinin isimlerini Âşıkpaşazâde tarafından verilen *Cimbini* ve *Aya Şilonya* isimlerine alternatif olarak verir. Fakat ortak kaynaklardan olan ifadelerinde Neşrî, Pseudo-Rûhî'nin Bodleian nüshasından daha ayrıntılı bir metin verir, *Ödküklük* ve *Eskamilye* isimlerini Şükrullah, Mehmed Konevî, Sarıca Kemal ve Karâmânî Mehmed'de buluyoruz, fakat en eski olmasına rağmen ortak kaynağın en kısa eleştirel metni olan Ahmedî'nin eserinde bulamıyoruz. Birbirinden sadece eklemeler ve atlamalar ile ayrılan bu ikinci grup kaynaklarda, Osmanlıların kökenleri ve Anadolu'ya göç etmeleri ile ilgili tamamıyla farklı bir gelenek vardır. Bu gelenekteki karakteristik noktalar şu şekildedir:

Ahlat 340 göçmen ailesinden oluşan bir Oğuz grubunun ilk yerleşim yeri olarak zikredilir. Silsile; Ertuğrul, Gündüz Alp oğlu, Gök Alp oğlu Sarkuk Alp oğlu, Kopuk Alp şeklinde kaydedilir. Bu grup sonunda Ankara yakınında Karacadağ'a yerleşmiştir. Selçuk hükümdarı Alâeddin Sultan-Öyüğü'ne gelir ve burada Ertuğrul'u bir gâzî lideri yapar. Neşrî iki geleneği yan yana verirken, Pseudo-Rûhî bu geleneği Âşıkpaşazâde'deki ile birleştirmiş görünüyor.

Rûhî aynı zamanda Yazıcızâde'nin ilgi çekici bir kaydı olan Osman'ın *uc*taki Oğuz kabileleri tarafından lider seçilmesinin rivâyeti ile o dönem Anadolu'sunun genel durumu hakkında bilgiler ekler. Karâmânî, Ahlat ve Kopuk Alp şeceresi verir fakat kişi sayısı belirtmez; Sarıca Kemal ise *Selatin-nâmesi*'nde sadece 1340 olarak göçmenlerin sayısını verir. Bu kaynağın en erken versiyonu olan Ahmedî, sadece Alâeddin ile ilgili ifadeyi diğer metinlerde olduğu şekliyle içerir. Orijinal kaynak ile ilgilerinin derecesini göstermek açısından şu örnek ilgi çekicidir. Ahmedî, isim vermeden bir Şeyh Efendi'den bahseder. Şükrullah, ismi Ramazan olarak verir. Rûhî, Sarıca Kemal ve Neşrî, Şeyh Ramazan'ın I. Bâyezid tarafından kadıasker tayin edildiğini açıklığa kavuştururlar. *Şakaik-i Nu'mâniye,* Ramazan'ın biyografisi ile ilgili aynı bilgiyi onlardan alır. I. Bâyezid'in rüşvetçi kadıları cezalandırması Ahmedî, Şükrullah ve Rûhî tarafından zikredilir. Bu rivâyet aynı zamanda Âşıkpaşazâde grubu tarafından da başka bir kaynaktan alınarak verilir.

Ahmedî'nin kaynağının diğerleri tarafından parçalar halinde ve daha geniş kapsamlı bir şekilde kullanıldığı sonucuna varabiliriz. Bu kaynak 1399'daki Malatya fethine kadar gelmiş olmalıdır. Bugün elimizde bu kaynağın 15. yüzyılda yapılmış çeşitli versiyonları vardır: Bunlar, 1410'a doğru Ahmedî, 1456-59 arası Şükrullah, 1480'lere doğru Karâmânî Mehmed ve Mehmed Konevî, 1490 yılı civarında Sarıca Kemal tarafından yapılmıştır. Ahmedî'nin kaynağı, ilk grup kroniklerin içerdiği kaynaklardan görünürde daha eski ve müstakil bir kaynak olarak şüphesiz Osmanlı tarihinin ilk yüzyılı için yapılacak eleştirel bir çalışma için en önemli kaynaktır. Örneğin, Bâyezid devrinde kadılara karşı radikal bir reformun yapıldığını artık kesin olarak söyleyebiliriz. Ancak bu olay Âşıkpaşazâde-Yahşi geleneğinde efsanevî bir tarzda belirmiştir. Ahmedî-Rûhî geleneğinin arkaik karakteri, gâzâyı vurgulaması, Osmanlı hanedanı için daha ılımlı bir şecere vermesi, I. Murad'ın kardeşi Süleyman'a imtiyazlı yer ayırması ve Âşıkpaşazâde tarafından bilinmeyen Sinan Paşa ve Kadıasker Şeyh Ramazan gibi isimleri vermesiyle kendini gösterir. Şükrullah, Rûhî ve Neşrî'nin, I. Mehmed devrinin sonlarına kadar devam eden ve Ahmedî'nin kaynağına ondan daha sadık kalınarak kopya edilmiş bir metni kullandıkları anlaşılıyor. Aslında Şükrullah, Rûhî ve Neşrî 1421'e kadar birbirleriyle çok yakındırlar. Bu metinlerdeki, 1399 ile 1420 arasını kapsayan kısım yine Âşıkpaşazâde-Oruc geleneğinden tamamıyla farklı bir karakter gösterir. Bu bölümde, Sufilerin Karaburun'da ayaklanmaları, Karakoyunlu müdahalesinin sebep olduğu Amasya ve Tokat bölgesindeki karışıklıklar, Tuna'daki üç kalenin, Sakçı, Yeni-Sale ve Yergöğü tahkimi ve Severin'in zaptına değinilir. İlk grup kroniklerde bu noktalar tamamıyla eksiktir.

Rûhî, kaynağına, biri Murad'ın Karaman-ili'ne seferi ve Kosova Savaşı ile ilgili, diğeri I. Mehmed'in fetret devrinde üstünlük mücadelesiyle ilgili iki uzun ekleme yapar. Daha önce söylediğimiz gibi, bunlar iki farklı menâkıbnâmeden alınmış olmalıdır. Bu eklemeleri, Neşrî'de de bulmaktayız. Birinci ilâve Rûhî'den daha ayrıntılı diğeri ise her iki metinde de aynı şekildedir.

II. Murad devri için Rûhî, sultanın 1446'dan 1451'e kadar süren ikinci saltanat devresi haricinde –ki, burada Âşıkpaşazâde ile aynı kaynağı kullanmış görünüyor– orijinal veri içeren müstakil bir kaynaktır. Bu kaynak muhtemelen ayrı bir menâkıbnâme idi. Burası, iki metnin uyuştuğu tek bölümdür. Âşıkpaşazâde, II. Murad'ın 1451'deki Karaman-ili'ne seferi hariç, ortak kaynağı daha ayrıntılı verir. Bu sefer sırasında yeniçerilerin sultan aleyhine yaptıkları gösteri sadece Rûhî tarafından aktarılır. Şükrullah, II. Murad devri için çok yüzeysel bir taslak verir. Mehmed Konevî onu sadece kopya etmiş görünüyor. Fâtih Sultan Mehmed saltanatı için, Konevî'nin kendisini Oruc ve *Anonim Tevârih*'e çok yaklaştıran bir takvim kullandığı anlaşılıyor. Karâmânî'nin, Şükrullah'ı doğrudan doğruya kaynak olarak kullanmadığı, II. Murad'ın saltanat dönemine yaklaşımlarının karşılaştırılması ile görülebilir. Fâtih dönemi için Karâmânî'nin bir takvimi kullanmış olduğu görünüyor. Rûhî'ye gelince, O, 1484'teki Ak-Kerman ve Kili fethine kadar II. Mehmed ve II. Bâyezid saltanatları üzerine orijinal bir metin verir. (Fâtih'in 1454 ve 1455'teki iki Sırbistan seferini ayrı ayrı verir, Mahmud Paşa'nın Trabzon'a karşı olan seferde yaralanması ve Uzun Hasan tarafından Ahmed Bekrici'nin barış yapmak için gönderilmesini anlatır. (Bkz. aşağıda Metinlerin silsilesi: III) Fâtih'in saltanat dönemi için şahsi gözlemlerine dayanarak yazan Tursun Beg'in *Târih-i Ebu'l-Feth*'i tamamıyla orijinal bir kaynaktır. Fâtih devrinde yazılan Şehnâmelere ise daha sonra değineceğiz. İkinci kaynak grubu hakkında belirttiklerimizden şöyle bir şema yapmak mümkün görünüyor:

III

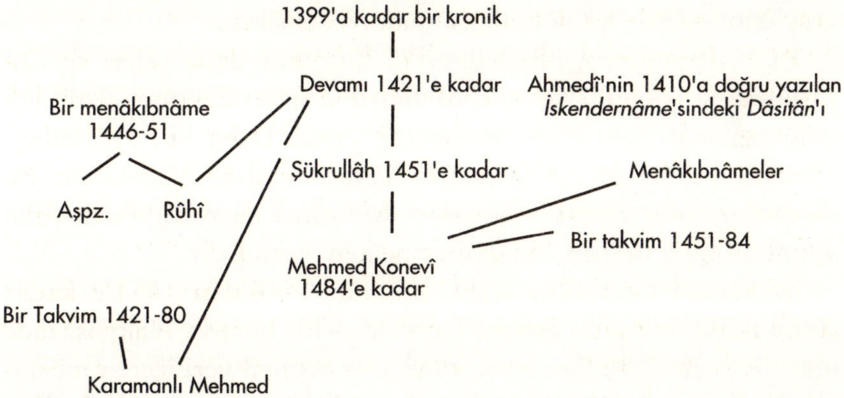

III

Selçuk sultanlarının ve Anadolu'daki Türkmen beylerinin saraylarında *târih-hânlar*, tarih okuyucuları ve menâkıbnâme okuyan halk şairleri vardı. Osmanlılar bu geleneği devam ettirdiler. Sultanın istirahat dönemlerinde onun gururunu ve edebî zevkini tatmin etmek için yüksek sesle okunmak üzere gazâvatnâmeler tarzında tarihî eserlerin yazıldığı görülüyor.

Zamanla, saray ve yüksek sınıf daha gelişmiş yüksek bir edebî tarzda çoğunlukla Farsça yazılmış menâkıbnâme ve gazâvatnâme türleriyle ilgilendi. Ahmedî'nin Türkçe *Dâstân*'ı bunların ilk örneklerinden biri olarak sayılabilir. 1456'larda İranlı şair Kâşifî, Fâtih'in gâzâlarını öven *Gâzâvâtnâme-i Rûm* adlı Farsça manzûm eserini yazdı. Tarihî bir kaynak olarak oldukça fazla orijinal bilgi içeren bu eser, sultana ithaf edilmişti. Bu edebî türün, II. Mehmed devrinde *şehnâme* genel adı altında yayıldığı görülüyor. Osmanlı başkentini istila eden birçok İranlı şair, sultanın lütfunu kazanmak için sadece Osmanlı münşîleri ile değil aynı zamanda birbirleriyle de kıyasıya bir mücadele halindelerdi. Kâşifî'den sonra Hamidî, Mu'âlî ve Şehdî dönemin bu tarz eserlerinin yazarları olarak yaşadılar. Lâtifî, *Tezkire*'sinde şöyle der: "Sultanın manzûm tarihini yazan veya onu öven şiirler yazan otuz kadar şaire maaş ve aylık para bağışlandı (Fâtih tarafından)." Mu'âlî'nin *Hünkârnâme*'si Topkapı Sarayı'nda bulundu fakat Hamidî ve Şehdî'nin eserleri kayıptır. Saray tarihçiliğinin erken bir türü olarak şehnâme yazıcılığının, 15. yüzyılın ortalarında meydana geldiğini rahatlıkla söyleyebiliriz. Esas fonksiyonları, saltanattaki sultanın kahramanlıklarını yüksek bir edebî tarzda övmek olan şehnâme yazarları, zaman zaman Osmanlı hanedanı için genel tarihler de meydana getiriyorlardı. Kendi dönemleri için genellikle birinci ele dayalı orijinal eserler kaleme alıyorlardı. Eski menâkıbnâme geleneğine bağlı olarak meşhur gâzâ liderlerine mahsus gâzâvatnâmeler de meydana getirilmişti. Suzi Çelebi'nin *Gâzâvâtnâme-i Mihaloğlu Ali Beğ*, A.S. Levend tarafından kısa bir süre önce yayınlandı. Hayreddin Çelebi'nin bu zamana kadar hiçbir kopyası bulunamamış olan *Gâzâvât-ı Dâvûd Paşa* adlı eseri, gerçekte Kemâl Paşazâde tarafından alınarak *Tevârih*'in yedinci cildinin sonuna konuldu. Eski popüler menâkıbnâme tarzının, bir taraftan sarayda şehnâme yazarlarının bir alt mertebesi olan *kıssâ-hânlar* ile diğer taraftan popüler İran tarih yazıcılığı modeline göre *Tevârih-i Âl-i Osmân* tertip eden münşîlerin tayiniyle devam ettiği anlaşılıyor. Hanedanının tarihinin Türkçe yazılması arzusunda olan II. Bâyezid himâyesinde şehnâme tarzı ile yazılmış olarak Fâtih'in gâzâları üzerinde Kıvâmî'nin *Fetihnâme*'sini, genel bir Osmanlı tarihi olan Kemâl'in *Selâtin-nâme*'sini, Midilli deniz seferi üzerinde Firdevsî'nin *Kutbnâme*'sini ve Kemal Reis'in maceraları üzerinde Safâyî'nin Gâzâvâtnâmesini buluyoruz. Kıvâmî'nin eseri bir süre önce Babinger tarafından yayınlandı. Diğerlerinin elyazmalarının nüshaları bugün elimizde değildir.[6] Birbiri ardı sıra gelen yüzyıllarda şehnâme tarzı, bazıları kaligrafide, bazıları minyatürde ve tezhipte hakikî sanat değerine sahip sayısız eserde varlığını devam ettirmiştir. Bazı şehnâme yazarlarının sadece bu türde değil aynı zamanda astrolojide de hüner sahibi olduklarını belirtmek gerekir. Hanedan mensuplarının düğün şenliklerini anlatan *surnâmeler*, şehnâme tarzının bir kolu olarak düşünülebilir.

IV

Osmanlı hanedanının genel tarihlerinin birçoğunun II. Bâyezid döneminde yazılmış olması ve çoğunun 1484-1485 yılları arası olayları ile son bulması sadece bir tesadüf müdür? Âşıkpaşazâde, Rûhî, *Anonim Tevârih*'in ilk derleyicisi, Neşrî (Menzel yazması), Mehmed Konevî, Kıvâmî, Sarıca Kemal ve Tursun Beg eserlerini 1484 veya 1485 olayları ile sonlandırırlar. Osmanlıların genel tarihi üzerinde derlemeler meydana getirilen dönemin bu olağanüstü faaliyetinin ilk ve en önde gelen sebebi şüphesiz ki, II. Bâyezid'in bu tarz eserleri yazılmış olarak görme isteği ve döneminin ulemâsının bunu yerine getirmesiydi. II. Bâyezid, o sırada bu faaliyeti, kamuoyunu kendi lehine çevirmek için kullanmak istedi. Hâlâ hayatta olan Cem Sultan bir önceki rejimin sembolü olarak sayılırken, Bâyezid Fâtih'e karşı olarak, bütün politik, sosyal ve hukukî alanlarda reaksiyoner bir politikayı temsil ediyordu. Yukarıda zikredilen bütün eserlerde Bâyezid, selefinin yapmış olduğu gibi geniş fütûhâtı pekiştirme misyonuyla her şeyden önce adil ve kânûnlara itaat eden bir hükümdar olarak lanse edilir. (Özellikle Tursun Beg, Kemâl Paşazâde ve İdrîsî'nin giriş kısımlarına bakınız). Devlette bütün gücü elinde bulunduran yeniçerilerin hayranlık duyduğu Gedik Ahmed Paşa 1482'de idam edilmiş, ertesi yıl kayınpederi İshak Paşa veziriâzamlıktan azledilmişti. Yeniçeriler durdurulamaz bir hale gelmişti ve Gedik Ahmed'in eskiden beri Hıristiyanlığa taviz vermemeye dayanan politikası, doğal olarak bütün gâzâ taraf-

6 Ayrıntılı bilgi için bkz. A.S. Levend, *Gâzâvâtnâmeler*, Ankara, 1956.

tarlarınca benimsenmekteydi. Bu şartlar altında, Bosna'daki gâzâ faaliyetleriyle meşhur olan Davud Paşa veziriâzam seçiliyor ve Sultan, Fâtih'in daha önce başarısız olduğu Moldavya seferine bizzat ordusuyla gitmek zorunda olduğunu hissediyordu. Kamuoyunu etkilemek için, orada kazanılan zaferin propagandasının en yaygın bir şekilde yapılması gerekiyordu. Moldavya'daki zafer hakkında Mehmed Konevî vurgulayarak şunları söyler: "Bu iki müstahkem kaleyi ceddinden hiçbiri almaya kadir olamadı". Tursun Beg, Sultan Mehmed'in Kili'yi muhasaraya muktedir olamadığını vurgular. Eğer Âşıkpaşazâde'nin metni Bâyezid'in reaksiyoner politikası nazarında okunursa, bütünde olan polemik karakter açığa çıkar. Buna, Neşrî'nin, Gedik Ahmed'i 1473'teki Otluk-Beli Savaşı sırasında Bâyezid'e kötü nasihat vermekle suçlarken, İbrahim Çandarlı'yı gayretleri dolayısıyla övmesi eklenebilir. Bunların hepsi sadece, orijinal kaynağa Neşrî tarafından yapılan eklemelerdir. Aynı zamanda bu eserlerin çoğunda, Davud Paşa'nın Fâtih zamanındaki rolü de sık sık abartılır. Aslında eserlerin girişlerinin dikkatlice tetkik edilmesi her şeyi açığa çıkarır. Pseudo-Rûhî'de şu satırları okuyoruz: "Sultan Bâyezid şöyle dedi: 'Peygamberlerin tarihi en iyi ve en muteber tarihler olarak kabul edilir, bu sebeple ulemâ bu tarz tarihleri yazmayı tercih eder. Diğerleri arasında en seçkin ve saygıdeğer bir yere sahip olan Osmanlı sultanlarının tarihleri henüz herkesin anlayabileceği bir dilde yazmış bir derlemenin konusu olamadı. Arzu edilir ki yapılmış olsun.' Sultan'ın bu sözleri, beni Osmanlı idaresindeki yerlerde elden ele dolaşan Türkçe yazılmış tarihleri (Osmanlıların) toplamaya sevk etti."

Neşrî de önsözünde benzer bir ifade kullanır: "Başka ilimler üzerine yazılmış birçok eser vardır fakat özellikle Türkçe olarak tarih üzerine yazılanlar dağınık bir haldedir." Sultan Bâyezid'in, herkesin anlayabileceği kadar basit bir Türkçe ile yazılmış böyle bir tarih eseri yazılması üzerinde ısrarcı olması anlamlıdır. Bâyezid'in ilk yıllarında yazılmış ve Moldavya zaferi ile doğrudan bağlantılı olan eserler, Osmanlı tarihçiliği için en önemli eserleridir çünkü daha sonra Osmanlı tarihinin ilk iki yüzyılı için yazılmış olan bütün eserlere temel teşkil edenler bu derlemelerdir. Bunların orijinal kaynaklarının çoğu bugün bilinmemektedir. Âşıkpaşazâde'nin eserine devamlı surette birçok tashihler yaptığı açıktır. Bunlardan bir tanesinin 1484-1485 tarihlerinde yapıldığı anlaşılmaktadır. Mehmed Konevî, eserini Fâtih devrinde yazmaya başlamış ve II. Bâyezid devrinde tamamlamıştır.

Bir resmî kayıt, 1503'e doğru Mevlana Rûhî'nin Bâyezid tarafından ödüllendirildiğine delalet eder. Sarıca Kemal ise *Selâtin-nâme*'sini Haziran 1490'da tamamlamıştır. Neşrî'nin eserine gelince, Profesör Taeschner, Menzel nüshasının nazarında yazım tarihini 1485 (*terminus post quem*) ve 1495 (*terminus ante quem*) olarak tespit eder. *Heşt Bihişt*, *Oruc* ve *Anonim Tevârih*'teki ifadeler, hepsinin II. Bâyezid döneminde yazıldığını gösterecek şekilde açıktır.

Yukarıda, ana derlemelerde ne çeşit kaynakların kullanıldığını anlamaya çalıştık ve çoğunluğunun bir tarafta Âşıkpaşazâde diğer tarafta Rûhî olmak üzere iki farklı geleneği en ayrıntılı şekilleriyle sundukları sonucuna vardık. Aslında Neşrî, Âşıkpaşazâde ile Pseudo-Rûhî'ye ait olan iki farklı geleneğini birleştirmeye çalışan en eski derlemedir. Fakat halen Neşrî'nin Rûhî ile ortak kaynağı mı yoksa onun ayrıntılı bir kopyasını mı kullandığı bir soru olarak kalmıştır. Çünkü Neşrî, aynı rivâyetleri Rûhî'de olduğu şekliyle nakletmiş ayrıca 1484'e kadar gelen olaylarda daha ayrıntılı bilgiler vermiştir. Neşrî'nin Oruc, *Anonim Tevârih* ve hatta Konevî'ye dahi kaynak olan takvimlerden yararlandığı hatırlanmalıdır. Şu halde, Neşrî'deki hangi kısımların hangi kaynaktan geldiğini gösteren bir liste çıkarmak mümkündür. Onun, çok az şahsî bilgi eklediği anlaşılıyor.

II. Bâyezid dönemi derlemelerini, sadece Fâtih'in politikalarına olan reaksiyon şekillendirmemiş, aynı zamanda Doğu'daki Memlûk ve İran devletleriyle olan üstünlük yarışında evrensel bir İslâm imparatorluğu meydana getirmiş olmanın bilinci, o dönemde yeni bir bakış açısıyla Osmanlı tarihinin yazılmasını gerektirmiştir. Dünya tarihinin daha önceki çerçevesi içinde; örneğin Şükrullah'ın ve Enverî'nin eserlerinde, Osmanlı tarihi İslâm tarihinin bir devamı olarak daha mütevazı bir yer teşkil eder ve Osmanlı sultanları İslâm dünyasının uçlarındaki gâzîler olarak lanse edilir. Fakat şimdi, II. Bâyezid *Eşrefü's-Selâtin,* Müslüman hükümdarların en seçkini ve şereflisi olduğu iddiasında bulunuyordu. Bu derlemecilerden biri (Rûhî), peygamberin bizzat kendisi ve dört halifesi dışında hiçbir Müslüman hükümdarının Osmanlı sultanları kadar başarı elde edemediklerini söylüyordu. Osmanlıların o dönemde, Güney Anadolu için Memlûklere karşı uzun bir savaşa girdikleri ve her konuda kendilerini hasımlarına karşı üstün gösterme arzusunda oldukları hatırlanmalıdır. Osmanlılar, sürekli kendilerinin gâzâ misyonunu vurguluyorlar ve bu misyonun İslâm'da en önemli yeri teşkil ettiğini ileri sürüyorlardı. 1502'lerde Kemâl Paşazâde eserinin girişinde şöyle der: "Sultan şöyle mütalaa etti ki, eğer tarihler, hikâyeler ve menkıbeler yazılmasaydı bu suretle ulu hükümdarların ihtişamları ve muvaffakiyetleri asırlar boyu ebedî kalamaz ve unutulurdu. O halde, sultan kendi muvaffakiyetinin ve ceddinin muvaffakiyetlerinin kaydedilmesini istedi. Seçkinler için olduğu kadar halkın da faydalanabileceği sade bir üslup ile Türkçe eserler meydana getirilmeliydi ve ben bunu yerine getirmek için tayin edildim."

Aynı sıralarda, meşhur İranlı münşî İdrîs-i Bitlîsî, sultan tarafından Osmanlı hanedanına layık Farsça büyük bir tarih yazılmak üzere görevlendirildi. İdrîsî şöyle nakleder: "Sultan Bâyezid, bu yüce hanedanın bir tarihinin 710 yılındaki başlangıcından günümüz 980 yılına kadar, rivâyetlerin tashih ve izah edilerek, seçkinler ve halk tarafından takdir edilecek bir üslupta yazılması gerektiğini emretti. Bu konuda Türkçe birçok eserin olduğu muhakkaktır fakat anlatımları zarif bir üsluptan yoksun, olayları gerçeklikten uzaktır."

Hanedanının hâlihazırdaki tarihlerden memnun olmayan II. Bâyezid'in, döneminin iki büyük münşîsi olan, İdrîs'e Farsça ve İbn Kemal'e Türkçe bir Osmanlı tarihini yeniden yazmaları için emir verdiği açıktır. Onlar, birbirleriyle benzer bir plan dâhilinde her Osmanlı sultanına ayrı bir bölüm ayırarak bu işin üstesinden geldiler. İdrîsî, mükellef eseri *Heşt Bihişt* ile Osmanlı tarihini, İran tarihçiliğinin en gelişmiş şekliyle meydana getirdi. Daha sonra Hoca Sâdeddin, bu eseri bir klâsik haline gelen Türkçe eseri *Tâ-*

cü't-Tevârih için örnek olarak aldı. İdrîs'in esas olarak Rûhî geleneğini takip ettiği anlaşılıyor. İdrîsî'nin eserinde Tursun Beg'in şahsî rivâyetlerini de buluyoruz. O, ayrıca Orta ve Doğu Anadolu'daki olaylarla ilgili orijinal bilgiler verir. Ayrı bir bölümde, Osmanlı sarayının ve hükümetin tasviri bu esere diğer kronikler arasında müstesna bir yer verir. *Heşt Bihişt*'in Türkçe muadili olan İbn Kemal'in *Tevârih-i Âl-i Osmân*'ı bu dönemdeki en geniş kapsamlı ve önemli derlemedir. Bu edebî eser aynı zamanda, Farsça ile yarışan yüksek bir Türk nesri yaratma arzusunun bir yansıması olarak da önem teşkil etmektedir. İbn Kemal, görünüşte Neşrî'nin detaylı bir nüshasını kullanmış ve eserine Karâmânî'nin ilk devir için olan rivâyetini eklemiştir. Fâtih zamanı için esas olarak Tursun Beg'i ve Neşrî'yi takip etmiştir. Eserinde, Rûhî veya onun kaynağı ile Oruc'un Paris veya Manisa yazmalarının detaylı bir nüshasına aşina olduğuna dair göstergeler vardır. Yukarıda söylediğimiz gibi, onun eseri bu kısımda Hayreddin Çelebi'nin *Gâzâvât-ı Dâvûd Paşa*'sını içerir. Dahası, Kemâl şahsî bilgilerinden ve başkalarının bilgilerinden faydalanarak önemli detaylar eklemiştir. O, müstakil olaylarda kaynaklarını seçmekte ve onları kullanmakta büyük maharet gösterir. İbn Kemal, Hoca Sâdeddin, Âlî, Naîmâ ve Cevdet Paşa arasında en mükemmeli sayılabilir.

Tursun Beg, Historian of Mehmed the Conqueror's Time[1]

Tursun Beg,[2] author of *Târîkh-i Abu'l-Fath*,[3] left us the most detailed and important account of Mehmed the Conqueror's time. But, surprisingly enough, his work was not known to the most fa-

1 H. İnalcık, *The Middle East and the Balkans Under the Ottoman Empire: Essays on Economy and Society*, Bloomington, 1993, pp. 417-443.

2 Our historian says (Mehmed Ârif, edition, p. 8, see note 2 below) his name is originally Tûr-Sînâ, a Qur'ânic name distorted into *Tursun* meaning in Turkish, "let him survive". *Tursun*, a popular name extensively used in the period was evidently not liked by our author. Besides, a poet, Hayâtî (Sehî, *Tedhkire*, İstanbul, 1325 H. p 70) made fun of him by referring to the original meaning of Tursun, which our author resented.

3 Mehmed Ârif published this work (as a supplement to *Târîkh-i 'Osmânî Endjümeni Medjmu'ası*, Istanbul, 1330 H) using three manuscripts, two at the Topkapı Palace Library, Istanbul, Revan no. 1097 and Revan no. 1098 and one at the Ayasofya Library (now at the Süleymaniye Library) no. 3032. In his edition M. Ârif relegated to the footnotes the best version, the Ayasofya MS, most probably the original copy presented to Bayezid II, bearing the seal of this Sultan. Two more copies are known of *Târîkh-i Abul'l Fath*, one at the Topkapı Palace Library, Hazine no. 1470 (see F. Karatay, *Türkçe Yazmalar Kataloğu*, vol. 1, Istanbul, 1961, p. 204); and the other at the national library of Vienna (see G. Flügel, *Die Arabischen, Persischen und Türkischen Handschriften*, II, p. 207, MS no. 1984). Rhoads Murphey and I made a facsimile edition of the Ayasofya MS with a summary translation: *The History of Mehmed the Conqueror*, Bibliotheca Islamica: Minneapolis and Chicago, 1978.

mous historians of the Ottoman Empire except for Kemâl Pasha-zâde;[4] and very little is known about his family.

In the course of my research on the qadi records of Bursa, I came across some interesting information on Tursun's life and family. These records occur between the dates *Djumâdâ* II, 889 (begins on June 26, 1484) and *Djumâdâ* I, 896 (begins on March 12, 1491). They show him as a partner in various legal transactions or as a witness at some important cases.[5]

Tursun Beg's name is given in these records as, "Tursun Beg ibn Hamza Beg,"[6] and also as "Mawlânâ Tursun Beg ibn Hamza Beg."[7] In his *Târîkh*, Tursun mentioned *Djübbe* Ali Beg, governor of Bursa, as his uncle[8] but never cited his father's name. However, we know that Fîrûz Beg was the father of Hamza Beg and Ali Beg, governor of Iznik in 1422.[9] Thus it becomes clear why Tursun, as a member of a family which played a critically important role in Ottoman history between the years 1380-1480, was entrusted, under Mehmed the Conqueror, with the most important and delicate missions –as related in his history.

Firuz Beg was one of the outstanding commanders under Murad I. As the sandjak-beg of Ankara he took part in the battle of Konya against 'Ala al-Din the Karamanid in 1387, and in the battle of Kosovo-Polje in 1389.[10] Under Bayezid I he was moved to

---

4 See H. İnalcık, "Mehmed the Conqueror and His Time," in *Speculum*, vol. XXXV, 1960, pp. 408-427. A passage from Tursun Beg was quoted in a *Medjmû'a* (Köprülü Library, Istanbul, no. 1596, p. 363).

5 These records are to be found in the *sidjill* no. A 4/4: 6b, 135b, 147b, 304a; no. A 5/5: 341a; no. A 8/8: 62a, 79b. According to these records Tursun was present in Bursa at least between Djumâda II 889/June 1484 and Djumâda I 896/March 1491. All these *sidjill* books are at the Bursa Arkeoloji Müzesi, Bursa; for facsimiles, see H. İnalcık, "Tursun Beg, Historian of Mehmed the Conqueror's Time," *Wiener Zeitschrift für die Kundes des Morgenlandes*, 69 (1977).

6 *Sidjill* no. A 4/4: 147b: Iftikhâr al-a'yân Tursun Beg b. Hamza. H. Hüsameddin (*Amasya Tarihi*, Istanbul, 1923, p. 206) speaks of a certain "Tursun Çelebî bn. Bakhshâyish Beg" who became *defterdâr* and *muharrir-i vilâyet* to prince 'Alâ' al-Dîn in 835/1431-1432.

7 *Sidjill* A 8/8: 62a.

8 "Ammum Djübbe 'Ali Beg ki o esnada Bursa Begi idi." (p. 60).

9 Cf. Sa'd al-Dîn, *Tâdj al-Tawârîkh*, Istanbul, 1279 H, p. 316.

10 See Neshrî, *Ğihânnümâ*, I, ed. F. Taeschner, Leipzig, 1951, pp. 61, 67.

the governorship of Antalya.[11] Ankara was then given to his son Yakub Beg who distinguished himself by his defense against Timur in 1402[12] and who later played a dubious part in the struggle between Mehmed I and his brother Süleyman. An official record in the Ankara survey book[13] of 867 H (begins 26. IX. 1462) proves that he had recognized Süleyman as Sultan in 1410. When Süleyman had to leave for Rumeli to go against Musa Chelebi he entrusted Yakub with protecting his Anatolian possessions.[14] Yakub Beg for some time maintained an independent position against Mehmed Chelebi (the future Mehmed I.), and did not take part in his campaign against Djüneyd Beg, of the dynasty of Aydın-ogulları.[15] On his way back Mehmed took Ankara, captured Yakub Beg and sent him to prison in Tokat (814 H/begins 25. IV. 1411). Thus, under Mehmed I (1413-21) Firuz Beg's family, after a long period

---

11 P. Wittek, *Das Fürstentum Mentesche*, Amsterdam, 1967, (reprint), p. 81, put the date of the Ottoman conquest of Antalya in the fall of 1391 or early summer, 1392. According to a discovered source (*Tarihî Takvîmler*, ed. Osman Turan, Ankara, 1954, p. 18) Antalya was first conquered by Murad I in 1388. Now Barbara Flemming, *Landschaftsgeschichte von Pamphylien, Pisidien und Lykien im Spätmittelalter*, Wiesbaden, 1964, pp. 101-109, suggests that the Ottoman conquest took place between 1397-1399. It may be that the Ottomans lost the city during the confusion after the death of Murad at the battle of Kosovo-Polje in 1389. According to *Tarihî Takvîmler*, Bayezid I invaded "the entire territory of Teke" in 1390. Our Firuz Beg is often confused with another Firuz Beg who was at the frontier on the Danube (B. Flemming, *Landschaftsgeschichte von Pamphylien, Pisidien und Lykien im Spätmittelalter*, p. 119, 121, 130; İ.H. Uzunçarşılı, *Osmanlı Tarihi*, I, third edition, Ankara, 1972, p. 265) In Wittek (pp. 79, 84-85, 119, 147, especially p. 86 note 1), our Firuz is apparently mixed up with the Firuz of Vidin and Khodja Firuz (Pîrûz), governor of Menteshe. The latter must be a eunuch, an *agha*, perhaps a *kapı-aghası*, when he was appointed governor of Menteshe (cf. *Düstûrnâme-i Enverî*, ed. M. Halil, Istanbul, 1928, p. 88: Firuz Agha).

12 See Sharaf al-Dîn Ali Yazdî, *Zafarnâma*, ed. A. Urunbayev, Tashkent, 1972, p. 408 a-b.

13 *Başvekâlet Arşivi, Istanbul, Mâliyeden Müdevver Defterler*, no. 9, p. 1: "*Karye-i Ughur çayırı khâssa-i sandjak, timâr-i Süleyman Beg, Khudâvendigâr zamânında Firuz Bey satın almısh, feterâttan sonra oghlu Yakub Beg 'ushrün hâfızlara wakfetmish*". In another place (p. 229): "*Yakub Beg Destârlu'yu satun alıdjak Hadjdji Sinan elinde duta-durdughu bir çiftlik yeri wakf-i ewlâd etmish, Emîr Süleyman dahi müsellem dutup mektub vermish (...)*" See also Neshrî, pp. 123-125.

14 Neshrî, pp. 123-125.

15 Neshrî, pp. 135-136.

of control in Central Anatolia from Ankara, lost some of its influence in the state. Hamza, second son of Firuz Beg, however, seems to have continued in governorship at Antalya as a loyal man of Mehmed I.

In the struggle for the Ottoman throne against Mustafa, his uncle, and Djüneyd, Murad II followed a lenient policy toward the important families and granted amnesty for those begs who had been involved in actions against his father.[16] Hamza and Ali, sons of Firuz Beg, vigorously supported the young Sultan and played an important part in consolidating his sultanate, thus becoming very influential figures during his reign.

In the summer of 1422 Ali, son of Firuz, then at Iznik (Nicaea), successfully defended the town against the attacks of the allied forces of Mustafa, brother of Murad II, the Karamanids, the Germiyanids and Isfendiyar Beg. This Ali was apparently Djübbe Ali, governor of Bursa for a long time (at least during the period 1444-1456) under Murad II and Mehmed II. He and his son Mahmud Beg played a central role during the Varna crisis (1443-1444).[17] Evidently Ali enjoyed the same confidence under Mehmed II as before, and remained governor of this key city in Anatolia. As Tursun Beg tells us[18] Djübbe Ali Beg was entrusted with the survey of Istanbul, a delicate job, in 1456. It is most probable that Djübbe Ali was appointed governor of Istanbul after he carried out the survey.

The most celebrated member of the family was undoubtedly Hamza Beg, father of our historian.[19] He was governor (*subashı*) of Karahisar when he heard that his father, governor of Antalya,

16 H. İnalcık, "Murad II", *İslâm Ansiklopedisi*, VIII, pp. 598-601.

17 H. İnalcık, *Fâtih Devri Üzerinde Tetkikler ve Vesîkalar*, Ankara, 1954, pp. 37-53.

18 İnalcık, *Fâtih Devri Üzerinde Tetkikler ve Vesîkalar*, p. 60.

19 This Hamza has been mixed up with other Hamzas who lived in the same period. Doukas (ed. V. Grecu, Bucharest, 1958, Index: *Chamza*) was mistaken in identifying him with Hamza, brother of Grand Vizier Bayezid Pasha. The same mistake appears in H. Hüsameddin (vol. III, p. 203). In his work, *Hamza Beg Tarihi*, Bursa, 1949, Ali Ziya Topaç mixed our Hamza with Bayezid Pasha's brother who was active in the 1400's, and Hamza Beg who was killed by Vlad Dracul in 1461.

had died (1421) and that Antalya was threatened by a joint attack from the begs of Teke and Karaman.[20] Hamza emerged as one of the ablest military leaders of his time when he defeated the joint attacks of the Karamanid Mehmed Beg and the Hamid-oghlu Osman Chelebi in their siege of Antalya (September 1422-February 1423). Upon this success he was officially appointed governor of the sandjak of Teke (1423). Hamza was soon promoted to the governorship (*beglerbegilik*) of Anatolia upon the death of Urudj (winter 1424 or spring 1425), and proved himself to be a match for Djüneyd, the most dangerous enemy of Ottoman rule in Anatolia. Hamza eliminated him and brought Smyrna and the old territory of Aydın back under Ottoman sovereignty (1425)[21] He also played a crucial part in bringing to a successful end the long siege of Salonica in 1430. Residing in Bursa and responsible for Anatolian affairs, he was described as "le plus grand gouverneur du Turc," by Bertrandon de la Broquière in 1432.[22] Hamza Beg built in Bursa one of the most extensive complexes of charitable institutions in the city.[23] In the mosque's court there are three magnificent mausoleums: Hamza Beg's, his wife's,[24] and that of his grandson Kara Mustafa Pasha. Tursun Beg's tomb must be one of the thirteen tombs in the mausoleum of Hamza Beg.

---

20 Here is a translation of the passage in the Anonymous Chronicles (ed. F. Giese, p.60): "At this time Antalya was guarded by Firuz Beg, one of the well-known servants of Mehmed I's grandfather. Mehmed I had appointed him governor of this place. He died at the time when Mehmed I died (May, 1421). Hamza Beg, son of Firuz Beg, the *subaşı* (governor) of Karahisar, left there one of his men and came down to Antalya."

21 See Halil İnalcık, "Murad II" in *İslâm Ansiklopedisi*, VIII, pp. 601-602. For the dates: F. Thiriet, *Régestés des délibérations du Sénat de Venise concernant la Romanie*, v. II, Paris and The Hague, 1959, nos. 1949, 1980.

22 *Voyage d'outremer*, ed. Ch. Schefer, 1892, p. 127.

23 The complex originally included a mosque, a *madrasa*, and a *zâviye*. Of the *madrasa* only parts of its walls are left. For the actual position see Kâzım Baykal, *Bursa ve Anıtları*, Bursa, 1950, p. 36. The district around the complex is called *Hamza Bey Mahallesi* after his name.

24 Hamza Beg married the sister of Osman Çelebi of the Teke dynasty in 830/begins 2 Aralık 1426 (Sad al-Dîn, *Tadj al-Tawârîkh*, I, Istanbul, 1279 H., p. 231). Her mausoleum, adjacent to the mosque, houses two tombs besides her own. In 1432 Broquière found her in the pilgrimage caravan returning from Damascus. It is most probable that this lady was Tursun Beg's mother.

Mustafa Pasha or Kara Mustafa Pasha, third vizier at the imperial Divan in 1473 (after Mahmud and Gedik Ahmed)[25] enjoyed the complete confidence of Mehmed the Conqueror. He was assigned to make inquiries about Bayezid (later Bayezid II) in Amasya in 1477[26] and to be his tutor (*lala*) in 1478. As tutor and then son-in-law of Bayezid, he became the closest and most trusted man of Bayezid II. As the second vizier upon Bayezid's accession he led the struggle against the dictatorial power of Gedik Ahmed, but his rivals eventually had him executed.[27] The family continued, however, to hold important positions, always in Anatolia. Mustafa Pasha's son Mehmed Beg was governor of the sandjak of Khudavendigar by 1503 and was married to another daughter of Bayezid II.[28] Thus, along with the Timurtash family, the Firuz Beg family held a key position in Anatolia for over a century.

Hamza Beg's son Tursun was born to this illustrious family apparently sometime after 1426.[29] Tursun mentions in his own work, composed after his retirement in Bursa about 1488, that he had been in government service for forty years. He must have had madrasa training, since he also was referred to as *mawlânâ* in the Bursa qadi records. As a son of a beglerbegi, he must automatically have been granted a *timâr* or *zeâmet* with the title of *beg* in accordance with the Ottoman regulations. However, it seems that he did not like a *sipahi*'s life in the countryside and "chose (instead) to join his

---

25 Neshrî, p. 208.

26 H. Hüsameddin, *Amasya Tarihi*, III, Istanbul, 1927, p. 231; documents at the Topkapı Palace Archives (no: 6366) confirm this information.

27 D. da Lezze, *Historia Turchesca*, ed. I. Ursu, Bucharest, 1910, p. 180; H. Hüsameddin, *Amasya Tarihi*, p. 235; Solakzâde, *Târîkh*, Istanbul, 1297, p. 873; Aşık Paşazâde, ed. N. Atsız, Istanbul, 1947, p. 243

28 See document in T. Gökbilgin, *Edirne ve Paşa Livâsı*, Istanbul, 1952, p. 474. Mustafa Pasha and his wife Hadidje Sultan, daughter of Bayezid II., had a large estate at Kükürtlü Karamustafa thermal baths near Bursa. Hadidje Sultan's mausoleum near the Kükürtlü, recently repaired, is one of the most imposing monuments in Bursa. It houses eleven tombs. Mustafa Pasha constructed a complex here with a mosque, madrasa, and a bath. Today only the bath, Karamustafa Kaplıdjası, formerly Akça Hamami stands. Mustafa Pasha's mausoleum is in the court of Hamza Beg mosque.

29 If his mother was the daughter of Osman Chelebi, see note 23. Tursun was a junior secretary in 1444.

uncle Djübbe Ali Beg, governor of Bursa, to enjoy the good living in that city" (text p. 60). In his history (p. 9) he also stated that he was privileged to have had the opportunity of working in and advancing through the ranks of state service with "wisdom and righteousness" for forty years, side by side with the great men of his age. Like the famous sixteenth century historians Selâniki and 'Âlî, Tursun Beg too was a specialist in the financial branch of the secretarial profession and served as *il-yazıdjı* (provincial surveyor), *Dîvân Kâtibi* (Secretary in the Imperial Council), *Anadolu Defterdârı* (Financial Secretary in the province of Anatolia), *Anadolu Defter-Ketkhudâsı* (Keeper of the Timâr Registers in the province of Anatolia), and finally *Defterdâr* in the Imperial Divan in Istanbul.

Tursun Beg, as a result of his *medrese* education, was equipped with all the necessary skills and knowledge to perform the duties of *münshî*. Reaching the rank of *münshî* was the ultimate achievement in the secretarial profession.[30] In his history, Tursun Beg shows his knowledge of Turkish, Arabic, and Persian as well as of the subtleties of the literary arts, and his complete mastery of all the skills of a *münshî*. Furthermore, his complete familiarity with the theories and principles of Islamic statecraft and administration is apparent from the introduction of his history (text pp. 11-31). After serving on the survey commission for the Byzantine houses in Istanbul in 1456,[31] Tursun Beg participated in several other jobs in the provinces. Again under Mehmed II, Tursun Beg was involved in the survey inspection of the *yaya* and *müsellem* troops in Anatolia in conjunction with Ishak Chelebi, Chalab-verdi, son of Sasa Beg, and Ilyas Beg, *subashı* of Kula.[32] Tursun Beg was known during his time as a *yazıdji* (secretary or surveyor). Since the job of provincial surveyor was a delicate one, surveyors were appointed from among the most well-known and trustworthy people.[33]

---

30 See my article, "Reîs al-Küttab", in *Islâm Ansiklopedisi,* IX.

31 H. İnalcık, "The Policy of Mehmed II toward the Greek Population of Istanbul", *Dumbarton Oaks Papers,* vol. 23-24 (1969-1970), pp. 231-249

32 "*Tursun Beg ve Ishak Çelebi ve Sasa Beg oghlu Çalab-verdi ve Kula Subashısı Ilyâs Beg yazdıkları yayanın ve müsellemin defteri*" (Bursa, *Sidjill* no. A 4/4, 135b, 884 H).

33 See Ḥ. İnalcık, *Defter-i Sancak-i Arvanid*, Ankara, 1954, Introduction, pp. XIII-XIV.

Tursun Beg's first important position in the secretarial profession was as *divan kâtibi* under the Grand Vizier Mahmud Pasha. Tursun states that he served under Mahmud Pasha for twelve years and that these years made up the happiest period of his life (text p. 23). Since Mahmud Pasha's first vizierate lasted twelve years, it can be inferred that Tursun was continuously in his service during this period. Tursun was bound to his benefactor and patron Mahmud Pasha by ties of great respect. Even in his history, which was written long after Mahmud Pasha's death, Tursun always tries to vindicate his master's decisions and show their wisdom. For this reason, Tursun can justly be accused of partisanship in some of his historical depictions. One example is his description of the conquest of Agriboz (or Igriboz, Euboea), in which he gives no recognition to Rum Mehmed for his accomplishments, ascribing all credit for the Ottoman success in that campaign to Mahmud Pasha (text pp. 139-143).

Tursun Beg was lucky in writing his history in that he had the opportunity of being present in the *Dîvân* as secretary when important historic decisions were made, and of witnessing important events first hand. By virtue of his position, he was also present in the war councils during Mahmud Pasha's campaigns and was able to record for us the discussions and viewpoints which were debated in these councils. (For example, see text pp. 88, 118.) In all probability Tursun Beg entered Mahmud Pasha's service after having completed the survey of houses in Istanbul with his uncle in the years 1456-1457. Prior to that he had been in Mehmed II's army in 1452 while it was engaged in building the fortifications at Rumeli-Hisar and was present at the siege of Istanbul in 1453. He was in the company of Mehmed II during his first visit to the Ayasofya (Santa Sophia) after the capture of the city and recorded verbatim in his history the Conqueror's citation of Khakânî's famous verse on that occasion (text p. 57). In view of the detailed information which Tursun Beg provides about the Belgrade campaign (text pp. 70-75), he probably also accompanied the sultan on this campaign. After having entered Mahmud Pasha's service, he was always at the side of his master in all of the campaigns in which he participated. We know with certainty that he was with Mahmud during his Serbian campaign of 1458 from the important details on that campaign contained in his history. During the Kastamoni campaign it was he, acting as Mahmud Pasha's *Dîvân Kâtibi*, who composed the letter summoning Ismail Beg to surrender (text pp. 98-99). He was with the army in the Wallachian campaign of the summer of 1462, and upon the capture of the island of Midilli (Lesbos) he was allotted three slaves (text p. 112) as his personal share of the booty. Likewise, in the Bosnian campaign he was with Mahmud Pasha in the Sultan's army (text pp. 113-122). When Mahmud Pasha was sent by the Sultan against Sokol and Kluc, Tursun Beg accompanied him (text p. 119).

Tursun participated in the Morea campaign against the Venetians, again in the company of Mahmud Pasha, in 1463. Following the enemy's flight, Mahmud sent Tursun as a messenger to inform the Sultan of the victory. Tursun met up with the Sultan, who was at that time on his way toward the Morea with the remainder of the army, at Izdin (Zituni). He was immediately taken into the Sultan's presence by Ishak Pasha, the second vizier, and made his report. Everyone in the army rejoiced at the news. The Sultan and government officials all gave rich presents to Tursun Beg, bearer of the good news. He received so many presents in money and in valuable goods that even as he was writing his history he commented:

> At that time, I had vowed never again to complain of poverty, but now in my old age I am forced to break my vow. (text p. 125)

In summer 1464 Tursun Beg was in the company of Mahmud Pasha when he went on the offensive against the Hungarians in Bosnia. After the Hungarians had retreated, Tursun and Mihaloghlu Iskender Beg were charged with the provisioning of the garrison at Izvornik (Zvornik). In 1466 and 1467 Tursun participated, along with the Sultan and Grand Vizier, in the first and second

Albanian campaigns. According to our historian the Sultan acted particularly mercilessly in these campaigns in order to daunt the Albanians into submission (text pp. 134-138). In July 1468 Tursun Beg's patron Mahmud Pasha was dismissed from office. Tursun gives information about the violent struggle for the Sultan's favor between Mahmud Pasha and his rivals. While Mahmud was on campaign against Serbia in 1458, the influence at court of the *deft-erdâr* Ditrik Sinan had grown as a result of his being in company with the Sultan on his Morea campaign (text pp. 91-92). The rivalry between Mahmud Pasha and Ditrik Sinan ended with Sinan's dismissal and finally with his death. Later on, as developments in Karaman grew in political significance, a new group with expertise and experience in Anatolian affairs gained influence as the Sultan's advisors. As a result of this change in the focus of policy, Ishak, Rum Mehmed, and Gedik Ahmed Pashas were now in the spotlight, and subsequently were promoted to the Grand Vizierate. Tursun Beg's treatment of these figures in his history is less than favorable. On the other hand, he praises Karâmânî Nishandjı Mehmed Pasha, who was Gedik Ahmed Pasha's rival (text p. 172). It is likely that Tursun Beg was on good terms with Mehmed Pasha since, like himself, Mehmed Pasha was also a *münshî* of Turkish origin. During this period, Tursun Beg advanced rapidly through the ranks of the finance department, and when Mahmud Pasha was appointed Grand Vizier for the second time in 1473 Tursun Beg was again in his service. He still attempts to vindicate his benefactor in his treatment of the campaign against Uzun Hasan which resulted in the death of Khass Murad Pasha (text p. 53). Tursun Beg does nor even so much as mention Mahmud Pasha's execution. Saying that sultans act with the guidance and inspiration of God, Tursun Beg refrains from speaking critically of the Sultan. Nevertheless, he does not hesitate to voice general comments about the Conqueror's excessive temper (text pp. 24-25) and impulsiveness (text pp. 74, 153). Furthermore, Tursun tries in his history to demonstrate how Mahmud was always in the right in his decisions, whether as military commander or as statesman.

Tursun was active in Mahmud's service, aiding him in all his state and personal business in the role of a close assistant. As a poet and literary man Tursun was included in Mahmud Pasha's private meetings in which current politics, literature and other intellectual subjects were discussed (text pp. 23-28). During one of these meetings Hayâtî, a poet known for his wit and sense of humor, composed a taunting verse addressed to Tursun Beg. According to the story in Sehî's *Hasht Bihisht*,[34] Tursun never forgot this insult and was later held responsible for Hayâtî's being put to death. After 1474 Tursun Beg, as a high-ranking official in the *Dîvân*, accompanied the Sultan on the campaigns which he personally led. As a result of his being present in the Moldavian campaign (summer 1476), the campaign against the Hungarians (winter 1476), and in the campaign in Albania (summer 1478), Tursun Beg was in a position to give interesting original details concerning these campaigns. But it is evident that he was not present in the campaigns commanded by the pashas in which the Sultan did not take part. As a result, his information on the events in Karaman (1468-1474), the Crimean campaign (1475), the siege of Lepanto (1477), and the campaigns against Rhodes and Otranto (1480) is limited, and his treatment of these campaigns in the history is brief and of a general character.

According to what he himself says in his history, it is clear that after forty years of government service, Tursun Beg went into retirement and was allotted the retirement pension set aside for members of the religious institution.[35] During the time in which he was occupied with writing his history, Tursun Beg was living in Bursa, and his name is mentioned many times in the Bursa Court Records for the years 889/1484, 892/1487, and 896/ 1491 in connection with various undertakings. In an entry dated 25 Djumada II 889/20 July 1484, the now venerable old man, author of our history, is referred to as "iftikhâr al-a'yân Tursun Beg bn. Hamza Beg". From another of the entries in the Bursa court records we learn that Tursun Beg's

34 Printed edition, Istanbul, 1325 H., p. 70.

35 See Ârif's text (pp. 8, 10), "*wazîfe ve idrâr.*"

wife was Selçuk Khatun, the daughter of Balaban Pasha.[36] That Tursun Beg had two daughters named Mâhrû and Fakhr al-Nisâ' is learned from the Bursa Court Records. From one of the entries (Sidjill A 8/8, p. 79b), we learn that Tursun Beg was appointed *mutawalli* (administrator) to his uncle Djübbe Ali's *wakf* property in Bursa. From another entry (Sidjill no. A 8/8, 62b), dated Djumâdâ I, 896 / begins 12 Mart 1491, we learn that Tursun Beg sold his house. It is most probable that Tursun Beg started to write his history in Bursa in 1488. At this date he was in all likelihood over the age of sixty. His date of death is unknown.

Tursun Beg's Work

Tursun gave the title *Târîkh-i Abu'l-Fath*, History of the Conqueror, to his work (p. 11). He, like many other Ottoman historians such as Idrîs-i Bitlîsî, Djelâlzâde Mustafa, Selâniki and 'Âlî, was an historian belonging to the government secretarial (*kuttâb*) class. Most of these historians also belonged to that category of bureaucrats known as the *kâtib-i tadbîr*,[37] who, as members of the highest rank in the secretarial profession, were in close relations with all the statesmen responsible for the formulation of policy. They considered it part of their duty as historians to record their experiences as an aid to others in the good management of government affairs. The state secretaries were divided into two principal categories: those specializing in general government correspondence, *inshâ'*, and those specializing in the Financial Department,

---

36 Balaban Beg (Pasha) was appointed governor of Menteshe in 829 H./begins 13 December 1425 ('Âshık Pashazâde, p. 167; Neshrî, p. 157; Wittek, p. 100) when Hamza Beg was governor of Anatolia. Balaban Beg was at the siege of Salonica in 1425 (Iorga, *GOR*, I, p. 402), was governor of Gallipoli (his *mülknâme* dated 1 Muharrem 840/16 August 1436, Topkapı Palace Archives, Sinan Pasha documents no. 156; his wakfiyye dated 846/begins 12 May 1442, on the madrasa and bath he built in Gallipoli, T. Gökbilgin, *Edirne ve Paşa Livası*, p. 261), became governor of Tokat in 1439 (Neshrî, p. 168; H. Hüsameddin, *Amasya Tarihi*, p. 216), died in Edirne 850/begins 29 Mart 1446, and was buried in the court of the mosque he built in Edirne (for his awkaf see T. Gökbilgin, *Edirne ve Paşa Livası*, pp. 63, 223-224).

37 See "Reîs ül-Küttâb," *İslâm Ansiklopedisi*, IX, p. 677.

mâliyye. Tursun Beg, like Selânikî and 'Âlî, belonged to the second category. Throughout his history, there are indications showing his knowledge and familiarity with the profession of a finance secretary. Especially noteworthy in this context is his attitude towards the material value of conquest and expansion. He looks upon conquest as a process by which state revenues could be expanded (text pp. 22, 25, 68, 89-100, 113, 117, 121, 138, 166). Tursun Beg intends his work, a record of what had happened in the past, as a guide and aid to administrators and statesmen in the proper management of state affairs. He follows the general line of the Advice to Kings literary genre and subscribes to their approach to political theory. He puts great emphasis on the need for the king's justice and protection of the *re'âyâ* masses as the foundation of political stability. Whenever in the course of his history a decision or course of action is taken in the war councils, he indicates his opinion as to which decisions were wise and correct and which were wrong and harmful.

There is one main theme which runs throughout Tursun's history: the concept that the good order of state and society is inextricably bound to the being of the one Sultan. At the time of the history's writing, everyone in Ottoman society was under the influence of the destructive effects of the civil war which had broken out after Mehmed II's death. The fear that Sultan Djem, at that time in refuge in Europe, would return to claim the throne and that civil war would again blaze out was universal (see especially text pp. 7-31, 175-184, 198). Sharing this feeling with all those who were concerned with the well-being of the Ottoman state, Tursun desired that Bayezid be firmly established on the throne, and in his history he wanted to emphasize this point. The long introduction (pp. 11-31) was certainly written for that purpose.

At the same time, Tursun did not neglect to express his awareness that it was through the conquests of Mehmed II that the Ottoman state had become the most powerful and respected state in the Islamic World. Bayezid II wanted an Ottoman history composed that would show the superiority of the Ottoman House to other rival Islamic dynasties in Iran and Egypt.[38] During just the period in which Tursun was writing his history, a violent conflict broke out between the Ottomans and the Mamluks, who backed and supported Djem Sultan and the Karamanid House in defiance of Bayezid II. It is likely that it was within the ambience of Ottoman-Mamluk rivalry that Tursun Beg conceived the idea of writing a history of Mehmed's reign, with which he was so intimately familiar, and of presenting it to the new Sultan Bayezid. Tursun gives open expression to his anti-Mamluk feelings in his history.[39]

Tursun also makes reference in his introduction (text pp. 9-10) to the fact that he considered it a debt of gratitude to the late Sultan Mehmed, for his generosity towards him, to compose a history of his reign. However, it is made clear that at the same time he expected some reward from Bayezid II for the writing of his history. In the appropriate places throughout the text he refers to his poverty and to Sultan Bayezid's generosity (text pp. 8, 22, 125, 159, 179). Tursun also states that his purpose in writing the history of Mehmed's reign was to form the foundations for the history of Mehmed's young successor (text p. 179). In fact, in the *Târîkh-i Abu'l-Fath* itself Tursun Beg covers the events of Bayezid's reign up to the year 1488. He also gave expression to his intention to continue his history should his own longevity permit (text p. 198).

As for Tursun Beg's historiographical methodology and manner of historical interpretation, he was firmly tied to the basic Islamic belief; that is to say, according to our author the course of history is predetermined by God's predestination. Thus, whatever project the Sultan might undertake, its outcome was subject to this predestination, and success was granted to the Sultan in all his undertakings as a result of the backing and support (*te'yîd*) of God (text pp. 15, 160, 170, 181, 189-190, 198).

---

38 *Historians of the Middle East*, eds. B. Lewis and P. Holt, London, 1962, p. 164.

39 Ârif's text, pp. 183, 192-197: "ki kulun olsa djâ'iz Misra Sultân" (text p. 189). For reference to the fact that Mehmed's last campaign was intended to crush the Mamluks, see pp. 171-172.

In the Ottoman state and the Islamic states which preceded it, there had existed an official or semi-official school of historiography which was based on official government documents, especially correspondence and memos to and from the Sultan (*talkhîsât*).[40] Histories written by historians of this school are detailed and all-inclusive, usually giving precise and accurate information about the events described and their dates of occurrence. Another category or school of historical writing, on the other hand, was exhibited in the personal histories based on the historian's own reminiscences or experiences rather than on official documentation. Tursun Beg's history belongs in this second category. He states in his introduction (text p. 11) that he wrote his history using information about events which he had either witnessed himself or information that was currently accepted as common public knowledge (*"Beyn al-nâs tevâtür ile sâbit"*). For this reason, a great many mistakes are present both in the chronology and in the protagonists of events which he describes. There are many important events which were not personally witnessed by the author and are therefore left uncovered in his work. It is for certain that his work is far from being a complete or comprehensive history of the reign of Mehmed II. The importance of this history derives not from its completeness, but rather from the fact that it is based on the personal reminiscences of a man. Tursun Beg, who served for forty years in the highest government circles, and who was in close contact with the influential men and decision makers of his time. The *Târîkh-i Abu'l-Fath* thus constitutes a firsthand source for the study of the attitudes of the Ottoman ruling class, their inner power struggles, the character and contents of their war councils, aspects of Ottoman society and culture whose private nature makes them little susceptible to study through the official and semi-official histories. Tursun's work is also one of the most reliable sources for the personalities of Mehmed II and Mahmud Pasha, as well as for an understanding of the most important internal and external issues and problems of

40 Examples of this school of historical writing are Ibn Taghribirdî among the Mamluks, and among the Ottomans Fındıklılı Silahdar Mehmed Agha.

the day as seen by an inside observer. The central importance of artillery for the Conqueror in his founding of the empire is thus one issue which is concretely confirmed by Tursun Beg's history. There can be no doubt whatsoever that it is the most important Ottoman source for the period of Mehmed II's reign.

Like most of the *münshîs*, Tursun Beg was also a poet. The couplets and verses sprinkled throughout his history give ample evidence of his quite considerable skill in the poetic arts. He was given a present of a sable fur, a robe of honor, and 2000 *akçe* in cash for the poem which he presented to Mehmed II on his return to Edirne after the winter campaign of 1476 (text pp. 165-166). He also celebrated the occasion of Bayezid II's first campaign and the conquest of Ak-Kerman and Kilia in 1484 by greeting the returning Sultan with a verse (text pp. 189-90).

Tursun Beg's history was written in the official literary prose style which was in the process of development in Ottoman government circles at that time,[41] and can thus be regarded as one of the first and most important examples of the fifteenth century Ottoman historical writing. This high-flown literary *inshâ'* language seems to have developed in the time of Murad II on the basis of imitation of Persian models,[42] and thus contains many anomalies which were not well incorporated into the structure of the Turkish language nor firmly established in their usage. It is perhaps for this reason that the *Târîkh-i Abu'l-Fath* was somewhat lacking in popularity among later generations of Ottoman historians.

This work was, however, one of the principal sources upon which Kemâl Pasha-zâde relied when he composed the section of his history dealing with the reign of Mehmed II. Idrîs-i Bitlîsî and Sa'd al-Dîn apparently remained unaware of the existence of Tursun's work.

---

41 "*Hilye-i inshâ' ile mütezeyyin bir sûret taswîr ve takrîr edem*" (p.10).

42 Examples of this open imitation of Persian models can easily be found in *Menâhidj al-Inshâ'*, ed. Şinasi Tekin, Cambridge, Mass., 1973.

The Genealogy of Tursun Beg's Family

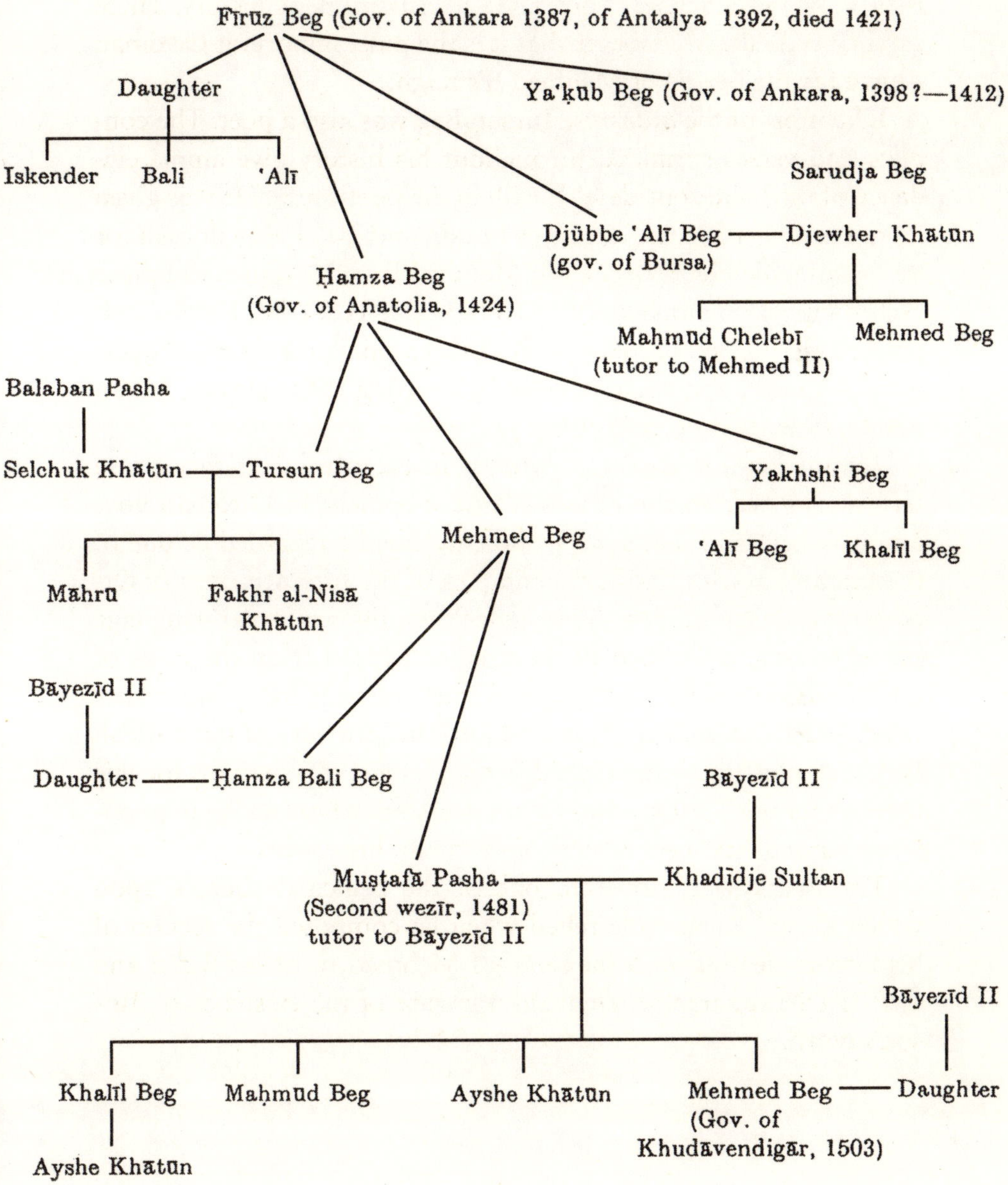

Tursun Beg'in *Târih-i Ebu'l-Feth* Adlı Eseri Hakkında[1]

Özet

Tursun Beg, tarihinin başına devlet teorisi ve hükümdar hakkında uzun bir mukaddime (s. 11-29) koyma gereğini duymuştur. Burada, özellikle Nasireddin Tûsi'nin *Ahlâk-i Nâsirî* kitabını kullanarak "siyasî *pendnâme*, *nasîhatnâme*" literatüründeki görüşleri tekrarlamıştır. Bununla beraber bu mukaddimede o zamanki politikayla ilgili bazı pratik amaçlar güttüğü anlaşılmaktadır.

Tursun Beg belirtir ki, herhangi bir toplumda huzur, sükûn ve barış bir otorite sahibinin, pâdişahın varlığına bağlıdır. Tanrı, insanlar arasında birini yükseltir ve ona bu yüksek otoriteyi bağışlar. Ona büyük küçük herkes baş eğmek zorundadır. İtaatsizlik, Tanrı'nın iradesine karşı gelmektir. İlâveten, bilfiil pâdişahımız II. Bâyezid, Tanrı'nın "inâyeti ve teyîdi ile" hükümdar olmuştur ve "bu genel gözleme" hükmüyle herkesin kendisine itaat etmesi "farz-ı ayın"dır. Mutlak yerine getirilmesi gereken bir ödevdir (s. 15).

---

1 Metnin aslı için bkz. Tursun Beg, *Târih-i Ebu'l-Feth: History of the Mehmed the Conqueror*, (yay.) İnalcık-Murphey, Minneapolis, 1978.

II. Bâyezid'in ilk saltanat döneminde en önemli problem, kardeşi Cem'in ve taraftarlarının kendi pâdişahlığına karşı faaliyetleriydi. Tursun Beg bu satırlarda II. Bâyezid'in saltanatının meşru olduğunu ispat etmeye çalışıyor. Söylentinin etkisine işaretle "aziz ve azizi zelîl yapar" (s. 15) diyor.

Tursun Beg'in belirttiği ikinci önemli nokta, "şükür", yani Tanrı'ya karşı hükümdarın ödevidir. Tursun Beg daima *pendnâme* literatürünü takip ederek Tanrı'nın bu "ulu nimeti" karşılığında hükümdarın da ahlâk ve minnet borcu olduğunu belirtir. Hükümdarın mutlak otoritesini sınırlandırmamak için bunu zorunlu bir ödev olarak koymaz ancak bir "şükür", yani etik bir zorunluluk olarak koyar. Bu da ancak hükümdarın "tahsîl-i mekârim-i ahlâk"ı elde etmesiyle yani etik kurallarına uymakla mümkündür. Ana etik sıfatları hikmet, şecaât, iffet ve adâlettir. Tursun Beg bu teorik düşüncelerden sonra "Pâdişahımız Sultan Bâyezid"in ahlâkî vasıflarına değinir. Onda hükümdarlık faziletlerinin iki esas etik prensibin "adâlet ve hilm"in tam olarak mevcut bulunduğunu söyler. Adâlet kılıçtan, siyâsetten, bedenî cezalandırmadan başka bir şey değildir, yani siyâset, cezalandırma olmadan zulüm önlenemez, adâlet kurulamaz.

Sultan Bâyezid cesareti sayesinde kılıçla Osmanlı Devleti'nde "fetret ve fesât"ı, anarşiyi önleyebilmiştir (s. 17). Ancak hükümdar, siyâset hakkını *hilm* ile yumuşaklıkla kullanmalıdır. Hiddetle birden karar vermekten çekinmelidir (Fâtih'i tenkit). *Hilm,* pâdişahımızın en iyi bilinen özelliğidir (s. 19).

İffet ve namusun gerekli kılınan faziletlere gelince, Tursun Beg'e göre bu da II. Bâyezid'in daima gözettiği bir şeydir. Buna örnek olarak, Fâtih Mehmed zamanında evkâf ve emlâktan alınan 20 bin(?) miktarındaki köy ve mezrayı sahiplerine geri vermesini zikreder. Tabii bunlar askerî sınıftan zâviye sahibi dervişlerden alınmıştı. Tursun Beg beylere pâdişahın bol bol para ve *hil'at* dağıttığını kaydeder ve der ki, buna karşı sultan hazînesi artmış, Kapu halkı ve silah teçhizatı iki katına çıkmıştır (s. 22).

II. Bâyezid'in hikmet, ileri görüşlülük hususunda ününün de herkesçe bilindiğini işaret eder. Sonuçta Tursun Beg'e göre II. Bâyezid örnek bir hükümdar için gerekli bütün etik davranışlara, erdemlere ve faziletlere sahip bulunmaktadır.

Tursun Beg, Fâtih Mehmed'in idam ettirdiği, kendi efendisi Mahmud Paşa'nın siyâset üzerindeki bazı sözlerini bize nakleder. Bu konular o zamanlar herhalde siyasî çevrelerde tartışılmaktaydı. II. Bâyezid dönemi Fâtih devrindeki siyasî ve mâlî tutumlara karşı genel bir tepki devridir. Eski dönemde kötülenmiş büyük siyâset adamları, başlıca Mahmud Paşa ve Çandarlı Halil Paşa ailesi yeni devirde bir *iâde-i itibâra* mazhar olmuştur (Çandarlıları öven satırları Çandarlı İbrahim vezirken yazmıştır, s. 31).

Tursun Beg, Mahmud Paşa'nın başardığı büyük işler zihinlerde yaşamaktadır, diyerek (s. 24) bu nokta üzerinde durur. Mahmud Paşa'ya Fâtih Mehmed'in azâmet ve kibri hakkında bir soru yöneltilmiş, paşa buna cevap olarak şükür fazileti üzerinde durmuş. Saltanat karşılığında adalet, fütûhât karşılığında reâyânın mâl ve mülküne tama' etmekten kaçınma, hazînenin artması karşılığında vakfedilen hayratı yerinde bırakma, Tanrı'nın pâdişaha büyük saray ve kaleler bağışlaması karşılığında reâyânın olağanüstü vergilerden, avârızdan muaf tutma suretiyle Tanrı'ya hükümdarın şükür borcunu ödemesi gerektiğini belirtmekte ve bunun yalnız hükümdarlar için değil, bütün idareciler için gerekli olduğunu ilâve etmektedir.

Yukarıda sözünü ettiğimiz noktalar, Fâtih devrinde iç politikanın büyük sorunlarıydı. İstanbul fethi ile Fâtih olağanüstü bir otorite sahibi, cihangir bir hükümdar durumuna erişmiş, gereğinden ziyade baskı, rejim, uyguladığı sert cezalarla herkesi şaşırtmıştır. Mahmud kendisi, Fâtih'in haksız gazabının kurbanı sayılıyordu. Fâtih devrinde reâyâ üzerinde vergilerin artırılması, iltizama verilen tekeller, evkâfa devlet hazînesi için el konması, çeşitli avârız vergileri geniş huzursuzluk ve memnuniyetsizlik yaratan önlemlerdi. Tursun Beg bu sorunlar üzerinde eleştirilere yer vermektedir.

Veziriâzâm Mahmud Paşa'nın özel meclislerinde Fâtih Mehmed'de gazabın hilme üstün geldiği noktası belirtiliyordu. Mahmud'a göre fazla hilm, pâdişahın aczi, otoritesizlik şeklinde yorumlanabilir. Fakat fazla sertlik de herkesin korku ve güvensizliğine yol açar. Kânûna göre vergi toplama gerekli bir şeydir. Fakat halkın dostluğunu, özellikle asker kısmının dostluğunu kazanmak daha önemlidir. Hazînede toplanan parayı tutmayıp askere dağıtmak en akıllıca bir politikadır. (Fâtih döneminde büyük altın gümüş stokları Yedikule'de küplerde saklanmaktaydı.) Her şeyden önce pâdişahın öteki dünyada Tanrı önünde cevap verme durumunda olacağını hiçbir zaman hatırdan çıkarmaması gerekir. Başka bir ifadeyle hükümdarın otoritesini kötüye kullanmasını önleyecek asıl önlem Tanrı korkusudur (s. 27-28).

Tursun Beg bu giriş bölümünde bir yandan II. Bâyezid'in saltanatını kuvvetlendirecek bir tartışma yapmakta, öte yandan kendi devrinin başlıca siyasî sorunlarını *pendnâme-nasihatnâme* literatürü ışığında değerlendirerek II. Bâyezid'e iyi bir siyâset için önerilerde bulunmaktadır. Böylece bu giriş, 16. yüzyılın ikinci yarısı ve 17. yüzyıldaki Koçi Bey gibi Osmanlı *nasihatnâme* yazarlarının ilk örneği sayılabilir.

Herhalde Fâtih döneminde Tursun Beg, Mahmud Paşa'nın adamı olarak onun katlinden (1474) sonra uygulanan siyâsete ve özellikle mâliyede alınan kurallara karşı olmuş olmalıdır. O, II. Bâyezid döneminde bu eleştirel görüşlerini ifade etme fırsatını bulmaktadır ve herhalde yeni pâdişahın siyâseti üzerinde bu yolda etkide bulunmaya çalışmaktadır.

İslâm kültüründe tarih, daima hükümdarlara ve devlet adamlarına doğru yolu gösteren bir kılavuz sayıldığı için Tursun Beg'in bu tarihi yazarken esas düşüncesinin bu yolda olduğuna kuşku yoktur (16. yüzyılda müverrih Âli ve öteki nasihatnâme yazarları doğru bir siyâset yolu bulmak için hükümdara daima tarih okumayı tavsiye edeceklerdir). Bu girişte Tursun, kuşkusuz bu düşünceye uymuştur.

Giriş

Gelip geçmiş hiçbir İslâm hanedanı, fütûhât bakımından Osmanlı hanedanından üstün değildir. Osmanlı hükümdarları arasında da memleketler fethi ve başka hükümdarlık işlerinde Sultan

Mehmed başta gelir. Saltanatı 32 yıl 1 ay 19 gündür. 18 ülke fethetmiş, Osmanlı ülkesini iki kat genişletmiştir.

Babası II. Murad kendi isteğiyle tahtı ona bırakmıştı. Fakat bu iş, acele yapılmıştı. Veziriâzam Halil Paşa "ki ana vüzerâlık irsle ve istihkakla müntekil olmuştu", Mehmed'in çocuk olduğuna fakat zamanla bağımsız hareket etme düşüncesine kapılacağına inandı. Sonuçta memlekette gerçek iki hükümdar olması zarar getirebilirdi. Murad'ın etrafındakiler de tekrar saltanata geçmeye teşvik ediyorlardı. Murad, bu işi Halil Paşa'nın becerebileceğini düşündü. O sırada Macarlar Varna'ya kadar ilerlediler. Halil Paşa, devlet ileri gelenlerinin onayını alarak ordunun başına babasını çağırması gerektiğini söyledi. "Sonra yine saltanat sizindir" dedi.

Mehmed istemeyerek tahtı bıraktı. Zaganos Bey'i *atabey* yaptırdı. Mehmed onunla beraber Manisa'ya gitti. Bir anlamda "atasını kaymakam edindi". Murad H. 855 yılı Muharrem başında (1451 Şubat başı) öldü.

Sultan Mehmed Gâzî'nin Tahta Çıkması (s. 32-40) ve Karaman Seferi

Sultan Mehmed H. 855 yılı Muharrem (17 Şubat) Perşembe günü tahta cülûs etti. O yılın baharında Rumeli Beylerbeyi Dayı Karaca Bey'i Rumeli askeriyle Macarlara karşı Sofya tarafında bekçi koydu ve kendisi kapu halkıyla ve Anadolu askeriyle Karamanoğlu İbrahim üzerine yürüdü. Görünüşte sebep, Sultan Mehmed tahta çıktığı zaman onun gerekli saygıyı göstermemesiydi (s. 34). Mehmed ordusuyla Akşehir'de çadır kurduğu zaman Karamanoğlu Taş-ili'ne Toroslar'a kaçtı. Ve Mevlânâ Veli'yi gönderip Akşehir, Beyşehir ve Seydişehir'ni etraftaki topraklarla birlikte vermeyi kabul ederek barış istedi. Ayrıca, her yıl belli sayıda askeri Osmanlı ordusuna göndermeyi kabul etti.

Dönüşte yeniçeriler, yolun üzerinde silahlarıyla iki saf durdular. Pâdişah aralarından geçerken "Pâdişahımızın ilk seferidir, kullara ihsan gerek" diye bağrıştılar. Bu yolsuz hareketleri sultanın hoşuna gitmedi. Dîvân toplanınca yeniçeri yaya başlarını huzuruna getirtti ve yüzer sopa vurdurdu, azledip kapudan sürdü. Bu sert hareket sonucu pâdişahın korkusu yeniçeri kalbinde yerleşti ve saltanatı sonuna kadar bir daha başkaldırmadılar (s. 35). Bundan sonra sultan, Edirne'ye döndü.

Boğaz-Kesen (Rumeli) Hisarı'nın İnşâsı (s. 36-41)

İstanbul'un fethi düşüncesi onu bırakmıyordu. Bu şehrin bir an önce fethi gerektiğini söylerdi. Devlet büyükleri, surların sağlamlığından ve bir kuşatmanın doğuracağı kötü sonuçlardan söz açsalar dinlemezdi. Hemen hazırlıklara girişti. İlkin Boğaz'da bir kale yapılmasını emretti (s. 36) (Boğaz'ın, İstanbul'un ve Galata'nın tasviri, s. 37-39). İstanbul Osmanlı memleketlerinin ortasında olup Kâyser, Rûm veya Osmanlı soyundan birisini veya bir düzmeyi saklar, onunla kargaşa çıkarmaya çalışırdı. H. 856/M. 1451 baharında pâdişah kale yapılacak yere geldi (s. 39) ve yapımına başladılar (Rumeli Hisarı'nın tasviri, s. 40-41).

Rumeli Hisarı dibinde denize bitişik bir küçük hisar yapılarak denize açılır yirmi kapının her birine bir top yerleştirildi. Karşıda Yenice Kale dibinde de böyle bir küçük hisar yapılarak toplar kondu. Böylece Boğaz'ı kestiler. Akdeniz'den Karadeniz'e kuş uçurtmazlardı (s. 40). Sultan Mehmed her türlü eğlenceyi bırakıp aralıksız çalıştığından Rumeli Hisarı zaman içinde tamamlanmıştır.

Kostantiniyye'nin Fethi (s. 41-58)

Hisarın yapımı tamamlandıktan sonra sultan, payitahtı Edirne'ye doğru yola çıktı. Göç sırasında kapu halkından birkaç yiğit İstanbul çobanlarından koyun istemişlerdir. Bu yüzden kavga çıkmış. Bu kavgayı harbin başlangıcı zanneden İstanbul içindeki halk, düşmanlık çanlarını çalmaya başladılar ve kapıları kapadılar. Böylece düşman durumuna geçtiler. Sultanın beylerinden bazıları o sırada gezme, eğlenme için İstanbul içindeydiler. Kalede kapalı kaldılar (s. 41). Tekfur, onlara iyi davrandı, kendilerini elçi ile beraber gönderip af diledi. Sultan kabul etmedi. "Bundan sonra ya kaleyi teslim etsin yahut savaşa hazır olsun" diyerek Edirne'ye döndü.

H. 857 yılı baharında (s. 42) İstanbul fethi için Edirne'den yola çıktı. Büyük topları yayalara çektiriyordu. Rumeli'de gümüş madenlerinde taş delen ustalar aletleriyle orduya katılmışlardı. Donanma, Gelibolu'da bekliyordu. Kendisi karadan, donanma denizden yürüdüler. İstanbul üzerine konacağı gün âdet üzere alay ve safları düzene soktu. Beyaz külâhlı okçu yeniçerileri (s. 43), Türk ve Frenkli (Avrupalı) zenberekçileri, tüfekçileri ve darbuzenleri, küçük topları kendi çevresinde ordunun göbeğine yerleştirdi. Kızıl külâhlı gâzîleri onların sağ ve soluna, süvarileri bunların gerisine yerleştirdi. Bu düzende ordu, Kostantiniyye üzerine alaylar halinde yürümeye başladı (s. 44). Kâyser-i Rûm'a dahi Hıristiyan memleketlerinden namlı askerler yardıma gelmişlerdi. Kâyser, atları ve kendileri zırhlı bu askeri, kale kapıları önünde sultanın askerine karşı gönderdi. İslâm askeri, bunları karşılayıp surların içine sürdüler. Nihayet sultan kendisi kale üzerine geldi. Osmanlı düzeni üzere ortada sultanın büyük çadırı kuruldu. Yeniçeri çadırları onun çevresini bir daire halinde kuşattılar. Sultan Murad'ın vezirlerinden Anadolu Beylerbeyi İshak Paşa Anadolu askeriyle sağda, Sultan Alâeddin'in dayısı Rumeli Beylerbeyi Dayı Karaca Bey solda (s. 45) yer aldılar. Top kurulacak yerlerde metrisler kazdılar. Mancınıkları yerleştirdiler. Mancul (?) yerleri ve tonuz-damları yaptılar ve taş delen ustaları yerlerini gösterdiler. Kale kapılarında hemen çarpışmalar başladı. Fakat Haliç kısmı tamamıyla kapalıydı. Sultan bundan memnun değildi, emir verdi: Kadırgalar ve küçük gemilerden bir kısmı Galata arkasından çekip Haliç'e indirilsin. Böylece düşman kuvvetleri burayı da savunmak zorunda kalarak dağılsın (s. 46). Böylece, gemilerle deniz üzerinden İstanbul surlarına geçit düzdüler. Böylece kale üç tarafından kuşatılmış oldu. Bu sırada toplar ve mancınıklar surları dövmekteydi. Atılan gülleler surları yarıp sarsıyordu. Her gün sabahtan gün batışına kadar asker çarpışmaktaydı. Düşman kalenin sağlamlığına güveniyordu. Top ateşiyle kalenin bazı burçları tamamıyla yıkıldı.

O sırada Firengistan'dan yardım olarak asker ve silah dolu iki büyük *köke* geldi (s. 47). Sultanın askeri ve donanma halkı o zaman gemileri Haliç'e indirme hazırlığındaydılar. *Köke*ler uygun bir rüzgârla süratle gelmeye başladılar. Kapudan-i Derya Baltaoğlu Süleyman Bey ne kadar gemi bulabildiyse onlara karşı çıktı. Büyük savaş verdi fakat zafer kazanamadı. Rumlar, Haliç'in kapısını açıp köleleri içeri aldılar. Olay, ehl-i İslâm arasına ümitsizlik ve perişanlık saldı. Fakat sonunda kale fethine bu gemi olayı sebep oldu. Çünkü o zamana kadar kapu halkı ve yeniçeriler karşısında bulunan surlar yıkılmıştı. Yollar yapılmıştı. Rumlar kalenin buradan alınacağından korkuyorlardı. Bu yerin savunmasını kendileri üzerlerine almak istediler. Frenk askeri ise "bu yer bize verilmezse gemilerimize döneriz" diye karşı çıktılar. İmparator, onların çekilip gitmesinden korkarak bu savunma yerini onlara verdi. Bunun üzerine İstanbul Rumları gürültü çıkardılar. Düşman arasına ayrılık düştü (s. 48). 857 Cemâziyelâhir 27 Çarşamba günü sultan orduya yürüyüş ve yağma ilân etti. Askerler akşamüstü metrislerden ve ara yollardan surlara varıp merdivenlere dayanarak sabaha kadar savaştılar. Sabah olur olmaz sultan at üstünde geldi, kale üzerine yürüdü, askere yağma izni verdi. Toplar ateşe başladı. Arkasından savaş borazanları çalarak genel saldırı başladı. Kaledekiler ok yağmuruna tutuldu (s. 49). Topun açtığı gediklerde asker kılıç kılıca göğüs göğse savaşıyordu. Savaş bu şekilde sürerken bir taraftan da düşman neft ateşi başladı.

Top bölümünde savaşan Frenk askeri, kale duvarları altında küçük surlar önünde Osmanlı askerini karşıladı. Kumandanları gedikte hisar üstünde bir gâzîyle kılıçlaşırken (s. 50) başka bir gâzî aşağıdan kılıcını onun göbeğine sapladı. Düşmanın kumandanları yaralanınca dayanmayı bıraktılar. İç kaleye kaçmak istedilerse de giremediler. İki sur arasında kaldılar. Kale içindeki kapılar kapatıldı, Frenkler kılıçtan geçirildi. Bunun üzerine gâzîler hemen asıl kale üstüne çıkıp düşmanı aşağı attılar. Gedikten şehrin içine yayılmaya başladılar. Düşman bölük bölük önlerinden kaçıyordu.

Kapu halkı bu zaferi kazandığı sırada Rumeli, Anadolu askeri ve gemiciler olanlardan habersiz savaştaydılar. İmparator ve yanındakiler yeniçerileri birden arkalarında görünce korkuya kapıldılar, kaçmaya başladılar. Bir bölük sur üzerinde sarp kaleye kapandı, başka bir bölük ümitsizce atlarını gâzîler üstüne sürdüyse de kılıçtan geçirildi, bir bölüğü ise teslim oldu. O sırada imparator, gemilerden biri ile canını korumak için gizli yerlerden Haliç'e doğru kaçıyordu. Azeblerden bir grupla karşılaştı. Hikâye şudur: Bazı azebler yeniçeri kılığına girmiş olup onlarla birlikte şehre girmişler, sonra yeniçerilerden ayrılıp tehlikeli bir bölgeye sapmışlardı (s. 52). Bunlar orada birden imparatorla karşılaştılar ve ümitsizce savaşmaya başladılar. İmparator, bir yaralı azeb üzerine atıyla saldırırken atının ayağı sürçtü. Yaralı azeb attan düşen imparatorun başını kesti. Bunu gören öteki kâfirler ümidi kestiler. Azebler bunların kimini katl, kimini esir ettiler. İmparatorun hâssı, yakın adamları oldukları için onların üzerinden pek çok mücevherat ve para ele geçirdiler (s. 53).

Böylece düşman bozguna uğradığından asker yağmaya girişti. Kızları ve oğlanları esir ettiler (s. 54). İmparator sarayından ve zenginlerin evlerinden altın ve gümüş kaplar, değerli eşyalar, her çeşit eşya ve kumaş yağma ettiler, sonsuz ganimete eriştiler. Böylece çok kimse fukaralıktan zenginliğe erişti. Her çadır güzel kızlar ve oğlanlarla doldu.

Bu sırada kalenin kapuları açıldı. Sultan Mehmed, ulemâ ve ümera çevresinde olduğu halde alayla şehre girdi. Binalarını ve çarşılarını seyir edip özellikle Ayasofya'yı görmek istedi. Bu kilise zamanla harap olmuş, ayakta yalnız kubbesi kalmış (s. 50-51) (Ayasofya'nın tasviri). Sultan kiliseyi ve yan binalarını böyle harap görünce, âlemin sebatsızlığını hatırladı. Oradan ordugâha dönen Fâtih Dîvân kurdu. Bizans'ın ileri gelenlerinden esir edilmiş kimseleri bölük bölük getirdiler. Kimini idam ettirdi, kimini iş gereğince saklattı.

Tecrübeli bir adam olan Süleyman Bey'i İstanbul'a subaşı (vali) yapıp tamir işlerini ona havale etti. Kendisi Edirne'ye döndü.

İstanbul'un İmârı (s. 51-63)

Sultan Mehmed bilgi ve akıl sahibi, sözü hikmet ve yaptıkları ile adâletli bir pâdişahtı. En önemlisi ise, düşüncesi cihangirlikte idi. "Dünyayı tedriçle zapt etmeği düşünürdü."

İstanbul'un ihmâl edilmiş eşsiz güzelliğini gördü. Şehrin karalar ve denizler arasında bir kilit gibi durduğunu seçebildi. Payitaht yapmak istedi ve imârına karar verdi. "Bundan sonra tahtım İstanbul'dur" diye, bu kararını açıkladı. Şehrin ortasında iki kara ve iki denizi gören bir yeri dört köşe bir duvarla çevirdi. İçine saraylar ve köşkler yaptırdı. Bunlardan bazısını kendi oturacağı saray bazısını hâs ve gılmana konut, bazısını dîvân yeri yaptı. Bir kısmını otlak yapıp hayvanlarla doldurdu. Buyurdu ki, keferenin boş kalan evlerinden birine hâs ve avamdan her kim kendi isteğiyle gelip yerleşirse, o ev kendisinin mülkü ola. Bu haber üzerine zengin fakir birçok halk şehre doldu. Evler ve saraylar tuttular. Fakat parasız kimselerdi. Zengin tüccar yerlerini bırakıp gelmediler. Hâlbuki bir şehrin bayındırlığı onlarla olur. Bunun üzerine bir *buyruk* çıkararak ülkenin her şehrinden ve memleketten belli sayıda zengin tüccar gönderilmesini istedi. Bunlara İstanbul'da münasip evler bağışlattı ve temlik olundu. Onlar için büyük bostan, çarşılar ve pazarlar, kervansaraylar yaptırdı. Bunun sonucu, şehirde çeşitli sınıftan halk çoğaldı. O zaman yeni bir buyruk çıkardı. Bu evlerin defterlere kaydolunması ve herkesin *hallince* (durumuna göre) *mukâta'a* (kira) ödemesi gerektiği bildirildi. Tahrîr işinin yapılması için benim (Tursun Beg) rahmetli amcam Cübbeli Ali atandı. O sırada Bursa beyi idi, ben de timârdan vazgeçip onun yanına Bursa'da oturmaya gitmiştim. Sultanın emriyle sayım defterini yazmak için kâtip atandım. Çok zahmet çekip ev ev, oda oda bütün binalar bahçe ve bağlar yazıldı ve her biri için *mukâta'a* kondu. Bu yüzden birçok değişiklikler oldu. Mesela bir kimse *mukâta'a*sını ödemeyeceği bir evi elinde tutuyorsa (s. 60) kendi durumuna uygun bir ev aldı. Defter tamamlanınca pâdişaha sunuldu. Yaklaşık iki bin fıçı yıllık gelir ortaya çıktı (her fıçı 50 bin akçedir). Sonra bu *mukâta'a*yı tekrar ev tutmuş olan kullarına ve reâyâya bağışladı. *Mukâta'a* olmaksızın kendilerine tûğralı mülknâmiyeler verdi. Sultanın nedimlerinden biri kendisinden bu tutarsız kararın nedenini sordu. Sultan cevaben, *mukâta'a* koymaktan amacım para toplamak değildi. Açgözlülükten ötürü bir fakir kimse büyük bir ev tutmuş olabilir. Şehirde alım satım işi henüz gelişmediğinden satamıyor da. Sonuçta o ev ya da saray harabeye yüz tutuyor, onarımını yaptıramıyor. *Mukâta'a* koymaktan amaç, her kimseye harcını kaldırabileceği evi vermekti. Bu amaca eriştikten sonra *mukâta'a*dan vazgeçip tekrar temlik şeklinde bunları bağışladım.

Sultan, şehrin nüfusunun artması ve zenginleşmesi gereklerini de yerine getirmeye çalışmıştı (s. 53-55). Kara ve deniz yoluyla şehre her türlü yiyecek akıp gelmeye başladı, eski suyollarını onararak şehre nehir gibi su akıttı. Bu suyu saraya, hamamlara ve mahallelere ulaştırdı. Kırk çeşme yaptırdı.

Kırk Çeşme'ye yakın bir yerde Ayasofya tarzında bir ulu cami yükseltti (Fâtih Camii). Ayrıca bu caminin etrafına sekiz medrese ve bir kitaplık yaptırdı. "Müzakereci" suhteler için ayrıca "Mütemmim Hücreler" (Tetimme Medreseleri) inşâ ettirdi. Bu medreselere *Semâniye* adı verildi. Yine bu cami etrafında herkese açık bir Darüşşifa, hastane ve büyük bir imâret yaptırdı. Bu imâret, medresedekilere, gelip geçen yolculara ve civar mahalle fıkrasına günde iki defa yemek verir.

Ondan sonra kendi istediği biçimde bir Yeni Saray inşâsı için buyruk çıkardı (s. 64). Arap, Acem ve Rûm'dan mimarlar ve mühendisler getirtti. Bahçesinde köşkler inşâ olundu ve sonradan etrafı bir surla çevrildi. Bu sur Frenk ve Türk üslubunda kaleler ve yüce kapılarla süslendi. Bu kale suruyla saray duvarı arasında bahçe ve bostanlar, yer yer çeşmeler ve havuzlar ve sohbetgâhlar düzenlendi. Bahçe içinde acem kisraları üslubunda bir Çinili köşk yapıldı. Onun karşısında Osmanî üslubunda başka bir köşk inşâ ettirdi. Aynı zamanda Sultan Mehmed vüzera ve ümerasını şehrin şenlenmesine yarar hayrat yapmaya teşvik etti. Onlar da medreseler, imâretler, camiler ve hamamlar yaptılar. Pâdişahın meşâyihe inancı kuvvetli olduğundan Şeyh Vefazâde ve dervişleri için zâviye ve hamam yaptırdı, kendisine bağışladı. İstanbul suru dışında Ebû Eyyûb el-Ensarî mezarı üzerine bir türbe, medrese ve hamam yaptırdı. Bunun sonucu o yere de her taraftan halk geldi. Çevresinde bahçe içinde evler ve köşkler yapıp yerleştiler (s. 60). Eyüp, çiçek bahçeleriyle süslü herkesin ziyaret ettiği bir kasaba haline geldi.

Şehrin başka semtlerinden halk denizden kayıklarla buraya gelip hem açık havada eğlenirler hem türbeyi ziyaret ederler.

Kılıçla fethettiği kenar memleketlerden tutsaklar getirtip İstanbul dolaylarında yerleştirdi. Köyler ve otlaklar meydana getirdi. Şehrin dışında da her yeri bayındırlaştırdı. Bundan başka Çanakkale Boğazı'nda Gelibolu'da Ece-Ovası denilen yerde Boğaz'ın iki tarafına birbiri karşısında iki kale yaptırdı. Birine *Kilidü'l-bahr* diğerine *Sultaniyye* adını verdi. Bu iki kaleye büyük toplar koydurdu ki, Akdeniz tarafından izinsiz kuş uçurmazlar. Böylece, İstanbul Karadeniz ve Akdeniz tarafından tam güvenlik altına alınmış oldu.

Ayasofya ve İstanbul surlarının onarımını tamamladı. Şehrin bir köşesinde bir hisar yaptırdı (Yedikule Hisarı). İstanbul limanı (Haliç) ağzında Anadolu yakasında deniz içinde döküntü taş üzerinde sağlam bir kale yaptırdı (Kız Kulesi) ve içine toplar koydurdu.

İnoz (Enez) Kalesi'nin ve Taşoz'un Fethi

Kış ortasında kapu halkı ve yeniçeriyle Edirne'ye göç etmeyi buyurdu. Vakitsiz olduğundan askerin hatırı kırıldı, yolda soğuktan çok çektiler ve bu ani sefer kararının nedeni, İnoz Kalesi ve Taşoz'un fethiydi. Bu iki yer, Osmanlı hazînesine ait tuzlalardan vs. gelirlerden hisse almaktaydılar. Dost görünmekle beraber düşmanlık ederlerdi. Koyun kaçsa geri vermezlerdi. Denizden Osmanlı köylerine sık sık saldırırlardı. Korsan gemisidir, hükmümüz yoktur, derlerdi (s. 62). Sultan karadan, Gelibolu'dan gelen gemiler denizden kaleyi kuşattılar. Daha toplar patlamadan il olup kulluğa bel bağladılar. Tekfur gelip anahtarları teslim etti. Kiliseleri cami yapıldı. Kadı ve dizdar atandı. Sultan oradan Edirne'ye döndü. Bu fetih 858'de oldu.

O kış, ihtiyar Sırp despotu öldü. Bir halefi kalmadığından sultan onun memleketi üzerine sefere karar verdi. 858 senesi baharında harekete geçti. Laz memleketi hep gümüş ve altın madenidir. Sultan Novaberda, Trepça vs. kaleleri madenleriyle beraber fethetti. Bazıları kendi istekleriyle teslim oldular, bazıları zorla alındı. Maden üretimi artık hazîneye gelmeye başladı. Pek çok Sırp kız ve delikanlısı tutsak yapıldı.

Belgrad Seferi (s. 63-68)

Sultan Sırbistan fethiyle uğraşırken Macarların bu memlekete karşı amaçlar beslediğini öğrendi (s. 70). Edirne'ye döndü. O yıl askerini dinlendirdi. Fakat sefer için sabırsızlanıyordu. Macaristan fethinin anahtarı durumunda olan Belgrad'ı fethetmek kararındaydı. Büyük toplar, mancınıklar ve Tuna Nehri üzerinde donanma hazırlattı. 860 baharında yola çıktı. Topları Üsküp'ten yayalar çekip götürüyorlardı. Sultan Belgrad önünde ordugâhı kurdu, gemiler de geldi. Karadan ve sudan kaleyi kuşattılar. Toplar, mancınıklar ve taş deliciler faaliyete başladılar. Her gün sabahtan akşama kadar savaş oluyordu. O sırada Yanko askeriyle gelip Tuna'nın öte tarafına ordusuyla kale karşısında yer aldı. Dayı Karaca Bey pâdişaha dedi ki, ben karşı tarafa geçip düşmanı tanıyayım, bunu bazı ümera ve vüzera uygun görmediler. Yanko, Tuna yukarı tarafında gemiler hazırlatmıştı, su akıntısıyla bunlar hızla geldiler. İlk gelen dört beş gemiyi sultanın gemileri karşılayıp ele geçirdiler. Fakat arkasından iki misli düşman gemisi yetişti. Osmanlı gemilerini kale duvarından uzaklaştırıp su tarafını ele geçirdiler. Yanko, askerini kaleye sokmayı başardı.

Fethin akabinde şarkılar okundu, şairler kaside sundular, sonra yemek faslı geldi. Çeşitli yemekler ve tatlılar sunuldu (bunların isimleri) (s. 72b). Pâdişah kendi sarayına girince herkes makamına gitti, ertesi gün, gün doğuşunda elçiler ve beyler sultanın eşiğini öpmek için kapıya geldiler. "Saçu" ve pişkeş, pek çok eşya geldi: Köle ve cariyeler, Frengî ve Rûmî altın ve gümüş kaplar, çeşitli kürkler (Bulgarî ve Rusî), çeşitli kumaşlar (hirevî, yezidî, şâmî, kefevî) arz olundu. Yer yer sohbet meclisleri kuruldu. Sazlar çalmaya, bölük bölük şarkıcı cariyeler şarkı okumaya başladılar. Bu sırada ziyafet verildi. Akşamüstü ateş oyunları gösterildi. Böyle günlerce eğlenildi.

Sultan'ın Mora Seferi, Mahmud Paşa'nın Sırbistan'a Gönderilmesi

862 baharında Mahmud Paşa 1000 yeniçeri, Rumeli askeri, bir kısım akıncı ile Sırbistan'a doğru gönderildi, Filibe'ye geldi. Sultan da kapu halkıyla ve kalan akıncılarla Mora üzerine yürüdü.

O zamana kadar Sırplara Macar Kralı Yanko yardım ediyordu. O ölünce Sırplar pâdişahın kapısına adamlar ve mektuplar gönderip memleketi teslim etmek istediklerini bildirdiler. Sultanın bizzat varması gerekli görülmedi. Mahmud'u gönderdi.

Denizle çevrili Mora adası karadan altı mil bir kara ile ayrılmıştır. Burada Frengî kalelerle bir kerme sur yapmışlar. Sultan Murad bu kermeyi zapt etmiş ve yıkmıştı. Sonra Mora içine akınlar yaptırmış ve büyük ganimet alınmıştı. Ayrıca bu kermenin iç tarafında sarp bir kaya üzerinde Korinthos Kalesi vardır. Bundan başka Mora'da 360 kale vardır. Güzel memlekettir, Sultan Mehmed zamanında tanımak bize kısmet oldu. Mora'nın kapusu durumunda olan Korinthos, birkaç günlük bir kuşatmadan sonra alındı. Deniz kıyısında Ballabadra Kalesi'ni ve yöresini ve bundan sonra Rice kalelerini ve yörelerini ele geçirdi. Fakat yolların ve geçitlerin sarplığından dolayı bazı yerlerin fethi sonraya bırakıldı.

Mahmud Paşa'ya gelince, kendisi Sofya vilâyetine göçtü, Sırplardan haber geldi ki, biz memleketi pâdişahın kendisine verecektik. Gelmediği için kaleleri ve memleketi Macarlara veririz. Onlar bize bunca 100 bin flori altın ve Tuna ötesinde karşılık olarak 10 kale verirler, dediler. Mahmud, beylerle danışma yaptı. Kale almak için gerekli silahlar olmadığından Sofya'dan ileri gitmemek için ve Rumeli'yi bir düşman saldırısına karşı korumak daha uygundur, düşman kuvvetlidir. Bir bozgun sultanın Mora'daki planlarına da engel olur, düşüncesinde bulundular. Mahmud Paşa buna karşı dedi ki, düşman karşısında zayıflık göstermek doğru değil. Sonra pâdişah bana "Sofya'da dur, memleketi koru", diye buyurmadı. Kısacası, uygun olan Sırbistan üzerine yürümektir. Sonra beylere ve kapu halkına *hil'at* ve para dağıtarak gönüllerini hoş etti. Düşman memleketine girmek için hazırlık yaptı. Baltacı ırgat vs. adam topladı ve kartal gibi Sırbistan üzerine düştü. Sınırda Resava ve

Omul adlı kaleleri kolayca fethetti. Dizdar ve muhafız asker koydu. Oradan Semendire üzerine yürüdü. Akıncıları, birer bayrakla *tovicalar* kumandası altında alaylar halinde ileri gönderdi. Baltacı ırgatları, yeniçeri düzeni üzere yaya alaylar halinde örgütledi. Ordunun sağına ve soluna koydu. Kendi alayı olan yeniçeriyi ortaya aldı. Ordunun ağırlığını alaylar ardınca yürüttü. Birden bu düzenle ormandan çıkarak Semendire Kalesi önünde göründü. Kaleden çıkan askeri püskürttüler. Kale önüne varan Mahmud Paşa, içerdekileri baş eğmeye çağırdı, karşılık olarak "Macarlar geliyor, haliniz ne olur göresiz" diye bağrıştılar. Mahmud, bir hafta durdu. Kale etrafında bağ bahçe ve ekini yok ettirdi. Bazı beyler düşmanın top ve tüfek ateşinden söz ettilerse de Mahmud Paşa, yaya ve atlı bütün askeri kale üzerine yürüdü. İshak Bey oğlu İsa Bey'i ve Ali Bey oğlu Ahmed Bey'i kaleye gönderip ikinci defa baş eğmeye çağırdı.

Düşman yine reddetti. Kaleden top ve tüfek ateşi yağdırdı. Bunun üzerine gâzîler saldırıya geçtiler. Asıl şehrin çevresine hendek ve iki kat sur çevirmişler. Onu ele geçirdiler, şehre girdiler. Önlerinden kaçanları kılıçtan geçirdiler, şehri yağma ettiler. Yalnız iç kale kaldı. Üç gün daha orada kaldıktan sonra Mahmud Paşa, Maçva vilâyetine geçti. Burası Sasa Suyu kıyısında ormanlık bakımlı yerdir. Akınlar saldı, Belgrad'a havale olan Güzelce-Hisarı ve gümüş madenlerini koruyan Sifrice-Hisar'ı fethetti. Rudrik madenini aldı. Oradan dönüp Niş şehri dolaylarında Yellü-Yurd'a çıktı. Orada konuşlandı. Ramazan ayı gelmişti, oradan Güğercinlik Kalesi'ni almaya karar verdi. Güğercinlik dizdarına ve başka Sırplara timârlar adadı, el altından kaftanlar gönderdi ve çeşitli vaatlerle gönüllerini kazandı. Bayram sonunda bu kale üzerine yürünmesini buyurdu. Hızla ilerledi. Sırplar üç kat kalenin anahtarlarını getirip boyun eğdiler. İç kale susuzluktan teslim oldu. Vidin'den gelen gemiler kaleyi su tarafından da kuşatmıştı. Oradan Tuna Nehri'nin öte yakasına geçen asker, Macarlara ait Trnav Kalesi etrafını vurdular. Paşa, oradan ordusuyla tekrar Maçva'ya geldi. Yaşlı martoloslara vaat ederek Sava Nehri'nin diğer tarafında Macarlara ait adaya geçit veren yerleri öğrendi. Sava Nehri'nin ikiye ayrıldığı bir yerde Mahmud Paşa, akıncı ile birlikte karşı tarafa geçti. Yedi alay halinde örgütlediği akıncıları Minnetoğlu Mehmed

Bey kumandası altında Tuna ile Sava arasındaki bu geniş adaya akına gönderdi. Beni kendi tarafından emin atadı. Pencikciler ve armağancıları akıncılarla beraber götürdü. Kendisi orduya döndü (s. 90). Akıncılar oradan bir kaleyi fetih ile 200 silahlı esiri Mahmud Paşa'ya gönderdiler. Dimitrofca akıncılar tarafından çevrildi. Paşa öbür yakaya gelince kale ona teslim oldu. Oradan akıncılar gemilerle Sırbistan'a girdiler. Macarların 10 alaylık bir ordusu karşı tarafa kondu. Paşa, oradan göçüp Yellü-Yurda geldi. Bu sırada pâdişah da Mora'dan Üsküp'e gelmişti. Mahmud Paşa'yı oraya çağırdı. Göçüp *Dârussaltana* Edirne'ye geldiler.

Mahmud Paşa'nın yokluğunda Defterdar Titrik Sinan, pâdişahın gözüne girmişti. Paşa ile aralarına kıskançlık girdi. Pâdişahla buluşunca Mahmud'un bunca yüz aklıkları yüzünden yakınlığı arttı. Ditrik Sinan'ın hıyanetini gösteren açık belge buldular. Malları beyliğe alındı, kendisi tutuklandı. Bu vartada ömrü sona erdi, ileride Mahmud Paşa, kendisi dahi bu kadar ileri görüşlü ve akıllı olduğu halde, kıskançlık hastalığına deva bulamayarak o yüzden canını yitirecektir.

Fâtih'in Mora'nın Tamamını Fethi ve Tekfurunu Ele Geçirmesi

Mahmud Paşa'dan duyduğumuza göre, bir gün ağalar ve asker sultanın seferlerinin çokluğundan incinme gösterdiler. Fâtih cevabında Tanrı tarafından *cihâd* ve *gâzâ* vazifesine atandığını söyleyerek "cihangirlik kan dökmeyince olmaz", dedi.

Mora ve Semendire üzerine yapılan görüşmelerde Sultan, "Sırbistan içinde sayılı kaleler kalmıştır. Onu da bir sancakbeyim fetheder, ama Mora uzak ve yolları çetin, zengin bir memlekettir. Fırsat bu fırsattır. Seferim Mora'yadır", dedi. Sırbistan'a sancakbeyi atanmıştı. Şimdi kadılar ve subaşılar da atanarak düzen altına alındı.

863 Baharı'nda sultan ordusuyla sefere çıktı. Mora dolaylarına erişince tekfuru Kir Dimitri kaçtı, Mezistre Kalesi'ne kapandı. Sultan çeri seçip acele Mahmud Paşa ile gönderdi. Kaleyi kuşattırdı. Kurtuluş olmadığını gören tekfur *âmân* diledi, kaleden çıktı. Mah-

mud Paşa hil'at ve at gönderdi. Bindirip getirdiler. *Âmân*la çıktığı için sultan, tekfura gelir bağladı ve Edirne'ye gönderdi.

Mora-ili ve ahâlisi boyun eğdiler. Ancak Frenkten yardım gören bazı dayanıklı sarp kaleler, Holic, Gardek, Yıldız-Hisar, Mihlu, Levendar, Toprak-Hisar, Helidon ve başkaları karşı koymaktaydılar. Sultan zamanında her biri zamanla kendileri teslim oldu. Bazıları zorla silah gücüyle alındı. Zorla alınanlar da asker kılıcından geçirildi.

Çoluk çocukları esir, malları yağma oldu. Kısacası, Mora kalelerinin hepsi alındı. Manastır ve kiliseleri camiye çevrildi. Reâyâsı yerli yerinde bırakıldı. Üzerlerine şer'î cizye ve örfî rüsûm kondu. Sancakbeyi, kadılar, dizdarlar, subaşılar ve sipahiler atandı. Memleket tümüyle zapt olundu. Ganimet o kadar boldu ki, bir koyun iki akçeye bir sığır beş akçeye satılır oldu. Her çadır önü güzel kızlar ve delikanlılardan esir pazarına dönmüştü.

Semendire Fethi

864 Baharı'nda Fâtih ordusuyla Sofya'da ordugâh kurdu. Semendire halkı korkudan kale anahtarlarını kendisine gönderdiler. Yeterince dizdar, yeniçeri ve azeb atandı. Sancakbeyine kale zapt ettirildi. Sultan orada askere izin verip İstanbul'a döndü. Sefer mevsimi geçmemişti. Zaman elverişliydi. Karadeniz kıyısında hâkimi belirsiz bir Amasra Kalesi vardı, haraç verirdi fakat korsanları etraf halkına çok zarar verirdi. Pâdişah, kapu halkıyla memleket gezer gibi bu kale üzerine yöneldi. Hızırbey-ili ve Mengân vilâyeti dağlarından aşıp kaleye yanaşınca, kaleyi ve vilâyeti teslim ettiler. Kaleye dizdar ve muhafız kondu, Bolu sancağına bağlandı.

İsfendiyar Vilâyeti'nin Fethi ve İsmail Bey'in İtaat Göstermesi

864 yılındaki çifte fetihten sonra donanma hazırlığına başlandı ve sefer ilân edildi. 865 Baharı'nda Trabzon'un fethi için gemileri denizden gönderdi. İsfendiyaroğlu İsmail Bey'e hüküm gönderildi. Gemiler Sinop limanına varınca kendisinin limana gelmesi ve para karşılığında askerin neye ihtiyacı varsa almalarına izin vermesi is-

tendi. Sultan ordusuyla Ankara'ya geldi. Karamanoğlu Kasım ve İsfendiyaroğlu Hasan Çelebi orduda Fâtih'in hizmetindeydiler. Hasan Çelebi tutulup çavuşlara verildi. İsfendiyar-ili'ne sefere karar verildi. Bunu duyan İsmail Bey, Sinop Kalesi'ne kaçıp sığınmaktan başka çare bulamadı. Fâtih, Kostantiniyye'ye döndü. Mahmud Paşa'yı seçilmiş bir kuvvetle Sinop üzerine gönderdi. Mahmud Paşa, memleket içine girince İsfendiyaroğlu'nun askeri ve reâyâsı kendisine gelip bağlılıklarını bildirdiler. Askerî sınıftan olanlar deftere yazıldı ve hemen Sinop üzerine gitmeleri emredildi. Daha önce gemileri gelip Sinop'u kuşatmışlardır. Kale karadan ve denizden kuşatıldı. O zaman ben divân kâtibi idim. Mahmud Paşa emir etti ki, İsmail Bey'e mektup yazıla. Yazdığım mektubun özü şudur: Denizden ve karadan sarıldınız, kurtuluş ümidi yoktur. Kendi ırzınızı ve ailenizin ırzını korumalısınız. Ahâli, askerin ayağı altına düşmemeli. Onlara acıyasınız, kale ve memleketi teslim idesiz, karşılığında size memleket verilecek ve sultanın gölgesinde rahat bir hayat süreceksiniz. Aksi halde, askerimize hiçbir şey engel olamaz. Bu öğüdü, dostluk gereğinin yerine getirilmesi saymalısınız.

Mektubu alan İsmail, çaresiz kaldı, Mahmud Paşa ile buluştu. Kale önünde yeminle anlaşma yaptılar. Fâtih dahi geldi. İsmail Bey'i izzet ve ikramla yanına eriştirdiler. Pâdişah kendisini otaktan dışarı birkaç adım ilerleyip karşıladı ve sarılıp öptü. Kendisine Yenişehri memleketiyle timâr tayin olundu ve oraya gönderildi. İsfendiyar memleketi, tamamıyla bakır madenleriyle birlikte zapt olundu. Sancakbeyi, kadılar ve dizdarlar atadılar. Ondan sonra Sultan, Uzun Hasan üzerine yöneldi.

Koyun-Hisar Fethi ve Uzun Hasan'a İhtarda Bulunulması

Osmanlı memleketinin sınırında bulunan Koyun-Hisar önünde ordugâh kuruldu. Kale üç günde fetholundu. Oradan Erzincan Ovası üzerinde Yassıçimen Yaylağı'nda konuldu. Uzun Hasan validesini gönderip yakını ve güvendiği kimselerle Mahmud Paşa'dan aracı olmasını istedi. Fâtih kendisini affetti. Fakat kendisi gelmedi, "validesi ve elçileri bizimle beraber gelsin" diye emretti.

Pâdişah, karlı dağları geçip Trabzon sınırına vardı. Tekfur kaçmasın diye sol taraftan Mahmud Paşa'yı öncü gönderdi. Kendisi kapu halkı ve Anadolu askeriyle sağdan hareket etti. Sarp ormanlık tepeleri aşarak Mahmud Paşa ile buluştu. Donanma daha önce gelip kaleyi kuşatmıştı. Tekfur, sultanın bu sarp dağları ordusuyla aşmasını imkânsız saydığından, donanma kuvvetlerine karşı savaşmaktaydı. Bir yandan da sultanın ordusu gelip kaleyi karadan kuşattı. Toplar yerleştirildi. Tekfur kurtuluş olmadığını görerek ateş açmaya hacet kalmadan teslime razı oldu. Pâdişahın huzuruna geldi, *hil'at* giydirildi, maaş bağlandı ve ailesiyle ve mallarıyla İstanbul'a gönderildi. Kale ve memleket tamamıyla zapt olundu. Sancakbeyi, kadılar ve dizdar atandı. Kale keferesinin oğulları ve kızları pâdişahın hizmetine alındı. Kalanlar mallarıyla yerlerinde serbest bırakıldı. Ondan sonra esirleri ve ağırlıkları gemilere yükletip İstanbul'a gönderdi. Kendisi deniz kenarından kuş uçmaz yerlerden döndü. Yolda erzak ve ot sıkıntısı çektiyse de, donanma yardım etti. Sonunda Tokat'a geldiler. Yolda çok hayvan telef oldu. Tokat'tan İstanbul'a dönüldü, bu yıl içinde üç fetih nasip oldu.

Eflâk Beyi Kazıklı Voyvoda'ya Karşı Sefer

Eflâk Beyi Kazıklı Voyvoda pâdişaha haraç verir ve her yıl kendisi haracıyla ve fazlaca *pişkeş*le (hediye) sultanın huzuruna gelirdi. Pâdişah kendisine hil'at, kızıl börk ve altın üsküf bağışladı, memleketine geri gönderdi. Fakat zalim bir adamdı. Bir köyde bir kimse cinayet işlese bütün köy halkını çoluk çocuğa kazığa vurdururdu. Payitahtı olan Ağaçhisar'da bahçe şeklinde altı mil kadar bir yeri uzunlamasına iki kol çit içine aldı. İki çit arasını Macarlar, Eflâk ve Boğdanlılardan kazığa vurduğu kimselerle doldurdu. Bunlardan birini indiren kendi onun yerine çıkar diye yasak koymuştu. Bu haliyle sultandan yardım isterdi ve böylece Macarlara üstün gelmiş, çok iş yapmıştı. Diğer beyler arasında sivrilmiş ve kendine büyüklük gelmişti. Sınırdan zaferle dönen pâdişah, onun bağlılığı derecesini anlamak için haracı getirip sunmasını bildirdi. Fakat o korkudan çeşitli özür ve bahaneler öne sürerek gelmedi.

Düşman olan Macarları gözetlemek bana bırakılmıştır. Burasını bırakıp gelemem, bu yıl düşmanlara karşı nem varsa harcadım gibi savsaklamalarla ne geldi ne haracını ödedi. Bunun üzerine 866 Baharı'nda sultan ona karşı sefere çıktı. 30 bin (otuz tümen) askerle Tuna'nın öte yakasına geçti. Asker, Eflâk memleketini vurmaya girişti. Sultan nereye vardıysa işi uygun düştü. Bir gün Mahmud Paşa, pâdişahın ineceği yeri dikkatle belirledikten sonra otak önünde kılavuzlar, "Koşun asker" buyurdu. Hava çok sıcaktı, sultan bu menzile yaklaştığında, içmek için su olmadığı haberi geldi. Sultan kızdı, bir konak ileri yürüdü. O sırada düşmanın göründüğü haberi duyuldu. Kazıklı Voyvoda'nın yörede düşmanı olan Kara-Boğdan'a karşı 7000 seçkin askeriyle bir kumandanını muhafazaya bıraktırmış, Ali Bey oğlu Ahmed Bey o yöne akına gönderilmişti. Onu yorgun argın dönüşte vurmak için düşman burada pusuya girmişti, orman yüzünden sultanın ordusuyla oraya yaklaştığını fark etmediler. Ali Bey'in akıncısı geldi sandılar. Sultan, Mahmud Paşa'ya düşmana karşı yürümesini buyurdu. O da sağ kanada Turahanoğlu Ömer Bey ve Ali Bey oğlu Ahmed Bey ve Mahaloğlu Ali Bey ve Malkoçoğlu Bâli Bey ve nice namlı beyleri, sol kanada Arnavut-ili Beyi Nasuh Bey ve Yanya Beyi Develioğlu Umur Bey ve Mahaloğlu İskender Bey ve başka beyleri koyarak askerine düzen verdi, düşman ormandan çıkıp da bu askeri görünce durumu anladı. Kaçmaya başladı. Gâzîler arkalarından yetişip kimini kılıçtan geçirdi, kimini tutsak etti. Düşmanın bir bölüğü de kaçarken Evrenos Bey bölüğü ile karşılaştı. Evrenos Bey habersizdi. Gâzîler bunların sîngun olduğunu gördüler, üzerlerine çullandılar, kırdılar. Yedi bin kâfirden ancak 700'ü kurtuldu. Kâfir başlarını deve ve katırlara yükledikten başka her gâzî mızrağı ucuna bir baş dikti. Binden çok kâfir zincire çekilip sultan önüne getirildi. Yeniçeri ve kapu halkı kılıç üşürüp bunları bir an içinde toprağa düşürdüler. Özetle, yaklaşık 30 gün asker Eflâk memleketi içinde çarpıştı (s. 107). Ordu, ganimetle kız ve oğlan tutsakla doldu.

Bir gece Kazıklı Voyvoda, sultan ordusuna baskın yaptı. Anadolu askeri üzerine düştü. Aralarına girmedi. Sonra kapu halkına ve bazı yeniçeri çadırlarına uğradı. Bir iş beceremedi, çoğu yaralı kaçtılar. Gece karanlığında Ordu-Pazar üzerinden kurtulmak istediler. Ama Rumeli askeri içine düştüler. Her çadırda mumlar yandı. Yer yer yiğitler saldırdı. Düşman neye uğradığını bilemedi. 3700 kadarını yakalayıp getirdiler. Sultan bunları ikiye biçtirdi. Bir kısmı Kazıklı Voyvoda'yla Engürüs'e kaçtılar. Orada yakalanıp hapis ettiler. Canı cehenneme ısmarlandı. Sultan onun kardeşi Raul Voyvoda'ya altın başlı sancak, kılıç ve kemer verip Eflâk Beyi yaptı; sonra askere izin verüp *Dârussaltana* Edirne'ye döndü.

Sultanın âdetlerinden biri, bir yıl içinde bir fetih kolay giderse (s. 110) buna şükür olarak ikinci bir fetih katmaktı. Donanma hazırlanıp Midilli üzerine gönderdi, kendisi de karadan Ayazmend'e geldi. Sultan, gemilerden birine binip adaya çıktı. Midilli Kalesi üzerine bakar bir tepeye otağı hazırdı. Asker gemilerle adaya geçirildi. Top gemilerinden topları çektirdiler, metrisler düzülüp toplar yerleştirildi. Ateşe başladılar. Birkaç gün içinde surda ve burçlarda gedikler açıldı, yeraltından yollar yaptılar. Sultan kalenin alınması işini kapu halkına bırakıp kendisi Ayazmend'e geçti. Kale, on beş günde alındı. Tekfuru çoluk çocuğuyla ve seçkin adamlarıyla tuttular, sultanın huzuruna getirdiler. Kaleye sığınmış olan şehir ve köylü tutsak edilip hepsi kaleden meydana çıkarıldı. Sultan tekrar Ada'ya döndü, esirler üçe ayrıldı: Frenkistan'dan yardıma gelmiş 1000'den fazla namlı savaşçı askeri ortadan biçtirdi. Şehirli ve köylülerden seçtiklerini devlet büyüklerine, ağalara ve bazı askere bağışladı. Bunlardan bana da bir oğlan ve bir cariye ve bir esir düştü. Kalan şehirli ve köylü halkı yerlerinde bıraktı. Adaya şer'î ve örfî kânûnlar koydu. Bütün ada ele geçirildi. Osmanlı ülkesinin bir parçası halinde sancakbeyi yeterince dizdar subaşılar ve sipahiler atandı. Kiliseleri camiye çevrildi.

Bosna Fethi (vr. 103b-111a)

867 yılında Fâtih, Bosna fethine karar verdi. Bosna dağlık, altın ve gümüş madeni bol, geniş bir memlekettir. Kralı, sultan hazînesine cizye öderdi. Ölen Sırp despotunun kızı kralın karısı olduğundan Semendire üzerinde hak iddia ederdi. Bu yüzden fethin gecikmesine sebep olmuştu. Keza atasını öldürüp yerine kral olmuştu. Pâdişah onu ilkin Müslüman olmaya çağırdı. Ret cevabı

göndermesi üzerine Bosna üzerine yürüdü. Bosna uzak bir memleket olmakla beraber, ganimet düşüncesiyle İslâm askeri istekle yola çıktılar. Serhâdde varınca öncü kuvvetleri Bobofca Kalesi üzerine düştüler. Pâdişah irişmeden önce kaleyi fethettiler. Bunun üzerine Visoka'yı ve nice kaleleri teslim aldılar. Bazı kâfirler sarp yerlerde sığınıp karşı durmaya yeltendiler. Bu erişilmez derecede sarp yerlere, becenelere (mağaralara) bazen pâdişah kendisi durup yağma buyurur, bazen Mahmud Paşa'ya veya öteki beylere aldırırdı. Bazılarını dumanla yola getirirler, kiminin suyunu keserler, kimini de saldırı ile ele geçirirlerdi. Her birine memleket halkı sığınmış olduğundan çok esir çıkardı.

Her gâzînin elinde beş, on, on beş esir toplandı. Sultan Travnik denilen yerde otağını kurunca tutsaklardan kralın Yayiçe Kalesi'nde olduğu öğrenildi, hemen Mahmud Paşa'yı Rumeli askeriyle gönderdi. Mahmud, Derbav Suyu'na varınca kralın Sokol Kalesi'ne gittiğini öğrendi. Bu kale üzerine vardı. Bu sarp yerde düşman hayli savaş verdi. Sonunda kralın burada durmayıp Kluc'dan yana gittiği öğrenildi. Sokul ile Kluc arasında sarp derbend olduğundan beylere danışmak gerekti. Beyler dediler ki, pâdişahın askeri böyle dağ geçitlerinde tehlikeye atması doğru görünmez. Varalım, kuşatalım. Mahmud Paşa dedi ki, kâfir oklanmış avdır, kovalamakta devam edeceğim. Halk sarp yerlere taşımadadır, derbende gelmezler. Akşamdan Küçük Derbend'e girdiler. Meşaleler yandı, etraf aydınlandı. Sabah namazını Derbend ağzında kılıp Kluc yöresine vardılar. Öncü kumandanı Turahanoğlu Ömer Bey'den kralın kalede habersiz oturduğu haberi geldi. Mahmud Paşa hemen kale üzerine yöneldi, ileri gitti. Kâfir, köprüyü yıkmış, yüzerek geçtiler. Kral bunları akıncı sandı. Atlı ve yaya askerini saflar halinde düzenledi. Orta kesime tüfek atıcılar, darbuzen topları yerleştirdi. Bu kuvveti şehir ucunda yerleştirdi. Gâzîler bu kuvvete karşı saldırdılar. Kale önünde savaş oldu. Tüfek ateşi ve zemberekler havayı doldurdu. Mahmud Paşa erişmeden gâzîler düşmanı sıyıp kırdılar. Kalanları kaleye sığındılar. Nihayet Mahmud Paşa geldi. Kaleyi her taraftan kuşattılar. Şehir kesimi ateşe verildi. Ümidini yitiren kaledekiler âmân dediler. Kral, kaleden çıkıp başını kurtarmak için kalelerini ve hazînelerini vermeye razı oldu. Paşa onu sultana gönderdi. Kendisi İzveçay Kalesi'nde bulunan kralın küçük kardeşi üzerine yürüdü. Kaleyi kuşattı. Kaledekiler direnecek durumda olmadıklarını gördüler. Âmân dediler. Kralın kardeşini çıkartıp verdiler. O sırada sultan Yayiçe Kalesi üzerine gelmişti. Kralın ve kardeşinin teslim olduğunu gören kale de kendiliğinden pâdişaha teslim oldu. Sultan, tutsak olan köle halkından kimini beylere ve askere bağışladı, kimini kalede yerlerinde bıraktı. Özetle, bu geniş ülke bütün kaleleriyle fethedilmiş oldu.

Bundan sonra Mahmud Paşa'yı Hersek üzerine gönderdi. Hersek kendisi deniz kıyısına kaçtı. Çoğu kalelerini ve ilini fethettiler. Sonunda Hersek, oğlunu sultanın kapısına gönderip bağışlamasını istedi. Oğlu sarayda göze girdi, hanım sultanlardan biriyle evlenip sultanla akraba oldu. Hersek Ahmed, Anadolu beylerbeyi ve bir zaman için deniz boyu oldu. Bir-iki yıl sonra Hersek öldü. Onun memleketi de Osmanlı ülkesinin bir parçası oldu.

Bundan başka Bosna ile İslâm ülkesi arasında Kovacoğlu, Paolioğlu adıyla anılan iki küçük bey vardı. İkisini de sultanın beyleri yakalayıp getirdiler. Kaleleri ve illeri Osmanlı ülkesine katıldı. Özetle, bu seferde dört vilâyet feth olunup sancakbeyi ve kadılar atandı. Madenler üzerine emirler kondu. Reâyâya cizye yüklendi. Pâdişah sayısız ganimetle *Dârussaltana* İstanbul'a geldi.

Karamanoğlu İbrahim Bey'in Ölümü Haberi

Bu gâzâdan dönüşte Karamanoğlu İbrahim Bey'in öldüğü, yerine Uzun Hasan yardımıyla Uluoğlu İshak'ın Karaman beyi olduğu öğrenildi, ikinci oğlu Pir Ahmed Bey geçip pâdişaha sığındı. Sultan Antalya Sancağı Beyi Köse Hamza Bey kumandasında bir kuvvetle Pir Ahmed'i Karaman'a gönderdi. İshak Bey karşı duramayacağını görerek çoluk çocuğunu Silifke Kalesi'ne yerleştirdi. Kendisi Uzun Hasan yanına kaçtı. Pir Ahmed Karaman beyi oldu. Bu yardım karşılığında Fâtih'e bazı vilâyetlerini armağan etti. Hamza Bey, pâdişah yanına geri geldi. Bu olay 868 yılında geçmiştir.

Hıristiyan Devletlerin İttifakı ve Saldırıya Geçmeleri

Bosna Macaristan'a komşu idi. Kral etrafındaki Hıristiyan hükümdarlarıyla yazışıp ittifak yaptı. Bu taraftan da Venedikliler donanma ile gelip Mora Kermesi'ni yeniden yapmaya kalkıştılar. Mora'daki Müslümanlar kalelere sığınıp kapandılar. Diğer taraftan Macar kralı sayısız askerle Yayiçe Kalesi'ni kuşatmak üzere Bosna'ya girdi. Nihayet Arnavutlar da yer yer başkaldırdılar. Sultan, Arnavutların ezilmesi kolaydır, Bosna Kalesi ise kuvvetlidir, düşman alamaz. Fakat Mora'yı kâfir elinde bırakmak olamaz. Orada kaleleri kapanıp kalmış Müslümanları kurtarmak gerektir, dedi. Bosna ve Arnavutluk serhâd beylerine yardım gönderdikten sonra Mahmud Paşa'yı Rumeli askeriyle Mora tarafına gönderdi, kendisi de kapu halkı ve yeniçeriyle peşinden yürüdü.

Venedikliler Kerme'yi sağlam bir biçimde yaptıktan sonra kuşatmaya girişti. Kumandanları Korinthos'u gelip kuşattı. Sarp tepeye toplar çıkarıp kaleyi dövmeye başladı. Mora Sancakbeyi Elvan Bey oğlu Sinan Bey kaleden fayda kalmadığını gördü, ölüm eri olup 60 yiğit başlarını eteklerine sarıp bir gece kaleden gizli kapıdan çıkış yaptılar ve düşmanı uykuda bastırdılar. Düşman paniğe uğradı, toplarını bırakıp Kerme'ye kaçtılar, diğer taraftan sultanın askerinin de gelmekte olduğunu öğrendiler, gemilerine çekildiler. Irgat ve başka aşağı tabakadan kefere gemilere binemeyip memleket içine dağıldılar. Kâfirin kaçtığını öğrenen Mahmud Paşa gece yürüyüşe devam etti. Bu yürüyüşte beni zafer haberiyle pâdişah yanına gönderdi. Mektup yazacak zaman yoktu. İzdin şehri dolaylarında pâdişah ordusuna yetiştim. İkinci vezir İshak Paşa ile buluştum. Pâdişah huzuruna çıkardılar, olanları anlattım. Bu sevinçli haberden ordu cennete döndü. Bu müjde yüzünden pâdişah ve devlet büyükleri o kadar para ve eşya ihsan ettiler ki yoksulluğa tövbe etmiştim. Ama ne yapayım ki ihtiyarlıkta tövbemi bozmak durumu ortaya çıktı.

Fâtih, Mahmud Paşa'ya bir hüküm göndererek Mora'da dağılan düşmanı ele geçirmesini ve sonra askere izin vererek hemen dönmesini buyurdu. Kendisi oradan İstanbul'a döndü. Mahmud Paşa Mora işlerini yoluna koyarak geldi.

Otman Baba ve Fâtih Sultan Mehmed[1]

Velâyetnâme-i Sultan Otman, başka adlarıyla *Velâyetnâme-i Şâhî* veya *Velâyetnâme-i Sultan Baba,* Fâtih döneminde yaşamış abdallardan Otman Baba'nın yaşamını ve kerâmetlerini anlatan bir *menâkıbnâme* olup 1483'te Otman Baba'nın dervişlerinden Küçük Abdal tarafından yazılıp tamamlanmıştır.[2] *Küçük Abdal* adını bizzat Otman Baba'nın vermiş olduğunu belirten dervişimiz, bu menâkıbnâmeyi yazmak için onun yaşamına ait ayrıntıları dikkatle toplamış, onun kullandığı sözleri aynen aktarmış olup eser, Baba'nın yaşamını, abdalizmin temel inançlarını ve genellikle Rum

1 Bu makalenin aslı, şu kolokyumda okunmuştur: *Colloquium on Saint and Sainthood in Islam*, University of California, Nisan 1987; İngilizce kısa bir yayını: H. İnalcık, "Dervish and Sultan: An Analysis of the Otman Baba Velâyetnâmesi", *The Middle East and the Balkans under the Ottoman Empire*, Bloomington, 1993.

2 Yazar, Otman Baba'nın bizzat kendisinin, bazı abdallarından kerâmetlerini yazıya dökmelerini istediğini belirtir. Bu iş Küçük Abdal'a tevdî edilmiştir. Kullandığımız yazma nüsha, başlangıçta, Kırşehir'deki Hacı Bektaş Kütüphanesi'nde bir vakıf eserdi. Ağustos 1759'da tamamlanan bu nüsha, Şeyh Ömer b. Derviş tarafından kopya edilen nüshadır. Şu anda Ankara Genel Kütüphanesi'nde (no: 643) bulunmaktadır. Biz Milli Kütüphane'de (Ankara, mikrofilm no: A22) muhafaza edilen fotokopiyi kullandık. Terim ve adlarda Arapça 'ayn harfi ' ve hemze ' işareti ile gösterilmiştir. Tüm Farsça izafetler (i) ile verilmiştir.

Abdalları tarihini aydınlatan temel kaynaklardan biridir. Aynı zamanda Fâtih'in aşırı râfızî gruplara karşı tutumunu gösteren güvenilir tarihî bir kaynak niteliği de taşımaktadır.

Bu menâkıbnâme, basmakalıp kerâmet hikâyelerini tekrar eden öteki menâkıbnâmelerden farklı olarak, Otman Baba'nın gerçek yaşamını anlatan, bu nedenle de dönemin dinî-sosyal hayatına ışık tutan önemli çağdaş kaynaklar arasında yer almaktadır. Bu niteliği dolayısıyla Otman Baba menâkıbnâmesi, Eflâkî'nin *Menâkıbu'l-'Ârifin* veya *Menâkıb-i Gülşenî* gibi tarihî bir kaynak niteliği taşımakta olup folklorik nitelikteki öteki menâkıbnâmeler (mesela *Saltuknâme*) çeşidinden farklıdır.[3] Tabii, bu menâkıbnâmede de dervişler hakkında alışılmış basmakalıp olağanüstü kerâmet hikâyeleri vardır; bunlar bir yana bırakılır ve eser tenkitli bir biçimde kullanılırsa, onun değerli bir tarih kaynağı olduğu ortaya çıkar. Birçok yönden önemli olan bu kaynaktan burada, sadece Otman Baba'nın Fâtih'le ilişiği olan olaylar ele alınacaktır.

Menâkıbnâme'nin yazarı Küçük Abdal, dikkatli bir gözlemci olduğu kadar, Baba'nın davranış ve sözlerini yorumlamak bakımından önemli olan sûfî inanç ve düşünceleri hakkıyla kavramış, iyi tahsil görmüş aydın bir kişidir ve herhalde bu nedenle Otman Baba tarafından menâkıbını yazmakla görevlendirilmiştir. Küçük Abdal, esere yazdığı giriş bölümünde şöyle der:

> Âgâh olun kim tarîh-i nebevinin sekiz yüz otuz üç yılından sonra Rûm vilâyetinde bir kutbu'l-aktâb zahir oldu ve davâsı bu idi kim Muhammed ve Îsâ ve Mûsâ benim der idi ve evliyâ'ullâh içinde ana Hüsâmşâh derlerdi. İsm-i zahiri 'avâm içinde Otman Baba derler idi ve kendüzü Oğuz dilin söyler idi [...] Kendünün nutku dahi abdallarına eyle idi kim benim sırrıma sultanlar dahi ermez; sen kaçan erersiz, der idi ve ben yerden

3 Şams al-Dîn Ahmad al-Aflâkî, *Manâkib al-Ârifin,* 2 cilt; Ankara: TTK, 1959; Muhyî-i Gülşenî, *Menâkıb-i İbrâhim-i Gülşenî,* Şemleli-zâde Ahmed Efendi – Tahsin Yazıcı, Ankara: TTK, 1982; Ebü'l Hayr-ı Rumî, *Saltuk-nâme: The Legend of Sarı Saltuk,* yay. Fahir İz, Sources of Oriental Languages and Literatures, no:4 [Cambridge: Mass]: [Printed at Harvard University Print. Off.]: Oriental Press, 1974-84. Konu üzerinde bkz. Rıza Yıldırım, "Dervishes in Early Ottoman, Society and Politics: A Study of Velayetnames as a Source for History", *Yüksek Lisans Tezi*, Bilkent Üniversitesi, Tarih Bölümü, Ankara, 2001.

göğe demür direğin [...] kimse anun hâlinden haberdâr değil idi; zirâ zâhiri gâyet vîrân ve bî-nişân idi.

Giriş bölümünde Otman Baba'nın davranışlarını açıklayan abdalizmin temel inançları özetlenmektedir. *Velâyetnâme,* Baba'nın sözlerini ağzından çıktığı gibi aktarır, böylece onun açıkça Azeri Türkçesi ile konuştuğu söylenebilir. Küçük Abdal'a göre Otman Baba'yı öteki velîlerden ayırt eden şey, onun *Hakk-i İlâhî*'yi kendi nefsinde bulmuş olması dolayısıyla bütün peygamberleri, Âdem, Musa, İsa ve Muhammed'i aynı zamanda kendi nefsinde toplamış olmasıdır. O, bu inancı sık sık dile getirir. Ben "Muhammed, İsa, Musa ve Âdem'im" der. O, peygamber'in *sırr'*ıdır. "Bu zaman devr-i velâyettir." *Velâyet,* Hz. Ali ve nesline verilmiştir. Hz. Muhammed, "halkı zulmetten ve şirkattan halâs etti; pes nübüvvet velâyete değdi, tâ kim cihânı sırrla ve nizâm-i 'adl üzere saklaya [...] nübüvvet velâyete ısmarlanmışdır... Bu zamanda (bir kimse) velâyete ve velâyet sahibine inkâr eylese Hakk subhâne ve ta'âlâya inkâr etmiş olur".

Otman Baba, velâyete ermiştir, aynı zamanda, *kutbu'l-aktâb*'dır. Öbür velîlerden ayrılığı, Tanrı müşahedesi, *cezbe* onda süreklidir. Kâinat, kutb burcunda oturan kutbu'l-aktâb ekseninde döner, o bu dünyada olacak her şeye bilgi sahibidir ve olayları yönlendirir. "Kutb olanın makamı oldur ki, kaçan kim evliyâ'ullâh Resûl hazretinin mubârek ruhundan Zat'a (Tanrı'ya) müşahede olurlar... Eğerçi mecmu u şeyde tasarrufa geçer; amma sûret-i beşeriyyesinde divâne-şekldir; kimse ile musâhib olmaz ve kutbu'l-aktâbdır ... İki cihanın sırrı ve serveridir; sâhib-i kudret ve sâhib-i tasarruf-i eşyadır". Dünya işlerine bakanlar, sultanlar onu tanımak ve yapacağı işlerde ona danışmak zorundadır. *Kutbiyye* inancı özellikle *abdalizm* ve *kalenderîlik*te temel inançlardandır.

Otman Baba, sûfî doktrininde insanları *Hakk*'a götürmek için izlenen üç yoldan, *mahâfa, heybe,* yani korku yolunu seçmiştir: onun simgesi olarak da daima elinde bir *kütük* taşır; öteki tarîkler, *mahâba* yani muhabbet, sevgi; *ma'rifa* yani Tanrı müşahedesi, *gnosis*'dir. O kendi tarîkinde mahâfaya öncelik tanımıştır. Dolayısıyla *Otman Baba*'yı; Baba İlyas, Şeyh Bedreddîn, Şah İsmail gibi *Hakk*'ı bu dünyaya egemen kılmak, evrensel adaleti kurmak için cihâdcı, "savaşkan" (*militant*) mehdîlik iddiasında olan şeyhler arasına koymak gerekir. Hz. Ali'nin velâyeti, *bi's-seyf*dir, *Zulfikâr* kılıcı bunun sembolüdür (Osmanlı pâdişahları kapudân-i deryanın bayrağına Zulfikâr'ı resmederlerdi). Otman'ın tarîki aktif cihâd olduğundan Fâtih'in kendisine karşı sert önlemler aldığını göreceğiz.

Abd al-Rahmân Câmî[4] *velâye* ve *velî*'yi tartışırken *ashâbu'l-velâye* veya *ashâbu'l-sırr* arasında süreksiz Allah'ı "müşahede" ettikleri söylenen bir *meczublar* grubunu ayırt eder.

Bu gibiler süreksiz *cezbe* (extasy) halinde olup bu dünya işlerinden ve bağlantılarından tümüyle kurtulmuşlardır. Belgelerde onlar *meczûb* diye anılır (Uzun Hasan'ın şeyhi, Abdurrahman Şâmî, bir soyurgalda, *kıdvatu'l-meczûbîn* diye anılmıştır). Cezbe haleti, *sûfıyya* tarîkindeki inanca göre, velîlikte en yüce aşama ve en yüksek makamdır. Onlar, Tanrı'yla yekvücut olmuş erenlerdir. Küçük Abdal'a göre Otman "burc-i velâyet"te oturur. *Nübüvvet sırrı* her yerde, her zaman ve her an onlarda açığa çıkar. Onlar kâinatın *kutbu,* ekseni derecesindedirler, bu sıfatla kâinatta her şeyi kontrolleri altında tutarlar. Yağmur onların berekâtiyle yağar, sultan onların isteğiyle tahtında oturur, felekler semâda onların irâdesiyle devr eder. Onlar halka görünmezler, halk onları bilemez. İbn al-'Arabî'de, *kutbu'l-aktâb*'a kadar kademelenmiş hiyerarşi ayrıntılarıyla anlatılmıştır:[5] En alt kademede 300 *ahyâr* yer almakta olup bunlar *hall u 'akd* gücüne, yani "dünya işlerini çözmek ve bağlamak" yetkisine sahiptirler, *ahyâr*ın kırkı *abdal* düzeyindedir. Abdallardan

---

4 'Abda'r-Rahmân ibn-Ahmad Câmî, *Nafahât al-uns min Hazarât al-kuds,* ed. Mahdi Tawhîdîipûr, Tahrân: Kitâbfurûşî-i Sa'dî, 1336/1957, s. 9-15; Şeyh Mahmûd Lâmi'î, Nefehât tercümesinde (*Tercüme-i Nafahât al-Uns*, İstanbul, 1270/1853), Câmî'nin Kalenderîler hakkında verdiği bilgileri genişletmiştir, bkz. T. Yazıcı, "Kalandariyya", *Encyclopaedia of Islam* (2. Baskı), c. IV, s. 473-74; A.Y. Ocak, *Osmanlı İmparatorluğu'nda Marjinal Sûfîlik: Kalenderîler,* Ankara: TTK, 1992.

5 Câmî, *Nafahât,* s. 20; o, İbn al-'Arabî'yi (*al-Futûhât al-Makkiyya*, bölüm 31) özetlemektedir. *Evliya Menkıbeleri: Nefahatü'l-üns,* tercüme ve şerh: Lâmî Çelebi, yay. h. Süleyman Uludağ ve Mustafa Kara, İstanbul: Pinhan Yayıncılık, 2001: "Ricâlü'l-Gayb".

yedisi *budalâ,* bunların da dördü *avtâd* mevkiindedir. Dört *avtâd*ın üçü *nukabâ* (nakîbler), biri *kutb*dur. Yedi *budalâ* birbirini tanır ve ötekileriyle uyum içinde hareket ederler. Yedi abdaldan her biri Allah tarafından dünyanın yedi ikliminden birinin işleriyle görevlendirilmiş olup dört *avtâd,* dört ciheti korur.

Üç yüz *ahyâr*ın *kutbiyye* makamına erişmek için bir *mürşid*e ihtiyacı yoktur. Her çağda bir *kutb*, öbür adıyla *gavs* olup kendisi halkı Hakk'a çağırmak için peygamberin halefidir. Abdallar bir yerde durmazlar, sürekli bir yerden bir yere giderler, her türlü dünya bağlılıklarından yani yerleşmekten, aileden, ev sahibi olmaktan vazgeçmişlerdir. Mezarları belli değildir. Bütün bunlar tarihen bildiğimiz abdalların neden belli bir tarikatı veya türbesi olmadığını açıklar. Halk tarafından bilinmediklerinden bazıları, onları dış hallerine bakarak deli veya meczub sanar, kötü muamelelerde bulunurlar. İbn al-'Arabî/Câmî'nin abdallar hakkında anlattıkları, Otman Baba üzerinde *Velâyetnâme*'de verilen bilgilere uyar.

Velâyetnâme'de Otman Baba, bu ve öteki dünyayı kontrolü altında tutan (*tasarruf-i dû cihân*) bir *kutbu'l-aktâb* olarak tanıtılır. Her çağda evrenin on iki yönünde on iki *kutb* vardır. Otman Baba *Rûm*'da (Anadolu) bu makama ermeden önce *kutbu'l-aktâb* olanlar, Hacı Bekdaş (Bektaş), ondan sonraki çağda Şeyh Şucâ'dır. *Kutbu'l-aktâb,* kâinatın merkezi ve eksenidir; bu dünyada olup biten her şey onların bilgisi ve çabası dairesinde cereyan eder. O pek seyrek olarak, aynı zamanda bu dünyanın kontrolünü üzerine alır. İki imam Abdu'l-Rabb ve Abdu'l-Melik, *kutb*un biri bir yanında öbürü öteki yanında yer alırlar. Gerçekte, Otman Baba'nın iki abdalından Deli Umur ve Kaymal daima yanında idiler. *Kutb,* melekût âlemini ve bu dünyayı onlar aracılığıyla gözetir.

Velâyetnâme'de Otman Baba'ya ait kerâmetleri izleyip anlayabilmek için sûfiyyede yaygın bazı temel kavram ve gelenekleri anımsamak gerekir. Bunlardan biri kutbiyye ile yakın ilişkisi olan *al-insanu'l-kâmil* kavramıdır.[6] *Al-zâhir,* dış makrokozmos, tüm bireysel varlıkları kapsar. Diğer yandan bu dünya ve öbür dünya

6 Titus Burckhardt, *An Introduction to Sufi Doctrine,* çev. D.M. Matheson, Lahor: M. Ashraf, 1963, s. 89-95.

diye ayırdığımız varlığın ikiliği de ancak görünüştedir. *Zât*'ı gören kimse için bütün varlık tektir. Yaratılmışların ve eşyanın birliği temel gerçektir. "Bu dünyada bütün varlıklar arasında yalnız insandır ki, var olan her şeyi gerçekten içeren bir vizyon sahibidir [...] Dünyada ortaya çıkan ve çıkabilecek her türlü mümkünât temelde insanın zihninde saklıdır." İnsanda maneviyâtın kutuplaşması en yüksek noktasına erişmiştir. Bütün varlığı kapsayan anlam, kavrayış, yalnız ve yalnız bu dünyadaki bedenî varlığında yansıyan, ebedi gerçekleri hakkıyla idrak eden seçkin bir insanda, *insan-i kâmil*de tecelli eder, ortaya çıkar. İnsanlar arasında bu birliği, yani insanüstü kimliği gerçekleştirdiklerinden, onlar *insân-i kâmil* yani mükemmel, evrensel insandır. *İnsan-i kâmil, al-anmûzecu'l-farîd*'dir, yani tüm tanrısal sıfat ve ilişkileri (nasâb) nefsinde toplamıştır.[7]

İslâmda derviş tipleriyle ilgilenmiş olan Alman sosyoloğu Max Weber,[8] Otman Baba tipindeki meczub dervişleri, Tanrı'yı müşahede eden ermiş (*contemplative*) mistikler arasına koyar ve der ki, "Bu gibi derviş duygularımıza hitap eden her çeşit ampirik gözlemlerin ötesinde kâinatın esas zâtî (Tanrısal) anlamını, vahdeti gözlemlediğini iddia eder; o, günlük dünya yaşamının her türlü baskısına karşı, kendine Tanrı'nın bağışladığı hâleti sürekli bir yaşam yapmaya çabalar."[9] Tanrı'nın aracısı olduğuna inanır. Ona göre *cezbe, keşif* hali, "Tanrı'nın gerçek maksadını temsil etmiş olmanın bilincini en belirgin biçimde" ifade eder. Onun mücadeleci etkinliği şu inançtan ileri gelir: "Kendisi, kâinatın küllî görünüşü içinde merkezî bir duruma gelmiş ve *dünya üzerinde bütünleştirici* bir etki yapmış olan mistik hakikatlara ermiştir." Bu tip derviş, Weber'in *mystagogue*, "devrimci mistik" dediği bir derviş tipidir. *Velâyetnâme*'de sadakatle çizilen Otman Baba, tam da böyle bir derviş tipini, sürekli cezbe halinde bir *meczub abdal*'ı canlandır-

---

7 T. Burckhardt, *An Introduction to Sufî Doctrine*, s. 94; yine bkz. Annemarie Schimmel, *Mystical Dimensions of Islam*, Chapel Hill: University of North Carolina Press, 1975, Dizin: "Perfect Man", s. 548.

8 Max Weber, *Economy and Society: An Outline of Interpretive Sociology*, ed. G. Roth ve C. Wittich, Berkeley: University of California Press, 1978, I, s. 541-49.

9 M. Weber, *Economy and Society*, s. 548.

maktadır. Tırnavi (Tırnovo) kadısı, Otman Baba'dan bir abdalı tarif etmesini istediği zaman Baba şöyle yanıt verir: "Abdal, Allah dışında her şeyden vazgeçmiş kişidir" (Abdal oldur kim mecmû'-i mâ-siv-Allâh'dan geçüb 'aşk-i Hakk visâlinde karârı ola ki, gayre vücûd kalmaya, dahi kendüyü ve mecmu'-i eşyâyı hatt-i ilâhî ve sun'-i pâdişâhî bilüb gayrı idrâki hakkdan ba'îd ola ve sıfâtı taklîdden zâyil olub 'ayne'l-yakîne ere).

Başka bir yerde, Otman Baba'nın Edirne'de ulemâyı yanıtlayan abdalları, Baba'yı tarif ederken şöyle derler: "Ol kân-i velayet ve kutbu'l-aktâb-i cihan ve server-i âfâk ve mürşid-i bârgâhdır." Otman söz alıp kendini şu devrimci sözlerle tanımlar (86a): "Ulu beyleri ve ulu şeyh u meşâyihleri yudup ol ulu sarayları Hakk emri birle ıssuz koyan benim," der "ve dahi mecmû'-i şeyhlerin sofrasın cem' eyledim ve bir kazığa asub hükmlerin kal' eyledim ki ben kendi soframı yapsam ve nisâr etsem gerekdir." Yanındaki abdallar: "Biz ol şâh-i velayet ve kutbu'al-aktâb-i temâmetün leşkeri ve kularıyuz ve yedileri ve üçleriyüz ki *Abdalân-i Rûm* olub."

Otman Baba'nın yaşamını anlatan, sözlerini aktaran *Velâyetnâme* bize, onun kişiliğinde bir abdalın ne olduğunu, inançlarını, yaşam tarzını en ayrıntılı ve doğru biçimde anlatır. Barak Baba, Abdal Musa, Abdal Yunus, Geyikli Baba, Kaygusuz Abdal, Kızıl Deli (Seyyid Ali Sultan) gibi ünlü abdalların yaşam ve inançlarını bu portrede en canlı bir biçimde yansıtılmış buluruz.

Küçük Abdal *Menâkıbnâme*'de, Otman Baba'nın müridlerini *Abdalân-i Rûm* diye adlandırır. Kendisi Vefâiyye'den bir derviş olan Âşıkpaşazâde'nin *Tarih*'inde (yazılışı 1474'te) *Abdalân-i Rûm*'u, Anadolu toplumunda *müsafirîn* yani göç edip gelenler arasında, Ahîler, Gâzîyân ve Bâcıyân ile birlikte belli bir grup olarak anar. Onların çoğunlukla *Horasan erenleri* veya Azerbaycan'dan göç eden gruplar arasında anılmaları dikkate değer. Genellikle *Abdalân-i Rûm,* Türkmen/Yörükler arasında Orta Asya şamanları gibi, din ve toplum hayatını yöneten kutsal kişiler gibi yorumlanmıştır. Gerçekte, 14-15. yüzyıllarda köylerde yerleşik hayata, şehir hayatına geçmiş, medrese ve fakıların nüfuzu altında Sünnîliği ve yaşam tarzını benimsemiş Türk nüfusu karşısında,

Türkmen *müsafirîn,* Yörüklerin kültürünü, toplum değerlerini ve yaşam tarzını temsil etmekteydi. Abdalların beyler tarafından kutsal kişiler olarak onurlandırıldıkları beylikler döneminden sonra, *abdallar* resmen toplumdan dışlanmış (*segmented*) duruma düştüler. Medreseye, devlete ve şehirliye karşı şiddetli bir çatışma ve siyasî otoriteye meydan okuma durumuna geldiler.

Menâkıbnâme'de bu karşıtlığı sert biçimde ifade edilmiş buluyoruz. Bektaşî ve Vefâî dervişleri gibi siyasî otoriteye itaatkâr, devletten vakıf alan, zâviye kuran dervişlerden farklı olarak, abdallar devlete karşı açıkça cephe aldılar. Konya Selçuklu Sultanlığı ve İran'da hâkim bürokratik merkeziyetçi devletin prototipi, daha Osman Gâzî'nin (1302-1324) son yıllarında hayata geçmiş görünmektedir. Son zamanlarda ortaya çıkan belgelerin kesinlikle ortaya koyduğu gibi, merkezde dîvân gibi İran kaynaklı bürokratik yöntemler gelişmiş; köylerde, Osman Gâzî'den dirlik/vakıf alan sünnî *fakîhler* (*fakılar*), abdalların yerini almıştır. O zaman Yörük yaşam tarzı ve "abdalizm"in inanç ve değer sistemi, Doğu Rumeli *uc* gâzî beyleri (Mihaloğulları gibi) yanına sığınmıştır. *Velâyetnâme*'de Otman Baba bu *uc* beylerinin saydığı ve koruduğu kutsal kişidir. Fâtih'in son derece bürokratik merkeziyetçi devletinde abdallara yer yoktur; aşağıda görüleceği üzere *Velâyetnâme*'ye bu aykırılık ve çatışma en keskin biçimde yansımıştır. Otman Baba'nın yaşamı, dışlanmış Yörük toplumu ile yerleşikleşmiş Sünnî toplum ve İranî bürokratik devlet sistemi arasındaki çatışmanın dramatik bir hikâyesidir.

Temel inançlarıyla ilişkili etkinlikleri ve toplumda bağlı oldukları kişi ve gruplar göz önüne alındığı zaman, abdal aktivizmi ve bu aktivizmin siyasî-toplumsal niteliği açıkça görülür. Onların en önemli inanç ve etkinliği, baskı altında ezilen çaresiz *garîb miskinler*in, evini yurdunu bırakıp şurda burda gezen işsiz güçsüz çaresiz *miskin*lerin yardımına koşmaktır. Otman Baba "bu dünya malı için" zulüm yapanlara karşı olduğunu ilân eder.

Velâyetnâme'de Baba'nın, tarlasında çalışan çaresiz köylülere, küffara karşı savaşan gazilere nasıl yardıma gittiğini gösteren hikâyelere sık sık rastlarız. O, çaresiz kişiye tam zamanında yardıma yetişen Hızır-İlyas gibidir ve Baba ile Hızır-İlyas arasında yakın işbirliği vardır. Öbür yandan, bu dünyada "adalet"i geri getirmek için, Baba'nın mücadeleci, militan karakteri tüm menâkıbnâmeye sızmıştır. *Velâyetnâme*'de Otman Baba en çok *kân-i velâyet* (velâyetin madeni, kaynağı, özü) diye anılır. Keza *sırr-i Hakk*, Tanrı'nın gizli (gerçeği); *zât-i bî-misâl*, Tanrı'nın eşi olmayan zâtı; *maksûd-i insan*, insanın erişmek istediği son aşama; *kutb-i 'âlem* veya *kutbu'l-aktâb, kutblar kutbu*, kâinatın ekseni sıfatları ile anılır. Tüm kâinatta mutlak egemenliğini belirtmek üzere onun için hükümdarlara özgü unvanlar, *sultan, şah, pâdişah* unvanları kullanılır.

Fâtih Sultan Mehmed, eşi görülmemiş başarılarıyla İslâm tarihinde gelip geçmiş pâdişahların en güçlülerinden biri olduğundan ve kendi imparatorluk ve fetih planları uğruna uyruklarına, özellikle de Yörüklere ağır yükümlülük ve baskılar yaptığından Otman Baba, *kutb-i 'âlem* olarak onun karşısına çıkmayı ödev bilmiştir. *Velâyetnâme*'deki menkıbeleri, *kutbiyye* ve *al-insanu'l-kâmil* doktrinine göre yaptığı etkinliklerin hikâyesidir. O, kâinatın ekseni *kutbu'l-aktâb* olarak yalnız *melekût* âleminde değil, devrinin siyasî-sosyal yaşam ve olayları üzerinde de kontrol kurma iddiasındadır. Abdal savaşçılığı Baba'nın, Osmanlı toplumunda dışlanmış öteki gruplarla, *uc* gâzîleri ve Yörüklerle bağlantısını açıklar. Akıncı-gâzîlerin büyük bölümü, yine Yörüklerdendir veya Anadolu'dan gâzâ ve dirlik için hudud boylarına gelen, ilkin akıncılıkla gazâya başlayan gazilerdir. Bütün gelirleri, alanlarda edindikleri "doyum", yani ganimetten ibarettir. Bir kalede *gönüllü* ve *azeb* oldukları zaman küçük bir ulûfe veya küçük bir timârla geçinmek zorundadırlar. Onlar saltanat müddeileri veya Şeyh Bedreddîn gibi haksız düzene karşı çıkanların yanına koşmakta tereddüt etmezler.[10] Otman Baba işte aynı bölgede bu çeşit dışlanmış halk arasında kutsal bir kişi sayılmakta, benimsenmektedir.

Türkmen-Yörükler, Osmanlı sultanlarının merkeziyetçi-bürokratik ezici rejimine karşıdırlar.[11] Onlar, bir dinî-rafızî veya siyasî isyancı ortaya çıktığında, hemen onun etrafında toplanmaktadırlar. Deli-Orman, Dobruca–Varna arası, 15. yüzyılın ilk yarısında

---

10 Şeyh Badr al-Dîn (Bedreddîn) hakkında aşağıdaki 19. nota bakınız.

11 Bkz. H. İnalcık, "The Yürüks: Their Origins, Expansion and Economic Role", *Oriental Carpet and Textile Studies II: Carpets of the Mediterranean Countries, 1400-1600*, ed. R. Pinner ve W. B. Denny, Londra: HALI Magazine, 1986, s. 39-65.

klâsik bir isyan bölgesi olmuştur. Merkezî bürokrasi, temel vergi kaynağı olan köylü reâyâyı korumak, köylüyü dağ geçitlerini koruma görevi (derbendcilik), kale veya köprü inşâsı, madencilik gibi işlere sürmekten kaçındığı için, bu gibi işlerde hazır emek-havuzu gibi gördüğü Yörükleri kullanmakta, aynı zamanda onları sıkı bir düzende askerî "ocaklar" olarak örgütlemektedir.[12] Yörüklere bazı vergilerden bağışıklık, yeteri bir ödün olmayıp sıkı ceza yönetmelikleri altında bir çeşit tutsak gibi hizmete koşulurlar; bu hizmetler Türkmenlerin temel göçebe ekonomisi ve hayat tarzıyla da asla bağdaşmamaktadır. Özetle bunlar, merkeziyetçi imparatorluğun her fırsatta isyana hazır dışlanmış toplumunu oluşturmaktadır. Fâtih'in gittikçe bürokratlaşmış merkeziyetçi idaresine karşı derin düşmanlık bu Türkmen-Yörükleri, Anadolu'da olsun, Rumeli'nde olsun, her çeşit köktenci dinî-sosyal propagandaya açık tutmaktadır.[13] Unutmayalım ki Anadolu'da yüksek yaylaların yer aldığı Toros, Batı ve Kuzey Anadolu dağlık bölgelerinde olduğu gibi Rumeli'nde de Doğu Balkan, Deli-Orman yaylalarında ve Dobruca kışlak bölgesinde Türkmen-Yörükler bu dönemlerde yoğun bir nüfusa sahipti. Onlar devletçe benimsenen düzenin simgesi olan her şeye, sultana ve adamlarına karşı her çeşit köktenci dinî-sosyal harekete katılmaya hazırdırlar. Menşede fakir çoban oldukları *Velâyetnâme*'nin ifadesinden anlaşılan Baba'nın abdalları, velîye gönülden inanıp katılmakta; ondan, Fâtih gibi güçlü bir sultana ve onun temsil ettiği her şeye meydan okuyan insanüstü güce sahip kutsal bir önder yaratmışlardır.

Baba'ya destek verenler yalnız Yörükler değildir. Âşıkpaşazâde'nin abdallarla yan yana andığı *gâzîyân* vardır;[14] o gâzîler ki *uc*larda Tanrı'nın emrini yaymak, "doyum" kazanmak için canlarını adamışlardır. *Uc* gâzîlerinin önderleri Baba'nın koruyucusudur. Aslında dışlanmış aynı sosyal gruptan gelen Abdalân ve Gâzîyân, cihâd yolunda birleşirler; biri kutsal velinin tarîkinde Tanrı'ya ermek için, öteki Tanrı'nın sözünü dünyada egemen

---

12 H. İnalcık, "The Yürüks: Their Origins", s. 53-54.

13 H. İnalcık, "The Yürüks: Their Origins", s. 44-47.

14 Bkz. "Tevârih-i Âl-i Osmân", *Osmanlı Tarihleri* I, s. 237-238.

yapmak için *mücâhede* halindedir.[15] Âşık Paşa (ö. 1332), *Garîbnâme*'de[16] *alplar* (gâzîler) ile *alp-erenleri* birlikte ele alır; *alp* olmanın dokuz şartını yazdıktan sonra Alp-eren, dîn alpı olmanın, velâyetin şartlarını sayar: İlk şart, *velî* olmaktır; kalan sekiz şart *riyâzet* (nefsini yenme), *kifâyet* (nefsine hâkim olma), *ışk* (nefsi yenmek için yürekten çaba), *tevekkül* (Tanrı'ya güven), *şerîat, ilim, himmet* (özveri), *doğru yâr* (arkadaş). Hepsinin temeli *ışk*'dır, *âşık* olmaktır. "Iy Hudâyâ *ışk*dan ayırma bizi".

Uc savaşlarında alplar ile alp-erenlerin neden yan yana savaştıklarını anlıyoruz. Osmanlı fetihlerinde abdallar "tahta kılıçlar"ıyla gâzîlerin yanında savaşmışlardır. Genelde derviş vergilerden bağışıklıdır, yiyeceğini vakıfla kurulmuş bir zâviyeden veya halkın verdiği sadakadan sağlar. Genişleyen ailenin toprak yetersizliğinden yahut da başka bir nedenle babasının ocağını bırakıp ayrılmak zorunda kalan bir köylü için, geçimini sağlamak ancak şu yollarla olasıdır: Ya bir tarım işçisi olarak başka birinin çiftinde *ırgad* olarak çalışır; ya bir kasaba medresesinde *sûhte* (softa) olur yahut Rumeli'ne gidip *uc*da gâzî/akıncı veya bir kalede *gönüllü* olarak timâr veya ulûfe ümit eder; yahut da dünyaya sırtını çevirip derviş olur. Bütün bu durumlarda *garîb*, dağda kırda dolaşıp devletin vergi defterleri dışında kalır. Fakat kırda bayırda gezenler için yaşam güç olduğu kadar tehlikelidir de. Otman Baba, müritsiz yalnız başına kırlarda dolaştığı yıllarda birkaç kez kaçak esir sanılmış ve tutuklanmıştır.

---

15 Abdalların erken Osmanlı tarihindeki rolleri hakkında bkz. M.F. Köprülü, "Abdal", *Türk Halk Edebiyatı Ansiklopedisi,* I, İstanbul: Burhaneddin Matbaası, 1935, s. 23-56; Iréne Mélikoff, "Les babas Turcomans contemporains de Mevlânâ", *Uluslararası Mevlânâ Semineri*, Ankara, 1973, s. 268-74; Çelebi Elvan, *Manâkibu'l-Kudsiyye fi Menâsibu'l-Ünsiyye,* ed. İ. Erünsal ve A.Y. Ocak, İstanbul: İ.Ü. Edebiyat Fakültesi, 1984; A.Y. Ocak, "Kalenderîler ve Bektaşîlik", *Doğumunun 100. Yıldönümünde Atatürk'e Armağan*, İstanbul: İ.Ü. Edebiyat Fakültesi, 1981; Hatîb-i Fârsî, *Menâkıb-i Cemâleddîn-i Sâvî*, ed. Tahsin Yazıcı, Ankara: TTK, 1972; A.Y. Ocak, "Quelques remarques sur le role des derviches kalenderis dans les mouvements populaires et les activités anarchiques aux XVe et XVIe siécles dans l'empire Ottoman", *The Journal of Ottoman Studies,* 3 (1982), s. 69-80; Colin Imber, "The Wandering Dervishes", *Mashriq, Proceedings of the Eastern Mediterranean Seminar*, Manchester: University of Manchester, 1977-78, s. 36-50.

16 Âşık Paşa, *Garib-nâme,* (tıpkıbasım metin), I-II, yay. Kemal Yavuz, İstanbul: Atatürk Kültür Dil ve Tarih Kurumu, 2000; Âşık Paşa hakkında yüksek lisans tezi, Ayşe Gürol, "Âşık Paşa ve *Garib-nâme*'si", Boğaziçi Üniversitesi, Sosyal Bilimler Enstitüsü, 1991.

Otman Baba'nın abdallarının çoğu, Doğu Balkan dağları veya Dobruca Yörüklerinden fakir çobanlardır. Bu bölgeler, bugünkü Bulgaristan Türklerinin ataları olan Yörük/Türkmenler tarafından daha 14. yüzyılda yoğun bir göç sonucu iskân edilmiş olup geçim yolları koyun sürüleri beslemek, şehirlere veya tüccâra büyük ölçüde yün, deri, peynir sağlamak veya yünden aba-kebe yapıp satmaktan ibarettir. Baba'nın sık sık ziyaret ettiği Yanbolu kasabası, zamanla önemli bir aba üretim merkezi haline gelmiş olup ucuz ve sağlam bir halk giysisi olan Yanbolu abasına ülkenin her yanında tereke defterlerinde rastlamaktayız.[17] Kayda değer bir nokta, Otman Baba Edirne'ye geldiği zaman, şehre kasaplık koyun getiren bir Yörük onun yanına gelip onun *abdalı*, müridi olmuştur. Edirne kasaplarının koyunları bacaklarından asıp sergilemesine kızan Baba koyunları alıp yola çamur içine fırlatmış. Kasaplar onu kadı huzuruna çıkarmışlarsa da sonunda Baba'ya karşı bir şey yapamamışlardır. Baba'nın etrafında iki üç yüz müridi vardı. Baba'nın müritleri çoğunlukla Vize'den Tuna ağzına kadar uzayan Doğu Balkan Yörükleri arasından çıkmış görünmektedir.[18] Şunu da eklemek gerekir ki Yörükler bu bölgenin düzlüklerinde tarıma elverişli kesimlerde zamanla yerleşik hayata geçmişler, yerli Bulgar köylerine bakarak basit, fakir köylerde yaşamaya başlamışlardır (bkz. Silistre mufassal tahrîr defterleri). Tahrîr defterlerinde Anadolu Türkmen aslından halkın kurduğu bu çeşit köyler; bu karakteriyle yerli Hıristiyan köylerden kolayca ayırt edilebilmektedir.[19]

Dobruca ve Deli-Orman Yörükleri, aynı zamanda bir geçim olanağı olarak Mihaloğlu Ali Bey gibi ünlü Tuna *uc* beylerinin

---

17 H. İnalcık, "The Yürüks: Their Origins", s. 51-56.

18 T. Gökbilgin, *Rumeli'de Yürükler, Tatarlar ve Evlâd-i Fâtihân*, İstanbul: İ.Ü. Edebiyat Fakültesi, 1957; H. İnalcık, "The Yürüks: Their Origins", s. 64, no: 86; Abdal/Yürük kimliği için, bkz. Köprülü, "Abdal", s. 38-53.

19 Bu bölgedeki yerleşim süreci ve özellikleri konusunda, Başbakanlık Osmanlı Arşivi'ndeki 16. yüzyıla ait Osmanlı tahrîr defterleri (özellikle 1530 tarihli tapu no: 166, 775, 625, 439, 416) kapsamlı materyal sunmaktadır; Yörük köyleri, Bulgar köyleriyle karşılaştırıldığında dikkati çekecek derecede küçüktür. Bu defterlerden Anadolu'ya ait olanları yayınlanmıştır: *Muhâsebe-i Vilâyet-i Anadolu Defteri*, I-III, Ankara: T.C. Başbakanlık, Devlet Arşivleri Genel Müdürlüğü, 1993-95.

yanında gâzî/akıncı olarak hizmet etmekteydiler. *Velâyetnâme*'de Ali Bey, Otman Baba'yı bir velî olarak ululayan ve onu himâye eden bir gâzî bey olarak görünmektedir. Bilindiği üzere, Ali Bey gibi güçlü *uc* beyleri, babadan oğula beylik ve bayrak sahibi hanedanlar oluşturmuş olup, bir *yurdluk* (*apanaj*) niteliğindeki sancaklarında merkezin kontrolünden oldukça bağımsız bir durumda idiler ve genellikle merkeze karşı gelişen hareketleri desteklemekteydiler. Fâtih merkeziyetçi bürokratik imparatorluğunu kurarken, karizmatik kişiliğiyle *uc* beylerinin bağımsız durumunu büyük ölçüde kısıtlayabilmiş; onların I. Mehmed ve II. Murad dönemlerinde devletin genel siyâsetinde oynadıkları kesin role son vermiştir.

Herhalde merkezin kontrolünden kaçmaya çalışan *uc* beyleriyle Otman Baba arasında geleneksel bir anlaşma ve dayanışma anlaşılır bir şeydir. Bölge, böylece merkeze karşı ayaklanmaların değişmez odak noktası olmuştur. Evvelce Şeyh Bedreddîn'in bu bölgede, dünyayı adalete kavuşturmak iddiasıyla bir Mehdî sıfatıyla *uc* beylerine, Yörüklere ve fakir *uc* sipahilerine dayanarak çıkardığı isyan, devleti temelinden sarsmış, onun idamından (1416) sonra *Bedreddînliler,* bölgedeki abdallar ve *ışık*lar arasında yüzyıllarca varlıklarını korumuşlardır.[20] Keza anımsanacak bir nokta da Şeyh Bedreddîn yandaşlarıyla Saruhan-İzmir

---

20 Kendini "melik mehdî" olarak ilân eden Şeyh Bedreddîn, "Sûfî" takipçileri ile Agaç-Denizi'nde (Deli-Orman) buluşmuş ve Zagra Ovası'nı faaliyetleri için karargâh edinmiştir. Osmanlıların Bedreddîn hakkındaki izahları için orijinal kaynak bizlere en az tahrif edilmiş şekliyle anonim kronikler yoluyla ulaşmaktadır: *Tevârih-i Âl-i Osmân,* ed. F. Giese, Breslau, 1922, s. 53-54. Bu geleneğin değişik versiyonlarında, Bedreddîn'in yandaşları, abdalları aşağılamak için kullanılan *torlak* veya *ışık* gibi isimlerle anılmaktaydı. Aynı kaynaklarda, Bedreddîn'in adamları arasında timâr elde etmek için çabalayan Uc akıncılarına da değinilmektedir. Bedreddîn hakkında bkz. A. Gölpınarlı, *Simavna Kadısoğlu Şeyh Bedreddîn*, önsöz: İsmet Sungurbey, İstanbul: Eti Yayınevi, 1966; H.J. Kissling, "Badr al-Dîn", *Encyclopaedia of Islam*, 2. baskı, I, s. 869; Şüphesiz, Mehmed I (1413-1421) tarafında merkezî yönetimin yeniden tesisinden sonra, Bedreddîn Kalenderîliği benimsemiş ve merkezî güç ile Uclar arasında mücadelenin şiddetlendiği dönemde abdal aktivizminin en önemli liderlerinden biri olmuştur; Şeyh Bedreddîn üzerine etraflı bir çalışma için bkz. N. Flipovic, *Princ Musa i Şejh Bedreddin*, Sarajevo: Svjetlost, 1971; Iréne Mélikoff, *Sur les traces du soufisme turc: recherches sur l'Islam populaire en Anatolie,* İstanbul: Éditions Isis, 1992; özellikle A.Y. Ocak, *Osmanlı Toplumunda Zındıklar ve Mülhidler (15.-17. Yüzyıllar)*, İstanbul: Tarih Vakfı Yurt Yayınları, 1998, s. 136-202.

bölgesi Türkmenleri arasındaki yakın ilişkidir. Biliyoruz ki Balkanlar'a 14. yüzyılda akıp gelen Türkmenler, başlıca Saruhan-İzmir bölgesinden göç ediyorlardı; onların izledikleri geleneksel yol, Anadolu'da Karesi üzerinden Trakya'da Istranca Dağları yaylalarından Doğu Balkanlar'a ulaşmakta idi. Yıldırım Bâyezid'in (1389-1402) Rumeli'ne sürdüğü Saruhan Yörükleri, güçlü *uc* bölgelerine vücut vermiş, aynı zamanda Balkanlar'ın verimli yaylakları ve bol ganimet imkânları dolayısıyla Batı Anadolu'dan Rumeli'ne kendiliğinden kuvvetli bir göç akımı başlamıştır. T. Gökbilgin'in Rumeli Yörük listeleri ve Ö.L. Barkan'ın tahrîr defterlerine göre çizdiği Türk-Hıristiyan nüfusu gösteren haritası,[21] Doğu Balkanlar'a göçlerin yoğunluğu hakkında açık bir fikir vermektedir. Otman Baba'nın gezip dolaştığı bölgeler hep bu yoğun Yörük bölgeleridir.

Velâyetnâme'ye göre, Otman Baba ilk kez Azerbaycan'da ortaya çıkar, oradan Batı Anadolu'ya geçer ve sonunda Doğu Balkan'a Yörükler arasına geçerek orada karar kılar. Onun etkinlik merkezi Doğu Balkan'da Misivri, Zagra, Dobruca'da Baba-Saltuk'un şehri Babadağ'dır. Bu bölgede Tanrıdağı Yörüklerinin merkezi olarak bilinen Tanrıdağı, onun dolaştığı merkezî bölgedir. Sonunda tarikatı ve tekkesi de bu bölgede kurulmuştur. Özetle diyeceğiz ki Otman Baba'nın Doğu Balkan Yörükleri ile olan yakın ilişkisi, toplumsal ve dinî bakımdan onun hangi çevrenin insanı olduğunu açıklar.

Genellikle sanılır ki Doğulu hükümdar mutlak bir otorite sahibidir, uyruk olan halk kendisine kayıtsız şartsız mutlak bir itaatle bağlıdır. Fakat Doğu'da Hindistan, Orta Asya ve İran'dan Osmanlı Devleti'ne kadar yaygın olup hükümdara egemenliğini nasıl koruyacağı hakkında öğüt veren, denenmiş kurallar öneren *nasîhatnâme* edebiyatında açıkça belirtilmiştir ki idare edilen halkın gerçekten desteğini kazanmamış bir hükümdar veya hanedanın saltanatı uzun sürmez, tahtı her an devrilme tehlikesi altındadır.[22]

---

21 H. İnalcık, "The Yürüks: Their Origins", s. 44-45; İnalcık, "Arab Camel Drivers in Western Anatolia in the Fifteenth Century", *Revue d'Histoire Maghrebine,* no: 31-32, Tunis, 1983, s. 270; Ö.L. Barkan, "Osmanlı İmparatorluğunda Bir İskân ve Kolonizasyon Metodu Olarak Sürgünler", *İktisat Fakültesi Mecmuası,* XI (1949-1950), s. 524-569.

22 Bkz. H. İnalcık, "Adâletnâmeler", *Belgeler,* 2 (1967), s. 49-63.

Doğu tarihi üzerindeki eserler, vakâyinâmeler çoğunlukla hanedan tarihleri olduğundan, her şeyin hükümdarın istediği gibi olup bittiğini iddia eder, halk arasındaki akımlar, toplumsal hareketler, direniş ve isyanlar hakkında çok az bilgi verir.[23] Osmanlı dünyasında halkın duygu ve tepkilerini, yalnız adını gizlemiş yazarlarca halk için yazılmış anonim *Tevârih-i Âl-i Osmân*'dan birazcık öğrenebilmekteyiz. Dahası onlardaki bu kayıtlar da, zamanla yeni hazırlanan nüshalarından çıkarılmıştır. Anonimlerde Otman Baba ve *ışık*larla ilgili tepkilerin ifade edilmiş olduğunu aşağıda göreceğiz. Halkın veya dışlanmış (*segmented*) grupların hükümdara ve devlete karşı direniş ve tepkileri, bazen halk destanlarında halkın sözcüleri olan halk şairlerince dile getirilmiştir. *Velâyetnâme* gibi râfızî tarikat şeyhlerine ait menâkıbnâmeler, bu gibi halk tepkilerini yansıtan en önemli kaynaklarımız arasındadır.[24] Aşağıda görüleceği gibi, Otman Baba gibi devlete karşı çıkan dervişler, halk direniş ve tepkilerini korkusuz temsil etme cesaretini gösterdikleri için hükümdarlar özellikle onlardan çekinirler. Onlar yalnız halk tepkilerini yansıtmakla kalmaz, yaşadıkları toplumda Ortaçağ iletişim koşulları içinde kamuoyunu oluşturmakta son derece etkin bir durumdadırlar.

Geleneksel toplumda halk üzerinde bu nüfuzları dolayısıyla hükümdarlar, onlara yaranmaya, onları cami hatipleri yaparak, şeyhlere vakıflar verip zâviyeler kurarak yandaş yapmaya çalışırlar.

---

23 S. Faroqhi, "XVI-XVII. Yüzyıllarda Orta Anadolu'da Şeyh Aileleri", *Türkiye İktisat Tarihi Semineri, Metinler, Tartışmalar,* ed. O. Okyar ve Ü. Nalbandoğlu, Ankara, 1975, s. 225; S. Faroqhi, *Der Bektaschi-Orden in Anatolien: (vom späten fünfzehnten Jahrhundert bis 1826)*, Viyana: WZKM, 1981, s. 49-75.

24 1444 yılında, II. Mehmed'in ilk sultanlığı esnasında, Osmanlı tahtına hak iddia eden Orhan, Uc akıncıları ve Deli-Orman'daki râfızîlerden destek gördü: bkz. H. İnalcık, *Fatih Devri Üzerinde Tetkikler ve Vesikalar*, Ankara: TTK, 1954, s. 37-38; H. İnalcık ve M. Oğuz, *Gazavât-i Sultân Murâd b. Mehemmed Hân: İzladi ve Varna Savaşları (1443-1444) Üzerinde Anonim Gazavâtnâme*, Ankara: TTK, 1978, s. 37-39; Deli-Orman ve Dobruca, Osmanlı İmparatorluğu'nda râfızî hareketlerin ve isyanların klasik sahaları haline geldi; en son şiddetli ayaklanma 1555'te meydana geldi. Bu yılda kendisinin, daha önce idam edilmiş olan Şehzâde Mustafa olduğunu iddia eden bir maceracı, çoğunlukla halinden memnun olmayan akıncılar, sipahiler ve râfızîlerden oluşan bir isyan ordusu teşkil etmeyi başardı: bkz. Ş. Turan, *Kanunî'nin oğlu Şehzâde Bayezid Vak'*ası, Ankara: TTK, 1961, s. 37-44.

Osman Gâzî'den beri Osmanlı hükümdarlarının bu yolla dervişleri kendi patrimonyal devlet sistemiyle bütünleştirmeye çabaladıklarını biliyoruz. Dervişler hanedanın halk gözünde otorite ve egemenliğini meşrûlaştıran en etkin aracılardır; onlar hükümdar egemenliğine tanrısal desteği, *te'yîd-i ilâhî'yi* sağlayan kutsal kişilerdir. Araştırmalar göstermiştir ki gerçekte bir Bâbâiyye/Vefâiyye halifesi olan Şeyh Ede-Balı'nın, Osman Gâzî'ye ve ailesine sağladığı tanrısal *te'yîd* (*sanction*), hanedanın kurulmasında en önemli faktörlerden biri olarak anılmıştır; bunun halk rivâyetinde aldığı folklorik ifade biçimi (rüya hikâyesi) bu ilişkinin gerçek tarihî olgu niteliğini gidermez.

Din adamlarının, özellikle dervişlerin hükümdarın egemenliğini halk önünde meşrûlaştıran bu hayatî fonksiyonunu, Osmanlı tarihinde son dönemlere kadar izleyebilmekteyiz (pâdişahın Eyüp'te devrin ünlü şeyhinden kılıç kuşanması, *taklîd-i seyf* merasimi). Yüzlerce derviş zâviyesi kuran meşâyihe sultan tarafından verilen berâtlarda, daima gelen giden (*ayende ve revende*) yolcuları barındırmaları ve sultana duada bulunmaları koşulu konulmuştur. Sonraları devlet hazinesinden önemli bir paranın, sultana devletinin devamı için dua eden yüzlerce *du'â-gûyân* takımına ayrılmış olmasının, aslında halkın hükümdara bağlılığını sağlama amacına hizmet ettiği açıktır. Belirtmek gerekir ki bu *du'â-gûyân* ve cami hatipleri arasında birçok tarikat şeyhi bulunmaktadır. Hükümdarı destekleyen, para ve vakıf kabul eden bu gibi işbirlikçi (*conformist*) şeyhlere ve dervişlere karşı Otman Baba ateş püskürür: "Bu meşâyih deyü bilinenler evliyâyüz deyüb halka yalan yanlış çürük ma'rifet satarlar ve dünyâlar cem' edüb irşâd ve mürid bizimdir diyüb şermsâr-i Hakk olurlar" (7b).

Baba'nın ikiyüzlü yalancılar olarak suçladığı bu gibiler arasında *ulemâ, sûfîler, danişmendler* ve vakf ve zâviye yöneten *meşâyih* sayılmıştır. Bu yüzden ulemâ, kadılar ve medrese öğrencisi danişmendler Otman Baba ve abdallarının baş düşmanıdır ve onlara karşı hükümet sorumlularından, en sert önlemlerin alınmasını isterler. *Velâyetnâme*'ye göre *meşâyih,* tarikat şeyhleri olup devletten ve varlıklı kişilerden vakıf sağlayarak bir zâviye inşâ ve tesis ederler, vakıfları *evlâdiyelik* yaparak çocukları için de rahat bir yaşamı güvence altına alırlar. Bu şeyhlerden birçoğu gerçekten zengin denecek kertede varlıklıdır. Arşiv kayıtlarından öğreniyoruz ki şeyhler idaresinde birçok zâviye, vergiden bağışıklı olarak mîrî topraklardan önemli bir bölümünü elleri altında tutmaktadır. Fâtih birçok zâviyenin vakıflarına el koyarken, kuşkusuz halk arasında bu gibi konformist şeyhlere karşı beslenen olumsuz duygulardan cesaret almıştır. Yine Fâtih bazı zâviyelerin sultanın otoritesine karşı halkı kışkırtan aşırı eğilimli tarikatların elinde olduğunu da biliyordu. Aşağıda Fâtih'in genellikle râfızî tarikatlara karşı olumsuz duygular beslediğini göreceğiz.

Bununla beraber, ilk dönemlerde ölü topraklardan, bataklık ve ormandan tarla açarak veya "kâfirini kovup" ele geçirdikleri araziyi işleten, böylece bölgeyi "şenlendiren", gâzîlerle işbirliği yapan (Barkan'ın "kolonizatör" sıfatını verdiği) dervişlerin varlığını da biliyoruz. Fethedilen her çeşit arazi prensip olarak *mîrî,* yani devletin rakabesi altında olduğundan, bu gibi yeniden açılan, "şenlendirilen" toprakların vakfa çevrilmesi için de sultanın *temliknâme* vererek mülke çevirmesi bir kuraldır. Sonuçta bu gibi topraklar için de yine sultana, devlete bağlılık gereği ortaya çıkar. Bu nedenle Otman Baba ve abdalları, devlete bağımlılıktan kaçıp her çeşit bağışı reddetmekle beraber, *Velâyetnâme*'nin verdiği bilgilere göre sonunda Otman Baba da belli bir *tarîk, tâc* ve *zâviye* kabul ederek tarikat kurucuları arasına katılmıştır.

Nitekim bir gelir kaynağı olmadan Baba hayır işlerini nasıl yerine getirir, abdallarının yiyecek içeceğini nasıl sağlardı, sorusu ortaya çıkar. Kendisinin yalnızken, dağda yabani meyve ve otları yiyerek yaşadığı *Velâyetnâme*'de belirtilir. Dağda bir köprü yapımına giriştiği zaman halkı yardıma çağırdığını, tarlasında çalışan bir köylünün yanına gidip bir ırgat gibi çalıştığını *Velâyetnâme* kaydetmiştir. Sonraları etrafına abdallar toplandığı zaman da halkın kendiliğinden verdiği sadaka ile geçinmişlerdir. Sadakanın kesinlikle istenmeden, kendiliğinden verilmesi noktasında Baba çok duyarlı idi. *Velâyetnâme*'de kendisine armağan vermek isteyenleri şiddetle reddettiği birçok kez anlatılmıştır. Sultanın tam bir alçakgönüllülükle sunduğu yardımları, kendisi için bir zâviye inşâsı önerisini geri çevirmiştir. Beyler verir fakat ezer: "Görmez misin ki bir dünya beyinin eğer bir kimse nân u nemekin yese ve bir nev' ile hükmüne kâyil olmasa pâdişaha 'âsî oldu deyü anı habs veya helâk ederler" (5b). Bazen bir lûtf ve *muruvva* [mürvet] olarak hediye kabul ettiği olmuşsa da bunu hemen muhtaç kişilere ve abdallarına dağıtmıştır. Baba yalnız "küffar memleketinden", akından dönen gâzîlerden *nezr* kabul ederdi. Mutlak *fakr*, bu dünyada her çeşit "mal menalden mutlak tecerrüd", abdallık ve kalenderîliğin temel prensiplerindendir. *Velâyetnâme*'ye göre, Otman Baba *fakr* prensibine sadık kalmak, "riyakâr meşâyih"in yolunda gitmemekte titiz davranmış görünmektedir.

Velâyetnâme'nin verdiği bilgilere bakılırsa, Otman Baba, İstanbul fâtihinin sultanlık otoritesini tanımamazlık ve ona karşı çıkma durumuna gelmemiştir. Fakat *Velâyetnâme*'ye göre Otman Baba, devrinde kâinatın ekseni *kutb*, bu ve öteki dünyada olacak şeyleri belirleyen tek güç olduğundan Fâtih'in tüm zaferlerinden sorumlu sayılmıştır. Fâtih tabii böyle bir iddiaya yabancıdır. Biliyoruz ki İstanbul fâtihi, Mısır Memlûk sultanına yazdığı fethnâmede devrinin en ileri gâzî sultanı olduğunu yazmış, sonraları İslâmın "gâzâ kılıncı"nın kendi elinde olduğunu ilân etmiştir. İstanbul'un fethinden sonra Ak Şemseddîn, fethin evliyanın eseri olduğunu söylediği zaman Fâtih, "Bu şehir kılıcımla alınmıştır" yanıtını vermiştir. Fakat devrin başka hükümdarları onun gibi düşünmüyorlardı. Uzun Hasan, "Kıdvetü'l-meczûbîn" Abdurrahman Şâmî'ye verdiği temliknâmede, bütün başarılarında kendisine borçlu olduğunu belirtmiştir.

Şimdi Otman Baba, *uc* gâzîlerinin manevi kılavuzu sıfatıyla ileri çıkarak gâzî sultana diyor ki, benim bilgim dışında ve benim desteğim olmadan hiçbir şey başaramazsın.

Yukarıda belirttik ki *Velâyetnâme* Baba'nın yaşamını ve kerâmetlerini, Fâtih'in seferleriyle sıkı ilişki içinde anlatmaktadır. *Velâyetnâme*'nin, Fâtih'in etkinliklerini ve dönemin önemli olaylarını anlatırken, bunları oldukça doğru bir kronoloji sırasında vermesi kayda değer. Aşağıda *Velâyetnâme*'ye göre, Fâtih'le Otman Baba arasındaki ilişkileri özetlemeye çalışacağız.

Bir gün Baba, Silivri-Kapısı'nda oturuyordu, Fâtih'in Mahmud Paşa ile yapacağı seferi konuşurken, Macarlardan Belgrad Kalesi'ni almak niyetinde olduğunu işitti. Baba doğrularak sultanı bu seferi yapmaması için uyardı ve dedi ki, "Çanlarına ot tıkarlar, kaçarsın". Sultan bu söz üzerine hiddete geldi, kılıcını çekip yürüdü. Mahmud Paşa ileri atılıp, "Hay sultanım neylersin, zinhâr ve zinhâr sakın sen tasavvur ettiğin kimse değildir, gafil olma ki bu kimse sâhib-i velâyettir" dedi, önledi.

Bu uyarıya aldırmayan sultan Belgrad seferini yaptı (1456) ve her şey Baba'nın dediği gibi çıktı. Başka bir defa, Otman Baba, sultan şehirde dolaşırken onun önüne çıktı ve doğrudan şu soruyu sordu: "Tiz cevâb ver ki, sultan sen misin, yohsa ben miyim?" Fâtih onu tanıdı ve atından inip elini öptü; dedi ki "Pâdişah sensin ve sırr-i hudâsın ve ben senin kemîne kemterünüm babacığım".

Ondan sonra sultanla derviş arasında gizli konuşmalar (*mermûzât*) oldu. Onun ardından sultan solaklarından biriyle Baba'ya altın gönderince o çok kızdı ve solağı kovdu (Metin: 19b- 20b).

Menâkıbnâme'ye göre, Belgrad seferinden sonra Fâtih, Otman Baba'nın velâyet gücüne tam bir inanç gösterdi ve başarılı seferler yaptı.

Velâyetnâme'de en dramatik hikâye, Otman Baba'nın kendisini Fâtih'e bir mürşid ve rehber olarak kabul ettirdiği üzerinedir. Olay, 1474 yılının sonuna doğru cereyan etmiş olmalıdır. O tarihte Otman Baba "iki üç yüz" abdalı ile birlikte Edirne'dedir. Kılık kıyafetleri ve davranışları şehir halkını hayretler içinde bırakır. Halk koşuşup bu garip görünüşlü dervişleri ve başlarındaki heybetli koca adamı görmeye gelir. Otman Baba elindeki kütüğü savurup onları uzaklaştırır.

Şehir halkı arasında fakir, alçakgönüllü kimseler, Otman Baba ve dervişlerine korku ve saygı ile bakıyor; yukarı sınıftan seçkin kişiler, özellikle ulemâ ve danişmendler şiddetli düşmanlıklarını gizlemiyorlar; idare adamları kadı ve subaşı ise onlardan bir an önce kurtulmak için şehirden dışarı atmaya çalışıyorlardı. Otman Baba'nın ulemâya ters düşen râfızî inançlarını halka açıklaması, ulemâyı dehşete düşürüyordu. Ulemâ bu sözleri söyleyen birinin kesinlikle kâfir durumuna düştüğünü ilân etti. Bunun üzerine şehrin kadısı Otman Baba ve dervişlerinden, hapse atma tehdidiyle, bir an önce şehri bırakıp gitmelerini istedi; yoksa sultana durumu arz edeceğini kendilerine bildirdi.

Otman Baba dervişleriyle birlikte Doğu Balkan'da öz-yurdları doğrultusunda yola çıktı ise de sonra fikrini değiştirip Kırk-Kilise'den (Kırklareli) tekrar Edirne'ye geldi. Bunun nedeni, *Velâyetnâme*'ye göre, Baba yolda İstanbul tarafına bir "nazar" atmış ve "Hasan Hüseyin Şehri" dediği İstanbul'a gitmek için yukarıdan emir almıştı. Kaynağımız az ileride bunun gerçek nedenini açıklamaktadır. Çünkü sultan, Otman Baba'nın ve yanındaki abdalların tutuklu olarak İstanbul'a gönderilmesini emretmişti. Buna karşı abdalların nasıl bir tepki gösterdiğini, sözde birinin gördüğü şu rüya açıklamaktadır:

Velâyetnâme'ye göre derviş rüyasında, Hazret-i Ali görünüşünde, elinde bir kılıç başında kızıl-börk bir adamın semadan inerek Otman Baba'ya şunları söylediğini görmüş: "Ey iki cihanın sırrı ve serveri gel mürüvvet kerem eyle, bize destur ver ki şol münafıkları kıralım." Bu abdalların isyan parolası idi. Baba onlara sabır tavsiye eder (85b).

İsyan ve dirence çağıran bu sözler, bize Şeyh Bedreddîn, Şah İsmail ve Pîr Sultan Abdal gibilerin arkasında giden Alevî-râfızî dervişlerin Osmanlı Devleti'ne karşı ne duyup düşündüklerini açıklar. 1511'de Osmanlı Devleti şehzade kavgaları sonucu bir iç kargaşaya düştüğü zaman, Telce'de Şah-Kulu Türkmen dervişlerinin acımasız kin ve gazabını anlatır.[25] Bu noktada Otman Baba, sultanı bile karşısına almaktan çekinmez. Sultanın gönderdiği kul, onu tutuklu olarak bir araba içinde İstanbul'a götürme emrini bildirince Baba "heybet ve celâli" içinde kütüğünü havada sallayarak, "Kimdir o Mehemmed dedüğün?" diye karşı geldi (89).

Böylece abdallarının korkusunu dağıtır ve onların başına geçip İstanbul'a yönelir. *Velâyetnâme*'den öğrendiğimize göre, bu yolculuk onun nam ve şanının yükselmesine yardım eder. Mesela, Baba-Eskisi kasabasına geldiklerinde halk onu karşılamay çıkıp

---

25 Bkz. M. Çağatay Uluçay, "Yavuz Selim Nasıl Padişah Oldu?", *Tarih Dergisi* VI (1954), s. 61-74; VII (1955), s. 117.

ellerini öpmek için koşuşur, onun için kurbanlar keser. Hatta onu tutuklu olarak götüren pâdişah kulu, herhalde bir yeniçeri yasakçı, kendi börkünün Hacı Bektaş'tan geldiğini söyler ve Baba'ya sempatisini açıklar. Grup Küçük-Çekmece'ye gelip de uzakta İstanbul görününce, Baba ayağa kalkıp abdallarına şöyle hitap eder: "Durun oğlanlar ki, Hisar'ı alalum ve hasûd leşkerin kıralım ve münkirlerin bağrın keselüm." Abdalların yorumuna göre, Sultan Mehmed ve İstanbul'da yaşamakta olan Müslümanlar şehri ancak "zâhir"de Müslüman yapmışlardır, şimdi ise *velâyet* çağıdır ve şehir onun kerâmâtına sahne olacaktır. İstanbul halkı velâyeti inkâr ettikleri için Müslüman sayılmaz (94-95).

Baba ve abdalları İstanbul'a girince kalabalık halk kitleleri onları seyre çıktılar. Bazıları onları tuhaf ve garip buldularsa da bazıları çok etkilenerek onları kutsal kişiler olarak karşıladı. İdare başındakiler onları At-Meydanı'nda kazığa oturtmak, çengele takmak için hazırlık yapmışlardı; *Velâyetnâme*'ye göre onlar sultanın Otman Baba hakkında maksadını değiştirdiğinin farkında değildi. Fâtih'e son emrini almak üzere gittiklerinde hayretle gördüler ki sultan ilk kararını değiştirmiş, Baba'nın ve abdalların Silivri-Kapısı'nda Kılıç-Manastırı'nda yerleştirilmelerini emretmiştir. Abdallar bunun Otman Baba'nın bir kerâmeti sonucu olduğuna inandılar. Fakat bu değişikliğin nedenini anlamak güç değildir. Fâtih böyle bir soykırımın ülkede halk arasında doğuracağı tepkiyi son anda, belki vezirlerin uyarısı üzerine, anlamış olmalıdır. Fâtih'in bir sefer kararına karşı duran iki yüz yeniçeriyi toptan acımasızca idam ettiği hatırlardadır.

Kayda değer ki ulemâ, siyasî sonuçlarıyla fazlaca kaygılanmayıp onların vücutlarıyla beraber râfızî düşüncelerinin yeryüzünden kaldırılmasıyla ilgiliydi ve *Velâyetname*'ye göre, idamların yerine getirilmesini istemekteydiler.

Manastır bir asker takımı tarafından çevrilmiş olup abdallar ölüm tehdidini her an duymakta idiler. Bu durumda Otman Baba hiddetle elindeki kütüğü yere vurarak şöyle bağırdı: "Bre çirkin... koca ki kiminle urgan çekişürsün ki şu sarayını başına yıkub kendüzümü sana bildireyim ki, bana kütüğü büyük âhir zaman kocası derler" ve kütükle yere birkaç kez vurdu. Abdallar sakinleşti. O gece İstanbul'da büyük bir fırtına koptu; sultan, sarayında bir köşeden bir köşeye koşmaya başlamıştı. Ertesi gün Divân-i Hümâyûn'u topladı ve bu görülmemiş olayın anlamını sordu. *Velâyetnâme*'ye göre dediler ki: "Ol kişinin mecmu'-i 'âlem ve yirmi dört bin mürsel peygamberce kuvveti vardır ve nübüvvet ile velâyet burcunda oturur, seni tac u tahtınla yere salıb helâk eder."

Bununla beraber ulemâ, Müslüman halk arasında tefrika çıkarmaya yeltenenler, abdallardan hiç olmazsa bazılarının idam edilmesi gereği üzerinde durdular. *Velâyetnâme*'yi okurken o zaman İstanbul'da halk arasında son derece gergin bir havanın esmekte olduğunu hissetmekteyiz. Veziriâzam Mahmud Paşa'nın idamından az zaman geçmişti, herkes onun haksız yere idam edildiğini düşünüyordu. Son derece otokratik sultana karşı kamuoyu Mahmud'u bir şehit mertebesine çıkaracak, sonraları bu sevgi, onun adına yazılmış bir menâkıbnâmede kendisini ölümsüzleştirecektir. Mahmud'un Otman Baba'yı koruduğu hakkında Silivri-Kapısı hikâyesini de burada anımsamalıyız. Nihayet Fâtih Veziriâzam Sinan Paşa'yı kadıasker ve kalabalık bir maiyetle manastıra gönderdi. Abdallarının ortasında koca derviş hepsine karşı "heybet ve celâlini" göstermekten geri kalmadı ve abdallarıyla beraber şehri terk etti.

Venedikli ressam Gentile Bellini, 1480-1481 yıllarında İstanbul'da idi ve pâdişahın yakınlığını kazanmıştı. Bir gün sultan ondan bir dervişin portresini yapmasını istedi. O zaman Konya'dan, Şehzade Mustafa'nın ölümü üzerine İstanbul sarayına getirilmiş bulunan ve sonraları İtalya'ya kaçarak anılarını yazan Gian-Maria Angiolello'nun anlattığına göre,[26] sultan o dervişten hoşlanmıyordu, onun Çarşı'da fetihlerini anlatıp övmesini yasaklamıştı.

Resim bittiği zaman sultan, Bellini'nin bu derviş hakkında fikrini sordu. Israrı üzerine Bellini, gerçek fikrini ifade ile dedi ki, "Bu bir divâne olmalı". Sultan ekledi, "Ben böyle bir deli tarafından medhedilmek istemem". Bellini yanıt verdi, "Öyle ise neden onu baş

26 Donado DaLezze, *Historia Turchesca* (*1300-1514*), ed. Ion Ursu, Bucharest: Academiei Romĕne, 1909, s. 120.

şeyhiniz yapmıyorsunuz?" Bunun üzerine sultan, Bellini'nin dediğini yerine getirdi. Bu ilginç görüşmeden şu sonucu çıkarmak mümkün görünür: Fâtih dervişlere samimi olarak saygı duyduğu için değil, herhalde pratik siyasî düşüncelerle iltifatta bulunmuştur. Genç Fâtih'in Ak Şemseddîn'le olan ilişkilerini de burada anımsamak yararlıdır. İstanbul fethinde evliyanın rolünü belirten şeyhe karşı Fâtih, onun fazlasıyla öne çıkmasına izin vermemiş ve sonunda Ak Şemseddîn, vatanı Göynük'e gidip inzivaya çekilmiştir. Bellini'nin resmini çizdiği derviş herhalde bizim Otman Baba olamaz; çünkü *Velâyetnâme*'ye göre, Otman 8 Receb 883/5 Ekim 1478'de ölmüştür.

Otman Baba'nın arkada bıraktıklarını, onun ölümüyle sona eren *Velâyetnâme*'den değil, bir halk tarihi olan *Anonim Tevârih-i Âl-i Osmân*'dan öğreniyoruz. 1492'de Manastır civarında II. Bâyezid'e karşı yapılan suikast, abdallar-ışıklar ile yakın ilişkisi olan bir derviş tarafından gerçekleştirilmiştir. Anonim olayı şöyle anlatır: "Fedâyî, nemed-pûş kulağı mengüşlü boynu tavklu Haydan şeklinde pâdişâha kasd etmek istedi; hemândem mehdî benim deyu nemedi eğninden atub yalın kılıç elinde pâdişâh üzerine yürüdü."[27]

İki yıl sonra Roma'da papa tarafından, Osmanlı ülkesinde Cem Sultan'ın taraftarlarına güvenerek yapılan Haçlı seferi hazırlıkları ve nihayet Fransız Kralı VIII. Charles'ın aynı amaçla İtalya'yı istilası Osmanlı ülkesinde büyük kaygı uyandırmıştı. Bunun üzerine II. Bâyezid, Edirne kadısına gönderdiği bir fermânla Rumeli'nde Filibe ve Zagra doğusundaki bölgede ne kadar abdal, derviş ve *ışık* varsa toplanmasını, soruşturma ve muhakemeden sonra küfr niteliğinde sözler söyleyenlerin cezalandırılmasını emretti. Emir gereğince Edirne kadısı soruşturma yaptıktan sonra bir meczûb olan

27 *Tevârih-i Âl-i Osmân,* ed. F. Giese, s. 126; bu anonim tarihin Bibliotheque Nationale Paris'te (MS Suppl. Turc 1047, varak 103-104) bulunan daha kapsamlı bir nüshası şu kronolojiyi vermektedir: Sultan, *ulu-bayramı* Depe-Delen'de kutladı (Temmuz 26-28), sonra birkaç gün kalacağı Manastır'a doğru hareket etti; daha sonra Edirne'ye dönmek üzere kasabayı terk etti. Saldırı, sultanın Manastır'ı terk ettiği gün, Manastır yakınındaki bir çayı geçerken meydana geldi. Sultan 11 Dhu'l-ka'da 987/4 Eylül 1492'de Edirne'de idi; H.J. Kissling, *Sultan Bajezid's II Beziehungen zu Markgraf Francesko II von Gonzaga*, Munich: Max Hueber, 1965, s. 12, şöyle demektedir: Bâyezid 28 Ocak 1495'te başlayan Ramazan ayı boyunca Tepedelen'de kaldı.

"Osman Dede"nin adamlarından bazılarını tutuklayıp işkenceyle idam etti. Kırk elli kişilik başka bir derviş grubu işkenceye kondu ve onlardan Şerîat'a göre suçlu bulunan iki derviş asılarak idam olundu. Kalanları Anadolu'ya sürüldü. Fakat halk arasında bunlar yine de ermiş, kutsal kişiler olarak anılıyordu.[28]

Yine anonimlerde, bu gibi dervişlerin sade düşünceli halk arasında ne derece derin bir inanç ve saygı gördüğüne dair şu olayı bulmaktayız: Bir derviş mucize gösterip İstanbul'da Davutpaşa kapısından denizin öbür tarafına abası üzerine oturup geçmiş. Anonim bu olayı, okuyucuları için dervişlerin kutsallığına bir kanıt gibi nakleder.

Doğu Balkanlar'daki abdallar, bütün baskı ve temizlemelere rağmen orada yüzyıllarca yaşadılar. Şah İsmail'in halife ve dâ'îleri, II. Bâyezid'in son kargaşa yıllarında burada, bu dervişler arasında yandaşlar bulacaktır. On dokuzuncu yüzyıl sonlarında Trakya yörükleri arasında *Bedreddînli* adı altında bir grup Otman Baba'yı gökte bulut gibi gezen, "yağmur yağdıran" bir velî olarak benimsemişlerdir. O, zamanla halk inancında Hızır'ın kerâmetiyle anılır olmuştur.[29]

*Kutb*ların halk üzerinde büyük nüfuz ve etkisini gören pâdişahlar, *kutbiyye* teorisini benimsemeyi bir siyâset gereği gibi görmeye, *velîlik*, *kutbluk* iddiasında bulunmaya başladılar.

Bu pâdişahlardan ilki I. Murad'dır. Bu pâdişaha ait rivâyetlerde, kendisinin gâibden haber aldığı, rüyasında peygamberle buluştuğu ve fetihlerinde mucize ve kerâmetler gösterdiği ileri sürülür. *Gâzî hüdâvendigâr* unvanı, Balkan fâtihi olarak onun gâzî sıfatını öne alır, *hüdâvendigâr* unvanı ise Farsçada "imparator" karşılığı

---

28 Sürgün, 2 Ekim 1494'te başlayan Hicrî 900 yılında gerçekleşti; krş. Kissling, s. 39, not 87. *Tevârih*'te bu olay, 28 Ocak 1495'te başlayan Cemâziyülevvel ayında meydana gelen dervişin mucizesi olayından önce anlatılır. Cem Sultan, 29 Cemâziyülevvel 900/25 Şubat 1495'te öldü.

29 Sonraları Otman Baba'nın dervişleri *Bedreddînî* diye biliniyordu ve Kırklarili'nde 1894 yılında bile onlara rastlamak mümkündü; bkz. Vâhid Lûtfi Salcı, "Trakya'da Türk Kabileleri, I: Amuca Kabilesi", *Türk Amacı,* 1/7 (Ocak 1943), s. 311-15, (A. Gölpınarlı ve İ. Sungurbey, *Sımavna Kadısoğlu Şeyh Bedreddîn*, s. XXVI-XXX'da tekrar yayınlandı); 1894'te bunların bazı öncüleri Libya'ya sürüldü. Salcı onların Otman Baba'nın "yağmur ilâhı" olduğuna ve bir bulut gibi uçtuğuna inandıklarını bildiriyor. Otman Hızır'a atfedilen işlevleri üzerine almıştır.

bir unvandır. Bu sıfat, Fâtih Sultan Mehmed ile kesin bir anlam kazanır. Fâtih döneminde Ramazan 881'de (Aralık 1476) yazılan Karaman evkaf defterinde "devranın kutbları etrafında gökler deveran ettikçe" (mâ dâratu'l-aflâk 'alâ aktâbu'l-devrân) deyimiyle bir bakıma *kutbiyye* teorisine gönderi yapılmıştır.[30] Cem yandaşlarının ve *ışık*ların hedefi olan II. Bâyezid (1481-1512) açıkça velâyet ve kutbiyyet atfedilen bir pâdişah olarak görünür.

Midilli seferi (Ekim 1501) üzerinde bir *gazânâme* yazan Firdevsî-i Rûmî, esere pâdişaha atfen *Kutbnâme* adını koymuş[31] ve II. Bâyezid'i velî ve velîler gibi mucizeler yaratan bir kutb-i aktâb olarak anmıştır:

Kutbu'l-aktâbı kılam sana beyân
İşbu asrın kutbu kimdir şerh edem
...
Bu zamanın kutbunu anla cedîd
Şah Sultan Âl-i Osmân Bâyezîd
Kutb-i 'âlem padişâhdır bî-gümân
...
Kutbu'l-aktâb olmasa Şeh Bâyezîd
Düşmenân görmez idi kahr-i şedîd
Kutb şâh emrinde olmasaydı bâd
Kavm-i Efreng olmaz idi tünd-bâd
Kutbu'l-aktâb olmasaydı şehriyâr
Dilgenice dönmez idi rüzgâr
...
Kutbu'l-aktâb olalı Şeh Bâyezîd
Bahr u berde hark u gark oldu yezîd

---

30 *Karaman Eyaleti Evkaf Defteri*, yay. F.N. Uzluk, Ankara: 1958, Metin: 3.

31 Firdevsî-i Rûmî, *Kutbnâme*, yay. İbrahim Olgun ve İsmet Parmaksızoğlu, Ankara: TTK, 1980, s. 29-33. A.Y. Ocak, "Idéologie officielle et réaction populaire", Gilles Veinstein (yay.), *Soliman Le Magnifique et son temps: actes de Colloque de Paris, Galeries nationales du Grand Palais, 7-10 Mart 1990*, s. 185-192; bkz. B. Flemming, "Sâhib-kırân und Mahdî: Türkische Endzeiterwartungen im ersten Jahrzehnt der Regierung Süleymâns", *Between the Danube and the Caucasus*, ed. G. Kara, Budapeşte: Akadémiai Kiadó, 1987, s. 43-59.

Fâtih Sultan Mehmed ve II. Bâyezid Döneminde Oğuzculuk

Osmanlı Devleti, Fâtih döneminde güçlü Ak-Koyunlu Türkmen devletinin yükselmesiyle, Timur zamanındaki gibi, Doğu'dan hayatî yeni bir tehdit ve tehlike karşısında kaldı.[1] Ak-Koyunlu Türkmen hükümdarları, bilinçli şekilde kendilerini Oğuz Han soykütüğüne bağlanmış sayarlar.[2] Ak-Koyunlu hükümdarları tarafından bir zafer, sünnet veya evlenme dolayısıyla düzenlenen toylar, halkla beraber tipik Türkmen kutlama ve şenlik sahneleri gösterir.[3] Uzun Hasan, açıkça kendisini Timur'a kıyaslıyor ve Oğuz Han neslinden olduğu iddiasıyla tüm Türk kavimleri üzerinde egemenlik iddiasında bulunuyordu.[4] J. Woods'a göre,[5] Osmanlılar dahil Türkmen hânedanlarının, Oğuz Han'a çıkan bir soykütüğünü benimsemeleri, *romantik* bir akım (P. Wittek) olmaktan öte, Oğuzların soy birliği teorisiyle Anadolu, Suriye, Irak ve İran'da tüm Türkmenler üzerinde egemen-

---

1 Bkz. "Mehmed II" *MEB İA* (H. İnalcık); J.E. Woods, *The Aqquyunlu*, Salt Lake City 1999, 87; Ak-Koyunlu imparatorluğu, Doğu Anadolu, İran ve Azerbaycan'ı içine alan güçlü bir devlet olup Uzun Hasan Osmanlı hükümdarı gibi *Pâdişah* unvanıyla anılıyordu. Fırat Nehri Osmanlı ve Ak-Koyunlu devletleri arasında sınır idi, bkz. Tihranî, *Kitab-i Diyarbakriyye*, yay. N. Lugal ve F. Sümer, I-II, Ankara, 1962-1964.

2 Ak-Koyunlular'ın resmi tarihi, Abu Bakr-ı Tihrani, *Kitâb-i Diyarbakriyye*, XVII.

3 Tihrânî, *Kitâb-i Diyarbakriyye*, II, 387, 397

4 J.E. Woods, *The Aqquyunlu*, 179.

5 P. Wittek, *The Rise of the Ottoman Empire*, Londra, 1938, 11; ve J.E. Woods, *Aqquyunlu*, 173-182.

lik iddialarına *meşrûluk kazandırmak* çabasıyla ilgilidir. Aslında Ak-Koyunlu hükümdarı Uzun Hasan, kendisini tüm Türkler üzerinde yegâne meşrû hükümdar sayıyordu.[6] Ak-Koyunlu hânedanı, ailenin "Hanlar Hanı" Bayandur (Bayındır) Han neslinden geldiği iddiasında idi. *Oğuznâme*'de (Reşîdeddîn, ondan naklen Yazıcızâde'de) Bayandur/Bayındır, Oğuz Han'ın oğlu Gökhan'ın dört oğlundan büyük olanıdır. Woods, *Oğuzculuk* iddialarının Osmanlı ve Ak-Koyunlu hânedanlarınca zamanla terk edildiği kanısındadır.[7]

Uzun Hasan, Fâtih'e karşı Karaman Türkmen hânedanına sahip çıkarak Orta Anadolu'ya kadar ilerlemişti (1472). O zaman Fâtih, Uzun Hasan'a karşı ülkesinin tüm kaynaklarını seferber ederek bir ölüm kalım savaşını göze aldı[8] ve 1473 baharında ordusuyla doğuya hareket etti. Oğlu Cem'i Edirne'de muhafazada bıraktı. Cem, o zaman Oğuzculuk ve gâzâ akımının bir temsilcisi sıfatıyla Rumeli gâzîlerinin destanını, Abu'l-Hayr-i Rûmî'den yazmasını istedi; böylece büyük Rumeli destanı *Saltuknâme* ortaya çıktı. Cem, Oğuz Han şeceresine de önem veriyordu. 1481'de Mısır sultânı yanında mülteci iken Mekke'de rastladığı Hasan Bayâtî'den Oğuz Han şeceresini yazmasını ister:[9]

"Bu hakîr ... Hasan b. Mahmud-al-Bayatî Oğuz neslinden Bayat silsilesinden olup" 886/1481 yılında Ka'be'ye gider, orada hac için gelen Sultân Cem ile buluşur. Cem, kendisinden, "nisbet-i 'aliyye-i Âl-i Osmân Oğuz'un ekber evlâdı Günhan ve anın furû'undan Kayı Han'a müntehi olduğu vesâir, silsile-i 'aliyyeleri mevcûd bulunan Oğuznâme'den ber-vech-i ihtisâr tesvîd ve îrâdın murâd edindiler ... bir haftada itmâma erişüp *Câm-i Cem-Âyîn* deyü tesmiye kılınup iltifâtlarına mukârenet kesb olundu."

Yazar, Edebali'den, Osman'ın Gümüşlü Kubbe altında gömüldüğünden bahsettiğine göre, kuşkusuz, eldeki *Tevârih-i Âl-i Osmân*'daki şecereyi kullanmıştır.

---

6 Şarabdâr Hamza'nın mektubu: J.E. Woods, *Aqquyunlu*, 179.
7 J.E. Woods, *Aqquyunlu*, 182.
8 Bkz. "Mehmed II", *MEB İA* (H. İnalcık).
9 Hasan b. Mahmud Bayatî, *Câm-i Cem-Âyîn*, (886/1481), yay. Ali Emîrî, İstanbul, H. 1331; W. Björkman, "Der Aufenhalt des Prinzen Cem in Agypten 1481-1482 und politische Bedeutung", *Z.V. Togan'a Armağan*, 71-76.

Câm-i Cem-Âyîn'de Osman Bey'e gelinceye kadar Oğuz Han soykütüğü şöyledir:

Oğuz Han

Kayı Han

Kaya Alp

Süleymanşâh

Dündar **Ertuğrul** **Gündoğdu** **Sunkur-Tekin**

Savcı (Saru-Yatı) **Gündüz Alp** **Osman Gâzî**

Bayâtî, Korkut Dede ve yazılı bir *Oğuznâme*'den söz eder: Kara Han Müslüman olmuş, Korkut Dede Medîne'ye gelip Hz. Peygamber'le görüşmüş, Selmân-i Farsî Oğuz kavmine İslâm şerîatını öğretmek üzere birlikte gelmiş, bunlar *Oğuznâme*'de yazılı imiş. Osman Gâzî'den söz eden bölümde, "Oğuz Han'a halef olan Günhan'ın büyük oğlu Kayı'dan" türeyenler, Osman oğulları ortaya çıkıp Selçuklulara halef olmuş.

Ertuğrul, "Savcı Begi tayîn edüp mahrûsa-i Konya cânibine Sultân Alâeddîn Keykubad dîvanına irsâl edüp *Kayı* nesli idüğın bildirdi ve Sultân dahi serhâdd-i Engüriye'de Kara-Dağı yaylak ve bazı münasib yerleri kışlak verüp ve yurt ve ocak tarîki ile berât-i şerîf ve hil'at lûtf erzânî buyurup gerü gönderdi ve Ertuğrul Bey dahi varup ol serhâdlerde çalışıp *Söğütcük* nevâhîsine dek açup ocaklıklarına hükm-i şerîf ile zamîme kıldılar ve Osman Gâzî dahi babası sağ iken uğur-i İslâm'da çalışup nâmdâr oldu ve bi'l-cümle varup *Söğütcük*'te karar ettiler; ve nice Şeyh Edebali gibi ulemâ ve meşâyih varup anda mütemekkin oldular. Sâye-i sa'âdetlerinde geçinürlerdi. 'Âkibet (Ertuğrul) doksan yıldan ziyâde ömür sürüp hicretin altıyüz seksen yılında vefat edüp Söğütcük'te binâ ettikleri tekyelerinde medfûndur, Rahmetullâhi ta'âlâ aleyh. Osman Gâzî vilâdet-i şerîfleri hicretin altıyüz elli altı yılında vaki' olduğu mesmû'dur (*Risâle*, Cem Sultân üzerinde bir *tahmîsnâme* ile –s. 48-55– son bulur). Eserlerini II. Bâyezid döneminde tamamlayan *Tevârih-i Âl-i Osmân* yazarları, 'Âşıkpaşazâde ve Neşrî, Oğuz Han soykütüğünü benimsemişlerdir. Neşrî, Yazıcızâde'yi veya Rûhî'yi kullanmıştır (Unat-Köymen, yay. I, 6, 16, 22, 50, 56).

The Problem of the Relationship Between Byzantine and Ottoman Taxation

Criticizing the somewhat hasty conclusion of Professor Sokolov, Fuad Köprülü pointed out in his study on the relationship between Byzantine and Ottoman institutions that Byzantine influence on Ottoman taxation can be found in Western Anatolia and Rumelia and that we have to make our comparisons not on the basis of general similarities but of specific points established firmly from original sources.

During the last ten or fifteen years our knowledge of Byzantine taxation has been particularly enlarged by the important studies of Dölger, Ostrogorskij, Charanis and others. But as will be seen from the latest publications of Professor G. Ostrogorskij, we are still at the stage of hypotheses in many essential points mainly because of the limitation of the available documents. On the Ottoman side, however, recent preliminary studies on the rich material from the fifteenth century Ottoman registers of land, population and taxes enable us to have a good idea of the nature of early Ottoman taxation and to interpret properly the early legislation preserved in the law-books of Mehmed the Conqueror. Moreover, our knowledge of such legislation has increased during the last fifteen years by discoveries of new laws in the records of the Ottoman judges of this reign and of a manuscript containing a rich collection of laws of this period. It must also be noted that although the Conqueror was responsible for new legislation in his own reign the greater part of the laws which he collected in two famous codes bearing his name as well as the whole system of taxation and land ownership found in the registers were simply the product of the previous reigns. Furthermore, the Turkish archives contain some land and tax registers going back to 1430, when the Byzantine state was still in existence. Here it is particularly important to point out that in these registers which were for the most part composed immediately after the conquest, the Ottoman commissioners with the assistance of the natives carefully recorded on the spot the local taxes and practices and that these were made laws of the Ottoman state after the official confirmation of the Sultan. We have indications of this method going as far back as the second half of the fourteenth century. Only laws too obviously contrary to the Ottoman religious and administrative principles were abolished. But in view of the interest of the treasury the Ottoman administration followed a very liberal policy in maintaining local taxes especially in the first centuries of its history. Tax legislation based on the local practices was considered legally as deriving from the personal authority of the Sultan and was called *'örfî* as independent from the *Shar'ia*, the Holy Law. On the other hand, the Ottoman government was then following the general policy of maintaining the status quo of social groups in the conquered lands with only those changes necessary for its own administration. Thus, as I showed in my article on the Christian timar-holders in Rumelia, a number of the local aristocracies were granted timars on their former *pronoia*s or domains. Naturally these could not abandon the old practices to which they had been accustomed for generations. It becomes apparent that the Ottoman law system as well as these local elements became the main instruments in the survival of the Byzantine institutions under the Ottoman regime.

In the Ottoman registers, the peasantry, Muslim or Christian, were divided into various categories such as *chift*, *nîm-Chift*, *bennak* or *benlak*, *jaba* or *mücerred*. There were, of course, differences from one province to another. For example, in a register of Eastern Thrace dated 1455 we find a simpler division consisting of *chiftlü* and *bennak* whereas in a register of Aydın, ancient Ionia, of the same date, there is a more complicated classification as *chiftlü*, *nîm-chiftlü*, *chiftlü-kara*, *jaba-kara* and *kara*. *Chift* means in Turkish simply a pair or a pair of oxen yoked to a plough or as it is defined in the Ottoman law-books a farm of a size that could be worked by a pair of oxen. We find other definitions in the law-books. According to one of them one *chift* is a lot varying from 60 to 150 dönüm (one dönüm is approximately one thousand square meters) depending on the productivity of the land which was thought to be enough to sustain a peasant family. On the other hand, the size of a *chift* is defined in the law book of the Conqueror as a plot of land sufficiently large for the cultivation of four *mud* (modioi) of seed. Now peasants possessing a *chift* are called *chiftlü* or simply *chift*. One *chift* was considered the normal agricultural unit in the empire and as cultivated lands were in principle under state proprietorship the central government was able to prevent the formation of farm units larger than one *chift*. Each *chift* paid yearly *chift-resmi*, a fixed tax in the amount of 22 *akcha* (asper) (30 or 33 in some areas later on.) This was an *'örfi* tax, that is to say it was assessed by the Sultan independently from the religious law and this characteristic is an indication of its local origin. The second category of peasants were *nim-chifts* that is half *chifts* who possessed lands of the size of half a *chift* and accordingly paid half of the *chift-resmi* that is 11 *akcha*. The third category consisted of peasants with a family who either possessed a plot less than half a *chift* or no land. The former was called *chiftlü-bennak*, married peasants with some land, and paid 6 *akcha* (or 9). Here we find a new element, namely marriage which interfered with the rate of the tax. Finally, another category included bachelors, *mücerred*s, widows and agricultural workers who paid only 3 or 6 *akcha*. In general, the youth who reached the age of 20 were included in this category. Toward 1455 in Aydın the taxes were 30 *akcha* for *chift*, 15 for *half-chift* and 12 for *chiftlü-kara*, 5 for *Jaba-kara* and *kara*. Here we find actually two main groups, namely the peasants with *chift* and *kara*. The last category which embraced the poor was divided into three sections as those with a piece of land less than half a *chift*, those without land and the poorest. Wives, children and the disabled were always exempted from taxation. Certain peasant communities were given a special status because of some services for the state such as guardianship at the mountain passes or specializing in growing rice or in producing butter for the Palace or the army. These peasants usually paid the *chift-resmi* as half.

Whatever a person's marital situation, bachelor, married or widowed, anyone who possessed a *chift* had to pay *chift-resmi* completely. But if the land concerned was less than half a *chift*, then, marital situation was taken into consideration as well in determining the rate of the tax. Thus it seems that *chif-resmi* might be considered as a land tax as well as hearth tax. We shall come back to the question of the nature and origin of this tax later on. But here it must be emphasized that the peasantry in the Ottoman Empire formed one large class divided into various groups on the basis of the rate of the *chift-resmi* which was determined in turn by the size of the land possessed and marital status. On the other hand, partial tax immunities granted by the state in return for some public services created another large group called *muaf* ve *müsellem*, that is exempted peasants. Putting it another way we can say that the *chift-resmi* system in the Ottoman Empire was an expression of the social stratification among peasantry based on their social and economic conditions. Now before trying to analyze the origin of this system let us review the Byzantine taxation and the status of peasantry as presented in the last studies made by Professor Ostrogorskij. He used in these studies the *praktika*, 20 in number, as his basic source for the subject. The *praktikon* itself is very similar to the Ottoman *Sûret-i Defter*, a document showing land, peasants and taxes assigned to timar-holders and which were actually a certified copy of the official records in the registers. It is interesting to note that Byzantine *praktika* and Ottoman *sûret*s both recorded widows with a land as head of a household and taxable person.

Professor Ostrogorskij considers that lands granted as *pronoia* were always regarded as lands under state proprietorship. The same principle was the foundation-stone of the Ottoman timâr system. As for the taxation on the Byzantine lands he wrote as follows:

> D'une façon générale, les paysans propriétaires des lots les plus importants étaient aussi les plus riches en bétail (...) mais cette réglé comporte pas mal d'exceptions (...) Normalement il s'établit un certain rapport stable, un certain équilibre, entre la quantité de terre et la quantité de bétail. De la dérive la classification bien connue des parquées byzantins en zeugarates, détenteurs d'une paire de boeufs, zeugarion, et d'un lot approprié, et de boidates, propriétaires d'un seul bœuf, boidion, et de la moitié d'un lot noroal (*Pour l'histoire de la féodalité byzantine*, p. 302-303).

In Andronic Doukas' domain (11th century) there were 18 *zeugarate* families, 6 *biodate* and 25 *aktemones*. Each *zeugarate* paid to the seigneur one *nomisma* as a land and hearth tax. In general, boidates paid half a nomisma. It is interesting to note that in some documents half *zeugarion* is used for *boidate* just as was the case with half a *chift* in the Ottoman system. Prof. Ostrogorskij seems not quite certain whether *zeugarion* indicates oxen or land. He added: "La notion de *zeugarion* n'est pas absolument liée a un lot de terre et désigne simplement dans le praktikon de Chilander, comme dans les autres praktika du XIV siècle, un attelage d'une paire de bœufs" (p. 315). When he found that in the *praktikon* of Chilander 5 families owned jointly one ox he added: "Il est curieux de noter que cet unique bœuf est enregistré comme ½ zeugarion." (p. 318). He also found that the *paroikoi* who did not possess any land but owned oxen still paid the tax of one hyperperon for two oxen and ½ hyperperon for one, and the poorest families usually less than ½ hyperperon.

In view of the parallel system existing in the Ottoman Empire we could not think that *zeugarion* always showed the land workable by two oxen and boidion by one. On the other hand, Prof. Ostorogorskij himself pointed out that according to some of the *praktika* peasants possessing a plot of about 50 *modioi* were subject to pay one hyperperon. As to the peasants without land other factors such as personal duties were considered in taxation as we shall see later on when we analyze the nature of the *chift-resmi*. It is further to be noted that one nomisma or hyperperon was worth approximately 22 akcha, the rate of the chif-resmi in 1350 when the Ottomans had established their rule over a quite sizeable part of the Byzantine empire.

As for the *aktemones*, peasants without land, they paid only *kapnikon*, hearth tax at the rate of half nomisma or hyperperon. Special conditions for the varying rates are not quite known. They sometimes paid as low a one sixth of one nomisma. Now *Jaba-bennak* in the Ottoman system who were peasant families without land and paid the tax as 1/2, 3/7, 2/7 of the *chift-resmi* might be the Ottoman counterpart of *aktemones*.

These indications along with the Ottoman policy about local taxes make us suppose that the Byzantine *zeugaratikion* may be identical with the Ottoman *chift-resmi*.

At the lowest grade of the social ladder of the Byzantine peasantry came *elevteroi*, the so-called free peasants. As Prof. Ostrogorskij showed their freedom meant simply to have been left out of the registers of the treasury, they were neither the *paroikoi* of the state nor those of *pronoiars* or of monasteries and so possessing no land and being bound to no one they could go around and work as agricultural workers wherever they liked. Originally they were, Prof. Osstrogorskij thinks, mostly run away *paroikoi*.

There is no doubt that this class of Byzantine rural society survived under the Ottoman rule. Actually the Ottoman laws recognized a class of peasants who were not recorded in the *defters*, registers, and called *hârij-re'âyâ*, that is outsiders, or *hârij-ez-defter re'âyâ*, that is peasants not recorded in the registers, or *haymâne*, nomads. They could go around freely and work on other people's lands as workers while the re'âyâ, peasants recorded in the registers, could not leave their land and timâr-holders. The *hârij re'âyâ* had to pay 1 akcha for each 2 or 5 dönüm of land if they cultivated the available land in a timâr. This tax was regarded as a fraction of the *chift-resmi* for small lots. If the *hârij-re'âyâ* stayed on the same land longer than three years they were included among the dependent peasants of the timâr-holder to whom they belonged. It will be recalled that find the same rule with the Byzantine *elevterio*. The Ottoman *hârij-re'âyâ* originated from run away as well as from new generations of peasantry who had not been included in the official land and tax registers.

Now we can examine the *chift-resmi* more closely and try to discover the reasons for differences in its application.

Actually the *chift-resmi* system in the Ottoman taxation appears to consist originally of some taxes collected in place of certain services which were required differently according to the status of each group of peasants.

In the law-book of the Conqueror on the *re'âyâ*, dependent peasants, we find the definition of the *chift-resmi* as follows: "One chift gives three services or three akcha for services (and there are other service) such as reaping and thrashing and wood carrying and yoke-duty. When for these seven services money is required 22 akcha should be collected and *Benlak* pay three services or six or nine akcha." According to the contemporary registers and the law-book of Sultan Suleiman the exact equivalents of these services were as follows: For three days of labour three akcha, for one cart of hay reaped 7 akcha, for half a cart of straw 7 akcha, for one cart of wood 3 akcha, for yoke service 2 akcha, the total sum of these amounted to 22 akcha which is our chift-resmi, paid by a peasant in possession of a chift.

Under the Ottoman state the craftsmen in villages had to pay only three akcha for three days of labour and were exempted from all other duties connected with rural occupations. These three days of labour appear to be considered as the basic duty applied to all grown up men in the countryside. Even the peasants without land and the poorest had to pay this minimum head tax. As we have seen, the *chiftlü-bennak* (benlak), peasant families with small land, had to pay 9 akcha which probably consisted of the yoke-duty which was two akcha and one of the services of hay or straw.

Thus we can conclude that the Ottoman chift-resmi was originally a head tax derived from certain services which can only form a part of a feudal society such as to provide hay, straw and wood and field labour for the seigneur. But a central government with a sufficiently developed money economy tends naturally to convert these services into fixed duties paid in cash.

To come back to the Byzantine *kapnikon* and the similar duties paid by the peasants, I suppose we are justified in considering the origin and nature of these as similar to that of the Ottoman *chift-resmi*. Perhaps we can explain some seemingly contradictory points in the Byzantine *praktika* by the theory that these Byzantine taxes consisted originally of some seigneurial services which were later on converted into a fixed land and hearth tax and their variations might be connected with this origin as was the case with the Ottoman *chift-resmi*.

Before concluding we should add that the *chift-resmi* and its varied forms were applied both to Christian and Muslim peasants in Eastern Thrace and Western Anatolia, where the Ottomans replaced the Byzantine state. But in most of the lands conquered from the Slavs by the Ottomans another *'örfî* head tax called *Ispenje* prevailed. This was paid yearly by all male adults at the rate of 25 akcha and was applied only to the Christians while the *chift-resmi* continued to be applied only to the Christians while the *chift-resmi* continued to be applied to the Muslims there.

As for the other Byzantine taxes included in the *praktika*, one can establish a close relationship between them and the Ottoman *'örfî* taxes on timars. All these should be studied in the framework of a comparative study of the Byzantine *pronoia* and the Ottoman *timâr* systems.

The Status of the Greek Orthodox Patriarch under The Ottomans

It has been assumed that the document issued originally for Gennadious in 1454 was a kind of pact, similar to capitulations given to non-Muslim foreigners in Islamic territory, granting to them certain privileges and guarantees under oath.[1] The same document was also interpreted as a *charter*, organizing the Orthodox Christian community under Ottoman rule into an autonomous body under the Patriarch.

---

1 For S. Sidarouss, *Les patriarcats dans L'Empire Ottoman et spécialement en Egypte*, Paris, 1906, p. 5, *berâts* given to the patriarchs were simply "bilateral contracts concluded between Christian nations and Islamic governments". According to Theodore H. Papadopoulos, *Studies and Documents Relating to the History of the Greek Church and People under Turkish Domination*, Bibliotheca Graeca Aevi Posterioris-1, Brussels, 1952, pp. 7-10, the berât given to Gennadious was a "constitutive chart and made the Patriarch millet-bashı or "national chief". It invested in him, Papadopoulos adds, "beside his spiritual jurisdiction with a civil jurisdiction extending over the whole nation of the Chrisrians". This interpretation is basically shared by Byzantinists, most recently by G. Hering. "Das islamische Recht und die Investitur des Gennadious Scholarios (1454)", *Balkan Studies* (Salonica) II, 1961, pp. 249-251; S. Runciman, *The Great Church in Captivity,* Cambridge, 1968, pp. 167, 170, 181; J. Kabrda, *Le Système Fiscal de l'église Orthodoxe dans l'Empire Ottoman*, Brno, 1969, pp. 14-15, notes "la position prééminente des métropolites dans les éparchies au point de vue politique" which resulted from extensive jurisdiction of the ecclesiastical courts over civil matters as well as spiritual.

N. J. Pentazopoulos, the distinguished Greek legal historian[2], said that Mehmed II "recognized not only the ancient religious privileges of the Patriarch, but, beyond these, he granted them considerable political authority as well". The grant of such privileges, he added, carried with it *just singular* and *extraterritoriality*, as had existed in all the empires founded in the Mediterranean world since ancient times. Under the Ottomans, Pentazopoulos continued, the Patriarch's authority "was not only extended over all the Orthodox Christians of the empire, but this authority was further expanded by newly acquired "*politico*-religious jurisdiction" over all the orthodox *re'âyâ*. Pentazopoulos agreed, however, that such power and "status of authority" was achieved only over time by the "tolerance or concession of the Turkish authorities",[3] or by encroachment upon the privileges granted them. Pentazopoulos emphasized the point that, by styling himself in the ecclesiastical documents as "the leader of the eminent race of the Romans" with the titles of the Byzantine rulers, *Afentis*, and *Despotis*, and by using the imperial emblem of the two- headed eagle, the Patriarch appeared as the embodiment of the "Byzantine political ideal" under the Ottomans.

It should be made clear at the outset that the Ottoman system by which the state's relation with the religious communities were governed followed closely the pertinent stipulations of Islamic law and tradition, both in its basic structure and in its details. As for as the *ahl al-dhimma* is concerned, in dealing with organization and practical matters, one has first to look at the authorities of the Hanafi school of law, a method which M. d'Ohsson wisely pursued in his *Tableau Général de l'Empire Ottoman*. On the other hand, during the formative period of the empire, the Ottomans introduced an independent body of practical rules and regulations based on the rule's judgement of what the situation actually required. These were usually interpreted as temporary measure, based on *Sharî'a* principles as applied to particular situations. Sometimes, it is true,

2 *Church and Law in the Balkan Peninsula during the Ottoman Rule*, Thessaloniki: Institute for Balkan Studies, 1967, pp. 7-10, 19, 23, 86.

3 *Church and Law in the Balkan Peninsula during the Ottoman Rule*, p. 10.

these practical regulations were hard to accommodate with the principles of the *Sharî'a*; for example, the maintenance of an organized Christian community in Istanbul was against the *Sharî'a* in principle since the city had been taken by force (*kahran*) as was the taking of *pishkesh*, actually a disguised tax upon the clergy. On dealing with the so-called *millet* system in the Ottoman Empire, a primary task is to uncover and to find a historical explanation for those Ottoman practices and institutions which were actual innovations vis-a-vis the *Sharî'a*.[4] Furthermore, those institutions introduced by the Ottomans changed, even though their original names were retained, through the transformation of the empire itself and its policies.

Four principal periods are to be distinguished in the study of the conditions under which the non-Muslim communities and their institutions survived in the Ottoman Empire.

It is now a commonplace that in the early period of their expansion, the Ottomans pursued, primarily in order to facilitate conquest, or to make the indigenous population favorably disposed, a policy called *istimâlet*. It was intended to win over the population, peasants and townspeople, as well as military and clerics, by generous promises and concessions, sometimes going beyond the limits of the well-known, tolerant stipulations of Islamic Law concerning non-Muslims who had submitted without resistance. Within this policy of *istimâlet*, the Ottomans, especially during the first transition period, maintained intact the laws and customs, the status and privileges, that had existed in the pre-conquest time, and what is more unusual, they incorporated the existing military and clerical groups into their own administrative system without discrimination, so that in many cases former *pronoia*-holders and seigneurs in the Balkans were left on their fiefs as Ottoman *timâr*-holders.[5] But the most fundamental and perhaps the most effective component of the *istimâlet* policy was, from the beginning, the recognition of the Orthodox Church as part of the Ottoman State. The Ottomans did not merely extend the protection stipulated by Islamic Law and practice

4 See, "Kanun", *Encyclopedia of Islam*, second edition, IV, pp. 558-562

5 See, H. İnalcık, "Ottoman Methods of Conquest", *Studia Islamica*, IV (1954).

to the Church, but they integrated it into their administrative system. The leaders of the Orthodox Church, the Metropolitans, were assigned *timâr*s in the frontier provinces, a practice which meant their inclusion in the ruling class. We have records of this from as early as the *timâr*s register of Albania dated 1432,[6] well before the conquest of Istanbul, the seat of the Patriarchate. There is every reason to believe that through such a policy towards the Orthodox clergy and monasteries the Ottomans established close ties with the Patriarchate in Istanbul before 1453. The fact that the Ottomans favored openly the Orthodox Church, restoring it everywhere they went to its former position of superiority vis-a-vis the Latin Church, is a clear indication of the political intent of their attitude.

In a recent article, Nicola Oikonomides has shown,[7] on the basis of Byzantine sources, that, upon the Ottoman conquest in 1383, the monasteries of Mount Athos were left in possession of their properties, to which were even added new ones. What is more interesting, a tradition survived on the Mountain claiming that the monasteries had recognized the suzerainty of the Ottoman Sultans even before the conquest of the area.[8] A similar situation for the monastery of Saint John Prodrome near Serres is attested to by a document dated somewhere between 27 December, 1372 and 5 January, 1373, when the city was still under Byzantine rule.[9]

---

6 H. İnalcık, *Sûret-i Defter-i Sancak-i Arvanid*, Ankara, 1954.

7 "Monastères et moines lors de la conquête ottomane", *Südost-Forschungen*, XXXV (1976), pp. 1-10.

8 "Monastères et moines lors de la conquête ottomane", p. 5.

9 The controversy about whether or not the document or its date is authentic and correct (see P. Lemerle, *Philippe et la Macédoine Oriental*, Paris, 1945, pp. 215-217; G. Ostrogorskij, "La prise de Serres par les Turcs", *Byzantion*, XXXV (1965), pp. 302-319; I. Beldiceanu-Steinherr, "La prise de Serres et le firman de 1372 en faveur du monastere de Saint-Jean-Prodrome", *Acta Historica, Societas Academica Dacoromana*, Munich, 1965, pp. 15-24; E.A. Zachariadou, "Early Ottoman Documents of the Prodromos Monastery (Serres)", *Südost-Forschungen*, XXVII, (Munich, 1969), pp. 1-12) stems from a misunderstanding. After the Ottoman victory at Chermanon in 1371, the frontier ghazis under Evrenos (Evrenuz) Beg invaded the Serres plain, but the city itself continued to resist. Evrenos placed there for the continuous blockade of the city, Delü Balaban. The monastery, apparently in the area fallen under Ottoman control already in 1372, obtained from the Sultan Murad I the document granting tax exemption and protection. E. Zachariadou (p. 9) showed that the document is authentic and I. Beldiceanu- Steinherr's arguments are not acceptable.

Before the Sultan's conquest, asserts Oikonomides (p. 6) "ils lui offraient une grande victoire morale et s'assuraient an échange la sécurité de leurs monastères et l'inviolabilité de leurs privilèges". Evidently, the Ottoman government was taking advantage of the presence of Greek metropolitans already within their domain to establish relations, within the policy of *istimâlet*, with churches and monasteries beyond Ottoman state boundaries.

The second period for the so-called *millet* system began with the conquest of Istanbul in 1453. In accordance with his concept of an universal empire, the Conqueror re-organized the Ottoman state, published Sultanic codes of laws, and made his capital the seat of the heads of the three recognized non-Muslim communities, Orthodox Greek, Armenian and Jewish, who represented a large number of his *dhimmi* subjects. Considering the fact that no other Muslim state had had non-Muslim subjects in so large number, and that the Conqueror's concept of Sultanic law and authority was so comprehensive, it may be appropriate to regard his reign as ushering in a new age for the non-Muslim communities in Ottoman history, perhaps even for the whole of Islamic history. The imperial structure as established by the Conqueror, and the historical position of the non-Muslim communities within it, developed in what we call the classical age of the Ottoman empire, until the seventeenth century when the first signs of decentralization appeared. When, with the rise of the *a'yân*s in the eighteenth century, decentralization[10] became a general feature of the Ottoman administration, the church organizations also partook in this trend. The Greek Orthodox Church in particular, consciously taking advantage of the new conditions moved toward autonomous organizations in the capital and in the Metropolitanates in the provinces. In fact, the movement in the non-Muslim communities during this century was the rise of a new bourgeois class, which tried to dominate the Church and which led to, alongside the Church, the development of certain civil organizations with

10 H. İnalcık, "Military and Fiscal Transformation in the Ottoman Administration, 1600-1700", *Archivum Ottomanicum*, VI, pp. 311-337.

a certain degree of actual autonomy.[11] While these developments prepared the way for the emergence of the Christian states in the Balkans in the nineteenth century, within the Empire the *Tanzimat* and especially the *Khatt-i Humâyûn* of 1856 brought in absolutely new legal concepts for the re-organization of the non-Muslim communities. Special *nizâmnâme*s, regulations, were drawn up for the non-Muslim communities during this period, which came to a close with the treaty of Lausanne in 1923.[12]

Periodization of this type are not only convenient for the study of the non-Muslim communities in the Ottoman empire but are also historically necessary in order to avoid controversy about generalizations made through the studies of conditions in a particular period. In each of the periods defined above, the circumstances of the individual member of the non-Muslim communities differed, in actuality and sometimes also *in jure*.

In arranging their relations with non-Muslim who had submitted without resistance the Ottomans were careful to follow the prescriptions of Islamic Law, in which these matters were governed by long tradition and precise rules going back to the time of the Prophet. The earliest contracts of this type were of such a nature as could only be classified as *'uhûd*, compacts, concluded between the non-Muslim communities and the Prophet or the first Caliphs.[13] During the Prophet's time the term *amân*, amnesty was used as a synonym of *'ahd, dhimma* and the pre-Islamic term *djiwâr*.[14] In

---

11 N. Iorga, *Byzance après Byzance*, ed. Association Internationale des études du Sud-Est Européen, Comité National Roumain, Bucarest, 1971, pp. 226-247; Th. Papadopoulos, *Studies and Documents Relating to the History of the Greek Church and People under Turkish Domination*, pp. 122-158; Runciman, *The Great Church in Captivity*, pp. 306-406; for changes in a provincial context see J. Hackett, *A History of the Orthodox Church in Cyprus*, London, 1901.

12 For the *nizâmnâme* (constitutive regulation) of 1862 see, R. Davison, *Reform in the Ottoman Empire*, Princeton, 1963; the Turkish text in *Dustûr*, II, pp. 902-938; cf. also Vartan H. Artinian, "A study of Historical Development of the Armenian Constitutional System in the Ottoman Empire", *Unpublished PhD. Dissertation*, Brandeis University, 1968.

13 M. Hamidullah, *Documents sur la Diplomatie Musulmane a l'apoque du Prophète et des Khalifes orthodoxes*, Paris, 1935; M. Hamidullah, *Medjmu'a al-Wasa'ik al Siyasiyya*, Beyrouth, statut légal des non-musulmans en pays d'Islam, Beyrouth, 1958.

14 J. Schacht, "Amân", *Encyclopedia of Islam*, second edition, pp. 429-430.

the early period security pacts were generally called *'ahd*, agreement under oath. Later, when large numbers of non-Muslims came under Islamic rule, a special status as *ahl-dhimma* was recognized for them and the concept of *amân* was differentiated from that of *dhimma*. Eventually, it was established in Islamic Law that *amân* was the temporary pledge of security and safe-conduct to non-Muslims of the *Dar al-Harb*, Abode of War, the conditions of which were usually defined in an *'ahd*, while *dhimma* was a permanent pledge of security to non-Muslims who had submitted and become the subjects of Islamic state. The conditions of this pledge were pre- determined by Islamic Law. Some Muslim jurists also accepted an intermediate territory between the *Dar al-Islâm* and the *Dar al-Harb*. This was called the *Dar al-'Ahd* and included those non-Muslim states which had submitted by treaty to an Islamic state but had not been incorporated into it.[15] Upon submission and pledge of a yearly tribute, such countries were granted *'ahd wa amân*, under which the Caliph or Sultan pledged peace, protection from internal and external enemies, no colonization by Muslim peoples, and no interference by Muslim officials in internal affairs. Thus, both the earliest Muslim pacts concluded with the non-Muslim communities as well as the *amân* documents given to people from the *Dar al-Islâm* are called *'ahd, 'uhûd* or sometimes, *shurût*, or in Ottoman usage *'ahdnâme*. The distinctive character of an *'ahdnâme* is that it is guaranteed by oath, *'ahd*, which binds the Muslims before God to respect the provisions specified in the document. Observance of such a covenant is ordered by God as revealed in the Koran (XVI, 93 and 94).

An *'ahd* is out of question for the *ahl al-dhimma*, subjects of an Islamic state. Whencertain special privileges were to be granted to the *ahl al-dhimma*, individually or collectively, the document by which this was done was called an *amr* or *hukm*, an imperial order from the ruler to the ruled. Special terms for such an order establishing privileges were *manshûr, mithâl* and *berât*. Ottoman usage also included *nishan* and *biti*.[16]

---

15 See "Imtiyazat", "Dhimma", and "Ḍar al-'Ahd", *Encyclopedia of Islam*, second edition.
16 See below note 44.

The document given by the Abbassid Caliph Muktafi II (1136-1160) to the Nestorian Patriarch, Abdîsho III (1138-1147), in 1138,[17] is worthy of note for purposes of comparison with the Ottoman diplomas to the Patriarchs. It is called a *mithâl*, or diploma. It first ratifies the election of the Catholics by the community, and established his authority over all the Nestorians as their Catholics, and also establishes position as head (*za'îm*) of the *tawâ'if*, communities of Greeks, Jacobite and Melchites living in the land of the Caliphate. It then enumerates the rights granted (*en'âm*) to him and to the members of his *milla*, promising protection of their lives and property, of their churches and monasteries, all in conformity with the conduct of the orthodox Caliphs and their successors. The Caliph also guarantees to ensure by threat of punishment respect for the authority of the Catholics on the part of his subordinate clerics, and promises to intervene for the enforcement of judicial decisions. In return the Caliph demands obeisance and full payment of the *djizya*, and, again at the end, compliance with what had been ordered therein. This document and the ones given by the Muslim rulers in Egypt to the heads of the religious communities before the arrival of the Ottomans can be classified simply as diplomas granted by the sovereign.

The diplomas given to the monks of Sinai by *Al-Malik al-'Âdil*, the Ayyubid ruler of Egypt, in 1195,[18] and by Selim I in 1517 hold of special interest for us. In al-'Âdil's diploma, which in the document itself is entitled a *manshûr*, *mithâl*, and *amr*, the monks are considered to be among the Sultan's *re'âyâ*. It is stated that "the Sultan appointed as their superior those whom they (the monks) preferred". It is further ordered that the monks continue to live

---

17 A. Mingana, "A charter of Protection granted to the Nestorian Church in A.H. 113 by Muktafi II, Caliph of Baghdad", *Bulletin of John Rylands Library*, Manchester, X (1926), pp. 126-133; E. Tisserant, "Nestorienne (Eglise)", *Dictionnaire de théologie catholique*, XII; also see E. Khedoori, "Charters of Privileges granted by the Fatimids and Mamluks to St. Catherine's Monastery of Tur Sinai (ca. 500 to 900)" *Dissertation*, University of Manchester, 1958.

18 S.M. Stern, "Two Ayyubid Decrees from Sinai", *Documents from Islamic Chanceries*, ed. S.M. Stern, Cambridge, Mass., 1965, pp. 10-25.

in their monastery according to their old established customs and rules, and, that they be protected against all harm and damage, all changes in their dues and taxation, all interference by the Bedouins, and finally, that free passage be granted their visitors from Syria. As is the case with all such diplomas, here too the privileges being established were specified and third parties were ordered to respect them. The ruler's will alone was the source of and the support for the privileges granted.

In the *hukm*, or *nishan*, given to the monks of the Monastery of Sinai in 1517 by Selim I,[19] reference is made to the *'ahdnâme* (compact) of the Prophet, to the *marsûm*s and *murabba'ât*s (diplomas) and *temessukât* (certificates) of the Orthodox Caliphs; in contrast Sultanic documents are simply called *amr, nishan,* or *berât.*[20] Selim's *nishân* is more detailed than that of Al-'Âdil. It specified what kinds of damages were wrought by the Bedouins and what tax exemptions the monastery was to enjoy. More details on these matters were to be included in subsequent diplomas. As also occurred with the capitulations granted to the *musta'min*, when specific points became the subject of controversy, new Sultanic orders were issued and their contents were finally introduced formally into new diplomas.[21]

To conclude, the documents given to the heads of the non-Muslim communities following the formative period of early Islam cannot be classified as compacts or covenants.[22] They were simply diplomas, granted by the ruler to his subjects, *dhimmi re'âyâ*. The Seldjukid state of Anatolia (1071-1308) maintained these institu-

---

19 Klaus Schwarz, *Osmanische Sultans Urkunden des Sinai-Klosters in türkische Sprache*, Freiburg-im- Breisgau, 1970, pp. 24-30, no. 45.

20 Schwarz, *Osmanische Sultans Urkunden des Sinai-Klosters*, pp. 24-30; in later times distinction between *'ahdnâme, nishân* or *berât* for such privileges was not made clear cut, see, Schwarz, *Osmanische Sultans Urkunden des Sinai-Klosters*, p. 63, no 125; pp. 78-79, no 138.

21 See Schwarz, *Osmanische Sultans Urkunden des Sinai-Klosters*, pp. 74-75, no 131; pp. 78-80, no 138; pp. 89-92, no 211; pp. 97-100, no. 138.

22 C. Cahen, *Pre-Ottoman Turkey, 1071-1330,* London, 1968, pp. 206-215. Cahen (p. 191) asserts that Muslim Law does not recognize corporate bodies, collective organizations intermediate between the individual and state.

tions at the fullest stage of development. Metropolitans had existed in the large cities and most of the time normal relations had been maintained with the Patriarchate of Constantinople. In Konya, the capital city of the Sultanate, for example, the Metropolitan heard disputes among the members of the Greek community. The early thirteenth century, on the other hand, saw an Armenian bishop, Ananias of Sivas, supported by Sultan Kaykhusraw, raise his bishopric into a rival Catholicate.[23]

Mehmed the Conqueror did not have to innovate in establishing a system to handle relations with his non-Muslim subjects. There is documentary evidence from the Ottoman archives of the appointment of Metropolitans in Ottoman territories before 1453. The earliest known reference to the appointment of a Metropolitan is one concerning Antalya (Satalia) in the time of Bayezid I. This international trade center, which had a sizeable Greek population, was seized by Bayezid from the Teke Beg in 1399.[24] After the conquest, apparently, the Sultan appointed a Metropolitan, or perhaps reaffirmed the previous one, to head the Greek community.[25] In an Ottoman official register[26] we find records concerning the Metropolitans of the city in the times of Mehmed I and Murad II. There remained a sizeable Greek community in the area of Antalya down through at least the middle of the seventeenth century, as is attested to by the relatively large *piskhesh*, 20 gold ducats, paid by the Metropolitan at that time[27]. Also, an Ottoman register of *timâr*s

---

23 Cahen, *Pre-Ottoman Turkey, 1071-1330,* p. 212. For the attitude of the Seljukid Sultans towards non-Muslims in general, see O. Turan, "Les souverains seldjoukides et leurs sujets non-musulmans", *Studia Islamica,* X (1953), pp. 65-100.

24 Ibn Batuta, *The Travels*, trans. H.A.R. Gibb, vol. II, Cambridge, 1962, pp. 417-424; S. Vryonis, *The Decline of Medieval Hellenism in Asia Minor and the Process of Islamization from the Eleventh through the Fifteenth Century*, Berkeley, Los Angeles and London, 1971, pp. 294-296, 316; W. Heyd, *Histoire du Commerce du Levant,* ed. F. Raynaud, vol. II, Leipzig, 1936, p. 355; B. Flemming, *Landschaftsgeschichte von Pamphylien, Pisidien und Lykien im Spätmittelalter*, Wiesbaden, 1964, p. 105

25 Vryonis, *The Decline of Medieval Hellenism in Asia Minor*, pp. 295-296.

26 Flemming, *Landschaftsgeschichte von Pamphylien, Pisidien und Lykien im Spätmittelalter*, pp. 107-108; the register is published by A. Refik, "Fâtih Zamanında Teke-Eli", *Türk Tarihi Tedkik Encümeni Mecmu'ası,* XIV-2 (fasc. 79), pp. 66-72.

27 B. Braude and B. Lewis (ed.) *Christians and Jews in the Ottoman Empire*, I, New York, 1982, p. 442.

dated 1432[28] contains documents concerning the appointment of a Metropolitan at Berat (Belgrad), Albania, under Mehmed I (1413-1421) and by his successor. It is evident from the records that a Sultanic *berât* was necessary for such an appointment.

These historical facts, corroborating contemporary observation by Kritovoulos demonstrate that Mehmed the Conqueror did indeed give a *berât* to Gennadious at the time of his appointment. It is inconceivable that while the Sultan had appointed Metropolitans by *berât* before 1453, the Conqueror should abstain from doing so when appointing the Patriarch. Gennadious himself said that he was elevated to the Patriarchate following election by the Synod,[29] and we know that the Sultans always ratified the elections of the Synod with a *berât*. True, the details about the "ceremony of investiture" and the allusions to the privileges granted are all contained only in a late sixteenth century text written by Macarius Melissenus. It has been observed, however, that Macarius used reliable sources for his history, long attributed to Sphrantzes.[30] In the original "diary" of Sphrantzes, there is not even a word about the appointment of Gennadious.[31] It must be true, as had already been claimed early in the sixteenth century, that the original *berât* of Mehmed the Conqueror was lost, perhaps in one of Istanbul's frequent fires.[32]

---

28 *Sûret-i Defter-i Sancak-i Arvanid*, ed. H. İnalcık, Ankara, 1954, see Index: Medrepolid and Peskopos (*Peskopoz*)

29 See G. Hering, "Das islamische Recht und die Investitur des Genadios Scholarios", *Balkan Studies*, II-2 (Thessalonoki, 1961), p. 248. The thesis that there is no positive historical evidence supporting the appointment of Gennadious by Mehmed II with a special diploma is discussed in B. Braude's paper: B. Braude and B. Lewis (ed.) *Christians and Jews in the Ottoman Empire*, pp. 69-88.

30 See V. Grecu, "Georgios Sphrantzes, Leben und Werk, die Ausgabe", *Byzantino-Slavica*, XXXVI (1965), pp. 62-73.

31 Cf. Hierax, *Threnos ou histoire de l'empire des turcs,* composé vers 1597, trans. A. Dethier, *Mon. Hungarica Hist.*, vol. XXI-2, p. 420; the latter asserts that Mehmed II's motivation for the appointment of a Patriarch was his concern to repopulate his new capital, for the same see, especially Critovoulos, *History of Mehmed the Conqueror,* trans. C. T. Riggs, Princeton, 1954, pp. 93-95; H. İnalcık, "The Policy of Mehmed II toward the Greek Population of Istanbul and the Byzantine Buildings of the City", *Dumbarton Oaks Papers*, XXIII-XXIV, pp. 231-249.

32 See H. Mordtmann, "Die Kapitulation von Konstantinopel im Jahre 1453", *Byzantinische Zeitschrift*, XXI, (1912), pp. 129-135.

Historians of the Greek patriarchate are unanimous in asserting that not only the Patriarch but also the Greek Orthodox population were given extensive "privileges" under this "charter". Recently, Gunner Hering[33] claimed to have come up with an explanation for why Mehmed the Conqueror had revived the Greek patriarchate as an autonomous institution with extensive powers going well beyond the limits set by Islamic Law for *dhimmi* subjects. Mehmed the Conqueror, he argued, acted under special historical circumstances. In particular, when his attempt to repopulate the ruined city with Turkish deportees failed, in urgent need he turned to the Greeks for resettlement. I agree with Hering that the re-population of Istanbul was indeed among the major motivations of the Conqueror's revival of the patriarchate, as in fact all the contemporary Byzantine and Turkish sources confirm.[34] But this situation would not necessarily have led to the creation of an organization with such extensive powers and to the renunciation by the Conqueror of his rights over his *dhimmî* subjects, all in defiance of the explicit provisions of Islamic Law as well as the Conqueror's well known concern about his own absolute sovereign rights.[35] The whole arguments is without foundation since it is based upon the supposition that the Conqueror's "charter", which is lost, just might have contained extensive concessions. None of the documents given to the Patriarchs before or after the Conqueror's time which are available for examination, excepting perhaps the *'ahd*s of the Prophet and the first Caliphs, contain anything like the concessions mentioned above. Some writers, rationalizing the situation of the *ahl al-dhimma* under the law of Islam or under the later Ottoman system of communal autonomy, have even gone so far as to say that "the right to life, property, religion and extra-

---

33 Hering, "Das islamische Recht und die Investitur des Genadios Scholarios", p. 249.

34 See İnalcık, "The Policy of Mehmed II toward the Greek Population of Istanbul and the Byzantine Buildings of the City", pp. 238-249, where Critovoulos' observation is compared with the evidence from Turkish sources.

35 See "Pâdişâh", *İslâm Ansiklopedisi*, IX-2, p. 493.

territoriality were granted in exchange of economic returns".[36] Extraterritoriality could never have been considered for the *dhimmi* subjects of an Islamic state. It is a right recognized only for people from *Dar al-Harb*, foreign non-Muslims, who were settled temporarily in Islamic territory under guarantees of *amân*.[37] Perhaps the expression in the *berât*s which allowed such a loose interpretation was that "the Patriarch elect was to hold the office in complete freedom the way his predecessors had". In similar Ottoman diplomas this expression meant that the recipient shall be free from the interference of local authorities[38]. Kritovoulos[39], a contemporary and reliable source, informs us that Mehmed the Conqueror, in appointing Gennadious to the Patriarchate, had made it clear that he was to enjoy "all its power and authority, no less than enjoyed previously under the Emperors."[40] The question remains to what extent the Patriarchs were able to take advantage of this license for their continued existence and to expand in later periods their authority within or beyond the limits of Islamic tradition. What is certain is that Greek influence with the Conqueror and his successors had its ups and downs, and, that the strength of the position

---

36 Pentazopoulos, *Church and Law in the Balkan Peninsula during the Ottoman Rule*, p. 19; for a more cautious interpretation see, Papadopoulos, *Studies and Documents Relating to the History of the Greek Church and People under Turkish Domination*, p. 24. Against persistent misinterpretation, a German orientalist, Fr. Giese, "Die geschichtlichen Grundlagen für die Stellung der christlichen Untertanen im osmanischen Reich", *Der Islam*, XIX (1930), p. 276, said: "Jedenfalls ist die Behauptung bei Sidarouss, s. 273, S.v.u. von einem, contrat bilateral des peuples Chretiens Avec le Gouvernement musulman' eine Verdrehung schlimmster Art".

37 See "Imtiyazat", *Encyclopedia of Islam*, second edition; Pentazopoulos, *Church and Law in the Balkan Peninsula during the Ottoman Rule*, pp. 13-15, is in a totally wrong direction when he compares the privileges in *berat*s for Patriarchs with those given by non-Muslim rulers with extraterritorial rights.

38 See, Papadopoulos, *Studies and Documents Relating to the History of the Greek Church and People under Turkish Domination,* p. 6 ("absolute freedom") and p. 32 ("exercise of authority").

39 Critovoulos, *History of Mehmed the Conqueror,* p. 94.

40 For politico-religious jurisdiction of the Orthodox Church under the Byzantine emperors see: Pentazopoulos, *Church and Law in the Balkan Peninsula during the Ottoman Rule,* pp. 8-19; *The Cambridge Medieval History,* IV, The Byzantine Empire, part II: Government, Church and Civilization, pp. 105-133 (E. Herman).

of the Patriarchate depended on the situation at a given time.[41] In the sixteenth century, when under the pressure of an increasing Muslim population, a need was felt from mosques in districts of Istanbul that had previously had a Greek majority the question was raised of the legality of the Greeks keeping their churches in a city which had been captured by force. The question was resolved legally in favor of the Greeks, and the whole affair recorded for reference in the Turkish documents.[42]

Below is the translation of a *berât* of appointment given to a metropolitan written under Mehmed II or Bayezid II which can give[43] an impression of the berât of Gennadious:

> The order of the imperial diploma (*nishân*), may God keep it in force until the final day, is this: Since the holder of this imperial diploma (*mithâl*), the monk by the name of (name not copied), delivered to my imperial treasury the *pishkesh* in the amount of (blank) in florin, I have conferred upon him the Metropolitan See (*midrepolidlik*) of (name not copied). My order is that from now on he be Metropolitan there, and, as God ordered: "Leave them in what they profess", he perform their rites as they have been performed, and that he exercise authority as a Metropolitan over the priests, monks (*kalyoros*), and other Orthodox Christians of that district and place as his predecessors did, and he enter into possession

41 From 1456 to 1473, the Conqueror appears to have been particularly favorable to Greeks. Mehmed II favored and brought to important positions Palaeologi and Greeks during this period; see Fr. Babinger, *Mehmed the Conqueror and His Time*, trans R. Manheim, ed. W. Hickman, Princeton, 1978, Index: Khass Murad, Mesih, Critovoulos. See also my "The Policy of Mehmed II toward the Greek Population of Istanbul and the Byzantine Buildings of the City", pp. 238-249; Gennadious lost the favor of the Conqueror and was replaced by Patriarchs more submissive to the Sultan's government: see Runciman, *The Great Church in Captivity*, pp. 194-196.

42 J. H. Mordtmann, "Die Kapitulation von Konstantinopel im Jahre 1453"; F. Giese, "Die geschichtlichen Grundlagen für die Stellung der christlichen Untertanen im osmanischen Reich", pp. 273-276; Ahmet Refik, *On Altıncı Asırda İstanbul Hayatı*, İstanbul, 1935, p. 45, document no. 4.

43 *Kânûnnâme-i Sultânî ber Mûceb-i 'Örf-i Osmânî*, eds. R. Anhegger and H. İnalcık, Ankara, 1956, pp. 65-66, no.46; its translation into French by N. Beldiceanu, *Les actes des premiers Sultans conservés dans les manuscrits turcs de la Bibliothèque Nationale à Paris*, I, Paris and The Hague, 1960; for corrections of his translation see H. İnalcık, "Notes on Beldiceanu's Translation", *Der Islam*, XLIII/1-2 (1967), p. 151.

of the churches, vineyards, orchards and plots of land which were in the possession of his predecessors, and that he be exempt from the *djizya* and all extraordinary impositions such as the *ulak* and the *djere-hor* as his predecessors were, and that the priests, monks and Orthodox Christians of that place acknowledge him as their Metropolitan and bring to him all the litigations under the jurisdiction of the metropolitanate.

This *berât*, is the same as the earlier Caliphal or later Ottoman diplomas in its basic structure.

Diplomas from Islamic chanceries were of various types with respect to the authority or privileges they conferred.[44] In the Ottoman Empire, a *berât*[45] given to a *serdâr-i ekrem*, a commander-in-chief, was different in scope from that given to a simple *timâr* holder.

Furthermore, such *berât*s appointing officials differed in substance from those granting tax exemptions to individuals or groups of *re'âyâ* status and from those establishing particular social privileges or functions. *Berât*s of the last category, which includes those given to the heads of the guilds, are of special interest for the topic under examination. The Sultan, as the highest and the sole source of authority in the Empire, issued such a *berât* to the *ketkhudâ* upon his election by the members of his particular guild, to ratify that election and to empower him with authority over the members of the guild. The Sultan ordered third parties, guild members and local authorities to recognize the *ketkhudâ* as the head of that guild and to recognize his authority in matters governed by internal guild regulations or customs, and he promised to use the coercive

44 For *berât* or diplomas of investiture and appointment in pre-Ottoman Islamic states, see H.R. Roemer, *Staatsschreiben der Timuridenzeit,* Wiesbaden, 1952, Einleitung, pp. 1-20; S.M. Stern, *Fatimid Decrees*, London, 1964.

45 For Ottoman *berât*, see L. Fekete, *Einführung in die osmanisch-türkische Diplomatik der Türkischen Botmässigkeit in Ungarn*, Budapest, 1926; P. Wittek, "Zu einigen früh-osmanischen Urkunden", *Wiener Zeitschrift für die Kunde des Morgenlands*, XLII (1957), pp. 300-313; XLIV (1957), pp. 240-256; LV (1959), pp. 124-141; LVI (1960), pp. 267-284; H. İnalcık, "Notes on Beldiceanu's Translation", pp. 140-141; "Berât", *Encyclopedia of Islam*, second edition, I, pp. 1170-1171; but there is no detailed study on *berât* with definitions of each type.

powers of the state to enforce the orders of the *ketkhudâ* if necessary. In light of this we can examine the situation in 1695 when the Patriarch of Pec complained of not being able to collect alms from the *re'âyâ* because his *berât* had not been renewed by the new Sultan. From the point of view of public law, there is a great deal of validity to the comparison, as suggested by Pentazopoulos, of the organization of the Patriarchate with that of a guild.[46]

The question of why the Ottoman Empire maintained the Churches, each to represent its own community, in a manner similar to that of other organized bodies, must be examined within the context of the peculiar social system of the Islamic empires, in which socio-economic and religious organizations were the units through which the authority of the state was often mediated to the individual. The use by some scholars of the word "corporate" to describe this system has led to sharp controversy among Islamicists. But it is an undeniable fact that in these vast empires the central government had to operate, for practical reasons, through such already established social organizations, religious or Professional, in which communal identity was essential. That is, in these medieval empires, individuals were not considered citizens in the modern sense of the word; rather they were perceived as members of a community, which was the only type of entity officially recognized within the larger political framework of the Empire. This system was based on the Sultan's recognition, through a diploma, of the existence and limited authority of such communities. The organization of such communities, at least officially, followed a given pattern. The *re'âyâ*, however, always remained a *dhimmi*, subjects of the Islamic state, enjoying the privilege of looking after their communal affairs in certain defined spheres of activity, in this case within the Church organization. Such a diploma did not confer total autonomy to a community. An autonomy established by diploma was to be found in the real sense of the word only in

46 H. İnalcık, "The Appointment Procedure of a Guild Warden (Ketkhudâ)", *Wiener Zeitschrift für die Kunde des Morgenlands*, vol. 76, *Festschrift Andreas Tietze*, Vienna 1986, pp. 135-142.

the *Dar al-'Ahd*, the Abode of the Covenant. On the other hand, it is also an exaggeration to say that the Ottomans regarded the Patriarch as a "state official" during the classical period, that is, up until the turn of the sixteenth century.[47] The Patriarch was elected by a Synod as a representative of the Church, and as such his position was legally very similar to that of a *ketkhudâ* in a craft guild. The state always exhibited a concern to prevent local authorities from interfering in the elections for *ketkhudâ* or for Patriarch and Metropolitans.

It must be emphasized that the basic legal status of the Patriarch and the Church did not change in the Ottoman state, not even in the eighteenth century when the decentralization policies of the government furnished them with new responsibilities towards their flocks in certain civil matters and especially in taxation. As, upon the request of the central government, the Muslim communities, under *a'yân* councils, headed by cadis, undertook this type of responsibilities,[48] so too did the Christian communities under their religious leadership. In the *berât*s granted in this period, for example, it was indicated that the newly nominated Patriarch, for whom the Sultan's approval had been sought, was not only favored by the community but had also been proven "fully able to collect the taxes due to the Imperial Treasury (*mâl-i mîrî*)". The term *dhimmi*, used for the Greeks in all *berât*s, clearly define their status under Ottoman rule. Emphasis upon the autonomy of the Greek "nation" under Ottoman Sultans upon the sovereign rights of the Patriarchs, allegedly agreed to by Mehmed II, merely shows a distorted interpretation of Islamic and Ottoman legal concepts as well as of historical reality.

---

47 State officials held authority and title through a sultanic *berât*, but unlike the Patriarch, they received a salary (*'ulûfe*) or a benefice (*timâr*) for services to the state. All of the state officials belonged to the so-called "military" (*askerî*) class.

48 See H. İnalcık, "Centralization and Decentralization in Ottoman Administration", *Studies in Eighteenth Century Islamic History*, eds. T. Naff and R. Owen, London 1977, pp. 27-52

Notes on the Fiscal Status of the Greek Orthodox Church

In principle, men of religion -whether Muslim, Christian or Jew- who were not engaged in profitmaking activities, were exempt from taxation including *dhizya*. However, with time non-Muslim clergy were required to pay various kinds of "gifts" and taxes to the Ottoman treasury, the earliest being *pishkesh* (in vernacular *peshkesh*).

The imperial bureau created under the name *Peskopos Mukâta'ası* in the finance department dealt with such revenues, According to the register covering the years 1641-1651, the Greek Orthodox Patriarch paid as *pishkesh* 20.000 groush and provided 105 okka of meat per day or its equivalent for the imperial gardeners (*bostandjıs.*)[49]

Originally, *pishkesh* was not a tax but imply "an offering" or a "gift"[50]. Since the time of the ancient Iranian empires, such customary offerings symbolized an expression of allegiance and dependence by a vassal or inferior to the ruler. The ruler responded by granting symbols of authority such as an imperial diploma or caftans bearing the ruler's emblem. All state dignitaries customarily offered a *pishkesh* to the ruler. *Pishkesh* was established over time as a cash payment to be delivered in a fixed amount upon receiving the diploma of appointment. The governor generals, for instance, paid the treasury 10.000 akcha on the occasion. The *pishkesh* paid by the high clergy was called *pishkesh* of diploma (*berât*). Over time, the rates of such *pishkesh*es were elaborately fixed in a regulation for the Patriarch, Metropolitans, Archbishops and Bishops[51]. In order to pay the *pishkesh* these church dignitaries had to impose taxes on the faithful and the subaltern priests in the provinces (see infra: *mîrî rusûm*).

---

49 İnalcık, "Ottoman Archival Materials on Millets", pp. 441.

50 İnalcık, "Ottoman Archival Materials on Millets", pp. 448-448.

51 İnalcık, "Ottoman Archival Materials on Millets", pp. 440-444.

As enumerated in the *berâts*[52], the principal ecclesiastical taxes paid by the Orthodox clergy or by the *re'âyâ* in the seventeenth century were as follows:

Mîrî rusûm or *mâl-i mîrî*
Patriklik and *Metrepolidlik tax*
Zitiye
Zarar-i kassâbiye
Tasadduk (alms)
Ayazma and *Ayasmoz*
Manastır resmi
Panayır
Marriage tax

The origin and coverage of the *mîrî rusûm*, literally "taxes belonging to the fisc", is controversial. Joseph Kabrda[53] argues that it means the total of the ecclesiastical taxes and dues which the metropolitans levied in their dioceses to meet the annual payment to the patriarchate and for their own expenditures.

We know that the Patriarch was required to pay a certain amount of money to the fisc annually in addition to the *pishkesh* paid at the time of investiture. When and how *pishkesh* was converted to an annual payment is not known. But it is well known Ottoman practice to convert the customary payments and fees into regular taxes.[54] It was also an Ottoman practice to incorporate pre-Ottoman taxes into their own tax system as long as they did not conflict with the Ottoman principles of taxation. On the other hand, at every accession to the throne, all *berâts* throughout the empire had to be renewed in the name of the new Sultan. So, the Patriarch had to pay *pishkesh* for the renewal of his *berât*. In any case, each Patriarch had to pay *pishkesh* at the time of his investiture as well as an annual *mîrî* tax. The annual *mîrî* tax existed already by the mid-sixteenth century. On the other hand, the Ot-

---

52 Kabrda, *Le Système Fiscal de l'église Orthodoxe dans l'Empire Ottoman*, pp. 36-58, pl. XXVIII, XXXIII, XXXIV, XXXVII.
53 Kabrda, *Le Système Fiscal de l'église Orthodoxe dans l'Empire Ottoman*, p. 62.
54 İnalcık, "Military and Fiscal Transformation", pp. 317-322.

toman government demanded contributions from the members of the tax exempt "military" class in times of financial crisis as an "emergency tax". The 105 okka of meat contribution required from the Patriarch was that kind of contribution used to satisfy the "military" divisions attached to the palace. There were various ways in the Ottoman system to introduce new regular taxes. Most probably the occasional *pishkesh* was the origin of the annual regular "state taxes" (*mîrî rusûm*).

The Sultanic *berât* was the official document authorizing Metropolitans to collect the state tax (*mâl-i mîrî*) as well as the canonical dues from their respective sees.[55] It was also through a *berât* that the possession rights of the church properties and administration of the Metropolitan or Patriarch were legally established.[56] The taxes and the income from such properties provided the Metropolitans the means to meet their financial obligations to the state, personal and ecclesiastical expenditures. Thus, from a legal standpoint, the Ottoman government considered all of the taxes collected by the clergy as belonging to the state (*mîrî*) and the clergy as tax-farmers. The word *iltizâm*, tax farm, was used for the Metropolitan's authority over his diocese. Actually, the Patriarch depended for his revenue on the Metropolitans. Through their agents the latter collected taxes owed by the subaltern priests and the faithful. Thus, in the last analysis it was the village or neighborhood priest who actually levied taxes or fees from the faithful.

Delays and arrears in payments to the Patriarch resulted in the government action including sending the Patriarch every four of five years to recover the arrears and punishing the recalcitrant (see Appendix I).

While Kabrda asserts[57] that all taxes and dues levied in a diocese, even such purely canonical taxes as the marriage tax, were included in the *rusûm* or *mâl-i mîrî*, we believe that the *Patrik-*

---

55 Kabrda, *Le Système Fiscal de l'église Orthodoxe dans l'Empire Ottoman*, p. 61.

56 Kabrda, *Le Système Fiscal de l'église Orthodoxe dans l'Empire Ottoman*, pp. 36-37; cf. below, Appendix I.

57 Kabrda, *Le Système Fiscal de l'église Orthodoxe dans l'Empire Ottoman*, pp. 62-63.

lik tax, also called *mîrî Patriklik*, was a specific tax to cover the contribution to the Patriarch's annual payment to the fisc. Each *re'âyâ* household had to pay 12 akcha and subaltern priests one gold piece annually to the Patriarch. *Metrepolidlik* tax, again 12 akcha for each *re'âyâ* household and one gold piece for the priests must have been designed to make up the personal income of the Metropolitan.[58]

Zarar-i kassâbiye or Z. *lahm* constituted part of the *mîrî* taxes for the Ottoman fisc. It was a tax introduced in the late sixteenth century to meet the enormous state expenditures covering the difference of the fixed state and market prices of meat supplied for the divisions of the standing army in the capital. The Patriarch alone had to contribute 105 okka of meat per day for the imperial gardeners (*bostandjı*).[59] *Mîrî* and Z. *kassâbiye* were the main taxes reserved for the imperial treasury.

One of the principal ecclesiastical taxes was the *zitiye*. It was a contribution in cash or in kind paid by the faithful to the Patriarch and local Metropolitan to meet the expenditures of the church. It is identified as the Byzantine *kanonikon*.[60] An important source of revenue for the church *tasadduk* (alms), in Slavic *milostinja*, consisted of voluntary contributions in cash or in kind. But expressions in the Ottoman documents give the impression that it was converted, like *pishkesh*, into a regular annual tax. *Mîrî rusûm*, *zitiye* and *zarar-i kassâbiye* were considered the most important taxes by the Ottoman government.

Apparently, being a local tax the *manastir resmi* was occasionally included among the *mîrî* taxes in the *berât*s of the Metropolitans. It was an annual tax paid to the metropolitan. The Metropolitan also took possession of the property left by deceased monks and nuns. *Ayazma* (*hagiasma*) appears to be another important source of revenue for the church. When the faithful visited a sacred

58 Kabrda, *Le Système Fiscal de l'église Orthodoxe dans l'Empire Ottoman*, pp. 39-40, facsimile 34, pl. 45.

59 A. Greenwood, "Istanbul's Meat Provisioning", PhD. Dissertation, University of Chicago, NELC, 1988, pp. 8-61.

60 Kabrda, *Le Système Fiscal de l'église Orthodoxe dans l'Empire Ottoman*, p. 68.

spring (*hagiasma*) near a church or monastery looking for a cure, they gave alms or paid a fixed fee from which the Metropolitan claimed a share.[61] *Panayir* or "fair" tax was also considered a religious tax since fairs were usually held near a place of pilgrimage or a *hagiasma* on the occasion of a religious festivity. An important part of the revenue realized at such fairs went to the Metropolitan who maintained his agent at the church or monastery in order to collect the revenue. It was a privilege granted by the Sultan through a special *berât* that a rural market or fair was organized. The tax revenue which accrued belonged to the holder of the privilege, which was not infrequently a church or monastery. The latter was considered a kind of tax farmer who paid the government a lump sum for the privilege of collecting the tax and a portion of the tax went to metropolitan who had the church or monastery within his diocese. In general, the revenue connected with a certain monastery or church was farmed out at a sum agreed upon by the clergy associated with the place. Thus, religious function and tax collection for the government were intimately associated under the Ottomans.

Established during the Byzantine time, the marriage tax, *nikah resmi* in Turkish, was fixed at 80 akcha at the first marriage, 160 at the second and 240 at the third in the seventeenth century Ottoman documents. It was paid by the faithful and priests to the Metropolitan. Its rate increased as Ottoman silver coin, akcha, underwent a sharp inflation, reaching 400, 800 and 1200 akcha respectively by 1776.[62]

Another source of revenue enumerated among those belonging to the Metropolitan was *bankâ*, the sale of candles in the churches on a bank called *pangar* in Greek, *bankâ* or *pankâ* in Turkish documents. The Metropolitan took a share from this revenue realized in the churches within his diocese.[63]

---

61 Kabrda, *Le Système Fiscal de l'église Orthodoxe dans l'Empire Ottoman*, p. 78.
62 Kabrda, *Le Système Fiscal de l'église Orthodoxe dans l'Empire Ottoman*, p. 76.
63 Kabrda, *Le Système Fiscal de l'église Orthodoxe dans l'Empire Ottoman*, p. 38.

Other kinds of revenues exclusively reserved for the church included the taxes called *parasiye*, from Greek *parrésiai* and *portesi/protesi*, from Greek *prothésis*, alms for the dead or testamentary donations or fees taken at the ceremonies for the dead.[64] In the Sultan's *berât*s or orders the local Muslim judge is required to secure such alms and donations for the church from the inheritance of the dead.

In addition to the taxes reserved for the Church mentioned in the Ottoman documents, there were others which were referred to exclusively in the ecclesiastical sources, namely *filotima*, *embatikia* and *cheirotoniai*.[65]

Briefly speaking, various taxes paid by the *re'âyâ* as well as by the local priests and monks can be classified into three categories: Taxes going directly into the Ottoman treasury, those reserved for the Patriarch and Metropolitans, and those which were exclusively levied for the local clergy and never mentioned in the Ottoman documents.

The taxes and *pishkesh*, which the Patriarch and Metropolitans had to pay to the Ottoman fisc, constituted for the *re'âyâ* heavy addition to their tax burden as a whole since all of the payments had to be eventually met by the faithful. Annual *mîrî* tax increased by such additional Ottoman taxes as *kassâbiye* in the late sixteenth century. It appears that the Orthodox Church became another instrument for the Ottoman fisc to expand its tax basis to meet the rapidly increasing state expenditures.

In general, the Patriarch used to send an agent (*vekîl*) to the provinces to collect taxes from the Metropolitans.[66] The agent had the power to punish or dismiss from his post the priests or monks who refused to meet their tax obligations. When the Metropolitan of Salonica did not pay the *mâl-i mîrî* to the Patriarch for two years the Sultan, upon his request, sent a *chawush* to force his compliance.

---

64 Kabrda, *Le Système Fiscal de l'église Orthodoxe dans l'Empire Ottoman*, pp. 80-84.

65 Kabrda, *Le Système Fiscal de l'église Orthodoxe dans l'Empire Ottoman*, p. 89, pl. LII, dated 1755.

66 Kabrda, *Le Système Fiscal de l'église Orthodoxe dans l'Empire Ottoman*, p. 32.

The Sultan provided protection and immunities for the agents of the Patriarch and Metropolitans in their tours; there was to be no harassment and no imposition of commercial dues on the taxes in kind collected for the Church.

Metropolitans were fully empowered by the Sultan's *berât* to deal independently with the clergy in the churches and monasteries under their jurisdiction. They were also authorized to dismiss and punish the priests and monks, to place the Patriarch's agents at the churches and monasteries to levy taxes due and to see to it that marriages, divorces or inheritances were executed in accordance with the canonical laws. Since many Greeks preferred the qadi's court to evade ecclesiastical taxes or enjoy extra security[67], Sultan gave orders in favor of the Metropolitans to prevent such interferences. The Metropolitan's *berât* also promised that he would receive aid from the local qadi against the recalcitrant Greek *re'âyâ* A Metropolitan had the authority to punish the priests and monks who did not fulfill their tax obligations. Canonical penalties included shaving the head or being dismissed from the post.[68]

The qadi helped the metropolitan to use his powers over the priests and *re'âyâ*. The qadi could also bar, upon the Sultan's order, a Metropolitan from taking possession of his office.[69]

The imperial *berât* of a Metropolitan stipulated that the local qadi should help the Metropolitan to levy the arrear taxes from the bishops, monks and priests or *re'âyâ*. When necessary, he was given a specific Sultanic order to this effect.[70]

The will of a Greek subject in favor of the Orthodox Church or clergy was executed by the local qadi under the testimony of the Greek witnesses.[71]

---

67 Pentazopoulos, *Church and Law in the Balkan Peninsula during the Ottoman Rule*, p. 80.

68 Kabrda, *Le Système Fiscal de l'église Orthodoxe dans l'Empire Ottoman*, pl. XLVI.

69 Kabrda, *Le Système Fiscal de l'église Orthodoxe dans l'Empire Ottoman*, pl. XXXI, dated 1715.

70 Kabrda, *Le Système Fiscal de l'église Orthodoxe dans l'Empire Ottoman*, pl. XXXVI, dated 1715.

71 Kabrda, *Le Système Fiscal de l'église Orthodoxe dans l'Empire Ottoman*, pl. LII, dated 1755.

In general, the Ottoman government considered it to be a public duty to protect the churches and monasteries against the abuses of local authorities. One frequent subject of complaint was that governor's men, equipped with a special order to investigate crimes and recover runaway slaves, exacted food and money in the course of their tour.[72] Another abuse often mentioned in the documents was that *timâr*-holders or *wakf* trustees did not permit the agents of the Metropolitans to levy taxes on the Christian peasants and workers in their territory.

It was not easy for the poor to find money enough to pay ecclesiastical taxes which were added to *djizya* and other governmental taxes. As Ottoman documents[73] make clear, not infrequently the *dhimmi re'âyâ* rendered their tax obligations in grain or fabrics. Alms in particular were given in goods -wine, butter, olive oil or honey.

Under the high dignitaries of the Church, the village and parochial priests appear to have shared the hardships of the poor in meeting the ecclesiastical taxation. As explained earlier the priests were obliged to pay one gold piece to the Patriarch and one gold for the Metropolitan each year.

Interestingly enough, it was the Ottoman government that came forward to protect the *re'âyâ* against the illegal and excessive demands of the high clergy. The Ottoman government pursued those metropolitans who overtaxed the faithful and took action when a complaint was received.[74]

Examining ecclesiastical taxes and fiscal administration of the Greek Orthodox Church, Josef Kabrda concluded[75] that the

---

72 Kabrda, *Le Système Fiscal de l'église Orthodoxe dans l'Empire Ottoman*, pl. 43; F. Bayraktarevic, *Turski Dikumenti*, Sarajevo, 1935, doc. 24.

73 Kabrda, *Le Système Fiscal de l'église Orthodoxe dans l'Empire Ottoman*, p. 38 and facsimile XXXIV, pl. XLIV, dated 1755.

74 Kabrda, *Le Système Fiscal de l'église Orthodoxe dans l'Empire Ottoman*, pl. XXXVI, dated 1715.

75 Kabrda, *Le Système Fiscal de l'église Orthodoxe dans l'Empire Ottoman*, p. 101-103. It is argued that in Bosnia the Church dues imposed by the Orthodox Church might be one of the causes of the conversion to Islam of the followers of the Bosnian Church.

Church came actually to cooperate with the Ottoman government in consolidating Ottoman rule over the Christian masses while at the same time the Church succeeded in preserving and developing the national cultural traditions and Christian spiritual values.

Appendix I

Sultan Suleyman's Order to Governors and Qadis of Rumeli about the Patriarch Joasaph II's Inspection Tour[76]

To the *sandjack begis* and *qadis* of the province of Rumeli: when the imperial order arrives may it be known that the Patriarch over the infidels of Istanbul by the name of Yuvasif has sent to my exalted Porte a letter which says that it has been a requirement for the Patriarchs of a long standing practice to make an inspection (*yoklama*) every four or five years of all the Metropolitans, bishops, "goumenos" and other priests of the aforementioned province, and accordingly asked for permission to carry it out. In the letter he also said that he is owed back payments from these priests out of the dues of the past years including the present year which were to be collected in accordance with their religious law by the Patriarch as laid down in his diploma of appointment (*berât*) and he requested permission to go and to collect them in person. Upon the receipt of this letter I order that you, the *kadis*, will summon in your presence the metropolitans, bishops, priests, "goumenos" and monks within your jurisdiction when the Patriarch arrives with my imperial order and bring them to face with him and make your investigations in accordance with the *Sharî'a*. You will let him collect in full the back payments from the past years and the present year in the amounts which will be established by your examination.

On his way back to Istanbul with the *mîrî akcha* which he has collected, the Patriarch shall not be forced on the routes and stopping places to surrender either his own mules and pack horses

76 This document comes from a collection of state papers in a manuscript preserved in the Âtif Efendi library, no. 1734, ff 121-123, see facsimile I.

or those belonging to his retinue. You will help him through the mountain passes and dangerous places under the best conditions so that no harm will come to the public revenues (*mâl-i mîrî*). He reported that some metropolitans and bishops make excuses for not paying the tax due by saying that we still have fifteen or twenty days until we are liable to pay. You will not listen to their excuses and will make them pay their debts in their entirety to the Patriarch. When metropolitans, bishops, monks and priests die without any apparent heirs those estates of 5000 or more akcha are to be claimed for the state treasury and those less than 5000 are to be taken by the Patriarch. The *beytü'l-mâldji*s used to interfere and claim both the estates belonging to the Patriarch and black robe of the priests, scepter, silver cup, cap and mule which belong to the church. You will see to it that when one of the above mentioned priests dies without apparent heir and his estate belonged to the state treasury the estates of 5000 akcha or more shall be handed over to the *mevkufdju*s. As to those estates of less than 5000 akcha, you will let the Patriarch take them in accordance with the established practice.

As for the belongings, clothes, and other things which the priests carry, the old regulations followed until now will be applied as before. You will see that those priests who acted against their canonical law and custom (*âyîn*) are dismissed and replaced by another priest through the action of the said Patriarch and you will submit your report on the proceedings to my Porte. While the said Patriarch is on his way to and from Istanbul you shall prevent *yava kharâdjdi*s or collectors of slave *kharâdj* from taking this tax from him and the men in his company. The Patriarch complained that local *sandjak-begi*s, *su-bashi*s, sipahis, janissaries and other prevent him from collecting the arrears which (the priest) owed him. You shall forbid those who want to interfere with his collection of the arrears and report to my Porte a list by name in writing of those who do not obey the prohibition. Each of you *sandjak-begi*s and *kadi*s should be properly concerned with this matter. And if the said Patriarch, during his inspection tries to take from the metropolitans and bishops money in addition to the dues which they had to pay according to their religious law and custom (*âyîn-i bâtila*), you shall forbid him to inflict such an injustice. If he does not hear your warning you will immediately report to my Porte. You shall help the said Patriarch with the purchase by his own money of the things which are necessary for his sustenance and fodder for his horses during his travelling and lodging. You shall see that he shall not unlawfully demand things from the *re'âyâ* and that he thus shall not oppress them. You shall be the one to answer if later the *re'âyâ* come and complain that the said Patriarch extorted from them. You will be properly concerned with it. I will not condone the extortion of any of the *re'âyâ*. I want you to always show proper concern. You should be forewarned and trust in my imperial seal put above.

Comment

Under Suleyman I (1520-1566) patriarchs, equipped with authority through the Sultan's diploma, travelled widely and made their presence felt in their sees all over the empire. By his travels "Jeremia I", Iorga (Jorga) notes "appears to have the intention to review the Orthodox world and to have his supreme authority recognizes as an ecumenical one. He visited Cyprus, then still under Venetian rule, and Jerusalem, recently annexed to the Ottoman Empire. Since Mehmed II's time, the Ottoman sultans recognized the Greek Church as the highest among the Christian churches and supported re-establishment of the unity of the Orthodox Church under their protection. For the Ottoman sultans who considered themselves as the heir to the Eastern Roman Emperors and assumed the title *Kaysar* (Ceasar), such a policy appeared quite normal, and obviously aimed at exploiting the title for their political goals. For example, Suleyman's Grand Vizier Ibrahim (1523-1536) extended a special favor toward Jeremia. Taking advantage of this favor, Jeremian fought against the attempts of the Patriarchate of Ochrida which was seeking to extend its jurisdiction over all Slavic speaking subject of the Sultan in Rumelia. In 1545, we find him trying to consolidate his authority over the clergy in Wallachia and Moldavia.

Joasaph II (1555-1565), our Patriarch in the document, continued the same policy as his predecessors. The Ottoman sultans, then at the zenith of their power, and confident that their Greek subjects would never think of an alliance with the enemies of the empire, looked rather benevolently at the extension and consolidation of the Patriarch's authority.

At his accession to the Patriarchate, Joasaph II was able to persuade the Porte to reduce the *pishkesh* from 3000 gold ducats to 2000, but, after he left office it would be raised again to 3000.[77] The reduction might be connected with a financial difficulty as our document suggests.

Iorga suggests that the patriarchal tours of the provinces were primarily motivated by a need to fill the treasury of the Patriarchates. By 1580, the Patriarch needed an annual revenue of 20.000 "thaler" or 13.300 gold pieces to supply the Patriarchate with a staff of about twenty persons.

Joasaph was involved in the negotiations with the Lutheran church to reach an agreement.[78] At that time, the Ottoman government was encouraging the Protestants all over Europe in their opposition to the Papacy and the Habsburg.

An interesting episode during Joasaph's Patriarchate is Ivan IV of Muscovy's attempt to obtain the Patriarch's confirmation of his title of Tsar (Ceasar).[79]

Michael Cantacuzenus, the Sultan's powerful *khâssa* merchant with the monopoly of fur imports from Russia, caused Joasaph's

77 Runciman, *The Great Church in Captivity*, p. 202; it was raised in 1526 to 5600 and in 1730 to 15.000 gold pieces, in the mid-seventeenth century, it was 20.000 grous̆h or about 12.500 gold pieces, see. H. İnalcık, "Ottoman Archival Materials on Millets", p. 441.

78 Runciman, *The Great Church in Captivity*, pp. 245-247.

79 Runciman, *The Great Church in Captivity*, p. 330; H. İnalcık, "Power Relationship between Russia, the Crimean Khanate and the Ottoman Empire, as Reflected in the Titulature", in *Passe turco-tatar, présent soviétique*, eds. Ch. Lemercier-Quelquejay, G. Veinstein and S.E. Wimbush, Louvain-Paris, 1986, pp. 175-186.

dismissal from the Patriarchate in 1565. Joasaph's contemporaries describe him as "one of the most distinguished and learned of Patriarchs, personally popular among all the Orthodox and fully supported by the monks of Mount Athos". After a successful reign of ten years, he was deposed because he would not further one of Michael's ambitious family-marriage schemes, on the ground that it infringed canon law.[80]

Appendix II

Ottoman Official Translation of the Patriarch's Petition[81]

In this petition submitted to the Sultan the Patriarch says: A number of metropolitans had left their sees and taken refuge in Istanbul because of the oppressive acts. Thereupon, the Sultan had sent orders to all the provinces to stop such acts and asked eight metropolitans to stay in Istanbul to hold Holy Synod in accordance with the tradition of the Orthodox Church and the rest to go to their respective sees. So, they all immediately left Istanbul except the eight metropolitans. Since it is not possible to hold the Holy Synod with eight metropolitans, the Patriarch is requesting that two more metropolitans be allowed to stay and (if this is approved) the Sultan's order to this effect might be added in the form of a comment on the decree already issued and its copy be rendered to the Patriarch in the way of certification.

80 Runciman, *The Great Church in Captivity*, p. 98.

81 See facsimile II and III. Gabriel IV was the Patriarch of the Greek Orthodox Church in the years 1780-1785. I am indebted to Professor Speros Vryonis fort his information.

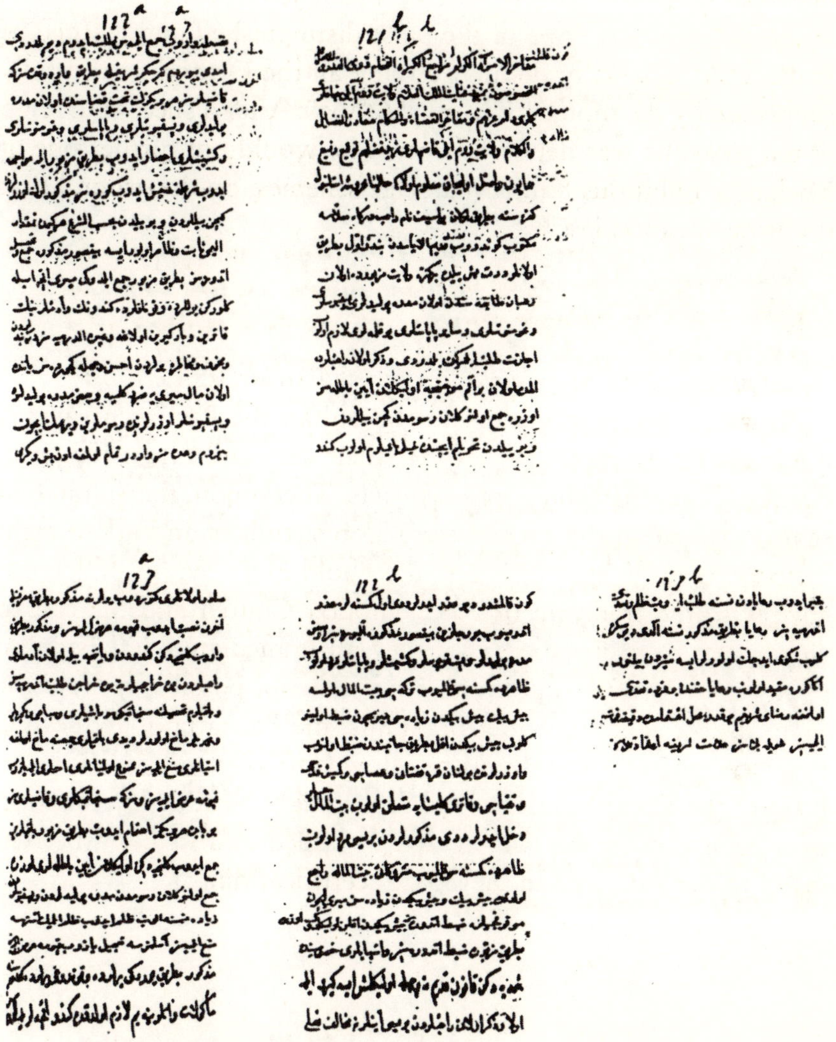

Facsimile I: Suleyman I's Order for the Patriarch's Inspection Tour in Rumeli.
Source: Atif Efendi Library, no. 1734, 121ᵛ-123ᵛ.

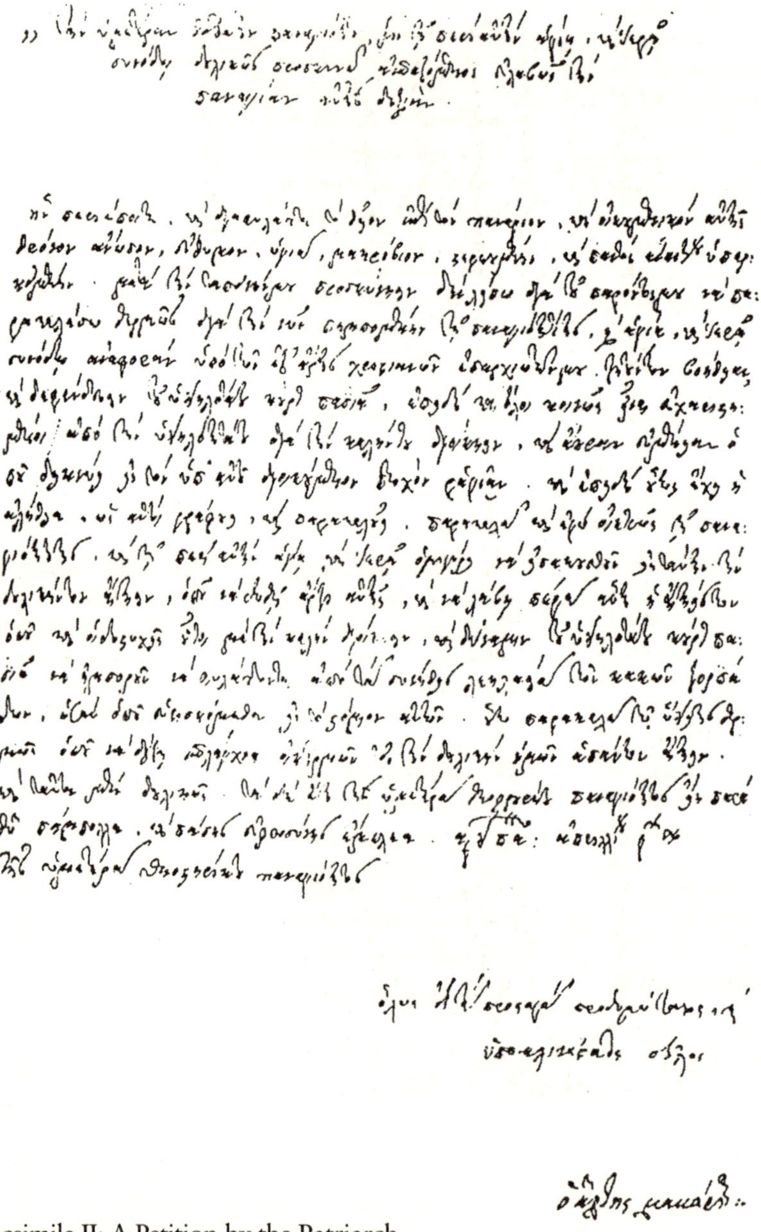

Facsimile II: A Petition by the Patriarch.
Source: The Topkapi Palace Arhives, no. 1519.

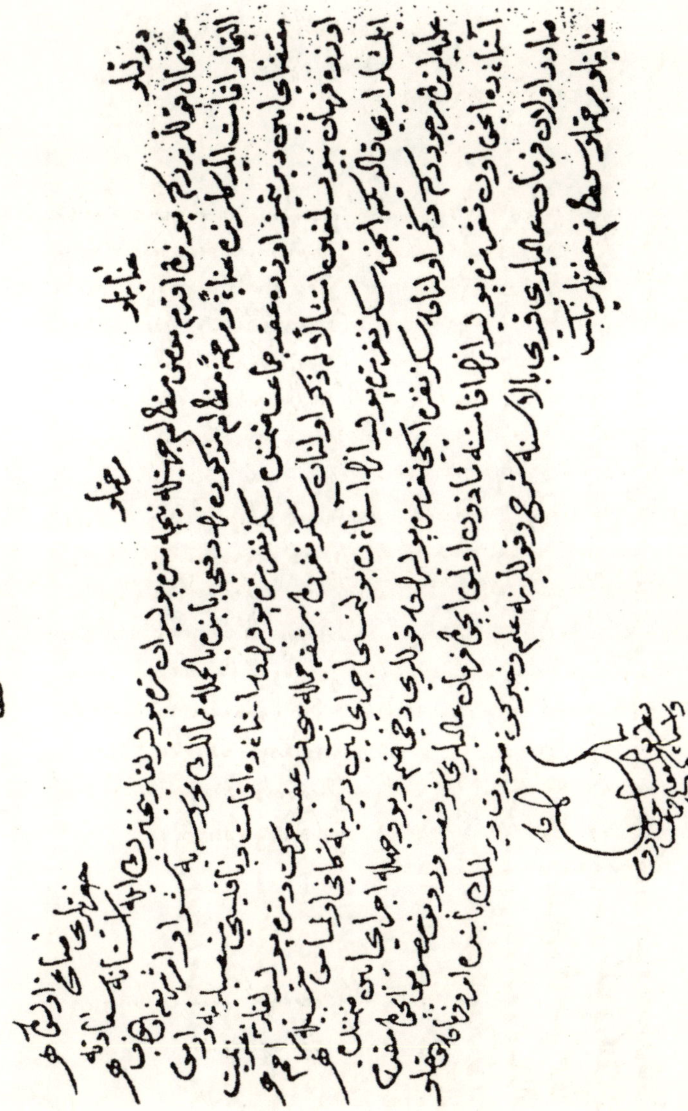

Facsimile III: Official translation of the Patriarch's Petition.

Source: The Topkapi Palace Arhives, no. 1519.

Facsimile IV: Petition of the Metropolitans of Yahya, Inebahti and Narda.

Source: The Topkapi Palace Arhives, no. 1519.

Greeks in Ottoman Economy and Finances (1453-1500)[1]

The Ottoman Empire succeeded the Byzantine Empire in Anatolia and the Balkans. In the Turkish archives today, Ottoman land and population surveys (*mufassal and idjmâl tahrîr defteri*) of these areas go back to the middle of the fifteenth century and contain a considerable amount of information not only on taxation and demography but also on the religious, economic and social conditions of the Greek population in the countryside and towns.[2] Since the Ottomans, as a rule, maintained pre-conquest conditions, in particular in the areas acquired by agreement,[3] their surveys can be used as a basis of comparison with the data provided by the Byzantine *praktika*. It has been suggested that there is, in fact, a parallel between peasant status as classified in the *praktika* and in the Ottoman *tahrîr*s, and that feudal taxes and labor services from

---

1 H. İnalcık, *Essays in Ottoman History*, İstanbul, 1998, pp. 375-389.

2 For example, see Evangelia Balta, *L'Eubée à la fin du XVe siècle, économie et population, Les registres de l'année 1474*, Athens: Society of Euboea Studies Pub., 1989.

3 See H. İnalcık, "Ottoman Methods of Conquest", *Studia Islamica*, II (Paris 1954), pp. 104-129; reprint: H. İnalcık, *The Ottoman Empire: Conquest, Organization and Economy*, London: Variorum Reprints, 1978, no. 1 article.

Byzantine times survived under the Ottomans.[4] In addition to the *tahrîr* registers, five centuries of Ottoman customs registers, public account books, and court records provide innumerable data on the role Greeks played in interregional and international trade, handicrafts, tax farming, sea transportation and other economic activities in the Ottoman Empire. From the fifteenth century onward, Greeks were particularly active in transportation as ship captains or ship-owners in the exchange of goods between Istanbul and Aegean and Black Sea ports.[5]

Any researcher of the Greeks in the Ottoman Empire should keep in mind that all non-Muslim minorities were treated according to Islamic Law as *dhimmî* subjects of the Islamic state. Non-Muslim minorities enjoyed the same rights as Muslims under the protection of the state as far as their economic activities and property rights were concerned. *Dhimma* meant this guarantee and obligation on the part of the Islamic state.[6] For the interests of their empire the Ottomans applied the Islamic prescriptions in a particularly liberal way in favor of their *dhimmî* subjects.

Besides the guarantees of Islamic Law, the protection of commerce and the merchants was a long tradition with the Turco-Mongol states in general. As the only group besides the ruling class accumulating cash capital, the merchants had various functions in this pre-industrial society.[7] "Look with favor on the merchants in the land", says an Ottoman wisdom book of the fifteenth century, "always care for them; let no one harass them; let no one order

---

4 On *praktika* please see G. Ostrogorsky, *Pour l'histoire de la féodalité byzantine*, Brussels, 1954; N. Svoronos, "Recherche sur la cadastre byzantine et la fiscalité au XI et XII siècles: La cadastre de Thebes", *Bulletin de Correspondence Hellenique*, 1959; for the continuity, see H. İnalcık, "The Problem of Relationship Between Byzantine and Ottoman Taxation", *Akten des XI. Internationalen Byzantinisten-Kongresses*, 1958, Munich 1960, (previous article in this volume).

5 See H. İnalcık, *Sources and Studies on the Ottoman Black Sea*, Cambridge, Mass. 1955; also see, H. İnalcık, "The Question of the Closing of the Black Sea under the Ottomans", *Symposium on the Black Sea*, Birmingham, March 18-20, 1978, publ. Arkheion Pontu, 34 (Athens 1979), pp. 74-110.

6 See Cl. Cahen, "Dhimma" *Encyclopedia of Islam*, 2nd edition,

7 H. İnalcık, "Capital Formation in the Ottoman Empire", *The Journal of Economic History*, XIX-1 (1969), pp. 97-140.

them about; for through their trading the land becomes prosperous, and by their wares cheapness abounds in the world; through them, the excellent fame of the Sultan is carried to surrounding lands and by them wealth within the land is increased".[8]

In the Ottoman Empire, merchants' activity was not confined to trade, but at the same time, with the accumulated cash in their possession, they also acted as money-changers, bankers and tax-farmers. Many of them combined these various activities.

In this paper, using unpublished material from the Ottoman archives, focus will be put on the Greek tax-farmers in the period 1453-1500.

In order to evaluate changes in the conditions of the Greek mercantile class under the Ottomans one must first examine pre-Ottoman conditions in the fourteenth and fifteenth centuries.

The prominent feature of Greek mercantile activity in the fourteenth century, A. Laiou asserts, was its dependence on the Latins, in particular on the Genoese, who monopolized the grand commerce on the export from and import into the Aegean and the Black Sea, including that of slaves and oriental goods.[9] In the pre-Ottoman period, "the Byzantines", Laiou notes,[10] "rarely gained access to the Italian markets". That the Genoese systematically prevented the indigenous traders –Jews, Armenians, Tatars and Greeks– by using force when necessary,[11] from participating in international commerce was a fact confirmed by contemporary documents. Greeks were even prohibited bringing such vital provisions as grain from the northern Black Sea ports on which Constantinople's provisioning was dependent.

The evidence available indicates that during the period, Greek traders were mostly engaged in retail trade by funneling goods im-

8 İnalcık, "Capital Formation in the Ottoman Empire", p. 102.

9 Angeliki E. Laiou-Thomadakis, "The Greek Merchant of the Palaeologan Period: A Collective Portrait", *Praktika*, 57 (1982), p. 113

10 Laiou-Thomadakis, "The Greek Merchant of the Palaeologan Period", p. 113; M. Balard, *La Romanie Génoise*, vol. II, Geneva, 1978. Also see Nevra Necipoğlu, "Byzantines and Italians in Fifteenth-Century Constantinople: Commercial Cooperation and Conflict", *New Perspectives on Turkey*, Spring 1995, pp. 129-143.

11 Laiou-Thomadakis, "The Greek Merchant of the Palaeologan Period", p. 102.

ported by Italians to the local market and their business involved in general small investments.[12]

However, sporadic references show that there were Greek merchants engaged in distant trade with quite a sizeable capital.[13] Big capital accumulated in the hands of Greek "businessmen" of aristocratic origin, a fact attested to in the Christian and Ottoman sources (infra), came, at least partly, from long distance trade. Laiou's discovery of a relatively high proportion of merchants or "businessmen" belonging to the Byzantine aristocracy[14] in the fourteenth century is confirmed through the Ottoman documentation for the subsequent period. Laiou believes that the Byzantine aristocracy, deprived their income from land as a result of the Ottoman conquests, by necessity turned to trade.[15] The evidence from later Ottoman sources show that these aristocrats with huge cash capital in their possession were mostly involved in tax farms. However, the original source of their wealth might have been interregional or international trade as Laiou suggests.[16]

In the period 1353-1402, Laiou calculated, 20 percent of the Greek merchants referred to in the sources belonged to the aristocratic families.[17] It is of particular interest to find the agents of the Palaeologan dynasty engaged in grain trade between Caffa and Genoa. Later, under the Ottomans, members of the Palaeologan family will be seen undertaking big tax farms. That wealthy members of the high Byzantine aristocracy had established close connections with the Genoese[18] is confirmed by the Ottoman survey of 1455. Wealthy Greek aristocrats had residences in Pera prior to the Ottoman occupation of the city in 1453 (infra).

---

12 Laiou-Thomadakis, "The Greek Merchant of the Palaeologan Period", pp. 100-111.

13 Laiou-Thomadakis, "The Greek Merchant of the Palaeologan Period", p. 102; for example, Cabasilas, a Greek Merchant trafficking with Egypt around 1349 (Laiou-Thomadakis, "The Greek Merchant of the Palaeologan Period", pp. 108-109).

14 Laiou-Thomadakis, "The Greek Merchant of the Palaeologan Period", pp. 108, 110-111.

15 Laiou-Thomadakis, "The Greek Merchant of the Palaeologan Period", p. 105.

16 Laiou-Thomadakis, "The Greek Merchant of the Palaeologan Period", pp. 108-109.

17 Laiou-Thomadakis, "The Greek Merchant of the Palaeologan Period", p. 108.

18 Laiou-Thomadakis, "The Greek Merchant of the Palaeologan Period", pp. 108-110.

Special mention should be made of Nicholas Notaras, father of Lucas Notaras, who made "a fortune in the Genoese public debt."[19]

In their business activities the family closely cooperated with the Latins, including the Venetians. Giacomo Badoer's account book,[20] covering the years 1436-1440, show that Greek merchants were quite active in Constantinople in the trade of imported goods including cloth and spices as retailers.

Peran Greeks must have also been in close economic relations with the Ottomans as early as the mid-fourteenth century. It must not be a coincidence that the Byzantine emperor and the Ottoman Sultan had simultaneously signed commercial treaties with the Genoese in 1352, following the Byzantines abandoning the Venetian alliance and making a rapprochement with the Ottoman-Genoese coalition.[21] In the following period Perans, obviously Greeks among them, receiving oriental goods, in particular spices and silk from Bursa, kept close relations with the Ottomans.[22] After the surrender of Pera in 1453, the Greek capitalist aristocrats of the city became Ottoman *dhimmî* subjects, cooperating closely with the Ottoman government (infra).

The continuing characteristics of the Greek enterprise are specified by a Greek source dated 1453,[23] telling us that Greeks made big money through tax farms and sea transportation under the Ottomans as before under the Byzantines.

---

19 N. Oikonomides, *Hommes d'affaires grecs et latins en Constantinople (XIII e-XV e siècles),* Montreal, 1979, p. 68, 122; cf. Laiou-Thomadakis, "The Greek Merchant of the Palaeologan Period", p. 109).

20 *Il libro dei Conti di Giacomo Badoer, (Constantinopoli, 1436-1440),* eds.: U. Dorini and T. Bartelé, Venice, 1956, examined by Laiou-Thomadakis, "The Greek Merchant of the Palaeologan Period", pp. 109-111.

21 See H. İnalcık, "The Ottoman Turks and the Crusades, 1329-1522" *A History of the Crusades,* VI: General editor: K. Setton, editor of the volume: H. Hazard and N.P. Zacour, Madison, 1989.

22 See, H. İnalcık, "Ottoman Galata", *Galata*, ed. Edhem Eldem, Istanbul, 1990, pp. 56-57.

23 Laiou-Thomadakis, "The Greek Merchant of the Palaeologan Period", p. 111, note 30; the source in question is Nicolas Isidoros correspondence. Also see N. Necipoğlu, "Ottoman Merchants in Constantinople during the First Half of the Fifteenth Century", *Byzantine and Modern Greek Studies*, 16 (1992), pp. 158-169.

Sea transportation was indeed a prominent sector of the Greek economy in the thirteenth and fourteenth centuries. This was true in the ports under the Byzantines as well as in those conquered by the Ottomans in the Black Sea and Aegean although beyond these two areas Italian shipping was always dominant. A total reversal of the situation came with the fall of Genoese Pera.[24]

Before 1453 the only people capable of competing in long distance trade with the Italian for predominance in the overseas traffic were the Ragusans. Perhaps an exceptional case was a wealthy Greek ship-owner of Constantinople who lost his four ships with a capital totaling thirty thousand gold ducats. He was evidently trading in cooperation with the Venetians and Jews.[25]

Interestingly, the most important ports in which Greeks were present, namely Constantinople and Pera, both conquered in 1453, Caffa, conquered in 1475 and Chilia, conquered in 1484, were the same under the Ottomans as under the Byzantines and the Genoese. Thessaloniki, which the Ottomans occupied in 1430, was another important Greek center of business. However, the arithmetic book composed in Thessaloniki in which Greek bankers and traders were mentioned should be dated to the end, rather than the beginning of the fifteenth century.[26]

For the fourteenth century Laiou, using Genoese archival materials, asserts that "the Greeks formed a large proportion of the artisans and small shopkeepers of the Geneose colonies of Pera, Caffa and Chios".[27] Ottoman documents of the second half of the fifteenth century fully support this conclusion for Pera, Caffa,

---

24 See H. İnalcık, "Ottoman Galata"; N. Oikonemides, *Hommes d'affaires grecs et latins en Constantinople*; K.P. Matschke, "Byzantinische Politiker und byzantinische Kaufleute im Ringen und die Beteiligung am Schwarzmeerhandel in der Mitte des 14. Jh.", *Mitteilungen des Bulgarischen Forschung Instituts in Österreich*, II, pp. 75-95.

25 F. Thiriet, *Régestes des deliberations du Senat de Venise concernant La Romanie*, III, document no. 3009.

26 See H. İnalcık, "Introduction to Ottoman Metrology", *Turcica*, XV (1983), p. 325; Laiou-Thomadakis, "The Greek Merchant of the Palaeologan Period", p. 110 note 29, agrees with H. Hunger and K. Vogel that the book was composed in the early fifteenth century.

27 Laiou-Thomadakis, "The Greek Merchant of the Palaeologan Period", p. 115.

Akkerman (Moncastro) and Chilia (infra). One of the principal changes, however, was that under the Ottomans Greek sailors began to carry European and oriental goods imported into Istanbul and Galata to the Black Sea ports in addition to their pre-Ottoman traditional traffic in foodstuffs.

It should be remembered that in 1453 almost the entire population of the Byzantine capital had been captured as prisoners of war and their properties taken as booty. But Galata (Pera) on the other side of the Golden Horn had surrendered under an "*ahdnâme* and consequently the population was spared a similar fate.[28] Mehmed the Conqueror was most concerned about keeping Galata intact as a commercial center of his new capital, Istanbul, and took measures to give assurances and guarantees to have them stay on. Prior to the siege of Constantinople, some Greeks appear to have taken refuge in Galata. The Ottoman tax and population survey of 1455[29] shows that Pera could properly be called a Greek city at the time of surrender as far as its population was concerned. Its Greek character became accentuated at the occupation as a result of the Genoese flight from the city. Among those who fled, Italians made up about 60 percent and Greeks 34 percent. At the time of the occupation the Sultan, however, declared that those who returned within three months were to recover their properties. Their houses were then sealed and the properties registered. Our survey of 1455 shows that there were indeed people who returned.

According to the Ottoman survey of 1455, the Greek population within Galata was concentrated in the quarters around the Genoese district at the port area. The majority of the Greeks were poor people, shoemakers, porters or small traders or craftsmen. But in the district of Varto Khristo lived a group of wealthy Greeks. Twenty-two years later in the survey of 1477, the population of Galata broken down by religion was as follows: Of total population of 1521 households, Greeks were still in the majority with 592 households; *Efrenc* or Latin households numbered 332,

28 See İnalcık, "Ottoman Galata", pp. 56-57.
29 Halil İnalcık, *The Survey of Istanbul, 1455*, Istanbul, 2012.

Armenian 62 and Muslim 535, already approaching the Greeks. Thus, in addition to the forced or voluntary settlement of Greeks in Istanbul itself,[30] Galata remained the center of Greek business with Greek bankers, ship-owners and merchants. In 1455 the Greek community of Galata included members of the Greek "aristocratic" families, who were to play a key role in Ottoman finances in the following period.

In the period immediately after the conquest of Constantinople we find many Greeks particularly active in tax-farming. Members of the old Byzantine aristocracy, the Palaeologi, Cantacuzeni, Chalcocondyli and Rhali were prominent tax-farmers under Mehmed the conqueror and his successors. During the fifteenth and sixteenth centuries, the customs zone of western Anatolian ports with Istanbul as its center made up the principal customs zone of the empire and it often came under the control of Greek tax-farmers who, with huge amounts of capital in their possession, were competing with Muslim Turks and Jews for this lucrative undertaking.

Here is a list of the Ottoman treasury accounts demonstrating how the customs of Istanbul changed hands during the period of October 1476 to December 1477.[31]

1. Ya'kub, new Muslim, Palologoz of Kassandros, Lefteri son of Galyanos of Trebizond, Andriya son of Halkokondil and Manul Palologoz offered in company an increase of 1.500.000 akça for three years, on Djumâda II 25, 881. The estimated revenue was 9,5 million akça on this date.

2. Khodja Satı, Çirish Ilyâs, Shahin, freed slave of Yusuf Simsar (chief broker) and Khodja Bahâ' al-Din offered an increase of 2 million on Dh'ul-hidjdja 23, 881.

3. Palologoz of Istanbul, Palologoz of Kassandros, Lefteri son of Galyanos of Trebizond and Andriya son of Halkokondil

30 H. İnalcık, "The Policy of Mehmed II Toward the Greek Population of Istanbul and the Byzantine Buildings of the City", *Dumbarton Oaks Papers*, 23/24, (1969-1970), pp. 231-249.

31 See H. İnalcık, "Notes on N. Beldiceanu's Translation of the Kanunname, fonds turc ancien 39, Bibliotheque Nationale, Paris", *Der Islam*, vol. 43/1-2 (1957), pp. 139-157.

offered an additional increase of 833.334 on the condition that the *mukâta'a* should be farmed out to them for a period of four years. This bid was on the 28th of Muharrem, 882.

4. Seydî Küçük of Edirne, Altana Jew and Nikoroz Efrendjî (an Italian?) offered an additional increase of one million on 23 Djumâda I, 882.

5. The group of Palologoz, Lefteri and Andriya made a new bid on 20 Djumâda II, 882 and then the group of Seydî, Altana and Nikoroz offered 20 million 200.000 akça altogether for four years on Radjab 4, 882.

The Istanbul customs zone included the important ports of Istanbul, Galata, Gallipoli, the two Phoceas, Varna and Mudanya, controlling western Anatolian and Black Sea trade with Europe. The spectacular increase from 9,5 million akcha to about 20 million akcha or about four hundred thousand gold ducats offered by the competing bidders for the customs attest to the rapid expansion of this trade as well as the financial potential of the tax-farmers involved.

Actually, of the various functions merchant-capitalists fulfilled in Ottoman society their services to the public finances as tax-farmers (*'âmil* or *mültezim*) were of vital importance. Since the state depended on cash revenues flowing regularly into its coffers to pay for a turbulent standing army and for its military campaigns, most of the taxes directly under the central treasury's control were farmed out to tax-farmers. As a rule, it was the merchant-capitalists who had sufficient amounts of ready money to undertake tax-farms and to provide cash to the public treasury at 3 or 6 month intervals called *kist*.

Personal or factional connections, as well as secret dealings appear to have played an important part in undertaking big tax-farms. Apparently, Greeks or converts with influence at the Sultan's court favored the Greek bidders. Complaints against favoritism for the Greek or Jewish tax farmers during the Conqueror's reign is voiced in the contemporary sources. Perhaps it is not just a coincidence that members of Palaeologan family obtained the tax-farm of Istanbul customs zone in the 1470's exactly when two pashas, Khass Murad and Mesih of the same family were the most influential people with the Sultan.[32]

It is a commonplace that Mehmed the Conqueror showed special favor to Greeks in his efforts to repopulate and revive the economic life of his new capital.[33] Aside from the pro-Latin Greeks who left for Italy, many Greeks cooperated and were favored by the Sultan in important positions as soldiers, councilors and finance experts. Also there is documentary evidence about the Sultan's interest in bringing back the Greeks who had migrated to Italy.

Besides the Palaeologi and Cantacuzeni there were other Greek archons who were involved in Ottoman finances, in some cases probably continuing their positions from pre-Ottoman times. Prior to the Ottoman period, for instance, Theodore Rhali (Theodorus Rhali de Constantinopli) was involved in the customs revenues of Istanbul under the Byzantine government. In 1455 we find him in Crete.[34] But other members of the Rhali family stayed on the Istanbul after the conquest.

During the same period, another Byzantine aristocratic family was active in Serbia farming out the rich silver and gold mines in that province. In 1474 Yani Cantacuzenus, his brother Yorgi, Nichola Dandjovil and Lika farmed out in partnership the silver and gold mines in the province of Vuk, or upper Serbia, for a total sum of 14 million akcha (or about 290.000 Venetian gold ducats) for six years. In the previous year, the contractors were Yani Cantacuzenus of Novaberda, Yorgi Ivrana and Thoma Cantacuzenus both of Serres, and Palaeologus of Istanbul acting as partners.[35]

---

32 See Fr. Babinger, "Eine Verfügung des Palaeologen Châss Murad-Paşa von Mitte Regep 876 h. Dez.-Jan. 1471/2", *Documenta Islamica Inedita*, Berlin: Akademie Verlag, 1952, pp. 197-210; H. İnalcık, "Mesih Pasha", *Encyclopaedia of Islam*, 2nd edition, VI, pp. 1025-1026.

33 H. İnalcık, "Istanbul", *Encyclopedia of Islam*, 2nd edition, IV, pp. 224-248.

34 N. Iorga, *Notes et extraits pour servir à l'histoire des croisades au XVe siècle*, IV, p. 106, note 34.

35 *Mukâta'ât* Register, mentioned in note 31, above; on this branch of Cantacuzenus family in Serbia see Iorga, *Byzance aprés Byzance, Continuation de la vie byzantine*, Bucharest, 1971, p. 36

Later in 1476, they were replaced by a new group of partners: Yani and Yorgi Cantacuzenus, Vuk and Knez Yuvan and Andriya. In 1477 all of them were executed because they failed to pay sums under the contract. On the other hand, the mines of Kratovo in the province of Köstendil were farmed out by Yani Palaeologus of Istanbul in partnership with Istipa Blasica, Istepan Lesh, and Dimitri son of Konstantin in 1473 for a total sum of 1.600.000 akcha. According to the survey of 1455, this Yani Palaeologus lived in Galata where he owned big residences.

In competition with Muslim or Jewish tax farmers, the Greek businessmen were also active as the contractors of the important monopolies of salt production and distribution in the Balkans or the Aegean or Black Sea coasts in this period. These monopolies were, as a rule, farmed out with the revenues of the fisheries in the neighborhood. Demetrius Palaeologus, the last despot of the Morea, was also involved in this business. According to the Ottoman register of tax-farms[36] "Kir Demetrius Tekfur" possessed the poll-tax and other state revenues of Aenos on the basis of *timâr*. But from July 11, 1469 onwards, a partnership of three Jewish tax farmers, Eleazar son of Yakub of Salonika, Avraham son of Eleazar of Nicopolis and Musa son of İsmail of Vidin took over the job. The total sum of the revenues from it was estimated at 555.000 akcha for three years. Six years later, Yuvan Dhapovik and Knez Yuvan of Novaberda, evidently Slavs, attempted to outbid Yorgi Ivrana and Thoma Cantacuzenus without success. The reason for their failure was that the central administration had not approved the documents submitted by the latter. Greek tax farmers continued to be involved in salt production in the empire in the following century. In 1590, the government-appointed agent for the import of salt into Istanbul was a Greek by the same of Mikhayil, son of Komnen. The salt imported in one year amounted to 41.274 *kile*, or about 105 tons, transported by the ships of Sava, Istefan, Hüseyin, Abdurrahman and Nika.

---

36 T. Gökbilgin, *XV-XVI. Asırlarda ve Edirne ve Paşa Livâsı: Vakıflar-Mülkler-Mukataalar*, İstanbul, 1952, Index.

In 1610 the government agent responsible for the import of salt into Istanbul and the agent in the Crimean Khanate for salt export were both Greeks by the names of Mikhal and Dimitri. Under their control the total import amounted to 50.000 *kile* or about 129 tons with a value estimated at one million akcha. Again, this salt was transported for the most part on ships owned by the Greeks Yorgi, Sava and Djanali.

In the Ottoman Merchant marine Greeks occupied a prominent place. In the customs registers of Caffa, Akkerman and Chilia, Greeks made up a high percentage of the sea captains and ship-owners around 1500. According to the customs register of Caffa dated 1487-1490 there were twenty-one Greek ship-owners or captains, all active in the traffic between Caffa, Istanbul, Galata, Sinop, Samsun, Inebolu and Trebizond, as against forty-one Muslims and four Italians. The Greek captains Paskal Rayis, Todoros, Pandazi and Yani of Inebolu were trafficking between these Black Sea ports, carrying goods belonging to Muslim, Jewish and Armenian merchants. In contrast to the prominent place of the Greeks in maritime transportation, there were in this period only a few Greek merchants trafficking in the Black Sea ports and most of them were engaged in the wine trade or other natural products. Many of the Greek captains, however, shipped merchandise belonging to themselves for which they paid customs dues. These goods consisted mostly of wine of Trebizond and of the Crimea, caviar and fish of Azak (Azov) and other natural products of the Black Sea region. That Greek captains were involved in the trade of bulky goods such as salt, wheat, flour, fruits, fish and lumber was apparently due to the high percentage of transportation costs in the prices of such goods. Already in the fifteenth century, Greek captains must have accumulated fortunes through the transportation and trade of such provisions for the rapidly growing Istanbul market. Compared to the situation of the Palaeologan period during which the Black Sea traffic was basically dependent on the Latins, the Greek merchant marine under the Ottomans must have recorded a considerable expansion. Ottoman archives yield ample evidence of this development for the fifteenth and sixteenth centuries. During this period Galata-Pera became the principal emporium of olive oil, wine, fish and caviar under the control of the Greeks. Yeniköy on the Bosporus was the headquarters of the wealthy Greek ship-owners and captains.

Replacing the Italians in transportation by sea, Greeks were also active in the overseas trade in the eastern Mediterranean during the same period. In a customs register dated 1560, for example, we find Greek sea captains active in the traffic between Antalya on the one hand the Syrian and Egyptian ports, on the other. It should, however, be noted that Muslim captains and ship-owners were in a majority in this traffic as they were in the Black Sea in the same period.

Also, compared to the situation around 1453, the number of Greek captains, of vessels, and of wealthy merchants showed an increase in Venice in the sixteenth and seventeenth centuries as the archives of the Greek colony of the city attest.[37] Under Ottoman protection, Jews, Muslim Turks, Slavs and Greeks from the Ottoman lands formed flourishing merchant communities in Ancona and Venice by the mid-sixteenth century.[38] The members of the Ottoman elite invested big capital in this overseas trade. For example, a letter from Suleyman I to the Venetian doge in 1561 tells us that the *kapı-ağa*, the chief officer of the seraglio, had made a *commenda* contract with two Greek captains to go to Venice and do business for him.[39] The *ağa* had entrusted to them two thousand gold pieces and his ship for this commercial venture. This particular case became the subject of correspondence because the Greek captains had cheated the *kapı-ağa*. Greeks also played an outstanding part in Russian trade, in furs in particular, as the Sultan's private merchants, *khâssa tâdjir* during the period.[40]

37 Geanakoplos, *Byzantium and Venice*, p. 55, note 7.

38 See T. Stoianovich, "The Conquering Balkan Orthodox Merchant", *The Journal of Economic History*, XX (1960), pp. 234-313; P. Earle, "The Commercial Development of Ancona, 1479-1551", *Economic History Review,* XII (1969).

39 T. Gökbilgin, "Venedik Devlet Arşivlerindeki Vesikalar Külliyatından Kanunî Sultan Süleyman Devri Belgeleri", *Belgeler*, II (1964), p. 161.

40 A. Bennigsen and C.L. Quelquejay, "Les marchands de la cour ottomane et le commerce des fourrures moscovites dans la seconde moitié au XVIe siècle", *Cahiers du Monde Russe et Soviétique*, XI/3 (1970), pp. 363-390.

Sephardic Jews in the Ottoman Empire[1]

The scholarly papers read by the distinguished specialists in this historic meeting commemorate the quincentenaries' of the immigration of the Sephardic Jews in the Ottoman Empire and celebrate Turkish-Jewish cooperation and friendship for indeed hundreds years. They have discussed all aspects of Jewish life in the Ottoman empire. In view of the richness and great variety of the sources available, the incomparable Ottoman archival collections, the Rabbinic literature, the archives of the Alliance Israélite Universelle, and also diaries, travelers reports and epigraphy, this conference actually but signals a starting point of a vast program of research on the Jews in the Ottoman Empire. Through those papers drawn from the sources, we now have a clearer idea of the size and significance of the unexplored source material dealing with the six centuries of Jewish life under the Ottomans. Speaking only of the Ottoman archival materials, records clearly indicate that Jews served in public life as courtiers, physicians and advisers to sultans. They also performed as tax-farmers, financial agents and

1 This paper read at the conference on Sephardic Jews, Istanbul, June 4, 1992.

government experts. Moreover, in international and interregional trade and in the urban trades and industries, Jews were involved in all aspects of life in the Ottoman Empire, playing a role of importance far beyond the size of the community. One finds Jewish activities in every kind of Ottoman archival documentation: in the *Mühimme*s, or proceedings of the imperial council, in the registers and papers of the finance department, in the *qadi* court records which deal with legal and commercial transactions and administration. Only a fraction of these vast collections has so far seen the light of day. Here the pioneering work of Bernard Lewis, Uriel Heyd and Amnon Cohen and other distinguished scholars should be recalled.

The unusual sympathy, friendliness and protection shown toward the Jews by the Ottoman Turks were not simply the outcome of the well- known Turkish hospitality and compassion for the people in distress, or of certain idyllic feelings. The major question to be answered by the historian is to explain why, in a particular period of time Ottomans showed an unusual sympathy and interest in European Jewry, which was indeed unprecedented and unparalleled in Islamic history.

The motivation behind the remarkable tolerance and good will of the Turks toward the Jews already had a long history before 1492. It is actually due to a combination of circumstances in the second half of the fifteenth century. To explain the historical conjunction which led the Ottomans to show a particular interest in the predicament of the Jews expelled from Spain, we must recall that crusading fervor that had then reached a climax in Europe with the Ottoman conquest of Constantinople and the Spanish Reconquista against the Muslims of Al-Andalus. In 1492 the fall of Granada was celebrated in religious processions throughout Europe. Then, the Pope invited all the Christian nations to send their delegates to Rome to discuss a full-fledged crusade against the Ottoman Empire, with the intent of using the Conqueror's son Djem Sultan, then a captive of the Vatican, as its center piece. The attempts of the Andalusian and North-African Muslims to attract the attention of the Ottoman Sultan to their imminent conquest by the crusaders already had started in 1477, when a delegation visited Mehmed the Conqueror and solicited his aid and protection. Soon after the fall of Granada in 1492, the Algerians, fearing the same fate would befall them, sought Ottoman protection, and in 1519 they sent the venerated scholar, Sayyîd Abu al-Abbas, to Istanbul. As a matter of fact, the Muslims and Jews of Spain, who were living together for centuries in such a harmonious and prosperous society, had a common fate before the rising national monarchy of a united Spain. No nation is immune to the excesses of intense nationalism and religious bigotry and intolerance. Spain, then, pursuing the *Reconquista* drive and struggling to achieve its territorial and national unity, was determined to take drastic measures not only against the Jews but also against Muslims. Ottomans did not make a distinction between the Andalusian Muslims and Jews. Both communities solicited Ottoman aid and protection. In other words, victims shared the same fate in Ottoman eyes and aid relief was to be extended to the oppressed against the common enemy.

The Jews immigration to the lands conquered by the Ottomans was a century-long movement going back to the fourteenth century. Ever since the year 1360 when the Hungarian King Louis the Great issued a decree of expulsion to Jews, European Jews had looked to the Ottoman territories as a place of sanctuary. Salo Baron states that the Jewry of Central Europe may have been aware of the favorable conditions for the Jews in Ottoman territories in the Balkans prior to 1453, although he says, this general sentiment did not occasion a Jewish exodus into the Ottoman dominions in that period. However, Ottoman sources testify that there were growing and prosperous Jewish communities in Balkan cities such as Edirne and Salonica already before the year 1453.

The Ottoman sultans, particularly after the conquest of Constantinople came forward as the protector of the Jews. In fact, Ottoman protection of the Jews was a rational and deliberate policy on the part of the Ottomans in response to a crusading

Europe wherein increasing religious intolerance and persecution was encouraged against the Jews. Mehmed the Conqueror must have been aware of the plight of the Jews in Europe for he encouraged them to take sanctuary in his own territories. This attitude corresponds to the general policies of the Sultan, who was most concerned with the settlement of Jews to improve economy in his depopulated and ruined capital.

Thus, the well-known circular of Isaac Sarfati gains credit when placed in this context. Incidentally, I believe the circular belongs to the Conqueror's time although Salo Baron is inclined to trace it back to the reign of Murad II. A refugee himself from Germany, Sarfati in his pamphlet vigorously encourages the Jews of Swabia, the Rhineland, Styria, Moravia and Hungary to immigrate to Turkey where "every man may dwell at peace under his own vine and figtree... O Israel, wherefore sleepiest thou? Leave your accursed land forever." In view of the circumstances after the conquest of Constantinople it is plausible that the Sultan himself had Sarfati send out such a circular to European Jewry.

The Conqueror wanted to bring and settle as many Jews as possible in his new capital city. The Venetians were eliminated and the trade depots of other Latin nations in the port area completely destroyed. These trading nations had formerly been in control of, and responsible for, the economic prosperity of the Byzantine capital. The Conqueror's first and principal concern was to repopulate and restore the economic activities in the city. The well-to-do people in Bursa and other Anatolian cities did not respond to the Conqueror's order to come and settle in Istanbul. Also, as the Ottoman survey of 1455 reveal many Turkish settlers had soon returned to their original home in Anatolia and Rumeli. For the reconstruction of the city the Conqueror realized that he needed first people with mercantile skills and capital. The same survey shows that many abandoned houses and districts were now occupied by Jewish settlers from Balkan and Anatolian towns. Driven from their homes under the Ottoman *sürgün* system, many of Jews were settled in the port area from Çifut-Kapı or the gate of the Jews to the Zindan-

Kapı, which was the business center of the city, formerly occupied principally by the Venetians. The Sultan needed to have the Jewish businessmen and trades there to replace Venetians whose return was forbidden. However, it is interesting to add that the Conqueror demanded the Doge of Venice to let Venetian Jews return, who had fled to Venice from the Istanbul port district before and during the siege. At any rate, the Ottoman survey of 1477 records 1647 Jewish households in Istanbul but no Jews in Galata while in the survey of 1455 we find a group of 44 Jewish families, many of them quite wealthy. After the survey of 1477 a new census made in 1492 reveals that 380 new families joined Istanbul Jewry. The Conqueror's attitude toward the Jews indicates that he considered the Jews, even those Venetian Jews who fled during the hostilities, as trustworthy and he believed that they were indispensable for the economic development of his new imperial capital.

His successors' policy toward the Jews, the Sephardic Jews in particular, would be based on the same assumptions. We believe these are the reasons why the Ottoman bureaucracy had a particular sympathy toward Jews just before the Sephardic mass immigration into the Ottoman dominions began. Of course, along with these historical circumstances of the period, we have to take into account established rules of the Islamic *Shari'a* pertaining to the religious minorities, the so-called *ahl al-dhimma*. In return for payment a poll-tax, the *djizya*, the Islamic state assumes the responsibility of providing the same protection for its non-Muslim ruler to abide by this basic rule. True, under the Islamic tradition restrictions such as the obligation not to dress as Muslims, prohibition of mounting a horse, or owning a slave, practicing religious ceremonies in a way not to offend Muslims, etc., were all designed to indicate the social inferiority of non-Muslims. But ordinarily such restrictions were overlooked by the authorities. We learn this from the imperial Ottoman orders issued on occasions when popular feelings against non-Muslims exploded as a result of a defeat at the hands of the Christian Powers. Wealthy Jews are described in such documents as indistinguishable from the Muslim elite with their costly caftans, richly harnessed horses and their slave attendants. In brief, Islamic Law and state accepted non-Muslim communities including the Jews as part of the larger Islamic society.

On the other hand, it is a fact that Turkish state tradition practiced Islamic Law on *dhimmi*s in its broadest interpretation and even went beyond it. From the time when, in the eleventh century the Seljuk Turks took control of Islamic lands in the east, they introduced a new concept of state and law in the Islamic world. In the Turkish states down to the Ottoman Empire, political power and state law jealously retained its independence in the face of the Islamic Law and *ulema*. The Ottoman sultans went so far as to issue their own, imperial lawcodes. The transcendent character of public authority and law in a Muslim Turkish state must actually originate from the central Asiatic *törü* or *yasa* tradition. As a kind of constitutional law, *törü* or *yasa* governed the imperial organization under a charismatic Kaghan. In the steppe empires, all those elements which provided information, skills and wealth for the empire, particularly travelling merchants, were given special attention and protection. These people filling the Kaghan's treasury, their bringing of luxury goods and information was believed to be indispensable for the ruler's power. Ottoman Sultans, like the Turco-Mongol kaghans in Central Asia, were most concerned with this function of protection which was considered something involving directly their own state interests and power.

In sum, special historical circumstances in the second half of the fifteenth century produced solidarity and cooperation between European Jewry and the Ottomans in the face of a crusading Europe. Moreover, the Turkish state tradition of Central Asia favored those dependent subjects who possessed skill and capital. Finally, Islam's constitutional *dhimma* law providing guarantees for religious minorities made it possible for the Jews of Europe to immigrate, settle and give rise to prosperous Jewish communities in the Ottoman Empire.

As noted earlier the Conqueror resorted to forced Jewish resettlement from Balkan and Anatolian towns to Istanbul, and it soon became evident that the measure caused disruption in the economic well-being of these towns. But the opportunity now arose to settle these towns with new Jewish communities from Spain. According to a cautions estimate made by Loeb, out of a total of 165.000 Jews who emigrated from the Iberian Peninsula in 1492 and after, approximately 90.000 came to settle in the Ottoman dominions. These immigrants were settled in Istanbul, Salonica, Avlona and other cities in the empire.

Once in Ottoman territory, the Sephardic Jews first formed *djema'at*s (communities) in urban centers on the basis of their towns of origin before they were, over time, ingrate into the already existing Jewish quarters or formed separate quarters around a synagogue of their own. The Ottoman government let them maintain their traditional community organization and autonomy in communal affairs. Under the guarantees provided by Islamic Law and Ottoman state *kanun*s, as well as a vigilant central bureaucracy ready to act against frauds and oppression against minorities, the Jewish communities prospered and had a freedom and protection enjoyed by other sections of the city. The situation is well recorded by the vast Jewish response literature and travelers' accounts.

To demonstrate the Ottoman government's sensitiveness and energetic action for the protection of the Jews against the false accusations against them made by the scum of the urban populace, let me illustrate with the following case. One of the most hideous forms of anti-Semitism was libelous accusation of ritual murder, the allegation that Jews would kill a person and have ritual bread baked with his blood. This libel was widespread in Christian Europe. Amnon Cohen[2] finds a relationship between the spread of such accusations against the Jews in the Ottoman Empire and the growing influence and presence of Europeans there in the nineteenth century. In the previous centuries there were sporadic cases, and the Ottoman government took a decisive attitude against such false accusations. A circular order of the sultan to the judges in

2 His article in *Journal of Turkish Studies* (Harvard), X (1986).

Arab lands said: "There were some vicious people in the territories under their jurisdiction, who have perpetrated various kinds of injustice and oppression against the Jewish community. They fabricated lies, saying, "you have killed a man and you have had bread baked with his blood". In order to extort money, they said (to the Jews): "you have cursed our religion and our tongue." There is no permission to interfere with (them) in contradiction to the true Sharia and the old Ottoman law (...) So I have ordered that you should not hear their claims altogether. You should not allow [others] to commit injustice and oppression against the Jewish community with such pretexts. If there is anyone of the vicious people who openly follow falsification and deceit like this under your government (...) you should not hide [his identity] but you should write down the details of their deceits that they committed and let it be known in my exalted Porte."

Obviously, Amnon Cohen adds, in these early centuries certain local Christian traditions filtered into the Muslim population in urban centers. The empire's administrators were alert against such criminal acts against the Jews.

As Ottomans anticipated Jewish contribution to the Ottoman economy, finances and urban development proved to be most substantial as several speakers in this conference have discussed. Here to emphasize this unusual contribution to the Ottoman civilization I would like to add some particular cases.

Against the Venetian and Genoese domination and exploitation in the Levant Ottomans showed a conscious and systematic policy of favor and protection toward the native Ottoman minorities including Greeks, Armenians and Jews. Having become a part of an important segment in Ottoman society, the Jewish community became particularly active in tax-farming as well as in interregional and international trade from the earliest times. Here skipping over the spectacular improvement the Sephardic Jew brought in the empire's industries, for example the flourishing woolen industries in Salonica, Safad and Istanbul, I shall concentrate on tax farming and trade.

In the fifteenth and sixteenth centuries, Ottoman Jews, Turks and Greeks were competing for tax-farm contracts, and Jews were particularly active in the business. Tax-farming, extensively applied in the Ottoman Empire even at this early stage, was a big business for those who had accumulated cash capital. Short of regular cash resources for its immediate needs, and lacking the expensive and complex tax collection system or a modern state, the Ottoman government encouraged commercial capitalists to take an interest in tax farming. Registers of tax-farming, the so-called *muqâta'a defterleri* of the second half of the fifteenth century, contain many names of Turkish, Greek, and Jewish "capitalists" serving as tax-farmers.

We find Jews undertaking all kinds of tax farms everywhere in the empire, particularly in the big cities, important sea ports, and towns of Rumelia and Anatolia. At the auctions of tax-farms, there was keen competition between bidders. For example, in 1483 a Jew, Sabbetay, son of Avraham, offered 1.200.000 akcha and outbid all competitors on the tax-farm of the salt works of Thrace (Hrishna, Gömüldjine, and Karasu).

In October 1477, offering an increase of 400.000 akcha, a partnership of the Jew Altina, the Turk Seyyidi Küçük of Edirne, and an Italian by the name of Nikiroz undertook the collection of the customs dues of the ports in the Istanbul customs zone for 20.400.000 akcha (45 akcha was worth one gold ducat at this time). They thus outbid the previous offer made by a partnership of the Greek Palaeologos of Istanbul, Palaeologus Kassandros, and Lefteri Galyanos of Trebizond. Anyone who engaged in tax-farming had to find at least two sureties with assets large enough to meet the debt in case of default. In our records, the sureties designated by the Jewish bidders are all from the Jewish community, but as seen in the above example, Jews also joined in partnerships with Muslim Turks. In this connection one should not forget that the latter group included many Jewish, Greek, or Italian converts.

In view of its incomparable importance for state finances, the customs house of Istanbul bestowed a very influential position upon its tax farmer, and during the fifteenth and sixteenth centuries this position was quite often held by a Jew. Jews also farmed other *muqâta'ât* of Istanbul. Besides rich merchants and money changers, there were also enterprising Jews who put together small savings or inherited money and such people became quite prominent in tax-farming and were found engaged in the business for a long time. We may call them professional tax-farmers. They were assisted by Jewish scribes and financial experts.[3]

In the second half of the sixteenth century, Jewish bankers and tax farmers gained a predominant place in Ottoman finances and long distance trade.

The most spectacular case of Jewish enterprise in the Ottoman Empire is that of the Marrano-Jewish family of Mendés in the mid-sixteenth century. The Marano Jews, victims of the inquisition in Catholic countries, decided to immigrate to the Ottoman Empire. Controlling the spice trade in Europe, the Marrano banking house of Mendés moved to and settled in Istanbul in 1552. Under the protection of Sultan Suleyman the Magnificent, the head of the family, Dona Gracia Mendés, arrived in Istanbul. Her relative and partner, Don Joseph Nasi, became the most prominent member of the family. Initially his spectacular rise was due to his financial services to Prince Selim who had made him one of his intimates, a *müteferrika* (distinguished attendant) in his provincial palace. When, in 1566, Selim acceded to the Ottoman throne he appointed Don Joseph "the Duke of Naxo" (Nakşa Dukası), which comprised the Cyclade archipelago, a group of islands producing rare wines for export. This appointment must be related to Joseph being the tax-farmer of wine exports to the northern Black Sea countries, and to Poland in particular. The tax-farm from the Dukedom was fixed in the amount of 6000 gold pieces. Joseph's control of this trade was a loss for Venice. Previously, the Duke of Naxos had been a Venetian who did not give up his claim and harassed Don Joseph afterwards. Customs dues on the wine ex-

3 H. İnalcık, "Jews in Ottoman Economy and Finances", eds. C. E. Bosworth et alia, *The Islamic World*, Princeton, 1988, pp. 513-550.

ported from the Aegean and from Venetian Crete to Poland came under Joseph's actual monopoly of the wine trade, since under the Ottoman tax-farmer system the government controlled the traffic to enable the tax-farmer to prevent smuggling and to realize the maximum amount of Cretan wine was estimated at 15.000 ducats a year. Around 1575 it is reported that one thousand casks of wine were exported from Crete alone. Don Joseph's influence on Ottoman policy against Venice regarding Cyprus, which was another center of wine production comes to us in the form of a tale. In fact, considered an expert in European affairs, Don Joseph became one of the most trusted counselors to the Sultan at this time. Evidently Nasi was one of supporters of vizier Lala Mustafa's plan to conquer. Cyprus in opposition to Grand vizier, Sokullu Mehmed, who was against the plan and wanted to continue the war in the North against Muscovy. The plan to colonize the conquered island with Jewish settlers is also worth noting in this context. The conquest of Cyprus leading to the Christian Holy League in the Mediterranean resulted in the Ottoman disaster of Lepanto in 1571. However, Don Joseph continued to keep the sultan's favor.

Later, in 1588, Alvaro Mendés, like Joseph Nasi, an arch-enemy of King Phillip II of Spain, came to settle in Istanbul bringing with him reportedly 850 thousand gold ducats, and he received the same favors once enjoyed by Don Joseph. Esther Kyra, a Jewish favorite of the ladies in the palace and a liaison between them and Jewish interests outside, became involved in tax farming and trade undertakings and amassed a large fortune during her long connection with the Seraglio. She had a tragic end at the hands of the *Sipahi*s who hated her for her monopoly of the poll-tax farm for her Jewish relatives. Her fortune at the time of her death was reported to have amounted to fifty million akcha or 300 thousand gold ducats.

It is suggested that the Marrano-Jews introduced into the Ottoman Empire the techniques of European capitalism, banking and even the mercantilist concept of state economy.

International trade and banking operations were inseparable and the family operations were carried on through a network of agents in the principal centers of Europe. Thus, the Mendés family controlled a large portion of the commerce between the Empire and Europe which consisted of the exchange largely of European woolens for wheat, pepper and raw wool. Also investments by merchants in the treasury's tax-farms seem to have been quite high. In 1555 when Pope Paul IV confiscated the possessions of Jews in the Papal territory, the sultan protested saying that many Jews of Salonica and Istanbul had gone bankrupt and were unable to meet their payment obligations to the treasury to the sum of 400 thousand gold ducats. Under the management of Dona Gracia (d. 1568 or 1569), a Jewish bank or *dolab* appears to have involved Ottoman finances and capital investments within European markets. Gracia's son-in-law, Don Joseph, became a big creditor for the kings in Europe. His large loans to the king of Poland procured for him various commercial concessions. Under the sultan's protection, he obtained a monopoly on beeswax exported from Poland. Also in 1555, when the French King Henri II was pressed for money, Don Joseph floated a loan in France in which the interest increased from 12 to 16 percent. Little wonder that many Turks invested money in the loan through Don Joseph.

Jews played a crucial role in the relations of the Ottoman Empire with Western Europe. In the beginnings of Ottoman-Dutch relations, for example, Joseph Nasi played a decisive role. Since he was active in the Antwerp banking house of Mendés before he came to settle in İstanbul the Prince of Orange, William I, sent a secret envoy to Nasi seeking Ottoman support in the Dutch revolt against Philip II. There were even talks of a Dutch alliance with the Ottomans. In a letter to the " Lutherans" in Flanders and other Spanish provinces, the Sultan promised to send troops to their aid at a time to be determined by them[4]. Indeed, against the Catholic front in the Mediterranean, the Ottomans took the initiative in establishing an agreement with this Protestant country which had a powerful navy.

4 Feridun, *Munsheatu's-Selatin*, vol. II, Istanbul, 1275/1859, pp. 542-543.

A little known case of how the Jewish spirit of enterprise became responsible for the economic development of the empire is that of the Jews of the Adriatic. Under the protection of the Ottoman government, Jews promoted their trade and legal status in Venice throughout the sixteenth century. The Ottoman government protected the Sephardic Jews settled in Adriatic ports during the period of 1492-1520, and these Jews emerged as the most active partners sea ports where the Ottomans settled Jews expelled from Spain in 1492, from Portugal in 1497 and from Italy, 1510-1511. They constituted one third of the population of Avlona, with a community of 527 households by 1520. The Jews appear to have had a dominant position over the Christians and had a great freedom of action as the court records demonstrate.

The Jews of Avlona were principally engaged in long distance trade. They dominated the city's trade with Venice as attested by Venetian insurance documents. In the register of insurance covering the years 1592-1609, there were 16 Jews of Avlona resident in Venice.

Avlona's role in Adriatic trade declined in favor of mew ports closer to Venice. Many Jews moved to Dubrovnik during the Ottoman-Venitian war of 1570-73 when woolen cloth imports from Venice shifted to this neutral port. Meanwhile, the Ottomans deported and settled a great number of Sephardic Jews to Nova (Herzegnovi) when it was reconquered in 1570. Many Ottoman Jews, chiefly those engaged in the cloth trade, settled in Venice or moved to Split in the last decades of the sixteenth century. Clearly there had been large scale Jewish emigration from Avlona to northern Adriatic ports. In Avlona the Ottoman tax registers of 1583 reveal 212 Jews but only 50 in 1597.

In the wake of the Ottoman-Venetian peace of 1573, an enterprising Jewish merchant, Daniel Rodriguez, proposed to develop Split into a free port by improving its facilities and abolishing or reducing customs dues. Venice was hesitant; then Ottoman Jews approached the council of Dubrovnik and obtained a privileged tariff for a time. In the end, with the support of Ottoman Jews residing in Venice and the active involvement of the pasha of Bosnia, the Venetian Senate finally decided to go ahead with Rodriguez's plan. On June 20, 1590, it was decided that Split would become a free port, that customs dues on the imports from Ottoman dominions through Split to Venice would be reduced by half, and that dues on the export of soap, rice and some other goods would be totally abolished. Ottoman Jews who arrived in Venice would not be subject to any resident tax and could settle in the old Jewish quarter. Rodriguez's plan can be seen as part of the Jewish attempt to organize an international trading complex under Ottoman auspices. At Split Venetian-Ottoman trade based mainly on the export of wax, morocco, timber, silk, mohair and hides from the Ottoman lands rapidly flourished. From 1590 onward Split superseded Dobrovnik and Avlona in Ottoman trade with Venice and assumed a very important role in the overall Venetian commerce.

Franz Babinger'in Fâtih Sultan Mehmed Üzerine Araştırmaları

Franz Babinger'in özellikle İtalyan kaynakları üzerinde yaptığı etraflı araştırmalar konuya ışık tutan çalışmalardır.[1] Babinger'in "Fâtih Sultan Mehmed ve İtalya" adlı makalesinde[2] konu üzerinde genel bir bibliyografik çalışma dikkati çeker. Babinger'in son düşüncesi, şimdiye kadar yapılan çalışmalardaki yanlışlar, abartmalar, uydurmalar, "hayret edilecek hatta neredeyse utanılacak kadar çoktur". Babinger, haklı olarak "tek taraflı (...) romantik çarpıklıklarla yanlış görüşleri" düzeltme çabasındadır. Bu makalesinde Fâtih'in yakın çevresindeki İtalyanları ve onların eserleri ele alınmaktadır. Babinger'in İtalyan kaynakları üzerindeki son yargısı, "İtalyan nüfuzunun, İstanbul fâtihinin düşünüşüne ve birinci derecede siyasî kararlarına etki yaptığını" kabul etmektedir.[3]

---

1 Babinger'in kısa biyografisi için bkz. *Fâtih Sultan Mehmed ve Zamanı*, çev. D. Körpe, İstanbul, 2002, "Franz Babinger". Türkçe çevirisinde dipnotlarında etraflı bibliyografya verilmiştir. Babinger'in bibliyografyası, *Güneydoğu Avrupa Derneği* tarafından üç cilt halinde (1962, 1966 ve 1972) bir araya getirilmiştir. H.J. Kissling-A. Schmaus, *Serta Monecansia*, Leiden, 1952.

2 Fr. Babinger, "Fâtih Sultan Mehmed ve İtalya", çev. B.S. Baykal, *Belleten*, XXVII/65 (1953), s. 41-82.

3 Babinger, "Fâtih Sultan Mehmed ve İtalya", s. 82.

"II. Murad'ın ve II. Mehmed'in İtalyan danışmanlarından faydalandığını ve İtalyanları sarayına çektiğini" biliyoruz.[4] Fâtih'in yakınlığını sağlamış olan Niccolo Sagundino'nun "Sultan II. Mehmed'in devamlı olarak edebiyatla meşgul olduğunu, kendisine çok yakın tuttuğu bir Arap'tan başka biri Latince ve ötekisi Grekçeye hâkim bulunan iki tabip ile temasta bulunduğunu ve bu üç adamın yardımıyla kadim tarihi öğrenmeye çalıştığını" söylemektedir. Babinger, Fâtih ve devleti hakkında bilgi veren çağdaş İtalyan yazarların birbiriyle ilişkisini göstermektedir. Bu yazarlardan J. Languschi, Niccolo Sagundino, Adam de Montaldo ve Jacope Tedaldi'nin kayıtlarında birbiriyle ilişkisini göstermektedir. Tedaldi'nin kayıtları orijinaldir. Tedaldi, Fâtih'in dünya fâtihi olma planından bahsetmektedir.[5] Bu kaynaklar, Fâtih'in "Büyük İskender ile Julius Ceasar'ı kendisine örnek aldığını belirtilmiştir". Bu iddiasını Fâtih'in yakını Kritovolous da açıklamaktadır. Büyük İskender'in seferleri üzerindeki Flavius Arrianus'un eseri Fâtih'in sarayda kurduğu kütüphanede bulunmuştur. Fâtih'in Türkçeden başka Yunanca, Slavca (herhalde Sırpça) bildiği iddia edilmektedir. J. Languschi'ye göre Fâtih üç dil, Türkçe, Rumca ve Slavca biliyormuş. Bu gözlemi G. Phratzes de yinelemektedir. Fâtih'in Türkçeden başka Arapça ve Farsça "anladığına" şüphe edilemez. İtalyanca bildiğine ait kayda rastlanılmamıştır.

Herhalde Fâtih'i "Batı kültürüyle yoğrulmuş bir Rönesans hükümdarı olarak görmek" bir abartıdır. Onun İtalyan danışmanları pâdişahın dünya fâtihi olma hedefini abartıyla dile getirmişlerdir. Fâtih'in asıl düşüncesi İtalyan danışmanları ile Batı ülkeleri hakkında doğru bilgi edinme ve Batı savaş sanatını öğrenmekten ibaret olmalıdır. Babinger şu noktayı önemle belirtir. Fâtih, "İtalya'yı, daha sonra belki de Almanya'yı egemenliği altına almayı" düşünmektedir. Bunu Niccolo Sagundino açıkça belirtmiştir. Babinger'e göre Fâtih'in Batı'da fetih planları özellikle İstanbul'un fethinden sonra bir gerçektir. Türk hükümdarlarında

4 Yazar bu hususta önemli bilgiler sağlamaktadır; Babinger, "Fâtih Sultan Mehmed ve İtalya", s. 44 vd.

5 Babinger, "Fâtih Sultan Mehmed ve İtalya", s. 52-53.

bir fetih hedefi olarak *Kızıl Elma*'nın daima anıldığını biliyoruz.[6] Fâtih'in İtalyan kaynaklarında unvanı genellikle "Gran Turco"dur. Rakip İtalyan devletleri onu İtalya fethine teşvik etmektedir. Hans Pfeffermann'ın makalesi Babinger tarafından zikredilmektedir. Ne yazık ki Fâtih'in İtalyan devletleriyle ayrı ayrı ilişkileri üzerinde Babinger'e göre esaslı bir araştırma yapılmış değildir. Bir araştırmada, Fâtih'in Otranto çıkarmasından önce Venedik'ten teşvik gördüğü ileri sürülmüştür. Herhalde Babinger'in işaret ettiği gibi Fâtih, Venedik ve Floransa ile ilişki kurmaya önem vermekteydi. Cenova, Rimini ve Ancona, Fâtih ile iyi ilişkiler tesis etmişti. İtalyan hümanistlerinin ve sanatkârlarının II. Murad'dan beri Osmanlı hükümdarlarıyla ilişki kurdukları bilinen bir gerçektir. Fâtih'in doktoru olup paşalığa kadar yükselen Gaetalı Yahudi Jacopo'nun durumu hakkında Babinger, ayrı bir araştırma yayınlamıştır.[7] Fâtih'i katletmek için düşünülen birçok planların, (Jacopo) Yakup Paşa'ya da teklif edildiği bilinmektedir.

Fâtih'in Floransalılarla özel ilişkileri önemlidir. Fâtih'in Venedik ile gerek Mora'da gerek İşkodra'da 1463'ten beri savaş halinde bulunduğu devrede, Floransalılarla ticarî ve siyasî önemli ilişkiler kurduğu da bilinmektedir. Bu konuda Benedetto Dei, önemli bir rol sahibiydi. Ancak bu şahsın övünme ve abartmaları daima göz önünde tutulmalıdır. Venedik Dei'nin Fâtih ile ilişkilerini yakından izlemekteydi. Fâtih kendisine büyük güven gösteriyordu ve Fâtih'in sarayında iyi karşılanıyordu. Fâtih ondan İtalya'daki durum hakkında bilgi ediniyordu. Fâtih'in onunla konuşmaları kayda geçmiştir.[8] Fâtih, Dei ile konuşmalarından birinde şöyle demiş: "Bugünkü İtalya eskiden Roma İmparatorluğu'nda olduğu gibi değildir. Bugün 20 kadar hükümet birbiriyle düşmanlık içindedir

---

6 Kızıl Elma hakkında bkz. Fr. Babinger, *Der Islam*, XII (1921), s. 109-111; aynı zamanda Ett. Rossi, "La Legenda Turco-Bizantina del Pomo Ross", *Studi Bizantini e neoellenici*, V (1937), s. 542-553. Fâtih için Kızıl Elma, başlangıçta Constantinopolis, daha sonra İtalya'da Roma şehridir. Bu hususta en eski belge Niccolo Sagundino'da bulunmaktadır.

7 Fr. Babinger, "Ja'qub-Pascha, ein Leibarzt Mehmed's II.-Leben und Schicksale des Maestro Jacopo aus Gaeta", *Rivista delgi Studi Orientali*, XXVI (1951), s. 87-113.

8 Babinger, "Fâtih Sultan Mehmed ve İtalya", s. 65-66.

(...) Benim planlarıma hizmet edecek birçok şey biliyorum ve genç, zengin, talihi yaver biri olarak hem Ceasar'ı hem İskender'i ve hem Serhas'ı çok geride bırakmak emelindeyim."

Floransa, bankerlik ve özellikle değerli yünlü kumaş sanayii dolayısıyla çok zengin bir İtalyan devleti olarak özellikle Venedik ile rekabeti dolayısıyla Fâtih'in özel ilişki ve desteğini kazanıyordu. İstanbul'da 50'ye yakın Floransa tüccar firmasının temsil edildiğini ve Fâtih'in özel himâyesine sığındığını burada belirtmek gerekir. Fâtih'in Almanya ortalarına kadar casuslarıyla gizli raporlar elde ettiğini biliyoruz. Floransa ticâretinin yerleşmesinin önemi hakkında Babinger ilginç kayıtlar vermektedir.[9] Venediklilerin Doğu'da önemli ticarî faaliyetleri biliniyor. Venedik tacirleri, zengin şap ticâretini ellerinde tutuyor; "çok zengin bakır tekeline ve Osmanlı ülkeleri içindeki darphanelere (mültezim olarak) sahip bulunuyorlardı". Özetle Floransa, özellikle Fâtih Sultan Mehmed dönemindeki Osmanlı-Venedik savaşında üstün konumunu Floransalılara bırakmak zorunda kaldı. Fâtih'in Galata'ya giderek Floransa ziyafetlerine katıldığını hatta Dîvân'ındaki bir gazelin böyle bir ziyaretle ilgili olduğunu biliyoruz.

Fâtih, Floransa ile olan bu yakın ilişki sayesinde Benedetto Dei'yi el üstünde tutuyordu. Floransalıları zaferlerinden sonra şenliklere davet ediyordu.[10] Floransalıları kendi zaferlerine ortak etmeye çalışıyordu.[11] Floransalılar Fâtih'in seferlerine katılmaktaydılar. Fâtih'e yakınlık gösterenlerin yanında Raguzalı İtalyanlar da anılmaktadır. 1463'te Fâtih Venedik'e karşı savaş açtığı zaman İtalyan hükümetleri arasında Milano ve Napoli devletleri bu mücadeleye katılmaktan uzak durdular. Venedik savaşı sırasında Floransa açıkça tarafsızlığını korudu. Venedik'in başarısızlıkları Floransa'da sevinçle karşılanıyordu. İtalyan kaynaklarına göre Fâtih, Pera'daki Floransa kolonisi ile daima fikir alışverişinde bulunuyordu. Bunda Benedetto Dei daima önde gelmektedir.

---

9 Babinger, "Fâtih Sultan Mehmed ve İtalya", s. 66-67.

10 Babinger, "Fâtih Sultan Mehmed ve İtalya", s. 67-68.

11 Babinger, "Fâtih Sultan Mehmed ve İtalya", s. 68.

Hatta Floransalılar Fâtih için casusluk hizmeti görmekten bile kaçınmıyorlardı.[12]

Babinger, bu makalesinde Fâtih'in sarayında bulunmuş olan İtalyan sanatkârları Matteo dei Pasti, Gentile Bellini, Costanzio da Ferrara hakkında önemli notlar vermektedir. Bu hususta yazılmış birçok risâle bulunduğunu belirtmiştir. Fâtih'in *Yeni Saray*'ının duvarlarını İtalyan sarayları gibi süslemek için Bellini'yi çağırdığı (Babinger, s. 76) kaydedilmektedir.[13] Saray duvarlarını *fresco*larla süsleyen Bellini, Fâtih portresi ile seçkin yerini almıştır.[14] Bu arada ilâve etmek gerekir ki II. Bâyezid şeriâtı ihya eden sultan olarak bu duvar resimlerini, *fresco*ları söktürüp Kapalı Çarşı'da satışa göndermişti.

Fâtih'in büyük askerî zaferleri dolayısıyla önemli bir askerlik eseri meydana getirmiş olan Floransalı Francesco Belinghieri, eserini Fâtih'e ithaf ettiğine dair kayıtlar vardır. Babinger, ithafın Fâtih'e değil, II. Bâyezid'e yapıldığını kaydeder. Fâtih'in Floransa'daki şöhretine dair ilginç bir olay da, Fâtih madalyasının Bellini'nin portresi esas alınarak yapıldığıdır.

1461 Sonbaharı'nda portre ressamı Matteo dei Pasti'nin İstanbul'a çağırılması söz konusu olmuştur. Matteo dei Pasti, İstanbul'a giderken Roberto Valturio'nun yazmış olduğu *De re Militari* adlı eseri pâdişaha takdim edecekti. Venedik buna engel oldu. Girit'te yakalanıp eser ve Adriyatik memleketlerinin haritasıyla birlikte mahkemeye sevk edildi. Babinger bir notunda (s. 78, not 132) Fâtih'in hizmetinde birçok İtalyan sanatkârının bulunduğunu belirtmektedir. Floransalı Francesco Belinghieri'nin *Geographia* eserinin bir yazma nüshası Fâtih'in saray kitaplığında bulunmaktadır. Eser II. Bâyezid'e ithaf edilmiştir.

Fâtih'in son yıllarında "birçok İtalyan sanatkârının" yanına geldiği bilinmektedir. Kumaş endüstrisinde boyaları tespit

---

12 Babinger, "Fâtih Sultan Mehmed ve İtalya", s. 70-71. Bu dönemde Fâtih ile İtalya ilişkileri üzerinde eski öğrencim Ş. Turan, *Türkiye-İtalya İlişkileri, I: Selçuklular'dan Bizans'ın Sona Erişine*, İstanbul, 1990.

13 Bellini üzerinde bkz. L. Thuasne, *Gentile Bellini et le Sultan Mohammed II*, Paris, 1888. Bu eser Türkçeye çevrilmiştir. Ahmed Refik, *Fâtih ve Bellini*, İstanbul, 2006.

14 Bellini üzerinde Babinger, makalesinde yapılan yayınlar hakkında ayrıntılı bilgi vermektedir, bkz. Babinger, "Fâtih Sultan Mehmed ve İtalya", s. 75-78.

bakımından çok önemli bir madde olan şapın yalnız Türkiye'de Foça'da ve Doğu Karahisar'da çıkarıldığını ve şap iltizamının Batılı firmalar tarafından elde edilmeye çalışıldığını biliyoruz. Şap maden işletmesi iltizamı başlangıçta Cenevizliler tarafından işletilirken, daha sonra Venedik tekeline geçmiştir. Bir zenginlik kaynağı olan bu maden iltizamı İtalyan işadamları arasında bir rekabet konusuydu.

İtalya'da Fâtih'e kasideler de yazıldığı bir gerçektir. Bunlardan biri F. Filelfo'nun Latince kasidesidir. Bu kasidede Fâtih'in methi yapılmaktadır. Babinger'e göre Fâtih ve Osmanlı paşaları için Edirne ve İstanbul'da yapılan birçok saray ve kaleler için Batılı ustaların bu arada İtalyan mimarlarının çağrıldığı bilinmektedir. Bunlar hakkında Babinger kısa bilgi vermektedir (s. 81-82). Fâtih'in İtalyan mühendisleri kullandığı belirtilir. Karadan donanmayı geçirme işinde 1439'da Venedikli mühendisler bir filoyu Adige Nehri'nden tepeye çekmiş sonra da karayolundan Garda Gölü'ne nakletmişlerdir. Tursun Beg, Fâtih'in karayolundan donanmayı Haliç'e indirdiğine dair kaydında aynen şunu söylemektedir: "San'at-i cerr-i eşkâlde (ağır şeyleri çekmekte sanat sahibi) mâhir mühendisin ve mellâhin hazır olundu". Fâtih'in yakını olan Tursun Beg'in bu gözlemi gemileri Galata üzerinden Haliç'e indirmesinde (mühendisleri ve denizcileri) kullandığını açıkça göstermektedir.[15] Anılan bu mühendisler arasında Venedikli mühendislerin bulunması ihtimâli vardır.

"Venediklilerin karada gemi yürütme sanatında çok usta olduklarından şüphe edilemez."[16] Gemileri karadan yürütme fikrinin sahibi, Babinger'e göre "bir İtalyan yani Venedikli bir mühtedidir". "İtalyan nüfuzunun İstanbul fâtihinin düşünüşüne ve birinci derecede siyasî kararlarına etki yaptığı" Babinger tarafından işaret edilmektedir.

---

15 *The History of Mehmed the Conqueror by Tursun Beg*, (yay.) H. İnalcık-R. Murphey, vr. 41a.

16 Babinger, "Fâtih Sultan Mehmed ve İtalya", s. 82.

Franz Babinger'in konuya dair katkıları önemlidir:

Fr. Babinger, "Relazioni visconteo-sforzesche con la corte otomana durante il sec. XV", *Aufsaetze und Abhandlungen zur Geschichte Suedosteuropas und der Levante,* 1976.

Fr. Babinger, "Alessio Celidonio (? -1517) und seine Tuerkendeskschrift", *aynı eser.*

Fr. Babinger, "Grossherrlihe Schutzvorschrift gegen nutzniesslichen Glaubenswechsel", *aynı eser.*

Fr. Babinger, "Maometto il Conquistatore e gli umanisti d'Italia", *aynı eser.*

Fr. Babinger, "Mehmed der Eroberer in oestlicher und westlicher Beleuchtung" *aynı eser.*

Fr. Babinger, "Pio II e l'Oriente maomettano", *aynı eser.*

Fr. Babinger, *Die Geschichtsschreiber der Osmanen und ihre Werke*, Leipzig, 1927.

Franz Babinger'in *Fâtih Sultan Mehmed (1432-1481) ve Zamanı*[1] Adlı Eserinin Tenkidi

Konstantinopolis'in Osmanlı Türkleri tarafından fethinin 500. yıldönümünde, Bizans'ın son günleri ve Osmanlı İmparatorluğu'nun yükselişi üstüne bazı çalışmalar yayımlandı.[2] Bu yeni çalışmaların en önde geleni, ünlü Alman oryantalist Profesör Franz Babinger'in eseridir. Babinger'in çalışması, gerek boyutları gerek faydalanılmış pek çok kaynağın ve incelemelerin ürünü olması açısından özellikle dikkate değerdir. Şimdiye kadar bu kitabın ayrıntılı bir eleştirisini yapmamış olmamızın sebebi, yazarın önsözünde ileride yayımlanacak ikinci ciltte, kullandığı kaynakların ve bibliyografyanın yer alacağına söz vermesiydi. Ancak, söz konusu dönemle ilgilenen kişilerin kitapta hangi kaynakların kullanılıp kullanılmadığını bulmakta zorluk çekeceğini sanmıyorum.

---

1 Franz Babinger, *Mehmed der Eroberer und Seine Zeit, Weltenstürmer einer Zeitenwende,* Münih, 1953, s. 592; Babinger, *Mahomet II, Le Conquerant et son temps (1432-1481)*; Babinger, *La grande peur du monde au tournant de l'historie,* çev. H.E. del Medico, Paris: revue par l'auteur, Paris, 1954, s. 636; Babinger, *Maometto il Conquistatore e il suo tempo*, Torino, 1957.

2 Batı dillerinde yayımlanmış çalışmaların bibliyografyası *Byzantinische Zeitschrift*'in 1950-1956 arasında çıkmış sayılarında, Türkçede yayımlanmış çalışmaların listesi ise *İstanbul Enstitüsü Dergisi*'nin 1955-1956 arasında çıkmış sayılarında bulunabilir.

Profesör Babinger'in en tanınmış kaynaklara, örneğin Doukas'a, Sfrancis'e, Chalkokondyles'e, Kritovoulos'a, G.M. Angiello'ya, Raguza, Venedik ve Vatikan arşivlerindeki belgelere, ayrıca Jirecek, Kretschmayr, von Pastor, Zinkeisen ve Iorga'nın klâsik eserlerine başvurduğu ortadadır. Babinger, İtalyanca bazı çağdaş kaynakları ortaya çıkarmıştır. Ancak döneme ait en temel Osmanlı kaynaklarından bazılarını, üstelik uzun süredir baskılarının bulunabilmesine ve kendisinin de bunlardan Osmanlı kaynakları üstüne yazdığı kitabı *Geschichtsschreiber der Osmanen und ihre Werke*'de (Leipzig, 1927) söz etmiş olmasına karşın, tamamen görmezden gelmesini açıklamak kolay değildir. Oysa bu kaynaklara başvursa, bazı hatalara düşmekten kurtulabilirdi. Kitabın eleştirisini yaparken hem bu kaynaklardan faydalanacak hem onları destekleyici bazı arşiv materyallerine başvuracağım.

Önce, yazarın ulaşabileceği ancak kendisi tarafından yeterince ya da hiç kullanılmayan Osmanlı kaynaklarını inceleyelim. Bunların başlıcaları Tursun Beg'in *Târih-i Ebu'l-Feth*, Enverî'nin *Düstûrnâme*[3] ve Kemâl Paşazâde'nin *Tevârih-i Âl-i Osmân*[4] adlı çalışmalardır. Özellikle, Tursun'un eseri oldukça ilginçtir. Son derece nüfuzlu bir ailenin mensubu (amcası Bursa valisiydi) ve mâliye uzmanı olan Tursun, önce İstanbul ev tahrîrinde kâtiplik, ardından ise Sadrazam Mahmud Paşa'nın kâtipliğini yaptı. Daha sonra Anadolu'da tahrîr emîni olmasının ardından, nihayet defterdâr oldu. Tamamen kişisel deneyimlerine dayanarak yazdığı eseri Sultan Mehmed'in dönemine dair birincil dereceden bir kaynaktır. Konumu itibariyle hem askerî hem mâlî konularda değerli bilgilere ulaşabilen biriydi. Konstantinopolis kuşatması üzerine yazdığı anlatı, o dönemde bir Osmanlı tarafından yazılmış en ayrıntılı Türkçe anlatıdır. Tursun, Sadrazam Mahmud'a Sırbistan (1458), Trabzon (1461) ve Bosna (1463 ve 1464) seferlerinde eşlik ettiğini açıkça belirtir. Mahmud'un kâtibiyken Kastamonu hükümdarına ültimatom şeklinde bir teslim ol çağrısı yazmış, ayrıca 1463'te Mora'da Cenevizlilere karşı kazanılan zaferi bildirmek üzere Mahmud

---

3 Ed. M. Halil Yinanç, İstanbul, 1928

4 Yay. Ş. Turan, Ankara, 1974.

tarafından sultana gönderilmişti. Mahmud Paşa'ya 1462'de Midilli'deki Venediklilere karşı çıkılan seferde de eşlik etmişti. Tursun'un özellikle 1458-1464 arası Sırbistan ve Bosna'daki askerî operasyonlar hakkında verdiği çok sayıda ilginç ayrıntılar başka hiçbir kaynakta yer almamaktadır. Bu devlet adamının yanında yıllarca çalışan Tursun, üst düzey devlet adamları arasındaki rekabet hakkında ilginç bilgiler veren tek kaynaktır. II. Mehmed'in ölümünden sonra hayat hikâyesini yazan Tursun, onu eleştirmekten kaçınmamıştı (Mehmed'in yerine geçen sultan ona taban tabana zıt politikalar güden biriydi). Tursun'un bu önemli kitabı daha sonraki Osmanlı tarihçileri tarafından pek rağbet görmedi. Kemâl Paşazâde, Tursun'un anlatısını, Neşrî'nin ünlü eserini, anonim tarihçeleri ve güvenilir kişilerden alınmış sözlü bilgileri ustaca harmanladı. Bu güvenilir kişiler arasında II. Mehmed'in vezirlerinden olan kendi babasının yanı sıra, sultanın seferlerine katılmış memur ve askerler de vardı (örneğin İtalya'daki Otranto'nun fethini sefere katılmış bir askerin ağzından anlatır). Kemâl Paşazâde'nin yakın zamanda basılmış olan ve adı Babinger tarafından bilinen eseri, II. Mehmed'in saltanatı üstüne yazılmış en önemli Osmanlı tarihçesidir şüphesiz.

Bir başka önemli derleme ise Bâyezid'in İdrîs-i Bitlîsî'ye yazdırdığı *Heşt Bihişt*'tir. Bu çalışma, her ne kadar büyük bölümü Neşrî'ye, anonim tarihçelere ve Rûhî'ye (ya da daha muhtemelen Rûhî'nin kullandığı bir kaynağa) dayansa da, özellikle Anadolu'da geçen bazı olaylara dair orijinal anlatılar içerir. *Heşt Bihişt*'in uzun bir bölümü, Mehmed'in ordusuna ve devletine ayrılmıştır ki, dönemin diğer kaynaklarında bu bölümün bir benzeri yoktur. Saadeddin'in *Tâcu't-Tevârih* adlı eserinde başvurduğu temel kaynaklar İdrîs, Neşrî ve anonim tarihçelerdir. V. Bratutti tarafından İtalyancaya çevrilen bu eser, Batı'da standart bir Osmanlı kaynağı olarak kabul edilse de, derlemesinde yer alanlar orijinal kaynaklarıyla mutlaka karşılaştırılmalıdır (ayrıca Sâdeddin, Tursun, Kemâl Paşazâde ve Enverî'yi hiç kullanmamıştır).

Enverî'nin *Düstûrnâme*'si de Mahmud Paşa'ya adanmıştır[5] ve II. Mehmed döneminden söz eden son bölümlerinde Enverî bizzat tanık olduğu ve başka kaynaklarda yer almayan bazı olaylara yer verir.

Rûhî'nin eseri de II. Mehmed dönemi açısından büyük önem taşır, çünkü bağımsız ve bilinmeyen bir kaynaktaki bilgileri, çoğu doğru olan kronolojik verilerle birlikte aktarır. Bu eserde Neşrî, İdrîs ve Kemâl Paşazâde'den yararlanılmıştır. Ayrıca 15. yüzyılın ortalarında sultanın kullanması için hazırlanmış olan *Takvîm-i Hümâyûn* adlı resmî takvimlere sahibiz ki bunlarda daha önceki önemli olayların kronolojileri yer almaktadır.[6]

Neşrî, Âşıkpaşazâde'nin Osmanlı tarihinin ilk iki yüzyılına dair temel derlemesini ana kaynak olarak alıp buna Rûhî'nin tarihçesini ve *Takvîmler*'deki bilgileri yedirmiştir. Ancak bunu yapmakla Âşıkpaşazâde'nin zaten karmaşık olan kronolojisini iyice karmaşıklaştırmıştı. Anlaşılan Kemâl Paşazâde, Rûhî'yi ancak Neşrî'nin derlemesinden tanıyordu.

Niyetim, bu döneme ait bütün Osmanlı kaynaklarından söz etmek değil,[7] Babinger'in kitabında es geçtiği temel kaynakların önemini vurgulamaktır.

Babinger'in temel Osmanlı kaynakları, Neşrî, Sâdeddin, Oruc ve anonim tarihçelerdir. Tursun, Enverî, Kemâl Paşazâde, Rûhî ve İdrîs'ten ise hiç yararlanmadığı anlaşılmaktadır. Babinger'in kullandığı tarihçelerde bunlardan ilk ikisinin adı hiç geçmez.

Âşıkpaşazâde, Neşrî, Rûhî, İdrîs ve Kemâl Paşazâde'nin eserlerinin hepsi de II. Bâyezid döneminde yazılmış, Osmanlı hanedanına dair genel tarihçelerdir. Bâyezid, yaygın sosyal ve politik tepkilerin ardından tahta geçtiğinde, kendini yeni bir dönemin

---

5 Bkz. I. Melikoff-Sayar, *Le destan d'Umur Pacha*, Paris, 1954, s. 23-42.

6 Bkz. H. İnalcık, *Fâtih Devri Üzerinde Tetkik ve Vesikalar*, s. 23.

7 Örneğin, Babinger'in *Geschichtsschreiber der Osmanen und ihre Werke*'de yer verdiği eserlerin yanı sıra, Kâşifî ve Mu'âlî tarafından yazılıp sultana sunulmuş manzûm tarihlerden söz edilebilir. Bu kaynaklarda yer yer diğer kaynaklarda yer almayan oldukça önemli bilgilere rastlanır (bkz. İnalcık, *Fâtih Devri Üzerinde Tetkik ve Vesikalar*, s. 107) ancak sistematik bir biçimde hiç kullanılmamışlardır. Böyle eserler arasında Babinger tarafından keşfedilip editörlüğü yapılan Kıvâmî'nin çalışmasından (İstanbul, 1955) söz edilebilir.

başlatıcısı olarak göstermek istediğinden, çağının âlimlerine tahta çıkışından önceki Osmanlı hanedanının genel bir anlatısını yazmalarını emretmişti. Bu, Rûhî, Kemâl Paşazâde ve İdrîs'in eserlerine koydukları önsözlerden açıkça anlaşılmaktadır. Bu kişiler II. Mehmed'in politikalarına duyulan tepkileri ayrıntılarıyla belirtmişlerdir, özellikle de mâlî konularda ve Çandarlı ailesinin itibarının iadesi konusunda.

Osmanlı tarihinde 1444 ile 1453 arasında görülen bütün belli başlı politik gelişmelerdeki belirleyici etmenlerden biri, 1436 ya da 1437'den beri sadrazamlık yapmakta olan nüfuzlu Çandarlı Halil Paşa ile aralarında Şehabeddin Şâhin, Zaganos ve Turahan gibi isimlerin yer aldığı ve genç sultanın (1444'te henüz on ikisindeydi) haklarını koruma iddiasıyla devletin denetimini ele geçirmeye çalışan hırslı askerî bir grup arasında yaşanan iktidar çekişmesiydi. Bu askerî liderler, Çandarlı'nın barışçıl siyâsetini reddetmekle, II. Mehmed'in saldırgan genişlemeci siyâsetine en baştan önayak olmuş ve Konstantinopolis'in fethi fikrini canlandırmışlardır. Bu siyâset sayesinde, genç sultanın otoritesinin yanı sıra kendi iktidarlarını sağlama almayı umuyorlardı. 1446'da Çandarlı'nın II. Murad'ı tahta geri getirmesiyle başarısızlığa uğramalarına karşın, II. Mehmed'in 1451'de tahta dönüşüyle tekrar avantajlı konuma geçerek, Çandarlı'nın 1453'te Konstantinopolis fethinin hemen ardından sadrazamlıktan affına ve idam edilmesine yol açtılar. Babinger, Çandarlı'nın güya düşmanla işbirliği yaptığına dair halk masallarından söz etse de olayın gerçek kaynağına ve nedenine inmez. Oysa bu dedikoduların Çandarlı'nın hasımlarının işine yaradığı ortadadır. Sultan Mehmed'in kişiliğinin ve emperyalist siyâsetinin gelişiminde Şâhin'in ve özellikle de Zaganos'un etkisi yadsınamaz.

Babinger, Macaristan ile Osmanlıların Belgrad ile Kilya arasındaki Aşağı Tuna üzerinde yaptıkları mücadeleye geniş yer vermekte haklıdır. Çünkü bu mücadele sadece bölgenin değil, Bizans'ın da kaderini belirlemiştir. Ancak Babinger, Eflâk'ın bu çekişmedeki konumundan açıkça söz etmemiştir. 1443-1448 yıllarında doruğa varan Osmanlı-Macaristan çekişmesinde, Eflâk bütün bu süre boyunca çok önemli bir rol oynamıştır. Çandarlı siyâsetinin ve 1444'te kazanılan Varna zaferinin, Sırp despotunun en azından tarafsız kalmasını sağladığını biliyoruz. Ancak hep Macar etkisi altında olan Eflâk, Osmanlılar için sürekli bir tehdit unsuru olmayı sürdürüyordu. 1445 Kışı'nda Giurgiu'yu (Yergöğü) Osmanlılardan almış olan I. Vlad'ın 1446'da Davud Bey'i yenmesi, Edirne'de çok ciddi bir olay olarak görülmüştü. Osmanlılar, Macarları 1448'de Kosova'da yendikten sonra, Tuna'nın sol yakasındaki Yergöğü'nü geri alıp tahta kukla voyvoda olarak II. Vlad'ı oturttular. Böylece Osmanlılar, Aşağı Tuna'nın denetimini ele geçirmekte bir adım daha atmış oldu.

Babinger, Mehmed'in Sittî Hatun ile yaptığı evlilik üzerine oldukça etraflı bir araştırma yapmıştır.[8] Enverî, düğün töreninin H. 854 yılının Şevval-Zilkade aylarında (1450-1451 kışında) yapıldığını söyler (*Düstûrnâme*, s. 93), aynı tarih Doukas, Chalkokondyles ve anonim Osmanlı tarihçeleri tarafından da verilmektedir. Babinger, Tursun'un Konstantinopolis'in fethi üstüne yazdığı anlatıyı da es geçmiştir.

Osmanlı ordusunun 20 Nisan 1453'te denizde uğranılan başarısızlığa gösterdiği tepkiye, kuşatma sırasında Bizanslılar ve Latinler arasındaki anlaşmazlığın etkisine, Bizans tarafındaki geri çekilmenin yol açtığı paniğe ve Osmanlı toplarının fetihteki belirleyici rolüne dair Tursun'un anlattıkları, Batı ve Bizans kaynaklarıyla tamamen uyum içindedir. Çandarlı ile hasımlarının karşıt görüşleri, kuşatma sırasında iki dramatik çekişmeye yol açmıştı. Bunlardan birincisi 20 Nisan 1453'te denizde yaşanan başarısızlıktan sonra, ikincisi ise 26 Mayıs'ta orduda, bir Batı kuvvetini müdahale edeceği söylentisi yayıldığında baş göstermişti. İkinci kriz sultanın genel saldırı emri vermesine yol açtı ki böylece fetih gerçekleşti. Aşağıda Şeyh Ak Şemseddîn'in sultana yazdığı bir mektubun kısmi çevirisi yer almaktadır.[9] Mektubun bu bölümü, 20 Nisan'da Osmanlı ordusunda yaşanan müşkül durumun kanıtıdır:

---

8 Bkz. Babinger, "Mehmed's II. Heirat mit Sitt-Chatun, 1449", *Der Islam*, XXIX/2 (1949).

9 Mektubun orijinali Topkapı Sarayı Müzesi'ndedir, no. 5584; ayrıca bkz. İnalcık, *Fâtih Devri*, s. 217.

Donanmanın başarısızlığı büyük hayal kırıklığına ve kedere yol açtı. Elimize bir fırsat geçmişken bunu yitirmek, Hıristiyanların sevinç gösterilerinin yanı sıra ordumuzdaki insanların sorumluluğu sizin yanlış kararlarınızda ve otorite eksikliğinde aramalarına sebep oldu (...) Bu koşullar altında muhalefetin ve ihmalkârlığın sorumlularını bulup ağır şekilde cezalandırmalısınız ki, surlara saldırıp 'hendek doldurmalu olıcak tehâvün ederler' vakti geldiğinde aynı hatayı yapmasınlar.

Bu belgenin keşfinden önce bile, bu dönemin kritik durumu Tursun tarafından şöyle vurgulanmıştır: "Bu hâdise [denizde başarısızlık] ehl-i İslâm arasına fütur ve perişânî saldı".[10] Babinger'in kitabında ise II. Mehmed'in Konstantinopolis'in fethiyle 1454'teki Sırbistan seferi arasında yaptıkları, karmaşık bir biçimde verilir. Bu kronolojik sorunları ele almaya, Babinger'in Çandarlı'nın idamına dair sözleriyle başlayayım: "Çandarlı fethin üçüncü gününde tutuklandı ve tutuklanışının dördüncü gününde, yani 10 Temmuz 1453'te, gönderilmiş olduğu Edirne'de idam edildi".[11] *Oruc*'da ise şöyle yazar: "Halil Paşa Enez'in fethinden kırk gün sonra idam edildi."[12] Çeşitli kaynaklardan (Doukas ve Kritovoulos) öğrendiğimize göre Enez, 1456 Ocak ayının sonlarına doğru fethedilmiştir. Acaba Çandarlı'nın idamı sahiden bu kadar geciktirilmiş miydi, yoksa Oruc'un cümlesinde Enez'in yerine Konstantinopolis adını mı koymamız gerekmektedir? (Babinger'in yaptığı gibi.) Bu tutarsızlık, Oruc'un 1456'daki Enez'in fethini, daha önce 1453 Yazı'nda tâbilik altına alınmasıyla karıştırmasından kaynaklanmaktadır. Anonim bir Osmanlı tarihçesi[13] bu konuda bize daha ayrıntılı bilgi verir: "Konstantinopolis'in fethinden sonra Sultan Mehmed Enez'e tekrar saldırmaya karar verdi. Kalenin tekfuru bunu öğrenince hemen sultana Enez'in anahtarlarını göndererek teslim oldu." Bu meseleyle bire bir ilişkili olan Kritovoulos, bize 1453'te İstanbul'un fethinden sonra sultanın "hasat vakti" Edir-

10 Bkz. İnalcık, *Fâtih Devri*, s. 127.

11 Babinger, Almanca basımı, s. 108, ancak Fransızca basımında 10 Haziran denir, s. 128.

12 Oruc, Babinger yayını (Hannover, 1925), s. 66-67

13 Anonim Osmanlı tarihçesi için bkz. Topkapı Sarayı Arşivi, Revan Köşkü Yazmaları, no. 1999.

ne'ye döndüğünü ve orada Gattilusio idaresindeki adalardan gelen bir delege heyetiyle görüşüp İmroz'un idaresini Enez Tekfuru Patamedes'e verdiğini söyler. Kritovoulos bir sonraki bölüme şöyle başlar: "Sultan, Halil'in tutuklanmasını emredince, en üst rütbeli ve çok nüfuzlu adamlarından biri onu hapse attı. Ona çeşitli işkenceler yaptıktan sonra da öldürdü." Doukas'a göre ise II. Mehmed 18 Haziran 1453'te İstanbul'dan Edirne'ye doğru yola çıktı ve 21 Haziran gecesi şehre girdi. Bu tarih yalnızca Kritovoulos'un "hasat zamanıyla" örtüşmekle kalmayıp, aynı zamanda dönemin Osmanlı timâr kayıtlarında da verilmiştir ki, bu kayıtlara göre Rumeli Beylerbeyi Dayı Karaca Bey 18 Haziran'da İstanbul-Edirne yolundaki bir kasaba olan İnceğiz'deydi. Enez'e boyun eğdirilmesi bu tarihten sonra, 1453 yazının ortalarında gerçekleşti. *Oruc*'a göreyse Çandarlı Halil'in idamı ağustosta ya da hatta daha sonra, eylülde gerçekleşmiştir.

Babinger, sultanın Edirne'ye 21 Haziran 1453'te[14] vardığını söyledikten sonra, II. Mehmed'in o yaz Anadolu'da 35 gün geçirip Edirne'ye ağustosta döndüğünü söyleyerek kendisiyle çelişir (s. 112; 132). Mehmed, 1453'teki fetihten sonra Konstantinopolis'ten ayrılmadan önce ülkenin dört bir yanına haber salıp "(...) şehre olabildiğince göçmenin getirilmesi" gerektiğini söylemişti.[15] Kritovoulos'a göre (s. 89), sultan Edirne'den Konstantinopolis'e 1453 Güzü'nde döndü. O sırada temel kaygısı yeni bir Batı seferine çıkmadan önce Konstantinopolis'in nüfusunu artırmak ve savunmalarını güçlendirmekti anlaşılan. 1453 Güzü'nü şehirdeki onarım ve nüfus artırımı çalışmalarını denetleyerek geçirmiş gibidir. Şehrin nüfusunu artırmak için Rumları çekecek biçimde davranarak, 6 Ocak 1454'te Gennadious'u Patrikliğe atadı. "Böylece şehrin (Konstantinopolis'in) işlerini halleden sultan Asya'ya geçti." Bursa'ya gidip Asya'daki işleri de "yalnızca otuz beş günde" hallederek yeni valiler atadı. Bu yolculuğun nedeni Babinger'in iddia

---

14 Babinger, Almanca baskısı, s. 107; Fransızca baskısı, s. 127 (buradan itibaren sayfa numarası verirken birinci rakamla Almanca baskıyı, ikincisiyle de Fransızca baskıyı belirtecek ve ikisini bir noktalı virgülle ayıracağım).

15 Kritovoulos, *History of Mehmed the Conqueror*, s. 93; Doukas'a göre 1453 Eylülü'ne kadar 5000 yerleşimci gönderilmesini istemiştir; krş. Iorga, *Notes et extraits*, IV, s. 67.

ettiği gibi 1453 fethinin yorgunluğunu atmak için dinlenmek değildi (s. 112; 132). Babinger'in Kritovoulos'un sözlerini yanlış anlamış olduğu bellidir. Bir kere yolculuk 1454 kışında yapılmıştı. Alınan sert tedbirlerin nedeni, oradaki görevlilerin İstanbul'a istenen miktarda yerleşimci gönderememiş olmalarıydı. Tursun, varlıklı göçmen adaylarının İstanbul'a yerleşmeye direndiğinden bahseder (s. 60). Mehmed'in dönemindeki Bursa kadılarının sicil defterleri, bu şehirden İstanbul'a gerçekten göç yapıldığını doğrulamaktadır. Herhalde, II. Mehmed, Bursa'dan İstanbul'a dönüşünde orada çok az kalıp 1454 Kışı'nda Edirne'ye doğru yola çıktı. Edirne'de 1454 İlkbaharı'nda çıkacağı Sırbistan seferinin hazırlıklarını, İstanbul için fazla kafa yormadan yapabilirdi.

Çandarlı'dan sonra sadrazamlığa kimin geçtiği, tarihçiler arasında tartışmalı bir konudur. Babinger bu tartışmaya yeni bir şey eklemez. Önce şöyle der: "(...) Sadrazam Çandarlıoğlu Halil Paşa'nın idamından sonra en yüksek devlet mevkii bir yıl boyunca boş kaldı" (s. 117; 138). Ancak başka bir yerde şunu ekler: "Kritovoulos boş kalan sadrazamlık makamını kısa süreliğine İshak Paşa'nın doldurduğunu söyleyen tek kaynaktır. II. Mehmed 1453 Yazı'nda sadrazamlığa Osmanlı tarihinin önde gelen simâlarından biri olan Mahmud Paşa'yı atadı" (s. 118; 139). Şunu hemen belirteyim ki, Mahmud Paşa'nın atanışından önce sadrazam Zaganos Paşa'ydı. Mahmud sadrazamlığa ancak 1456'da terfi ettirildi. Bu tarih Osmanlı kaynaklarında net bir biçimde yer almaktadır. Sadrazamlık makamının bir yıl boyunca boş kaldığı iddiasını destekleyecek temel kanıtlar yoktur. Öyleyse Çandarlı'dan hemen sonra sadrazamlığa kim getirildi? İshak mı Zaganos mu? 1446'da II. Mehmed'in tahttan indirilmesinde Zaganos ile işbirliği yapmış olan İshak, II. Mehmed'in 1451'de tahta yeniden çıkışından hemen sonra vezirlikten alınıp (o sırada üçüncü vezirdi; bkz. İnalcık, *Fâtih Devri*, s. 102-103) beylerbeyi olarak Anadolu'ya gönderilmişti. İshak'ın 1453'teki Konstantinopolis kuşatmasında,[16] 1454 ve 1456'da[17] Anadolu beylerbeyi olduğundan bahsedilir. Bütün bunlar Çandar-

16 Bkz. Kritovoulos, *History of Mehmed the Conqueror*, s. 41; Kemâl Paşazâde, s. 46.
17 Bkz. Kemâl Paşazâde, s. 112-122; Oruc, s. 72.

lı'nın 1453'te sadrazam olduğu teorisini desteklememektedir. Kritovoulos şöyle yazmıştır: "Sultan bu adamın [Çandarlı'nın] yerine, son derece bilge ve pek çok konuda deneyimli ama özellikle de iyi bir askerî lider ve cesur bir adam olan İshak Paşa'yı geçirdi. Birkaç gün sonra Zaganos'u da görevinden aldı" ve Mahmud'u sadrazamlığa atadı. Burada atanışından, görevden alınışından ve yerine Mahmud'un geçirilmesinden sırayla söz edilen kişi mantıken tek bir kişi olmalıdır ki bu ya İshak'tır ya da Zaganos. (Yunancada İshak ile Zaganos adlarının mı karıştırıldığı, yoksa bunun yalnızca editörün hatası mı olduğu ancak İstanbul'daki Topkapı Sarayı Müzesi'ndeki orijinal elyazması incelenerek anlaşılabilir.)

Kemâl Paşazâde 1456'da Zaganos'un sadrazam, Ahmed Paşa'nınsa (Veliyyüddinoğlu) ikinci vezir olduğunu söyler (s. 114, 122, 146). Yine aynı kaynağa göre, Mahmud, ancak 1456'daki Belgrad seferinden sonra Zaganos'un yerine sadrazam olmuştur. Zaganos'un Çandarlı'nın 1453'teki idamından sonra 1456'ya dek sadrazamlık yaptığı aşağıdaki gerçeklerden de anlaşılabilir: 1453'e doğru Zaganos ikinci vezirdi ve Osmanlı Devleti'nde gelenek, sadrazamlık makamı boşaldığında vezirleri birer rütbe terfi ettirmekti. Bu yüzden Çandarlı görevden alındığında ikinci vezir Zaganos'un birinci vezir, yani sadrazam olması doğaldı. Ayrıca, Çandarlı'nın baş düşmanı olan Zaganos'un Konstantinopolis'in fethinde herkesten çok yararlı olması,[18] onu Çandarlı'nın yerine geçecek en uygun kişi kılmıştı. 1 Haziran 1453'te Pera Cenevizlilerine verilen *âmânnâme*'nin (imparatorluk güvence fermanının) altında Zaganos'un imzasının bulunması da dikkat çekicidir.[19]

Neşrî ile Sâdeddin'i hep temel kaynak olarak kullanan Babinger (s. 291; 327) Mahmud'un görevden alınışından sonra (1468) sadrazamlığa Rum Mehmed Paşa'nın atandığını ve daha sonra 1470 civarında görevden alınarak idam edilince yerine İshak'ın geçtiğini söyler (s. 306; 343).

18 İnalcık, *Fâtih Devri*, s. 128-133.

19 Bu belge şimdi British Museum'dadır; bkz. *Echos d'Orient*, XXXIX (1942), s. 161-175; T.C. Skeat, *The British Museum Quarterly*, XVIII (1952), s. 71-73; bunun bir sözleşme olmadığı unutulmamalıdır.

1468'de Mahmud Paşa'nın yerine sadrazamlığa Rum Mehmed değil, İshak getirilmişti. İshak 1461 ve 1464'te ikinci vezirlik yapmaktaydı.[20] Rûhî ve Kemâl Paşazâde İshak'ın 1470'te Agriboz seferi sırasında ve sonrasında sadrazam olduğunu söyler (s. 325)[21]. Osmanlı ordusu Agriboz'a saldırınca, Karaman Beyi Kasım Bey saldırıya geçerek Ankara'ya kadar ilerledi. 1471'de üstüne Düstûr-ı âzam (sadrazam) İshak gönderildi.[22] İshak, Kasım Bey'i yenemeyince azledildi ve yerine Vezir Rum Mehmed geçirildi (1471). Rum Mehmed 1470'teki Agriboz seferinde kazandığı başarıyla sivrilmişti. Oysa Babinger'e göre, kendisi o sırada yaşamıyordu bile. Yaptırdığı binaların üstünde H. 876 (1471-1472) tarihi yazılıdır.[23] 1472 yazında Ak-Koyunlu ordusunun Tokat'ı ele geçirip yağmaladığı haberi gelince, Rum Mehmed Paşa azledildi. Babinger'in yanılgısı Âşıkpaşazâde ve Neşrî'nin anlatılarına güvenmesinden kaynaklanmaktadır anlaşılan. Oysa bu kaynaklardaki kronolojiler çoğunlukla yanıltıcıdır, özellikle de Karaman'la ilgili olaylarda. Karaman'daki olayları iyi bilen bir kaynak olan *Heşt Bihişt*'e göre, Rum Mehmed 1474'e kadar Karaman valisi genç Cem Sultan'ın atabeyliğini yapmaktaydı. Babinger'in kaynağı Neşrî ise (s. 205), bu seferi Rum Mehmed'in orada daha önce yaptıklarıyla birbirine karıştırır. Rum Mehmed'in Toros Dağları'ndaki Varsaklara karşı yaptığı ve felaketle sonuçlanan seferi 1474'te gerçekleşmişti (*Heşt Bihişt*), onun görevden alınıp idam edilmesine yol açan da budur. Babinger ayrıca Âşıkpaşazâde'nin Rum Mehmed ile ilgili, kanımca son derece önyargılı olan fikirlerini de benimsemiştir.

1472'de Ak-Koyunlu–Karaman istilası üzerine II. Mehmed, devleti yine deneyimli vezir Mahmud Paşa'ya emanet etmesi gerektiğini gördü. Ama Mahmud, Ak-Koyunlu seferinin sonunda tutuklandı ve yerine geçirilen Gedik Ahmed Paşa, Karaman direnişini sonunda kırarak, Osmanlıların Orta ve Güney Anadolu'da-

---

20 Tursun, s. 125 ve *Fâtih Mehmed II Vakfiyeleri*, II, Ankara, 1938, s. 339.
21 Ayrıca bkz. H. Hüsâmeddin, *Amasya Tarihi*, III, s. 227.
22 Kemâl Paşazâde, s. 307.
23 E.H. Ayverdi, *Fâtih Devri Mimarisi*, s. 210.

ki hâkimiyetini güvence altına aldı (1474). Babinger, bir pasajda Gedik Ahmed'in sadrazamlığından şüphe duyduğunu belirtirken (s. 361; 403), bir başka pasajda onun kesinlikle sadrazamlık yaptığını söyler (s. 397; 442). Aynı zamanda Hoca Sinân'ın 1474-1476 arasında, ya da 1476-1477 Kışı'nda sadrazamlık yapmış olabileceğini söyler. Sinân'ın 1471'e doğru Dîvân-i Hümâyûn vezirliği yapmış olabileceği çeşitli kaynaklardan anlaşılsa da,[24] sadrazamlığına dair elimizde hiçbir kanıt yoktur. 1476 Mayısı'nda "beylerbeyi" olduğundan sözü edilen (s. 397; 442) Sinân Bey ise başka bir Sinân, Mehmed'in saltanatının sonlarına doğru Anadolu beylerbeyliği yapmış olan Sinân Bey'dir büyük olasılıkla. Hoca Sinân ise askerî liderlik yapmamış ünlü bir âlimdi. Gedik Ahmed ise 1461'de Anadolu beylerbeyi, 1470'te vezir, 1472'de ikinci vezirdi. 1473 Kasımı'nda Mahmud'un yerine sadrazamlığa atanmıştı anlaşılan. *Heşt Bihişt*, Gedik Ahmed'den sadrazam olarak söz eder. Fâtih Mehmed'in son sadrazamı bu makamda beş yıl kalan Karâmânî Mehmed idi.

Özetle, Fâtih Mehmed'in sadrazamları şunlardı:

Çandarlı Halil, Şubat 1451-30 Mayıs 1453;
Zaganos, 1453-Ağustos ya da Eylül 1456;
Mahmud, 1456-Temmuz 1468;
İshak, 1468-1471;
Rum Mehmed, 1471-Yaz, 1472;
Mahmud, ikinci kez, 1472-Kasım 1473;
Gedik Ahmed, 1473-1474 Kışı'yla 1476/1477 Kışı arası;
Karâmânî Mehmed, 1476/1477-Mayıs 1481.

Babinger, başvurduğu kaynaklarda, Fâtih Sultan Mehmed'in vezirleri arasında gerçekleşip sultanın devlet ve iç politikasını tamamen etkileyen şiddetli rekabetten (özellikle bir cephede Rum Mehmed, Gedik Ahmed ve İshak, diğer cephedeyse Karâmânî Mehmed arasındaki rekabetten) pek fazla bilgi bulamamıştır.[25]

II. Mehmed'in Konstantinopolis'in fethinden sonra, beş yıldan fazla bir süre boyunca Sırp sorunuyla ilgilenmek zorunda kalmasının nedenini Babinger'in kitabında aramak boşunadır. Babinger,

24 Bkz. *Şakâyik-i Nu'mâniyye*, s. 165; Neşrî, s. 231; T. Gökbilgin, *Paşa Livası*, s. 75.
25 Bkz. İnalcık, "II. Mehmed", *İslâm Ansiklopedisi*, VII, s. 533.

bu konuda temelde C. Jirecek'in anlatısından faydalanır[26] ve buna Neşrî'den bazı ayrıntılar ekler. Ama bazı önemli noktaları atlamıştır, örneğin II. Mehmed'in 1455'te George Brankovic ile ve 1459'da Bosna kralıyla yaptığı anlaşmaları es geçmiştir.

Osmanlıların 1454-1459 arasında yaptığı Sırbistan seferlerine dair Babinger'in verdiği yetersiz bilgiler, okuyucuda sanki bu seferlerin hepsi II. Mehmed'in kaprisleri yüzünden yapılmış gibi bir izlenim uyandırabilir. Oysa II. Mehmed'in eylemlerini, olayların akışı belirlemişti. Bunu aşağıda göstermeye çalışacağız.

Her şeyden önce şunu hatırlamalıyız ki Macarların 1427'de Belgrad'ı Sırplardan almasından beri Osmanlılar için en önemli konu, Tuna Nehri'nin denetimini ele geçirmek olmuştu. Rumeli'neki (Balkanlar'daki) Osmanlı varlığını korumak için bu şarttı. Fâtih Sultan Mehmed'in 1451'de tahta çıkışından sonraki birkaç çalkantılı ay Anadolu'da sorunlar yaşanırken, genç sultan, Bizans imparatoru ile Sırp despotunun taleplerine boyun eğmek ve bu despota yukarı Morava Vadisi'nde[27] bazı toprakları geri vermek zorunda kalmıştı. Sultan, ayrıca birkaç ay sonra Hunyadi Yanoş ile yaptığı mütarekede de Sırp despotunun haklarını garantilemek zorunda kalmıştı ki bu Macarların o bölgedeki etkilerinin daha da güçlenmesi anlamına geliyordu. Konstantinopolis'in düşmesiyle birlikte koşullar çok değişmişti ve Osmanlıların Tuna'nın denetimini Macarlardan geri alma zamanı gelmişti. Sırp despotunun 1451'de II. Mehmed'den aldıklarını hemen geri vermesi ilginçtir. *Düstûrnâme*'de şöyle denir: "Vılk-oğlu [George Brankovic] Macar kralının talimatıyla [Osmanlılardan] aldığı toprakları geri verdi."

Heşt Bihişt'e göre Sırp despotu, sultanın istediği her yeri vermeye yanaşmamıştı. Bir Dalmaçya belgesine göre,[28] buraları, Tuna üzerinde Semendire ile Golubac (Güğercinlik) olabilir. Doukas'ın söz ettiği sözde ültimatomun, 1454-1455'teki olayların gidişatını aydınlatan özel bir anlamı vardır. Bu ültimatomda II. Mehmed,

---

26 Jirecek, *Geschichte der Serben*, II, s. 201-216.

27 Kemâl Paşazâde'ye göre Kruşevac (Alaca-Hisar) ve civarı; Jirecek'e göre ise Toplica ve Leskovac civarındaki Glubocica, s. 194.

28 Bkz. Jirecek, *Geschichte der Serben*, II, s. 201.

George Brankovic'e Stefan Lazarevic'den (1389-1427) kalan topraklar üzerinde hak iddia etmektedir ki bunlara Semendire, Golubac ve Belgrad da dâhildir. George'a ancak babası Vuk'un (Vılk) ülkesinin bir kısmını bırakmaya razı olmaktadır. Bu arada, Doukas'ın Vılk'a ait olarak bahsettiği "Sofya" (s. 315) Bulgaristan'daki Sofya değildir kesinlikle. Büyük olasılıkla "Scopia"dır (Skoplje, Üsküp); burası sahiden de Vılk'a aitti.

Kısacası, Mehmed'in 1454'te yaptığı Sırbistan seferi bu gerçekler ışığında değerlendirilmelidir. Bu sefer sırasında Fâtih, Semendire'yi ele geçirmek için ciddi bir girişimde bulunmamıştı. Rûhî'ye göre, Semendire önünde çadırını bile kurdurmamıştı. Doukas da orada ciddi bir çatışma olduğundan söz etmez. Mehmed'in asıl büyük askerî başarısı "Omol"u ele geçirmekti. Doukas, sultanın Semendire'den dönerken bir "kaleyi" kuşattığını söylerken, Omol'u kastetmiş olmalıdır.[29] Babinger, Omol'dan hiç söz etmez (tıpkı Jirecek gibi) ama Doukas'ın sözünü ettiği "kale" kuşatmasının bütün ayrıntılarını alıp sanki Semendire kuşatmasına aitmiş gibi kullanma hatasına düşer. Bütün Osmanlı kaynakları, Omol ile Ostrovica'nın alınmasının bu seferin en önemli sonucu olduğunu söyler (Doukas'a göre "kale" teslim olmamıştı, s. 317; *Düstûrnâme*'de ise Omol kuşatması sırasında yağmaya dalan Osmanlı askerlerinin sultanı yalnız bıraktığı ve sultanın bizzat savaşarak düşmanı kaleye çekilmeye zorladığı bir görgü tanığının ağzından anlatılır, s. 97). Sfrancis (s. 384) bu fetihteki en büyük fethin, "Homobrydum" (Omolridon?) adlı bir şehir olduğunu söyler. Omol daha sonra önemli bir Osmanlı kalesi olarak kaldı. Semendire'nin güneydoğusundaki Osmanlı ili Braniçeva'da, buraya ait Sırp voynukları vardı.[30]

Babinger, sultanın bu seferden sonra, 18 Nisan 1454'te İstanbul'a döndüğünü söyler (s. 113; 134). Oysa sultan sefere bu ayda çıkmıştı; Venediklilerle anlaşma imzaladıktan hemen sonra. Fethettiği yerlerin güvenliğini sağlamak için, 1454 yazını Sırbistan'da geçirmişti (Neşrî, s. 183; Kemâl Paşazâde, s. 114; ayrıca döneme

29 O sırada Ostrovica, İshak Paşa tarafından kuşatılmıştı, bkz. Kemâl Paşazâde, s. 112.
30 Başvekâlet Arşivi, *Tapu Defterleri*, no. 16.

ait *Takvîm-i Hümâyûn*'daki veriler). Sultanın oraya atadığı askerî vali ise Jirecek'le (s. 202) Babinger'in (s. 114; 134) iddiasının aksine "Firuz Bey" değil, onun oğluydu (*Heşt Bihişt*).

II. Mehmed'in bir sonraki yaz askerî harekâtı Vılk-ili'ne kaydırdığını vurgulamalıyız. O bölgeyi fethedip yeni bir sancağa dönüştürdü. Bu sancağa ait ilk resmî kayıt (tahrîr) ki eyaletin 1455'te fethedilmesinden hemen sonra yapılmıştır ve İstanbul'daki Osmanlı Arşivi'nde korunmaktadır (*Tapu Defterleri*, no. 2 M.), dönemin koşulları hakkında iyi bir fikir verir (bkz. *Fâtih Devri*, s. 151-152). Zengin gümüş madenleri, Osmanlı İmparatorluğu'nun genişleyen ekonomisi ve mâliyesi açısından hayatî önem taşımaktaydı. II. Mehmed, imparatorluk için çok önemli olan bu gümüş kaynağını birtakım özel düzenlemelerle korumaya çalıştı. Bu bölge stratejik açıdan da Makedonya'yı Sırbistan'a bağlayan Kosovapolya'nın kontrol edilebilmesi için çok önemliydi, özellikle, bu açıdan bakıldığında, seferin ana nedeninin Sırpların Priştina ile Üsküp arasındaki iletişimi güçleştirmesi olduğu belirtilmelidir. Ayrıca Sırplar, 1454'teki fetihten sonra bu bölgede karşı saldırılar düzenlemişti (*Heşt Bihişt*'te de bundan söz edilir). 1455 seferine dair en önemli kaynaklar Kemâl Paşazâde (s. 114-120) ile II. Mehmed'in Mısır sultanına, yaptığı fetihleri anlattığı bir mektuptur. 13 Kasım 1455 tarihli bu mektup, *İstanbul Enstitüsü Dergisi*, II. cildinde (1956, s. 170-173) yayımlanmıştır.

II. Mehmed, Vılk-ili'ni aldıktan hemen sonra, 1455 Yazı'nda George Brankovic'le bir barış anlaşması yapmıştı. Babinger, Osmanlı kaynaklarında sözü edilen (Rûhî, Neşrî, İdrîs ve Kemâl Paşazâde) bu anlaşmadan habersiz gibidir. Ayrıca, Jirecek'in bu anlaşmadan söz etmesini de göz ardı eder (s. 205). Jirecek, bu anlaşmanın yapıldığını kanıtlayan, 20 Şubat 1456 tarihli bir Venedik belgesinden alıntı yapar. Artık Macarlar ile çatışan Sırp despotunun, Mehmed'in şartlarını kabul etmekten başka çaresi yoktu. İşte despotun Osmanlılarla yaptığı anlaşmanın Kemâl Paşazâde tarafından verilen versiyonu (s. 115): "Vılk-oğlu [George Brankovic] eski topraklarını geri alacak ve sultanın emirlerine uyacak, ayrıca eski kale ve şehirlerini de geri alacak, ama imparatorluk hazînesine yılda üç milyon *dirhem-i Osmânî* (akçe) haraç ödeyecektir." Kemâl Paşazâde, ayrıca bu anlaşmanın Mahmud Paşa'nın ısrarıyla yapıldığını söyler. Haracın miktarı Rûhî'ye göre 3000 florindi (Venedik altın parası). Şubat 1457 tarihli bir Hıristiyan kaynağına göre ise 40 bin altın dükaydı. 1436'da bir Venedik düka altını 36 akçeydi (Osmanlı gümüş parası). 1477'de ise 45 akçeydi. Kritovoulos da Kemâl Paşazâde gibi o anlaşmadan söz eder (s. 102-103). George bu anlaşma sayesinde sultanı 1453'te Stephen'ın mirasına dair hak iddiasından vazgeçirmiş oluyordu. Ayrıca, bu bölgedeki Omol ve Ostrovica'yı da almıştı anlaşılan. Çünkü Osmanlılar onları, 1458'de tekrar fethetmek zorunda kaldılar. Karşılığında George, babasından miras kalan Vılk-ili'yi tamamen II. Mehmed'e vermek zorunda kalmıştı. Sonunda despot, giderek Macarlardan uzaklaşıp Osmanlı sultanıyla bağlarını güçlendirmeye başladı. Böylece II. Mehmed 1453'ten beri peşinde olduğu hedeflere ulaştı. Sırpların 1444'teki gibi tarafsız kalmasını garantiledikten sonra, artık Macarları Belgrad'dan kovma işine girişebilirdi.

1456'daki Belgrad seferi sırasında Sırplar hâlâ şüphe içinde olduklarından Osmanlılara karşı geniş savunma önlemleri aldıkları ve sultanın despotun Rudnik'teki oğlu Lazar'ı gözlemek üzere bir bölük asker gönderdiği doğrudur. Ama Osmanlı ordusunun Sırp topraklarından geçişi sırasında ciddi bir çatışma yaşanmadı. Yalnızca Semendire önlerinde bazı savunma mevzileri kuruldu ki bunlar da doğaldı. Mehmed orada yalnızca bir gün kaldı. Jirecek, Osmanlıların Semendire'de uğradığı yenilginin "mit grossen Verlusten / büyük kayıplarla" (s. 206) olduğunu söylerken abartmaktadır şüphesiz. Mehmed'in 1455 anlaşmasına uyması, kendi çıkarınaydı çünkü Sırpları tarafsız tutmak istiyordu. Osmanlıların Belgrad'dan çekilmesinden sonra despotun anlaşmayı "yenilemek" için George Golemovic'i iki kez Edirne'ye göndermesi (Jirecek, s. 207) dikkat çekicidir.

Babinger, Belgrad kuşatmasına dair iki önemli Alman raporundan yararlanır. Kemâl Paşazâde'nin verdiği şu ayrıntıyı ekleyelim (s. 128): II. Mehmed Belgrad'ı tamamen kuşatmak için Tuna'daki ufak bir donanmayı karadan Sava'ya geçirmişti. Osmanlıların bu kuşatmada başarısız olmasının nedenlerinden biri, Osmanlı ordusundaki anlaşmazlıklar ve yeniçerilerin 1456 Kışı'nda yapılan zorlu Enez seferinden sonra yorgun olmalarıdır. Ayrıca Fâtih Mehmed, deneyimli askerî liderlerinin tavsiyelerine kulak asmamıştı. Hünyadi'nin şiddetli karşı saldırısı sırasında sultan alnından yaralanmıştı.[31] George Brankovic'in ölümünden üç hafta sonra, 15 Ocak 1456'da, oğlu Lazar, sultanla yapılmış anlaşmayı yenilemeyi başardı. İki yıl sonra, 20 Ocak 1458'de Lazar, ardında bir erkek veliaht bırakmadan ölünce, Sırbistan tahtına kimin geçeceği konusu Macarlarla Osmanlıları tekrar birbirine düşürdü. Bu yeni kriz, despotluğun iki ülke arasında bir tampon devlet işlevini görmeyi sürdürmesini engelledi. Ülke halkının çoğu, pek çok soylular ve askerler de dâhil olmak üzere, Osmanlıların tarafını tutuyordu. Bu kişiler, Osmanlı rejiminde statülerini koruyabileceklerini umuyorlardı.[32] Sırplar genelde Katolik Macar egemenliğinden korkmaktaydı. Böylece Osmanlılar, Sırplardan fazla bir direniş görmeden ülkede egemenlik kurmayı başardı. Yani Osmanlılar, 1458 ve 1459'da Sırp direnişinden çok Macarlarla uğraşmak zorunda kaldı.

Babinger'in yararlanmadığı diğer Osmanlı kaynaklarından da kanıtlar sunalım. En iyi bilgi kaynağımız, sadrazamla bizzat temas halinde olan Tursun'dur. Tursun Beg, 1458 Baharı'na doğru Sırpların "Sultana elçiler ve yazılı mektuplar göndererek gelip ülkeyi ele geçirmesi çağrısı yaptıklarını, sultana açıkça boyun eğmek istedikleri belli olduğundan, sultanın bizzat oraya gitmeye gerek görmeyip fethi gerekli bir başka yer olan Mora'ya doğru yola çıktığını" söyler. Sultana bu elçi heyetini gönderen kişi, Sadrazam Mahmud'un kardeşi Mihail Angelovic'di anlaşılan. Mihail, naipliğin üç üyesinden biriydi ve Sırbistan'daki Osmanlı yanlılarının lideriydi. Mahmud Paşa, 1458 Martı'nda, yanında Kör George ve küçük bir orduyla birlikte Edirne'den ayrılarak Sırp tahtına oturmak üzere Semendire'ye doğru yola çıkmıştı. Kısa süre sonra sultan Mora seferine başladı. Mahmud, Sofya'da sultan için karargâh kurmuştu.

31 Bkz. Kemâl Paşazâde, s. 138.
32 Krş. İnalcık, *Fâtih Devri*, s. 144.

Fâtih, orada yeni bir Sırp elçi heyetini kabul etti. Elçiler ona, şehirlerini teslim etme konusundaki fikirlerini değiştirdiklerini çünkü sultanın bizzat gelmediğini, ayrıca Macarların teklifleri daha cazip olduğundan onların tarafını seçtiklerini bildirdiler. Tursun şunu ekler: "(...) Macarlar Tuna'nın diğer yakasındaki kalelerin yanı sıra yüz binlerce altın vermeyi önerdi." Hıristiyan kaynakları da aynı şeyi söyler. Sırpların bu ani tavır değişikliğinin nedeni, Semendire'de Mart sonunda çıkmış olan isyandır. Macar yanlıları ayaklanıp Mihail'i tutukladıktan sonra onu nisan ortalarında Macaristan'a gönderdiler. Sadrazam güç bir durumda kalmıştı. Tursun bunu şöyle anlatır (s. 85):

> Sofya'daki kumandanlar şöyle diyordu: "Sultan çok uzaklarda. Başka bir sefere çıktı. Sırp kaleleri de bize kolay teslim olmuyor. Ayrıca ordu kuşatma yapacak olanaklara sahip değil. Bu koşullar altında en fazla Sofya'ya kadar ilerlememiz en mantıklısıdır. Hem Osmanlı topraklarını korumak da büyük bir hizmettir. Düşmanımız [Sırplar] çok güçlü. Yolumuzu kapıyor. İlerlememizi engellemek için saldırırlarsa, onlarla başa çıkamayabiliriz. Bu da sultanın emellerine darbe indirir."

Bununla beraber Mahmud Paşa hemen harekete karar vererek Sırbistan'ı işgal etti. Omol'la Resava'yı aldıktan sonra hemen Semendire'ye ulaşarak, çarpışa çarpışa şehrin banliyölerine kadar geldi. Ama kaleyi alamadı. Kuşatma altındaki şehir halkı tehditler savurarak Macar ordusunun üç gün içinde geleceğini söyleyince Mahmud kuşatmadan vazgeçip Sava Nehri üzerinde Sabac'ın (Böğürdelen) güneyine girerek, Belgrad'a bakan havâleyi (Güzelce-Hisar) ve ayrıca Sivricehisar (Ostrovica) ile Rudnik'i aldı. Sonra Niş civarındaki bir yazlık karargâh olan Yellü-Yurd'a dönerek, kutsal Ramazan ayını (13 Temmuz 1458'de başlamıştı) orada geçirdi. Golubac'da, temasta olduğu Osmanlı yanlısı bir grup ona şehri teslim etti. Ama şehrin içindeki hisarı almak için savaşmak zorunda kaldı. O sıralar Tuna'da bir Osmanlı ordusunun faaliyet gösterdiği hem Batı, hem de Osmanlı kaynaklarınca söylenmektedir. Golubac'ın teslim koşulları Fâtih Mehmed'ın tahrîr eminlerinden biri tarafından resmî bir Osmanlı tahrîr defterine yazılmıştır (günümüzde İstanbul'daki Osmanlı Arşivi'nde bulunmaktadır, *Tapu Defterleri*, no. 16). Belgede şöyle denir:

> Güğercinlik [Golubac] şehri sakinleri kendilerine sultan tarafından tanınan imtiyaz uyarınca bağ, bahçe ve tarlalarının sahipliğini koruyabilecek, ayrıca haraç, ispence ve öşür vergileri [temel Osmanlı vergileri] ile askerlik hizmetinden muaf tutulacaktır. Kimse oğulları, kızları ve davarlarıyla uğraşmayacak, kendilerinden zorla hiçbir şey alınmayacaktır. [Sırp] Martolos tarafından alınan esirler gereğinden fazla gözaltında tutulmayacak, ancak karşılığında [Tuna'daki] kale ve gemilerde çalışacaklardır.

Pronoia sahipleri, Martoloslar, Voynuklar, Eflâklar ve tüfekçiler gibi yerel Hıristiyan askerleri, Osmanlı ordusuna alınmıştı.[33] Daha önce, 1427-1444 arasında da onların Osmanlı idaresinde oldukları hatırlanmalıdır.

Babinger, Mahmud Paşa'nın yaptığı ikinci Sırbistan istilasından söz etmez. O, Golubac'ın, Mahmud'un Semendire kuşatmasından önce teslim olduğunu sanıyor. Oysa Tursun'un anlatısına baksa, bu seferle ilgili sorularına cevap bulabilirdi. Sava Nehri'nde bulunan ve Matthias Corvinus idaresindeki Macar ordusunun oluşturduğu tehdit,[34] Mahmud'un Niş'e geri çekilme kararını almasına yol açmıştı. Başarılı Mora seferinden dönmekte olan sultana haber gönderince, Fâtih yukarı Makedonya'da Üsküp şehrine gitti. Mahmud kendisiyle burada buluştu.

Bir de Neşrî'nin ne dediğine bakalım (s. 187): "Sultan Üsküp'te orduyu dağıtmayı planlıyordu ama Mahmud Paşa onu uyararak, Macarların bir ordu topladığını söyledi. O sırada Macarların Belgrad'da Tuna'yı geçtikleri haberi geldi. Bunun üzerine Sultan Mehmed yerel Anadolu askerlerinin maaşlarını peşin ödedi [onları orduda tutmak için]." Yine aynı kaynakta sultanın, Macarların ilerleyişini gözlemek için kuvvetler gönderdiği ayrıntılı bir

33 Bkz. İnalcık, *Fâtih Devri*, s. 144-148.

34 L. von Thallóczy, *Studien zur Geschichte Bosniens und Serbiens im Mittelalter*, Münih-Leipzig, 1914, s. 99.

biçimde anlatılır ve sultanın daha sonra Edirne'ye gittiği söylenir. Bu askerî operasyonlar Hıristiyan kaynaklarınca da onaylanır. Osmanlı kaynaklarında sultan ile sadrazamın buluşma yeri olarak geçen "Üsküp şehri", yukarı Makedonya'daki Üsküp olmalıdır. Istranca Dağları'ndaki Üsküp olmadığı kesindir. Babinger'i yanıltan şey, muhtemelen Kritovoulos'un söyledikleridir (s. 137). Kritovoulos, sultanın "Makedonya'daki Pherae'de" (Kara-Ferye) birkaç gün dinlendikten sonra, güz ortasında Edirne'ye vardığını söyler. Sırbistan, Macar ordusunun işgal tehdidi altındayken, II. Mehmed ile sadrazamının taze hava almak için Edirne'nin doğusundaki Istranca Dağları'na gitmeleri pek akla yakın görünmemektedir.

Babinger, 1459 seferi hakkında şunları yazar (Jirecek, Iorga ve Zinkeisen'den yararlanarak): "Inzwischen nachte Mehmed II. ungehindert mit seinem Heerbann den Mauern und Türmen von Semendria (...)". Oysa sultan yalnızca Şehirköy'e (Pirot) gitmiş ve orada Sofya'dan gönderilen Sırp elçilerinden Semendire'nin anahtarlarını almıştı.[35] Sultan daha sonra bölgenin sancakbeyine Semendire'yi almasını emretti. Bu sancakbeyi muhtemelen, sultanın seferinden önce şehri ablukaya almış olan Ali Bey idi.

Thallóczy (s. 102), Semendire'nin neden Osmanlılar tarafından böylesine kolayca alınabildiğinin hâlâ açıklanamadığını söyler. Gerçi Macar kralı o sıralar Batı'da Alman imparatoruyla fazlasıyla meşguldü. Ayrıca Semendire halkının çoğu Türklerin safındaydı (bkz. 27 Mayıs 1459'da Semendire'ye gitmiş olan Barbuci'nin mektubu, Thallóczy, s. 107). Stefan Tomasevic babası Bosna kralından acil askerî yardım talebinde bulunuyordu (Stefan, Macarların himâyesinde Lazar'ın kızıyla evlenerek 1459 İlkbaharı'nda Semendire'ye yerleşmişti). Bu yüzden Bosna kralının durumu bu konuyla yakından ilgiliydi. Sultan, kralla doğrudan bir anlaşma yaptı. Bu anlaşmanın Semendire için önemi yeterince vurgulanmamıştır. Rûhî şöyle der: "Sultan Sofya'ya doğru yola çıkınca, Bosna elçileri onu yolda karşılayarak, Semendire ile Srebrenica'yı takas

35 Krş. *Düstûrnâme*, s. 98; Tursun, s. 96; Kemâl Paşazâde, s. 181; Ayrıca *Mon. Hung. Hist.*, *Acta Exetera*, IV, 46, No. 32.

etme teklifinde bulundular. Sultan bunu kabul ederek Semendire'yi aldı" (ayrıca bkz. Neşrî, s. 189; anonim tarihçede "Bosna kralı Semendire'yi kendi arzusuyla verdi" denir). Osmanlılar Semendire'yi alınca, Stefan Tomasevic'e dokunmayarak, memleketi Bosna'ya gitmesine izin verdiler. Srebrenica ile Sırbistan-Bosna sınırındaki bölümü, uzun süredir iki ülke arasında çekişme nedeniydi.

Çoğunlukla söylenenin tersine, Osmanlı egemenliğinin Sırbistan'da ayaklanmalara yol açmadığı vurgulanmalıdır. Sırbistan imparatorluğa katılmakla beraber (Semendire sancağı olarak), kendi tüzel ve mâlî bünyesi ile temel sosyal yapısını büyük ölçüde korudu. Soylular, *pronoia* (timâr) ve *baştina* çerçevesinde toprak sahibi oldular.[36]

Bir görgü tanığı olan Tursun, Semendire'nin teslim olmasından sonra sultanın İstanbul'a döndüğünü söyler. "Ancak işlerin iyi gitmesi ve (yeni bir sefere hazırlanmak için) bol zamanın bulunması, kendisinde yeni bir fetih yapma arzusu uyandırmıştı." Bu yüzden Karadeniz kıyısında bir Cenova kalesi olan Amasra üzerine yürüdü. Rûhî ile Neşrî (s. 190) bu seferin H. 863 yılında (Kasım 1458-Kasım 1459) yapıldığını söylerler ki doğrudur. Ancak Babinger şöyle düşünür; "Mehmed II., dessen Aufenthalte nach dem Sturze von Semendria sich schwer verfolgen lassen, dürfte gegen Sommerende wieder in Stambul eingetroffen sein." Ardından Amasra'nın Osmanlılar tarafından alındığını söyleyerek "im September, jedenfalls aber in Spätherbst 1460" der (s. 203; 231). Sonunda Amasra'nın 1461'deki Kastamonu-Sinop-Trabzon seferi sırasında alındığını kabul eder (s. 209; 236). Bu sefere katıldığını bildiğimiz Tursun, 1461'de Amasra'dan söz etmez. Bütün temel kaynaklar da (Rûhî, İdrîs, Tursun, s. 97-98; Neşrî, s. 191) sultanın 1461'de Bursa'ya gittikten sonra oradan Ankara'ya geçerek Kastamonu ve Sinop seferini başlattığında ve Trabzon'u aldığında hemfikirdir.

Fâtih Mehmed 1461 Mayısı'nda Ankara'daydı. Orada, İsmail Bey'in oğlu Hasan Çelebi idaresindeki yardımcı Kastamonu kuv-

36 Türk arşivlerinde bu döneme dair kayıtlar ve belgeler için bkz. İnalcık, *Fâtih Devri*, s. 144-184

vetleriyle İbrahim Bey'in oğlu Kasım idaresindeki Karaman askerleri Osmanlı ordusuna katıldı (Babinger Kasım'dan söz etmez). Onlar Fâtih'e bağımlılık antlaşmaları imzalamış olan babaları tarafından gönderilmişlerdi. II. Mehmed aslında bu şehzadeleri rehine olarak istemişti, çünkü epey uzakta olan Trabzon'a giderken gözünün arkada kalmasını istemiyordu. Babinger, bunlardan hiç söz etmez ve bu konuda yalnızca Doukas'tan faydalanır.

Kemâl Paşazâde Trabzon seferinin nedenlerinden söz ederken ilginç şeyler söyler:

> Yunanlılar Karadeniz ve Akdeniz kıyılarında, civardaki yükseltiler tarafından korunan bereketli topraklarda yaşıyordu. Her bölge bir tekfur, yani bir tür bağımsız komutan tarafından yönetiliyordu. Halk, tekfurlarına düzenli olarak vergi veriyor ve askerlik hizmetinde bulunuyorlardı. Sultan Mehmed bu tekfurlardan bazılarını yenip kovduktan sonra geri kalanlara da gitmelerini söyledi. Amacı bu insanların bağımsızlıklarını tamamen ellerinden almaktı. Bu yüzden önce Konstantinopolis tekfurunu yok etti. Bu tekfur baş tekfur olarak kabul ediliyordu ve halkının lideriydi. Daha sonra Enez, Mora ve Amasra (Amastris) tekfurlarını birer birer yenerek topraklarını imparatorluğa kattı. Nihayet dikkatini Trabzon tekfuruna yöneltti.

Gençlik yıllarını Fâtih devrinde yaşamış olan bu ünlü Osmanlı'nın sözlerini yalnızca kendi yorumu olarak değerlendiremeyiz. Bu sözler Mehmed'in fetihlerinin önemli bir ortak noktasını yansıtmaktadır: Fâtih Mehmed, İstanbul civarında yerel hanedanlarca yönetilen bütün eski Bizans topraklarını ele geçirmek istiyordu.

Mehmed'in 1461'de uzun yokluğu sırasında, o sıralar ikinci vezirlik yapan ve Edirne'de bırakılmış olan İshak Paşa, Rumeli'yi küçük bir askerî güçle korumaya çalıştıysa da başarılı olamadı, çünkü Batı'dan destek alan Eflâk ve Midilli isyan etmişti. Eflâk Voyvodası Vlad Drakul 1461 yazında sultan Anadolu'dayken saldırıya geçti. Midilli'de Nicolo Gattilusio ağabeyini Osmanlılarla dost olduğu suçlamasıyla saf dışı bırakarak limanları, Osmanlı kıyılarına saldıran Katalan korsanlarına açtı. Fâtih, 1462'de bu durum yüzünden

Eflâk ve Midilli seferlerine karar verdi. 1461-1462'de gerçekleşen bütün bu olayların birbirleriyle bağlantılı olduğu vurgulanmalıdır. 1462 seferlerine katılmış olan Enverî (*Düstûrnâme,* s. 99-100), bu konuda önemli bir kaynak olarak kabul edilmelidir.

Tursun, Fâtih Mehmed'in 1463 ve 1464'te yaptığı Bosna seferlerinde de en önemli görgü tanığıdır (bu konudaki diğer önemli Osmanlı kaynakları Âşıkpaşazâde, Neşrî ve Rûhî'dir). Babinger, bu kaynakları kullansa kitabındaki pek çok ayrıntıyı düzeltebilir ya da zenginleştirebilirdi. Ben yalnızca şunu belirtmek istiyorum ki, Bosna'nın işgalinin hemen ardından İshak Bey'in oğlu İsa valiliğe atandı. Ancak İsa, Hersek Stefan'ın kaçışından sorumlu tutulunca yerine kısa süre sonra Minnet Bey'in oğlu Mehmed geçirildi (Babinger ise ilk Bosna valisinin Minnet Bey olduğunu söyler (s. 240; 271).

Venediklilerin 1463 güzünde Korinthos'ta yenilmesinin nedeni Selânik Valisi Ömer Bey ile Mora Valisi Sinân Bey'in (Elvân'ın oğlu) birlikte savaşmalarıdır. Sinân Bey Korinthos'ta kuşatılınca ansızın Venediklilere saldırmıştı. Babinger ise Sinân Bey'den söz etmeyip, yalnızca Chalkokondiles'in bu konudaki eksik sözlerinden yararlanır (s. 545-551). Babinger, ayrıca sultanın Selânik'e gittiğinden de söz etmez. Oysa Fâtih orada, Tursun'dan Mahmud Paşa'nın zaferini öğrenince başkentine dönmeye karar vermiştir.

1464-1473 döneminde Anadolu'daki gelişmelerin, II. Mehmed'i batıdaki olaylardan daha çok meşgul ettiği vurgulanmalıdır. Babinger ise doğudaki bu gelişmelere yeterince yer ayırmaz. Şu iddiada bulunur (s. 261; 294): "(...) wie auch über die Beziehungen Mehmeds II. zum Sultanshof in Kairo bisher so gut wie alle Angaben fehlen." Oysa Babinger'in *Havadisü'd-duhûr*[37] ve *Bedâiu'z-zuhûr*[38] gibi o döneme ait ve Osmanlı-Memlûk ilişkileri üstüne önemli bilgiler veren Arap kaynaklarından yararlanmamış olması dolayısıyla ona katılmak pek mümkün değildir. Bu döneme dair İran tarihçeleri, özellikle de Hasan Bey Rûmlû'nun *Ahse-*

---

37 İbn Tagribirdi, (ed.) W. Popper, Berkeley, California, 1930-1942.
38 İbn İlyâs, (ed.) Bulak, 1311-1312.

nü't-Tevârih'i, Mehmed'in doğu siyâsetinin anlaşılmasında büyük önem taşır.[39]

Karaman Beyi İshak Bey, II. Mehmed'in baskısı üzerine 1464'te Osmanlı sultanına Akşehir-Beyşehir bölgesini vermeyi kabul etti. Ancak kendisinden ayrıca Çarşamba Suyu'nun batısındaki bölgenin de verilmesi istenmişti. Babinger, buna bir açıklama getirmez (s. 289-291; 324). Aslında Osmanlılar 1444'te Akşehir-Beyşehir bölgesini İbrahim Bey'e bırakmak zorunda kalmıştı. II. Mehmed de 1451'de bunu onaylamak zorunda bırakılmıştı. Ayrıca Çarşamba Suyu, 1391'de Osmanlı-Karaman sınırı olarak kabul edilmiş ve bölge 1402'de Karamanlıların eline geçmişti.

Karamanoğlu İbrahim Bey ile Ak-Koyunlu hükümdarı Uzun Hasan, 14. yüzyılın sonundan beri Osmanlı müttefiki olan Dulkadir (Zulkadriye) hanedanına karşı ittifak yapmışlardı. 1464 kimin Karaman beyi olacağı konusu Orta Anadolu'da dengeyi bozunca, Uzun Hasan, Dulkadiroğlu Arslan Bey'e karşı harekete geçerek, Karaman'a girip İshak Bey'i tahta oturttu, İshak 1465'te Karaman'dan kovulunca, Uzun Hasan'ın sarayına sığındı. Ayrıca daha önce yaptığı gibi Mısır'ın Memlûk sultanından yardım istedi, İshak 1466 yazında sürgünde öldü.[40] İbn Tagribirdi, Memlûk sultanına gelen Anadolu'yla ilgili raporları bizzat görebildiğinden, elimizdeki en sağlam kaynaktır. Babinger, İshak'ın 1468'deki ve daha da sonrasındaki faaliyetlerinden bahsederken (s. 289, 290, 324, 325, 327, 363), İshak'ı kardeşi Pir Ahmed ile karıştırıyor olmalıdır. Pir Ahmed de 1468'de hükümdarı II. Mehmed'e karşı gelmişti. 1468'de Osmanlıların bütün Karaman bölgesini işgal ettiği (s. 290-291; 327) doğru değildir. Karaman'ın Toroslar'daki dağlık kısmı ve Akdeniz kıyısı o sıralar Osmanlı denetiminde de-

---

39 Bu konuda iyi bir bibliyografya için bkz. M.H. Yinanç, "Ak-Koyunlular", *İslâm Ansiklopedisi* (İstanbul, 1941), cüz 4, 268-269; ayrıca bkz. C.A. Storey, *Persian Literature*, Londra, 1927-1939. İstanbul'daki Topkapı Sarayı Arşivi'nde bulunan, Doğu meseleleriyle ilgili çok sayıda devlet belgelerinden ve diplomatik yazışmalardan (bkz. *Arşiv Kılavuzu*, 1-2, İstanbul, 1938) ve münşeâtlardan da (bu devlet belgeleri için bkz. M.H. Yinanç, "Ak-Koyunlular" ve A. Erzi, "Ak-Koyunlu ve Karakoyunlu" *Belleten*, no. 70) söz edilmelidir.

40 İbn Tagribirdi, *Havâdis*, III, s. 631.

ğildi. Osmanlılar bu bölgeye ancak 1471'de ve daha sonra 1474'te hâkim olabildiler. Fâtih'in 1468'de Konya Ovası'nı işgal etmesinin ardından Pir Ahmed saldırıya geçerek, geri çekilmekte olan Mahmud Paşa komutasındaki Osmanlı ordusunun arka kısmını bozguna uğratarak bol miktarda ganimet almıştı. Pir Ahmed Memlûk sultanına kazandığı zaferi haber vererek, himâyesine sığınmak istediğini söyledi.[41] Sadrazam Mahmud'un 1468 Temmuzu'nda azledilmesinin asıl nedeni Karaman meselesindeki başarısızlığıydı anlaşılan (Tursun, s. 139). Babinger ise bu konuda yalnızca Âşıkpaşazâde'nin anlattıklarını tekrarlayarak, Mahmud Paşa'nın zengin Karamanlıların İstanbul'a göç ettirilmesini engellediği için azledildiğini söyler. Osmanlı kaynakları, Karamanoğlu'nun başarısını ya gizler ya da yanlış anlatır. II. Mehmed 1468 Ağustosu'nda İstanbul'a dönmüştü bile (Babinger ise kitabının Almanca baskısında [s. 291] 1468 Ekimi'nde döndüğünü söyler).

Mısır sultanı o zamanlar Pir Ahmed ile Uzun Hasan'ı himâyesi altında, Dulkadir ise bağımlı olarak gördüğünden, Osmanlıların Karaman ve Dulkadir işlerine karışması, Kahire ile İstanbul arasında gerilime yol açmıştı. İşte bu yüzden Venedik kaynaklarının yanı sıra Tursun da (s. 138) 1468 seferinin aslında Memlûklere karşı yapıldığını söyler. Ama daha sonra Uzun Hasan Dulkadir bölgesini işgal etmeye çalışarak yukarı Fırat'taki Memlûk egemenliğini tehdit edince, Memlûklerle Osmanlıların arası hemen düzeldi. 1472 sonlarına doğru Uzun Hasan yol kavşağı bir şehir olan Bîra'yı kuşatınca,[42] iki ülke ona karşı ittifak yaptılar. Mehmed'in, 1470-1471'de Venediklilerle yaptığı barış görüşmelerinin asıl sebeplerinden biri de Anadolu'da giderek büyüyen tehlikedir.

1473'te, II. Mehmed Doğu Anadolu'dayken, oğlu Cem Sultan İstanbul'da (s. 330; 369) değil, Edirne'de[43] bırakılmıştı. 1473'te Uzun Hasan ile yapılan savaş, Mehmed'in hayatı boyunca yaptığı en kritik savaştı. Bu zafer yalnızca Anadolu meselesini çözmekle

41 İbn Tagribirdi, *Havâdis*, III, s. 631, 651, 684.

42 Bkz. İbn İlyâs, II, s. 144-145.

43 Bkz. Tursun, s. 150; *Magyar Diplomacziai Emlekek*, II, s. 246-248; Thuasne, *Djem Sultan*, Paris, 1892, s. 6.

kalmadı, Hıristiyan Batı'yı da en büyük müttefikinden etti. Babinger, II. Mehmed'le Uzun Hasan'ın yaptığı barış anlaşmasından söz etmez. Uzun Hasan elçisi Ahmed Bekrici'yi önce 1473 Eylülü'nde Karahisar'a, sonra aynı yılın Ekimi'nde İstanbul'a göndermişti.[44] Uzun Hasan'ın Osmanlılara karşı yeni bir savaş açması için baskı yapan Venediklilerle yakın ilişki içinde olduğunu gören II. Mehmed, Orta Asya'daki Timurlu sultanlara Uzun Hasan'a birlikte saldırmayı önerdi.[45] Mahmud'un sadrazamlıktan tekrar azlinin asıl nedeni, Uzun Hasan konusunu çözememiş olmasıdır görünüşe göre.

Babinger, 1479'da Doğu Karadeniz'de yapılan askerî operasyonlardan çok az söz eder (s. 441-442; 489-490). Bu seferlerin yapıldığı yerlerin adlarını vermediği gibi, tarihlerini de yanlış vererek 1480 olarak belirtir. Uzun Hasan "Torul" tekfurunu ve Gürcü prenslerini korumakla kalmayıp Osmanlılara karşı kışkırtıyordu. Uzun Hasan'ın 1478'de ölmesinden sonra, II. Mehmed imparatorluğunun doğu sınırlarındaki yarım bıraktığı işi çözme zamanının geldiğine karar vermişti anlaşılan. Amasya'daki oğlu Bâyezid'e (Gürcü sınırına kadar bütün toprakların denetimi ondaydı) Torul'u ve Gürcistan'ı işgal etmesini emretti. Bunlardan birincisi, Gümüşhane ile Trabzon arasındaki stratejik bir dağ geçidinde bulunan ve Torul (günümüzde aynı adı taşıyan bir ilçedir) adlı bir kaleye sahip, küçük bir prenslikti. Bu prenslik Uzun Hasan'ın himâyesindeki yerel bir Rum tekfurun elindeydi.[46] Bâyezid'in veziri, Hızır Paşa'nın oğlu Mehmed Paşa ve Rakkas Sinân Bey burayı ve ayrıca Batı Gürcistan'daki "Mathahalyet" (büyük olasılıkla Mathakhalet [Mathakhel diyarı]) adlı bir bölgeyi ele geçirdiler. Günümüzde Türk-Gürcü sınırının yakınındaki Borçka yöresindeki Macahel [bugünkü (2003) adı Camili] köyünün adı bundan gelmedir anlaşılan.

Babinger ayrıca, Amasya ile Anapa'nın birbirinden çok uzak olduğunu göz önüne alarak, Çerkesistan'daki Kuban ile Anapa'ya

---

44 *Heşt Bihişt*; Rûhî; Kemâl Paşazâde, s. 404; özellikle Uzun Hasan'ın II. Mehmed'e yazdığı mektup, Topkapı Sarayı Arşivi, nr. 4476.

45 Bkz. Feridûn Bey, *Münşeâtu's-Selâtin*'deki mektup, İstanbul, 1274, s. 284.

46 Ayrıntılar 1487'de Trabzon eyaletine ilişkin bir raporda verilmiştir, Başvekâlet Arşivi, MAD. 828.

sefer yapıldığına da inanmaz (s. 441; 490). Oysa bu, aynı yıl içinde yapılmış bağımsız bir deniz seferiydi, *Heşt Bihişt* bunu açıkça belirtir: "Kefe'nin fethinden sonra Kopa, (fethedilmesini önleyen) bazı doğal engellerden dolayı hâlâ geride kalan Frenklerin elindeydi. Sultan oraya Kocaeli (İzmit, Nikomedia) sancakbeyinin komutasında otuz gemi gönderdi".[47]

Babinger, Mehmed'in Kırım Hanları ve Cenevizlilerle ilişkileri üstüne II. Mehmed ile Mengli Girey (Giray, Kirey) ve Eminek Mirza arasındaki ilginç yazışmalardan yararlanmalıydı. Babinger, Mehmed'in Altın Orda ile olan ilişkilerine ise hiç değinmez. Ayrıca, Mehmed'in Kırım meselesi nedeniyle Doğu Avrupa'daki önemli gelişmelere karıştığı, Altın Orda-Jagellonia ittifakına karşı Kırım-Rusya bloğunu desteklediği vurgulanmalıdır. Moldavya dahi Kırım ile yakından ilgileniyordu. 1475'e doğru Moldavya voyvodası bacanağına Mangup Prensliği'ni vermek için oraya küçük bir ordu göndermişti.[48] Kısacası, Mehmed'in Kırım ve Moldavya'daki faaliyetleri daha geniş bir açıdan, kuzey siyâsetinin bir parçası olarak değerlendirilmelidir.

Kitabın muhtemelen en yüzeysel tarafı, Mehmed'in iç siyâsetine olan yaklaşımdır. Genel olarak, Mehmed'in birleşik ve merkezi bir imparatorluk yaratma çabası ülkeyi son derece zorlamıştı. Mehmed'in kaynak ihtiyacı giderek artmıştı, özellikle de sonu gelmez askerî seferlerini düzenlemesi ve ordusuyla donanmasını güçlendirmesi açısından. Hayatının son yıllarında almak zorunda kaldığı son derece radikal mâlî tedbirler, ülkede büyük bir gerilime yol açmıştı. Bu tedbirler şunlardı:

1. Yeni bir gümüş para bastırarak insanları ellerindeki eski paraları metal değerleri karşılığında bu yeni paralarla, reel değerleri karşılığında değiştirmeye zorlamak. Altıya birlik değer oranı, gümüş para sahiplerini büyük sıkıntıya sokmuştu. Mehmed halkın nefret ettiği bu uygulamayı 1471'den sonra üç kere yaptı.

---

47 İstanbul, Nuruosmaniye Kütüphanesi'ndeki elyazmasından alıntı yapıyoruz, no. 3209, 485 b; krş. Kemâl Paşazâde, s. 520-522.

48 A.A. Vasiliev, *The Goths in the Crimea*, Cambridge, Massachusetts, 1936, s. 244-252.

2. Devletin, köklü ailelerin elinde mülk ya da vakıf şeklinde bulunan tarım arazilerinin çoğuna el koyması. Mâliye'de üst düzey bir memur olan Tursun'a göre, devlet bu yolla 20 binden fazla köy ve emlâka el koyarak ağır vergiler getirmişti. 1471'den sonraki aynı dönemde yapılan bu reform, özellikle Orta ve Kuzey Anadolu'daki eski toprak sahibi sınıflarla pek çok büyük dinsel topluluğun yabancılaşmasına yol açmıştı.

3. Tarımdaki tekelci vergilendirme sisteminin pek çok zorunlu ihtiyaca yayılması ve bu tekellere dair kânûnların olağanüstü bir titizlikle uygulanması.[49]

1481'e doğru devlet hazînesinde nakit 3,5 milyon duka altını vardı (Topkapı Sarayı Arşivi, nr. E. 9713).

Babinger Mehmed'in sıra dışı merkezileştirme politikasıyla bunun son derece yaygın sosyal ve siyasî sonuçlarından pek az söz eder. Söz ederken de Âşıkpaşazâde'nin tarihçesindeki taraflı ipuçlarını çevirmekle yetinir. Oysa bu politika II. Bâyezid'in tahta çıkınca uyguladığı karşıt politikanın sebebidir şüphesiz.

Bu bağlamda yeniçerilerin II. Mehmed'i asla sevmediklerini ve hoşnutsuzluklarını defalarca gösterdiklerini eklemek gerekir. II. Mehmed döneminde sayıları 4000-5000'den 10-12 bine çıkmıştı. II. Mehmed'in ölümünden sonra korkunç bir ayaklanma başlattılar ve devlete, Mehmed'in politikalarına karşı bir idarenin gelmesinde etkili oldular.

Osmanlıların Levant'a yayılmasının Batılıları Atlas Okyanusu'nda yeni deniz rotaları keşfetmeye ittiği teorisi (s. 377; 421) günümüzde epey tartışmalı bir konudur. Lybyer'in bu teoriyi eleştiren fikirlerini[50] bir başka yazımda, Osmanlı arşivlerinden toplanmış yeni verilerle desteklemeyi umuyorum.

Kitabın son bölümlerinde bazı isim hataları var. 1476'da Kruya'yı (Akça-Hisar) kuşatan ve 1478'de İşkodra'yı ablukaya alması emredilen komutanın adı Gedik Ahmed Paşa (s. 390; 401, 435,

---

49 Bu kânûnlar için bkz. R. Anhegger-H. İnalcık, *Kânûnnâme-i Sultânî ber Mûceb-i 'Örf-i Osmânî*, Ankara, 1956; H. İnalcık, "Fâtih Sultan Mehmed'in Fermanları," *Belleten*, XI (1947), s. 693-708.

50 *American Historical Review*, XIX, s. 141.

446) değil, o dönemde Arnavutluk valisi olan Evrenos'un oğlu Sarı Ahmed Bey'di.[51] 1479'da yapılan Transilvanya akını sırasında, Silistre sancakbeyi "Hasan Bey ile İsa Bey" değil, Hasan'ın oğlu İsa Bey'di. 1479'da yapılan istilanın komutanı Bosna Valisi Davud idi. 1477-1479 yıllarında Styria ile Macaristan'a yapılan büyük çaplı akınlara dair Kemâl Paşazâde'nin verdiği ayrıntılı bilgilerden (s. 477-481 ve 527-562) Babinger'in kitabında hiç söz edilmez.

Mehmed, Pendik ile Maltepe arasındaki Hünkarçayırı'nda ölmüştür.[52]

Kitabın geneli için söyleyebileceğimiz, Profesör Babinger'in kaynaklardan aldığı bilgileri pek eleştirel analiz yapmadan ve tarihsel gelişmeler arasında bağlantılar kurma çabasına girmeden basit bir kronolojik sıraya sokarak aktardığıdır. Öte yandan, Babinger bazen başvurduğu kaynaklardaki taraflı sözleri hiç sorgulamadan doğru olarak kabul etmiştir. Babinger'in temel kaygılarından biri olayların kronolojisini doğru vermekti anlaşılan, yapılması gereken ilk önemli şey gerçekten de budur. Pek çok kronolojik veriye açıklık getirmekte başarılı olmuştur ancak gördüğümüz gibi bazı hatalar da yapmıştır.[53]

51 Bkz. Kemâl Paşazâde, s. 509, 607; krş. Donado da Lezze [G.M. Angiolello], *Historia Turchesca*, J. Ursu, Bükreş, 1909.

52 Bkz. Ferîdûn Bey, *Münşeâtu's-Selâtin*, I, s. 297.

53 Bazı Yunanca metinleri kontrol ettiği için Bay S. Vryonis'e minnettarım.

Review: J.W. Barker's Book on *Manuel II Palaeologus*[1]

This book appeared in the Rutgers Byzantine Series of Professor P. Charanis. Professor Barker tells us in his introduction that the purpose of his book is to present an organized account of the political life and activities of Manuel, the illustrious representative of the Palaeologus, and to synthesize the results of previous research on this subject. There can be no doubt that Professor Barker has accomplished this, and, indeed, much more. By careful scrutiny of his material from the point of view of a Byzantinist, he has come up with original solutions to a number of problems, and the bibliography he has used is truly impressive. But for the period in question a Byzantinist must partake of the fruits of Ottoman research, just as an Ottoman historian must be familiar with the research, just as an Ottoman historian must be familiar with the research done in Byzantinology, and unfortunately Professor Barker seems to be unfamiliar with a good many studies dealing with the Ottomans.

Manuel II (1391-1425) occupied the Byzantine throne during the reigns of the Ottoman sultans Bayezid (1389-1402), Mehmed

1 J.W. Barker, *Manuel II Palaeologus (1391-1425): A Study in Late Byzantine Statesmanship*, New Brunswick, NJ., 1969, LIII + 614 pp.

I (1402-1421) and Murad II (1421-1451). He played an important role during the period of the Ottoman interregnum between 1402 and 1413. He had close relations with the Ottoman pretenders and/ or sovereigns Suleyman and Musa, and, after 1416, with Mustafa. Throughout this period, Manuel II remained an Ottoman vassal. But the conditions of his vassalage changed with the times, for he skillfully exploited events to his own advantage. This in itself would be sufficient proof of the necessity for recourse to studies in Ottoman history for an inquiry into Manuel's political adventures. Generally speaking, Byzantinist, in studying this period, share the approach of contemporary nationalistic Greek historians and view the conditions of this vassalage as an unusual situation which never should have occurred. Only after we put ourselves in the place of a fourteenth and fifteenth century Byzantine does it become possible to understand and explain the history of this period with greater clarity.

Thus our first task must be to consider the origin and nature of this vassal relationship. Ottoman vassalage was the first step in Ottoman conquest. The Hanefi school of legal thought to which the Ottomans adhered holds that a Christian state which has consented to pay the *harac* "tribute", thereby becoming a *haracgüzâr*, a "tributary" state, is considered part of the Islamic state. The bonds of a haracgüzâr state are then tightened by the addition of obligations other than payment of tribute to the Ottoman sultan, such as an annual appearance on the part of the sovereign of the vassal state at the palace to confirm servitude, the giving of one of his sons as hostage, and the supplying of military aid (under the command of, first, an officer of the army of the vassal state, then a son of the ruler of the vassal state, and, finally the ruler of the vassal state in person). These steps could be spread out over a long period of time. However, they were usually but a preliminary to the last step, namely the removal of the Christian sovereign from the leadership of the region and the transformation of the region in question into an Ottoman province.[2] If we want to achieve a

2 For a discussion of this question, see H. İnalcık, "Ottoman Methods of Conquest", *Studia Islamica,* II (1954), pp. 103-129.

better understanding of Manuel we must never lose sight of this Ottoman policy, since the five basic phases of Manuel's political activities were determined by his relations with the Ottoman sovereigns: 1) a period of close ties with the Ottoman sultan in the time of Bayezid, between 1391 and 1394; 2) a period of resistance to Bayezid's attempts to strengthen this bond, 1394-1402; 3) a period in which this bond was weakened through Manuel's taking advantage of the break- up of the Ottoman Empire resulting from the battle of Ankara and the ensuing struggle for power (1402-1413) among Bayezid's sons; 4) a period during which Mehmed I, sole ruler of the Ottoman state between 1413 and 1421, tried to reestablish the former bond; and 5) the period of crisis of 1421-1423, brought about by Manuel, who stirred up a civil war in the Ottoman realm in order to take advantage of Mehmed's death. During all these periods Manuel hoped to eliminate the Ottoman state by means of a Western Christian crusade, while the Ottoman aim was to put an end to Byzantium with the capture of Salonica, the Morea and Constantinople. Thus, while Manuel was attempting to incite the Western Christian world to undertake a crusade, his capital was besieged three times, by Bayezid, Musa and Murad.

Professor Barker has not felt the need to explore the fact that Manuel, in his struggle to free himself from Ottoman domination, had at his disposal other means than a crusade. First of all, there were the Ottomans Muslim neighbors to the east. They included the Karamanoğulları, İsfendiyar Bey and, finally, Timur and his son Şâhruh. The first two was cooperating with Byzantium and with the Ottoman vassals in the Balkans. Like Byzantium, the Balkan princes were also concerned with the preservation of the status quo of 1402. On the other hand, the Ottomans were not anxious to confront Şâhruh and thus change the status quo in the east. And indeed, the latter warned Mehmed I and Murad II in no uncertain terms against such action.[3] Last but not least, one must not forget that the Ottoman pretenders were one of the most powerful trumps in Manuel's hand. In order to block a revival of

3 See H. İnalcık, "Murad II", *İslâm Ansiklopedisi,* VIII, pp. 598-615.

Ottoman unity and power like that which prevailed in Bayezid's period, Manuel found and used one of the Ottoman pretenders to force peace on the Ottoman sultan and, on occasion, he gained additional advantages. This policy undertaken by Manuel remained a cornerstone of Byzantine policy until 1453. In 1453, Mehmed, in his explanation of why it was necessary for the Ottomans to conquer Constantinople and eliminate Byzantium, emphasized that Byzantium had always found a way to undermine the Ottoman state by promoting the cause of pretenders. By his manipulation of Ottoman pretenders, his threats of organizing a crusade and his clever handling of Ottoman vassal states in Anatolia and in the Balkans, Manuel succeeded in establishing an impressive balance of power vis-a-vis his Ottoman overlords, a circumstance which undoubtedly played a major role in prolonging Byzantine existence for another half century. After 1422, the Ottomans saw the extreme danger inherent in attempting to conquer Byzantium, and they preferred to live in peace.

To shed light on these complex interrelationships, it is, of course, of great importance to consult Ottoman sources. Byzantinists, however, generally assume that these sources are mere fairy-tale narrations, unreliable in every way. The truth of the matter is that the first Ottoman accounts, which come to us in the form of compilations made in the late fifteenth century, contain *calendar*s and chronicles similar to those of the Byzantines, as well as completely fictitious epic pieces. The problem is rather to sort these out and establish their reliability by means of historical criticism, and a considerable amount of work has already been done along those lines during the past fifty years.

In his *Manuel II Palaeologus*, Professor Barker has touched on many problems of chronology having to do with Byzantine-Ottoman history. One of these is the date of the Ottoman occupation of Serres, which is important since it gives us a clue as to when the Ottomans conquest of Serres by the Ottomans had taken place as late as 1382. However, the discovery of an order of immunity, issued by Murad I in the monastery of Saint- John- Prodrome, at a distance of twelve kilometers from Serres, around the end of the year 1372, has given rise to new hypotheses among Byzantinists and Ottomanists. Mordtmann, Wittek and Taeschner argued that the Ottoman occupation of Serres in 1372 was – though only temporary – a full one, while Lemerle maintained that even this temporary occupation was military in character and that the administration of the town was left in the hands of the Greeks. However, in an article which appeared in 1965[4], Professor G. Ostrogorskij claimed, on the basis of Byzantine documents, that from 1372 to 1383 Serres and Western Thrace were not under Ottoman domination, and that Ottoman suzerainty over the area could only have been established in 1383. Most recently, I. Beldiceanu- Steinherr[5] has attempted to uphold the same theory concerning the year 1383, going so far as to claim that the document attributed to Murad I is a forgery. However, the Turkish original of this document has not yet been published. Christofore, who has published a Greek translation of it, gives as the date of the manuscript Receb (probably *evâil-i receb* on the original) 774 A.H. This was the way Ottoman edicts were dated. It is my opinion that the document cannot be false. In that case, we again face the fundamental question of when Ottoman domination was established over Western Thrace. It is usually accepted as a fact that on September 26, 1371, following the Ottoman victory at Cernomen which resulted in the death of the Serbian princes, Manuel managed to gain possession of their heritage and occupied Serres and the surrounding region. According to Professor Barker, the Ottomans, not intending to abandon the fruit of their own victories to Manuel, soon thereafter came and, in turn, occupied Serres and the surrounding region. We also know that at about the same time the Turkish fleet attacked Athos.[6] Thus it would seem that Byzantium, while an Ottoman vassal, wanted to deny the Ottomans possession of these places. In

4 G. Ostrogorskij, " La prise de Serres par les Turcs", *Byzantion,* 35, pp. 302-319.

5 I. Beldiceanu-Steinherr, *Recherches sur les actes des règnes des sultans Osman, Orhan et Murad*, Munich, 1967, pp. 180-182.

6 See G. Dennis, *The Reign of Manuel II*, Rome, 1960, pp. 32-322, n. 27.

any case, one must view the question of Serres in this light. Also significant in this context is the assertion that Salonica was encircled by the Ottomans for the first time in 1372. Professor Barker does not accept this claim by Dennis. It is true that Loenertz considers certain remarks in the *Chronicon breve thessalonicense* as referring to the Ottoman conquests of 1387. But it is also true that Loenertz has made a number of disputable emendations in this text. Indeed, the evidence which Professor Barker has summoned on this question does not seem to solve the problem definitely either. He limits himself to saying that it is possible that the Turks attacked Salonica in 1372.

As to the problem of subsequent Ottoman domination in Salonica (pp. 450-453), Professor Barker expresses doubt about the theories of Vakalopoulos, which have recently, and with only minor changes, been adopted by Dennis. These scholars maintain that in 1387 the city of Salonica, like Serres, accepted Ottoman suzerainty, but that the administration of the city remained in the hands of native Greek functionaries. Only later, they claim, did Bayezid I bring the entire city under direct Ottoman administration. However, they disagree as to the date of the latter event, Vakalopoulos opting for 1391 and Dennis for 1394. Professor Barker correctly rejects the date given by Vakalopoulos. But he goes too far in doubting the entire thesis, for Ottoman history is replete with similar instances. The acceptance by a city or a region of Ottoman domination did not, as a rule, immediately result in actual Ottoman occupation. Allowing local governments to survive for a time was a regular stage in the process of Ottoman conquest.[7] In 1387, when the Ottomans were beset by many serious problems in Anatolia and Rumelia, they moved in similar fashion against Trnovo, and, in 1388, contented themselves with a mere formal subjugation of the city. Actual occupation of Trnovo was accomplished by Bayezid only in 1393. During the years 1389-1392, Bayezid was continually occupied in Anatolia; his hands

7 See H. İnalcık, "Ottoman Methods of Conquest", *Studia Islamica*, II (1954), pp. 103-129.

were freed only in 1393. He then made his way to Rumelia to undertake measures which would strengthen Ottoman domination there. As a first step, he summoned his Balkan vassals to Serres (in my opinion it was not Serres, but Verria-Berrhoia, in other words the Kara-Ferye of the Ottomans). Byzantinists, echoing the Byzantine chronicles, see the Serres (Verria) meeting as a plot on the part of the sultan. But basically, a personal appearance before the Padishah was considered an expression of vassalage. This meeting undoubtedly took place after the final subjugation of Bulgaris. In Anatolia, Bayezid had met a dangerous rival in the person of Kadı Burhâneddin, the sultan of Sivas. During the period in which he was struggling against this personage (1391-1392), the vassal states in the Balkans (among which was that of the Palaeologues, who were in control of the Morea, of Salonica and Constantinople) weakened ties with the Ottomans, and the Ottomans' principal foes in the West, Venice and Hungary, extended their influence in the Balkans. It appears certain that at the Serres (Verria) meeting Bayezid put forward a number of unusual demands. The campaigns which he launched against the Morea, Salonica and Constantinople in the face of determined resistance must be seen as the natural and logical course of events. It was at this time that Salonica was placed under direct Ottoman occupation and administration. The actual date of this event is given in Ottoman chronicles as 19 Cemâziyelâhir 796 (21 April 1394). One must pause here to consider pertinent Ottoman traditions. Neşrî derives this information from the basic Ahmedî-Ruhî source. The most complete from of this tradition is found in Pseudo-Ruhî and is as follows: "[while Sultan Bayezid was in Bursa after the Kastamoni campaign] news arrived that the accursed Frank infidels having landed with their boats on the shores and having demolished many places, the coasts of Rumelia were in great confusion. Immediately, the world-protecting Padishah, without waiting for spring to come, gathered the soldiers around himself and hurriedly crossed over to Rumelia, where he brought together the Rumelian army and set out against Salonica. Without hesitation and delay, he occupied the city, and, having collected many Muslim families in the surrounding areas, settled them in the stronghold of the city. From there he marched against Yenişehir and Athens, and, having occupied the surrounding strongholds obtained such spoils as defies description and returned safe and wealthy. The conquest of Salonica took place in the seven hundred and ninety-six year, on the nineteenth day of Cemâziyelâhir." Neşrî transmits this passage in altered from[8], but he adds this note: "They say that in that year the fortress of Salonica was also taken. But when he [the sultan] dies, the infidels reclaimed it. But the previous information is true." The alterations made in the passage itself consists of the substitution of *vilâyet- i Selânik* (Province of Salonica) for *Selânik* (Salonica) and the deletion of information concerning the settlement of Turks in the Salonica fortress. He did not want to accept the fact that the fortress of Salonica was taken at that date because he thought that the city had been conquered only in 1430, during the reign of Murad II. Nevertheless, the original source is clear. The Salonica fortress was definitely conquered in 1394. The Pseudo-Ruhî tradition suggests that the reason for Bayezid's action was that the Ottomans suffered violent sea attacks. After Bayezid annexed the Menteşe and Aydın beyliks in 1389-1390, Turkish piracy on the Aegean Sea increased, and in 1392 Bayezid's own naval preparations seriously worried Venice. On the other hand, Venice had occupied a number of islands and had begun to pursue a more active policy in the Morea. In fact, Venice was attempting to conclude an alliance with the rulers of Rhodes, Chios, Midilli and Cyprus against the Ottomans. In short, at that time relations between Venice and the Ottomans were strained. In the summer of 1392, Dandulo, the commander-in-chief of the Venetian fleet, received the order to attack the Turkish fleet on the Aegean Sea.[9] As corroborated by the Turkish chronicle, it was this tension which drove Bayezid to strengthen his grip over some provinces, for such

---

8 See, Ǧihānnumā, Codex Menzel, ed. Taeschner, Leipzig, 1951, p. 88.

9 For a panoramic view of these events, see M. Silberschmidt, *Das orientalische Problem zur Zeit der Entstehung des Türkischen Reiches*, Leipzig, 1923.

measures would deny Venice a foothold in the region. His request from Theodore for the surrender of Argos at the Serres (Verria) meeting, the occupation of Salonica, and, immediately thereafter, the siege of Constantinople in the spring of 1394, as well as the Morean campaign of Evrenos Beg, must then be studied in the light of this situation. In the development of these overall policies, Byzantium and Manuel do not seem to have dominated events to the extent that it has been suggested. We must thus seek a link between the Nicopolis Crusade of 1396 and the events in Bulgaria and those in the Morea and the Aegean region in 1393-1394, and consider the former as the direct outcome of the latter. Since 1366, the Wallachian princes, by relying on Hungarian protection, had been attempting to extend their sway over Silistria and Dobruca. At first, the Ottomans emerged as protectors of Bulgaria; then in 1393 they realized the necessity of a direct occupation of that country in order to set up King Şişman in Nicopolis as a buffer against the Wallachian prince and Hungary. After seizing Salonica in 1394, Bayezid raided as far as Slankamen for the purpose of intimidating Hungary. Then he entered Wallachia and made Mircea an Ottoman vassal. Just as in the case of Salonica, he next undertook the direct occupation of Nicopolis, putting King Şişman to the sword. The occupation of Salonica, following on the heels of Ottoman expansion in the Aegean, dealt Venice a heavy blow. It was then that Hungary and Venice agreed to combine forces to stem the Ottoman tide, an alliance which resulted in the 1396 Nicopolis Crusade. In the midst of this struggle for expansion and dominance between the great powers, Byzantium was no doubt regarded by the Ottoman sultan as a spectacular prize. After the victory at Nicopolis, Bayezid considered taking Constantinople as a bonus. At that time, as Professor Barker points out, John VII was attempting to sell the title of emperor to the King of France, and it was believed that a crusade was the only means of salvation for Byzantium. But, thanks to Timur, salvation came from the east. In Professor Barker's words, "Timur (Tamerlane) begins his campaigns in Asia Minor" in 1400 (p. XXVII). Actually, the Ottomans began to feel Timur's threat as early as 1394, during his first Anatolian campaign. But on that occasion Timur did not advance beyond the Euphrates valley. It cannot be contested that Timur's capture of Bayezid in 1402, and the ensuing parceling out of the Ottoman domains among Bayezid's sons, opened a new page in Byzantine history. Professor Barker remarks that "at one stroke the entire situation was altered". With the pact signed on February 20, 1403, the sultan of Rumelia, Suleyman Çelebi, gave Salonica back to Byzantium. At that juncture, Suleyman had no choice but to establish a *modus vivendi* with Byzantium and the Western Christian world. Part of the price he had to pay for peace was giving his brother Kasım and sister Fatma as hostages to the Emperor. The Ottoman tradition which contains this information adds: "He vowed to renounce hostility".[10] On this point, the Ottoman tradition is in complete agreement with Ducas.

On the other hand, why did Byzantium and her allies not use this favorable opportunity to deal a death-blow to the Ottomans? Another passage in the same pact supplies an explanation: should Timur attack Constantinople, Suleyman would come to Byzantium's aid. Professor Barker is of the opinion that Manuel (who at that time was still in Europe) did not approve of this policy of conciliation with the Ottomans, and wanted rather to continue discussions with the Western Christian world, as of old, with the object of eliminating the Ottomans (pp. 226, 240, 245-247, and 254-275). In spite of this, Professor Barker admits that when it came to the civil war among the competing Ottoman princes, Manuel endorsed a policy of balance in order to maintain the status quo of 1403 (pp. 250, et passim). Indeed, one should not forget that Manuel was forced to pursue a many-faceted policy. Professor Barker is in error when he says that "the designated successor to the throne [of the Ottoman state] must murder all his brothers to avoid the dangers of civil war". There was no such law among the Ottomans. There was, however, this firmly established belief:

---

10 Neşrî, Codex Menzel, p. 98.

the designation of a new sovereign is a matter of God's will. When a sovereign die, all his children have equal right to the sultanate, which leads to struggle among them. There is no question either of designation or of legitimacy, by tradition or by law.[11]

With the Ottomans the struggle for the unity of the state in the post-Timurid period has much deeper reasons. Manuel's policy was to use every possibility open to him to further enhance the security of Byzantium by taking advantage of this internal struggle. It is especially noteworthy that in the course of events he hoped to take Gallipoli (Barker, p. 281, n. 143). Indeed, Manuel was willing to do anything in order to prolong the fratricidal strife. In truth, muck work yet remains to be done in order to shed light on the interregnum period, a subject that has not been extensively treated since Professor Wittek's basic article, "De la défaite d'Ankara à la prise de Constantinople", *Revue des Études Islamiques,* 12 (1938). To acquire concrete information on that period the rich and detailed Ottoman traditions contained in the Ruhî and Neşrî compilations must be compared with other Western and Eastern sources and with numismatic evidence; Professor Wittek only partially elaborated on some of these aspects. On the other hand, the questions raised by Professor Barker in his notes - questions based on the Byzantine and Balkan sources - will no doubt prove to be of considerable assistance in further elucidation of the Ottoman texts. For example, Professor Barker presents some valuable suggestions (e.g. pp. 281-282 n. 143) for dealing with the confusion that arose from the title *çelebi* used in the Christian sources in connection with Bayezid's sons.

It is Professor Barker's contention that when, in 1413, Mehmed, as sole Ottoman sovereign, united Rumelia and Anatolia, this was considered by Manuel to be a situation which not only endangered the peace but the continued existence of the Byzantine Empire as well (p. 298) As evidence of this, he mentions the fact that it was in 1415 that Manuel undertook the project of constructing the

11 See H. İnalcık, "Osmanlılarda Saltanat Verâseti Usûlü", *Siyasal Bilgiler Fakültesi Dergisi,* XIV (1959), pp. 69-94.

ramparts of Hexamillion on the isthmus of Corinth, the erection of which he had first planned back in 1408. Like Constantinople and Salonica, the Morea was to be protected by a strong line of defense. In its last years the Byzantine Empire was confined within these maritime areas. These three redoubts protected by ramparts on the land side could have been aided from the sea by the Western Christian world, and especially by Venice. The ties between Byzantium and Venice annoyed the Ottomans; it was in light of this situation that increased Turkish practical activity on the Aegean Sea must be viewed. Professor Barker attaches great importance to the rampart construction in Hexamillion. While fortifying the land approaches to the Morea, Manuel also completed measures previously undertaken to protect the area, such as the settling of the warlike Albanians. The new taxes with which Manuel burdened his people to finance his extensive fortification projects caused a reaction against him among the local archons and the populace. It is certain that the Ottomans took advantage of this dissension, just as they had on other occasions when there was discontent in the Byzantine Empire. The Ottomans regarded the construction of the Hexamillion ramparts as a hostile act directed against them. We must keep in mind that all bridgeheads south of the Danube which were not under their control were considered by the Ottomans as a constant threat to their security, with the result that the Ottomans were ceaselessly trying to eliminate them. The possibility that Venice might avail itself of the fortifications in the Morea to increase its control over the area was undoubtedly a source of growing anxiety to the Ottomans. The danger which the Morean redoubt represented as far as the Ottomans were concerned was illustrated in the crisis of 1444, when the despot Constantine threatened the Ottomans from the rear by an attack from the peninsula. (In 1446, Murad II gave vent to his ire by moving against the fortress of Hexamillion, which the Ottomans called Kerme, and with his artillery succeeded in breaching the walls in several places.) In 1415, when Manuel made the decision to construct the fortress, he had to resign himself to the possibility that it might endanger the pact with Mehmed. Professor Barker underlines the strictly formal nature of this pact, which was, in fact, nothing more than a truce, since the aim of the signatories remained to destroy one another. He analyzes at length a letter which makes clear Manuel's true intentions (pp. 302-308). Professor Barker also expresses skepticism concerning Ducas' information regarding the friendly meeting in Gallipoli. Since 1414, Manuel had been endeavoring to secure an alliance with Venice against the Ottomans and, in 1416, he dispatched representatives to the Council of Constance with the aim of bringing about a union of the Churches and a Western crusade. With these actions in mind, Professor Barker attempts to show that Manuel's friendship with Mehmed I was more apparent than real. The situation on the Ottoman side was not much different. Ottoman statesmen in Mehmed's court were well aware of Byzantium's dual policy, and some Ottoman sources even make mention of this "trouble- making" policy. However, Professor Barker does not dwell sufficiently on the details of the widespread acts of aggression against Mehmed, in which in 1416 Manuel seems to have figured prominently. Let us review briefly the major events of that year: İzmir-oğlu Cüneyd Bey crosses over to Wallachia, to Mircea. There, he joins Bayezid's son Mustafa, who wishes to remove Mehmed I from the Ottoman throne, and, together, they march into Bulgaria. But when defeated they flee to Byzantium and to Manuel, Manuel sends them to Salonica by sea. Mehmed undertakes an attack against Byzantium. He takes the fortresses of Gebze, Hereke, Darıcalu, Pendik and Kartal on the Marmara shore, near Constantinople. However, on May 29, 1416 the Venetian fleet under the command of Pietro Loredano raids and destroys the Ottoman fleet in front of Gallipoli. Meanwhile, Manuel sends Cüneyd and Mustafa from Salonica to Rumelia in order to foment a rebellion against Mehmed. They capture Serres, but Mehmed I rushes there and routs them. Once more, Cüneyd and Mustafa take refuge in the fortress of Salonica. In autumn Mehmed comes to Salonica and demands their surrender. But in the meantime Börklüce Mustafa and Torlak Kemal, both followers of Şeyh Bedreddîn, have stirred up a dervish rebellion in the İzmir region (Cüneyd's territory) and in Saruhan. Later, Bedreddîn himself is sent by İsfendiyar Bey to join Mircea, theWallachian *voyvoda*. Now, in autumn, Bedreddîn enters northern Thrace. Mehmed turns against him, captures him in Zagra and has him executed in Serres on December 18 of the same year. In the preceding autumn Mircea had marched on Silistria and occupied Deliorman.

Thus it is clear that in the year 1416 Mehmed I was faced with the threat of losing everything because of the combined attacks of all of his enemies. By inciting Cüneyd and Mustafa, Manuel had assumed an openly hostile attitude towards him. Once again Manuel had fanned the flames of Ottoman civil war in the hope of undermining his greatest foe (which was once more united) and thereby not only insuring the safety of his own realm but also enabling it to expand (i.e. Gallipoli). But civil war among Mehmed's subjects was averted by a close working relationship between the sultan and the Rumelian forces and those of the frontiers lord, Evrenos. Byzantium was compelled to give back some of the places taken from the Ottomans in 1403. The naval victory of Venice turned out to be of very little help to Byzantium. Sigismund's vow of action did not materialize. In the face of such reverses, Manuel had no choice but to renew the pact with Mehmed. The terms of the new the Emperor for the duration of Mehmed's life, in return for which Mehmed was to give the Emperor an annual sum of 300.000 akcha for their upkeep. Professor Barker accurately points out that Taeschner erred in giving the date of this pact as 1421; Taeschner seems to have confused it with discussions which took place in 1421, after Mehmed's death (Barker, p. 344 n. 83). In spite of its having been necessary for Manuel, the pact was nonetheless to his advantage, for it gave him the opportunity to use Cüneyd and Mustafa as the means with which to force Mehmed to remain at peace with Byzantium and it obliged the Sultan to pay him an annual sum of money. On the other hand, the new agreement also made it possible for Mehmed to deal with his enemies in Anatolia and Rumelia. In the winter of 1416 he marched against İsfendiyar, the prince of Kastamoni. In 1417, he launched a campaign against Karaman-oğlu, who had threatened him in 1416. In the years 1418 and 1419 the main issue which occupied the Ottoman sultan was the struggle between the Karakoyunlus and Akkoyunlus in Eastern Anatolia and the possibility of renewed interference in Anatolian affairs by the Timurids, now led by Timur's son Şâhruh. Yet Mehmed's most earnest desire was to direct his energies towards Rumelia so as to punish the Wallachian prince Mircea, another of the plotters of 1416, and to reestablish Ottoman domination over the Lower Danube area. Iorga, Decei, Uzunçarşılı and others are mistaken about the date of Mehmed's Wallachian campaigns. Mehmed's first campaign took place in 1419. Sigismund's descent to Severin and his plan to invade the Balkans were perhaps prompted by this Ottoman campaign. Mehmed occupied, then fortified the towns of Giurgiu, Yeni-Sale and Isakcı, and named one of his faithful subjects prince of Wallachia.[12] The point that we are trying to make here is simply that Manuel's policy cannot be understood without closely following developments in Ottoman history. It is for this reason that Professor Barker did not come up with a correct interpretation of the situation in 1416. The change in Manuel's policy was intimately connected with the general attack on Mehmed in 1416. It seems that Mehmed's successes in 1413-1415 against the Karaman-oğlus in Anatolia, his annexation of Hamideli, and later his capture of the territories of Cüneyd in İzmir, were among the factors which produced the situation of 1413. Ottoman expansion in Western Anatolia threatened not only the neighboring Christian states and the Turkmen *beylik*s, but, in the long run, Venetian interests as well. We must not under estimate the importance of the role which Cüneyd, who had lost his principality, played in the shaping of these events. He was not merely an "unruly adventurer" as Professor Barker would have it. He was a man whose impact was very considerable both in the realm of

12 The works published to date on Mehmed I are very weak on matters of chronology. Especially confused is the chronology in Uzunçarşılı's article "Mehmed I", in the *İslâm Ansiklopedisi*, VII, pp. 496-506.

action and in that of diplomacy. It has already been proved that he belonged to the İzmir branch of the Aydınoğulları. When Mehmed marched against him in 1415, the Knights of Rhodes, Germiyan-oğlu and Menteşe-oğlu, together with the rulers of Chois, Midilli and Phocaea, sought to make common cause against the Ottomans. Venice also supported this alliance. The rebellion staged against Mehmed by the pretender Mustafa and his ally Cüneyd, who had been exiled to Nicopolis as *vali*, received encouragement from all the states which opposed Mehmed I, including, of course, Byzantium, which had a vested interest in the continuation of the status quo of 1403. Although Professor Barker has some doubts as to whether or not Mustafa was, in fact, the son of Bayezid (p. 340), we maintain that in view of the clear evidence given by Ottoman sources concerning Bayezid's paternity, the question must be considered irrefutably solved.[13] Thus in Mustafa's person Manuel held a most effective weapon against the Ottoman sultan and in 1421, at the time of Mehmed's death, he attempted to play this trump and regain control of Gallipoli. He recreated the situation of 1416. In addition, when Mustafa became sultan of Rumelia at Edirne, in 1421, the Ottoman state was again parceled up just as it had been before 1413. Mustafa gave Gallipoli to Manuel as a reward for his support. According to Professor Barker, it was not the aging Manuel, but his son John VIII and an activist faction which promoted this policy (pp. 350-355). Mustafa's elimination by Murad was followed by the siege of Constantinople (1422). Professor Barker indicates that to alleviate pressure on his capital Manuel this time incited Murad's younger brother, Mustafa, the *vali* of Hamid-eli, to stage a rebellion in Anatolia (p. 366) Actually, it was Karaman-oğlu and the prince of Kastamoni who organized the action against Murad in Anatolia. It is certain that, just as in 1416, Manuel was in contact with them. The Ottoman chronicles, as well as the 1444 Karaman-Ottoman pact, show that Byzantium maintained close diplomatic relations with the Karaman-oğlus. An

---

13 See H. İnalcık, "Murad II", *İslâm Ansiklopedisi,* VIII, pp. 589-615.

Ottoman *calendar* contains important information concerning the incident with the younger Mustafa. As soon as the Ottoman sultan Murad II had prevailed over all of his enemies just as his father had in 1416, Byzantium once more shifted back to the old conciliatory policy.

Still, Manuel took care to keep in reserve in his own country a new pretender, Orhan, as a continuous threat against the Ottomans. One of the principal results of the events of 1422-1423 was Byzantium's abandonment of Salonica to Venice. During the 1422 siege of Constantinople, an Ottoman force also besieged Salonica. Professor Barker says that in 1423 the Ottomans were seriously entertaining the idea of seizing this city. But then, in order to crush Cüneyd, who had again taken İzmir, and to take Salonica from the Venetians, Murad II felt it necessary to return to the former policy of superficial conciliation with Byzantium, with the result that a pact was signed between the two Powers on February 20 or 22, 1424.

Papa II. Pius'un Fâtih'e Mektubu (1461): Epistola ad Mahomatem

Avrupa "millî" hanedan devletleri yükselince 14. ve 15. yüzyıl papaları Avrupa Hıristiyan dünyasında eski nüfuz ve otoritelerini korumak ve geliştirmek gereğini duydular; bu amaçla İslâma karşı İslâm-Türk tehlikesini abartarak Haçlı seferleri için yoğun bir diplomasi faaliyeti gösterdiler.[1] Aynı dönemde Latinler İstanbul'u işgal edince (1204) Bizans İmparatorluğu'nun Balkanlar ve Ege'deki vârisleri Latinler (Ceneviz, Venedik, Aragon, Fransızlar) karşılarında her yerde Türkleri buldular. Batı Anadolu'da yerleşen ve Ege Adaları'ndaki Latinlere karşı çıkan beylikler için mücadele, İslâmî gâzâ ve Haçlı mücadelesi halini aldı. Osmanlı Beyliği doğrudan doğruya Bizans'ı tehdit ettiği için bu *uc* bölgesinde Bizans, Batı desteğini aradı –özellikle 1354'te Osmanlılar Gelibolu'da yerleşince.

1320'lerde Sanudo, Haçlı seferlerinin artık Suriye-Filistin-Mısır üzerine değil, Ege'de Türklere karşı odaklanması gerektiğini savunuyordu. İslâm dünyası için Ege'de Türk *guzât fi'l-bahr* çarpışıyordu. Onlara karşı bizzat Papalık, Rodos'ta Menteşe gâzîleri-

1 K.M. Setton, *The Papacy and the Levant (1204-1571)*, I-II, Philadelphia, 1976-1978. Vatikan arşivlerine dayanır.

ni püskürtüp adayı şövalyelerin bir üssü haline getiriyor, 1344'te aşağı İzmir'deki kaleyi alarak Anadolu'da Haçlılar için bir üs olarak örgütlüyordu.[2]

Batı Anadolu'da ve Bithynia'da Türkmen yayılışı karşısında çaresiz kalan Paleologoslar, kurtuluşu Batı ile dinî ayrılığa yani *Şizma*'ya son vererek papanın öncülüğünde Batı'dan gelecek Haçlı ordularında görüyordu.[3] Selçuklulardan sonra[4] Ege Türkmen beylikleri Batı Anadolu'yu ele geçirirken Osmanlı akıncıları daha 1302'de Boğaz'ın Anadolu kıyılarına kadar geliyor, İstanbul'u tehdit ediyorlardı.

İstanbul için Osmanlı tehdidi son kertede ciddileşince 1438'de Bizans imparatoru, patrikle beraber Ortodoks ruhban Floransa'ya gitmişler, kiliseler arasında Şizma'ya (ayrılığa) son vermişler ve Haçlı vaatleriyle dönmüşlerdi (1439).[5] Çok geçmeden 1444'te Haçlı ordusu Varna'ya kadar geldi. Bu Haçlı seferinin hazırlanıp son karara erişilmesinde Papalık diplomasisi kesin bir rol oynamıştır.[6]

İstanbul'un bu olaydan yüz yıl kadar sonraki fethi, Haçlı düşüncesinin bir kez daha en yüksek düzeye çıkmasına yol açtı, Papalık Haçlı projelerini hararetle benimser oldu. Papa Nicholaus (1447-1455) üç Ceneviz gemisini kiralayıp erzak, silah ve askerle donatıp kuşatma altındaki İstanbul'un yardımına göndermiş, gemiler 20 Nisan 1453'te Fâtih'in donanmasına galebe çalarak Haliç'e girmeyi başarmış, olay Osmanlı tarafında umutsuzluğa neden olmuştu. Nicholaus'tan sonra Papa III. Calixtus (1455-1458) Haçlı seferi ilân ettiğinde (Mart 1456) "Türkleri yalnız İstanbul'dan değil, Avrupa sınırlarından öteye atmak"tan söz ediyordu. Gönderdiği donanma 1456 yazında Ege Denizi kuzey adalarında (Limni, Semadirek ve Taşöz) yerleşerek Fâtih'in İstanbul'u için

---

2 P. Lemerle, *L'emirat d'Aydin, Byzance et l'Occident,* Paris: Presses Universitaires de France, 1957; H. İnalcık, *Kuruluş Döneminde Osmanlı Sultanları 1302-1481.*

3 H. İnalcık, *Kuruluş Döneminde Osmanlı Sultanları 1302-1481.*

4 1. Haçlı seferiyle İznik, Selçuklulardan alınıp Bizans'a geri verildi (1097).

5 Heyet döner dönmez Osmanlı sultanı toplantıda alınan kararlardan haberdar olarak Bizans'tan tehditle bilgi istedi. Bkz. H. İnalcık ve M. Oğuz *Gazavât-i Sultan Murad,* Dizin, Ankara: TTK, 1978.

6 H. İnalcık, *Fatih Devri Üzerinde Tetkikler ve Vesikalar*, Ankara: TTK, 1954, s. 1-53.

ciddi bir tehlike oluşturdu. Fâtih sonunda Kritovoulos ve adalardaki Rum arhontların işbirliğiyle Papalık kuvvetlerini adalardan çekilip gitmeye zorladı. İstanbul'un 1453'te fethedilişi, Batı Hıristiyanlığının doğrudan doğruya bir istila tehdidi karşısında bulunduğu korkusuna yol açtı. O zaman Siena peskoposu olan Silvius Piccolomini (sonradan Papa II. Pius) Papa V. Nicholaus'a şunları yazmıştı:[7]

> Zavallı Hıristiyan dünyasına yazıklar olsun, yaşamak istemiyorum. Şimdi Hıristiyanlığın iki ışığından birinin sönmüş olduğunu görmekteyiz. Doğu (Roma) imparatorluğu makamının devrildiğine tanık olmaktayız şimdi Mohammed aramızda hüküm sürmekte, Türk tam başımız üstüne eğilmiş bulunmaktadır ... Bizim için şimdi tek çıkar yol İstanbul'u geri almak için büyük bir Haçlı seferi örgütlemektir.

30 Eylül 1453'te papa bütün Hıristiyan devletleri Türklere karşı derhal bir Haçlı seferine katılmaya çağıran bir yazı gönderdi. Derhal aralarındaki kavgalara son verip Haçlı ordusuna koşmalarını istedi. 1454'te İtalya devletleri, Lodi'de aralarında barış sözü verdiler. İmparator III. Frederick sorunu görüşmek üzere bir sıra imparatorluk meclisi (*Diet*) topladı. Fakat bu tarihte, Ortaçağ'ın papa ve imparatorluk altında Batı Hıristiyanlığı birliği, *Respublica Christiana* artık bir sözden ibaretti. Piccolomini bir mektubunda Hıristiyanlığın itaat edeceği bir başı kalmadığını itiraf etmekteydi.[8]

Tanınmış bir hümanist olan ve 19 Ağustos 1458'de II. Pius adıyla papa seçilen Enca Silvio Piccolomini, Papalık tahtına oturduğunda bu yenilgiyle karşılaşınca, Avrupa'yı her zamankinden daha büyük bir Haçlı seferi için harekete geçirmek üzere planlar yapmaya başlamış, bir yandan da dini konsillerin Papalık otoritesini kısıtlama çabalarına karşı şiddetli bir mücadele yürütmüştü. Onu seçenler, bir "haçlı papası" seçtiklerinin bilincindeydiler. Yeni papa Türklere karşı tüm Avrupa'nın elbirliğiyle katılacağı bir Haçlı seferini

---

7 K.M. Setton, *The Papacy and The Levant,* 1204-1571, I, Philadelphia: American Philosophical Society, 1976, s. 162.

8 K.M. Setton, *The Papacy and the Levant,* 1204-1571, s. 153.

kararlaştırmak üzere Mantua'da bir kongre topladı (açılışı 1459). Fakat evvela Mantua kongresindeki direnişler, sonra Fransa krallığıyla anlaşmazlık (1461) yüzünden Avrupalıların Haçlı projesinde birleştirememek onu ümitsizliğe düşürdü. İşte Fâtih'e *Epistola*'sını da o zaman, 1461'de kaleme aldı.

1461 Tarihli Mektup

II. Pius'un Fâtih'i Hıristiyanlığı kabul ederek Doğu Hıristiyan dünyasının efendisi imparator olmaya çağıran risâle tarzında mektubu, *Epistola ad Mahomatem II* adıyla bilinir.[9]

Mektup uzun uzadıya İslâmî doktrini reddetme çabasındadır; bu niteliğiyle Ortaçağ'da İslâm'a karşı Hıristiyan polemikçilerle aynı hizada bir çabayı temsil eder. Papa Pius, Ortaçağ polemikçile-

---

9 A.R. Baca, *Epistola Ad Mahomatem II (Epistle to Mohammed)*, New York: Peter Lang, 1990, Latince metin: s. 115- 212; kaynakça, s. 213-215; Else Hocks, *Pius II und der Halbmond*, Freiburg im Breisgau: Herde, 1941; Giuseppe Toffanin, *Lettera a Maometto II (Epistola ad Mahumeten)*, Napoli: R. Pironti, 1953; Berthe Widmer, *Enea Silvio Piccolomini in the sittlichen und politschen Entscheidung*, Basel: Helbing & Lichtenhahn, 1963; Nancy Bisaha, "Pope Pius II's Letter to Sultan Mehmed II: A Reexamination", *Crusades* I (2002), s. 183-200; N. Bisaha, *Creating East and West: Renaissance Humanists and the Ottoman Turks*, Philadelphia: University of Pennsylvania Press, 2004. J. Hankins, "Renaissance Crusaders: Humanist Crusade Literature in the Age of Mehmed II". *Dumbarton Oaks Papers* 49 (1995), III-207; R.J. Mitchell, *The Laurels and the Tiara: Pope II, 1458-1464*, Londra: Harwill Press, 1962; K. M. Setton, *The Papacy and the Levant*; Mustafa Soykut, *Image of the Turk in Italy: A History of the "Other" in Early Modern Europe, 1453-1683*, Berlin: Klaus Schwarz. 2001. Bu belge üzerinde son kez Özden Mercan bir tez yapmıştır: "Constructing Self-Image in the Image of the Other: Political and Religious Interpretations of Pope Pius II's Letter to Mehmed II (1461)", *Yüksek Lisans Tezi, Central European University*, Budapeşte: Mayıs 2008. Ö. Mercan, çalışmasında belli başı literatürü gözden geçirir. Mektubun gerçekten Fâtih'e gönderilmek üzere yazılıp yazılmadığını tartışır ve üç çeşit açıklamanın mümkün olduğunu belirtir. Evvela, "Mektup gerçekten Mehmed II'yi Hıristiyan yapmak amacıyla yazılmamıştır." Mektup "[Avrupa'da] Hıristiyan hükümdarlar arasında Hıristiyan Birliği ruhunu ve büyüyen Osmanlı tehlikesine karşı Haçlı idealini canlandırmak amacıyla" yazılmıştır. Şayet Hıristiyan hükümdarlar papanın Haçlı seferi davetine kulak tıkamakta devam ederlerse, o zaman Fâtih'e dönecek ve onun otoritesini tanıyacaktır. Yani papanın muhatabı Fâtih değil, Hıristiyan hükümdarlardır. Ö. Mercan araştırmasında ikinci şık olarak şu görüşü özetler: Papa Pius II'nin mektup-risâlesi, bir "self-image"dır. Bu bakımdan mektup, yalnız öteki (Osmanlı) karşısında Rönesans kültür görüşlerini yansıtmakla kalmaz, aynı zamanda "öteki" (Osmanlı) imajı karşısında kendi öz imajını anlama çabasını gösterir.

rinin kanıtlarını kullanmakla, Rönesans döneminde İslâm'a karşı bakışta değişiklik olmadığını göstermektedir.[10]

Bu mektup üzerine bir yüksek lisans tezi hazırlayan Ö. Mercan,[11] tezinin ilk bölümünde ilkin, Papa Pius II'nin Osmanlılara karşı görüş ve duygularını özetler. Papa Fâtih'e şöyle hitap etmektedir: "Sen mükemmel bir insan, asil atalardan gelen, başarılarıyla şan ve şeref kazanmış ünlü bir hükümdar, büyük bir imparatorluğun sahibi, tabiatın bağışladığı birçok meziyetler sahibi büyük bir insansın."

Mercan'a göre Pius'un mektubu, İslâm karşısında Ortaçağ iddialarıyla, Rönesans dönemi hümanist yaklaşımını bağdaştırma ve Osmanlı karşısında kendini tanımlama çabasını ifade eder. Bu polemikte, Türklere karşı savaşta papalığın önderliği noktasında dikkati çekmekte, üstün bir din olarak Hıristiyanlığa mensup olmanın gururunu yinelemekte, Türk'e karşı mücadelede din bakımından üstünlük iddiasında bulunmakta ve nihayet Türk'e karşı Hıristiyan birliği gerçekleştiği takdirde ne kazanılmış olacağını anlatmaktadır. Bir cümleyle özetlemek gerekirse, Osmanlı tehdidi karşısında aynı zamanda 15. yüzyıl hümanistlerinin kaygı ve davranışlarını da özetlemektedir.

Biz burada ilkin, papanın Fâtih'e hitaben yazdığı mektuptan bazı seçilmiş parçalar naklederek, belgenin gerçek muhatabı ve amacı hakkında görüşlerimizi bildirmeye çalışacağız.

I. Bölüm

Papa bu mektup-risâleyi neden yazdığını açıklayarak söze başlar:[12]

> Siz Fâtih'in Tanrı yolunda kurtuluşunuz (*salvation*), şan ve şerefe erişmeniz, "milletler arasında barış ve rahatlık" amacıyla yazmaktayız, lütfen bir karara varmadan önce sözlerimize kulak veriniz.

---

10 Bu yorum için bkz. Albert R. Baca (çev. ve yay.), *Epistola ad Mahomatem II-Epistle to Mohammed II*, American University Studies, s. 127, New York: Peter Lang, 1990.

11 *Epistola* üzerinde Ö. Mercan; "Political and Religious Interpretions of Pape Pius II's Letter to Mehmed II (1461)", *Yüksek Lisans Tezi.*

12 Bu yayında, Latince asıl metni İngilizce çevirisiyle, notlarla yayınlamış ve editörlüğünü de üstlenmiş olan Albert R. Baca'nın yukarıda adı geçen eserinden yararlandık.

Tarafımızdan söylenenler doğru ise, onları benimsemenizi ısrarla temenni ederiz; yanlış ise ateşe atınız. Mektup bir Hıristiyan'dan geldi diye red ile karşılamayın, zira bu mektup tüm Hıristiyanların başı olan bir Hıristiyan'dan gelmektedir. [...] Bizler size karşı değil, yapmış olduğunuz işlere karşıyız. Hıristiyanlık düşmanı için de kurtuluş ister; Yunan, Latin, Yahudi, Müslüman ayırmaz. İsa'yı andığımız için kulaklarınızı kapamayın, zira Muhammed dini de onu büyük bir paygamber tanır. İsâ bir bakireden dünyaya gelmiş olup mucizeleriyle tanınmıştır. Türkler ve Hıristiyanlar kılıçla üstün gelmek için her türlü suçu işlemiş bulunmaktadır. Siz Latinleri de hükmünüz altına almak istersiniz. Aramızda sizin gücünüzü destekleyerek buna açık olanlar vardır. Bazıları aramızdaki ayrılıklar dolayısıyla, yabancıların buraları istilasının güç olmadığını düşünebilirler. Ama herhalde, bizim kaynaklarımızdan ve Hıristiyan milletinin büyüklüğünden habersiz değilsiniz: İspanya'nın gücü, Fransa'nın savaşçılığı, Alman milletinin büyüklüğü, Britanya'nın kahramanlığı, Lehistan'ın cesareti, Macaristan'ın dayanış gücü ve İtalya'nın zenginlik, enerji ve savaşta tecrübesi hakkında herhalde bilgisiz değilsiniz. Sadece Macaristan, sizi ve atalarınızı uzun zaman uğraştırdı [...] sadece Macaristan, seksen yıl size karşı dayandı; şayet İtalya, Fransa ve Almanya'nın büyük nüfus ve kaynaklarıyla karşılaşırsanız, buna nasıl dayanacağınızı hiç düşündünüz mü?

Evvelce İmparator Iustinianus (527-565), Belisarius'u ufak bir kuvvetle İtalya üzerine gönderip Roma'yı ve İtalya'yı Alpler'e kadar imparatorluğuna katmıştı; siz Iustinianus'tan daha aşağı sayılmazsınız. Dikkat edin, birtakım meddahlar, burada (İtalya'da) veya dışardaki bir sürü hasta kişiler, sizi kandırabilirler; çünkü hükümdarlar kendileri hakkında söylenen büyük laflara kulak verirler... Iustinianus Yunanistan ve Asya'ya hâkim olduğu halde İtalya'yı alamadı, sadece istilacı barbar Gotları oradan çıkardı. Roma İmparatorluğu sevgisi, İtalyanların zihninde hâlâ sıcaktır ve kimse yabancı Belisarius boyunduruğuna girmeyi rahatlıkla kabullenmez. İtalyanlara hürriyetlerini Belisarius iade etmedi, İtalyanlar kendi özgürlüklerini kendileri kazandı.

Sizin atalarınız İtalya'yı ne gördüler, ne de ele geçirdiler. İtalya üzerinde hiçbir hakkınız yok. İtalya'yı istilayı ısrarla düşünüyorsanız, karşınızda çarpışmaya hazır bir halk bulacaksınız[13] [Fâtih'in fetihlerini özetleyerek onun üstün başarılarından söz eder. Buna karşı Sezar ve Romalıların zaferlerini anar]. Şimdilerde, evvelce hüküm sürmüş olanlar boyunduruk altına sokulamaz. Tüm İtalya bugün atlı askerle doludur, para da eksik değil [...] Burada işler kılıçla hallolmaktadır. Karşınızda atlı ve kendi zırhlı yiğitler bulacaksınız.

Öte yandan burada devletler arasındaki ayrılıklar sizin işinize yarar. Ama Hıristiyan dünyasının kalbine yaklaşırsanız tüm Hıristiyanları karşınızda birleşmiş bulacaksınız, istila halinde tüm Hıristiyanlar kendi aralarındaki düşmanlığı unutup ortak düşmana karşı birleşecektir. Saldırınızı geri püskürtmek için tüm Hıristiyan dünyasının bir araya gelmesi, her ne kadar güç ise de mümkündür.

Sarayınızda İtalya'yı gezmiş, gücümüzü görmüş olanlar vardır, onlara sorup İtalya ile sizin kaynaklarınızı karşılaştırabilirsiniz. Bizim aramızdaki savaşların, sizin İtalya'ya girmenizi kolaylaştıracağını söyleyenler olabilir; fakat burada Hıristiyan olmayan birinin tebaası olmak isteyen bir kişi dahi bulamazsınız. Herkes Hıristiyan dini için ölmeye hazırdır. Atalarınızın Rumlarla yaptığını, burada göremeyeceksiniz, Rumlar karşı karşıya iki taraf oldular, aralarında iktidar için giriştikleri mücadelede Türkler bazen birine bazen ötekine yardım etti, sonunda her iki taraf bitap düştü, o zaman Türkler her iki tarafı ve ülkelerini hükümleri altına aldılar. İtalya'daki devletler böyle değildir, bir kısmı monarşi, bir kısmı cumhuriyettir. Mesela Venedik cumhuriyeti akılca ve paraca güçlüdür ve Hıristiyan dinine bağlıdır.

Din düşmanının İtalya'ya girmesine izin vermektense, onların ölümü seçeceklerine inanıyoruz. Komşuları yardım etmese bile, Venedik tek başına buna engel olur, zira denizde ve karada o derece güçlüdür. Yahut Floransa'nın haşmeti, gücü, zenginliği ve Hıristiyan dinine bağlılığı hakkında bir fikriniz var mı? Bu şehrin, başka dinden birilerine İtalya kapılarını açmaya izin verebileceğine inanabilir misiniz?

---

13 1480'de Gedik Ahmed Paşa ordusuyla İtalya'ya ayak bastı; Otranto'yu kolayca ele geçirdi, büyük bir ordu ile geri gelmek üzere Rumeli'ne geri geldi. O sırada Fâtih öldü (1481), Bâyezid Cem'e karşı onu yanına çağırdı. Ahmed'in tüm ısrarlarına karşı yeni sultan İtalya seferine izin vermedi, bkz. Z.M. Angiolello, *Historia Turchesca*, Bükreş, 1910; Otranto'da teslim olan Osmanlı askerini Napoli kralı hizmetine aldı ve papalığa karşı kullandı.

Başka büyük şehirler, birçok ünlü kişiler ve büyük önderler vardır bu memlekette. Sadece Sicilya krallığını zikredelim, gerçi halen iki rakip kral savaş halinde iseler de, hiçbiri sizin yardımınızla zafer elde etmek istemez, bu takdirde krallığı kaybetmeye razıdır. İkisinden biri yanınıza kaçarsa, tüm İtalya'nın nefreti üzerinde olur. Milano düküne gelince, ordusu mükemmeldir, krallarınkiyle eşit tutulur. Modena ve Cenova da kuvvetçe küçük sayılmaz. Savoie düküne gelince o da küçümsenemez, İtalya da güçlü bir prenslik sayılır. Mantua margravlığı ve daha birçoğu için, İtalya'nın dinsizlerce çiğnendiğini görmek onları her şeyden ziyade rahatsız eder. Kendimizden, Roma Kilisesi'ne ait eyaletlerden söz etmeyeceğiz, zira sizce malûmdur. Bütün amacımız, Hazret-i İsa efendimizin dinini korumak ve yaymaktır.

I. Bölüm Üzerine Yorum

Bölümün başında, Fâtih'ten önerilenleri dikkatle okuyup tartması ve karar vermesi isteniyor. Papa Hıristiyan etiğiyle yaklaşım yapıyor, diyor ki size, şahsınıza kinle yaklaşmıyoruz, hareket tarzınıza, savaşa karşıyız. İncil'in istediği gibi, size doğru yolu göstermek istiyoruz. Sizi savaşa ve istilaya teşvik edenlere kulak vermeyin.

a) Bu ifadeler, Papa'nın gerçekten Fâtih'e hitap ettiğini gösterse gerektir.

b) İkinci tema, İtalya'yı fethetmenin güçlüğünü gösterme çabasıdır. Şimdiye kadar kılıçla yaptığınız başarılar size İtalya hakkında yanlış bir güven vermemeli. İtalya her bakımdan çok güçlüdür, dinine bağlıdır. İslâm egemenliği karşısında birleşir ve savaşır. Papa bu nokta üzerinde ısrarla durmakta. İddia açıkça İtalya'yı fetih düşüncesinden Fâtih'i caydırmak için söylenmiştir. Zira İstanbul'un fethinden sonra Fâtih'in İtalya'yı fethetme emelinde olduğu yaygın bir söylentiydi.

II. Bölüm

Papa yukarıda belirtilen noktaları, mutlaka iyi araştırınız dedikten sonra dininiz İslâmiyete bağlı olduğunuz sürece, Hıristiyanlara galebe çalmanız mümkün değildir diyor ve devam ediyor:

Şimdiye dek birçok Hıristiyan toplumu hükmünüz altına almış olmanız dolayısıyla kalanların da öyle olacağına güveniyorsanız, yanılıyorsunuz. Zira o Hıristiyanlar yani Ermeniler, Ya'kubîler, Mârûnîler hata içindedirler. İncil'deki gerçek yolunda yürümeyenlerdir. Rumlar dahi Floransa Konsili (1439) kararlarını hâlâ kabul etmediler, hatalı yoldadırlar.[14] Belki birkaç Hıristiyan, çaresizlikten istemeyerek, size itaat gösteriyor. İtalya'nın güçlü şehirleri sizin ordularınız karşısında asla boyun eğmeyecektir. Yakınlarda Belgrad'da göğüslerinde haç taşıyan az sayıda insan sizin ordularınızı diz çöktürmediler mi? [Fâtih'in Belgrad Kuşatması 1456'dadır.][15]

Bu nedenle, size bu mektubu yazmaya bizi sevk eden esas noktaya geliyoruz, yani hem şan ve şerefi hem öbür dünyada kurtuluşunuzu güvence altına alabilmeniz nasıl mümkündür; bunun için aşağıda söylenen birkaç şeyi dikkatle dinleyiniz. Eğer Hıristiyanlar üzerinde otoritenizi kurmak ve adınızı alabildiğince şanlı kılmak istiyorsanız para, silah, ordulara veya donanmalara muhtaç değilsiniz. Ufacık bir şey sizi günümüzde yaşayan insanların en güçlü ve şanlısı yapabilir. Bu birkaç damla suyla vaftiz olmaktır; bu sizi Hıristiyan ibadetlerine ve İncil'deki inanca götürmeye yeter. Şayet, bunu kabul ederseniz, dünyada şan u şeref ve güç bakımından sizi geçebilecek başka bir hükümdar olmayacaktır. Sizi, Rumların ve Doğu [Roma İmparatorluğunun] hükümdarı olarak tanıyacağız. Halen zor gücüyle ve haksız olarak elde tuttuğunuz şeye haklı olarak sahip olacaksınız.

II. Bölüm Üzerine Yorum

Mektubun tarih bakımından belki en ilginç kısmı bu bölümdür.

a) Burada açıkça Fâtih'e şu öneri yapılmaktadır: Gerçekten Doğu Roma imparatoru olmak, Hıristiyan dünyası üzerinde egemenliğinizi kabul ettirmek istiyorsanız, Latin Hıristiyanlığını ka-

---

14 Roma papalari, Doğu Ortodoks Hıristiyanlığını asla tanımadı (Büyük Şizma, 1354), 1439 Floransa Konsili'nde kabul edilen birlik belgesini Ortodoks halk asla benimsemedi, bkz. J. Jill, *The Council of Florence*, Cambridge, 1959; D.M. Nicol, *The Last Centuries of Byzantium* s. 351-359; Fâtih, birlik belgesini asla tanımayan G. Scholarios'u patrik seçerek bu konuda asırlık Osmanlı siyâsetini izledi ve devletin Ortodoks kilisesinin koruyucusu olduğunu gösterdi. Papaya tâbi Katolik kilisesine ülkesinde yer vermedi. Ancak Galata'yı ülkesine kattığı zaman (Haziran 1453) evvelce yerleşmiş Katolik kiliselerinin faaliyetine izin verdi.

15 Fâtih Belgrad önünde başarılı olamadı, ricat etti.

bul ettiğinizi ilân etmelisiniz. İslâmiyetten ve Ortodoks Hıristiyanlığı benimsemekten vazgeçmelisiniz. Pius II, Fâtih'in Sholarius'u (Gennadious II) resmen patriklik tahtına oturtup tanıdığını biliyor ve Doğu Kilisesi'nin 1439 Floransa Konsili'nde Roma'daki papanın otoritesini kabul ettiğini özenle belirtiyor.

b) Rumlar ve öteki Hıristiyan cemaatler Fâtih'in otoritesini zor altında tanımışlardır. İtalya'ya gelirse buradaki Katolik Hıristiyanlar çarpışacak, Fâtih'in otoritesini kesinlikle kabul etmeyecekler, onu püskürteceklerdir (Ona Katolik Haçlıların Belgrad önündeki zaferini hatırlatır. Ortalıkta dolaşan söylentilerin etkisiyle, Fâtih'in İtalya'yı istila etmesi ihtimâlini daima hatırda tutar). Sonuçta, Hıristiyanlar üzerinde meşrû egemenlik ancak İslâmiyeti bırakmak ve Roma papasının temsil ettiği Katolik Hıristiyanlığı tanımakla mümkündür, iddiası üzerinde durmakta.

Özetle Fâtih'i İtalya'yı istilaya girişmesi olasılığına karşı uyarıyor ve ona Papalık otoritesini tanıyarak Katolik kilisesine katılmasını öneriyor. Meşrû imparatorluğunun ancak bu yolla mümkün olduğunu vurguluyor. Papa Avrupa'da genel bir Haçlı ordusu toplayarak harekete geçirmenin imkânsızlığını görmüş[16] ve bir bakıma Fâtih'in imparatorluk siyâsetine uygun bir çözüm şekli olarak böyle bir plan düşünmüştür.

Fâtih *Kâyser-i Rûm* unvanını benimseyerek, Rum Ortodoks patrikliği makamına da kendi berâtıyla bir patrik seçerek açıkça Doğu Roma (Bizans) İmparatorluğu mirasına sahip çıkıyordu. Batıda bu iyi biliniyordu. Fâtih'in Hüseyin Baykara'ya gönderdiği elçisi Kirmânî, "Benim sultanım kâyserlerin altın tahtı üzerinde oturuyor" demiştir. Fâtih papanın önerisini kabul ederse, onun patrik üzerindeki otoritesini de tanımış olacaktı.

III. Bölüm

Papa Avrupa'da savaşların hüküm sürmekte olduğunu tespit ediyor, önceleri İsa dinine (Papa otoritesine) bağlılık sonucu böyle bir durum ortaya çıkmıyordu diyor. Türkle savaşın anlamı başkadır:

---

16 Bkz. A.R. Baca, *Epistola ad Mahomatem, II*, Bölüm III, s. 23-28.

Türk egemen olduğunda dinini, özgürlüğünü ve yaşam tarzını kaybedersin[17] ... Esir düşenlerin çoğu dinini değiştirmeye zorlanır ... Şayet Hıristiyanlığı kabul edersen, bütün bu aykırı davranışlar son bulacak ve evrensel barış gelecektir. Niye korkuyorsun, neden vaftiz olmaktan kaçıyorsun?

Evet, sarayındaki Türkler seni korkutacaklar, diyecekler ki, "Bir Türk dinini bırakırsa artık Türk değildir, her şeyi kaybedip yalnız kalacaksın." Ama sana destek olacaklar da çıkacak, zira hizmetinde olanlardan birçoğu Hıristiyan olarak doğmuşlardır... Hıristiyanlardan nefret etmezler, onlar sana, şahsına bağlıdır. Onları orduların ve vilayetlerin başına getir, karar verme zamanında her şey hazırdır. Rum, Ermeni tebaa da kendi dinlerinin senin tarafından kabul edildiğini görünce, ileriye daha büyük bir umutla bakacaklar, cizye vergisinden ve her gün karşılaştıkları zulümlerden kurtulacaklar.[18]

Papaya göre, Hıristiyanların yaşam koşulları son derece kötüdür. Çocukları devşirme yoluyla alınmakta, İslâmiyete sokulmaktadır; kötü muamele gören insan bunları yapana sevgi duyamaz. (Ey Sultan Muhammed) "Hıristiyan olursan, onlar sana sevgiyle bağlanır. Onların sayısı çoktur ve dinlerine bağlıdırlar. Akıllıca hareket edersen, Türkler tarafından da bir isyan olmaz, sana uyarlar." Papa bundan sonra Hıristiyanlığı kabul eden pagan hükümdarlardan örnekler sıralar. Franklar, Macarlar, Gotlar vb. papaya göre en iyi örnek de, Büyük Konstantin'dir (306-337). Herkes karşı gelirken o Hıristiyanlığı kabul etti, diye vurgular; Fâtih için güzel bir misal saydığı Konstantin'in başarıları üzerinde durur.

---

17 Gerçekte Osmanlı imparatorluk rejimi bu gibi koşulları bertaraf etmekte, sultanın otoritesini kabul edene İslâmî *zimmet* hukuku dairesinde can, mal ve kendi dininde (yaşam tarzında) devam güvencesi bağışlamakta idi. *Ahdnâme* ile İslâmî yeminle bağışlanan bu güvenceler, sultan için dinî bir zorunluluk niteliği taşıyordu. Balkanlar'da Osmanlı yayılışı böyle gerçekleşmiştir. İslâmlaşma zorunlu değil, normal sosyal koşullarda gerçekleşmekteydi. bkz. H. İnalcık, "Ottoman Methods of Conquest".

18 Gayrimüslimler için toplum hayatında kuşkusuz bazı küçültücü kurallar vardı: Belli kıyafette gezerler, ata binemez, esir kullanamazlar, sokakta dinî alaylar tertip edemezler vb. Fakat Osmanlı arşiv belgeleri gösteriyor ki bu gibi kısıtlamalara normal zamanlarda dikkat edilmiyor, mesela Rumlar ve Yahudiler at, esir kullanıyorlardı. Yaşamları ve görünüşleri Müslümanlarınkinden farklı değildi. Ancak bir hezimet anında gayrimüslimlerin bu imtiyazlarına son veren fermânlar çıkarılıyordu. Papa Yahudilerin İtalya'da meydanlarda yakıldığını ve engizisyonu unutmuş görünüyor

İşte Hıristiyan olursan, Büyük Konstantin örneğindeki her şey seni bekliyor. Türkler de seninle beraber vaftiz olacaklardır. Hükmün herhangi birinden daha yüce olacaktır. Milletler, Rumca, Latince ve barbar dillerinde hep seni öveceklerdir. Hiçbir fânî şan u şeref ve güç bakımından senin üstünde olmayacaktır. Şimdiki kudret ve şöhretin geçicidir... Bu dünyada her şey geçicidir.

Papa bir hümanist olarak, kadîm felsefelerden geçici olmayan idealleri özetler. "Gelecek imandadır. İnsanlığın son umudu her şeyi Allah rızası için yapmaktır. Bu bakımdan biz Hıristiyanlarla siz Müslümanlar arasında bir ayrılık yoktur."

III. Bölüm Üzerine Yorum

En başta, Avrupa'da devletler arasında ayrılık ve çatışma dolayısıyla Türke karşı ortak bir Haçlı ordusu örgütlemenin güçlüğünü belirtmesi önemlidir; böylece Papa onlar önünde Fâtih'e hitap etme ve bu mektubu yazma mecburiyetinde kaldığını işaret ediyor, kendini haklı çıkarmak istiyor. Bu cümleler ile papa kuşkusuz Avrupalı dindaşlarına da hitap etmekte, onların ödevden kaçmaları sonucu kendisinin Müslüman hükümdara başvurmak zorunda kaldığını kanıtlamak istemektedir. Bu satırlar, mektubun aslında Avrupalı Hıristiyanlara hitaben yazılmış olduğunu iddia edenlerin tezini güçlendirir. Papa Fâtih'i, Hıristiyan olursa, olası tehlikeler karşısında korkmaması için inandırma çabasındadır. Bu tehlikeler, saraydaki maiyetinin onu terk etmesi, ordunun ayaklanması, tahttan indirilmesi, yerine başkasının getirilmesidir.

Papa buna karşılık ona sadık kalacakların az olmadığını iddia eder; bunların ilk grubu devşirmelerdir, kumandanlıkları onlara verirse duruma hâkim olacağını öne sürer. İkincisi Rum ve Ermeni tebaanın onun kendileri gibi Hıristiyan olduğunu görünce, asi Türklere karşı Fâtih'in yanında yer alacağını, dolayısıyla hiçbir şekilde yalnız kalmayacağını iddia eder. Papanın üzerinde durduğu bu ayrıntılar, gerçekten Fâtih'e de hitap ettiğini gösterir.

Papa tarihte Hıristiyanlığı kabul etmiş ve büyük mevkiler kazanmış hükümdarları, özellikle Büyük Konstantin örneğini anarak, Fâtih'i cesaretlendirme çabasına devam eder. Romalılar nasıl Konstantin'in arkasından Hıristiyanlığı kabul etmişlerse, Türklerin de onun arkasından Hıristiyanlığı kabul edeceğini iddia eder. Bu noktada Pius, ilk tahminleriyle çelişki halindedir. Hıristiyan olan Romalıların aksine Türklerin, hatta Müslüman olmuş devşirmelerin Hıristiyanlığa dönmeyeceklerini bilememektedir.

IV-XVIII. Bölümler

Papa Osmanlı sultanına, "Ruhunu ebedî, uhrevî kurtuluşa eriştirme yolunun Hıristiyanlıkta olduğunu" kanıtlamak için İslâmiyet karşısında Hıristiyanlığı açıklayarak teolojik konulara geçer. Fâtih'e neden İslâmiyeti bırakıp Hıristiyanlığı seçmesi gerektiğini ispat için Hıristiyanlığın İslâm karşısında yegâne gerçek din olduğunu göstermeye çalışır, bu bölümlerde Ortaçağ'dan beri Hıristiyanlığın İslâma karşı sürüp gelen savunma noktalarını ayrıntılarıyla ele alır.

Mektup şeklindeki bu risâleyi inceleyen bir kısım modern yazarlar, tam bir hümanist olan papanın *Epistola*'yı klâsik belâgat (*rhetoric*) kurallarını izleyerek yazdığı bir edebi deneme sayarlar. Rönesans döneminde bu tarz mektup şeklinde denemeler çoktur.[19]

Daha önce Müslüman hükümdarlara bu tarzda yazılmış mektuplar bilinir.[20] İlginç bir belge Papa III. Alexander tarafından Selçuklu Sultanı II. Kılıç Arslan'a (1156-1192) gönderilmiş 1179 tarihli mektuptur. Sultanı Hıristiyanlığa çağıran bu mektup, gerçekten muhatabına gönderilmiştir ve ona Hıristiyanlığın esaslarını anlatmaktadır.[21] Bu mektup Fâtih'e gönderilen mektupla kıyaslanabilir. Kılıç Arslan, Bizans İmparatoru I. Manuel'e karşı kazandığı Myriokephalon (Eylül 1176) zaferi üzerine Doğu'da ve Batı'da büyük şöhret sahibi olmuştu.[22] Selçuklu idaresi altında Latin tüccâr ve askerler bulunduğundan papalar Doğu'ya misyoner-

---

19 G. Constable, *Letters and Letter-Collections,* Turnhout: Ed. Brepols, 1976.

20 Ö. Mercan, "Constructing Self-Image in the Image of the Other", s. 24.

21 Ö. Mercan, "Constructing Self-Image in the Image of the Other", s. 24 vd.

22 Ali Sevim ve Erdoğan Merçil, *Selçuklu Devletleri Tarihi: Siyâset, teşkilât ve kültür,* Ankara: Türk Tarih Kurumu Basımevi, 1995, s. 444.

ler gönderiyordu, bunlar "eyi karşılanmakta" idiler. İlişkilerin iyi veya kötü oluşuna göre sultanların Latin Hıristiyanlara muamelesi iyi veya kötü olabiliyordu.[23] Öte taraftan, Papa III. Innocentus, Doğu kilisesiyle Şizma'ya son vermeye kararlı idi. Papalar, "Bizans devletinin ortadan kaldırılmasıyla Rumların papanın üstünlüğünü tanıyacaklarını ummakta idiler".[24] Papalığın şizmatik Bizans'a karşı siyâsette Konya Selçuklularını müttefik görmeleri doğaldır (1192-1196, 1205-1211). Mektubu kaleme alan Petrus Blesensis başlıca *teslis* yani *peder, oğul ve kutsal ruh* birliği üzerinde durur. Petrus Blesensis'in Müslüman muhatabı için üzerinde durduğu başka bir nokta, İsâ'nın bir bâkireden, Meryem'den doğmuş olduğu inancıdır [Sultan Orhan (1324-1362) zamanı Gregorios Palamas ile İslâm ve Hıristiyanlık tartışmasında Müslüman taraf aynı konuları gündeme getirmişlerdir, bkz. önceki bölüm]. Görülüyor ki papalığın bir Türk hükümdarını siyasî amaçla Hıristiyanlığa daveti tarihte başka misallerle bilinmektedir. Bu girişimle Papalık dinsel kaygılardan ziyade siyasî kazançların peşindedir. Fâtih misalinde bu siyasî hedef çok daha önemliydi. Dolayısıyla soruya dinî açıdan ziyade tarihî açıdan yaklaşmak gerekir.

Pius'un mektubunda, daha önce aynı konudaki risâlelerde olduğu gibi, belli teolojik temaların (tek Allah, ruhun ölmezliği vb) tespit edilmekte olduğunu görmekteyiz. Bu gözlemler, kuşkusuz İslâmdan Hıristiyanlığa geçişin zor olmadığını vurgulama amacını gütmektedir. Papa Pius der ki, "temel inançlarda Hıristiyanlık ve İslâm farklı değildir," ve ilâve eder "yazık ki sizin gibi mükemmel bir insan, efendimiz İsa yolunda yürümüyor, onun ilahî emirlerinden habersiz, onun kararlarına uygun bir yaşam sürmüyorsunuz... Sizin bilinçli olarak yanlış yolda yürüdüğünüze inanmıyor, sizin iyi bir tabiat sahibi olduğunuza inanıyorum".

Papa İskit neslinden geldiklerine inandığı Türkleri, öteki Müslüman kavimlerden cesaret ve yiğitlikte üstün gördüğünü belirtir ve Fâtih kendi kavmiyle beraber Hıristiyanlığı kabul ederse, imparatorluğa namzeddir, diye mektubu bitirir.

---

23 Claude Cahen, *La Turquie pré-ottomane*, İstanbul: Institut français d'études anatoliennes d'Istanbul, 1988, s. 174.

24 K.M. Setton, *The Papacy and the Levant (1204-1571)*, s. 1.

II. Pius'un *Eptistolam*'yı yazmasından çeyrek asır kadar sonra, Fâtih'in oğlu Cem Sultan Avrupa'daki tutsaklığının 1489-94 arasındaki son dönemini Papa VIII. Innocentus'un yanında geçirirken, papa ona Hıristiyan olması önerisinde bulunmuştur. Cem'in yanındaki biri tarafından yazılan biyografisinde olay şöyle anlatılır:[25]

> Merhum [Cem] ahyânen [zaman zaman] Roma'da olan Hıristiyan fukarasına sadaka ihsân eylerdi. Küffâr onu göricek merhûmun Hıristiyan, yani Nasarâ dinine meyli var deyü zann-i bâtıl eylemişler. Bir gün papa esnâ-yı kelâmda merhumun muvâcehesine fukarâya muhabbeti olduğun tahsin idüp merhûmu kendi dinine davet edip eydür ki [der ki], "Mısır'dan oğlunu getür, oğluna kardinallik virelüm, bizim dinimize dönün", deyicek merhûma gayret ve rikkat galebe idüb hüngür ağladı. Eyitti: "Şol günlere kaldık ki bizi dine dahî dâvet eylersiz; ben sizden; Mısır yolun isterdim, siz bana bâtıl yol mu gösterirsiz, bilürsiz, hôd kişiye kendi dininden gayrısı bâtıldır; îtikadımca şimdi Muhhamed dini hakken siz hiç dininizden dönüp Muhammed [...] girebilir misiz, imdi kardinallik ve Papalık değil, cem'î dünyanın saltanatın virseler ben dinimden dönmezem". Bunun üzerine Cem Sultan'dan özür dileyip dairesine gönderdiler.

25 *Vâki'ât-i Sultan Cem*, İstanbul, H. 1330, s. 24.

Cem Sultan (1459-1495)[1]

Fâtih Sultan Mehmed'in oğlu Cem, 27 Safer 864/12 Aralık 1459'da Edirne'de dünyaya geldi. Annesi, Fâtih'in hareminden Çiçek Hatun'dur. Bir iddiaya göre[2] Sırp knezi ailesiyle ilişkilidir. Hatunun erkek kardeşi Ali Beg'i 1482'de Cem ile beraber Rodos'ta görüyoruz.[3] 1469'da Cem, iki lalası gözetiminde Kastamonu sancakbeyliğine gönderildi.[4] 875/1470-1471 yılında sünnet merasimi için İstanbul'a geldi. Fâtih, Uzun Hasan'a karşı sefere çıktığı zaman 878/1475'te Şehzade Cem'i Rumeli'ni bir istilaya karşı korumak üzere Edirne'ye bıraktı. Kırk gün Doğu'dan haber gelmeyince iki lalasının ısrarıyla oradaki ricâlden sultanlık bi'atı aldı. Fâtih dönünce Cem'in bu hareketini bağışladı. Fakat iki lalayı Kara Süleyman ve Nasuh beyleri idam etti. 1474'te Konya Valisi Şehzade Mustafa ölünce Cem, Karaman valiliğine atandı. (Şaban 879/Aralık 1474). Veziriâzam (1476-1481) Karâmânî Mehmed Paşa onu

1 Bu makalenin İngilizcesi "A Case Study in Renaissance Diplomacy, The Agreement between Innocent VIII and Bayazid on Djem Sultan", *JTS*, III (1979), s. 209-230.

2 Thuasne, *Djem-Sultan*, Paris, 1892.

3 *Vâkiât-i Sultan Cem*, *Târih-i Osmanî Encümeni Mecmuası* ilâve, İstanbul 1330, s. 7. M. Arif'in kullandığı yazma müellif nüshası olmalı. Nüsha "kadd tama Kitab-i Vâki'at-i Sultan Cem fî tarih sene 'işrin ve kıs'a mie (920)" kaydını içerir.

4 İbn Kemal'e göre (*Tevârih-i Âl-i Osmân*, (yay.) Ş. Turan, Ankara, 1954, s. 316-412) Manisa'ya gönderildi. N. Vatin, *Rodos Şövalyeleri ve Osmanlılar*, İstanbul, 2004.

desteklemekteydi. Fâtih'in vefatında Cem'i tahta davet etmek için adam gönderecektir. Fakat Fâtih'in çeşitli politikalarına karşı olanlar (evkâfların neshi onun işi sayılıyordu) Cem'in büyük kardeşi Bâyezid'i tutmaktaydılar. Hâlbuki Fâtih'in son yıllarında Bâyezid ile babası sultanın arası açıktı.

Fâtih'in ölümünde (3 Mayıs 1481) Karâmânî'nin düşmanları, yeniçeri desteğiyle onu katlettiler ve Bâyezid'i tahta çağırdılar, bir taraftan da ölüm haberinin Cem'e gitmesine engel oldular. Bâyezid tahta oturdu, Cem bunu tanımadı, gelip eski *Dârussaltana* Bursa'yı işgal etti. (Rebiyülevvel 886/Mayıs 1481). Bursa'da kendi adına hutbe okutup para bastırarak sultanlığını ilân etti. Cem bu hareketinde Karamanlı hanedanından destek gördü. Kardeşi Bâyezid'e ülkeyi aralarında paylaşma önerisi reddolundu, Sultan Bâyezid ordusuyla gelip onu yendi (Yenişehir, 20 Haziran 1481). Yenilgi üzerine Cem, Konya'ya geldi (25 Haziran 1481), orada kalmadı, Memlûklere ait Tarsus şehrine sığındı (Temmuz 1481). Oradan Kahire'de Memlûk sultanı Sultan Kayıtbay tarafından şehzade sıfatıyla (*Vaki'at,* 4) kabul edildi. Hacca gitti. Mekke'de rastladığı Bayati'den Osmanlı hanedanını Oğuz Han'a bağlayan şecereyi yazmasını istedi. (Kahire'ye dönüşü 20 Şubat 1482) Karamanoğullarından müddei Kasım Beg ile Ankara beği Mehemmed kendisini vaatlerle Ankara'ya çağırdılar. Sultan Kayıtbay, Memlûk emîrlerinin karşı koymasına aldırmayarak Cem'in Anadolu'ya gitmesine izin verdi.[5] Cem Haleb'e geldi. Kasım ve Mehemmed, Cem ile buluştular. Cem ve Kasım gelip Konya'yı kuşattılar. Mehemmed, Ankara'ya hareket etti ancak Çubuk Ovası'nda yenildi ve hayatını kaybetti. Cem ve Kasım Konya kuşatmasından vazgeçip güçlü kalesi bulunan Ankara'yı ele geçirme kararını aldılar. Fakat Sultan Bâyezid'in bizzat ordusuyla üzerlerine geldiği haberini alınca hemen geri döndüler. Başlangıçta İran'a kaçmayı düşünen Cem, fikrini değiştirerek Karaman Dağları'nda Taş-ili'ne sığındı (17 Haziran 1482) ve oradan Sultan Bâyezid ile Osmanlı ülkesinin bir parçasını kendisine bırakması önerisini tekrarladı. Bâyezid bu isteği her zamanki gibi geri

---

5 *İbn İlyâs*, II, s. 213.

çevirdi ve Kudüs'e gidip yerleşmesi koşuluyla yılda bir milyon akçe ödemeyi vaat etti.[6]

Karaman ülkesini almayı asla aklından çıkarmayan Kasım'a gelince, o, Cem'e deniz yoluyla Rumeli'ne gitme kararı aldırdı. Bu düşünce ile Cem, Rodos Şövalyeleri üstadı P. D'Aubusson ile beraber geçiş anlaşması yaptı (6a). 10 Temmuz 1482 tarihini taşıyan bu anlaşmaya göre[7] Cem, Kalkan yakınında antik Patara limanından bir Rodos gemisiyle Rodos'a vardı. Planda orada bir süre kalacak ve istediği zaman Rodos'tan ayrılacaktı. Cem vaktiyle Karaman valisi iken D'Aubusson ile yakın ilişki kurmuştu. Anlaşmaya güvenerek Cem, Rodos Adası'na geçti (30 Temmuz 1482) (*Vâki'ât*, 7). D'Aubusson, hemen Papa'ya Osmanlı Devleti'ni ortadan kaldırmak için Cem'i kullanabileceklerini yazdı.[8] Cem ise her zamanki gibi hiç olmazsa kardeşi Sultan Bâyezid ile imparatorluğu aralarında bölüşmek için bir anlaşmaya varabileceklerini ümit etmekteydi. Aynı yılın eylül ayında Bâyezid Rodoslularla elverişli bir barış anlaşması yaptığı gibi (Fâtih'ten beri iki taraf savaş halindeydi) D'Aubusson'a gönderdiği bir adamı ile ayrı bir anlaşma yaparak Cem'in orada mevkûf tutulması ve kendisine kaygı verecek herhangi bir harekette bulunmasına izin verilmemesini garantiledi.[9] Bunun karşılığında Bâyezid, sözde Cem'in masraflarını karşılamak üzere yılda 45 bin Venedik altını ödemeyi üstlendi (6 Aralık 1482). Bu noktada Cem'in vekâletini haiz olduğu belirtilmişti. Cem'e Fransa üzerinden Macaristan'a gönderileceği vaat edildiği halde (*Vâki'ât*, 8) D'Aubusson Cem'i, Fransa'da Rodos'a ait emin yerlerde yedi yıl hapis tutacaktı (Cem Macaristan'dan Rumeli'ne geçmeyi umuyordu). Cem Fransa'ya gönderilmek üzere 1 Eylül 1482'de Rodos'tan bir gemiyle yola çıkarıldı. Sultan Bâyezid, Cem Rodos'tan ayrıldıktan sonra geminin yolunun kesilmesi için Venedik'ten talepte bulundu. (*Vâki'ât*, s. 8. Gemiler Napoli Krallığı'na aitti). Cem'in Rumeli'ne geçmesini önlemek için Bâyezid, Batı memleketlerine el-

---

6 *Vâki'ât*, 5, mektubu Feridûn Bey, *Münşeâtu's-Selâtin*, I, s. 291-292.
7 Metin: Thuasne, *Djem-Sultan*, s. 60, krş. *Vâki'ât*, s. 7.
8 Thuasne, *Djem-Sultan*, s. 68.
9 Thuasne, *Djem-Sultan*, s. 85.

çiler ve casuslar gönderdi. Fransa kralına gönderilen Hüseyin Beg, Cem'in orada tutuklanmasını sağlayacaktı.[10]

Değerli bir rehine olan Cem'i elde tutmak, siyasî nüfuz sağlayacağı gibi, para da getirdiğinden o zamanki Avrupa hükümdarları onu ele geçirmek için çaba içindeydiler. Bu yüzden Rodos Şövalyeleri her an tetikte olmak zorundaydılar. 1487'de D'Aubusson Bourgneuf civarında özel bir kule inşâ ederek Cem'i orada hapsetti. Bu kule Grosse Tour veya Zizim Kulesi diye ün kazandı. Cem'i ele geçirmek için 1485'ten beri Osmanlılara karşı savaşta bulunan Mısır Sultanı Kayıtbay ve Macar Kralı Matthias, Rodos Şövalyeleri ve Papa ile diplomatik ilişkiye girdiler.[11] Cem'in 1483 Şubatı'nda Matthias Corvinus ile ilişkiye girme deneyimi sonuçsuz kaldı (*Vâki'ât*, s. 11). Cem, Macaristan üzerinden Rumeli'ne girmeyi umuyordu.

Cem'in Fransa'da gözetim altına alındığı haberi üzerine Sultan Bâyezid yüreklendi ve devlet içinde en güçlü adam olan Vezir Gedik Ahmed Paşa'yı ve Cem'in ancak üç yaşındaki oğlu Oğuzhan'ı idam etti (1482 Aralık).

Sonunda Haçlı seferinde kullanmak üzere Rodos Şövalyeleri ile Papa VIII. Innocent "tüm Hıristiyan dünyasının hayrı namına" Cem'in Roma'ya nakli konusunda anlaştılar. On gün içinde Cem, Roma'ya nakledildi. (4 Mart 1489'da Roma'da) On gün sonra Cem, Papa ile resmî bir merasimle buluştu.[12] Özel konuşmalarında Cem şövalyelerden şikâyetle, kendisini Rumeli'ne nakil için yapılmış anlaşmayı çiğnediklerini ve bir tutsak muamelesi yaptıklarını söyledi. Papa'dan kendisini Mısır'da ailesinin yanına göndermesini Müslüman kardeşlerine karşı Macarlarla bir Haçlı seferine katılmayacağını açıkladı. (*Vâki'ât*, s. 21-23)

Cem'in Roma'da ikâmeti, Papa'nın Avrupa'da nüfuzunu artırdı ve Osmanlılara karşı bir Haçlı seferi için plan yapmaya başladı, bunun için Avrupalı hükümdarlara gönderdiği mektuplarda durumun son derece elverişli olduğunu vurguladı.[13]

---

10 *Vâki'ât*, s. 12; Thuasne, *Djem-Sultan*, s. 110.

11 Kayıtbay'ın Avrupa'ya gönderdiği elçiler için bkz. Thuasne, *Djem-Sultan*, s. 174, 199, 337.

12 Bu merasimin tasviri *Vâki'ât*, s. 21, 22; Thuasne, *Djem-Sultan*, s. 232.

13 Thuasne, *Djem-Sultan*, s. 241, 260, 265.

Sultan Bâyezid, Cem'in Roma'ya naklinde son derece kaygıya düştü ve şövalyelerin orada yapılmış anlaşmayı böylece çiğnemiş bulunduklarını söyleyerek protestoda bulundu. Öte yandan Corvinus, Cem'in kendisine teslimi için bir yandan Papa'yı sıkıştırmaktayken öbür yanda Mısır sultanı, Cem'in teslimi halinde 150-200 bin Venedik altını ödemeyi önermekteydi. Bu görüşmeler yapıldığı sırada Sultan Bâyezid'in elçisi Kapucubaşı Mustafa Beg sultanın bir mektubu ile Roma'ya çıkmış bulunuyordu (30 Kasım 1490). Mektupta Bâyezid, Papa ile dostluğu hakkında teminat vermekte ve Rodos Şövalyeleri ile yapılmış olan anlaşmaya sadık kalınmasını talep etmekteydi. Mustafa, yanında Cem için verilen üç yıllık rehin parasını getirmiş bulunuyordu. Mustafa, Cem'in sağ olduğunu gözleriyle, canlı gördükten sonra parayı Papa'ya teslim edeceğini bildirdi. Mustafa, Cem'i gördü ve kardeşi Sultan Bâyezid'in gönderdiği mektupla hediyeleri kendisine teslim etti (*Vâki'ât*, s. 23, 24). 9 Haziran 1493'te Bâyezid'den yeni bir elçi, Cem hakkında yapılmış olan anlaşmayı, yeni Papa VI. Aleksandr ile yenilemek üzere Roma'ya vâsıl oldu ve kendisine 150 bin altın teslim etti.[14] Yeni Papa, bir yandan anlaşma gereği Cem'i bırakmayacağı hakkında garanti verirken, öte yandan Hıristiyan devletlere, Cem Roma'da kaldıkça Osmanlı'nın Hıristiyan dünyasına karşı harekete geçemeyeceği hususunda teminat verdi. Hatta aynı Papa, az sonra İtalya'yı istila etmek üzere hareket eden Fransa kralına karşı Bâyezid'den destek alabileceğini ummaktaydı. 1494 yılı sonlarında Fransa Kralı VIII. Charles Roma'ya girdi ve Haçlı planında kullanacağını ileri sürerek Cem'i kendisine teslim etmeye Papa'yı zorladı (27 Ocak 1495) (*Vâki'ât*, s. 30). Kral, Napoli'ye karşı yaptığı seferde Cem'i yanına aldı, fakat yolda şehzade hastalandı ve 25 Şubat 1495 günü gecesi son nefesini verdi. Söylencelere göre onu Papa zehirlemişti.[15] Cem üzerinde[16] Sâdeddin'in kaynağı *Vâki'ât*'tır. Bunun bize gelen nüshalarında Cem'in şehzadeliği hakkında bir kayıt bulunmamaktadır. Zehirlenme üzerindeki kayıt çıkarılmış olmalı. İdrîs-i Bitlîsî'nin *Heşt Bihişt* adlı tarihinde zehirlenme kaydı mevcuttur.

---

14 Thuasne, *Djem-Sultan*, s. 314.

15 Thuasne, *Djem-Sultan*, s. 365, 376; Sâdeddin, *Tacu't Tevârih*, II, s. 37.

16 Hoca Saaddettin, *Tâcu't Tevârih*, (yay.) İ. Parmaksızoğlu, İstanbul, 1979, s. 38-40.

İdrîs, tarihini yazdığı sırada Sultan Bâyezid'in hizmetindeydi ve Kapucubaşı Mustafa o zaman Koca Mustafa Paşa unvanıyla veziriâzamlık mevkiinde olup İdrîs'in hâmîsiydi. İdrîs, tarihinde genellikle Papa ile konuşmuş bulunduğunu işaret eder. Olayların gelişi de gösterir ki kötü şöhretli Papa Aleksandr *Vâki'ât*'ta anlatıldığı gibi Fransa kralına karşı kini dolayısıyla Haçlı seferini unutmuş ve Cem'i zehirlemiş olmalıdır.[17] Koca Mustafa ile Papa arasında Cem'in bertaraf edilmesi üzerinde bir anlaşma yapılmış olması da ihtimâl dışı değildir. Zira kral, Cem ile Arnavutluk'a geçmeyi planlıyordu. Koca Mustafa Paşa, Yavuz Sultan Selim tarafından idam edilinceye kadar veziriâzam mevkiinde kaldı. Bâyezid ve Koca Mustafa, başından beri Halveti tarikatı ile işbirliğini sürdürdüler.

Papa'nın Hıristiyanlık önerisini, "bana dünya verilse dinimden dönmem" diye reddeden bu soylu Osmanlı, vasiyetnâmesinde, din düşmanlarının planlarına alet olmamak için ölümünün her yerde derhal duyurulmasını ve naaşının anavatana naklini vasiyet etti. Mısır'daki ailesinin ve hizmetkârlarının iyi muamele görmesi için vasiyetnâmesinde Sultan Bâyezid'den dilekte bulundu. M. Ârif, bu iki nüshanın farklı kimselerce yazıldığına inanıyor. Kullandığı *Vâki'ât* nüshası 920 tarihli olup M. Ârif'e göre belki müellif nüshasıdır ve müellif Haydar Beg olmalıdır. Haydar Beg, Roma'dan hareket ile Pulya (Pulia) tarafına yola çıkıldığını kaydettikten sonra Cem'in vefatına kadar uğranılan şehirleri ve olayları tüm ayrıntılarıyla kronolojik sırayla anlatır.

> Papanın oğlu ki merhumla bile Fransa begine koşmuşdu. O, kıyafet değiştirip kaçtı, 21 Cemâziyelevvel günü Sencerinan şehrine geldiler. Orada Cem hastalandı, nezle ortaya çıktı, günden güne hastalığı arttı. Ata binemiyordu, bir sal yaptılar, yüzü, boynu şişti ama bilinci yerindeydi ve konuşmaktaydı. Birçok tabip getirip ilaçlar verdiler, faydası olmadı. Fransa kralı daima gelip hatır sorardı ve derdi ki: "gayret eyle, inşallah senin maksûdun her kanda ise ben seni anda gönderirim." Varsa (aversa) şehrine varıldıkda aklını kaybetti, boş sözler söylemeye başladı. Za-

17 Papa Aleksandr Borgia için bkz. M. Brion, *Le Pape et le Prince: Les Borgia*, Paris, 1953.

man zaman kendine gelirdi. Nihayet Pulya beyinin payitahtı Anabolu'ya (Napoli) gelindi. O gün gayret edip ata bindi. Senyor Varçilya (Virginio Orsini) evine konuldu. Doktorlar, nabzından sağlığı hakkında kaygılandı ve Fransa beyine haber gönderdiler. Adam gönderdi, Cem'i bir kürsüyle yanına nakletti. O sırada annesinden bir adam mektupla geldi. Cem mektubu okuyamadı ve okunanı anlayamadı. Fransa kralı kendisini görmeye gelince kendini tuttu, "Eyüceyim el-hamdulillah" dedi. Kral:

Hatırın hoş tut, gayret eyle şimden sonra âzâdsın, kendüni mahbus tasavvur etme diyicek merhum dahi el hamdulillah âzâd ve halâs sûreti kulağımıza girdi, deyi şükrler etdi, ammâ dayım du'ası buydu ki, Ya Râb, eğer bu kâfirler beni bahane idüp ehl-i İslâm üstüne hurûc etmek kasdin iderlerse beni ol günlere erişdirme, canımı kabz eyle, derdi, hem âhar kendü üstüne du'ası müstecab olup ol gice ki 900 yılının cemâziyelevveli 9'uncu gicesi ki şenbe gicesiydi, seher vaktinde şehâdet 'arz ide ide cân teslim etdi. Uşda dünyanın hâli budur. Hele bâri küffâr muttali' olmadın def'aca su ısıdıp Celâl Beg su koyup kapucubaşı Sinân Beg yuyup kendi dülbendiyle kefenleyüp anda hâzır olan halkından altı yedi nefer kişi cemâ'at olup namazın kıldıktan sonra Riga Fransa'ya haber olmuş, hayli mâtem etmişler.

Cem vasiyet etmişti ki:

Karındaşım Hüdâvendigar Sultan Bâyezid hazretlerine varasız, diyesiz ki, beni reddetmesün, ne veçhile olursa benim tabutumu kâfir memleketinde komasun, ehl-i İslâm memleketine çıkarsun ve cem'-i borçlarımı edâ eylesün ve benim anamı ve kızımı vesâir ta'allukatımı ve benim üstümde hidmette sabıkası olan huddâmımı ertürmeyüp halli haline göre ri'ayet eyliye.

Naaşı mumyalayıp, bir kurşun tabuta koymuşlar. Sinân Bey'e ve Çaşnigirbaşı Ayas Bey'e teslim ederken hafız kadınlar "naaşı eyi saklarsanız Sultan Bâyezid'den istediğiniz kadar altun alırsınız" demişler. "Üzerine Sinân Beg ile Ayas Beg'i koyun ki naaşın Cem'e ait olduğuna sultan inansın". Onlarla birlikte dört-beş Müslüman naaşı 87 gün beklediler. Sonra bir kadırgaya koyup Gaeta Hisarı'na götürdüler, ölüm haberinin yayılmasını yasak ettiler.

Hastalığın seyri hakkında verilen ayrıntılar Cem'in zehirlendiğini gösterir. *Vâki'ât* (s. 32-35), Cem'in ölümü üzerine olup bitenleri şöyle anlatır: Cem'in şehzadeliğinden beri hizmetinde olan yakın adamları Sinân, Ayas ve Celal beyler ölüm haberinin bir an önce Sultan Bâyezid'e duyurulması noktasında birleştiler. Kral, Cem'in Gaeta Hisarı'nda hayatta olduğu haberini yayarak Osmanlı ülkesine saldırıda bulunabilir ve bizler de sonsuza dek hisarda Cem'in naaşı ile birlikte kalırız, Cem kendisi de haberin Bâyezid'e erişmesini istemiştir. Sonunda Sinân, Hıristiyan kılığına girip vasiyeti yerine getirmek için gizlice hisarı terk edip yola çıktı. Fakat Sinân, yedi-sekiz gün sonra yakalanıp hapse atıldı. Sonra bir yolunu bulup hapisten kurtulup Osmanlı toprağına çıktı. Kral ölüm haberinin saklanmasının imkânı olmadığını anlayarak Cem'in öteki adamlarını istedikleri yere gitmekte serbest bıraktı. İsteyene dirlik verip kendi hizmetine alacağını söyledi. Cem için "benim maksadım ânın hayatı idi" dedi. Cem'in eşyasını alıp gitmelerine izin verdi. Cem'in adamları Osmanlı ülkesine vardılar, Sultan Bâyezid'in huzuruna çıktılar, vasiyeti yerine getirdiler.

Sultan Bâyezid, Cem'in ölüm haberini Venediklilerden aldı (20 Nisan 1495). Vefatını tüm Osmanlı ülkesinde ruhu için imamların dua etmesini isteyerek ilân etti.[18] (Daha önce ülkede ölen şehzadeler arkasından *düzmeler* çıkıp isyanlara alet olmuşlardır.) Cem'in naaşı da uzun zaman diplomatik yazışmalarla politika konusu olmuştur.[19] Yıllar sonra naaşı mumyalanmış olarak bir kurşun tabut içinde Napoli'den getirilmiş (Nisan 1499), Bursa'da kardeşi Şehzade Mustafa'nın türbesinde ebedî istirahatgâhına kavuşmuştur.[20]

Dindar bir sultan olan Bâyezid (Fâtih'in serbest kararlarına karşılık Bâyezid "şeriâtı ihya eden" sultan olarak selamlanmıştır) Cem'in vasiyetnâmesini yerine getirmiştir. İstanbul'da kızı Gevher Mâlik sultana hediyeler gönderdiğine dair bir belge yayınlanmıştır.[21] Erkek kolu temsil eden Cem'in oğlu Murad ise Rodos'ta sal-

18 Feridûn Bey, *Münşeâtu's-Selâtin*, I, s. 294.
19 Bkz. Thuasne, *Djem-Sultan*, Paris, 1892.
20 İ. Baykal, *Bursa ve Anıtları*, Bursa, 1950, s. 40.
21 T. Gökbilgin, *Edirne ve Paşa Livası*, İstanbul, 1952, s. 474.

tanat müddeisi olarak uzun süre sığıntı olarak yaşamıştır. Kanunî Süleyman Rodos'u fethedince onu ve oğlunu ele geçirmiş, saltanat müddeileri olduklarından idamlarına razı olmuştur. Murad'ın eşi hatun ve iki kızı İstanbul'a gönderilmiştir.[22]

Kaynakça'ya Dair

Bâyezid, Cem'in her türlü girişimleri ile yalandan ilgilenmiş bulunduğundan Topkapı Sarayı Arşivi'nde bir belge koleksiyonu mevcuttur. Bu belgelerden birçoğu İ.H. Ertaylan tarafından yayınlanmış bulunmaktadır: *Sultan Cem,* İstanbul, 1951; keza bazı belgeler (Feridûn Bey, *Münşeâtu's-Selâtin,* İstanbul, H. 1274, s. 290-294); İstanbul'da Osmanlı Arşivi'ndeki koleksiyonda Cem'in vali olarak bulunduğu Karaman ve Konya *tahrîr* defterleri (özellikle no. 32, 40, 58, 63, 119, 392, 809) Cem adına verilmiş birçok belge içermektedir.

Cem'in biyografisi için hayatı boyunca yanından ayrılmayan musâhibi Haydar'ın yazdığı *Vâki'ât-i Sultan Cem*, M. Ârif tarafından yayınlanmıştır, İstanbul, H. 1280 ve Hoca Sâdeddin tarafından da kullanılmıştır.

Cem ile Hac esnasında Hicaz'da buluşan Hasan Bayâtî'nin, Osmanlı hanedanını Oğuz Han'a bağlayan eseri *Cam-i Cem-âyîn,*[23] Cem'in isteği üzerine kaleme alınmıştır. Cem, II. Murad döneminde Osmanlı hanedanının dip-atasını Oğuz Han'a çıkaran Yazıcızâde Ali'nin ortaya attığı teoriyi bu misalde tekrarlamaktadır. *Oğuzculuk* diyebileceğimiz bu teori Timur ve oğullarına üstünlük iddialarına karşı ortaya atılmış bir faraziyeydi. Cem'in *Oğuzculuk*'u benimsediğini, oğluna *Oğuzhan* adını koymuş olmasından da anlıyoruz. Cem, 1473'te Edirne'de Fâtih'e vekillik ettiği sırada Rumeli'nde Osmanlı gâzâları üzerinde yaygın, türlü rivâyetlerin toplanmasını Abu'l-Hayr'a emretmiştir. Bu destanî metinler *Saltuknâme* adı altında günümüze kadar gelmiş ve yayımlanmıştır.

---

22 Feridûn Bey, *Münşeâtu's-Selâtin*, I, s. 539; Thuasne, *Djem-Sultan*, s. 389.

23 (yay.) Ali Emiri, İstanbul, H. 1331.

Cem, Osmanlı ailesinden öteki şehzade sultanlar gibi klâsik edebiyat ve kültürü en iyi derecede temsil eden edebî bir kişiliğe sahiptir:[24] Cem Sultan, *Cemşîd ü Hurşîd,* inceleme, metin, (haz.) M.O. Meriç, Ankara, 1997.

Batı kaynaklarına dayanan en önemli eser, L. Thuasne, *Djem Sultan, étude sur la question d'Orient â la fin du XVe siècle,* Paris, 1892; Ahmad Sayyid al-Darrady, "Djem Sultân wa'l -diblû masiyya a-duwaliyya", *al-Macalla al-Tarihiyya al-Mısrıyya,* s. 201-242.

---

24 Bkz. İnalcık, "Klasik Edebiyat Menşei", *Türk Edebiyatı Tarihi*, I, s. 254 vd.

Osmanlılarda Ateşli Silahlar (II. Murad ve Fâtih Sultan Mehmed Dönemleri)

Prof. P. Wittek, 1389'da I. Kosova Meydan Savaşı dolayısıyla Neşrî'de söz edilen topçu Haydar'ın, II. Kosova Savaşı'nda, 1448'de adı geçen topçu Haydar ile aynı olabileceği ve bu nedenle Osmanlılarda topçuluk hakkında en eski rivâyetin şüpheli olduğu noktasında durmaktadır (*Appendix*, II, s. 141). O, 1378 tarihli bir belgenin tanıklığına dayanarak topun, Balkanlar'a ilk defa Raguza aracılığıyla girmiş olacağı varsayımını ileri sürmektedir. Prof. Wittek'in gösterdiği gibi, 15. yüzyılın ikinci yarısında toplanmış ve tespit edilmiş olan Osmanlı rivâyetleri bu konuda bizi kesin yargılara götürecek nitelikte değildir. Sonuç olarak Wittek, 1400'den önce Osmanlıların ateşli silahları kullanmadığını kabul etme eğilimindedir.

Osmanlılar tarafından ateşli silahların kabulü meselesini araştırırken iki yönde ilerlemek gerekir. Öncelikle Osmanlı Devleti 14. yüzyılın ikinci yarısında başlıca Balkan milletlerini kendine bağlı hale getirmiş, onların askerlerini ordusunda kullanmış, onlarla sıkı temaslarda bulunmuştur. Şu halde meselemiz için Balkan milletlerinde ateşli silahlar meselesi ayrıca incelenmelidir. Özellikle Orta

Avrupa ile sıkı teması olan Sırpların, ateşli silahların Osmanlılara geçişi konusunda önemli bir yer tuttuğu görülecektir. İkinci olarak, Osmanlıların erkenden Batı'dan silah satın almaya başladıkları görülmektedir: XI. Gregoire, 15 Mayıs 1373'te Türklere ve Ulahlara silah satılmaması konusunda Macar ruhbânına bir yazı göndermiştir. Son olarak da 14. yüzyıl sonunda ateşli silahların Doğu'da oldukça yayılmış olduğunu (Memlûkler, Kazan, Timurlenk) hatırlamak gerektir.

Topun, geniş ölçüde II. Murad devrinde (1421-1451) kullanıldığı çeşitli kaynaklar tarafından doğrulanmaktadır. Wittek'in bahsettiği örneklere şunları ekleyebiliriz: Elimize geçen en eski resmî kayıt 1431 tarihinde yazılmış olan Arnavutluk tahrîr defterinde (*Sûret-i defter-i Sancak-i Arvanid,* Ankara 1954, s. 105-106) bulunmaktadır ve aynen şu kayıt mevcuttur: "Timâr-ı Ali veled-i Topçu İsmail, gulâm-i mir, merhûm Sultan zamanından berü yeyügelmiş, elinde merhûm Sultan berâtı vardır, ölmüş, oğlu Ali'ye verildi." Bu kayıtta topçu İsmail'in en aşağı I. Mehmed devrinde timâr tasarruf ettiği ortadadır. Esasen 1422 İstanbul kuşatmasında ve 1424 Antalya savunmasında Osmanlıların top kullandığı çeşitli kaynaklarca doğrulandığından (Wittek, s. 142), bu silahın, II. Murad'ın kargaşalık içinde geçmiş olan ilk saltanat yıllarında (tahta çıkışı 1421) kabul edilmiş olamayacağı, I. Mehmed zamanında ve belki daha önce girdiği meydandadır.

Chalkokondyles'e göre, Selânik kuşatmasında (1430), Belgrad kuşatmasında (1440), Hexamilion (Kerme) Savaşı'nda (1446) Osmanlılar top kullandılar. Bu haberler, Osmanlı kaynakları tarafından da doğrulanmaktadır. Angielello'ya göre II. Murad, 1448'de Akça-Hisar önünde gayet büyük dört top döktürmüştür.[1] II. Murad, 1450 seferinde aynı kaleyi yine büyük toplarla dövdü (topları 400 libre taş atıyordu).

II. Murad devrinde kuşatmalarda olduğu gibi kale savunma savaşlarında da topun geniş ölçüde kullanıldığına dair delillerimiz kuvvetlidir. Bu meyanda şu resmî kayıt dikkate değer: "Karye-i

---

1 Savaş meydanında top döktürülmesi hakkında daha eski bir örnek 1438'de Hexamilion'da, *Neşrî,* Taeschner yayını, s. 169.

Kargu (Manavgat), merhûm Sultan Murad Han zamanında Hamza'ya ve topçu Ali'ye ve Hızır'a vermişler" (H. 859 tarihli Teke Vilâyeti Defteri, Başbakanlık Osmanlı Arşivi, *Mâliye*, no. 14, 223 b). Gerek Arnavutluk'ta gerek Teke sancağında rastladığımız timâr sahibi bu topçular, oralarda bulunan kalelerde hizmet etmektedirler. II. Mehmed devrinde (1451-1481) önemli kalelerde topçuların yerleştirilmiş bulunduğunu görmekteyiz.[2]

Osmanlı ordusunda topun bir sahra topu olarak bulundurulmasına dair bildiğimiz en eski kayıt, 1444 Varna Muharebesi'ne aittir. Bu ölüm kalım savaşına Osmanlılar aceleyle her türlü kuvvetlerini sokmaya çalıştılar. *Gâzâvât-ı Sultan Murad Hân*'a göre "eğer yeniçeri eğer cebeci ve eğer topçu ve ehl-i timâr ve zaîm" orduya çağırıldı. Aynı kaynağa göre ordu, düşmanı karşılamak üzere acele hareket etti ve toplar geride kaldı. Pâdişah Danişmend-oğluna "sen var ardumuzdan toplan bize yetiştür" emrini vererek ilerledi. Savaşta Osmanlıların top kullandıkları işaret olunmamıştır. Osmanlı zaferinden sonra düşman çekilirken "arabaları tabur edüb ve toplar kurub tüfenkcisin hâzır eylemiş idi." Taburu kuşatan Osmanlıların burada da top kullandıklarına dair bir kayıt yoktur (vrk. 59-60). *Gâzâvât-ı Sultan Murad Hân*'ın elimizde ancak sonraki döneme ait bir kopyası olmakla beraber bu kaynağın, 1444 yılı olayları hakkında en güvenilir ve detaylı kaynak olduğu meydana çıkmıştır.[3] Dört sene sonra II. Kosova Meydan Savaşı'nda Osmanlı tarafından top kullanıldığı hakkında hem Chalkokondyles hem Osmanlı kaynakları tanıklık etmektedirler. II. Murad devrinde *tabur cengi* yapan Macarların art arda gelen zaferleri, Osmanlı meydan savaşlarında tabur savaşını benimseyip ateşli silahları kullanmasına başlıca bir etken oluşturmuş görünmektedir. Çünkü zincirlerle birbirine bağlanmış arabalar arasında top ve tüfenkle karşılık veren Macarlara karşı Osmanlı süvarisi ve hafif silah donanımlı piyade bir şey yapamıyordu. *Tabur* (*Tâbor*)

---

2 H. İnalcık, *Fâtih Devri* I, Ankara, 1954, s. 156-158.

3 Bkz. İnalcık, *Fâtih Devri*, I, s. 8 vd.

kelimesinin Macarca'dan Türkçe'ye geçtiği kabul edilmektedir.[4] Zaten Mogolca'da *küriyen* (*küren*) yani "daire halinde dizilmiş arabalar yardımıyla teşkil edilmiş müstahkem ordugâh" ve Türkçede aşağı yukarı aynı anlamda *çapar* (*çeper*) kelimelerinin varlığı bu savaş tarzının Türklere büsbütün yabancı olmadığını gösterir.

Fâtih Sultan Mehmed'in yaptığı en büyük meydan savaşı olan Otluk-Beli Savaşı'nda ateşli silahların sonuç üzerinde başlıca etken olduğu hakkında Zinkeisen'in ifadesi (Wittek, s. 143; Zinkeisen, s. 333-335) dikkatle karşılanmalıdır (Zinkeisen'in kullandığı *fetihnâme* tercümesi yanlış olsa gerek. Bizim gördüğümüz beş farklı fetihnâmenin hiçbirinde buna benzer bir şey yoktur). Savaşın meydana gelişi hakkında yeni ele geçen belgeler[5] ateşli silahların kullanılmasına gerek kalmadan savaşın sonucunun belli olduğunu göstermektedir.[6]

Tüfek meselesine gelince, Doukas (Bonn baskısı, s. 211) birinci Belgrad kuşatmasında (1440) Macarların kullandığı bu silah karşısında Osmanlıların bir hayli kayıp verdiğini kaydederek ondan yeni bir silah gibi bahsetmekte, uzun uzadıya tarifini yapmaktadır. Aynı tarihçi başka bir yerde (s. 266) Türklerin ilk olarak İstanbul kuşatması sırasında tüfeği kullandıklarını işaret eder. Pek muhtemel olarak Osmanlı sahasında tüfek ilk defa bu tarihte dikkati çekmiştir. *Gâzâvât-ı Sultan Murad Hân*'da (vrk. 20 b) 1443 İzladi Muharebesi'nde, 1444'te Varna Muharebesi'nde ve Niğbolu savunmasında topla beraber tüfek de bahsedilmiştir.[7] Resmî bir mektup kopyası, Osmanlıların 1444'te tüfeği tanıdıklarını doğrulamaktadır. II. Mehmed, tahta ilk çıkışında (1444) Karamanoğlu İbrahim Bey'e gönderdiği Varna fetihnâmesinde, babasının İstanbul Boğazı'ndan

4 Bkz. Hasan Eren, "Türkçe *İstabur* Kelimesi Üzerine", *TDAY*, (1956), s. 145-152 ve orada gösterilen J. Nemeth'in değerlendirmeleri.

5 Üç önemli fetihnâme: *Türkiyat Mecmuası* VI, s. 304; Ankara DTCF, İsmail Saib Yazmaları, no. 305, vesika 3; Topkapı Sarayı Arşivi, nr. E. 9196 ve *Kemâl Paşazâde Tarihi*, Ankara, 1954, s. 386-387.

6 Krş. S. Tansel, *Fâtih Sultan Mehmed*, Ankara, 1953, s. 322; *Heşt Bihişt*'te Anadolu piyade ve azeblerinin "top ve tüfek" darbesiyle hücuma kalktığı ifadesi, v. 465a, hatta II. Bâyezid devri için bile doğru olarak kabul edilemez.

7 *Tüfek* kelimesinin *Divânı Lugât it-Türk*'de rastlanan Türkçe *tüwek*'den geldiği hakkında I. Melikoff-Sayar'ın notu, Wittek, s. 143

geçişini anlatır, (Feridûn Bey, I, s. 234). *Gâzâvât-ı Sultan Murad Hân*'a göre bu geçişe engel olmak isteyen Bizans kadırgalarından biri topçu Saruca'nın attığı toplardan batmış, diğeri hasara uğramıştı. Topun sahilden gemilere karşı kullanımı hakkında bildiğimiz en eski kayıt budur. Yukarıdaki kayıtta tüfek kullanımı meselesi bakımından önemli olan nokta *bundûka*'dan söz edilmesidir. *Bundûk, bundûka* (çoğulu *benâdık),* tüfek karşılığı kullanılmaktadır. Bu kayıtlara dayanarak diyebiliriz ki, 1444'e doğru Osmanlılar tüfeği ordularına kabul etmişlerdir. Oruc'a göre (s. 60, 122) II. Murad, 1448'de Kosova Meydan Savaşı'na "arabasıyla *tüfekler ile* demir şişlü kalkanlar" ile gitmiş "arabaların ve yeniçerinin ve topun ve *tüfeğin* ve şişlü kalkanlar önüne dizdirip kal'a misâl önüne ve ardını berkidüb" galip gelmiştir. Burada Osmanlıların *tabur cengi* düzenini uyguladığı ve bunun ayrılmaz unsuru olan tüfeği meydan savaşında kullandıkları açıkça görülmektedir. Tüfek Osmanlılar tarafından kale savunmasında da kullanılmıştır. H. 859 (M. 1455) tarihli bir Vılk-ili defterine göre (Başbakanlık Osmanlı Arşivi, *Tapu Defteri,* no. 2, mükerrer) aynı tarihte fethedilmiş olan Novaberda (Novobrdo) Kalesi'nde 3 büyük top, 5 Braku (?) top, 55 *tüfek* vardı (ayrıca 80 Ungurus aşıkı, 30 Türkî aşık, 30 zenberek, üç sandık zenberek oku vs.). Kalede topçu, tüfekçi ve zenberekçi olarak on bir kişi mevcuttu. Bunlardan yalnız biri Müslüman olup diğerleri Hıristiyan Sırplardı. Burada ateşli silahların fetihten sonra mürettebatı ile birlikte kullanılmaya devam edildiği kesindir.[8] Aynı şekilde Bosna'da fetihten sonra birçok kalelerde topçuluk ve zenberekçilik yerli Hıristiyanlar elinde bırakılmıştır.[9] 1468 tarihli Braniçeva defterine göre[10] Güğercinlik (Golubac) Kalesi'nde 10 tüfekçi hepsi ulûfeli Hıristiyan askerlerdir. 1455 tarihli Vılk-ili defterine göre Novaberda Kalesi'ne ayrıca 10 tüfekçi yeniçeri konmuştur.

Kritovoulos'a göre İstanbul kuşatmasında tüfekçi piyadeler saldırıya katılmışlardır. Kâşifî, *Gâzâvâtnâme-i Rûm* adı altında yaz-

8 Krş. İnalcık, *Fâtih Devri*, s. 166-184.
9 İnalcık, *Fâtih Devri*, s. 154.
10 İnalcık, *Fâtih Devri*, s. 155.

dığı ve galiba Fâtih'e tahta ikinci çıkışından (1451) kısa zaman sonra sunduğu eserde şu beyitte tüfekten bahseder:

1464 Yayiçe (Yaitse) kuşatmasında Fâtih, toplarıyla kalede gedikler açtıktan sonra yaptığı saldırıda "bilhassa tüfekçiler"i hücuma kaldırdı. 1470 Agriboz kuşatmasında kaleye karşı top, *neft* (burada herhalde Memlûklerde bu devirde kullanıldığı anlamda, yani top demek değil, Yunan-ateşi anlamında olmalı), zenberek ve tüfek kullanıldı.

İskenderiye fetihnâmesinde yine kalenin top, *tüfek* ve zenberekle dövüldüğü belirtilmiştir. Uzun Hasan'a karşı yapılan seferde (1473) bir fetihnâmede yeniçeriler hakkında (Topkapı Sarayı Arşivi, nr. E. 9196) ateşli silahlara dair kullanılmış terimler önemlidir. Bu terimler arasında *berk-endâz, (Tüfek?)-endâz, ra'd-endâz* bahisleri, yeniçeriler arasında ateşli silahlar kullanan ortalara ait olmalıdır. Top için Memlûklerde *ra'd* ve *sâika* kelimeleri zaman zaman kullanılmıştır.

Sonuç olarak, tüfeğin 1440-1443 yıllarına doğru Osmanlı ordusuna kabul edildiği, Fâtih devrinde orduda tüfekçi bir kısım bulunduğu ve savaşlarda kale savunmasında veya saldırıda olduğu gibi meydan savaşlarında da bu silahın kullanıldığı anlaşılmaktadır. Macarlarla ve Sırplarla yapılan temaslar ateşli silahların alınmasında önemli rol oynamış görünmektedir.

KAYNAKÇA

Başbakanlık Osmanlı Arşivi (İstanbul):

Ayasofya Evkafı Defteri, no. 19, yıl 895.
Mâliyeden Müdevver Defterler, 9; 18; 567; 828; 7387;
Başbakanlık Osmanlı Arşivi, *Tapu Defterleri*, 16; 392.

Topkapı Saray Arşivi (TKSA):

11440; 11485/9; 11602; 11676; 1459; 3127/2; 4476; 6366; 8334; 9662; D. 9524; D. 9524; E. 6675; E. 11635; E. 11676; E. 11687; E. 3207; E. 5584; E. 9196; E. 9196; E. 9713; Hazine no. 1470; Revan no. 1097; Revan no. 1098; Revan no. 1935; Revan no. 1936; Revan no. 1999.

Muhtelif Yerlerde Bulunan Arşiv Vesâiki ve Yazmalar:

Ankara Üniversitesi, Dil ve Tarih-Coğrafya Fakültesi Kütüphanesi, İsmail Saib Yazmaları, *Fetihnâme-i Akça-Hisar*, Yazma, no. 305 ve no. 5120.
Süleymaniye Kütüphanesi, no. 3032.
İstanbul Belediyesi Atatürk Kitaplığı, M. Cevdet Yazmaları, *Bosna Tahrîr Defteri* (873), no. O. 76 ve no. O. 79.
Bursa Müzesi, Şeri'yye Sicil Defterleri; no. A 3/3; no. A 1/1; no. A 2/2
Türk Tarih Kurumu, Yazma: no. 154; 85.

Kitap, Makale ve Tezler

Abu Bakr-i Tihranî, *Kitab-i Diyarbakriyye*, yay. N. Lugal ve F. Sümer, I-II, Ankara, 1962-1964.
Abû-Hayyân, *Kitâb al-idrâk li lisân al-Atrâk*, (nşr.) A. Caferoğlu, İstanbul, 1931.
Annali Veneti dall'Anno 1457 al 1500 del Senatore Domenico Malipiero, I-II, (ed.) Francesco Longo, Floransa, 1843.
Anonim Tevârih-i Âl-i Osmân, haz. N. Azamat, İstanbul, 1992.
Arat, R.R., "Fatih Sultan Mehmed'in Yarlığı", *TM*, VI (1939), s. 285-322.
Artinian, Vartan H., "A study of Historical Development of the Armenian Constitutional System in the Ottoman Empire", *Unpublished PhD. Dissertation*, Brandeis University, 1968.
Artuk, İ., "Fâtih Sultan Mehmed ve Onu Müteakip Bayezid ile Cem Adlarına Kesilen Sikkeler", *Fâtih ve İstanbul*, II, s. 1-44.
_____, *İstanbul Arkeoloji Müzeleri Teşhirindeki İslâmi Sikkeler Kataloğu*, I-II, İstanbul, 1970 ve 1974.
Ashtor, E., "The Economic Decline of the Middle East During the Middle Ages: An Outline", *Journal of the Asian and African Studies*, XV (Jerusalem, 1981), s. 253-286.

_____, *Les Métaux précieux et la balance des paiements du Proche-Orient à la Basse Epoque*, Paris, 1971.

Aykut, , Ş. Nezihi, "Osmanlı Sikkeleri", *Türkler*, Ankara, 2002, s. 823-842.

Ayvansarâyî, Hafız Hüseyin, *Hadîkatü'l-Cevâmî*, I-II, İstanbul, 1864.

Ayvazoğlu, B., "Fâtih, Bellini ve Rönesans", *Osmanlı İstanbul'u*, I, s. 559-569.

Ayverdi, E.H., "Rumeli Hisarı ve İstanbul'da İlk Osmanlı Kitabesi", *Fâtih ve İstanbul*, I (1953), s. 63-68.

Ateş, A., "İstanbul'un Fethine Dair Fâtih Sultan Mehmed Tarafından Gönderilen Mektuplar ve Bunlara Gelen Cevaplar", *Tarih Dergisi*, IV (1932), s. 11-50.

_____, "Manevî ve Agriboz Fetihnâmesi", *Fâtih ve İstanbul Dergisi*, I (1953-1954), s. 281-313.

Alberi, E., *Relazioni degli Ambasciatori Veneti al Senato*, Serie III, 1840, 1844, 1855.

Babinger, Franz, "Eine Verfügung des Palaeologen Châss Murad-Paşa von Mitte Regep 876 h. Dez.-Jan. 1471/2", *Documenta Islamica Inedita*, Berlin: Akademie Verlag, 1952.

_____, "Fâtih Sultan Mehmed ve İtalya", çev. B.S. Baykal, *Belleten*, XXVII/65 (1953), s. 41-82.

_____, "Ja'qub-Pascha, ein Leibarzt Mehmed's II.-Leben und Schicksale des Maestro Jacopo aus Gaeta", *Rivista delgi Studi Orientali*, XXVI (1951), s. 87-113.

_____, "Mehmed II der Eroberer und ltalien", *Byzantion*, XXI (1951), s. 136-147.

_____,"Mehmed's II. Heirat mit Sitt-Chatun, 1449", *Der Islam*, XXIX/2 (1949).

_____, *Beiträge zur Frühgeschichte der Turkenherschaft in Rumelien*, Münih, 1944.

_____, *Die Aufzeichnungen des Genuesen Iacopo de Promontorio de Campis über dem Osmanenstaat um 1475*, Münih, l957.

_____, *Fâtih Sultan Mehmed ve Zamanı*, çev. D. Körpe, İstanbul, 2002.

_____, *Maometto il Conquistatore e il suo tempo*, Torino, 1957.

_____, *Mehmed der Eroberer und Seine* Zeit, *Weltenstürmer einer Zeitenwende*, Münih, 1953.

_____, *Mehmed the Conqueror and His Time*, trans R. Manheim, ed. W. Hickman, Princeton, 1978.

_____, *Vier Bauvorschläge Lionardo da Vinci's an Sultan Bajezid den Zweiten: 1502/3*, Göttingen, 1952.

_____, *La grande peur du monde au tournant de l'historie*, çev. H.E. del Medico, Paris, 1954.

Baca, A.R., *Epistola Ad Mahomatem II* (*Epistle to Mohammed*), New York: Peter Lang, 1990.

Balard, M., *La Romanie Génoise*, I-II, Genova, 1978.

Balta, Evangelia, *L'Eubée à la fin du XVe siècle, économie et population, Les registres de l'année 1474*, Athens: Society of Eubéen Studies Pub., 1989.

Barbara Flemming, *Landschaftsgeschichte von Pamphylien, Pisidien und Lykien im Spätmittelalter*, Wiesbaden, 1964.

Barbaro, Giosafat, *Travels to Tana and Persia*, (nşr.) S. Alderley, Londra, 1873.

Barbaro, Nicolò, *Konstantiniyye Muhasarası Ruznâmesi*, (çev.) Ş.T. Diler, İstanbul, 1976.

Barkan, Ö. L., "Kolonizator Türk Dervişleri", *Vakıflar Dergisi*, II, (1942), s. 279-386.

_____, "Divani-Malikâne Sistemi", *Türk Hukuk ve İktisat Mecmuası*, I, (1931).

_____, "Kulluklar ve Ortakçı Kullar", *Toplu Eserler*, I, İstanbul, 1980.

_____, *XV ve XVI ıncı Asırlarda Osmanlı İmparatorluğunda Ziraî Ekonominin Hukukî ve Malî Esasları*, İstanbul, 1945.

_____, "Fâtih Camii ve İmâreti Tesislerinin 1489-1490 Yıllarına Ait Muhasebe Bilançoları", *İFM*, XXIII/1-2 (1962-1963), s. 297-341.

_____, - Ayverdi, E.H., *953 (1546) Tarihli İstanbul Vakıfları Tahrîr Defteri*, İstanbul, 1970.

Barker, J.W., *Manuel II Palaeologus (1391-1425): A Study in Late Byzantine Statesmanship*, New Brunswick, NJ., 1969.

Barthold, W., *Orta Asya Türk Tarihi Hakkında Dersler*, İstanbul, 1927.

Başbakanlık Osmanlı Arşivi Rehberi, Ankara, 1992.

Baykal, İ., *Bursa ve Anıtları*, Bursa, 1950.

Bayraktarevic, F., *Turski Dikumenti*, Sarajevo, 1935.

Baysun, M. Cavid, "Emir Sultan Hayatı ve Şahsiyeti", *İstanbul Üniversitesi Edebiyat Fakültesi Tarih Dergisi*, I-III (1949), s. 77-94.

_____, "Emir Sultan", *İslâm Ansiklopedisi*, IV, s. 261-263.

Bekker, Immanuel (haz.), *Peri tu en Konstaninopolei Gegonotos Polemou*, Bonnae, 1838.

Beldiceanu, N., *Les actes des premiers Sultans conservés dans les manuscrits turcs de la Bibliothèque Nationale à Paris*, I, Paris and The Hague, 1960.

Beldiceanu-Steinherr, I., "La prise de Serres et le firman de 1372 en faveur du monastere de Saint-Jean-Prodrome", *Acta Historica, Societas Academica Dacoromana*, Munich, 1965, pp. 15-24.

_____, *Recherches sur les actes des règnes des sultans Osman, Orhan et Murad*, Munich, 1967.

Bennigsen, A. and Quelquejay, C.L., "Les marchands de la cour ottomane et le commerce des fourrures moscovites dans la seconde moitié au XVIe siècle", *Cahiers du Monde Russe et Soviétique*, XI/3 (1970), pp. 363-390.

Bertele, T., "L'iperpero Byzantino dal 1261 al 1453", *Rivista haliana di Numismatica e scienze Afini*, LIX (1957), s. 70-89.

Bisaha, N., *Creating East and West: Renaissance Humanists and the Ottoman Turks*, Philadelphia, 2004.

Braude, B. and Lewis, B. (ed.) *Christians and Jews in the Ottoman Empire*, I, New York, 1982.

Brion, M., *Le Pape et le Prince: Les Borgia*, Paris, 1953.

Budin Kanunnâmesi ve Osmanlı Toprak Meselesi, (haz.) Sadık Albayrak, Tercüman 1001 Temel Eser.

Buluç, S., *Untersuchungen über die altosmanische anonyme Chronik der Bibliothèque Nationale zu Paris: Suppl. Turc 1047, Anc. Fonds Turc 99*, Breslau, 1938.

Bombaci, A., "La collezione di documenti turchi dell'archivio di Stato di Venezia", *Riv. Studi Orient*,c. XXIV, 1949.

Cahen, Cl., "Une chronique Syrienne du VIe/XIIe siècle: le "Bustān al-jāmi'", *Bulletin d'études orientales*, 7/8 (1937), s. 113-158.

_____, *Pre-Ottoman Turkey, 1071-1330*, London, 1968.

Cengiz, H. E. - Yücel, Y. (yay.), *Rûhî Târihi, Oxford Nüshası Değerlendirme ve Tıpkı Basım*, Ankara, 1992.

Church and Law in the Balkan Peninsula during the Ottoman Rule, Thessaloniki: Institute for Balkan Studies, 1967.

Constable, G., *Letters and Letter-Collection*, Turnhout: Ed. Brepols, 1976.

Critovoulos, *History of Mehmed the Conqueror*, trans. C. T. Riggs, Princeton, 1954.

Cyriacus of Ancona, Later Travels, (ed.) E.W. Bodnar, Cambridge & Londra, 2003.

Davison, R., *Reform in the Ottoman Empire*, Princeton, 1963.

Decei, A., "Patrik II. Gennadious Scholarios'un Fâtih Sultan Mehmed İçin Yazdığı Ortodoks İtikatnâmesinin Türkçe Metni", *Fâtih ve İstanbul*, I/1 (1953), s. 99-116.

Dennis, G.T., *The Byzantine Turkish Treaty of 1403*, Roma, 1967.

_____, *The Reign of Manuel II*, Roma, 1960.

Diesmann, A., *Forschungen und Funde im Serai einem Verzeichnis der nicht-islamichen Handischriften im Topkapi Serai in Istanbul*, Berlin, 1933.

Dolfin, Zorzi, *Sitzungsberichte der kgl. bayr. Akademie der Wissenschaften zu München, philos.-hist. Kl.*, Jahrg., Münih, 1868.

Doukas, *Decline and Fall of Byzantium to the Ottoman Turks*, çev. H.J. Magoulias, Detroit: Wayne State University Press, 1975.

Dujcev, "La Conquête turque et la prise de Constantinople dans la littérature slave", *Byzantinoslavica*, XIV (1953) ve XVI (1955).

Düstûrnâme-i Enverî, (yay.) M.H. Yinanç, İstanbul, 1930.

Earle, P., "The Commercial Development of Ancona, 1479-1551", *Economic History Review*, XII (1969).

Edhem, H., *Meskûkât-i Osmaniyye*, İstanbul, H. 1334.

Emir Sultan Hazretlerinin Menkıbeleri: Menâkıb-ı Emîr Sultân kaddesallâhu sirrahu'l-âlî, , Mustafa Utku (haz.), İstanbul, 2011

Emir Sultan Sempozyum Bildirileri (5 Mayıs 2012), (ed.) Çetin, Osman, Bursa, 2012.

Eren, Hasan, "Türkçe *İstabur* Kelimesi Üzerine", *TDAY*, (1956), s. 145-152.

Erzi, A., "Ak-Koyunlu ve Karakoyunlu Tarihi Hakkında Araştırmalar", *Belleten*, 70 (1954), s. 203-218.

Esmail, M. Ebrahim M., "Kâşifî'nin *Gâzânâme-i Rûm* Adlı Farsça Eseri ve Türkçe'ye Tercüme ve Tahlili", *Yayımlanmamış Yüksek Lisans Tezi*, Mimar Sinan Güzel Sanatlar Üniversitesi, Sosyal Bilimler Enstitüsü, 2005.

Elezovic, Glisa, *Turski spomenici, I*, 1. ve 2. bölümler, Belgrad, 1940-1952.

Failler, A., "Pachymeriana Nova", *Revue des etudes Byzantines*, 49 (1991), s. 171-195.

"Fâtih'in Dîvânı, Avnî Divânı", *İstanbul Armağanı, Fâtih ve Fetih,* (ed.) M. Armağan, İstanbul, 1995.

Fatih Devri Kaynaklarından Düstûrnâme-i Enverî: Osmanlı Tarihi Kısmı (1299-1465), haz. N. Öztürk, İstanbul, 2003.

Fâtih Mehmed II Vakfiyeleri, II, Ankara, 1938.

Fekete, L., *Einführung in die osmanisch-türkische Diplomatik der Türkischen Botmässigkeit in Ungarn*, Budapest, 1926.

Feridûn Bey, *Münşeâtu's-Selâtin*, I, İstanbul, H. 1274.

Fleet, Kate, "The Treaty of 1387 between Murad I and the Genoese", *BSOAS*, 56/I (1993), s. 13-33.

Flügel, Gustav, *Die Arabischen, Persischen und Türkischen Handschriften*, I-II, Wien, 1984.

Flynn, D.O., "Use and Misuse of the Quantity Theory of Money in Early Modern Historiography", yay. L. van Cauwenberghe ve F. Irsigler, *Minting, Monetary Circulation and Exchange Rates*, (1984), s. 383-417.

Galip, İ., *Takvîm-i Meskukât-i Osmaniyye*, İstanbul, 1307.

Gegaj, A., *l'Albanie et l'invasion turque au XVe siècle*, Paris, 1937.

Gibbons, Herbert A., *The Foundation of the Ottoman Empire: A History of the Osmanli's up to the death of Bayezid I, (1300-1403)*, Oxford, 1916.

Giese, Friedrich, *Die Altosmanischen Anonymen Chroniken, Tevârih-i Âl-i Osmân*, I-II, Breslau, 1922-1925.

_____, "Die geschichtlichen Grundlagen für die Stellung der christlichen Untertanen im osmanischen Reich", *Der Islam*, XIX (1930), p. 264-277.

Goodrich, T.D., *The Ottoman Turks and the New World*, Wiesbaden, 1990.

Gökbilgin, Tayyib, "Venedik Devlet Arşivlerindeki Vesikalar Külliyatından Kanunî Sultan Süleyman Devri Belgeleri", *Belgeler*, II (1964), s. 119-220.

_____, *XV-XVI Asırlarda Edirne ve Paşa Livası*, İstanbul, 1952.

Grecu, V., "Georgios Sphrantzes, Leben und Werk, die Ausgabe" *Byzantino-Slavica*, XXXVI (1965), pp. 62-73.

Greenwood, A., "Istanbul's Meat Provisioning", *PhD. Dissertation*, University of Chicago, NELC, 1988.

Ǧihānnumā, Codex Menzel, ed. F. Taeschner, Leipzig, 1951.

Hackett, J., *A History of the Orthodox Church in Cyprus*, London, 1901.

Halecki, Oskar, *Un Empereur de Byzance à Rome*, Warszawskiego, 1930.

Hamidullah, M., *Documents sur la Diplomatie Musulmane a l'apoque du Prophète et des Khalifes orthodoxes,* Paris, 1935.

_____, *Medjmu'a al-Wasa'ik al Siyasiyya*, Beyrouth, 1958.

Hasan b. Mahmud Bayatî, *Câm-i Cem-Âyîn*, (*886/1481*), yay. Ali Emîrî, İstanbul, H. 1331.

Hendy, M.F., *Coinage and Money in the Byzantine Empire, 1081-1261*, Washington, 1969.

Hering, G., "Das islamische Recht und die Investitur des Genadios Scholarios", *Balkan Studies*, II-2 (Thessalonoki, 1961), pp. 248-256.

Heyd, W., *Histoire du commerce du Levant*, çev. F. Raynaud, Leipzig, 1936.

Hinz, W., *Uzun Hasan ve Şeyh Cüneyd*, Ankara, 1948.

Hoca Saaddettin, *Tâcu't Tevârih*, (yay.) İ. Parmaksızoğlu, İstanbul, 1979.

Hocks, Else, *Pius II un der Halbmond*, Freiburg im Breisgau: Herde, 1941.
Hüsameddin, H., *Amasya Tarihi*, I-III, Istanbul, 1927.
Ibn Battuta, *The Travels*, trans. H.A.R. Gibb, vol. I-II, Cambridge, 1962.
Il libro dei Conti di Giacomo Badoer, (Constantinopoli, 1436-1440), eds.: U. Dorini and T. Bartelé, Venice, 1956.
Imber C., "İlk Dönem Osmanlı Tarihi Kaynakları", *Söğüt'ten İstanbul'a*, Derleyenler: Oktay Özel-Mehmet Öz, Ankara, 2005, s. 39-70.
_____, "İlk Dönem Osmanlı Tarihinde Düstur ve Düzmece", *Söğüt'ten İstanbul'a*, (der.) Oktay Özel-Mehmet Öz, Ankara, 2005, s. 271-300.
_____, "Osmanlı Hanedan Efsanesi", *Söğüt'ten İstanbul'a*, Derleyenler: Oktay Özel-Mehmet Öz, Ankara, 2005, s. 243-270.
Iorga, N., *Byzance après Byzance, Continuation de la vie byzantine*, Bükreş, 1971.
_____, *Histoire Des États Balkaniques*, Paris, 1925.
_____, *Notes et extraits pour servir à l'histoire des croisades au XVe siècle*, 1899.
İbn İlyas, *Tarikh Suriyah*, 8 cilt, Beyrut, 1893-1905.
İbn Kemal, *Tevârih-i Âl-i Osmân*, I, (haz.) Ş. Turan, Ankara, 1970.
_____, *Tevârih-i Âl-i Osmân*, II, (haz.) Ş. Turan, Ankara, 1983.
_____, *Tevârih-i Âl-i Osmân*, III. Defter, (haz.) A. Satun, Yayımlanmamış Yüksek Lisans Tezi, Marmara Üniversitesi Türkiyat Araştırmaları Enstitüsü, İstanbul, 2009.
_____, *Tevârih-i Âl-i Osmân*, IV, (haz.) Koji Imazawa, Ankara, 2000.
_____, *Tevârih-i Âl-i Osmân*, VII, (haz.) Ş. Turan, Ankara, 1957.
_____, *Tevârih-i Âl-i Osmân*, VIII, (haz.) A. Uğur, Ankara, 1997.
_____, *Tevârih-i Âl-i Osmân*, X, (haz.) Ş. Severcan, Ankara, 1996.
İbn Tagribirdi, *Havâdis ad-duhûr*, (nşr.) W. Popper, I, California, 1931.
İdrîs-i Bitlîsî, *Selimşâh-nâme*, (yay.) H. Kırlangıç, Ankara, 2001.
_____, *Heşt Bihişt*, (haz.) M. Karataş-S. Kaya-Y. Baş, I, Ankara, 2008.
İnalcık, Halil - Anhegger, Robert (yay), *Kânûnnâme-i Sultânî ber Mûceb-i 'Örf-i Osmânî*, Ankara, 1956.
İnalcık, Halil, "Ottoman Galata", *Galata*, ed. Edhem Eldem, İstanbul, 1990.
_____, "A Case Study in Renaissance Diplomacy, The Agreement between Innocent VIII and Bayazid on Djem Sultan", *JTS*, III (1979), s. 209-230.
_____, "Autonomous Enclaves in Islamic States: Temlîks, Soyurghals, Yurdluk-Ocaklıks, Malikâne-Mukata'as and Awqaf", *History and Historiography of Post-Mongol Central Asia and the Middle East: Studies in Honor of J.E. Woods*, Harrassowitz, 2006.
_____, "Aydos Kalesi", *Sempozyum Bildirileri*, Sultanbeyli Belediyesi, 28 Mayıs 2011, s. 11-18.
_____, "Bayezid", *TDV İslâm Ansiklopedisi*, V (1992), s. 231-234.
_____, "Berât", *Encyclopedia of Islam*, second edition, I, pp. 1170-1171.
_____, "Capital Formation in the Ottoman Empire", *The Journal of Economic History*, XIX-1 (1969), pp. 97-140.
_____, "Centralization and Decentralization in Ottoman Administration", *Studies in Eighteenth Century Islamic History*, eds. T. Naff and R. Owen, London 1977.

_____, "Dervish and Sultan: An Analysis of the Otman Baba Velâyetnâmesi", *The Middle East and the Balkans under the Ottoman Empire*, Bloomington, 1993.
_____, "Edirne'nin Fethi", *Edirne'nin Fethi 600. Yılı Armağan Kitabı*, Ankara, 1965, s. 137-159.
_____, "Fâtih Sultan Mehmed'in Fermanları", *Belleten*, 44 (1947), s. 700.
_____, "Filori", *Encyclopedia of Islam*, second edition, II, s. 914-915.
_____, "Gedik Ahmed Paşa", *Encyclopedia of Islam*, second edition, I, s. 293.
_____, "How to Read 'Ashik Pasha-zade's History", *Essays in Ottoman History*, İstanbul, 1998.
_____, "Introduction to Ottoman Metrology", *Turcica*, XV (1983), s. 311-348.
_____, "Istanbul", *Encyclopaedia of Islam*, 2nd edition, IV, pp. 224-248.
_____, "İstanbul Fethi'nin Yakın Sebepleri", *Ankara Üniversitesi, Dil ve Tarih-Coğrafya Fakültesi Dergisi*, XI/2-4 (1953), s. 345-354.
_____, "İstanbul Kuşatmasında Kritik Üç Gün", *Osmanlı Tarihinde Efsaneler ve Gerçekler*, İstanbul, 2013.
_____, "Jews in Ottoman Economy and Finances", eds. C. E. Bosworth et alia, *The Islamic World*, Princeton, 1988, pp. 513-550.
_____, "Kanun", *Encyclopedia of Islam*, second edition, IV, pp. 558-562
_____, "Mehmed II", *İslâm Ansiklopedisi*, VII, s. 506-535.
_____, "Mehmed the Conqueror and His Time," in *Speculum*, vol XXXV, 1960, pp. 408-427.
_____, "Mehmed, I", *TDV İslâm Ansiklopedisi*, XXVIII (2003), s. 391-394.
_____, "Mesih Pasha", *Encyclopedia of Islam*, second edition, VI, pp. 1025-1026.
_____, "Military and Fiscal Transformation in the Ottoman Administration, 1600-1700", *Archivum Ottomanicum*, VI, pp. 311-337.
_____, "Murad I", *TDV İslâm Ansiklopedisi*, XXXI (2004), s. 156-164.
_____, "Murad II", *İslâm Ansiklopedisi*, VIII, (2006), s. 615-625.
_____, "Notes on N. Beldiceanu's Translation," *Der Islam*, 43 (1967), s. 152-156.
_____, "Orhan", *TDV İslâm Ansiklopedisi*, XXXIII (2007) s. 375-386.
_____, "Osman Ghazi's Siege of Nicaea and the Battle of Bapheus", *The Ottoman Emirate*, (ed.) Elizabeth Zacharidou, Rethymnon, 1993, s. 77-98.
_____, "Osmanlı Beyliği'nin Kurucusu Osman Beg", *Belleten*, LXXI/261 (2007), s. 479-525.
_____, "Osmanlı İmparatorluğu'nun Kuruluş ve İnkişafı, Devrinde Türkiye'nin İktisadî ve İçtimaî Tarihi Üzerinde bir Tetkik Münasebetiyle", *Belleten*, 15 (1951), s. 629-690.
_____,"Osmanlılarda Raiyyet Rüsumu", *Belleten*, XIII (1959), s. 575-610.
_____, "Osmanlılarda Saltanat Verâseti Usûlü", *Siyasal Bilgiler Fakültesi Dergisi*, XIV (1959), s. 69-94.
_____, "Otman Baba ve Fatih Sultan Mehmed", *Doğu Batı*, XXVI (2004).
_____, "Ottoman Methods of Conquest", *Studia Islamica*, II (1954), s. 103-129.

_____, "Polunya (Appolonia) Tanrı-Yıkdığı, Osmanlı Rumeli Fetihler Kronolojisinde Düzeltmeler (1354-1371)", *M. Kütükoğlu Armağanı*, İstanbul, 2006, s. 27-57.

_____, "Power Relationship between Russia, the Crimean Khanate and the Ottoman Empire, as Reflected in the Titulature", *Passe turco-tatar, présent soviétique*, eds. Ch. Lemercier-Quelquejay, G. Veinstein and S.E. Wimbush, Louvain-Paris, 1986.

_____, "Stefan Duşan'dan Osmanlı İmparatorluğu'na", *Fuad Köprülü Armağanı*, İstanbul, 1953, s. 214-231.

_____,"Tarihçi Şükrullah Çelebi (1380?-1460)", *Acta Orientelia*, 61 (Mart 2008), s. 113-118.

_____, "The Appointment Procedure of a Guild Warden (Ketkhudâ)", *Wiener Zeitschrift für die Kunde des Morgenlands*, vol. 76, *Festschrift Andreas Tietze*, Vienna 1986, pp. 135-142.

_____, "The Conquest of Edirne (1361)", *Archivum Ottomanicum*, III (1971), s. 185-210.

_____, "The Ottoman Turks and the Crusades, 1329-1522" *A History of the Crusades,* VI: General editor: K. Setton, editor of the volume: H. Hazard and N.P. Zacour, Madison, 1989.

_____, "The Policy of Mehmed II toward the Greek Population of Istanbul", *Dumbarton Oaks Papers,* vol. 23-24 (1969-1970), pp. 231-249

_____, "The Problem of Relationship Between Byzantine and Ottoman Taxation", *Akten des XI. Internationalen Byzantinisten-Kongresses*, 1958, Munich 1960.

_____, "The Question of the Closing of the Black Sea under the Ottomans", *Symposium on the Black Sea*, Birmingham, March 18-20, 1978, publ. Arkheion Pontu, 34 (Athens 1979), pp. 74-110.

_____, "The Rise of Ottoman Historiography", *Historians of the Middle East*, (ed.) B. Lewis-P.M. Holt, Londra, 1962, s. 152-167.

_____, "Timâr", *Encyclopedia of Islam*, second edition, X, s. 502.

_____, "Tursun Beg, Historian of Mehmed the Conqueror's Time", *Wiener Zeitschrift für die Kunde des Morgenlandes*, 69 (1977), s. 55-71

_____,"Türkiye'nin İktisadî Vaziyeti Üzerine Bir Tetkik Münasebetiyle", *Belleten*, 60 (1951), s. 629-690.

_____, "Yeni Vesikalara Göre Kırım Hanlığı'nın Osmanlı Tâbiliğine Girmesi ve Ahidnâme Meselesi", *Belleten*, 30 (1944), s. 185-229.

_____, *An Economic and Social History of the Ottoman Empire*, ed. H. İnalcık-D. Quataert, Cambridge, 1994.

_____, *Essays in Ottoman History*, İstanbul, 1998.

_____, *Fâtih Devri Üzerinde Tetkik ve Vesikalar*, Ankara, 1954.

_____, *From Empire to Republic, Essays on Ottoman and Turkish Social History*, İstanbul, 1995.

_____, *H. 835 Tarihli Suret-i Defter-i Sancak-i Arvanid*, Ankara, 1952.

_____, *Hâs Bağçe'de 'Ayş u Tarab: Nedimler, Şairler, Mutribler*, İstanbul, 2011.

_____, *Kuruluş Dönemi Osmanlı Sultanları (1302-1481)*, İstanbul, 2010.

_____, *Osmanlı İmparatorluğu'nun Ekonomik Sosyal Tarihi*, I, çev. H. Berktay, İstanbul, 2001.
_____, *Sources and Studies on the Ottoman Black Sea*, Cambridge, Mass. 1955.
_____, *The Middle East and the Balkans Under the Ottoman Empire: Essays on Economy and Society*, Bloomington, 1993.
_____, *The Ottoman Empire: Conquest, Organization and Economy*, London: Variorum Reprints, 1978.
_____, *The Survey of Istanbul 1455*, İstanbul, 2012.
_____, Osmanlı Tarihi Hakkında Mühim Bir Kaynak", *Dil ve Tarih-Coğrafya Fakültesi Dergisi*, I/2, (1941), s. 89-96.
_____, ve Murphey R. (ed.), *The History of Mehmed the Conqueror, Târih-i Ebu'l-Feth*, Minneapolis ve Chicago, 1978.
_____, - Radushev, E. - Altuğ, U., *1445 Tarihli Paşa Livası İcmâl Defteri*, Ankara, 2013.
İstanbul Fethi'nin Bizanslı Son Tanığı Yorgios Sfrancis'in Anıları, Chronicon Minus, çev. Levent Kayapınar, İstanbul, 2009.
Jill, J., *The Council of Florence*, Cambridge, 1959.
Jirecek, Constantin, *Geschichte der Serben*, I-II, Gotha, 1911.
Jones, J.R.M., *The Siege of Constantinople, 1453: Seven Contemporary Accounts*, Amsterdam, 1972.
Kabrda, J., *Le Système Fiscal de l'église Orthodoxe dans l'Empire Ottoman*, Brno, 1969.
Kanonas, Ioannes, "II. Murad'ın İstanbul Muhasarası Hakkında Bir Eser", çev. Zafer Taşlıklıoğlu, *İstanbul Üniversitesi, Edebiyat Fakültesi Tarih Dergisi*, VIII/11-12 (1955), s. 209-226.
Kara, M., *Bursa'da Emir Sultan Sempozyumu, Tarikatlar ve Tekkeler*, Bursa, 2012.
Karatay, F., *Türkçe Yazmalar Kataloğu*, vol. I, Istanbul, 1961.
Kavânîn-i Âl-i Osmân der Hülâsa-i Mezâmîn-i Defter-i Dîvan, İstanbul, 1280/1864.
Kermeli, E. ve Özel, O., (yay. haz.) *The Ottoman Empire: Myths, Realities and 'Black Holes': Contributions in honour of Colin Imber*, İstanbul, 2006.
Khedoori, E., "Charters of Privileges granted by the Fatimids and Mamluks to St. Catherine's Monastery of Tur Sinai (ca. 500 to 900)", *PhD Dissertation*, University of Manchester, 1958.
Kılıç, Şahin, "Kısa Kronikler'e (Brachea Chonika) Göre Erken Osmanlı Tarihi (1402-1451): Çeviri ve Değerlendirme", *Yayımlanmamış Doktora Tezi*, Ankara Üniversitesi, Sosyal Bilimler Enstitüsü, Ankara, 2011.
Kıvâmî, (yay.) Franz Babinger, İstanbul, 1955.
Kissling, H.J. - Schmaus, A., *Serta Monecansia*, Leiden, 1952.
Köprülü, M. F., *Bizans Müesseselerinin Osmanlı Müesseselerine Tesiri*, İstanbul, 1981.
Köseoğlu, Neşet, *Tarihte Bursa Mahalleleri*, Bursa, 1947.
Kraeliz-Graifenhorst, F., "Kânûnnâme Sultan Mehmeds des Eroberers", *Mitteilungen Zur Osmanischen Geschichte*, I, 1921.

_____, *Osmanische Urkunden in türkischer Sprache aus der Zweiten Hälfte*, Viyana, 1922.

Kritovulos Tarihi, 1451-1467, çev. Ari Çokona, İstanbul, 2012.

Laiou-Thomadakis, Angeliki E., "The Greek Merchant of the Palaeologan Period: A Collective Portrait", *Praktika*, 57 (1982), s. 96-124.

Langdon, John S., "Byzantium's Initial Encounter with the Chiggisids: An Introduction to the Byzantino-Mongolica", *VIATOR, Medieval and Renaissance Studies*, 29 (1998), s. 93-140.

Laonikos Chalkokondyles, *L'histoire de la Decadence de l'empire grec et establissement de clevy des Turcs, De la traduction de B. de Vigenere*, I, R-Roven, 1660.

Lamansky, Vladimir, *Secrets d'Etat de Venise: Documents, extraits, notices et études servant a éclaircir les rapports de la Seigneurie avec les Grecs, les Slaves et la Porte Ottomane*, Saint Petersburg, 1884.

Lemerle, P., *L'émirat d'Aydin, Byzance et l'Occident*, Paris: Presses Universitaires de France, 1957.

_____, *Philippe et la Macédoine Oriental*, Paris, 1945.

Levend, A.S., *Gâzâvâtnâmeler*, Ankara, 1956.

Lezze, D. da, *Historia Turchesca*, ed. I. Ursu, Bükreş, 1910.

Lowry, H., "The Ottoman Liva Kanunnâmesi Contained in the Defter-i Hakani", *Osmanlı Araştırmaları*, II (1981), s. 43-74.

Lugal, N., - Erzi, A., "Fâtih Sultan Mehmed'in Muhtelif Seferlerine Ait Fetihnâmeleri", *İstanbul Enstitüsü Dergisi*, II (1956), s. 169-184; III (1957), s. 177-192.

M. Neşrî, *Kitâb-i Cihânnüma: Neşrî Tarihi*, (yay.) F.R. Unat-M.A. Köymen, I-II, Ankara, 1949 ve 1957.

Malowist, M., *Kaffa, koloniagenuenska na Krymie i problem wschodni w latach, 1453-1475*, Varşova, 1947.

Manfroni, C., "La battaglia di Gallipoli e la politica Veneto-Turca, 1381-1420", *Ateneo Veneto: revista di scienze, lettere ed arti*, XXV/II (1902).

Masson, P., *Histoire du commerce français dans le Levant*, I-II, Paris, 1896.

Matschke, K.P., "Byzantinische Politiker and byzantinische Kaufleute im Ringen und die Beteiligun am Schwarzmeerhandel in der Mitte des 14. Jh.", *Mitteilungen des Bulgarischen Forschungs institutes in Österreich*, II, pp. 75-95.

Mazandarânî, Abdullah, *Die Resâla-yi Falakiyya*, ed. W. Hinz, Wiesbaden, 1952.

Melikoff-Sayar, I., *Le destan d'Umur Pacha*, Paris, 1954.

Ménage, V.L., "On the Recensions of Uruj's 'History of the Ottomans'", *BSOAS*, 30/2 (1967), s. 314-322.

_____, "Ms Fatih 1405 and Autogroph of Kemal Pasha-zâde's Tevârikh-i Âl-i Othmân, Book VII", *BSOAS*, XXIII/2, (1960), s. 250-264.

Menâkıb-i Mahmud Paşa-yi Velî (İstanbul Üniversite Kütüphanesi, yazma no. TY2425).

Menâhidj al-Inshâ', ed. Şinasi Tekin, Cambridge, Mass., 1973.

Mercan, Özden, "Constructing Self-Image in the Image of the Other: Political and Religious Interpretations of Pope Pius II's Letter to Mehmed II (1461)", Yüksek Lisans Tezi, Central European University, Budapeşte: 2008.
Mırmıroğlu, V.L., *Fâtih Sultan Mehmed ve Francesko Filelfo*, İstanbul, 1956.
_____, *Fâtih'in Donanması ve Deniz Savaşları*, İstanbul, 1946.
Millî Tetebbûlar Mecmuası, cilt: 1-5, Mart-Kanunuevvel 1331 (1915), İstanbul, Matbaa-i Âmire, 1915.
Mingana, A., "A charter of Protection granted to the Nestorian Church in A.H. 113 by Muktafi II, Caliph of Baghdad", *Bulletin of John Rylands Library*, Manchester, X (1926), pp. 126-133.
Mitchell, R.J., *The Laurels and the Tiara: Pope II, 1458-1464*, Londra: Harwill Press, 1962.
Mordtmann, H., "Die Kapitulation von Konstantinopel im Jahre 1453", *Byzantinische Zeitschrift*, XXI, (1912), pp. 129-144.
Necipoğlu, Nevra, "Byzantines and Italians in Fifteenth-Century Constantinople: Commercial Cooperation and Conflict", *New Perspectives on Turkey*, Spring 1995, pp. 129-143.
_____, "Ottoman Merchants in Constantinople during the First Half of the Fifteenth Century", *Byzantine and Modern Greek Studies*, 16 (1992), pp. 158-169.
Neşrî, *Ğihânnümâ: Die Altosmanische Chronik des Mevlânâ Mehemmed Neshri*, Theodor Menzel ve Taeschner edisyonu, I, Leipzig, 1951.
Nicol, D., *Byzantium and Venice: A Study in Diplomatic and Cultural Relations*, Cambridge, 1992.
_____, *The Last Centuries of Byzantium, 1261-1453*, Cambridge, 1972.
Nicoloudis, Nicolaos, *Laonikos Chalkokondyles: A Translation and Commentary of the 'Demonstrations of Histories'*, Londra, 1992.
Oikonomides, N., *Hommes d'affaires grecs et latins en Constantinople (XIII e-XV e siécles)*, Montreal, 1979.
Oruc Beg Tarihi, (yay.) N. Öztürk, İstanbul, 2014.
Oruc, *Die frühosmanischen jahrbücher des Urudsch*, Hannover, 1925.
Ostrogorsky, Georgije, *Pour l'histoire de la féodalité byzantine* (çev. H. Gregoire-P. Lemerle), Brüksel, 1954.
_____, *Serska Oblast Posle Dusanove Smrti*, Belgrad, 1965.
_____, "La prise de Serres par les Turcs", *Byzantion*, XXXV (1965), pp. 302-319.
Özcan, A., "Heşt Bihişt", *TDV DİA*, XVII, s. 271-273.
_____, *Kanunnâme-i Âl-i Osmân Tahlil ve Karşılaştırmalı Metin*, İstanbul, 2003.
Özel, O., "Limits of the Almighty: Mehmed II's 'Land Reform' Revisited", *Journal of the Economic and Social History of the Orient*, 42/2 (1999), s. 226-246.
Pachymeres, G., *Relations Historiques*, I-II, Fransızca çeviri: A. Failler-V. Laurent, 1984.
Pamuk, Şevket, "Bimetallism and the Monetary Problems of an Expanding Empire", *An Economic and Social History of the Ottoman Empire*, II, ed. H. İnalcık and D. Quataert, Cambridge, 1997.
_____, *Osmanlı Ekonomisi ve Kurumları*, İstanbul, 2007.

_____, *Osmanlı İmparatorluğu'nda Paranın Tarihi*, İstanbul, 1999.

_____, *Osmanlı-Türkiye İktisadî Tarihi, 1500-1914*, İstanbul, 2005.

Papadopoullos, Theodore H., *Studies and Documents Relating to the History of the Greek Church and People under Turkish Domination*, Bibliotheca Graeca Aevi Posterioris-1, Brussels, 1952.

Pedani, Maria Pia, (ed), *Inventory of the Lettere e Scritture Turchesche in the Venetian State Archives based on the materials compiled by Alessio Bombacı*, Leiden, 2010.

_____, *In Nome del Gran Signore: Inviati Ottomani a Venezia dalla Caduta di Costantinopoli alla Guerra di Candia*, Venedik, 1994.

_____, - Yıldırım, Elis - Özkan, Nevin, *Osmanlı Padişahının Adına: İstanbul'un Fethinden Girit Savaşı'na Venedik'e Gönderilen Osmanlılar*, Ankara, 2011.

_____, - Pedani, F. (ed), *Relazioni di ambasciatori veneti al Senato, XIV, Contantinopoli Relazioni inedite (1512-1789)*, Torino, 1996.

Pertusi, Agostino, *La caduta di Costantinopoli*, I: *Le testimonianze dei contemporanei*, Verona, 1976; Türkçe çeviri: Agostino Pertusi, *İstanbul'un Fethi, c. 1: Çağdaşların Tanıklığı; 2: Dünyadaki Yankısı; 3: İstanbul'un Fethine Dair Neşredilmemiş ve Az Bilinen Makaleler*, çev. Mahmut H. Şakiroğlu, İstanbul, 2004.

Peter, Charanis, "The Strife among the Palaeologi and the Ottoman Turks, 1370-1402", *Byzantion*, XVI (1942-43), s. 286-314.

Raby, Julian, "Mehmed the Conqueror's Greek Scriporlum", *Dumbarton Oaks Papers*, XXXVII (1983), s. 15-34.

Refik, A., "Fâtih Zamanında Teke-Eli", *Türk Tarihi Tedkik Encümeni Mecmu'ası*, XIV-2 (fasc. 79), s. 66-72.

_____, *Fâtih ve Bellini*, Günümüz Türkçesine aktaran: Ö. Kaya, İstanbul, 2006.

_____, *On Altıncı Asırda İstanbul Hayatı*, İstanbul, 1935.

Richards, J.F., (ed.) *Precious Metals in the Later Medieval and Early Modern World*, Carolina, 1983.

Riggs, Charles T., *History of Mehmed the Conqueror*, Princeton, 1954.

Risâle, *Mahrûse-i İstanbul Fetihnâmesi*, (yay.) Halis, *Târih-i Osmanî Encümeni Mecmuası*, İlâveler nüshası.

Roemer, H.R., *Staatsschreiben der Timuridenzeit*, Wiesbaden, 1952.

Romanin, Samuele, *Storia Documentata di Venezia*, V-VI, Venezia, 1856-1857.

Rossi, Ett., "La Legenda Turco-Bizantina del Pomo Ross", *Studi Bizantini e neoellenici*, V (1937), s. 542-553.

Roulx, Delaville le, *La France en Orient au XIVe siécle*, Paris, 1886.

Runciman, S., *The Fall of Constantinople, 1453*, Cambridge, 1965.

_____, *The Great Church in Captivity*, Cambridge, 1968.

Sanuto, Marino, *Le Vite dei dogi*, (ed.) G. Monticolo, Rerum Italicum Scriptores, c. XXII, Citta di Castello, 1900-1902.

Sahillioğlu, Halil, "Akçe", *TDV DİA*, II, s. 224-227.

_____, "Bir Mültezim Zimem Defterine Göre XV. Yüzyıl Sonunda Osmanlı Darphane Mukâtaaları", *İFM*, XXIII (1962-1963), s. 145-218.

_____, "Osmanlı Para Tarihinde Dünya Para ve Maden Hareketinin Yeri (1300-1750)", *ODTÜ Gelişim Dergisi*, Özel sayı (1978), s. 3-28.

_____, *Bir Asırlık Osmanlı Para Tarihi, 1640-1740*, İstanbul, 1965.

Schreiner, Peter, "Zur Geschichte Philadelphias im 14. Jahrhundert (1293-1390)", *Orientalia Christiana Periodica*, XXXV (1969), s. 375-405.

_____, *Die Byzantinischen Kleinchroniken*, I, Viyana, 1975.

Schwarz, Klaus, *Osmanische Sultans Urkunden des Sinai-Klosters in türkische Sprache*, Freiburg-im- Breisgau, 1970.

Serdar, M. Törehan, *İdrîs-i Bitlîsî*, İstanbul, 2008.

Setton, K., *The Papacy and The Levant, 1204-1571*, I, Philadelphia, 1976.

Sevcenko, Ihor, *La Vie intellectuelle et politique a Byzance sous les premiers Paleogues*, Brüksel, 1962.

Sharaf al-Dîn Ali Yazdî, *Zafarnâma*, ed. A. Urunbayev, Tashkent, 1972.

Sidarouss, S., *Les patriarchats dans L'Empire Ottoman et spécialement en Egypte*, Paris, 1906.

Silberschmidt, Max, *Das orientalische Problem zur Zeit der Entstehung des türkischen Reiches nach venezianischen Quellen: Ein Beitrag zur Geschichte der Beziehungen Venedigs zu Sultan Bajezid I., Byzanz, Ungarn, Genua und zum Reiche von Kiptschak 1381-1400*, Leipzig, 1923.

Soykut, Mustafa, *Image of the Turk in Italy: A History of the "Other" in Early Modern Europe, 1453-1683*, Berlin, 2001.

Spandounes, Theodore, *On the Origin of the Ottoman Emperors*, (çev. ve yay. haz.) D.M. Nicol, Cambridge, 1997.

Speros, Vryonis, , *Decline of Medieval Hellenism in Asia Minor and the Process of Islamization from the Eleventh through the Fifteenth Century*, Berkeley, Los Angeles, Londra, 1971.

Staurides, Theochares, *The Sultan of Vezirs, The Life and Times of the Ottoman Grand Vezir Mahmud Pasha, Angelovic (1453-1474)*, Leiden, 2001.

Stern, S.M., "Two Ayyubid Decrees from Sinai", *Documents from Islamic Chanceries*, ed. S.M. Stern, Cambridge, Mass., 1965.

_____, *Fatimid Decrees*, London, 1964.

Stoianovich, T., "The Conquering Balkan Orthodox Merchant," *The Journal of Economic History*, XX (1960), pp. 234-313.

Storey, C.A., *Persian Literature*, Londra, 1927-1939.

Sultan Süleyman Kanunnâmesi (*TOEM* ilâvesi, (nşr.) Mehmed Ârif, İstanbul, 1329.

Sümer, Faruk, *Anadolu'da Mogollar*, Ankara, 1970.

Svoronos, N., "Recherche sur la cadastre byzantine et la fiscalité au XI et XII siécles: La cadastre de Thebes", *Bulletin de Correspondance Hellenique*, 1959.

Tabakoğlu, Ahmet, "Ortadoğu'da ve Osmanlılarda Altın Para", *Altının İktidarı ve İktidarın Altınları: Yapı Kredi Altın Sikke Koleksiyonu*, İstanbul, 2005.

_____, *Gerileme Dönemine Girerken Osmanlı Maliyesi*, İstanbul, 1986.

Tansel, Selahattin, *Osmanlı Kaynaklarına Göre Fâtih Sultan Mehmed'in Siyasî ve Askerî Faaliyetleri*, İstanbul, 1971

Tekirdağ, Şinasi, "Osmanlı Tarih Yazıcılığı", *Belleten*, XXXV/140, (1971), s. 655-663.

Thallóczy, L. Von, *Studien zur Geschichte Bosniens und Serbiens im Mittelalter*, Münih ve Leipzig, 1919.

The Cambridge Economic History of Europe, Cambridge, 1952.

Thiriet, F., *Régestés des délibérations du Senat de Vénice concernant la Romanie*, Paris, 1902.

Thuasne, L., *Gentile Bellini et le Sultan Mohammed II*, Paris, 1888.

Toffanin, Giuseppe, *Lettera a Maometto II (Epistola ad Mahumeten)*, Napoli: R: Pironti, 1953.

Turan, O., "Les souverains seldjoukides et leurs sujets non-musulmans", *Studia Islamica,* X (1953), pp. 65-100.

_____, *İstanbul'un Fethinden Önce Yazılmış Tarihî Takvimler*, 2. baskı, Ankara, 1984.

Turan, Ş., *Türkiye-İtalya İlişkileri, I: Selçuklular'dan Bizans'ın Sona Erişine*, İstanbul, 1990.

Tursun Bey, *Târîh-i Ebü'l-Feth*, (haz.) A.M. Tulum, İstanbul, 1977.

Uğur, Ahmet, *The Reign of Sultan Selim I in the Light of Selîm-Nâme Literature*, Berlin, 1985 (IX. defterin neşri).

_____, "Kemal Paşa-zade'nin VIII. ve IX. Defterleri ve Bu Defterlerin Işığında Yazarın Tarihçiliği", *VIII. Türk Tarih Kongresi, Bildiriler*, II, Ankara, 1981, s. 1009-1012.

Uzunçarşılı, İ.H., "Gâzî Orhan Bey'in Hükümdar Olduğu Tarih ve İlk Sikkesi", *Belleten*, IX/34 (1945), s. 207-211.

_____, *Osmanlı Tarihi*, I, 3. Baskı, Ankara, 1972.

Vâkiât-i Sultan Cem, Târih-i Osmanî Encümeni Mecmuası ilâve, İstanbul, 1330.

Vasiliev, A.A., *The Goths in the Crimea*, Cambridge, Massachusetts, 1936.

Vatin, N., *Rodos Şövalyeleri ve Osmanlılar*, İstanbul, 2004.

Vertot, (René Aubert de) d'Aubeuf, *Historie des Chevaliers Hospitaliers de S. Jean de Jérusalem*, 4 cilt, Paris, 1726.

Vryonis, S. "Laonicus Chalcocondyles and the Ottoman Budget", *International Journal of Middle East Studies*, (1976), s. 423-432

_____, *Laonici Chalcocondylae Atheniensis historiarum libri decem*, Cambridge, 2011.

_____, *The Decline of Medieval Hellenism in Asia Minor and the Process of Islamization from the Eleventh through the Fifteenth Century*, Berkeley, Los Angeles and London, 1971.

Widmer, Berthe, *Enea Silvio Piccolomini in the sittlichen und politschen Entscheidung*, Basel: Helbing & Lichtenhahn, 1963.

Wittek, Paul, "Zu einigen früh-osmanischen Urkunden", *Wiener Zeitschrift für die Kunde des Morgenlands*, XLII (1957), pp. 300-313; XLIV (1957), pp. 240-256; LV (1959), pp. 124-141; LVI (1960), pp. 267-284.

_____, "Ayvansaray, un sanctuaire privé de son héros", *Annuaire de l'institut de Philologie et d'Histoire orientales et slaves*, XI (1951), s. 505-526.

_____,“The Taking of Aydos Castle: A Ghazi Legend and Its Transformation”, *Arabic and Islamic Studies, in honour of A. R. Gibb*, Leiden, 1965, s. 662-672.

_____, *Das Fürstentum Mentesche*, Amsterdam, 1967.

_____, *The Rise of the Ottoman Empire,* Londra, 1938.

Woods, J.E., *The Aqquyunlu*, Salt Lake City, 1999.

Yerasimos, Stefanos, *La foundation de Constantinople et de Sainte Sophie dans les traditions turques*, 1990; Türkçe baskı: *Kostantiniye ve Ayasofya Efsaneleri*, çev. Şirin Tekeli, İstanbul, 1998.

Yinanç, M.H., “Ak-Koyunlular”, *İslâm Ansiklopedisi* (İstanbul, 1941), cüz 4, s. 268-269.

_____, *Düstûrnâme-i Enverî*, İstanbul, 1928.

Zachariadou, E.A, *Trade and Crusade: Venetian Crete and the Emirates of Mentesche and Aydin (1300-1415)*, Venedik, 1983.

_____, “Early Ottoman Documents of the Prodromos Monastery (Serres)”, *Südost-Forschungen*, XXVIII (1969), s. 1-12.

Zakythinos, D.A., *Le despotat grec de Morée*, Paris, 1932.

Zeno, N., *The Voyage of the Venetian Brothers, Travels*, Londra, 1873.

Ziya, M., *İstanbul ve Boğaziçi*, İstanbul, H. 1336.

DİZİN